제 6 판

상담 및 심리치료 윤리

Ethics in Counseling and Psychotherapy
Standards, Research, and Emerging Issues

Elizabeth Reynolds Welfel 지음
서영석·조화진·최바올·김민선 옮김

Ethics in Counseling and Psychotherapy: Standards, Research, and Emerging Issues, 6th Edition

Elizabeth Reynolds Welfel

ISBN-13: 979-11-90151-95-5

Cengage Learning Korea Ltd.
14F YTN Newsquare 76 Sangamsan-ro
Mapo-gu Seoul 03926 Korea
Tel: (82) 2 330 7000
Fax: (82) 2 330 7001

Cengage Learning is a leading provider of customized learning solutions with office locations around the globe, including Singapore, the United Kingdom, Australia, Mexico, Brazil, and Japan.
Locate your local office at: **www.cengage.com**

Cengage Learning products are represented in Canada by Nelson Education, Ltd.

To learn more about Cengage Learning Solutions, visit **www.cengageasia.com**

Printed in Korea
Print Number: 01   Print Year: 2020

제 6 판

상담 및 심리치료 윤리

Ethics in Counseling and Psychotherapy

Standards, Research, and Emerging Issues

Elizabeth Reynolds Welfel 지음

서영석 · 조화진 · 최바올 · 김민선 옮김

CENGAGE 박영story

Andover • Melbourne • Mexico City • Stamford, CT • Toronto • Hong Kong • New Delhi • Seoul • Singapore • Tokyo

상담 및 심리치료 윤리 제6판
Ethics in Counseling and Psychotherapy
-Standards, Research, and Emerging Issues-, 6th Edition

제6판 인쇄	2020년 2월 28일
제6판 발행	2020년 3월 3일

지은이	Elizabeth Reynolds Welfel
옮긴이	서영석·조화진·최바올·김민선

발행인	노 현
발행처	㈜ 피와이메이트
	서울특별시 금천구 가산디지털2로 53 한라시그마밸리 210호(가산동)
	등록 2014. 2. 12. 제2018-000080호

전 화	02)733-6771
팩 스	02)736-4818
이메일	pys@pybook.co.kr
홈페이지	www.pybook.co.kr

ISBN	979-11-90151-95-5 (93180)

정 가   27,000원

피와이메이트는 박영사와 함께하는 브랜드입니다.

역자 서문

상담과 관련된 법적, 윤리적 이슈에 대한 상담사들의 관심이 그 어느 때보다 크다. 상담사 스스로를 보호하면서 내담자에게 최선의 서비스를 제공하기 위해서는, 임상적 지식과 기술뿐 아니라 상담장면에서 발생하는 다양한 문제와 딜레마를 합리적이고 민감하게 처리할 수 있는 '전문가다움'이 그 어느 때보다 요구되고 있다.

상담윤리 과목을 대학원에서 처음 수강한 이후, 다양한 장면에서 윤리적 딜레마를 경험하고 대처해 가면서, 그리고 상담전공대학원생들에게 상담윤리 과목을 가르치고 관련 연구들을 진행하면서 새삼 깨닫는 것이 있다. 상담윤리는 이미 존재하는 정답을 찾는 것이 아니라, '지금-여기'에 존재하는 최선의 것을 찾아가는 과정이라는 것.

상담 관련 딜레마를 경험한 상담사라면, 예상과는 달리 정답과 풀이까지 제공하는 참고서가 존재하지 않는다는 사실을 직면하게 된다. 교수나 슈퍼바이저에게 물어보아도, 학회 윤리 규정이나 법령을 찾아보아도 정답은 찾을 수가 없다. 그래서 당황스럽고, 속은 느낌이 들고. 무기력하고, 심지어 화가 나기도 한다. 상담사는 정답이 없는 상황에서 정답 같은 해결책을 찾아내고, 그것을 선택하고 결정해서 행동으로 옮겨야 하는 힘든 작업을 해내야 한다.

이는 삶과 많이 닮았다. 정답처럼 보이는 합리적인 진로가 있을 것으로 기대하고 애쓰고 버티지만, 막상 걸어온 길을 돌아보면 정답은 없어 보인다. 많은 상담사들이 낯설어하는 법은 어떤가? 법령이 있고 판례가 있지만, 많은 경우 묻고 찾고 확인하고 검증하고 판단하는 일이 더 많아 보인다.

역설적이게도, 이렇게 모호한 과정을 견디고 최선의 것을 찾아가는 사람들을 우리는 전문가라고 부른다. 전문가가 되어 가는 길에는 모호한 것을 인식하는 '윤리적 민감성'이, 해법을 찾고 선택하고 행동으로 옮기는 '윤리적 용기'가 요구된다. 내가 과연 잘하고 있는 것일까? 내가 하는 상담 때문에 내담자에게 피해를 주는 것은 아닐까? 이 상황에서 무엇을 어떻게 하면 좋을까? 다른 동료들은 이 상황에서 어떤 판단과 결정을 내릴까? 상담사의 행위가 오히려 내담자에게 피해를 줄 수 있고, 만일 최선의 것이 있다면 어떤 것인지 궁금해 하고 찾으려고 노력하는 것, 이 모두 상담사의 핵심 역량 중 하나인 애매한 것을 견디고 최선의 서비스를 제공하려는 '근면한 태도'와 맞닿아 있다. 즉, 상담윤리는 전문가가 되려는 사람들에게 거울이자 지침이 된다.

이 교재의 내용이 비록 상담사들이 목도하고 경험하는 모든 딜레마에 대해 명쾌한 답을 제공해주지 않겠지만(그럴 수도 없는 일이다), 상담사들은 이 책에서 소개하고 있는 다양한 윤리적 이슈와 딜레마를 접하면서, 상담과 관련된 '원칙'들을 이해하고 적용할 수 있을 뿐 아니라, 상담사가 지향해야 할 이상적 행동이 무엇인지 질문하는 기회를 갖게 될 것이다. 비윤리적인 행동을 예방하고 조정하려는 노력도 필요하고, 내담자의 문제해결과 치유를 위해 최선의 서비스를 제공하려는 상담전문직의 '윤리적 이상'에 가까워지려는 노력도 함께 요구된다.

이는 분명 상담사 개인을 넘어 상담사 직업 전체의 전문성을 키우는 일이 될 것이다. 이 책이 작은 도움이 되기를 소망해 본다.

2020년 2월 역자 일동

저자 서문

여섯 번째 버전인 이 책의 목표는 이전에 출판된 교재의 그것과 크게 다르지 않다. 목표는, 상담 및 심리치료 실무에 내재된 윤리적/법적 현안들에 대해 독자들의 관심을 유도하고, 이러한 주요 현안들을 책임 있게 다루는 데 도움이 될만한 자료들을 제공하는 데 있다. 이 책에서는 주요 학회(미국상담학회, 미국심리학회, 미국학교상담사협회, 미국사회복지사협회, 미국결혼및가족치료사협회)의 윤리강령과 지침을 사용해서, 독자로 하여금 책임 있는 실무에 필요한 기본적인 표준에 대해 익숙해지도록 도와줄 뿐 아니라 윤리학자들의 저술과 관련 연구 인용구들을 분석하고 있다. 윤리강령만으로는 실무자들이 현장에서 직면하는 윤리적인 질문들에 답할 수 없지만, 학자들의 저술과 관련 연구들은 윤리강령에서 직접적으로 다루지 않는 복잡하고 혼란스러운 윤리적인 문제들에 적절히 반응하도록 도와줄 수 있다. 이 책 기저에는, 모든 정신건강전문들은 서로에게서 배울 수 있고 따라서 학제 간 문헌을 포함하면 성공적인 치료에 이를 수 있다는 확신이 깔려 있다. 또한 실무에서 접하게 되는 복잡한 주제와 최근 대두되고 있는 문제들을 포함시켰는데, 정신건강상담과 학교상담 실무에 영향을 미치는 판례와 법률에 관한 참고문헌을 함께 포함시켰다.

또한 이 책에서는 판례와 규정, 시행령 등을 추가로 제시했는데, 독자들이 전문윤리와 법률 간 관계를 보다 온전히 이해할 수 있도록 했다.

이 책에서는 내가 개발한 10단계의 윤리적 의사결정모델을 제시하고 있고, 다양한 윤리적 딜레마 상황에 적용되는 모습이 묘사되어 있다. 이 모델을 개발한 목표는 독자들이 체계적인 방식으로 복잡한 딜레마를 풀어나가도록 도와주는 데 있다. 윤리 문제를 분석하는 체계적인 모델, 타인으로부터 자문을 얻기 위한 모델이 있다면, 비록 실무자들이 강한 정서를 느끼고 있다고 하더라도 합리적이고 내담자 중심적인 의사결정을 내릴 수 있을 것이다. 토의를 위한 사례들을 함께 제시했는데, 여기에는 윤리강령과 관련 문헌들을 적용해서 분석한 내용이 포함되어 있다. 독자가 혼자서 분석할 수 있는 사례들이 본문뿐 아니라 센게이지에서 제공하는 강사용 지침서에 포함되어 있다. 이 책에서 제시하고 있는 사례들은 답이 간단하지가 않다. 대신, 실무자들이 현장에서 경험하는 상황을 반영한 현실적이면서도 복잡하고 혼란스러운 시나리오를 담고 있다. 경험상 이러한 사례들은 학생들에게는 도전이 되면서도 수업에서나 온라인에서 토론을 자극한다.

이 교재에는 몇 가지 중요한 내용이 추가되었다. 예를 들어, 1장에서는 신경과학과 윤리의 관계, 그리고 상담 실무에서 개인적인 가치와 긍정 윤리, 위기관리가 어떤 역할을 하는지에 대한 내용이 포함되어 있다. 1장에서는 사회구성주의적이고 덕에 기초한 윤리를 자세히 다루고 있는데, 교재 전체에 걸쳐 윤리적 의사결정에 관한 이러한 접근들에 관심을 기울이고 있다. 3장은 인종과 무관한 다양성 문제, 가령 연령차별, 신체장애, 편견, 종교에 기초한 차별 등의 문제에 초점을 두고 있다. 또한 3장에서는 상담 중에 내담자가 편견을 말할 때 나타나는 윤리 문제들을 새롭게 다루고 있다. 4장에서는 상담 및 심리치료 분야에서의 역량 운동이 지니는 윤리적 시사점을 다루고 있다. 5장에서는 온라인 대화와 SNS상에서 접하게 되는 비밀보장 관련 문제들을 상세히 다루고 있다. 11장에서는 "다음에는 무엇을 해야지"라는 질문을 검토하고 있는데, 정신건강전문가가 윤리적인 과오를 범했다는 것을 깨달았을 때 무엇을 해야 하는지와 관련된 질문을 다루고 있다. 관련해서 11장에서는 개인적 책무성과 회복을 위한 3단계 과정을 소개하고 있는데, 대부분의 윤리적 과오들은 윤리위원회에 제소되지 않을 뿐 아니라 윤리는 그 특성상 개인적인 책임에 관한 문제이기 때문이다. 현재 버전의 12장에서는 코칭에서의 윤리 문제, 상담 중독에 관한 윤리적인 문제들, 잠정적으로 이해가 충돌할 수 있는 제약산업 및 다른 기관과의 전문적인 접촉과 관련된 윤리적인 현안들을 소개하고 있다. 뿐만 아니라, 군대 심문 과정에 심리학자가 관여하는 문제, 대학 내 총기사고 발생 후 대학 상담과 관련된 문제들을 다루고 있다. 또한 13장에서는 사이버불링, 음란 문자대화(sexting), 학교폭력, 학교상담사에 대한 최근 법정 판결이 시사하는 점을 논하고 있다.

이 교재의 또 다른 주요 목표는 실무자들이 접하게 되는 주요 윤리적 사안, 예를 들어 비밀보장, 고지된 동의, 다중관계, 역량의 문제 등을 포괄적으로 다루면서도, 특수한 상황에서 실무자들이 경험하는 윤리적인 문제들을 다루는 것이다. 따라서 이 교재에서는 학교상담사, 대학정

신건강전문가, 정신건강상담사, 집단 및 가족치료사, 사설상담소에 근무하는 상담사, 연구자, 상담사 및 심리교육자들이 경험하는 특수한 문제에 관심을 기울이고 있다. 다문화역량이 책임 있는 실무에서 매우 중요하기 때문에, 다문화역량의 문제는 거의 모든 장에서 다루고 있고, 특히 3장에서 좀 더 깊이 있게 다룰 예정이다.

마지막으로, 이 책이 지향하는 바는 현재의 윤리적 표준이 마련되는데 그 기초를 제공한 철학적/역사적 사실에 대한 이해를 증진시키고, 윤리적 표준들을 법적인 명령 및 법규와 연계시키는 것이다. 윤리원칙과 덕에 기초한 윤리를 다루고 있는 문헌들은 윤리적 실무에 대한 나의 관점의 핵심에 위치하고 있다. 나는 전문직 내에 존재하는 논란을 부끄러워해서 물러서지 않으며, 나는 이러한 논의에서 각각의 주장에 대해 통찰을 제공하려고 노력한다. 그러나 이 책에서 내가 취하는 입장은 상대론적인 관점이 아니다. 직업의 표준은 임의적으로 결정되는 것이 아니며, 따라서 나는 이러한 표준의 기저에 있는 추론과 가치들을 독자들에게 제시한다. 강령과 지침은 건조한 지적 문서들이 아니며, 여기에는 오히려 전문직이 대중을 잘 봉사하기 위한 열정과 헌신이 반영되어 있다.

한 가지 분명히 해 두고 싶은 것이 있다. 비록 과오소송이나 윤리위원회의 제소로부터 자신을 보호할 수 있는 최선책은 해당 직업의 윤리적 표준을 철저히 이해하고 따르는 것이겠지만, 이 책은 위기관리에 관한 내용에 초점을 두지 않았다는 것이다. 상담사와 심리치료사들이 스스로를 보호하고 위기를 관리하는 것에 관심을 기울이게 되면 두 가지가 발생한다. 즉, 내담자

의 안녕을 향상시키는 것에 헌신하는 에너지가 줄어들게 되고, 내담자를 잠재적인 적으로 간주하게 된다. 궁극적으로 그 어느 것도 전문가와 내담자들을 이롭게 하지 못한다. 윤리적 실무의 중심에는 내담자에게 무엇이 발생할지를 염려하고, 해당 직업이 내담자에게 제공해야 할 최선의 서비스를 제공하겠다는 헌신이 자리하고 있다. 결국, 내가 이 책에서 목표로 하는 것은, 이러한 가치와 윤리적/법적 기준 간 연계를 독자들이 이해하도록 돕는 것이다. 윤리에 대한 내 접근은 긍정 윤리 운동과 맥을 같이 하고 있으며, 전문가들이 특정 상황에서 그들이 최선이라고 믿는 것을 행동에 옮기고, 윤리적 이상을 바탕으로 사고하고 용기 있게 윤리적으로 행동하는 것을 격려하는 것이다.

▌관심 독자층

이 책은 몇몇 독자층을 겨냥하고 있다. 상담 또는 심리학을 전공하는 대학원생들이 주요 독자일 가능성이 높지만, 현장에서 실무를 하고 있는 전문가들을 위한 보수교육에, 학부 3·4학년 학생들, 사회복지나 목회상담 등 관련 분야를 전공하고 있는 대학원생들이 유용하게 사용할 수 있다. 심리치료서비스의 소비자들 또한 책임 있는 전문가를 찾는데 있어서 교재의 내용이 도움이 된다고 느낄 수 있다. 관련 주제에 대해 포괄적인 접근을 취하고 있고, 부록에 윤리 강령을 담고 있어서, 직업윤리 과목이나 전문적인 문제들을 다루는 강좌에서 주교재로 사용될 수 있을 것이다. 이 책에는 엄청난 수의 참고문헌과 온라인 자료, 토론을 위한 사례들, 장마다 추천하고 있는 읽을 거리 등을 제시하고 있어서, 좀 더 깊이 있게 윤리문제를 탐색하기 원하는 독자들에게는 적절한 교재라고 생각한다.

▌교재의 구조

이 책은 크게 네 부분으로 나눌 수 있다. 파트 1은 윤리적 의사결정을 이해하는데 필요한 틀을 제공하고, 정신건강전문가들이 범한 윤리적 위반을 교정하는 과정과 절차를 독자들이 파악하도록 구성되어 있다. 이 부분에서 나는 상담에서의 직업윤리와 좀 더 광범위한 윤리 관련 학문 분야 간 관련성을 기술하고, 발달심리학 분야의 관련 문헌들을 통합하고, 내가 개발한 윤리적 의사결정모델을 제시한다. 그리고 다문화주의와 윤리적 실무 간 관계를 분석한다. 파트 2에서는 상담사와 심리치료사들에게 해당되는 기초적인 윤리적 문제들을 검토하고 있는데, 상담 역량, 비밀보장, 고지된 동의, 다중관계, 책임 있는 평가, 다수의 내담자를 동시에 치료(집단상담, 가족상담 등)하는 것과 관련된 윤리를 포함하고 있다. 파트 3에서는 예방하는 것이 실패했을 때 어떤 일이 발생하는지에 초점을 두고 있다. 이 부분에서는 종종 간과되어온 주제를 다루고 있는데, 즉 전문가 자신이 속한 직업 세계의 윤리적 기준을 위반했다고 인지했을 때 어떤 윤리적 책임이 있는지를 다루고 있다. 스스로 감찰하고 개인적으로 책임을 지는 것이 전문직종의 핵심적인 가치이기 때문에, 이 책에서는 전문가들이 범한 부정행위를 교정하고 동일한 실수가 반복될 가능성을 줄이기 위한 단계들을 다룬다. 현재 출판된 다른 윤리 관련 서적과 비교해서 이 교재가 독특한 이유가 바로 이점 때문이다. 파트 4에는 슈퍼비전, 강의, 연구, 임상 정신건강 실무 및 사설 상담, 법정에서의 활동, 자문, 그리고 학교 및 대학상담과 관련된 윤리적인 문제들이 포함되어 있다. 이 부분에서는 직업세계에서 대두되고 있는 윤리적 딜레마, 가령 관리의료제도(managed care) 하에서의 윤리적 차원, 소셜 네트워킹, 학교와 직장에서 폭력이 미치는 영향, 법정에서 명령한 상담 등을 다룬다. 그리고 각각의 장에는 추가적인 논의를 위한 질문들, 참고할 수 있는 온라인 자료, 추천 도서 목록을 제시하고 있다.

논리적 흐름에 따라 장의 순서가 정해졌지만, 다른 순서에 따라 교재를 읽어 내려가도 불리할 것은 없다. 또한, 어떤 장이 본인의 목적과 부합하지 않는다고 느끼는 독자가 있다면, 그 부분을 생략하더라도 교재의 나머지 부분을 이해하는 데 어려움이 없을 것이다.

▌감사의 말

이 책을 저술하는 데 도움을 준 많은 분들께 감사의 마음을 전하고 싶다. 무엇보다 나는 지난 35년간 윤리 수업에서 가르쳤던 학생들에게 엄청난 빚을 지고 있다. 학생들은 이 교재를 쓰도록 영감을 주었고 또 도전했다. 그리고 클리블랜드 주립대학 동료들에게 감사의 마음을 표시하고 싶다. 이들은 나를 격려하고 내용과 관련된 훌륭한 영감을 주었고, 나를 위해 여분의 일을 함으로써 내가 교재를 집필하는데 몰입할 수 있는 시간을 벌어주었다. Carl Rak과 Lew Patterson은 지원을 아끼지 않았는데, 이들의 멘토링이 없었다면 이렇게 야심찬 작업을 시작할 용기를 내지 못했을 것이다. 다음에 열거한 분들은 각 장의 내용에 대해 지적이고 광범위한

피드백을 제공해 주었다. 브래들리 대학의 Jobie Skaggs, 프랜시스 매리온 대학의 Farrah Hughes, 소노마 주립대학의 Adam Hill, 럿거스 대학의 Saundra Tomlinson−Clarke, 노스캐롤라이나 대학의 Henry Harris, 같은 노스캐롤라이나 대학의 Lydia Boldt Smith, 텍사스A&M 대학의 Suzanne Mudge, 모어헤드 주립대학의 Marjorie Shavers. 이렇게 훌륭한 학자들로부터 피드백을 받은 것은 소중한 선물이며, 이 책의 구조와 내용을 한층 더 공고히 하는데 도움이 되었다.

센게이지 편집부 직원들은 지원과 도전을 적절하고 균형감 있게 제공해 주었다. 그리고 센게이지의 Julie Martinez, S4Carlisle의 Lori Bradshaw, MPS의 Jitenda Kumar에게 감사하고, 출판 전 마지막 순간까지 세세한 부분을 꼼꼼하게 교정해 준 Jill Pellarin에게 고마움을 전한다. 또한 학생들을 위한 자료를 훌륭하게 제작해준 Marissa Patsey에게 특별히 감사의 마음을 전한다.

무엇보다 나는 가족에게 감사하고 싶다. 집필이 진행되는 것을 걱정하던 나에게 늘 조용하면서도 사려 깊게 신중한 눈길로 반응해 준 남편은 원고를 작성하는 데 엄청난 도움이 되었고, 그리고 내 아들. 그가 지니고 있는 근본적인 품위는 무엇이 윤리적인 것인지를 떠오르게 하는 궁극의 안내자였다.

Elizabeth Reynolds Welfel

역자 소개

▮ 서영석

환경과 자발적 선택의 결합으로 심리학(고려대학교)과 상담심리학(미네소타대학교 석사 및 박사)을 공부하게 되었다. 출발은 개인적인 상처를 이해하고 극복하기 위함이었지만, 생각보다 길어진 과정 속에서 남을 이해하는 아픈 경험을, 버티고 살아가는 남 같지 않은 이들을 존경하고 또 조력하는 생활을 하게 되었다. 지금은 연세대학교 교육학부에서 대학생, 대학원생들을 가르치고 연구하고 있다. 관계에서 경험하는 고통과 상처, 습관화된 부적응에도 관심이 가지만, 개인적인 경험과 성격상 이겨내고 성장하게 하는 동인과 힘이 무엇인지 궁금하고 찾고 싶다. 소수자에게도, 따돌림과 차별을 경험하는 청소년에게도, 안정의 부재와 애착의 결여로 힘들어하는 모든 이들에게 관심이 가는 이유다.

▮ 조화진

연세대학교 교육학과에서 상담교육전공으로 박사학위를 받고, 현재는 한남대학교 상담심리학과 교수로 재직 중이다. 한남대학교 상담심리학과 학과장, 한국인간발달학회와 한국생애개발상담학회 이사를 맡고 있으며, 한남대학교 인성교육센터장과 한국인간발달학회 학술이사를 역임하였다. 주요 연구 분야는 상담과정과 성과로, 상담자와 내담자의 관계, 상담자의 전문적·다문화적 역량에 관한 연구를 수행하였다. 이외에

도 애착, 긍정심리학의 행복을 비롯하여 사회적 유대감과 공감 등 개인의 성장과 적응에 미치는 사회의 영향력에 관해 관심을 갖고 연구 중에 있다.

▮ 최바올

연세대학교 인문학부에서 심리학과 영문학을 전공하고, 교육학과에서 상담교육 전공으로 석사와 박사학위를 받았다. 연세대학교 상담센터에서 실습 수련을 받았으며, 한국청소년상담원(현 한국청소년상담복지개발원)에서 인턴과정을 수료한 후, 경인교육대학교와 연세대학교 국제캠퍼스에서 전임상담원으로 근무하였다. 현재는 한국기술교육대학교 교양학부에 재직 중이다. 한국상담심리학회 전문가 자격증을 보유하고 있으며, 교육과 연구 뿐 아니라 상담과 상담수련 감독을 꾸준히 수행하고 있다. 주요 관심분야는 성격, 자기애, 애착, 여성, 긍정심리학 등이다.

▮ 김민선

연세대학교 교육학과에서 상담교육(교육학 박사)을 전공했다. 상명대학교 학생상담센터 전임연구원, 수원대학교 강사, 세명대학교 교양학부, 가톨릭대학교 교육대학원 조교수 등을 거쳐 현재 단국대학교 심리치료학과 조교수로 근무하고 있다. 전생애 진로발달, 진로상담의 실제, 상담자 교육, 여성과 소외계층 연구에 관심이 있다.

저자 소개

엘리자베스 레이놀즈 웰펠(Elizabeth Reynolds Welfel) 교수는 현재 클리블랜드 주립대학의 명예교수다. 웰펠 교수는 보스턴 칼리지에서 상담 교수로 재직했고, 1979년 미네소타대학에서 박사학위를 받기 전까지 그곳에서 강사를 역임했다. 웰펠 교수는 이 책 이외에도 '상담 과정(Counseling Process)'를 공동으로 집필했고, '정신건강 책장 서적(Mental Health Desk Reference)'과 '보호할 의무(Duty to Protect)'를 공동 편집했으며, 전문적 실무에서의 윤리적 현안에 관한 수많은 논문과 북챕터를 저술했다. 웰펠 교수는 윤리적 의사결정 과정, 상담 실무에서 과학기술의 윤리적 사용, 내담자가 자신 또는 타인에게 위협이 될 때 전문가로서의 책임, 책임 있는 실무를 증진시키기 위한 윤리 교육 설계 등에 특별히 관심이 있다. 그 어떤 실무자도 과오를 범하지 않을 수 없기 때문에, 윤리적 과오가 발생한 것으로 실무자가 깨달았을 때 어떤 책임을 져야 하는지에 관해서도 웰펠 교수는 다양한 저술을 출판한 바 있다. 웰펠 교수가 이런 주제에 관심을 갖게 된 것은 미네소타대학 대학원생이었을 때부터였는데, 그곳에서 성인기의 도덕적/지적 발달에 관한 연구를 수행했다. 그녀는 성인들이 삶 속에서 경험하는 도덕적/지적 딜레마를 해결해나가는 과정에 매료되었고, 이것이 계기가 되어 결국에는 상담 및 심리치료 분야에서의 실무자들이 경험하는 독특한 도덕적 딜레마에 관심을 갖게 되었다. 웰펠 교수는 상담 분야에서의 우수한 강의와, 직업윤리에 관한 학문적 성취를 인정받아 클리블랜드 주립대학으로부터 최우수 교수상을 수상하였다.

차 례

제2부 상담사와 치료사를 위한 주요 윤리적 이슈

제3부 비윤리적 행동의 예방과 사후대처: 이전과 이후의 윤리

제4부 특별 환경에서의 윤리적 이슈

부 록

제1부

전문적인 윤리적 가치와
표준을 이해하기 위한 체계

1장

전문가 윤리
윤리적 수행을 위한 심리와 철학

지난 60년 동안 상담 및 심리치료가 정서적 고통을 덜어주고, 대인관계를 향상시키며, 삶에 대한 일반적인 만족도를 증가시키는 데 효과적이라는 반박할 수 없는 증거들이 많이 제시되었다(Duncan, 2010; Lambert, 2013; Seligman, 1995). 예를 들어, Wampold(2010)는 심리치료가 .80의 효과크기를 가진다는 메타분석 결과를 제시하면서, 심리치료를 받은 사람의 80%가 도움을 청하지 않은 사람들과 비교해서 더 나아졌다고 결론을 내렸다. 더욱이, 치료를 통한 변화가 일시적인 것이 아니라 지속된다는 증거 또한 존재한다(Lambert, 2013). 정신건강전문가를 만나는 것과 관련된 낙인(stigma) 또한 현저히 줄어들었다(Duncan, Miller, Wampold, & Hubble, 2010). 교육 현장에서의 최근 자료들 또한 학교상담사와 학교 심리학자들이 학생들에게 효과적인 서비스를 제공하고 있다는 견해를 지지한다(Carey, Dimmitt, Hatch, Lapan, & Whiston, 2008; McGannon, Carey, & Dimmitt, 2005).

그러나 늘 좋은 소식만 있는 것은 아니다. 앞서 언급한 연구들에서 어떤 정신건강서비스들은 이로움보다는 해를 끼치는 것으로 나타났다(e. g., Lambert, 2013). Lambert(2013)의 연구에 따르면, 심리치료에 참여한 5-10%의 성인내담자들이 상담을 받기 전보다 더 안 좋아졌다고 느꼈고, 아동 및 청소년 내담자의 14%가 이전보다 더 나빠진 것으로 보고하였다. 이렇게 나빠진 것을 어떻게 설명할 수 있을까? 내담자가 나빠진 한 가지 이유는, 아무리 뛰어난 전문가라 하더라도 내담자의 문제가 악화되는 것을 미연에 방지할 수 없었기 때문일 수 있다. 그러나 그렇게 나빠진 이유가 상담사의 유능하지 못한 수행, 윤리적 수행에 대한 비민감성, 내담자의 안녕에 대한 무지와 관련이 있을 수 있다. 이렇듯 상담 및 심리치료를 통해 내담자의 증상이 오히려 악화될 수 있다는 연구 결과는, 도움을 받을 수 있는 사람을 상담사가 단순히 도와주지 못했다는 연구 결과와 함께, 전문적인 수행에 대한 윤리적 기준과 유능함에 대한 요구조건을 개발하고 시행해야 할 필요성을 제기한다. 만일 우리가 심리서비스를 유용한 것으로 만들지 못하고, 해를 끼치지 않도록 헌신하지 않거나, 유익한 서비스를 제공하기 위해 전문가들이 무엇을 해야 하고 또 무엇을 피해야 하는지에 대한 지침을 마련하지 않는다면, 우리 스스로를 면허(또는 자격증)를 받을 만한 전문적인 조력자라고 부르기 힘들 것이다.

해를 끼치는 비윤리적이고 무능한 상담을 예방하기 위해서는, 윤리강령을 출판하거나 비윤리적인 실무자들을 제재하는 것 이상이 요구된다. 전체 직업적인 차원에서는 윤리 교육에 대한 지속적인 헌신이 필요하고, 개인 전문가 수준에서는 윤리적이고 유능한 실무를 창출하고 유지하는 데 영향을 미치는 요인들을 이해할 필요가 있다. 그 핵심에는, 전문가로서 윤리적 기준의 배경이 되는 철학적 근거와 도덕적 가치를 이해하는 것이 필요하다. 기초가 되는 요인들을 파악하기 위해 도덕적 행동의 철학과 심리학을 살펴보자.

▮ 윤리적 수행의 토대 및 자원

전문가 윤리는 다섯 가지 차원을 포함하는데, 전문가의 긍정적인 윤리적 이상과 가치를 대변한다.

1. 충분한 지식과 기술, 판단력, 인격을 겸비하고 유능하게 실무를 수행한다.
2. 내담자의 존엄과 자유를 존중한다.
3. 전문가의 역할에 내재된 힘을 책임 있게 사용한다.
4. 직업에 대한 대중의 신망을 향상시키는 방식으로 행동한다.
5. 내담자의 복지를 최우선시 한다.

이상의 다섯 가지 핵심 사항만 생각한다면 윤리적으로 행동한다는 것이 매우 간단한 것처럼 들린다. 첫 번째 요소는 슈퍼비전 하에서의 실무를 포함한 양질의 교육을 의미하는 것처럼 보이는데, 전문가가 지식과 기술을 겸비할 필요가 있음을 의미한다. 미국 내 모든 주에서는 상담사가 면허시험을 통과하고 슈퍼비전을 받으면서 상담 경험을 갖출 것을 요구하는데, 거의 90%에 달하는 지역에서 전문가의 지식과 기술을 증명하기 위한 지속적인 교육을 요구하고 있다(Adams & Sharkin, 2012). 윤리적인 실무와 관련된 다른 요소들은, 내담자의 요구와 권리를 최우선시 하고, 내담자를 희생시키면서 상담사의 향상을 도모하는 것을 피해야 하며, 비난받는 것 이상으로 상담에 임하는 것을 포함하고 있다. 그러나 가장 효과적으로 상담을 수행하면서 최선을 다해 내담자를 존중하고, 직업에 대한 평판을 최상으로 유지시키는 것은 훨씬 더 복잡한 일이다. 같은 맥락에서, 불편한 마음 상태에서 또는 재정적으로 힘든 상황에서 내담자의 복지를 향상시키는데 헌신하는 것은 쉽지 않은 것이다. 종종 어떤 개입이 가장 도움이 되는지가 애매하고, 어떤 경우에는 효과가 있다고 입증된 개입조차 실패하는 사례도 있다. 변화무쌍한 직업세계에서 자신의 지식과 기술을 최신의 흐름에 맞추는 것은 분명 어려운 일이다. 만일 어떤 전문가가 최근 지식을 습득하는 것에 소홀했다면, 여전히 효과적인 서비스를 제공할 수 있을까? 효과적인 상담을 위해서는 자신의 지식을 얼마나 최근의 것으로 해야 할까? 모든 사람들에게 결함이 있기 때문에 근면하고 훈련이 잘된 전문가라 하더라도 가끔은 유능하지 않게 행동하기 마련인데, 전문가(및 대중)는 이러한 현실을 어떻게 받아들일 수 있을까?

마찬가지로, 내담자를 존중하면서 내담자가 자유롭게 선택하도록 조력할 때, 내담자가 자신의 이익에 반하는 선택을 하기도 한다. 물론, 내담자가 비생산적인 선택을 고려하고 있을 때, 상담사는 그러한 선택이 가져올 잠재적인 부정적 결과 또한 고려할 수 있도록 조력해야 한다. 가끔은 이런 대화가 내담자의 마음을 바꾸도록 만드는데, 다른 경우에는 이런 방식이 효과적이지 않다. 내담자가 미래에 후회하게 될 선택을 하지 않게 막음으로써 내담자의 자유를 제한하는 방식으로 상담사의 힘을 사용하게 된다면, 과연 상담사의 행위는 수용될 수 있을까? 이것은 힘의 남용인가 아니면 전문가로서의 영향력을 적절히 활용한 것인가? 어떤 결정이 내담자에게 최선이고 또 그렇지 않은지를 결정하는 데 있어서 사회문화적 요인이 어떻게 영향을 미치는가? 내담자의 사회문화적 배경이 상담사의 그것과 매우 다를 때 상담사는 이러한 결정을 얼마나 신빙성 있게 내릴 수 있는가?

가끔은 내담자에게 도움이 되는 행동을 대중이 이해하지 못하는 경우도 있다. 예를 들어, 내담자가 비밀보장에 대한 의무로부터 상담사를 해방시키지 않은 한, 또는 법원에서 개방할 것을 명령하지 않는 한, 상담 중에 내담자가 과거 범죄에 대해 이야기한 것을 비밀로 유지하는 것은 법률적으로나 윤리적으로 적절한 행위다. 이렇듯 내담자의 신뢰를 저버리지 않으려는 상담사의 행위가 대중을 당황스럽게 하고 좌절시키는 경우가 종종 발생한다. 이렇게 내담자에게 충성하는 것은 상담직업에 대한 대중의 신뢰를 향상시킬까 아니면 떨어뜨릴까? 이 또한 간단한 문제가 아니다. 마지막으로, 상담사들은 부자가 되기 어려운 직업세계에 종사하면서 각자의 생계를 꾸려가기 때문에, 보상에 대한 합당한 관심과 내담자의 이해 사이에서 균형을 잡는 일이 힘들 수 있다. 다행스럽게도, 정신건강전문가들에게는 이러한 문제를 가지고 씨름할 때 도움이 되는, 그래서 마침내 윤리적으로 행동하는 데 도움이 되는 많은 자원들이 존재한다. 물론, 각각의 상담사는 개인적인 일과 직업적인 일을 하기 위해 인격을 갖추고 헌신하면서 이러한 지적, 정서적, 사회적 자원을 활용해야 한다. 결국, 윤리적 행동이란 우리가 어떻게 생각하고 느끼는지에 관한 것이 아니라 우리가 누구인지와 관련이 있다. 우선은 우리가 가지고 있는 지적 자원을 가지고 시작해야 하지만, 동시에 다른 전문가들의 사회적 지지와 유리되어서는 책임감 있고 유능한 실무를 지속하기가 어렵다는 것을 기억해야 한다(Johnson, Barnett, Elman, Forrest, & Kaslow, 2012). 동료들 사이에서 제공되는 자문을 통해 복잡한 윤리적 사안을 생산적으로 사고하게 되고, 우리를 이 직업으로 이끌었던 가치와 이상을 유지할 수 있게 된다. 사실 그런 자문은 필수적이다. 왜 그렇게 자문이 필요한가? Gottlieb, Handelsman과 Knapp(2013)는 세 가지 이유를 제시하였다. 첫째, 복잡하고 혼란스러운 윤리적인 문제들은 아무런 경고 없이 발생할 수 있다. 둘째, 이런 문제를 적절히 다루지 못할 경우 내담자는 상당한 정도의 위해를 경험할 수 있다. 마지막으로, 윤리적인 문제는 강한 감정을 불러일으키는데, 이때는 명료한 해결책을 생각해 내기가 쉽지 않다(이 장에서 기술한 아키와 아네트의 사례는 자문을 필요로 하는 모든 기준을 충족시킨다).

▌ 발달심리 문헌

첫 번째 자원은 도덕 및 도덕적 추론과 관련된 문헌들이다. 이러한 문헌들은 전문가를 위한 윤리와 윤리적 의사결정이 좀 더 넓은 범주인 윤리와 윤리적 의사결정의 하위범주라는 것을 이해하는 데 도움이 된다. 이러한 문헌들은 전문가를 위한 행동 강령을 공정하며 품위 있고 책임 있는 인간 행동의 맥락에 위치시킬 뿐 아니라, 부정행위가 발생할 경우 무엇이 잘못되었는지를 설명해주는 틀

을 제공한다. 다른 자원들이 윤리 문제를 다루는 데 있어서 고려해야 할 내용에 초점을 두는 반면, 발달심리 문헌들은 윤리적 의사결정을 개념화하는 틀을 제공하고, 윤리학에 대한 심리학적(사회심리학적) 관점을 제공한다. 전문가는 이런 정보를 통해 윤리적 의사결정의 질을 향상시키기 위한 방법을 찾고, 타인에게 자문을 구하고 학생과 실무자들에게 윤리를 교육시키기 위한 더 좋은 방법들을 발견하게 된다. 이런 논의를 시작하면서 한 번 더 강조하고 싶은 것은, 윤리적 의사결정이 완전히 인지적인 행동이거나 고립된 활동이 아니라는 것이다. 정서와 대인 경험 또한 중요한 역할을 한다. 그러나 윤리는 늘 무엇을 해야 하는지에 대해 생각하는 것을 포함하는데, 비윤리적인 활동의 경우에는 종종 무엇을 해야 하는지에 대해 생각하는 것을 억누른다.

도덕적 행동의 구성요소

어떤 사람이 도덕적인 결정을 내려야 하는 상황에 처해 있을 때, 그 사람을 도덕적으로 또는 비도덕적으로 행동하게 하는 것은 무엇인가? 정신건강전문가들은 종종 이런 질문을 하게 되는데, 특히 다른 전문가가 용기 있는 또는 터무니없는 행동을 했다는 소식을 들을 때 더욱 그렇다. Rest(1883, 1994)는 이런 과정을 이해할 수 있는 틀을 제공했다. 우선, Rest는 도덕적 행위를 '타인의 복지에 영향을 미칠 수 있는 모든 행동'으로 정의하였다. 예를 들어, 어떤 사람이 이웃을 침입하는 누군가를 목격했다면, 이런 행위를 목격할 때 하는 행동은 도덕적인 용어로 정의된다. 왜냐하면 그런 행동은 이웃의 안녕에 영향을 미치기 때문이다(물론, 강도의 행동 또한 같은 이유에서 도덕적 차원을 가지고 있다). 만일 목격자의 행위가 이웃을 이롭게 한다면(경찰에게 전화를 걸거나 강도에게 겁을 줘서 쫓아냈을 경우), 이러한 행위는 도덕적이다. 도움을 주려는 행동이 오히려 맞불을 맞을 수는 있지만, 어떤 행위가 도덕적이기 위해서 반드시 그 행동이 성공적일 필요는 없다. 어떤 행동을 도덕적으로 만드는 것은, 이웃을 돕기 위해 선의의 노력을 하느냐에 달려있다.

반대로, 목격자가 아무런 행동을 취하지 않았을 경우, 어떤 식으로든 강도 때문에 위험에 처하지 않았다고 하더라도 이렇게 아무런 행동을 하지 않은 것을 도덕적이라고 부를 수는 없을 것이다. 도덕성은 타인을 위해 우리의 안녕을 위험에 빠뜨리라고 요구하지 않는다. 바로 이것이 다른 사람을 돕기 위해 자신의 안전을 감수하는 사람들을 영웅이라고 부르는 이유다. 그들은 타인의 안녕을 위해 일반적인 도덕적 의무를 벗어나는 행동을 한 사람들이다.

Rest는 도덕적 행위로 이끄는 네 가지 구성요소를 제시하였다. 첫 번째 요소는 도덕적 민감성(moral sensitivity)인데, 어떤 상황을 타인의 안녕에 대한 함의를 지니고 있는 상황으로 인식하는 과정을 의미한다. 도덕적 민감성은 특정 맥락이 도덕적 차원에서 던지고 있는 단서에 대한 민감성을 포함한다(Narvaez & Rest, 1994). 앞서 언급한 상황에서 목격자는 침입자가 이웃의 대문 자물쇠를 부수려고 애쓰는 것을 보면서 단순히 도둑이 가지고 있는 쇠지렛대 기술에 대해 생각할 가능성이 있다. 또는 도둑이 자신의 집이 아닌 다른 사람의 집을 선택한 사실에 감사할지도 모른다. 이런 반응들은 이웃을 위해 개입할 아무런 책임을 가정하고 있지 않고 단지 자신의 안녕에만 관심을 기울이고 있음을 보여준다. Rest는 이 사람의 도덕적 민감성이 부족하다고 말할 것이다.

전문가를 위한 윤리로 바꿔 말하면, 도덕적 민감성은 자신의 행동이 내담자, 동료, 그리고 대중에게 갖는 시사점을 인식하는 것을 의미한다. 만약 사적인 모임에서 심리학자가 특정 내담자에 대해 재미있는 이야기를 계속해서 한다면, 이 심리학자는 그 이야기가 내담자의 안녕이나 상담사의 직업적 명예에 미치는 영향을 고려하지 않고 있는 것이다. 즉, 이 사람은 자신의 행동이 지닌 도덕적 의미를 간과한 것이다. 이 심리학자가 어떤 저의를 가지고 비도덕적으로 행동한 것은 아니다. 사실 좋은 의도를 가지고 있을 경우에도 비도덕적이고 비윤리적인 행동은 발생한다. 전문가의 정서적, 인지적, 도덕적 발달 수준 때문에 전문적인 행위에 포함된 윤리적인 측면을 인식하지 못할 때도 많다

(Foster & Black, 2007).

다음 사례에 나타난 상담사의 행동을 살펴보자.

미첼과 마리아의 사례

미첼은 면허를 가진 상담사인데, 접수면접에서 비밀보장의 한계를 내담자에게 설명하지 않기로 결정했다. 그 이유는, 그런 설명이 관료적일 뿐 아니라 내담자가 상담에 온 목적에서 많이 벗어난다고 판단했기 때문이다. 미첼은 당장 문제에 집중해서 내담자를 도와주고 싶어 했다. 어느 날 17세 내담자인 마리아가 자살을 생각하고 있다고 언급했는데, 마리아는 상담사에게 하는 모든 말이 비밀보장이 된다고 잘못 생각하고 있었다. 사실, 청소년내담자가 심각한 자살 위험에 처해 있다고 판단되면 어떤 상담사라도 이러한 사실을 부모에게 비밀로 하지 않아야 한다. 마리아가 자신의 비밀을 상담사에게 개방한 이후 상담사는 비밀보장의 한계를 마리아에게 설명해주었고, 마리아는 배신감을 느꼈다. 이러한 배신감은 이미 손상된 마리아의 안녕에 분명 해를 끼치는 것이었다. 마리아는 비밀보장의 한계에 대해 미리 알지 못했기 때문에, 이렇게 은밀한 주제를 상담에서 개방할 시에 언제 할지를 선택할 수 있는 권리를 박탈당했다고 느꼈다.

미첼의 생각, 즉 비밀보장의 한계를 설명하는 것이 단순히 관료적이라는 생각은 윤리적 민감성이 부족하다는 것을 의미하고, 결국 비윤리적인 행동을 자초하게 되었다. 분명 자살 생각을 상담사와 공유하는 일은 매우 중요하고, 전문가는 내담자가 그런 생각을 표현하도록 격려할 윤리적인 의무를 가지고 있다. 그러나 내담자가 이러한 개방이 지닌 함의를 이해하지 못할 때에는 배신감을 느끼게 되고, 더욱이 이런 방식으로 신뢰가 깨진다면 자살 충동은 더욱 커질 수 있다. 상호 신뢰가 형성된 후 어떤 일이 발생할 수 있을지 충분히 이해한 다음에 그와 같은 정보를 공유할 경우에는 그렇게 부정적인 결과가 발생하지 않을 것이다.

Rest가 제시한 도덕적 행동의 두 번째 요소는 도덕적 추론(moral reasoning)이다. 도덕적 추론은 어떤 상황이 도덕적 차원을 포함하고 있다고 인식

된 이후에 몇 가지 대안을 생각해보는 과정을 의미한다. 한편으로는 도덕적 추론이 체계적이고 논리적인 과정처럼 들리지만, 보통은 심사숙고하지 않고 신속하게 일어난다. 도덕적 추론은 정서적이고 인지적인 측면을 모두 포함하고 있다. 어떤 사람이 이웃의 대문에 서 있는 도둑을 보았다면 신속하게 행동해야 하는데, 그래야만 어떤 행동이 이웃에게 도움이 될지 생각하는 과정이 몇 초 내에 발생할 것이다. 어떤 때는 한 가지 대안밖에 떠오르지 않는다(경찰에 신고한다). 다른 경우에는 두 개 이상의 대안을 저울질하는데, 예를 들어 밖에 나가거나, 다른 이웃에게 전화를 걸거나, 또는 침실에 비치한 총을 가지고 오는 것이다. 도덕적 추론은 몇 가지 선택지를 평가해서 어느 것이 최선인지를 결정하는 과정인 것이다.

Kohlberg(1984), Gilligan(1982), 그리고 다른 학자들의 연구에 따르면, 모든 성인들이 동일한 정도의 성숙도를 가지고 도덕적인 문제를 추론하는 것은 아니다. 사실, 이 연구자들은 도덕 발달 단계를 주장했는데, 이러한 단계는 생물학적인 성숙과 사회적 경험에 부분적으로 영향을 받는다. 몇몇 연구들에 따르면 상위의 도덕 발달 단계에 있는 상담사들이 직업 기준에 부합하는 의사결정을 내리는 것으로 나타났지만(Bombara, 2002; Linstrum, 2005; Uthe-Burow, 2002; Welfel & Lipsitz, 1983), 다른 연구에서는 이와 반대되는 결과가 나타나기도 했다(Doromal & Creamer, 1988; Fox, 2003; Royer, 1985). 최근 연구에 따르면, 사회인지적 발달 수준과 수련 과정 이후의 윤리적 의사결정 향상 정도가 관련이 있는 것으로 나타났다(Lambie, Hagedorn, & Ieva, 2010).

Rest에 따르면, 도덕성의 세 번째 구성요소는 도덕적 동기(moral motivation)다. 대안들을 평가하고 어떤 대안이 가장 도덕적인지를 결정했다면, 그 다음에 해야 하는 것은 행동으로 옮길 것인지를 결정하는 것이다. 가령, 어떤 상담사가 자신의 동료 중 한 명이 내담자와의 상담 시간을 무단으로 어기고, 문서 작업을 게을리하고, 직장 내에서 술을 마시는 것을 목격했다고 가정하자. 상담사는 이 상황을 도덕적 딜레마라고 인식하고 있는데, 왜냐하면 내담자의 복지와 상담서비스가 위험에 처해 있기 때문이다. 윤리강령에서도 이것을 상담사의 윤리적 책무라고 규정하고 있다(American Counseling Association[ACA], 2014, Section I.2.a; American Psychological Association[APA], 2010a, Standards 1.04, 1.05). 상담사는 도덕적 대안들을 저울질해 보았고, 이 상황에서 가장 좋은 선택은 동료상담사를 직면해서 내담자에 대한 상담사의 행동을 수정하고, 동료상담사 또한 도움을 구하라고 주장하는 것이라고 판단했다.

이 지점에서 상담사는 스스로에게 질문을 던질 것이다. "지금 내가 해야 한다고 인식하고 있는 것을 선택해서 할 것인가?" 그렇다고 답한다면, 상담사는 윤리적 행동에 한 발짝 다가서게 되지만, 그렇지 않다고 답하면 윤리적 행동이 발생하지 않을 것이다. 이 지점에서 서로 경쟁하는 가치들이 개입될 수 있다. 전문가 집단의 윤리적 가치는 한 개인 안에서 작동하는 유일한 가치가 아닐 뿐더러, 전문가 윤리가 아닌 다른 가치가 우선시 될 수도 있다. 다른 가치들은 존경할 만한 것일 수도 있고(예를 들어 자녀를 부양할 만큼 충분히 돈을 버는 것에 헌신), 경멸할 만한 것일 수도 있다. 이기심은 비천한 가치다. 이 사례에서 상담사는 동료상담사의 상태가 악화되어 직장을 떠나게 될 경우 자신에게 더 많은 내담자들이 배정되고 소득 또한 지금보다 많아진다고 기대할 수 있다. 아니면 직장 내에서의 조화에 가치를 두고 동료들 사이에서 갈등을 일으키지 않겠다고 결정할 수도 있다. 즉, 이 지점이 전문가로서의 윤리적 가치와 다른 가치들이 부딪히는 상황이고, 내담자의 이해를 최우선시하는 전문가로서의 헌신이 검증받는 지점이기도 하다. 윤리적 가치가 우선시된다면, 윤리적 행동이 뒤따를 것이다. 연구 결과, 심리학을 전공하는 대학원생들이 가설적인 윤리적 상황에 부딪혔을 때, 10번 중 5번은 그들이 해야 한다고 알고 있는 것을 하겠다고 보고하였다(Bernard & Jara, 1986). Betan과 Stanton (1999), Fox(2003), McDivitt(2001) 또한 대학원생들과 학교상담사들을 대상으로 한 연구에서 유사한 비율을 보고하였다. 또한 Betan과 Stanton(1999)은 이러한 결정에서 감정이 중요한 역할을 한다고 보고했는데, 행동을 취하는 것을 불안해하고 행동의 효과에 대해 덜 낙관적인 사람일수록 동료에 대해 보고하지 않을 가능성이 더 높은 것으로 나타났다. 실무를 하고 있는 심리학자들은 조금 더 나았다. 관련 연구에서 Bernard, Murphy와 Little (1987)은 심리학자의 2/3가 윤리적 가치를 선택했다. 또 다른 두 연구(Smith, McGuire, Abbott, & Blau, 1991; Wilkins, McGuire, Abbott, & Blau, 1990)에서도 유사한 패턴이 발견되었다. 이러한 연구 결과는, 가치들이 서로 얼마나 강하게 경쟁하고 있고, 그러한 가치들이 인지적인 측면에서뿐 아니라 정서적인 과정에서 작동하는지를 보여준다.

물론, 윤리적 의사결정이 항상 의식적으로 일어나는 것은 아니다. 종종 정신건강전문가들은 가장 책임 있는 선택을 이행하지 않기로 결정할 때 인지부조화를 경험한다. 정신건강전문가들은 스스로를 윤리적이라고 생각하는 것을 좋아하기 때문에, 윤리적인 선택을 거부하는 상황에서 어떻게 하면 기존의 긍정적인 자기 평가를 유지할지 윤리적 딜레마에 빠지게 된다. 이때 심리적 불편감을 덜기 위해 문제가 되는 상황을 재정의하려 할 수 있다. 음주 문제를 가지고 있는 동료상담사의 경우, 상담사는 그 동료가 사실 술에 취한 것은 아니라고 생각할 수도 있다. 또는 상담약속을 어긴 것이 실제로는 그렇게 많지 않다고 생각할 수도 있다. 심지어 이 동료에게 의료적인 문제가 있을 것이라고 스스로를 설득할 수도 있다. 물론 이것이 사실일 수도 있지만, 상담사의 목적이 자신을 윤리적인 책임에서 벗어나게 하는 것이라면, 이 상황에서 사실을 탐색하고 있지 않은 것이다. 대신 이 상담사는 합리화를 한 것인데, 자신의 윤리적 책임에 대한 정의가 바뀌었고, 행동에 옮기려는 동기 또한 줄어들었다. 이렇게 사실을 왜곡하게 되면 동료상담사를 힘겹게 직면하는 것을 피할 수 있을 것이고, 상담사 자신은 여전히 윤리적이라고 생각할 것이다. 어떤 경우에는 인지부조화가 정반대 방향으로 나타나는데, 비윤리적인 행위에 가담한 상담사가 그렇지 않은 상담사들에 비해 동료들을 더 비판하게 된다(이러한 상황을 더 생생하게 이해하려면 Barkan, Ayal, Gino와 Ariely(2012)의 연구를 참고할 것).

만약 이 상담사가 전문가의 윤리를 매우 중시하는 환경에서 일한다면 자기기만에 빠지는 위험은 줄어든다. 슈퍼바이저가 윤리적인 행동을 중시하고 이러한 행동을 수행하는 상담사를 보상해줄 경우 책임 있는 행동은 촉진될 것이다. 직업세계에서는 이러한 리더십을 "조직 내에서 윤리 문화를 조성하는 것"이라고 부른다. 이럴 경우 경쟁하고 있는 가치들은 덜 매력적이 되고, 윤리적인 행동을 추구하는 사람이 지지받고 고립되지 않을 가능성은 커진다. 같은 방식으로, 전문가가 동료와의 정기적인 자문에 참여하고 그러한 지원을 적극적으로 활용하게 된다면 옳은 행동을 결정하는 능력 또한 향상될 수 있다(Johnson, Barnett, Elman, Forrest, & Kaslow, 2013).

Wilkins 등(1990)이 수행한 연구에서도 특정 안건에 대한 윤리적, 법적 기준이 분명하지 않을 때 정신건강전문가들은 윤리적인 가치로부터 벗어나는 행위를 더 빈번하게 하는 것으로 나타났다. 종종 발생하는 일이지만, 직장 내 분위기가 윤리적으로 행동을 하는 것에 적대적일 경우, 실제로 조직문화는 윤리적으로 행동하려는 개인의 성향을 억압하게 된다(Vansandt, 1992).

사회정치적 요인 또한 윤리적 선택을 하는 개인의 능력에 영향을 미친다. 종종 사회적 규범은 윤리적인 행동을 더 어렵게 만든다. 어떤 고등학생이 놀림을 당하고 있는 남자동성애자를 도와주기 위해 무언가를 해야 한다고 믿고 있지만, 다른 학생들로부터 따돌림 당할 것을 두려워해서 그러한 조력 행동을 하지 않기로 결정할 수 있다. 같은 이유로, 소도시에 거주하고 있는 시민이 다른 사람들의 비난을 두려워해서 도덕적으로 잘못되었다고 생각되는 법안을 지지할 수도 있다. 또는 어떤 상담사가 그것이 비록 보험회사를 속이고 내담자의 문제를 잘못 진단하는 것일지라도, 상담 기관에 도움이 된다며 진단명을 바꾸라는 슈퍼바이저의 제안을 따를 수도 있을 것이다.

'무엇이 윤리적인가'에 대한 정의는 문화마다 다르다(Knapp & VandeCreek, 2007; Pedersen, 1994, 1997). 서양 문화에서 개인의 자율성을 중시하는 전통은 다른 문화에서는 수용되지 않는다. 따라서 문화는 가치에 영향을 미쳐서 윤리적인 가치와 경쟁할 뿐 아니라 어느 정도는 '무엇이 윤리적인가' 라는 정의에도 영향을 미친다. 마찬가지로, 무엇이 적절한 성역할이고 양육행동인지는 문화마다 다를 수 있다(부모가 자녀의 결혼을 중매하는 문화에서 자란 내담자가 그 관행을 거부하는 것을 힘들어하는 사례가 3장에 제시되어 있다).

도덕적 인격(moral character)은 Rest의 모델에서 마지막 요소에 해당된다. Betan과 Stanton (1999)은 굳은 의지(resoluteness)라는 용어를 사용해서 이 요소의 단면을 묘사했다. 누구나 도덕적인 행동을 마지막까지 수행해야 한다. 그렇게 하려면 보통 연민, 성실함, 양심과 같은 덕목이 요구된다. 이런 특성이 부족한 사람들은 마음을 바꾸거나 저항에 부딪쳤을 때 물러나게 된다. 앞 절에서 언급했던 사례로 돌아가서 상담사는 동료의 이상한 행동에 대해 염려를 표현할 수 있다. 하지만 상대방이 화를 내거나 개인적인 어려움에 대해 새로운 이야기를 들을 경우 이 상담사는 물러날 수 있다. 도덕적인 행위는 수행되지 않으며 일어날 수가 없다. 종종 도덕적인 계획을 유지할 경우 개인적인 희생이 따르는 경우가 있다. 바로 이 지점에서 개인의 품격과 인격, 사회적인 지지가 중요하다. 목표에 집중하고, 다른 압력에도 불구하고 내담자의 복지를 우선시하는 것은 힘든 일이다(비록 그것이 궁극적으로는 보람 있는 일이기는 하지만). 이 직업 세계에서 윤리적 이상을 실현하는 것을 중시하는 다른 전문가들과 협력하여 도덕적인 행동을 이행할 때 경험하는 어려움이 감소된다. 동료들의 도움으로 윤리적 행동을 통해 얻게 되는 부정적인 결과 또한 완화될 수가 있다.

▍윤리강령

전문학회의 윤리강령은 윤리적 의사결정을 위한 두 번째 자원이다. 이러한 강령은 다양한 이름으로 불리지만, 공통적으로 돌봄의 기준과 회원들을 위한 행동 규칙을 상세히 기술하고 있다. 또한 "실무자들에게 기대하고 있는 행위의 가장 높고 가장 낮은 기준"(Levy, 1974, p. 267)을 모두 표현하고 있다. 면허를 취득한 전문 상담사들은 미국상담학회(American Counseling Association: ACA)의 윤리강령 및 상담실무 기준(Code of Ethics and Standards of Practice)에 의존하고 있다. 심리학자들은 미국심리학회(American Psychological Association: APA) (2010a)의 심리학자의 윤리 원칙 및 행동 강령(Ethical Principles of Psychologists and Code of Conduct)에 의존한다. 사회복지사들은 전국사회복지사협회 (National Association of Social Workers)(2008)의 윤리강령(Code of Ethics)에 의존한다. 우리는 이 책 전체에 걸쳐 이 문서들을 ACA 강령, APA 강령이라고 부를 것이다. 결혼 및 가족치료사들은 미국결혼가족치료협회(2012)의 윤리강령에 구속된다. 학교 상담사들은 미국학교상담사협회(2010)의 학교상담사윤리기준(Ethical Standards for School Counselors)에 구속받는다. 많은 정신건강전문가들이 한 개 이상의 전문학회에 소속되어 있기 때문에, 윤리적인 딜레마 상황에서 두 개 이상의 윤리강령을 참고한다. 또한, 전문학회에서는 사례집(Nagy, 2005), 해설서(Campbell, Vasquez, Behnke, & Kinscherff, 2010; Herlihy & Corey, 2014), 특정 집단과 관련된 실무 지침을 통해 강령을 보완하고 있다. 예를 들어, 미국심리학회에서는 전자매체(APA, 2013b)를 통해 서비스를 제공하는 것과 관련된 지침, 학부 심리학 전공자(APA, 2013c)를 위한 지침, 노인(APA, 2014a)을 위한 지침을 출판했다. 다른 기관에서도 유사한 특별 강령을 가지고 있는데, APA와 ACA에서 제공하고 있는 추가적인 지침과 함께 이러한 지침의 견본을 부록D에 제시하였다.

이러한 강령은 학회원들에게 무엇을 기대하는지를 공식적으로 밝히고 있는데, 구성원들이 강령을 위반할 경우에는 책임을 지게 되어 있다. 학회원들이 전문학회의 회원으로 등록하거나 면허 기관으로부터 자격증을 받는다는 것은, 비록 윤리강령의 가치가 회원의 사생활을 지배하고 있는 윤리적 가치와 충돌하더라도 윤리강령을 따를 것이라고 약속하는 것이다. 각 학회에서는 윤리위원회를 구성해서 학회강령을 집행할 권한을 부여하고 있다(대부분의 주에 있는 학회에서도 윤리위원회와 강령을 구비하고 있지만, 행동 규칙을 정하기 위해 전국단위의 학회에 의존하고 있다). 미국상담학회에서는 처음으로 1961년에 윤리강령을 출판했고 이후로 5번에 걸쳐 윤리강령을 개정했다(가장 최근은 2014년). 미국심리학회는 1953년에 처음으로 윤리강령을 제정했고, 1959, 1981, 2002, 2010년에 각각 개정판을 출판했다.

윤리강령이 의도하는 것은, 전문가 집단의 윤리적 목표와 가치를 정하고 전문가들이 실무에서 가장 많이 당면하는 난제들에 대해 길잡이 역할을 하는 것이다. 따라서 윤리강령에서는 반드시 해야 할 행동, 예를 들어 내담자에게 서비스의 혜택과 위험을 설명하는 것을 명시하고 있을 뿐 아니라, 현재 내담자 또는 학생과 성적 관계를 맺는 것과 같이 금지하는 행동을 명시하고 있다. 한편, 윤리강령에는 다른 행동들이 허용될 수 있는 조건이 명시되어 있다. 예를 들어, ACA와 APA에서는 전문가가 제공한 서비스에 대해 금전 이외의 다른 것으로 물물 교환할 수 있는 상황을 상세히 기술하고 있다(ACA, 2014, Section A.10.e; APA, 2010a, Standard 6.05). 더욱이, 윤리강령에는 전문가 집단의 기본적인 윤리적 가치를 명백히 밝힌 "포부 진술문"(aspirational statements)을 포함하고 있다. 이러한 진술문은 일반적으로 윤리강령 서문에 기술한다(ACA 윤리강령에서는 부록 A, APA 강령에서는 서문에 수록되어 있음).

전문학회의 윤리강령은 종종 상담 및 심리치료 실무를 관장하는 주 법규 안에 포함되어 있다. 그러나 주목해야 할 사실은, 면허위원회에서는 면허를 구속하는 윤리적인 기준을 추가적으로 갖추고 있다는 것이다. 이러한 강령과 법규에 대해 무지하다는 것이 문제 행동에 대한 변명이 될 수는 없다. 만일 상담사들이 그들의 전문적인 정체성으로부터 혜택을 받고 있다면, 윤리 기준을 알고 존중하며 시행하기 위해 노력해야 할 의무가 있다. 각각의 강령에서는 규정을 모른다고 책임을 벗어나는 것이 아님을 명시하고 있다(APA 윤리강령 서문(2010a) 참조, ACA 윤리강령 Section I.1.a 참조).

윤리강령의 이점과 한계

윤리강령이 개별 상담사에게 주로 기여하는 부분은, 윤리적인 문제를 경험하고 있는 상담사를 지지하는 것이라고 할 수 있다. 신중한 실무자들은 늘 윤리강령을 참고하는데, 윤리강령에는 책임 있는 행동이 무엇인지 적혀 있고, 그 이상 자세히 설명하는 것은 불필요하다. 그 어떤 윤리강령도 모든 윤리적인 사안을 해결하기 위해 청사진을 제공하지는 않는다. 또한 위반하지 않는 것이 이상적인 윤리적 행동과 동일한 것을 의미하는 것은 아니다. 윤리강령은 공동의 문제에 대해 동료들이 내리는 최선의 결정이고, 전문가들이 공유하고 있는 직업적 가치를 대변한다. 윤리강령이 존재하고 이를 집행한다는 것은, 전문가들이 대중의 복지를 보호하는 자신의 책임을 진지하게 감당하는 것을 의미한다. 윤리강령을 개정하는 일에 대해 장기간에 걸쳐 회원들의 의견을 구하고 그러한 변화에 대해 회원들을 교육하는 일은, 회원들로 하여금 윤리강령에 주목하게 해서 강령의 중요성을 이해시키기 위함이다. 포부 윤리와 관련된 진술문을 포함함으로써 직업의 기본적인 윤리적 가치가 무엇인지 회원들과 공유한다.

윤리강령에도 한계가 있다. 첫째, 전문학회의 구성원들은 다양한 환경에서 다양한 집단과 일을 하면서 매우 상이한 행동에 관여한다. 이러한 다양성과 차이는 윤리강령이 포괄적으로 기술되어야 함을 의미하고, 특정 맥락에 적용하는 것에 한계가 있음을 나타낸다. 둘째, 직업 환경이 급속하게 변하면서 새로운 형태의 업무가 생겨나고 계속해서 새로운 집단이 등장하기 때문에, 작성자의 노력에도 불구하고 윤리강령의 어떤 부분은 출판되기가 무섭게 구식이 될 수 있다. 따라서 윤리강령은 전문가들이 SNS를 사용하는 문제나, 손상된 상태에서 자동차를 운행하는 내담자에 대한 상담사의 책무 등 최첨단 사안들을 한결같이 다루지 않는다(Mabe & Rollin, 1986). 이런 딜레마와 씨름하는 상담사들은 다른 곳에서 지원을 얻어야 하는데, 일반적으로 동료에게 자문을 구하는 것이 도움이 된다. 또한 윤리강령은 서로 다른 가치와 우선순위를 가지고 있는 조직 내에서 개발되기 때문에, 출판되는 문서들은 종종 윤리적 이상을 대변하는 것이 아니라 운영위원회가 받아들일 수 있는 것을 대변하는 경우가 있다. 가령, 1992년의 APA 강령 15개 초안은 이전 내담자와의 모든 성적 친밀함을 금지했는데, 운영위원회에서 채택한 안은 제한된 조건 내에서 2년 후에 이전 내담자와 성적 접촉을 허용하고 있다(현재 APA 강령에도 포함되어 있다). Gabbard(1994)는 이러한 변화가 대중의 안녕에 대한 염려라기보다는 타협과 이기심의 결과라고 주장했다. Ladd(1991)는 윤리강령의 한계점에 대해 중요한 부분을 언급했다. 윤리강령이 전문직의 사소한 문제(예, 물물 교환의 허용가능성)에 지나치게 주의를 기울이기 때문에, 전문가들이 주요한 문제(사회정의를 향상시키는 데 있어서의 윤리적 책임)에 관해서는 관심을 갖지 않게 된다는 것이다.

가장 중요한 것은, 윤리강령이 책임 있는 행동에 대한 요리책이 아니라는 것이다(Kitchener & Kitchener, 2012). 요리책으로 비유를 더 하자면, 비록 윤리강령이 요리책의 두 가지 기본 요소(좋은 윤리적 영양분과 Handelsman이 지적한 것처럼 윤리적 독소 목록)를 제공하기는 하지만(Kuther, 2003), 윤리강령은 건강한 윤리적 의사결정을 위한 비법을 제공하지는 않는다. 이런 한계로 인해 윤리강령은 겨우 몇 개의 문제에 대해서만 확실한 지침을 제공한다. 예를 들어, 현재 내담자와 성적인 관계를 금지하는 것에 대해서는 확고한 입장을 취하고 있다. 윤리강령에는 그러한 관계가 '절대' 적절하지 않다고 적혀 있다. 그러나 다른 많은 문제들에 관한 지침은 그만큼 명확하지가 않다. 아래 상황은 이러한 한계를 잘 보여준다.

레마드 박사와 학스 여사의 사례

학스 여사는 상담심리학자인 레마드 박사와 함께 시민위원회에서 봉사를 하고 있는데, 우울한 감정 때문에 도움을 청하러 박사를 찾아갔다. 학스 여사는 위원회에서 같이 활동을 했고, 지역사회에서 레마드 박사가 좋은 평판을 지니고 있기 때문에 자신의 속이야기를 말하기가 불편하지 않다고 말했다. 같은 위원회에서 봉사하고 있는데 상담을 진행하는 것이 적절할까?

이 문제를 윤리강령에서 다루고 있기는 하지만 결론이 분명한 것은 아니다(다중 관계라는 것은 상담사-내담자 관계에 더해 다른 관계를 맺는 것을 의미한다). APA 강령 기준 3.05에서는 객관성과 상담의 효과를 훼손시키고 상대방에게 위험을 초래하는 관계를 피해야 한다고 명시하고 있다.

이 경우 레마드 박사는 관련 윤리 조항을 해석해서 적용해야 한다. 윤리강령은 레마드 박사에게 다음과 같은 질문을 던지고 있다. "이 관계는 사교적인 개인 관계인가?" "이 관계를 피할 수 있는가?" "피할 수 없다면, 다른 장면에서 정기적으로 만나는 내담자에게 객관적일 수 있다는 것을 어떻게 확신할 수 있는가?" 결국 레마드 박사는 윤리적으로 고려해야 할 사항들을 분류해서 최선의 결정을 내려야 할 것이다. 이 여성과의 관계 특성과 객관성이 훼손되는 정도, 내담자에게 무엇이 최선인지를 심사숙고해야만 한다. 내담자가 다른 상담사를 만날 수 있다는 점 또한 고려해야 한다.

다른 윤리적 사안들에 대해서도 윤리강령은 훨씬 더 적은 지침을 제공한다. 주로 아동청소년과 상담하는 상담사를 생각해보자. 이 상담사는 상담에서 다룬 내용을 부모나 양육자와 얼마나 공유해야 하는지, 그리고 이러한 내용을 개방하는 것이 아동과의 상담 관계를 진전시키는데 있어서 무엇을 의미하는지를 고려할 필요가 있다. ACA 강령(2014)에서는 상담사가 미성년자인 아동(또는 법적으로 동의를 제공할 수 없는 사람)에게서 동의를 구하고, 미성년자의 권리, 부모의 권리와 책임을 이해할 것을 권하고 있다(Section A.2.d, 부록 A 참조).

이러한 진술은 일반적이어서, 청소년 내담자와 씨름하고 있는 상담사에게는 별로 도움이 되지 않는다. 특히, 문제가 많은 가족으로부터 소외되었다고 느끼고, 귀가시간을 어기면서 술을 마시고 있는 것을 부모에게 말하고 싶어 하지 않는 청소년을 상담하고 있는 상담사에게는 더욱 그렇다. APA 강령 기준 3.10b에서는 이 주제에 관해 많은 부분을 할애하고 있지 않다. 이때 상담사는 윤리적인 측면을 스스로 분석해야 할 부담을 많이 느끼게 되는데, 조심스럽게 추론해서 최선의 해결책을 고안해 내야 한다. 상담사는 다른 자원을 활용해서 의사결정 과정을 진행해야 한다.

요약하면, 윤리강령은 복잡한 문제에 대해 쉬운 해결책을 제공해주지 않는다. 대신, 직업군에서 공유하고 있는 지혜를 바탕으로 독립적인 결정을 내리기 위한 중요한 출발점으로 기능한다. 윤리강령을 무시하는 전문가들도 위험한 상황에 빠질 수 있지만, 윤리강령이 모든 윤리적 문제에 대한 처방이라고 생각하는 사람들 또한 똑같이 위험에 빠질 수 있다.

▍철학 관련 문헌

윤리적 결정을 책임 있게 하기 위해 활용할 수 있는 세 번째 자원은 윤리강령의 철학적 기반을 설명하는 문헌들인데, 상담사들의 전문윤리를 철학자들의 윤리 저서와 연계시켜 설명해준다. 이런 문헌들은 강령에 포함된 기준에 대한 이론적 근거인 윤리 원칙, 덕목, 이론들을 정의하고 있다. 본질적으로 이러한 저서들은 시대에 걸쳐 형성된 지혜와 윤리강령을 연계시키고, 가장 어렵고 혼란스러운 윤리적 딜레마에 대처할 때 매우 유용하다. 또한 철학 문헌들은 책임 있는 전문가 행위의 밑바탕이 되는 가치와 덕목들을 명료하게 해주고, 전문가들의 윤리적 수행에는 늘 가치판단이 필요함을 강조하고 있다. 몇몇학자들(예, Birrell, 2006; Kitchener & Kitchener, 2012; Sommers-Flanagan & Sommers-Flanagan, 2007; Urofsky & Engels, 2003)은 정신건강 전문가를 대상으로 하는 윤리 교육에 도덕철학이 포함되어야 한다고 주장한다. 다음 사례를 고려해 보자.

아네트와 아키의 사례

17세인 아키는 양아버지가 자신을 성적으로 학대했다는 말이 사실이 아님을 네 번째 상담회기에서 학교 상담사에게 이야기했다. 아키가 이렇게 거짓말을 한 이유는, 양아버지가 어머니를 여러 번 폭행했고 이런 양아버지를 어머니가 떠나고 싶어 했기 때문이다. 아키는 자신의 코치에게 학대에 관해 이야기했고, 코치는 당국에 이것을 보고했다. 상담사인 아네트는 이러한 사실을 아키로부터 보고받았다. 아키는 지금까지 네 번 상담을 받았다.

아네트는 자신의 내담자가 이와 같은 내용을 공개하는 것에 동의하지 않는다면 비밀보장을 유지해야 하는가? 이 지점에서 상담사는 윤리적 딜레마에 빠지게 되는데, 상담사가 무엇을 하더라도 유해한 결과가 발생할 수 있기 때문이다. 내담자, 내담자의 어머니, 그리고 내담자의 양아버지의 안녕이 모두 위험에 처해 있다. 윤리강령에 관련 정보들이 제시되어 있지만, 윤리강령을 참고해도 문제를 해결하는 것은 쉽지가 않다. 윤리강령은 내담자의 사생활 권리를 보호하기 위한 장치로서 비밀보장의 중요성을 강조한다. 또한 윤리강령에서는 법원에서 요구할 때 그리고 내담자 또는 타인에게 심각하고 예측할 수 있는 위해가 존재하는 상황에서 이런 권리보장이 예외 상황이라고 명시하고 있다. 윤리강령에서는 비밀보장을 위반하려는 결정을 가볍게 여겨져서는 안 된다고 말하고 있는데, 그러한 예외조항을 광범위하게 정의하고 있다. 법에서는 개방할 것을 요구하는가? 이 질문에 답하기 위해서는 변호사의 자문이 필요하다. 심각하고 예측이 가능한 위해가 존재하는가? 만일 내담자가 너무 절망적이어서 양아버지를 총으로 쏘거나 스스로 자살하겠다고 말한다면, 심각하고 예측가능한 위험이 존재한다고 볼 수 있다. 아동복지 기관에서 양아버지를 조사하고 결국 집을 떠나게 하는 것은 동일한 종류의 위해인가? 양아버지가 기소를 당해 구속된다면 그것이 심각하고 예상할 수 있는 위해인가? 아네트는 아동복지 기관에서 파견된 조사관들에게 이러한 정보를 알려야 할 의무가 있는가? 아니면 사실관계를 확인하는 것은 그들의 책임인가? 내담자가 심리적으로 심각한 고통을 경험하고 있고 가족으로부터 유리되었다고 느끼는 상황에서, 상담사가 비밀 내용을 공개함으로써 상담 관계가 끝이 난다면 이것은 윤리적인 행동이라고 말할 수 있는가? 아동의 나이는 상담사의 결정에 영향을 미쳐야 하는가?

상담사는 이 상황에서 윤리강령이 제공하는 것 이상의 정보가 필요하다. 철학자들이 윤리적 의무를 어떻게 개념화하고 우선시하는지를 이해한다면 문제해결에 대한 실마리와 함께 의사결정 과정에서 활용할 수 있는 틀을 얻을 수 있을 것이다(이 사례는 다음 장에서 다시 이야기할 것이다). 2장에서도 자세히 기술하겠지만, 윤리강령은 몇 가지 윤리 원칙으로부터 파생된다. 이러한 윤리 원칙들을 곰곰이 생각해보면 매우 복잡한 상황에서 대안들을 더 잘 평가할 수 있다. 예를 들어, Kitchener(1984)는 복지 분야나 의료 분야에서 윤리 기준의 근간이 되는 다섯 가지 윤리 원칙을 제안했다. 여기에는 자율성 존중, 선행(좋은 것을 행할 의무), 비위해(해를 피함), 약속 이행, 정의가 포함되어 있다. 전문가는 혼란스러운 딜레마 상황에서 광범위한 윤리 원칙에 근거해서 대안들을 신중히 비교하고 검토해야 한다. Beauchamp와 Childress (2012)는 여기에 진실성(전문적인 상호작용에서 진실할 의무)을 추가했다.

더 나아가 철학자들은 그들이 윤리 이론(Freeman, 2000; Kitchener, 1984)이라고 부른 또 다른 수준의 윤리적 추론에 관해 기술하고 있다. 윤리 원칙으로 문제를 해결하지 못할 경우 윤리 이론을 고려해볼 필요가 있다. 위에서 언급한 것처럼, 다음 장에서는 전문가 실무라는 맥락 하에서 윤리 원칙과 윤리 이론을 상세히 다루고자 한다.

다른 철학자들은 윤리에 관해 다른 방식의 사고를 제공한다. 그들은 윤리 원칙이나 규칙, 또는 윤리적인 문제 해결을 이야기하는 것이 아니라, 덕윤리(ethics of virtue)를 말한다. 그들은 전문가가 어떻게 행동해야 할지에 관해서가 아니라 그들이 어떤 사람이어야 하는지에 관심을 가진다(May,

1984). 이러한 논의는 전문가들이 개발해야 할 자질과 그들에게 필요한 인격에 초점을 둔다. 이러한 논의에 관심을 기울인다는 것은, 행동 규칙과 이러한 규칙을 적용하기 위한 기준에 관심을 기울일 뿐 아니라 타인과 관계를 맺고 있는 한 사람으로서의 상담사에게도 관심을 기울인다는 것을 의미한다(Cohen & Cohen, 1999; Jordan & Meara, 1990; Meara, Schmidt, & Day, 1996). 이러한 문헌들에서 가장 많이 언급되는 다섯 가지 덕목은 다음과 같다. 품격(깊이 품고 있는 개인적 가치를 토대로 일관되게 행동하는 능력), 신중함(분별 있게 행동하는 능력), 신뢰(약속과 헌신을 이행하는 능력), 측은지심(타인의 안녕에 대한 깊은 관심과 타인의 고통에 대한 동정심), 존중(타인의 고민을 인식하고 타인의 존귀함을 존중하는 태도). Beauchamp와 Childress(2012)는 약간 다른 덕목 다섯 가지를 언급했다: 측은지심, 양심, 품격, 신뢰성, 사리분별. 특정 실무에 적용할 수 있는 최적의 개별 덕목과 관계없이, 이들은 전문가가 책임 있게 행동하고 자신의 행동과 결정이 가져올 결과에 책임을 지는 미덕이 중요하다고 역설한다.

전문가 윤리에 대한 또 다른 철학적 관점은 여성주의 이론으로부터 나온다(Brabeck, 2000; Hill, Glaser, & Harden, 1998; Lerman & Porter, 1990; Nodding, 1984). 이 관점에서는 체제(systemic) 변인을 강조하는데, 예를 들어 체제 내에서의 참여자들의 힘, 인종과 계급, 억압이 의사결정 과정에 미치는 영향을 들 수 있다. 여성주의 이론가들은 각 내담자의 특성에 주의를 기울이는 것을 옹호하고, 내담자와 상담사 사이에서 의사결정의 동등함을 강조한다. 초점은 상담서비스의 중심 가치로서의 내담자 돌봄에 있다(Birrell, 2006). 최근에는 Cottone (2001)과 Guterman과 Rudes(2008)의 철학적 관점이 윤리 기준에 영향을 미치고 있는데, 이들은 윤리적 의사결정에서 사회구성주의 모델을 지향한다. 이 관점에 따르면, 윤리적 선택은 개인 안에 존재하는 과정이 아니라 사회적으로 상호작용하는 과정이다. 이는 개인의 책임 있고 유능한 행위가 그 개인이 몸담고 있는 전문 집단의 지지체계와 분리될 수 없다는 관점과 일맥상통한다(Johnson et al., 2013).

긍정 윤리(positive ethics)는 윤리적 실무를 강조하는 가장 최근의 변화를 반영한다. Handelsman, Knapp와 Gottlieb(2005)에 따르면, 규칙을 위반하는 것을 피하고 기준을 따르는 것을 강조하는 윤리적 접근은 정신건강전문가들과 내담자에게 도움이 되지 않는다. 대신, 윤리적 이상에 따라 윤리적 행동을 계획하는 것을 옹호하는데, '어떤 행동이 이 직업에서 공언하고 있는 이상과 가장 일치하고, 내가 정신건강전문가로서 신봉하는 가치와 가장 일치하는가?'라는 질문부터 시작한다. Handelsman 등(2005)은 Berry와 Sam(1997)의 논문을 인용하면서, 윤리적 실무를 향상시키는 것을 윤리적 교화(ethical acculturation)라고 생각했는데, 이는 개인의 도덕적 가치를 전문가 집단의 윤리적 가치에 통합시킴으로써 윤리적 정체성을 발전시키는 과정을 말한다. 이러한 정체성은 윤리적 규칙보다는 윤리적 이상에 초점을 두고, 윤리적 행동의 지적, 정서적, 대인적 요소들을 통합한다.

▎신경과학 문헌

최근 뇌기능과 도덕적 판단 사이의 관련성을 밝히려는 연구들이 진행되어 왔는데, 이를 통해 도덕적 판단을 내리는 동안 활성화되는 뇌의 영역이 어디인지 분명히 알 수가 있다(Sinnot-Armstrong, 2008; Farah, 2012; Young & Phillips, 2011). 이미 100여 년 전에 신경생리학적인 손상으로 인해 도덕적 판단에 장애가 발생한 사례가 출판되었다. 이 사례에서 Phineas Gage는 심각한 신경생리적인 손상을 입었는데(철제 막대기가 머리를 관통함), 내측전두피질의 많은 부분이 손상되었다. 놀랍게도 도덕적 판단을 제외하고는 모든 정신 능력이 회복되었다. 사고 이후 그는 지역사회의 중심적인 인물에서 무법의 반사회적 인간으로 변모하였다(Greene, 2005a). 최근 진행된 연구들 또한 흥미롭고 논란의 소지가 많은 결과들을 제시하고 있다. 즉, 초기 경험으로 인해 발생한 뇌의 변화 때문에 도덕적 기능이 영향을 받는다는 것인데, 이는 정서와 도덕적 판단 사이에 깊은 관계가 있음을 지지하는 것이다(Greene, 2005b).

또한 이 연구는 어떤 형태의 뇌 손상이 비행과 관련 있는지를 보여주는데, 특히 전두엽피질에 손상을 입었을 때 이러한 관계가 나타난다(Damasio, 2007). 마찬가지로, 이 연구는 사람들이 도덕적인 사안들을 다루는 동안 감정, 추론, 뇌 기능 간에 관계가 있는지를 탐색한다. 예를 들어, 최근 한 연구에서는 사람들이 윤리적으로 옳은 일을 하지 못할 때와 비윤리적인 행동에 가담할 때 뇌 활동에 차이가 있는지를 탐색하였다(Greene & Paxton, 2011). Truscott은 아래와 같이 관련 연구 결과를 요약했다.

사람들이 도덕적 딜레마를 생각할 때는 뇌 안의 수많은 신경망이 활성화된다. 내측전두엽은 타인에 대해 어떻게 느끼는지를 적극적으로 처리하는 반면, 전두엽의 배면은 지속적인 정신적 계산에 관여한다. 또한 전측대상피질은 뇌의 한 부분에서 발산하는 충동과 다른 영역에서 오는 억제 간 갈등을 다룬다(Truscott, 2013, p. 3).

심지어 어떤 연구들은 뇌에 수술, 전기, 또는 화학적 개입을 통해 도덕적 기능이 향상될 수 있다고 제언한다(Narvaez & Vaydich, 2008). 이 분야의 연구들이 아직 초보단계에 있는 것은 분명하지만, 지금까지의 연구 결과들은 도덕적 판단이 순전히 의식적인 과정이 아니며, 유전, 뇌의 화학적 반응, 정서, 환경 간 상호작용 등이 윤리적 행동에 영향을 미침을 시사한다.

▎전문가 윤리에 대한 연구

또 다른 주요 정보원은 구체적인 사안을 검토한 문헌들인데, 이를테면 아동을 다룰 때 비밀보장의 한계가 어디까지인지, 상담서비스를 광고할 때 윤리적으로 고려해야 할 점들이 무엇인지 등이 이에 해당한다. 지난 40년간 윤리 관련 출판물이 극적으로 증가했다. 윤리적 행동을 위한 구체적인 지침이 윤리강령을 통해 제시되지 않을 경우, 윤리적으로 대처하려고 노력하는 전문가들에게는 이와 관련된 책이나 논문이 특히 유용하다. 이견이 분분한 영역, 예를 들어 이전 내담자와의 성적 관계나, 내담자의 행동이 타인에게 위협이 될 때 비밀보장의 한계를 고려할 때 논쟁의 측면이 무엇이고 해당 사안의 주요 요인이 무엇인지를 인식하는 데 도움이 된다. 이런 자료들은 상대적으로 윤리강령 개발에 영향을 미치는 외부 압력으로부터 자유롭다. 이러한 저술들은 전문가들이 최대한 책임 있게 행동하라고 격려한다.

아키(성학대와 관련해서 거짓말을 했다고 보고한 청소년 내담자)의 사례에 대해서는 관련 문헌들이 몇 가지 측면에서 상담사에게 도움이 될 수 있다. 문헌들은 "심각하고 예측가능한 해로움"의 의미를 좀 더 온전히 정의하고 있고(예, Swenson, 1997), 청소년 내담자와의 비밀보장의 한계를 명료히 밝히고 있으며(Ellis, 2009; Gustafson & McNamara, 1987; Lawrence & Kurpius, 2000; Taylor & Adelman, 1998), 비밀보장을 깨는 것이 잠재적으로 상담 관계에 어떤 영향을 미칠 것인지를 검토하고 있다(Baird & Rupert, 1987; Fisher, 2012; Nowell & Spruill, 1993; Pipes, Blevins, & Kluck, 2008; Rokop, 2003). 이러한 문헌과 윤리강령 및 윤리 원칙을 함께 사용할 때, 상담사는 특정 사안에 대해 많은 지식과 경험을 가지고 있는학자들의 의견을 참고할 수 있다.

비윤리적 행위의 범위

학자들은 가장 자주 범하는 윤리적인 문제가 무엇인지, 그것과 관련된 전문가들의 특징이 무엇인지에 관해 연구해왔다. 연구 결과는 몇 가지 주목할 만한 점들에 대해 경고하고 있다. 구체적으로, 연구자들은 면허위원회와 학회에 제기되는 불만의 패턴, 상담사와 심리학자들에게 가해지는 과오소송의 특징, 전국적으로 실시한 설문에서의 전문가 반응을 조사했다. 한편 윤리위원회에서는 일 년 동안 그들의 활동과 다뤘던 사례들을 보고한다(예, APA, 2014b; Ponton & Duba, 2009). 더욱이, APA와 ACA에서 비윤리적인 행동으로 인해 회원을 제명할 경우, 위원회에서는 제명에 대한 사실을 연회비 청구서와 함께 모든 회원들에게 공지한다. 또한 APA에서는 덜 심각한 위반 사항을 범한 사람들의

이름과 가해진 처벌을 고지한다. 많은 주 정부 면허위원회에서도 웹사이트에 징계행위를 게시한다. 예를 들어, 캘리포니아에서는 http://www.psychology.ca.gov/consumers/actions.shtml.에 지난 몇 년간 징계를 받은 심리학자들에게 가해진 구체적인 결정 사항을 공개한다. 미국건강및복지사업국에서는 매년 건강전문가들에게 가해진 징계행위와 조사내용을 공개하고 있다. 가장 최근에 온라인에 공개된 내용은 http://www.npdb-hipdb.hrsa.gov/resources/npdbstats/npdbStatistics.jsp#contentTop에서 확인할 수 있다.

이 모든 자료들로부터 몇 가지 중요한 내용을 확인할 수 있다. 첫째, 자료의 출처에 따라 약간의 차이는 있지만 동일한 문제가 되풀이된다. 성적 부정행위, 부적절하고 무능한 행위(재정적 부정행위 포함), 경계 위반이라고도 불리는 다중 관계 등이 여기에 해당된다. 심리학자들에 대한 윤리적 고발은 주로 성적 부정행위, 경계 위반, 보험 또는 상담료와 관련된 문제들과 관련 있다. 예를 들어, 2010년에는 심사받은 사례 중 38.5%가 심리학자에 의한 성적 부정행위였고, 15.4%는 비성적인 이중 관계였다(APA, 2013d). 직전 연도에는 APA 윤리위원회가 심사한 사례 중 55.6%가 성적 부정행위를 포함하고 있었다(APA, 2012a). 부적절한 아동양육권 평가와 관련된 고발 건수는 1995년 이후 많아졌지만, 심사한 사례 중에서는 그 수가 매우 적다. 심리학자가 주 정부 면허를 상실한 이후에 주 면허위원회에서 고발하는 경우가 많다. 그럴 경우 APA 윤리위원회에서 그 사례를 별도로 심의하고 판결을 내린다. 캐나다에서는 캐나다심리학회가 심의하기 전에 우선 조정위원회에서 고발 사항을 심사하도록 규칙을 변경한 이후에는 2001년 이후 9개의 고발 사건이 접수되었다(Pope & Vasquez, 2011). 이 중 아동 평가와 관련된 한 개의 고발 건수에 대해서만 판결이 내려졌다(Pope & Vasquez, 2011).

ACA 윤리위원회에서 공식적으로 심사한 내용 또한 성적 부정행위와 같이 주로 상담 관계와 관련된 위반 사항이 많았다(예, ACA, 2013). 위원회에 전달된 비공식적인 문의 내용은 양상이 조금 다르

다. 2009－2010년에 제기된 2,425건의 문의 중 거의 절반(49%)이 비밀보장 문제와 관련이 있다. ACA는 아동양육권 평가와 관련해서 고발된 건수가 상당히 증가한 사실에 주목했다(ACA, 2013). 전국사회복지사협회(National Association of Social Workers: NASW)와 사회복지사 면허위원회에 접수된 고발 내용을 분석해 보면, 이중관계(성적, 비성적)에 대한 위반이 빈번함을 알 수 있다. 가장 많이 위반하는 것은 '내담자에 대한 헌신'과 관련이 있다(NASW, n.d.).

각 기관에 소속된 회원 수를 고려하면 매년 제기되는 고발 건수는 매우 작은 편이다. 2011년 자료를 살펴보면, APA의 경우 84,339명이 회원으로 등록했던 2004년부터 2009년까지 겨우 141건의 사례를 심사했다. 약 45,000명의 회원을 보유하고 있는 ACA는 2009년부터 2010년 사이에 겨우 9건의 고발을 접수했다(ACA, 2011a). 이는 APA의 경우 5년 동안 0.00167%의 회원이 심사를 받았다는 것을 의미하고, ACA의 경우에는 0.0002%만이 심사를 받았다는 것을 의미한다. Phelan(2007)은 윤리 위반으로 인해 학회에서 제명된 회원의 수는 매우 적다고 보고했다. Phelan에 따르면, 1995년부터 2005년까지 17명의 결혼및가족상담사들이 AAMFT로부터 퇴출되었고, NASW의 경우에는 21명의 사회복지사들이, ACA는 4명의 상담사가, APA는 126명의 심리학자들이 제명되었다.

주 정부 면허위원회의 자료를 살펴보더라도 매우 적은 수의 정신건강전문가들이 고발을 당한다. 다른 어떤 주보다 심리학자들이 많은 캘리포니아의 경우 2004년부터 2008년까지 382명의 심리학자들을 조사했는데, 면허가 유효한 심리학자의 2.4%에 해당된다. 전국 자료 역시 캘리포니아주의 경우와 유사하다. 주및지역심리학이사회협회(ASPPB, 2012)에서는 2008년부터 2012년까지 면허를 소유한 심리학자들에게 평균 227건의 징계가 가해졌다고 보고하였다. 이 보고서에서 매년 가장 많이 징계를 받는 4가지 중 하나가 성적 부정행위인 것으로 나타났다. Neukrug, Milliken과 Walden(2011)은 미국 내 103,600명의 면허상담사 중 1% 미만이 주

위원회에 고발을 당한다고 보고했다. 예를 들어, 오하이오주에서는 2007년도에 30,067명의 상담사, 사회복지사, 결혼및가족치료사가 면허를 소지하고 있었는데, 2006년부터 2008년까지 91명이 위원회로부터 징계를 받았다. 캐나다의 경우도 이와 비슷하다. 1983년도부터 2006년까지 109명의 캐나다 심리학자들이 면허위원회로부터 징계를 받았다(Pope & Vasquez, 2011). 그러나 현재 캐나다심리학회는 고발을 거의 받고 있지 않은데, 그 이유는 면허위원회가 고발 건에 대해 판결을 내리는 것에 동의했기 때문이다.

이 분야에서 합의된 의견은, 이러한 수치가 실제로 발생하는 위반 건수를 상당히 과소 평가하고 있다는 것이다. 대부분의 저자들은 실제 발생하는 윤리적 위반 건수는 그보다 훨씬 더 많을 것이라고 주장한다(Biaggio, Duffy, & Staffelbach, 1998; Pope & Vasquez, 2011). 이유는 무엇일까? 몇 가지 이유가 가능하다. 내담자들이 그들의 권리를 알지 못하거나 항의할 만큼 힘이 있다고 느끼지 않거나, 아니면 그들에게 가해진 해로움에도 불구하고 상담사의 일자리를 희생하고 싶지 않기 때문일 것이다. 또한 위반 사항을 알고 있는 동료들이 관여하고 싶어 하지 않거나, 관여할 경우 받게 될 보복을 두려워하기 때문일 수 있다.

주 면허위원회에 가장 많이 제기되는 고발은 상담사의 소홀함이고 그다음이 부적절한 이중관계, 즉 상담회기 이외의 장면에서 내담자와 상담사가 부적절하게 접촉하는 것이다(Wheeler & Bertram, 2012). 전체 고발 건수 중 53%가 소홀한 행위로 특징지을 수 있다. 매년 고발과 관련된 자료가 미국주상담위원회협회(American Association of State Counseling Boards: AASCB, 2008)에 보고된다. 이 자료를 살펴보면, 2008년에는 미국에 81,309명의 면허상담사들이 있는데 고발이 1,065건이었고, 그중 397명 즉 전체 면허상담사의 0.49%가 위반한 것으로 판정되었다. 중독상담사들을 조사한 면허위원에 따르면 성적 부정행위에 대한 고발이 가장 많았고, 음주로 인한 손상, 무면허 상담이 그다음으로 가장 많이 고발되는 유형이었다(St. Germaine,

1997). "고위험" 분야, 예를 들어 아동양육권 평가, 이혼, 슈퍼비전, 다른 유형의 제3자 평가 등에서 실무를 하고 있는 심리학자들이 비록 대부분의 경우 기각되기는 하지만 가장 많이 고발을 당한다 (Thomas, 2005). Schoenfeld, Hatch와 Gonzales (2001)는 고발을 당한 사람들이 경험하는 고통과 혼란뿐 아니라 상담사에게 잘못이 있다고 판명이 났을 때 고통이 어떻게 심해지는지를 생생하게 보고하고 있다. 그들의 연구에 참여한 참여자 중 하나 이상의 주 정부 법규를 위반한 것으로 나타난 심리학자들은 우울, 불안, 수면 장애, 대인관계 문제, 의료적인 문제 등을 경험하는 것으로 나타났다. 고발당한 사람들은 직장에서 시간을 허비했고, 고발에 대응하기 위해 많은 돈을 지불해야 했다.

비윤리적 행위에 대한 재정적 비용(경비, 희생) ACA 보험신탁에 따르면, 1997년부터 2001년 사이에 가장 많은 비용을 지불한 법률소송은 상담사의 근무태만으로 인해 내담자의 자살이나 다른 폭력적인 행위를 막지 못한 것이었는데, 8%에 해당되는 소송에서 전체 소송의 55%에 달하는 비용이 지불되었다. 한편, 소송이 가장 많이 제기된 분야는 비밀보장과 관련이 있었고, 두 번째는 경계 위반 관련 내용이었다. 최근 ACA 보험신탁 자료에 따르면 거의 동일한 패턴으로 소송이 진행되었는데, 근무태만에 대한 소송이 53%에 달했다(Wheeler & Bertram, 2012).

지난 20년 동안 사회복지사에게 제기된 과오소송 패턴을 살펴보면, 두 영역 즉 부정확한 치료(모든 소송의 18.6%)와 성적 부정행위(18.5%)에서 많은 소송이 제기된 것을 알 수가 있다(Reamer, 1995). 성적 부정행위에 대해 가장 많은 합의가 이루어졌는데, 소송에 들어간 전체 비용의 41%에 해당한다. 다른 전문 분야에서처럼 아주 적은 수의 사회복지사들이 과오소송에 휘말린다. 현재 미국사회복지사협회에 등록된 회원 수는 155,000명이고, 미국에만도 180,000명이 면허를 소유한 사회복지사들이지만, 1975–1995년에 634건의 과오소송이 제기되었다(Reamer, 1995).

정신건강전문가들에게 제기되는 법적·윤리적

소송에는 간접비용이 발생한다. 제재를 받은 사람들은 보험패널에서 제외될 수 있고, 병원 특권을 잃고, 고비용의 과오소송 보험료를 감당해야 한다(Bricklin, Bennett, & Carroll, 2003).

일상 실무에서의 윤리적 과오 윤리 관련 고발이나 과오소송은 보고되지 않은 윤리 위반에 대해서는 자료를 제공하지 않기 때문에, 연구자들은 정신건강전문가들이 관여했거나 목격한 위반행위에 대해 설문을 실시해 왔다. 이들 연구에서 가장 흔하게 범한 것으로 나타난 윤리적 문제는 비밀보장인 것으로 나타났다. 한 연구에서(Pope, Tabachnick, & Keith–Spiegel, 1987) 8%의 심리학자들이 친구에게 내담자에 관한 이야기를 했다고 보고했다. 이 연구에서 반 이상의 참여자들은 무심결에 비밀보장을 위반했음을 인정했다. 그러나 14년 후에 실시된 규모가 작은 연구에서 보다 적은 수의 전문가들(40%)이 무심결에 비밀보장을 위반한 것으로 확인되었다(Tubbs & Pomerantz, 2001). 이는 1987년 자료와 비교했을 때 통계적으로 의미 있는 변화지만, 여전히 많은 심리학자들이 적어도 한 번은 내담자의 사생활을 침해했음을 의미한다.

연구자들은 어떤 전문가들이 위반행위에 가장 취약한지를 확인하고자 했는데, 그 목적은 비윤리적 행동을 예측하는 변인을 찾아내서 예방적인 전략을 고안해내기 위함이었다. 윤리를 위반한 사람들의 인구통계학적 변인을 조사한 연구들에서 한 가지 의미 있는 변인이 발견되었다. 즉, 여성 상담사에 비해 남성 상담사 및 교육자들이 성적인 위반행위에 가담하는 경향이 더 많은 것으로 나타났다(Pope, 1994; Tabachnick, Keith–Spiegel, & Pope, 1991; Thoreson, Shaughnessy, Heppner, & Cook, 1993)(그러나 여성 상담사들 또한 성적 위반행위에 가담했음을 주목할 필요가 있다). 또한, 성적 부정행위에 가담한 사람들은 한 번 이상 부정행위를 범했을 가능성이 있다. 다른 종류의 윤리적 위반행위가 인구통계학적 변인과 관련이 있다는 뚜렷한 증거는 찾아보기 어렵다. 해당 분야에서 학문적, 직업적 성취를 이룬 전문가, 학술단체에서 높은 자리에 선출된 사람들, 심지어 윤리 및 면허위원회 위원으로 임명된 전문가조차 비윤리적인 행동으로 인해 유죄 판결을 받은 사례들이 보고되었다(Pope & Vasquez, 2011).

법률소송에 대한 내담자의 위협 고발하겠다고 위협하는 내담자가 실제로 소송을 제기할 경우 어떤 위험이 도사리고 있는가? Montgomery, Cupit와 Wimberley(1999), Schoenfeld 등(2001)은 설문에 참여한 71.5%의 심리학자들이 주 면허위원회에 고발당한 사람을 알고 있다고 보고했다. 14.4%의 참여자들은 내담자로부터 고발에 관해 위협을 받은 적이 있고, 이 중 39%의 내담자가 고발 관련 서류를 접수한 것으로 나타났다. Montgomery 등은 과오소송과 관련된 경험을 살펴봤는데, 38.7%가 소송이 제기된 전문가를 알고 있다고 보고했고, 7.4%만이 개인적으로 법률소송에 대한 위협을 경험한 것으로 나타났다. 이 중 57.1%만이 실제 법률소송으로 이어졌다. 다른 참여자들은 소송에 대해 사전 경고를 받지 않았다고 보고했다. 전체적으로 284명 중 17명이 과오소송을 겪었고, 21명의 심리학자들이 면허위원회에 제기된 고발을 경험한 것으로 나타났다. 이는 전문학회나 면허위원회에서 보고하는 것보다 약간 더 높은 수치인데, 전문가들이 화가 난 내담자나 걱정하는 동료들로부터 자주 위협하는 소리를 듣지만 실제 소송으로 이어지는 경우는 적음을 의미한다.

일상적인 실무에서의 윤리적 의문 상담사와 심리학자들이 직업상 어떤 종류의 윤리적 딜레마에 처했는지를 연구한 사례들이 있다. 이런 연구들은 위반 사항 그 자체보다는 사건의 흐름 속에서 발생하는 윤리적인 의문점을 조명하고 있다. 연구 결과, 가장 빈번하게 경험하는 딜레마는 비밀보장 및 한계인 것으로 나타났는데, Popoe와 Vetter(1992)는 참여자의 18%가 다른 어떤 주제보다도 이 주제에 관해 더 많이 언급했다고 보고했다. 최근 정신건강상담사들을 대상으로 한 Cruz(2007)의 연구, 지방에 거주하는 심리학자들을 대상으로 실시한 Helbok, Marinelli와 Walls(2006)의 연구에서도 같은 결과가 나타났다. 이러한 연구 결과는 회원들이 윤리위원회에 접수하는 질문과도 일치한다(APA, 2013d;

ACS, 2013). 영국 심리학자들을 대상으로 한 연구에서도 유사한 연구 결과가 보고되었는데, 73%의 참여자들이 지난 한 해 동안 윤리적 딜레마를 경험했다고 보고했고, 그중 대부분이 비밀보장과 관련된 것이었다(Lindsay & Clarkson, 1999). 새롭게 부상하는 문제들 또한 윤리위원회에 접수되었는데, 예를 들어 2009년에 APA 윤리위원회에서는 기업임원 코칭, 인터넷 기반 서비스, 리얼리티 텔레비전 프로그램에 대한 자문과 관련해서 심의를 진행하였다(APA, 2010c).

다양한 영역에서의 윤리적 행동에 대한 상담사의 견해를 묻는 전국 단위의 설문이 2건 진행된 적은 있지만(Gibson & Pope, 1993; Neukrug & Milliken, 2011 참조), 상담사의 윤리적 행위에 관한 전국 단위의 설문은 아직 출판되지 않았다. 복지전문가들의 윤리 관련 견해를 묻는 유사한 설문이 출판되었다(Milliken & Neukrug, 2009). 가장 악명 높은 위반행위, 즉 성적 부정행위만이 상담사들을 대상으로 연구가 진행되었다. Thoreson 등(1993)의 연구에서 남성 상담사의 1.7%가 상담 관계에서 내담자와 성적인 부정행위를 범했다고 보고했다. 그러나 슈퍼바이지와의 성적 친밀함과 과거 내담자와의 성적 친밀함까지 포함했을 때에는 위반 비율이 17%까지 증가했다. 관련 연구에서, Thoreson, Shaughnessy와 Frazier(1995)는 여성 상담사 중 1% 미만이 현재 내담자 또는 슈퍼바이지와 성적 관계를 맺었다고 보고했고, 4.6%는 전문적인 관계가 종료된 이후에 이전 내담자 또는 슈퍼바이지와 성적인 관계를 맺었다고 보고했다. 분명한 것은, 더 많은 연구들이 진행되어 상담사들이 자주 직면하는 다른 형태의 위반행위와 윤리 문제들을 이해할 필요가 있다는 것이다.

인식하지 못해서 비윤리적 행위에 빠질 위험이 있는 경우

직장에서 상담사와 심리학자들이 부딪히는 몇 가지 윤리적인 문제는 인식하지 못했거나 또는 문제라고 간주하지 않은 것들이다. 두 개의 사례가 이런 상황을 잘 보여준다. 하나는 Hansen 등(2006)

이 한 연구인데, 이 연구에서는 전문학회에서 개발한 다문화상담역량을 심리학자들이 얼마나 실행하고 있는지를 조사했다. 그 결과 조사에 응한 사람 중 51%는 자신이 대부분의 영역에서 다문화상담을 효과적으로 수행할 수 있다고 인식하고 있었지만, 단 14%만이 배운 대로 다문화상담을 실시하고 있다고 보고하였다(내담자의 36%가 다양한 배경을 가지고 있음에도 불구하고). 비슷하게, Pabian, Welfel과 Beebe(2009)의 연구에서는 심리학자들이 타인에게 폭행을 가할 위험이 매우 큰 내담자에 대한 윤리적, 법적 의무를 이해하고 있다고 확신하고 있었지만, 응답자의 76%는 그러한 기준을 잘못 해석하고 있는 것으로 나타났다. 이런 상황에서는 부적절한 행위가 발생할 가능성이 큰데, 전문가들은 자신이 현재 범하고 있을지도 모르는 윤리적 과실을 인지하지 못하는 것처럼 보인다.

비윤리적인 실무가 미치는 영향

성적 부정행위가 가장 두드러진 위반행위이기 때문에, 경험적인 증거들 역시 성적 부정행위에 집중되어 있다. 상담사에게서 성적으로 착취당한 내담자들은 상당한 정도의 부정적인 결과를 나타낸다(Bouhoutsos, Holroyd, Lerman, Forer, & Greenberg, 1983; Brown, 1988; Lamb, Catanzaro, & Moorman, 2003; Nachamani & Somer, 2007; Williams, 1992). 어떤 내담자들은 자살했거나 병원에 입원했고, 대부분은 원래 가지고 있던 문제 이외에 추가적으로 심리적인 고통을 호소한다. 연구에 따르면, 이런 문제들은 단순히 시간이 지나면 줄어드는 급성 반응이 아니다(Nachamani & Somer, 2007). 그러한 문제들은 오래 지속되는 경향이 있고 만성적인 문제가 될 수 있다. Bates와 Brodsky(1989)는 성학대로 인해 삶이 파괴된 사례들을 생생하게 제시하였다. 더욱이, 내담자들은 정신건강전문가로부터 착취를 당했을 경우 다른 모든 정신건강전문가들을 조심스러워하고, 쌓여가는 문제에 대해 전문적인 도움을 구하는 것을 꺼리게 된다. 종종 전문가 공동체를 넘어 사람에 대한 신뢰가 무너지는 경험을 한다. Nachamani와 Somer (2007)의 연구에서 한 참여자는 다음과 같이 말했다. "인간에 대한 신뢰를 상실하는 경험을 했어요. 자신의 치료자를 믿을 수 없다면 누구를 믿을 수 있겠어요?(p. 11)". 미국 내 15개 주에서는 내담자와 성적 접촉을 했을 경우 형사처벌(일반적으로 중형)을 받게 된다(Haspel, Jorgenson, Wincze, & Parsons, 1997).

또한 (전문가의) 비윤리적인 행동으로 인해, 상담이나 심리치료로부터 혜택을 받을 수 있는 사람들이 전문적인 도움을 덜 구하게 한다. 비윤리적 행동의 법률적 함의는 매우 크다. 몇몇 전문가들은 과오소송으로 인해 민사재판에 처하게 되거나, 명예훼손, 학대 등으로 인해 형사재판에 불려가게 된다(Crawford, 1994). 실제로 얼마나 많이 위반하는지는 알려져 있지 않지만, 전체 경력 가운데 단 한 번도 사소한 윤리적 과오를 범하지 않은 전문가를 찾아보기란 쉽지 않다. 윤리적 기준에 관해 무지하거나 또는 윤리적인 실무 차원에서 벗어나는 행위들은 윤리위원회나 면허위원회에서 보고하는 것보다 훨씬 더 자주 해를 끼칠 가능성이 있다. 어떤 전문가들은 그런 행동을 정기적으로 범하는 습관을 가지고 있는 것 같다(Pope et al., 1987). 다른 사람들은 해당 직업군의 가치와 기준을 존중하기 위해 개인적으로 희생을 하고 일관되게 자신의 내담자를 보호한다. 이어지는 장에서 후자 집단에 속하는 데 도움이 되는 생각과 행위에 관해 이야기할 것이다.

┃ 윤리와 법

전문가 윤리와 법은 모두 그 핵심에 일련의 가치들을 가지고 있다. 법의 가치들은 사회가 동의하는 것들이다. 전문가 윤리의 가치들은 해당 구성원들이 승인한 가치들이다. 전문가 윤리는 전문가들 간의 관계에서, 서비스를 구하는 사람과의 관계에서, 그리고 대중과의 관계에서 취해야 할 행동을 정의하는 방식으로 그러한 가치들을 실행한다. 윤리강령이란 전국 단위의 전문학회가 회원들을 위한 윤리적 행동을 정의하기 위해 마련한 기준을 지칭한다. 행동 강령이라고도 불리는 윤리강령은 부정행위에 대한 처벌안을 마련해 놓고 있다. 또한, 윤리강령에는 특정 직업의 윤리적 이상과 중심적인 가치가 진술되어 있다. 전문학회가 부여하는 가장 위중한 처벌은 회원을 제명하는 것이다.

반면, 전문적인 실무를 관장하는 법규는 주정부 또는 연방 정부의 입법부에서 제정하고, 판례법은 주 법원 또는 연방 법원이 공표한다. 법은 관할구역에 따라 다르지만, 윤리강령은 전국 단위의 학회에 소속된 전체 회원에게 적용된다. 모든 주와 지역에서 아동 학대나 방임과 같은 사안을 다룰 때조차 법마다 기술된 문구가 달라 지역마다 해석이 상이하다(Foreman & Bernet, 2000). 따라서 어느 지역에서 합법적이라고 생각되는 행동이 다른 곳에서는 불법이 될 수 있다. 법률을 위반하는 것이 윤리강령을 위반하는 것보다 더 강력한 처벌을 수반하는데, 면허에 제한이 가해지는 것에서부터 가장 심한 행동에 대해서는 형사상 책임이 부여된다.

윤리 기준은 법보다도 더 광범위한 행동을 다루고, 일반적으로 서설을 포함하고 있어서 전문가들이 최선을 다하도록 영감을 불어넣는다. 즉, 윤리 기준은 특정 직업에서 "최선의 실무"를 정의하는 데 도움을 준다. 법규는 "해야 할 것과 하지 말아야 할 것"만을 다루고, 전문가들이 지켜야 할 행동의 경계(threshold)에 초점을 맞춘다. 주 법규와 윤리강령은 상당 부분 겹칠 수 있다. 예를 들어, 대부분의 법규는 차별하지 말아야 함을 시사하고 있고, 윤리강령 또한 유사한 문구를 담고 있다. 그러나 몇몇 영역에서는 서로 충돌하는데, 강령의 지침과 주 정부의 법규 및 법원 판결(판례법) 사이에 충돌이 발생한다. 윤리강령에서는 정신건강전문가들이 윤리적 기준을 위반하지 않으면서 해당 사안을 해결하기 위해 합리적인 노력을 기울여야 한다고 명시하고 있다(APA 강령 기준 1.02, ACA 강령 Section I.1.c 참조).

전문학회는 해당 전문가들이 직업을 관장하는 법을 준수할 것을 권고하고 있다. 보통, 이런 지침을 따르기가 용이하지만, 종종 전문가들은 내담자에게 최고로 이익이 되는 것이 법과 충돌한다고 생각한다. 예를 들어, Pope와 Bajt(1988)는 57%의

심리학자들이 법을 지키면 내담자에게 해를 입힌다고 믿기 때문에 심리학자들이 의도적으로 법규를 위반한다고 보고하였다. 이렇게 법을 따르지 않는 것은 일종의 자기기만일 수 있다. 이런 상황은 보통 다른 가치들이 윤리와 경쟁할 때 발생하는데, 전문가 자신이 더 높은 기준이라고 생각하는 것을 따라야겠다고 느낄 때 발생한다. 법과 윤리강령을 어기는 것은 시민으로서의 불복종이자 심각한 문제다. 이런 경로를 밟는 사람들은 여전히 해당 주와 직업 분야에서 감당해야 할 책임을 가지고 있다. 따라서 그런 선택을 하는 전문가들은 상황을 주의 깊게 살펴야 하고, 동료 및 변호사에게 자문을 구하고, 적발될 경우 법적 책임을 질 각오를 해야 한다.

법과 윤리가 서로 충돌하는 또 다른 이유는, 이들이 서로 다른 철학적 관점 또는 서로 다른 문화적 세계관을 기반으로 하고 있기 때문이다(Rowley & MacDonald, 2001). 이 저자들에 따르면, 법은 질서, 합리성, 사실관계 파악 및 안정에 초점을 두는 반면, 정신건강전문가들은 개인의 주관적 욕구에 초점을 두면서 더 큰 선이 개인의 희생을 통해 성취된다면 더 큰 선을 부차적인 위치에 두는 경향이 있다. 전문가들이 이러한 문화적 차이를 이해한다면, 비록 이러한 이해가 본질적인 갈등해결로 이어지지 않는다 하더라도 좀 더 온전한 방식으로 법을 이해하고 법체계와 상호작용할 수 있을 것이다.

전문가가 윤리와 법적인 책임 사이에서 갈등을 겪는다면 어떻게 해야 할까? Knapp, Gottlieb, Berman과 Handelsman(2007)은 합리적인 방식으로 이 상황을 대처할 수 있는 유용한 전략들을 제시하였다. 이들에 따르면, 전문가는 자신의 개인적인 가치를 성찰해보고 학식 있는 전문가로부터 자문을 구해서 해당 윤리적 가치를 가장 적게 손상시키는 범위에서 법을 따르는 것이 필요하다. 또한 저자들은 실무를 하면서 이러한 갈등이 종종 발생하기 때문에, 갈등을 미리 예상해서 불필요한 문제가 발생하는 것을 피할 것을 강조하고 있다. 프랭클린의 오래된 격언처럼, "1온스의 예방은 1파운드의 치료와 맞먹는다."

▌개인적인 가치와 직업적인 가치가 충돌할 때

어느 누구도 백지 상태에서 정신건강 업무를 시작하지는 않는다. 모든 전문가들은 그들이 살아온 삶의 방식과 선택에 영향을 미친 가치와 믿음을 가지고 있다. 어떤 가치들은 종교적 정체성에 뿌리를 두고 있고, 다른 것들은 가정 교육 또는 교육적 경험에서 온다. 어떤 가치들은 매우 칭찬할만한 것들인데, 예를 들어 다른 사람을 돕는 일에 헌신하거나 민주사회에서 책임 있는 시민으로 살아가려고 애쓰는 것 등이 이에 해당된다. 반면, 모든 사람들은 이기적이어서 다른 사람이 허용할 경우 그 사람을 이용해야 한다고 생각하는 것은 칭찬할만한 것이 못 된다. 훌륭한 믿음과 가치들은 정신건강전문가들이 지향하는 가치와 매우 일치하는데, 이러한 가치를 전문가 정체성에 통합시키는 일이 자연스럽게 일어난다. 다른 개인적 가치들은 직업적 가치와 차이가 있을 수 있다. 예를 들어, 어떤 전문가들은 자신이 믿는 종교적 메시지를 다른 사람과 공유해야 한다고 생각한다. 또 다른 전문가들은 어느 누구에게도 죽음을 앞당기는 결정을 내릴 권리가 없다고 믿는다. 이런 믿음은 자율성 존중의 원칙을 중시하는 직업적 지향과 충돌한다. 죽음을 앞당기는 것이 도덕적으로 수용된다고 믿는 것이 잘못되었다고 설득시킬 권한이 상담사에게는 없다. 마찬가지로, 어떤 수련생은 동성애 행위가 도덕적으로 잘못된 것이라고 확신할 수 있다. 이러한 불일치가 발생할 때 초보상담사는 상당한 스트레스를 경험한다. 이때 가장 중요한 것은, 이러한 갈등을 솔직하게 직면하고 다양한 경로를 통해 자문과 교육을 구하는 것이다. 이 과정은 시간과 인내가 필요하다. 드문 경우지만 초심자는 그런 갈등이 너무 커서 이 진로가 본인에게는 불가능한 것으로 판단할 수도 있다. 그러나 대부분의 경우는 개인적인 믿음을 부정하지 않으면서도 직업적인 가치에 헌신하는 방법을 찾아가게 된다. 수용될 수 없고 비윤리적인 것은, 직업적인 가치에 동의하는 척하면서 내담자에게 자신의 개인적 믿음을 강요할 목적으로 일하는 것이다.

▌긍정 윤리와 위기관리

최근 들어 정신건강전문가들은 면허위원회로부터 징계를 받거나 내담자로부터 고소당하는 것에 대해 점점 더 많은 우려를 표현하고 있다. 전문 학회에서 과오소송을 피하는 것과 관련된 행사를 개최하면 많은 사람들이 참석한다. 특별세미나를 개최해서 상담 및 심리치료 분야의 법률적인 문제를 다루게 되면, 수천 명의 참석자들이 소송 없이 일할 수 있는 방법을 배우는데 열심이다. ACA에서 제공한 첫 번째 온라인 수업에서는 상담사를 위한 법률적 현안과 과오소송을 피하는 방법을 다뤘다. 비록 그런 지식이 중요하기는 하지만 학자들은 과오소송을 피하고 면허위원회로부터 징계를 받지 않는 최선의 방법은 해당 직업의 윤리강령을 알고 따르는 것이라고 반복적으로 권고한다(예, Bennett, Bricklin, Harris, Knapp, VandeCreek, & Younggren, 2006). 법률적인 문제로부터 전문가들을 보호할 수 있는 최선의 방법은 윤리적으로 행동하는 것이다. 결국, 이 책에서의 초점은 해당 직업의 윤리 지침이다. 물론 법률적인 문제를 다루긴 하겠지만, 법률적인 문제부터 시작한다면 그것은 내담자의 복지보다는 전문가 자신의 이해관계를 우선시하는 것이 된다. 최악의 경우, 위기관리를 하려 한다면 상담사가 첫 번째 과실을 범했을 때 내담자를 마치 상담사를 이용하려는 적으로 간주하게 될 것이다. 이런 생각은 부정확할 뿐 아니라 비생산적이고 직업적 가치와도 불일치한다. 윤리강령의 내용뿐 아니라 그 이면을 이해하려고 노력하는 등 좀 더 높은 곳을 향함으로써 실무자와 대중은 윤리적으로나 법적으로 모두 이익을 얻게 된다. 본 저자 역시 Handelsma, Knapp와 Gottlieb (2005)의 견해, 즉 전문가가 징계를 피하는 것에만 초점을 맞추는 것은, 내담자의 정신병리에만 주의를 기울이는 것과 유사하다는 견해에 동의한다. 그런 관점은 자원과 자아강도, 내담자의 문제가 발생한 사회문화적 맥락을 간과하는 것이고, 따라서 부정적인 결과가 나타날 가능성을 증가시킨다. 또한 이것은 항상 옳은 일을 하고 내담자에게 혜택을 주기 원하는 전문가들의 선함을 무시하는 것이다. Handelsman 등(2005)은 정신건강전문가들이 "긍정 윤리(positive ethics)" 철학을 수용할 것을 권고했는데, 이것은 전문가가 이상을 지향하고 자신의 개인적 가치를 직업적인 기준에 통합시키는 방법을 터득하고, 위험을 피하는 것에서 벗어나 내담자의 긍정적 변화를 꾀할 수 있는 전략을 강조하는 등 윤리 관련 논의를 확장하고, 전문가가 자기 자신을 돌보는 일이 결국에는 실무에서 윤리적으로 행동하는 능력과 관련이 된다는 점을 이해하는 것이다(pp. 736-737). 이런 철학은 이 책 이후에 전개되는 내용의 토대가 된다. 전문가가 책임 있게 행동하기 위해서는 규칙, 법, 강령을 충분히 이해해야 하지만, 이런 것들은 진정한 윤리적 행동의 출발점이지 종착역은 아니다.

▌요약

상담사, 심리학자 및 다른 정신건강전문가들은 모두 자신을 전문적인 조력자라고 주장한다. 따라서 이들은 조력에 대한 약속을 이행하고 비양심적인 전문가로부터 대중을 보호할 의무가 있다. 윤리적으로 행동한다는 것은 공언한 것처럼 유능하고, 내담자의 복지를 매우 중요한 것으로 간주하며, 전문가로서 가지고 있는 힘을 책임 있게 활용하고, 직업의 명성을 향상시키는 방식으로 처신하는 것을 의미한다. 윤리적 딜레마에 직면했을 때 상담사는 네 가지 주요한 지적 자원을 활용할 수 있다. 첫째는 발달심리학 문헌인데, 윤리적 행동 요소들을 이해하는 틀을 제공한다. 둘째는 전문학회의 윤리강령인데, 해당 직업에서 동료들이 설정한 기준들을 포함하고 있다. 그다음은 철학 문헌인데, 상담사들이 윤리강령 기저에 있는 윤리 원칙과 이론을 이해하는 데 도움이 된다. 마지막으로, 동료 전문가들이 직업적 윤리에 관해 쓴 저술과 논문이다. 이런학자들은 실무에 내재된 윤리적 차원들을 논하고 이론의 여지가 있는 주요 윤리적 주제에 관

해 논쟁을 벌인다. 전문가는 이런 자원들을 통해 고통스러운 딜레마를 해결해 나간다. 그러나 궁극적으로는 전문가 자신이 자신의 행동에 대해 책임을 져야 하며, 윤리적 가치에 대한 헌신을 통해 행동으로 실천해야 한다.

비윤리적 행동과 관련된 자료들을 살펴보면, 내담자와의 성적 접촉으로 인해 상담사와 심리학자들이 자주 윤리위원회와 법정에 등장하게 된다. 다른 종류의 다중 관계 역시 객관성을 훼손시키는데, 이는 계속해서 발생하고 있다. 비밀보장 위반, 자살경향성이 있는 내담자에 대한 소홀함, 부적절한 상담료 등 무능력한 실무 또한 되풀이되는 문제다. 한 가지 예외를 제외하면, 비윤리적 실무의 종류와 정신건강전문가들의 특성 간에는 관련성이 거의 없다. 즉, 여성 상담사에 비해 남성 상담사가 내담자, 이전 내담자, 학생, 슈퍼바이지와 성적 부정행위에 가담할 가능성이 더 높다.

상담 및 심리치료와 관련된 윤리강령과 법률은 서로 겹치는 부분이 많지만, 충돌하기도 한다. 법은 문제가 되는 행동을 없애는 것을 목적으로 하지만, 윤리강령은 선하고 바람직한 행동에 대해서도 정의하고 있다. 법을 지키면 오히려 내담자에게 해가 된다고 판단될 때 실무자들이 법을 어기는 경우가 가끔 있다. 이렇게 시민으로서 법을 위반할 때에는 이로 인해 발생할 결과가 무엇인지 신중하게 생각한 다음 행동으로 옮겨야 한다. 법적인 문제를 피할 수 있는 가장 좋은 방법은, 윤리강령과 그 기저에 있는 원칙을 이해하고 그것에 따라 행동하는 것이다. 그러나 전문가 윤리는 강령이나 법규를 최소한도로 따르느냐의 문제가 아니다. 전문가 윤리는 윤리적 이상을 위해 애쓰는 도덕적 임상가가 되겠다는 깊은 개인적 헌신을 의미한다.

❖ 토론 질문

1. 매우 적은 비율의 비윤리적 행위만이 보고되고 있다. 왜 이런 현상이 발생한다고 생각하는가? 이렇게 보고가 적게 이루어지는 것은 해당 직업에 해가 되는가 아니면 이로운가?

2. 전문가들이 해야 한다고 알고 있는 것보다 덜 하겠다고 결정한다면, 이때 어떤 가치들이 경쟁하고 있는가?

3. 실무자들이 직장에서 가장 자주 부딪힌다고 보고하는 윤리적 딜레마들은 윤리위원회에 보고되거나 민사소송에서 다뤄지는 윤리적 위반사항과 일치하지 않는다. 당신은 이런 차이가 발생하는 이유가 무엇이라고 생각하는가?

4. 현재 정신건강 분야에서 출판되고 있는 일반적인 윤리강령을 대체할 수 있는 것 중 하나는, 구체적인 실무를 위한 윤리를 장황하게 문서로 작성하는 것이다. 전문가 집단에서는 현재와 같은 형태의 윤리강령을 고수해야 하는가, 아니면 다른 형태로 바꿔서 좀 더 구체적인 상황에 맞게 진술해야 하는가? 이런 변화가 가져올 이로움은 무엇인가, 불이익은 무엇인가?

5. 윤리강령이 법과 충돌할 때, 윤리강령에서는 직업인이 법을 따를 수 있다고 언급하고 있다. 당신은 이런 입장에 동의하는가? 이유는 무엇인가? 동의하지 않는다면 그 이유는 무엇인가?

6. 개인적인 도덕적 가치가 다르다는 이유로 윤리강령과 법을 위반한 직업인이 있을 경우 해당 직업에서는 이 문제를 어떻게 다뤄야 한다고 생각하는가?

7. 당신은 정신건강전문가가 범한 비윤리적 행동을 경험한 내담자를 알고 있는가? 그 피해자의 반응은 문헌에 기술된 반응과 유사한가?

8. 지금까지 읽은 내용을 바탕으로 아네트와 아키의 사례로 돌아가서 아네트가 무엇을 해야 할지 판단해 보시오. 이 사례에 대한 당신의 지적, 정서적 반응은 무엇인가?

2장

윤리적 실무를 위한 모델
자원을 활용해서 개인의 판단과 윤리적 결정 향상시키기

1장에서 상담 및 심리치료에서의 윤리적 기준의 중요성을 살펴보았는데, 윤리적 기준은 직업에서의 공통적인 도덕적 비전을 나타내고 상담 및 심리치료가 제공하는 서비스에 대해 대중적인 책임을 인정하는 것을 의미한다고 설명한 바 있다. 또한 1장에서는 미덕과 직업적 가치에 대한 헌신이 판단의 토대가 되기 때문에 중요한 역할을 담당하고 있음을 강조했는데, 윤리적으로 행동을 할 때 사회적 맥락을 고려하는 것이 중요함을 역설하였다. 더불어 1장에서는 전문가로 하여금 윤리적인 결정을 하게 만드는 자원들을 확인하였고, 윤리적 함정 또한 기술하였다. 2장에서는 윤리적 결정을 위한 10단계 모델을 제시하고자 하는데, 윤리적 선택과 관련된 지적, 정서적, 사회문화적, 자문 측면을 포함하고 있다. 이 모델은 윤리적인 의문 사항이 발생할 때 가장 유용하지만, 해당 맥락에 내포된 보다 폭넓은 윤리적 사안을 확인하는 데에도 매우 유용하게 활용될 수 있다. 일반적으로 윤리적 의사결정 모델은 문제에 대해 반응적인 (reactive) 것으로 간주되지만(예, Verges, 2010), 꼭 그럴 필요는 없다. 의사결정 모델은 미리 앞서 대처하는데 사용될 수 있고 또 그래야 하는데, 문제를 예방하기 위해 사용할 때 활용가치가 가장 크다. 실무자는 이 모델을 직장 또는 훈련 기관에서 발생할 수 있는 문제들을 확인하는 데 있어서 도우미로 활용할 수 있을 것이다.

매우 복잡한 딜레마의 경우에는 각각의 단계를 모두 섭렵하는 것이 필요하지만, 좀 더 명확한 문제들의 경우에는 단축해서 사용할 수 있다. 비록 이 모델에서는 윤리적 선택에 대한 인지적인 요소부터 다루고 있지만, 모든 단계에는 '실무자가 해당 직업의 윤리적 가치(즉, 윤리적 정체성)에 개인적으로 헌신하고, 윤리적 문제가 발생한 사회문화적 맥락을 통합적으로 고려하며, 다양한 윤리적 사안과 관련된 정서적 스트레스에 대처하고, 윤리적인 선택을 이행할 만큼 결의에 차 있을 경우에만 진정한 윤리적 의사결정이 발생한다'는 확신이 배어있다. 또한 전문가는 어떤 윤리적 의사결정도 고립되어 발생하는 것이 아님을 인식해야 하는데, 모든 윤리적 결정은 동료, 슈퍼바이저, 윤리학자 및 연구자 등 타인과의 자문을 토대로 이루어진다는 점을 이해해야 한다. 이 장에서는 우선 윤리적 행동의 주요 요소 중 하나인 윤리적 추론에 관해 상세히 설명할 것이다. 윤리학은 기본적으로 사고하는 것을 요구하기 때문에, 바로 그 지점에서 이야기를 시작하고자 한다.

윤리적 추론의 형태

Kitchener(1984)는 두 가지 형태의 윤리적 추론이 있음을 제안했는데, 직관적 추론과 비판적-평가적 추론이 그것이다. 다음 절에서는 이러한 용어를 정의하고 윤리적 의사결정에서의 역할을 자세히 논할 것이다.

직관적인 윤리적 판단

많은 경우 사람들은 도덕적 또는 윤리적 판단을 내릴 때 즉흥적이고, 감정이나 일상에서의 도덕적 감각에 따라 동기화된다. Kahneman(2011)은 이러한 현상을 "신속히 생각하기"라고 불렀는데, 이것이 비록 세상에서 작동하는 중요한 체계이기는 하지만, 의사결정 시 은유와 연합을 사용하는 경향이 있기 때문에 상황의 복잡성을 온전히 설명하지 못할 수 있다. 신경과학과 유전학에서 나온 연구 결과물을 살펴보면, 윤리적 행동에는 기본적으로 생물학적이고 진화적인 요소가 내포되어 있다(Bloom, 2013). Anderson과 Handelsman(2010)은 이러한 형태의 윤리를 기원 윤리(ethics of origin)라고 불렀다. Kitchener와 Anderson(2011)에 따르면, 일상에서 한 개인의 직관적인 윤리 감각은 '윤리적'이라는 것에 대한 과거의 학습 경험, 그 사람의 품성, 그리고 인지적인 복잡성으로부터 발생한다. 직관적인 윤리적 판단에 대한 이유를 온전히 의식하는 것은 흔치 않은 일이다. 예를 들어, 자신의 생명이 위험에 처하게 되는 상황에서도 타인을 구한 사람들을 인터뷰해보면, 왜 그렇게 용기 있게 행동했는지 분명하지가 않다. 많은 사람들은 그 밖의 다른 행동이 떠오르지 않았다고 말하고, 몇몇은 생각하지 않고 단지 행동했다고 말한다. 좀 더 압박해서 질문하면 가정 교육이나 종교적인 신념이 그런 행동으로 이끌었다고 말할 수는 있겠지만, 사실 어느 누구도 사건 발생 후 그들의 영웅적인 행동에 대한 철학적인 이유를 언급하지는 않는다. Rest(1983, 1994)의 도덕적 모델을 적용하면, 이런 영웅적인 행동을 한 사람들에게는 즉각적인 도덕적 예민함이 있었고, 직관적으로 선한 도덕적 추론을 했으며, 도덕적 동기가 강하고, 옳다고 믿는 것을 실천으로 옮길 만큼 결연했다.

모든 사람들이 훌륭한 윤리적 직관을 가지고 있는 것은 아니다. 위험에 처한 사람들을 그냥 지나치는 사람들은 왜 그런 행동을 했는지 명확히 설명하지 못하는 경향이 있다. 예를 들어, 이라크 포로수용소에 억류된 사람들이 학대당하는 것을 목격한 많은 군인들은 개입하지 못했거나, 상사에게 보고하지 못했으며, 왜 그런 행동을 했는지에 대해서도 정당한 설명을 제공하지 못했다(Hersch, 2004). 도덕적 불감증은 일반 시민이나 군인에게만 한정된 것은 아니다. 조력하는 역할을 담당하는 전문가들의 역사를 살펴보면, 몇몇 전문가들의 윤리적 직관에 문제가 되는 특징이 있다는 증거가 차고 넘친다. 예를 들어, 1960년대와 70년대에 어떤 정신건강전문가들(예, McCartney, 1966)은 내담자와 성적으로 친밀한 것이 치료사들에게 바람직한 행위이고, 내담자와 성관계를 맺는 것은 적절한 치료를 구성하는 한 요소라고 제안했다. 비슷하게, 19세기 중반 루이지애나 의사였던 Samuel Cartwright는 drapetomania로 불린 새로운 의료 진단명을 개발해서 정신의학 용어에 추가했다. 이는 "집에서 도망가는 질환"을 의미하는데, 주인으로부터 도망가려고 시도하는 노예들을 진단하기 위해 사용되었다(Szasz, 1971). 이 정의를 바탕으로 노예상태에서 벗어나 자유를 선택한 노예들은 정신질환을 가진 것으로 간주되었다. Cartwright가 추천한 치료는, 탈출을 시도했다가 붙잡힌 노예들에게 체벌을 가하는 것이었다. 이 경우뿐 아니라 다른 경우에도, 실무자들이 윤리적 민감성이 부족했거나 비윤리적인 행위를 윤리적인 것으로 합리화한 경우가 있었다. 이렇듯 윤리적 민감성이 결여된 것은 그 당시의 문화적 규범과 정치사회적 압력에 기인한다. 따라서 몇몇 전문가들의 변덕스럽고 예측 불가능한 직관에 의존해서 책임 있는 윤리적 선택을 위한 지침을 제공하는 것은 대중의 안녕을 보호하기에 부적절한 것으로 나타났다. Anderson과 Handelsman(2010)이 지적한 것처럼, 그 당시 상황의 사실 관계를 잘못 이해하거나 온전히 이해하지 못해서 직관적으로 서툰 결정을 내리게 된다. 이런 상황에서 한 개인이 윤리적 사안에 대해 반응하는 과정은 완전히 직관적인 것이 아니라 의식적인 과정이 되었지만, 이 또한 해당 사례의 구체적인 사안들에 대한 분석이 부족하기 때문에 결함이 존재하게 된다. 결국, 우리 직업세계에서는 관련 사실을 신중히 고려해야 할 뿐 아니라 실무를 위한 직업적 가치 및 기준과 일치되도록 윤리적 의사결정을 내릴 것을 요구하고 있다. 이는 단순히 우리의 직관과 충동을 지지하는 이유를 발견하는 문제가 아니라, 지적인 측면과 정서적인 측면을 모두 포함한 과정을 통해 무엇이 최선의 행동인지를 발견하려는 개방성과 관련된 문제다(Truscott, 2013). 직관만으로는 충분치 않다는 것이 직관을 무시해야 한다는 것을 의미하는 것이 아님을 강조할 필요가 있다. 윤리적 의사결정은 문화 및 대인관계와 같은 맥락적 요인뿐 아니라 개인의 즉각적인 윤리적 충동을 고려해야 한다(Betan & Stanton, 1999). 문제가 될 공산이 큰 것은, 판단 및 자문 등 좀 더 신중한 과정을 배제한 채 직관적인 판단에 의존하는 것이다. 일상적인 장면에서 그들의 도덕적 직관에 의존해서 용기 있는 결심을 한 영웅들이 있는 것처럼, 마찬가지로 정신건강전문가들의 직관이 그만큼 훌륭할 때도 있다. 불행하게도, 그러한 경우는 우리가 의존할 만큼 충분히 예측가능하지가 않다.

비판적-평가적인 윤리적 판단

Kitchener와 Anderson(2011)은 윤리적 사안을 신중히 분석해서 의사결정을 내릴 것을 추천했다. 여기에는 직업적 기준과 윤리학자 및 동료들의 지혜를 고려하고, 윤리 원칙과 필요할 경우 자문에 기초해서 적극적으로 문제를 해결하는 것이 포함된다. 이러한 분석은 반드시 해당 직업에서 가치 있게 간주되는 도덕적 비전과 미덕에 기초해야 한다(Cohen & Cohen, 1999; Hill, 2004b; Meara et al., 1996; Radden & Sadler, 2010). 그렇지 않다면 이 과정은 공허한 지적 연습에 불과할 것이다. 윤리적인 행위는 상담사와 심리치료사가 무엇을 생각하느냐뿐만 아니라 그들이 누구인지와도 관련이 있음을 재차 강조할 필요가 있다(Meara et al., 1996). 그럼에도 불구하고, 윤리적인 문제를 신중히 생각해보는 것은 온전히 윤리적 가치에 헌신하는 사람들에게는 본질적인 문제다.

Kitchener(1984)는 이러한 분석 방법을 윤리적 의사결정을 정당화하는 비판적-평가적 수준이라고 명했다. 이런 방식으로 윤리적인 문제들이 검토될 때, 대중들은 특정 직업인의 독특한 직관에 덜 취약하게 된다. 윤리적 정당성을 사용하면 다른 방식의 교수법보다 의사결정이 향상된다는 연구 결과도 존재한다(Dinger, 1997). 아래 제시된 윤리적 의사결정 모형은 Kitchener(1984), Kitchener와 Anderson(2011)의 작업에 기초를 두고 있고, 윤리적 사안에 대해 단계별로 신중하게 고려하는 방식을 취하고 있다. 이 모델은 사고 과정을 이끌 뿐

아니라 윤리적인 문제를 해결함에 있어서 협의적이고 맥락적 접근을 강조한다. 그림 2.1에 모형을 제시하였다.

▌윤리적 의사결정 모형

처음 이 모형을 접하면 윤리적 의사결정이라는 것이 불가피하게 시간 소모적이고, 윤리적 사안에 대한 첫 단서에서 시작해서 즉각적으로 이 모든 과정을 단계별로 밟아 나아가야 할 것처럼 보인다. 지나치게 많은 시간을 요구하는 모형은 현실적이지도 유용하지도 않다. 상담사와 치료사들은 보통 윤리적인 문제들을 심사숙고할 만큼 시간이 많지 않고, 동료들 또한 자문을 위해 시간을 비워두는 것이 아니다. 윤리적으로 민감한 상황에서는 즉각적으로 행동해야 한다. 예를 들어, 표준화된 검사가 진행되고 있는 동안 한 교사가 학생에게 정답을 알려주는 것을 학교상담사가 목격했다면 상담사는 신속하게 행동하거나 또는 검사 결과가 타당하지 않은 것으로 처리해야 한다. 마찬가지로, 13세 내담자가 SNS상에서 알게 된 성인과 사적인 만남을 가지려 한다는 것을 아동심리학자가 알게 되었다면, 현재 이 아동이 당면하고 있는 위험 때문에 어떻게 개입해야 할지 오래 생각할 시간이 많지가 않다. 즉각적으로 행동할 필요가 없는 상황에서도 신속하게 행동해야 한다는 압력은 여전히 존재한다. 실무자들은 이런 상황에서 윤리적 의사결정 모형을 어떻게 활용하는가? 아주 간단하게는, 과거에 수행했던 윤리 과제처럼, 이전에 배웠던 직업적 윤리가치에 맞게 따르는 것이다. 상담사와 치료사들은 윤리적 이상을 굳건히 따를 뿐 아니라, 직관 이상의 것을 바탕으로 결정할 만큼 충분한 지식을 갖추고 있어야 한다. 윤리강령과 지침을 잘 숙지하고 그러한 기준을 실제 상황에 적용해 본 사전 경험을 통해 이 과정을 진행하게 된다. 신중한 실무자들은 윤리강령을 손이 닿는 곳에 복사해 놓고 있다. 마찬가지로, 중독센터나 병동 같은 특수 환경에서 일할 경우, 임상가들은 그들이 일하고 있는 분야와 관련이 있는 최근 문헌을 검토하면서

신속히 결정을 내린다. 가상의 사례를 가지고 모형을 적용해보는 경험 또한 이 과정을 촉진시킨다(이러한 모형과 다른 8개의 윤리적 의사결정 시스템에 대해서는 Cottone(2012)을 참고할 것).

사전 경험과 준비하는 것이 같은 두 번째 이로움이 있다. 윤리적 딜레마에 직면하면 스트레스를 많이 받게 된다. 일례로, Holland와 Kilpatrick(1991)은 사회복지사들이 "도덕적인 문제와 씨름하면서 깊은 외로움과 고립감을 경험한다"(p. 140)는 것을 확인하였다. 예를 들어, 이전에 성학대와 관련해서 이야기했던 것이 사실은 거짓말이라고 주장하는 10대 내담자를 어떻게 대해야 하느냐는 지적으로 도전이 될 뿐 아니라 정서적으로도 힘든 일이다. 잘못된 선택을 했을 때 나타날 해로움이 분명하기 때문에, 실무자들은 자신이 감당해야 할 책임에 대해 극도로 불안해한다. 윤리 기준을 이해하고, 최근 문헌에 익숙하며, 다른 복잡한 딜레마들을 해결한 경험이 있다면, 스트레스를 잘 관리할 수 있고, 좀 더 명민한 상태에서 의사결정을 내릴 수 있을 것이다.

상담사들을 위해 공식적인 의사결정 모형을 제안하는 마지막 이유는, ACA 강령 '목적' 절에 그러한 절차를 활용할 것을 요구하고 있기 때문인데, 윤리적 의사결정 과정의 복잡성을 분명히 설명하면서 강령의 문구와 정신을 모두 강조하고 있다(부록 A).

따라서 상담사들이 윤리적으로 항의를 받거나 소송에 처했을 때, 심리위원회에서는 문제가 되는 상황에서 상담사들이 어떤 윤리적 의사결정 모형을 사용했는지를 설명하도록 요구할 가능성이 크다. 따라서 그러한 절차를 채택하지 못한다는 것은 그 자체로 윤리적으로 문제가 있음을 의미한다.

그림 2.1 윤리적 의사결정 모형

1단계:	개인적, 직업적 가치들을 통합하면서 윤리적 민감성을 발전시킨다.

⇩

2단계:	해당 사례와 관련된 사실, 이해당사자, 사회문화적 맥락을 명료히 밝힌다.

⇩

3단계:	주요 사안이 무엇인지 정의하고 사용 가능한 대안이 무엇인지 파악한다.

⇩

4단계:	직업적 윤리 기준, 지침, 관련 법규를 조회한다.

⇩

5단계:	관련 윤리 문헌을 찾아본다.

⇩

6단계:	윤리 원칙들을 해당 상황에 적용해 본다.

⇩

7단계:	슈퍼바이저 및 존경받는 동료에게 자문을 구한다.

⇩

8단계:	심사숙고해서 결정한다.

⇩

9단계:	슈퍼바이저에게 알리고 실행에 옮긴 다음, 의사결정 과정 및 행동을 기록으로 남겨둔다.

⇩

10단계:	이 경험을 성찰해본다.

1단계: 실무의 도덕적 차원에 민감해지기

예산 감축, 의료보험 압력, 다양한 역할에 대한 요구 등으로 점철된 시대에 살면서, 정신건강전문가들은 윤리 이외에도 생각해야 할 문제가 많다. 내담자들이 늘 자발적으로 상담을 받으러 오는 것이 아니며, 호소하는 문제들은 시간과 예산, 또는 보험이 커버하는 것 이상으로 복잡하다. 내담자와 치료적 동맹을 형성하고 그들의 고통을 경감시키는데 많은 에너지가 투입된다. 종종 잠재되어 있는 윤리적 딜레마를 정의하는 것은, 한 회기 동안 상담사의 마음속에 마지막으로 해야 할 일이 되곤 한다. 연구에 따르면, 정신건강전문가들은 임상적인 측면에 사로잡혀 윤리적인 문제를 간과하는 경우가 많다. Lindsey(1985)와 Volker(1983)는 연구에 참여한 1/3 이상의 상담사와 심리학자들이 녹음된 모의상담 회기 속에 있는 윤리적인 문제들을 인식하지 못했다고 보고했다. 대신, 참여자들은 내담자의 잠재적인 진단명과 전문가의 기술, 유용한 개입 유형에 주의를 기울였다. 사실, 참여자의 1/4은 이어지는 질문에서 연구자가 촉구했을 때조차도 윤리적인 문제들을 인식하지 못했다. Podbelski와 Weisgerber(1988)는 동일한 측정 도구를 사용해서 상담 대학원생들의 25%가 윤리적인 문제를 인식하지 못했다고 보고했다. 다른 연구에서는 사회복지와 심리학 분야 대학원생과 실무자들을 대상으로 했을 때 도덕적 민감성 측면에서 실망스러운 패턴을 발견했다(Fleck-Henderson, 1995; Flower, 1992; Somberg, 1997). 여섯 개의 연구만을 가지고 단정할 수는 없겠지만, 이 연구들은 윤리적 비민감성에 취약한 현실을 잘 보여주고 있다. 1장에서 논의한 것과 같은 비윤리적 실무와 잘못된 믿음에 대한 보고와 함께(예, Gibson & Pope, 1993; Neukrug & Milliken, 2011; Neukrug, Milliken, & Walden, 2001; Pope et al., 1987; Reamer, 1995), 이러한 연구들은 실무자들 사이에 상당한 정도로 윤리적 민감성이 부족하다는 것을 보여준다.

개인적인 도덕적 비전과 가치가 해당 직업의 그것과 일치할 때, 실무자는 어떻게 윤리의식을 향상시킬 수 있을까? 윤리학자들은 몇 가지를 추천한다. 최선의 전략은 직업적인 윤리적 정체성을 발달시키는 것인데, 이것은 해당 직업의 윤리적 가치에 부합하는 문화를 제공하고 있는 대학원에서 정규 교육을 받음으로써 가능하다(Handelsman, Gottlieb, & Knapp, 2005). 수련생들이 전문가 기준과 도덕적 의사결정을 모두 다루고 있는 수업을 수강하면 상담 실무에 내재된 윤리적 측면을 인식할 가능성이 높아진다(Dinger, 1997; Eberlein, 1987; Wilson & Ranft, 1993). 교육자들은 분명 이러한 관점을 수용한다. 지난 30년 동안 수강할 수 있는 윤리 강좌는 극적으로 증가했다(Hill, 2004a; Urofsky & Sowa, 2004; Vanek, 1990; Wilson & Ranft, 1993). 윤리 수업에 해당 직업의 규칙을 주입하는 것을 넘어 학생들이 직업적인 가치를 그들 자신의 신념체계 안에 통합시킬 수 있다면, 학생들의 윤리적 민감성은 크게 향상될 것이다(Handelsman et al., 2005; Welfel, 2012). 대학원

을 졸업한 후 실무자들은 지속 교육과 동료와의 대화를 통해 윤리적 민감성이 향상된다. 종종 동료들의 관점은 상담사의 일방향적인 관점에 균형추로 기능한다. 사실, 학교상담사들과 지역사회 상담사들은 윤리적인 문제로 씨름할 때 자문을 구하는 것을 더 선호한다(Bombara, 2002; Cottone, Tarvydas, House, 1994). 또한 앞서 말했던 것처럼 과거에 윤리적 딜레마를 다뤄본 경험이 있는 실무자들은 새로운 윤리적 문제가 발생했을 때 더 주의를 기울이는 것 같다. 따라서 많은 윤리 교육과 훈련이 사례 분석과 토론에 집중되어 있다(Welfel, 2012).

실무자들은 자신의 가치가 무엇인지, 정신건강 분야에 입문한 동기가 무엇인지를 통찰할 필요가 있다. 윤리적 민감성은 직업윤리에 대한 지식과 배경뿐 아니라 직업과 일치하는 개인적 원칙과 철학을 전제로 한다. 오로지 협소한 이기심에 동기화된 사람들이 윤리적 민감성을 습득할 가능성은 매우 적다. 계속해서 적절한 행동을 하기 위해서는, 이타적 동기와 함께 장애물에 부딪혔을 때 선한 행동을 하려는 결단력이 요구된다. Jordan과 Meara(1990)가 제안한 것처럼, 윤리적 전문가란 우선 덕을 갖추고 사회서비스와 사회 정의에 헌신하는 사람이다. 이 분야에서 이제 막 일을 시작한 사람들은 이 직업을 선택한 이유를 솔직히 평가해야 하고, 경력이 있는 사람들은 같은 종류의 자기분석을 주기적으로 실행해야 한다. 경험이 많은 실무자들은 소진이나 정서적 고갈을 피해야 하는데, 이러한 요인 때문에 내담자에 대한 공감능력이 감소되고 직업적인 기준을 무심코 위반하거나 노골적으로 무시하게 된다. ACA(Section A.4.b)와 APA(원칙 A) 윤리 기준 모두 개인이 지향하는 가치나 정서적 고통이 내담자에게 제공되는 서비스를 손상시키지 않아야 한다고 강조하고 있다.

마지막으로, 윤리에 대한 마음가짐을 바꾸는 것이 필요하다. 윤리적 위반에 관해 이야기할 때 많은 경우 선정적인 사례들을 다루기 때문에, 초보자들은 양심이 없거나 순진한 사람들이 비윤리적으로 행동한다고 잘못 생각하게 된다. Hill(2004b)이 말한 것처럼, 윤리가 임상가들의 직업적 삶과

전문가로서의 정체성에서 핵심적인 부분을 차지하고 있음에도 불구하고, 종종 정신건강전문가들은 윤리를 '규칙과 규정 등에 대해 사소하게 염려하는' 별로 중요하지 않은 것이라고 생각한다. 이때 필연적으로 나타나는 잘못된 생각은, 윤리적 딜레마는 거의 발생하지 않으며, 발생하더라도 즉각적으로 눈에 띌 것이라고 믿는 것이다. 이러한 결론은 모두 잘못된 것이다. 대신, 임상가들은 윤리적 딜레마가 매우 흔하고, 복잡하며 미묘하다는 것을 인식해야 한다. 주의를 기울이지 않는다면, 좋은 의도를 가지고 있고 기본적으로 덕목을 갖춘 상담사라고 하더라도 내담자에게 해를 끼치는 일이 발생할 수 있다. 윤리적 민감성을 증진시키기 위한 실제적인 단계로서, 임상가들은 접수면접과 진행 중인 회기의 윤리적 차원들을 점검하기 위한 절차를 마련할 필요가 있다. 접수면접 보고서나 회기 기록지에 잠재적으로 윤리적인 문제가 없는지를 보고하게 한다면, 상담사가 지나칠 수 있는 윤리적인 사안에 대해 경각심을 높일 수 있을 것이다. 마찬가지로, 정기적으로 자문을 구하는 사람이 있다면 매우 도움이 된다. 이렇게 스트레스가 많은 직업에서 다른 전문가들의 지원이 필요치 않다고 생각하는 것은 순진한 것이다.

내담자와 동료들이 제기하는 윤리적인 문제에 민감할 경우, 임상가는 필연적으로 자신의 과거 개인사나 현재의 경험에서 비롯되는 윤리적인 문제들에 민감해지게 된다. 예를 들어, 성장하면서 부모 사이에서 발생한 가정폭력을 목도한 상담사라면, 아키와 같은 내담자가 보고하는 내용에 대해 매우 강렬한 정서적 반응을 나타낼 수 있는데, 이때 상담사는 사례에 대한 자신의 반응이 개인적인 과거 경험에 지나치게 영향을 받는 것은 아닌지 살펴봐야 한다. 마찬가지로, 유년기에 부모의 순탄치 않은 이혼으로 인해 상처를 입은 상담사가 있다면, 이혼을 원하면서 배우자에게 매우 화가 나 있는 성인 내담자를 객관적이고 공정하게 대하기가 매우 어려울 수 있다.

2단계: 관련 사실과 사회문화적 맥락 및 이해당사자들을 확인하기

일단 윤리적인 측면이 존재하는 상황이라는 점을 전문가가 인지하고 있고, 불안을 관리하기 위한 조치들을 취했고, 또한 필요할 경우 자문을 구할 수 있는 사람들이 있다면, 전문가는 그 사례가 발생한 사회문화적 맥락을 포함한 관련 정보들을 조직해야 한다. 1장에서 본 아키의 사례를 다시 생각해보자.

아네트와 아키의 사례

17세인 아키는 양아버지가 자신을 성적으로 학대했다는 말이 사실이 아님을 네 번째 상담회기에서 학교 상담사에게 이야기했다. 아키가 이렇게 거짓말을 한 이유는, 양아버지가 어머니를 여러 번 폭행했고 이런 양아버지를 어머니가 떠나고 싶어 했기 때문이다. 아키는 자신의 코치에게 학대에 관해 이야기했고, 코치는 당국에 이것을 보고했다. 상담사인 아네트는 이러한 사실을 아키로부터 보고받았다. 아키는 지금까지 네 번 상담을 받았다.

여기서 아네트의 우선적으로 해야 할 일은, 이 상황과 관련이 있는 구체적인 정보들을 본인이 모두 가지고 있는지 스스로에게 자문해보는 것이다. 사실관계를 확인하는 일은 이후 하게 될 모든 추론의 바탕이 된다. 관련 사실을 소홀히 다룰 경우, 전문가(그리고 자문을 구하고 있는 사람)가 잘못된 추론을 하게 되거나 만족스럽지 않은 결과가 발생하게 된다. 아키의 사례에서 아네트가 파악해야 할 몇 가지 사실이 있다.

- 아키는 자신이 개방한 사안에 대해 비밀을 유지하는 것과 관련해서 무엇을 원하는가? 아키는 성폭행 사실을 철회하는 것에 대해 다른 누구와 상의했는가?
- 현재 아키의 정서적 건강 상태는 어떠한가? 과거에는 어떠했나?
- 과거 다른 문제에 대해서는 책임 있는 선택을 했는가? 즉, 아키의 지적 성숙수준은 어느 정도인가?

- 아동보호 기관에서 심의가 시작되었나? 그렇다면 현재 심사는 어떻게 진행되고 있는가?
- 현재 아키와 어머니의 관계는 어떠한가? 양부와의 관계는 어떠한가? 현재 그분들의 고통 수준에 대해 아키는 무엇을 말할 수 있는가?
- 아키와 상담사인 아네트의 관계는 얼마나 탄탄한가? 아네트는 아키의 사고 및 행동에 어느 정도로 영향을 미치는가?
- 아키, 어머니, 양부, 생부 이외에 다른 이해당사자가 존재하는가? 집에 함께 살고 있는 형제 또는 다른 친척, 예를 들어, 이 사건으로 인해 영향을 받을 수 있는 몸이 불편한 조부모들이 있는가?
- 이 상황에서 취할 수 있는 윤리적 선택 또는 이 상황에 대한 아키의 인식에 영향을 미칠 수 있는 아키의 사회문화적 배경과 세계관은 무엇인가? (Garcia, Cartwright, Winston, & Borzuchowska, 2003)?

상담사는 내담자로부터 또는 내담자에 대한 상담사의 평가를 통해 많은 정보를 얻을 수 있다. 아네트는 대부분의 질문에 대해 믿을만한 답변들을 아키로부터 얻을 것이고, 전문가로서의 판단과 아키와의 상담 경험을 통해 추가적인 정보를 얻을 수 있을 것이다. 중요한 정보를 얻을 수 없는 경우, 상담사는 내담자의 비밀보장을 훼손시키지 않으면서 정보를 수집하기 위한 방법을 모색해야 한다. 중요한 사실을 확인하는 것과 관련해서, 내담자 이외에 다른 이해당사자들을 확인하는 것 역시 중요하다. 이해당사자란 상담사의 행위로 인해 도움을 받을 수 있거나 또는 해를 입을 가능성이 있는 개인 또는 사람들을 의미한다(Carcia et al., 2003; Treppa, 1998). 미성년자와 상담을 할 때 부모나 보호자가 주요한 이해당사자인데, 이들은 자녀의 안녕에 궁극적으로 책임을 가지고 있다. 다른 이해당사자의 복지가 내담자의 복지에 우선할 수는 없지만, 임상가의 목표는 가급적 모든 이해당사자의 안녕을 확보할 방법을 모색해야 하는 것이다. 아키의 사례에서 이해당사자들은 아키의 어머니, 양부, (있다면) 형제자매, 다른 가족 구성원들이다.

3단계: 딜레마에서의 중심 이슈와 사용 가용한 대안들을 정의하기

관련 사실과 사회문화적 맥락, 관련 이해당사자들이 분명해지면, 상담사는 근본적인 윤리적 사안 또는 윤리적 문제의 유형을 분류하려고 시도한다. 위 사례에서 주요 이슈는 (1) 내담자에게 최선이 무엇인지 분명치 않은 상황에서 내담자의 안녕을 향상시키고 (2) 다른 가족 구성원들의 복지 또한 위험에 처해 있을 때 학교상담사가 청소년 내담자의 비밀보장을 유지해야 하는 정도를 파악하며 (3) 내담자가 이후 상담 회기에서 이야기하는 내용이 현재 진행되고 있는 학대소송과 관련이 없다고 하더라도, 상담사가 학대소송을 조사하고 있는 아동복지전문가와 이야기를 나누어야 할 법적 의무가 있는지 파악하는 것이다. 어떤 상황에서는 훨씬 더 많은 윤리적인 문제들이 포함되어 있다. 문제 유형을 좀 더 폭넓게 정의하면 윤리강령 및 관련 문헌들을 좀 더 효과적으로 활용할 수 있고, 그 주제에 대한 이전 훈련 경험을 활용할 수가 있다. 윤리적인 문제가 진공 상태에서 발생하는 것이 아니기 때문에, 상담사는 상황이 의사결정에 어떻게 영향을 미칠 수 있을지 함께 고려해야 한다(Treppa, 1998). 예를 들어, 학교상담사로서 아네트가 담당하고 있는 역할과 의무는 이 상황에서 고려해야 할 한 가지 요소다. 또한 아네트는 자신의 가정, 가치, 사회문화적 역사를 고려해서 그녀가 평가한 사실관계가 개인적인 믿음이나 권위를 가진 교육받은 사람이 가지는 특권에 영향을 받고 있는 것은 아닌지 확인해야 한다. 상담사는 모든 의사결정이 사회적으로 구성된다는 점을 충분히 인식하고, 상호작용하고 있는 문화적 맥락과 동떨어진 채 의사결정을 해서는 안 된다(Burke, Harper, Rudnick, & Kruger, 2007; Cottone, 2001, 2012).

다음으로, 전문가는 마음에 떠오르는 일련의 행동을 검열 없이 생각해 볼 필요가 있다. 대안들을 평가하고 제외하는 일은 나중에 발생한다. 이렇게 브레인스토밍하게 되면, 상담사의 평소 도덕적 감각으로 떠올릴 수 있는 한두 가지 대안 이상의 분석이 가능할 수 있다. 이 과정에서 전문가들은 어떤 대안이 직관적으로 호소력이 있는지 파악해야 하는데, 이때 자신의 개인적인 도덕적 가치가 어떤 식으로 의사결정에 영향을 미치고 있는지 인식해야 한다. Treppa(1998)는 정신건강전문가들이 자신의 가정과 선호를 적극적으로 도전함으로써 합리적인 대안에 보다 더 개방적이 될 수 있다고 권고했다. Groopman(2007)은 "이밖에 다른 것이 있다면 무엇일까요?"라고 의료 환자들에게 질문했는데, 질문을 약간 바꿔 윤리적 의사결정에 적용해 볼 수 있을 것이다. "이밖에 어떤 것이 윤리적일 수 있을까요?" 실제적인 측면에서 이것은 각각의 대안을 실행하는 것이 정서적으로 얼마나 힘든지를 의식적으로 평가하는 것을 의미하는 것이다. Hill(2004)이 제안한 것처럼, 상담사가 윤리적 딜레마에 처했을 때 "이렇게 행동하게 되면 나는 한 개인으로서뿐 아니라 상담사로서 어떤 사람이 되는가?"라고 물어보는 것이 현명하다. 이 사례에서, 아네트가 고려해 볼 수 있는 선택지는 다음과 같다.

- 누구에게도 말하지 않고 비밀보장을 유지한다. 그다음에 무엇을 할지 내담자가 결정하게 한다.
- 내담자에게는 불편한 일일 수 있지만, 상담사가 비밀보장을 깨고 부모님께 말해야 한다고 내담자에게 말한다.
- 비록 아키가 불편할 수 있지만, 이 사례를 담당하고 있는 아동서비스 담당자에게 전화를 걸어 아키가 이야기한 내용을 말한다.
- 아키 자신이 어머니 또는 심사담당자에게 이야기하도록 격려하고, 아키의 동의 없이는 이 정보를 발설하지 않는다.
- 아키 자신이 개방하거나 또는 상담사가 개방하는 것을 허용할 경우에 한해 상담이 지속될 수 있다고 아키에게 말한다.
- 다음 상담 회기까지 기다린 후 아키가 자신이 철회한 것을 유지할지 아니면 취소할지, 비밀보장에 대한 요청을 유지하는지 아니면 취소하는지를 지켜보고, 그다음에 비밀보장을 파기할지 결정한다.

따라서 상담사는 3단계의 마지막 지점에서 윤

리적 딜레마 유형을 폭넓게 정의하고 사용 가용한 반응들을 목록화한다. 물론 문헌들을 검토하고 자문을 구하면 추가적으로 대안들을 만들어낼 수 있지만, 이제는 최소한 작업할 수 있는 목록이 존재한다. 또한 아키 사례에서 아네트는 법률적인 문제들에 대한 걱정과 자신의 도덕적 직관, 일상에서의 도덕적 가치관으로 인해 아키가 말한 정보를 아키의 어머니 또는 이 사례를 심사하고 있는 사회복지사에게 이야기하고 싶어 한다는 것을 인정한다. 아네트는 이 문제에 대해 좀 더 공부해보고(신중하다는 것을 보여준다) 자문을 구할 수 있는 사람들과 상의해볼 때까지 직관에 기초해서 행동하는 것을 잠시 미루기로 결정한다. 각 대안의 장점을 평가하는 일은 이후 단계에서 일어난다. 만일 적절한 선택지인지 의심이 된다면 믿을만한 동료에게 자신의 생각을 공유하고 중요한 사안을 놓친 것은 아닌지 확인해보는 것이 현명하다. 거의 모든 사례에서 자문은 가치 있는 일이다. 추론 과정과 자문의 결과, 각 단계를 거치면서 취한 행동을 문서화하는 것이 유용한 것처럼, 선택지를 문서로 기록해두면 유용하다(문서 작업에 대해서는 9단계를 참조할 것).

4단계: 직업적 윤리 기준, 지침, 관련 법규를 조회하기

윤리적 사안과 그에 대한 대안들이 확인되면, 그다음 단계에서는 윤리강령을 조회하고 그것을 어떻게 적용할지 결정해야 한다. 아네트가 한 개 이상의 전문학회에 소속된 회원일 경우 한 개 이상의 강령을 조회해야 한다. 1장에서 논의한 것처럼, 강령에서는 비밀보장이 중요하다고 말하지만, 법령과 아키가 미성년자라는 점, 그리고 심각한 피해가 예상되는 상황이라는 점 때문에 비밀보장을 지키는 것에 한계가 있다(ACA 강령, Section B.1 부록 A 참고).

윤리강령에서는 아네트가 다음과 같은 질문을 던질 것을 요구하고 있다. "아키가 철회했다는 것을 밝히는 것은 정당한 개방인가, 정당하지 않은 개방인가? 이 상황은 심각하고 예측가능한 피해를 초래하는가? 그렇다면 누구에게 피해를 야기하는가? 부모님을 포함시키는 것이 적절한가? 그렇게 하는 것이 아키에게 최선인가?" 그러나 윤리강령은 아네트의 사고 과정을 이끌 뿐 딜레마에 대한 해답을 제공하지는 않는다. 예를 들어, 강령은 예측가능하고 심각한 피해가 실제로 무엇을 의미하는지 정의하고 있지 않다. 아네트가 학교상담사로 근무하고 있기 때문에, 그녀는 학교상담사 윤리 기준(ASCA, 2010) 또한 참고해야 한다. ASCA 기준은 ACA 윤리조항과 맥락을 같이 하고 있는데, 비밀보장에 대한 의무가 최우선임을 강조할 뿐 아니라 부모에 대한 책임 또한 강조하고 있다(부록 C, Section A.2 참조). 또한 이 강령에서는 아네트가 무엇을 결정하든 아키에게 알리고, 가능하다면 아키의 승인을 구하는 것이 필요하다고 말하고 있다. 그러나 ACA 강령이든 ASCS 강령이든 완전한 해결책을 제공하지 않기 때문에, 상담사는 의사결정모델의 다음 단계로 나아가서 무엇이 가장 윤리적인지를 결정해야 한다(ASCA 강령, 부록 C 참조).

다행스러운 것은, 다른 문제들을 가지고 윤리강령을 조회하면 신뢰할 만한 답변을 얻을 수 있다는 것이다. 다음 사례의 경우 이 단계에서 해결할 수 있는 윤리적인 문제를 포함하고 있다.

욜란다와 저스틴 사례

욜란다는 상담심리 인턴을 지도하고 있는 슈퍼바이저로서, 지난 몇 달 동안 유능하고 성숙한 훈련생인 저스틴에게 슈퍼비전을 제공하고 있다. 인턴 과정 내내 많은 대화를 나누면서 욜란다는 여러 측면에서 저스틴이 자신과 관심이 비슷하다는 것을 알게 되었다. 두 사람은 시간이 나면 첼로를 연주하고 말을 탄다. 욜란다는 저스틴에게 자신이 속해 있는 지역 오케스트라에서 첼로연주자를 뽑는데 지원해보라고 제안하고, 말을 같이 타러 가자고 요청한다. 욜란다는 이와 같은 제안이 윤리적인지 궁금하다.

욜란다는 자신의 생각과 행동에 윤리적인 측면이 포함되어 있음을 알고 있는데, 이는 욜란다에게 윤리적 민감성이 있음을 보여준다(1단계). 이 사례에 관한 사실관계를 조직하는 일은 꽤 간단한데,

딜레마는 욜란다로부터 발생하는 것일 뿐 내담자나 동료와의 상호작용에서 초래되는 것이 아니다. 두 번째 단계에서 세 가지 사실이 분명하다. 첫째, 저스틴은 다른 인턴과 함께 욜란다에게서 슈퍼비전을 받고 있고, 올해 말까지 슈퍼비전을 받을 예정이다. 둘째, 저스틴은 올해 말까지 인턴을 성공적으로 마쳐야 하고, 필요할 때 욜란다로부터 추천서를 받을 수 있다. 셋째, 이후에 욜란다가 저스틴에게 슈퍼비전을 제공할 가능성은 거의 없고, 다른 평가적인 역할을 담당할 가능성 또한 희박하다. 이 상황에서 저스틴이 제1의 이해당사자이지만, 다른 인턴과 상담센터 또한 이해관계에 놓여 있다. 이 사례와 관련된 사회문화적 변인들을 탐색하는 것은 쉽지 않지만, 유사한 사회문화적 배경 때문에 욜란다가 저스틴과 사적인 모임을 갖는 것에 관심을 보이는 것은 아닌지 탐색해 볼 필요가 있다. 두 번째 단계에 포함된 내용을 모두 고려하기 위해, 욜란다는 관련된 윤리적 범주를 확인한다. 욜란다는 슈퍼비전 이외의 장면에서 저스틴을 만나는 것이 부적절한 관계, 즉 일종의 다중 관계를 의미할지 모른다고 생각하고, 세 가지 행동을 생각해냈다(3단계). 첫째, 계획한 대로 저스틴에게 제안한다. 둘째, 저스틴이 인턴을 마칠 때까지 제안을 보류한다. 마지막으로, 두 가지 활동 중 하나를 그녀와 함께하자고 저스틴에게 요구한다.

네 번째 단계에서 욜란다는 윤리강령을 참고해서 각각의 선택지가 가지고 있는 장점이 무엇인지 판단해야 한다. 1장에서 언급한 것처럼, APA 강령 기준 3.05(2010a)에 따르면 합리적으로 평가했을 때 객관성, 능력 또는 효과성이 결여되어 부적절한 서비스를 제공할 위험이 있다고 판단되면 다중 관계를 피해야 한다. 그런 위험이 없다면 다중 관계는 허용된다.

이 강령의 해당 절에서는 만일 욜란다가 원래 생각대로 저스틴에게 몇 가지 제안을 할 경우 슈퍼바이저로서의 효능이 감소되고 인턴을 평가하는 객관성 또한 손상될 위험에 처해 있다고 제안하고 있다. 피해 또는 착취의 위험도 존재한다. 또한 욜란다는 함께 말을 타는 것이 두 가지 상황 중에서

도 더 문제가 될 수 있다고 추론하는데, 슈퍼비전 관계의 경계를 흐릿하게 만드는 개인적인 관계로 발전될 수 있기 때문이다. 저스틴에게 지역 오케스트라에 지원해보라고 제안하는 것이 윤리 위반인지는 덜 분명하다. 왜냐하면 저스틴이 오디션을 통과하리라는 보장이 없고, 통과하더라도 반드시 일대일의 사적인 관계로 발전되지 않을 수 있기 때문이다. 그러나 같은 오케스트라에 소속되면 저스틴이 불편할 수 있고, 더욱이 오디션에 참여하라는 슈퍼바이저의 제안을 거절할 경우 인턴 평가에 부정적인 영향을 미칠 것으로 생각할 수 있다. 만일 저스틴이 다른 경로를 통해 오케스트라에 빈자리가 있다는 것을 알게 되고 스스로 판단해서 지원한다면, 같은 오케스트라에서 예술 활동을 하는 것이 윤리적으로 문제가 되지는 않을 것이다. 다만, 이것은 인턴 과정 동안 욜란다가 저스틴과 별도의 사적인 관계를 발전시키지 않는다는 전제하에서 성립될 수 있다.

욜란다는 ACA 회원이기도 해서 ACA 윤리강령 Section F.3.a에 있는 지침을 살펴본다. 그녀는 착취적인 방식으로 행동하지 않을지, 그녀의 판단이 손상되지는 않을지 판단해야 한다. 또한 경계를 확장할 때 수반되는 위험과 이로움을 이해해야 하고, 슈퍼비전에 손상을 입히는 비직업적 관계를 피해야 한다. 마구간에서 저스틴과 정기적으로 사적으로 만나는 것이 비직업적인 관계라는 점은 의심할 여지가 없다.

두 개의 윤리강령을 살펴본 후 욜란다는 두 가지 사교 활동에 저스틴을 초청하지 않기로 결심한다. 그 이유는 그녀가 학생의 수행을 객관적으로 평가하는 것이 힘들어지고, 다른 인턴들에게 혼란을 야기하는 메시지를 전달할 가능성이 있기 때문이다. 더욱이, 저스틴이 그러한 제안을 오해할 수도 있고, 슈퍼비전 장면에서 어색한 느낌을 가질 수 있다. 이런 이유 때문에 욜란다는 더 이상 평가자로서의 역할을 하지 않을 때 저스틴이나 다른 인턴과의 사적인 만남을 고려하기로 결정한다.

이 사례는 윤리강령을 주의 깊게 해석하고 관련 강령을 조회하는 것이 어떻게 정신건강전문가로 하여금 윤리적인 문제를 해결하는 데 도움이 되는지 잘 보여주고 있다. 전문가가 강령을 잘 알고 있어서 적절한 부분을 빨리 찾을 수 있다면 지체하지 않고 결정을 내릴 수 있다. 그러면 전문가는 모델의 5-7단계를 건너뛰고 곧장 마지막 세 단계로 이동할 수 있을 것이다.

ACA, APA 및 다른 정신건강 관련 직종의 윤리강령들은 다소 차이가 있다. 가끔 이런 차이 때문에 한 개 이상의 기관에 소속된 사람들에게 문제가 발생한다. 예를 들어, APA는 서비스 종료 이후 적어도 2년간 과거 내담자와의 성적 접촉을 금하고 있다(기준 10.07). 그러나 2014년 ACA 강령, Section A.5.c에서는 전문적인 서비스가 종료된 후 적어도 5년 동안은 이전 내담자와 성적인 접촉을 금하고 있다. 협소한 이기심에 이끌리는 직업인들이라면 가장 적게 요구하는 윤리강령을 찾아 살펴보고 그것을 따르겠다고 결심할지 모른다. 이는 근시안적인 것으로서, 강령이 표방하는 대의와 해당 직업의 근본적인 가치를 무시하는 일이다. 가장 현명한 선택은 가장 엄격한 지시를 따르는 것이다. 모든 구성원들은 그들이 소속된 기관들이 지시하는 것을 따라야만 한다.

또한 전문가들은 윤리위원회의 다른 공식적인 성명서를 인지하고 있어야 한다. 가끔 윤리위원회에서는 특별 지침을 출판하는데, 최근 부각되고 있는 윤리적인 문제들을 공지하거나 많은 회원들이 위원회에 제기한 문제들에 대해 답변을 제공한다. 예를 들어, 2001년 APA에서는 심리검사를 유능하게 사용하는데 필요한 훈련 및 배경에 관한 질문에 대해 검사 사용자 자격에 대한 지침서(Turner, Demers, Fox, & Rsfvrsneed, 2001)를 출판했다. 좀 더 최근에는 심리학자의 책임 있는 실무를 위해 여성에 대한 심리학적 실무 지침서(APA, 2007a), 원격 심리학(Telepsychology) 실무를 위한 지침서(2013a)를 출판했다. 특별 지침서와 진술문 목록이 이 책 부록 D에 실려 있다.

정신건강전문가가 기관에 고용되어 일할 경우 직업윤리에 관한 진술문을 담고 있는 고용자정책 매뉴얼을 참고할 필요가 있다. 매뉴얼은 비밀보장,

고지된 동의(informed consent), 기록하기, 동료에 의한 비윤리적 행위 보고하기 등과 관련된 추가 지침을 담을 수 있다(Hansen & Goldbert, 1999). 기관 정책이 윤리강령이나 규칙에 우선하는 것은 아니지만, 강령과 규칙이 모호하거나 불특정할 경우 추가 지침을 제공해준다.

마지막으로, 모든 강령에서는 회원들이 인권을 해치지 않는 한 현존하는 법령에 따라 행동할 것을 명하고 있다. 이것이 의미하는 것은, 전문가는 해당 문제와 관련된 법령을 참고해야 한다는 것이다. 판례법, 사례에 대한 법정 판결 또한 이에 해당된다(전문학회 회원의 이점 중 하나는, 현재 어떤 법률이 진행되고 있고, 회원들의 실무에 영향을 미치는 법률상의 변화는 무엇인지 학회에서 모니터링해서 회원들에게 공지한다는 것이다). 욜란다가 살고 있는 주에서는 슈퍼바이저와 인턴 간에 사적인 만남을 갖는 것에 관해 법령에서 특별히 언급한 부분이 없을 수 있다. 그러나 면허상담사들을 관할하는 주법령에 모든 면허상담사들이 ACA 윤리강령을 지켜야 한다고 언급하고 있을 수 있다. 현재, 17개 주에서는 ACA 강령을 주법령에서 언급하고 있고, 다른 3개 주에서는 이 17개 주의 법령을 언급하면서 면허상담사들에게 이것을 사용할 것을 권고하고 있다(hiit://counseling.org/docs/ethics/aca−code−of−ethics−2010−%2812−22−09%29.pdfsfvrsn=2 참조).

아키와 아네트 사례에 대한 재논의 윤리적 의사결정 과정에서 아네트가 다음으로 해야 할 일은 그녀의 행동과 관련된 법규가 있는지 확인하는 것이다. 이것이 특히 중요한데, 왜냐하면 미성년자의 비밀보장에 대한 법규는 지역마다 다르기 때문이다. 더욱이, 같은 주나 자치지역 내에서도 미성년자의 비밀보장에 대해서는 법규와 법정 의견이 서로 충돌하고 있을 수 있다. 이 문제와 관련이 있는 것은, 아동 학대 보고 관련 법규와 심리치료에서 부모에게 개방하지 않을 비밀을 가질 권리에 관한 것이다. 또한 중요한 것은, 내담자가 학대와 관련해서 거짓된 불평 사항을 보고했을 때 상담사의 책임과 관련된 법률상의 문제. 많은 상황에서는 법규와 강령이 단정적으로 이야기를 하고 있지 않

거나 해당 주제에 대해 침묵하고 있다. 이런 일이 발생했을 때, 실무자는 5단계로 이동해야 한다. 법규와 강령이 서로 충돌할 경우, 강령을 지키기 위해 법규를 위반하라고 요구하지는 않는다(전쟁 억류자의 인권을 침해한 심문에 심리학자들이 참여한 사례를 다루면서 APA에서 수정한 윤리강령 내용에 대해서는 http://www.apa.org/news/press/releases/2010/02/ethics−code.aspx 참조; 학교상담사들이 직면하고 있는 갈등에 관한 논의와 관련해서는 Stone과 Zirke(2010)을 참조).

5단계: 관련 윤리 문헌을 검색하기

상담사는 이 단계에서 전문적인 학술 문헌을 조회하게 되는데, 동일한 윤리적 문제들에 대해 씨름해온 다른 임상가 및학자들의 견해를 탐색하게 된다. 문헌들을 조사하면 전문가들의 관점을 이해할 수 있고, 생각하지 못했던 부분을 인식하는 데 도움이 된다. 또한 문헌을 읽으면 힘든 결정을 내릴 때 경험하는 정서적 고립감에서 벗어날 수가 있다. 정규 교육 과정에서 윤리수업을 수강한 사람들이 학술 문헌을 더 자주 조회하는 경향이 있지만, 불행하게도 전문 상담사들은 복잡한 윤리적 사안을 다루고 있는 문헌들을 잘 활용하지 않는다(Bombara, 2002).

아네트의 경우, 어떤 상황에서 아동이 개방한 내용을 비밀로 유지해야 하는지를 다루고 있는 문헌들을 찾을 수 있을 것이다(예, Behnke & Warner, 2002; Glosoff & Pate, 2002; Gustafson & McNamara, 1987; Koocher, 2003; Mannheim, Sancilio, Phipps−Yonas, Brunnquell, Somers, & Farseth, 2002; Moyer & Sullivan, 2008; Stone & Isaacs, 2003; Stone, 2005; Strom−Gottfried, 2008; Taylor & Adelman, 1998). 이 문헌들은 윤리강령보다는 덜 일반적인데, 어느 선까지 비밀을 유지해야 하는지는 아동의 성숙도와 관련이 있고(문헌들에서는 성숙도의 기준을 제공하고 있음), 아동에게 무엇이 최선인지 정의할 것을 제안하고 있다(Koocher & Keith−Spiegel, 1990). 또한 문헌에서는 비밀보장에 대한 아키의 요구가 전혀 이상한 것이 아니라고 강조한다. 사실 정신건강서비스를 찾는 청소년들에게는 비밀보장이 가장 현

저한 문제이고(Kaser-Boyd, Adelman, & Taylor, 1985; Society for Adolescent Medicine, 2004), 자신들은 비밀보장과 관련해서 성인과 같은 정도로 존중받아야 한다고 생각한다(Collins & Knowles, 1995). 또한 몇몇 주 법원에서는 청소년에게 제공한 서비스 기록을 부모에게 공개하지 않아도 된다고 판결했다(Ellis, 2009). 이러한 문헌들을 통해 아네트는 아키의 현재 나이(17세)가 이 문제에 해당되고 따라서 아키 자신이 이야기한 것을 부모에게는 비밀로 하기로 결정할 권리가 몇 년 전에 비해 지금 더 크지만, 그 권리가 반드시 보장되지는 않는다고 결정한다. 다른 저자들은 상담사와 아키 사이에 나눈 정보의 비밀보장을 부모가 인정하도록 설득할 것을 제안한다(Taylor & Adelman, 1989 참조). 아네트는 아키가 자신에게 이야기한 내용을 부모나 심사위원들에게 즉각 알릴 경우 아키의 나이와 성숙도를 간과하는 일이 될 수 있다고 판단한다. 아네트는 즉시 비밀보장을 깨기로 한 결정을 수정해서, 아키와 상의한 후에 개방을 허용하기로 결심한다. 하지만 다른 대안들이 과연 윤리적인지에 대해서는 여전히 확신이 없다. 문헌들에서는 상담사가 아키의 선호에 관심을 기울일 것과, 상담사의 주요 책임은 부모가 아니라 아키임을 상기시켜주고 있다. 그러나, 아네트는 아키에 대한 부모님의 권리와 의무, 또는 학대에 대한 아키의 개방 때문에 겪고 있는 부모로서의 고통을 무시할 수는 없는 일이다.

지난 40년간 다양한 윤리적 문제들에 대한 문헌들이 출판되었다(그전까지 직업적 윤리에 대한 출판물은 찾아보기 힘들었다). 특히 가치 있는 일은, 윤리적 의사결정을 다문화사회의 맥락에서 이해하고, 직업인과 해당 직업의 가치와 덕목이라는 맥락에서 이해하는 것이다. 이어지는 장에서는 다양한 주제들에 대해 광범위한 지식을 다루고 있는데, 비밀보장, 고지된 동의, 다중 관계, 진단과 검사, 집단 및 가족상담, 학교 및 기관, 사설 상담소, 다른 정신건강 기관에 고용된 직업인들을 위한 특별한 관심 사항을 제시하고 있다. 이러한 지식은 윤리적 의사결정 과정에서 취약하고 고립감을 느끼는 학생과 실무자들에게 풍부한 자원이 된다. 이러한 문헌에 익숙할 때, 슈퍼바이저, 내담자 또는 법률 주체에게 자신의 결정을 더 잘 정당화할 수 있고, 자신의 추론이 전문가들의 추론과 일치하는지 또한 확인할 수 있다. 역량 있는 직업인에게는 이런 지식이 사치가 아니라 필수품이라고 주장할 수 있는데, 특히 해당 서비스 집단 또는 일터에서 늘 발생하는 윤리적인 문제를 다룰 때에는 더욱 그렇다. 이런 지식 없이 기능한다는 것은, 전자매체를 통해 출판된 문헌들을 아주 쉽게 접근할 수 있는 요즘 세상에서는 유능하지 않은 행동으로 간주될 수 있다.

물론, 문헌을 검토하는 것이 모든 윤리적 사안에 만병통치약은 아니다. 문헌에서 늘 확실한 답을 제시하는 것도 아니고, 문헌을 검토한 후 어떤 결정을 내렸다고 하더라도 그것이 그 결정에 대한 상담사의 책임을 감소시키는 것도 아니다. 많은 경우 더 심사숙고해야 하고 추가로 자문을 구해야 한다. 이제 그다음 단계인 6단계로 넘어가 보자.

6단계: 근본적인 윤리 원칙과 미덕을 상황에 적용하기

상담사는 이 지점에서 강령 기저에 있는 근본적인 철학적 원칙과 덕목을 상황에 적용한다. 전문 문헌들은 선택할 수 있는 대안들을 좁히고 명료화시켜 주지만 그것이 늘 단일 경로를 가리키는 것은 아니다. 윤리적 원칙과 덕목에 따라 사고함으로써, 전문가는 특정 사례를 논의함에 있어서 질서와 일관성을 유지할 수가 있다(Beauchamp & Chidress, 208, p. 1). 또한, 전문가는 윤리적 원칙을 이해함으로써 언뜻 보기에는 관련이 없어 보이는 상황들 간에 패턴을 엿볼 수 있고, 그들 자신의 윤리적 직관을 더 잘 이해할 수 있다. Kitchener(1984)는 Beauchamp와 Childress(1983), Drane(1982)의 작업에 기초해서 대중에게 서비스를 제공하는 직업에 적용되는 다섯 가지 윤리적 원칙을 확인했다. 이 원칙들 중 어느 것도 절대적인 구속력을 가지는 것은 아니다. 예를 들어, 비자발적 희생은 자율성 원칙에 위배되지만, 인간의 삶을 보호하는 더 큰 선을 이루는데 이롭다. 대부분의 철학자들은 윤리적 원칙을 명백한 구속력을 지닌 것으로 묘사하는데, 이는 윤리적 원칙이 동일한 또는 더 큰 의무와 충돌할 때를 제외하고는 모든 상황에서 의무적이라는 것을 의미한다(Beauchamp & Childress, 2012). 윤리학자들은 늘 원칙을 생각해야 한다고 주장한다. "원칙은 그것이 승리하지 않을 때조차 중요하다."(Beauchamp & Childress, 2012. p. 47) 다음 절에서 각각의 원칙을 정의하고 아키의 사례에 적용할 것이다.

자율성 존중　자율성을 존중한다는 것은 한 사람의 고유한 자유와 존엄성을 존중하는 것을 뜻한다. 즉, 모든 사람은 고유한 존엄성을 가지고 있기 때문에 스스로를 위해 자유롭게 선택해야 한다. 이 원칙은 철학자 임마뉴엘 칸트의 생각에 기원을 두고 있는데, 사람들은 그 자체로 목적이고 다른 목적을 위한 수단으로써 취급되지 말아야 함을 의미한다(Kant, 1785, 1964). 자율성에 암묵적으로 포함되어 있는 것은, 사람은 자기 자신에 대해 책임이 있다는 관점이다. 자율성을 존중한다는 것은 "한 사람의 선택이 다른 사람들에 의해 구속되지 말아야 한다."는 것을 의미한다(Beauchamp & Childress, 2001, p. 62). 자율성의 반대 개념인 온정주의(paternalism)는 타인에게 부모로서 행동하고 그 사람에게 최선의 이익이 무엇인지 결정하는 것을 의미한다.

물론 자율성 존중에는 한계가 있다. 개인의 행동은 타인의 자유를 방해할 수 없고, 자율성은 이러한 의미와 선택이 지니는 함의를 이해하는 것에 기초를 두어야 한다. 한 사람의 행위가 반드시 합리적일 필요는 없는데, 행동이 타인에게 꼭 합리적으로 보일 필요가 없다는 점에서 그러하다. 한 개인은 스스로에게 해를 끼치는 방식으로까지 바보스럽게 행동할 자유가 있는데, 그런 선택이 가져올 함의를 이해할 수 있다면, 그리고 그런 행동 때문에 다른 사람들이 피해를 입지 않는다면 그렇다. 아동, 심각한 발달 장애를 가진 사람, 또는 정신병적 상태에 있는 사람들은 행동의 자율성을 가지고 있지 않은데, 왜냐하면 그들은 최소한 그 순간에는 그들의 선택이 가지는 함의를 이해할 수 없기 때문이다. 이런 상황에서는 다른 사람들이 그들을 대

신해서 온정적으로 행동해야 한다.

사생활에 대한 권리는 자율성 존중의 한 부분으로써 선택의 자유와 한 쌍을 이룬다. 개인은 자신과 관련된 어떤 정보를 공유할지 결정할 힘을 가져야 하는데, 이것은 자신의 사적인 삶에 대해 타인들이 무엇을 알지 통제할 권리다. 자율성과 마찬가지로 사생활이 없다면 존엄은 없다. 미국과 캐나다, 그리고 다른 많은 국가에서 사생활에 대한 개인의 권리는 법으로 보장되어 있다.

윤리강령의 거의 모든 절에는 자율성에 대한 존중이 녹아있다. 전문서비스를 위한 고지된 동의를 구할 의무, 비밀보장을 유지해야 할 의무는 직접적으로 이 원칙에 그 기원을 찾을 수 있다. 마찬가지로, 연구 윤리의 많은 측면과 진단 및 검사 윤리들은 자율성에 대한 존중과 관련이 있다. 또한 이 원칙은 이롭다고 판단되는 다른 목적을 성취하기 위해 자기 자신의 자율성을 포기하거나 보류할 권리를 지니고 있다는 것을 의미하기도 한다. 예를 들어, 성인이 부모가 중매한 결혼에 동의함으로써 자율성을 포기할 수 있는데, 그 이유는 이러한 행위가 그 성인의 사회문화적 믿음과 일치하기 때문이다.

윤리적 딜레마를 해결하려고 애쓰는 상담사는 현재 고려하고 있는 몇 가지 대안 중 어떤 것이 가장 이 원칙에 부합하는지 질문함으로써 자율성 존중의 원칙을 적용하게 된다. 아키의 사례에서, 자율성을 존중하는 것은 매우 중요한 일이다. 만일 아키에게 성인과 동일한 정도의 자율성을 부여할 수 있다면, 아네트는 비밀유지에 대한 아키의 소망이 타인에게 상당한 정도로 해를 끼치지 않는 선에서 아키가 원하는 것을 존중해야 한다. 즉각적으로 두 가지 질문이 떠오른다. 성인과 같은 정도로 아키에게 자율성을 부여할 수 있는가? 아키의 행위가 타인에게 얼마나 많은 해를 초래하는가?(아마도 상담사는 이 지점에서 아키가 18살 생일까지 기다려서 이러한 정보를 자신과 공유했으면 하고 바라고 있을지도 모른다). 대부분의 아동은 제한된 능력을 가지고 있고, 성숙하면서 그러한 능력의 한계 또한 감소한다. 윤리 관련 문헌들은 능력과 성숙 간에 관계가 있

다고 설명하고 있고, 17세 청소년은 자율적으로 행동할 만큼 성숙하다고 제안하고 있다(예, Gustafson & McNamara, 1987). 이는 성인에 근접한 내담자를 상담하는 전문가들에게 정반대의 증거가 없다면 성숙과 자율성을 가정하고 상담에 임해야 함을 시사한다. 아네트는 아키에 대한 지식을 바탕으로 거의 완전할 정도의 자율성을 아키에게 부여할 수 있다고 결정한다. 잠재적인 피해 또한 중요하게 고려할 사항이다. 성학대에 대한 의혹은 양부의 직장, 정서적 안정성, 결혼생활, 양자를 양육할 능력, 그리고 자신의 사적 자유에 영향을 미칠 수 있다. 아키의 어머니 또한 심리적 고통을 경험할 가능성이 큰데, 자신의 남편이 경험하고 있는 피해로 인해 영향을 받을 수가 있다. 즉, 아키는 이 상황에서 유일한 이해당사자가 아니다.

현재 아키가 진실을 말하고 있다면, 이전에 누군가에게 거짓을 이야기했다고 인정하기를 거부하는 것은 양부의 권리를 침해하는 일이 된다. 물론, 아키는 이전에 공개한 것이 불편해서 지금 거짓을 이야기하고 있을 수 있다. 종종 젊은 사람들은 결과가 두려워서 성학대에 대해 개방한 것을 철회하곤 한다. 이처럼 나중에 부인하는 것은 현재 경험하고 있는 고통을 줄이기 위한 노력일지도 모른다. 만일 그렇다면, 부인하고 있음을 개방하는 것은 아키 자신에게는 최선이 아닐 수도 있다. 심지어 양부가 다시 아키를 마음대로 학대할 수도 있다. 이 사례에서 자율성 존중의 원칙을 적용하는 과정을 살펴보면, 구체적인 사실이 얼마나 중요한지 알 수 있다. 아네트의 분석은 아키와 그 가족에 대한 아네트의 진단이 얼마나 능숙하고 질적으로 우수한지에 달려있다. 내담자에 대한 그녀의 지식은 어떤 것이 실제로 거짓이고, 개방 또는 비개방의 결과가 무엇일지 평가하는 데 도움이 된다는 점에서 매우 중요하다. 자율성을 존중해야 한다는 원칙은, 아키가 원하는 것이 무엇인지를 고려해서 아네트가 결정할 것을 요구하고 있다. 또한 타인에게 해를 끼칠 수 있다는 의심이 상당한 정도로 존재한다면, 상담사는 내담자가 무엇을 공개할지에 관해 내담자 스스로 선택할 권리가 있음을 매우 비중 있게

고려해야 한다.

이 원칙과 가장 밀접한 관련이 있는 덕목은 존중(respectfulness), 즉 "특히 우리의 행동이 타인에게 영향을 미칠 때, 타인의 구체적인 염려와 관심사를 고려하려는 의향"이다(Kitchener & Anderson, 2011, p. 66). 이 덕목은 Nodding(1984)이 언급한 돌봄의 윤리(ethics of care)와 관련이 있는데, 이는 직업인이 원칙과 법규에 따라 어떤 윤리적 선택이 최선일지 판단해야 할 뿐 아니라, 내담자에 대한 진정한 배려와 연민을 의사결정의 핵심에 포함시켜야 함을 시사한다.

무해성 두 번째 윤리 원칙은 의료 윤리에 그 뿌리를 두고 있는데, 종종 의사들이 하는 히포크라테스 선서와 관련이 있다. 이 맹세는 병자를 치유하고 환자에게 상해를 가하거나 해를 입혀서는 안 된다고 경고한다. 이것은 무해성(nonmaleficence)이라고 불리는 원칙으로부터 나오는데 종종 라틴어로 *primun non nocere*로 적혀 있다. 이것의 구체적인 번역은 "우선, 해를 끼치지 마라."인데, 의학과 정신건강 분야에 종사하는 전문가들에게 가장 근본적인 윤리 원칙으로 간주되어 왔다. 또한 이 원칙은 예방할 수 있는 위험을 피하는 것을 포함하고 있다. 전문가는 내담자에게 피해를 입히지 않는 개입만을 사용할 의무가 있다. 이 의무는 전문가가 치료의 위험성을 인식하고 평가해서 그것에 따라 행동해야 한다는 것을 의미한다. 또한 해를 피할 의무는 정신건강전문가들의 다른 역할에도 적용된다. 예를 들어, 연구자들은 연구 참여자들에게 해를 입히는 연구를 수행해서는 안 된다. 자문가들은 그들이 조력해야 할 사람들에게 피해를 입히는 개입을 수행해서는 안 된다. 예측하지 못한 사건들이 발생하기 때문에, 전문가가 제공하는 서비스의 모든 결과를 항상 예측할 수는 없다. 무해에 대한 의무가 있다는 것이 모든 것을 미리 알아야 한다는 것을 의미하는 것은 아니다. 대신, 주의 깊고 신중하며 유능하게 판단할 것을 요구한다.

해로움을 피해야 한다는 개념은 맥락과 함께 고려해야 하는데, 상담 및 심리치료의 많은 부분이 내담자에게 불편할 수 있고 내담자가 호전되기 전

에 일시적으로 더 안 좋다고 느낄 수 있기 때문이다. 만일 어떤 내담자가 과거에 경험한 신체적 학대 때문에 상담을 받고 있다면, 학대 경험이 현재 기능에 어떤 영향을 미치는지를 탐색한 후에 오히려 더 괴롭다고 보고할 수 있다. 만일 이러한 개입이 장기적으로 이롭다는 증거가 없거나 또는 내담자가 잠시 동안의 부정적인 효과를 포함해서 이 처치에 대해 동의하지 않았다면 이것은 해를 끼치는 일이다. 하지만 상담사가 그 처치의 긍정적인 효과를 알고 있고 유능하게 사용할 수 있다면, 그리고 자신의 내담자에 대해 처치의 효과를 지속적으로 평가해 왔다면, 이 상담사는 무해성의 원칙을 따르고 있다고 볼 수 있다. 이 상담사가 이후 해야 할 일은, 내담자의 경과를 지켜보면서 예상치 못한 부정적인 영향이 나타나는지를 확인하고 이를 다뤄야 하는 것이다.

무해성 원칙의 또 다른 측면은, 해를 입힐 가능성이 있는 일을 하는 것보다는 아예 아무것도 하지 않는 것이 더 선호된다는 것이다. 예를 들어, 심장 수술과 관련해서 전혀 훈련을 받지 않은 가정의라면 심장혈관우회 수술을 시도하지 않을 것이다. 윤리적인 근거는 분명하다. 가정의는 자신이 훈련받지 않은 절차에 관여할 때 가장 큰 피해를 줄 것이다. 그런 훈련을 받은 의사들이 있기 때문에 그런 피해를 피할 수 있다. 결국, 이 상황에서 취할 윤리적인 입장은 내담자의 요구를 거절하는 것이다. 극도의 응급 상황을 제외하면, 훈련받지 않은 의사가 수술에 관여해서 사망에 이르게 할 확률은 어떤 처치도 하지 않아 사망에 이르게 할 위험보다 더 크다. 마찬가지로, 정신건강전문가들은 피해를 줄 것이라고 이미 알고 있거나 그렇게 알고 있어야 하는 행위에 가담해서는 안 된다. 이 것은 내담자나 동료들이 요구한다고 해도 그렇고, 그것이 아무것도 하지 않는다는 것을 의미한다고 하더라도 마찬가지이다. 정신건강전문가들이 야기할 피해가 방금 전에 언급한 의료 행위만큼 눈에 띄거나 극적이지 않을 수 있다. 그러나 심리적인 상처는 그만큼 현실적일 수 있다. 무해성 원칙은 전혀 훈련받지 않은 상담사들이 해를 끼칠 가능성

이 큰 절차에 관여하기보다는 차라리 아무것도 하지 않을 것을 요구한다.

무해성 원칙은 유능함, 고지된 동의, 다중 관계, 대중에 대한 선언과 관련된 윤리적 기준의 기초가 된다. 또한 무해성 원칙은 심리검사에 대한 적절한 사용과 동물을 사용하는 연구 방법을 다루는 윤리 조항의 토대가 된다. 이 원칙은 신중함, 신뢰성, 측은지심 등의 덕목과 밀접하게 관련이 있다.

이 원칙과 관련 덕목을 아키의 사례에 적용하면, 우리는 각각의 대안이 초래할 수 있는 피해를 신중히 고려해야만 한다. 우선 아네트가 아키의 동의 없이 정보를 개방할 경우 아키에게 해를 끼칠 수 있다. 상담사의 최우선 의무가 내담자에게 있기 때문에, 분석은 아키로부터 시작된다. 따라서 아네트는 아키의 정신 상태와 정서적 안정성, 충동적이고 파괴적으로 행동하는 경향성, 개방할 경우 이러한 각각의 기능에 미치는 영향을 조심스럽게 평가해야 한다. 또한 아네트는 비밀을 발설할 경우 아키가 더 이상 상담을 받지 않거나 적어도 상담사에 대한 신뢰를 잃어버려서 다른 개인적인 정보를 드러내지 않으려고 할 것을 인식해야 한다. 아네트는 신뢰로운 상담 관계를 상실하는 것이 내담자에게 어떤 피해를 줄지 고민해야 한다. 그런 다음, 아키의 가족에게 가해질 피해를 평가해야 한다. 그 의혹이 사실이 아닐 경우 어머니와 양아버지는 피해를 입게 된다. 마지막으로, 상담사는 가족 구성원들이 경험할 상처로 인해 아키가 입게 될 상처를 고려해야 한다. 만일 아키가 일시적으로 경미한 정도의 불편함을 경험하는 반면 양아버지가 유죄판결을 받게 되고 어머니가 이혼소송을 제기한다면, 아네트는 이러한 정보를 모두 심사숙고해야 할 것이다. 무해성의 원칙은 전문가들이 가지고 있는 힘을 지혜롭게 활용해서, 내담자, 학생, 또는 연구 참여자들이 적어도 시작할 때보다는 더 나빠지지 않게 할 것을 권고하고 있다. 상담사들이 잠재적인 위험을 주의 깊게 고려하지 않았다면 그것은 상담사가 신중하지 않았거나 신뢰롭지 않아서일 것이다. 만일 상담사가 자신이 피해를 보지는 않을까 하는 걱정을 토대로 행동했다면, 개인적인 또는 직

업적 품격이 드러나지 않는 행동이 될 것이다.

선행 세 번째 윤리 원칙은 선행인데, 이로운 일을 행할 책임으로 정의할 수 있다. 상담사와 치료사는 스스로를 전문적인 조력자로 홍보하기 때문에, 이들에게는 서비스를 원하는 사람들을 도와야 할 의무가 있다. 이전 장에서 언급했던 것처럼, 이 책임은 우리에게 특권과 지위를 제공하고 있는 사회와의 계약에 근거를 두고 있다. 또한 선행은 일반적으로 사회를 도와야 할 의무, 잠재적인 내담자를 도와야 할 의무를 포함하고 있다. 이 의무는 대중에게 서비스를 판매하고 있는 모든 근로자들에게 부과되는 것은 아니다. 신발 끈, 복사기, 또는 감자칩을 생산하는 사람들은 스스로를 조력자로 홍보하지 않는다. 따라서 그들에게는 도와야 할 윤리적 의무가 없고 단지 대중에게 피해를 입히지 않으면서 상품을 생산할 의무가 있다. 물론, 이러한 근로자들 역시 다른 사람들을 도와주는 것이 바람직하긴 하다. 차이점은, 그들이 하는 일의 특성상 다른 사람을 돕는 것이 부과된 의무가 아니라는 것이다.

또한 선행의 원칙은 직업인들이 자신의 역량 범위 내에서 일해야 할 뿐 아니라 대중의 복지를 향상시킬 것을 요구하는 윤리강령의 토대가 된다. 무능력한 방식으로 행동하는 것은 직업인이 약속하고 내담자가 기대하는 도움을 제공할 수 없음을 의미한다. 도움을 제공할 의무는 신뢰와 품격이라는 덕목에 그 뿌리를 두고 있다.

물론, 모든 직업적 서비스가 내담자에게 이로움을 제공하는 것은 아니다. 가끔 서비스가 효과적이지가 않은데, 그보다 드물긴 하지만 서비스를 받은 다음 내담자가 더 안 좋게 느낄 수 있다. 더욱이 상담과 심리치료는 그 과정에 참여하기로 동의한 사람들만 도와줄 수 있다. 선행의 의무는 긍정적인 성과를 보장하는 것에 있지 않다. 오히려 최선을 다해 돕고, 처치가 성공적이지 않은 것처럼 보일 때 다른 대안을 제공하는 것이다. 서비스를 받아도 계속해서 처음보다 더 나아지는 것이 없다면, 그것은 상담사가 선행의 원칙을 위반하고 있는 것이다. 또한 상담사가 신뢰의 덕목을 보여주지 못

한 것인데, 내담자에게는 전문가가 이로운 서비스를 제공하는 것에 대해 정직할 것을 기대할 권리가 있다.

또한 선행이라는 원칙은 임상가로 하여금 대중을 이롭게 하는 직업적 활동에 관여할 것을 요구한다. 따라서 특정 윤리적 딜레마를 해결할 때 어떤 행동이 구체적으로 어떤 이로움을 가져올지 판단하는 것이 중요하다. 선행의 원칙에 따르면, 임상가는 단순히 내담자에게 피해를 주는 행위를 피하는 것만으로는 불충분하다. 첫째는 피해를 주지 않는 것을 기초로 개입해야 하고, 둘째는 이로운 일을 행하는 것에 기반을 두고 개입해야 한다.

이를 아키 사례에 적용해보면, 아키에게 초래될 해로움을 피하는 것뿐 아니라 아키가 상담을 받고 난 후 더 나아지게 할 수 있는 해법에 헌신하는 것을 의미한다. 더욱이, 선행은 아네트의 어떤 행동이 전체 가족 구성원에게 가장 이로울 수 있는지를 평가하는 것을 의미한다. 아네트는 학교상담사로서 자신의 역할 안에서 비밀보장을 깨는 것이 어떤 영향을 미칠지 검토해야 한다. 만일 아키가 상담사에게 한 말이 상담사의 입을 통해 상담실 밖에서 발설된 것을 다른 학생들이 알게 된다면, 학생들은 상담을 통해 도움을 받을 수 있는 상황에서조차 상담서비스를 찾지 않을 것이다. 즉, 아네트는 서비스를 제공받을 가능성이 있는 모든 사람들에게 계속해서 도움을 줄 수 있는 해법을 찾아야 한다. 다시 한번 강조하자면, 아키를 이롭게 할 의무가 다른 고려 사항들에 우선하지만, 선행의 모든 측면들을 탐색해야 한다.

정의 정의는 공정하게 행동할 의무다. 이 원칙에 따르면, 상담사는 모든 사람이 가지고 있는 존엄성을 인정하고 직업적인 행동에서 편견을 배제해야 한다. 정의는 아리스토텔레스의 진술, "정의는 동등한 사람들을 동등하게, 동등하지 않은 사람들을 동등하지 않은 비율에 따라 동등하지 않게 다루는 것을 의미한다."(Kitchener, 1984에서 인용)에 가장 잘 표현되어 있다. 정의는 차별하지 않는다는 것을 의미한다. 오스카 와일드는 도덕성을 "우리가 개인적으로 싫어하는 사람들에 대해 우리가 취

하는 태도"로 정의했는데, 도덕성에 정의(justice)라는 요소가 포함되어 있음을 강조한 것이다. 특정 집단을 향해 편견을 가지고 있을 경우 이 원칙을 위반할 때 초래되는 위험은 상당히 크다. 상담사는 인종, 연령, 성별, 문화, 장애, 또는 당면한 실제 문제와 관련이 없는 다른 변인을 토대로 편견을 보여서는 안 된다. 왜냐하면, 그렇게 하는 것은 본질적으로 공정하지 않기 때문이다. 분명, 이 원칙은 존중이라는 덕목과 가장 밀접하게 관련이 있는데, 개인으로서의 품격과 직업인으로서의 품격을 모두 요구한다.

그러나 정의는 배제하는 것 이상이다. 정의는 특정 사람들이 가지고 있는 차이가 당면 문제와 관련이 있을 때 그들에게 추가적인 도움을 제공하는 것을 의미한다. 예를 들어, 정신건강 분야에 있는 교육자들은 모든 학생들의 수행을 평가할 의무를 가지고 있다. 그러나 만일 어떤 학생이 청력에 장애를 가지고 있다면, 이 학생을 다른 학생들과 동일하게 다루는 것은 공정하지 않은 일이 될 것이다. 대신, 정의는 교수 환경을 변경해서 전달되고 있는 사항을 이 학생이 이해할 수 있게 하는 것이다. 그러나 일단 그런 조정과 변경이 자리 잡게 되면, 공정함은 동일한 수행 기준을 적용할 것을 요구한다. 청력 손상만을 토대로 이 학생의 수행을 더 관대하게 평가하는 것은 비윤리적이다.

또한 정의의 원칙은 상담사들이 제공하는 서비스에 대중들이 접근할 수 있어야 함을 의미한다. 예를 들어, 비용을 지불할 수 없는 가난한 사람들에게 상담 및 심리치료를 거부하거나, 언어가 달라서 영어를 말하지 못하는 사람들에게 서비스 제공을 거부하는 것은 비윤리적이다. 정의는 상담사들에게 비용을 지불하지 못하는 내담자를 많이 받아들이라고 요구한다거나 또는 여러 언어를 구사하라고 요구하지는 않는다. 그러나 합리적인 수준에서 수용할 것을 요구하는데, 상담으로부터 혜택을 입을 수 있는 내담자의 능력과는 상관없는 요인들 때문에 상담에 대한 접근성을 정하지 말아야 한다. 또한 이 원칙은 대중의 정신건강에 도움이 되는 사회 정책을 전문가들이 옹호해야 함을 의미한다.

이 원칙은 차별과 성희롱을 반대하는 윤리강령, 무료로 행하는(pro bono) 서비스와 대중을 위한 봉사를 지지하는 윤리강령의 뿌리다. 또한 이 원칙은 대중의 복지를 보호하고 적극적으로 차별에 맞서 싸울 의무의 토대가 된다.

이 원칙을 아키의 사례에 적용해 보면, 이는 다른 이질적인 요인들이 자신의 윤리적 추론에 영향을 미치지 않는 선에서 아네트가 다른 청소년 내담자를 다루는 방식으로 아키를 다뤄야 함을 의미한다. 예를 들어, 아키의 부모님이 지역사회에서 차지하는 위치가 아네트의 행동에 어떤 영향을 미쳐서는 안 된다. 왜냐하면 그들의 사회적 지위는 당면한 문제와 아무런 관련이 없기 때문이다. 마찬가지로, 아네트가 아키의 양부를 싫어하거나 아키의 어머니에게서 자신의 어머니의 모습을 발견하더라도, 정의라는 원칙은 그녀가 개인적인 감정을 토대로 아키의 비밀보장에 대한 결정을 내려서는 안 된다는 것을 시사한다. 만일 아네트가 아키와 가족을 공정하게 다룰 수 없다면, 이것을 공정하게 다룰 수 있는 다른 상담사에게 의뢰해야 할 것이다. 의심이 들 경우 이 문제와 관련해서 자문을 구해야 한다.

충실함 다섯 번째 윤리 원칙은 충실함(fidelity)이다. 이 원칙은 이전에 한 약속과 진리에 충실해야 함을 의미한다. 충실은 충성(loyalty)이다. 상담사는 비록 그것이 불편하더라도, 자신의 이해보다 내담자의 이해를 우선시하고 내담자에게 충성해야 한다. 충실은 상담사와 내담자 사이에 존재하는 신뢰로부터 발생한다. 만약 상담사의 말이나 행동을 믿을 수 없다면 신뢰가 형성되는 것은 불가능하다. 또한 내담자는 취약한 반면 상담사/치료사의 역할에는 본질적으로 힘이 내재되어 있기 때문에, 충실함이 필요하다. 상담 및 심리치료에서 진실됨은 충실의 필수적 요소인데, 서비스가 주로 언어적인 의사소통으로 이루어지기 때문이다. 내담자는 상담사가 하는 말은 믿을 수 있을 것으로 기대한다. 따라서 신뢰할 수 없다면 모든 것이 무너질 수 있다(말할 필요도 없이 이 원칙은 신뢰성이라는 미덕과 관련이 있다). 속이지 않고 신뢰할 것을 강조하지만, 그렇다고 잔인할 정도로 솔직함을 요구하는 것은 아니다. 내담자의 의사소통 방식이 지루하다거나, 상담사가 내담자의 정치적인 견해에 동의하지 않을 때, 상담사가 반드시 자신의 반응이나 견해를 내담자와 공유할 의무는 없다. 그런 정보가 내담자에게 어떤 영향을 미칠지를 고려하면서 정직함을 조율할 필요가 있다. 이 경우 신중함이 요구된다. 분명한 것은, 다른 원칙이나 덕목에 압도되지 않는다면 진실해야 한다는 것이다.

충실함의 원칙은 동료나 해당 직업에 충성한다는 것을 의미한다. 충실함의 원칙은 우리가 하겠다고 동의한 것을 이행할 것을 요구한다. 직업인들은 보상의 대가로 전문적인 서비스를 제공하겠다고 계약했기 때문에, 보수를 받는 한 그 계약에 충실해야 한다. 상담사나 심리치료사는 유사한 계약을 맺는다. 상담사들은 전문직업인으로서 갖는 혜택에 대한 답례로, 그들 직업에서 정한 규칙에 따라 행동하기로 동의했을 뿐 아니라 다른 상담사들을 존경하는 것에 동의했다. 이런 계약은 문서화된 형태로 이루어지기도 하지만, 비공식적으로 또는 암묵적으로 이루어지기도 한다.

충실함은 상담 관계의 구조, 동료, 고용주, 전문학회와의 관계를 다루고 있는 윤리강령의 기초를 이루는 원칙이다. 또한 충실함은 연구 설계에서 기만을 활용할지 결정할 때 고려해야 하는 원칙이다. 윤리적 딜레마로 씨름하고 있는 전문가들은 어떤 행동이 그들이 했거나 암시된 약속에 가장 충실한 것인지 스스로에게 질문할 필요가 있다.

아키의 사례에서, 이 원칙은 상담사인 아네트가 아키와 아키에게 한 약속에 충성할 것을 요구한다. 아키의 부모나 학교당국에도 어떤 약속을 했거나 암시했다면, 아네트는 그 약속에도 충성할 의무가 있다. 만일 그러한 충성이 서로 충돌하고 있다면, 아네트의 우선적인 의무는 내담자에게 있다. 아네트는 자신의 내담자를 저버릴 수가 없는데, 이 상황이 어렵다는 이유로 아키를 다른 곳으로 의뢰할 수는 없다.

윤리 원칙들이 서로 충돌할 때 윤리 원칙을 특정 딜레마 상황에 적용할 때 원칙들 사이에서 충돌이 발생할 수 있다. 아키의 사례에서, 각각의 원칙은 서로 양립할 수 없는 결론으로 이끈다. 자율성 존중의 원칙은 아키가 내린 결정의 자유와 책임을 강조하는 반면, 무해성의 원칙은 무엇이 옳은 것인지를 평가할 때 아키와 타인들에게 가해질 피해를 고려한다. 충실의 원칙은 개방한 내용은 비밀로 유지할 것이라는 약속에 충성할 것을 의미하는 반면, 선행의 원칙은 개방하는 것이 전체 가족에게 최선일 수 있음을 시사한다.

그렇다면 충돌하고 있는 원칙들을 어떻게 조화롭게 만들 수 있을까? 앞서 언급했던 것처럼, 몇몇 철학자들은 무해성이 가장 중요한 윤리 원칙이고, 그것의 요구가 다른 윤리적 원칙들의 주장보다 더 우선한다고 주장한다(Beauchamp & Childress, 2012). 핵심은, 내담자의 동의 없이 개방했을 때 내담자에게 초래될 피해의 속성과 강도다. 자율성, 선행, 충실, 정의라는 원칙들은 부차적인 역할을 수행한다. 상담사의 궁극적인 목표는 모든 원칙을 준수할 수 있는 방법을 찾는 것이지만, 최우선 과제는 내담자에게 가해질 잠재적인 피해를 확인하는 것이다.

아키의 사례로 돌아가서, 이 사안의 핵심은 현재 아키가 진실을 말하고 있는지, 또는 학대와 관련해서 언제 처음 이야기를 했느냐가 된다. 현재 내담자가 두려움 때문에 행동하고 있는 것이라면, 그리고 그러한 학대가 실제로 발생했다면, 현재 이렇게 부인하는 것 때문에 발생하게 될 피해는 이 내담자에게 매우 클 수가 있다. 만일 내담자가 어머니를 돕기 위한 잘못된 시도로서 학대를 위조하고 있는 것이라면, 이러한 개방으로 인해 아키가 입을 피해는 그 속성이나 정도 측면에서 다를 수 있다. 어떤 경우건, 아네트는 자신이 비밀보장의 원칙을 깼을 때 내담자가 상담을 그만둠으로써 입을 잠재적 피해를 고려해야 한다. 분명, 다른 사람들 역시 피해를 볼 수 있다. 학대가 결코 발생하지 않았다면 부모가 불필요하게 피해를 보고 있는 것이 된다.

무해성의 원칙에 따르면, 상담사에게는 실체적 진실이 무엇인지 최대한 확신을 가져야 할 의무가 있다. 아마도 이것은 아네트가 아키와 더 많은 이야기를 나눈 다음, 학대를 당했다고 주장한 것을 이제 철회하려고 하는 동기가 무엇인지 파악해야 함을 의미한다. 가장 피해가 적은 안을 정하기 위해, 아네트는 실제로 무엇이 일어났는지 충분히 알고 판단해야 한다. 사안을 조심스럽게 진행하는 것은 신중함이라는 덕목뿐 아니라 다른 세 개의 원칙과도 부합된다. 만일 학대가 발생하지 않았다면, 아네트는 자율성 존중과 무해성 원칙에 따라 아키로 하여금 자신이 한 거짓말을 가족이나 아동복지 심사관에게 말하도록 도와줄 수 있을 것이다. 만일 아키가 자신이 한 행동이 무엇을 의미하는지 탐색하도록 도와준다면, 자신이 초래한 피해를 되돌리는 결정을 스스로 할 수 있다는 통찰을 얻을 수 있도록 도와줄 수 있을 것이다. 이와 같은 접근은 선행의 의무와도 일치한다. 자신의 행동에 책임을 지도록 돕는다면, 아키가 좀 더 성숙하고 만족스러운 방식으로 행동하는 데 도움이 될 것이고, 이는 분명 바람직한 결론일 것이다. 거짓말을 할 수밖에 없었던 아키의 좌절과 두려움에 대해 아키가 솔직히 말할 수 있도록 지지해준다면, 이는 가족 모두를 이롭게 하는 성과일 뿐 아니라 실제 발생한 가정폭력에 대해 처치를 받을 수 있는 기회를 제공하게 될 것이다. 분명한 것은, 아키가 자신이 위조한 사실을 말하겠다고 스스로 결정하게 된다면, 아네트는 아키나 가족에게 했던 어떤 약속도 어기는 것이 아니게 된다.

윤리 이론 아키의 경우보다 더 힘든 딜레마들이 있다. 예를 들어, 말기 상태에 극도의 고통을 경험하고 있는 내담자가 약물을 과다 복용해서 서둘러 죽음을 맞이할 것을 심각하게 고려하고 있다고 해보자. 이 행동은 항상 잘못된 것일까? 상담사는 이와 같은 죽음을 예방해야 할 의무가 있는가? (삶의 마지막에 관한 결정에 대해서는 5장을 참조할 것) 이것은 매우 힘든 문제다. 이런 상황에서는 원칙들이 충돌하고, 어떤 대안을 선택하든 피해는 동일한 것처럼 보인다. 이런 상황에서 전문가들은 윤리 원칙보다 더 광범위한 윤리 이론에 귀를 기울이게 된다. 윤리 이론은 도덕성에 대한 서양사회의 신념의 토대가 된다. 윤리 이론은 위대한 서양 윤리학

자들의 관점을 대변하고 있다. 윤리 이론에 대한 온전한 논의는 이 교재의 범위를 벗어나는 일이지만, 다음 자료를 통해학자들의 생각을 엿볼 수 있다(Kitchener & Kitchener, 2012, Sommers-Flanagan and Sommers-Flanagan, 2007 참조).

이런 이론들은 종교, 사회, 정치적 제도의 핵심에 자리하고 있다. 그중 하나가 도덕적 법 이론인데, 절대적으로 따라야 할 보편적인 도덕적 가치가 있다고 주장한다. 비슷한 이론이 뉴튼(1989)이 성서(biblical) 이론이라고 기술한 것인데, 세상의 위대한 종교 작품에서 표현하고 있는 인간 행동에 대한 절대적 법칙을 아우르고 있다. 어떤 경우건, 규칙은 도덕적 법칙으로 간주되고 보편적으로 구속력이 있다고 간주된다. 연속 선상의 다른 지점에 공리주의(utilitarianism)가 있는데, 어떤 행동이 사회에 제공하는 혜택으로 도덕성을 정의한다. 간단히 말하자면, 공리주의는 가장 많은 사람들에게 가장 큰 행복을 가져오는 행동으로 도덕성을 정의한다. 공리주의에서는 어떤 행동도 기본적으로 선하거나 악하지 않다. 좀 더 큰 집단의 행복에 어떤 영향을 미치느냐가 행동의 도덕성을 결정한다.

도덕적 행동의 중심 요소는 윤리 이론마다 다르다. 직업인들이 어떤 과정을 거쳐야 할지 힘들어하고 또한 각각의 대안들이 모두 부정적인 결과가 예상되는 복잡한 딜레마에 봉착했을 때, 가장 기본적인 수준에서 어떻게 도덕성을 정의할지 생각해보는 것은 딜레마를 해결하는 데 도움이 될 수 있다. 상담사와 심리치료사들은 특정 사례가 도덕적 이론과 어떻게 관련이 있는지 윤리학자들과 상의해보는 것이 좋다.

7단계: 딜레마와 관련해서 동료에게 자문을 구하기

윤리적 이슈는 내담자와 상담사 모두에게 지적으로 압도하는 일일 뿐 아니라 정서적으로 힘든 일이다. 신뢰할 수 있는 동료로부터 받는 객관적인 피드백은 해당 문제에 대해 좀 더 폭넓은 관점을 제공해주고, 생각하지 못했던 점에 대해 새로운 관심을 갖게 하며, 관련 문헌을 탐색하게 만든다. 자

문을 통해 특정 문제를 어떻게 생각할지, 그리고 어떻게 행동해야 할지에 대해 도움을 얻을 수 있다. 즉, 동기를 갖고 책임 있게 행동하는 데 도움이 될 뿐 아니라 윤리적인 선택을 온전히 이행하려는 마음을 갖게 한다(Kempwith, 2005). Cottone 등(1994)의 연구에 따르면, 자문을 받을 경우 결정을 재고하는 경우가 많다. 또한 자문은 심리적 고통을 덜어줄 뿐 아니라 전문가가 느끼는 도덕적, 윤리적 고립감을 줄여줄 수 있다. 고통을 줄여준다는 것이 단순히 전문가를 편안하게 만드는 것으로 이해해서는 안 된다. 자문을 받으면 있을 법한 상실에 대해 과장하려는 성향이 줄어들 수 있을 뿐 아니라, 고통스러운 감정을 피하기 위해 충동적으로 행동하려는 성향 또한 줄어들 수 있다.

동료들이 쉬운 해답을 가지고 있는 것은 아니지만 통찰, 경험, 연민을 가지고 있다. 자문이 의사결정 과정의 모든 시점에서 일어날 수 있다는 사실, 즉 이 단계에만 국한해서 발생하는 것이 아님을 강조할 필요가 있다. 예를 들어, 어떤 윤리강령의 애매한 절을 해석할 때나 사례와 관련된 사실을 명료화하고자 할 때 자문을 구할 수 있다. 연구에 따르면, 심리학자들은 윤리 관련 문제에 대해 자문을 많이 활용하지 않는데, 이는 결국 내담자가 받는 서비스의 질을 떨어뜨리게 된다(Clayton & Bongar, 1994). 한 연구에서 면허를 소유한 상담사의 65%만이 보험회사와의 상호작용과 관련된 심각한 윤리적 사안과 관련해서 동료와 슈퍼바이저로부터 자문을 구할 의향이 있다고 보고했다(Danzinger & Welfel, 2001).

특정 내담자를 식별할 수 있는 정보를 가지고 동료로부터 자문을 구할 수 있을까? 이 문제는 상담사가 자문을 구하는 것과 관련해서 사전에 내담자로부터 승인을 받았는지에 달려있다. 신상 관련 정보는 내담자의 동의를 통해 공개하거나 또는 그런 동의가 사전에 없을 경우 법률적 권한을 통해 공개할 수 있다. 승인이 없을 때 상담사는 내담자의 신상을 보호하는 방식으로 사례에 대해 상의할 수 있다. 보통 이것은 내담자의 이름뿐 아니라 내담자를 식별할 수 있는 정보들을 숨기는 것을 의미한다.

동료에게 자문을 구할 때, 상담사는 상황과 관련된 사실, 관련 윤리적 기준에 대해 자신이 이해하고 있는 것, 윤리 관련 문헌이나 윤리적 원칙들이 이 사례에 어떻게 적용되는지 이해하고 있는 것, 그리고 어떤 대안이 가장 책임 있는 선택인지에 대한 현재의 평가 등을 설명해야 한다. 즉, 상담사는 지금까지의 의사결정 과정을 요약하고 동료에게 다음과 같은 질문을 해야 한다.

- 어떤 사실이 가장 중요한 것처럼 보이는가?
- 내가 고려하지 못한 것은 무엇인가? 나의 사각지대는 무엇이라고 생각하는가?
- 내가 간과하고 있거나 잘못 이해하고 있는 사회문화적 측면이 있는가?
- 내가 가진 배경과 사회문화적 맥락이 내 생각에 어떤 영향을 미치고 있는가?
- 나는 내담자의 사회문화적 맥락을 적절히 고려하고 있는가?
- 윤리강령에 대한 나의 해석은 정확한가?
- 강령의 어떤 다른 부분을 적용할 수 있는가?
- 어떤 법규나 법률적 판결이 적용될 수 있는가?
- 나의 결정과 관련해서 당신이 알고 있는 책과 논문은 무엇인가?
- 윤리 원칙이나 덕목에 대한 나의 분석은 타당해 보이는가?
- 가장 책임 있는 대안이라고 분석한 나의 판단은 당신의 판단과 일치하는가?
- 당신이라면 이 딜레마를 어떻게 해결하겠는가? 왜 그런 선택을 하겠는가?

몇 명의 동료들부터 자문을 구해야 하느냐는 상담사의 사전 경험과 해당 사안의 속성에 따라 달라지겠지만, 복잡한 사례는 늘 자문받을 것을 추천하고 싶다. 물론, 모든 피드백이 유용하지 않을 것이고, 보통 충고들은 서로 충돌한다. 중요한 것은, 그것이 명백히 적절하지 않을 경우에는 자문가의 조언을 따를 의무가 없다는 것이다. 그 피드백이 실망스러울 때라도 피드백을 구하려는 노력은 가치 있는 일이다. 자신의 생각을 명료하게 하는 과정을 통해 생각이 더욱 분명해지고, 인식의 주변에 머물러 있던 생각들을 좀 더 분명히 바라볼 수 있게 된다. 자기개방의 과정을 통해 내담자가 자신의 문제를 보다 분명하게 바라볼 수 있는 것처럼, 동료와 함께 윤리적인 문제들을 논의하는 일은 해당 문제를 더 온전하게 생각하는 데 도움이 된다. 자문가의 조언을 따르지 않을 경우에는 그 이유를 문서화하고, 현재 실무와 더 일치되는 추천을 제공한 두 번째 자문에 대해 문서화해야 한다.

동료들에게 자문을 제공하는 사람에게는 어떤 책임이 있는가? Gottlieb, Handelsman과 Knapp (2013)는 동료자문에 대한 모델을 제시했는데, 자문가들이 제공한 피드백이 효과적이고 윤리적인지를 확인할 수 있는 좋은 모델을 제공한다. 저자들은 네 가지 수준의 개입을 언급했는데, 이 개입은 해당 윤리적 사안의 복잡성과 전문가가 처한 상황을 토대로 하고 있다. 또한 저자들은 자문가들이 경계를 설정하고, 비밀을 유지하며, 시간 투자 및 기록 의무를 다룰 것과, 그들의 실무 범위 내에서 일할 것을 추천하였다.

만약 정신건강전문가가 전문적인 면허를 취득하기 위해 슈퍼비전을 받고 있거나 훈련 경험의 일환으로 슈퍼비전을 받고 있다면, 슈퍼바이저에게서 자문을 구하는 것은 의무다. 자신의 슈퍼바이저와 상의하는 것이 우선시 되어야 하고, 마지막 결정을 내릴 때에는 다른 동료들로부터의 피드백보다도 슈퍼바이저의 피드백을 더 비중 있게 다뤄야 한다. 실무에서 슈퍼바이저는 훈련생을 지지하고 실제적인 조언을 제공한다. 물론, 독립적으로 실무를 수행하기 위한 면허를 아직 취득하지 못한 사람들은 직업적인 기준에 맞게 행동할 의무가 있다. 따라서 비록 그것이 슈퍼바이저의 조언이라고 하더라도 그러한 직업적 기준에 반하는 어떤 조언도 따라서는 안 된다. 여전히 슈퍼바이저는 책임이 있고, "제 슈퍼바이저가 그렇게 하도록 만들었어요."라고 주장할 수 없다. 슈퍼비전에서 그런 딜레마에 어떻게 반응하는지에 대해서는 14장에서 자세히 다룰 예정이다.

동료와의 자문에는 전문가윤리위원회 위원과 상의하는 것이 포함되어 있다. 전화나 이메일을 통해 학회 윤리위원회로 연락할 수가 있다. 예를 들어, ACA 윤리사무실은 ethics@counseling.org로 이메일을 보내면 된다. 많은 지역 기관에도 윤리위원회가 있는데, 윤리와 관련된 사항을 상의할 수 있다. 더욱이 책임보험 판매인이나 면허위원회 또한 윤리 관련 조언을 구하는 회원들에게 조언을 제공한다. 이러한 기관들이 하는 역할은, 상담사들이 강령, 규칙, 출판 지침에 기초해서 제작된 윤리 기준 등을 이해하도록 돕는 것이다. 어떤 위원회도 해당 사례와 관련된 사실들을 모두 알고 있는 것이 아니기 때문에, 위원회의 기준과 딱 맞아떨어진다고 장담할 수 있는 안을 회원들에게 추천하지는 않는다. 대신, 회원들이 돌봄에 관한 전문적 기준을 이해하도록 돕고 적절한 질문을 제기할 수 있도록 도와준다. 즉, 그러한 기관에서는 결정에 대한 책임을 지지는 않지만, 유사한 상황에서 다른 사람들은 어떻게 대처했는지 안내해준다.

8단계: 혼자서 심사숙고해보고 결정하기

이 단계에 이르면 자료수집 과정은 이미 끝났을 것이고, 개인적으로 자료를 정리하는 과정이 본격적으로 시작된다. 이런 개인적인 숙고 과정을 통해 상담사는 어떤 대안이 가장 윤리적인지를 결정하고 그것을 행동으로 이행할 계획을 수립한다. 예를 들어, 아키의 사례에서 아네트는 또 다른 회기를 위해 아키에게 전화를 걸어, 실제 일어난 사건이 무엇인지 확인하기 위해 그가 새롭게 개방한 것을 좀 더 충분히 탐색하는 작업을 할 것이다. 만일 아키가 학대와 관련된 이야기를 조작한 것이라면, 상담사는 아키의 행동이 어떤 시사점을 가져올지 아키가 이해하도록 돕고, 어떻게 하면 이미 가해진 손상을 되돌릴 수 있을지에 상담의 초점을 두어야 할 것이다. 이때 아네트는 아키를 위협하거나 강제로 자신이 한 거짓말을 개방하라고 강요할 것이 아니라, 자신의 행동이 가지는 의미를 직면하도록 돕고, 상황을 옳게 만드는 것에 아키가 책임감을 느낄 수 있도록 정중하게 개입해야 할 것이다. 아네트는 앞으로 일어날 일에 대해 비밀을 유지할 것이다. 추후 상담 이후에도 아키가 자신의 입장을 바꾸는 것을 거부한다면, 아네트는 자신의 결정을 다시 고려할 필요가 있다. 아네트가 여전히 비밀보장을 존중할 수는 있겠지만, 이 시점에서 의사결정 과정을 다시 살펴보고 싶어할 것이다. 학대를 인정할 경우 발생할 결과가 두려워서 현재 아키가 거짓말을 하고 있다고 아네트가 믿는다면, 아네트는 비밀을 유지할 의무가 있지만, 그가 당면한 심리적 고통을 대처할 수 있는 다른 방법을 찾기 위해 아키와 상담을 진행할 것이다.

개인적으로 심사숙고하는 과정에서 본질적인 측면은, 윤리적 선택을 이행하는 것을 어렵게 만드는 경쟁 가치 또는 사각지대가 있는지 살펴보는 것이다. 1장에서 말한 것처럼, 경쟁하고 있는 가치들은 한 개인의 행동에 영향을 미치는 다른 개인적인 가치들이다. 모든 사람들은 서로 다른 가치들을 가지고 있고, 그것들이 기본적으로 문제가 될 것은 없다. 경쟁하는 가치들은 그 자체로 상당한 윤리적 가치를 지니고 있다. 직업인이 자신의 가족에게 재정적 지원을 제공하는데 헌신하는 것, 동료 상담사들과 조화로운 관계를 맺는 것에 헌신하는 것은 좋은 가치들이다. 이러한 가치 때문에 상담사가 직업인으로서 윤리적인 가치를 선택할 수 없게 될 경우 문제가 된다. 상담사와 심리치료사가 윤리적인 선택을 이행하지 못하는 것은 사안에 따라 다르지만, 자신에게 미칠 부정적인 결과에 대한 걱정, 동료나 슈퍼바이저로부터의 지원 부족, 올바른 행동을 하면 자신의 삶이 곤란해질 것이라고 걱정하는 것 등이 자주 경쟁하는 가치들이다. 때로는 종교적 가치들이 직업의 윤리적 가치와 충돌하기도 한다. 훈련받는 동안 상담사는 개인적인 가치와 직업적 가치 간에 잠재적인 충돌이 있는지 확인한 후, 그러한 갈등을 관리할 수 있는 방법을 찾기 위해 교수나 슈퍼바이저와 상의할 의무가 있다. 최근 APA에서는 이 문제에 관해 학생과 대학원 교수들에게 지침을 제공했다(APA, 2014b). 자신을 다른 방향으로 이끄는 요인들을 인지하게 되면, 그러한 압력을 무력화시키고 책임 있게 행동할 가능성을 높이는 계획을 수립할 수가 있다.

윤리적인 선택에는 혜택과 비용이 모두 따른다. 윤리적 기준을 따르게 되면 가끔 더 많은 일과 압력, 불안이 발생한다. 예를 들어, 아네트는 아키와 추가로 상담 회기를 진행해서 진실이 무엇인지 확인해야 하고, 비밀을 유지할 경우 부모, 심사관, 심지어 학교 관리자들을 화나게 할 위험을 무릅써야 한다. 드문 경우지만, 윤리적으로 행동한다는 것은 슈퍼바이저를 거부하는 것을 의미하고, 심지어 자신의 직장이나 수입을 위험에 빠뜨리는 것을 의미한다. 이렇듯 잠재적인 비용에 대해 솔직히 직면함으로써, 상담사는 비용을 최소화하거나 제거할 수 있는 방법을 찾을 수 있다. 최소한, 예상치 못한 비용으로부터 자신을 보호할 수 있는 방법을 발견할 수 있을 것이다. 또한, 상담사는 윤리적인 선택으로 인해 초래될 불편한 결과를 버틸 수 있는 힘을 기를 수 있을 것이다.

윤리적 행동이 가져오는 혜택은 실제 존재하지만 가끔 간과되곤 한다. 해당 문제를 충분히 알고 결정했다고 믿을 경우 전문가로서 직업의식을 느낄 것이고, 본인 직업이 지향하는 최고의 가치에 충실했다고 느낄 것이다. 이들은 자신의 도덕적 용기에 자부심을 느끼고 미래에 발생할지도 모르는 문제에 대처할 수 있는 자신감을 얻게 될 것이다. 직업 분야 및 직장에서의 윤리적 분위기 또한 윤리적인 행동을 하게 만든 데 영향을 준다. 지난 40년 동안 주요 윤리적 사안들에 대한 인식이 향상되었고, 최근에 훈련받은 상담사들은 공식적으로 윤리 교육을 이수하였다(Welfel, 1992, 2012; Hill, 2004a). 주변 동료들이 윤리적으로 상담하는 데 헌신하고 있음을 인식할 경우 경쟁하고 있는 가치들의 유혹은 감소하고, 동료 상담사로부터 더 많은 지지를 얻게 될 것이다. 전문가들은 동료로부터 존경을 받고 직장 내 다른 동료들에게 윤리적 행동의 모범이 된다는 것에 큰 만족감을 경험한다. 더 중요한 것은, 압력에도 불구하고 자신의 욕구보다 내담자의 복지를 우선시했다는 만족감을 경험하게 된다.

9단계: 관련된 사람들에게 알리고, 결정된 사항을 이행하고 문서화하기

이 단계가 간단하게 들리지만, 실제로는 아키 사례처럼 복잡한 사례에서조차 결정을 내릴 때보다는 결정을 이행하는 것이 더 힘들 수 있다. 결정한 것을 이행하면서 저항에 부딪힐 때, 상담사는 지지자들을 개입시켜야 함을 기억할 필요가 있다. 상담사는 추가적으로 자문을 받거나, 강령이나 문헌을 다시 읽고 이전의 결심을 보완함으로써 원래의 선택을 고수할 수 있을 것이다. 윤리적인 용기에는 몇 가지 원천이 있다. 그중 하나가 도덕적 인격이다. 행동으로 옮기지 못할 경우 발생할 결과가 무엇인지 인식하는 것, 환경을 조직해서 유혹을 최소화하는 것 역시 윤리적 용기의 원천이다. 네 번째는 습관이다. 덜 중요한 문제를 다루면서 책임 있게 행동하는 습관을 발전시켰다면, 중요한 사안에 대해 도덕적으로 행동할 가능성은 더 커진다.

윤리적 결정을 이행할 준비가 되었다면 상담사는 이를 슈퍼바이저에게 알려야 한다. 슈퍼바이저는 슈퍼바이지의 선택과 선택의 이유를 알아야 할 법적, 윤리적 권한을 가지고 있다(Thomas, 2010). 그런 다음 다른 사람들과 의사소통을 해야 할지도 모른다. 말할 필요도 없이, 이 상황에서 우선적으로 고려해야 할 사람은 내담자다. 만일 아네트가 아키에 대한 비밀보장을 깨기로 결정했다면, 아키에게 이 사실을 알려야 한다. 또한 왜 그렇게 하는지 아키에게 설명해야 하고, 아키가 이 문제에 대해 상담사인 아네트와 상의할 기회를 주어야 한다. 자율성 원칙 때문에 내담자에게 알리는 것이 필요한데, 더 큰 윤리적 선이 위태롭지 않다면 내담자에게 알리는 것은 의무다. 예를 들어, 내담자가 폭력적이라면 정신건강전문가는 비밀보장을 깨고 위험에 처한 피해자에게 경고해야 한다. 이런 상황에서는, 그러한 개방이 피해자(또는 상담사)를 더 큰 피해의 위험에 처하게 하지 않을 경우에 한해 내담자에게 알려야 한다. 만일 내담자가 아동이라면, 부모 또는 양육자에게 알려야 한다. 이 모든 경우에서 진정으로 그 정보에 대해 권리를 가지고 있는 사람들만 해당 정보에 접근해야 한다. 사생활을 보장받을 내담자의 권리는 여전히 최대한도로 존중되어야 한다.

상담사의 결정을 녹음, 사례 노트, 또는 다른 형태의 파일로 문서화하는 작업은 이 단계의 마지막 부분에 해당된다. 선택한 것과 왜 그런 선택을 했는지를 글로 기록해 둘 경우, 나중에 그런 결정에 대해 문제가 제기되었을 때 정신건강전문가를 가장 잘 보호해주는 장치가 된다. 과정 노트는 2단계에서 시작해야 하는데, 생각하고 있는 대안들과 함께 의사결정 과정 각 단계에서의 성과를 기록해야 한다. 글로 기록하지 않았다면 그것은 일어나지 않았음을 의미한다. 기록과 관련된 윤리에 대해서는 12장에서 더 논의할 것이다.

10단계: 취한 행동에 대해 성찰해보기

성찰 없는 경험은 낭비다. 경험이 성찰과 짝을 이룰 때에만 통찰이 따라온다. 그러한 성찰을 통해 책임 있는 방식으로 행동했는지 확인할 수 있고, 사고와 행동에 결함이 있었는지 평가해서 나중에 딜레마에 처했을 때 동일한 생각과 행동을 피할 수 있게 된다. 이제는 덜 압력을 느끼기 때문에, 감정 때문에 가려졌던 것들을 볼 수 있을지 모른다. 또한 성찰은 윤리적 민감성을 향상시키는데, 이후에 발생하는 윤리적인 문제들을 좀 더 빨리 알아차리게 하고 좀 더 효과적으로 다룰 수 있게 한다. 구체적으로, 이 단계에서는 다음과 같은 질문에 주의를 기울여야 한다.

- 나는 윤리적인 사안이 발생하자마자 그것에 주의를 기울였나?
- 나는 임상적인 사안과 윤리적 사안 간의 관계를 파악했는가? 법률적 사안과 위기관리 사안 간 관계를 파악했는가?(Behnke, 2014)
- 나는 윤리강령과 법률을 효과적으로 사용할 만큼 충분히 알고 있었나?
- 어떤 문헌들을 보관하고 있어야 나중에 필요할 때 쉽게 사용할 수 있는가?
- 나는 얼마나 효과적으로 자문을 구했는가? 자문과 관련해서 개선해야 할 점이 있다면 무엇인가?

- 내 의사결정에 영향을 미치는 경쟁적인 가치, 문화적 영향, 다른 압력들에 대해 얼마나 잘 파악했는가?
- 그 외에 달리 할 수 있는 것이 있다면 무엇인가?
- 나는 무엇에 대해 자부심을 느끼는가? 나는 어떤 면에서 도덕적으로 행동했나? 이 상황은 직업인으로서, 한 개인으로서 나를 어떻게 변화시켰는가?
- 비슷한 문제를 직면하고 있는 사람들을 돕기 위해 나는 이 경험을 어떻게 활용할 수 있는가?

　　이런 성찰은 결정을 이행하고 그 결과를 안 다음 시작된다. 따라서 마지막 두 단계 사이에는 약간의 지연이 있을 수 있다. 상담사는 이 단계에 참여해서 경험이 주는 혜택을 온전히 얻어야 한다.

▌요약

　　상담사와 심리치료사가 타인의 삶에 영향을 미치는 윤리적 결정을 내릴 때에는, 개인의 직관에 의존해서는 안 되고 대신 여러 대안의 윤리적 정당성을 심사숙고한 후 결정을 내려야 한다. 윤리적 결정을 정당화하기 위한 10단계 모델의 경우 상황의 윤리적 차원을 인지하는 1단계로부터 시작해서, 2단계 즉 상황에 내재된 사회문화적 맥락뿐 아니라 모든 관련 사실과 이해당사자를 살펴보고 윤리적 딜레마의 유형을 범주화하는 단계로 이동한다. 3단계에서는 중심이 되는 사안과 대안을 정의한다. 4단계에서는 사안 관련 기준, 법령, 규칙을 조사한다. 5단계에서는 윤리 관련 문헌들을 검토하는데, 실천 윤리학 전문가들의 관점을 살펴본다. 6단계에서는 인간복지 분야를 관장하는 5개의 윤리 원칙(자율성 존중, 무해성, 선행, 정의 또는 공정함, 약속에 대한 충실함)을 분석한다. 이러한 원칙들을 분석한 후에도 딜레마를 해결할 수 없다면, 상담사는 좀 더 깊은 수준의 윤리적 정당성으로 이동해야 한다(윤리 이론). 7단계에서는 슈퍼바이저 또는 존경받는 동료로부터 자문을 구해서 관련 생각들을 수집한다. 8단계에서는 모든 자료가 수집된 후 개인적으로 심사숙고하고 결정을 내리는 과정이

발생한다. 여기에는 결정을 실행에 옮기기 어렵게 만드는 압력과 실무적인 어려움을 파악하는 것이 포함된다. 9단계에서는 슈퍼바이저와 내담자를 포함한 관련 당사자들에게 결정 사항을 알리고, 선택한 행위를 수행하고 문서화하는 작업이 포함된다. 마지막 단계인 10단계는 그간의 경험을 되돌아보는 시간인데, 상담사는 책임 있게 행동하기 위해 그동안 기울인 자신의 정직한 노력에 자부심을 느끼고, 다음에 유사한 딜레마가 발생했을 때를 대비해서 개선해야 할 부분이 없는지 확인한다.

　　모든 윤리적인 문제들에 대해 10단계를 반드시 거쳐야 하는 것은 아니다. 어떤 이슈들은 신속하게 해결된다. 윤리강령 또는 법규가 명확할 경우에 상담사는 즉시 모델의 마지막 세 단계로 이동할 수 있다. 이 과정이 시간 소모적인 것처럼 보이지만, 상담사가 관련 윤리강령과 문헌에 친숙하다면, 그리고 경험이나 지식이 풍부한 동료들로부터 즉시 피드백을 구한다면 이 과정에 드는 시간은 줄어들 수 있다. 최근의 윤리 관련 지식을 겸비하면서 과거에 유사한 경험이 있다면, 상담사의 의사결정은 신속하게 진행될 수 있다.

❖ 토론 질문

1. 당신은 무해성이 복지전문가들을 관장하는 윤리적 원칙이라는 견해에 동의하는가? 동의한다면 그 이유는 무엇인가? 동의하지 않는다면 그 이유는 무엇인가?
2. 당신 생각에 상담사가 갖추어야 할 또 다른 중요한 덕목이 있다면 무엇인가?
3. 윤리강령의 어떤 측면이 당신에게 명확한가? 그렇다면 왜 그런가?
4. 당신은 어떤 윤리적인 문제에 대해 누구로부터 자문을 구할지 어떻게 판단하는가?
5. 당신은 도덕성에 대한 스스로의 암묵적인 이론을 어떻게 정의하는가? 당신이 가지고 있는 기본적인 가정은 무엇인가?
6. 당신의 개인적인 도덕 또는 종교적 가치와 직업에서 요구하는 윤리적 가치 사이에는 어떤 잠재

적인 갈등이 있는가? 그렇다면, 그러한 갈등을 어떻게 다루어야 한다고 생각하는가?

7. 당신은 아네트와 욜란다가 윤리적 딜레마를 해결한 방식에 동의하는가? 동의한다면 그 이유는 무엇인가? 동의하지 않는다면 그 이유는 무엇인가?

❖ 토론 사례

　54세 여성인 베니타는 운동화를 생산하는 국제적인 기업에서 임원으로 일하고 있다. 전에는 올림픽에 출전한 육상선수였고, 올림픽에서 연달아 두 번 메달을 획득했을 뿐 아니라 국내 및 국제 육상경기에서 메달을 획득했다. 은퇴한 후 MBA를 취득해서 회사에 입사했고 회사에서는 정상까지 빠르게 승진했다. 이제 그녀는 부유한 여성으로서 재산의 많은 부분을 자선단체에 기부하고 있다. 사실, 그녀는 재단을 설립해서 빈곤한 국가에 있는 여성들이 육상경기에 참여해서 경쟁하도록 도움을 주고 있다. 베니타는 18년 전에 케냐에서 한 아이를 입양했고, 부모의 역할에 충실했으며, 현재 아이는 대학에 다니고 있다. 최근 베니타는 2기 흑색종(암의 일종)으로 진단받았는데, 집중적으로 치료를 받을 경우 3년 이상 생존률이 30% 정도다. 베니타는 치료를 중단하기로 결정하고, 상담사를 만나서 이러한 결정을 자신의 가족에게 어떻게 이야기할지, 자신의 병세가 악화되고 결국 죽음에 이르게 될 때 가족들이 어떤

전문적인 도움을 받으면 좋을지 상의했다. 베니타는 치료를 받고 싶지 않고, 충분히 좋은 삶을 살았으며, 불확실한 치료 예후를 위해 자신이 가지고 있는 시간을 희생하지 않겠다고 확신한다. 당신이 평가했을 때, 베니타에게 우울이나 다른 정신질환 또는 인지적 결함이 존재한다는 증거는 없다. 당신은 베니타의 요청에 대해 윤리적으로 동의할 수 있는가? 성공 가능성이 존재하는 상황에서 치료를 거부하겠다는 그녀의 결정을 재고하도록 무언가를 해야 할 윤리적 의무가 당신에게 있는가? 만일 암 때문에 쇠약해지기 시작한다면 자살을 감행하겠다고 당신에게 말한다면, 당신은 무엇을 해야 한다고 생각하는가?

　직원들에게 상담서비스를 제공하고 싶어 하는 대규모 판매업자가 유명 상담심리학자인 요나를 찾아왔다. 이 경영자는 개인적인 문제로 결근이 많은 직원들에게 직장에서 약간의 심리지원서비스를 제공한다면 결근으로 인한 손실이 줄어들고 직원들의 생산성 또한 향상될 수 있다고 믿고 있다. 직원들 또한 상담받는 것이 이롭다고 생각하고 있다. 요나는 이 제안에 흥미를 느끼고, 직원들의 상담 내용에 대한 비밀보장에 대해 분명한 경계를 세운다면 상담을 진행할 수 있다고 생각한다. 이 제안을 받아들이기 전에 요나가 고려해야 할 다른 윤리적인 이슈들이 있는가?

3장

다문화사회에서의 윤리적 실천

정의에 대한 약속

모든 시대에, 교정해야 할 새로운 실수가 있고 반대해야 할 새로운 편견이 있다.

Samuel Johnson, 1735

서양사회는 문화적으로 늘 다양했지만, 정신건강전문가들은 거의 한 세기 동안 다양성이 그들의 일에 미치는 영향을 간과했었고, 인간 행동에 대한 연구들은 문화, 성별 또는 민족을 변인으로 채택조차 하지 않았다. Wrenn(1962, 1985)은 상담 및 심리치료가 "문화라는 캡슐에 싸여 있다"라고 적절히 묘사했다. 그러나 최근 들어, 다양성이라는 주제가 상담사들 사이에서는 화두의 변방에서 중심으로 이동해왔다. 다양성에 대한 관심은 더욱 증폭되어서 어떤 사람들은 이러한 현상을 심리학에서 "제4의 물결"(Pederson, 1991a)이라고 불렀다. 많은학자들은 이 문제가 지닌 가치만큼 충분한 관심을 받지 못했다고 주장한다(예, Pedersen, Draguns, Lonner, & Trimble, 1996; Sue & Sue, 2012). 심리치료 분야에서 문화의 역할에 민감해지고 다양한 집단과 작업하기 위한 기술이 갖추어져야 한다는 근본적인 목적은 아직 달성되지 않았다. 분명한 것은, 다양성에 대한 인식을 향상시키는 것이 직업적인 실무의 모든 차원에서 중요하다는 것이다.

몇 가지 요인이 이러한 변화를 설명한다. 인구통계학적인 변화가 가장 분명한 원인이다. 이전에 "소수자"로 불렸던 인종/민족적 집단들이 이제는 이전보다 더 많은 인구 및 직업시장을 구성하고 있다. 미국에서 수적으로 소수자였던 집단이 이제는 캘리포니아, 텍사스, 뉴멕시코, 콜롬비아 구역, 하와이에서 다수자를 구성하고 있고, 5개 주에서는 인구의 40% 이상을 차지하고 있다(아리조나, 조지아, 플로리다, 메릴랜드, 네바다)(U.S. Census Bureau, 2010b). 아시아인들은 미국 내에서 가장 빠르게 성장하고 있는 민족이고, 스페인계 사람들은 근소한 차이로 그 뒤를 잇고 있다(U.S. Census Bureau, 2013). 사실, 스페인계/라틴계 사람들의 성장은 2000년부터 2010년 사이에 미국 전체 인구 성장의 반 이상을 차지한다. 향후 2043년까지 수적으로 소수자였던 사람들이 미국에서 다수자가 될 것이라는 전망이 우세하다(U.S. Census Bureau, 2010b). 이런 변화는 이미 여러 지역사회에서 일어나고 있다. 카운티 별로 분석하면, 미국 내 10개 카운티 중 한 개에서 주민의 50%가 다양한 집단의 구성원들이다(U.S. Census Bureau, 2010b). 또한 이러한 수치는 2010년과 2012년 사이에 증가했다(U.S. Census Bureau, 2013). 더욱이, 도시 지역에서만 소수민족의 인구구성비가 증가하는 것이 아니다. 시골에서도 동일한 현상이 나타나고 있다(Sawyer, Gale, & Lambert, 2006). 다양한 집단은 그 수적 크기 때문에 관심을 모을 뿐 아니라 확대되는 정치적, 사회적 파워 때문에 관심을 끌고 있다. 관련해서 인종/민족적 뿌리가 다수인 사람들의 수가 증가하고 있다. 2000년과 2010년 사이에 한 개 이상의 인종정체성을 보고한 사람들의 수는 32%가량 증가했다(U.S. Census Bureau, 2010b). 미국, 캐나다, 서유럽 국가로 이민 오는 숫자 또한 상당히 증가했다. 예를 들어, 해외에서 출생한 사람들이 미네소타로 이주한 경우가 1990년대에 두 배 이상 증가했고, 이러한 이민자 중 83%가 아시아, 라틴아메리카, 아프리카 출생이었다(Minneapolis Foundation, 2004). 미국 인구의 21%가 가정에서 영어 이외의 다른 언어를 사용하고 있고, 전체적으로 보면 381개의 언어를 사용하는 것으로 나타났다(U.S. Census Bureau, 2011). 장애를 가지고 있는 사람들의 수 역시 대부분의 사람들이 생각하는 것보다 훨씬 더 많다. 미국에서는 장애인이 5400만 명에 이르고, 이는 인구의 18.7%에 해당하는 것이다(U.S. Census Bureau, 2010a). 그리고 인구의 13%가 65세 이상이다(U.S. Census Bureau, 2010a).

다양성과 관련해서 직업인들의 인식에 영향을 미친 두 번째 요인은 관련 법안의 통과를 들 수 있는데, 1964년의 공민권법, 1972년의 교육개정 Title IX, 1990년의 미국장애인법이 이에 해당된다(Public Law 101-336). 최근 미국 대법원에서 동성애자의 결혼 형평(equity)에 관한 판결(19개 주에서 결혼 형평을 통과시킨 것에 의해 촉진됨) 역시 다양성에 대한 인식을 향상시켰다. 이 모든 법령들이 불공정한 처우에 대항해서 더 나은 보호를 제공하고 있다. 차별에 취약한 집단의 권리를 향상시키려는 노력이 모두 성공했던 것은 아니지만(1982년도의 '평등권를 위한 미국헌법수정안'에 주목하라), 기세는 이 방향으로 향해 왔다. 셋째, 교육의 손이 미치지 않았던 집단에게 직업 교육이 가능해졌기 때문에, 그러한 직업에서 종사하고 있는 소수자들의 수가 많아졌다. 그러나 상담사 및 심리치료사 중 민족적으로 다양한 배경을 지닌 정신건강전문가들이 차지하는 비중은 10% 미만이다(Koocher & Keith-Spiefel, 2008). 현재 심리학 분야에서는 교수의 12%, 박사 과정 학생의 20%가 민족적으로 다양한 배경을 가지고 있다(APA, 2005). 이처럼 많은학자들이 해당 직업에서 다문화적인 문제들을 고려하는 데 있어서 지도적인 역할을 수행해왔다. 또한 이들은 해당 직종 내에서 다양한 집단을 대상으로 효과적인 서비스를 제공하지 못했던 지난 역사를 인정하도록 요구했고, 노인차별, 인종차별, 동성애혐오, 민족중심주의적인 태도가 다른 사람들에게 미치는 피해를 인정하도록 압력을 행사하였다(예, Danzinger & Welfel, 2000; Ridley, 2005; Sue & Sue, 2012). 또한 이 기간 동안 비교문화 심리학에서 학문적 성과가 꽃을 피웠는데, 이러한 사안에 대해 개념적인 토대를 제공해주었다. 마지막으로, 지난 이십 년 동안 직업윤리에 대해 다시 관심을 갖게 되었고 이것이 한몫을 담당했는데, 해당 직업의 근본적인 윤리 원칙과 덕목에 최우선적으로 관심을 갖게 만들었다. 다문화 문제에 대한 관심은 자율성 존중, 정의, 타인을 위한 선행과 관련된 논의에서 자연스럽게 파생된다. 직업윤리의 핵심에는, 타인의 고통을 감소시키고, 사회정의를 옹호하며, 내담자의 성장, 즉 그들이 가진 인간으로서의 잠재성을 온전히 발휘하도록 헌신하는 것이 자리하고 있다(Fowers & Richardson, 1996; Fowers & Davidov, 2006). 이런 헌신을 존중하는 사람이라면 현대 사회에서 고통을 야기하고 정서적 고통을 초래하고 유지하는데 중요한 역할을 하는 인종주의, 박해, 고정관념 등을 제거하려는 노력을 기울이지 않을 수 없다(Carter, 2007).

이런 맥락에서, 다문화 운동이 정신건강 실무에 갖는 윤리적 함의에 대해 논의가 광범위하게 진행되었다는 것은 그리 놀랄 일이 아니다. 가장 최근의 APA, ACA 윤리강령에서는 이전에 찾아볼 수 없을 정도로 이 주제에 관심을 기울이고 있다. 더욱이, 이 기관들에서는 다양한 내담자들과의 책임 있는 업무를 증진시키기 위해 지침서를 추가로 출판하였다(예, APA Guidelines on Multicultural Education, Training, Research, Practice, and Organizational Change for Psychologists, 2003; the Guidelines for Assessment of and Intervention with Persons with Disabilities, 2011a; ACA's Competencies for Counseling Transgender Clients, 2009). 이 장에서는 그러한 자료들을 검토하고, 관련 문헌들을 논하며, 다문화사회에서 대두되고 있는 직업윤리를 검토할 것이다. 요지는, 윤리는 직업인들이 문화적인 캡슐에 싸여 있는 것에서 벗어나 다양한 집단과 생산적으로 일하기 위해 역량을 개발하고 이에 헌신할 것을 요구하고 있다는 것이다. 또한 윤리는 상담사로 하여금 문화와 다양성을 단순한 것으로 생각하지 않게 하고, 대신 상담에서는 단일문화에 기초해서 이루어지는 상호작용이 거의 없음을 인식하게 하며, Sue(2005)가 언급한 것처럼 모든 상담사들이 제도적이고 문화적인 인종차별에 어느 정도 영향을 받고 있음을 이해할 것을 요구한다. 직업의 윤리적 이상을 충족시키기 위해서는 모든 상담사들이 이와 같은 목표를 달성하는 것이 중요한데, 이 직업의 역사가 무지와 무감각, 민족중심적인(ethnocentric) 편견이 가득한 사건들로 점철되어 왔기 때문이다.

다문화상담 용어

이후 논의를 위해 이 장에서 사용하는 용어들을 정의할 필요가 있다.

- **문화**(culture)는 사회적 삶을 가능하게 하는 공유된 의미 체계다(Fowers & Richardson, 1996, p. 610). 이러한 의미들은 사회적 상호작용의 구조를 형성하고 문화 구성원들에게 일련의 기준과 행동 규범을 제공한다. 이 장에서 문화는 광의의 의미로 사용되는데, 민족이나 국적뿐 아니라 연령, 성별, 성적지향성, 신체적 장애와 같은 인구통계학적 변인, 종교와 같은 소속을 포괄한다.

- **민족**(ethnicity)은 공유하는 조상, 국적, 종교, 인종으로부터 유래된 공유된 정체성이다(Lum, 1992). 사람들은 다른 시기에 작동하는 다수의 민족 정체성을 가질 수 있다. 예를 들어, 루마니아 혈통을 가진 아동을 멕시코계 미국인 부모가 입양했다면, 이 아동은 두 개의 민족과 동일시할 것이다. 가장 최근에 시행된 미국 인구조사(2010b)에서 인구의 3%가 이런 방식으로 자신을 정체하고 있었다.

- **다문화주의**(multiculturalism)는 다양성의 가치를 핵심 원리로 증진시키려는 사회적, 지적 운동으로서, 모든 문화 집단을 존중하고 동등하게 대해야 한다고 주장한다(Fowers & Richardson, 1996, p. 609).

- **문화중심적 실무**(culture-centered practice)라는 용어는 심리학에서 사용되는데, 심리학자가 자신의 업무에서 중심 초점으로 사용하는 '문화 렌즈'를 의미한다. 이는 심리학자로 하여금 자신의 행동에 영향을 미치는 여러 요인(문화, 집단소속감, 문화적 고정관념)을 고려하게 한다(APA, 2003).

- **소수자**는 차별을 경험했거나 억압받은 경험이 있는 집단으로 간주되어 왔다. 보통 규모가 작고 다수 문화 집단에 비해 파워가 적다. 그러나 소수자로 간주되기 위해 반드시 규모가 작을 필요는 없다. 소수자 지위는 주로 파워에 대한 접근성과 억압을 통해 확인된다. 여성이 비록 수적으로는 다수지만 그들이 역사적으로 경험한 차별로 인해 소수자 집단으로 간주되어 왔다. 현재 이 용어는 전문적인 문헌에서는 드물게 사용된다.

- **문화적으로 다양한 내담자들**은 소수자에 대한 정의와 일치되는 집단에 소속된 내담자, 상담사와는 문화적 전통을 달리하는 내담자, 또는 사회에서 좀 더 지배적인 위치에 있는 사람과는 다른 내담자를 말한다. 다양한 내담자들은 연령, 성별, 젠더정체성, 성적 지향, 인종, 민족, 문화, 국적, 종교, 장애, 언어, 사회경제적 지위 등을 기초로 차별이나 고정관념의 위험에 노출된 사람들이다.

- **다문화상담 또는 다문화심리치료**란 의사소통과 치료적 내용 및 과정에 영향을 미치는 방식으로써, 내담자의 문화와 전문가의 문화가 서로 다른 가운데 제공되는 전문적인 서비스를 의미한다. 몇몇 문헌에서는 교차문화적(cross-cultural), 초문화적(transcultural) 상담, 또는 초문화적 심리치료라는 용어를 사용하기도 한다.

- **편견**(bias)은 '사회 집단과 구성원들에 대한 긍정적 또는 부정적인 판단'을 의미한다(Sherman, Stroessner, Conrey, & Azam, 2005, p. 1). 중요한 것은, 편견이 긍정적일 수도(예, 어떤 집단은 지적이다), 부정적일 수도(다른 집단은 지적이지 않다) 있다는 것이다.

다문화사회에서의 윤리적 실천을 위한 토대

Gallardo(2009)는 문화적으로 민감한 실무를 해야 하는 이유에 관해 이야기했는데, 다음과 같은 질문을 던졌다. "다문화주의, 다양성, 문화, 기타 등등에 관해 우리의 관심은 무엇인가? '그래야 하기 때문에' 관심을 가지고 있는 것인가, 아니면 '다른' 사람을 이해하는데 진정으로 관심이 있기 때문에 마음을 쓰고 있는가?" 다양성과 우리 자신의 문화 그리고 다른 사람들에 대한 우리 자신의 반응을 이해하는 것은 진정으로 타인을 이해하고 돕는 데 있어서 필수적인 것이다. 내담자가 왜 도움을 구하고 있는지 그 이유를 말해주는 사회문화적 맥락을 이해하지 못한다면 공감은 불가능하다. 우리 자신과 내담자가 기능하고 있는 맥락을 좀 더 분명하게 인식하려고 애쓸 때, 상담사는 문화적 민감성을 단지 직업적인 의무로 간주하는 것을 넘어 전문적인 서비스에 절대적으로 필요한 특징으로 간주하기 시작한다. Gallardo의 말을 다시 인용하면, "문화적으로 민감하다는 것은 우리가 이미 습득한 개념이 아니라 인생 전반에 걸쳐 지속적으로 진화하는 개념이다."(p. 428) 정신건강전문가들이 문화적으로 책임 있게 행동할 때, 그들은 한 개인의 맥락을 이해하기 시작할 뿐 아니라 개인을 둘러싸고 있는 환경과 사회적 정의, 경우에 따라서는 내담자를 취약하게 만든 사회적 부조리와의 관계를 이해하기 시작한다. 그런 다음 상담사는 책임 있는 실무의 정의를 확장해서 조직과 제도, 사회적 수준에서 사회적 정의를 옹호하게 되고, 개별 내담자들이 스스로를 좀 더 효과적으로 옹호하도록 돕기 위해 조력한다.

Vasquez(2012)가 주장한 것처럼, 다양한 사람들에게 유능한 서비스를 제공하는 일은 사회정의 향상을 중시하는 전문가들의 가치다. 예를 들어, 2009년 APA는 기관의 중요한 비전 중 하나로 "인간의 권리와 건강, 복지 및 존엄성을 증진시키기 위해, 효과적으로 심리학을 적용시키는 대변자"로 역할을 담당할 것을 천명하였다(APA, 2009b). 마찬가지로, ACA에서도 웹사이트에 "전문상담사의 발달을 도모하고, 상담 직업을 발전시키며, 직업과 상담 실무를 활용해서 인간의 존엄성 및 다양성 존중을 향상시키는 것이다."와 같이 기간의 미션을 발표했다(http://counseling.org/about-us/about-aca/our-miss1ion).

▎현재의 윤리적 실무 맥락

다문화사회에서 정신건강서비스를 위한 윤리적 기준을 온전히 이해하기 위해서는, 자기 자신의 문화적 전통뿐 아니라 다른 많은 문화적 전통들이 존재하고 있음을 인정해야 하고, 더 중요한 것은 모든 집단이 우리 사회에서 같은 정도로 힘을 가지고 있는 것이 아님을 인정하는 것이다. 많은 집단은 개인적 수준에서, 제도적으로, 그리고 사회적으로 억압과 차별의 대상이 되어왔고, 인간의 존엄성을 침해하는 편견과 행위는 여전히 사라지지 않았다. 신문이나 온라인 매거진을 한 번 읽어봐도 이 세상 많은 장소에서 종교적인, 민족에 가해지는, 성적인, 성별에 가해지는 폭력을 확인할 수 있다(최근 러시아와 우간다에서는 동성애 행위를 범죄로 규정하는 법안이 마련되었다). 더욱이, 상담사들 또한 편견으로부터 자유롭지 않고, 비록 그들이 이러한 편견을 혐오하고 민감하게 실무를 수행하기를 원한다고 하더라도, 무심결에 억압과 차별을 지속시킬 수 있음을 인식해야 한다(Sue, Ivey, & Pedersen, 1996; Sue & Sue, 2012). 상담사와 심리치료사들은 다른 시민들처럼 사회에 존재하는 편견을 내면화하는데, 이러한 편견은 무의식적인 방식으로 빈번하게 나타난다. 예를 들어, 만일 어떤 상담사가 대중교통으로는 접근하기 힘든 곳에서 상담소를 운영하고 있다면, 이 상담사가 고의적으로 차별하는 것은 아닐 수 있다. 그럼에도 불구하고, 차량을 소유하고 있지 않은 사람들, 즉 문화적 배경이 다양한 대다수의 사람들에게는 상담 접근이 가능하지 않기 때문에, 결국에는 차별적인 것이 된다. 다른 예를 들면, 어느 학교상담사가 스페인계 남학생이 고급 물리수업이 너무 어려워 수강을 철회하겠다고 했을 때 이러한 요청을 전혀 도전하지 않고 그대로 수용한 반면, 백인 남학생에게는 계속해서 수강할 것을 적극적으로 요청하고 개인적으로 도와줄 수 있는 사람을 소개시켜 줬다고 가정해보자. 이 상담사가 스페인계 학생들이 덜 똑똑하다거나 그렇게 어려운 수업을 들을만 하지 않다고 의식적으로 생각하는 것은 아닐 수 있다. 단지 이러한 가정이 자신의 마음속에 작동하고 있음을 인지하지 못한 채 스페인계 학생들에 대해 많은 기대를 하지 않을 수 있다.

마찬가지로, Hays(2008)는 어느 대학교수와의 대화를 한 예로 들었다. 교수들 중에는 다양한 인종/민족 출신의 직업인들이 많지 않는데, 아마도 대학의 연구 의제와 관련이 있다는 것이다. 즉, 다양한 문화적 배경을 가진 사람들을 교수로 채용하는 것과 혹독하게 연구를 수행하려는 목표는 서로 조화될 수 없음을 시사하는 것이다.

몇 가지 다른 예를 들어보자.

"게이처럼 보이거나 옷을 입지 않네요."

새로 프로그램에 입학한 아시아계 미국인 학생에게 "통계수업 듣는데 도와줄 수 있니?"

"살이 좀 빠지면 예뻐 보일텐데."

"(직장 면접에 참여하고 있는 흑인에게) 아주 구체적으로 말씀하시는군요."

"(휠체어에 탄 사람에게) 성경험이 없다는 건 정말 힘든 일일 거에요."

40세 독신 여성에게 "외로움을 어떻게 해결하세요?"

Ridley(2005)는 이러한 행위를 의도치 않은(unintentional) 인종차별 또는 성차별이라고 했다. Salter와 Salter(2012)는 고의성이 없는 진술과 태도를 양가적(ambivalent) 인종차별 또는 현대의 인종차별이라는 용어를 사용하였다. 비록 그러한 행동이 의도적인 것이 아니었다고 해도, 그 행동으로 초래될 수 있는 피해의 정도가 감소되는 것은 아니다. Sue, Vucceri, Li, Nadal과 Torino(2007)는 고의성은 없지만 편견을 가진 행동을 인종에 대한 미세공격(racial microaggression)이라 불렀고, "특정 사람 또는 집단에 가해지는 짧고 흔하게 일상에서 가해지는 언어적, 행동적, 환경적 모욕으로서, 적대적이고, 경멸적이고 부정적인 인종적 무례함을 전달한다."고 정의하였다(p. 72). 이 현상의 두 가지 세부 유형을 미세모욕(microinsult), 미세무가치화(microinvalidation)로 불렀다(Sue et al., 2007). Chester Pierce가 처음 미세공격(microaggression)이라는 용어를 사용한 이후에, 이 용어는 나이, 성별, 종교, 성적 지향성, 다른 유형의 차이를 토대로 범하는 모욕을 표현하기 위해 사용되어 왔다. Crethar, Rivera와 Nash(2008)는 그러한 행동과 태도를 의도치 않은 불의(unintentional injustice)라고 명명하였다. 이러한 행동들이 무의식적이고 의도하지 않았다고 해서, 그것으로 인해 초래되는 해로움이 없어지거나 또는 고의적인 행동보다는 조금은 더 윤리적이라고 말할 수 없다. 상담사 자신은 다문화적

인 역량을 실행에 옮기고 있다고 생각하지만 실제 행동이 그렇지 않다면 다른 형태의 불의가 나타나는데, 이때는 다문화적 역량을 나타내지 못하는 것이다(Hansen et al., 2006; Sehgal et al., 2011). 이 문헌들에서 분명한 사실은, 정신건강전문가들은 자신이 가지고 있다고 생각하는 문화적 역량을 일상생활에서는 실행에 옮기지 못한다는 것이다. 아마도 그들은 이러한 차이를 인식하지 못하거나, 아니면 그와 같은 질문을 던지는 연구자들에게 가장 좋은 이미지를 보여주고 싶어 하기 때문일 수 있다.

미세공격이라는 말을 들었을 때 사람들이 보이는 반응은 상황을 더욱 복잡하게 만든다. 그것이 모욕임을 지적하면 정작 말한 사람은 자신이 한 말에 편견이 담겨 있다는 사실을 인식하지 못하기 때문에. 방어적인 태도를 취하게 된다. 대신, 의식적으로는 그것이 칭찬이었다고 생각한다(예, "당신은 정말 똑똑하게 말하시네요."). 그러나 Sue(2010)에 따르면, 미세공격이 실제로 나타내는 것은 차별이라는 기저의 메시지다. 방금 전에 이야기한 사례에서, 편견을 담은 메시지는 "당신이 속한 인종에서 당신은 예외에요. 나는 흑인들이 똑똑하게 말하지 않을 거라 기대해요."다. 지난 십 년간 미세공격이 주변화된 사람들에게 어떤 영향을 미치는지를 확인한 논문들이 출판되었다. 예를 들어, Nadal, Griffin, Wong, Hamit와 Rasmus(2014)는 미세공격은 그것을 빈번히 경험한 사람들의 정신건강에 부정적인 영향을 미치고, 빈번하게 접하지 않은 사람들에 비해 우울과 불안을 더 많이 경험한 것으로 나타났다.

물론, 본의 아닌 편견이 정신건강전문가들이 보이는 유일한 형태의 편견은 아니다. 가끔 정신건강전문가들은 의식적으로 편견을 포함한 믿음과 태도를 지지한다. 이미 20년 전에 동성애가 심리적인 장애가 아니라고 명백히 천명했음에도 불구하고, 1993년에 상담사의 14%는 여전히 동성애를 심리적 질환과 동일시했다(Bibson & Pope, 1993). 마찬가지로, Ruebensaal(2006)은 연구에 참여한 학교상담사들이 동성애자 학생들과 상담하는 것을 불편하게 여긴다고 보고했는데, 이런 믿음과 태도

는 모든 주요 정신건강 관련 학회의 윤리강령 조항과 정면으로 배치되는 것이다.

▌ 다문화 실무 관련 윤리강령

2014년 ACA 윤리강령에서는 서문 첫 단락과 Section A 서문에 다문화상담 주제를 기술하고 있다(부록 A 참조). 또한 ACA 윤리강령에는 문화적 다양성과 관련된 주제에 대해 24개의 참고문헌이 거의 모든 절에 포함되어 있다. 2010년 개정된 APA 윤리강령 또한 다양성 문제에 대해 참고문헌을 다수 포함하고 있는데, 심리학자는 공정하고 편견이 없어야 하며, 사람들의 심리적 고통에 대한 사회적 요인의 역할을 인식해야 한다고 강조하고 있다. 윤리강령의 다른 부분에서도 다문화 문제를 언급하고 있는데, 내담자 복지 증진, 다양한 집단과 실무하기 위한 역량, 차별적인 행동을 피하는 것, 평가를 공정하게 활용하는 것, 그리고 훈련과 연구 관련 문제들을 다루고 있다.

ACA 강령 내에서 다양성과 문화를 언급하고 있는 부분들은 상담이 개인의 가치 및 믿음과 분리될 수 없음을 강조하고 있다. 이러한 진술들은 상담사가 가지고 있는 힘과 상담사 및 내담자 모두에 작동하고 있는 사회적 힘에 대한 인식에 그 토대를 두고 있다. 또한 이러한 진술은 직업이 타인을 위한 서비스의 일종이지 상담사 자신을 위한 것이 아님을 다시 한번 상기시킨다. 상담사와 심리치료사들이 문화적으로 민감한 방식으로 행동하지 못할 때, 자신의 욕구를 채우고 있는 것이지 내담자의 욕구를 만족시키고 있는 것이 아니다. 이런 기준과 충돌하는 행동을 본의 아니게 하고 있는 상담사들의 사례를 살펴보자.

페니와 통역사

페니는 청력이 손상된 내담자로서, 외상후스트레스로 인해 상담소를 방문했다. 최근 그녀가 거주하는 아파트에 강도가 들었고, 그때 페니는 옷장에 숨었다. 페니는 첫 회기에 상담사와 의사소통을 하는 데 도움을 얻기 위해 자신의 통역사를 동행했다. 상담사인 바바라

는 페니와의 상담에 집중하기가 힘들었고, 통역사가 함께 있는 것이 불편하게 느껴졌다. 회기가 끝난 다음 바바라는 페니에게 편지를 썼는데, 다음 회기에 페니 혼자 상담실에 와서 입술을 읽는 그녀의 기술에 의존할 것을 요청했다. 바바라는 페니에게 천천히 그리고 분명히 이야기하겠다고 약속했고, 이런 요청을 하는 목적은 페니에 대한 자신의 관심이 분산되지 않기 위함이라고 말했다.

대학상담에 대한 린다의 접근

린다는 현재 대학상담사로서 외국학생들이 많이 다니고 있는 유명 대학 내 상담센터에서 일하고 있다. 그녀는 내담자들이 가지고 있는 다양한 문화에 대해 충분히 배울 수 없기 때문에, 내담자들이 자신에게 말해주는 문화적 배경에 의존한다고 말했다. 예를 들어, 인도네시아에서 온 내담자가 있었는데, 린다는 내담자의 문화가 내담자의 사고, 느낌, 행동에 어떤 영향을 미치는지를 직접적으로 물어보았다. 린다는 내담자들이 모두 뛰어난 학생들이기 때문에 자신의 문화에 대해 훌륭한 통찰을 지니고 있을 것이라 생각했고, 따라서 문화가 내담자의 삶에 어떤 영향을 미치는지에 대해서는 내담자들의 해석에 많이 의존하고 있다고 말했다. 그녀는 이 밖의 다른 어떤 지식기반도 필요하지 않다는 점에 대해 만족스러워하고 있었다.

로저의 딜레마

로저는 임상사회복지사로서, 24세 남성인 조지와 시간약속이 되어 있다. 조지는 직장에서의 불만족과 경미한 우울증으로 상담을 요청한 상태다. 조지의 약혼녀는 최근 결혼을 파기했는데, 조지 역시 그 관계에 대해 매우 회의적이었지만 현재는 외롭고, 만족스럽고 헌신적인 관계를 다시 맺는 것에 대해 희망적이지 않다고 느끼고 있다. 이 청년과 가족들은 보수적인 종교 집단의 성도들로서 오랫동안 정신건강서비스에 대해 회의적인 생각을 가지고 있었지만, 가족들은 현재 상담 이외의 그 어느 것도 조지를 도울 수 없다고 생각하기 때문에 조지가 상담을 받는 것에 대해 비교적 호의적이었

다. 내담자가 상담실에 도착했을 때 부모를 동반하고 왔는데, 그들 또한 상담회기에 온전히 참여할 것으로 가정하고 있었다. 로저는 이 상황이 당황스러웠고, 조지가 원하는 것이 개인상담인지 아니면 가족상담인지 물어보았다. 이 청년은 어깨를 으쓱하더니 바닥을 내려다봤다. 그의 아버지는 조지가 부모와 함께 방에 있기를 원한다고 확신하고 있었다. 로저는 우선 짧게라고 개인적인 만남을 갖자고 조지에게 제안했지만, 가족은 이러한 제안에 화를 냈고, 이후 상담실을 방문하지 않았다. 로저는 이 청년의 수동적인 태도와 아들과 함께 상담을 받겠다는 부모의 판단에 대해, 어떻게 다른 방식으로 처신할 수 있었을지 의아해하고 있다.

페니와 린다 사례는 명백히 윤리적 위반으로 보인다. 일례로, 린다가 모든 내담자에게 온전히 열린 마음으로 다가가는 것은 불가능하다. 왜냐하면, 내담자에 관해 그 어느 것도 가정하지 않는다는 것은 거의 불가능하기 때문이다. Hays(2008)는 지식의 부재는 마치 그것을 대체할 정확한 메시지가 존재하지 않을 때 지배적인 문화적 메시지(또는 가족이나 지역으로부터의 구체적인 메시지)로 채워지는 진공청소기 같다고 비유했다. 내담자가 인식하고 있는 문화적 영향을 상담사에게 교육시키라고 책임을 전가하는 것은 수용될 수 없는 일이다. 로저의 상황은 더 복잡하다. 조지가 성인이기 때문에, 상담사인 로저는 조지의 사생활을 보호하고 조지가 원하는 서비스 유형을 자유롭게 선택하게 할 의무가 있다. 이것은 ACA 강령 B.1.b와 APA 강령 원칙 E에 기초하고 있다. 그러나 로저는 사회문화적 맥락 내에서 내담자의 행동을 이해할 의무 역시 가지고 있다(ACA 강령 B.1.a). 우선 로저가 모든 당사자를 만나 그들의 역동을 파악하고 충분한 신뢰를 형성하기 위해 노력했다면, 조지의 부모는 로저와 아들 간의 개인상담 회기를 고려해볼 수 있었을 것이고, 이로 인해 조지가 더 좋은 상담서비스를 받을 수 있었을지 모른다. 이 논의를 통해 분명해진 것은, 다양한 집단과 윤리적 실무를 수행하기 위해서는 단순히 윤리적 기준을 규칙에 근거해서 바라보는 것만으로는 부족하다는 것이다. 윤리강령에서는 상담사들이 직업에서 지향하는 가장 고귀한 이상과 일치하는 방식으로 행동할 것을 요구한다.

▌다양한 집단과 일할 때 필요한 역량

4장에서 논의하겠지만, 실무 역량이란 전문가가 자신이 하고 있는 일을 수행하기 위해 지식, 기술, 근면함을 갖추고 있음을 의미한다. ACA 강령에는 다문화역량에 대한 두 개의 참고문헌이 제시되어 있다. 첫 번째는 역량의 경계를 설명하는 절에 제시되어 있는데, "상담사는 지식과 개인적 인식, 민감성, 그리고 다양한 집단과 일함에 있어서 적절할 기술을 습득해야 한다."라고 적혀 있다(ACA Code, Section C.2.a). 두 번째 참고문헌은 그러한 책임이 보수 교육으로까지 확장되고, 다양한 집단에 대한 지식을 계속해서 업데이트하라고 권고하고 있다(ACA Code, Section C.2.f). APA 강령에서는 이 주제를 기준 2.01에서 다루고 있는데, 심리학자는 능력을 갖춘 전문적인 행위에 한해 서비스를 제공해야 한다고 강조하고 있다.

Sue와 Sue(2012)는 다문화역량의 세 가지 차원을 언급했다. 여기에는 (1) 자기인식, 즉 자신의 가치와 편견, 개인적인 믿음, 인간 본성에 대한 자신의 가정을 인식하기 (2) 문화적으로 다양한 내담자들의 세계관과 가정을 부정적으로 판단하지 않고 이해하기 (3) 다양한 내담자들에게 적합한 상담개입을 개발하고 사용하는 기술이 포함된다. 다른학자들은 필요한 다문화적 역량을 적절한 믿음과 태도, 문화적 지식, 실무적 기술로 범주화했다. Toporek과 Reza(2001)는 상담사가 처한 제도적 맥락이 다문화역량에서 중요한 역할을 수행한다고 강조했고, Sue 등(1998)은 문화적으로 민감한 상담으로 발전시키기 위한 제도적 발전에 관해 상세히 논의하였다. ACA에서는 상담사와 상담 교육자들을 위한 역량 지침을 마련했는데, 다문화 상담 역량 및 기준이라고 명명하였다(Arredondo et al., 1996). Owen, Tao, Leach와 Rodolfa(2011)는 다양한 집단과 일하기 위한 역량을 다문화 경향성

(multicultural orientation)으로 기술하는 것이 바람직하다고 주장했는데, 여기에는 구체적인 다문화 역량들이 포함되어 있다. '경향성'이라는 용어는 다문화주의에 대한 상담사들의 가치를 더 분명하게 구체적인 역량들과 연계시킨다.

이상의 지침들에서 네 개의 주요 역량 요소를 확인할 수 있다. 첫 번째 요소는 자신의 문화적 유산이 자신의 경험, 태도, 가치, 행동에 어떤 영향을 미치는지를 인식하는 것뿐 아니라, 그런 문화가 다양한 내담자들과의 상담 효과를 제약하는 방식 또는 향상시키는 방식을 이해하는 것을 포함한다. 그 다음은 문화적인 차이를 편안하게 여기는 것, 다양한 문화적 배경을 가진 내담자와 편안함을 느끼는 것인데, 문화적 차이를 경멸하거나 인내하는 것이라기보다는 그것을 가치 있게 여기고 감사해하는 태도를 발전시키는 것이다. 세 번째 역량은, 자신이 다른 문화에 대해 정서적으로 부정적인 반응을 보인다는 것과 다른 문화에 대해 선입견을 품고 있다는 것에 대해 솔직해지고, 그런 반응이 내담자에게 해로운 영향을 미칠 수 있다고 인식하면서, 그와 같은 태도를 바꾸기 위해 노력하는 것을 포함한다. 마지막 요소는 문화적으로 상이한 믿음과 태도를 존중하고 이해하는 것이다. 예를 들어, 이것은 지역사회에 자연스럽게 존재하는 지지망을 존중하고 이중언어 사용을 가치 있게 여김으로써 성취될 수 있다. 최근 ACA와 레즈비언, 게이, 양성애자 및 트랜스젠더 상담학회(Association for Lesbian, Gay, Bisexual, and Transgender Issues in Counseling: ALGBTI)에서는 레즈비언, 게이, 양성애자, 퀴어, 미결정자, 간성, 옹호자들을 상담하기 위한 역량(Competencies for Counseling with Lesbian, Gay, Bisexual, Queer, Questioning, Intersex, and Ally Individuals)을 출간하였다(2012).

또한 이 문서들은 상담사에게 도움이 되는 폭넓은 지식기반을 상세히 설명하고 있는데, 자기이해 및 내담자 문화에 대한 배경지식을 포함하고 있다.
- 자신의 문화가 정상－비정상에 대한 정의에 어떤 영향을 미치는지(건강한 대인관계와 책임 있는 양육 행동에 대한 정의를 포함), 자신의 문화적 유산

이 상담 과정에 어떻게 영향을 미치는지 이해하기
- 인종차별주의, 억압, 고정관념이 개인적인 수준과 직업적인 수준에서 어떤 함의를 지니는지를 이해하는 것. 여기에는 자신의 성차별적, 인종차별적, 노인차별적, 동성애혐오적 태도를 인정하는 것이 포함됨
- 대인 영향 관련 문헌에 익숙함, 특히 자신의 대화 스타일이 다양한 문화권의 내담자들에게 어떤 영향을 미치는지, 언어적인 차이로 인해 상담 및 심리치료에서 어떤 문제가 발생할 수 있는지에 대해 관심을 기울이는 것을 포함함(문화적, 언어적 역량에 대해서는 Schwartz, Rodrguez, Santiago－Rivera, Arredondo와 Field(2010)을 참조할 것)
- 다양한 내담자들의 문화적 유산을 이해하고, 문화정체성 발달이 내담자에게 미치는 영향을 이해하기
- 문화가 내담자의 특징, 예를 들어 성격발달, 진로선택, 도움추구 행동, 심리적 고통 유형에 영향을 미치는 방식에 민감함
- 사회정치적 요인들이 문화적으로 다양한 내담자들에게 미치는 영향을 이해하기. 제도적/문화적 인종차별이 개인의 기능에 미치는 해로움을 이해하기
- 전통적인 상담의 측면(예, 평가 도구, 개입 전략, 상담에 대한 가족 구성원들의 개입에 대한 태도)이 특정 내담자의 문화와 충돌할 수도 있다는 인식
- 문화적으로 다양한 내담자들이 상담 및 심리치료에 접근하는 것을 방해하는 제도적 장애물에 대한 이해(흑인과 아시아계 내담자들이 상담 및 심리치료에 접근하는 것에서의 차이에 관한 구체적인 자료에 대해서는 National Healthcare Disparities Report (2005)를 참조할 것)
- 가족구조에 대한 문화적 규범과 관습에 대해 익숙함. 특정 문화 집단에서 고통스러워하는 사람들을 도와주기 위해 가족과 지역공동체를 어떻게 활용하는지에 대한 이해
- 특정 지역사회에서 문화적으로 다양한 내담자들에게 영향을 미치는 만성적인 차별과 억압의 문제에 대한 이해

마지막으로, 문서에서는 효과적인 다문화상담사가 되기 위해 필요한 기술 또는 행위를 상세히 설명하고 있다(이 절에서 말하고 싶은 것은, 기술을 향상시키는 활동에 적극적으로 관여하라는 것이다).

- 자신의 문화에 대한 이해를 증진시킬 수 있는 활동뿐 아니라 문화에 내재된 편견이 자신의 행동에 미치는 영향을 감소시킬 수 있는 활동에 참여하고, 더불어 다양한 문화 집단에 대한 지식을 확장시키는 활동에 적극 참여하는 것. 이런 활동은 온전한 이해를 달성하기 위해 지적이면서도 체험적이어야 한다. 상담사들이 이러한 기술을 습득하도록 도와줄 수 있는 구체적인 전략에 대해서는 Constantine과 Sue(2005)를 살펴보기 바란다. 문화적인 기술을 발달시키는 훈련프로그램 모델은 Pack-Brown, Thomas와 Seymour(2008)에 제시되어 있다.
- 언어적/비언어적 조력 반응을 유연하게 활용하는 것, 언제 이러한 반응을 적절하게 사용하지에 대한 판단력
- 내담자의 목표 달성을 방해하는 제도적인 장애물을 내담자가 효과적으로 제거하도록 도와주는 기술, 필요하다면 전통적인 치료자와 같은 지역사회에 존재하는 자원을 활용하는 역량
- 이중언어 사용, 또는 적어도 상담에서 모국어를 사용하고자 하는 내담자의 욕구를 기꺼이 존중하고, 필요할 경우 통역사를 용인하며, 언어적 장애가 극복될 수 없을 경우 적절하게 의뢰하려는 태도
- 평가 도구를 다양한 집단에게 책임 있게 사용할 수 있는 전문성(Suzuki, Ponterotto, & Meller, 2008)
- 지역사회에서 편견을 줄이고 다문화적인 지식을 향상시키기 위한 활동에 적극적으로 관여하기. 즉, 사회정의 증진을 위한 활동에 참여하는 것인데, 여기에는 허용될 경우 내담자를 옹호하는 활동에 참여하는 것을 포함한다. ACA 강령 Section A.6.a는 이 문제를 직접적으로 언급하고 있는데, 필요할 경우 상담사들이 내담자를 위해 옹호하는 역할을 수행할 것을 권고하고 있다.
- 다양한 문화배경을 가진 내담자들이 이해할 수 있는 방식으로 상담 과정을 설명하는 기술이 필요한데, 상담 계획을 함께 세우고, 내담자의 욕구에 따라 상담개입을 기꺼이 수정하려는 태도가 필요하다.

APA의 지침인 '다문화 교육, 훈련, 연구, 실무 및 심리학자를 위한 조직적 변화 지침'(2003)에서는 이러한 주제가 반영되어 있는데, 진단 및 평가와 관련해서 편견의 영향을 강조하고 있다. 또한 이 문서에는 몇 가지 사례가 제시되어 있는데, 지침에 포함되어 있는 개념들을 선명하게 드러내고 있다. 예를 들어, 차별받는 집단이 가지고 있는 '건강한 의심증'이라는 개념은, 정확한 진단을 위해서는 반드시 문화적인 요인을 고려해야 함을 잘 보여주고 있다. 이러한 의심은 종종 병리적인 것으로 간주되지만, 실제로는 내담자가 처한 환경에서는 기능적이라 할 수 있다. 이 문서에 제시된 다섯 개의 지침을 소개하면 다음과 같다(APA, 2003).

- 지침 1: 심리학자는 문화적인 존재로서, 인종적으로/민족적으로 다른 배경을 가진 사람들을 지각하고 상호작용할 때 심리학자 자신의 태도나 생각이 좋지 않은 영향을 미칠 수 있음을 인지해야 한다.
- 지침 2: 심리학자는 인종적으로/민족적으로 다른 사람들에 대한 다문화적 민감성/반응성, 지식 및 이해가 중요함을 인지해야 한다.
- 지침 3: 심리학자는 교육자로서 심리 교육에서 다문화주의 및 다양성이라는 개념을 도입해야 한다.
- 지침 4: 문화적으로 민감한 연구자는 인종적으로/문화적으로/언어적으로 소수자인 사람들 사이에서 문화중심적이면서 윤리적인 심리 연구를 수행하는 것이 중요함을 인지해야 한다.
- 지침 5: 심리학자는 임상 실무와 다른 형태의 심리서비스를 제공할 때 문화적으로 적합한 기술을 적용하려고 노력해야 한다.

상담사의 다문화적 역량을 평가하는 데 도움이 되는 도구들이 몇 개 개발되었다. 신뢰도와 타당도가 가장 많이 확보된 검사 도구는 Sodowsky, Taffe,

Gutlin과 Wise(1994)가 개발한 다문화 상담 척도(Multicultural Counseling Inventory)다. 이 도구들은 다문화 집단에 대한 상담사의 기술, 지식 및 태도를 조사한다. 현재 자신의 다문화역량에 확신이 없는 사람들은 이 도구들이 유용하다고 생각할 수 있는데, 이 도구들을 개관한 Hays(2008), Pope-Davis와 Coleman(1998), Suzuki, Ponterotto와 Meller(2008)를 참고하기 바란다. 이 중 몇몇 도구들은 연구를 수행하는 데 적합하고, 다른 도구들은 자기평가에 적합하다.

실무자를 대상으로 정신건강전문가의 다문화역량의 중요성을 조사한 논문들에서 몇 가지 희망적인 결과를 엿볼 수 있다. Zayas, Torres, Malcolm과 DesRosiers(1996)에 따르면, 정신건강전문가들은 학자들이 언급한 것과 동일한 것들을 문화적으로 민감한 요소라고 생각하고 있었다. Nanese, Wu와 Nepomuceno(2001)는 10년에 걸친 연구를 통해, 인턴십 기간 동안 강도 높은 다문화 훈련을 제공하는 것이 효과적이라고 보고하였다. 마지막으로, Holcomb-McCoy와 Myers(1999)에 따르면, 전문상담사들은 자신이 문화적으로 역량이 있다고 생각하고 있고, 이 부분에서의 대학원 교육을 긍정적으로 평가했다. 하지만 앞서 언급한 것처럼, 다문화역량을 연구한 대부분의 연구에서는 상담사의 자기보고에 의존하고 있는데 다른 관찰자들로부터 평정한 것은 거의 존재하지 않는다. 다른 측정 도구들을 사용할 경우 실무자를 대상으로 하든 학생을 대상으로 하든 그렇게 낙관적인 결과가 나타나지 않는다(Cartwright, Daniels, & Zhang, 2008; Hansen et al., 2006; Sehgal et al., 2011). 한편, 전문적인 지식의 진보로 인해, 상담사가 가지고 있는 다문화역량 또한 그 유용성이나 가치가 서서히 쇠퇴할 수 있다. 따라서 지속적인 전문 교육 없이는 어느 누구도 이러한 역량을 유지하지 못한다. 오하이오 같은 몇몇 주에서는 상담사들로 하여금 면허 갱신 신청서에 다양한 집단과 일할 수 있는 역량을 보고하라고 요구하고 있는데, 이는 문화적 역량이 가치 있는 것일 뿐 아니라 또한 유지되어야 한다는 점을 강조하고 있는 것이다. 문화적으로 다양한 배경을 지닌 내담자에게 부적절한 서비스를 제공했다는 탄원서가 심리위원회에 제출될 경우, 조사의 한 부분으로 갱신된 면허에 적힌 문화적 역량에 대한 상담사의 주장을 검토하고 그러한 주장이 적절한 것인지 판단한다.

▌윤리강령에 대한 비판

윤리강령을 비판하는 사람들은 윤리강령 기저에 있는 윤리 원칙들이 모든 문화에서 보편적으로 수용되는 것은 아니라고 지적한다(예, Pedersen, 1997; Sadeghi, Fischer, & House, 2003). 서구사회의 사회정치적 구조의 근간을 이루는 개인의 자율성 존중은 동양 및 아프리카 문화에서는 그 정도로 지배적이지 않다. 대신, 이러한 문화권에서는 집단 또는 가족의 건강과 안녕을 최우선시 한다(비서구권 문화에서 전문가들이 윤리적 의사결정을 내리는 문제에 대해서는 Houser, Wilczenski와 Ham(2006)을 참조할 것). 비평가들은 윤리강령이 윤리적 가치의 다양성을 인정해야 함에도 불구하고 그러한 책임을 저버렸고, 따라서 근본적인 윤리가치들이 문화적으로 충돌할 때에 전문가가 책임 있게 대처하도록 돕지 못한다고 주장한다. 다른 비평가들은 이러한 딜레마를 다른 시각으로 바라보았는데, 문화적으로 반응적인 처치를 제공하는 것은 윤리적 기준과 부합할 수 있고, '임상적으로 반응적인 처치'라는 개념과도 일치한다고 주장한다(Gallardo, Hohnson, Parham, & Carter, 2009). 이 저자들 또한 다양한 내담자와 일하는 것은 종종 복잡한 딜레마를 초래하고, 특히 경계와 관련된 문제는 전문가들이 미래에 좀 더 본격적으로 다뤄야 할 필요가 있다고 주장했다. 예를 들어, Carter는 자신의 논문에서 경계 문제를 좀 더 유용한 방식으로 개념화했는데, 살아있는 세포벽이라는 개념으로 대체할 것을 주장했다. "세포벽은 어떤 것을 안에 보관하고 어떤 것은 그렇지 않은지를 정의한다. 세포벽은 스며들 수 있고 유연한데, 성장과 변화를 허용하고, 새롭고 다른 정보를 받아들이면서도 여전히 본질적인 것을 유지한다."(Carter, p. 434).

다양한 집단을 대함에 있어서 현재의 윤리강령이 어느 정도로 가치가 있느냐에 대한 논쟁은, 정신건강전문가들이 현장에서 직면하게 되는 매우 어려운 딜레마를 더욱 두드러지게 한다. 다음 사례를 고려해보자.

다니엘의 고민

다니엘은 23세의 이슬람 남성으로서 가족이 그를 위해 중매를 섰고, 이는 다니엘의 공동체에서는 용인되는 관습이다. 다니엘은 중매결혼 때문에 매우 고통스러웠고, 결국 이슬람 성직자는 다니엘에게 상담을 권유했다. 다니엘은 회기 중에 이 결혼에 대해 복잡한 심정이라고 말했다. 한편으로는 종교의 교리를 따르고 싶은 마음도 있는데, 자신의 종교에서는 무슬림 남성에게 결혼이 중요하다는 점을 강조한다고 말했다. 그러나 다니엘은 가족이 선택한 여성에 대해 아무것도 느끼지 못한다는 것을 잘 알고 있었다. 다니엘은 언젠가는 결혼을 하고 싶지만 현재는 전혀 준비되어 있지 않다고 생각한다. 부모님의 결정을 거스르는 일은 자신의 종교와 부합하지 않고, 가족의 선의와 공동체의 승인을 위협하는 일이다. 하지만 다니엘은 이 여성과 자신이 전혀 어울리지 않는다고 느끼고 있다. 다니엘은 부모와 공동체가 자신을 위해 선택한 것을 자신이 더 잘 받아들일 수 있도록 도와달라고 상담사에게 요청한다.

내담자의 자유와 존엄성을 위협하는 상황인 것처럼 보이지만, 내담자의 문화에서는 용인되거나 격려되는 것일 때 상담사는 어떻게 반응해야 할까? 다니엘은 자신이 받아들이고 있는 강한 종교적, 문화적 가치와 특정 가치(배우자 선택)에 대한 자신의 주저함 사이에서 힘들어하고 있는 것처럼 보인다 (이 사례에 대한 분석은 이 장 마지막에 제시된 자료를 참고할 것). 이때 상담사는 윤리적으로 어떤 선택을 할 수 있을까? 만일 내담자의 문화에서는 여성이 학교에 다니는 것을 허용하지 않거나 어느 계급에 대해서는 노예와 다름없는 노예계약을 허용할 때 상담사가 취할 윤리적 행동은 무엇인가? 어느 지점에서 내담자의 문화적 전통이 아니라 인간의 보편적 가치를 우선해야 하는가? 그렇다면, 어떤 가치가 보편적인지는 누가 결정하는가? 그런 결정은 개인 실무자가 하는 것인가 아니면 다른 누군가가 해야 하는가? Sadeghi 등(2003)에 따르면, 개인의 욕구와 그 개인이 살고 있는 사회문화적 맥락 사이의 갈등은, 상담사들이 직면하는 가장 보편적인 문화적 딜레마다.

LaFromboise, Foster와 James(1996)는 이러한 질문과 씨름하면서, 전문직업인들은 윤리적 절대주의(특정한 윤리적 가치들을 고집스럽고 독단적으로 고수하는 것)와 윤리적 상대주의(모든 윤리적 가치를 동일하게 수용하는 것)를 모두 피해야 한다고 제안하였다. 대신, 그들은 중간적인 입장을 추천했는데, 가치의 다양성을 용인하면서도 보편적으로 존재하는 인간적인 원칙의 존재를 부인할 만큼 상대적인 입장을 취하지 않을 것을 추천하였다. Fisher, Jome과 Atkinson(1998)이 제시한 주제는 이러한 입장을 반영하고 있는데, 그들은 다문화상담을 "문화적으로 예민한 맥락 안에서 발생하는 보편적 치유과정"(p. 525)으로 정의하고 있다. 이들의 주장은 상담을 효과적인 것으로 만드는 공통요인에 전문직업인들의 주의를 기울이게 한다. 즉, 이러한 공통요인에는 견고한 치유적 관계, 공유된 세계관, 상담을 통해 긍정적인 효과를 얻을 것으로 기대하는 내담자, 그리고 두 당사자들이 치유적이라고 인정하는 개입들이 포함된다.

James와 Foster(2006)는 전문직업인들이 어려운 윤리적 질문에 답을 할 때 도움이 될만한 요점 두 가지를 제안하였다. 첫째, 정신건강전문가들이 권리지향적 사회와 의무지향적 사회의 차이점을 인식할 것을 권고한다. 권리지향적 사회에서는 개인에게 주어진 권리를 보호하는 것을 강조한다. 반면, 의무지향적 사회에서는 보다 큰 집단에 대한 개인의 의무를 수행하는 것을 강조한다. 의무지향적인 문화에서 성장한 내담자를 상담할 경우, 상담사는 내담자가 경험하고 있는 문제의 일부가 의무지향적인 문화적 전통과 내담자가 거주하고 있는 사회가 서로 충돌하고 있는지를 우선적으로 평가해야 한다. 둘째, James와 Foster는 아리스토텔레스가 실용적 지혜(practical wisdom)라고 불렀던 것을 개발할 것을 권했는데, 실용적 지혜는 규칙과 규범 및 기준을 맥락적인 방식으로 활용하는 것을 의미한다. 즉, 규칙 등을 경직되고 일정한 방식으로 적용하는 것이 아니라 '해석'하는 능력을 의미한다.

아래 사례 역시 복잡한 문제를 포함하고 있는데, 전문직업인의 자기인식이 중요함을 잘 보여주고 있다.

불행한 커플

이제 막 결혼 50주년을 맞은 한 부부가 상담센터를 방문했다. 그 이유는 지난 결혼생활 동안 내내 가졌던 만족스러운 성관계를 이제는 건강상의 이유로 인해 더 이상 유지하기 어렵기 때문이었다. 두 사람 모두 우울하고 불안해하고 있었는데, 이전보다 서로 다투는 빈도가 늘고 있었다. 주치의는 생활 속에서 다른 만족거리를 찾아보라고 권했고, 그들 나이에 성적인 활동을 접어야 하는 것은 지극히 자연스럽고 예상되는 일이라고 말해주었다. 이 부부는 그러한 제안을 거부하고 있지만, 그밖에 다른 어떤 것을 해야 할지 난감한 상황이었다. 이들은 심리학자가 성적인 활동을 재개하는 방법을 찾는 데 도움을 주기를 희망하고 있다.

종교적인 부탁

임상심리학을 전공하는 대학원생이 인턴십을 시작하면서 센터 슈퍼바이저를 만나 인턴십 중간에 있을 유대인 명절동안 5일간의 휴가를 달라고 요청했다. 또한 겨울 동안 금요일에는 일몰 전에 집에 도착하기 위해 일찍 퇴근할 수 있게 해달라고 요청했다. 슈퍼바이저는 5일 휴가는 지나치게 많고 이틀간의 휴가는 가능하다고 말했다. 금요일 스케줄을 변경하는 것에 대해서는 동의했는데, 다만 다른 요일에 그만큼의 시간을 보충하는 조건 하에서 가능하다고 말했다.

위의 두 사례에서 전문직업인의 지식과 민감성 부족이 해당 문제를 더 복잡하게 만들고 있다. 부부의 경우, 심리학자는 연령에 대한 태도, 동성커플(당신은 이들이 이성커플이라고 가정했는가?)에 대한 견해가 자신의 생각에 어떤 영향을 미치고 있는지

인식할 필요가 있다. 또한 해당 문제를 평가하기 위해 심리학자는 노인의 성과 관련된 의학적 지식과 정확한 정보가 필요하다. 인턴 사례의 경우, 슈퍼바이저는 유대인 명절이 얼마나 중요한지 모르는 것으로 보이고, 상담센터에서 적절하게 요구하고 있는 것과 인턴의 종교적 헌신을 어떤 식으로 조화를 이룰 수 있는지에 대해서도 무지한 것처럼 보인다.

▎다문화 역량에 대한 오해

문화적 역량을 갖추려면 두 가지 극단을 피해야 한다. 그중 하나는 앞의 논의를 통해 분명해졌는데, 치료적인 과정에서 문화를 고려하지 않는 것이다. 피해야 할 두 번째 극단은, 문화 내 이질성과 개인차를 인정하지 않는 것이다. 예를 들어, 미국계 흑인 공동체 안에는 많은 하위문화가 존재하는데, 문화 내 동질성을 가정하는 것은 잘못된 것이다. 동일한 문화 집단에 속해 있어서 그 문화를 공유한다고 하더라도 모든 사람들이 동질적인 것은 아니다. 각자 가지고 있는 믿음과 가치, 행동 및 가정은 그들 문화에서 전형적인 것으로 간주되는 것과 상당한 차이가 있을 수 있다. 또한 최근 들어 미국인들이 복수의 민족적 정체성을 갖는 경우가 급속히 증가하고 있는 것을 통해 알 수 있듯이(U.S. Census Bureau, 2006), 문화 집단 또한 중복될 수 있다. 한 남성에게 아시아계 어머니가 있고, 아버지는 미국계 흑인이며, 양어머니는 스페인계이고, 자신은 남자동성애자일 수 있다. 이 상황에서는 여러 문화가 이 남성의 발달과 현재의 기능에 영향을 미치고 있는데, 어떤 한 집단이 "이 남성의 문화"라고 정하는 것은 부적절할 수 있다. Pedersen(1991b)은 사람들 사이에서 발생하는 모든 접촉은 다문화적인 접촉이라고 주장했다. 그렇다면 문화적 전통은 그것이 작동하고 있다는 증거가 분명해지기 전까지는 사람들에게 잠정적으로 영향을 미치는 것으로 이해할 필요가 있다. 달리 말하면, 사람들의 행동에 미치는 영향을 지나치게 강조하거나 또는 무시하지 않으면서 문화 변인들

을 적절히 고려하는 균형이 필요하다. 전문직업인들은 "그녀가 미국계 인디언이기 때문에 ~하게 느낄 거야."라던가 "그 사람이 스페인계이니까 ~하게 생각할 거야"라고 믿는다면, 편견 어린 행동에 빠지게 되는 것이다. 이 관점에는 문화란 역동적인 것이지 정적인 것이 아니라는 인식이 내재되어 있다. 환경이 변함에 따라 그리고 다른 문화와의 접촉이 증가함에 따라 시간이 지나면서 문화는 변하게 된다(Gallardo 등, 2009). 문화적 정체성 안에는 발달적인 요소 또한 포함되어 있는데, 특히 억압을 경험하고 있는 집단에서는 두드러지게 나타난다(Buckard & Ponterotto, 2008). 결국, 한 사람의 세계관이나 문화적 맥락에서의 자기인식 또한 시간이 지나면서 역동적으로 변하게 된다.

마지막으로, 학자들은 유럽계 미국인 또는 다른 특혜를 입은 집단에 속한 전문직업인들만 문화적 다양성과 관련된 문제에 관심을 기울여서는 안 된다고 주장한다. 이들만 사회로부터 편파적인 메시지를 내재화한 것이 아니다. 더욱이 이들만 자신의 문화와 다른 문화적 배경을 가지고 있는 내담자를 만나는 것도 아니다. 어떤 문화 집단도 그들의 문화적 전통이 최고이고 사회적 실체를 조직하는 유일한 방식이라는 고정관념을 가질 수 있다. 물론, (미국에서는) 유럽계 미국인 상담사들이 직업 내에서 다수이고 현재 사회구조 내에서 특권의 수혜자이기 때문에, 다문화 민감성을 발달시키고 유지해야 할 강한 의무를 가지고 있다. 그러나 다문화적 민감성과 역량을 증진시키려고 노력하는 것은 모든 전문가들에게 필수적인 일이다.

▌내담자가 편견에 사로잡힌 생각을 말할 때

다음 사례는 편견 어린 생각을 표현하는 사람이 전문직업인뿐만이 아니라는 것을 잘 보여준다.

도움을 요청한 부모

10대인 딸의 문제 때문에 어떤 부부가 상담사를 찾아왔다. 내담자는 학교 수업을 게을리하고, 귀가시간도 무시했으며, 부모에게 반항적으로 행동했다. 이러한 패턴 또는 행동이 언제 시작되었는지 부모에게 질문했을 때, 2개월 전 학교에서 한 남자아이와 사귀면서 시작되었다고 말했다. "사람들은 맞는 사람과 어울려야 한다"고 생각했기 때문에 이 부부는 딸이 그 남자아이를 만나는 것을 허락하지 않았다(한 아이는 유럽계 미국인이었고 다른 아이는 미국계 흑인이었다). 이 부부는 딸이 남자아이를 만나는 것을 중단하고 학교나 집에서 온전하게 행동하도록 도와줄 수 있는지 질문하였다.

이 시나리오에서는 사회적 정의에 관한 직업적 가치와 부모의 요청이 서로 충돌하고 있다. 한편으로는 부모를 존중하면서 그들과 그들 딸에게 도움이 될 수 있는 방법을 찾아야 하고, 다른 한편으로는 인종 간 교제에 대한 부모의 견해를 수용하지 않으면서 부모와 같은 방식으로 문제를 정의하지 않아야 한다. 이 상황은 대부분의 미국 사람들이 그러하듯 인종 문제를 직접적으로 다루기 꺼리는 성향 때문에, 그리고 부모와 같은 민족성을 가진 상담사라면 부모에게 동의하거나 상담사가 부모의 요청에 응할 가능성이 많을 것이라는 암묵적인 가정 때문에 더욱 난처할 수 있다. 분명, 직업적 윤리는 자녀의 교제와 관련된 부모의 목표와는 일치하지 않는데, 이것은 ACA 강령 서문에 기술되어 있다. 그러나 Section A.4.a에서 ACA 강령은 상담사가 자신의 가치를 내담자에게 강요하지 말라고 조언하고 있다. 윤리적 원칙과 덕윤리의 렌즈로 바라보았을 때, 상담사는 부모의 자율성을 존중하는 것과 무해성 및 선행의 원칙 사이에서 균형을 이루어야 한다. 만일 상담사가 부모의 요청에 굴복한다면 궁극적으로는 소녀에게 피해를 입히고 도움도 줄 수 없지만, 만일 상담사가 부모의 자율성과 부모로서의 권리를 존중하지 않는다면 소녀를 상담할 기회를 갖지 못할 것이다. 만일 상담사가 미덕을 나타내는 방식으로 행동해야 한다면 자신의 진술 안에 직업적 가치에 대한 품위와 정직함을 보여줘야 하지만, 동시에 부모가 처한 상황을 공감하고 신중하게 반응해야 한다.

이 상황에서 윤리적 가치에 부합하면서 부모를

존중하는 방식이 있을까? 만일 상담사가 자녀 상담에 대해 부모가 가지고 있는 목표 중 어떤 것들은 달성할 수 있지만 어떤 것들은 달성할 수 없다고 제언한다면 아마도 그럴 수 있을 것이다. 상담사는 자신이 가지고 있는 최대한의 상담기술을 동원해서, 자신은 인종 간의 교제가 본질적으로 잘못된 것이라고 생각하지 않기 때문에 자신을 상담사로 원하지 않을 수 있다고 정중히 말할지도 모른다. 이 경우 즉각적으로 그들을 다른 상담사에게 의뢰하겠다고 제언하면서도, 다른 문제에 대해서는 그들과 자녀에게 도움을 줄 수 있다고 설명할 수 있을 것이다. 이때 상담사가 부모의 개인적인 가치를 비난하거나 인종적인 편견에 대해 장황하게 설명하거나 또는 직업적인 가치를 설명하지 않는 것이 중요하다. 궁극적으로, 상담사는 인간 존엄성에 대한 직업적 가치를 위반하지 않아야 한다.

어떤 사람이 누군가의 성적지향성을 바꾸는데 도움을 구하려고 상담소를 방문할 수 있다. 가끔 부모들은 성적지향성이 선택의 문제 또는 매체나 친구들의 영향 때문이라고 생각한다. 내담자 역시 이성애자가 아니어서 경험하는 어려움 때문에 자신의 성적지향성을 바꾸기 위한 회복적 치료에 의뢰해 달라고 요청하기도 한다. 이 상황에서 상담사는 그러한 개입이 효과적이지 않고 해롭다는 것을 보여주는 자료를 내담자에게 제시할 의무가 있다(예, APA, 2009a; Forstein, 2001; Nicolosi, Byrd, & Potts, 2000). ACA와 APA에서는 과학적인 증거를 토대로, 전문직업인들이 내담자의 성적지향성을 변경시키기 위한 어떤 전략도 채택하지 않는다는 결의문을 채택하였다(APA, 2009a; Whitman, Glosoff, Kocet, & Tarvydas, 2006). 또한 윤리강령에서는 전문가가 과학적으로 확립된 원칙과 증거에 따라 개입해야 한다고 분명히 밝히고 있다(ACA 강령 G.3.b, APA 기준 2.04). 따라서 이 상황에서 상담사는 관련 증거들에 대해 정중하고 이해할 수 있는 방식으로 내담자를 교육하고, 고통을 줄이는 데 도움이 되는 대안들을 탐색하며, 사회적 지지를 제공하는 것이 중요하다.

▌토론과 분석을 위한 사례

각각의 사례에 대해 아래 질문들을 고려해보자.
• 내담자의 문제를 평가하고 치료 계획을 결정하는 데 있어서 내담자의 문화적 맥락은 얼마나 중요한가?
• 내담자가 제시하는 문제에 대해 당신의 정서적 반응은 어떠한가?
• 당신의 개인적 가치와 문화적 배경이 내담자들에게 서비스를 제공하는 당신의 능력에 어떤 영향을 미칠 것으로 생각하는가?
• 각각의 사례에서 효과적인 서비스를 제공하기 위해 어떤 다문화 역량이 필요하다고 생각하는가?

로베르타에 대한 염려

로베르타는 숙모인 메리와 상담을 하러 왔다. 로베르타는 14세 나바호 인디언으로, 인디언 보호구역에서 자신의 아버지, 계모, 네 명의 이복형제들과 살고 있다. 로베르타는 가족과 떨어져 살았는데 그녀답지 않은 방식으로 행동했다. 가족, 특히 로베르타의 숙모는 로베르타에 대해 매우 걱정하고 있다. 숙모는 "나비 광란"이라고 불리는 최근의 사건을 이야기했는데, 로베르타 또한 이것이 일어났다고 인정하고 있다. 상담사는 로베르타에게 곤충공포증이 발현된 것은 아닐까 생각해서 그녀의 두려움에 대해 집중적으로 질문했다. 그녀의 대답은 공포증을 지목하고 있지 않았다. 상담사는 어떻게 상담을 진행해야 할지 난감했지만, 내담자는 그 문제를 좀 더 탐색하기 위해 상담에 다시 올 의향을 가지고 있다. 상담사는 잠정적으로 적응 장애라고 진단했지만 문제의 원인에 대해서는 확신이 없었다.

머빈의 요청

머빈은 17세 흑인계 미국인 청소년으로서 거리에서 지내고 있는 것이 발견되어 법정에서 상담센터로 의뢰되었다. 현재 그는 양육가정에서 거주하고 있다. 머빈의 어머니와 아버지는 AIDS 합병증으로 최근에 돌아가셨다. 아버지는 AIDS로 진단받기 전에는 혈우병 환자였는데, 어머니에게 바이러스를 감염시켰다. 머빈은 유럽계 미국인인 상담사와 눈을 마주치지 못했고 회기 전체에 걸쳐 가만히 앉아 있지를 않았다. 이 아이는 고등학교를 졸업하고 직장도 얻고 혼자서 살 수 있을 만큼 충분히 돈을 벌고 싶다고 말했다. 머빈은 현재 자신이 처한 상황에 대해서도, 부모의 죽음에 대해서도 어떠한 감정을 느끼는지 이야기하기를 거부했다. 상담사의 의도에 대해서도 의심하는 것처럼 보였고, 상담이라는 것이 상담사가 지쳐서 싫증을 내기까지 참아야 하는 일이라고 생각하는 것처럼 보였다.

칼빈의 진로 딜레마

칼빈은 20세 건축학과 학생으로서 미루는 문제로 상담실에 찾아왔다. 칼빈은 한국계로서 그의 아버지는 과학자다. 상담이 진행되면서 칼빈의 문제는 점점 더 분명해졌다. 칼빈은 건축학에 전혀 관심이 없었기 때문에 자꾸 미루는 것으로 나타났다. 그는 조각하는 것을 좋아했고 미술 관련 선택 과목을 몇 개 듣고 있었다. 그의 행동과 정서를 살펴보았을 때 조각에 흥미를 느끼고 있었지만, 칼빈은 건축 이외의 다른 전공을 생각해볼 수 있다는 제안을 거부하고 있었다. 자신의 흥미에 관해 이야기하는 대신, 가족 구성원 중에 과학자들이 많고 최소한 어느 정도 과학과 관련이 있는 직업을 선택해야 한다고 말했다. 칼빈은 다른 전공을 생각할 수 없었기 때문에 미루는 문제에 초점을 맞추자고 상담사에게 요청했다.

다니엘의 고민(앞에서 제시한 사례)

다니엘은 23세의 무슬림 남성으로서 가족이 그를 위해 중매를 섰고, 이는 다니엘의 공동체에서는 용인되는 관습이다. 다니엘은 중매결혼 때문에 고민이 많았고, 결국 이슬람 성직자는 다니엘에게 상담을 권유했다. 다니엘은 회기 중에 이 결혼에 대해 복잡한 심정이라고 이야기했다. 한편으로는 종교의 교리를 따르고 싶은 마음도 있었는데, 자신의 종교에서는 무슬림 남성에게 결혼이 중요하다는 점을 강조한다고 말했다. 그러나 다니엘은 가족이 선택한 여성에 대해 아무것도

느끼지 못한다는 것을 잘 알고 있었다. 다니엘은 궁극적으로는 결혼을 하고 싶지만 현재로서는 전혀 준비 되어 있지 않다고 생각한다. 함정에 빠진 것 같았다. 부모님의 결정을 거스르는 것은 자신의 종교와 부합하지 않고, 가족의 선의와 공동체의 승인을 위협하는 일이었다. 하지만 다니엘은 이 여성과 자신이 전혀 어울리지 않는다고 생각하고 있다. 다니엘은 부모와 공동체가 자신을 위해 선택한 것을 자신이 더 잘 받아들일 수 있도록 도와달라고 상담사에게 요청한다.

사례 분석

위에 제시한 각각의 사례에서 내담자의 문화를 이해하는 것은 윤리적이고 효과적인 상담을 위해 필요하다. 예를 들어, 다니엘은 자신이 속한 공동체의 가치와 전통, 믿음과 목표가 자신의 삶의 거의 모든 부분을 정의하고 있는 공동체에서 살고 있다. 그는 차별과 억압으로 인해 희생당해왔던 집단의 일원이다. 그의 문제는 개인적인 소망과 문화적 규범 간 충돌로 인해 발생하고 있는데, James와 Foster(2006)의 틀을 사용하면 다니엘은 의무지향적 문화와 권리지향적 문화 사이에 끼어 있다. 로베르타 또한 차별과 억압을 겪었던 공동체 구성원이고, 인디언 이외의 다른 사람들과 교제하는 것은 조심해야 한다고 배웠다. 그녀가 속한 부족의 문화적 규범이 그녀의 가치와 믿음을 정의하고 있을 것이다. 아마도 그녀는 상담이라는 것이 구해서는 안 되는 것이라고 생각해서 상담이 도움이 될 수 있을지 의심하고 있을 가능성도 있다. 또한 그녀는 개인적인 문화적 정체성을 형성하고 있는 사춘기 소녀이기도 하다. 그녀가 언급한 "나비 광란"이라는 문제는 그녀의 문화에서는 독특한 현상일 뿐 정신건강 분야에서 사용되는 공식적인 진단명은 아니다. 따라서 상담사가 이것의 정의를 학습하기 전까지는 아무런 의미가 없을 것이다. 다음 사례인 머빈은 쉽게 백인을 믿지 않도록 학습했을 수 있는데, 사적인 일에 다른 사람들을 관여시키는 것을 불편해할 수 있다. 마지막으로, 칼빈은 자신의 개인적인 소망보다도 직업에 대한 가족의 기

대를 우선시하고 있는데, 이것은 아시아계 미국인 문화에서는 종종 발생하는 일이다(Sue & Sue, 2007). 그러나 이것은 선택과 행동에 대한 개인의 자유를 존중하는 미국의 지배적인 문화적 가치와 충돌한다.

따라서 문화는 사람들이 경험하는 문제를 발전시키는데 영향을 미칠 뿐 아니라 문제를 정의하는데에도 주요한 영향을 미친다. 또한 문화는 적절한 치료 전략을 선택하고 치료적 동맹을 발달시키는데에도 영향을 미친다. 만일 상담사가 나비 광란에 대한 나바호 부족의 개념을 잘 모르고 있다면 로베르타가 무엇을 경험하고 있는지 아무런 인식이 없을 것이고, 따라서 다른 사람들에게 질문하거나 자문을 구하지 않는다면 이 소녀를 잘못 진단하고 잘못된 처치를 실행할 수 있다(나비 광란은 경련과 유사한 경험인데 보통 근친상간적 꿈이나 생각을 수반한다). 마찬가지로, 상담사가 다니엘 또는 칼빈의 문제가 자기주장이 부족해서 또는 가족과 적절한 분리가 이루어지지 않아서라고 진단한다면 오히려 더 큰 고통을 초래할 수 있고, 이들의 고통을 완화시키는 개입을 선택하지 못할 가능성이 높다. 또한 상담사가 머빈의 행동에 포함된 문화적 맥락을 고려하지 않을 경우, 머빈 또한 적대적이고 아무런 감정을 느끼지 못하며 친밀한 유대감을 형성하지 못하는 내담자라고 잘못 이해할 수 있다. 이 경우 머빈의 문제는 치유되지 못할 가능성이 크다.

각각의 사례는 상담사의 입장이 어떨지 상상해 보는 사람들 마음속에 정서적인 반응을 불러일으킨다. 가족이 자녀의 배우자를 선택할 권리를 가지고 있다는 관점은 서구 사회에서는 지지하는 사람을 찾아보기 힘든 견해로서, 개인의 자유와 권리를 존중하는 문화와는 배치된다. 서구문화 배경을 가진 상담사에게는 혼란과 분노, 부정적인 판단을 불러일으킬 수도 있다. 로베르타의 상담사는 당황하고 불편한 감정을 느끼거나, 또는 이상한 언어를 사용하는 내담자에 대해 선의로 도와주는 척 접근할 수도 있다. 사례에 암묵적으로 묘사된 것, 즉 상담사가 나비 광란이 무엇을 의미하는지 내담자에게 물어보지 못한 것은, 그런 낯선 단어에 대해 불편한 감정을 느꼈다는 것을 시사하거나 또는 그것을

순진하게 곤충공포증과 동일한 것으로 가정했다는 것을 의미한다. 이런 상담사의 행동은 Wrenn(1962)이 "문화적 폐쇄(cultural encapsulation)"로 명명한 것을 압축적으로 보여주고 있다.

머빈의 상담사는 머빈의 행동과 태도에 대해 좌절감을 느끼고, 머빈이 자신을 개인적으로 싫어하거나 상담을 경멸스러워하고 있다고 잘못 해석할 수 있다. HIV에 감염된 흑인계 이성애자들에 대한 고정관념 때문에, 상담사는 머빈의 부모가 정맥주사 약물 사용으로 인해 HIV에 감염된 것으로 가정하고 있을지 모른다. 머빈은 자신의 가족에 대해 알지 못하는 다른 사람들로부터 이미 이런 반응을 경험했을 수 있다.

마지막으로, 칼빈의 경우 몇몇 동일한 감정이 일어날 수 있다. 어떤 상담사들은 개인이 진로를 선택하는 것의 중요성을 폄하하는 문화적 가치에 대해 분노를 느낄 수 있다. 심지어 이런 상담사들은 가족의 영향이 주요한 요인이 아니라고 생각하고, 칼빈 스스로 원하는 것을 하지 못하게 하는 더 깊은 심리적인 문제가 있을 것으로 의심하기도 한다. 이런 경우에도 상담사들은 가족이 어린 자녀에게 진로선택을 강요하는 것은 도덕적으로 잘못된 것이라고 생각할 수 있다. 어떤 경우이건, 상담사는 내담자를 구출해서 자신에 대한 이해뿐 아니라 가족이나 타인들과 관계하는 데 있어서 다른(더 나은?) 방식이 있음을 내담자에게 알려주고 싶은 충동을 느낄 수 있다.

아래에 두 사례를 제시했는데, 상담사는 장애와 노인차별이 자신의 행동에 어떤 영향을 미치는지 충분히 인식하지 못하고 있다.

버너데트의 진단

버너데트는 최근 이라크에서의 복무를 마치고 해군에서 전역했는데, 가로변에 있던 폭탄이 터져 외상성 뇌손상을 경험했다. 폭발로 인해 버너데트의 언어기술과 인지 능력이 심각한 영향을 받지는 않았지만 그녀의 판단이나 정서적 반응은 크게 손상되었다. 버너데트는 외상성 뇌손상 이외에도 외상후 스트레스 장애와 관련된 경미한 증상을 경험하고 있었다. 버너데트의 가족이

찾은 상담사는 퇴역군인이나 뇌손상을 가진 사람들을 정기적으로 상담해왔던 것은 아니지만, 다른 원인 때문에 외상후 스트레스 장애를 경험하고 있는 사람들을 상담한 적이 많다. 첫 회기에 버너데트와 대화를 나눈 결과 버너데트가 정상으로 보였기 때문에(내담자는 어떠한 신체적 손상을 입은 것처럼 보이지 않았다), 상담사는 경미한 외상후 스트레스 장애를 가진 내담자들을 대하는 것과 같은 방식으로 상담을 진행했다.

도리안의 결정

임상심리학자인 도리안에게는 글렌다라는 79세의 내담자가 있는데, 글렌다는 자녀들이 고집해서 상담에 오게 되었다. 글렌다는 자신의 집을 관리하고 싶어 하지만, 자녀와 이웃들은 그녀가 더 이상은 집을 관리할 수 없다고 확신하고 있다. 글렌다는 면접을 시작하면서 누구라도 자기한테 이사를 가라고 강요한다면, 더 이상 살아야 할 이유가 없기 때문에 자살할 것이라고 말했다. 회기가 진행되면서 글렌다는 혼자 사는 것에 몇 가지 문제가 있음을 인정했고, 말을 하면서 주의가 다소 산만하고 초점이 없는 것처럼 보였다. 그러나 정신이 혼미하다거나 자신의 욕구를 충족시킬 수 없는 것처럼 보이지는 않았다. 몇 회기가 지난 후 도리안은 글렌다가 그 큰 집에 대한 책임을 갖지 않는 것이 더 좋을 수 있다고 결론짓는다. 또한 도리안은 비록 글렌다의 정신능력이 이전만큼 강한 것은 아니지만 여전히 역량이 있고 현실과 접촉하고 있다고 판단한다. 이전에 있었던 자살위험은 줄어들었다. 글렌다의 가족이 전화를 걸어 상담이 어떻게 진행되고 있는지 문의했을 때, 비록 글렌다로부터 사전에 허락을 받지는 않았지만 도리안은 이러한 정보를 가족에게 제공하기로 결정했다.

▌ 다문화 역량: 사례 적용

많은 함정들을 피하기 위해 필요한 역량들을 지금까지 기술했는데, 여기에는 다른 세계관에 대한 개방적 태도가 포함되어 있다. 한 개인의 문화적 유산이 그 사람의 발달, 가치 및 신념, 사회적 행동에 영향을 미친다는 것을 이해하는 것은 이러한 태도를 위한 선행 조건이다. 전문직업인의 행동이 자신의 문화에 뿌리를 두고 있음을 이해할 때, 자신의 입장을 보편적인 진리로 인식하거나 일반화하려는 경향은 줄어들 것이다. 이러한 개방적 태도에는 진단이나 처치와 관련된 "발견 법칙"을 너무 빨리 적용하는 것을 조심하는 것 또한 포함한다. 다니엘의 사례에서 상담사는 중매결혼의 역사 및 기능과 관련된 문화적 전통을 이해해야 하고, 중매결혼이라는 제도가 개인의 자유를 강조하는 문화와는 사뭇 다른 철학적 기반 위에서 발생했음을 인식해야만 한다. 또한 상담사는 다니엘이 자신의 사회적, 직업적, 개인적 기능을 위해 현재 고려하고 있는 선택이 어떤 함의를 가져올지 잘 알고 있어야 한다. 만일 상담사가 다니엘에게 이 시점에서 그 결혼을 거부하라고 격려한다면, 이러한 선택이 다니엘에게 엄청난 비용을 수반할 수 있고, 따라서 그러한 결정이 다니엘에게는 최선이 아닐 수 있음을 이해해야 한다. 이렇게 열려 있는 마음가짐은 내담자가 스스로 가용한 대안들을 정리해보고 자유롭게 선택하도록 돕기 위한 선행 조건이다. 그렇지 않다면, 특정 행동으로 내담자를 내모는 것과 관련해서 기저에 상담사의 숨겨진 과제가 있는 것이다. 결국, 어떤 결정을 하는 것도, 그로 인한 결과를 안고 사는 것도 내담자이지 상담사는 아니다. 역량의 태도적인 측면을 개념화하는 또 다른 방법은, Pedersen, Crethar와 Carlson(2008)이 사용한 용어, 즉 수용적 문화 공감(inclusive cultural empathy)을 적용하는 것이다. 이 개념이 지닌 여러 의미 가운데, 효과적인 다문화서비스는 내담자가 세상을 바라보는 것처럼 상담사가 세상을 경험하려고 부단히 노력하는 공감적 관계를 포함한다.

둘째, 상담사는 특정 문화에 대한 지식을 갖추어야 한다. 이는 로베르타의 사례에서 특히 분명하다. 공통적인 문화적 현상에 대해 무지할 경우 해당 문제를 잘못 진단할 수 있다. 또한 내담자가 해당 문화에서 일반적인 경로를 따를 것인지 아니면 그것을 깨고 다른 방향으로 갈 것인지 갈등하고 있을 때 문화에 대한 지식은 중요하다. 상담사가 칼빈의 문화에 대해 알고 있었다면 진로를 결정하는 데 있어서 부모의 역할을 과소 평가하지 않았을 것이고, 이러한 기대에서 벗어나는 것이 힘들다는 것을 과소 평가하지도 않았을 것이다.

셋째, 상담사는 다른 지지자들을 동원하는 능력을 갖추어야 한다. 다니엘의 의사결정에서 이슬람 성직자를 언제 그리고 어떻게 개입시킬지 아는 것(물론 다니엘이 동의한다는 것을 전제로)이 문제를 해결하는 데 있어서 결정적인 요인이 될 수 있다. 로베르타의 사례에서, 상담사는 숙모의 역할 또는 자원으로서의 가능성을 이해하고 있는 것처럼 보이지 않는다. 또한 로베르타가 처한 상황에 빛을 던져 줄 부족의 힐러와 연락을 취하는 것을 인지하지 못한 것처럼 보인다. 두 사례 모두 내담자가 영어를 사용하고 있었지만, 만일 그렇지 않다면 이 역량에는 상담사가 내담자의 언어를 사용하거나, 유능한 통역사를 선택하거나, 또는 다른 적합한 상담사에게 의뢰하는 것이 포함된다. 정신건강전문가들은 스스로를 위해 지원을 요청하는 법을 알고 있어야 하는데, 동료나 슈퍼바이저에게 자문을 구해서 내담자의 문화를 더 잘 이해할 수가 있다. ACA 강령 Section A.1.d(2014)에서는 상담이 효과적이려면 지지자들을 활용하는 것이 중요하다고 직접적으로 언급하고 있다.

넷째, 상담사는 개입을 수정하거나 또는 다문화 상담을 위해 고안된 개입을 사용해야 한다. 의사결정이나 문제해결에 대한 표준적인 접근들은 머빈이나 칼빈이 처한 상황의 문화적 측면을 충분히 설명하지 못한다. 상담사들은 스스로를 다문화 상담에 적응시키거나, 다문화상담을 위해 개발된 대안적인 접근을 능수능란하게 활용해야 한다. 예를 들어, 다니엘이 결혼에 대한 자신의 감정을 부모님에게 표현하기로 결정한다면, 전통적인 방식의 대인 간 의사소통이나 자기주장적 진술을 이 문화적 맥락에 맞게 수정할 수 있어야 한다. 이러한 역량을 개발하는 데 있어서 Pedersen과 동료들(예, 2007, 2008)의 저술이나 Ponterotto, Casas, Suzuki와 Alexander(2009)가 편집한 책이 도움이 될 것이다.

또한 정신건강전문가들은 모호함을 견디는 능력과 옳고 그름에 대해 확산적 사고를 발전시켜나가야 한다. 다니엘이나 칼빈 또는 머빈과 같은 내담자를 상담할 경우, 상담사는 다른 사람들이 동일한 철학과 세계관 또는 도덕체계를 가지고 있지 않다는 것을 인정할 수 있어야 한다. 애정을 바탕으로 한 서구식 결혼제도에 익숙한 전문가들은 젊은 사람이 중매결혼을 하는 것을 지켜보는 데서 오는 불편함을 견딜 수 있어야 한다. 마찬가지로, 상담사들은 만일 그것이 머빈의 결정이라면 머빈이 상담에 온전히 참여하지 않겠다는 선택을 받아들일 수 있어야 한다. 본질적으로 이러한 능력은 자율성 존중의 원칙으로부터 나온다. 만일 내담자가 특정한 경로를 자유롭게 선택했고 다른 대안들을 신중하게 고려했다면, 심리학자는 그러한 선택을 존중할 의무가 있다－물론 그것이 내담자나 다른 사람들에게 심각한 위험이 되지 않는다는 전제에서 그렇다.

전문가들이 능숙하게 다루기에는 극단적으로 힘든 상황이 있다. 예를 들어, 내담자의 문화 가치가 보편적인 인간의 가치(예, 모든 아동의 교육 받을 권리를 천명한 유엔의 1948년 인권 선언)와 배치되는 것처럼 보일 때 이런 상황이 발생한다. 다음 사례를 고려해보자.

칸투의 고민

학교상담사가 한 가족을 지역사회 정신건강센터에 의뢰했다. 아버지는 16세 딸인 칸투가 학교를 그만두고 가계와 세 명의 동생을 돌보기를 원하고 있다. 아버지는 칸투가 원할 경우 온라인 학교를 통해 교육을 마칠 수 있는 대안을 제시하였다. 칸투의 어머니는 질병으로 더 이상 가정에 대한 책임을 수행할 수 없는 상황이다. 이 가족은 9년 전에 캄보디아에서 이민을 왔고, 칸투는 미국의 학교제도와 문화에 잘 적응해온 것처럼 보였다. 칸투는 정규 학교를 그만두어야 하는 것이 고민이 되지만, 아버지는 다른 어떤 대안도 가능하지 않다는 것에서 확고했다. 칸투는 스포츠, 토론, 학생회 활동에서 매우 적극적이었는데, 이러한 활동을 포기하기 싫어했다. 이 소녀는 저항하기 시작했고 우울해 보였다.

이 사례에서 상담사는 동남아시아 내담자를 상담하는 전문가로부터 자문을 구할 필요가 있다. 이를 통해 아버지의 견해를 더 잘 이해할 수 있고, 현재 상황에서 칸투와 아버지 둘 다 도와줄 수 있는 방법에 관해 조언을 구할 수 있을 것이다. 사실, ACA 강령 Section C.2.e에서 말하는 것처럼, 상담사가 복잡한 윤리적 질문에 봉착했을 때마다 자문은 필수적이다.

▌종교적 가치와 다양한 내담자를 상담하는 것 사이에서의 갈등

다음 상황을 고려해보자.

특별한 지원자

상담대학원 지원자가 지원과 관련해서 상의할 내용이 있다고 교수와 시간약속을 했다. 이 지원자는 어느 종교공동체의 일원이었는데, 이 공동체에서는 현대적인 방법을 거부하고 전기나 자동차와 같은 문명의 이기 없이 살아가고 있었다. 지원자 자신은 공동체에 머물러 있으면서 공동체 사람들에게 정신건강서비스를 제공하고 싶다고 말했다. 이 공동체에는 정신건강서비스가 필요한데, 공동체 구성원들은 외부 전문가를 만나고 싶어 하지 않는다고 말했다. 또한 그녀는 학위를 마친 후에는 가급적 사회의 다른 부분들과 교류하고 싶지 않고 말했다. 그녀는 대학원에서 이수해야 할 상담실습을 모두 자신의 공동체 내에서 할 수 있는지, 학위 과정 내내 사회의 다른 구성원들을 상담하는 방법을 배우지 않아도 되는지 교수에게 질문했다. 교수는 어떻게 답변을 해야 할지 확신이 없었고, 다만 학위 과정 중에는 역할놀이나 집단상담 등 다른 학생들과 상호작용해야 하는 활동들이 포함되어 있다고 말해주었다. 지원자는 이런 훈련 경험에 대해서는 동의를 했지만, 모든 상담실습이 자신의 공동체 내에서 이루어지고 그곳에서의 상담에 기초해서 자신의 역량을 평가받기를 원했다. 교수는 다른 교수들과 상의한 다음 연락을 주겠다고 말했다. 어떤 측면에서는 매우 역량 있는 이 지원자의 요청에 대해 교수들은 깊이 있고 열띤 토론을 진행하였다. 몇몇 교수들은 이 공동체에 정신건강서비스가 거의

제공되지 않고 있기 때문에 지원자의 요청을 받아들이는 데 찬성했지만, 다른 교수들은 학생들이 준비해야 하는 면허가 일반면허이기 때문에 이 지원자가 면허를 취득할 만큼 역량이 있다고 인정하기 위해서는 그것에 대해 어느 정도의 확신이 필요하다고 말했다. 교수들의 투표 결과 아슬아슬했지만 입학을 허가하는 쪽으로 결정이 났다.

최근 문화적 역량과 관련된 한 가지 이슈가 전면에 부상했다. 전문가의 종교적 신념이 내담자의 가치/행동과 불일치할 경우 상담하는 것을 거부하는 것이 윤리적인가? 예를 들어, 상담사의 종교적 신념에 따르면 동성애행위가 비도덕적일 경우 관계에서 어려움을 경험하고 있는 레즈비언 내담자를 상담하는 것을 거부할 수 있는가? 이것은 매우 중요한 질문이다. 왜냐하면 전문학회들의 모든 윤리강령에서는 상담사의 개인적 가치를 내담자에게 강요하는 것을 금지하고 있기 때문이다. 어떤 상황에 대해서는 법정에서 관여하기도 했다. 예를 들어, Bruff 대 북미시시피 건강서비스(2001) 판례에서는 근로자지원 프로그램에서 근무하는 상담사가 관계문제를 호소하는 레즈비언 내담자와의 상담을 거부했는데, 상담사는 내담자에게 그런 상담이 상담사의 종교적 믿음과 불일치한다고 설명했다. 내담자는 상담약속을 위해 다시 내방하지는 않았지만, 상담사에 대해 불만을 제기하였다. 한편, 근로자지원 프로그램에서는 상담사의 신념을 수용하면서도 여전히 공정한 서비스를 제공할 수 있는 방법을 찾으려고 노력하였다. 상담사가 자신의 종교적 신념과 배치되는 문제를 호소하는 내담자와는 그 누구라도 상담하지 않겠다고 말했을 때, 상담사는 해고되었다. 이에 대해 상담사는 차별과 자신의 권리가 침해된 것에 대해 소송을 제기하였다. 상소법원에서는 비록 고용자가 피고용인의 종교적 신념을 합리적으로 수용해야 할 의무가 있지만, 이 사례에서 피고용인의 요구는 합리적이지 않다고 판결을 내렸다. 즉, 법정은 고용자가 상담사를 해고할 권리를 지지한 것이다. 다른 사례 역시 유사한 결과가 나타났다. Walden 대 질병통제및예방

센터 사례(2010)에서, 법원은 근로자지원 프로그램에 소속된 상담사를 해고한 결정을 지지하였는데, 이 상담사는 성적지향성과 관련된 문제에 대해 LGBT 내담자를 상담하는 것을 거부했을 뿐 아니라, 동성애성향에 대한 자신의 부정적인 판단을 내담자들에게 이야기했다(자신의 종교적 신념에 위배되는 다른 행동에 대해서도 이야기 함). 다시 한번 법원은 상담사의 입장이 불합리하다고 결정하였다. 이 두 사례는 고용자가 상담사의 종교적 가치에 따라 조정할 필요가 있음을 지지하지만, 그러한 요청(상담을 할 수 없다는 요청)이 불변일 수 없음을 의미한다(이 문제가 훈련 프로그램에 미친 영향과 Ward 대 Wilbanks(2010) 사례에 대한 논의와 관련해서는 15장을 참조할 것).

▌토론을 위한 추가 사례

제레미는 호피 부족 출신 상담사다. 그는 어린 시절 보호지역과 작은 소도시에서 살았는데, 대학에 진학할 때까지 정신건강서비스를 받아본 적이 없다. 성공적으로 대학생활을 마치는데 상담사로부터 많은 도움을 얻은 후, 제레미는 대학원에 가서 본인이 상담사가 되기로 결정했다. 자신의 상담소를 개업했을 때, 제레미는 정신건강에 대한 필요가 존재하지만 그것을 충족시키지 못하는 지방 사람들에게 상담서비스를 제공하고 싶다는 것을 알게 되었다. 또한 미국 인디언들에게 서비스를 제공하고 싶기도 했다. 이런 목표를 달성하기 위해, 제레미는 일반적인 상담서비스 이외에 인터넷을 기반으로 하는 상담서비스를 개발하기로 결심했다. 제레미는 이 웹사이트를 통해 아주 적은 비용으로 내담자들에게 이메일로 상담을 제공했다. 웹사이트에 방문하는 몇몇 내담자들은 우울을, 다른 내담자들은 불안, 또 다른 내담자들은 약물남용 문제를 호소하고 있었다. 많은 사람들은 단지 외로워했다. 현재 제레미는 매주 웹사이트를 방문하는 30명 남짓의 내담자들과 연락을 주고받고 있다. 몇몇은 미국 인디언이고, 대부분은 소도시 또는 시골지역에 거주하고 있다. 제레미는 시골에 거주하는 사람들과 미국 인디언들이 문제를 더 잘 대처할 수 있도록 조력하려는 자신의 목표가 달성되었다는 점에 감사해하고 있다.

제레미의 행동에 내재된 윤리적 위험과 이점을 논하시오. 만일 제레미가 온라인 상담에 대해 당신에게 조언을 구하러 온다면 당신은 어떤 조언을 제공할 것 같은가?

타이론은 흑인 상담사로서 흑인들의 인권을 향상시키는 일에 자신의 삶을 헌신해왔다. 타이론의 상담실에는 마틴 루터 킹, 말콤 X, 메드가 에버스와 같은 흑인 인권 운동가들의 사진이 걸려 있다. 최근 타이론은 논쟁이 분분한 흑인계 미국인 사진을 추가로 걸었다. 이 사람은 방송에서 자주 언급되고 있었고, 많은 사람들이 반유대주의로 해석하는 발언들을 하고 있었다. 상담소 소장은 이 마지막 사진을 철거할 것을 타이론에게 요청했는데, 소장은 이 사진이 내담자들의 기분을 상하게 할 수 있다고 판단했다. 타이론은 이를 거부했고, 소장은 타이론의 마음을 바꾸기 위해 노력하고 있다. 이 와중에 소장은 접수면접을 담당하고 있는 상담사들에게 유대인 내담자를 타이론에게 배정하지 말라고 지시했다.

타이론이 논쟁이 분분한 사진을 자신의 상담실에 거는 것은 윤리적인 행동인가? 타이론은 사진을 철거하는 것에 동의했어야 하는가? 소장의 대응은 윤리적인가? 당신은 이 갈등을 해결할 수 있는 이상적인 윤리적 해법이 무엇이라고 생각하는가?

▌요약

지금까지 미국사회가 문화적으로 동질적인 적이 없었지만, 인구구성 측면에서 최근에 일어난 변화와 앞으로 예상되는 변화를 고려하면 미국사회는 진정 이질적인 사회다. 사실, 21세기 중반쯤이면 오랜 세월 소수민족으로 인식되었던 집단이 인구의 나머지보다 더 많게 될 것이다. 이런 변화는 다양한 내담자에게 효과적인 상담을 제공하기 위해 필요한 기술과 믿음, 태도가 요구된다는 것을 의미한다. 현재의 윤리강령은 상당한 정도로 다문화 관련 사안들을 강조하고 있다. 평등과 정의의 원칙에 헌신하는 일이 역사상 지금처럼 더 중요한 적은 없었다. 상담사는 공정하고 개방적이고 싶은 욕구와 더불어, 이러한 목표를 달성하기 위해 다문화상담에 필요한 구체적인 역량을 갖추고 있어야 한다. 이러한 역량에는 자신의 문화적 유산이 무엇이고, 인종차별과 사회적 차별이 자신과 타인에게 어떤 영향을 미치는지를 이해하는 등 자기인식이 포함된다. 또한 이러한 역량에는 다른 문화에 대한 지식과 문화가 인간행동에 미치는 영향, 특히 고통과 역기능이 표현되는 방식, 상담에 대한 반응에 대한 문화적인 영향을 이해하는 것이 포함된다. 마지막으로, 다문화사회에서 역량 있는 상담사는 문화를 초월하는 개입 기술을 갖추어야 하고, 기존의 상담 개입을 수정해서 다양한 내담자의 욕구를 충족시킬 수 있는 기술을 구비하고 있어야 한다.

다양한 사람들과 상담을 하는 과정에서 상담사들은 해결하기 힘든 딜레마에 봉착하게 되는데, 어떤 문제들은 깊은 개인적 가치와 신념에 대한 갈등을 포함하고 있다. 이러한 문제가 발생할 때 신중히 행동해야 하고, 내담자의 문화에 대해 많은 지식을 가지고 있는 사람들로부터 자문을 구하고, 다문화상담 및 치료에 대한 풍부한 문헌들을 참고해야 한다.

❖ 토론 질문

1. 당신은 이 장에서 기술한 역량들이 다양한 배경을 가진 내담자들을 상담하는데 충분하다고 생각하는가? 아니면, 이 목록에 추가해야 할 다른 역량들이 있는가?

2. 인종차별, 성차별, 다른 형태의 고정관념들은 분명 사라지지 않는다. 때로는 그것들이 더 악화되는 것처럼 보이기도 한다. 이렇게 편견이 나타나는 것을 목격할 때 상담사의 책무는 무엇이라고 생각하는가?

3. 어떤학자들은 모든 상담서비스가 다문화적인 것이라고 주장한다. 당신은 이런 관점이 설득력이 있다고 생각하는가? 그렇다면 왜 그렇고, 아니라면 왜 아닌가?

4. 많은 사람들이 언어장벽의 문제 때문에 정신건강서비스를 활용하지 않는다. 이 문제를 해결하기 위해 제2외국어 능력을 훈련 과정의 필수 항목으로 추가해야 할까? 통역을 사용하는 것은 이 결함을 해결하는 좋은 방법인가?

5. 인종차별론자, 노인차별론자, 성차별주의자, 동성애혐오상담사들이 여전히 상담을 하고 있고, 선의를 가지고 있는 전문가들이 가끔 편견에 찬 방식으로 행동하고 있다. 동료들이 그런 행동을 하고 있는 것을 목격했을 때 상담사는 어떻게 행동해야 한다고 생각하는가?

6. 유럽계 백인 상담사만큼, 아시아계, 흑인계, 스페인계 상담사들 역시 무의식적인 인종차별에 대해 부단히 스스로를 감시해야 할까? 왜 그런가? 왜 그렇지 않은가?

7. Owen, Wong과 Rodolfa(2009)는 정신건강전문가들이 '전문가라면 남성과 여성 모두를 상담할 수 있다'는 선의의 가정하에 일을 해왔다고 주장했다. 이 저자들은 좀 더 신중하게 상담사의 젠더 능력을 분석해야 한다고 제안했는데, 당신의 생각은 어떤가?

제2부

상담사와 치료사를 위한
주요 윤리적 이슈

4장

상담 역량

선을 행하고 해를 피하기 위한 기초를 세우고 유지하기

역량(competence)은 전문가의 가장 명백한 윤리적 의무다. 그 이유는 무능한 상담이 내담자에게 해를 입힐 가능성을 극적으로 증가시키기 때문이다. 전문적인 역량을 정의하는 것이 쉬운 일은 아니지만, 세 가지 주요 요소 즉 지식, 기술, 근면이 역량의 본질을 구성한다. 이 장에서는 각 요소에 관해 설명하고, 윤리강령에 있는 관련 규정들을 살펴보며, 역량의 한계와 확장된 영역을 결정하는 지침을 제공하고자 한다. 마지막으로 심리적 고통과 역기능이 역량에 미치는 영향을 분석하고, 전문가들의 지지망이 갖는 역할을 특별히 강조하면서 전문적인 상담에 내재된 어려움에 대처하는 전략들을 설명하고자 한다.

▌ 전문적 역량의 요소

지식

알고 있다는 것은 배웠다는 것을 의미하고, 해당 분야에서의 최신 이론과 연구를 알고 있음을 의미하며, 현재 우리가 이해하고 있는 것의 한계를 인식하고 있음을 의미한다. 지식은 관련 내용에 대한 이해뿐 아니라, 특정 상황에서 어떤 지식과 개입을 적용해야 하는지 정보를 통해 결정할 수 있는 능력을 포함한다. 알고 있다는 것은 또한 전문가가 새로운 이론과 연구를 평가하기 위한 객관적이고 과학적으로 타당화된 기준을 가지고 있음을 의미한다(Spruill et al., 2004). 특히 후자는 이론과 연구가 늘 진화하고 있기 때문에 상담과 심리치료에서 중요하다. Pope와 Vasquez(2011)는 이런 역량을 지적 역량이라고 불렀는데, 좀 더 간단한 용어로 무엇에 대해 알고 있는 것으로 표현할 수 있다. 정신건강 직업 분야에서 지식은 신뢰할 수 있는 대학원을 졸업함으로써 처음 획득할 수 있다. 특정 훈련 프로그램의 질을 가장 직접적으로 평가할 수 있는 방법은 해당 분야에서 인증을 받는 것

인데, 프로그램이 인증되었다는 것은 그 프로그램을 졸업한 상담사들이 상담 실무에 필요한 역량을 갖추고 있다는 것을 의미한다. 상담('상담 및 관련 교육 프로그램 인증위원회' CACREP을 통해), 심리학(APA의 '프로그램 자문 및 인증 사무국'을 통해), 결혼 및 가족치료(AAMFT를 통해), 사회복지(NASW를 통해)는 모두 인증을 원하는 대학원들에 대해 높은 기준을 설정하고 있다. 상담, 결혼 및 가족치료, 사회복지의 경우 석사가 입문수준의 학위지만, 미국에서는 심리학자들의 경우 박사를 입문 수준의 학위로 정의해 왔다(캐나다와 다른 많은 국가에서는 석사학위가 심리학자로서 면허를 받기 위한 입문 과정이다). 최근 들어, 심리학 대학원 프로그램들은 학생들의 역량과 전문적인 실무를 위한 준비도를 보다 정확히 평가하기 위한 기준을 개발하는데 많은 관심을 기울였다(예, Fouad et al., 2009). 하지만 지식이 정적인 것이 아니기 때문에, 그리고 인간 행동에 대한 연구가 계속해서 진행되고 있기 때문에, 비록 그것이 인증된 프로그램에서 받은 대학원학위라 하더라도 그것은 단지 지적 역량을 위한 출발점에 불과하다. 지속적인 학습이 없다면 전문가의 지식 기반은 빠르게 무너질 것이다. 사실, Dubin(1972)과 Jensen(1979)

은 정신건강전문가들이 대학원에서 배운 것의 절반은 졸업 후 10년 이내에 낡은 것이 된다고 주장했다. 보다 최근 연구들에 따르면, 임상 실무와 관련된 지식의 수명은 대략 7년 정도로 줄어들었고, 임상건강심리학과 같은 특수 분야에서의 실무는 그 수명이 6년 이하로 줄어들었다(Neimeyer, Taylor, & Rozensky, 2012; Neimeyer, Taylor, Rozensky, & Cox, 2014). 불행하게도, 많은 전문가들이 지식을 최신화하지 않고 지속적으로 교육에 참여하지도 않으며 최신 문헌을 읽지 않는다는 연구 결과가 있다(Morrow‒Bradley & Elliott, 1986; Neimeyer, Taylor, Zemansky, & Rothke, 2013). 전문가들로 하여금 지속적인 교육 경험에 참여할 것을 요구하지 않는 분야에서는 실무자들이 그런 프로그램에 참여할 가능성이 적다(Neimeyer, Taylor, & Philip, 2010). 이런 이유 때문에, 많은 주 정부 면허위원회에서는 면허를 취득한 사람들이 보수 교육에 참여하는 것을 강제로 규정하고 있다. 예를 들어, 45개 주와 워싱턴 DC는 2년마다 심리학자들이 20시간 이상의 보수 교육을 받을 것을 요구하고 있는데, 요구하는 시간과 교육 내용은 주마다 다르다. 29개 주에서는 심리학자들이 2년마다 2‒6시간씩 윤리 및 법과 관련된 주제로 보수 교육을 받도록 규정하고 있다(Wise et al., 2010). 비록 보수 교육 참여 여부가 면허위원회의 징계 처분에 아무런 영향을 미치지 않는다는 증거가 있지만(Neimeyer, Taylor, & Orwig, 2013), 면허위원회에서 보수 교육을 강제함으로 인해 임상가들의 지식이 줄어드는 문제를 해결하는지는 연구해 볼 문제다(Sharkin & Plageman, 2003). 한편 전문가들은 보수교육 프로그램에 참여해서 지식이 증가했다고 느꼈는데(VandeCreek, Knapp, & Brace, 1990; Neimeyer et al., 2010), 의무적으로 참여했건 자발적으로 참여했건 지식을 증진시키는데 도움이 되었다고 평가했다(Neimeyer, Taylor, & Wear, 2011). 또한 Neimeyer 등(2011)은 3분의 2에 해당하는 심리학자들이 보수 교육을 통해 얻은 지식을 자신의 실무에 활용한다고 보고했다. 미국주상담위원회협회에 따르면, 23개 주에서 면허를 받은 상담사들이 면허 갱신을 할 때마다 20‒40시간의 보수

교육을 받는 것을 요구하고 있다(AASCB, 2009).

기술

역량의 두 번째 요소는 개입을 성공적으로 적용하는 기술, 또는 Pope와 Vasquez(2011)가 말한 어떻게 하는지 아는 것이다. Norman(1985)과 Overholser와 Fine(1990)은 이를 두 가지 종류의 기술로 구분하였다: 그중 임상기술(clinical skill)은 상담사가 기본적인 면접기술을 적절하게 사용하는 것이고, 전문적 기술(technical skill)은 특정 치료적 개입을 효과적으로 사용하는 것을 의미한다. 임상기술에는 생산적인 치료적 동맹을 형성하고 공감을 경험하며 효과적으로 의사소통하고 내담자의 문제를 예민하게 탐색하는 능력이 포함된다. Spruill 등(2004)은 문화적 역량, 윤리 및 법적 지침에 대한 지식, 비판적으로 사고하는 능력 또한 기본적인 임상기술로 간주했는데, 이것은 현재 모든 정신건강전문직업의 윤리 기준에서 수용하고 있다. ACA 강령(2014)에서 사용하고 있는 언어를 살펴보더라도 문화적 역량을 수용하고 있음을 분명히 알 수 있다. 예를 들어, C.2.a에 "상담사는 문화적으로 역량 있는 상담사에게 필요한 지식과 개인적 각성, 민감성, 기술을 습득한다."라고 표현되어 있다.

APA 강령 또한 원칙 E에 유사한 내용을 담고 있는데, 심리학자는 문화적인 차이를 존중하고 다양한 사람들과 함께 일할 때 편견을 제거해야 할 의무가 있다고 천명하고 있다.

전문적 기술은 시험불안을 호소하는 내담자에게 체계적 둔감법을 실행한다거나 개인 지능검사를 실행하는 능력 등으로 표현된다. 기술이라는 일반적인 개념에는 전문직업인이 어떤 개입이 어떤 상황에서 적절한지를 결정하는 능력이 포함되어 있다. 이런 결정은 증거에 기반한 실무에 관한 최근 연구에 근거를 두고 있어야 하는데(예, Lambert, 2013; Norcross, 2011), 상담 실무에서 한 시도나 현장 연구에서 얻은 자료, 치료적 관계의 역할에 대한 증거, 내담자의 가치 및 서비스에 대한 선호, 전문직업인의 판단과 기술을 포함하고 있다(Levant,

2005; Norcross, Beutler, & Levant, 2005).

학생들로 하여금 임상적 판단력과 개입 기술을 발전시키기 위한 일환으로 정신건강 훈련 프로그램에서는 학위 취득 조건으로 실습과 인턴제도 등의 현장 경험을 요구하고 있다. 내담자에게 지식을 적용하는 일은 그러한 정보를 이해하는 것보다 상위 과정이고, 이 두 가지를 숙달하기 전까지는 그 누구도 역량이 있다고 볼 수 없다. 예를 들어, 대학원생들은 보통 수업 중에 공감을 전달하고 공포증을 다루는 것을 배우고, 이런 행동에 대한 이론과 연구에 익숙해진다. 학생들은 다른 상담사들의 회기를 담은 축어록을 읽고, 모범이 되는 회기를 담은 비디오테이프를 시청하며, 역할놀이를 통해 이러한 기술들을 연습해 본다. 이후에 학생들은 그런 자료를 얼마나 잘 숙지했는지에 대해 평가받는다. 그러나 성공적으로 수업을 마친 학생들조차 이런 지식을 내담자에게 적절하게 사용하기 전까지는 역량이 있다고 볼 수 없다. 상담 및 심리치료에서의 기술 습득이 복잡하기 때문에, 역량을 획득하기 위해서는 많은 시간 슈퍼비전을 받으면서 현장 경험을 쌓는 것이 중요하다.

인증 기관에서는 평가 대상인 프로그램에서 학생들이 습득한 상담 관련 지식과 기술을 얼마나 철저히 평가하고 있는지 관심을 가지고 있는데, 이것을 통해서도 유능한 상담실무를 강조하는 분위기를 엿볼 수 있다. 사실, 특정 훈련 프로그램이 인증받을 수 있을지를 판단할 때 그 프로그램에서 학생들의 역량을 평가하는지가 주요 고려 사항으로 부각되었다(Fouad et al., 2009; Kaslow, Rubin, Bebeau, et al., 2007; Nelson, 2007). 예를 들어, 심리학 직군에서는 훈련 프로그램 내에 "역량 문화"를 발전시키기 위한 전략들에 많은 관심을 기울여 왔고, 상담실무를 위한 학생들의 준비도를 보다 폭넓게 평가하기 위한 방법들에 관심을 기울였다(Fouad et al., 2009; Kaslow et al., 2009). 현장에서 상담실무를 몇 시간 했느냐는 더 이상 수용가능한 수준의 임상서비스를 제공할 수 있는지를 평가하는 최선의 기준으로 간주되지 않는다.

상담사가 혼자서도 상담실무를 할 수 있도록

보장하는 면허를 취득하기 위해서는 학위를 취득한 후 추가적으로 슈퍼비전을 받으면서 상담실무 경험을 쌓아야 한다. 많은 주에서는 면허 취득 요건으로 석사학위자에게는 2년 동안 슈퍼비전을 받으면서 전일제로 상담을 할 것을 요구하고, 박사학위자에게는 1년 동안 슈퍼비전을 받으면서 전일제로 상담할 것을 요구하고 있다. 심리학자를 대상으로 박사 후 슈퍼비전을 제공하지 않는 지역에서조차 광범위한 실습과 박사 전 인턴십 경험을 필수적으로 요구하고 있다(앨라배마, 아리조나, 코네티컷, 인디애나, 켄터키, 메릴랜드, 노스다코타, 오하이오, 푸에르토리코, 유타, 와이오밍). 캐나다에서는 세개 주에서 심리학자들에 대해 학위 후 훈련 경험을 요구하고 있다(매니토바, 노바스코샤, 온타리오).

상담 및 심리치료가 복잡하다는 것은, 어느 누구도 졸업할 때나 직장 생활의 어느 시점에서도 모든 개입을 능숙하게 해내지 못한다는 것을 의미한다. 인간의 문제가 엄청나게 광범위할 뿐 아니라 내담자의 배경과 치료적 개입이 다양하기 때문에, 모든 상황에서 적용할 수 있는 보편적인 역량이 존재할 수는 없다. 전문가는 자신의 전문 분야를 특정 문제와 사람들로 제한할 필요가 있다. 임상가의 역량의 한계는 실무 범위라고도 불린다. 어떤 전문가들은 우울이나 진로미결정과 같은 특정 문제에, 다른 전문가들은 대학생 또는 노인과 같이 특정 연령대를 택해서 상담을 진행한다. 또 다른 전문가들은 집단상담이나 가족상담 또는 고문생존자나 외상성 뇌손상을 겪고 있는 사람들을 위한 재활상담 등 특정 집단을 위한 서비스로 자신의 상담실무를 제한한다. 모든 것을 잘한다고 주장하는 상담사를 주의해야 한다. 어떤 기술은 채 발달되지 않았거나 아니면 그 사람 자체가 사기꾼일 가능성이 높다.

근면

역량의 세 번째 요소인 근면(diligence)은 두 가지 측면을 가지고 있다. 첫 번째는 내담자의 욕구를 그 어느 것보다 우선시하면서 일관되게 그것에 주의를 기울이는 것이다. 근면한 상담사는 내담자의 문제 해결을 위한 평가와 개입에 세밀한 주의를 기울이고 서비스가 종료될 때까지 그 관심을 유지한다. 또한 추후 상담을 계획하고 치료의 효과가 유지되는지 평가한다. 근면은 내담자에게 이로움을 주기 위해 열심히 일할 의향이 있다는 것, 유능한 도움을 줄 수 없을 때는 다른 곳에 내담자를 의뢰할 준비가 되어 있다는 것을 의미한다.

근면의 두 번째 측면은 자기인식(self-knowledge)으로서, 그 기저에는 우리 자신의 강점과 한계를 이해하고 스스로 성찰하고 겸손해하는 자세가 담겨 있다. 이 측면은 정서 역량(emotional competence)이라고도 부르는데, Pope와 Vasquez(2011)는 이것을 "독특하고 잘못을 범할 수 있는 인간"(p. 62)으로서 우리 스스로를 인식하고 존중할 수 있는 능력이라고 불렀다. 이것은 스스로를 돌보고 관찰하는 것을 포함하는데, 이렇게 해야 역량의 문제가 내담자와의 상담에 영향을 미치기 전에 발견할 수 있다. 우리는 우리의 강점과 약점을 정확히 인식하는 스스로의 능력에 대해 겸손해야 한다. 연구에 따르면 상담사들은 내담자가 상담 및 심리치료를 어떻게 경험하고 있는지, 자신의 개입이 도움이 되고 있는지 생각보다 잘 알지 못한다. 예를 들어, Lambert와 동료들에 따르면 일반적으로 상담사들은 내담자의 회복을 과대평가하는 경향이 있는데, 종종 이런 오해가 내담자의 조기종결이나 상담 실패로 이어진다. Walfish, McAlister, O'Donnell과 Lambert(2012)는 그들이 표집한 정신건강전문가 중 25%가 자신이 다른 전문가들과 비교했을 때 상위 10%에 해당하는 것으로 믿고 있으며, 어느 누구도 평균 이하로 자신을 생각하지 않는다고 보고하였다. 다른 자료에 따르면, 심리학자들은 실제로는 잘못하고 있으면서 내담자들에 대한 윤리적, 법적 의무를 이해하고 있다고 생각하는 것으로 나타났다(Pabian, Welfel, & Beebe, 2009). 이런 현실이 의미하는 것은, 근면한 실무는 혼자서 달성할 수 없다는 것이다. 자신이 하는 일이 양질의 것인지 얼마나 효과가 있는지를 다른 사람에게 체계적으로 자문을 구하는 사람들만이 근면하다고 말할 수 있다(Johnson et al., 2012). 즉, 저자들은 이 직업 분야가

역량에 대한 공동체적 관점을 수용할 시기가 되었다고 주장한다.

근면한 태도를 가지고 있다는 증거는 몇 가지 방식으로 드러난다. 우선 서비스에 대한 철저함으로 나타난다. 근면한 상담사는 진단과 치료에 대해 합리적인 수준에서 가능한 확신을 갖기를 원한다(합리적으로, 확신이라는 단어에 주목하라: 근면은 세세한 것에 대한 강박을 요구하지 않는다). 또한 근면은 내담자에 대한 진단과 치료에 대해 추가적으로 연구하고 자문을 구하려는 의향으로 나타난다. 또한 근면한 상담사는 자신이 한 개입이 장기적으로 효과가 있는지 자료를 수집하기 위해 상담을 마친 내담자와 추후에 다시 접촉하는 것에 흥미를 갖고 있다. 그러한 정보는 이전 내담자와 미래의 내담자 모두에게 도움이 될 수 있다. 근면한 실무자는 기꺼이 어려운 질문을 던질 뿐 아니라 상담이 도움이 되지 않았던 사례에 대해서도 기꺼이 직시한다. Groopman(2007)은 책임 있는 의료적 진단과 처치를 논하면서 임상의와 환자들에게 "이 이외에 다른 것이 있다면 무엇일까?"라는 질문을 던져볼 것을 추천했다. 증거기반 접근에서는 서비스를 계획하고 실행하며 추후에 확인하는 일에 근면할 것을 요구한다(Norcross, Beutler, & Levant, 2005). APA는 증거기반 실무를 "내담자의 특성, 문화, 선호라는 맥락 내에서 현존하는 최고의 연구를 임상적 전문성과 통합하는 것"으로 정의했다(Levant, 2005, p. 7).

전문성 스펙트럼

따라서 역량은 인지적 에너지와 정서적 에너지를 요구하는데, 개인과 직업을 위한 목표이자 현실이다. 역량 스펙트럼은 무능한 것에서부터 비범하게 유능한 것까지 분포한다(Koocher, 1979). Spruill 등(2004)은 Dreyfus가 개발한 유사한 모델을 사용해서 초보에서 전문가까지 역량의 5개 수준을 논했다. 유능한 상담사는 늘 현재의 지식과 기술을 증진시키는 것을 추구하지만 완벽해지는 것이 목표는 아니다. 대신, 역량은 최소한의 적절한 관심을 의미하고, 부분적으로는 비교하는 방식으로 측정된다. 이전에 특정 영역에서 유능한 것으로 입증

되었던 다른 전문가들만큼 한 개인의 지식과 기술이 잘 발달되어 있으면 그 사람은 유능한 것이다. 즉, 교육과 슈퍼비전을 통한 실무 경험을 갖춘 후에 적어도 슈퍼바이저나 동료만큼 개입할 수 있다면 그 사람은 유능한 것으로 간주된다.

그러나 비교 기준은 위험성을 내포하고 있다. 누군가는 동료만큼 비효과적인 채 안주할 수도 있다. 역량에 대한 바람직한 기준은 역량이 내담자를 조력하고 상담을 위한 계획을 세우는데, 그런 계획을 실행하는데, 그리고 상담서비스의 성과를 평가하는 데 있어서 효과적이다(Spruill et al., 2004). 내담자를 이롭게 하고 불필요한 위험을 피하도록 주의를 기울이는 것은 역량의 좀 더 근본적인 측정치이다. 때로는 세 번째 기준이 존재하는데, 특정 유형의 상담 실무를 위해 전문학회에서 세운 기준을 달성하는 것이다. 예를 들어, APA에서는 임상심리, 상담심리, 학교심리, 조직심리에서 서비스를 제공하기 위한 전문성 지침을 제공해왔는데(APA, 2003), 다문화 내담자에 대한 역량에 해당되는 필수 기술을 명시하고 있다. 비슷하게, 미국결혼및가족치료협회(AAMFT)에서는 역량 기준을 확립하였다(Everett, 1990). 유능한 상담과 심리치료를 목표로 하는 것을 다르게 생각해보면, Gawande (2007)가 자신의 의대생들에게 조언했던 것처럼 실무를 수행하는 것인데, "긍정적인 일탈자(positive deviant)"가 되고, 최소한도로 수용될 수 있을 만큼 일하는데 안주하는 것을 피하고, 대신 사랑하는 사람에게 해줄 만큼 내담자에게 양질의 서비스를 제공하려고 노력하는 것이다.

역량은 한 개인의 수행을 지칭하는 것이지 능력(ability)을 의미하는 것이 아니다. 한 사람이 유능하게 수행할 수 있는 능력을 가지고 있을 수 있지만, 역량은 과제 그 자체를 수행한 것으로 평가된다(Jensen, 1979). 많은 요인들이 능력 있는 사람의 수행을 방해할 수 있다. 여기에는 환경적 요인(예, 불가능한 작업 요구)에서부터 예측할 수 없는 사건(예, 갑작스러운 질병), 상담사의 정신건강 문제(예, 우울 또는 소진)까지 다양한 것들이 해당된다. 능력은 역량을 위한 선행조건일 뿐 동일한 것은 아니다.

유능한 수행은 내담자마다 그리고 날마다 다를 수 있다. 어떤 정신건강전문가도 모든 내담자들에 대해 동일한 수준의 기술과 근면을 바탕으로 수행하지는 않는다. 피로와 산만함, 스트레스는 역량 있는 수행을 방해한다. 좀 더 현실적인 기준은 유능한 수행을 위해 세워진 한계점인데, 내담자를 이롭게 할 가능성이 있는 서비스로 정의할 수 있다. 만일 상담사가 그 기준보다 덜 유능한 서비스를 제공한다면, 상담사는 자신이 초래한 문제를 수정해야 한다. 예를 들어, 추가 비용 없이 내담자를 한 번 더 상담회기에 초청하거나 동료나 슈퍼바이저에게 자문을 구해서 이러한 차이를 야기한 스트레스를 다뤄야 한다(이 장의 후반부에서는 역기능 또는 심리적 고통으로 인해 초래된 부적절한 서비스에 대해 논할 것이다).

상담 실무를 위한 직업적 기준

정신건강 분야에서의 주요 윤리강령에는 역량에 대한 진술문이 포함되어 있다. ACA와 APA 강령은 이 주제를 자세히 기술하고 있는데, 역량의 중요성을 강조하고 있다. 이 기준들은 선행과 무해성의 원칙, 즉 선을 행하고 해로움을 피해야 할 의무에서 비롯된다. 1장에서 언급했던 것처럼, 해당 분야에서 전문성을 공개적으로 천명한 직업인들에게는 고통 가운데 있는 사람들을 돕는 기술이 필수적이다. 그것보다 부족한 것을 제공한다면 그것은 정직하지 못한 광고를 한 것이 된다. 두 강령모두 보편적으로 통용되는 역량이라는 것이 불가능하다는 점을 인정하고 있고, 지식과 기술의 범위 내에서 실무를 수행해야 함을 강조하고 있다. 강령에서는 실무자가 자신의 역량을 점검하고 향상시키는 의무를 실무자의 책임이라고 정의하고 있다. 마지막으로, 두 강령에서 역량은 정규 교육과 슈퍼비전을 받으면서 하는 실습, 그리고 보수 교육의 조합으로부터 발생한다고 명시하고 있는데, 운이나 우연한 사건에 좌우되는 것이 아니라 경력 전체에 거쳐 노력을 기울여야 한다고 설명하고 있다. 역량 증진을 위한 활동이 반드시 강좌처럼 구조화될 필요는 없다. Lichtenberg와 Goodyear(2012)가 제안한 것처럼, 비공식적인 활동 또한 도움이 된다. 구체적으로 강령에서 사용하고 있는 언어를 확인하려면 다음을 참고하기 바란다(APA 강령 Section C.2, ACA 강령 Standard 2).

실무 범위를 넓히는 것

전문가가 자신의 역량을 새로운 분야로 확장하고자 한다면 기존의 기준과 일치하도록 체계적이고 포괄적인 계획을 세워야 한다. APA 강령에서는 새롭게 부상하는 분야에서 역량을 확립하는 것과 관련된 지침을 제공하고 있다. 이 기준에서는 유능해지기 위한 행동을 해야 할 의무와 함께 검증되지 않은 접근을 사용할 때 내담자와 다른 소비자들을 보호할 의무를 함께 부과하고 있다. 상담사가 자신의 실무에서 새로운 절차를 배제시킬 필요는 없지만, 상담사는 내담자의 안녕을 보호하기 위해 새로운 절차를 사용함에 있어서 주의를 기울이고 신중해야 한다. 특정 집단 또는 문제에 효과가 있는 것으로 이미 입증된 처치가 존재할 경우, 입증되지 않은 처치를 사용하는 것은 정당화하기 어렵다.

자신이 사용하고 있는 처치에 관한 과학적 근거를 확인하지 않고 잠재적 위험성에 주의를 기울이지 않은 채 실험적으로 처치를 실시했을 경우, 상담사는 가장 어처구니없는 윤리적인 위반을 범하게 된다. 아홉 살 소녀였던 캔다스 뉴메이커는 애착 장애를 위한 "다시 태어나기" 처치 때문에 목숨을 잃은 사례인데, 상담사들은 이렇게 위험한 처치를 사용할 만큼 그들에게 정당성이 있다고 확신했지만, 다시 탄생하는 것을 표현하기 위해 사용한 꽉 조이는 담요 때문에 내담자의 숨이 막히게 되었다. 이보다 덜 끔찍한 사례들을 문헌이나 방송 보도에서 찾아볼 수 있는데, 일시적으로 유행하는 개입의 특성을 잘 보여주고 있다.

응급 상황

어떤 때는 내담자에게 즉각적으로 서비스를 제공할 사람이 없는 경우가 있다. APA 강령, 기준 2.01e에서는 내담자가 다른 서비스를 받을 수 없는 상황에서 전문가의 책임이 무엇인지 분명히 밝히고 있다. 강령에서는 내담자에게 필요한 서비스와 밀접한 관련이 있는 영역에 대해 상담사가 역량을 갖추고 있을 경우 상담을 진행하라고 권고하고 있는데, 다만 훈련, 자문, 슈퍼비전을 통해 역량을 갖추려고 노력할 것을 요구하고 있다. 또한 APA 기준 2.02에서는 응급 상황에서 유능한 서비스를 제공할 윤리에 관해 설명하고 있다. 즉, 응급 상황에서는 자신의 역량을 벗어나는 처치를 제공하는 것을 허용하고 있지만, 가능한 빨리 자격을 갖춘 사람에게 의뢰할 의무 역시 언급하고 있다.

이 기준은 상담전문가들이 응급 상황에서 공감적으로 반응하려고 노력할 때, 혹시 이것이 (해당 문제에 대해 역량을 갖추지 않은 채 공감적인 반응만을 제공하고 있기 때문에) 윤리를 위반하는 것은 아닌지 염려하는 것에서 벗어나게 해준다. 이 기준은 내담자의 안녕을 증진시키는 일이 윤리적으로 최우선임을 나타낸다. 동시에, 전문가가 역량 밖의 응급 처치를 제공할 경우에는 가급적 보수적으로 개입해야 하고, 내담자가 가능한 한 빨리 더 유능한 처치를 받을 수 있도록 노력해야 한다. ACA 강령에서는 이 주제를 다루고 있지 않다.

역량과 전문자격증의 관계

사기꾼과 비전문가로부터 대중을 보호하기 위해 면허와 자격증이 만들어졌다(Vaughn, 2006). Procidano, Busch-Rossnagel, Reznikoff와 Geisinger (1995)는 면허의 역할을 잘 기술하였다: "면허를 가지고 있다는 것은 그 사람에게 역량이 존재한다기보다는 결함이 부재하다는 것을 의미한다."(p. 427) 자격위원회에서는 역량의 지식적인 요소를 폭넓게 검토할 뿐이다. 이 위원회들은 가장 지식이 부족한 사람들을 걸러내는데, 적합한 대학원학위가 없는 사람들이 면허를 받거나 자격증을 수여받는 것을 막는다. 결국 대학원학위가 전문가 역량의 일차적인(primary) 자격이다. 면허와 자격증은 부차적인(secondary) 것이다(Koocher, 1979). 일반적으로 임상가가 면허를 취득하기 위해서는 주 정부에서 관장하는 시험을 통과해야 하는데, 충분히 학습하지 않고 가까스로 학위를 받은 사람들은 면허를 받지 못할 가능성이 높다.

미국 내 자격위원회에서는 다소 간접적인 방식으로 기술 요소를 평가한다. 즉, 면허를 신청한 지원자가 현장에서 슈퍼비전을 받으면서 실무 경험을 쌓을 것을 요구하고 이것을 평가하는데, 직업에 입문할 때 그리고 면허를 다시 발급받을 때 기술을 직접 평가해야 한다는 논의가 현재 진행되고 있다(Rodolfa et al., 2012). 몇몇 다른 국가에서는 이미 이러한 접근을 사용해서 면허와 재면허를 발급할 때 적용하고 있다(Welfel & Khamush, 2012). 면허위원회에서는 근면을 최소한으로 평가하는 경향이 있는데, 이전에 윤리 위반이 있었는지, 범죄행위 여부 또는 임상 실무를 방해하는 개인적인 문제에 관해 질문한다. 어떤 주에서는 상담실무자들이 품성과 자질에 대한 조건을 충족할 것을 요구하지만, 다른 주에서는 품성과 관련된 질문을 금하고 있다(Johnson, Poerter, Campbell, & Kupko, 2005). 대부분의 정신건강 면허는 보수 교육을 요구하고 있는데, 이는 낡은 지식과 기술을 가지고 있는 실무자로부터 대중을 보호하기 위함이다. 마지막으로, 면허위원회에서는 보통 지원자들이 자신의 역량 분야를 설명하도록 요청하고 이러한 정보를 매번 면허를 갱신할 때 요청한다. 이 또한 자신의 실무 범위(scope of practice)를 정의하는 것이다. 이렇게 함으로써 실무자들이 자신의 역량 범위를 인식하고 그들이 정한 한계가 공적인 기록임을 상기시킨다. 그 범위 밖에서 실무를 수행할 경우 면허가 박탈될 가능성이 있다. 또한 오하이오 같은 몇몇 주에서는 면허를 취득한 사람들로 하여금 다문화 상담에서 자신의 역량을 기술할 것을 요구하고 있고, 몇몇 주에서는 사회문화적인 사안들에 대해 지속적으로 교육 받을 것을 요구하고 있다(다문화 역량에 대한 논의는 3장 참조).

전국 단위의 학회에서 갈라져 나온 전문 기관에서는 좀 더 엄격하게 역량을 평가하고 임상적 판단 및 기술을 보다 직접적으로 평가한다. 그중 하나가 미국 전문심리위원회(American Board of Professional Psychology: ABPP)다. 상담실무자들은 자신의 전문 분야에서 "외교관(diplomat)"으로 자격을 부여받기 위해 이 위원회에 지원할 수 있다. 지원자가 엄격한 심사 과정을 통과하면, 전문가로서 전문적인 업적을 성취했음을 보여주는 것이다. 전국공인상담사위원회(National Board for Certified Counselors: NBCC)에서는 상담사들을 위해 동일한 서비스를 제공한다. 비록 이러한 자격들이 이차적인(secondary) 자격으로 분류되지만, 실무를 위한 전문적인 면허 이상의 단계로 나아가는 것이다. Koocher와 Keith-Spiefel(2008)은 전문학회의 구성원으로 등록하고 건강관리제공자 목록에 이름을 올리는 것을 세 번째 자격으로 분류했다. 그러나 자격증을 여러 개 취득하는 것 자체가 실무에서 역량이 있다는 것을 보장하지는 않는다. 왜냐하면 지원자 평가 절차에 결함이 있기 때문이다. 자격증이 미래의 역량을 의미하는 것 또한 아니다. 지식과 기술을 유지하기 위해 노력을 기울이지 않는다면, 그것이 과거에 아무리 견고하게 확립되었다 하더라도 역량은 계속해서 쇠퇴하기 마련이다.

Woody(1997)는 정신건강 분야에 "의심스러운 가짜" 자격증들이 등장했음을 지적하면서, 이런 것들이 부분적으로는 시장에서의 경쟁이 증가했기 때문이라고 주장했다(p. 337). 이러한 자격증들은 요구하는 금액을 지불하면 딸 수가 있다. 그러나 지원자의 훈련 정도나 자격을 추가로 입증하라고 요구하지 않는다. 그런 자격증들은 사기 증진 이상의 것을 제공하지 않는데, 실무자의 전문성에 관해 대중을 속인다면 위험한 일이다. 6주 또는 그 안에 상담이나 심리학학위를 제공한다고 자랑하는 교육기관들이 여전히 존재하는데, 인터넷을 찾아보면 금방 알 수가 있다. 이런 기관들 중 어느 것도 인증을 받지 않았는데, 그 어떤 주 정부 면허위원회에서도 이와 같은 기관을 인정하고 있지 않다.

▌역량의 한계를 정의하는 데 있어서의 어려움

전문가들은 자신에게 능력이 있는 분야를 어떻게 결정할까? 임상실무를 하는 동안 어떻게 새로운 분야의 역량을 발전시킬 수 있을까? 이점에 대해 윤리강령에서는 합리적인 방향을 제시하고 있다(ACA Section C.2.a, C.2.b; ACA Standard 2.01). 어떤 사람이 새로운 절차, 집단, 또는 평가 도구에 대해 역량을 가지고 있다고 주장할 수 있으려면 공식적인(formal) 훈련을 받아야 한다. 일반적으로 공식적인 훈련은 구조화된 학습, 읽기, 전문가들과의 토론을 수반한다. 교육의 기간과 강도는 새로운 역량의 복잡성, 도움 또는 해로움의 개연성, 실무자의 이전 배경에 달려있다. 예를 들어, 학령기 아동을 대상으로 하는 놀이치료에 잘 훈련된 사람이 새로운 형태의 놀이치료에 유능해지고 싶다면, 놀이치료에 전혀 학습되어 있지 않은 치료사보다는 공식적인 교육 기간이 적게 걸릴 것이다. 후자의 사람은 놀이치료에서 등장한 새로운 기법을 실행하기 전에 우선 놀이치료의 역사, 이론, 절차 및 연구 결과를 깊이 있게 학습하고, 슈퍼비전을 받으면서 놀이치료 기법을 적용하는 등 실무 경험을 쌓아야 한다. 두 사람 모두 새로운 기법에 관해 슈퍼비전을 받으면서 수련 경험을 쌓아야 하지만, 슈퍼비전 실무 경험의 양은 다를 것이다. 성공의 기준은 적절한 임상적 판단과 지식을 능숙하게 적용할 수 있는 능력에 있다. 만일 새로운 놀이치료 기법이 강력한 치료적 기법임이 입증되었다면(즉, 적절하게 사용될 경우에는 매우 큰 도움을 제공할 수 있지만, 부적절하게 사용할 경우 큰 피해를 야기할 수 있다), 역량에 대한 기준을 매우 높게 설정해야 한다. 중요한 것은, 이미 다른 개입에 역량을 갖춘 사람들 역시 새로운 분야에서 역량을 갖추려면 동일한 것이 요구된다는 것이다. 차이가 있다면, 실무자의 배경이나 경험으로 말미암아 요구되는 조건을 이행해 나가는 속도에 차이가 있을 뿐이다.

가끔 주말 워크숍과 단기간의 세미나 형태로 새로운 기법을 훈련받을 수 있다는 광고를 접하게 된다. 최근에 저자는 모든 성격 장애와 중독, 반복되는 범죄행동을 다룰 수 있는 새로운 치료법에 대해 하루 동안 세미나를 개최한다는 책자를 받은 적이 있다. 강연자는 새로운 치료에 관한 책을 저술하고 있고, 사설상담소를 경영하고 있는 심리치료사로 소개되어 있었다. 그 기법의 과학적 근거는 전혀 제시되지 않았고, 세미나에 참석한 사람들이 해당 기법을 평가할 기회 또한 제공되지 않았다. 그러나 관심이 있는 사람들에게는 테이프와 비디오를 살 수 있다고 적혀 있었다. 보통 그런 워크숍에서는 교재나 연구물, 슈퍼비전을 받으면서 실제 내담자와 실습할 수 있는 기회가 제공되지 않기 때문에, 참석한 사람들이 해당 치료에 대해 실질적으로 유능해질 가능성은 거의 없다. 마찬가지로, 강연자는 세미나의 목적과 한계를 명시할 책임이 있고 참여를 통해 얻을 수 있는 잠정적인 이익을 설명해야 한다. 또한 강연자들은 내담자에게 해를 끼칠 수 있는 행동을 피해야 할 책임이 있다. 역량의 정의에는 과학적인 가치가 내재되어 있음을 기억해야 한다. 해당 접근의 효과를 보여주는 연구가 독립적으로 존재한다는 것은 그러한 증거의 초석이다. 그것이 부재할 경우 새로운 기법은 실험적이고 혁신적인 것으로 간주되는데, 이런 상황에서 유능함을 주장하는 것은 시기상조다. 따라서 자신의 역량을 확장하기 위해 보수 교육(continuing education)을 받으려고 할 때 실무자는 해당 훈련이 (1) 객관적으로 과학적 증거에 기초하고 있는지 (2) 학습을 위해 충분한 수업시간을 포함하고 있는지 (3) 그 분야에서 전문성을 갖춘 전문가가 제공하고 있는지 그리고 (4) 슈퍼비전을 통한 실습 경험과 추가적인 실무 경험을 얻을 수 있는 기회를 추천하고 있는지 확인해야 한다. 이와 같은 정보를 얻기 위해 워크숍을 조직한 사람들에게 직접 물어보는 것도 필요하다. APA Standard 2.01e에 제시되어 있는 문구는 이러한 해석을 반영하고 있는데, 고지된 동의와 함께 내담자를 보호하기 위해 새로운 영역에서 충분히 역량을 갖출 것을 강조하고 있다. ACA 강령 section C.7.b에서는 상담사들에게 비슷한 조건을 요구하고 있고, Section F.7.h에서는 새로운 이론과 기법을 가르치는 것과 관련해서 유사한 조건을 상담 교육자들에게 요구하고 있다.

새로운 내담자 집단에 대한 역량의 한계

역량의 범위는 놀이치료나 진로상담과 같은 특정 개입뿐만 아니라 새로운 집단에게도 적용된다. 어떤 사람이 특정 문화 집단이나 연령대에 대해서는 진로상담을 잘 할 수 있지만 다른 연령대나 문화 집단에 대해서는 충분한 역량을 갖추지 않을 수 있다. 이런 현상이 발생하는 이유는, 상황에 따라 특정 개입이 받아들여지는 방식과 그 효과가 다를 수 있기 때문이다. 특정 집단에 대해 유능하다는 것은 그 집단에 대한 지식과 기술을 가지고 있음을 의미한다. 대학상담사가 대학생들에게 사용하던 진로상담기법을 중학생에게 적용한다면 도움이 될 가능성은 그리 크지 않다. 이 상담사가 중학생의 발달 수준에 맞게 상담기법을 수정하지 않는다면, 중학생들에게 부정적인 영향을 미칠 수 있다. 마찬가지로, 최근 미국으로 이민 온 캄보디아인의 우울감을 극복하도록 도와주기 위해서는, 미국에서 성장한 내담자의 우울을 상담할 때 필요한 역량 이외에도 추가적인 역량이 필요할 수 있다. 이 상황에서는 문화와 국적, 이민 상태가 우울의 원인이나 증상에 미치는 영향을 이해할 필요가 있다. 우울증 치료에 유능한 임상가라고 하더라도 이 사례가 지닌 특수성을 인식할 필요가 있는데, 내담자를 돕기 위해 추가적으로 훈련 또는 자문을 구하거나, 이 문제에 이미 역량을 갖추고 있는 다른 임상가에게 내담자를 의뢰해야 한다(다양한 내담자에 대한 역량에 대해서는 3장을 참조).

전문학회에서는 문화적으로 다른 집단을 상담할 때 지식과 기술이 필요하다는 점을 두 가지 방식으로 강조하고 있다. 첫째, APA에서는 윤리강령 이외에도 다양한 집단과 일을 할 때 필요한 지침을 출판하였다. 소녀 및 여성과의 심리적 실무를 위한 지침(APA, 2007a), 인종/문화적으로 다양한 집단에게 서비스를 제공하기 위한 지침(APA, 1993, 2003), 노인들을 위한 심리적 실무 지침(APA, 2014)이 대표적인 예다. 이 문서들을 통해 상담사는 자신이 이러한 내담자들을 상담하는 것에 대해 어느 정도 역량을 갖추고 있는지를 평가할 수 있다. 둘째, ACA에서는 강령 Section C.2.a, C.2.f에서 이 문제를 다루고 있다. 또한 ACA에서는 다양한 집단에게 역량 있는 서비스를 제공하기 위한 기준(Arredondo et al., 1996)과 LGBT 집단과의 상담 및 지지 활동을 위한 역량 진술문을 출판하였다. ACA 역량 진술문은 다음 사이트를 살펴보기 바란다(http://www.counseling.org/Resrouces/).

시골 및 소도시에서 역량의 한계

역량의 범위 안에서 상담할 때 한 가지 도전이 되는 것은 상담을 하는 지리적 위치와 관련이 있다. 도시나 도심외각에서 일하는 상담사들은 자신에게 특정 역량이 없다고 판단할 때 내담자를 의뢰할 수 있는 곳이 많고, 자문이나 슈퍼비전도 쉽게 받을 수 있다(Helbok, 2003). 따라서 도시에서 근무하는 상담사들은 자신의 실무 범위를 제한하는 데 상대적으로 어려움이 적은 편이고, 상당한 전문성을 발달시킨 분야에 집중할 수가 있다. 반면, 시골이나 소도시에서 근무하는 상담사들은 근처에 의뢰할 수 있는 기관이 많지 않다. 다른 전문가를 만나기 위해 내담자가 먼 곳을 방문하는 것은 매우 불편한 일이다. 정신건강전문가가 그 지역에서 유일하게 서비스를 제공할 수 있는 사람일 경우 종종 이런 일이 발생한다. 만일 그 전문가가 서비스를 제공할 수 없다면 내담자는 더 이상 도움을 구하려 하지 않거나 혼자서 해결하려고 노력할 것이다. 결국, 시골에서 근무하는 상담사들은 다방면으로 상담실무를 수행하는 일반상담사(generalist)의 역할을 수행하는 경향이 있다. 작은 문화/민족 공동체나 청각장애인, LGBT, 종교 기반 공동체, 군대, 교정시설에서 근무하는 상담사들은 동일한 문제를 경험한다(Schank, Helbok, Haldeman, & Gallardo, 2010).

시골이나 작은 공동체에서 일하는 상담사들에게 윤리적으로 도전이 되는 일은, 그들이 모든 것에 유능하지 않다는 것을 알면서도 광범위한 주제와 연령대, 집단에 걸쳐 유능한 서비스를 제공해야 한다는 것이다(Curtin & Hargrove, 2010; Schank & SKovholt, 2006). 특정 내담자의 요청이 역량의 범위를 넘어서는 것인지를 판단할 때, 시골 상담사는 어떤 기준을 적용해야 할까? 주요 결정은 무해의 원칙에서 출발한다. 무능하게 개입함으로써 상당한 해를 끼칠 위험이 있는 내담자에게는 비록 불편한 일이긴 하지만 의뢰를 하는 것이 더 도움이 된다. 둘째, 내담자에게 혜택을 줄 기회를 평가해야 하는데, 해를 끼칠 위험과 도움이 될 기회를 비교해야 한다. 해를 끼칠 위험이 높고 도움을 줄 가능성이 낮다면 개입을 삼가야 할 것이다. 만일 해를 끼칠 위험이 낮고 내담자를 이롭게 할 가능성이 크다면 개입을 고려해볼 수 있을 것이다. 작은 공동체에는 상담사가 부족하기 때문에, 다른 서비스가 가능한지 고려해 봐야 한다. 미국의 경우 임상실무자가 부족한 지역의 85% 이상이 시골이다 (U.S. Department of Health and Human Services, 2006). 더욱이, 시골에서도 다양한 민족 배경을 가진 사람들의 수가 늘고 있는데, 다문화 역량을 갖춘 임상실무자들에 대한 요구가 증가하고 있다 (Sawyer, Gale, & Lambert, 2006). 이렇듯 서비스 인력이 부족하기 때문에, 이 지역에서 일하는 임상실무자들은 자신의 역량을 증진시키고 적절한 슈퍼비전을 받기 위해 추가적으로 창의적인 전략들을 활용해야 한다. 감사하게도, 인터넷의 등장으로 시골 정신건강전문가들 또한 교육과 자문을 위한 다양한 자원들에 접근할 수 있게 되었다. 소비자들 역시 온라인을 통해 상담을 경험하고 있다(전자매체를 활용해서 특정 내담자와 의사소통하는 문제에 대해서는 5장을 참조할 것). 마지막으로, 작은 공동체에서 근무하는 실무자들은 내담자의 진척 사항에 주의를 기울여야 하는데, 내담자에게 도움이 되지 않는 것처럼 보이면 적극적으로 개입해야 한다. 만일 내담자의 문제패턴이 상담사가 가진 역량의 범위를 벗어나기 시작할 경우, 상담사는 추가 교육 등을 통해 공동체의 욕구에 부응할 수 있는 역량을 갖추어야 한다(더 말할 필요도 없이, 해당 개입이 상담사의 역량 한계에 접근하면 내담자로부터 사전 동의를 구하는 것이 더욱 중요해진다. 내담자는 상담사의 기술 수준을 알고 상담 서비스를 받는 것에 서면으로 동의해야 한다).

Haas와 Malouf(2005)는 정신건강전문가들이 특정 내담자에 대한 역량을 갖추고 있는지 확신하기 어려울 때 스스로에게 두 가지 질문을 던질 것을 제안하였다. 첫 번째 질문은 "내담자에게 도움이 될 만큼 정서적으로 역량이 있는가?"(p. 28). 이들은 상담사 및 심리치료사들이 그 상황에서 객관성을 유지할 수 있는지 스스로에게 질문을 던질 것을 제안하였다. 내담자 문제 특성이 상담사 개인의 경험과 매우 흡사해서 역전이를 피하는 것이 힘들 수 있다. 객관성을 유지하기 위해서는 상담사가 자신의 행동에 대해 통찰력을 가지고 있어야 하고, 내담자에 대한 상담사 자신의 해석이 정확한지 재차 점검할 수 있는 전문적 지지체계를 가지고 있어야 한다. 그런 경우에도 어떤 내담자의 문제는 상담사에게 강한 촉발제가 될 수 있고, 그러한 지지체계로도 충분하지 않을 수 있다. 그럴 경우에는 의뢰가 가장 안전한 선택이다. 이와 같은 절차를 밟을 경우 Pope와 Vasquez(2011)가 말한 정서적 역량(emotional competence)을 유지하는 데 도움이 된다.

Haas와 Malouf가 제안한 두 번째 질문은 "당신이 내린 결정을 동료들에게 정당화할 수 있는가?"이다(2005, p. 30). 그들은 이것을 "깨끗하고 밝은 방 기준"이라고 불렀는데, 상담사가 자신의 동료들에게 터놓고 의논할 만큼 편안한 이야기라면 그 어떤 행동도 적절하다는 것을 의미한다. 반대로, 상담사가 숨기고 싶어 하거나 동료들 앞에서 인정하는 것이 부끄러운 행동이라면 그것은 책임 있는 행동이 아니라는 것을 의미한다. 이 기준은 상담실무 역량뿐 아니라 실무에서 부딪히는 다른 윤리적인 문제들, 특히 경계위반에도 적용된다. 예를 들어, 어떤 상담사가 재정설계사인 내담자에게 은퇴 후 설계에 관해 조언을 구하는 것이 과연 윤리적인지 궁금해한다면, 이 문제에 관해 다른 동료 상담사들과 이야기한다는 것을 상상해 봄으로써 윤리적 감각을 얻을 수 있다. 너무 무딘 상담사들을 제외하면, 이러한 상상만으로도 상담사에게 불편한 감정이 생길 것이고, 결국 그 계획을 다시 검토할 것이다.

역량의 한계: 사례

아래에 제시된 두 사례는 전문가로서 역량의 한계를 정의하는 것이 어렵다는 것을 잘 보여주고 있다.

바로스 부인의 사례

어떤 부부가 10년째 사설 상담소를 운영하고 있는 바로스 부인과 상담약속을 잡았다. 이 부부는 성상담을 요청하고 있는데, 1차 평가를 통해 살펴본 결과 이 부부가 어려움을 정확히 파악하고 있는 것으로 나타났다. 사실 이들이 말한 성기능 장애는 매우 일반적인 것이어서 치료에 잘 반응하는 것이었다. 바로스 부인은 대학원에서 성상담에 대한 공식적인 강의를 수강한 적은 없지만 이 주제에 대해 몇몇 책을 읽은 적이 있고, 9개월 전에는 성기능 장애를 다룬 이틀간의 워크숍에 참석했었다. 또한 성치료에 대한 전국단위의 학술대회에도 참석한 적이 있다. 바로스 부인은 이 분야에서 상당한 정도의 훈련과 경험을 갖춘 동료가 있는데, 이 동료는 이 사례에 대해 슈퍼비전을 제공할 의향을 가지고 있다. 바로스 부인은 이 부부에게 전문적인 서비스를 제공할 만큼 역량을 갖추고 있는가?

바로스 부인이 이 부부를 내담자로 받아들일지 결정할 때, 첫 번째 단계는 그녀가 성상담과 관련해서 필요한 지식을 갖추고 있는지를 확인하는 것이다. 지식은 일반적으로 공식적인 교육을 의미하는데, 이 부분에 있어서 바로스 부인에게는 공식적인 교육이 결여되어 있다. 그러나 만일 바로스 부인이 독서와 워크숍 등 전문적인 프로그램에 참여함으로써 다른 사람들이 공식적인 강의에서 수강한 것과 같은 수준의 지식을 습득했음을 입증할 수 있다면, 지식과 관련된 요구조건은 충족될 수도 있다. 두 번째 이슈는 슈퍼비전을 받으면서 성상담을 수행한 경험이 충분해서 그러한 경험을 이 부부에게 능숙하게 적용할 수 있는가 하는 문제다. 바로스 부인에게는 그러한 경험이 없는데, 따라서 이점은 바로스 부인의 성상담에 대한 역량을 입증

하는데 중요한 장애물이다. 만일 전문상담사로서 결혼 및 가족상담 경험을 갖고 있고, 이와 관련된 분야에서 유능하다면, 성상담에 대한 역량을 갖추기 위해 엄청난 양의 슈퍼비전 경험이 필요치 않을 수 있다. 그러나 비록 이 부부의 문제가 상담에 잘 반응하는 것이라고는 하지만, 슈퍼비전을 받으면서 실무를 한 경험이 바로스 부인에게 없기 때문에, 이 시점에서는 바로스 부인이 성상담사로서 독립적으로 치료를 제공할 만큼 유능하지 않은 것으로 판단할 수 있다. 바로스 부인의 동료가 바로스 부인에게 슈퍼비전을 제공할 의향이 있다는 것은 매우 중요한 고려 사항이기는 하지만, 매우 면밀하게 슈퍼비전을 제공할 경우에만, 그리고 바로스 부인 또한 지식을 업데이트하고 추가적으로 학습을 하라는 동료의 추천을 받아들일 경우에만 상담을 진행하는 것이 적절할 것이다. 다른 한편으로는, 이 부부에게 도움을 줄 수 있는 동료가 존재한다는 점이 논쟁거리가 될 수 있다. 즉, 역량이 입증된 다른 전문가가 있는데 왜 이 부부에게 도움을 주지 않고, 오히려 해를 끼칠 위험을 무릅쓰는가? "깨끗하고 밝은 방 기준" 또한 이 상황을 평가하는 데 도움이 된다. 바로스 부인이 면밀한 근거리에서 슈퍼비전을 받고 추가적으로 필요한 지식을 습득했다는 점을 입증할 수 없다면, 부부를 치료했다는 사실을 동료들에게 말하는 것이 불편할 것이다.

그럼에도 불구하고, 바로스 부인이 이 부부를 상담하게 된다면 바로스 부인은 자신이 성상담 분야에서 초보자이고, 현재 슈퍼비전을 받고 있다는 사실을 이 부부에게 고지해야 한다. 이러한 조건 하에서 부부가 상담받는 것에 동의한다면, 바로스 부인이 이 부부를 상담하는 것은 윤리적이다. 부족한 지식을 채워야 할 책임, 상담이 진행되는 것을 주의 깊게 살펴야 할 책임, 그리고 슈퍼비전을 지혜롭게 활용할 책임이 바로스 부인에게 있다. 또한 이 부부가 바로스 부인과의 상담이 효과적인지 궁금할 때, 바로스 부인은 이 부부에게 슈퍼바이저의 신원에 대한 정보를 제공해야 한다.

마르셀로 박사의 사례

마르셀로 박사는 면허를 취득한 심리학자로서 지난 5년간 지역사회 정신건강센터에서 일하고 있다. 그가 어렸을 때 부모님이 이탈리아에서 미국으로 이민을 왔다. 그는 가족치료에 전문성을 갖고 있는데, 많은 시간의 교육과 슈퍼비전을 포함한 수련 경험을 가지고 있다. 마르셀로 박사는 자신이 가족치료사로서 역량이 있다고 생각한다. 터너 부부는 종종 학교를 빼먹고 귀가 시간 등 가족이 정한 규칙을 무시하는 10대 아들에 대해 걱정을 하고 있었는데, 마르셀로 박사와 상담약속을 했다. 터너 부부는 흑인계 미국인이었다. 마르셀로 박사는 흑인계 미국 가정을 상담한 경험이 거의 없는데, 박사의 문화적 배경은 터너 부부의 배경과 일치하지 않는다. 마르셀로 박사는 대학원에서 다문화 문제를 다루는 수업을 수강했고, 이 분야에서의 관련 문헌들을 계속 읽어왔다. 사실, 이 센터에는 흑인계 미국인 내담자들이 많지 않고, 다른 상담사들은 마르셀로 박사만큼 가족치료에서 더 나은 훈련을 받지 않았다. 마르셀로 박사는 터너 부부를 상담할 만큼 충분한 역량을 가지고 있는가?

마르셀로 박사 사례는 첫 번째 사례보다 더 복잡하다. 마르셀로 박사가 가족치료에서 역량을 갖고 있다는 것에 대해서는 의심할 여지가 없다. 다문화 문제에 대한 그의 지식기반 또한 적절해 보인다. 여기에서 주요 문제는 문화적인 차이와 함께 아프리카계 미국인 가정을 상담한 경험이 부족하다는 것이다. 흑인계 미국인을 상담한 경험이 부족하다는 것 때문에 마르셀로 박사는 이 가족을 내담자로 받아들일 수 없는가? 이 문제를 해결하기 위해서는 몇 가지 추가 질문을 던져야 한다.

- 관련 문헌에 따르면 아프리카계 미국인 가정의 역동은 다른 문화의 그것과 얼마나 다른가?
- 마르셀로 박사가 학습한 가족치료는 아프리카계 미국인 가정에 대해 어느 정도로 효과가 있다고 보고되었나?
- 이러한 접근이 아프리카계 미국인 가정에 해를 끼친다는 증거가 있는가? 이로움을 준다는 증거는 존재하는가?
- 이 가정은 마르셀로 박사에 대해 어떤 태도를 가지고 있는가? 그들 사이에 놓인 문화적 차이 때문에 효과적인 상담이 방해받을 수도 있다는 사실에 대해 이들은 어떤 견해를 가지고 있는가?
- 마르셀로 박사는 훈련 과정에서 정확히 어느 정도로 아프리카계 미국인 가정 및 개인을 상담했는가? 마르셀로 박사는 이 사례를 위해 유능한 슈퍼비전 또는 자문을 받을 수 있는가?
- 마르셀로 박사가 이 가정을 의뢰할 수 있는 다른 유능한 전문가가 지역사회에 있는가?

이 딜레마를 해결하기 위해 역량의 요소인 지식, 경험 및 근면을 살펴봤을 때, 우선 그가 받은 교육 내용과 지속적으로 수행한 독서를 생각하면, 마르셀로 박사가 지닌 지식은 적절한 것으로 추론된다. 다문화 문제에 대해 최근 문헌들을 검토하려는 노력과 함께 가족치료사로서 입증된 역량 또한 근면과 문화적 민감성에 대한 긍정적인 신호로 볼 수 있다. 문제는, 마르셀로 박사가 슈퍼비전을 받으면서 아프리카계 미국가정을 상담한 경험이 제한적이라는 것과, 이 상담센터에 적절한 훈련을 받은 상담사가 부재한 것이다. 이러한 결함으로 인해 최소한 지금까지 해온 일반적인 방식으로 상담을 진행할 수는 없다고 판단된다. 마르셀로 박사에게는 두 가지 윤리적 대안이 있다. 이 가정을 다른 상담센터에 있는 유능한 전문가에게 의뢰하거나, 아니면 다른 센터에 있는 전문가로부터 슈퍼비전 또는 자문을 받으면서 상담을 진행하는 것이다. 슈퍼비전이나 자문을 받으면서 상담을 진행할 경우 터너 부부에게 이 사실을 알리고 동의를 구해야 한다. 후자의 경우 터너 부부는 가족치료사인 마르셀로 박사의 장점과 단점을 이해하고 슈퍼바이저가 개입하는 것에 동의해야 한다.

물론, 이 분야에 역량 있는 전문가에게 의뢰하는 것이 늘 가능한 것은 아니다. 만일 의뢰하는 것에 실제적인 문제가 있고, 터너 부부가 기꺼이 마르셀로 박사와 상담할 의향이 있고 또한 그것이 이들에게 도움이 될 가능성이 크다면, 마르셀로 박사가 이 부부를 상담할 수 있다는 주장은 훨씬 더 설득력을 갖게 된다. 이때 바로스 부인의 경우처럼 이 가족의 진행 상황을 주의 깊게 살펴볼 필요가 있다. 궁극적으로 가장 중요한 것은, 내담자에게 좋은 것을 행하고 해로움을 끼쳐서는 안 된다는 것이다. 이때 해로움은 무능력한 상담으로부터 초래되는 해로움과, 도움이 될 수 있는 다른 서비스에 접근할 수 있도록 내담자들을 조력하지 못해서 초래되는 해로움을 포함한다.

▌고통, 소진, 그리고 다른 역량의 문제

임상 작업의 한 가지 특징은 모호함과 불확실성이 광범위하게 존재한다는 것이다. Skovholt와 Starkey(2010)가 제안한 것처럼 상담의 성배(Holy Grail)는 존재하지 않으며, 아무리 경험을 쌓아도 완벽하게 유능한 서비스를 제공한다고 장담할 수 없다. Reed(2006)는 상담 및 심리치료 회기에 적어도 33개의 변인이 작동하고 있으며, 한 회기에 무려 1089개의 가능한 조합이 존재한다고 지적하였다(이런 상황에서 한 가지 희소식은, 내담자를 위해 긍정적인 성과를 지향하는 사람들에게는 상담 및 심리치료가 절대로 따분한 일이 아니라는 것이다). 또한 이 일에 포함된 상당한 정도의 지적, 기술적 요구와 함께, 이 일에 내재된 정서적인 힘 때문에 직업적인 위험이 도사리고 있다(Norcross & Guy, 2007; O'Brien, 2011, Webb, 2011). 우리는 반복해서 사람들의 고통과 파괴적인 모습을 목격하고, 도움이 필요한 사람들에게 도움을 제공할 수는 있지만, 우리에게는 고통을 치유하는 마술 지팡이가 존재하지 않는다. 만일 우리가 인간의 고통을 계속해서 목격하면서 스스로를 돌보는 일에 충실하지 않는다면, 매우 유능한 상담사조차 피로를 경험하게 될 것이다. 한편, 상담사들은 정신건강서비스나 상담서비스에 무관심하거나 적대적인 단체나 정부 기관을 대할 일이 점점 더 늘어나고 있다. 상담실무자들은 적은 것을 가지고 더 많은 일을 하도록 요청받고 있고, 이러한 현상은 그 끝이 보이지 않는다. 직장 내에서의 요인 또한 소진의 위험성을 증가시키는 것처럼 보인다. 스트레스가 많고 지지적이지 않은 직장에서는 소진과 공감 피로(compassion fatigue)에 노출될 위험이 크다(Thompson, Amatea, & Thompson, 2014).

여기서 희소식은, '환자보호 및 부담적정보험법(Patient Protection and Affordable Care Act)'이 정신건강 환자들에게 더 많은 권리를 부여한다는 것이다. 그러나 이러한 법률이 외부의 압력에 대한 만병통치약이 아니며, 종종 일 때문에 상담사들은 정서적으로 고갈된다. 정서적 고갈이 심해지면 소진으로 이어지는데, 상당한 정도로 정신건강전문가들의 수행을 손상시킨다. 소진 증상은 정서적 고갈, 일에서의 성취감 상실, 서비스 대상에 대한 비인격화를 포함한다(Maslach & Jackson, 1986).

연구에 따르면, 소진은 작지만 의미 있는 숫자의 정신건강전문가(Fortener, 2000; Jenaro, Flores, & Arias, 2007; Lee, Lim, Yang, & Lee, 2011; Lent & Schwartz, 2012; Raquepaw & Miller, 1989), 학교상담사(Rovero, 2004), 결혼및가족치료사(Tziporah & Pace, 2006), 학교심리학자(Wylie, 2003)에게 영향을 미친다. 최근 연구에 따르면 1/3에서 1/2에 달하는 심리학자들이 상당한 정도의 정서적 고갈을 경험하는 것으로 나타났다(Mahoney, 1997; Rupert & Morgan, 2005; Rupert & Kent, 2007). Lent와 Schwartz(2013)는 지역사회 정신건강 기관에서 근무하는 상담사들이 사설 기관에서 근무하는 상담사들에 비해 정서적 고갈 정도가 심하다고 보고하였다. Jevne와 Williams(1998)는 정신건강전문가들이 모든 측면에서 이전보다 부족하다고 느끼기 시작할 때 소진의 첫 번째 단계에 있을지 모른다고 주장했는데, 가치를 덜 느끼고, 덜 열정적이며, 덜 유능하고, 덜 연결되어 있으며, 덜 이상적이고, 덜 관여하고, 덜 창의적이라고 느끼게 된다.

폭력이나 전쟁, 자연재해로 외상을 경험한 사람들과 위기 상황에서 정기적으로 일하고 있는 전문가들은 그들 스스로 외상을 경험하는 경우가 종종 있다. 이들은 본인들이 다루고 있는 외상후 스트레스 증상 자체를 경험할 수 있는데, 문헌에서는 이러한 현상을 공감 피로(compassion fatigue), 대리외상(vicarious traumatization), 또는 이차 외상후스트레스장애(secondary post-traumatic stress disorder)라고 부른다(Figley, 1995; McCann & Pearlman, 1990). 2001년에 발생한 9·11 테러나 2011년 코네티컷에서 발생한 총기난사 사건과 같은 위기 상황에서, 희생자들을 조력하는 사람들을 위해 상담 지원서비스를 제공하는 것은 위기개입에서 필수적인 요소로 인식되고 있다(정신건강전문가들이 9·11 사태에 대응한 이후 이것이 그들에게 미친 외상과 같은 영향에 대해서는 Creamer와 Liddle(2005)을 참조할 것). 외상 생존자들을 만나는 임상가들 역시 높은 수준의 외상 증상을 경험한다는 것은 놀라운 사실이 아니다(Brady, Guy, Poelstra, & Brokaw, 1997; Trippany, Wilcoxon, & Satcher, 2003). VandeCreek와 Jackson(2000)에 따르면, 공감피로의 주요 증상은 철수와 타인으로부터의 고립, 부적절한 정서, 즐거움의 상실, 내담자와의 경계 상실, 압도당하고 압력을 받는 느낌을 포함한다. McLean, Wade와 Encel(2003)의 연구에 따르면, 상담사들의 특정한 믿음이 소진 및 이차 외상과 관련이 있는 것처럼 보인다. 이들의 연구에 따르면, 내담자에 대해 책임감이 강하고, 강한 감정을 회피하려 하고, 선호하는 임상 모델을 완고하게 고수하거나, 자신이 변화의 대리인이라는 입장을 강하게 고수할수록 이러한 문제가 발생할 가능성이 크다. Thompson, Amatea와 Thompson(2014)은 지지적인 작업환경이 외상을 다루는 정신건강전문가들의 공감피로를 줄인다는 것을 확인하였는데, 그나마 긍정적인 소식이라 할 수 있다.

상담사와 심리치료사들은 사생활에서도 정서적인 도전을 감당해야 한다. 일과 가정에서의 책임을 동시에 짊어져야 하고, 관계, 시민으로서의 의무를 동시에 수행해야 하며, 가끔은 예상치 못한 문제들에 치이기도 한다. 그런 문제가 일시적인 것이라면, 휴식의 시간을 갖거나 책임을 재배치하고, 동료나 사랑하는 사람으로부터 지지를 얻는 등 일상적인 대처기법들이 유능한 수행을 방해하지 못하게 한다(Coster & Schwebel, 1997). 그러나 어떤 경우는 이런 방법들이 통하지 않는데, 일 자체가 힘들어진다. Pope 등(1987)은 심리학자의 62%가 스트레스에 압도당했을 때에도 일을 한다고 보고했고, 이들 중 대부분(85%)은 그렇게 하는 것이 비윤리적이라는 것을 알고 있었다. 다른 연구에서 Guy, Poelstra와 Stark(1989)는 비록 연구에 참여한 정신건강 실무자의 5%만이 자신이 제공한 서비스가 무능하다고 인정했지만, 1/3 이상은 힘들 때 표준 이하의 서비스를 제공했음을 인정했다. 2009년 설문 조사에서 심리학자의 49-60%가 소진, 불안 또는 우울로 인해 전문적인 일이 적어도 경미하게 방해받은 경험이 있다고 보고했다(APA, 2010d). 상담과 심리학 훈련생들 또한 상당한 정도의 어려움을 경험하는데, 그들이 경험하는 고통은 종종 역량의 문제로 이어진다(Gizara & Forrest, 2004; Gaubatz & Vera, 2006; Huprich & Rudd, 2004). 심리학 수련생들 또한 전문적 역량에 문제가 있는 동료 학생들을 알고 있었다. Shen-Miller 등(2011)에 따르면, 44%의 학생들이 그런 문제를 가지고 있는 수련생들을 알고 있었다. 불행하게도, 현재 면허를 갖고 실무를 하고 있는 상담사들의 고통이나 장애 발생에 대한 자료는 거의 존재하지 않는다(Stadler, Willing, Eberhage, & Ward, 1988).

정신건강전문가들 또한 약물남용이나 다른 심리적 장애에서 예외가 아니다. Thoreson, Miller와 Krauskoph(1989)의 연구에 따르면, 설문에 참여한 심리학자의 9%가 음주 문제를 보고하였고, 20%의 상담심리학자들이 매일 또는 거의 매일 술을 마신다고 보고하였다(Good, Thoreson, & Shaughnessy, 1995). 약물남용은 의사들의 경우 가장 빈번한 손상의 원인으로 알려져 있다(Bissell & Haberman, 1984). 다른 치료사뿐 아니라 석사 수준의 상담사들을 조사한 흔치 않은 연구에서, Deutsch(1985)는 표본의 10%가 약물남용 문제를 가지고 있다고 보고했다. 우울이나 다른 정서적인 문제의 발생 빈도는 일반 대중들의 그것과 다르지 않아 보이는데, 약 10%의 심리학자들이 우울을 보고하였다(Gilroy, Carroll, & Murra, 2002; Thoreson et al., 1989). 비록 몇몇 설문 조사에서는 더 높은 비율의 우울증상이 보고되었지만(Herrington, 1979) 15%의 정신과의사들이 정서적인 문제를 가지고 있다는 증거가 제시되었다(이 문제에 대해서는 Kleespies et al.(2011)을 참조). 수련생이 정서적인 어려움을 경험해서 학업 및 상담에 방해를 받을 때, 교수들은 적응 장애, 음주 문제, 불안이나 우울 증상, 또는 성격 장애가 가장 빈번하게 발견되는 문제라고 보고했다(Huprich & Rudd, 2004).

친밀한 관계에서의 불만족 또한 임상실무자들 사이에서 흔히 보고되는 고통의 원천이다(Deutsch, 1984; Sherman & Thenlen, 1998). Guy 등(1989)은 이 문제가 심리학자들 사이에서 두 번째로 많이 발견되는 문제라고 보고했다. Sherman과 Thelen (1998)은 질환과 상해, 일과 관련된 문제, 예를 들어 내담자가 제기한 소송이나 보험회사의 요구, 시간 압박을 어려움의 목록에 포함시켰다.

이렇듯 전문적인 실무에서도 스트레스를 경험한다는 소식을 접하게 되지만, 상담사가 이러한 문제를 경험하는 것이 반드시 운명이라고 말하는 것은 아니다. 실무자들이 진로를 유지하기 위한 (career-sustaining) 행동에 관여하고 개인적인 정서적 안녕에 헌신할 때 소진이나 이차외상에 덜 취약하다는 증거가 존재한다(Rupert & Kent, 2007). 상담사는 스스로를 감독하고, 내담자에게 무능한 서비스를 제공하지 않도록 행동을 취할 수 있다. Orlinsky와 동료들(1999)이 수행한 국제적인 연구에 따르면, 60%의 심리학자들은 그들이 하고 있는 일의 전반적인 특징을 치유적 관여(healing involvement)라고 간주하는데, 스트레스를 느끼는 관여라고 생각하지 않는다고 보고하였다. 더욱이, 그들의 행위를 비관여 또는 고통이라고 표현하는 사람들은 지구상에서 매우 적고, 따라서 지금까지 설명한 많은 도전에도 불구하고 직업생활 전체에 걸쳐 공감하고 헌신하며 열정적으로 내담자와 상담하는 것이 가능하다고 주장했다. 필요한 것은, 자기인식과 학습에 대한 개방적 태도, 지지와 자문을 구하려는 의향이다(Skovholt & Starkey, 2010). Wise, Hersh와 Gibson(2012)은 자기관리에 대한 훨씬 더 포괄적인 모델을 제안했는데, 네 가지 원칙에 초점을 두고 있다. 즉, 성장하는 것을 강조하고, 의

도적으로 행동하며, 자신과 타인을 돌보는 것이 서로 영향을 주고받음을 이해하고, 의도적으로 자신을 관리하는 전략을 직업적인 활동과 사적인 활동에 포함시키는 것을 포함한다(p. 487). 이 모델에서는 자기관리가 단지 소진을 피하는 문제가 아니라고 강조한다. 이미 언급한 것처럼, 그것은 윤리적인 의무다. 또한 Thompson 등(2014)은 공감 만족(compassion satisfaction)이라는 용어를 제안했는데, 내담자를 돕고 그들이 고통과 외상으로부터 회복되는 것을 목격함으로써 만족감을 경험하는 것을 의미한다. 또한 이 저자들은 내담자의 긍정적인 변화에서 자신의 역할을 찾는 상담사들에게서 공감 만족이 더 많이 발생한다고 주장했다.

윤리강령에서는 고통과 기능 장애를 직접 언급하고 있는데, 임상실무자가 자신의 스트레스를 감독할 책임이 있음을 언급하고 있다. APA 강령에서는 개인적인 문제가 직업적인 실무에 부정적인 영향을 미칠 가능성이 있다고 인식될 때 직업적인 활동을 제한할 것을 요구하고 있다(Standard 2.06). 자기감독과 관련해서 ACA 강령에 표현된 용어는 Section C.2.g에 제시되어 있다.

따라서 전문가는 필요할 경우 실무를 조정하거나 잠시 그만둠으로써 내담자에게 해를 끼치는 것을 미연에 방지해야 한다. 두 강령에서는 실무자들이 이전 수준의 직업적 기능을 회복하기 위해서는 상담과 심리치료, 또는 다른 활동에 관여해야 한다고 말하고 있다. 강령에 제시된 진술문 기저에는 무해성의 원칙이 자리하고 있다. Philips(2011)는 대부분의 정신건강전문가들이 자신의 경력에서 적어도 한 번 이상 상담을 받는데, 자기관리를 위해 이 기준을 따르는 것이 보편적인 것은 아니라고 말했다. Bearse, McMinn, Seegobin과 Free(2013)에 따르면, 심리학자들이 심리치료를 받는 것을 방해하는 수많은 장애물들이 존재한다. 여기에는 적합한 상담사를 찾는 것이 힘들고, 시간 또는 돈이 부족하거나, 자신이 안정적이지 않게 보일 수 있고, 개인적인 문제를 인정하는 것이 힘들어서 심리치료를 받는 것을 어려워한다.

고통과 정서적 고갈로 인해 내담자가 해를 입지 않게 하기

상담사와 심리치료사는 자신의 정서적 상태와 스트레스 수준을 점검해야 할 뿐 아니라 일 수행을 방해하는 고통을 미연에 방지하기 위해 추가적인 행동을 취할 수 있어야 한다(Baker, 2003; Barnett, Baker, Elman, & Schoener, 2007; Brems, 2000; Brems & Johnson, 2009; Norcross, 2000; Skovholt, 2001; Smith & Moss, 2009; Trippany, Kress, & Wilcoxon, 2004; Wise, Hersh, & Gibson, 2012).

1. 정신건강 실무에 포함된 위험을 인지하고 이 일이 가져오는 보상을 축복해야 한다. 예산삭감이나 공감하지 못하는 관리자처럼 외부로부터 오는 스트레스에 직면했을 때, 임상가는 내담자에게 해를 끼치는 구조적인 변화에 맞서 싸울 수 있도록 학제간(cross-disciplinary) 방식으로 일하고 동료들로부터 지지를 구하는 것이 필요하다. 고립될 경우 역량이 침해받을 위험성은 증가한다. 한편, 전문가들은 자신의 직업이 안녕감이나 정신건강에 매우 긍정적인 영향을 미친다고 일관되게 보고한다(Radeke & Mahoney, 2000). 많은 이들이 성장한다. 이들은 자신이 하는 일 때문에 더 지혜로워지고, 더 많이 알게 되며, 인생을 더 즐길 수 있게 되었다고 믿는다. 일에서 스트레스를 경험할 때, 임상가들은 일이 가져다주는 덜 가시적인 혜택에 초점을 맞출 필요가 있다. Stevanovic와 Rupert(2004), Lawson과 Myers(2011)는 일과 사생활 사이에서 균형을 이루면서 경력을 유지할 수 있는 행동에 관해 이야기했다. 이러한 행동에는 관계를 위한 시간을 찾거나, 일 이외의 활동을 통해 뭔가를 만들어내는 시간을 찾는 것 등이 포함되는데, 이로 인해 일에서 얻는 즐거움은 증가하고 스트레스의 부정적인 영향은 줄어드는 것처럼 보인다. Wise 등(2012)은 마음챙김(mindfulness)을 강조했고, Johnson, Barnett, Elman, Forrest와 Kaslow(2012)는 실무자들의 지지체계가 갖는 역할을 강조했다. Brems(2009)는 자살충동을 느끼거나 폭력적인 내담자들이 상담 장면에 가져오는 스트레스를 어떻게 관리할 수 있는지에 대해 논했다.

2. 얼마나 많은 도움을 인간답게 줄 수 있을지에 관해 명확한 한계를 정해야 한다. 정신건강전문가들은 잘못된 선의 때문에 종종 과하게 약속하고 지나치게 헌신한다. 이러한 경향은 임상가들을 이 직업으로 이끌었던 그들의 성격적 특성과 연관된다. 이러한 성격특성에는 도움이 필요한 사람들을 공감하는 뛰어난 능력, 과제에 대한 완벽주의적 성향, 타인들의 좋은 평가에 걸맞게 더 많이 하게 만드는 자기회의 등이 포함된다. 하지만 주의를 기울이지 않을 경우엔 바닥이 드러날 때까지 퍼주려는 성향이 사람을 지치게 만들고, 유능한 일처리를 위해 준비가 안 되게 만들 수 있다.

3. 자기관리와 관련해서 내담자들에게 하는 충고를 당신 역시 활용해야 한다. 상담사들은 자기관리가 중요하다는 사실을 만나는 내담자마다 강조함에도 불구하고 자신을 위한 시간을 갖지 않는다. Brems(2000, 2009)는 자기관리를 두 가지 요소로 구분하였다. 즉, 보수 교육, 자문 및 슈퍼비전, 다른 전문가들과 연계하기, 스트레스 관리 등 전문가로서의 자기관리가 그 하나이고, 건강한 습관, 관계에 관심 갖기, 긴장을 늦추고 자신이 중심이 되어보는 시간 갖기, 자기탐색과 자기인식 등 개인으로서의 자기관리가 나머지 요소이다. Norcross와 Guy(2007), Skovholt(2001)는 임상가들이 자기관리 할 수 있는 훌륭한 방법들을 제시하였다.

4. 취약한 부분을 인식하고 압도될 경우 도움을 요청해야 한다. 일로 인한 스트레스와 삶에서 경험하는 복잡한 일 때문에 종종 정서적인 어려움을 경험하게 된다. 이러한 어려움을 인정하는 것은 약점이 아니라 강점이다. 심리학자들을 위한 자조연계망(self-help network)이 지난 20년 동안 운영되어 왔고(APA, 2009c; Smith & Moss, 2009), 20개 주와 캐나다의 몇몇 지역에서는 동료지원을 위한 공식적인 프로그램이 운영되고 있다(APA, 2003). 흥미로운 점은, 이 숫자가 계

속 줄어들었는데, 그 이유 중 하나는 재정적인 부담과 자발적으로 지원하는 사람들이 부족하기 때문이다. 비록 서비스 활용도가 높지는 않지만, APA 망을 통해 약물이나 알코올 문제를 가지고 있는 심리학자들을 자원해서 도와주려는 동료들을 찾아볼 수 있다(Floyd, Myszka, & Orr, 1999). 일반적으로 주 정부가 운영하는 프로그램에서는 면허위원회로부터 징계를 받은 전문가나 다른 전문가들이 의뢰한 사람들을 재활시키려고 노력한다. APA에서는 동료지원 프로그램을 개발하고 지원을 희망하는 전문 기관을 돕기 위해, 동료지원에 대한 단행본과 도구를 출판했다(APA, Practice Directorate, 2006; APA, 2009b). ACA에서는 2003년에 상담사 손상에 관한 TF를 설치하고 위험요인과 예방 노력에 관한 보고서를 출간하였다(Lawson & Venart, 2003). ACA에 따르면, 미시건, 미네소타, 버지니아 등 세 개 주에 역량의 문제를 가지고 있는 상담사를 위한 종합 프로그램이 존재한다(http://www.counseling.org/wellness_taskforce/tf_resources.htm).

5. 비록 그것이 당신을 압도할 만큼 엄청난 문제가 아니라 하더라도 개인적인 문제를 다루기 위해 상담 또는 심리치료를 받는 것을 고려해야 한다. 실무에 종사하는 임상가들은 종종 한두 회기 정도 상담을 받으면서 자신의 현재 기능수준을 점검하고, 부상하고 있는 문제들을 교정할 수 있다. 지속적으로 상담을 받은 임상가들은 내담자에 대한 공감수준을 유지하고, 내담자의 존엄성과 경계 및 속도를 존중하는 데 있어서, 그리고 좀 더 깊은 수준에서 일할 수 있다는 자신감을 얻는 측면에서 상담이 도움이 되었다고 보고했다(Marcan & Shapiro, 1998; Norcross, 1997). 미국의 몇몇 훈련프로그램과 영국에서는 개인상담을 받는 것이 필수다(Marcan, Stiles, & Smith, 1999; Patrick, 1989).

6. 당신이 제공하는 서비스가 주로 위기개입일 경우 이차 외상후스트레스 증상에 대비하고 지원서비스를 최대한 활용해야 한다. 특히, 상담사들이 이런 형태의 실무를 담당할 때에는 정서적 고립과 사회적 철수를 피하는 것이 중요하다.

7. 실수를 줄이고 서비스의 전반적인 효과를 증진시키기 위해 직장 내 질관리 프로그램을 설치하도록 노력해야 한다. Donohue와 Engle(2013)이 지적한 것처럼, 실무에서 발생하는 많은 실수들은, 개인의 판단착오나 역기능보다는 체제상의 문제나 장벽으로 인해 발생한다. 달리 말하면, 체제상의 문제는 실무자가 유능하지 않은 서비스를 제공하게 하는 무대를 제공한다. 의학 분야에서는 그런 프로그램들이 하나의 규범이 되어가고 있고 있는데, 환자보호 및 부담적정보험법 법령하에 있는 모든 건강관리 프로그램에서 중요하게 다루고 있다.

무능한 실무의 법률적 함의

무능한 상담사와 심리치료사들은 전문학회나 면허위원회의 징계뿐 아니라 소송에 취약하다. 무능한 서비스는 종종 허술한 서비스이고, 정신건강 전문가들은 민사법정에서 태만으로 인해 소송을 당할 수 있다. 종종 과오(malpractice)는 업무상과실과 동의어로 사용되는데, 과오는 "직업인이 범하는 타인에게 해를 끼치는 과실 행위"를 지칭한다(Packman & Harris, 1998, p. 153). 보통 업무상과실은 본의 아니게 저지른 불법행위(unintentional tort)로 인식되는데, 배상을 요청할 수 있는 사람에 대한 상처를 의미한다. 가끔은 불법행위가 고의적이었다고 주장하는 경우가 있다. 일례로, 어떤 내담자가 원치 않는 신체적 접촉이 고의로 이루어졌다고 주장할 때 이러한 일이 발생할 수 있다. 해당 사례와 관련된 사실들이 정신건강전문가에게 불리한 것으로 판단된다면, 소송을 제기한 고소인에게 해가 가해졌다고 판단될 수 있다. 대부분의 직업인들은 소송을 당한다는 생각만으로도 당황스러워한다. 최근 정신건강전문가들에 대한 소송이 증가하고 있다. 언젠가 볼테르가 말한 것처럼, "나는 딱 두 번 무너진 적이 있다. 한번은 내가 소송에서 패했을 때였고, 또 한 번은 소송에서 이겼을 때였다." 그러나 직업인들이 그러한 두려움 때문에 활동에 방해를 받아서는 안 된다. 실제로 무능한 실무를 수행한 사람들조차 민사소송을 당하는 사례는 매우 드물다는 점이 위로가 될 수 있다.

법률소송을 염려하는 책임감 있는 상담사들은 일상에서 범하는 실수와 배상책임을 져야 하는 직무태만을 잘 구분하지 못한다. 업무상 과실소송에서 법원이 원고의 손을 들어주기 위해서는 다음 네 가지 기준이 충족되어야 한다(이와 관련해서는 Bennett 등, 2006을 참조할 것). 첫 번째 기준은, '내담자에 대한 상담사의 의무가 확립되어야 한다'는 것이다. 이러한 의무를 확립하기 위해서는 상담사가 내담자와 직업적인 관계에 있어야 한다. 내담자가 직업적인 관계로 들어서면 내담자는 상담사에게 자신의 고민을 양도하고, 따라서 내담자에 대한 상담사의 의무가 형성된다. 상담사는 버스에서 옆에 앉아 있는 사람이든 사교 모임에서 만난 사람이든 직업적인 의무를 가지고 있지 않다. 더욱이, 어떤 사람이 버스에 동승하고 있는 다른 탑승객들에게 피해를 입혔거나 파티에 참석한 다른 사람들에게 해를 입혔다고 해서 상담사에게 업무상 과실이 있다고 볼 수 없다. 마찬가지로, 5분 정도 전화통화를 한 다음 다른 상담사에게 의뢰하기로 결정한 내담자에 대해 상담사는 직업적인 의무를 가지지 않는다(Smith, Pomerantz, Pettibone, & Segrist, 2012). 논리적으로 그다음 질문은, '의무가 생길 만큼 관계를 형성하려면 얼마만큼의 시간이 필요한가?'이다. 법정에서는 다소 일관되지 않은 판결을 내렸는데, 어떤 지역에서는 한 회기만으로도 충분하다는 판결이 내려졌다.

직무태만의 두 번째 기준은 상담사가 내담자에 대한 의무를 위반해야 한다는 것이다. 구체적으로, 이것은 상담사가 제공한 서비스가 직업에서 용인하는 수준 미만의 것임을 의미한다. 표준적인 서비스란 역량 있는 전문가라면 누구라도 그 상황에서 동일한 수준으로 제공하는 서비스를 의미한다. 그 기준은 가능한 최선의 서비스가 아니라 오히려 적절한 서비스를 의미한다. 공식적으로, 서비스의 기준은 대부분의 경우 지역의 기준을 가지고 판단하지만, 전자 통신이 발달하고 학술적인 문헌들에 쉽게 접근할 수 있는 지금의 현실에서는 표준적인 서비스가 지역을 넘어 일정해지고 있다. 중요한 것은, 이러한 기준을 통해 실수와 과오를 판단할 수 있고, 역량 있게 활동하고 있는 다른 직업인들의 경우에는 범하지 않을 것 같은 오류일 경우에 한해 과실로 인정한다는 것이다. 예를 들어, 어떤 상담사가 자주 자살위협을 하는 내담자에게 화가 나서 자살을 "한 번 보여주든가 아니면 닥쳐!"라고 말했다면, 이 상담사를 무능하다고 판단할 가능성은 매우 높다. 결국 내담자는 그날 수면제를 과다 복용한 후 병원에 실려 갔다. 만일 이 상담사에게 소송을 제기한다면, 관건은 상담사가 제안한 것이 오류였는지, 그러한 오류가 다른 역량 있는 상담사라도 같은 상황에서 할 수 있는 것인지 판단하는 것이다. 이 질문에 답하기 위해 변호사들은 관련 상담 문헌들을 찾아보고 자살 전문가를 수소문할 것이다. 만일 오류와 기준 이하의 실무를 수행했다는 증거가 모두 존재한다면, 이 상담사의 행동은 과실에 대한 두 번째 기준을 충족하게 된다. 그러나 나머지 두 기준 역시 충족해야만 소송에서 이길 수 있다.

세 번째 기준을 충족시키기 위해서는 내담자에게 상해나 손상이 가해졌다는 것을 입증해야 한다. 상담사의 실수는 그것이 아무리 잘못된 것이건 아니면 상담사가 무능하건 어떤 종류의 상해가 발생하지 않는다면 법적으로는 의미가 없다(그런데, 이 기준을 윤리적인 제소에 적용할 필요는 없다). 이전 단락에서 제시한 자살성향이 높은 내담자가 만일 상담사의 충고를 무시하고 좀 더 유능한 다른 상담사에게 즉각적으로 도움을 요청했다면, 이 내담자는 상해를 입증하기 어려울 수 있다(상해를 입지 않았기 때문에). 무책임하게 저지른 큰 실책조차 내담자에게 부정적인 영향을 미쳤다는 증거가 없다면 법률적인 배상을 초래하지 않는다.

마지막으로, 내담자에게 상해 또는 손상이 발생했다면, 그 피해는 상담사의 실수 때문에 발생한 것이어야 한다. 즉, 법률적인 용어로 상담사는 해당 상해의 직접적인(proximate) 원인이라는 것을 입증해야 한다(Bennett et al., 2006). 만일 그 피해가 상담사의 행위와는 상관없이 내담자에게 발생했다면, 과실은 입증될 수 없다(이 상황에서는 상담사가 소홀하게 행동을 했고 피해를 야기했다는 것이 꽤 분명하다).

요약하면, 직무상과실에 대한 기준이 매우 엄격하기 때문에, 상담사들이 경미하거나 부당한 법률소송의 위험에 노출될 가능성은 매우 적다. 하지만 소송을 예방하는 최선책은, 윤리강령을 따르고, 자신의 역량 범위 내에서 상담 실무를 수행하며, 윤리적 이상에 초점을 맞추는 것이다. 역량의 범위를 넘어서는 상담 실무에 대한 민사소송은 앞으로 10년 이내에 줄어들 것 같지가 않다.

▮ 요약

역량은 지식, 기술, 근면함 세 가지 요소로 구성된다. 역량이란 어떤 직업인이 다른 솜씨 좋은 직업인만큼 효과적으로 그리고 인정받은 기준에 따라 일한다는 것을 의미한다. 역량은 완벽과는 구분되는데, 모든 것에 적용할 수 있는 역량을 달성할 수 없기 때문이다. 오히려 역량은 무능함부터 역량이 뛰어난 것까지 분포한다고 생각해야 한다. 직업인은 늘 더 높은 수준의 역량을 지향해야 한다. 지식과 실무가 계속해서 진화하기 때문에, 역량은 지속적인 교육과 자문을 통해 유지되어야 한다. 그렇지 않다면 역량은 쇠퇴하기 마련이다.

윤리강령에서는 상담사가 내담자에게 해를 끼치지 않으려면 자신의 역량 범위 내에서 실무를 수행하라고 권고한다. 새로운 역량을 개발하려고 할 때 또는 특정 활동이 기존의 기술 범위 내에 있는지 결정할 때, 정신건강전문가들은 해당 영역에서 공식적인 훈련과 슈퍼비전을 받으면서 실무를 수행한 정도를 평가해야만 한다. 공식적인 훈련과 슈퍼비전 경험 모두 역량을 위한 선결 조건이다. 자신이 가진 기술이 특정 내담자의 욕구에 부적절하다고 판단되면 내담자를 역량이 있는 동료에게 의뢰해야 한다. 시골이나 중소도시 그리고 특수 공동체에서 일하는 상담사와 심리치료사들은 내담자를 의뢰할 수 있는 곳이 매우 적고 따라서 일반상담사(generalist)로 활동해야 한다는 부담이 크기 때

문에, 역량의 한계라는 문제에 대해 고민이 깊다. 관건은, 내담자에게 해를 끼칠 위험을 피하면서 내담자를 조력할 수 있는 역량이 상담사에게 존재하느냐. 상담사는 자신의 역량을 평가할 때 발달상의 문제와 문화적인 사안을 고려해야 한다. 왜냐하면 어떤 개입도 모든 연령대에, 모든 문화에서 효과적이라는 증거는 존재하지 않기 때문이다.

때로는 이 직업에서 느끼는 스트레스가 견디기 어려운 지경에 이르게 된다. 이때 역량 있는 수행은 위협을 받고, 이전에 유능했던 상담사는 적절하지 못한 서비스를 제공하게 된다. 윤리강령에서는 스스로를 점검하는 책임이 개인상담사에게 있다고 규정하고 있고, 필요할 경우 내담자에게 해를 끼치는 것을 피하기 위해 하던 일을 중단하거나 제약을 가해야 한다고 명령하고 있다. 직업상의 스트레스로 인해 야기되는 소진과 정서적인 문제, 관계 문제, 또는 약물남용으로 인해 초래되는 심리적 고통은 무능한 서비스를 초래하는 가장 일반적이 요인들이다.

임상가가 자신의 역량을 벗어나서 실무를 수행하거나 또는 무능한 서비스를 제공할 경우, 윤리적인 제소뿐 아니라 민사소송의 대상이 될 수 있다. 아직까지는 소송이 일반적인 현상이 아니고, 부지런한 상담사라면 지나치게 걱정할 필요는 없다. 직업인이 이해해야 할 것은 업무태만은 직업상의 오류와는 다르다는 사실이다. 업무태만에 대한 소송은 (1) 내담자와 입증할만한 직업적인 관계가 형성되었고 (2) 상담사가 직업세계에서 인정하는 기준 이하의 업무를 수행했으며 (3) 내담자가 상해를 입었고 (4) 그 상해가 상담사의 실수로 인해 발생했다는 증거가 있을 경우에만 원고가 이길 수 있다.

❖ 토론 질문

1. 정신건강전문가들 사이에는 면허나 자격증의 가치에 대한 이견이 존재한다. 어떤 사람들은 그러한 자격이 대중을 보호하기보다는 직업인들을 보호한다고 주장한다. 당신의 견해는 어떠한가?

2. 어떤 사람들은 역량 내에서 상담 실무를 수행해야 한다는 윤리 조항이 작은 공동체에서 매우 광범위한 문제를 호소하는 내담자들과 일하고 있는 상담사들에게는 적절하지 않다고 말한다. 즉, 그러한 윤리 조항은 도시 또는 도시외곽에서 일하는 상담실무자들에게 유리한 방식으로 편향되어 있다고 주장한다. 이 주장에 대해 당신의 생각은 어떠한가?

3. 역량 범위 내에서 일해야 한다는 윤리 조항은, 특정 언어 기술 또는 특정 집단에 대한 광범위한 지식 때문에 해당 집단을 조력해야 하는 전문가들에게도 도전이 된다. 이 전문가들은 상담 서비스에 대한 특수 집단의 욕구가 역량에 대한 전통적인 해석보다 우선시되어야 한다고 주장한다. 이러한 관점에 대해 당신의 생각은 어떠한가?

4. 역량을 지식, 기술, 근면성의 조합이라고 생각하는 정신건강전문가들에게 '제3자 지불'은 새로운 딜레마를 제기한다. 당신은 역량과 관련해서 제3자 지불이 어떤 딜레마를 제기한다고 생각하는가?

5. 당신이 광고를 통해 본 워크숍이나 보수 교육 프로그램들은 이 장에서 언급한 기준, 즉 과학적 가치를 판단하는 기준을 얼마나 충족시키는가?

6. 많은 사람들이 정서적인 고통에서 회복한 개인적인 경험 때문에 정신건강전문 분야에 입문한다. 이들은 자신이 그랬던 것처럼, 다른 사람들 또한 온전한 삶을 살 수 있도록 도와주고 싶어한다. 이러한 개인적인 역사로 인해 직업인으로서의 고통이나 역기능에 빠질 위험이 있을까? 그런 개인적인 경험은 이점이 있는가, 아니면 불리하게 작용하는가?

7. 가끔 전문가들은 역량을 벗어나서 실무를 하는 동료를 직면하는 것을 매우 힘들어한다. 이러한 전문가들에게 당신은 어떤 제안을 할 수 있나?

❖ 토론 사례

킴은 이 분야에서 30년 이상의 경험을 가지고 있는 성공한 진로상담사다. 그녀는 '일중독자들'이 일 수행에 부정적인 영향을 미치지 않으면서 좀 더 균형 있는 삶을 사는 법을 알 수 있도록 돕는 것에 특별한 관심을 가지고 있다. 그녀는 일중독자들을 돕기 위한 새로운 상담개입을 개발했는데, 세미나를 개최해서 다른 전문가들에게 자신의 방법을 가르치기 시작했다. 여섯 시간 동안 진행되는 세미나에 등록하기 위해서는 50만 원을 지불해야 한다. 그녀는 이 세미나에서 자신의 접근법을 강의하고, 내담자 역할을 하는 배우와 시연하는 비디오를 보여주고, 세미나에 참여한 사람들에게 역할극을 통해 실제 상담에 적용하는 것처럼 실습하라고 요청한다. 또한 그녀는 추천 도서목록을 배포하고 그 접근이 금기시되는 상황에 대해 미리 주의를 준다. 질의-응답시간이 끝난 다음, 킴은 일중독자들과 성공적으로 일하면 좋겠다는 말을 청중에게 남긴다. 한 달 후, 킴은 치료절차와 관련해서 설문지를 참여자들에게 보내 세미나에 참여한 사람들이 어떤 경험을 했는지 피드백을 구한다. 이 세미나에 참여했던 사람들은 킴이 고안한 개입방법을 실행에 옮길 만큼 역량이 있는가? 킴이 이런 방식으로 세미나를 구조화한 것은 윤리적인가? 킴의 강의를 수강한 상담사의 내담자가 킴과 상담사 모두를 대상으로, 자신의 상담사가 일중독 성향에 대해 무능하고 해로운 처치를 제공했다고 윤리위원회에 제소한다면, 상담사는 이 제소를 이길 가능성이 있는가?

요나는 몇 년 전 범죄 심리학 분야에서 박사학위를 취득했고, 현재는 자신의 직업이 만족스럽지 않아 심리 서비스를 위한 다른 진로를 모색하고 있다. 개인코칭과 경영자코칭에 관한 책을 읽어왔고 이 분야가 자신이 가지고 있는 기술과 더 잘 부합한다고 믿는다. 요나는 범죄 심리학자로서의 훈련과 코칭에 대한 독서가 이 분야에서 실무를 시작하는데 충분하다고 생각한다. 만일 요나가 당신에게 이러한 계획을 이야기한다면, 당신의 윤리적 의무는 무엇인가? 새로운 일을 시작하기 전에 요나가 고려해야 할 윤리적 의무는 무엇인가?

5장

비밀보장

내담자의 존엄과 사생활 권리를 지지하기

본 장은 비밀보장의 범위, 법적·윤리적 차원 간 차이, 상담과 심리치료에서의 비밀보장에 대한 법적 제한, 그리고 전문가가 동료와 상의해야 하는 법적 필요성과 같은 윤리적 의무와 비밀보장의 균형을 맞추어야 할 필요성에 대해 논의한다. 또한 본 장에서는 소수민족, 전염병 혹은 생명을 위협하는 질병을 갖고 있는 내담자와 집단이나 가족치료 영역에서 일할 때, 특별히 고려해야 되는 비밀보장에 대해 알아볼 것이다. 마지막 부분은 의료보장 제도에서의 딜레마, 살인-자살 위기에 있는 내담자, 그리고 정신건강전문가와 대중 사이의 전자매체를 통한 의사소통을 포함한 비밀보장에서의 떠오르는 주제들에 대해 탐색할 것이다.

"비밀을 말해도 될까요?"는 대부분의 사람들이 친구들이나 가족으로부터 받는 질문이다. 질문하는 사람은 사적인 정보를 지켜주길 희망하면서 지지 혹은 조언을 구한다. 만약 비밀을 들은 사람이 비밀을 지킬 것을 약속하지만 그 약속을 지키지 못하면 상대방은 배신감을 느끼게 되고, 관계는 깨지거나 다시 맺어지게 된다.

이러한 경험과 상담실에 들어올 때 내담자가 갖고 있는 기대 사이에는 평행선이 존재한다. 전형적으로 내담자는 그들이 전문가에게 드러내는 사적인 내용들이 그들의 동의 없이 공유되지 않기를 기대한다. 만약 내담자는 그들의 믿음이 깨지게 된다면 배신감을 느낄 것이고, 정신건강전문가에 대한 신뢰는 사라질 것이다. 가장 좋은 상황에 있을 때라도 내담자들은 전문가에게 민감한 정보를 노출하는 것에 대해 갈등하면서도 전문가들의 지지와 방향제시가 필요하다고 느낀다. 반면 그들은 사적인 생각들과 감정에 대해 부정적으로 평가 받을 것을 걱정한다. 결국 내담자와 친구들 모두 비밀을 들어주는 사람이 비밀보장을 중요하게 생각해주고, 그들의 잘못과 실패에 대해 질책하지 않을 거라고 믿을 때 비밀을 드러낸다(Cullari, 2000). 더욱이, 확실한 비밀보장은 스스로 상담을 받기로 결정한 사람들에게 국한되는 것이 아니다. 즉, 상담을 받고자 결정한 성인들과 마찬가지로 자녀가 상담을 받도록 허락한 부모들에게도 중요하다(Jensen, McNamara, & Gustafson, 1991).

물론, 전문적 관계에서의 비밀보장은 친구들의 우정과는 여러 측면에서 다르다. 우선, 거의 모든 정신건강전문가와 내담자의 대화 내용은 그것이 아무리 일상적이라도 비밀이다. 내담자들은 중국음식을 좋아하지 않는다고, 하모니카를 연주할 수 있다고, 혹은 웨이트를 들어 올릴 수 있다고 말할지도 모른다. 이러한 정보들은 매우 사적이거나 당황스럽지 않다. 그리고 아마 비밀보장의 어떠한 기대도 없이 사회적 상황에서 쉽게 공유될 수 있다. 그러나 만약 치료적 관계에서 이러한 의사소통이 일어난다면, 반드시 비밀을 지켜야 한다. 왜 그래야 하는가? Bok(1989)의 제안처럼, 사소한 개방일지라도 비밀을 지켜줌으로써 전문가들은 더 개인적인 내용들도 안전하게 지켜질 거라고 내담자를 안심시킬 수 있다. 결국 상담에서 내담자가 이야기하는 내용들은 민감한 정보이고, 아무에게도, 심지어 매우 가까운 친구 혹은 배우자에게도 접근이 허용되지 않는 것이다. 예를 들어 한 대학생이 다른 사람에게 이야기하기 전 상담사에게 처음으로 코카인을 남용하고 있음을 인정하거나 혹은 전문 댄서가 몸무게를 조절하기 위해 구토를 일삼아서 하고 있음을 인정할 수 있다.

우정 관계와 전문적 관계의 비밀보장에 있어 그다음 차이점은 치료에 대한 내담자의 가정과 관련되어 있다. 내담자들은 보통 그들이 정신건강전문가들을 믿을 수 있다고 가정한다. 그래서 그들은 비밀보장을 확인하는 과정을 빠뜨릴 수 있다. 사실, 연구자들은 대부분의 내담자들이 상담에서 이야기하는 것에 대해 엄격하게 비밀이 보장될 거라고 기대하고 있다고 보고한다(Miller & Thelen, 1986; VandeCreek, Miars, & Herzog, 1987). 이러한 생각은 비밀보장이 위반되었을 때 내담자들이 느끼는 배신감을 한껏 높여준다. 물론, 모든 내담자들이 상담사들이 믿을만하다고 가정하는 것은 아니지만 대부분은 믿는다. 만약 전문가들이 비밀보장과 그 한계에 관한 고지된 동의 과정을 수행하지 않는 한, 내담자들은 치료의 절대적인 비밀보장에 관한 이러한 오해를 유지하려는 경향이 있다. 네 번째 다른 점은 비밀보장을 위반한 경우의 결과에서의 차이에 관한 것이다. 만약 친구가 비밀보장을 어긴다면, 그들의 주요 위기는 우정관계에서의 파멸이다. 만약 전문가가 비밀보장을 위반한다면, 개인의 명성, 직업, 그리고 자격증은 위태로운 상태에 놓이게 되고, 계약의 위반 혹은 과실에 대한 민사소송에서도 취약할 수 있다.

마지막 차이는 비밀보장의 영역에 있다. 상담에서의 비밀보장은 전문가와 내담자 사이의 말뿐 아니라 관련된 모든 기록들, 그리고 내담자의 신분을 포함한다. 전문가는 동의 없이 내담자의 이름을 노출해서는 안 된다.학자들은 이를 가리켜 접촉비밀보장(Contact Confidentiality)(Wheeler & Bertram, 2012)라고 부른다. 정신건강전 문가들은 내담자의 말이 밖으로 새어 나가지 않는 치료적 환경을 제공하도록 기대된다. 그리고 그들의 기록이 허락 되지 않은 사람들로부터 기록이 비밀로 유지되도록, 그리고 상담실에서의 그들의 존재가 비밀로 유지되도록 기대된 다.

더욱이, 내담자의 죽음이 비밀보장이라는 윤리적 의무로부터 자동적으로 벗어나도록 해서는 안 된다. 악명 높은 하 나의 예로, 니콜 브라운 심슨(O. J. Simpson의 전처) 살인사건 이후 일어난 위반을 들 수 있다. 수잔 포워드는 그녀의 심리치료사였는데, 그녀가 과거 치료 중에 공개했던 문제들을 언론에서 이야기하였다. 이러한 허가 받지 못 한 자기개방으로 인해, 캘리포니아 행동과학위원회(Board of Behavioral Science Examiners of California)는 포워드씨를 징계 조치하였다(Simpson case, 1994). 유사하게, 자살한 미국 시인 앤 색스톤 을 상담한 마틴 오언은 색스톤의 전기 작가에게 치료 회기 중 녹음된 수백 개의 테이프를 건네주었는데, 세인들의 큰 비판을 받았다. 많은 사람들은 이를 색스톤에 대한 배신이라고 불렀다(Burke, 1995). 오언이 색스톤의 법정 대리인으로부터 허가를 받아 수행한 일이므로 법을 어긴 것은 아니지만, 많은 전문가들은 이전 내담자에 대한 비밀 보장의 윤리적 의무가 때로는 다음 내담자의 권리에 우선하여 적용되어야 한다고 믿는다. 또한 내담자가 사망했거 나 상담이 종결되고 수년이 지난 후 녹음테이프를 보관하는 윤리적 문제가 있다. 현재는 전문가가 판단하기에 기록 을 방출하는 것이 사망한 내담자의 바람이나 최선의 이익에 일치하지 않는다는 합리적인 믿음이 있을 경우에는 비 밀 보관된 기록들이 심지어는 법정 대리인에게도 방출되지 않도록 하고 있다(Werth, Burke, & Bardash, 2002). 물론, 만약 전문가가 법정으로부터 방출 명령을 받은 경우, 이 명령을 따르거나 상급 법원에 항소하는 것 은 허용된다.

간단하게 정리하면, 비록 상담에서 비밀보장이 사회적 관계에서의 비밀보장과 같은 기초하에 세워졌다고 하더라도, 정신건강전문가에게는 독특한 의무가 존재한다. Driscoll(1992)은 이를 전문가의 비밀보장에 대한 의무인 "sacred covenant(신성한 서약)"이라고 부른다. 연구들은 상담사들이 직면하는 매일 매일의 윤리적 쟁점 이라는 측면에서 비밀보장의 중요성을 강조한다. 예를 들어, 조사에 의하면, 전 세계 9개 나라의 심리학자들이 비 밀보장에 관한 쟁점을 가장 빈번하게 딜레마라고 명명하였다(Pettifor, 2004; Pope & Vetter, 1992). 대 부분 이러한 딜레마들은 비밀보장과 아동 학대 보고 사이에서 내담자가 다른 사람을 위험에 빠뜨릴 때에도 비밀을 보장하고자 하는 것을 포함한다. 그리고 내담자가 생명을 위협하는 전염병에 걸렸을 경우를 포함한다. 대학 상담사 에 관한 두 개의 선행 연구에서 같은 양상이 보고되었다(Hayman & Covert, 1986; Mally, Gallagher, & Brown, 1992). 최근, 비밀보장과 관련한 불만은 심리 분야 조사위원회에 네 번째로 빈번하게 제기되는 주제이

▌비밀보장에 담겨있는 윤리 원칙과 미덕

비밀보장의 중요성은 자율성, 충실함, 그리고 선행, 무해성이라는 윤리적 원칙으로부터 우선적으로 생겨난다. 자율성의 존중은 각 사람들이 개인 정보에 접근할 수 있도록 한다는 것이다. Newton (1989)은 사생활 존중이 개성(individuality)과 자기성(selfhood)의 주요 요소라고 주장했다. 만약 개인이 누가 자신의 비밀을 알지를 결정할 힘을 잃는다면, 여러 측면에서 진정한 자기가 남아있지 않을 것이다. 비밀보장의 위배는 기본적으로 인간의 존엄성을 실천하지 않는 것이다. 비밀보장은 충실함의 원리에 근거한다. 왜냐하면 상담사는 내담자가 드러낸 것들을 공개하지 않겠다고 함축적으로 혹은 명백하게 약속했기 때문이다.

선행과 무해성의 원칙은 비밀보장이 지켜지지 않을 때 함께 작동한다. 왜냐하면 내담자는 상담사에 대한 신뢰를 잃게 되면 상담으로부터 이득을 얻을 수 없기 때문이다. 비밀보장의 침해는 또한 내담자를 심리적, 신체적 위험에 빠뜨릴 수 있다. 예를 들어, 성적 지향이 공개된 내담자가 배신당함으로써 그는 가족들로부터 외면당할 수 있고, 동성애자들에 대한 공격의 희생자가 될 수 있으며, 직업 현장에서도 차별받을 수 있다. 이보다 덜 한 경우, 정신건강전문가와 함께 나눈 당황스러웠던 일화가 사교 모임에서 반복되는 경우, 내담자는 존엄성이 무너지는 느낌을 받을 수 있고, 정서적 안정을 뒷받침해주었던 임상적인 혹은 사회적인 지지 체계들이 무너질 수도 있다. 더욱이, 비밀보장의 위반은 직업세계에 대한 공공의 신뢰를 손상시킬 수 있고, 정신건강전문가를 불신하는 사람들을 돕는 능력이 약화될 수 있다. Bok(1989)은 이를 상담의 유용성에 대한 위협이라고 언급했다.

미덕의 관점에서, 전문가들이 비밀보장을 준수할 때, 그들은 절개, 신뢰, 그리고 존중의 가치를 증명할 수 있다. 열성적으로 내담자의 사생활을 보호하는 것은 내담자가 치료에 들어오는 용기에 대한 진정한 동정심을 의미하고, 신뢰의 위반이 가져올 고통에 대한 진정한 동정심을 의미한다. 비밀보장을 존중한다는 것은 정확하게는 절개를 요구한다. 왜냐하면 경험을 공유하길 원하는 인간의 성향은 정신건강전문가들이 단순히 자격증이 있다고 그들을 비켜가지 않고, 초심자나 전문가 모두 일하면서 발생된 중요하고도 어려운 이슈들에 대해 토론하고자 하는 열망을 비켜가지 않는다. 마크 트웨인이 말한 것을 기억하라: "세 사람은 그중 두 사람이 죽었을 때에만 비밀을 지킬 수 있다"

▌비밀보장에 관한 윤리강령

ACA와 APA의 윤리강령들은 전문가적 행동의 토대를 강조하는 비밀보장에 대해 광범위하게 언급하고 있다. 사적 영역과 비밀보장(B절)에 관한 ACA의 윤리강령은 가장 길다. 본 장을 계속하기 전 부록 A와 부록 B를 읽어보라.

▌비밀보장과 다른 정신건강전문가들과의 의사소통

APA와 ACA의 윤리강령들은 사례 지도를 받기 위해 사례 관련 정보를 공유하는 것을 허락한다. 이는 다른 전문가들이 비밀보장의 필요성을 이해하고 있고, 내담자들이 개방한 정보가 비밀로 유지된다는 의무가 준수된다는 것을 전제로 하는 것이다. 그러나 가능하면 내담자 정보가 누설되지 않고 전문가들과의 상담이 진행되어야 한다. 이러한 과정은 특별히 내담자 정보의 우연한 노출이 상담사들 사이에 꽤 자주 일어난다는 것을 알게 되는 경우, 내담자 비밀보장에 대한 불필요한 위협을 피할 수 있도록 한다(Pop & Vetter, 1992). 일상적으로 모든 사례들이 함께 일하는 팀에서 논의되는 경우, 윤리강령은 내담자가 자신의 사례가 팀에서 공유될 수 있다는 사실을 알도록 하고, 내담자로부터 이에 대한 동의를 구할 것을 권유한다(ACA 윤리강령 B.3.b와 APA 윤리강령 4.06 참고). 자신의 치료팀이 최선을 다한다고 믿는 내담자들은 보통은 이러한 규정에 동의한다.

전문적 치료의 도움을 극대화하기 위한 자문은 내담자 정보에 대해 상담 이후 이야기 나누는 것과는 구분되어야 한다. 보통 전문가들은 동료들과 일하면서 일어난 일들에 대해 나누고 싶어 한다. 자신의 일화를 함께 나눔으로써 스트레스 많았던 하루에 유머를 더할 수도 있고 동료로부터 지지를 얻을 수도 있다. 상담사들은 어떻게 이러한 욕구를 윤리적으로 충족할 수 있을까? 첫 번째 고려할 점은 내담자의 존엄과 복지일 것이다. 동료들과 나누는 비공식적인 정보가 윤리적인지 결정하는 가장 큰 기준은 내담자가 이를 듣는다고 할 때 이러한 이야기를 전문적인 협의로 이해될 것인가이다. 만약 그렇지 않다면, 내담자 정보를 개방하는 것은 유해하다. 두 번째, 비록 특정 내담자의 신분이 드러나지 않는다고 하더라도 내담자는 전문적이지 않은 개방에 대해 수치스러울지도 모르고 앞으로의 회기에서는 개인 정보를 개방하지 않으려 할 것이다. 따라서 내담자의 정보는 공식적인 상담 장면 안에서 공유되어야 하고 모든 공유는 개인의 존엄성을 존중해야 한다. 만약 특정 상황이 이러한 기준에 부합하는지 확실하지 않다면 칸트의 일반화 원칙의 변화를 사용해야 한다(Newton, 1989). 만약 역할이 바뀐다면, 전문가가 내담자의 위치에 있다면, 공유는 필요하고 적절한 것인가? 만약 그렇다면, 개방은 아마 허용될 것이다. 익명으로 내담자의 일화를 공유하는 것이 항상 윤리강령에 위배되는 것이 아니라는 것은 중요하다. 좀 더 정확히 말하면, 이는 바람직한 윤리규정에서 벗어나는

것을 의미하고, 내담자가 우리에게 부여해 준 믿음에 대한 감사의 결여를 의미한다.

14장에서 더 자세히 언급된 대로, 상담사가 자격을 갖추지 않았거나 아직 수련 중에 있을 때, 그의 슈퍼바이저는 해당 회기에서 나온 비밀스러운 정보들에 접근할 권한이 있다. 사실 어떤 상담사는 훈련 중에 슈퍼바이저가 내담자 정보를 공유하고 상담 과정을 아는 것을 원치 않는 내담자를 상담하길 꺼린다. 정신건강전문가가 훈련을 위한, 혹은 자격증 취득을 위한 슈퍼비전을 받을 때마다 훈련 중이라는 점을 내담자에게 상담 초기에 알려주어야 한다(APA 윤리강령 10.01c, ACA 윤리강령 A2.b와 F.1.c를 참고).

학교, 군대, 회사 등에서의 전문가들은 비밀보장의 필요성에 대한 기준에 익숙하지 않거나 둔감한 문화에서 일한다(Lowman, 2006; McCauley, Hughes, & Liebling-Kalifani, 2008; Orme & Doerman, 2001). 교사들, 행정가들, 그리고 다른 학교 구성원들은 종종 학생 정보를 공유하고 상담사도 그렇게 하기를 기대한다(Lazovsky, 2008). 관리자들은 고용자의 수행 정도를 인사과 직원이나 다른 슈퍼바이저들과 토의하는 것에 익숙하다. 그리고 정신건강전문가들이 그렇게 하지 않는 것을 이해하길 꺼린다(Lowman, 2012). 이러한 환경에서 상담사들은 독특한 전문가로서의 책임감에 대해 그들의 동료를 교육시킬 책임이 있고, 가능하다면 행정가들과 협상해야 하며, 내담자의 비밀보장과 팀의 일원으로 인지되는 것을 맞교환하는 유혹에 저항할 필요가 있다.

정신건강전문가들이 그들의 보조원을 고용할 때, 때때로 보조원들은 내담자 정보에 접근할 필요가 있다. 어떤 경우에 사무보조원들은 이에 대해 의사소통 할 수 있는 권한을 갖지 못한다. 그러나 그들의 법적 지위에 상관없이 전문가들은 사무보조원에 의한 비밀보장의 위반에 대해 책임이 있다. 이는 ACA 윤리강령 B.3.a와 APA 윤리강령의 2.05에 간접적으로 명시되어 있다. 또한 Fisher(2012)의 연구에서도 내담자 사생활에 대해 사무보조원들을 감독하는 유용한 제안을 하고 있다. 사생활 관련 규정은 HIPAA(Health Insurance Portability and Accountability,

미국 건강 정보 관련 법률) 하에서 널리 알려졌다. 그리고 HITECH(Health Information Technology for Economic and Clinical Health Act, 미국 보건 정보기술 관련 법률)는 전문가들은 철저히 사무보조원들이 내담자 파일을 어떻게 다루는지 훈련하고 감시하고, 사무보조원들이 내담자 파일에 접근할 수도 있음을 내담자에게 알릴 의무가 있음을 명기하였다 (12장 참조).

▌비밀보장과 내담자의 다른 중요한 사람들과의 소통

상담사들과 심리치료자들은 다른 사람들과 관계를 맺는다. 헌신된 관계에서는 배우자가 자신들의 일상생활에 관해 서로 정보를 공유하는 것이 자연스러운 일이다. 이러한 나눔을 통해 배우자는 지지 받는다고 느끼고 다음 날 새로운 활력을 갖게 된다. 또한 이러한 나눔은 그들 사이 친밀함의 상징이다(Baker & Patterson, 1990). 유사한 의사소통은 가까운 친구관계에서도 일어난다. 그러나 이러한 친밀한 관계에서의 정보 공유는 전문가의 비밀보장 원칙과 상충한다. 어떠한 가족과 친구관계라도 예외는 없다. Baker와 Patterson(1990)은 정신건강전문가들이 그들의 배우자와 내담자 회기에 대한 정보를 자주 공유하면서 비밀보장 규칙을 위반한다고 보고하고 있다. Woody(1999)는 친구, 가족들과 개인적인 내담자의 정보를 공유하는 것을 전문가의 아킬레스건(취약점)이라고 언급하였다. Pope 등(1987)과 Dudley(1988)도 이러한 해석을 지지하였다. Boudreaux(2001)는 상담사들이 중요한 타인과 내담자 정보를 공유한다는 강력한 증거를 제공하였다. Boudreaux는 전국의 심리학자들 중 96%가 그들의 배우자와 내담자 자료를 공유하는 것을 시인했다고 보고하였다. 이 중 70%는 최소한 익명임을 밝혔지만, 이는 30%의 참가자들은 대화에서 내담자의 익명성을 보장할 수 없음을 의미한다. 이러한 연구 결과는 내담자 이름은 거의 공유되지 않지만, 내담자를 알 수 있는 다른 개인 정보는 보다 일상적으로 개방된다는 것을 의미한다. 배우자와 내담자 정보를 나누는 이유에 대해 물었을 때,

심리학자들은 정보를 나눔으로써 스트레스를 해소하고, 내담자를 도우며, 자기 이해를 할 수 있게 된다고 보고하였다. 그들은 이러한 개방이 그들에게 도움을 줄 것으로 믿고 있었다. 한편 내담자 정보를 개방하지 않으려는 전문가들은 비밀을 지키고, 규정을 따르며, 일을 가정과 분리하고자 한다. Woody(1999)는 가족과 친구들이 내담자의 사적 정보를 보호할 의무가 없음을 지적하고 있다. 그리고 이혼 등과 같이 관계가 와해될 경우, 내담자 정보는 상담사와 내담자 모두에게 해가 되는 보복의 수단으로 이용될 수도 있다. 일반적인 상황에서조차도 친구나 배우자는 갑자기 내담자 정보를 공유할 수 있고, 내담자로 알아볼 수 있는 사람을 만날 수도 있다.

가족에 대한 충성심과 전문적 책임 간 갈등을 해결할 수 있는 대안이 있는가? 있다. 가장 좋은 방법은 내담자에 대한 어쩔 수 없는 감정적 반응을 다룰 수 있는 다른 전문가들과 정기적인 슈퍼비전 관계를 형성하는 것이다. 그럼으로써 전문가는 비밀보장에 대한 타협 없이 효과적으로 일을 추진해 갈 수 있다. 어떤 상담사들은 상담에 대한 자신의 감정에 관한 일기를 계속 쓰기도 한다. 이러한 일기는 상담일지가 아닌, 내담자 정보를 밝히는 것을 포함하지 않는 것이고, 하루하루 일과의 전문적 경험에 대한 반영이고 감정의 배출 수단이다. 만약 이러한 일기가 비밀이 유지된다면 이는 필요한 성찰의 기회를 제공해 줄 수 있다. 다음으로 전문가들은 비밀보장에 관한 규정과 이에 관한 윤리적 원리들을 배우자에게 설명해주어야 하고, 집에서 개방할 수 있는 자료의 한계를 명확히 설정해야 한다. 수용 가능한 경계는 상담사가 일에서 경험하는 문제들의 큰 윤곽만을 의논하는 것이다. 전문가들은 일에서의 중요한 부분을 의논함으로써 배우자와 연결되어 있다고 여전히 느낄 수 있다. 이러한 기준은 다음과 같은 말을 가능하게 한다: "나는 내담자가 생명의 위협을 받는 병에 걸렸다는 소식을 들어 슬픕니다. 이는 어려운 상황을 더 힘들게 할 거에요"; 그러나 다음과 같은 말은 문제가 있다: "나는 두 어린 자녀가 있는, HIV 감염 치

료가 잘 되지 않은 35세 여성과 같이 일하고 있습니다. 그녀는 식당일을 그만두어야 할지도 모릅니다; 그녀는 건강 보험이 없습니다; 그리고 변호사인 그녀의 전남편은 자녀 양육비를 잊어버리고, 자녀를 돌보는데 헌신하지 않습니다."(주의: 첫 번째 예는 나이, 직업, 성, 그리고 자녀의 문제와 관련된 개인적 경험을 생략하였다) 전문가의 규정을 미리 알고 있는 배우자나 가까운 친구는 내담자의 반응을 더 많이 이해할 것이다. 그리고 더 많은 자기개방 없이도 지지를 제공할 것이다. 어떤 경우에서도 비밀보장을 유지하려는 짐은 항상 전문가에게 있다.

내담자의 정보를 저장하거나 내담자와 소통하고, 내담자 기록을 집으로 가져오기 위해 스마트폰, 팩스, 컴퓨터, 태블릿 혹은 노트북을 이용하는 정신건강전문가들은 가족에게 내담자 비밀보장을 위반하기 쉽다. 이러한 상황에서 위반을 피하기 위해서는 내담자 자료를 노트북에 저장한 경우 안전한 상담실에서 떠나있는 동안 특별히 더 잘 관리해야 한다.

▌비밀보장과 특권적 의사소통 (privileged communication)

비밀보장과 특권적 의사소통이라는 용어는 종종 정신건강전문가들로부터 잘못 이해된다(Shuman & Foote, 1999). 이 용어는 상호교환적으로 사용되지만, 의미에 있어 중요한 차이가 있다. 비밀보장은 내담자 정체성과 자기개방을 비밀로 지켜주는 윤리적 의무, 그리고 내담자로부터 의뢰된 관계라는 법적 의무를 가리킨다. 비밀보장은 우선 윤리규정에 근거한 도덕적 의무이고 전문가가 길러야 하는 미덕이다. 법적 용어인 "특권적 의사소통"은 정신건강전문가들이 비밀적인 전문 관계에서 개방된 내담자 자료를 드러내도록 법원이 강요하지 못하게 막는 권리를 의미한다(Younggren & Harris, 2008). 비밀보장이라는 용어는 정신건강전문가가 부적절하게 자료를 공개하는 것을 예방하는 반면, '특권'이라는 용어는 법적인 조치에서 비자발적인 자기개방을 금지하기 위한 규칙을 의미한다(Roback, Ochoa,

Bloch, & Purdon, 1992). 다른 말로 비밀보장은 내담자가 공개하고 싶어 할지라도 전문가가 내담자 자료를 밝히지 않도록 하고, 특권적 권한은 법률 당국이 공개하도록 부적절하게 강요하는 상황에서부터 내담자 자료를 보호하는 것이다. 정식으로 권한을 부여한 특권은 법으로 제정된다. 보편적인 법은 시민들이 법원에서 증언을 하도록 요구하기 때문에 법령에 따라 예외를 설정해야 한다(Knapp & VandeCreek, 1986). 연방 법원은 주 법원과 다른 방식으로 특권을 해석할 수 있다. 재판을 준비하기 위해 관련 증거를 확인하는 과정에서 변호사들은 자신의 소송을 뒷받침하는 정보를 찾아내기 위한 과정을 거친다. 이 과정에서 얻은 자료는 일반적으로 법원에 오기 전에 양측 모두에게 제공된다.

특권은 전문가의 것이 아니라 내담자의 것임을 강조하는 것이 중요하다. 법원에 상담이나 심리치료 정보를 공개하는 것을 거부하는 것은 내담자의 권리이다. 따라서 전문가는 내담자를 대신하여 특권을 주장하고, 만약 공개하고 싶다고 하더라도 특권적인 내담자 정보를 공개할 선택권이 없다. 모든 50개 주의 법에는 비록 주에 따라 무엇이 특권이고 특권이 아닌지에 대한 정의가 매우 다르다 할지라도 내담자-상담사의 특권에 관한 내용이 포함되어 있다(Younggren & Harris, 2008). 또한, 내담자가 특권을 주장할 수 있는 정신건강 분야는 주마다 매우 다양하다. 정신과 의사와 심리학자의 내담자는 일상적으로 포함된다. 면허가 있는 사회복지사와 상담사도 자주 포함된다. Glosoff, Herlihy, 그리고 Spence(2000)는 면허를 가진 상담사가 44개 주의 특권적 의사소통 법령(communication stat-utes)에 포함되어 있음을 발견했다. 16개 주에서는 학교상담사의 내담자들도 특권적 의사소통 법령의 적용을 받으며 때로는 정신건강전문가의 보조 교사와 사무보조원에게도 권한이 주어진다(Fischer & Sorenson, 1996, Stone, 2009).

소환장 및 법원 명령

법원의 판사는 세 가지 방법으로 내담자 정보를 요구할 수 있다. 첫째로, 그들은 소환장을 발부하여서, 증언하기 위해서 법원에 출두하게 할 수 있다. 둘째, 관련 서류를 가지고 법원에 출두하도록 소환장을 발행할 수 있다. 소환장은 보통, 법원 서기가 정보 요구에 대한 법적인 문제를 검토하지 않고 변호사의 요청으로 발행된다. 마지막으로, 법원은 정신건강전문가가 문서나 증언 또는 둘 모두를 제공하도록 법원 명령을 내릴 수 있다. 요양 기관과는 달리 법원 명령은 정보 요구가 갖는 장점을 법적으로 평가한 판사가 발행하며, 법원 명령은 시행 법률에 맞게 집행되어야 한다. 비밀 정보 규정이 시행되는 주에서는, 상담사, 사회복지사 및 심리학자가 변호사에 의해 소환되더라도, 내담자의 동의가 있지 않으면 내담자 관련 정보를 공개하지 않아도 된다. 그러나 이것이 정신건강전문가가 소환장을 무시할 수 있음을 의미하지는 않는다. 대신에 그들은 변호사의 도움을 받아서, 법적, 윤리적으로 비밀 정보 규정을 준수해야 하는 사실을 판사에게 고지하고, 판사의 추가적인 지시에 따라서 법이 허용하는 범위 내에서 정보를 공개할 수 있다. 이러한 문제를 해결하기 위해, 판사는 일반적으로 청문회를 열고 사안별로 어느 정도 정보 공개가 필요한지를 정한다. 판사는 또한 쟁점이 되는 자료를 열람하거나 논쟁 중인 증거에 대해 전문가와 의논할 수 있다. 이를 비공개 사적 심리(in-camera review)라고 하며, 소송에서 법률적 권한이 잘 지켜지도록 하는 것이 목적이기 때문에, 비공개 사적 심리에서 전문가는 비밀 정보를 판사에게 공개할 수 있다. 또한, 판사는 비공개 사적 심리에서 얻은 사생활 정보를 보호해야 할 의무가 있다(Filaccio, 2005). 그 특권이 적용되지 않는다고 판단되면, 판사는 전문가에게 변호사의 요청에 따르도록 명령한다. 그럴 경우에 전문가는 상담 과정에서 얻은 기록을 제출하거나 증언하여야 한다. 판사의 특권에 관한 판결을 일차적으로 알아보지 않고 기록 제출 및 증언을 포기한 상담사는 법적 및 윤리적 기준을 모두 위반할 위험이 있다.

Huber와 Baruth(1987)는 소환에 관해 중요한 점을 제기한다: "소환장은 정보 공개 여부에 대해서 결론을 내린 것이 아니라 공식적인 시작으로

간주되어야 한다"(p. 20). 자신의 내담자 정보를 보호할 수 있는 특권을 부여받은 주에서 진료하는 정신건강전문가는 내담자의 동의를 구하거나 또는 비밀 보호 특권을 주장하지 않고, 치료 정보를 법원에 공개하는 경우에 민사법적인 조치를 당할 위험이 있다. 이런 경우에, 내담자는 부당하게 비밀 보장을 어김으로써 신의 의무를 깨뜨렸다고 전문가를 고소할 수 있다. 하지만, 법원이 내담자에 대한 정보를 비밀로 인정하지 않으면, 전문가는 법적으로나 윤리적으로 보호받는다. 또 다른 방법은 판결에 대하여 상급 법원에 항소할 수 있고, 아니면 자료 제출 및 증언 거부에 따른 처벌을 감수하는 것이다. 종종 이는 법정 모독죄가 됨을 의미한다. 미국심리학회 법률위원회는 정신건강전문가가 내담자 기록 또는 심리검사 자료에 대한 소환장 혹은 강요된 증거제출에 대처하기 위한 사설 기관 상담사들을 위한 전략(APA, 법률위원회)이라는 제목의, 필요 법률이 일목요연하게 정리된 유용한 문서를 출판했다(Issues, 2006). ACA 윤리강령은 상담사가 합의된 사항이 없을 경우에는, 상담사가 법원에 정보 공개 명령을 요청하거나 정보 공개에 대하여 내담자의 동의를 얻어야 함을 명시하고 있다(부록 A, B.2.d절).

특권 개념은 성직자와 회개하는 사람, 변호사와 고객 같은 일대일 대화 관계에서 유래한다. 따라서 가족이나 집단치료에서 내담자가 공동 참여자가 있는 상황에서 정신건강전문가에게 이야기를 했다면, 그 대화 내용은 특별한 보호 대상이 아니다. 왜냐하면, 사적인 비밀이 지켜질 거라고 기대하지 않는 것이 합리적이기 때문이다. 최근 미시건 법원에서 이루어진 소송이 특권 해석에 대한 좋은 사례이다(Galley & Walsh, 2002). 미시간 법원은 다른 학생 및 행정보조원의 면전에서 학교상담사에게 정보를 공개한 내담자는 학교상담사에게 일반적으로 적용되는 특권으로 보호받지 못한다고 판결했다. 이 내담자가 학교상담사에게 자기개방을 시작할 때 이미 사적 보호의 대상이 될 거라고 기대하는 것이 합리적이지 않기 때문이다. 이와 유사한 사례가 정부 대 로모(Mitrevski & Chamberlain, 2006) 소송

에서도 발견된다. 상담사에 대한 정보 공개가 내담자의 진단이나 치료의 범위 밖에서 발생했기 때문에 특권이 거부되었다.

▌ 비밀보장의 한계

Newton(1989)은 우리 사회가 비밀 보호에 대하여 이중적이라고 지적한다. 한편으로는, 친구들에게 충성스러운 사람들을 존경하고 칭찬한다. 어린이들은 고자질쟁이를 조롱하고 국가는 배신자에게 가혹한 처벌을 가한다. 대부분의 민주주의 국가에서는 의뢰인과 변호사, 환자와 의사나 고해자와 성직자 사이에 비밀이 지켜지도록 법률을 제정한다. 앞에서 언급했듯이, 국가의 법은 또한 정신건강전문가와 고객 사이의 비밀 준수에 관여하여, 치료 정보를 비밀로 유지하도록 요구한다. 그러나 심리치료사와 상담사는 이런 보호 대상에서 후발 주자이며, 일반적으로 변호사, 의사 또는 성직자보다는 불완전하고 법률적 보호도 완벽하지 않다는 점에 유의해야 한다. 정신건강전문가에게 다른 분야의 전문가와 동일한 정도의 비밀 보호 권한을 부여하지 않으려는 경향은 내담자에 대한 비밀보장에 대한 우리 사회의 양면성을 반영한다. Newton(1989)에 따르면 이러한 반응은 비밀보장이 오히려 사회의 이익에 반하게 될 때 비롯된다. 왜냐하면 비밀성은 다른 공공의 이익과 빈번하게 충돌하기 때문이다. 앞의 예로 돌아가서, 내담자가 무슨 중국 음식을 좋아하고 어떤 하모니카 기술을 좋아하는가는 공익적인 측면에서 관심사가 되지 않지만, 상사를 폭행하는 상상을 한다고 상담사에게 말한 내담자는 공익적 측면에서 중대한 관심사가 된다. 후자의 경우, 비밀보장이 갖는 반사회적 특징이 명확해진다. 비밀을 보호하는 것이 위협으로부터 시민을 보호하고자 하는 사회적 욕구에 정면으로 배치되기 때문이다. 내담자가 상상 속의 폭력을 행동으로 옮길 확률이 높을수록 정보 공개에 대한 공익적 관심도 커진다. 형사 사건에서 검사는 피고인에게 서비스를 제공하고 있는 정신건강전문가에게 증거를 얻는 것이 공익이라고 주장한다. 비밀이 유지되었을

때, 우리 사회가 느끼는 불편함으로 인해 상담 비밀보장에 많은 한계가 있다. 직업 윤리와 법률적 측면에 대하여 일부학자들은 법원이 비밀보장을 침해하는 것이 내담자 및 상담사 그리고 일반 대중의 정신건강서비스 이용에 역효과를 낸다고 주장한다(Baumocl, 1992; Bersoff, 2014; Bollas & Sundelson, 1995). 이학자들은 비밀이 보장되지 않은 상태에서 사람들이 정신건강서비스를 이용할지에 대하여 회의적이다. 반면 Shuman과 Foote(1999)는 비밀보장에 부여된 법적 제한이 내담자의 상담이나 치료 참여에 부정적인 영향을 미쳤다는 확실한 증거가 없다고 주장한다. 분명히 이 질문에 대한 체계적인 연구가 필요하다.

그러나 대중은 반사회적 성향의 사람들이 그들의 행동을 변화시킬 수 있도록 전문가들이 도움을 주는 한, 계속해서 전문가의 비밀보장에 관심을 갖는다. 비밀이 유지되지 않는다면, 사람들은 자신들의 감정이나 성향을 쉽게 드러내려 하지 않을 것이다. 워싱턴시 유니온역(Union Station)의 통근자 연구에서 마쉬(Marsh, 2003)는 그러한 견해를 뒷받침하는 증거를 발견했다. 그녀의 연구 참여자들은 의사소통 내용이 주 및 연방 비밀 보호 법령에 의해 보호받지 못할 경우에, 상담 과정 중 비자발적 비행이나 형사 고발의 위험에 빠질 수 있는 정보를 공개할 가능성이 현저히 낮다고 보고했다. 반사회적 성향을 드러내지 않으면, 앞으로 일어날 수도 있는 그러한 행위를 방지할 수 있는 전문가의 기회도 상실된다. 이러한 이유로 법률 제도와 치료 전문 기관은 비밀보장에 대한 예외를 제한하려고 노력해 왔다. 양자 모두 비밀보장 예외와 제한을 규정함으로써 비밀보장의 기본적인 가치를 확고히 했다. 상담 및 치료의 내용에 대한 공익적 관심과 내담자의 권리로서 비밀보장을 수용하는 사이의 긴장은 해결되지 않았다. 따라서 상담사와 심리학자는 법령, 판례법 및 윤리적 의무 규정 등의 최신 흐름에 항상 관심을 가져야 한다. 현재 상담 및 심리치료를 할 때, 비밀보장 예외 범주는 다음과 같이 아홉 가지로 분류된다(일부 지역은 더 많은 법률적 한계가 있을 수 있다. 예를 들어 캘리포니아에서는 심리치

료사와 환자 사이의 비밀보장에 대하여 17개 종류의 다른 한계가 있다)(Donner, VandeCreek, Gonsiorek, & Fisher, 2008). 도너가 웅변하듯 "비밀보장이 최우선이야"라고 말했던 것을 명심하고 지키도록 노력하는 것이 중요하다. 이렇게 법적으로 예외 조항이 있다고 해서 비밀보장의 신성함에 대한 전문가의 생각이 흐려져서는 안 된다.

1. 내담자의 정보 공개 요청

비밀보장의 첫 번째 한계는 내담자의 자율적 의사에 근거한다. 내담자는 자신의 개인 정보를 통제할 수 있기 때문에 능력이 있는 내담자가 다른 곳에서 의사소통하기 위해서 정보를 공개하고자 하는 경우 그렇게 할 수 있는 권리가 있다. ACA 규정은 정보를 공개하거나 기록을 보내려면 서면 허가가 필요한 것으로 하며, B.6.g에서 이 규정을 다룬다. 상담사는 해당 기록의 비밀보장이 훼손되지 않도록 조치를 취해야 할 책임이 있다. APA 규정은(표준 4.05) 단지 내담자 정보의 공개에 내담자의 허락이 필요하다는 것만 명시하고 있다. 내담자는 새로운 지역으로 이사하거나 의료서비스를 받을 때 또는 다른 전문가와의 상담을 원할 때 새로운 상담사가 자신의 기록을 보거나 이전 제공자와 이야기하기를 원할 때 비밀보장 권리를 포기한다. 많은 사람들이 보험 회사가 정신건강서비스 비용을 지불할 수 있도록 비밀보장 권리를 포기한다(HIPAA, Public Law 104-191, 2003; 가족 교육 권리(Family Educational Right)와 개인 정보 보호(Privacy)에 관한 법 [내담자 정보 공개에 관한 FERPA는 각각 12장과 13장에서 충분히 논의될 것이다]). 전문가는 치료행위를 종료하거나 질병이나 상해 등으로 치료를 더 이상 진행할 수 없을 때에는 기록의 비밀보장이 잘 유지되도록 상황을 잘 정리해야 할 의무가 있다(ACA 윤리강령의 B.6.h절 및 APA 윤리강령의 표준 10.09).

상담사가 내담자 정보를 공개하는 것이 내담자에게 미치는 영향을 알려주지 않는 경우, 내담자의 정보 공개 요청이 내담자가 지정한 모든 사람들에게 비밀 정보를 공개할 수 있는 포괄적인 허가를

준 것은 아니다. 내담자의 이익에 부합하지 않을 것으로 여겨지는 사람에게 내담자가 비밀 정보 공개를 요구하는 경우에, 상담사는 내담자 기록에 그 내용을 기록하고 서명된 정보를 확보해야 한다. 내담자의 기록에 대한 소비자 접근을 철저히 보호하는 법률이 출현하기 전에는, 상담사가 자격 있는 전문가에게만 내담자 정보를 공개하도록 하는 윤리 기준이 사용되었다. 이러한 광범위한 규정은 많은 주법과 일치하지 않기 때문에 사라졌다. 현재의 표현은 모든 주 법령은 아니지만, 대부분의 주 법령과 일치한다. 예를 들어, 오하이오주에서는 건강 기록에 대한 내담자 및 환자의 무제한 접근을 허용하고 환자가 법령을 준수하지 않는 전문가를 상대로 소송을 제기할 수 있도록 법적인 구제책을 규정하고 있다(Ohio 개정된 윤리강령, 3701.74, 2011절). ACA 규정(B.5.c절)은 내담자가 미성년자인 경우에는, 상담사가 내담자의 양육 권한 있는 사람에게 정보 공개 허가를 요청할 수 있고 미성년자에게는 그 사실을 통지하도록 규정하고 있다.

ACA 규정은 또한 내담자에게 최선의 이익이 된다면, 내담자가 자신의 상담 기록에 접근할 수 있도록 허용한다. 그 규정은 자율과 유익의 원칙에서 비롯된 것이다. APA 규정은 표준 4.05에서 내담자가 비밀 정보를 공개하는 것에 동의해야 한다고 명시하면서, 표준 6.01 및 6.02에서 내담자의 접근과 내담자의 최대 이익 사이의 관계에 초점을 맞추어서, 다시 한번 기록물에 대하여 많은 설명들을 하고 있다.

12장에서 논의가 이루어질 것처럼, 이 접근 권한은 내담자가 언젠가 그 기록물을 읽을 수 있다는 가정하에 기록물이 작성돼야 함을 의미한다. 정신건강전문가가 비자발적으로 행동을 하는 것이 필요하다고 판단하거나 정신건강의뢰인이 다른 정신건강전문가나 제3자에게 의사소통을 허용하는 HIPAA 개인 정보 보호 정책 통지서에 서명한 경우에는 통지가 필요하지 않다. 내담자가 개인 정보 보호 관행 통지서에 서명하면 임상가는 내담자 상담 기록이나 약속 등을 처리하는 직원, 보험자 직원, 그리고 다른 정신건강전문가들과 의사소통하

는 것을 허용하게 된다. 일단 내담자가 개인 정보 보호수준 공지에 서명하고 나면, 임상가는 병원치료와 관련된 전문가와 내담자의 역사와 치료에 관해 이야기하는 것이 허용되고, 내담자 자료를 그들과 공유하게 된다.

HIPAA조차도 정신건강전문가가 치료에 필수적인 내용으로만 공개하도록 하고 전문서비스의 관리, 지불 및 운영을 책임지는 개인에게 공개를 제한하도록 한다. 또한 개인 정보 보호 관행 통지서상의 서명은 해당 개인 정보 보호 정책에 대한 내담자의 이해를 나타낸다. 너무 자주 이러한 문서는 내담자가 내용을 잘 읽지 않고도 서명하거나 또는 대부분의 내담자가 읽기 어렵게 작성된다.

2. 비밀 정보에 대한 법원 명령

비밀보장에 대한 두 번째 주요 한계는 법원이 상담사의 증언을 요구하거나 기록물에 접근할 수 있도록 요청할 때 발생한다. 이런 일이 발생할 수 있는 상황이 몇 가지 있는데, 그때는 비밀보장 규정이 대개 적용되지 않는다. 비밀보장은 일반적으로 전문가가 증인으로서 행동하거나 법원이 법적 절차 과정에서 관련인을 평가하는 것에 컨설턴트로서 행동할 때는 보장되지 않는다. 정신건강전문가는 한 사람이 재판에 임할 수 있는 정신적 능력이 있는지, 부모로서 적합한지, 범죄 당시에 정신적으로 질병 상태에 있었는지, 또는 부상이나 사고로 심리적 고통을 겪고 있는지 평가하기 위하여 고용될 수 있다. 정신건강전문가들은 지난 수십 년 동안 이러한 활동에 점점 더 많이 관여하고 있다. 평가를 받는 사람은 비밀보장을 포기했거나, 법원이 처음에는 그런 권리 자체를 인정하지 않았다. 이러한 환경에서 모든 전문적 상담 관계는 공개된 정보가 법정 안에서 공유될 것이라는 가정에 기초하고 있다. 이전에 비밀이 보호되는 의사소통에 대한 논의에서 언급했듯이, 때때로 변호사는 범죄 혐의가 있거나 부모로서 양육권을 갖기에 적합한지 검증을 받고 있는 자에 대하여, 정신건강전문가에게 기존의 치료적 관계에서 수집된 자료를 입수하려고 한다. 변호사는 민사 고소 사건 및 민권소송

을 판결하는 연방 법원에서도 이 정보를 요구해 왔다. 형사 법정에서 검사는 종종 피고인이 상담에서 밝힌 내용을 유죄의 증거로 사용하기를 원한다.

하급 법원의 상충되는 판결 이후에 연방 대법원에 상고된 (Jaffee v. Redmond, 1996) 중요한 연방 소송에서, 경찰관에 의해 살해당한 사람의 가족은 부당한 사살 행위에 대한 자료를 모은 카렌 베이어로부터 상담 정보를 구했다. 그는 사살 사건 후에 그 경찰관을 상담한 임상사회복지사였다. 일리노이주 법원은 비밀로 보호될 특권이 있는 것으로 간주했지만 연방 법원은 사회복지사에게 그런 특권이 없다고 판결했다. 연방 지방 법원은 사회복지사가 증언해야 한다고 판결했으나 (그 비밀 보호 특권을 인정하는 것을 거부함), 연방 항소 법원은 그 판결을 뒤집었다. 최종심에서 미국 대법원은 7대2로 비밀보장 특권은 존중되어야 하고 임상복지사는 자신의 내담자에 대한 사항에 대하여 강제로 증언하지 않아도 된다고 판결하였다. 존 폴 스티븐스 판사가 판결에서 사용한 어귀는 다음과 같다.

"개인의 사적 이익이 중요하다는 사실이 상담사의 비밀보장 특권을 인정해주는 근거가 된다. 효과적인 상담은 믿음과 신뢰 분위기에 좌우되므로, 은밀한 정보가 공개될 가능성만으로도 성공적인 상담에 필요한 관계를 발전시키는 데 방해가 될 수 있다. 따라서 이 특권은 공익에도 도움이 된다. 육체 건강 못지않게 국민의 정신건강은 탁월한 중요성을 지닌 공익이기 때문이다."(Jaffee v. Redmond, p. 10)

대법원이 비밀보장의 가치를 옹호하는 강력한 입장을 취하자 정신건강전문가 단체는 안도했다. 그러나 정신건강전문가가 특정 법정에서 증언하는 것을 거부할 수 있는 법적 권리가 있는지 여부는 완전히 해결되지 않았다. 재피 대 레드몬드 사건의 대법원 판결은 사회복지사, 심리학자 및 정신과 의사에게 가장 직접적으로 적용되며 다른 종류의 정신건강전문가에 대해서는 다루지 않고 있다. 그러나 2001년 제9회 순회 항소 법원에 제기된 사건에서 법원은 그 특권이 초급 간부 프로그램에서 일한 면허 없는 상담사의 내담자에게도 적용된다고 판

결함으로써 재피 대 레드몬드 사건의 대법원 판결은 면허받은 정신건강전문가의 내담자에게도 적용된다는 것을 암시한다(Oleszko v. 국가 보상 보험 기금, 2001). Shuman과 Foote(1999)는 대부분의 법원이 여전히 전문가의 증언이 사건과 어느 정도 관련이 있는지를 주요한 판단 기준으로 삼고 있으며 전문가가 제공해야 하는 정보가 사건의 사실관계를 밝히는 데에 결정적인 경우 비밀보장 특권은 고려 대상에서 뒷전으로 밀려나고 있다고 지적한다(p. 481). 8년 후 사이먼과 슈만(Simon & Shuman, 2007)은 연방 판사가 주 법령의 예외 규정과 매우 유사한 특권에 대한 연방 차원의 예외 사례를 만들었다고 보고했고, Appelbaum(2008)은 공개될 경우 내담자에게 해를 끼칠 수 있는 비밀보장에 대한 법적 문제는 완전히 해결되지 않았다고 보고했다. 따라서 정신건강전문가는 자신의 주에서 비밀보장 특권을 규율하는 현행 규정 및 판례와 그 규율이 직업에 어떻게 적용되는지에 대해 알 필요가 있다.

흥미롭게도 슈만과 푸트는 비밀보장 특권을 옹호하는 논쟁의 효과성이 부분적으로 상담사와 내담자가 만든 비밀스런 대화 내용을 제3자에게 공개하는 횟수에 의존함을 지적한다. 저자들은 제3자 지불인에게 정보를 노출하는 것, 추천 자료, 동료와의 상담조차도 경우에 따라서는 비밀보호 특권을 제한해 왔다고 계속해서 주장한다. 내담자가 다른 병원 환자에게 심리치료 내용을 자발적으로 공개하는 것도 비밀보장 특권과 타협한 것이다. 그들은 법원의 압력이 매우 강한 상황에서 내담자가 정보를 공개하기로 서명한 경우에도 주의를 기울이라고 권한다.

슈만과 푸트는 전문가들에게 타인에게 심리치료 내용을 공개하는 것이 어떤 의미가 있는지를 내담자와 논의할 것을 권한다.

3. 정신건강전문가에 대한 내담자 불만 및 소송

비밀보장에 대한 세 번째 한계는 내담자가 상담사나 치료사를 상대로 소송을 제기할 때 발생한다. 태만이나 계약 위반으로 전문가를 고소하고자 하는 경우에, 내담자는 비밀보장 권리를 포기해만 한다.

따라서, 일단 공개된 자료의 복사본을 보게 된다면 전문가는 법적인 제재 위험 없이 법정에서 치료에 대하여 논할 수 있다. 모든 정신건강전문가는 부당한 치료라고 제기된 소송에 대하여 스스로를 방어할 권리가 있기 때문이다.

마찬가지로 내담자가 정신건강전문가에 대해서 윤리적인 문제로 불만을 제기하고, 그 불만에 대한 조사가 이루어지면 내담자는 비밀보장 권리를 포기해야 한다. 따라서 부당 행위로 신고되면, 상담 내용과 기록물을 가지고 윤리위원회에 대응할 수 있다. 이때 법적으로나 윤리적인 염려 없이 사적인 정보를 발설할 수 있다(그러나 위원회가 내담자로부터 비밀 정보 공개 서명을 받았는지 확인하는 것이 신중한 것이다). 일부 주에서는 부당 행위에 대한 문제 제기를 비밀보장 예외 경우로 지정했고, 그런 경우에는 정보 공개를 요구하지 않을 수도 있지만, 금지된 것은 아니다(KoocherJ & Keith-Spiegel, 2008).

4. 기타 내담자소송

네 번째 한계는 내담자가 다른 사람에 대해 심리적 해악이나 정신적 고통을 당했다고 주장하며 민사 법적 조치를 취할 때 작동한다(미국 법정 변호사, 2001년 Shuman & Foote, 1999년, Swenson, 1997). 심리적 상처를 입었다는 주장이 제기되면 상담과 관련된 자료를 법원에 제공해야 할 수도 있다. 해당 정보에 대한 접근은 불만 사항의 공정한 청문을 위해 중요하며 피고가 요청할 경우에 이용할 수 있다. 내담자가 해당 정보의 비밀보장 권리를 주장하면 그 사건은 더 이상 진행되지 않을 수도 있다. 예를 들어, 상대방 과실로 자동차 사고를 당해서 불안 증세가 생겼다고 주장하는 경우에, 법원에 제기된 심리적 고통에 대한 증언을 원하면, 상담사가 법정에서 증언할 수 있도록, 소를 제기한 자는 상담사의 비밀보장 의무를 해제 시켜야 한다. 내담자가 자발적으로 타인을 상대로 소송을 제기한 경우에 비밀보장 의무는 명확하게 지켜지지 않을 것이며, 내담자가 그것을 원치 않으면 소송은 계속 진행될 수가 없고, 그렇지 않은 경우 소송을 진행할 수 있는 자유가 주어지기 때문에 이러한 상황에서의 비밀보장이 정확하지 않음에 유의해야 한다. 형사 사건에서 피고인은 원해서 피고가 된 것이 아니기 때문에, 법 체계는 꼼꼼하게 비밀보장 특권을 보호해준다.

5. 주 및 연방 법령에 근거한 한계들

아동 학대 보고 일부 상담 자료는 법에 의해 비밀보장 특권에서 제외된다. 모든 주에는 상담사, 심리치료사, 교육자 및 기타 정신건강전문가가 아동 학대 및 방치를 보면 관련 당국에 통지해야 한다는 법령이 있다.

연방 아동 학대 예방 및 치료법(1987)도 그러한 보고를 요구한다. 유사한 연방법이 캐나다에서 통과되었다. 미국, 캐나다 및 호주의 아동 보호 법규를 비교한 Mathews와 Kenny(2008)를 참조하라. 법령의 세부 사항은 주마다 다소 다르지만, 핵심 내용은 일관된다. 정신건강전문가, 교육자, 의료 인력 및 아동 보호 종사자는 아동이 학대 또는 방치되고 있는 것을 인지하면 법적으로 24시간 이내에 해당 기관이나 경찰 기관에 그 사실을 알려야 한다. 보고하지 않는 것에 대한 처벌은 대개 형사 상의 제재가 포함된다. 학대 및 방치를 보고하는 것은 비밀보장에 대한 법적 특권이나 윤리적 의무 보다 우선한다. APA 전문상담위원회(APA Committee for Professional Practice)는 아동 학대의 법적 및 전문적 쟁점에 관한 유용한 책자를 출판했다(APA, 1995). 이 간행물은 학대 또는 방치가 발생했을 때 평가, 보고 및 개입하는 전문가의 역할에 대하여 정리하고, 이러한 과정에서 정신건강전문가들이 도움받을 수 있는 국가적 자원을 열거해 놓고 있다.

입법부는 학대로부터 자신을 보호할 수 없는 사람들을 보호하는 공익이 비밀보장 의무를 앞선다고 생각한다. 그러나 의무 보고 상황에서도 법은 대개 비밀 정보 공개를 학대 또는 방치와 관련 내용으로 제한한다. 이 문제와 관련이 없는 상담 내용들은 비밀로 유지될 수 있고 비밀로 유지되어야

한다. 법령은 주 및 지역마다 다르므로 주 또는 지방의 법령 조문 및 법령 개정에 유의해야 한다.

연구에 따르면 아동 학대와 방치에 대한 의무 보고는 정신건강 임상 현장에서 흔하게 일어난다. 예를 들어, 2012년에 정신건강전문가와 교육자들은 약 120만 명의 학대 또는 방치 가능성에 대해 보고서를 작성했다(미국 보건복지부, 2012). Melton 등(1995)의 연구에서 아동 정신과 의사의 90%, 임상심리학자의 63%, 사회복지사의 70%가 아동 학대에 관한 하나 이상의 보고서를 제출했다고 밝혔다. Hermann(2002)은 표집한 학교상담사의 89%가 아동 학대를 당국에 보고했다고 보고했다. Bryant(2009)는 전년도 학교상담사의 평균 보고 건수가 6.1건이었으며 신체적 학대가 가장 일반적인 보고 이유라는 것을 발견했다. 몇 가지 연구만이 치료 관계에 대한 학대보고의 영향을 조사했으며, 혼재된 결과를 발견했다(Steinberg, 1994; Watson & Levine, 1989). 당연히 내담자가 가해자일 때에, 상담 관계에 가장 부정적 영향을 미치는 것으로 나타났다(Levine & Doueck, 1995).

Brosig와 Kalichman(1992)은 또한 상당히 많은 신고 의무 위반 사례가 있다고 말한다. 그들의 문헌 분석 연구에 따르면 약 1/3의 상담사가 아동 학대 또는 방임을 의심하고도 보고하지 않았다. 이러한 경향은 가족치료사(Strozier, Brown, Fennell, Hardee, & Vogel, 2005)와 심리학자(Cavett, 2002)의 최근 연구에서 뒷받침되었다. 조사 결과에 따르면 전문가들은 내담자의 비밀을 보장하면서 계속 상담을 진행하고자 하는 바람과 아동이 해를 당할 수도 있는 상황과 법률에 의해 신고해야 한다는 인식 사이에서 갈등을 경험하게 된다. Kennel과 Agresti(1995)는 "많은 전문가들이 보고된 학대와 의심 가는 학대를 구분하는 아동 학대의 심각성을 연속성상에서 보고자 한다(p. 612)"고 주장한다. 일부 주 정부의 신고 의무법의 애매모호함 또한 이러한 불이행에 영향을 미친다(Melton et al., 1995). 신고를 하지 않는 사람들은 비밀보장을 위반했을 때 일어날 영향을 고려해서 학대가 있었음을 확신하고 싶어 하지 않는 것 같다. 그러나 그들이 신고를 주저

함으로써 법적 및 윤리적 문제가 발생할 수 있다.

많은 법령은 학대의 발생이 아니라 학대가 의심될 때 신고하도록 지시한다. 따라서 전문가는 이 결정을 내리기가 어려울지라도 의심이 합리적인지 여부를 결정해야 할 부담을 가진다. 최종적인 기준은 아동에게 해를 끼치지 않고 아동을 가장 잘 보호하는 것이다. 아동 학대 신고에 관한 미국의 주 법률에 대한 훌륭한 설명서를 원한다면 Foreman 과 Bernet(2000) 또는 NASW General Counsel (2013)을 참조하라.

다른 많은 요인들이 신고하기를 꺼리는 것에 영향을 주는 것으로 보인다. 신고하지 않는 경우에, 치료자들은 신고하는 것이 환자에게 최선이 아니라고 믿으며(Kalichman, 1999) 아동보호서비스도 비효과적이라고 본다(Levine et al., 1991; Strozier et al., 2005). 그들은 신고가 상담 관계를 중단시키거나 아니면 지속적인 임상치료 과정이나 가족 관계에도 해로울 것이라고 걱정한다(Haas, Malouf, & Mayerson, 1988; Strozier et al., 2005). Rokop(2003)은 피해를 줄일 수 있는 방법을 제시한다. 상담사가 내담자들과 유대 관계를 강하게 발전시키고, 신고에 대한 법적 의무를 명확하게 전달하고, 신고 때문에 겪는 내담자의 심리적 고통에 공감대를 표시하고, 신고에 의해서 이루어지는 도움을 제공한다면, 신고 때문에 치료 관계가 훼손되는 것을 상당히 줄일 수 있다고 로콥의 연구 결과는 제안한다. 정신건강전문가 중 일부는 비밀보장은 절대적인 것이며 아동 학대 또는 방치의 경우에도 위반해서는 안 된다고 개인적으로 확신하여 신고를 하지 않는다. 본질적으로, 그들은 전문상담 직업 윤리에 반대하고 법률에 불복종 하고 있는 것이다. 그들은 자신들이 윤리적 및 법적 제재를 받을 위험에 처해 있음을 알아야 한다. 게다가, 자신들이 신고를 하지 않음으로써 아동에게 더 큰 피해가 생긴다면, 그 피해에 대한 도덕적 및 법적 책임을 져야 한다. 즉, 아동 학대 신고를 거부하는 것은 모든 관련자에게 심각한 지속적 결과를 초래한다. 신고를 거부하고 있는 상담사는 스스로 그 동기를 살펴보고 이 문제에 대해 동료와도 상담하여야 한다. 그들은

"잘 조명된 방 표준"을 적용해서 떳떳하게 전문가 동료들에게 그러한 결정을 알릴 수 있는지와 잠재 내담자가 자신의 입장을 존중해 주리라 기대할 수 있는지 여부를 자문해 보아야 한다. 그렇지 않다면, 신고하지 않는 것이 정말로 원칙 위반이나 시민 불복종의 문제는 아니다. 개인적인 필요에 의한 것이거나 객관성이 결여된 것이다. 의무적인 보고는 학대뿐만 아니라 아동을 학대 또는 방치의 심각한 위험에 빠뜨릴 수 있는 보호자의 태만과 행동에도 적용된다는 것을 명심해야 한다. 법률적 요구가 학대의 의무적 신고로 간주되는 경향이 있으므로 전문가들은 방임이 의심될 때에는 행동할 책임이 있음을 잊어서는 안 된다.

특정 상황이 신고 기준을 충족시키는지 여부를 확신하지 못하는 전문가는 몇 가지 선택지가 있다. 아동보호 기관에 전화해서 가상의 상황을 가정하여 질문할 수 있다. 다른 동료와 상담할 수도 있다. 또는 법적인 견해를 구할 수도 있다. 아동 학대 신고에 대한 온라인 교육이 전문가의 신고에 대한 책임 있는 결정에 효과적인 도움을 주는 것으로 보인다(Kenny, 2007). Renninger, Veach 및 Bagdade (2002)의 조사에 따르면, 일부 전문가는 학대 및 방임을 과다하게 보고한다. 즉, 의무 신고 기준에 크게 못 미치는 경우에도 신고를 한다. 아마도 법적인 의무를 잘못 이해하고 신고하지 않았을 때 위험에 처할 수 있다는 걱정 때문인 것 같다. 이러한 연구 결과는 법령과 개인 정보가 보호받을 권리에 대한 깊은 이해가 중요함을 다시 한번 강조한다.

노인 학대 신고 모든 주에는 노인 학대 관련 법령이 있으며, 그 중 45개 주는 정신건강전문가가 부양의 책임이 있는 자가 노인을 학대하거나 방치할 경우 신고하도록 규정하고 있다(Daly, Jogerst, Brinig, & Dawson, 2003; Welfel, Danzinger, & Santoro, 2000). 그러한 법률이 있는 주에서는 정신건강전문가가 내담자나 가족 구성원이 노인을 학대하거나 방임한 사실을 이야기하면 인권 보호 센터에 그 사실을 신고하게 되어 있다. 아동 보호와 마찬가지로, 주 의회는 부양 노인을 피해로부터 보호해야 할 의무가 전문가의 내담자 비밀보장 의무보다 더

강하다고 판단한다. 38개 주는 신고 의무자가 신고를 하지 않으면 처벌한다. 이 법규의 표현은 주마다 크게 다르므로 상담사는 그들이 일하는 주의 법에 대해 잘 알고 있어야 한다. 예를 들어 노인학대의 정의가 주에 따라 실제적으로 다양할 수 있다(Scheiderer, 2011). 주마다의 법적 요구 사항에 대한 해석은 Daly 등(2004)을 보고, 3가지 복잡한 사례에 대한 신고법의 적용에 대한 고찰은 Zeranski와 Halgin(2011)을 보라.

6. 위험한 내담자와 보호 의무

내담자가 다른 사람에게 해를 가할 의도나 해를 가한 경험을 공개하는 것은 정신건강전문가에게 매우 어려운 상황이다(Walfish, Barnett, Marlyere, & Zielk, 2010). 게다가 이런 상황은 초보 전문가가 생각하는 것보다 훨씬 더 흔하다. 예를 들어 Walfish 등(2010)은 심리학자 표본의 13%가 기소되지 않은 살인을 내담자가 공개하는 것을 경험했으며, 표본의 27%는 최소한 한 명 이상의 내담자가 폭력을 행사하고 기소되지 않은 경험을 이야기했다고 보고한다. 최소한 한 명 이상의 내담자가 처벌받지 않은 성폭행을 공개한 경우는 비율이 훨씬 높다(33%). 더욱이, 치료사는 다른 사람을 해치려고 계획하고 있거나 최소한 빈번히 해치는 상상을 하는 내담자를 만나게 된다. Pabian, Welfel, 그리고 Beebe(2009)는 심리학자들이 지난 2년간 상담을 하면서 평균 3명의 잠재적으로 폭력적인 내담자를 만난 것을 발견하였다.

분명히 정신건강전문가는 이러한 개방이 비밀보장을 암시하고 있음을 이해하는 것이 중요하다. 그들의 연구에서, Pabian 등(2009)도 이에 대한 이해의 부족을 보고하였다. 조사에 응한 300명의 심리학자 중 76%는 내담자가 다른 사람들에게 위험한 것으로 보이는 경우에 취할 법적 의무를 잘못 해석하고 있는 것으로 나타났다. 이는 이전 연구와 놀라울 정도로 일치하는 결과다. 왜 이렇게 많은 사람들이 혼란스러워할까? 일부는 윤리적 및 법적 기준이 빈번하게 다르기 때문이고, 부분적으로는 기념비적인 사건인 테라소프(Tarasoff) 재판이 두

번 판결되었기 때문이기도 하다. 또한 법률이 고정된 것이 아니고 변하기 때문이기도 하다. 결국 <경고 의무>가 법적 책임을 대표하는 약칭이 되어 버렸다. 그러나 그 용어만으로는 모든 법적 책임을 포괄할 수는 없다. 다음 절에서 명확해지겠지만, 많은 지역에서 내담자가 폭력을 행사할 위험이 높더라도 비밀보장 의무를 깰 수 있는 법적 또는 윤리적 권한은 없다.

그러나 내담자 자신이나 타인에게 위험할 수 있는 대화 내용이 일반적인 경우와 같은 수준으로 항상 비밀 보호가 되지 않는다는 것은 명백하다. 정신건강전문가가 내담자가 타인에게 즉각적인 위협을 가할 것이라고 판단하면, 윤리강령은 비밀 정보의 공개를 허용한다.

이러한 허용은 내담자가 상담사에게 위험한 상황에서만 적용된다. 윤리강령의 문구는 다음과 같다.

ACA 행동 강령 B.2.a 심각하고 예측 가능한 위험 및 법적 요구 사항

일반적으로 상담사는 내담자 관련 정보를 비밀로 보장해야 한다. 하지만, 내담자나 특정인을 예측 가능한 심각한 위험에서 보호할 필요가 있거나 법률이 정보의 공개를 요구할 때에는 그렇지 않다. 상담사는 예외로 하는 것이 타당한지 의심스러울 경우에는 다른 전문가와 상담한다. 종결 문제를 다룰 때에는 추가적인 고려가 필요하다.

※ 출처: 미국 상담 협회(American Counseling Association)의 허가로 복사

현재 강령에는 내담자가 위험하다고 판단되면 정신건강전문가가 비밀보장 의무를 위반하는 것을 허용한다고 되어 있다. 즉, 위반을 허용은 하지만 위반하라고 명령하지는 않는다. 이 허가는 1974년 캘리포니아 사건으로 거슬러 올라간다. 살해당한 여성의 가족이 심리학자와 슈퍼바이저, 그리고 그들이 근무하고 있는 버클리 캘리포니아 주립대학교를 고소했다. 내담자가 피살자를 죽이겠다고 위협하는데도 심리학자가 그 위험을 피살자에게 알

리지 않았기 때문이다. 지금은 유명한 이 테라소프 사건에 대한 하급 법원의 판결은 주 대법원으로 항소되었고, 이 문제에 대해 두 번의 판결이 있었다(Tarasoff v. Regents of the University of California, 1974, 1976). 이 판결 결과, 캘리포니아의 정신건강 전문가들에게 폭력적인 내담자의 희생자를 보호해야 할 의무가 부과되었다. 현재 23개 주는 법령으로 보호 의무 또는 경고 의무를 부과하고 있으며, 9개 주는 법원소송의 판례로서 관습법적으로 의무를 부과한다. 다른 10개 주에서는 잠재적 희생자에게 경고하기 위한 비밀보장 의무 위반을 허용하지만, 위반을 명령하지는 않는다, 10개 주에서는 이 문제에 대해 확실하게 결정하지 않았다(Benjamin, Kent, & Sirikantraporn, 2009). (이 수치는 푸에르토리코와 콜롬비아 특별구를 포함한다) (종종 테라소프 사건의 잘못 알려진 사실에 대한 검토를 위해 Bersoff(2014) 참조)

테라소프 사건 이전에는 전문가 직업 규정에서 위험한 내담자를 사법 기관에 통보하도록 하였다. 그렇지 않은 경우에는 비밀보장을 위반할 필요가 없었다. 이전의 법적 기준에는 입원이나 기타 조치를 지원하는 것은 있었지만 정신건강전문가가 치료와 관련 없는 제3자에게 비밀 사항을 알리도록 요구하는 것은 많지 않았다. 테라소프 및 많은 소송 사건 이후에, 관계 기관은 정신건강전문가는 내담자는 물론이고 일반 대중에게도 의무가 있다고 결정해 왔다(Werth, Welfel, & Benjamin, 2009).

캘리포니아주 법원은 내담자에 의해 누군가의 신체나 생명이 위험에 처한 경우에, 비밀보장 위반이 제3자의 피해를 막는 최선의 방법이라면, 그로 인한 비용보다 얻는 이익이 훨씬 더 크다고 판단했다. 법원은 "비밀보장 특권은 일반 대중의 위험이 시작되는 곳에서 멈춘다"(Tarasoff, 1976, p. 347)라고 판결했다.

그러나 대부분의 법원과 입법부가 규정하는 중요한 의무는 위험에 처한 사람을 보호하기 위해 적절한 주의를 기울이는 것이다(Benjamin et al., 2009). 희생자에게 비밀을 알리는 것은 흔히 그 목적을 위한 수단이지(10개 주에서 의무화되어 있음) 항상 그 자체로 끝이 아니다. 일부 주(예, 오하이오주)에서는 내담자를 (자발적으로 또는 비자발적으로) 입원시키거나 외래 치료를 강화하는 방법으로(Ohio 개정된 윤리강령 2305.51절, 1999) 의무를 수행할 수 있다. 텍사스에서는 경고가 허용되면, 그 대상은 잠재적 희생자가 아니라 경찰이다(Texas Health & Safety 윤리강령 611.004a).

정신건강전문가는 예상되는 피해자에게 그 사실을 알려주는 임무를 수행하기로 했다면 스스로 선택했건 지시에 따른 것이건, 책임은 피해자에게 경고 조치하는 것으로 끝나지 않는다. 그럴 경우, 예정된 피해자와 전화 통화는 다음과 같이 될 수 있다.

상담사: 아무개 씨입니까?

상대방: 네.

상담사: 저는 강 아무개 씨의 상담사인데, 그가 당신을 죽이겠다고 위협을 했습니다. 할 수 있다면 진짜로 그러려고 하는 것 같습니다. 강 아무개가 한 시간 전에 사무실을 나갔는데, 지금 어디 있는지 알 수가 없어요. 경찰에게도 알렸습니다. 그가 총을 구하겠다고 했어요. 사무실을 나가서 총을 구하러 간 것 같아요. 제 얘기 이해하셨습니까?

상대방: 네, 알겠습니다.

상담사: 그럼, 끊겠습니다.

이러한 시나리오의 내용은 적절치 않다. 이 상황에서 상담사는 기계적으로 예정된 희생자에게 경고했지만, 그 희생자를 거의 보호하지 않았다. 전화를 받은 사람은 상담사를 믿지 않아서 자신을 보호하기 위한 행동을 전혀 하지 않을 수도 있다. 또 그 소식에 너무 충격을 받아서 아무런 방어 조치를 못 할 수도 있다. 또는 화가 나서 자신의 총을 들고 그 아무개를 먼저 죽이기로 결정할 수도 있다. 그리고 이것들은 명백한 가능성일 뿐이다. Binder과 McNiel(1996)은 예정된 희생자에게 경고를 한 경험이 있는 정신과 의사를 대상으로 설문조사를 실시한 결과, 희생자들은 대부분 이미 위험을 알고 있다거나 자신이 실제로 해를 입지는 않을 것이라는 반응을 보인다는 주목할 만한 사실을 발견했다. 중요한 것은 캘리포니아 법원의 1976년 판결조차도 책임을 경고하는 것으로 제한하지 않았다는 것이다. 경고보다는 보호에 더 초점을 맞추었다. 테라소프 사건에서 여러 정황으로 보아서, 희생자에게 경고한 것은 보호에 필요한 일부분으로 간주되었지만, 법원은 모든 상황에서 경고를 보호에 본질적인 것으로 보지는 않았다. 다시 말하면, 전문가의 법적 의무는 내담자가 해칠 것으로 보이는 사람을 보호하는 데 도움이 되는 조치를 취하는 것이다. 즉, 피해자에게 경고하는 것이 보호 의무를 이행하는 일반적인 방법이지만, 대부분의 지역에서 제3자를 보호할 수 있는 유일한 방법은 아니다(Benjamin et al., 2009).

전문가가 희생자에게 경고하면, 정신건강전문가는 그 사람이 내담자로부터 보호받는데 필요한 합리적인 조치를 취해야 한다. 그 조치는 당사자가 연인과 연결하거나 경찰의 도움을 받는 것을 돕는 형태일 수 있다. 희생자를 보호하는 일반적인 방법은 내담자의 자유를 제한하여 희생자에 대한 접근이 차단되고, 일반적으로 정신과 병동에 입원하거나 비자발적인 정신과 치료에 들어가는 것이다. 많은 지역에서 위와 같은 비자발적인 조치가 취해지기 위해서는 정신적으로 건강하지 않거나 위험한 것으로 진단되어야 하기 때문에 이 방법을 항상 사용할 수 있는 것은 아니다(Simon & Shuman, 2007). 또 다른 방법은 내담자의 해를 끼치려는 의도를 감소시키기 위해 외래 치료를 강화하도록 허용하는 것이다. 이 방법은 내담자의 자유가 제한되지 않기 때문에 보다 위험할 수 있다. 그러나 이 또한 내담자의 사생활을 더욱 보장할 수 있다. 만약 외래 치료를 강화하는 것이 잠재적 희생자를 보호하기 위한 선택지라면 전문가는 그것이 최고의 대안임을 분명히 하기 위한 추가적인 조치를 취해야 한다. 내담자의 돌봄에 대해 잘 아는 동료에게 자문을 구하는 것도 책임 있는 선택을 하도록 하는 데 중요하다. 물론, 자문은 전문가가 폭력으로 인해 심각한 위기에 놓여있는 내담자와 함께 일하는 상황에서 효과적이다. 동료와 함께 사례를 점검하는 것은 전문적으로 더 나은 접근을 하도록 하고,

내담자를 재앙적 상태로부터 보호하며 위험에 빠진 개인을 보호한다.

만약 상담사와 치료사가 희생자를 보호하기 위해 그들 스스로 위험에 빠지는 것 같다면, 이는 잘못된 것이다. 우리는 우리의 개인적 안전을 위협할 것으로 예상하지 않는다. 오히려 내담자, 피해자 또는 두 사람 모두에 개입하여 폭력을 합리적으로 완전하게 예방할 것으로 기대한다.

몇몇 후속 법원의 경우에는 여러 가지 방법으로 테라소프 판결을 명확히 하고 확장했다. 어떤 경우에는 즉각적인 위험의 상황, 즉 명백한 위협이 제기되거나 암시된 상황으로 해석되는 상황에 대해서만 의무로 제한하였다. 이 위협이 상담사가 예측할 수 있고 가까운 미래에 수행할 가능성이 있다고 판단되면 의무가 부과될 가능성이 더 크다(Wheeler & Bertram, 2012). 보호 의무에 대한 다양한 해석은 이러한 사례의 법률 분석에 잘 기록되어 있으며 모든 정신건강전문가는 관할권 내에 있는 판례법 및 제정법 측면에서 최신의 상태를 유지해야 한다(Benjamin et al., 2009).

이 의무는 내담자가 다른 사람에 대한 폭력적인 감정을 표현하는 모든 상황에 미치지는 않는다. 사람들이 화가 나면 분노를 표현하기 위해 종종 폭력적인 언어를 사용한다. 이혼 과정 중에 많은 사람들이 파트너들에게 신체적인 해를 끼칠 것이라고 협박했으며 많은 사람들은 알츠하이머병이나 에이즈에 대처하는 것보다 차라리 자살하겠다고 말했다. 전문가의 책임은 이러한 분노와 절망적인 말을 샅샅이 뒤지고 진정으로 폭력적인 의도를 가진 고객을 확인하는 것이다. Truscott과 Evans(2001)는 상담사가 내담자와 강한 치료적 유대감을 발전시킬 때 위험을 정확하게 평가하고 폭력적인 충동을 분산시키며 위험을 줄일 수 있는 충분한 영향력을 행사할 수 있다고 주장했다.

폭력 위험 평가 이 과정은 위험 평가라고 불린다. 문헌들은 비록 정신건강전문가들이 매우 정확하게 위험을 예측할 수는 없지만 그들의 예측은 특히 단기의 경우 우연보다 훨씬 낫다고 보고한다(예, Otto & Douglas, 2010). 만약 잘못 평가하는 경

우 폭력을 과장할 가능성이 더 커진다. 다른 말로 하면, 폭력적인 행동이 더 이상 일어나지 않는 경우에도 위험을 예측하는 경향이 있다(Smith & Meyer, 1987). 미래의 폭력을 신뢰성 있게 평가하는 데 어려움이 있음에도 불구하고, 법원은 종종 정신건강 전문가에게 예측 가능한 위험이 있는 경우 피해자를 보호할 의무를 부과한다. 이러한 이유로 전문가들은 위험한 내담자를 관리하는 위험에 관한 문헌에 익숙해질 것을 조언하고 폭력의 위험을 평가할 때 가능한 능숙해질 것을 조언한다. 평가에는 항상 내담자의 폭력적 행동의 역사, 폭력 가능성을 악화시키거나 감소시키는 현재의 사회적 조건, 내담자의 현재 심리적 기능이 포함된다(Borum & Verhaagen, 2006; Monahan, 2008; Werth, Welfel, & Benjamin, 2009). Borum과 Reddy(2001)는 임상가가 평가할 수 있는 6가지 주요 주제에 주목했다: (1) 폭력을 지지하거나 촉진시키는 태도 (2) 폭력을 행사할 수 있는 내담자의 능력 또는 수단 (3) 총을 구입하거나 법을 위반하는 것과 같은 폭력의 문턱을 통과하는 것 (4) 폭력적인 행동을 하려는 의도(폭력적으로 행동하려는 생각과 다른) (5) 내담자의 계획에 대한 다른 사람들의 반응 (6) 위험을 줄이기 위한 전문적인 권고에 대한 내담자의 순응의 정도.

폭력적인 내담자가 상담사에게 불러일으키는 감정과 이러한 일들이 발생하는 빈도로 인해 위험을 체계적으로 평가하는 것은 또한 중요하다. 펜실베니아 상담사에 대한 한 연구에서 참가자의 14%는 자살한 내담자가 있었고, 18%는 제3자를 폭행한 내담자가 있다고 보고했다(Knapp & Keller, 2004). 부상을 불러올 수 있다고 생각하는 내담자와 일하는 것은 매우 스트레스가 크다. 전문가들은 내담자의 행동에 대한 책임감에 압도당할 수 있으며 이러한 상황에서 자신의 안전에 대해 우려할 수 있다(Walfish, Barnett, 등, 2010). 실제 위험을 신중하게 평가함으로써 균형을 이루지 못한다면, 이러한 두려움과 걱정은 명확한 사고와 윤리적 행동을 저해할 수 있다. 위험 관리에 대한 자세한 내용은 Borum과 Verhaagen(2006), Monahan(1993) 및 Otto와 Douglas(2010)를 참조하라. Yang, Wong 및 Coid (2010)는 전문가가 내담자의 폭력 위험을 평가하는 데 사용할 수 있는 9가지 위험 평가 도구의 정확성을 입증하였다. 이 도구들 중 어느 것도 폭력을 정확하게 예측하지 않지만(Truscott, 2009), 상담사의 개별 판단보다는 폭력을 예측할 수 있는 보다 신뢰할 수 있는 근거를 제공한다.

캘리포니아의 법원 판결(Leong, Eth, & Silva, 1992)은 비밀보장을 위반하기 전에 주의 깊게 위험을 평가해야 하는 또 다른 이유를 제시한다. 적어도 세 개 사례에서 일단 경고가 제3자에게 주어지게 되면 심리치료사는 테라소프 경고를 훨씬 능가하는 법원 증언을 요구받는다. 이는 재판에서 내담자의 죄가 성립되는 데 도움이 되는 것으로 세 사례 모두에서 사용되었다. Meyers(1991)에 따르면, "테라소프 경고를 따라 심리치료사가 잠재적 피해자를 구해 냈는지 여부를 알아낼 방법이 없다. 그러나 적어도 두 명의 심리학자들이 유죄 판결과 청구권 주장에 대해 증언하도록 명령한 것은 검사들이 1급 살인 사건을 유죄로 판결하고 사형 선고를 내리는 데 기여했다는 것이다."(p. 27) 보다 최근의 사례(미국 v. Chase, 2003)는 테라소프 경고가 모든 비밀보장 의무를 무효화 할 필요가 없다고 제안한다. 이 경우, 수사 당국은 비록 심리학자가 내담자인 Chase씨의 위험으로부터 FBI 요원을 보호하기 위해 테라소프 경고를 발령했음에도 불구하고 경고 발령이 특권을 제거하지 못했다고 판결했다. 법원은 테라소프 경고의 목적은 제3자를 보호하기 위한 것이고, 일단 보호 기능이 제공되면 내담자가 더 이상 위험하지 않을 경우, 내담자와의 의사소통은 비밀보장이 가능하게 된다.

위험 가능성을 결정할 때 전문가는 다칠 위험이 있고, 비밀보장의 예외가 일반적으로 잠재적인 위험이 아니라 임박한 위험에 적용되기 때문에 동료, 가능하면 변호사와 상담해야 한다. 다시 말해, 임박한 위험 없이 비밀보장을 위반하게 되면 개인정보를 보호받지 못한 사람에 의해 전문가에 대한 법적 및 윤리적 불만이 초래될 수 있다. 특히 상담사는 내담자의 동의 없이 공개할 수 있는, ACA 강령의 조항에서 "심각하고 예측 가능한 해악"이라는 문구의 의미를 파악하는 데 법적인 도움이 필요할 수 있다. 비록 캘리포니아주, 오하이오주와 같은 많은 주들이 이 의무에 따른 선의의 비밀보장 위반으로 인한 책임 청구로부터 정신건강전문가들을 보호하고 있지만, 모든 국가가 법에 따라 이 문제를 다루는 것은 아니다(Benjamin et. al., 2009; Glosoff et al., 2000).

경고가 적절할 때, 법원은 폭력적인 내담자에 관해 누가 들어야 하는지 명확히 했다. 일반적으로 법 집행관 또는 잠재적 피해자에게 통보해야 한다. 전문가는 다른 정보가 아닌 위험과 관련된 정보만 공개해야 한다. 위험이 미국 정부의 고위 공무원을 상대로 하는 경우에는 비밀 기관에 통보하는 것이 또 다른 선택이다(Randazzo & Keeney, 2009). 전문가는 가능한 희생자(또는 그의 양육자)와 위험이 너무 가깝기 때문에 위험에 처해 있다고 경고해야 한다. 예를 들어, 위협 대상인 부모의 부양 자녀도 법에 의해 보호받을 의무가 있는 사람으로 간주된다. 대부분의 주 법원은 잠재적 피해자를 분명히 식별할 수 없는 상황에서 내담자가 광범위하거나 모호한 위협 상황을 만들 때 상담사는 경고하고 보호해야 할 의무가 있다는 개념을 거부했다. 그 상황에서 전문가의 의무는 작아진다. 내담자가 진실로 위험하지만 희생되는 대상을 식별할 수 있는 방법이 없다는 결론에 이르면 전문가는 내담자에 대해 비자발적인 약속 절차를 시작하는 것을 고려해야 한다(여러 주에서는 정신과 의사와 심리학자만이 이러한 절차를 시작할 수 있다). 만약 내담자가 응급 절차로 병원에 억류된 경우 입원 기간에는 아무도 위험에 처해지지 않는다. 주 정부에 따라 보호 의무에 대한 해석이 다르다. 즉, 의무를 실행하기 위한 요건은 상당한 차이가 있다. 일부 주에서는 폭력적인 행동의 역사가 합리적으로 식별 가능한 희생자와 결합되어 특정 위협이 없는 경우에도 비밀보장 위반을 요구할 수 있다(Benjamin et al., 2009). 바꾸어 말하면, 그러한 주에서는 해를 끼칠 명백한 위협은 비밀보장 위반의 요건에 있어 꼭 필요한 요소는 아니다. 이러한 다양한 주 법규는 혼란스러운 것이고, 현지 법률에 대한 정보를 얻는 것이 얼마나 중요한지를 보여준다. 문제를 더욱 복잡하게 만드는 것은 이 법에 대한 법률 및 법 규정이 빠르게 변경된다는 것이다. 예를 들어, 오하이오 법은 1991년에서 1997년 사이에 세 번 바뀌었다. 캘리포니아주는 규정에 따라 오랫동안 운영되어 왔지만, 2004년에 규정을 경고하고 보호하는 의무로 되돌아갔다(Ewmg & Goldstein, 2004). 보호해야 할 마지막 의무는 다음과 같다. 법원은 이 의무를 전문가가 위험의 중대한 위협에 대해 알고 있는 상황뿐만 아니라 전문가가 위험에 대해 알고 있어야 하는 상황에도 적용하는 것으로 해석한다. 이것은 위험에 대한 무지가 무능에서 비롯되거나 혹은 부주의한 관행에서 비롯된 경우, 혹은 내담자가 말하는 것에 대한 두려움으로 문제를 탐색하는 것을 거부하는 경우도 전문가가 이 의무를 위반했음을 의미한다. 법원은 무능력 또는 태만을 단순히 보호하지 못한 것에 대한 적절한 방어로 보지 않는다. 내담자 정보의 비밀보장에 대한 법적 문제의 역사를 고려할 때, 폭력적인 내담자에게 비밀보장이 적용되지 않는다고 잘못 판단할 수 있다. 그러한 해석은 잘못된 것일 뿐만 아니라, 상담 및 심리치료의 일반적인 원칙으로서 비밀보장의 필요성을 뒷받침하는 법원 판결과도 일치하지 않는다. 임박한 분노의 상황에서도 비밀보장 의무는 완전히 없어지지 않는다. 내담자에 관한 모든 의사소통은 희생자가 피해를 입을 수 있는 위협과 관련된 정보로 제한되어야 한다. 해를 방지하기 위한 모든 관련 정보는 공개해야 하지만 위협과 무관한 주변 정보는 공개해서는 안 된다.

내담자가 자살할 때 보호해야 할 의무 성인 내담자가 즉각적인 자살 위험에 있을 때, 상담사의 일차적인 의무는 성인 내담자를 자기 파괴적인 충동으로부터 보호하는 것이다(Jobes & O'Connor, 2009). 내담자의 삶에서 중요한 타인들에게 이를 알리기 위해 비밀보장을 위반할 법적 의무가 있는지 여부는 불확실하다 (Bongar, 2013). 그러나 내담자를 위험으로부터 보호할 법적 및 윤리적 책임은 분명한 것이다. 이 목표를 달성하기 위해 가장 가치 있는 도구는 내담자와의 치료적 관계의 힘(Jobes & O'Con

도 2009년)과 상황을 가라앉히는 신뢰할 수 있는 상담사의 힘이다. 따라서 고려해야 할 첫 번째 방법은 치료를 강화하는 것이다. 비밀보장 위반이 불가피한 경우 전문가는 가족이나 당국과 의사소통을 신중하게 해야 하며 내담자를 돕기 위해 필요한 자료만 공개해야 한다. 이상적인 상황에서 그러한 공개는 내담자의 동의와 참여로 이루어지므로, 진정한 비밀보장 의무 위반이 아닌 치료 목표를 향해 행동하고자 하는 공동 결정의 결과이다. 만약 상담사가 내담자가 중요한 다른 사람들에게 안전하지 않다고 판단하거나 현재 치료를 강화하는 것이 불충분하다고 판단한다면 입원이 현명할 수 있다. 신중한 위험 평가는 상담사의 복지에도 중요하다. 자살하고 싶어 하는 내담자와의 협력이 임상 작업에서 가장 스트레스가 많은 부분으로 간주되어 왔다(Hendin, Lipschitz, Maltsberger, Haas, & Wynecoop, 2000; Webb, 2011). 정신건강전문가는 자신의 커리어에서 이 문제에 자주 직면할 가능성이 있기 때문에 자살 평가 역량을 확보하는 것이 중요하다. Rogers, Gueulette, Abbey−Hines, Carney, 그리고 Werth (2001)는 연구 참여 상담사의 71%가 적어도 한 번의 내담자의 자살 시도를 경험했으며 McAdams와 Foster(2000)는 상담심리학 수련생의 20%가 비슷한 경험을 한 것으로 보고하고 있다. Bongar(2013), Capuzzi(2004) 및 Jobes와 O'Connor(2009)는 자살 위험 평가에 대한 훌륭한 정보를 보고하고 있다. 어린이와 청소년이 자살하고 싶어 하는 상황에 대한 특별한 논의는 Berman, Jobes, 그리고 Silverman (2006)에 제시되어 있다.

7. 미래 범죄를 계획하는 내담자

대부분의 경우 상담사는 내담자의 과거 범죄 사실을 공개할 필요가 없다. 그러나 Glosoff 등 (2000)에 따르면, 내담자가 미래 범죄를 계획하고 있음을 공개할 때, 이러한 유형의 비밀보장 특권을 제외하고 있는 17개 주의 경우, 상담사는 내담자의 말을 법 집행관에게 공개하도록 강요받을 수 있다. 이 주에는 알래스카, 애리조나, 콜롬비아 특별구, 아이다호, 일리노이, 인디애나, 캔자스, 루이지애나, 매사추세츠, 몬타나, 뉴멕시코, 오클라호마, 오레곤, 사우스캐롤라이나, 사우스다코타, 테네시 및 워싱턴이 포함된다. 이 제한이 적용될 수 있는 범죄 활동의 예로는 도난당한 물건의 판매, 통제된 물질의 매매 또는 고령자를 사기로 삼는 계획에 개입하는 것이 있다(Glosoff et al., 2000). 정신건강전문가는 이 제한을 특권과 혼동하지 말아야 하며, 제3자가 내담자로부터 위험에 처했을 때 적용되는 보호 의무와 혼동해서는 안 된다. 위에서 열거한 주에서도 계획 범죄 활동에 대한 특권의 제한은 일반적으로 내담자가 법 집행 공무원에 의해 수사 중인 상황에 국한되며, 담당 요원은 치료 전문가로부터 정보를 구한다. 이러한 주에서는 내담자의 계획 중인 범죄 행위에 대해 알고 있는 전문가는 자신과 내담자의 이의제기 정보를 제공해야 할 수도 있다. 말할 필요도 없이 그러한 상황에 직면한 사람은 자신의 주 법에 대한 세부 사항을 조사하고 그러한 요청에 대한 적절한 대응을 결정함에 있어 변호사와 상담해야 한다.

8. 전염성 질병 및 생명을 위협하는 상담을 받는 내담자

한때 치명적인 것으로 생각되었던 많은 전염병은 치료 가능하거나 만성 질환으로 취급될 수 있다. HIV 감염은 필연적으로 치명적일 것으로 생각되었지만 이제는 만성 질환으로 간주하는 것이 더 적절하다. 적절한 치료를 통해 사람들은 수십 년 동안 거의 정상적인 삶을 살 수 있다. 또한 최근의 연구는 여성의 HIV 감염을 예방하기 위한 백신 개발 및 국소 적용(topical application)에 대한 진전을 이루었다(National Institute of Allergy and Infectious Disease, 2013). HIV 스펙트럼 장애 및 기타 전염병 및 생명을 위협하는 질병을 가진 사람들을 상담하면 많은 윤리적 문제가 야기된다. 정신건강전문가의 가장 큰 관심사는 (1) 내담자가 공개한 내용의 비밀보장 (2) 내담자의 건강 상태에 대한 정보가 보호되지 않는 경우 내담자에 대한 차별 위험 및 (3) 내담자와의 접촉으로 인해 위험에 처한 제3자의 복지에 대한 것이다.

다른 사람들을 고 위험에 노출시키는 가장 보편적인 행동은 약물을 정맥에 주입하는데 사용하는 바늘을 공유하는 것과 보호되지 않는 성 접촉이다(물론 모든 형태의 무방비 성 접촉이 정확히 동일한 정도의 위험을 지닌 것은 아니지만 무방비 성행동은 매우 위험한 행동의 범주이다). 상담사의 윤리적 딜레마는 병을 지닌 내담자에 대한 책임과 내담자가 감염의 위험에 처하게 할 수 있는 사람들에 대한 책임의 균형을 맞추는 데 있다. 비밀보장의 제한 조항에 있어, 내담자가 임박한 살인이나 자살로 위협을 가할 때학자들은 이러한 상황에서 보호의 의무를 적용해야 하는지에 관해 적극적으로 논의했다(Anderson & Barret, 2001 참조). ACA 규정만이 생명에 위협이 되는 전염성 장애인을 위한 비밀보장의 한계를 특별히 언급한다(B.2.c). 내담자가 생명을 위협하고 전염될 수 있는 질병을 앓고 있어 다른 위험을 초래할 때 공개가 정당화될 수 있다고 언급하며 윤리강령은 위험이 심각하고 예측 가능한 것이어야 한다고 명시하고 있다. 이 기준은 또한 상담사가 내담자의 건강 상태를 다른 사람에게 공개하려는 의도를 평가해야 하며 이 상황에서 비밀보장과 관련한 주(state) 법을 검토해야 한다. ACA 윤리강령은 공개를 요구하지 않는다는 것을 반복하는 것이 중요하다. 그것은 단지 특정 상황에서만 허용되는 것을 나타낸다.

APA 윤리강령은 전염병에 관한 비밀보장에 대한 예외 사항을 특별히 언급하지는 않았지만, 표준 4.05.b에서는 심리학자가 누군가를 해치지 않기 위해 동의 없이 비밀 정보를 공개할 수 있게 할 때 간접적으로 이 문제를 다루고 있다. 1991년에 APA는 HIV 스펙트럼 장애가 있는 사람들에게 의무 경고(duty-to-warn) 문제를 적용하는 결의안을 발표했다. 이 문서에서 APA는 HIV 바이러스를 감염시키는 행동을 하는 HIV 보균 내담자를 경고하는 법적 의무를 설정하는 것에 반대했다. 이 글을 쓰는 시점에서 유타주를 제외하고(Glosoff et al., 2000) 정신건강전문가에게는 HIV 노출 위험에 처한 사람들을 경고하고 보호할 법적 의무가 부과되지 않았다. APA 결의안은 다음과 같이 작성되는 경우 학회가 허용하도록 하는 문구를 제시하고 있다:

그러나 특정 입법안이 고려된다면, 단지 다음의 경우 개방하는 것을 허가해야 한다. (a) 정보제공자(상담사)는 감염 위험이 크다고 믿을만한 이유가 있는 식별 가능한 제3자를 알고 있다. (b) 정보제공자(상담사)는 제3자가 자신이 HIV에 감염될 위험을 전혀 모른다는 합리적인 믿음을 가지고 있다. (c) 내담자/환자가 제3자에게 알리라고 촉구받았음에도 불구하고 제3자에게 알리려는 의사를 거부했거나 알리고자 했다는 의도를 신뢰할 수 없는 경우이다(APA, 1991).

전문가가 위험에 처한 사람을 보호하기 위해 비밀을 위반해야 한다고 결정한 경우에도 내담자의 복지를 무시할 수 없다. 이러한 조치는 내담자에게 사전 통보하여 수행되어야 하며, 내담자에게 피해를 최소화하는 방식으로 구현되어야 한다. 내담자와 제3자에 대한 위험에 대한 신중한 평가보다는 감정이나 직관에 근거하여 비밀보장을 성급하게 위반하는 경우, 본질적으로 문제가 된다. 이는 HIV에 있어 비밀보장을 위반하는 결정을 내리는 정신건강전문가의 능력이 동성애에 대한 정신건강전문가의 태도에 의해 달라질 수 있다고 연구들은 강조하고 있다(McGuire, Nieri, Abbott, Sheridan, & Fisher, 1995). McGuire 등의 연구에서는 동성애 혐오 척도에서 더 높은 점수를 받은 심리치료사는 동성애 혐오 태도가 낮은 사람들보다 비밀보장을 위반할 가능성이 더 큰 것으로 나타났다. 다른 몇 몇학자들은 상담사, 심리학자, 결혼 및 가족치료사들이 HIV를 앓고 있는 사람들에 대한 편견적인 태도를 갖고 있다는 증거를 발견했다(Crawford, Humfleet, Ribordy, Ho, & Vickers, 1999; Pais, Piercy, & Miller, 1998; Palma & Iannelli, 2002). 이러한 연구들에서 게이 남성의 위험에 대한 정보가 없는 남자 파트너는 이성애 남성의 위험에 대한 정보가 없는 여성 파트너에 비해 경고할 당사자가 될 가능성이 적다. 따라서 연구들은 많은 기관에 종사하는 정신건강전문가들이 내담자 건강에 대해 제3자에게 공개하는 결정은 사실에 대한 합리적 고려에 근거해야 하고, 내담자와 위험에 처한 제3자의 권리에 대한 균형 있는 평가에 근거해야 한다고 주장하고 있다.

Kozlowski(2004)와 Nichols(2003)의 연구에 따르면 제3자를 HIV 감염 위험으로부터 보호하기 위한 비밀보장에 관한 결정은 이성애자 편견이 주요 요인이 아니어도 상담사에게는 복잡하고 부담이 되는 문제이다. 예를 들어, Kozlowski(2004)는 HIV 증후군을 가진 내담자가 자신의 파트너에게 그 사실을 알리기를 지속적으로 거부하는 가상 시나리오, 즉 HIV(면역결핍 바이러스) 환자가 감염위험에 처한 자신의 파트너에게 자신의 신분을 공개하기를 계속 거부한다는 시나리오가 주어졌을 때 연구에 참여한 상담사의 25%가 비밀보장을 위반하지 않으려 한다고 보고하고 있다. 이러한 예비 연구를 토대로, 감염의 위험에 처한 사람을 보호하기 위해 전문가 비밀보장을 위반하도록 하는 강령을 허락하는 것은 이러한 딜레마에 대해 한 가지 결론에만 이르지 않음을 보여주고 있다. Kozlowsky와 Nichols는 전문가가 어려운 문제에 직면했을 때 동료들과 자주 상의한다고 보고하고 있다.

상담사들 간 합의가 이루어지지 않는 한 가지 요인은 내담자의 HIV 상태에 대한 의사소통을 규제하는 법률이 다양하고 혼란스럽다는 것이다. 대부분의 법률은 의사 및 건강관리 종사자들을 언급하고 있고, 정신건강전문가들에 대한 적용은 아직 불확실하거나 시험 중에 있다. 일부 주에서는 비밀보장을 의무화하고 있는 반면 다른 주에서는 제3자에게 위험이 발생할 경우 공개할 수 있고(Melchert &Patterson, 1999), Chenneville(2000)에 따르면 일부는 공개를 요구한다. 비밀보장 의무를 지닌 지역에서는 비밀보장 위반으로 인해 내담자가 상담사를 상대로 민사소송을 제기할 수 있다. 감염 위험이 있는 파트너 및 다른 사람들에게 공개하도록 하는 주에서는 전문가의 책임 면제가 종종 법에 명시된다. 물론 불확실하고 급변하는 환경에서 정신건강전문가는 해당 주에서 시행되는 규칙을 숙지하고 정기적으로 개정되는 규정에 대해 법률 자문을 받아야 한다.

HIV 감염 위험이 있는 사람에게 비밀보장을 하지 않도록 하는 또 다른 방법은 파트너 통보 프로그램에서 자기개방을 하는 것이다. 이 프로그램은 내담자가 주저하거나 파트너에게 알릴 수 없을 때 HIV 바이러스에 노출될 위험이 있는 사람들에게 위험을 알리기 위해 존재한다. 일부 주에서는 파트너 통보 프로그램에 정보를 제출하는 것이 비밀보장을 위반하는 것에 대한 윤리적 또는 법적 의무를 대신할 수 있다(Chenneville, 2000). 26개 주에서 의사와 기타 보건전문가는 HIV에 양성 반응을 보인 모든 사람들을 적절한 공공 보건 부서에 비밀로 통보해야 한다(Melchert &Patterson, 1999).

또한 상담사는 HIV 스펙트럼 장애 또는 다른 생명을 위협하는 전염병이 있는 사람이 다른 사람들을 위험에 빠뜨리지 않도록 개입해야 한다(Kelly &Kalich man, 2002). 내담자가 이러한 방법을 일관성 있게 사용하면 다른 사람을 위험에 빠뜨리는 문제가 덜 발생할 것이다.

9. 삶의 마지막에 있는 내담자를 상담하는 것

상담사는 때로 통증과 고통으로 자신의 죽음을 서두르는 내담자를 만날 수 있다. 이러한 상황에 직면한 전문가들은 실제로 가장 복잡하고 골치 아픈 윤리적 딜레마 중 하나를 다루게 된다. 개인의 삶의 다른 시점에서 자살을 예방해야 하는 것과 동일한 방식으로 내담자의 행동을 방해하기 위해 개입해야 하는가? 고통스러운 죽음에 다가가고 있는 내담자가 죽음을 서두르기 위해 자살을 고려하고 있을 때, 상담사는 내담자의 자살을 어떻게 막을 수 있을 것인가? 질병이나 부상으로 곧 죽음을 맞이하게 되는 사람이 자살을 고려한다면, 이는 우울증이 있음을 나타내는 것인가? 합리적인 자살이 있는가? 삶의 끝을 서두르는 것이 어떤 상황에서는 이성적일 수 있다면 정신건강전문가가 윤리적으로 받아들일 만하다. 삶의 끝을 서두르기로 결정한 내담자와 함께 하는 상담 전문가에게 어떤 비밀보장 의무가 부과되는가? 흥미롭게도 2005년 개정된 ACA 윤리강령 111절은 2014년 개정판에서 크게 개정되어 법률 및 특정 상황에 따라 상담사가 비밀보장 여부를 선택하도록 한다. 이러한 상황에서 윤리강령은 상담사가 자문을 받도록 요청한다.

생의 종말 쟁점에 관한 문서에서 미국 심리학회는 비슷한 의견을 가지고 있다. 심리학자는 내담자가 죽음을 촉진하고자 할 때 비밀보장 조항을 위반해야 한다. 그러나 이러한 입장은 아직 미국심리학회 윤리강령(APA, 2010a)에는 통합되지 않았다. 전국사회복지사협회(National Association Social Worker, NASW)는 1994년 사회복지사가 죽음의 촉진과 관련된 결정을 내리는 내담자를 도울 수 있음을 허락한 후 죽음을 서두른 상황에 대한 성명서를 발표했다(NASW, 1994, 2003). 즉, 규범과 지침은 허가하도록 하였지만(사례에 대한 비판적인 평가와 관련 법률에 대한 검토가 끝나면), 공개를 반드시 요구하지는 않는다. 이 주제에 관한 문헌(예, APA의 자살 및 생의 종말 결정에 관한 워킹 그룹, 2000; Werth & Blevins, 2008; Werth &Richmond, 2009)은 전문가가 고려해야 할 이슈를 제공한다.

- 고지된 동의 과정에서의 내담자의 역량 및 유능성, 즉 의사결정의 의미와 함의를 이해하는 능력 및 판단력
- 삶의 질, 문화적 요인, 재정 문제, 자율성 상실에 대한 공포와 고통 등의 병리적인 심리적 상태의 영향
- 내담자를 위한 사회적 지원 시스템의 가용성
- 고통을 줄이고 삶의 질을 향상시킬 수 있는 다른 중재의 유용성(Gibson, Brictbart, Tomarken, Kosinski, &Nelso n, 2006)
- 삶의 끝을 서두르려는데 미치는 가능한 영향력들
  - 직접적 또는 간접적인 압력

내담자가 심각한 우울증을 앓고 있거나 내담자의 건강 상태에 따라 고지된 동의 과정에서 판단 능력이 손상된 상황에서는 정신건강전문가가 비밀보장을 중단하여 죽음을 촉진하려는 것을 막거나 그 사람을 안전하게 지키기 위한 다른 조치를 취할 필요가 있다. 전문가는 위에 나열된 요인에 대한 평가가 끝날 때까지 비밀보장에 대한 결정을 연기할 수도 있다. 일부 지역에서는 개인이 합리적이고, 강요받지 않은 상태로, 삶의 질을 개선하기

위한 모든 대안이 검토된 후에 결정을 내리는 경우, 전문가가 비밀을 유지하는 것이 가능할 수 있다. 그러나 현재 자살을 돕는 것에 대한 공공의 정책적 논의는 정신보건전문가들에게 다른 입장을 요구하는 법안을 통과시키도록 유도할 수 있으므로, 상담사들은 그들의 행동의 적법성에 영향을 주는 주 법안의 변경 사항들을 잘 알아두어야 한다. 현재 몬태나주, 뉴멕시코주, 오레곤주, 버몬트주 및 워싱턴주(Eckholm, 2014)와 같은 5개 주에서는 죽음을 조력하는 것을 인정한다. Werth와 Richmond (2009)는 이와 관련한 윤리적 문제에 대한 토론과 이러한 사례가 발생할 때 전문가를 위한 지침을 제공한다. 아래 제시된 사례는 죽음을 서두르는 한 여성과 함께 일하는 전문가의 딜레마를 보여주고 있다.

밀드레드의 사례

밀드레드는 59세의, 매우 완전하고 보람 있는 삶을 살고 있는 국제 스포츠 용품 회사의 임원이다. 그녀는 세 차례 올림픽 대회에서 메달을 획득했고, 전쟁으로 피폐한 국가의 난민 자녀를 교육하였고, 르완다에서 4명의 어린이를 입양하고 키웠으며 그녀의 회사가 재정적 성공을 도모하도록 기여했다. 그녀는 최근 치료가 어려운 중증 암을 진단받았다. 따라서 그녀는 치료를 포기하고 최대한의 삶의 질을 유지하기로 결정했다. 그녀는 다 자란 자녀와 다른 가족 구성원들이 그녀의 죽음 이후에 적응하도록 돕고 자신의 죽음을 준비하도록 돕기 위해 상담에 왔다. 상담 과정에서 그녀는 고통이 참을 수 없게 되고 죽음에 가까워질 때, 느리고 고통스러운 죽음을 지켜보는 자신과 가족을 살리기 위해 생명을 스스로 거둘 계획임을 밝혔다. 상담사는 밀드레드가 자신의 죽음에 대한 계획을 세울 때 상담사에게 말하기로 동의한다면, 그녀와 그녀의 가족을 치료하고 그녀의 죽음에 대한 계획을 방해하지 않을 것에 동의한다.

▍특별한 내담자 집단에 대한 비밀보장

이전 논의의 대부분은 상담이 유능한 성인 내담자와의 일대일 활동이라고 가정한다. 치료가 다

양해질 때 비밀보장의 윤리에 있어 다른 고려 사항들이 나타난다. 다음 단락에서는 아동, 집단, 가족 및 능력이 감소된 사람들에게 서비스를 제공할 때의 비밀보장 해석에 대해 논의한다.

아동과 청소년

미성년자와 일하는 상담사는 성인과 동일한 방식으로 비밀보장 의무가 있다. 어떤 전문가도 미성년자 내담자에 대해 험담을 하지 않을 것이고, 내담자 정보를 부모 또는 보호자 이외의 사람들과 적절한 동의 없이 공유할 수 없다. 어린이 및 청소년의 상담 기록은 무단 접근으로부터 안전하게 보호되어야 하며, 미성년자 내담자의 신원을 보호해야 한다. 이는 성인의 비밀 정보와 동일하다. 그것 없이는 내담자의 자율성이 떨어지고 신뢰성 있는 상담 관계는 위험에 빠진다. 요컨대, 내담자의 존엄성과 복지에 대한 존중은 어떤 연령대에 국한된 개념이 아니다(물론 이 장의 이전 절에서 설명한 성인과의 비밀보장에 대한 제한은 미성년자에게도 적용된다).

어린 내담자에게 비밀보장을 적용할 때 미성년자로서의 법적 지위에 기인하여 구분한다. 미성년자에게는 성인과 동일한 개인 정보 보호 권리가 부여되지 않는다. 실제로 1967년까지 미국 법은 미성년자가 헌법상 개인 정보 보호 권리가 있는 "사람"이라는 사실을 인정하지 않았다. 그 해에, 미국 대법원 판결은 14번째 개정과 권리 장전 조항 모두 성인만을 위한 것이 아니라고 결론지었다(re Gault, 1967)(이 사건은 15세의 제럴드 골트와 관련이 있다. 이 사람은 외설 전화 사용을 근거로 21세까지 구금형을 선고받았다. 그는 비행을 제외하고는 특정 혐의 없이 형을 선고받았으며 청문회 기록은 보관되지 않았다. 동일한 범죄로 기소된 성인에게는 50달러의 벌금과 최대 2개월의 구금이 주어진다). 1967년 이래로 어린이와 청소년을 "사람"으로 간주하게 되었다. 그러나 미성년자에게는 일반적으로 부모나 보호자의 비밀이 허용되지 않는다(Koocher, Keith, & Spiegel, 1990). 따라서 주 또는 연방 법규가 없는 경우 또는 반대의 경우, 학부모는 교육 또는 건강 관리에 관한 공개된 정보에 대한 법적 권리가 있다. 법적으로 볼 때, 이는 부모가 자녀에 대해 "통제권"을 가짐을 의미한다.

제2장에서 언급했듯이, 윤리강령은 아동 및 청소년과의 비밀보장에 대해 큰 관심을 가지고 있다. ACA 강령은 상담사가 미성년자의 동의를 얻고 부모의 권리에 주의를 집중하도록 요구한다(부록 A, ACA 윤리강령 A.2.d 절 참고). APA 강령은 표준 4.01, 4.02 및 10.01에서 보다 덜 구체적으로 언급하고 있는데, 심리학자들은 얻은 정보의 비밀을 보장하고, 내담자 혹은 비밀보장의 본질과 한계가 담긴 고지된 동의가 법적으로 가능했던 사람과 논의할 수 있다고 언급하고 있다. 즉, 윤리강령은 광범위한 윤리적 기준을 특정 내담자 상황에 적용하는 부담을 개별 전문가의 판단에 남겨두고 있다.

다행스럽게도 많은 윤리학자들이 미성년자 상담에서 비밀보장 문제를 검토하였고, 자녀가 얼마나 비밀을 보장받을 수 있을지 결정하는데 필요한 가이드라인을 제시하고 있다(Gustafson & McNamara, 1987, Rozovsky, 2011, Taylor & Adelman, 1989). 공통점은 비밀보장이 가능한 정도는 미성년자의 나이와 성숙도에 직접적으로 관련이 있다는 것이다. 성숙한 나이에 가까울수록 청소년이 비밀보장을 보장받을 수 있다. 이는 15세 이상의 청소년이 대부분의 성인과 마찬가지로 유능한 판단을 내릴 수 있다는 연구 결과에 근거한다(Mann, Harmoni, & Power, 1989, Weithorn, 1983). 다시 말해 그들은 정보에 입각한 고지된 동의를 얻기에 충분할 정도로 상담 서비스의 본질, 위험 및 이점을 이해하고 있는 것으로 보인다(Gustafson & McNamara, 1987). 대조적으로, 11세 이하의 아동은 고지된 동의를 얻기 위해 필요한 수준의 이해를 보여주지 못했다. 더욱이 어린 아이들은 자신의 소원을 표현하기보다는 덜 주장적이고, 권위에 복종하는 경향이 있다.

상담을 이해하는 데 있어 11세에서 14세 사이 어린이의 능력은 인지 발달 수준, 특히 형식적 사고에 도달했는지에 따라 다르다(Weithorn, 1983). 어린이들이 형식적 사고 수준에 있을 때, 그들은 추상적인 가능성과 이유를 가설적으로 개념화 할 수 있으며, 이는 상담에 효과적으로 참여하는 데 중요한 역할을 한다. 따라서 이 연령의 어린이, 청소년들을 상담할 때, 학자들은 상담의 독자적 참여 능력을 결정하기 위해 내담자의 인지 성숙도를 평가할 것을 제안한다. 물론, 15세 이상의 모든 어린이가 형식적 사고 수준에 있는 것은 아니다. 따라서 미성년자를 상담할 때마다 지적 성숙에 대한 신중한 판단이 필요하다. 인지 성숙만으로는 미성년자의 치료를 이해하고 수용할 수 있는 능력을 판단하기에 충분하지 않다고 생각하는 Fundudis(2003)는 미성년자의 능력을 결정하기 위한 다음의 네 가지 요소를 고려할 것을 권장한다.

• 생활연령(발달사 및 성숙 과정 포함)
• 인지 수준(언어, 기억, 추론 능력 및 논리 포함)
• 정서적 성숙(기질, 기분의 안정, 애착, 태도 포함)
• 가족 가치와 종교적 신념과 같은 사회 문화적 요소

법률은 또한 미성년자를 위한 정신건강서비스에 대한 부모의 동의가 필요하지 않은 네 가지 일반적인 예외조항을 규정하고 있다(Gustafson & McNamara, 1987). 첫 번째는 성숙한 미성년자, 치료 및 그 결과를 이해할 수 있는 미성년자인 경우이다. 성숙의 나이에 근접한 미성년자는 법원에 의해 성숙한 것으로 평가된다. Rozovsky(2011)에 따르면 법원은 성숙을 결정할 때 치료의 복잡성과 위험을 고려한다. 두 번째는 부모와 보호자로부터 "합법적으로 해방된" 미성년자인 경우이다. 이러한 청소년들은 일상생활의 거의 모든 측면이 독립적이다. 독립에 대한 기준은 주마다 다르며 각 경우에 따라 다르게 적용되지만, 일반적으로 미성년자의 지위는 가정에 대한 책임, 고용, 병역, 또는 결혼과 같은 요소를 포함한다(Rozovsky, 2011). 세 번째는 응급 상황이다. 즉각적인 치료가 시급한 경우에는 미성년자를 치료할 수 있다. 부모는 응급 상황이 해결된 후 가능한 한 빨리 치료에 대한 정보를 받아야 한다(Lawrence & Kurpius, 2000). 결국, 부모의 명령은 법원 명령에 의해 포기될 수 있다. 다수의 주에서는 미성년자가 치료를 원할 때, 미성년자가 부모의 동의 없이 의학적, 정신적 치료를 받을 수 있는 법안을 제정했다. 예를 들어 청소년들은 부모의 동의 없이 약물남용, 임신, 성병 및 피임 치료를 받을 수 있다(건강관리에 대한 미성년자의 권리를 검토하려면 http://www.guttmacher.org/ pubs /tgr/03/4/gr030404.htm1을 참조할 것). 연방법은 또한 물질남용 평가 또는 치료서비스를 받은 미성년자가 자신의 정보 공개 전 동의하도록 해야 한다고 규정한다(Gudeman, 2003). 31개 주는 미성년자가 정신건강치료에 동의하도록 하고 있다. 하지만 동의가 필요한 나이와 허용되는 치료방법은 실질적으로 각 주에 따라 다양하다(American Academy of Pediatrics, n.d.). 예를 들어, 오하이오주에서는 14세 이상의 청소년이 일정 기간 동안 부모가 모른 채 정신건강서비스를 요청할 수 있다. 그 후에는 부모에게 알리고 치료를 끝내야 한다. 캘리포니아주도 12세 이상의 미성년자에게 동일한 권리를 부여하고 있으며, 캘리포니아 검찰 총장은 최근 학생이 상담을 받기 위해 하교하는 경우 미성년자를 비밀로 돌볼 수 있는 권리로 인해 부모에게 알리는 것을 금지할 수 있다는 것을 명확히 하였다. 미성년자는 부모가 모른 채 치료를 받을 권리가 있다(Lockyer & Duncan, 2004).

일부 연구자들은 부모와 보호자로부터 미성년자의 상담 정보를 비밀로 유지하는 방안들에 초점을 맞추는 것이 잘못되었다고 제안한다. 대신, 부모는 자녀의 삶에 많은 통제력을 가지고 있기 때문에 부모나 보호자를 치료 과정에서 제외시키기보다는 포함해야 한다고 주장한다(Taylor & Adelman, 1989, 2001). 이러한 믿음은 상담사에게 부모와 협력하여 내담자에게 최상의 서비스를 제공할 것을 권고하는 ACA 강령(B.5.b)과 일치한다. 이 저자들은 부모로부터 정보를 비밀로 유지하는 것이 "내담자를 돕기 위한 상담사의 노력을 심각하게 방해할 수 있다"고 주장한다(Taylor & Adelman, 1989, p. 80).

상담 초기 부모의 협력을 얻는 것은 그들을 상담에 협력하도록 할 뿐만 아니라 약자와의 비밀보장이 얼마나 중요한지에 대해 부모에게 교육하는 기회를 제공한다. Taylor와 Adelman은 부모가 상담 과정에 관한 정보를 얻는 사전 회기를 가질 것을 제안한다. 이는 자녀의 복지에 영향을 미치는 중요한 정보가 공유될 것임을 확인하는 것이고, 모든 내담자에 대한 신뢰와 사생활 보호의 중요성에 관해 교육하는 것이다. 사전 교육 후, 부모는 상담 서비스에 대해 더 동의하게 될 뿐만 아니라 전문가의 노력을 지지하게 될 것이고, 자녀들이 상담 내용에 대해 보호될 권리가 있음을 존중하게 될 것이다. Nevas와 Farber(2001)의 연구는 부모가 자녀의 치료에 대해 적으로 간주될 필요가 없음을 보여준다. 그들은 부모가 자녀의 상담 경험에 대해 긍정적인 태도를 일반적으로 갖고 있음을 발견하였다. 부모들은 상담사의 기술을 존중하고 그들에게 감사함을 갖는다. 만약 자녀의 증상에서 매우 긍정적인 변화가 일어났다면, 부모들의 상담사에 대한 태도는 말할 수 없이 더욱 긍정적으로 될 것이다.

Nevas와 Farber(2001)는 치료에 있어서 부모와 자녀의 긍정적 태도를 만들어낼 수 있는 몇 가지 상담사의 행동을 기술하고 있다. 그들은 상담 과정 중 차질이 발생할 수 있음과 만약 자녀가 애매모호한 태도로 상담을 시작한다면, 치료가 도움이 되기 전에 치료에 저항하는 짧은 기간이 있을 수 있음을 제안하고 있다. 그들은 심지어 상담이 만족스럽게 진행 중일지라도 부모와의 지속적인 소통이 매우 필수적이라고 조언한다. 비밀보장과 관련하여, 부모가 직접 자녀와 소통함으로써 비밀보장에 대한 자녀의 바람을 이해하게 될 것이고 이를 가능한 존중할 것이다. 이러한 과정의 가치는 Hawley와 Weisz(2003)가 자주 발생한다고 보고한 바와 같이 치료에 대한 목적이 부모와 자녀 간에 다를 때 그 중요성이 더 커질 것이다. Hawley와 Weisz (2003)는 부모와 자녀의 목표가 다른 경우가 전체 76%를 차지한다고 보고하였고, 치료 중 거의 반 이상 일반적인 문제 영역에 대해 일치하지 않는다고 보고하였다.

더 이상 말할 나위 없이, 모든 부모가 이러한 과정에 기꺼이 응하는 것은 아니고 자녀의 어려움은 부모의 문제에서 대부분 발생한다. 알코올 중독에 걸린 청소년들은 물질남용을 부인하는 부모가 있다. 그러한 부모들은 상담을 받고자 하는 자녀를 방해한다. 그러나 청소년들은 걱정을 나눌 수 있고 대처 기술을 배울 수 있는 장을 여전히 필요로 한다. 유사하게도 성적 정체감 이슈를 가진 청소년은 이러한 문제를 가족과 나누는 것을 꺼린다. Hetrick과 Martin(1987)에 의하면 그러한 몇몇 청소년들은 집에서 쫓겨나고 폭력에 노출되기도 한다. 이 연구에서는 도움을 청하는 게이, 레즈비언 청소년들의 49%는 그들이 가족 구성원으로부터 강간당했음을 보고하였다. 보다 최근 연구(Ryan, Huebner, Diaz, & Sanchez, 2009)는 모든 인종에 걸쳐 LGB 청소년은 가족으로 거부당하는 비율이 높은 것으로 보고하고 있고, 초기 청소년기 건강 상태가 나빠질 확률이 높음을 보여주고 있다. Ryan 등은 가족으로부터 거부당하는 경우, 자살 시도를 보고하는 확률이 8.4배나 높고, 높은 우울 수준을 보고할 확률이 5.9배이며, 약물 사용과 보호받지 않는 성적 행동을 보고할 확률이 3배 정도로 높음을 발견하였다 (p. 349).

부모가 자녀에게 부정적인 영향을 미칠 때 상담사는 자녀의 정서적 안녕에 대한 부모 또는 보호자의 법적 권리를 평가하고 아동의 최선의 이익을 위해 행동 방침을 결정해야 한다. 궁극적인 목표는 자녀의 어려움을 해결하는 최선책이 가족치료가 될 수 있기 때문에 가족을 참여시키는 방법을 찾는 것이다. 가족이 협력하지 않는 경우, 아동의 복지를 증진시키고 위해로부터 보호하는 것이 일반적이다. HIPAA조차도 "부모를 자녀의 법적 대리인으로 취급하는 것이 자녀의 최선의 이익에 부합하지 않는" 경우, 자녀의 정신건강 기록에 대한 부모의 권리가 거부될 수 있다고 규정하고 있다(미국 보건복지부, 1996, p. 693)(기밀 유지와 학교 환경에서의 부모의 권리에 관한 논의는 13장 참조).

집단 및 가족상담

내담자의 비밀보장 권리를 존중하는 기본적인 윤리적 책임은 집단 또는 가족상담에서도 마찬가지다. 전문가는 회기에서 공개된 내담자의 신원 또는 내담자 정보를 알 권리가 없는 사람에게 공개해서는 안 된다. 내담자가 개인 정보를 공개할 때 그 방에 다른 어떤 사람이 있다는 것은 윤리적 및 법적 측면에서 모두 비밀보장을 어렵게 한다. 첫째, 규정에 명시된 바와 같이, 전문가는 이러한 공개된 사실을 청취하는 다른 사람들도 내담자의 사생활을 존중할 것이라고 보장할 수 없다. 물론 상담사는 여러 명의 내담자가 있는 상황에서 비밀보장의 중요성을 강조하고 모든 참가자들에게 비밀보장을 존중하도록 요청하지만, 그 요청을 시행하도록 하는 데에는 한계가 있다. 따라서 집단 및 가족상담의 모든 참가자들은 이것이 비밀보장에 대한 또 다른 가능한 한계임을 이해할 필요가 있다(ACA 윤리강령 B.4.a 및 B.4.b 참조). 둘째, 집단 또는 가족상담에서 공개된 정보가 법적으로 비밀보장 권한이 있는 정보로 간주될 수 있는지의 여부는 대부분의 관할 지역에서 공개되는 의문이다. 특권 개념은 변호사, 의사 또는 신부에게 사적인 의사소통을 하는 개인을 기반으로 한다. 어떤 사람이 제3자 앞에서 정신건강전문가에게 정보를 전달할 때, 그 정보가 특권을 갖는다는 주장은 법률 제도에서 보편적으로 인정받지 못했다. 이를 제3자 규칙이라고 한다: 제3자 앞에서 공개된 정보는 일반적으로 특권이 없는 것으로 법원에 의해 판결된다(Swenson, 1997). 따라서 여러 사람이 참여하는 상담을 받는 내담자는 개인상담에 대한 정신건강전문가의 특권을 인정하는 주 일지라도 실제 비밀보장의 특권이 적용되는지 여부에 대한 불확실성을 이해할 필요가 있다(Corey, Williams, & Moline, 1995). 미네소타와 같은 일부 주에서는 집단 및 가족치료에서의 의사소통을 보호하는 특권 법령을 가지고 있지만, 대부분은 그렇지 않다(Myers, 1991, Sales, DeKraai, Hall, & Duvall, 2008). 집단상담전문가협회(ASGW, 2007) 및 결혼및가족치료윤리강령(AAMFT, 2001)의 모범 운영 지침(AAMFT, 2001)에는 여러 사람이 함께하는 상담에서의 비밀보장 문제가 광범위하게 논의되고 있으며, 이러한 상담을 실시하는 모든 사람들은 이를 철저히 읽어야 한다(ACA 윤리강령 B.4.a 및 B.4.b 참조). 가족을 내담자로 간주하는 가족상담과 가족 구성원이 치료상 이유로 수시로 상담에 참석하는 상황을 구별하는 것이

중요하다. 이러한 상황에서 다른 가족 구성원은 "부수적인 존재"로, 내담자와 동일한 비밀보장 권한을 갖지 않는다(Ellis, 2012). 따라서 정신건강전문가는 이러한 상황에서 어떻게 비밀보장이 적용되고 적용되지 않는지를 명확히 할 의무가 있다(9장의 주제에 대한 자세한 내용).

다문화적 맥락에서의 비밀보장

비밀보장은 개인이 자율권, 즉 치료에 참여하는 것과 치료 참여 정보를 공개하는 것에 대한 의사결정을 내릴 자유가 있음에 근거한다. 자율성은 서양 철학에 뿌리를 두고 있는 윤리적 원칙이다. 지구상의 어느 곳에서도 그렇게 높은 지위를 부여받은 권리가 없다. 사실 특정한 문화권에서는 자율권이 가족에 대한 충성이나 매우 유능한 어른들과 같은 현명한 어른들에 대한 경외에 비해 그렇게 중요하지 않다. 가족 구성원이 사랑하는 사람의 정신건강에 대한 정보에서 제외될 수 있다는 생각은 예를 들어 근본적으로 가족으로부터의 수용을 원하는 사람이 개인의 욕구와 목표를 만족시키기 위해 어른들의 바람을 거역할 수 있다고 믿는 문화적 가치와 일치한다. Meer와 VandeCreek(2020)이 보고하고 있는 미국에서 상담을 받고 있는 남아시아의 성인 내담자 세 명의 사례에서 볼 수 있듯이 이와 같은 맥락에서 비밀보장은 복잡해질 수 있다. 위 세 명이 상담을 받았다는 것을 알게 된 후, 내담자의 가족들은 상담의 내용과 진행에 대한 정보 공개를 요구했다. 그들은 또한 가족 구성원이 처음에는 낯선 사람에게 사적인 가족 문제에 관해서 이야기했다는 생각으로 상담사에 대한 큰 불신감과 높은 적대감을 나타냈다. 이 문제를 더욱 복잡하게 만든 것은 내담자가 상담 내용을 공개하라는 부모의 요구에 반대하는, 즉 존경에 대한 문화적 기준을 위반하는 행동을 하는 것을 꺼렸기 때문이다. 이러한 상황에서 어떻게 상담사는 비밀보장을 준수하는 윤리적 의무를 따를 수 있었을까? 한 가지 분명한 방법은 내담자에게 정보 공개에 서명하도록 요청하는 것이다. 그러나 그것은 내담자가 자

신을 표현할 자유를 거의 갖지 않기 때문에 비롯된 딜레마에 대한 부분적인 해결책일 뿐이다. 보다 이상적인 윤리적 대응은 전문가의 윤리적 원칙을 뒷받침하는 가치와 다른 가치를 지닐 가능성이 있는 내담자를 상담하는 것의 윤리적 함의를 예상하고, 상담이 시작될 때 가족 간 의사소통에 대한 접근 방식을 논의하는 것이다. 실제로 가능한 경우 가족상담이 이러한 상황에서 바람직한 치료 방법이 될 수 있다. Schwebel과 Hodari (2005)는 문화적으로 다양한 내담자에게 가족상담을 적용하는 사례를 제시하고 있다.

ACA는 비밀보장과 다양한 모집단에 관한 규정을 비밀보장의 초기 표준으로 제시하고 있다. 초기 표준은 비밀보장과 사생활 보호의 관점에서 문화적 고려의 중요성과 문화적 차이의 잠재적 영향력을 강조하고 있다(B.1.a절, 부록 A).

비밀보장에 대한 새로운 과제: 관리 의료, 기술, 그리고 기관에서의 폭력

100년 전 상담과 심리치료가 시작되었을 때 상담에 관여하는 유일한 사람들은 내담자와 상담사였다(Heppner, 1990; White ley, 1984). 모든 상담은 대면상담으로 진행되었고 모든 재정 문제는 개인들에 의해 직접 처리되었다. 기록을 모두 보관하고자 하면 종이에 기록이 남았고 상담사와 내담자는 상담의 길이와 성격을 결정하였다. 제3자 배상, 기록의 전산화, 전화, 문자 및 온라인 미디어를 통한 정신건강전문가에 대한 접근 등은 정신건강치료에 혁명을 가져왔고, 비밀보장 딜레마를 악화시키게 되었다. 예를 들어, 보험 회사가 1960년대 정신건강 비용을 사람들에게 환급하기 시작했을 때, 그들은 문제의 본질과 상담에 관한 정보를 찾았다. 서비스 비용을 지불하는 경우 보험사는 적절한 서비스가 제공되고 있음을 알 권리가 있다. 그래서 내담자는 상담사가 보험 회사와 의사소통 할 수 있도록 서명했다. 1980년대에 관리 의료가 시작되었을 때, 진단 정보에 대한 보험사의 요구가 강해졌고 상담의 길이와 유형에 대해 보험사는 더 많이

관여하게 되었다. 현재 정신건강전문가가 보험사에게 진단 및 치료 계획을 설명하고 상담 제공에 대한 승인을 요청하는 방식의 사전 승인이 자주 요구된다. 승인이 나게 되면 특정 회기 동안의 상담 진행이 승인된다. 또한 관리 의료 제공자는 청구와 배상이 적절하다는 것을 확인하는 문서를 편집할 권리를 요구할 것이다. 정신건강전문가는 때로는 사전 승인 수준을 넘어서는 추가 회기에 대한 검토 또는 이를 정당화하기 위한 자세한 정보를 제공해야 한다. 또한 상담 비용을 효과적으로 책정하기 위해 제3자 지불 담당자는 상담사가 증거 기반 치료를 사용하는 것을 점점 더 강하게 요구하고 있다. 이러한 각각의 요구는 내담자의 사생활을 손상시킬 위험이 있다.

정신건강관리 및 내담자 자료의 전산화에 있어 관리 의료의 역할이 증가함에 따라 미국 의회는 전자 네트워크를 통해 전달되는 내담자 자료를 보호하기 위해 1996년 HIPAA(건강보험양도 및 책임법, Health Insurance Portability and Accountability Act)를 통과시켰다. 이 법안은 개인 건강 정보의 부당한 공개로부터 건강관리서비스(정신건강서비스 포함)를 받는 환자를 보호하고 환자가 정보 공개에 대한 어느 정도의 통제권을 갖도록 하기 위해 마련되었다. 또한 건강 정보를 취급하는 상담사는 개인 정보 보호 지침을 따르거나 환자의 배상 청구를 받고 심지어 특정 상황에서는 연방 정부 범죄 기소에 대한 책임이 있다. ACA와 APA는 이 주제에 대해 윤리강령을 제공하고 있다. B.3.d절에서 ACA 강령은 "상담사는 내담자가 공개를 허가한 경우에만 제3의 지불인에게 비밀 정보를 공개한다."라고 명시하고 있다. APA 윤리강령은 표준 10.01에서 내담자는 치료에 제3자 지불인이 참여하는 것에 대해 사전에 동의해야 한다고 명시하고 있다. 다행히도 HIPAA는 내담자 사생활 보호가 위반되는 것을 감소시키는 것으로 나타났다. 이 법안으로 인해 보험 회사의 비밀보장의 무단 위반이 감소될 것이라고 확신할 수 있다. 그러나 제3자 지불인에게 전달되는 정보는 일반적으로 데이터베이스에서 내담자 건강 기록의 일부가 되므로 내담자는 HIPAA에

의해 완전히 제거되지 않은 비밀보장 및 개인 정보 보호에 대한 위험에 대해 고지받아야 한다. 12장에는 관리 의료의 윤리적 함의에 대한 추가적 토의가 포함된다.

내담자 자료에 대한 기술적 위반에 관한 보고 2011년 11월에 군대용 의료 보험을 취급하는 조직인 TRICARE에서 약 500만 명의 민간 의료 정보가 노출될 수 있는 백업 컴퓨터 테이프를 도난당했다. 정신건강전문가의 분실된 노트북에 대한 다른 뉴스도 정기적으로 보도된다. 한 예로, 오레곤주 한 심리학자의 노트북은 식별 및 진단 정보가 포함된 수천 건의 환자 기록을 포함하고 있었고, 노트북이 잠겨있지 않을 때 도난당했다.

대량의 데이터를 저장하는 컴퓨터의 능력은 종이 기록과 비교할 수 없는 수준의 기록을 도난, 복제 또는 손실에 취약하게 만든다. 전문가의 전체 사례 기록은 노트북이나 플래시 드라이브에 저장되어 도난당하거나 분실되거나 망가질 수 있다. 내담자 기록을 위해 전자매체를 사용하는 사람들은 이러한 오용 가능성에 대해 주의를 기울여야 하며 내담자의 비밀을 보호하기 위해 추가 노력을 기울여야 한다(Pope & Vasquez, 2011). 심리학자의 기술 사용에 대한 연구는 비록 개인 연구소를 운영하는 심리학자들의 경우 이러한 경향이 덜하지만, 컴퓨터에 대한 의존도가 높은 것으로 보고하고 있다(McMinn, Bearse, Heyne, Smith Berger, & Erb, 2011; Welfel & Bunce, 2003). 19년 전 Rosen과 Weil의 1996년 연구에서 상담사의 52%는 내담자의 재무 기록을 컴퓨터에 저장한 것으로 보고했으며, 15%는 사례 메모를 컴퓨터에 보관하고 있다고 보고했다. Welfel과 Bunce(2003)는 조사한 심리학자 중 44%가 현재 또는 장래의 내담자와 이메일을 적어도 한 번 이상 교환했으며 25%는 치료 문제에 관한 의사소통을 포함한다고 답했다. 또한 이러한 연구가 수행된 이후 수년 동안 전자 데이터 저장 기기의 사용률이 급격히 증가했다고 가정하는 것이 합리적이다. 전자 건강 기록의 사용을 장려하는 최근의 연방 법률, 경제 및 임상보건법(Health Information Technology for Economic and Clinical Health Act, HITECH)(2009)은 개인 정보 보호의 중요성을 강조한다(http://www.apapracticecentral.org/ 참조). ACA 강령은 상담사가 비밀 정보를 전송할 때 예방 조치를 취할 의무가 있음을 알려준다(B.3.e절). APA는 모든 전자 형식의 의사소통에 대한 윤리강령 조항의 적용에 대한 일반적인 진술을 서론에 명시하였고, 표준 3.10(c)에서 다음 진술을 포함하고 있다. "전자 전송 정보를 통해 서비스, 제품 또는 정보를 제공하는 심리학자는 정보 보호 및 비밀보장의 위험성에 대해 내담자 혹은 환자에게 알려야 한다."

이러한 문제에 비추어 볼 때 다음과 같은 권고 사항이 중요하다.

- 모든 컴퓨터와 기타 기기가 강력한 암호 단어, 즉 다른 사람이 모르는 암호로 보호되어 있는지 확인한다.
- 하드 드라이브에 저장된 모든 기록에 대해 암호를 사용한다(Pope &Vasquez, 2011).
- 코드 번호 또는 가명을 사용하여 파일, CD 및 기타 저장기기를 식별한다.
- 바이러스 방지 프로그램을 업데이트한다.
- 네트워크에 연결된 컴퓨터에 대해서는 주의를 기울여야 하며 네트워크의 다른 사람들이 데이터를 보지 못하도록 적절한 조치를 취해야 한다.
- 태블릿, 넷북 및 노트북 컴퓨터는 분실, 도난 및 파손에 특히 취약하기 때문에 전문가는 암호 보호 혹은 암호화와 같은 추가 보안을 사용할 수 없는 경우 식별 가능한 내담자 정보를 기기에 저장하지 않아야 한다.
- 스마트폰은 손실 위험이 크기 때문에 사용이 신중하게 검토되어야 한다. 이러한 기기에 저장된 데이터는 권한이 없는 사용자가 쉽게 접근할 수 있으므로 전문가는 보안을 위해 사용 가능한 모든 방법을 사용하는 것에 대해 특히 주의해야 한다. 문자메시지 및 내담자 연락처 정보를 스마트폰이나 휴대전화에 저장하는 경우에도 마찬가지이다. 이러한 기기를 폐기할 때 전문가는 모든 임상 데이터가 완전히 지워졌는지 확인해야 한다(Sude, 2013).

- 정신건강전문가는 침입 탐지 소프트웨어 설치, 방화벽 사용, 백업 데이터를 저장하는 위치와 방법(Ragusea, 2012) 및 "클라우드"에 내담자 데이터 저장에 대한 윤리적 사항을 고려해야 한다(Devereaux and Gottlieb, 2012).

복사기를 사용할 때는 내담자 관련 자료를 전송할 때 주의해야 한다. 팩스 기기는 접근이 제한되지 않는 개방된 공공장소에 위치할 수 있다. 수신 사무실이 열려 있지 않으면 전송이 발생할 수 있으므로 문서가 여러 시간 동안 보호되지 않을 수 있다. 따라서 팩스를 보내기 전에 전화, 전자 메일 또는 문자 담당자가 신중해야 한다. 이 전화는 자격을 갖춘 사람이 비밀 자료를 검색할 수 있도록 한다. 이어 모든 자료가 전송된 대로 수신되도록 하는 것이 바람직하다. 또한 팩시밀리의 표지에는 다음 페이지의 내용에 대한 비밀보장에 대한 명확하고 쉽게 읽을 수 있는 내용이 포함되어야 한다. 내담자의 HIV 상태 또는 근친상간의 기록을 밝히는 자료와 같이 매우 민감한 내담자 자료는 어떤 경우에도 팩시밀리 전송에 적합하지 않을 수 있다.

전기통신을 사용한 정신건강과 기타 온라인 서비스의 윤리 인터넷은 개인 간 통신의 중요 통로가 되었으며 점점 더 많은 사람들이 친구와 파트너를 온라인으로 찾고 있다. 예를 들어 Pew Internet Research Project에 따르면 독신에 데이트하는 사람 중 38%가 온라인 데이트 사이트 또는 모바일 데이트 응용 프로그램을 사용했다(Smith & Duggan, 2013). 당연히 정신건강전문가와 내담자는 작지만, 점점 증가하는 추세로 의사소통을 위해 이 매체를 사용하기 시작했다. 대부분의 사람들은 자신의 센터를 홍보하거나(Maheu, Whit ten, & Allen, 2001; Welfel & Bunce, 2003) 고객과의 연락을 유지하기 위해 사용하지만, 몇몇 사람들은 온라인 상담, 치료 및 코칭(Chester & Glass, 2006; Heinlen, Welfel, Richmond, & O'Donnell, 2003; Heinlen, Welfel, Richmond, & Rak, 2003)에 사용한다. 이러한 치료 목적으로 인터넷을 사용하는 것은 많은 대중과 전문인

들의 관심을 끌었다(예, Hsiung, 2002, Kraus, Zack, & Stricker, 2004, Maheu & Gordon, 2000). 어떤 사람들은 원격 보건(telemental health)이 사람들에게 마지못해 다가가거나 면대면 회기에 참여하지 못하는 사람들에게 다가갈 수 있는 잠재력을 가지고 있다고 주장한다. 또한 당황스러운 내용에 대한 자기 공개를 용이하게 할 수 있다는 점에서 젊은 사람들에게 독특한 호소력을 가질 수 있다고 주장한다. 그리고 이것은 시간이 부족한 문화에서 편리한 방법이다. 또 다른 사람들은 텍스트 기반 의사소통만으로는 임상가가 사이버 내담자가 겪는 문제를 정확하게 진단하거나 효과적으로 치료할 수 있는 충분한 정보를 제공하지 못한다고 경고했다(Alleman, 2002, Childress, 1998, Rabasca, 2000). 최근의 두 가지 조사(Neukrug & Milliken, 2011; Taylor, McMinn, Bufford, & Chang, 2010)는 미국의 상담사와 심리학자 모두 내담자와의 온라인 접촉 윤리에 대한 입장에서 여전히 분열되어 있다고 지적했다. 일부 심리학자들은 단순히 활동의 윤리적 측면에 대해 확신할 수 없다고 밝혔지만(McMinn et al, 2011), 노르웨이의 심리학자에 대한 연구에 따르면 응답자의 3%만이 내담자의 온라인 접촉을 허락할 수 없다고 판단했다(Wangberg, Gammon, & Spitznogle, 2007).

원격 치료 제공자의 수를 정확하게 추정하는 것은 거의 불가능하다. 정서적 또는 관계 문제에 대해 온라인 상담이나 심리치료를 제공한다고 주장하는 사이트를 찾기 위해 일반적인 검색 엔진을 사용한 대규모 연구 결과, 일반적으로 유료로 웹에서 이러한 서비스를 제공하는 136개의 사이트가 발견되었다(Heinlen, Welfel, Richmond, & Rak, 2003). 심리학자로 자칭하는 박사급 온라인 치료사에 관한 병행연구는 전문가들에 의해 제공되는 50개의 심리치료 웹 사이트를 찾아냈다. 사실 온라인 상담의 품질이나 역량에 대해서는 알려진 바가 거의 없다(Maheu & Gordon, 2000). 특히 우려되는 사항은 비밀보장 위반이다. 암호화 방법을 사용하면 전자 메일 통신에 대한 무단 접근의 가능성이 줄어들지만 완전히 제거되지는 않는다. Ragusea(2012)가 지적했듯이 통신에 대한 위험은 임의의 해커로

부터 발생하기보다는 특정 내담자 또는 치료자의 치료적 의사소통에 의도적으로 접근하려는 일부 사용자에 의해 발생할 가능성이 크다. 직장 컴퓨터에 들어오는 모든 이메일은 고용주의 합법적인 재산이며, 고용인은 의지대로 접근할 수 있다. ACA 강령의 H.2.b—d절은 온라인 의사소통의 비밀보장 제한을 인식하고 이러한 제한 사항을 내담자에게 알리며 의사소통 및 웹 사이트에 암호화를 사용하고 일반적으로 모든 적절한 조치를 취할 수 있도록 상담사의 책임을 강조한다.

안타깝게도, 초기 연구 결과에 따르면 상담사들이 이러한 규정을 준수하지 않는다. Heinlen, Welfel, Richmond, 그리고 Rak(2003)는 연구에 참여한 상담사 중 22%만이 내담자와의 통신에 암호화 방법을 사용한 것으로 나타났으며, 심리학자 중 27%만이 암호화를 사용하는 것으로 나타났다 (Heinlen, Welfel, Richmond, & O'Donnell, 2003). 최근 실시된 연구에서도 크게 나아지지 않은 것으로 나타났다. Shaw와 Shaw(2006)는 온라인 상담 사이트의 27%가 암호화 또는 기타 방법을 사용하여 사이트를 안전하게 사용했으며, Recupero와 Rainey (2006)는 암호화 또는 기타 보안 사용 수준과 거의 동일하다고 보고했다. Yazvac(2009)은 상담사가 심리학자보다 온라인서비스에 대한 ACA 표준을 준수할 확률이 높았지만 두 그룹 모두에서 잘 준수하지 않는다고 보고했다. 전국사회복지사협회 (NASW) 윤리 기준을 준수하는 경향은 온라인 치료 사이트를 사용하는 사회복지사의 경우에도 불공평하다(Santhiveeran, 2009). Heinlen, Welfel, Richmond 및 Rak(2003)는 웹사이트의 대다수는 비밀보장을 얼마나 중요하게 생각하는지에 대한 잠재적 내담자의 확신을 제공했지만 상담사의 30%와 심리학자의 39%만이 경고하고 보호할 의무 또는 아동학대 신고 의무와 같은 비밀보장의 한계를 논의했다.

비밀보장 위반 위험을 감안할 때, 원격서비스의 수단으로 인터넷 사용을 즐겨하는 정신건강전문가는 이에 대해 신중할 것이 요구되고, 이와 관련한 연구 및 정책에 관해 알 필요가 있다(온라인 의사소통에 관한 윤리적 문제를 균형 있게 분석하려면 Rummell과 Joyce의 연구(2010)를 참조할 것). 모든 윤리강령 준수에 대한 신중한 주의가 필요할 뿐만 아니라 내담자가 서비스에 불만족스럽거나 해를 입거나 비밀보장 규정이 침해된 경우, 윤리규정을 잘 따르는 것뿐만 아니라 원격 보건서비스의 법적 위험에 대한 변호사와의 논의가 필요하다. 책임 보험 회사는 그러한 전문적인 활동이 이루어지는 경우 통보를 받아야 한다. 이러한 서비스의 위험 관리 문제에 대해서는 Baker와 Bufka(2011)를 참조하길 권한다. 2013년 APA는 APA 보험 신탁, 주및 지방심리위원회협회와 공동으로 원격 심리 실습 지침을 발행했다. 이 문서는 ACA 윤리강령의 H절의 조항과 실질적으로 겹치는 8개의 지침을 포함한다. 이 지침은 기술에 능숙하고 적절한 동의와 비밀보장 절차를 이행하고, 법적, 윤리적 및 관할구역 기준을 준수하고 의사소통의 보안에 관심을 갖는 것과 같은 심리학자의 책임을 다룬다. 또한 이 지침은 합리적인 보안 조치를 사용하고, 기록을 적절하게 폐기하며, 매체에서 심리 테스트 사용과 관련된 문제에 민감하게 대처할 것을 심리전문가에게 권고한다. ACA 윤리강령은 예를 들어, H.5.c에 제시된 온라인 활동과 관련된 세부 사항을 다룬다. 예를 들어 상담전문가는 자신의 웹 사이트에 있는 링크가 어떻게 작동하는지 확인할 책임이 있다.

전문가 대 전문가의 의사소통(Professional-to-Professional Communication) 전문가 연락망 (listserv) 또는 전문가 자문을 위한 이메일을 통해 내담자 정보를 전달한다. 이러한 통신은 가능한 한 암호를 사용하고 전문가 연락망 참여가 전문가에게만 제한되는 경우 적절한 내담자의 동의를 얻어야 한다. 전문가는 특히 신중해야 한다. 전자 메일의 내용을 다른 전자 메일로 쉽게 복사할 수 있기 때문에 문서 또는 전자 메일로 보내고 다른 사람에게 전송할 수 있다. 정신건강전문가를 위한 책임 있는 연락망 사용에 관한 추가 권장 사항은 Collins (2007)를 참조하라.

윤리와 사회 미디어 Taylor 등(2010)이 조사한 심리학자의 77%는 소셜 네트워크서비스를 사용하고 있다. 대다수의 전문가(85%)는 개인 정보 설정을 사용했다. 이러한 소셜 네트워크서비스의 사용이 직업과 관련해 어떤 이슈를 야기하는지 물었을 때 어떤 심리학자들은 내담자와 친구들을 공유한다는 사실을 발견했으며 다른 심리학자들은 그러한 문제를 피하기 위해 가능한 가장 강력한 개인정보 보호 설정을 사용한다고 강조했다(Taylor et al., 2010). 일부는 내담자보다 덜 엄격한 방법을 사용했다. 이 조사에서 언급된 다른 문제들에는 온라인 데이트서비스를 이용하는 동안 내담자나 그 가족과 접촉하는 것, 소셜 네트워크 사이트에서 심리학자에게 연락하려는 것, 블로그나 웹 사이트에서 자살이나 살인에 대한 내담자의 의견을 보는 것 등이 포함된다. 때로는 정신건강전문가들이 내담자의 소셜 네트워크 페이지(Dillio & Gale, 2011; Harris & Kurpius, 2014; Kaslow, Patterson, & Gottlieb, 2011)를 찾아내기도 한다. 다음 상황을 고려해보자.

브루스와 리디아의 사례

브루스는 약물남용 문제가 있는 내담자를 주로 상담하는 정신건강 상담가이다. 때때로 그는 내담자들의 약물남용 행동과 관련한 진술들에 대해 의심을 가지고 있다. 수회기 상담해 온 리디아라는 내담자가 자신이 두 개의 소셜 네트워킹 사이트를 가지고 있다고 이야기했을 때, 브루스는 내담자에게 이야기하지 않은 채, 이 사이트들을 살펴보기로 결심했다. 리디아가 개인 보호에 관한 어떤 조치도 취하지 않았기 때문에 브루스는 그녀가 게시한 내용들을 자유롭게 살펴보았다. 브루스는 자신의 행동이 윤리적인지에 관해 의심이 들었다.

이 상황에서 브루스는 리디아의 기록에 대한 비밀을 침해하지 않았고 권한이 없는 사람에게 그녀에 관한 정보를 공개하지 않았다. 또한 내담자가 소셜 네트워크 페이지에 대한 접근을 제한하지 않으면 내담자는 자신이 게시한 모든 내용을 다른 사람들이 볼 것이므로 그녀가 갖는 비밀보장에 기대는 합리적이지 않을 것이다. 그럼에도 불구하고 그의 행동은 직업의 윤리적 가치관과 모순되는 것으로 간주되고, 임상적으로도 효과적이지 않다. Kaslow 등(2011)에 따르면 내담자 모르게 혹은 동

의 없이 내담자의 소셜 네트워크 사이트를 조사하는 것은 내담자의 신뢰를 파괴하고 충실성 대한 전문가의 의무에 위배되는 일이다. 또한 APA 강령의 "Beneficence(유익)과 Nonmaleficencc(해를 끼치지 않음)"의 원칙과 일치하지 않는다. 내담자는 자신의 상담사가 온라인으로 자신의 정보를 검색한다고 의심하지 않는다. 온라인 검색은 내담자가 게시한 게시물의 내용에 따라 경계 위반을 나타낼 수도 있다. 비록 리디아가 그녀의 정보 보호에 대해 부주의했더라도 그녀가 개인적 관계가 아닌 전문적 관계에 있는 사람들에게 온라인 사이트에 대한 접근을 원한다는 것을 의미하는 것은 아니다. 또한 내담자가 치료 중 했던 말과 일치하지 않는 내용이 포함되었을 때 그 내용을 다루는 방법에 관해 상담사를 곤경에 빠뜨릴 수 있다. 만약 브루스가 그녀의 페이지를 검색했다고 밝히면, 치료 동맹에 균열이 발생할 위험이 있다; 만약 정보를 이해하지 못하는 경우, 그는 진전을 방해할 수 있는 비밀을 감수하게 되거나, 부주의로 검색에서 알게 된 내용을 우연히 드러낼 위험이 있다. 임상적으로 치료자가 내담자의 공개 내용의 진실성 또는 완전성에 의문을 가지고 있다면, 내담자의 신뢰, 전문적 경계, 또는 치료에 대한 내담자의 참여를 위험에 빠뜨리지 않으면서도 이러한 의구심을 조사할 수 있는 또 다른 방법이 있다. 최근의 연구에 따르면, 브루스가 리디아를 조사한 것은 드문 일이 아니었다. Lehavot, Barnett, 그리고 Powers(2010)는 설문 조사에 참여한 학생심리상담사의 27%가 인터넷에서 내담자 정보를 찾은 것으로 보고하였다. Dillio와 Gale(2011)은 학생상담사들이 지난해 만난 내담자의 16.5%에 대한 정보를 얻기 위해 구글 또는 소셜 네트워킹 사이트를 검색했다고 밝혔다. Kaslow 등의 연구는 일부는 호기심에서 벗어나기 위한 것, 다른 일부는 내담자의 진술이나 활동을 검증하기 위한 것이라고 보고하였다. 일부는 검색에 대한 내담자의 고지된 동의를 얻었지만 대부분은 그렇지 않았다. 많은 사람들은 그들의 행동이 윤리적이었는지 여부에 대해 궁금해했다. Dillio와 Gale의 연구에서 854명 참가자 중 4분의 3 이상

(76.8 %)은 그러한 활동이 자주 발생하지만 용납될 수는 없다고 생각했다. 내담자 동의 없는 온라인 검색의 비율은 Harris와 Kurpius(2014)의 최근 연구에서 약간 낮게 나타났지만, 대다수는 여전히 그렇게 행동한다. 이런 상황이 윤리적일 수 있는 것은 오직 내담자의 고지된 동의가 있을 때뿐이다(Dillio & Gale, 2011; Kaslow et al., 2011; Lehavot et al., 2010).

2014년 ACA 윤리강령은 처음으로 H.6절에서 소셜 미디어에 참여하는 상담사를 위한 윤리적 책임을 언급했다. 이 규정은 상담사가 전문적인 목적으로 소셜 미디어를 사용하는 경우 개인 페이지와 별개로 존재해야 하고, 치료 목적으로 소셜 미디어를 사용하는 것은 사전에 내담자의 동의가 필요하며, 상담사는 소셜 미디어 검토를 위해 내담자의 동의를 얻어야 한다고 규정하고 있다. 마지막으로 이 절에서는 상담사가 매체에서도 내담자의 비밀을 보호해야 한다고 강조한다(부록 A 참조).

Kolmes와 Taube(2014)는 정신건강전문가가 소셜 미디어를 사용할 때 예기치 않은 경계의 문제에 주의해야 한다고 제안한다. 설문 조사에서 온라인으로 그리고 소셜 미디어를 통해 내담자 정보를 찾는 것이 항상 전문가의 주의 깊은 검색의 결과는 아니라고 언급했다. 조사한 심리학자의 28%가 우연히 소셜 미디어 또는 구글과 같은 검색 엔진을 사용하면서 온라인에서 내담자 정보에 예기치 않게 접근한 적이 있음을 보고하였다. 이런 일이 생기면 다음 회기에 갑작스러운 발견에 대해 논의하면서 치료 동맹과 치료에 미칠 수 있는 영향을 탐색하는 것이 현명할 수 있다.

▌비밀보장과 살인-자살의 위협

2007년 4월 버지니아 공대에서 32명을 살해하고 17명을 다치게 한, 살인과 자살로 뉴타운, 코네티컷, 20명의 아이들을 포함하여 27명의 사망자를 남긴 총격 사건; 2014년 포트 후드에서 4명이 사망하고 16명이 부상당한 사건. 무수한 살인 사건이 자살로 이어지는 예들을 통해 볼 때 정신건강

전문가들은 자기 자신에 대한 위험과 동시에 다른 사람들에게 위험을 가하는 요인에 대해 다시 생각하기 시작했다. 이러한 학교 및 직장에서의 살인 사건이 발생할 때마다 광범위한 언론의 주목을 받고 있지만, 이들은 적어도 살인-자살 유형으로 볼 수 있다. 실제로 미국에서 매년 발생하는 800건의 살인-자살 중 가장 흔한 유형은 남성 범법자가 여성 친척을 쏘는 것이고, 좌절된 장기간의 친밀한 관계와 자기비난, 타인비난의 결합에 의해 동기 부여되는 것처럼 보인다(Joiner, 2014). 살인 자살의 80% 이상이 가정 폭력 혹은 고령 파트너의 건강 악화와 같은 요인들의 조합을 포함한다(Malphurs, Eisdorfer, & Cohen, 2001). 캐나다도 이와 매우 비슷하다(Gillespie, Hearn, & Silverman, 1998). 안타깝게도, 폭력의 가능성이 있는 사람들 중 정신건강서비스를 찾는 사람은 거의 없지만, 만약 치료를 하고자 하고, 치료 과정에서 폭력적인 충동을 공개하면 이러한 충동은 다른 사람에게 해를 끼치는 것보다 자해에 집중하는 경향이 있다. 그들은 우울증, 이전의 자살 시도, 약물남용 및 편집증 같은 자살과 유사한 위험 요인을 보여 주지만 충동 및 이전의 폭력적이고 공격적인 행동의 역사와 같이 다른 사람들에 대한 폭력적 위험 요인을 나타내지는 않는다(Hillbrand, 2001). 결과적으로, 정신건강전문가는 다른 사람들에게 대한 추가적인 위험에 대해 민감하지 않을 수 있다.

Joiner(2014)는 문헌과 연구에 대한 광범위한 검토를 바탕으로 자살은 항상 살인-자살의 주된 동기이고, 이 행동을 저지른 사람은 그것을 계획하고 도덕적이라고 본다. 그는 이 견해를 미덕의 추구로 간주하지만 가해자의 관점에서 그 행위가 자비, 정의, 의무 또는 영광에 기초한다는 것을 이해하는 것이 도움이 된다. 예를 들어, 아이를 죽인 다음 자살하는 부모는 아이에게 자기가 없는 좋은 삶을 상상할 수 없으므로 그녀가 자비롭고 아이에게 음침한 삶을 남겨 두지 않으려면 자살은 그녀를 위한 유일한 방법처럼 보인다.

자살 위험이 높은 사람들을 만나는 상담사와 치료 전문가에게 이것은 무엇을 의미하는가? 이는

비록 드물지만 내담자가 다른 사람에게 위험을 가하고 이것이 잠재적으로 가능하다고 밝혀질 가능성이 있음을 의미한다(Welfel, 2009). 자살과 살인이 각각이라는 생각은 어떤 상황에서는 분명히 거짓이다. 이 상황에서 전문가의 윤리적, 법적 의무는 내담자 및 위험에 처한 다른 사람들을 위해로부터 보호하는 것이다. 일반적으로 특정한 개입이 다를 수 있지만, 법 집행 기관에 알리고 내담자를 위해 입원을 요청하는 형태로 이루어질 수 있다.

▌요약

비밀보장은 효과적인 상담과 심리치료의 초석이다. 왜냐하면 다른 사람들에게 부당하게 공개되는 것을 두려워하지 않고 자유롭게 경험을 공유할 수 있기 때문이다. 윤리강령은 이것의 중요성과 전문가가 내담자가 공개한 정보를 다른 사람과 소통할 수 있는 상황을 강조함으로써 이 주제에 대해 상당한 관심을 기울이고 있다. 정신건강 및 교육서비스에 있어서의 비밀보장은 공개할 수 있는 내용과 내담자와의 계약 모두를 포함한다. 그래서 서비스를 원하는 사람들의 신원은 공공연한 지식으로부터 비밀이 유지된다. 이러한 윤리적 기준은 내담자의 자율성에 대한 존중과 약속에 대한 충성의 원칙에 근거하고 있다.

비밀보장은 종종 법률에 의해 보호된다. 많은 주 및 미국 연방 시스템에서 정신건강전문가의 내담자는 상담사가 상담에서 밝혀진 내용에 대해 법정에서 증언하는 것을 막을 수 있다. 이러한 내용을 특권적 의사소통(privileged communication)이라고 한다.

비록 일부는 범위와 적용 가능성이 매우 제한적이지만, 비밀보장에 있어 9가지의 예외 사항이 있다. 단, 모든 주에서 이러한 예외 사항이 포함되는 것은 아니다. 여기에는 (1) 내담자의 비밀 정보 공개 요청 (2) 비밀 정보에 대한 법원 명령 (3) 상담사 또는 치료자에 대한 윤리적 불만 또는 소송 (4) 내담자가 다른 사람을 대상으로 제기한 민사 소송의 일부로 치료 문제가 제기되는 경우 (5) 아동 및 노인 학대 신고와 같은 법령에 근거한 비밀 보장의 한계 (6) 자신이나 다른 사람들을 부상이나 사망의 위험에 처하게 하고 있는 위험한 내담자 (7) 미래에 범죄 행위를 저지르려는 의향을 가진 내담자(일부 주에서) (8) HIV 전염병과 같은 다른 사람의 생명을 위협하는 전염병을 가진 내담자 (9) 사망을 촉진하려는 일부 내담자.

비밀보장 문제는 자녀, 가족 및 집단상담 상황에서도 발생한다. 어린이와 청소년의 경우, 어느 정도까지 아동 내담자가 부모와 보호자로부터 비밀을 개방하는 것을 막을 수 있는가가 쟁점이다. 법은 미성년자에게 사생활 보호에 대한 권리를 거의 부여하지 않는 경향이 있다. 윤리 지침은 연령과 성숙도가 증가함에 따라 비밀을 유지하려는 경향이 있다. 일반적으로 미성년자가 성숙할수록 비밀보장의 정도가 더 커진다. 집단상담 혹은 가족상담에서도 상담사는 개인상담에서와 같은 사생활 보호 수준을 유지할 수 없다는 사실을 알고 있어야 한다. 내담자가 제3자 앞에서 개인 정보를 공개할 때 상담사는 제3자가 비밀보장을 위반하는 것을 막을 수 없다. 상담사는 집단이나 가족상담에 참여하는 조건으로 비밀보장을 모든 참가자와 약속해야 하지만 내담자는 이러한 계약이 자발적임을 이해해야 하며 상담사는 다른 구성원이 그 약속을 어기기로 결정했다면 약속을 위반하지 못하게 할 권한이 거의 없다.

비밀보장은 여러 가지 새로운 발달 상황들에 의해 위협받고 있다. 관리 의료의 민감한 내담자 정보에 대한 지속적이고 광범위한 요구들은 일단 개방된 자료를 보호하는 것에 대한 불확실성과 함께 전문가에게 매우 주요한 관심사이다. 연방 법률은 몇 가지 보호책을 제안하지만 완전하지는 않다. 두 번째로, 전자기기를 사용한 소통의 편의성과 용이성은 내담자와의 소통에 있어 매우 매력적이다. 그러나 전문가들은 이러한 기술들의 위험을 충분히 알아야 하고 내담자 정보를 보호하기 위한 조치를 취해야 한다.

▎10단계 모형을 사용한 비밀보장 사례 분석

2장에 제시된 의사결정 모형을 사용하여 다음의 사례를 고려해보자.

레이몬드의 사례

레이몬드는 18세의 대학 신입생으로 기숙사에 거주하고 있다. 그는 5명의 자녀 중에 가장 나이가 많으며 부모는 가까운 주에 살고 있다. 레이몬드는 HIV 양성으로, 유년기 시절 가족과 함께 해외에 거주하는 동안 수혈을 통해 감염되었다. 이후로 그는 특별한 증상이 없었다. 그의 부모만이 레이몬드의 HIV 상태를 알고 있다. 그들은 심지어 어린 동생이나 조부모에게도 말하지 않았다. 레이몬드는 혼란스럽고 걱정스러웠기 때문에 대학상담사를 만나러 갔다. 그는 한 젊은 여성을 만났고 그녀와 몇 번의 데이트를 했다. 그는 그녀와 성적으로 친밀감을 갖기를 원하지만 자신의 HIV 상태에 대해 말하지 않았다. 레이몬드는 공개가 그에 대한 그녀의 관심이나 진지한 관계를 원하는 그녀의 관심이 없어질까 봐 두려워한다. 그는 보다 안전한 성행동에 관한 소책자를 가지고 있으며, 이 여성과 친밀해지면 콘돔을 사용할 것이고 더 안전한 성관계를 위한 다른 지침을 따르겠다고 믿고 있다. 그는 현재 자신의 HIV 감염 여부를 누군가에게 공개하고 싶어 하지 않는다. 긴 회기를 마친 후 상담사는 레이몬드가 이 여성과 친밀해지면 안전한 성관계를 가질 가능성이 있다고 결론을 내린다. 더욱이 친밀감은 곧 이루어지지 않는다. 왜냐하면 그가 일주일 동안 그녀를 보지 않을 것이기 때문이다. 상담사는 가까운 장래에 이 여성에게 비밀보장을 위반할 윤리적 근거가 없다고 판단한다. 그 전문적인 판단에 동의하는가?

1단계: 윤리적 민감성을 개발하기

• 윤리적인 딜레마가 있다는 것에 동의하는가? 그 이유는 무엇인가?
• 누구의 복지가 상담사의 행동에 영향을 받는가? 그리고 어떻게 영향을 받는가?
• 이 사건에 대한 당신의 즉각적인 정서적, 인지적 반응은 무엇인가?
• 당신이 이와 같은 입장에 있다면 어떻게 느끼겠는가?

2단계: 사실, 이해관계자 및 사회 문화적 배경을 명확히 하기

• 당신은 어떤 이유로 이 사건을 이렇게 정의하는가? 배경은 무엇인가?
• 고려해야 할 다른 사실이 있는가? 이해관계자는 누구인가?
• 이 사건에 대해 브레인스토밍을 할 때 어떤 가능성을 찾을 수 있는가?

3단계: 중심 쟁점과 가능한 쟁점들을 확인하기

• 이 사례에 나타난 윤리적 쟁점은 무엇이고 당신이 확인할 수 있는 가능한 쟁점은 무엇인가?
• 이 상황에서 동료들이 확인할 수 있는 다른 쟁점은 무엇인가?

4단계: 전문적인 표준, 지침들, 그리고 법령을 언급하기

• 이 쟁점에 관한 윤리강령은 무엇인가? 당신은 이와 관련한 모든 강령들을 확인했는가?
• 이 주제에 관해 출판된 학회의 기준들은 무엇인가?
• 이러한 딜레마와 관련된 법이 있는가?
• 이런 상황을 관장하는 법이나 법규가 있는가?
• 당신의 자격을 관장하는 윤리적 기준이나 법이 이 쟁점을 다루고 있는가?

5단계: 윤리학자들의 의견 검토하기

• 학자들은 이 주제의 딜레마에 대한 책임 있는 해결책을 무엇이라고 하는가?
• 학자들이 동의하지 않는 경우, 어떤 주장이 가장 매력적이며 왜 그런가?

6단계: 윤리 기준 적용하기

• 이 딜레마의 윤리적 원칙은 무엇인가?

- 원칙을 고려하면 단일 대응이 되는가? 아니면 다른 대응들이 되는가? 다른 경우, 어떤 원칙이 우선순위가 되는 것인가? 왜 그런가?

7단계: 슈퍼바이저 및 다른 전문가와 상의하기

- 이 딜레마의 도덕적 해결에 대한 슈퍼바이저 혹은 동료의 견해는 무엇인가?
- 이러한 견해는 강령, 학자 및 윤리강령의 견해와 일치하는가? 그들은 어떤 면에서 차이가 있는가?

8단계: 숙고하고 결정하기

- 당신의 결정 목록들은 적합한가? 어떤 방식으로든 개정해야 하는가? 어떻게?
- 모든 정보를 축적하고, 다른 사람들의 의견을 들은 후 무엇을 결정했는가?
- 그 결정에 대한 당신의 근거는 무엇인가?

9단계: 슈퍼바이저에게 알리고 과정과 행동을 기록하기

- 당신의 슈퍼바이저에게 어떻게 알리고, 실행하고, 결정을 기록할 수 있는가?

10단계: 경험을 숙고하기

- 이런 과정을 겪은 후, 그 의미가 무엇이라고 생각하는가?
- 무엇을 배웠는가?
- 이런 경험 이후 유사한 윤리적 딜레마에 처했을 때 당신의 반응은 어떻게 달라질 것인가?
- 당신은 동료와 공유하고 싶은 알게 된 점이 있는가? 만약 그렇다면, 어떻게 당신은 가장 효과적으로 동료에게 알게 된 점을 공유할 것인가?

레이몬드 딜레마에 대한 해결책

첫째, 상담사가 선택한다는 것은 분명히 윤리문제이다. 왜냐하면 여러 사람들의 복지가 위태로워지기 때문이다. 레이몬드는 HIV 상태가 제3자에게 공개되면 해를 입을 수 있다. 그는 그 정보가 캠퍼스에 널리 알려지면 상담을 철회할 수도 있고,

그가 살고 있는 기숙사에서 피해를 입을 수 있다. 결국 상담 정보가 공개된 제3자에게는 해당 정보를 비밀로 유지할 법적 또는 윤리적 의무가 없다. 다른 학생들은 레이몬드가 게이라고 생각하고 동성애자들에 대한 공격의 희생자로 만들 수 있다. 레이몬드는 대학을 그만두거나 다른 곳으로 이사할 필요성을 느끼고 그 과정에서 해당 학기의 학점을 잃을 수도 있다. 대학에서 레이몬드가 HIV 양성자임을 공개하는 것은 그러한 질병에 대처할 수 있는 능력이 이미 약화되어 있는 레이몬드의 가족에게는 고통스러울 것이다. 레이몬드는 자신의 건강 상태에 대해 가족이 비밀을 지키는 것이 최선의 결정이며 다른 사람, 성적 파트너에게까지도 HIV 감염을 밝히지 않을 것이라고 결정할 수 있다. 레이몬드에게는 다른 부정적인 결과가 있을 수 있다. 그는 자살하거나 자기파괴적이 될 수도 있다.

또한, 레이몬드와 연애 중인 젊은 여성은 위험에 처해 있다. 만약 그들이 성적 관계를 맺고, 적절한 예방 조치를 취하지 않는다면 여성은 성적 접촉으로 인해 바이러스에 감염될 수 있다. 현재 새로운 치료법이 HIV 감염자의 평균 수명을 연장시켰지만 HIV 감염에 대한 치료법은 아직 없다.

상황이 위태로운 점을 감안할 때, 이 상황의 윤리적 딜레마는 레이몬드의 사적 생활 권리와 HIV 감염으로부터 젊은 여성을 경고하고 보호할 잠재적 의무를 위한 추가 상담의 필요성 간 균형을 잡는 것이다. 이 사건의 본질은 레이몬드가 자신의 HIV 감염 상태가 새로운 이성관계에 어떤 영향을 미치는지에 대해 매우 우려하고 있는 성인이며, 전문 상담사의 도움을 구했다는 것이다. 그는 이 시점에서 다른 사람에게 자신의 건강 상태를 알리는 것을 거부했지만 바이러스 전염의 위험성을 줄이고자 사전에 예방하려고 한다. 하지만 몇 가지 덜 명확한 사실이 있다. 첫째, 상담사는 레이몬드의 HIV 감염 여부에 대해 정확하게 확인하지 못했다. 내담자가 의도적으로 상담사를 기만하는 것은 아니지만, 그는 8년 전, 10세 때, 단지 그가 망상적이었거나 실제로 의학 정보를 이해하지 못했을 수도

있다. 더욱이 그의 가족은 그의 건강에 대해 많이 이야기하지 않은 것으로 보인다. 레이몬드가 자신의 건강 상태에 대해 잘못 알고 있을 가능성이 높다. 레이몬드와의 단일 회기에서 그의 합리성과 진실성을 판단하기에 충분하지 않을 수 있다.

둘째, 상담사는 젊은 여성이 레이몬드의 사랑을 받아들였는지, 만일 그랬다고 하더라도 성적 친밀 수준으로 관계를 진전시킬 준비가 되었는지 확신할 수 없다. 레이몬드가 데이트 경험이 부족하기 때문에 데이트 경험이 있는 일반적인 대학 신입생보다 그녀의 관심에 대해 오해할 가능성이 있다. 혹은 젊은 여성이 약혼이나 결혼 전 성적 친밀감을 갖지 않겠다는 가치관을 가지고 있을 수도 있다.

셋째, 상담사는 레이몬드가 이 여성과 성관계를 맺을 때 더 안전한 성행동을 하겠다는 약속에 대해 어떤 정보도 가지고 있지 않다. 그는 책임감 있게 행동할 수도 있고 그렇지 않을 수도 있다. 이 사실은 여성이 위험에 얼마나 노출될 것인가에 영향을 미치기 때문에 중요하다.

넷째, 보다 안전한 성행동에 관해서는 단 한 번의 성행동에서 바이러스를 전염시킬 정확한 위험은 알려져 있지 않다(Keeling, 1993). 반복되는 이성과의 성교 시 바이러스가 전염되지 않았지만 어떤 경우에는 단일 접촉 후 전염이 발생했다.

다섯째, 상담사는 성병에 대한 여성의 이해나 그러한 감염의 위험을 최소화하는 관행에 대한 여성의 인식에 대해 전혀 알지 못한다. 그녀는 레이몬드에 관계없이 안전한 성관계를 주장할 준비가 되어있을 수 있다.

여섯째, 여성 자신이 HIV 양성일 수도 있다. 이성애 청소년의 감염률이 높아지면서 이미 바이러스에 감염되었을 수 있다. 이는 통계적으로는 있을 수 없는 시나리오이지만 불가능하지는 않다. 이러한 불확실성을 종합해 볼 때, 이 상담사는 이 젊은 여성에 대해 레이몬드가 얼마나 위험한지를 잘 알고 있지 못하다고 볼 수 있다. 상담사의 선택은 다음과 같다.

- 비록 레이몬드가 이를 동의하지 않더라도 젊은 여성에게 즉각적으로 알린다.

- 상담 중 개인 정보는 비밀보장이 이루어져야 하고 내담자에게 더욱 안전한 성적 행위에 관해 교육시킨다.
- 레이몬드를 위한 상담의 목표로서, 여성에게 자신의 HIV 상태를 공개하도록 한다.
- 이 사례가 더욱 명확해질 때까지 결정을 연기한다.

ACA 윤리강령은 필요한 경우 내담자의 생명을 위협하는 전염성을 가진 질병에 대해 제3자에게 알리도록 한다. 윤리강령은 다음을 개방하는 것을 중요하게 여긴다. 개방은 강제 사항이 아닌 권고 사항이다. 정확한 표현은 "상담사는 ....을 개방하는 것이 정당하다"(B.2.c절). 이러한 표현은 윤리강령이 어떤 행동을 하도록 처방하는 것이 아님을 의미한다. 대신 강령은 자기개방을 허용하고 비밀보장을 유지하도록 하는 것이다. 다른 많은 상황에서와같이 윤리강령은 특별한 의무조항이 아닌 일반적인 지침을 제공한다.

이러한 지침을 사례에 적용하면 상담사가 상담 기간 동안 내담자와의 추가 회기를 계획할 수 있으므로 긴급히 공개할 필요가 없다. 따라서 이 강령은 지금 시점에서는 공개를 지지하지 않지만, 미래에는 공개가 정당화될 수 있다. 이 주제에 관한 또 다른 전문 문서는 상담사가 이 상황에서 비밀보장 위반을 조심스럽게 고려해야 한다는 메시지를 전하고 있다. 그리고 내담자를 해칠 수 있으므로 무분별한 자기개방은 피해야 한다. 예를 들어, 매사추세츠와 같은 주에서는 제3자에게 HIV 상태에 대해 개방하지 않도록 하고 있다. 반면 다른 모든 주에서는 이러한 위반을 허용한다. 따라서 관할 권에 따라서는 사람들은 이 딜레마에 대해 매우 다양한 방법으로 반응할 것이다.

학자들은 제3자에 대한 위험을 평가하는 것과 마찬가지로 조심스럽게 공개하는 것이 내담자에게 어떤 의미를 가질 것인지 잘 평가할 것을 제안한다. Melchert와 Patterson(1999)의 의사결정 모델은 이러한 견해의 대표적인 예이다. 저자들은 상담사의 공개가 상담 관계를 해칠 수 있고, 내담자가 자신의 HIV 상태를 공개하는 방법이나 더 안전한 성 행동을 배우도록 돕는 상담사의 잠재력을 약화시킬 수 있음을 상기시킨다. 이 주장은 이 사건에서 상담사를 동요시켰고, 내담자가 상담 초기에 자발적으로 상담에 임했음을 고려할 때 특히 매력적으로 보인다. 결국 내담자는 젊은 여성과 육체적 관계를 발달시킬 수 있었고, 상담을 다시 찾지 않았으며, 그녀에게 그의 HIV 상태를 결코 알리지 않았다. 상담사는 이 사건에서 레이몬드를 돕고, 다른 사람에게 바이러스를 감염시키지 않도록 예방할 수 있는 좋은 기회를 가졌다.

이 딜레마에 놓여있는 윤리적 원칙은 내담자 자율성 존중과 관련이 있고, 내담자와 내담자와 접촉하는 다른 사람들이 해를 피하는 것에 있다. 또한 만약 상담사가 상담초기에 분명하게 비밀보장의 한계를 설명하지 않았다면 약속에 대한 충성과 관련이 있다. 해를 끼치지 않는다는 원칙은 가장 중요한 것으로, 특히 내담자와 여성에게 미치는 잠재적 해악을 고려해야 한다. 비록 내담자의 상처가 신체적이기보다는 심리적인 것이라고 할지라도 내담자의 동의 없는 개방은 내담자를 위험하게 할 것이라는 데에는 의심의 여지가 없다. 내담자의 여자 친구가 잠재적으로 얻을 수 있는 상처는 신체적인 것이지만 HIV 감염에 노출되었다는 심리적 영향은 역시나 매우 중요하다. 그녀가 감염될 가능성은 그 사실이 공개된 후 내담자에게 미칠 위험보다는 작다. 그러나 명백히 치명적일 수 있는 해로움의 균형을 어떻게 이룰 수 있을까?

주어진 정보와 동료 혹은 슈퍼바이저와 의논한 결과 선택할 수 있는 수정된 행동 목록은 다음과 같다.

• 안전한 성 행동에 초점을 맞춘다. 그리고 레이몬드가 곧 "성행동 금지" 계약에 동의하도록 초점을 맞춘다. 만약 내담자가 이러한 조건에 동의한다면 이 시점에서 어떠한 개방도 하지 않는다.
• 레이몬드와 비밀보장의 한계에 대해 다시 검토한다. 그리고 여자 친구를 상담에 초대해 함께 이 문제를 토의하도록 그의 동의를 구한다. 만약 그가 이 방법을 거부한다면, 내담자의 정보를 그녀에게 공개한다.
• 레이몬드가 안전한 성행동을 하는 경우, 위험이 너무 낮아서 비밀보장 위반에 대한 타당성이 없다고 결정한다.

이 시점에서 가장 윤리적으로 보이는 방법이 첫 번째 것이다. 레이몬드는 상담을 필요로 하고, 지금 참여할 용의가 있으며, 더 안전한 성관계를 위해 적극적으로 행동하는 한 자신의 행동에 대한 책임을 수용할 준비가 되어있는 것으로 보인다. 또한 여자 친구가 감염될 위험은 크지 않으며, 상담사는 성적 접촉이 가능하기 전 내담자와 함께 작업할 수 있는 최소 일주일의 시간을 가지고 있다. 이 모든 정보를 감안할 때 공개는 이 시점에서 시기상조로 보인다. 사건이 전개됨에 따라 레이몬드의 태도와 행동 및 여성에 대한 위험도에 따라 결정이 바뀔 수 있다.

❖ 토론 질문

1. 캘리포니아 법원의 "대중의 위험이 시작되는 곳에서 비밀보장에 대한 특권이 끝나야 한다"는 것에 동의하는가? 그 이유는 무엇인가?
2. 아동보호서비스 기관이 비효율적이거나 과잉업무를 하고 있다는 사실이 아동 학대로 의심되는 것을 보고하지 않는 근거라고 생각하는가? 그 이유는 무엇인가?
3. 당신은 왜 정신건강전문가들 사이에서 비밀보장 위반이 자주 일어난다고 생각하는가?
4. "합리적 자살"이 가능하다고 생각하는가? 이 상황에서 보호 의무가 적용되어야 하는가?
5. 일부학자들은 법원과 관리 의료 분야에서의 비밀보장 위반에 대해 매우 우려하고 있다. 상담사가 관리 의료 회사에 불만 사항을 제출하려는 내담자나 법원의 개입을 앞둔 내담자와의 비밀보장 문제에 어떻게 접근해야 한다고 생각하는가?
6. 자녀가 부모로부터 자신의 자료를 비밀로 유지할 권리가 있다고 생각하는가?

프레다는 개인 의료 면허를 받은 정신건강전문가이다. 프레다의 전 고객인 맥시밀란은 보트 사고로 사망했다. 몇 주 후 맥시밀란의 아내 도라는 프레다와 약속을 잡아 남편이 상담에서 무엇에 대해 논의했는지 자세히 알아본다. 그녀의 남편을 갑작스럽게 잃은 것에 대한 도라의 슬픔은 여전히 강하다. 그러나 그녀는 그 사람 없이 대처하는 방법과 그 슬픔을 다루는 방법을 배우는 것처럼 보인다. 프레다는 마지막 회기에서 맥스가 아내를 얼마나 사랑했으며 그와 같은 결혼생활이 얼마나 운이 좋았던 것인지를 표현한 것을 기억한다. 프레다는 맥스가 이런 마음을 알리고 싶어할 것이고, 그의 미망인 도라가 이 정보에 대한 권리를 가지고 있다는 판단하에 도라에게 이 정보를 공개한다. 프레다는 아마도 상담에서 맥스가 말한 것을 도라에게 말하는 것에서 어떤 법도 위반하지 않았을 것이다. 그녀의 행동은 윤리적 기준에 부합하는 것인가? 회기 내용이 맥스의 좌절스러운 결혼생활에 관한 것이었다면 도라에게 회기 내용을 공개함에 있어 이러한 내용이 당신의 판단에 어떤 영향을 미치는가? 이상적인 윤리적 기준은 무엇인가?

지역 정신건강 기관의 상담사인 아비가일은 심각한 정신질환을 앓고 있는 내담자들을 상담한다. 내담자를 도우면서 경험하는 스트레스에 대처할 수 있도록 아비가일은 배우자인 마틴(마틴은 면허가 있는 상담사임)과 상담한다. 남편과의 대화에서 아비가일은 내담자의 이름을 거론하지 않지만, 문제와 치료적 개입을 자세하게 설명한다. 그녀는 이 행동이 윤리적이며 자신의 업무에 대한 스트레스에 대처하는 데 도움이 되었다고 확신한다. 또한 그녀는 마틴과의 대화가 없었다면 치료자로서 덜 효과적이었을 것이고, 이러한 행동들이 자신의 결혼생활에도 도움이 되었다고 확신한다. 아비가일은 내담자 정보를 공개하지 않았고 마틴이 비밀보장을 존중하고 상담에서의 중요성을 이해하는 정신건강전문가이기 때문에 이러한 행동이 윤리적이라고 믿는다. 당신은 윤리적 경계 안에서 행동했다는 아비가일의 판단에 동의하는가?

6장

고지된 동의

내담자의 선택의 자유를 확인하는 일

상담 및 심리치료 내담자들은 직간접적으로 전문 상담서비스를 구매한다. 내담자가 기관에게 수표를 쓰지 않더라도 세금, 상담료 또는 건강 보험료를 통해 상담서비스 비용을 지불한다. 소비자로서 모든 내담자는 이러한 서비스의 성격, 위험 및 잠재적 이익에 관한 정보에 대해 윤리적, 법적 권리가 있다. 대부분의 사람들은 신뢰할 수 있는 "제품 정보"를 얻을 수 있는 다른 방법이 없으므로 정신건강전문가 그것을 제공해야 한다. Behnke, Perlin, 그리고 Bernstein(2004)은 이러한 책임에 대해 "놀라지 않는 법(law of no surprise)"이라고 언급했다. 정보에 대한 필요성이 높아졌는데 이는 상담과 심리치료에 대한 사람들의 전제가 종종 잘못된 것이라는 사실 때문이다. 예를 들어, 사람들은 정신건강전문가 조언을 제공하고 약을 처방하거나 단 한 번의 방문으로도 그들의 고통을 경감하기에 충분할 것이라고 믿을 수 있다. (얼마나 많은 사람들이 정신과 의사와 심리학자의 차이점을 이해하지 못하는지 주의하라) 또한 상담서비스는 내담자의 정신적, 정서적, 사회적 기능에 상당한 영향을 미친다. 연구에 따르면 상담과 심리치료는 많은 인간 문제(예, Kazdin, 2008, Lambert, 2013, Seligman, 1995, Wampold, 2001 참조)에 대해 효과적으로 개입하는 것으로 나타나지만 내담자는 여전히 부정적인 결과뿐만 아니라 긍정적인 결과를 경험할 수 있다. 성공적인 개입이 이루어졌을 때에도 내담자는 정상적인 패턴, 감정 및 사회적 관계에서 불안정한 혼란을 겪게 된다. 비록 일시적이라고 할지라도 내담자에게는 그러한 일이 발생할 수 있는 가능성을 이해할 권리가 있다. 결국 상담에 관한 정보를 제공하는 가장 근본적인 이유는 권리와 의무를 가진 한 인간으로서의 내담자에 대한 존경을 나타내는 것이다.

충분한 정보를 바탕으로 한 동의 절차는 상담 전문가가 내담자를 문제 또는 진단이 아닌 한 인간으로 간주하고 있다는 것을 보여준다. 핵심적인 사실은 상담과 심리치료가 모든 것을 알고 있는 전문가에 의해 수동적인 내담자에게 행해지는 활동이 아니라 오히려 완전히 참여하고 있는, 상담 과정에 온전히 헌신할 재능과 에너지를 가진 두 사람 간의 공동 작업이라는 것이다. Pomerantz(2012)는 이러한 과정을 권한이 부여된 협업으로서의 고지된 동의라고 부른다.

고지된 동의는 두 가지 주요 측면을 가지고 있다. 첫 번째는 내담자가 상담서비스를 시작할지 여부에 대한 합리적인 결정을 내리는 데 필요한 관련 정보의 공개이며, 두 번째는 자유 동의이다. 자유 동의는 강요 또는 과도한 압박 없이 활동에 참여하기로 결정이 내려졌음을 의미한다. 완전한 정보를 제공하면 환자가 치료 참여 수준을 결정할 수 있다. 고지된 동의 요건의 근간은 내담자가 자신의 삶을 감독하고 전문가와 협력하여 필요한 변화를 일으킬 수는 자율적인 인간이라는 관점이다. 고지된 동의 요구는 정신건강전문가가 자신의 전문 지식을 사용하여 내담자가 자신의 목표를 달성할 수 있도록 돕는 파트너십으로서의 상담 및 심리치료 모델에 의존한다. 다시 말해 Knapp과 VandeCreek(2011)이 지적한 바와 같이, 고지된 동의 절차는 본질적으로 상담에 관한 의사결정을 공유하는 과정이다. 내담자는 자신과 자신의 개인적 상황에 대한 이해를 바탕으로 전문가 유용한 개입할 수 있도록 돕고, 자신의 발전 상황에 대해 상담사에게 알린다.

이 장에서는 이러한 고지된 동의가 어떻게 발전했는지에 대한 역사에서부터 고지된 동의에 대한 포괄적인 개요를 제공하고, 다음의 오해를 포함하여 고지된 동의에 관한 몇 가지 오해를 없애고자 한다.

- 고지된 동의는 초기 상담 회기에서 내담자가 양식에 서명함으로써 완성된다.
- 고지된 동의는 비밀보장의 한계에 대한 논의로 제한된다.
- 고지된 동의는 상담이라는 주된 일로부터 주위를 분산시킨다.
- 고지된 동의는 주로 법적 책임으로부터 상담사를 보호하기 위한 위험 관리 전략으로 수행된다.
- 고지된 동의는 상담 시작 후 내담자가 신속하게 이해하고 쉽게 유지하도록 한다.

이 장에서는 또한 고지된 동의에 대한 윤리강령의 입장, 윤리 원칙 및 윤리강령을 지지하는 미덕들, 고지된 동의에 대한 상담사와 내담자의 해석에 관한 연구, 그리고 윤리적, 임상적 고려 간 상호작용에 관해 기술하고 있다. 이 장의 뒷부분에서는 미성년자, 평가, 비상사태, 법정 상황 및 정신 능력이 저하된 성인에 대한 고지된 동의의 적용에 대해서도 살펴본다. 마지막으로 사례 제시로 결론을 맺는다. (연구에 대한 고지된 동의는 15장에서 논의된다)

고지된 동의의 역사

정신건강서비스에 대한 고지된 동의의 요구는 의료 판례법에서 발전되었다. 첫 번째 사례는 20세기 이전에 의사가 환자에게 의료 절차를 설명하거나 명시적인 동의를 얻지 않아도 되는 1767년(Smith & Meyer, 1987) 영국으로 거슬러 올라간다. 이 시기는 의사들의 가부장적 태도가 만연하였다. 이러한 태도는 소비자의 권리가 아직 인식되지 않는 사회에서 시작되었으며, 대부분의 시민들은 교육을 제대로 받지 못했고 해부학과 생리학에 대해 모르고 있었다. 이 관점은 Schloendorff v. Society of New York Hospital(뉴욕 병원 사회)의 판사가 1914년 "모든 건강한 마음을 지닌 성인은 자신의 신체에 무슨 일이 일어날 것인지를 결정할 권리를 가지고 있다"는 규정을 정하였을 때 변화하기 시작했다.

불행히도, 가부장적인 태도는 의료 및 상담 분야에서 계속되었다. Haas와 Malouf(2005)가 지적했듯이, 수혜자에 대한 이러한 태도는 두 가지 주요한 이유로 인해 문제가 된다. 첫째, 사람들이 자신의 진료 과정에 적극적으로 개입하지 못하게 한다. 의사가 잘 알고 있는 시스템에서 환자는 자신의 건강과 회복에 대한 책임감을 느끼지 못한다. 둘째, 그것은 오용되기 쉽다. 알지 못하는 환자는 보다 쉽게 착취될 수 있으며 비윤리적인 의사는 책임을 더 쉽게 피할 수 있다. 셋째, 그것은 단순히 유능한 성인들의 존엄성을 모욕한다.

의사가 진료의 성격과 위험성을 전달하지 못함으로써 환자를 해친다는 것을 보여준 의료 과실소송에서 환자가 승소함으로써 변화가 시작되었다. 다른 요인들도 가부장적 흐름에서 벗어나도록 촉진하였다. 나치 독일과 미국의 악명 높은 Tuskegee 실험에서의 환자 권리에 대한 터무니없는 침해는 이러한 영향을 가장 두드러지게 나타낸다(Jones, 1981). (Tuskegee 실험에서 아프리카계 미국인 매독 환자들은 40년 동안 병의 진행 과정을 관찰하기 위해 연구되었다. 이 사람들은 연구 참여의 대가로 무료 의료 혜택을 받을 것이라고 통보받았다. 그들은 그들의 진단 내용을 고지받지 않은 채 고통스러운 절차를 거쳐야 했고, 수십 년 동안 치료제인 페니실린으로 치료할 수 없었다. 많은 사람들이 잔인하고 비인간적인 치료로 인해 불필요하게 사망했다)

1970년대까지 미국의 판례법은 환자가 자신의 치료에 대한 충분한 정보를 바탕으로 의사결정을 내릴 수 있는 지식을 가질 권리가 있음을 분명히 입증하였다. 의사는 전형적으로 필요한 지식을 가지고 있는 사람이었기 때문에 법원은 의사가 그러한 정보를 제공할 확고한 의무가 있다고 판결했다. 캔터베리 스펜스 법원(1972, p. 783)은 "공개 의무는 단순히 환자의 요청에 대해 이야기하거나 단순히 환자의 질문에 답변하는 것 이상의 의미를 지니고 있습니다. 필요한 경우 환자가 현명한 결정을 내리는 데 필요한 정보를 제공하십시오." 동의 여부를 결정하는 기준은 고지된 동의에 따라 적절한 결정을 내리는데 필요한 정보인 "합리적인 인사 기준"이다(Knapp & VandeCreek, 2011). 1980년 캘리포니아주 법원은 고지된 거부(informed refusal)를 포함한 의사의 의무를 확대했다. 이 용어는 환자가 치료를 거절하는 경우 의사가 그로 인한 의료적 결과를 설명할 의무가 있음을 의미한다. 이러한 추론은 일반 시민들이 치료 거부의 함의를 정확하게 평가할 수 있는 충분한 의학적 지식을 가지고 있지 않다는 점에 근거한다. 의사는 알기 때문에 정보를 전달할 의무가 있다(Truman v. Thomas, 1980). 치료에 대한 합리적이고 완전한 정보를 환자에게 제공하는 것의 중요성은 의료 과실 사례인 Natanson v. Kline(1960)에서 나타난다. Natanson의 법원은 치료의 대안과 위험뿐만 아니라 질병의 성격, 치료 방법, 성공 가능성 및 위험도를 포함시켜 개방해야 한다고 명시했다. 1979년 또 다른 사건인 Osheroff v. Chestnut Lodge(Klerman, 1990)는 고지된 동의의 특정 구성 요소를 명확히 하는 데 영향을 미쳤다. 이 경우에는 우울증을 치료함에 있어 입원하는 것의 대안으로 정신과 의사가 약물 및 외래 치료 방법이 있음을 환자에게 알리지 않았다. 이 사건은 궁극적으로 법원 밖에서 해결되었지만, 이로 인해 대체 의학에 관해 환자에게 알리는 것이 중요하다는 것을 정신의학 분야에 널리 알리게 되었다.

이러한 유형의 정보는 오늘날 의학 및 정신건강에 있어서 고지된 동의의 주요 구성 요소이다. 적어도 4개 주(콜로라도주, 루이지애나주, 오하이오주, 워싱턴주)는 심리치료 내담자들에게 관련 정보의 공개를 의무화하는 법률을 통과시켰으며(Handelsman, 2001), HIPAA는 미국 내 의료서비스를 원하는 모든 사람에게 정보를 공개하도록 하였다. 캐나다의 주들과 캐나다 연방 정부도 모든 의료치료에 대해 고지된 동의를 요구하는 법안을 통과시켰다(Truscott & Crook, 2013). 정신건강전문가들은 이러한 명령을 업무에 신속하게 적용했으며, 윤리강령에는 상담사가 내담자와 함께 고지된 동의 절차를 개발하도록 하는 요구 사항이 포함되기 시작했다. 그럼에도 불구하고 모든 지역이 고지된 동의를 적용할 법적 의무가 있는 것은 아니다. 그러나 전문가들은 이러한 법적 판결과 내담자의 자기결정권 간의 관계를 확인하였고, 윤리강령에서의 전례들을 인정하였다. 일부 사람들은 개별 내담자들의(Pope & Vasquez, 2011 참조) 요구 사항을 고려하지 않고 의학계의 고지된 동의 방식을 상담 분야에 적용하는 것에 대해 경고했지만, 학자들은 일반적으로 동의한다.

▌ 잠재되어 있는 윤리적 원리들과 미덕들

고지된 동의의 근간을 이루는 근본적인 윤리적 원칙은 자율성 존중, 즉 내담자가 스스로 결정할 수 있는 권리이다. 유능한 내담자를 가부장적으로 취급하거나 정신건강전문가가 자기 결정권을 박탈해서는 안 된다. 앞서 언급한 바와 같이, 상담의 효과는 내담자에게 달려있고 내담자는 상담의 진행 여부를 자유롭게 선택하는데 필요한 자료를 가져야 한다. 이러한 인식은 존중의 미덕, 타인의 염려를 인정하고 그들의 존엄성을 존중하는 태도, 그리고 무해성과 정의의 원칙에 근거한다. 신뢰성의 미덕은 고지된 동의의 토대이다. 내담자가 상담서비스의 절차, 위험 및 잠재적 이점을 이해할 때, 상담서비스의 예기치 않은 불쾌한 결과에 대해 스스로 결정할 수 있다. 예를 들어, 가족 문제를 탐색할 때 수반되는 정서적 고통에 대해 사전에 안내받은 내담자는 그 고통에 더 잘 대처할 수 있다. 다른 유능한 성인을 동등하게 간주함으로써 정의는 실현되므로, 고지된 동의 과정은 필요하다. 전문가는 내담자와 함께 고지된 동의 과정을 거침으로써 모든 사람들이 자신의 삶을 관리할 수 있는 권리가 있으며 자신을 보살필 수 있음을 확인한다. 분명히 몇몇 사람들은 그러한 능력을 가지고 있지 않지만, 정의는 상반된 정보들을 이용할 수 있을 때까지 전문가들이 역량을 발휘할 것을 요구한다.

또한 내담자는 치료받기 원하는 전문가로서 취급되어야 한다. 이 권리를 존중하지 않는다는 것은 우리가 내담자를 동등하지 않거나 부족한 사람으로 취급하고 있다는 것을 의미한다. Nagy(2005)는 상담사들이 내담자에게 "만약 당신이 상담사를 처음 만난다면, 좋은 친구가 알고 싶어 할 것들을 말해 보세요"라고 이야기해 볼 것을 제안한다. 또한 연구에 따르면, 사람들은 자신의 장래 상담사에 대한 정보를 원하며 고지된 동의에 대한 정보를 제공하는 상담사를 보다 전문적이고 신뢰할 수 있는 상담사로 간주한다고 제안하고 있다(Wagner, Davis, & Handelsman, 1998; Walter & Handelsman, 1996).

효과적인 고지된 동의는 초기 상담과 관련된 불안을 줄이며 내담자가 상담에 보다 적극적으로 참여하도록 유도하는 효과가 있음이 입증되었다(Beahrs & Gutheil, 2001; Kerby, 2010). 불행히도 일부 상담사는 고지된 동의가 내담자의 상담 참여를 저해한다고 잘못 생각하고 있다(Croarkin, Berg, & Spira, 2003). 그러한 결과는 고지된 동의 절차가 잘못 처리되거나 불완전한 경우에만 해당되는 것이다.

▌고지된 동의에 대한 윤리강령들

ACA 및 APA 윤리강령에는 고지된 동의에 대한 비슷한 기준이 포함되어 있다. ACA 윤리강령(2014)에는 고지된 동의에 관한 보다 자세한 지침이 포함되어 있다. 고지된 동의가 반드시 이러한 항목들로 제한되지는 않는다는 것은 명확한 것으로, 20개 이상의 서로 다른 정보를 내담자에게 공개해야 한다(A.2.b절, 부록 ix 참조). APA 윤리강령은 몇 가지 다른 기준에서 주제를 논의하지만, 상담 및 심리치료와 관련된 대부분의 정보는 기준 3.10 및 10.01에 나와 있다.

종합적으로 고려해볼 때, 이러한 윤리강령들은 고지된 동의에 대한 윤리적 요소들을 반영하고 있지만, 2014년 ACA 표준은 A.2.a절의 고지된 동의를 위한 다른 요구 사항, 예를 들어 권리와 책임은 구두 및 서면으로 제시되어야 하는 등 다른 표준들을 제시한다. 연구자들은 여기에 몇몇 다른 주제

들이 추가되어야 한다고 권장한다. 첫째, 연구자들은 상담료 혹은 지불절차 뿐만 아니라 상담의 많은 실행 계획들이 공개되어야 한다고 제안한다(Haas & Malouf, 2005). 내담자들은 응급 상황 시 상담사와 접촉하는, 그리고 질병이나 휴가로 인해 상담을 받을 수 없는 상황에서 상담사와 일정을 잡고 조정하는 절차를 이해해야 한다. 만약 50분 상담과 같이 정해진 시간이 있다면 내담자가 이에 대해 알아야 한다. 또한 치료의 전체 기간도 알아야 한다(Fisher & Oransky, 2008). 둘째, 보험사에 상담료 지불을 요청하려는 내담자, 그리고 자료를 개방해야 하는 내담자는 상담 기록의 비밀보장의 함의에 대해 명백한 정보를 필요로 한다. 관리의료계획이 보험금 상환을 제한할 수 있기 때문에 내담자는 이러한 제한에 대해 알아야 한다.

Hare-Mustin, Marecek, Kaplan, 그리고 Liss-Levinson(1979)은 치료의 이익과 위험에 대해 논의할 때 전문가들은 치료의 간접적 영향에 집중해야 한다고 조언한다. 내담자의 변화에 부수적으로 따라오는 결과들. 예를 들어, 광장공포증 치료를 원하는 내담자는 언제 그의 광장공포증이 감소되고 정상적 활동을 할 수 있게 되는지를 이해해야 한다. 이것은 간접적으로 그의 삶에 영향을 미친다. 내담자의 나이 든 부모님은 집에 아들이 없다는 것을 불편하게 여길지도 모른다. 유사하게, 항상 남편이 집에 있던 배우자는 남편의 활동을 어떻게 다루어야 할지 난감해할 수도 있다. 내담자의 예전 행동들을 좋아하는 가족들은 상담을 받지 못하도록 할 수도 있다. 물론 성공적인 상담의 긍정적인 간접적인 효과는 흔히 있는 일이다. 이 내담자는 결혼생활에서 새로운 친밀감을 경험할 수도 있고, 혹은 그의 부모님과 보다 덜 긴장된 관계를 가질 수도 있다. 경험과 전문적인 문헌들을 통해 치료적 개입은 내담자의 기능의 여러 측면들에 영향을 미친다는 것을 알고 있는 상담사들은 내담자에게 고지된 동의 과정의 한 부분으로서 이 점을 내담자에게 설명해 줄 필요가 있다.

내담자의 문제 해결에 유용한 상담과 심리치료의 대안은 공개되어야 한다(Fisher & Oransky, 2008).

잠재적인 대안의 범위는 넓다; 약물남용 문제에 대해서는 익명의 알코올 중독 모임에 참여하는 것, 가족 혹은 집단상담, 정신 장애 진단자를 위한 향정신성 의약품, 자조그룹, 스트레스 대처를 위한 책들. 이러한 권고의 근거는 상담이나 심리치료를 선택하는 것이 다른 선택 사항을 알고 있을 때에만 자유롭게 이루어질 수 있다는 믿음이다. 상담사의 전문적인 판단으로 상담이 가장 바람직한 대안이라고 믿는다면, 의사소통이 비폭력적이고 객관적인 경우 내담자와 그 견해를 공유할 수 있다. 또한 전문가들은 상담 혹은 심리치료를 보조하는 수단으로 대안적인 개입을 자유롭게 추천한다.

심리학자들이 획기적이지만 아직 검증되지 않은 개입을 사용하고자 할 때, 이에 대해 내담자에게 말해줄 필요가 있고, 치료에 대한 동의 과정에 명백하게 이 개입방법의 본질, 위험성, 다른 가능한 대안들에 대한 이해가 포함되어야 한다(APA 윤리강령, 표준 10.01b). Fisher와 Oransky(2008)는 내담자들이 전문가가 추천하는 개입은 양질의 연구와 이론적 토대에 기초한 것이라고 믿는 경향이 있기 때문에 이러한 환경에서는 동의 과정이 강조되어야 한다고 주장한다. 어떻게 상담 개입이 혁신적이거나 실험적으로 적합하다고 판단할 수 있을까? 가장 근본적인 기준은 개입의 효과성에 관한 연구와 임상적 증거의 부재이다. 이 섹션에서 APA 윤리강령은 실험적 치료를 "일반적으로 인정된 기술과 절차가 확립되지 않은 치료"라고 정의한다.

마지막으로 전문가는 고지된 동의 절차를 통해 내담자가 고충을 제기할 수 있는 방법을 제시해야 한다(Handelsman & Galvin, 1988). 일부 주 정부의 자격관련 법은 윤리적 불만들을 제기하는 방법을 공개하도록 한다. 예를 들어, 오하이오주에서는 모든 상담사들, 결혼및가족치료사, 사회복지사가 내담자에게 규정들을 게시하거나 제공해야 하며, 그 중 일부는 내담자의 상담전문가에 대한 불만을 포함시켜야 한다. 기관에서 근무하는 상담사는 불만 처리 과정에 관한 기관의 방침을 포함시키는 것이 좋다. 이러한 정보를 전달하는 가장 실질적인 방법은 내담자가 보관하고 후에 언급할 문서 안에 이

정보를 포함하는 것이다. 또한 기관 혹은 실무자의 웹사이트에 게시할 수도 있다. 동의서에 대한 추가 요구 사항은 상담 회기 기록 및 관찰에 대한 고지된 동의를 요구하는 ACA 강령 B.6.c 및 B.6.d에 나와 있다. APA 윤리강령의 표준 4.03은 대부분 유사하지만 관찰과 관련된 요구 사항을 생략하고 있고, 상담을 받고 있는 사람의 목소리뿐만 아니라 이미지를 녹화하기 전 허락을 얻어야 하는 의무 규정을 추가하고 있다.

녹음이나 기록을 원하지 않는 고객은 거부할 권리가 있다. 마찬가지로 내담자는 언제든지 불이익이 없이 기록에 대한 동의를 철회할 수 있음을 이해한다. 만약 전문가가 상담 기록이 상담 과정에서 필요하다고 생각한다면 기록이나 관찰을 거부하는 내담자를 슈퍼비전이 필요하지 않은 상담사에게 다시 배정해야 한다.

현행 윤리강령에서는 고지된 동의와 관련된 조항이 대면상담뿐만 아니라 전자기기를 사용한 상담 형태에도 적용된다고 명시하고 있다. 따라서 상담사나 심리학자가 내담자에게 인터넷 기반 서비스, 전화 상담 또는 팩시밀리 전송을 제공하는 경우 고지된 동의 표준을 준수해야 한다. 전자 통신에 대한 추가 정보 제공 동의 조항에 대한 자세한 설명은 ACA 윤리강령, H.2절(부록 A)을 참조하라. 예를 들어 상담사는 내담자에게 통신기술 실패의 위험, 온라인 상담 교육 및 온라인 상담에 있어서의 상담사의 응답 시간을 내담자에게 알려야 한다. 많은 온라인 상담에서는 내담자를 식별할 수 있는 시각적 또는 청각적 요소가 없으므로 내담자를 식별하기 위한 수단을 사용해야 한다. H.2.d절은 내담자와의 온라인 상호작용에 종사하는 상담사가 보안을 위해 암호화를 사용하고 예방 조치를 취할 것을 요구한다(미국심리학회 보험신탁(American Psychological Association Insurance Trust)은 다음의 사이트에서 내담자와의 전자 통신에 대한 전문가 정책을 설명하는 견본 문서를 제공한다. http://www.apait.org/apait/applications/ SampleElectronic CommunicationPolicy.doc.pdf).

고지된 동의와 통보를 구별하는 것이 중요하다(Jacob & Hartshorne, 1991). 통보는 임박한 사건에

대해 사람들에게 알리는 것을 의미하지만, 그러한 사건에 대한 사전 합의를 가정하지는 않는다. 따라서 고지된 동의는 내담자들에게 그들에게 일어날 일들을 알리는 단순한 관행과는 분명히 구별된다. 통보만으로는 윤리적으로 불충분하다. 마찬가지로, 포괄적인 동의 양식을 통해 고지된 동의를 처리하려는 전문가는 윤리적 또는 법적 표준을 준수하지 않는 것이다. 다시 말해, 구체적이지 않고 다목적적인 포괄적인 구두 또는 서면 동의 절차를 사용하는 사람들은 적절한 동의를 얻지 못했다는 점에서 취약하다(Jacob & Hartshorne, 1991). 2010년 APA 윤리강령은 심리학자가 전문적 서비스에 관해 질문하고 이해할 수 있는 언어로 답변을 받을 수 있는 충분한 기회를 내담자에게 제공하도록 요구한다.

▌ 고지된 동의 및 건강 보험 이동 및 책임 보험(HIPAA)

미국 의회는 1996년에 HIPAA 요구 사항을 만든 법안을 통과시켰지만 법령에 대한 규정은 7년 동안 효력을 발휘하지 못했다. 이 법안은 치료 또는 지불 목적으로 공유될 수 있는 개인건강 (및 정신건강) 정보의 보호와 무단 접근으로부터 전자 통신 시스템을 보호하는 두 가지 주요 내용으로 구성되어 있다. HIPAA 요구 사항은 개인 내담자/환자 정보의 전자 통신에 좁게 적용되지만, 법령은 내담자에 대해 팩스, 문자 또는 전자 메일을 사용하는 모든 전문가에게 해당 규정을 적용한다. 이 법안에는 환자/내담자에게 개인 건강 정보 공개에 대한 통제권을 부여하는 동시에 내담자/환자 기록에 대한 가장 일반적인 의사소통을 용이하게 하는 두 가지 주요 목표가 있다. 다른 말로, HIPAA는 의료전문가가 사생활 보호법 고지 서류에 서명을 받도록 하고 있는데, 이는 제3자로부터 치료비를 받고, 치료를 제공하며, 의료 기관을 운영함에 있어 필요한 정보를 전송할 수 있게 한다. 내담자/환자 데이터를 보호하기 위한 다른 요구 사항과 함께 이 연방법은 모든 정신건강전문가가 내담자에

게 개인 정보 보호 관행 통보서를 읽고 서명하도록 함으로써 내담자의 명시적 동의 없이 어떤 정보가 공개되고, 개인 건강 정보가 법을 위반하는 방식으로 공개되는 경우 그들이 취할 수 있는 최후의 방법이 무엇인지를 이해하도록 한다. 정신건강전문가가 HIPAA 규정을 준수하지 않을 경우, 법은 내담자가 전문가를 상대로 민사소송을 제기 할 수 있게 한다. 이 법은 또한 HIPAA 규정의 극단적이고 고의적인 위반에 대해서 형사 고발을 하도록 한다. 전자매체 의사소통을 통한 고지된 동의에 대한 추가적인 법적 요구 조항은 HITECH(2009)에 포함되어 있다.

HIPAA 또는 HITECH을 준수하는 것이 고지된 동의를 위한 윤리강령의 대부분을 충족시키기에 충분하지 않다는 것을 아는 것이 중요하다. 예를 들어, HIPAA는 서비스의 이점과 한계 또는 상담이나 심리치료에 대한 대안을 다루지 않는다. 따라서 정신건강전문가는 고지된 동의를 위한 다른 윤리적(법적) 표준을 준수하기 위해 HIPAA 절차를 보완해야 한다. 미 보건복지부는 정신건강전문가가 HIPAA 규정을 시행함에 있어 우려하는 바를 도울 수 있도록 다음의 유용한 웹사이트를 제공한다(http://www.hhs.gov/ocr/privacy/hipaa/faq/ in-dex.html).

▌ 고지된 동의에 대한 접근들

고지된 동의를 얻기 위해 서면으로 작성되지 않은 문제에 대한 논의(개인 정보 보호 관행에 관한 HIPAA 통지 제외) 또는 추가 문서가 첨부된 논의(사본은 내담자에게 제공됨) 등 일반적으로 두 가지 기본 방법이 사용된다. ACA의 가장 최근 규정은 A.2.a절에서 고지된 동의서에는 서면 및 구두 요소가 모두 포함되어야 한다고 명시되어 있으며, APA 표준은 고지된 동의서가 문서화되어야 한다고 규정한다(APA 윤리강령, 표준 3.10.d). 자격위원회의 윤리강령에는 모든 정신건강전문가를 위한 서면 동의가 명시되어 있다. 많은 연구들(Croarkin, Berg, & Spira, 2003; Handelsman, Kemper, Kesson-Craig, McLain & Johnsrud, 1986; Sombcrg, Stone & Claiborn, 1993)은

역사적으로 여러 심리치료사들이 고지된 동의가 그 두 논의에만 전적으로 의존해 왔다고 보고하고 있다. 서면 동의서로 논의를 보완하지 않거나 동의를 문서화하지 못한 사람들은 현재의 윤리강령을 위반하고 있는 것이다. 또한 초기 논의가 끝나고 양식에 서명할 때 고지된 동의가 끝나는 것은 아니다. 모든 전문가는 상담서비스를 제공함에 있어 고지된 동의에 대해 내담자와 지속적으로 논의하고 내담자 문서에 이를 기록할 필요가 있다. ACA 강령에서 알 수 있듯이 구두 논의는 항상 고지된 동의의 일부여야 한다. 이는 전문가가 각기 다른 개인이 고지된 동의의 진술 내용에 적응하도록 하고 이 과정을 개인에 맞게 진행하고자 하는 것이다. 또한 구두 형식은 내담자가 질문하고 더 많은 대화에 참여하도록 권장한다. 그러나 구두 논의에 전적으로 의존하는 것에는 몇 가지 단점이 있다. 가장 중요한 점은 내담자가 정보에 압도당할 수 있고 그들이 듣는 것을 많이 받아들이지 않을 수 있다는 것이다. 연구에 따르면 서면 자료가 사용되더라도 건망증은 중대한 문제이다(예, Cassileth, Zupkis, Sutton Smith, & March, 1980 참조). 건망증의 위험은 내담자가 가지고 있는 스트레스 수준에 따라 증가한다. 스트레스가 꽤 큰 경우 인지적 과정이 영향을 받지만 문서가 없는 경우, 내담자가 정보를 검토했는지, 그리고 그것을 얼마나 이해했는지 확신할 어떤 방법도 없다. 마찬가지로, 구두 형식만을 사용하는 상담사는 내담자가 이를 얼마나 이해하고 기억하는지 추측해야 한다. 또한 응급 상황에서 치료사와 연락하기 위한 절차 또는 불만을 처리하기 위한 방법과 같이 내담자에게 유용한 정보의 대부분은 내담자가 특히 잘 기억하기 어렵다. 마지막 단점은 이 관행이학자들의 권고와 상충된다는 것이다. Bennett 등(2006)은 서면 문서가 급속도로 "공동체의 표준"이 되고 있다고 주장하며, 이를 사용하지 못하는 전문가는 법적인 문제 또는 윤리 관련 이의제기에서 불리한 결과를 초래할 수 있다고 경고한다. 그러나 양식을 읽을 수 없거나 고객이 서명하도록 조작된 경우, 서면 동의는 전문가를 법률소송에서 보호해주지 못한다는 것을 강

조하는 것이 중요하다(Appelbaum, Lidz, & Meisel, 1987).

고지된 동의 양식은 다양한 형태를 취하지만, Zuckerman(2008)은 다섯 가지 각기 다른 대안 형식을 제안하고 있다. 첫 번째는 내담자 정보 팸플릿이다. 여러 페이지로 이루어진 문서는 치료의 이점, 위험, 목표 및 방법에 대한 자세한 설명은 물론 비용, 길이, 실행 계획에 대한 정보를 자세히 설명한다. 그것은 참여권유, 당사자 간의 암묵적 계약, 내담자가 기대할 수 있는 돌봄에 대해 알려주는 역할을 한다(Woody, 1988).

두 번째 형식은 논의를 위해 고안된 것으로 Handelsman과 Galvin(1988)이 처음 추천하고 2004년에 업데이트된 질문 목록이다(Pomerantz & Handelsman). 질문들은 치료에 관해 전문가에게 질문하는 내담자를 위한 틀을 제공하고 내담자가 효과적인 치료 관계에서 갖는 힘과 적극적인 역할을 강조한다. 질문의 예는 다음과 같다.

- 당신의 치료의 이름은 무엇입니까?
- 상담의 결과로 내가 더 잘 지내게 된다면 이를 어떻게 알 수 있습니까?
- 응급 상황에 당신에게 어떻게 연락할 수 있습니까?
- 내가 상담료를 지불하지 않는다면 당신은 어떻게 하겠습니까?
- 보험을 사용하지 않고 비용을 지불하면 치료는 어떻게 달라질 수 있습니까?

세 번째 형식은 내담자 권리 선언이다. Bennett 등(1990)은 권장 모델을 제공한다. 이 양식은 간단하고 공식적인 경향이 있다. 또한 웹에서 사용할 수 있는 여러 모델이 있다. 캘리포니아 문서는 http://www.psychology.ca.gov/forms_pubs/consumer_guide.pdf에서 찾을 수 있다.

고지된 동의를 얻으려면 상담 계약이 필요하다. 이 계약은 참여자의 권리와 의무를 설명하며 치료를 꺼리는 내담자에게 특히 유용하다. 하지만 광범위한 추가 논의로 보완되어야 하고 양 당사자가 서명해야 한다. 마지막으로, 동의 – 치료 양식은

특정 상담 관계가 시작될 때 다른 형식이 너무 세부적일 때 가장 잘 사용되는 방법이지만, 간결하다는 것은 보완이 필요하다는 것을 의미한다. APA 보험 신탁은 다음에서 동의서 견본을 가지고 있다 (http://www.apait.org/apait/download.aspx).

이 양식들 중 배타적으로 사용하도록 설계된 것은 없다. 사실 Zuckerman과 다른학자들은 전문가들이 여러 형식을 사용하도록 권장한다. 또한 모든 사람은 동의서에 서명하고 사본을 보관해야 하며, 전문가는 내담자 파일에 대한 사본을 보관해야 한다. 이는 영구적인 기록이 된다는 점에서 강점이 있다. 치료에 대한 불만 또는 오해가 있는 경우, 양식은 고지된 동의 과정에서 치료에 관한 설명을 제공했다는 전문가의 주장을 뒷받침 할 수 있다. 내담자 양식은 또한 시간이 많이 소요되는 과정을 촉진시킬 수 있다. 고지된 동의의 내용에 대한 논의 시간이 내담자의 염려를 듣는 부적절한 시간이 될 수 있고, 초기 회기의 상당한 시간이 할애될 수 있다. 내담자 양식은 주제에 대한 내담자의 관심을 유지하고, 놓치거나 잊어버릴 수 있는 자료의 양을 줄일 수 있다. 서면 자료의 문제점은 주로 내담자의 오용과 오해에 대한 취약성에 있다. 이러한 형태의 가장 분명한 약점은 전문가가 여기에 너무 많이 의존하는 경향이 있다는 것이다. 상담사는 내담자의 손에 있는 문서가 토의를 대체할 것이라고 가정할 수 있다. 이러한 상황이 발생하면 고지된 동의는 형식적인 것이 되며 내담자의 권리는 실제로 보호되지 않는다(Pope & Vasquez, 2011; Zuckerman, 2008). 어떤 상황에서는 고지된 동의는 사무 직원이 내담자에게 문서를 건네주고 약속 전에 서명을 요구함으로써 처리된다. 또는 어떤 상황에서는 개인 정보 보호 관행에 대한 HIPAA 통지가 고지된 동의 문서를 대신한다고 가정한다. 이러한 방식은 전문가 지침의 정신과 규정 모두에 위배된다. 이것은 일부 상담사들이 고지된 동의 규정을 따르는 것이 내담자의 참여를 방해한다고 잘못 결론내리게 하는 경향을 의미하는 것이다(Croarkin et al., 2003).

또 다른 주요 단점은 내담자가 필요한 수준의 문해력을 갖추지 못할 수도 있다는 것이다. 실제로,

정신보건 환경에 대한 연구에 따르면 평균적인 고지된 동의서는 12학년(17-18세) 이상의 읽기 능력을 요구한다(Handelsman et al., 1986; Handelsman & Martin, 1992). 실제로, Handelsman 등(1995)은 사용된 고지된 동의서의 63%는 대학원의 독서 수준을, 가장 낮은 수준의 평점은 7학년 읽기 수준을 나타낸다. Walfish와 Ducey(2007)가 보고한 바와 같이 HIPAA 문서에도 같은 문제가 있다. 그들은 개인 정보 보호 문서의 82%가 12학년 읽기 수준으로 작성되었음을 지적했다. 미국 시민의 평균 읽기 수준이 고등학교(9학년)보다 낮기 때문에 많은 내담자가 문서의 대부분을 이해할 수 없다(National Assessment of Adult Literacy(2003)에 따르면 미국인 20명 중 1명은 영어를 전혀 읽을 수 없다). 특히 더 어려운 점은 심리치료의 고지된 동의서 읽기 수준이 의학 분야에서 사용되는 것보다 훨씬 높다는 것이다(예, Feldman, Vanarthos, & Fleisher, 1994 참조). 즉, 의료계 종사자들은 상담사들보다 복잡한 의학 정보를 환자가 더 쉽게 이용할 수 있도록 했다. Handelsman(2001)는 문장당 단어 수와 단어당 음절 수를 줄이자고 제안하였다. 워드 프로세스 프로그램이 정교화되면서 가독성을 개선하는 것이 더 쉬워졌다. 대부분의 워드 프로세스 프로그램에는 가독성 공식이 내장되어 있다.

마지막으로 중대한 문제는 고지된 동의가 신뢰를 발전시켜야 할 중요한 상담 초기에 내담자와 상담사 간의 거리를 멀게 할 수 있다는 것이다. 이러한 상황은 상담사가 고지된 동의를 행정적 절차로 밀어붙이듯이 다루거나 모든 내담자에게 동일한 방식으로 다룰 때 발생한다. 그들은 고지된 동의 과정을 위기관리를 위한 하나의 기법으로 고안된 텅 빈 의식으로 간주한다(Pope & Vasquez, 2011). 이러한 방식으로 내담자에게 내담자의 개별적인 요구 사항이 무시되고 있고, 서류 작업이 자신의 문제보다 더 중요하며, 상담사가 서명하라는 내용을 내담자가 실제로 이해하는지의 여부를 상담사가 신경 쓰지 않는다는 메시지를 줄 수 있다. Pope와 Vasquez는 "그 어떤 것도 내담자가 그러한 잔인한 효율성을 돕기 위해 접근하는 것을 막지 못한

다."(1998, p. 126)라고 말했다. Beahrs와 Gutheil (2001)이 말한 것처럼, 만일 고지된 동의 과정이 민감하게 이루어지지 않고 개인 내담자의 상황과 사회문화적 맥락에 맞게 조정되지 않는다면(Bennett et al., 2006), 그들은 의도하지 않았지만 도움에 대한 긍정적인 기대를 부정적 결과로 바꾸게 될 것이다. Martindale, Chambers, 그리고 Thompson (2009)은 연구에 참여한 내담자들이 때때로 엄청난 양의 고지된 동의서와 이를 읽고 응답하는 과정에서의 정서적 고통 때문에 압도당한 경우가 있었다고 보고했다.

몇몇 전문가들은 내담자에게 이러한 서비스에 관해 알리기 위해 전자 녹음기나 온라인 비디오에 의존한다. 이러한 고지된 동의에 포함되는 자료들은 내담자에게 보내져서 내담자가 심심한 시간에 보도록 하거나 사무실의 사적 공간에서 보게 할 수도 있다. 이러한 접근들은 지금 충분히 활용되고 있지 않지만 내담자가 효과적이고 익숙한 방식으로 많은 양의 정보를 흡수하도록 돕는 좋은 잠재력이 있는 것으로 보인다. 더욱이 내담자는 가르치는 도구, 즐거움의 원천으로서 이러한 고지된 동의 양식에 익숙해진다. 많은 의사들은 환자가 의학적 절차를 이해할 수 있도록 돕는 환자용 교육 프로그램을 사용한다. 환자들은 스스로 교육 프로그램을 재생할 수 있고, 여러 언어 버전으로 사용할 수 있으며, 활기차고, 서면으로 작성된 것보다 더욱 인간적인 형식이다. 이러한 형식은 내담자의 불안을 감소시키는데, 왜냐하면 그들은 회기가 시작하기 전 전문가에 대해 미리 알아볼 수 있기 때문이다. 정신건강전문가들은 점차 그 수가 증가하고 있기 때문에 자신의 웹사이트나 소셜 미디어에 고지된 동의와 관련된 정보, 즉 상담서비스의 계획, 직업 관련 자격증, 전문가의 주요 영역, 그리고 보험 지불과 관련된 정책과 절차 등을 포함한다. 이러한 모든 과정은 내담자가 상담을 준비하고, 초기 회기에서 동의와 관련된 부담을 감소시키는 점에서 도움이 된다.

고지된 동의를 활성화시키는 방법을 고안함에 있어 과정이 지루해지거나 압도되지 않도록 하는,

효율적이고 재미있는 방법에 관한 많은 정보를 소통할 수 있는 전문가가 필요하다. 고지된 동의는 초기에 완성되어야 한다는 신화를 뒤집음으로써 내담자가 편안하게 이러한 모든 정보를 수용하도록 돕는다. 고지된 동의는 과정이지 일회성 행사가 아니다. Marzillier(1993)는 동의가 상담 초기에 "치료 자체가 아닌, 치료의 장래성을 탐색하고자 하는 내담자의 의지"가 담긴 논의를 대변하는 것이라고 말함으로써 이러한 생각을 잘 드러내고 있다(p. 36). 과정은 첫 번째 만남에서부터 진행되어야 하지만 상담이 끝날 때까지 끝나지 않는다. 예를 들어, 상담 과정 중 상담 선택 사항이 등장하는 경우, 전문가는 새로운 치료 방법에 내담자의 동의를 얻을 필요가 있다. 노련하고 정중하게 치료가 이루어질 때 동의는 신뢰와 치료적 진전에 장애물이 아닌, 내담자의 존엄성에 대한 존중의 상징, 그리고 전문가와의 적극적인 협력을 위한 초대의 상징이 된다.

윤리적, 임상적, 그리고 다양성 존중의 상호 작용

상담의 다른 모든 윤리적 측면과 마찬가지로, 고지된 동의 과정은 좋은 임상적 판단을 필요로 한다. 내담자가 위기에 있거나 큰 스트레스 상황에서 특히 중요하다. 예를 들어, 위기에 있는 내담자는 위기에 대해 논의하기 전 비밀보장의 본질과 한계에 대해서만 들을 준비가 되어있을지도 모른다. 고지된 동의의 모든 측면에 대한 긴 설명은 정신건강이나 웰빙이 위기에 있는 내담자에게 역기능적인 것이 될 수 있다. 그러나 위기 상황의 경우, 충분한 논의를 미루는 것이 더 나은 것이지 논의 자체를 생략하는 것이 아니라는 점은 중요하다. 드문 경우이지만 고지된 동의를 위한 시간이 없을 수 있다. 다음의 상황을 고려해보자.

제리의 사례

36세 남성이 상담실 문을 두드린다. 그녀가 문을 열었을 때, 그 남성은 소리쳤다. "제발 도와주세요! 제

차 트렁크에 총을 실어놓았는데, 저는 저 스스로를 죽일 거예요." 그 남성은 두려워했고, 가난해 보였으며, 잠을 자지 못한 상태였고 필사적으로 도움을 요청했다. 차는 30피트 떨어져 있는데 남성은 여전히 손에 열쇠를 쥐고 있었다. 심리학자는 즉각적으로 그 남성을 안으로 초대했고, 그에게 괴로움에 대해 더 이야기해보라고 요청한다. 45분 정도 후, 남성은 차 열쇠를 내려놓았고, 입원에 동의했으며 자신의 자살 충동에 대해 도움받기를 원했다. 30분이 더 지난 뒤, 응급차가 도착했고, 남성은 응급차를 타고 떠났다. 어떠한 고지된 동의 과정도 일어나지 않았다.

이런 경우, 심리학자는 고지된 동의에 대한 논의를 하지 않았기 때문에 윤리적이지 않은 것인가? 만약 심리학자의 전문적 판단에 의해 남성의 자살 충동에 대한 관심을 지연시키는 것이 높은 자기-파괴의 위험성을 높이는 것이라고 생각했다면 이는 부정적이다. 그녀의 가장 중요한 의무는 최선의 이익과 안전을 보호하는 것이다. 그녀는 남성의 관심을 다른 문제로 돌림으로써 그를 위험에 빠뜨릴 것이라고 생각했다면, 그리고 다른 유능한 전문가들도 비슷한 상황에서 같은 판단을 했을 것이라고 생각했다면, 그녀의 판단은 완전히 정당화될 수 있고 충분히 윤리적이다. 법학자들은 그의 행동이 심리학자들과 대화하기로 합의한 것을 암시하는 한 그 남성이 명백한 동의를 한 것이라고 제안한다 (Bray, Shepherd, & lays, 1985). 그러한 상황에서 고지된 동의를 미루려는 심리학자의 결정에 의문을 제기하는 사람들이 있다면, 고지된 동의의 적절성을 평가하기 위한 법적 표준은 합리적인 사람이라면 그 상황에서 알고 싶은 것을 전문가가 제공하는지와(knapp & VandeCreek, 2011), 또 다른 유능한 전문가의 경우 같은 상황에 직면한다면 어떻게 행동할 것인지가 고지된 동의의 적절성을 평가하는 표준이 된다.

진단은 치료의 기간, 잠재적인 이익과 위험을 논의하는 데도 필요하다. 정신과 의사의 이름이 있다는 사실을 알게 되면 불안감이 발생하게 되므로 내담자에게 알려야 하는 것들과 그것이 초래하는 불편감 간의 균형을 맞출 필요가 있다. 예를 들어, 자녀가 주의력 결핍 장애로 진단받았다는 것을 알게 된 부모는 이로 인해 크게 고민할 수 있다. 마찬가지로 상담의 위험과 이점에 대한 정보를 제공할 때 정신건강전문가는 치료 성공률에 대한 연구 증거뿐만 아니라 변화를 희망하고 낙관적인 미래를 원하는 내담자의 욕구를 고려해야 한다. 내담자는 종종 두려움과 비관적인 느낌을 주는 상담서비스를 접하게 되고, 지나치게 위험과 부정적 결과를 설명하려고 하는 전문가는 상담이 시작되기도 전에 내담자가 상담이 도움이 될 거라는 희망을 포기하게 만들 수 있다. 상담사는 자료에 대한 내담자의 해석을 평가해야 하고 내담자가 상담의 여러 측면을 보도록 도와야 한다. 목표는 상담에 대한 내담자의 관심과 헌신을 흐리게 하지 않고 내담자의 이해를 극대화 할 수 있는 정확한 정보를 제공하는 것이다. 이러한 과정은 Johnson-Greene (2007)의 주장과 일치하는데, 매우 빈번하게 고지된 동의는 비교적 내담자가 전문적 관계에 들어감에 있어 관심을 두지 않는 주제들에 초점을 맞추고 있다.

고지된 동의에 대한 또 다른 임상적 고려 사항은 고지된 동의에 필요한 일부 정보가 첫 번째 회기에는 정확하게 알기 어렵다는 것이다. 유효한 진단은 수 회기가 지나야 이루어질 수 있고, 치료의 길이와 강도에 대한 믿을만한 결정이 접수면접 때는 거의 이루어질 수 없다. 마찬가지로, 제시되는 문제를 해결할 수 있는 상담 기술 및 절차가 때로는 명확하지 않은 경우도 있다. 윤리강령은 이런 현실을 인식하고 정신건강전문가가 고지된 동의에 대해 얼마나 집중적으로, 빈번하게 논의할 것인지 전문적 판단을 활용하길 권고한다.

고지된 동의의 윤리적 측면과 관련 있는 최종적인 임상적 고려 사항은 일부 내담자가 질문하거나 전문가가 동의하지 않는 것을 꺼리는 경향이 있다는 것이다. 내담자는 종종 정신건강전문가를 보통 사람들이 존경해야 하는 권위를 갖는 전문가로 간주한다. 더욱이 내담자는 자신의 치료자가 그들을 승인해주기를 희망한다. 따라서 내담자는 자신들이 이해하지 못하는 고지된 동의의 측면들에 대해 질문하지 않을 수 있고, 제안된 개입방법을 거절하려는 경향성을 스스로 검열할 수 있다. 따라서 전문가들은 혼란 혹은 저항의 비언어적 표시에 민감해야 하고, 상담서비스에 대한 진술한 동의가 이루어질 수 있도록 신뢰와 수용을 확고히 해야 한다. 내담자가 만족감을 갖는 것은 임상적으로 성공할 기회를 증가시키고, 진술하게 고지된 동의에 타협하도록 한다. 내담자와 상담전문가가 인종적, 문화적, 혹은 사회적 계층 등의 문화적 배경이 다를 때, 내담자가 질문하는 것을 편안하게 느끼고 정보가 내담자에게 잘 이해되는 방식으로 소통되고 있다는 것을 확실하게 하는 것은 더 중요하다. ACA 윤리강령은 A.2.c절(부록 A 참조)에서 이러한 책임을 강조한다.

▌소수자들과 특별한 집단에의 적용

비밀보장 문제와 마찬가지로 고지된 동의는 특정 인구 집단에서 더욱 복잡하다. 어린이, 청소년, 그리고 인지 능력이 손상된 사람들은 합법적으로나 윤리적으로 동의하는 것이 불가능하기 때문에 고지된 동의 과정이 매우 복잡하다. 그들은 자신이 상담을 선택한 것이 어떤 의미를 갖는 것인지 스스로 충분히 이해하지 못한다. ACA 윤리강령(A.2.d절, 부록 A)은 동의하는 것이 전제조건이 아닌, 상담사가 상담에 대해 공식적으로 동의를 할 수 없는 사람들로부터 "동의를 구한다"는 표현을 쓴다. '구한다'는 표현에 주목하라. 이 절은 또한 가족의 권리와 책임을 강조한다. APA의 윤리강령 표준 3.10.b.도 심리학자들에게 동의를 "구하도록" 조언하고 있고, 독립적으로 동의를 할 수 없는 사람들에게 최대의 유익이 될 수 있는 방식으로 행동할 것을 조언한다(부록 B).

소수자들

법률에 따라 미성년자는 일반적으로 지역 사회 기반 치료에 대한 고지된 동의를 할 수 없다. 최소한 한 명의 부모 또는 보호자가 대신 동의해야 한다(13장의 학교 상담에서의 고지된 동의에 관한 추가적 논의를 참고). 부모 중 한 명이 부모의 권리를 박탈당하지 않은 한, 양 부모의 동의를 얻는 것이 좋다. 5장에서 논의된 바와 같이, 어떤 상황에서는 청소년이 치료에 동의하도록 허용될 수 있다. 미성년자는 가족으로부터 합법적으로 해방되거나 법령에 따라 권리가 부여되는 경우 부모의 동의 없이 치료를 받을 수 있다. 동의를 위한 윤리강령은 제시된 정보를 이해하고 이를 바탕으로 행동을 자유롭게 선택할 수 있는 내담자의 역량을 기반으로 하기 때문에 법적 기준보다 유연하다. 청소년이 성숙한 나이에 가까울수록 그러한 이해력과 선택할 수 있는 능력을 발휘할 확률이 높아진다. 발달적 요인들, 윤리강령들, 그리고 법적 요구들 간의 상호작용과 관련하여 대부분의 윤리학자들은 소수자들에게 상담 동의를 얻기 위해 ACA와 APA 윤리강령의 권고에 따르도록 한다. 청소년이 성숙해감에 따라 합의는 거의 고지된 동의 절차를 따라야 한다. 상담에 합의하는 것은 상담사가 돌봄에 대한 결정에 청소년 자기 스스로를 포함시키는 것이 필요하고, 가능하다면 상담함에 있어 청소년의 동의를 구하는 것을 필요로 한다(DeKraai et al., 1998; Koocher & Keith-Spiegel, 1990; Melton, 1981). 윤리강령은 동의를 얻는 선의의 노력이 필요하지만 그래도 필수는 아니라는 것을 의미한다. 그러나 학자들은 그것이 임상적, 윤리적으로 가치가 있는 건전한 실천이라고 분명히 주장한다. 이러한 행동에 내재된 윤리적 이상은 나이 또는 환경에 관계없이 그 사람의 타고난 존엄성을 존중하는 의사소통이라는 것이다. 실제 상담을 이해하지 못하고 어떻게 참여해야 하는지 잘 알 수 없을 때 어린이와 청소년은 치료 목표를 위해 협력할 수 있는 내담자가 될 가능성이 적어진다. 동의 과정이 없을 때, 그들은 목표에 대한 책임감이 사라진다. 동의는 부모의 동의를 위한 대용품이 아닌 보완물임을 기억하는 것이 중요하다. 이 규정의 목적은 아동치료사에게 양 당사자의 권리와 선호를 최대한 존중하도록 하는 것이다. 궁극적으로, 자녀의 이익은 부모의 선호와 미성년자인 자녀의 이해관계가 상충되는 경우 최우선적으로 고려된다.

사만다의 사례

사만다는 12세의 중학생으로, 부모는 지역 정신건강 센터에서 사만다의 상담사를 구하고 있다. 그녀의 부모는 이웃에 많은 갱단이 있기 때문에 염려하고 있다. 게다가 사만다는 갱단에 속한 아이들과 시간을 보내는 것처럼 보인다. 사만다는 남자 친구가 있는데 부모는 사만다가 성적인 행동을 하기 시작했다고 이야기하는 대화를 엿들었다. 사만다는 시험 점수가 상당히 높음에도 불구하고 평균 성적을 받는다. 그녀는 부모, 선생님, 친구들과 충돌하지만 법적인 문제는 없다. 부모는 상담사에게 사만다를 평가하고 상담을 제공해 주기를 원한다. 또한 그녀의 부모는 동의를 열망하고 있다. 그러나 사만다는 상담에 관심이 없다. 그녀는 자신은 학생을 전혀 이해하지 못하는 지루한 선생님과 과잉보호하는 부모님을 갖고 있는 보통 아이라고 생각한다. 그녀는 초기 회기에서 치료에 동의하는 것을 거절한다; 비록 그녀는 상담에 "나타날 것"이라고 말했지만 그녀는 변화를 원하지 않는다. 상담사는 사만다가 몇 가지 중요한 행동 문제로 위태로운 상태에 있다고 믿고 있다.

자녀가 즉각적인 동의를 거부하는 경우, 상담을 계속 진행하는 것은 비록 임상적 가치를 고려해야 하는 경우라도 비윤리적인 것은 아니다. 이러한 상황에서, 상담사는 가족과 긴밀히 협력하여 자녀가 자발적으로 상담에 참여하는 것이 중요하다는 것을 인식하도록 돕는 것이 좋다. 그동안 전문가는 가능한 한 빨리 동의를 얻을 수 있도록 자녀와의 신뢰 쌓기를 계속해야 한다. 궁극적인 기준은 자녀의 최선의 이익에 가장 적합한 행동이다. 상담에 참여하는 것이 자녀에게 도움이 되지 않는다면 어떤 상담사도 치료를 계속해서는 안 된다.

미성년자 동의에 관한 연구는 주로 청소년에게 초점을 맞추고 있으며, 심리학자 수가 증가함에 따라 심리치료에 참여하는 청소년의 동의를 확보하는 비율이 높아지는 것을 발견했다(Beeman & Scott, 1991; Taylor, Adelman, & Kaser-Boyd, 1984). 1991

년까지, 아동 심리학자의 70%는 부모의 동의와 함께 아동의 동의를 얻었다는 연구 결과가 보고되고 있다(Beeman & Scott, 1991).

상담에 대한 미성년자와의 동의(그리고 부모의 동의)는 정신건강서비스에 대한 아동의 기대와 부모의 기대의 차이점에 대한 연구 결과에 의해 더욱 중요하게 간주된다. 예를 들어, Hawley와 Weisz (2003)는 치료를 받는 미성년자의 76%가 부모와 상담에 대해 완전히 다른 목표를 가지며, 참여자의 절반 이상이 도움을 얻고자 하는 문제 영역에 동의하지 않는다고 보고했다.

감소된 능력을 가진 사람들

대부분의 법률 시스템에서 성인은 반대 증거가 존재할 때까지 동의할 권한이 있다고 가정한다. 전문가는 때로 중대한 발달 장애, 중증 치매 또는 급성 정신병을 가진 내담자를 만나기도 한다. 어떤 사람들은 치매의 초기 단계에서 일어날 수 있는 것처럼 능력을 상실한다. 이러한 내담자들을 가리켜 현재 그들에게 영향을 주는 사건들을 이해할 수 없다는 것을 의미하는 "감소된 능력"을 가졌다고 한다. 이해가 없으면 정보에 입각한 선택을 할 수 없다. 또 다른 사람들은 대리인의 동의하에 그들을 위해 선택해야 한다. 보통 가족이나 법원이 지정하는 보호자가 이 역할을 담당한다. 대리 동의를 제공하는 사람이 누구인지 관계없이, 전문가는 대리인과 함께 동의절차를 진행해야 한다. 또한 전문가는 내담자가 참여할 수 있을 만큼 최대로 의사결정 과정에 내담자가 참여하도록 할 책임이 있다.

내담자의 동의 능력이 문제가 될 때, 현명한 방법은 의심하는 것의 이익을 최대한으로 전달하고, 전달한 내용을 내담자가 얼마나 이해했는지 내담자의 이해 정도를 주의 깊게 살펴보는 것이다. 또한 전문가는 객관적으로 내담자의 역량을 평가할 능력이 있는 동료와 상의해야 한다. 목표는 내담자를 온정적으로 대하는 것을 피하고 내담자의 지적 기능을 신중하게 평가하는 것이다(치료에 대한 동의 능력을 평가하는 전략에 대한 유용한 정보는 Moye, Karel 및 Armesto(2007) 참조). 내담자의 선택의 자유를 제거하는 것은 가볍게 생각해서는 안 되는 것이다. 내담자의 동의 능력이 일시적으로 손상되면(예, 중독이나 급성 신체 질환에 의해) 전문가는 내담자의 정신 기능이 정상으로 돌아올 때까지 동의를 지연해야 한다(Kitchener & Anderson, 2011). Adams와 Boyd (2010)는 지능 장애가 있는 사람들도 여전히 상담 서비스를 필요로 하고 상담으로부터 혜택을 누릴 수 있기 때문에 상담사와 치료사는 이러한 사람들과 함께 일하는 것을 주저해서는 안 된다.

▌법원의 위임하에 이루어지는 상담

지난 50년 동안 정신건강전문가들은 법원에 더 많이 관여하게 되었다(Brodsky, 2011; Stokes & Remley, 2001). 판사들은 그들 앞에 오는 사람들을 위한 정신건강 돌봄의 가치를 알게 되었고, 법률적인 문제가 정서, 관계, 혹은 약물 중독 문제에서 비롯된 사람들을 위한 상담을 빈번히 의무화하였다. Shearer(2003)는 법원 명령에 의한 상담을 "윤리적 지뢰밭"이라고 언급했지만 다른 사람들(예, Rooney, 2001)은 법원 명령에 의한 치료를 윤리적으로 수행하는 방법을 찾는 것에 대해 더욱 낙관적인 입장이다. 보통 피고는 범죄나 민사 처벌, 그리고 상담 중에서 하나를 선택하게 된다. 법원의 많은 피고인이 상담을 선택한다. Brodsky(2011)는 이것을 "홉슨의 선택"이라고 부르며, 다른 대안을 받아들일 수 없기 때문에 상담을 선택하게 된다. 지난 과거와 현재의 어려움은 그들이 고통에 대처하고, 대안 행동을 배우며, 건강한 관계를 수립하도록 도와주는 개입이 필요함을 강조하는 것이다. 그러나 상담에 참여하는 상황에 따라 상담 선택이 진정으로 자유롭게 이루어졌는지를 평가하고자 하는 질문이 제기된다. 다음 질문을 고려하라:

- 감옥이 유일한 대안이라면, 상담은 자발적으로 선택된 것인가?
- 자녀 양육권을 잃게 된다면 부모는 상담을 받는 것이 강요에 의한 것이라고 느낄 것인가?
- 세 번째 또는 네 번째 체포 이후 체포된 운전자는 일시적으로 면허를 잃고 상담을 하는 것 대신 영구히 운전 면허를 상실하는 것을 선택할 것인가? 만약 그렇지 않다면 정말 선택의 여지가 있는 것인가?
- 진행되는 상황에서 다른 대안 대신 상담을 선택하는 내담자는 자발적이고 동기가 있는, 적극적으로 참여할 준비가 되어 있는 내담자인가?
- 정신건강전문가는 치료를 "최악의 대안"이라고 보는 내담자와 어떻게 신뢰를 쌓고 치료 성과를 측정할 것인가?

위의 질문들은 고지된 동의의 일반적인 정의와 법원에서 사용되는 정의 사이의 모순을 생각해보도록 한다. 일반적으로 고지된 동의는 능력(듣는 것을 이해하는 능력), 이해력(정보의 특성에 대한 이해), 자발성(자유롭고 강요되지 않은 선택)에 근거한다. 합리적이지 않은 사람이 선택할 때 자발성은 위험하다. 이러한 관행은 Warwick와 Kelman(1973)의 조작에 대한 정의에 부합한다. "자유로운 선택이라는 외관을 유지하면서 다른 것보다 특정한 것이 더 선택되는 방식으로 선택을 구조화하는 것"(p. 403) 이러한 상황에서 상담사의 딜레마가 있다. 자발성 여부에 관계없이 내담자를 받아들여야 하는가, 혹은 모순은 즉시 지적되어야 하는가, 그리고 내담자가 자신의 운명을 더 잘 결정할 수 있을 때까지 상담을 늦춰야 하는가?

이러한 상황에 대한 어떤 확고한 규칙은 없다. ACA 윤리강령은 비밀보장의 한계는 상담을 의무적으로 받아야 하는 사람과 공유할 정보의 내용이 함께 반드시 설명되어야 한다고 명시하고 있다. 의무적인 상담을 위임받은 사람은 상담서비스를 거절할 권리를 가지고 있다는 것을 계속해서 명확히 한다. 그러나 만약 거절한다면, 상담사는 거절함으로써 일어날지도 모르는 결과를 설명해 주어야 한다. 다시 말해, 내담자는 거절하는 것을 항상 자유롭게 느끼는 것은 아니기 때문에 여기에는 전문가의 판단이 작용한다. 상담이 내담자에게 좋지 않을 수 있는 동의 과정에서의 결손을 평가하는 것이 주요 작업이다. 사람들이 스스로에게 물으며 일종의 손실─이익을 분석하는 것이 핵심이다. "자유로운 동의 없는 상담은 해가 되는가?", "이렇게 타협된 상황에서도 치료를 제공하지 못하면 치료를 제공하는 것보다 더 큰 해를 끼칠 가능성이 있는가?", "나는 내담자가 의무적인 상담에 내재되어 있는 불신을 극복하도록 도와줄 수 있는 기술, 열정, 태도를 가지고 있는가?" 이러한 질문들에 대답함으로써 마침내 상담사는 결정할 수 있게 된다. 정신건강전문가는 개방적인 태도로 미래 내담자에게 접근하는 것이 중요하다. 전문가의 부정적인 기준 때문에 어려운 과정이 사실상 불가능해지는 시나리오를 설정함으로써, 매우 빈번히 내담자들은 아무도 원하지 않는 내담자가 된다(Brodsky, 2011, p. 9).

어떤 경우에라도, 전문가는 적절하게 정보를 개방하고 내담자가 확실하게 이해하게 하는 고지된 동의 과정을 거칠 필요가 있다. 의무로 상담을 받아야 하는 내담자에게 상담 내용을 어느 정도까지 공개할 것인가에 대해 내담자에게 명확히 해야 한다. 정신건강전문가의 궁극적인 목적은 권리를 침해하거나 시민의 위엄을 훼손하지 않고 상담으로부터 도움을 받는 시민들을 위한 상담서비스에서 법원의 이익을 촉진하는 방법을 찾는 것이다. 전문가들은 사람들이 강제적으로 참여를 하는 때라도 상담으로부터 이익을 얻을 수 있고, 상담을 받지 않는 같은 상황에 놓인 사람들보다 더 낫다는 증거에 의해 격려될 필요가 있다(Keaton & Yamatani, 1993; Peters & Murrin, 2000). 연구들은 의무 상담을 위임받은 내담자는 그들이 변화될 필요가 있는 정신건강 문제를 가지고 있고, 상담을 받으라는 명령을 받았다(Rooney, 2001). 결과적으로 상담사들은 위임받은 내담자는 상담에 적대적이거나 참여하지 않으려 한다고 가정해서는 안 된다. 그들은 강요받는다는 느낌 때문에 더 큰 위험에 봉착해 있고, 동기가 없지만 그들이 절망적인 것은 아니다. Rooney(2001)는 고지된 동의 과정에서 정직과 직접적인 의사소통의 가치를 강조함으로써 위임받은 내담자는 상담에 대해 알게 되고 그들의 참여가 어떤 의미가 있는지 알게 된다. Brodsky(2011)는 의무적인 상담을 위임받고 주저하는 내담자와 작업하는

데 유용한 자료다.

APA 윤리강령 표준 3.10.c는 내담자가 법적으로 의무 상담에 위임될 때 전문가는 내담자에게 제공받게 될 서비스, 서비스의 순서, 그리고 비밀보장에 대한 한계에 대해 알릴 책임이 있다.

▎평가에서의 고지된 동의

모든 상담과 심리치료에는 어떤 형태의 평가, 내담자 요구에 대한 평가 또는 내담자 문제 진단이 포함된다. 결국 전문가는 확인된 문제만 치료할 수 있다. 10장에서 더 자세히 설명되어 있지만, 평가 과정은 실무자의 윤리적 문제로 가득 차 있다. 따라서 전문적인 윤리강령은 고지된 동의 및 기타 측면에서 평가 윤리에 대해 광범위하게 설명한다. ACA 윤리강령, E.3절, 부록 A를 살펴보라. 또한 APA 윤리강령 9.03 표준은 평가 동의에 대한 광범위한 지침을 제공한다. 부록 B를 참조하라.

상담 및 치료에 대한 윤리적 요구 사항과 동등하게, 이러한 표준들은 상담을 시작하기 전 평가를 하는 목적과 평가 결과를 활용하는 것과 관련한 정보에 대한 내담자의 권리를 강조한다. 만약 법원이나 기타 법적 기관이 재판받을 사람의 적합성을 결정하기 위한 평가를 명령했다면, 내담자는 그 평가를 거부할 권리를 가지고 있고 또는 다른 쪽에 자료를 공개할 권리를 가지고 있다. 이러한 윤리강령은 표준화된 교육적 혹은 심리학적 검사가 사용될 때, 혹은 정서, 혹은 정신 장애에 대한 진단이 주어졌을 때 명백히 적용된다. 또한 전문가 내담자에 대한 평가를 진행하고 결과를 내담자 자료에 남기거나 혹은 다른 사람들에게 내담자 기록을 전달할 때마다 적용된다.

▎고지된 동의에 관한 연구 결과들

심리치료에 있어서의 고지된 동의에 대한 연구는 고무적이기도, 실망스럽기도 하다. 한편으로 연구자들은 고지된 동의가 내담자와 치료자에게 도움이 된다는 사실을 발견했다. 책임감 있는 고지된

동의 과정을 경험한 내담자는 자기 개방을 보다 긍정적으로 간주하고, 상담 결과에 대해서도 보다 낙관적인 기대를 하는 것으로 보고된다(Good year, Coleman, & Brunson, 1986). 또한, 성인 내담자는 고지된 동의를 신중하게 진행하는 상담사를 더 신뢰하고 전문적이라고 본다는 몇몇 증거가 있다(Sullivan, Martin, and Handelsman, 1993). 마찬가지로, 부모는 고지된 동의 정보를 높이 평가하고(Jensen, McNamara, & Gustafson, 1991), 정신건강전문가가 그 정보를 제공할 것을 기대한다. 전문가의 관점에서, 많은 심리학자들은 고지된 동의를 초기에 완성하는 활동이 아닌, 진행 중에 있는 과정으로 정의하는 전문적인 윤리강령에 어느 정도는 동의하는 것으로 보인다(Pomerantz, 2005). 이 연구에 참여한 전문가들은 모든 부분에서 고지된 동의가 이루어지기 위해서는 적어도 3회기가 필요하다고 생각하는 경향이 있다.

한편, 연구 결과에 따르면 윤리적, 법적으로 고지된 동의를 의무적으로 준수하는 것은 일관적이지 않다. 더욱이 진행 중인 고지된 동의 절차 중 일부는 고지된 동의의 정신을 살리는 것이 아닌 단지 형식적으로만 충족시키는 것처럼 보인다. 고지된 동의에 관한 심리학자들의 관행과 태도에 관한 연구에서, Somberg 등(1993)은 참여자의 대부분이 몇 개의 필수 요소들을 생략한다는 것을 발견했다. 단지 59.5%만이 모든 내담자와 비밀보장의 한계에 대해 논의했다고 지적했고 참여자의 33%만이 치료의 위험, 기간, 대안들을 논의했다. 또한 18%는 상담의 위험성에 대해서는 전혀 언급하지 않았다고 보고했다. 고지된 동의에 관한 논의 시기도 매우 다양했다. 고지된 동의를 논의한 사람들 중 대부분은 첫 번째 회기가 끝날 때 하는 경향이 있다. 그러나 "해당 문제가 발생할 때"에만 고지된 동의 문제를 논의하는 경우가 매우 높은 비율을 차지했다(Somberg 등, 1993, p. 156). 이는 심리학자들이 내담자가 문제를 제기할 때에만 보호 의무 문제 또는 아동 학대에 대한 보고 의무 문제를 논의한다는 것을 의미한다. 재활 상담사의 동의 관행에 관한 연구는 유사한 문제를 나타냈다. 이

연구에서 56%만이 접수면접에서 상담의 위험성과 관련된 비밀보장의 한계를 논의했으며, 45%만이 접수면접에서 취약한 사람들의 학대 및 방치와 관련된 비밀보장의 한계를 논의하였다(Shaw, Chan, Lam, & McDougall, 2002). 비밀을 보장할 수 없는 것을 내담자가 개방할 때까지 기다리는 것은 말이 도망간 후 마구간 문을 닫는 것과 같다. 이와 같이 고지된 동의를 미루는 것은 충실함의 원칙과 존중의 덕목을 위반하는 것이다. 윤리적 의무의 핵심은 내담자가 자신을 개방하기 전 그러한 개방의 함의를 이해해야 한다는 것이다. Swenson(1997)은 비밀보장의 한계에 대한 설명이 내담자가 개방의 결과를 판단하기 위해 필요한 "심리적 미란다 경고"라고 설명한다(p. 72). 어떤 경우에는 법원이 내담자에 대한 정신건강전문가의 증언을 요구할 수 있기 때문에 적절한 고지된 동의를 얻지 못하면 내담자 스스로 유죄인 것으로 보이게 할 수 있다. 다른 연구자들도 고지된 동의 절차와 문서에서 동일한 변동성과 불충분함을 발견했다(Claiborn, Berberoglu, Nerison, & Somberg, 1994; Croarkin, Berg & Spira, 2003; Sherry, Teschendorf, Anderson, & Guzman, 1991; T albert & Pipes, 1988). 정신과 의사와 심리학자 및 사회복지사를 비교한 연구에서 Croarkin 등(2003)은 심리학자들은 고지된 동의의 중요성을 최고 수준으로 지지했으며 정신과 의사는 가장 낮았다. 청소년 내담자를 대상으로 한 고지된 동의 절차에 관한 연구는 윤리강령을 보다 잘 준수하는 것으로 나타났다. 예를 들어, Beeman과 Scott(1991)은 연구에 참여한 심리학자의 93%가 10대들을 치료하기 위해 부모의 고지된 동의를 확보한 것을 발견했다. 앞서 언급했듯이, 70%는 또한 청소년의 참여 동의도 얻는 것으로 나타났다.

온라인 상담에서 전문가는 고지된 동의를 보다 잘 준수하는가? 불행히도 이를 지지하는 증거는 없다. 실제로 Heinlen, Welfel, Richmond, 그리고 Rak(2003)와 Heinlen, Welfel, Richmond, 그리고 O'Donnell(2003)의 연구에 따르면 온라인으로 상담을 제공하는 전문가의 절반 이상이 윤리강령의 고지된 동의 조항을 대체로 준수하지 않는 것으로

나타났다. 온라인 상담이나 치료에 관심이 있는 많은 소비자는 완전한 동의 정보를 얻기 전에 먼저 상담 비용을 지불해야 한다. 다른 연구는 온라인 서비스에서의 고지된 동의가 제대로 이루어지지 않고 있음에 관한 유사한 결론을 내리고 있다 (Recupero & Raimey, 2006; Santhiveeran, 2009; Shaw & Shaw, 2006). 최근 연구에 따르면, 일부 훈련 중에 있는 상담사는 내담자의 동의 없이 내담자에 대한 정보를 얻기 위해 소셜 네트워킹 미디어를 사용하는 것으로 나타났다. Lehavot, Barnett, Powers (2010)는 심리학 수련생 표본의 27%가 내담자의 동의 없이 소셜 네트워킹 미디어에서 내담자를 찾았다고 밝혔다. 어떤 참여자들은 호기심을 가지고 이러한 행동을 했으며 다른 사람들은 내담자 진술의 진실을 규명하길 원했다. 이러한 행위는 윤리강령과 분명히 일치하지 않는다.

놀랍게도, Remley와 Herlihy(2013)에 따르면, 윤리강령을 준수하는 것이 비일관적임에도 불구하고 외래 환자의 심리치료 또는 상담에 대한 부주의한 고지된 동의에 대한 과실 사례는 발생하지 않았다. 이와 유사하게, 이러한 위반과 관련된 윤리적 측면에서의 항의들도 거의 없다. 하지만 내담자 중심적이고 소송을 일삼는 사회에서 낮은 항의의 수준이 계속될지는 미지수이다. 요약하면, 고지된 동의 정보에 대한 내담자의 관심과 그러한 정보를 전달하는 것이 윤리적이고 치료적인 가치가 있다는 증거에도 불구하고, 상담사들이 고지된 동의 규정을 따르는 것은 불완전한 상황이다. 하지만 최악의 경우도 존재하지 않는다.

▍요약

고지된 동의는 내담자가 상담 과정을 이해하고 기꺼이 동의한다는 것을 의미한다. 고지된 동의는 윤리강령에서 요구되며 주로 내담자의 자율성에 대한 존중의 윤리적 원칙에 근거한다. 또한 상담은 내담자가 구매하는 서비스이고, 과정이 진행되는 동안과 이후에도 삶에 큰 영향을 미치기 때문에 내담자는 그 의미를 이해하고 참여에 대한 자유로운 선택권을 가져야 한다. 고지된 동의의 핵심 요소는 과정, 위험, 혜택 및 상담 대안에 대한 이해라고 할 수 있다; 비밀보장의 한계; 상담의 실행 계획; 상담사의 자격; 상담 기록 및 검사의 사용; 그리고 상담의 간접적인 효과. 또한 내담자는 전자 녹음, 상담사의 슈퍼비전 또는 상담에 대한 불만 제기 방법에 대해 알 권리가 있다. 상담 과정에서 가능한 한 빨리 고지된 동의의 모든 측면을 논의하는 것은 내담자의 복지를 고려하는 것보다 더 중요하다. 특히 위기 상황에서 고지된 동의의 일부 측면은 위기가 지나갈 때까지 연기될 필요가 있다. 경우에 따라 내담자로부터 직접 고지된 동의를 얻는 것이 항상 가능한 것은 아니다. 이 중 가장 주목할 만한 것은 내담자가 미성년이거나 지적 능력이 약한 사람일 때이다. 학자들은 학부모 또는 보호자의 고지된 동의와 함께 미성년자의 동의를 얻는 것이 좋다고 제안한다. 자유롭게 상담 참여를 결정하기 위해 고지된 동의에 관한 정보를 처리할 수 있는 능력이 내담자에게 없는 경우 내담자의 대리인을 통해 유사 동의를 얻어야 한다. 보통 대리인은 가족이거나 법원에서 지정한 보호자이다. 비록 일부 종사자는 고지된 동의가 상담을 빨리 시작하게 하는 관료적 절차라고 믿지만, 연구 증거들은 적절한 고지된 동의가 좋은 상담 결과를 가져온다는 것을 보여준다. 더욱이, 고지된 동의 과정을 일회적 절차가 아닌 지속적인 과정으로서 생각하는 것이 더 적절하다. 이 과정은 공통 목표를 추구하는 파트너 간의 협업을 상징한다. 연구들은 실무자가 윤리강령을 준수해야 할 필요성을 강조한다.

❖ 토론 질문

1. 상담사들이 사용하는 고지된 동의 절차가 서로 불일치한 것에 대해 어떻게 생각하는가?
2. 내담자가 알고 싶지 않은 경우 상담이나 심리치료의 위험을 모를 권리가 있는가? 있다면 설명하라.
3. 고지된 동의 정보를 검토하는 구조화된 방법으

로 무엇이 가장 좋다고 생각하는가? 이유는?

4. 법원 명령 상황에서 진정한 고지된 동의가 있을 수 있는가? 그렇게 생각하지 않는다면, 윤리적으로 전문적인 상담을 실시할 수 있는가? 설명하라.

5. 정신 분열증과 같은 중증의 정신질환을 가진 사람들은 약물치료를 포함하여 치료를 거부할 법적 권리가 있다. 그들의 장애가 나아지지 않고 생각이 흐려진다면 그들의 거절은 현명한 거절인가? 자신의 몸을 통제할 수 있는 권리가 치료 필요성과 균형을 이룰 수 있을까?

6. 전문적인 실무에서 SNS 매체를 사용하는 것에 대해 어떻게 생각하는가? 어떤 행동을 윤리적이라고 생각하는가?

❖ 토론 사례

두리틀 박사는 척수 손상이 있는 성인과 일하는 재활 상담사이다. 그의 내담자는 모든 지적 능력을 그대로 유지하지만 이동하는 데 문제가 있다. 그가 사용하는 고지된 동의 자료는 상담의 위험 또는 대안에 대해 언급하지 않는다. 그는 그의 내담자가 충분한 외상을 경험했으므로 상담의 부정적 영향에 대해 걱정할 필요가 없다고 주장한다. 내담자들은 상담에서 잃을 것이 거의 없으며 오로지 얻을 것만 있다. 또한 그는 척수 손상 환자에게 상담 이상의 좋은 대안이 없다고 생각한다. 실제적인 생활 문제에서 정서적 지원, 직업 상담 및 지도가 필요하기 때문이다. 두리틀 박사가 이러한 주제를 생략하는 것이 정당한 것인가?

베렌스는 고등학교의 상담 선생님이다. 그녀의 내담자 중 한 명은 지난 9주 동안 무단결석을 한 15세의 2학년 학생이다. 마리아나는 편도선 절제술을 받은 이후로 학교 가는 것을 거부했다. 지금, 그녀는 집에서 독서, TV 시청, 가사일 등을 하고 있다. 마리아나가 곧 학교에 돌아가지 않으면 법적 조치가 취해질 것이다. 홈 스쿨링은 옵션이 아니다. 마리아나는 상담에 동의하는 것을 거부했지만 어머니는 동의했고 딸이 상담에 참여할 것이라고 주장한다. 그녀의 어머니는 학생들이 딸이 학교에 다니는 것을 덜 어렵게 하기 위해 학생들이 학교에서 하교한 후 상담 일정을 잡는 데 동의했다. 베렌스는 마리아나에게 고지된 동의에 대해 설명했으며 마리아나가 이해한다고 믿는다. 마리아나는 상담사와 자신의 사적인 삶에 대해 이야기하고 싶지 않다. 베렌스은 어떻게 상담을 동의하는 어머니와 동의하지 않는 소녀 사이에 균형을 맞출 수 있을까?

마르쿠스 박사는 상담 일정이 꽉 차 있는 숙련된 치료사이다. 바쁜 일정을 관리하기 위해 그는 고지된 동의 절차에 대한 책임을 사무원인 윌리엄스에게 위임한다. 새로운 내담자는 내담자 설문지, 보험 양식 및 고지된 동의서를 작성하기 위해 첫 약속 전에 30분 동안 윌리엄스 씨를 만난다. (그들은 사전에 내담자 정보 안내서를 우편으로 보냈다) 윌리엄스 씨는 전문적인 교육을 받지는 못했지만 마커스 박사에 의해 훈련을 받았다.

윌리엄스 씨는 마커스 박사가 정한 프로토콜을 따르도록 하는데 신중하였고, 내담자가 그들이 서명하는 문서를 잘 이해했는지 신중히 하며 환자가 서명한 문서의 내용을 이해할 수 있도록 확인하는 데 매우 부지런하다. 이 접근법을 사용하여, 마커스 박사는 상담이 보다 집중적으로 이루어졌고, 고지된 동의에 대한 의무가 실질적으로 충족되었다고 생각하지만, 상담 과정에서 추가적인 문제가 발생할 수 있음을 인정한다. 마커스 박사의 행동은 고지된 동의의 윤리규정과 일치하는 것인가?

짐머씨는 음주 운전으로 유죄 판결을 받은 두 명의 십대 소녀들의 아버지와 일하기 시작한 가족치료사이다. 법원 선고의 한 부분으로, 아버지는 아내, 아이들과 최근의 알코올 남용 문제와 관련한 이슈를 가족치료 회기에서 다루는 것에 동의했다. 첫 번째 몇 회기 후, 짐머씨는 이 아버지가 "시늉만을 할 것"이고, 그가 느끼는 것 대신 그가 생각하는 것을 말할 것이라 생각했다. 내담자는 회기 내용이 판사에게 전달될 것이라는 것을 알고 있고, 치료자가 판사와 이야기하거나 법원에 나와 그에 대해 이야기할 것이라는 것을 알고 있다. 짐 머씨는 가족치료 회기에서 아버지를 직면하였지만 아버지는 그의 진짜 생각과 느낌을 감추면서 부인했다. 궁극적으로 짐머씨는 판사에게 상담에서 무슨 일이 일어나는지 보고할 것이라고 말하기로 결정했다. 그리고 판사가 아버지의 가족치료 참여가 충실했는지 묻는다면 진실로 대답할 것이라고 결정했다. 모두가 이런 결정에 동의한다. 이것은 윤리적인가?

7장

내담자, 학생, 수련생 및
연구 참가자와의 성적 관계

권위와 신뢰 위반

내담자와의 성적 접촉에 관하여 명백한 두 가지 사실이 있다. 모든 정신건강 및 복지 업무 종사자에 대해 치료 관계 중이거나 직후에 성적 관계를 맺는 것을 금지한다. 강령의 표현은 애매하지 않다.

미국상담학회 윤리강령
A.5.a. 성적 또는 연인 관계 금지
내담자, 내담자의 연인 또는 가족과의 성적 또는 연애 행동이나 관계는 금지된다.
※ 출처: 미국 상담학회 출판물

미국심리학회 강령, 규정 10.05, 현재 치료 중인 내담자 및 환자와의 성적 친밀

미국결혼및가족치료협회(AAMFT) 윤리강령 1.4
내담자와의 성적 행동은 금지되어 있다.

전국사회복지사협회(NASW) 1.09 성적 관계
(a) 사회복지사는 어떠한 상황에서도 고객과 성적 행동이나 성적 접촉을 해서는 안 되며, 이는 고객의 동의나 강제성과는 무관하다.

내담자와 성행위를 금지하는 것은 직업의 근본적인 가치와 내담자에게 해롭다는 경험적 증거에 바탕을 두고 있다. 최근 몇 년 동안 이 강령들은, 미국상담학회 강령 조항 A.5.a, 전미사회복지사외 강령 조항 1.09b 및 미국심리학회 강령 조항 10.06과 10.07에 적시된 바와 같이, 전문가와 현재 내담자의 가족과의 성적 접촉도 분명히 금지하고 있다. 병행하여, 심리학자와 상담가는 이전에 성적 관계에 있던 사람과는 전문적인 관계를 시작하는 것이 금지되어 있다. 일부 주의 법규는 전문가를 고용하고 있는 기관의 모든 내담자와의 성적 접촉도 금지한다(예, 오하이오 행정부 법규 참조 https://codes.ohio.gov/oac/4757-5-04).
두 번째 확실한 사실은, 금지함에도 불구하고 정신건강전문가에 의한 성적 비행이 근절되지 않고 있다는 것이다. 게다가, 금지 규정 위반자들이 훈련이 부족하거나, 정신적으로 불안정하고, 직업적으로 변두리에 있는 자들에 국한되지 않고, 이 분야의 지도자급에도 있다(예, Noel & Watterson, 1992). Pope(1990a)는 성 착취 사례에서 주 정부 교수협회의 회장, 국가면허위원회 및 윤리위원회 의장, 권위 있는 대학의 교수 등을 예로 든다. 이 장에서는 성행위를 절대적으로 금지하는 이유, 문제의 범위 및 성 비행과 관련된 특성 등을 살펴본다. 이전 치료 환자와의 성적 접촉에 관한 윤리강령의 입장과 그와 관련된 논쟁도 살펴본다. 다음 주제는 전문가와 그들이 가르치거나,

감독하거나, 고용하거나, 상담하거나, 연구를 수행하는 사람들 사이의 성적 접촉의 윤리에 관한 것이다. 이 장에서는 실무자가 상담 중에 생기는 성적인 감정을 책임감 있게 다루는데 필요한 전략을 제시하고 상담과 심리치료에 있어서 성적이지 않은 신체 접촉의 장소를 논의한다. 마지막으로, 이전 치료자에 의하여 성적 착취를 당한 경험이 있는 내담자를 다루는 실무자를 위한 지침을 제공한다.

금지에 대한 이론적 근거

내담자와의 성관계를 금지하는 이유는 내담자가 성적으로 이용당할 가능성이 높고, 그런 착취적 행위가 내담자와 상담사 및 직업의 평판에 해롭기 때문이다. 전문가협회가 이 문제를 근절하기 위하여 솔선수범해 왔다고 말할 수 있어서 다행이기는 하지만, 전문직의 초창기에 이 주제와 관련하여 흠이 있는 것 또한 사실이다.

1960년대와 1970년대에는 정신건강전문가들도 내담자와 성관계가 치료적으로 가치가 있다고 주장하기까지 했다(예, McCartney, 1966, Shepard, 1972 참조). 성적 비행의 증거를 게시하려고 한학자들은 전문 연구 저널에(Dahlberg, 1970, Gechtman, 1989) 글을 싣는 것도 어려웠다. Roy v. Hartogs (1975)의 획기적인 사건이 있기까지, 법원은 치료 중 성적 비행이 있었다고 주장하는 사건에 관심을 두지 않고, 오히려 정신적으로 불안정한 여자들이 성적 환상에 의해서 그러한 주장을 한다는 전문가들의 주장을 받아들였다(Pope, 1994; Sonne, 2012). 바바라 노엘이 그녀의 정신과 의사가 그녀를 성적으로 부당하게 대했다고 주장하자, 치료사와 경찰은 처음에 "당신은 분명히 몽상을 하고 있는 겁니다"라고 응대했다. 그러나 학자들이 이 문제를 끈기 있게 조사하고 많은 피해자들이 용기 있게 소송을 제기하면서 마침내 정신건강전문가들이 내담자와 성적 접촉 금지 법령을 지지하고 교육 및 예방 활동에도 적극적으로 나서게 되었다.

내담자가 부당 행위에 대항하는 것을 어렵게 만드는 요인들

내담자 또는 환자와 전문가 사이의 성행위에 대한 윤리적, 법적 문제에 대하여 일반적으로 알려져 있음에도 불구하고, 정신건강서비스를 받는 소비자는 때때로 치료사와 환자 사이의 성적 접촉의 윤리적 문제에 대해 무지하다. 사람들이 대개는 정신적 고통이 크고 대인관계에 어려움을 겪으며 자존심이 상처받은 상황에서 치료를 시작하므로 사정은 더욱 복잡해진다. 이런 상태라면 무책임한 전문가에게 피해를 입을 위험이 더욱 커진다. 또한 학자들은 정서적 또는 성적 학대를 당한 경험이 성적 착취에 대한 취약성을 증가시키고 그 피해도 가중시킬 수 있다고 주장한다(Pope, 1994). Somer와 Saadon(1999)은 치료사와 성적 접촉을 경험한 대다수의 내담자가 어린 시절에 성적 외상이나 근친상간의 이력이 있음을 발견했다. 하지만 Pope와 Vetter(1992)는 전체 사례의 삼분의 일에서 그런 피해 경험이(32%) 있음을 발견했다. Somer와 Saadon이 연구한 사례에서 볼 때, 그중 11%에서 전문가가 특정 행동을 "치료적"이라고 이름 붙일 때 취약성은 증가한다. 하지만 여전히 치료 과정 중에 성적 착취가 발생할 가능성을 예측하는 가장 좋은 변수는 치료자가 과거에 성적 비위를 저지른 적이 있는가 하는 것이다(Pope & Vasquez, 2011).

이 취약성을 더욱 복잡하게 만드는 것은 대개 정신건강서비스를 찾는 것과 관련된 사회적 낙인과 연관이 있다. "상담사들"을 만나는 사람들에 대한 고정 관념이 정서적 불안에서 기인하는 자기의심과 상호작용할 때, 내담자는 전문가의 권고에 지나치게 공손해질 수가 있다. 이런 맥락에서, 내담자는 전문가의 행동이 적절한 것인지 판단하는 자신의 직관을 무시하게 된다. 캐롤린 베이츠는 자신의 감정을 이렇게 자각한다. "나는 X 박사의 사무실로 걸어 들어갈 때에 심리적 도움을 필요로 한다는 사실에 크게 창피하기도 하고 동시에 감정도 통제가 안 되는 것처럼 느껴졌다"(Bates & Brodsky, 1989, p. 21). 전문가의 지위가 치료적인 영향을 미치려면 내담자가 전문가에게 "의심의 이익"을 제공할 것을 권장한다. 바바라 노엘이 도서관에서 그의 배경을 조사했을 때, 그녀는 자신이 추천받은 정신과 의사의 업적 목록에 깊은 인상을 받았음을 기억한다(Noel & Watterson, 1992). 전문가가 추천하는 치료법이 맞는 것일까 하는 그녀의 의구심은 그가 매우 유명한 전문가라는 사실에 압도당하였다.

따라서 내담자는 "사회적 환경에서 당신의 행동을 이해하기 위해" 상담 시간이 종료될 때에 포옹을 하자거나 상담 종료 후 저녁 식사를 하자는 전문가의 제안을 액면 그대로 받아들여서 그런 행동들이 사교적 관계를 맺는 시작임을 알지 못한다. 그런 제안의 진의를 의아스럽게 생각하는 내담자조차도 그렇게 해석하기를 꺼리는 경향이 있다. 때로는 내담자가 부적절함을 인지하더라도, 전문가의 요구를 거부할 수 있는 단호함이 부족하다. 그들은 요구한 대로 하지 않을 경우에 치료를 못 받거나 처벌을 받을 수도 있다는 생각을 가지면서, 거절이 미래의 치료에 영향을 끼칠 것을 염려한다. 성적 관계를 가지려고 하는 전문가들은 때로는 성적 접촉에 대한 내담자의 거부가 그들의 정서적 문제에서 비롯된다는 것을 주장하며, 신체 접촉이 치료 과정의 상징이 될 것이라고 말한다. 캐롤린 베이츠의 치료자는 캐롤린이 이성에 대하여 성적인 관심이 없는 것이 남성과 관련되어 있는 문제가 있음을 나타내고 있다고 해석하였다(Bates & Brodsky, 1989). 내담자는 때때로 전문가가 치료적 의도를 가지고 있다고 믿거나 협조하지 않을 경우 잃을 것이 너무 많다고 믿기 때문에 사교적 또는 신체적 접촉에 동의한다. 캐롤린 베이츠는 그 경험에 대해 다음과 같이 기술하였다. "그가 의사이고

그와 치료적 관계임을 확실히 믿고 있는 상황에서 나의 저항에 대한 그의 해석은 의심할 여지가 없었습니다. 저는 8개월 동안의 신뢰를 훼손하고 싶지 않았고 그에게 도전하지 않았습니다. 감히 내 의사를 주장하지 못하였고 단지 내가 그에게 성적인 매력이 없을 것이라고 말했다."(Bates & Brodsky, 1989, p. 32).

때로는 내담자가 치료자에게 성적인 매력을 느끼고 치료자와 성관계를 갖는 상상을 하지만, 그런 상상을 하는 것이 흔한 일이 아니다(Sonne & Jochai, 2014). 드물지만 내담자가 치료자와 성관계를 하고 싶은 생각을 가질 수 있지만, 이러한 반응은 치료 과정에 대한 오해나 전문가에 대한 자신의 감정이 진정한 이성 간 사랑이라고 착각하는 것에서 기인한다. Somer와 Saadon(1999)은 설문 조사에 참여한 내담자의 82%가 치료자와 성적 접촉이 처음 시작될 당시에 그것이 연인 간의 관계라고 생각하였음을 발견하였다. 드물긴 하지만 내담자가 전문가와 관계를 극단적으로 잘못 이해하여, 치료자에게 성적 관심을 갖도록 시도하는 경우도 있다. 문헌을 검토한 결과, Hartl 등(2007)은 대부분의 정신건강 전문가가 그러한 성적 접근 사례를 한 번 이상 경험했으며, 일부는 우연한 것이었고 일부는 계획적인 경우였다고 보고하고 있다. 과거에 힘 있는 자에게 성적 착취를 당한 경험이 있는 사람들 중 일부는 성적 호의가 도움을 받는 것에 대하여 지불해야 할 대가라고 생각한다. 어떤 사람들에게 이런 반응은 전문가의 관심사에 대한 오해와 치료적 관계와 관련된 정상적인 역할과 행동을 잘 모르는 데서 기인한다. 상담이 시작되면, 정신건강전문가들은 내담자의 말을 주의 깊게 들어주고 공감을 표현하며 따뜻하게 존중해줌으로써 관심을 보여준다. 상담 과정의 특성에 대해 내담자에게 알려주지 않으면, 그들은 이러한 행동을 개인적인 관심의 표명으로 잘못 해석하고 상담사가 특별히 그들을 선택하지 않았다는 사실을 깨닫지 못한다.

두 가지 요인이 내담자를 성적 착취의 위험에 빠뜨릴 수 있다. 첫째, 일상생활에서 대부분의 내담자는 상담 과정에서의 자신의 생각과 느낌에 대

하여 따뜻하고 세심한 관심을 보이는 경험을 거의 하지 못하기 때문에 그러한 관심을 제공하는 사람에게 끌리게 된다. 전문가의 행동은 내담자가 바람직하다고 생각했던 것들로서 이전 다른 관계에서는 경험할 수 없었던 것들이다.

둘째, 사회적 지위가 높은 사람들은 사람들로부터 많은 관심을 받기 때문에 상담전문가가 더 매력적으로 보일 수 있다. 이러한 동기들은 진지한 개인적인 관계를 위한 건전한 토대가 아니며, 전문가는 내담자가 직업적 관계의 경계선을 분명히 이해하도록 도와주어야 할 책임이 있다. 결과적으로 내담자가 자발적으로 성관계를 하였어도 성적인 접촉은 내담자의 자율권을 침해하기 때문에 여전히 금지된다. 성적 관계를 시작하기로 한 내담자의 선택은 최소한 일정 부분은 잘못된 가정과 나쁜 경험에 근거한다. 따라서 올바른 지식에 기초한 선택이 아니다. 이러한 이유로 윤리위원회, 징계위원회 및 법원은 고객이 이러한 성적 접촉에 동의했다는 모든 주장을 기각한다. 이 기관들은 일관되게 이런 상황에서 내담자의 동의가 온전하게 상황을 인지하고 자유롭게 행해진 것이라고 판단하지 않는다. 설령 내담자의 도발적 행동이 있었더라도 이러한 위법 행위는 정당화되지 않는다.

전이 개념을 지지하는 전문가들은 내담자와 성적으로 친밀한 것을 훨씬 더 심각한 문제로 본다. 그들은 상담 관계가 내담자의 과거에 문제가 있었던 중요한 관계의 감정을 치료자에게 전이시키는 것이라고 생각한다. 종종 이것은 치료자를 적어도 무의식적 수준에서는 단순한 어른이 아니라 부모로 본다는 것을 의미한다. 이러한 틀에서 내담자와 성관계는 근친상간의 성격을 띤다(Gabbard, 1989). 베이츠는 X 박사와의 관계를 다음과 같은 관점에서 보았다. "내가 아버지에게 갖고 있던 신뢰와 사랑의 많은 부분이 X 박사로 향하고 있다는 것은 의심의 여지가 없다. 나는 그가 나의 안녕에 필요한 지혜와 무조건적인 관심을 갖고 있다고 인식하고 있었기 때문이다"(Bates & Brodsky, 1989, p. 24). Parish와 Eagle(2003)는 내담자가 치료자에 대하여 느끼는 감정을 더 넓게 포괄할 수 있기 때문에, 전이라는 용어를 피하면서 애착이라는 용어가 바람직하다고 주장한다. 그들은 치료자에게 느끼는 내담자의 애착이 쉽게 사랑과 혼동될 수 있음을 강조한다.

다른 측면에서도 성적 접촉은 본질적으로 착취적이다. 한 가지 예를 들면, 성적 접촉은 선행의 원칙에 모순되는데, 전문가는 선을 행할 책임이 있다. 내담자는 성관계를 함으로써 장차 치료 과정이 망쳐질 가능성이 있다는 것을 잘 이해하지 못한다. 그러나 성 접촉이 시작되면 정상적인 치료 과정이 멈추게 된다고 연구진은 지적한다(Kitchener, 1988). 전문가는 내담자에 대한 객관성을 잃게 되고 내담자의 현재와 미래에 대한 개인적인 관심이 필연적으로 전문적인 기능에 영향을 미친다. 예를 들어, 내담자와 성관계를 가진 상담가는 다음의 로맨틱한 저녁에 방해가 될 것을 염려하여 내담자와 필요한 대립도 꺼리게 된다. 더 심한 단계에서는, 상담사는 더 이상 미래의 두 사람 사이를 위협할 수 있는 문제에 대하여 내담자가 탐구하도록 돕지 않으려는 경향이 있다. 같은 방식으로, 일단 내담자가 친밀한 접촉을 시작하면, 내담자는 상담 중에 자신에 대하여 말한 내용이 두 사람의 개인적 관계에 영향을 줄 수도 있다는 염려 때문에 말의 내용을 스스로 검열하게 된다.

내담자와의 성적 접촉은 치료의 진행을 멈추게 할 뿐만 아니라 내담자에게 심각한 심리적 손상을 준다(Bouhoutsos et al., 1983; Brown, 1988; Pope, 1988). 성적 접촉은 그 자체로 내담자에게 해로운 일을 피해야 한다는 무해성의 윤리적 원칙을 악의적으로 위반하는 것이다. Pope 등(1988, Gabbard, 1989)은 성적인 접촉으로 인해 심리적으로 황폐해지는 것을 강간이나 근친상간에 비유하고 폭행당하는 배우자의 증상이나 외상성 스트레스 장애와 비슷한 것으로 간주한다. 심리적 손상은 즉시 나타날 수도 있고 잠재화 되거나 나중에 나타날 수도 있다. 구체적으로, Pope와 Vasquez(2011, pp. 211-212)는 고통을 열 가지로 구체적으로 나열하였다.

양가 감정/죄책감/공허함과 고립감/성적 혼란/

신뢰하지 못하는 마음/역할과 경계에 대한 혼란/심적 책임감/내재화된 분노/자살 위험의 증가/인지 기능 장애

성적 착취의 희생자가 겪는 정신건강 문제가 경미하거나 일시적이지 않고 광범위하다는 것은 확실하다(Somer & Saadon, 1999; Stake & Oliver, 1991). 설문 조사 및 사례 연구를 통해서 연구자들은 우울증, 약물남용, 자살, 입원치료 및 지속적인 심리적 고통이나 대인관계의 어려움이 치료자와의 성관계에서 기인한다는 것을 문서화된 자료로 입증하였다(Bates & Brodsky, 1989; Bouhoutsos et al., 1983; Coleman & Schaefer, 1986, Feldman-Summers & Jones, 1984 Rutter, 1989, Somer & Nachamani, 2005, Sonne, Meyer, Borys, & Marshall, 1985). Pope와 Vetter(1991)는 그들의 연구 사례 중 11%가 정신과 입원이 필요하였고 14%는 자살을 시도했다고 발표했다. 또 다른 중요한 부작용은 환자가 당면하고 있는 어려움이 해결되지 않았고 치료자의 그릇된 행동으로 인하여 생긴 문제에 주의를 기울여야 하는데도 불구하고 환자가 다시 치료받기를 꺼린다는 것이다. 캐롤린 베이츠는 강한 어조로 그 고통을 표현하고 있다. "치료를 끝내고 2개월도 안 되어서, 내가 본래 심리치료를 통하여 해결하려고 하였지만 해결되지 않은 그 문제와 성적 학대로 받은 상처가 내 삶을 견디기 힘들게 만들었다. 지속적인 우울감으로 인하여 힘들었다. 가끔 생각하던 자살을 진지하게 생각하기 시작했다"(Bates & Brodsky, 1989). 성적 착취를 당한 사람들의 가족과 친구들도 또한 부정적인 영향을 받아서(Schoener, Milgrom, & Gonsiorek, 1989) 그 법에 어긋난 행동의 2차 희생자가 된다. Regehr와 Glancy(1995)에 따르면, 그러한 행동으로 유죄 판결을 받은 전문가들의 동료들도 마찬가지로 이 사건으로 인하여 큰 피해를 입었다. 불행하게도, 위반자들은 자신들이 입힌 피해를 제대로 인식하지 못하고 있다고 연구자들은 말한다. 어떤 사람들은 내담자에게 긍정적인 영향을 주었다고 자신의 행동을 합리화시킨다(Gartrell, Herman, Olarte, Feldstein, & Localio, 1989).

성추행을 범하는 전문가는 때때로 그 비행이 성적인 것에 국한되지 않는다. Simon(1991, 1992)이 지적했듯이 성적 접촉은 거의 단독으로 발생하지 않는다. 그 대신 대개 위험하거나 비생산적인 개입, 필요한 치료의 생략 그리고 치료자의 문제에 초점을 맞추어 치료 일정을 변경하는 등 많은 윤리적 위반 상황을 수반한다. Bates와 Brodsky (1989), Jones(2010), Noel과 Watterson(1992)에 의해 인용된 치료자들은 비윤리적이거나 상식 이하인 비리도 저질렀다. 다른 연구들도 이런 결론을 반복적으로 지지한다. Somer와 Saadon(1999)과 Lamb과 Catanzaro(1998)는 치료자가 적절하지 않게 자기 자신에 대하여 이야기하고, 치료실 밖에서 사적 만남을 갖고, 신체 접촉을 비정상적으로 많이 하고 치료자와 내담자 관계에 대하여 사적인 이야기를 많이 하는 등의 문제 행동이 성적 접촉에 선행하여 일어난다고 발표하였다. 면허위원회가 성적 비행을 저지른 일부 전문가에 대하여 취한 징계 조치를 보면 뻔뻔스러운 면이 있다.

놀랍게도, 성관계가 회기 내 유일한 행동일지라도 일부 비리를 저지르는 전문가는 치료 회기에 대하여 계속 상담료를 청구하였다. 이것은 Somer 및 Saadon 연구에서 19%의 내담자에게 일어났다. 내담자와 성관계를 했음을 인정한 한 심리학자는 상담비는 성적 접촉을 한 시간이 아니라 치료 행위를 한 시간에 대한 청구라고 주장하였다(Bates & Brodsky, 1989). 성관계가 유용한 치료 수단이라거나 성행위 시간과 상담 활동 시간 간 인위적인 구별이 명확할 수 있다는 증거가 전혀 없기 때문에, 그 시간 동안의 청구는 터무니없는 것이다. 청구서가 제3자에게 청구된다면, 전문가는 그들 또한 속이고 있는 것이다.

▌직업 및 전문가에게 미치는 영향

내담자와의 성행위로 받은 유죄 판결이 전문가에게 끼치는 영향은 내담자가 입은 피해와 비교하면 상대적으로 미미하다. 하지만 그것들은 전문가에게 하찮은 문제가 아니다. 우선, 내담자와의 성

적 접촉은 아주 강한 금기 사항이기 때문에 다른 치료자들은 그러한 행위를 아주 염려스럽게 생각한다(Pope et al., 1987, Stake & Oliver, 1991 참조). 그들은 아마도 이전에 치료자에 의해 피해를 입은 내담자를 상담한 적이 있고(Aviv, Levine, Shelef, Speiser, & Elizur, 2006; Stake & Oliver, 1991; Wincze, Richards, Parsons, & Bailey, 1996), 언론의 보도를 접한 적이 있고, 성적 비리소송 사건에서 상당한 보상금이 지급됨으로써 전문가 책임 보험료가 인상되는 것도 지켜본 적이 있다(Reaves & Ogloff, 1996; Smith, 1996, Zane, 1990). 또한 전문가 집단은 구성원들에게 성 비행의 함축적 의미를 적극적으로 교육해 왔다. 이러한 분위기에서 이 표준을 위반하는 사람들은 동료로부터 추천을 상실하고 윤리위원회나 면허위원회에 제소를 당할 위험이 있다. 무책임한 동료를 보고하는 것에 적극성을 보이지 않는 전문가조차도 내담자를 소개시켜 주지 않거나 개인적인 연락을 하지 않을 수가 있다. 치료자의 감정이나 개인적 인간관계에도 나쁜 결과를 끼친다. 그들은 죄책감을 느끼거나 자존감을 상실하는 경향이 있으며, 인간관계도 망가지게 된다(Bouhoutsos, 1985; Herman et al., 1987).

매년 제기되는 윤리적인 불만 건수에 대한 통계치는 성적인 비행의 많은 사례가 드러나지 않았고 모든 전문직 종사자들이 직업이 요구하는 수준에 걸맞게 행동하는 것은 아님을 암시한다. Noel (2008)은 임상심리학자를 대상으로 설문 조사를 실시한 결과, 응답자 중 84%가 다른 전문가가 저지른 성적 비행을 알고 있었고, 35%만이 내담자에게 문제 제기를 하도록 권장한 적이 있었고 그중 10%만이 문제 제기 과정에서 내담자를 도왔다. 그리고 Noel(2008)의 연구에서 내담자와 성관계를 경험했다고 보고한 심리학자 10명은 보통의 심리학자들에 비하여 내담자에게 그런 비행을 신고하도록 거의 권장하지 않았던 것 같다. 연구에 따르면 단지 피해자의 5%만이 치료자에게 공식적인 행동을 하는 것으로 나타났다(Bouhoutsos, 1984; Pope & Bouhoutsos, 1986). 하지만, 성적 비행을 주장하는 제소가 있을 경우, 대부분의 판결 기관들은 문제를

진지하게 다루어 위반자에게 유죄를 선고하는 경향이 있다. 직업적 표준이 매우 명확하기 때문에, 전문가는 피할 구멍을 찾거나 자신의 행동을 정당화하기 위하여 정상 참작을 주장할 여지가 전혀 없다. 상담사가 유죄로 밝혀지면, 징계를 받을 가능성은 상당히 높고, 수백만 달러의 손해를 입을 수 있는 의료 과실소송을 당할 위험도 있다(Reaves & Ogloff, 1996). 기관에 고용된 사람들은 직장을 잃을 수도 있다. 종종 면허가 정지되거나 취소되고 앞으로 개업에 제약이 가해진다. 더욱이, 전문가 보험 회사는 보험금 청구의 범위를 제한하거나 청구를 배제하는 영업 정책을 만들어서 개인이 엄청나게 큰 금액을 지불해야 한다. 24개 주에서는 성적 위법 행위에 대하여 전문가로서 책임 및 민사상 책임에 더하여 형사처벌도 가해지게 되었다(Celenza, 2007; Haspel, Jorgenson, Wincze, & Parsons, 1997). 이 주들에서 성적 비행은 중범죄로 간주된다. 5개 주에서는 치료자의 성적 비행을 중요한 공중 보건 문제로 규정하고 선행 치료자에 의한 내담자의 성적 착취가 있었을 경우 후행 치료자가 그 사실을 공개하도록 요구하는 법령을 제정하였다(Haspel et al., 1997). 이러한 종류의 입법은 내담자의 비밀 보호 조항을 제한하므로 논쟁의 여지가 있지만, 입법 기관이 이 문제를 얼마나 심각하게 생각하고 있는지를 보여준다.

이러한 현실은 정신건강전문가로 하여금 내담자가 허위 사실을 주장할 가능성에 대하여 걱정하게 할 수 있다. 그러나 허위 주장은 극히 드물기 때문에 전문가들은 안심해도 된다. 그것이 드문 부분적인 이유는 장기간의 조사를 수반하게 되는 광범위한 정보를 제소자가 제공해야 하기 때문이다. 면허위원회와 윤리위원회가 진행하는 조사 과정도 허위 주장이 판결에까지 이르게 될 가능성을 제한한다. 비윤리적 치료 행위에 대한 제소를 조사하는 자세한 과정은 11장을 참조하라.

직업의 평판에 미치는 영향

성적 비행이 정신건강 직업의 평판에 미치는 영향에 대한 자료를 수집하는 것은 더 어렵다. 그

러한 위법 행위가 대중에게 알려지면 사람들은 정신건강서비스를 덜 받으려 할 것이고, 내담자가 되어 본 적이 없는 사람들에 대한 정보는 수집하기가 훨씬 어려워진다. 그럼에도 불구하고, 정신건강 문제에 대하여 전문가의 도움을 받는 것이 현명한 일인지에 뿌리 깊은 불신을 갖고 있는 문화에 일정 부분 영향을 끼쳤다고 추론하는 것은 합리적이다. 이 문제에 대하여 온라인 검색을 하면 전문가의 도움과 치료사의 성적 비행으로 인한 내담자의 고통스러운 경험을 묘사하는 인터넷 사이트가 나타난다.

이 문제에 대한 염려는 용기를 내어 상담을 시작하려는 사람에게도 영향을 줄 수 있다는 것이다. 대중매체 또는 친구와 가족의 경험을 통해 성적 착취를 알게 된 내담자는 전문가를 신뢰하는 데 어려움을 겪으며 현안 문제와 직접적으로 관련되어 있는 정당한 질문조차 사적이고 성적인 질문으로 오해할 수 있다. 이러한 부도덕한 행동이 알려지면, 입법부와 정부 기관 및 보험사에게 전문가가 제공하는 서비스의 가치를 납득시키는 단순한 일조차 쉽지 않게 된다.

▌문제의 원인과 범위

누가 성적 비행을 저지르며 얼마나 자주 발행할까? 이것은 윤리적 비행의 영역에서 가장 많이 연구된 질문이다(Pope, 1994). 가해자에 대해 우리는 윤리위원회의 자료, 면허위원회의 징계 자료 및 부정 의료소송과 함께 주로 정신건강전문가들이 행하는 설문 조사에 성적 비행을 저지른 전문가들의 자발적 응답으로 알게 된다.

내담자가 상담사로부터 당한 성적 착취에 대하여 보고한 것을 분석한 몇몇 연구가 있고(Brown, 1988, Somer & Nachmani, 2005, Somer & Saadon, 1999, Wahlberg, 2000) 그중 일부 사례는 출판되었다(Bates & Brodsky, 1989; Jones, 2010; Noel & Watterson, 1992). 이러한 지식 출처 중 어느 것도 문제의 진정한 범위에 대한 이상적인 척도는 아니다. 징계위원회와 법원은 제소된 자들만 다루고 제소되지 않은 자들은 다루지 않는다. 유사하게, 국가의 조사는 자발적으로 설문 조사서를 작성하여 송부한 사람들의 자료만 입수하는데 대개 응답자 비율은 절반이 안 된다. 규범을 위반한 사람들도 그렇지 않은 사람들처럼 기꺼이 설문지에 답하였을까? 판단할 방법이 없다. 또한 내담자와의 성관계가 직업적 금기 사항임을 감안할 때, 성적 비행이 없었다고 보고한 사람들의 응답이 진실성이 있는지 의문을 갖는 것은 당연하다. 이 연구에는 다른 단점도 존재한다. 이전 치료자의 성적 착취에 대한 내담자의 보고는 성적 착취를 당한 이후에 다른 전문가의 도움을 받기를 포기한 사람들에 대하여는 아무것도 알려주지 않는다. 사례 연구는 내담자 개인이 받은 피해의 깊이에 대해서는 알 수 있지만, 문제의 범위를 폭넓게 다루지는 않는다. 이런 이유들로 인하여, 문제의 범위에 대해 여러 가지의 주의 깊은 연구를 통하여 평가하는 것이 중요하다. 동시에, 임상적 증거는 몇 가지 잠정적인 결론을 도출하게 한다.

- 대부분의 가해자는 남성이며 피해자의 대부분은 여성이다(Pope, 1994). 남성 치료자는 여성 치료사의 성추행 빈도의 1.5배 혹은 9배의 빈도를 나타냈다. 이러한 경향은 영국뿐만 아니라 이스라엘, 호주 및 미국(Bisbing, Jorgenson, & Sutherland, 1995, Garrett, 1998, Somer & Saadon, 1999, 2005, Wincze et al., 1996)에서도 마찬가지이다.

- 성적 접촉은 성인 내담자에 국한되지 않는다. 보고된 피해자에는 3세 소녀와 7세 소년도 있다. 여성 미성년자의 평균 연령은 13세이었고 남성 미성년자의 평균 연령은 12세였다(Bajt & Pope, 1989). 치료자의 비행에 관한 한 보고서(Pope & Yetter, 1991)에서 희생자의 5%는 미성년자였다.

- 이 규범을 위반하는 치료자는 그들이 치료하는 내담자보다 나이가 많은 경향이 있다. 정신과 의사의 평균 연령은 43세이었고 환자의 평균 연령은 33세였다(Gartrell et al., 1989). 심리학자의 경우 평균 연령은 42세이었고 내담자는 30세였다(Bouhoutsos ct al., 1983). Somer와 Saadon의 보고서에서, 치료자의 연령대는 30세에서 70세이

었고, 내담자의 연령대는 19세에서 46세였다.

- 1970년대와 1980년대의 자료에서는 설문 조사 대상자 중 8.3%의 비율로 비행이 나타나지만, 그 비율은 연구마다 다르다(Pope, 1990). 이러한 연구에서 정신과 의사는 다른 전문가보다 이 비행을 더 많이 인정하였다. 그러나 동시대 효과를 고려하면 전문가 사이의 비율 차이는 사라진다(Pope & Vasquez, 2011).

- 1990년대 이후 실시된 상담사의 비행에 대한 연구의 설문 조사에서 상담사 비행은 1.7%(Thoreson, Shaughnessy, Heppner, & Cook, L993)에서 0.7%(Thoreson, Shaughnessy, & Frazier, 1995)의 비율로 나타나고 있고, 이는 감소한 수치이다. Nerison(1992)은 내담자의 3%가 현재 상담사와의 성적 접촉이 있었음을 보고하였다. 사회 사업 자료는 평균 2%의 비율을 보였고(Bernsen, Tabachnick, & Pope, 1994), 가족치료자에 대한 한 연구에서는 내담자와의 성적 접촉이 0%이었다(Nickell, Hecker, Ray, & Brcik, 1995). Pope와 Vasquez(2011)는 내담자와의 성적 접촉을 인정하는 비율이 연간 약 10% 감소하고 있다고 발표하였다. 이러한 변화는 실제 발생 빈도의 감소, 익명의 설문 조사에서조차 비행을 인정하기를 꺼리는 전문가의 증가, 정신과 의사나 심리학자 이외의 정신건강전문가에 대한 관심 증가, 또는 이들 요인이 복합적으로 반영된 것일 수 있다.

- 성별 이외의 어떠한 인구통계학적 특성도 성적 비행에 대한 신뢰할 만한 예측 변수가 아니다. 학위나 경험 또는 이론적 성향은 이 문제와 일관된 연관성을 보이지 않는다(Pope, 1994, 2000). 일부 증거는 교육수준과 직업 성취수준이 높을수록 성적 비행이 적게 발생한다는 것을 시사한다(Pope, 1990b). 그러나 이러한 변수 중 어느 것도 성적 비행의 강력한 예측 인자는 아니다.

- 내담자와 치료자의 성적 접촉 여부를 예측할 수 있는 가장 신뢰할 만한 예측 요인은 치료자가 과거에 그런 행위를 한 적이 있는가이다. 성적 학대 경험과 같은 내담자 요인은 치료자와의 성적 접촉을 신뢰성 있게 예측하지 못한다(Pope & Vasquez, 2011).

- 이 강령을 위반한 정신건강전문가를 재활시키기 위한 노력은 많은 성공을 거두지 못했다(APA Insurance Trust, 1990, Pope, 1989). 그러나 다른 사람들은 재활 치료에 대하여 덜 비관적이며(Gonsiorek, 1997; Schoener & Gonsiorek, 1988), 이러한 비관주의가 부당하다고 여기는 이유로 치료자가 비행을 저지르는 원인이 다양함을 언급한다.

- 내담자가 처음에 치료자와의 성적 접촉을 성적 부당 행위가 아니라 로맨틱한 것으로 생각하였을 때조차도 그런 행동은 내담자에게 해롭고 심리적인 상처를 준다(Somer & Nachmani, 2005).

- 일부 연구는 대부분의 환자와 치료자와의 성적 접촉이 대부분 치료가 종료된 후에 일어난다고 시사하지만(Pope & Vetter, 1991), 이를 확실하게 하기 위해서는 더 많은 연구가 필요하다. 그리고 이 연구 사례 중 일부에서 내담자는 명목상의 과거 내담자일 뿐이고, 실제로는 치료가 성적 접촉을 시작할 목적으로 종료된 것이다.

어떠한 사람이 취약하고 얼마나 자주 이런 범죄가 발생하는지에 관한 단서를 얻는 것은 유용하긴 하지만 왜 이런 일이 발생하는가에 대한 의문에 완전히 답하지는 못한다. Barnett(2014)는 세 가지 중요한 이유를 제시한다. 첫 번째는 윤리강령에 관하여 이해가 부족하기보다는 이 문제와 관련된 훈련이 결여되어서, 감독자 없이 내담자에 대한 성적인 감정을 다루는 능력이 부족한 것이다. 두 번째는 전문가적 기능 문제로 보통 불리는데, 상담사 개인의 삶이 어렵거나 고통스럽고 피곤하여 치료적 관계에 큰 영향을 주는 것이다. 마지막으로 상담사의 인격 문제로서, 내담자의 안녕에 대하여 관심이 없고 기꺼이 도움을 받으려는 사람들을 희생양으로 삼는 것이다.

치료자의 성적 끌림에 대한 자료

내담자에게 성적 매력을 느끼는 것은 치료자들 사이에 보편적인 현상이다. 그러나 대다수는 그 유혹에 따라서 행동하지 않으며 책임 있는 방식으로 그런 반응을 다루기 위해 노력한다. 연구에 따르면, 조사에 응한 심리학자의 80%에서 90%는 적어도 한 번은 내담자에게 성적인 유혹을 느꼈다고 인정했지만, 극소수만이 그러한 감정에 따라서 행동하였다(Blanchard & Lichtenberg, 1998; Giovazolias & Davis, 2001; Pope et al. , 1986; Rodolfa et al., 1994; Stake & Oliver, 1991). 사회복지사 및 가족치료사에서 얻은 자료에 따르면 이런 전문 직업군에서도 내담자에게 성적 매력을 느끼는 일은 빈번하게 일어난다(Bernsen et al., 1994, Nickell et al.1995). Pope와 Vasquez(2011)는 내담자에 대한 성적인 환상이 흔한 일이라는 데 주목한다. 그들은 남성 심리학자(27%)와 남성 사회복지사(30%)의 거의 1/3이 다른 사람과 성행위를 하는 동안 적어도 한 명의 내담자에 대한 성적인 상상을 한 것을 인정한다고 말한다. 그러나 그 횟수는 극히 적다. Rodolfa 등은 (1994)는 연구 대상자 중 88%가 성적인 끌림을 인정했지만, 단지 4%만이 그런 끌림에 따라 특정 행동을 했다고 보고했다. 성적 끌림을 경험한 이들 중 60%는 그것에 관하여 상담을 받고자 하였다(Rodolfa et al., 1994). 치료 중 성적 끌림에 따른 행동을 자제하는 이유를 물어보면 대답은 아주 다양하다. 윤리적, 법적 표준을 준수하여야 한다고 생각하거나 그런 행동이 상담에 방해가 된다고 믿고 있거나 고소나 징계를 당할 수 있다고 걱정하기 때문이라고 대답하였다. 일반 사람들은 상담사가 이미 도움을 주는 관계에 있거나 상담사가 성적 접근을 하지 않는 것을 상식의 문제로 보고 있기 때문에 상담사는 성적 관계를 추구하지 않을 것이라고 말했다(Pope & Vetter, 1991). Pope, Sonne, 그리고 Greene(2006)에 따르면 정신건강 전문가들은 스스로에게조차 자신이 성적으로 내담자에게 끌리는 것을 인정하면 실제로 그런 식으로 행동하게 될지도 모른다는 염려 때문에 그런 감정을 억누르려고 한다. 그러나 그것은 틀린 생각이며 그 반대가 진실이다. 그런 감정을 억누르고 다루지 않는 것은 실제로 전문가를 부정행위에 더 취약하게 만들 수 있기 때문이다.

▌이전 내담자와의 성적 접촉: 논쟁과 모순된 규칙들

다음 사례를 고려해보자.

올가와 마뉴엘의 사례

이 질문에 답하는 첫 번째 과정은 다음에 기술된 상황을 평가하는 것이다. 마뉴엘은 상담 당시에 정신적 또는 정서적 장애로 진단받지 않으며, 그의 문제의 대부분은 심리적인 문제가 아니라 의학적인 문제에 기인한 것이었다. 상담사는 처음 3회기를 진행하면서 우울 장애의 존재는 배제하고 나이 드신 부모에 대한 책임감과 업무 스트레스에 내담자가 대처하는 능력을 강화시키는 데에 초점을 맞추었다. 세 번째 회기에서 내담자는 대처 기술이 향상되었고, 의학적 치료를 통하여 다른 문제도 좋아져서 기쁘고 도움을 준 상담사에게도 감사하다고 말하였다. 상담이 끝나면서 상담사는 상담 종료를 보고하고 5년간 아무런 접촉도 하지 않았다. 3년 후의 만남은 지역 공동체 행사에서 우연히 이루어졌고, 상담사가 아니라 내담자가 데이트를 청하였다. 내담자는 그동안에 별다른 문제 없이 잘 지냈다고 말했다.

이전 내담자와 치료자가 성관계를 하는 일이 현재의 내담자와 그런 경우보다 더 많다. 1977년에서 1998년 사이에 발표된 보고서에서 발생률은 3.9%에서 11%까지 다양하였다(Akamatsu, 1988; Borys & Pope, 1989; Holroyd &Brodsky, 1977; Lamb et al., 1994; Lamb &Catanzaro, 1998; Salisbury &Kinnier, 1996; Thoreson et al., 1995; Thoreson et al., 1993). 어떤 경우 희생자는 명목상으로만 이전 내담자이었다. Somer와 Saadon의 연구에 따르면 규정을 위반한 전문가 중 33%가 성관계를 시작할 목적으로 갑자기 상담을 종료하였다. Akamatsu(1988)는 치료 종료 후 이전 내담자와 성관계를 하기까지 평균 기간이 15.6개월이라고 발표하였지만, Cartrell 등은 대부분의 경우에는 그 기간이 6개월 이내라고 지적하였다. 대다수의 전문가는 상담 종료 후의 성관계도 비윤리적이라고 생각하지만 현재 내담자와 성관계를 하는 것만큼 그렇게 강하게 비난하는 것은 아니다. Akamatsu(1988)에 따르면 그의 조사 대상 전문가의 23%가 이러한 관행을 "윤리적이지도 비윤리적이지도 않은" 것으로 보았으며(1988, p. 455), Lamb과 그의 동료들(1994)은 상담 종료 이후의 경과 기간이 행동의 적절성을 판단하는 데 영향을 미친다고 발표하였다. 즉, 치료 이후 경과된 기간이 길수록 그런 행동을 비난하는 응답자의 수가 줄어든다(경과 기간이 한 달 이내일 경우, 그런 행위는 아주 비윤리적인 것으로 판단한다). Salisbury와 Kinnier(1996)가 밝힌 바에 따르면, 최소한 어떤 특별한 상황에서는, 조사 대상 중 삼분의 일의 상담가가 이전 내담자와의 성적 접촉을 받아들일 수 있는 일로 보았다. Gibson과 Pope(1993)가 23%의 상담사가 이 행동을 윤리적으로 평가한다고 밝혔다. Tarvydas, Leahy, 그리고 Saunders(2004)의 재활상담가와 국가공인상담가를 상대로 한 연구에서 응답자 중 45%가 이전 내담자와 개인적인 친구 관계가 되는 것을 윤리적이라고 보고하고 있다. 아쉽게도 연구자들은 응답자의 성적 접촉에 대한 태도는 조사하지 않았다. 이런 행동에 대한 상담사의 태도에 대하여 가장 최근에 수행한 조사에서는 ACA 규정(Neukrug & Milliken, 2011)에 명시된 5년이 지난 후에라도 대부분의 전문가들은 이전 내담자와의 성적 접촉을 비윤리적(57%)이라고 보는 것으로 나타났다.

이전 내담자와의 성적 접촉에 대하여 윤리적 합의가 이루어지지 않는 것은 초창기의 윤리강령이 이 문제에 아무런 언급도 하지 않은 것에도 원인이 있다. APA, NASW, ACA의 윤리강령에는 1990년대까지 이 주제에 관하여 언급이 없었다. 현재 미국정신과의사협회(NASA)와 다른 일부 나라의 규범에서 이전 환자와의 성적 접촉을 명백히 금지하고 있다(2008). 현재 NASW 규범도 1.09c 조항에서 이를 권장하지 않는다. 현재의 미국의 윤리강령은 매우 제한된 상황에서만 성적 또는 낭만적인 접촉을 허용한다. 예를 들어, ACA 윤리강령에는, 상담 종료 후 적어도 5년 동안은 이전 내담자 또는 그 가족과 대면 접촉이건 원거리 접촉이건 상관없이 금하는 규정을 두고 있다. 그 기간이 경과하였어도 상담사가 접촉하려고 할 경우에는 그 접촉이 착취적이지 않으며 해를 입히지 않을 것을 문서로 작성하여야 한다. APA 규범의 I 0.08 조항은 최소한 2년의 경과를 규정하고 있지만, 2년 후에라도 이러한 행동은 거의 허용되지 않는다. 또한 접촉이 악용되지 않을 것을 입증할 책임이 상담사에게 부과되어 있다. 또한 2년 후에 만날 생각을 치료 중에 하고 있었다면 그런 관계 또한 완전히 금지된다.

NASW 조항은 "영구적으로"라는 기준을 설정한 것으로 보이지만 이전 내담자라는 용어를 명확하게 정의하고 있지는 않다(Mattison, Jayaratne, & Croxton, 2002). Canter 등(1994)은 APA 규정에 대한 주석에서 이 조항을 "거의 절대 규칙"이라고 부른다(p. 98). 이 조항은 정신건강전문가에게 이전 내담자와의 관계가 일반 규칙의 예외로 인정할 수 있을 만큼 충분히 특별하다는 것을 입증하도록 하는 무거운 책임을 부여한다. 전문가 단체는 내담자와 전문가 사이의 초기 상호작용이 역기능적이지 않고, 전이가 심각하게 일어나지 않았으며, 치료가 적절하게 종료된, 완전히 윤리적인 상황에서 고려할 수 있는 것으로 간주한다. 예를 들면 내담자가 전직을 결정하거나 담배를 끊을 때 도움을 청하거나 일반적인 슬픔을 겪는 과정에서 도움을 요청하는 그런 시나리오를 가정하는 듯하다. 그러한 상황에서는 강한 정서적 유대 관계나 깊은 애착은 여간하여서는 형성되지 않는다. 논쟁이 되는 것은 전문적 관계가 잘 종결되고 문제가 잘 해결되었다면 자신이 원하는 사람과 성관계를 할 수 있는 성적 자기 결정권이 이전 내담자가 해로울 수도 있는 위험보다 우선하는 가이다. 전문가협회는 치료 관계를 잘 종결한 전문가가 모든 이전 내담자와 친밀한 관계를 금지당하는 것으로부터 전문가를 보호하고자 하는 목표를 갖고 있는 듯하다. 강령은 또한 종결 전 어떤 시점에서든 내담자와 사적인 관계를 생각한 전문가는 예외 조항을 충족시키지 못함을 암시한다. 그 의미는 전문가와 이전 내담자가 치료 종결 후 2년 이상 지나서 만났을 때 그들의 만남이 상담을 위해서 만나는 동안에 치료자가 예기하였으면 안 되고, "우연적"이어야 한다는 것이다. Gonsiorek과 Brown(1989)은 2년을 이전 내담자와 성관계를 하기 전에 경과해야 할 최소한의 기간으로 권고하였다. 이들은 이 문제에 대한 의사결정 과정에서 필요한 규칙을 정교하게 만들었고, 강령에 적용함에 있어 기간 제한의 이유를 더 명확하게 하였다. Gonsiorek과 Brown(1989)은 정신건강전문가가 전이가 핵심 특징인 치료(A 유형)와 상호작용을 통하여 전이가 일어날 확률이 낮은 단기치료(유형 B)를 구별해야 한다고 제안하였다. 두 사람은 A유형의 내담자와는 종결 후 시간이 아무리 지나도 성 접촉은 부적절하다고 말한다. 또한 중증 환자는 치료 기간에 상관없이 A유형으로 분류한다. B유형 내담자와의 종결 후 접촉은 다음과 같은 조건이 충족될 때에만 허가된다. (1) 치료자가 먼저 연락하지 않았다. (2) 종결 후 최소한 2년이 지났다. (3) 그 2년 동안 사회적인 접촉이 일어나지 않았다. (4) 치료가 완전히 종결되었고, 후속 치료에 대한 권고가 없었다. 그들은 치료가 유형 B 범주에 속하는지 불확실하다면 유형A로 간주되어 접촉이 금지되어야 한다고 제안한다. Herlihy와 Corey(1992, 1997)는 상담의 유형과 기간이 치료 종결 후의 관계에 윤리적으로 영향을 미치는 요인이라고 말한다. 그들은 상담이 단순하고 깊은 개인적인 문제를 다루지 않은 경우에는 접촉이 허용되어야 한다고 주장한다.

Gottlieb(1993)의 연구는 이 문제에 대한 전문가들의 생각을 명확히 하는 데 도움이 된다. Gottlieb는 다중 관계의 윤리를 평가할 때 고려해야 할 치료사와 환자 간의 상호작용을 세 가지 측면으로 구분한다. 첫 번째는 치료자의 권력으로, Gottlieb은 전통적인 심리치료 관계에서 치료자의 권력은 강하다고 주장한다. 두 번째 차원은 관계의 지속 기간이다. 기간은 실제로 치료자의 권력과 관련이 있다. 관계가 오래 지속될수록 정신건강전문가가 환자에게 미치는 영향력이 커지고 애착도 더 깊어진다. 세 번째 차원은 종결의 명확성인데, 이는 미래에 환자가 추가적인 치료를 위하여 전문가에게 연락할 가능성을 의미한다. 그는 전문가가 "경과

된 시간이나 그사이의 접촉 있고 없음에 관계없이 내담자가 전문적인 관계가 지속되고 있다고 생각하는 한은 그 전문적인 관계가 계속된다"고 가정해야 한다고 주장한다(p. 44). 권력, 지속 기간 및 종결의 명확성에서 점수가 더 높을수록, 성적 접촉은 더 확실하게 금지된다.

기간 제한에 대한 논쟁 1장에서 언급하였듯이, 이 규정은 APA 윤리위원회가 1992년 강령의 초안을 개발할 때에, 포함되어 있지 않았다. (이전 초안에는 이전 내담자와의 성적 접촉이 전면적으로 금지되어 있었다) 또한 1992년 15개의 개정판 초안에도 포함되어 있지 않았으며, 그중 많은 초안들은 회원들의 평가를 위하여 출판도 되었다(Gabbard, 1994). 실제로, 그것은 강령 작성에 참여하지 않았던 다른 대의원들의 요청에 따라서 APA 집행 기관에 의하여 최종 토론에서 추가되었다. 많은학자들은 이 정책이 대중의 이익과 직업의 평판에 반한다고 믿었다. Gabbard(1994, 2002)는 정책에 대한 이학자들의 의견 차이를 요약하였다.

- 2년으로 정한 것은 임의적이며 특정한 시간 내에 전이가 해결된다는 경험적 증거에 근거하지 않는다. 2년이면 충분하다는 생각은 위험하며, 전문직은 무모한 생각에 근거하여 이전 의뢰인을 위험에 처하게 해서는 안 된다.

- 전문가는 전이가 성공적으로 해결됐는지 정확하게 측정할 수 없다. 더욱이, 이전 내담자와 (Hartlaub, Martin, & Rhine, 1986) 성행위를 하려는 생각을 품고 있는 전문가에게 전이가 성공적으로 해결되었는지 판단하도록 하는 것은 경솔해 보인다. Gottlieb(1993)가 지적한 것처럼, 오직 내담자만이 전문적 관계가 끝났다고 결정할 수 있다.

- 내담자에 대한 전문가의 책임이 치료 종료 후 2년 이내에 끝난다는 생각은 다른 조항과 충돌한다. 예를 들어 내담자 기록은 2년보다 상당히 오래 보존되어야 하며 비밀유지는 영구적으로 이루어져야 한다. 법적인 절차에 의하여 증언을 요청받으면 정신건강전문가는 비밀보장 특권에 있어 2년 동안 제한이 없다.

- 불평등한 힘의 관계는 절대로 평준화되지 않으며, 치료 목적으로 얻은 정보는 이후의 개인적인 관계에서 남용될 소지가 있다. 전문가는 상담 중에 공유된 모든 정보를 깨끗이 잊어버릴 수 없으며 내담자도 치료적인 관계 동안에 존재하였던 불평등한 권력 관계를 무시할 수 없다. 더욱이, 이전 내담자가 나중에 치료자에 의하여 이용당하였다고 느껴도, 불만을 제기하기를 꺼릴 수 있다.
- 치료 종결 후 개인적인 관계를 허용하면 치료의 본질이 바뀔 수 있다. 치료자에 대한 성적 감정을 경험하는 내담자는 치료자가 미래에 자신과 성관계를 가질 가능성이 있다는 것을 알게 된다. 이때 내담자는 자신의 회복을 위하여 탐구해야 하는 문제들을, 그렇게 하면 매력적으로 보이지 않을 수 있기 때문에, 들추어내기를 꺼릴 수 있다. 유사하게 치료자도 내담자와의 치료 후 관계의 가능성 때문에 일부러 또는 무심코 상담의 초점을 전환시킬 수 있다.
- 치료 후 2년이 지나면 내담자와의 성적 접촉이 내담자에게 위험하지 않다는 증거가 없다. 사실, 연구에 따르면 치료 종결 후 관계에 해를 입힐 수 있다(Brown, 1988; Pope & Vetter, 1991). 한 내담자는 치료 종결 4년 후에 시작된 관계에서 심리적 손상을 입었다고 주장하며 상담사를 기소하였다(Gottlieb, Sell, & Schoenfeld, 1988).
- 윤리강령은 매우 특이한 사례 때문에 규칙에 예외를 두어서는 안 된다. 이전 내담자와의 성관계에 대해 규정된 기준은 성적 접촉에 대한 고려에서 가장 이례적인 상황을 제외한 모든 상황을 허용하지 않는다. 이런 드문 경우에서 전문가들의 자율성을 보호하려는 직업 분야의 관심은 대중을 피해로부터 보호하려는 그들의 약속을 무시하는 것처럼 보인다. 치료자에 의해 착취당한 내담자가 심각한 피해를 입었다는 증거가 주어지면 전문가는 이러한 예외적인 사례가 실제로 발생하는 것보다 더 자주 발생한다는 인상을 주지 않아야 한다.

Koocher와 Keith-Spiegel(2008)은 과거 관계에서의 권력의 불평등과 그 영향력이 현재의 관계에 어떤 영향을 미치는가 하는 흥미로운 질문을 제기한다. 그들은 묻는다. "여러 해가 지나서, 당신이 특별히 존경하였던 샘 멘데즈를 우연히 만나다면, 당신은 "안녕, 샘"이라고 할까 "안녕하세요, 멘데즈 선생님"이라고 할까?"(p. 330). 선생님을 이름만으로 부르기를 꺼린다는 것은, 아마도 교사 지위를 여전히 인식하고 있고 존경받는 전문직과의 관계의 특징이 내면화된 것과 관련이 있을 것이다. 내담자와 이전 치료자의 관계는 다르다고 할 수 있을까?

여러 법원들이 전문가의 이전 의뢰인과의 성관계를 전문가의 과실로 판결한 사실을 알리는 것은 역시 의미가 있다(Cranford v. Allwest, 1986, Doe v. Samaritan Counselling Center, 1990). 매사추세츠 및 미네소타를 비롯한 일부 주에서는 이전 내담자와의 성적 접촉이 허용되는 경과 기간을 명시하지 않는다(Gorman, 2009). 따라서 이런 주들에서는 10년 또는 20년 후 전문가 자격증이 위험에 처할 수 있다.

현재 규정을 지지하는 논리적 근거 논쟁의 다른 측면은 무엇인가? 현재의 규정은 그 규정이 이전 강령의 빈틈을 다루고 있다는 점에서 옹호된다. 1992년 이전에는 전문가들, 윤리위원회 및 면허위원회 그 누구도 종결 후 성관계에 연루된 치료자에 대한 불만을 처리하는 방법을 알지 못했다. Sell, Gottlieb, 그리고 Schoenfeld(1986)는 이 기관들이 종결 후 성관계가 윤리적인지 또는 치료 종결 후 개인적 관계를 갖기 위하여 적절한 경과 기간은 어느 정도인지에 관하여 굉장히 다양한 견해를 가지고 있다는 것을 발견하였다(동시에 성적 착취 혐의로 기소된 한 심리학자가 종결 이후 적절한 기간이 경과되었다는 기관의 판단을 근거로 혐의를 벗지는 못하였다고 지적하였다). 따라서 강령의 이 규정은 과거의 강령에 비해 발전된 것이며, 치료가 끝난 후 성적 행위가 시작되었다고 주장함으로써 윤리적 기소로부터 자신을 보호하고자 하는 치료자의 주장을 어떻게 평가할 것인가에 대한 지침을 제공한다.

Canter 등은(1994) 이 조항이 더 폭넓은 금지보다 실용적이고 법률적인 도전을 방어하는데도 더 쉽다고 주장한다. 그들은 여기서 그러한 규칙이 전문가의 자유로운 협회의 권리를 침해할 수 있다는 법적인 주장을 언급하고 있는 것 같다. 마지막으로, 어떤 형태의 치료 접촉은 최소한의 전이를 일으키며 본격적인 상담이나 심리치료보다 가벼운 상담의 특징을 더 많이 나타낸다. 이 가벼운 상담은 Gonsiorek와 Brown(1989)이 B형 치료라고 부르는 것과 유사하다. 예를 들어, 어떤 부모는 자녀의 공포에 관하여 정신건강전문가를 면담하고 단일 회기에서 필요한 정보와 마음의 평안을 얻을 수 있다. 이와 같은 부모와 전문가의 전문적인 관계는 내담자가 자녀의 약물남용 문제를 해결하는데 도움을 받기 위하여 여러 회기에 참석하며 생기는 상호작용과는 다른 성격을 띠고 있다. 첫 번째 사례의 내담자가 전문가에게 다시 도움을 요청할 의도가 없고 향후 몇 년 동안의 삶이 순조롭게 잘 진행되고 전문가와 개인적인 관계를 시작하기를 원한다면, 그리고 상황이 강령에 있는 다른 규정을 충족하면, 이 규정은 전문가가 내담자의 요구에 응하는 것을 허용한다.

이 주제에 대한 논쟁은 계속될 것이다. 이전 내담자와 그러한 관계를 고려하는 상담사와 치료자는 매우 신중해야 한다. 이런 상황에서 윤리적인 결과를 위해서는 믿을 만한 동료와 의논하면서 윤리강령에 언급된 모든 측면을 신중하게 고려하는 것이 필수적이다.

개별주의 법률은 이 문제에 대한 윤리강령과 다를 수 있다는 점에 유의하여야 한다. 예를 들어, 플로리다는 치료자와 내담자 관계가 "영속적"으로 존재하는 것으로 간주하므로 종결 이후 경과된 시간에 관계없이 내담자는 피해에 대하여 소송을 제기할 수 있다(Lamb et al., 1994). 행동 지침으로 강령을 사용하는 주에서 일하는 치료자는 종결 후의 성적 접촉으로 법적 제재를 당할 위험에 여전히 노출되어 있다. 따라서 정신건강전문가는 자신의 주에서 이 문제를 규율하는 법률과 규정을 잘 이해해야 한다. 이 주제에 관한 주법의 다양성에 대한 자세한 내용은 Gorman(2009)을 참조하라.

▍온라인, 교육, 협의 및 고용 상태에서 성적 접촉

ACA 강령 최신판이 처음으로 사이버 공간에서 전문적인 상호작용이 있었던 내담자나 의뢰인과의 성적 접촉을 명시적으로 다루었다. 사이버 공간에 있는 고객/내담자와의 성적인 접촉을 명시적으로 언급한 첫 번째 버전이다. A.5.e절에서 ACA는 현재 상담 관계에 있는 사람들과 사이버상의 성적 관계를 금지한다. 이 강령은 또한 다른 전통적인 직업 관계를 다루고 있다. 다음 사례를 고려해보자.

이사벨과 요리토모의 사례

상담심리학과 대학원생 이사벨은 선택 과목으로 약물남용상담 과정에 등록한다. 이 과정은 지역 사회에서 활발하게 개인상담을 하고 있는 부교수인 요리모토에 의해 진행된다. 약 10주간의 학기에, 이사벨은 청소년을 위한 약물남용 교육 프로그램에 대한 독서 자료를 얻기 위하여 수업 후에 요리모토에게 간다. 그들은 주제에 대해 길게 토론하고 그 후에도 몇 번 요리토모 사무실에서 만나서 독서 자료에 대하여 이야기한다.

그녀의 마지막 시험지를 제출하였을 때, 요리토모는 그녀에게 몇 분 안에 사무실에 올 것을 요청한다. 그때 그는 이 문제에 관하여 토론하고 서로를 더 잘 알 수 있도록 계속해서 만나자고 제안한다. 무뚝뚝한 태도로 그는 언젠가 함께 저녁 식사를 할 것을 제안한다. 이사벨에게는 그것이 데이트를 하자고 초대하는 것으로 들린다. 교수의 관심사에 대한 그녀의 평가가 맞다면 요리토모가 비윤리적으로 행동한 것인가?

문제를 개별적으로 분석한 후에 이 장의 끝에 있는 사례 분석을 참조하시오.

ACA 및 APA 규정은 현재 내담자와의 성적 접촉 금지를 학생, 수련생을 포함하여 기타 유형의 전문적 관계에 있는 사람들까지 확대하고 전문가로서 권한을 가지고 대하는 모든 사람에게 성적 착취가 금지된다고 명시한다. 이 금지에 대한 이론적 근거는 전문가가 갖는 힘, 전문적 접촉의 확장된 성격, 그리고 명확하지 않은 종결 등과 같이 내담자와의 성관계를 배제하는 근거와 같다. 슈퍼바이저와 교수진은 학생이 졸업하거나 자신이 선택한 전문직을 가질 수 있는지 여부를 결정한다. 상담학과 심리학 분야의 대학원 교육은 일반적으로 수년간 지속되며, 졸업생은 교수 및 슈퍼바이저에게 장차 몇 년 동안 추천서를 의존한다. 고용주는 비슷한 영향력을 행사하여 직원들이 자신의 업무에서 성공할 수 있는지 여부를 결정한다. 연구 프로젝트 참여자는 연구자의 적절하게 상호작용하고자 하는 선의에 의존한다. 학생, 직원, 연구 참여자는 거의 힘이 없으며 상위자의 권력 남용 가능성에 취약하다. 권력자가 거절에 대하여 특별한 행위를 하지 않는다 하여도, 그들은 그에 따른 결과를 걱정할 수 있고 이후의 전문적 관계에서도 불편해질 수 있다. 상담 교수진의 한 명이 성적 착취를 시도하는 것을 묘사하는 "성희롱"이란 익명의 글에 이런 감정이 잘 나타나 있다. 교수 또는 지도교수와의 성관계에 동의하고 그런 선택이 강압적이지 않고 자유로운 것이었다고 믿는 학생이나 수련생조차, 나중에는 그런 관계가 강압적이었고 전문가로 발전하는 데 방해가 되었다고 생각한다(Ahlstrand, Crumlin, Korinek, Lasky, & Kitchener, 2003; Barn ett-Q ueen & Larrabee, 1998, Glaser & Thorpe, 1986, Lamb & Catanzaro, L998, Lamb, Catanzaro, & Moorman, 2003, Miller & Larrabee, 1995, Robinson & Reid, 1985). 다시 말하면, 돌이켜볼 때 그들은 그 관계를 교수진들이 그들의 지위와 힘을 이용한 것으로 보는 경향이 있다. 동료가 윗사람과 성관계를 한다는 사실을 알아차린 다른 학생이나 수련생은 그 윗사람이 주는 혜택을 받기 위하여 그 동료와 경쟁할 때에 공정한 대우를 받을 수 있을지 의심스러워한다. 학생과 수련생이 윗사람의 의사와 상관없이 먼저 그런 성적 관계를 끝내고 싶을 때, 그들은 그 관계의 끝이 미칠 영향을 걱정할 수 있다. 반대로 윗사람이 전문적 관계가 종료되기 전에 성적 관계를 끝낸다면, 연수생은 남은 기간 동안의 상호작용에 불편함을 느낄 수 있다.

규범 위반 사례

연구자들은 이 주제에 관해서 두 가지 경로로 자료를 수집했다. 첫째는 성적 접촉 경험이 있음을 인정한 전문가를 상대로 설문 조사를 하였고, 둘째는 교육을 받는 동안에 교수진이나 지도 교수의 성적 접근을 경험한 정신건강전문가를 상대로 설문 조사를 하였다. 설문 조사 대상은 상담사, 사회복지사 또는 정신과 의사보다 심리학자가 더 많았지만, 각각의 직업 영역에서 활용될 수 있다. 대부분의 연구는 내담자보다는 교육생과의 성적 접촉이 더 많음을 발견하였다. 교수진과 학생 간의 성적 접촉 비율은 0%에서 17%까지 분포되어 있었다. 여성 상담 교수의 경우가 0%이었고, 학생 시절 동안의 성적 접촉 경험을 보고한 여성 심리학자가 17%이었다.

이 연구에서 교수와 학생 간의 성 접촉 평균 비율은 8.8%이다. 슈퍼바이저와 수련생 간의 성적 접촉을 조사한 연구는 아주 적지만 그 비율은 0.2%(Thoreson et al., 1995)에서 4%(Pope, Levenson & Schover, 1979)이며 평균은 2.5%이다. 표 7.1은 각 연구에 대한 구체적인 결과를 제공한다. 대부분의 접촉은 40대의 남성 교수와 20대 후반과 30대 초반의 여학생 간에 발생하는 것으로 보고되었다. 또한 사제 관계가 유지되는 동안에 관계의 대부분이 시작되었다. 예를 들어, Hammel 등(1996)은 연구에서 접촉의 86%가 전문적인 관계 중 또는 그 전에 발생하였다고 보고하였다. 정신건강전문가들에게 학창 시절에 성적 착취를 당한 경험을 질문한 연구에서 응답자들은 교수나 슈퍼바이저가 원치 않는 성적 접근을 해왔던 사건의 숫자를 훨씬 더 많이 서술하였다. 원하지 않는 성적 접근은 성희롱이 된다. 예를 들어, Miller와 Larrabee(1995)는 설문 대상 상담사의 18.7%가 원치 않는 성적 접근을 경험하였다고 보고하고 있다. Robinson과 Reid(1985)의 연구와 Glaser와 Thorpe(1986)의 연구에서는 여성 심리학과 학생의 비율이 각각 48%와 3%로 훨씬 높은 것으로 나타났다. 교수진이나 슈퍼바이저에 의한 성희롱을 신고한 여학생의 비율

표 7.1 출판된 연구물에서 보고된 교수, 슈퍼바이저 그리고 학생 간 성적 접촉의 비율

연구자	조사 대상	교수진 비율	슈퍼바이저 비율
Pope, Levenson, & Schover, 1979	심리학 교육자	12%	4%
Robinson & Reid, 1985	심리학자	13.6%	NR
Glaser & Thorpe, 1986	여성 심리학자의 회상	17%	NR
Pope, Tabachnick, & Keith-Spiegel, 1987	심리학자들	NR	3.3%
Thoreson et al., 1993	남성 상담사들	1.7%	2.5%
Miller & Larrabee, 1995	여성 상담 교육자들의 회상	6%	2.5%
Thoreson et al., 1995	여성 상담사들	0%	0.2%
Hammel, Olkin, & Taube, 1996	여성 심리학자의 회상	11%	
Lamb & Catanzaro, 1998	임상 및 상담심리학자들	1.7%	1.5%
Barnett-Queen & Larrabee, 2000	상담사와 사회복지사	0.02% contact 0.07% advances made	
Caldwell, 2003	여성 상담 교육자들의 회상	1% male 99.8% female	NR
Lamb, Catanzaro, & Moorman, 2003	심리학자들	1-2%	
Ahlstrand ct al., 2003	심리학자들의 회상	10% harassment Contact: 6% females, 1% males	
Zakrzewski, 2006	심리학자들의 회상	2% contact 8.5% advances	

NR = not reported

은 최근의 두 건의 연구(Ahlstrand et al., 2003; Mintz, Rideout, & Barcells, 1994)에서 17.8%로 약간 감소하였으며, 또 다른 연구(Barnett Queen & Larrabee, 2000)는 좀 더 줄어들었다(0.07%). 윤리강령도 성희롱을 분명하게 금지한다(APA 윤리강령 3.02 및 ACA 윤리강령 C.6.a 참조).

성적 느낌과 성적 비행의 구별

앞에서 언급했듯이, 거의 모든 정신건강전문가는 내담자에게 성적인 매력을 느낀 경험이 있으며 그로 인하여 때로는 죄책감과 혼란과 불안감을 느끼는 것으로 나타났다(Pope, Keith Spiegel, & Tabachnick, 1986; Rodolfo et 외., 1994; Sonne & Jochai, 2014; Stake & Oliver, 1991). 이러한 감정들에 대한 다른 더 많은 긍정적인 반응이 각종 문헌에 보고되고 있다. 끌리는 마음에 대하여 호기심을 느꼈던 경험이나 치료를 더 효과적으로 할 수 있는 촉매제로 그것을 이용하는 이점 등이 그것이다(Ladany, Hill, Corbett, & Nutt, 1996; Rogers, 2011). 어떤 사람들은 그것을 정상적인 인간의 반응으로 간주하고 과도한 정서적 고통 없이 감정을 받아들이는 것처럼 보인다(Giovazolias & Davis, 2001). 안타깝게도 최근 수년간 약간의 개선이 이루어지긴 하였지만 아직도 교육 과정에서 충분이 이 문제를 다루고 있지 않다는 것이 문헌에 나타난다. Pope, Sonne, 그리고 Holroyd(1993)는 그것을 "존재하지 않는 주제"라고 부른다(p. 23). 상담사와 치료자가 저지르는

성적 비행의 심각성을 감안할 때, 내담자나 전문가의 권위하에 있는 사람들에게 성적 매력을 느끼는 것을 어떻게 보아야 할까? 성적 매력을 느끼는 것이 그 자체로 비윤리적인가? 가끔 내담자를 이성적으로 느끼는 것은 정상이며, 죄책감을 갖거나 염려할 일은 아니다. 그것이 부정행위인 것은 아니다. 어쨌든, 전문가들은 성적인 것을 그냥 내버려 둘 수는 없다. 그러한 감정은 상담가의 개인적인 일이나 내담자의 발언이나 행동에 의하여 자극받을 수 있다. 이러한 감정을 전문가로서 잘 처리하면, 향후 내담자를 효과적으로 상담할 수 있다. 성적 각성의 경험은 치료 관계 중에 느끼는 성욕과 구별되어야 한다. 내담자가 알아차리지 못하였고 상담사가 내담자가 이야기하고 싶은 주제에 집중하는 것을 방해하지 않는다면, 그런 순간적인 감정이 반드시 윤리적으로 문제가 되는 것은 아니다(Pope et al., 1993). 흥미롭게도, 매력을 느끼는 것이 치료에 도움이 되는지 해가 되는 지에 관하여 전문가들의 의견은 거의 반반으로 나누어져 있다(Sonne & Jochai, 2014). 전문가는 당연히 자신을 스스로 점검하고 상담이 잘 이루어지고 있는지 면밀히 검토하여야 한다. 성적 각성이 상담을 상당히 위태롭게 하고 있다면, 전문가는 내담자를 다른 전문가에게 보내는 것을 고려하거나 최소한 상담 시간을 보충할 수 있도록 무료로 추가적인 상담을 해 주어야 한다.

성적 느낌이 더 자주 발생하거나 더 길어지거나, 내담자에 대한 성적 환상으로 발전하는 경우에는, 좀 더 신중하게 다루어야 한다. 성적인 끌림을 해결하는 데 도움을 받기 위해서 전문가는 동료 또는 슈퍼바이저에게 일어나는 일에 대하여 의논해야만 한다. Rodolfa 등(1994)의 연구에서 표본의 60%는 내담자에게 끌릴 때 이 행동을 취하였다. 객관적인 태도로 내담자의 안녕에 주의를 기울이고, 그렇게 끌리는 이면의 동기를 이해하기 위하여 상담을 이용하였다고 보고하였다. 그러한 상담에도 불구하고 전문가가 내담자의 요구에 주의를 집중할 수 없다면, 내담자를 다른 곳으로 보내는 것이 맞다. 성적인 각성이 빈번하거나 지속될 때마다 상담사나 치료자는 그 느낌의 원천을 이해하기 위

하여 치료자 자신이 치료받을 것을 권고한다. 그동안 상담사나 치료사는 성적 흥분이 일어나기 쉽지 않은 고객만을 받아들여야 한다. Rodolfa의 연구 결과는 이 방법의 중요성을 강조한다. 조사 대상인 심리학자 중 43%는 내담자에 대하여 성적 매력을 느끼는 것이 치료에 부정적인 영향을 주었다고 말하였다.

다른 연구에 따르면 수련생은 슈퍼바이저와 성적 감정을 논의하는 것을 꺼릴 수 있으며, 내담자에게 성적 매력을 느끼는 것이 본질적으로 비윤리적이라고 잘못 해석한다(Housman & St ke, 1998; Ladany et al., 1996; Mehr, Ladany, & Caskie, 2010). 긍정적인 슈퍼비전 관계는 그러한 의사소통을 용이하게 할 수 있지만(Ladany et al., 1997), 그렇다고 하더라도 내담자와의 성적 접촉에 대한 수련생의 오해는 잘 해결되지 않는다.

Epstein과 Simon(1995)은 정신건강전문가가 내담자나 수련생을 부당하게 대하게 될 가능성을 조기에 진단할 수 있도록 하는 착취 지표를 발표하였다. 이 지표의 한 부분에서 다음과 같은 질문을 한다.

- 내담자에게서 관찰되는 만족스러운 특징과 자신의 배우자나 의미 있는 사람의 불만족스러운 특징을 비교하는 자신을 발견하는가?
- 내담자가 당신과 로맨틱한 관계가 된다면 내담자의 문제가 극적으로 해결될 수 있다는 느낌이 드는가?
- 내담자를 생각하거나 방문을 기대할 때 흥분이나 기다려지는 느낌이 드는가?
- 내담자에 대한 낭만적인 백일몽을 즐기는가?
- 내담자가 당신에게 매혹적으로 행동하였을 때 이것을 자신의 성적 매력에 만족하는 것으로 생각했는가?
- 당신의 내담자를 만집니까? (악수는 제외)
- 치료 후 내담자와 개인적인 관계를 맺었는가? (p. 459)

성적 끌림으로 인하여 전문가가 상담이나 치료를 요청하거나 내담자를 다른 상담사에게 의뢰하

는 경우에 전문가는 그 사실을 내담자에게 공개하여야 하는지 의문이 들 수 있다. 어쨌든 내담자는 무엇인가가 다르다는 것을 알아차리거나 자신을 다른 상담사에게 위탁하는 이유를 궁금해할 수 있다. 이 상황에서 전문가는 그 정보가 해를 끼치거나 치료 과정에 방해가 될 가능성에 비추어서 내담자에게 사실을 알리는 것이 도움이 될지 저울질해 보아야 한다. 전이의 성격, 내담자의 고통 및 전문가의 영향력 등이 그런 공개를 위험하고 심지어 매우 해롭게 만들 수 있다. 사실 공개를 함으로써 내담자의 원래 관심사에 주의를 기울이지 못하도록 할 수 있다. 성적 매력을 경험한 사람들 중 5%에서 10%만이 이러한 느낌을 내담자에게 공개하였고, 대부분의 전문가는 개인적인 이유뿐만 아니라 이런 형태의 공개가 본질적으로 비윤리적이라고 믿기 때문에 공개를 하지 않는다(Fisher, 2004). Pope 등(1993) 상담사와 치료사가 성적인 감정을 이해하고 전문적인 환경에서 적절하게 관리할 수 있도록 도와주는 매우 유용한 책을 출판하였다.

성적인 감정을 느끼고 있는 내담자가 상담사에게 성적 매력을 느끼고 있음을 고백한다면 상담사는 어떻게 해야 할 것인가? 일반적으로 연구는 성적 끌림에 따라서 행동할 의향이 없다고 하여도 그런 감정을 느끼는 것을 드러내지 말라고 경고한다(Pope et al., 1993). 거의 83%의 심리학자와 80%의 상담가가 사실 공개 자체를 비윤리적인 것으로 간주한다(Gibson & Pope, 1993; Neukrug & Milliken, 2011; Pope et al., 1987). 일부 연구는 이 입장을 지지한다. 모의 상담 연구에서, Goodyear와 Shumate(1996)는 정신건강전문가들은 내담자에게 성적 끌림을 공개한 전문가들이 자신만의 비밀로 간직한 이들보다 숙련이 덜 되어 있고 덜 치료적이라고 판단한다는 것을 발견하였다. 모의 상담 상황에서 치료자가 자신이 느끼는 감정에 따라서 행동하지 않을 것을 분명히 하였음에도 불구하고 이런 부정적인 평가가 발생했다. Goodyear와 Shumate는 내담자가 성적 끌림을 표현하는 것은 진정한 낭만적인 관심이라기보다는 그들의 괴로움을 표명하는 것으로 다루어져야 한다고 말하는데, 그것은 대부분의 전문가들의 정서를 정확히 담아낸 것으로 보인다(p. 614). 물론 그러한 공개를 삼간다고 해서 내담자가 이성적으로 매력을 느낀다고 표현하는 것을 무시하라는 의미는 아니다. 오히려, 그것을 내담자가 상담을 시작하도록 하는 문제일 수 있음을 알려줄 수도 있다. 또한 내담자에게 그러한 감정이 집중적인 치료 관계에서 종종 나타나는 것임을 알려주어야 한다. Hartl 등(2007)은 내담자의 전이 감정 및 의도적이거나 비의도적인 성적 접근을 처리하기 위한 훌륭한 권고 사항을 제안하고 있다.

성적이지 않은 상담에서의 신체 접촉

설령 신체 접촉이 성적인 것을 의미하지 않는다고 하여도, 상담이나 치료 중에 전문가가 성인 내담자와 신체 접촉을 해도 되는가 하는 문제는 항상 논쟁거리였다(Durana, 1998; Phelan, 2009). 악수 또는 손, 팔, 어깨 등에 손을 대거나 짧게 신체 접촉을 하는 것이 성적이지 않은 신체 접촉에 해당한다. 대부분의 문화권에서 입맞춤은 이 범주에 속하지 않는 것 같다(Stake & Oliver, 1991). 논쟁의 한편에는, 치료 과정을 방해하고 고객을 혼동스럽게 하고 명백하게 양쪽 모두에게 성적인 감정을 생기게 할 위험이 있기 때문에 신체 접촉을 금지 행동으로 보는 사람들이 있다(Wolberg 1967 Menninger, 1958). 울버그(Wolberg)는 신체 접촉을 "절대 금기"라고 불렀다(1967, p. 606). 흥미롭게도 프로이트는 얼마 동안 자신의 환자와 신체 접촉을 하였지만, 나중에는 그것을 매우 강하게(Kertay & REVIERE, 1993) 거부하였다. 이러한 신체 접촉 거부는 환자와 치료자의 역할 사이의 명확한 경계와 전이 개념에 기반을 두고 있다. 어떤 사람들은 내담자에게 손을 대는 것이 경계를 흐리게 하고 당사자들이 관계를 업무적인 것이 아닌 사적인 것으로 보게 할 수 있다고 주장한다(예, Guntheil & Gabbard, 1993). 이와 상반되는 의견을 갖고 있는 치료자들은 신체 접촉이 내담자를 치료 과정에 참여하게 하고 치료적 변화를 촉진시킨다고 믿는다(Levy, 1973;

Smith, Clance, & Imes, 1998; Hunter & Struve, 1998 참조).

이 전문가들은 인간적인 신체 접촉이 아동의 성장에 필수적이라는 증거(Bowlby, 1951; Harlow, 1971 참조)와 적절한 신체 접촉이 언어적 소통을 할 수 없는 방식으로 내담자를 위로하고 안심시킬 수 있다는 일반적인 믿음을 거론한다. 사실, 대부분의 치료자는 악수 같은 사회적으로 인정되는 방식으로 가끔일지라도 내담자와 신체적인 접촉을 하며 그것을 비윤리적이거나 치료적이지 않다고 평가하는 사람은 거의 없다(Nigro, 2004a; Neukrug & Milliken, 2011; Pope et al., 1987; Stake & Oliver, 1991; Stenzel & Rupert, 2004). Tirnauer, Smith, Foster(1996)와 Pope 등의 연구(1987)에서 치료자의 85% 이상이 고객과 신체 접촉을 하는 것으로 밝혀졌다. 일부 연구는 남성 전문가와 여성 내담자 사이에 신체 접촉이 가장 많이 일어나며, 남성 전문가가 먼저 신체 접촉을 시작한다고 보고한다(Holub & Lee, 1990). 이러한 결과는 남성 치료자에 의한 성적 접촉이 더 많다는 증거와 결합하여 단순 신체 접촉이 성적인 접촉으로 향하는 첫걸음이 될 수 있다는 미끄러운 경사면 현상을 생각하게 한다(Guntheil & Gabbard, 1993; Holroyd & Brodsky, 1980). 그러나 최근의 연구에서는, 신체 접촉이 관계의 표현인 경우(예, 악수)를 제외하고는 동성 간의 접촉이 이성 간의 접촉보다 더 자주 일어난다고 보고된다(Stenzel & Rupert, 2004). 신체 접촉을 사용하는 치료자가 그렇지 않은 치료자보다 성적 비행에 더 취약한 것은 아니라는 사실에 주목해야 한다(Pope, 1990b). 그래도 전문가가 내담자에게 성적인 매력을 느끼는 경우에는 항상 단순한 신체 접촉조차 피하여야 한다(Kertay & Reviere, 1993).

미국 사회복지사회(NASW)의 강령 중 표준 1.10에서 제시하는 규정을 제외하고는, 어떤 윤리강령도 고객과의 신체 접촉을 금지하지 않는다. 그 규정에서는 심리적으로 해로울 가능성이 있는 경우에 신체 접촉을 금지한다.

성인 내담자와의 성적이지 않은 신체 접촉의 기준은 무엇일까? 전문가는 그러한 접촉이 이로울지 해로울지 어떻게 평가할 수 있을까? 이 질문에 확실하게 대답하려면 그 주제에 대한 철저한 연구를 기다려야 하지만, 몇 가지 합리적인 권고는 가능하다. 첫째, 전문가는 접촉하는 자신의 동기에 대하여 명확하여야 한다. "나는 그냥 감정표현이 솔직하고 자유로운 사람입니다"와 같은 말로 자신의 접촉을 설명하는 전문가는 내담자의 요구를 충족시키고 치료 목적을 달성하기 위하여 자신의 습관을 바꾸는 것이 필요하다는 사실을 암시하는 것이다. 또한 "동기를 제대로 검토하지 않았다" 그렇게 말한다는 것은 전문가가 접촉에서 내담자의 필요보다는 자기 자신의 필요를 더 중시한다는 것을 암시한다. Bacorn과 Dixon(1984)은 상담사가 때때로 내담자의 감정 표현 앞에서 자신의 불안감을 완화시키기 위해서 내담자와 신체 접촉을 할 수 있다는 가설을 세웠다. 심리분석치료가들은 접촉 충동이 내담자에게 사랑받고 전문가답게 보이기 위해서 혹은 자신의 해결되지 않은 문제 때문에 일어나는지 궁금해한다. 상담사가 강한 역전이를 느끼고 있을 때에는, 특별히 신체 접촉을 하지 않도록 주의해야 한다. 그런 감정이 내담자의 안녕보다는 상담사의 욕구에 더 주의를 기울일 수 있다는 신호이기 때문이다. 그런 감정은 접촉이 발생하지 않을 때조차도 전문가의 경계를 흐리게 하지만 신체 접촉이 그 과정을 가속화할 수 있다. Minter와 Struve(1998)는 상담의 내용이 성적 문제에 초점을 맞추고 있을 때이거나 내담자가 충동 조절 능력이 약할 때 또는 신체 접촉이 대화 치료를 대체할 때에는 신체 접촉을 피해야 한다고 제안한다. Corey와 Callahan(2015)은 행동이 자신의 감정과 일치하지 않거나 접촉으로 불편한 느낌이 든다면 상담사는 접촉을 피하는 것이 좋다고 제안한다. 물론 감정의 진정성만이 유일한 기준은 아니다. 전문가들은 진심이라는 느낌으로 오도되거나 잘못될 수 있다.

남성 내담자와 여성 내담자에 대한 신체 접촉의 양상이 상이한 사람들은 왜 접촉을 하는지 그 동기를 점검해야 한다. 성별에 근거한 차별적 행동 양식은 성차별주의자라고 불려왔고(Holroyd & Brodsky,

1980), 상담사가 내담자의 필요에 부응하지 않을 수 있다는 신호다. Alyn(1988)은 신체 접촉이 여성 내담자에게 성적 용어로 해석되지 않는다고 하더라도, 그 남성이 하는 신체 접촉으로 여성이 무기력한 느낌을 받게 할 수 있다고 주장하였다.

성인 내담자와 신체 접촉을 할지 여부에 대한 결정은 문화적, 사회적 문제에 대한 이해를 바탕으로 하여야 한다. 만지는 것은 문화권에서 따라서 매우 다양한 의미를 지니고 있으며, 문화에 대한 이해가 부족한 상담사는 문화적 규범을 위반하기 쉽다. 예를 들어, 정통파 유대인은 이성에 의한 신체 접촉을 부적절한 것으로 본다. 어떤 문화권에서는, 두 뺨에 키스하는 것은 악수만큼이나 일반적이고 자연스러운 인사다. 따라서 내담자와 신체 접촉을 할지 결정할 때에는 내담자와의 신체 접촉에 대한 문화적 의미를 고려하여야 한다. 사회심리학적 관점에서는 신체 접촉의 특권이 사회 경제적 지위에 근거한다. 높은 지위의 사람은 낮은 지위의 사람보다 더 쉽게 접촉할 수 있다. 따라서 내담자가 전문가를 만지는 것보다 전문가가 내담자를 만지는 것이 더 자유롭다. 마찬가지로 교수는 학생보다 더 큰 특권을 가진다. 따라서 상담사가 갖는 힘에 뿌리를 두고 만진다는 것을 간과하면 그것은 권력의 남용일 수 있다.

Geib(1982)는 만지는 것을 긍정적으로 해석하게 하는 이유에 대하여 가설을 세웠다. Geib은 다섯 가지 요인을 제안한다.

- 신체 접촉, 성적 감정 및 치료의 경계에 관한 명료성
- 내담자에 의한 신체 접촉의 시작과 유지
- 관계에서의 친밀감과 신체 접촉에 대한 의견의 일치
- 내담자는 치료가 치료자의 이익보다는 내담자의 이익을 위한 것으로 생각
- 치료에 대한 내담자의 기대와 치료자 경험 간 일치

Horton, Clance, Sterk-Elifson, 그리고 Emshoff (1995)는 연구에서 치료 동맹의 강도는 치료에서 신체 접촉의 긍정적인 해석과 관련이 있음을 발견하였다. 내담자의 특성과 경험은 신체 접촉이 치료적으로 적절한지에 대한 결정에 큰 의미를 갖는다. Wilson과 Masson(1986)은 고객이 불편함을 느끼면 신체 접촉을 피할 것을 권장한다. 연구에 따르면 일부 내담자는 성적 학대 및 성희롱에 대한 사전 경험이 있었으며, 이 사람들은 신체 접촉을 사용하는 치료자를 힘들어할 수 있다. 그들은 그것을 오해할 수도 있고, 치료에서 정신이 산만해질 수도 있다(Vasquez, 1988). 어떤 내담자는 가족력, 개인적인 경험 또는 상담을 시작하게 된 심리적 문제 때문에 신체 접촉을 싫어할 수 있다. 예를 들어, 세균에 대한 강박증적 공포가 있는 환자는 상담사의 신체 접촉에 크게 동요할 수 있다. 상담 과정에서 너무 빨리 신체 접촉이 있을 경우, 내담자가 상담을 그만둘 수도 있다. 배경과 경험이 신체 접촉을 배제하지 않는 내담자의 경우에도 전문가는 접촉에 대한 그들의 준비 상태를 정확히 평가하여야 한다(Durana, 1998). 준비 상태는 당연히 치료 관계의 강도와 관련이 있다. Kertay와 Reviere(1993)는 내담자와 상담에서 성적이지 않은 접촉의 역할에 대하여 논의할 것을 권고한다. 일반적인 지침으로는 신체 접촉이 있기 전에 허락을 요청하라고 권하지만 아주 소수의 전문가만이 사전에 접촉을 의논하는 것으로 Stenzel과 Rupert(2004)의 연구는 보고하고 있다. 이런 권고는 상담사가 신체 접촉이 치료적일 수 있다는 믿음이 생기기 전에 특히 의미가 있어 보인다. 위기 관리 관점을 취하는 학자들은 정신병리학 또는 관계 장애를 가진 내담자에게 나타나는 위험을 분석할 것을 권한다. 그 위험은 치료 중의 신체 접촉의 동기를 오해하여서 치료를 망가뜨리고 전문가를 징계 조치에 빠뜨릴 수 있다(Bennett et al., 2006).

간단히 말해서, 이런 모든 요인들을 고려해 볼 때, 정신건강전문가는 신체 접촉에 주의해야만 한다. 일부 저자는 악수를 제외하고는 신체 접촉을 전혀 하지 않도록 주장하지만 대부분은 적절히 신체 접촉을 하는 것에 동의한다. 올바른 상황에서 신체 접촉은 내담자를 안심시키고 치료에도 도움

이 된다. Horton 등(1995)은 내담자가 신체 접촉에 대해서 매우 긍정적이며, 많은 내담자가 신체 접촉을 그들의 문제 해결에 특별히 중요한 것으로 본다는 것을 발견하였다. 확정적인 결론은 아니지만 어떤 연구에 의하면, 신체 접촉이 현명하고 신중하게 사용되면 치료에 도움이 될 수 있다. 동시에 상담사와 치료자는 내담자와의 정서적 유대에 효과가 있는 것으로 증명된 행동 목록들을 숙지하여서 필요에 따라서 각 내담자에게 적절히 반응할 수 있어야 한다. 내담자와 신체 접촉을 하기로 결정하였다면, 그 접촉이 전문가가 아니라 내담자에게 필요한 것임을 입증할 책임이 전문가에게 주어진다.

어린이를 상담하거나 심리치료를 할 때 신체 접촉은 더욱 복잡한 문제가 된다. 그것이 법규의 영역이기 때문이다(McNeil Haber, 2004). 치료자는 적절한 이유와 방법(포옹으로 다른 사람과의 만남에 기쁨을 나타낸다든지)과 부적절한 이유(예, 때려서 분노를 나타내는 것과 같이) 둘 다로 신체 접촉을 시작한다. 실제로 수행된 몇몇 연구에서는 아동 상담에서 신체 접촉이 흔한 일이며(Cowen, Weissberg, & Lotyczewski, 1983; Rae & Worchel, 1991), 약 40퍼센트의 치료자가 아동을 자주 껴안는 것으로 나타났다. 한편, 전문가들은 아이들을 상해로부터 보호하거나 자해 행위를 막기 위해서 신체 접촉을 하여야 한다. 이런 상황에서 신체 접촉은 분명하게 윤리적이다. 실제로 아이가 유리 칸막이를 치거나 다른 사람을 때릴 때 팔을 붙들지 않는다면, 그것은 그 자체로 비윤리적이라 할 수 있다. 일반적인 상황에서 신체 접촉이 적절한지 여부를 결정할 때 아동치료사는 아동의 나이와 성숙도, 문화적 배경, 진단 내용 및 과거력, 편부모 상황 및 아동이 자신의 필요와 선호를 말로 표현하는 능력 등을 고려하여야 한다. 일부 기관과 학교는 "접촉 금지" 정책을 시행하며 이를 염두에 두도록 한다. 의심스러울 때에는 접촉을 삼가고 다른 사람과 의논하는 것이 바람직하다(아이들과의 신체 접촉과 관련된 윤리적 문제에 대한 훌륭한 토론을 위해서는 McNeil Harber (2004)의 연구를 참고하라).

█ 피해자를 위한 효과적인 후속치료 제공하기

연구들은 22%와 65% 사이의 전문가들이 이전 치료자와 성적인 관계를 맺었다고 보고하는 내담자를 만날 것이라고 보고하고 있다(Pope & Vetter, 1991; Stake & Oliver, 1991; Wincze et al., 1996). 이러한 내담자를 위한 효과적인 치료는 전문적이고 성실한 처치를 필요로 한다(Pope, 1994; Sonne, 1987). 이러한 내담자에게 유능한 서비스를 제공하려는 치료자들은 이 주제의 연구에 익숙해져야 하고, 질 좋은 슈퍼비전을 받으며 내담자가 개방하는 정보에 대한 정저적 반응에 대비해야 한다. Sonne와 Pope(1991)가 치료자들이 처음에 이런 성적 착취를 들었을 때, 의심하거나 부정하거나 피해를 축소하는 경험을 할 수 있다고 경고한다. 그들은 심지어 피해자를 비난하는 마음이 들 수도 있고 공개되는 자료에 대하여 성적인 흥분을 느낄 수도 있다. Wohlberg(2000)는 이전 치료자와 있었던 성적인 문제로 치료를 받으려고 하는 내담자들은 종종 전문가들이 그들을 무시하거나 비난하고 피해를 축소하거나 부적절한 감정적 반응을 보여서 다시 피해를 당하는 느낌이 든다고 보고한다. 동료 전문가들이 그러한 파괴적이고 자기 충족적인 방식으로 행동했다는 말을 듣는 것은 힘든 일이다. 정신건강전문가가 개인 정보를 개방하면서 동정을 보이며 공감해 주는 반응은 여기에도 필수적이다. 전문가 스스로가 이런 서비스를 제공할 자신이 없다면 내담자를 다른 상담사에게 보내는 것이 맞다. 미국심리학회(APA)의 여성위원회가 출간한 연구 "심리치료 관계에서 성관계가 일어나면"은 그러한 경험을 드러낸 내담자와 공유할 수 있는 중요한 자료이다. 이 연구는 전문적 직업 영역이 성적 접촉을 비윤리적인 것으로 보는 이유와 피해자에게 소송 제기를 포함하여 다양한 선택을 제공한다는 것을 알도록 하는 데 도움이 되도록 기술되어 있다. 내담자가 이전 치료자에 대한 불만을 제기하고자 할 때에, 현재의 상담사는 그 절차에 필요한 정보를 알려주고, 이어지는 회기에서 계속 그 문제 제기와 관련된 감정이나 반응을 토론할 수 있는 선택권을 주어야 한다. 이 연구는 또한 모든 내담자의 고지된 동의 과정에서 사용될 수 있다. 내담자와 상담사 모두 이 자료가 유용하다고 생각한다 (Thorn, Shealy, & Briggs, 1993). 캘리포니아 심리학 위원회는 치료자와의 성적 접촉 관련 규정에 대한 소책자를 만들었고 이전 상담사와 성적 접촉이 있었음을 알린 내담자에게는 그것을 반드시 제공하라고 요구한다(http://www.dca.ca.gov/publications/proftherapy.shtrnl 참조).

Wohlberg(2000)는 전문가들에게 치료자를 불쾌하게 만드는 내담자를 압박하지 않도록 경고한다. 왜냐하면 내담자가 지지받지 못하고 조사받는 느낌이 들 수 있기 때문이다. Remley와 Herlihy (2013)는 내담자가 문제 제기를 하도록 압박하는 이 과도한 노력을 "거슬리는 옹호"라고 명명하였다. 내담자가 회복 과정에서 도움을 받을 수 있는 또 다른 방법인 치료자 부당행위 구제 기관(Therapist Exploitation Link Line: TELL)을 알려주어야 한다(http://www.therapyabuse.org/about_us.htm).

사례 재검토

올가와 마뉴엘의 사례

이 질문에 답하기 위한 첫 번째 단계는 상황의 사실들을 서면으로 평가하는 것이다. 마뉴엘은 상담 당시에 정신적 또는 정서적 장애로 진단받지 않으며, 그의 문제의 대부분은 심리적인 문제가 아니라 의학적인 문제에 기인한 것이었다. 상담사는 처음 3회기를 진행하면서 우울 장애의 존재는 배제하고 나이드신 부모에 대한 책임감과 업무 스트레스에 대한 내담자의 대처 기술을 강화시키는 데에 초점을 맞추었다. 세 번째 회기에서 내담자는 대처 기술이 향상되었고, 의학적 치료를 통하여 다른 문제도 좋아져서 기쁘고 도움을 준 상담사에게도 감사하다고 말하였다. 상담이 끝나면서 상담사는 상담 종료를 보고하고 5년간 아무런 접촉도 하지 않았다. 3년 후의 만남은 지역 공동체 행사에서 우연히 이루어졌고, 상담사가 아니라 내담자가 데이트를 청하였다. 내담자는 그동안에 별다른 문제 없이 잘 지냈다고 말했다.

사례 설명에는 세 회기 동안 발생한 정서적 유대감이나 전이의 성격에 대한 정보가 없고 상담 중에 어느 한쪽이 상대방에 대하여 성적으로 매력을 느꼈는지 여부도 나타나지 않는다.

미국상담학회(ACA) 강령 규범이 적용될 경우, 다음과 같은 결론이 타당해 보인다.

- 종결 이후 5년 이상 경과하였다.
- 상담 기간이 짧았다.
- 종결은 내담자가 올가 혹은 다른 사람에게 상담을 받으려고 하지 않는 한, 양쪽 모두에게 바람직하고 적절한 것 같다.
- 비록 상담을 예약했을 때에는 심각한 정신질환으로 고통을 겪으며 걱정하고 있었지만, 내담자는 상담 기간 중에 중요한 심리적 문제로 고통을 받지 않았고 상담사와의 우연한 만남에서도 당시에 진행 중인 심리적 문제가 없다고 인정하였다.
- 상담사가 이전 내담자와 먼저 개인적 접촉을 시작하였다는 증거는 없다.

여기까지 볼 때, 접촉은 규칙이 허용하는 범위에 들어맞는 것처럼 보인다. 그러나 중요한 몇 가지 문제는 여전히 답이 없는 상태다.

- 데이트 관계가 내담자에게 미치는 부작용은 무엇인가?
- 상담 기간에 마뉴엘과 올가 사이에 있었던 정서적 유대나 전이의 본질은 무엇이었나?
- 상담이 진행되는 동안에 어느 한 쪽이 개인적 또는 성적인 관계를 상상하고 있었는가? 그랬다면 그 경험이 내담자의 정보 공개나 상담사의 진단에 어느 정도 영향을 주었을까?
- 올가는 상황에 관계없이 종결 이후의 관계를 금지하는 규정이 있는 주에서 일하고 있는가?

이러한 질문에 대한 답변이 없을 경우, 이 접촉이 허용될 수 있는 것인지 결정할 수 없다. 더욱이 이러한 의문이 가능한 가장 긍정적인 방법으로 해결되었다 하더라도 신중한 상담사라면 종결 후 관계에서 발생할 수 있는 문제에 대하여 명확하고 솔직하게 논의한 후에 사교적 관계에 동의할 것이다. 그런 의논은 먼저 올가의 동기를 보다 객관적으로 평가할 수 있는 동료 또는 슈퍼바이저와 해야 한다. 동료가 이 접촉이 강령에 부합한다는 것에 동의하지 않으면 올가는 적어도 잠시 동안이라도 초대를 거절하는 것이 현명할 것이다. 상담사는 또한 문헌을 읽고 자신의 주장에 대한 장점을 판단함으로써 사후 처리 계약의 타당성에 대해 다른 견해를 가진 현장의 전문가들과 상의해야 한다. 동료가 상황이 윤리강령에 명시된 기준에 부합한다고 판단하고 올가 자신도 이 접촉에 대한 평가가 만족스럽다고 생각하면, 자신의 결정을 확정하기까지 스스로에게 약간의 시간을 주어야 한다. 결국, 이 경우에는 의사결정에 시간제한이 없다(이 상황에서 개인적인 관계가 엉망으로 끝날 수도 있는 가능성을 감안하면, 올가는 변호사와 상담하기를 원할 수도 있다).

그 시점에서도 그녀가 계속 진행하고 싶다면, 두 번째로 초대를 수락하거나 거절하기 전에 마누엘과 의논하여야 한다. 그 논의에서 내담자와 상담사 모두 앞으로 두 사람은 다시는 상담 관계가 될 수 없음을 이해하여야 한다. 이러한 이해를 함께 했다 하더라도, 두 사람은 그들의 과거 때문에 대처해야 하는 여러 가지 복잡한 문제가 생길 수 있음을 알아야 한다. 더욱이, 올가는 정기적으로 동료와 만나 마누엘과의 직업 경력과 관련하여 발전된 모든 문제를 논의해야 한다. 마누엘도 원한다면, 위와 같은 내용으로 다른 정신건강전문가를 만나서 상담을 받을 수 있다. 이 사례는 무엇이 윤리적인지 결정할 때 정신건강전문가에게 지워지는 부담과 개인의 욕구나 욕구보다 의뢰인의 복지를 계속해서 더 중요시하는 것을 강조한다.

이사벨과 요리토모의 사례

상담심리학과 대학원생 이사벨은 선택 과목으로 약물남용상담 과정에 등록한다. 이 과정은 지역 사회에서 활발하게 개인상담을 하고 있는 강사인 요리모토에 의해 진행된다. 약 10주간의 학기에, 이사벨은 청소년을 위한 약물남용 교육 프로그램에 대한 독서

자료를 얻기 위하여 수업 후에 요리모토에게 간다. 그들은 주제에 대해 길게 토론하고 그 후에도 몇 번 요리토모 사무실에서 만나서 독서 자료에 대하여 이야기한다.

그녀의 마지막 시험지를 제출하였을 때, 요리토모는 그녀에게 몇 분 안에 사무실에 올 것을 요청한다. 그때 그는 이 문제에 관하여 토론하고 서로를 더 잘 알 수 있도록 계속해서 만나자고 제안한다. 무뚝뚝한 태도로 그는 언젠가 함께 저녁 식사를 함께할 것을 제안한다. 이사벨에게는 그것이 데이트를 하자고 초대하는 것으로 들린다. 강사의 관심사에 대한 그녀의 평가가 맞다면 요리모토가 비윤리적으로 행동한 것인가?

상황을 검토하면 다음과 같은 사실이 드러난다.

- 강사가 자신의 상담 교육 프로그램에 등록한 학생에게 언젠가 함께 저녁 식사를 하자고 요청하였다.
- 그 요청이 최종 시험지를 제출하고 수업의 내용과 관련된 여러 가지 전문적인 대화를 한 후에 있었다.
- 학생이 강사와의 데이트에 관심이 있었는지는 알 수 없으며, 그 강사의 제안에 대한 그녀의 정서적 반응도 알 수 없지만 그가 가르치는 과목에 대한 그녀의 관심은 상당하다.

미국상담학회(ACA)의 강령은 학생과의 성관계, 학생에 대한 성희롱, 학생과의 착취적 관계를 금지한다(규정 F.10.a 및 부록 A의 F.10.c 참조). 요리모토가 이사벨에게 과목과 관련된 모든 업무가 끝나기 전에 데이트를 요청하고 있다면, 그는 이 규정을 위반하고 있는 것이다. 그는 아직 최종 시험을 채점하지 않았으며 과목의 등급도 결정하지 않았다. 그는 자신이 더 많은 힘을 가지고 있고 자신이 아직 이사벨의 강사일 때에 저녁 식사를 하자고 하면 이사벨이 더 고분고분하리라는 것을 (적어도 무의식적으로) 알고 있기 때문에 그 시점에 제안한 것인가? 그렇다면, 그것은 그가 학생에게서 자신이 원하는 것을 얻기 위하여 자신의 지위를 부당하게 이용하려고 했다는 것을 의미한다. 설령 그가 점수를

주는 것과 그녀의 대답을 완전히 별개로 생각하고 있었다고 하여도, 그 학생의 성적을 평가하는 데 있어서 객관성이 결여될 수 있다. 이것이 그녀에게 또는 다른 학생들에게 공정한가?

이사벨의 관점에서 볼 때, 그녀는 이러지도 저러지도 못하고 데이트 거절이 그 과목 성적에 미칠 영향을 걱정할 수 있다. 그녀는 또한 학업에서 그의 과목과 관련된 내용이 필요하기 때문에 요리토모와 계속해서 전문적 관계를 유지하고 싶을 수도 있다. 그녀는 데이트가 계속해서 학업에 조언을 받기 위한 "대가물"이라고 생각할 수 있다. 그렇다면 이 행위는 성희롱 또는 성적 착취의 정의에 부합한다. 마찬가지로, 그녀는 최종 시험을 잘 보았다면 박사 과정에 필요한 추천서를 그에게 부탁하려고 심사숙고하고 있었을 수도 있다. 그것은 데이트에 동의하면 사라질 수 있는 선택이다. 그녀는 또한 같은 과정을 듣고 있는 친구에게 교수와의 이성적 관계를 의논하는 것이 불편할 수도 있다. 즉, 이사벨은 그의 요청을 자유롭게 거절하거나 동의할 수 있는 입장에 있지 않다.

설령 요리토모의 의도가 정말로 순수하였더라도, 그의 요구는 윤리적이지 않다. 학생을 직업적인 관계와 사적인 관계 사이에 처하게 함으로써 당황스럽고 힘들게 만들었기 때문이다. 그가 이사벨에게 그녀의 학업을 계속해서 도와줄 생각이 있음을 전달하려고 한 것뿐이었다면, 다른 방법이 있었다. 성적 처리 과정이 끝난 후에, 그녀에게 쪽지를 보내거나 전화를 했어야 했다. 요리토모가 수업이 종료된 후 한 달 정도 기다렸다가 이사벨을 저녁 식사에 초대하였다면, 윤리강령의 지침은 좀 더 모호해진다. 수업 과정이 종료된 후의 학생과의 성관계는 금지하지 않기 때문이다. 이 경우에 판단은 이사벨의 동의 또는 거절의 자유가 위협받을 수 있는 그의 평가자로서의 역할이 계속될 가능성이 있는가에 기반한다. 정규 교수진은 다른 과목에서 같은 학생을 가르친다든지 장학금 지급이나 전공 배치에 관여한다든지 학생의 대학원 입학을 결정한다든지 하는 방식으로 계속해서 학생을 평가하는 위치에 있을 수 있다. 요리토모의 강사로서의 지위는 그가 종강한 후에는 더 이상 그 학생을 평가하는 역할을 못 할 수 있다. 그 사실은 윤리적 문제 하나를 제거할 수 있다. 그러나 요리토모가 그의 사교적 만남을 위한 방편으로 수업 과정을 이용한다면, 그의 의도가 착취적이고 성적 처리가 이루어지는 동안에 데이트를 한다면 윤리적으로 문제가 있다. 모든 사례와 마찬가지로 이 경우에도 역시 사람들의 복지가 가장 먼저 고려되어야 한다.

역설적이게도, 미국상담학회(ACA) 강령, F.10.c 부분은 실제로 교수와 이전 학생 관계에 대하여 아무런 경고도 하지 않는다. 단지, 교수진은 힘의 차이를 인식하고 과거의 학생과 친밀한 관계가 되기 전에 당사자와 그 위험성을 이야기하라고 경고한다. 그러나 그 의도는 이전 학생과의 관계에서 착취나 해악 또는 오해가 발생하지 않도록 하기 위한 것으로 보인다.

요약

치료자가 환자를 성적으로 착취하는 것은 노골적으로 비윤리적 행위이다. 학생, 직원, 수련생, 연구 참가자 및 전문가가 책임지는 다른 사람들의 경우도 마찬가지다. 치료 종결 후 최소한 2년 동안은 이전 내담자와의 성적 접촉은 항상 금지된다. 2년 후에라도 성적 접촉은 아주 예외적인 상황이나 일부 직업에서만 허용된다. 강령은 교육이나 감독 책임이 끝난 후에 성적 접촉 문제를 직접적으로 다루지는 않지만, 전문가는 감독 책임이 진정으로 끝났음을 입증하여야 한다. 또한 그들은 성적 접촉이 착취적이지 않다는 것을 보여줄 수 있어야만 한다. 내담자와의 성관계는 폭넓게 연구되어 왔으며, 그 결과는 전문가의 명백한 성적 착취임을 보여주고 있다. 치료자 중 최대 12%가 현재 및 이전 내담자와의 성관계를 인정했으며 일부는 다수의 접촉을 인정하였다. 이 연구는 치료에서 그러한 사건이 있었음을 공개한 전문가와 내담자의 자발성에 의존하고 있기 때문에, 그 수치의 신뢰성은 높지 않을 수 있다. 어쨌든 정신건강전문가를 대상으로 한 설문 조사에 따르면, 표본의 거의 절반이 이

전 치료자에 의하여 성적 착취를 당한 경험이 있다고 보고한 내담자를 적어도 한 명 정도는 만난 적이 있었다. 비슷한 비율의 교수진과 슈퍼바이저도 같은 위법 행위를 인정하였다. 이 위반과 관련된 유일한 인구 통계적 변수는 성별이며, 연령은 관련성이 낮다. 나이 많은 남성 치료자와 교수진은 여성 또는 젊은 치료자보다 이런 행동을 할 가능성이 더 크다. 반면에 피해자는 치료자보다 젊은 여성인 경우가 많다.

성인뿐만 아니라 아이들도 치료자의 성적 착취의 피해자였다. 연구에 따르면 성적 비행은 피해자들에게 심각한 장기간의 정신적 피해를 준다. 실제로, 그 피해는 강간이나 근친상간과 비견되었다. 성적 비행은 성적 흥분과 구별되어야 한다. 대다수의 상담사와 치료사는 가끔 내담자에게 성적으로 끌렸다고 보고한다. 책임감 있게 처리된다면 매력을 느끼는 것 그 자체가 비윤리적인 것은 아니다. 상담사는 성적 흥분으로 인하여 회기 중에 내담자가 치료의 초점에서 멀어지지 않게 하고 자신도 효과적인 서비스를 하는데 방해받지 않도록 스스로를 계속 점검할 필요가 있다. 성적 흥분이 나타나면 동료와 의논하거나 상급자의 슈퍼비전을 받는 것이 좋다.

이러한 상황을 감안하면, 치료 방법으로서 성적이지 않은 접촉을 사용하는 것이 논쟁의 여지가 있다는 것은 놀라운 일이 아니다. 어떤 사람들은 그것을 금기라고 하고, 어떤 사람들은 현명하게 사용하면 적절한 도구라고 생각한다. 모든 전문가들은 성적이지 않은 접촉도 사회적, 문화적 그리고 성별에 대한 충분한 고려 없이 행해지거나 내담자를 향한 전문가의 욕구에 부응하기 위하여 행해진다면, 적절하지 않은 것으로 간주한다.

❖ 토론 질문

1. 윤리강령의 내용을 고려할 때, 자녀의 상담사와 그 아이의 부모 한쪽과의 성관계를 윤리적으로 어떻게 평가할 수 있는가? 종결되고 몇 달이 지난 후의 성적 접촉은 윤리적인 것으로 간주될 수 있는가?

2. 종결 후 내담자와의 성관계는 2년 또는 5년 후에 가능하다는 규칙에 대한 논쟁을 당신은 어떻게 분석할 것인가? 어떤 접근 방식이 더 신중하게 보이는가? 행동강령의 다음 개정판을 집필하는 위원회에 참석할 경우에 어느 쪽을 택하겠는가? 미국심리학회(APA)에 그 입장을 취하도록 조언하겠는가?

3. 전문가협회는 착취적인 상담사로부터 대중을 보호하겠다는 약속과 직업에 대한 좋은 이미지를 홍보해야 할 의무 사이에 놓여있는 것 같다. 일부 사람들은 이 단체들이 범죄자에 관대하고 위험에 대하여 너무 수동적이라는 비판을 하고 있으며, 다른 사람들은 소수의 전문가가 일으키는 문제에 너무 집중하면 모든 구성원이 착취적으로 행동한다는 잘못된 인상을 주게 된다고 주장한다. 성적 비행과 같은 심각한 윤리적 문제를 다루는 데 있어서 전문가협회의 적절한 역할은 무엇이라고 생각하는가?

4. 당신은 윤리강령이 이전 학생, 슈퍼바이지, 고용원, 혹은 연구 보조원들과의 성적 관계에 대해 알려야 한다고 생각하는가? 왜 그런가? 혹은 왜 그렇지 않은가?

❖ 토론 사례

종합병원의 외래 환자실의 임상 상담사인 벤자민은 접수면접을 위해 새 내담자를 만나려고 한다. 그는 달력에 적어놓은 이름을 알아채지 못하고 새 내담자를 만나기 위해 접수면접실로 갔는데 그곳에서 익숙한 얼굴을 보게 되었다. 마샤는 그가 20년 전에 데이트했던 여성이었다. 그들의 관계가 끝난 지 2년 후, 마샤는 다른 사람과 결혼을 했고 벤자민은 대학원에 진학했다. 마샤는 수년 동안 이혼 상태에 있었다. 그녀는 다른 사람이 벤자민을 추천하기도 했지만, 벤자민이 그녀의 문제를 잘 알 거라는 믿음이 있었기 때문에 자신의 우울증 치료자로 벤자민을 선택했다. 벤자민은 마샤에게 그녀가 여전히 그를 존경한다는 것에 대해 칭찬하지만, 그는 그녀를 내담자로 받아들이는 것을 거절해야 한다고 말한다. 그는 수년 전의 일이라도 그가 가까운 관계로 선택했던 사람에게 상담을 제공할 수 있다고 믿지 않는다는 것을 계속 설명한다. 마샤는 그녀를 거절하는 것에 대해 화가 났고, 벤자민의 윤리에 대한 해석이 무감각하고, 율법적이며, 신중하지 못하다고 말한다. 그녀는 화가 나서 밖으로 나갔고, 그녀 스스로 문제를 해결하기로 마음먹었다. 벤자민은 마샤에게 그녀를 화나게 한 것에 대해 사과한다는 편지를 보냈고, 더 충분히 그의 관점을 설명하고자 하였다. 그 편지에서 그가 추천하는 다른 상담사의 이름을 적었다. 벤자민의 행동은 윤리적인가? 그의 관점이 "율법주의적"이라고 한 마샤의 관점에 대해 당신은 어떻게 생각하는가? 이 단계에서 그가 해야 할 또 다른 일들이 있는가?

8장

성적이지 않은 다중 관계와 경계 문제

객관성의 위협과 내담자 복지

다음과 같은 상황에서 전문가가 윤리적으로 행동했는지 여부를 생각해 보라.

알베르토와 피터

심리학자 알베르토는 소규모 회사의 소프트웨어 엔지니어인 산드라와 결혼했다. 피터는 산드라의 보스이다. 피터는 산드라에게 알베르토가 공황 발작을 앓고 있는 자신의 16세 아들을 상담할 수 있는지 물어본다. 알베르토는 불안에 시달리는 사람들을 유능하게 상담하는 것으로 잘 알려져 있다. 알베르토는 피터에게 전화를 걸어 다음날 상담을 시작할 것을 제안한다.

도미니크와 로버타

애도상담사인 도미니크의 내담자 로버타는 신경외과 의사로, 도미니크에게 줄 선물을 가지고 마지막 회기에 왔다. 로버타는 자신이 교통사고로 갑자기 자녀를 잃은 것에 대해 잘 대처하도록 도와주고 지지해 준 도미니크에게 감사의 마음을 전하길 원했다. 선물은 이 지역에서 가장 유명한 극장의 다음 시즌 티켓으로, 수백 달러에 달한다. 도미니크는 평소에는 내담자가 주는 비싼 선물을 거절했지만 이 선물은 받기로 결정했다. 도미니크는 대학생 내담자가 주는 꽃이나 책이 징표와 같은 것처럼 로버타와 같은 지위에 있는 사람에게는 몇백 달러의 선물도 징표와 같은 것이라고 생각했다.

록산과 리칭

수줍음과 사회적 철수에 대한 상담을 받고 있는 리칭은 보다 사회적인 행동을 취할 것을 결정했고, 그래서 그녀는 한 교회의 예배에 참석했다. 그 후 곧 그녀는 교회의 어떤 모임에 가입하기로 결심한다. 그녀의 상담사인 록산은 이 지역 밖에 거주하기 때문에 록산이 교회에 속해있다는 사실을 리칭은 알지 못한다. 내담자가 록산에게 그녀가 교회에 다니기로 결정했다는 사실을 이야기할 때, 상담사는 자신이 같은 교회에 다니고 있음을 개방하였다. 그리고 리칭에게 이에 대한 느낌을 물어보았다. 상담사는 비록 같은 교회 멤버가 될지라도 내담자를 계속 만나기로 결정했다.

올리브와 데이브

올리브는 개인상담센터의 심리학자이다. 올리브의 남편 데이브는 패스트푸드 음식점을 개업할지 고민 중이다. 이러한 사업 기회에 대해 논의하는 동안 그녀는 패스트푸드 체인의 지역 대표가 8개월 전 상담을 종결한 전 내담자임을 알게 되었다. 내담자는 주요우울삽화로 치료를 받았다. 만약 올리브의 남편이 이 음식점을 계속 추진한다면 그는 부인의 이전 내담자를 지속적으로 만나게 될 것이다. 올리브는 그녀의 과거 상담 관계로 인해 이상한 결정을 내릴 수 있음에 대해 말하면서 데이브로 하여금 다른 프랜차이즈 기회를 알아볼 것을 요청했다. 별로 내키진 않았지만 그녀의 남편은 동의하였다.

테오도르와 굿하트

테오도르는 그의 자녀의 초등학교에서 열리는 기숙사 오픈 하우스에 참석하고 있다. 아이의 선생님인 굿하트는 테오도르가 면허가 있는 상담사라는 것을 알고 있기 때문에 테오도르에게 접근했다. 굿하트는 테오도르가 걱정스럽고 불안하고 우울한 자신의 친구를 위해 일정을 잡을 수 있는지 묻는다. 상담사는 굿하트에게 명함을 주면서 그의 친구에게 약속을 잡기 위해 연락하도록 하였다.

윌마와 게이샤

윌마는 면허가 있는 임상사회복지사이다. 윌마의 전 내담자 게이샤는 사립 대학에서 입학상담서비스를 담당하고 있다. 이 내담자는 고등학생 및 그 가족의 대학 지원 과정과 재정적 지원을 돕는다. 윌마는 고등학교 3학년인 쌍둥이가 있다. 두 사람이 우연히 토요일 날 우체국에서 만났을 때, 윌마는 게이샤가 자신의 딸들이 대학에 진학하는 과정에서 도움을 줄 수 있는지 궁금해한다. 다음 날 윌마는 게이샤에게 전화를 걸어 약속을 잡는다. 모두 세 번의 만남에서 윌마는 일반적인 비용을 지불한다. 모든 과정이 끝났을 때 윌마와 그 딸들은 그들이 받은 서비스에 대해 만족감을 표현한다.

나딘과 게르하르트

3년 전에 나딘과 상담한 주식 브로커인 게르하르트는 나딘에게 투자 기회에 관심이 있는지 묻는다. 은퇴가 가까워진 상담심리학자인 나딘은 이것이 상당한 수익을 낼 수 있는 합법적인 투자 기회임을 알게 되었다. 나딘은 또한 게르하르트와의 상담 과정에서 그가 매우 정직하고 유능하다는 것을 알게 되었다. 나딘은 세부 사항을 논의하기 위해 회의를 제안하였고, 몇 번 더 회의를 마친 후 사업에 1만 달러를 투자한다.

오스카와 재닌

가족상담사인 오스카는 매주 지역의 빵집에서 빵을 산다. 그는 카운터에서 일하는 재닌과 친하게 지낸다. 재닌은 배우자, 자녀, 부모와 함께 있는 오스카를 보았다. 어느 날, 오스카의 스케줄표에 재닌의 관계 문제 해결을 위한 상담 일정이 나타났다. 상담사는 재닌이 약속을 잡을 때 특별히 그를 보고 싶어 했다는 사실을 비서로부터 들었다. 오스카는 재닌이 자신을 찾았다는 것이 기뻤고, 생산적인 직업적 관계를 기대한다.

로빈과 존

로빈은 개인상담센터를 운영하는 상담심리학자이다. 로빈이 10년 동안 알고 지내던 마을의 심리치료사인 존은 로빈에게 그를 내담자로서 만나줄 것을 요청한다. 두 사람은 심리학회의 윤리위원회에서 함께 일했다. 존의 여동생은 테러 폭탄 테러로 사망했으며 그는 현재 외상후 스트레스 장애(PTSD)로 고통받고 있다고 생각한다. 그는 다른 어느 치료사보다 로빈의 임상적 판단을 더 많이 믿고 있기 때문에 로빈을 만나고 싶어 한다. 로빈은 그날 오후 첫 약속을 잡는다.

베니와 제퍼슨

베니는 수개월 동안 제퍼슨의 상담가였다. 제퍼슨은 파트너가 집에서 화재로 사망한 후 치료를 시작했다. 제퍼슨의 가족은 제퍼슨이 게이라며 몇 년 전에 그와의 모든 접촉을 거부했다. 제퍼슨은 휴가를 함께 보낼 수 있는 가족이 없고, 슬픔과 외로움을 효과적으로 다루는 것을 어려워했기 때문에 베니는 제퍼슨을 크리스마스 저녁에 자신과 자신의 부인과 함께할 수 있도록 초대하기로 결정했다. 제퍼슨이 동의한다.

각 상황을 윤리의 관점에서 볼 때 당신은 어떤 생각이 드는가? 어떤 상황은 다른 상황에 비해 더 문제가 있다고 생각하는가? 어떠한 윤리적 딜레마도 없기 때문에 수용 가능한 상황이 있는가? 어떤 상황은 또 다른 정보 없이 평가하기 어려운가? 이 장의 초점은 우리가 전문적인 역할을 하는 사람들과의 이차적 관계의 문제이다(현재와 이전 내담자와의 성관계는 제7장에서 논의되었다). 이번 장은 용어를 정리하고 이 주제와 관련하여 상담사의 신념 및 관행에 관한 연구를 포함한 윤리강령과 그 강령에 대한 이론적 근거를 검토하는 것으로 시작한다. 다음에는 상담사가 현재 또는 이전 내담자와의 이차 관계를 맺을 것인지 또는 개인적 관계를 맺고 있는 사람들과 전문적인 관계를 맺을지를 고려할 때 고려해야 하는 일련의 질문을 제시한다. 이 장은 내담자로부터 선물을 받는 것, 농촌 지역 및 소규모 기업 환경에서 내담자와 또 다른 관계를 관리하는 것, 상담료 대신 상품 및 서비스를 교환하는 것과 관련한 윤리에 대해 논의하면서 결론을 맺는다.

▌용어의 정의

정신건강전문가가 상담사-내담자 관계 외에 내담자와의 관계가 있을 때 2차 관계가 존재한다. 이 상황에 대한 다양한 용어가 존재한다. 수년 동안 이중 관계라는 용어는 중복된 연결을 설명하기 위해 사용되었지만, 그 용어는 설명 가치가 부족하기 때문에 더 이상 현재 윤리강령에 포함되지 않

고 선호도도 떨어졌다(Cottone, 2005). 상담 및 심리학자들은 이에 대해 경계 확장 또는 다중 관계라는 용어를 사용한다. 방금 설명한 각 사례에서 또 다른 수준의 상담사-내담자 관계가 수립되었거나 존재할 가능성이 있다. 정신건강 사전에 세 가지 다른 용어가 자주 등장한다. 경계 교차, 경계 확장, 경계 위반(Gutheil & Gabbard, 1993). 이 용어들은 상담사와 내담자의 직업과 개인 생활이 나누어져야 한다는, 즉 경계가 있어야 한다는 개념에 근거한다. 이러한 경계는 전문가가 내담자의 걱정을 이해하고 치료하는 데 필요한 객관성을 가질 수 있는 가능성을 높이고, 불편한 주제를 다룰 때 내담자가 정보를 공유하고 치료를 위한 상담사의 선의 및 이타적인 동기에 대한 충분한 신뢰를 가지고 있음을 나타냄으로써 보다 생산적인 치료 과정을 촉진한다(Gabbard, 1994; Sommers-Flanagan, 2012; Sommers-Flanagan, Elliott, & Sommers-Flanagan, 1998). 다시 말하면, 경계는 상담 과정의 구조, 내담자의 안전 및 효과적인 치료 작업을 위해 요구되는 정서적 거리를 제공한다(Gabbard, 1994; Sommers-Flanagan et al., 1998). Remley와 Herlihy(2013)는 도움을 얻고자 내담자와 상호작용하는 유형을 설명하기 위해 경계 교차라는 용어를 사용하고 이로 인해 이익이 발생할 수 있다는 확실한 증거를 제시하고 있다. Sommers-flanagan 등(1998)은 또한 "상담사가 경계 확장이 치료적으로 정당화되었거나 내담자에게 해가 없다고 믿는다는 사실이 진짜 해가 없도록 만들지 않는다"고 말하면서 내담자에게 이익의 증거와 그러한 확장에 내재된 위험의 중요성을 강조한다. 확장이라는 용어는 다른 영역에 명확한 경계가 여전히 존재한다는 것을 인정하기 때문에 교차라는 것이 더 바람직하다. 그러나 확장이 실제로 좋은 결과를 가져올지 여부를 정확하게 예측할 수 있는 전문가의 능력은 제한적이다(Koocher & Keith-Spiegel, 2008).

경계 위반 또는 경계 파괴는 내담자에게 해를 입히거나 해를 입힐 가능성이 있는, 허용된 관행에서 벗어난 것이다. 이 정의에 내포된 개념은 전문가가 더 많은 이타적인 의도를 가지고 있거나 조

동시	연속
전문가 및 개인 (연구원 및 친구)	전문가, 개인 (치료사, 2004–2005, 비즈니스 파트너, 2007–2009)
전문직 및 전문직 (관리자 및 상담사)	전문가, 그다음 전문가 (교수, 2000–2004, 치료사, 2008–2009)
여러 전문가 (고용주, 임상 감독자 및 임상의)	협력자, 2008; 임상슈퍼바이저, 2010–2011; 치료사, 2014
개인적, 전문적	대학 때부터 친구, 15년; 16학년 결혼 상담사

치가 수행되기 전에 위험과 가치를 분석하는데, 더 엄격한 경우 아마도 위해가 예상될 수 있고 예상되어야 한다는 개념이다. 경계 위반은 종종 전문가가 너무 타협한 나머지 유능하지 못하거나, 너무 충동적이거나, 너무 자신에게 몰입된 나머지 내담자에게 미치는 경계 위반의 영향에 주의를 집중하지 못할 때 발생한다. 경계 위반은 절대로 윤리적이지 않다. 최근 미네소타주 법원에서 심리치료사가 고객으로부터 10만 달러 이상 차용한 극단적인 비성적 경계 위반 사례가 있었다(Stodghill, 2011).

이 용어들 중 어느 것도 내담자와 정신건강전문가 간의 관계가 복잡하다는 것을 완벽하게 묘사하지 못했다. Austin, Bergum, Nuttgens, 그리고 Peternelj–Taylor(2006)에 의하면, 경계는 모래 위에 항상 그려지거나 각 상황에 엄격하게 적용될 수 없는 선을 암시하는 것을 의미한다. 현실은 특정 상황에서 경계가 침해될 수 있다는 것이다. 전문가가 도전할 수 있는 것은 접촉의 일반적인 기준을 완화할 수 있는 상황에 대한 책임 있는 결정을 내리는 것이다.

Sonne(1994)는 여러 관계가 전문적 관계 또는 연속적 관계일 수 있음을 분명히 하고 있다. 연속적인 경우, 치료 역할이 다른 역할을 선행하거나 따라갈 수 있다. 상담사와 심리치료사는 직업과 개인 생활에서 다양한 역할을 하기 때문에 항상 다중 관계의 가능성이 존재한다. 다음 목록은 다중 관계의 예를 보여준다.

경계 확장이 윤리적일 수 있는 조건에 관한 논의는 최근 몇 년 동안 이 직업 분야에서 가장 활발하게 이루어져 왔다. 다양한 종류의 경계 확장에

내재된 위험에 동의하는 윤리학자조차도 보편적으로 금지하는 것을 지지하지 않고 있고, 이 문제의 복잡성을 인정한다(예, Kitchener, 1988; Koocher & Keith–Spiegel, 2008; Younggren & Gottlieb, 2004). 다른 사람들은 전문가협회와 자격위원회가 윤리적 기준에 대한 비생산적인 해석을 장려하여 전문가들이 내담자에게 도움이 될 수 있는 방법으로 경계를 넓히지 못하도록 유도했다고 주장한다(Campbell & Gordon, 2003; Lazarus & Zur, 2002; Moleski & Kiselica, 2005). 모든 자료들은 몇몇 경계 확장은 우발적인 접촉으로 인해 발생하지만 다른 경우는 내담자가 상담을 거부하지 않고는 피하기가 매우 어렵다고 보고한다. 본질적으로 동시 또는 연속적인 다중 관계의 주요 위험은 치료 밖에서 관련이 있다는 사실이 전문가의 판단과 치료에 대한 내담자의 반응을 오염시킨다는 것이다. 한 차원에서 경계를 완화하면 "미끄러운 경사"를 따라 다른 경계도 느슨해질 가능성이 있다. 자격위원회와 윤리위원회가 보고하는 착취와 같은 악명 높은 경계 위반은 보통 심각한 경계 위반에 선행하여 일어나는 경계 확장을 포함한다. 예를 들어, 전문가는 현재 내담자를 고용하기 전 회기 중에 상담실 관리에 관해 논의할 수 있다. 실제로, 상담실 관리에 대한 내담자의 전문 지식을 활용할 수 있도록 경계선을 완화함으로써 전문가가 처음부터 내담자를 고용하도록 유도한다.

Kitchener(1988)와 Jennings(1992)는 다중 관계 문제를 사회적 역할에서의 갈등 중 하나라고 말한다. 왜냐하면 종종 전문가의 역할들이 서로 양립할 수 없는 경우가 있기 때문이다. 역할 간의 차이가

클수록 치료 결과가 만족스럽지 않을 위험이 커진다. 역할 차이는 각자에 대한 다양한 의무와 함께 자기나 다른 관계에 대한 다른 기대를 수반한다. 역할 차이는 연속체를 따라 존재하며, 역할 차이와 관련된 문제의 위험은 기대와 의무의 불균형의 정도에 따라 직접적으로 다르다. 예를 들어, 배우자와 교수에 대한 역할의 기대치와 의무는 크게 다르다. 배우자는 파트너의 요구를 지원하고 보조하며, 특히 주의 깊게 대해야 한다. 하지만 교수는 모든 학생에게 객관적이고 공정해야 하며 아무도 특별한 대우를 받지 못하게 해야 한다. 더욱이 교수의 임무는 학생을 평가하고 성과가 기준 이하인 사람들에게 부정적인 평가를 하는 것이다. 따라서 배우자와 교수의 역할은 너무 대조적이어서 교수가 잘못 행동할 위험과 학생이 잘못 이해할 위험이 심각하게 커질 것이다.

이 장의 시작 부분에 있는 알베르토와 피터의 경우는 역할 기대와 의무의 차이를 보여주는 좋은 예이다. 이 시나리오에서 각 사람의 역할을 조사해보면 알베르토가 고려하고 있는 역할은 매우 양립할 수 없다는 것을 알 수 있다. 알베르토의 의도는 내담자에게 도움을 주는데 집중할 수 없으므로 아들에게 해를 끼칠 위험은 명확하고 예측 가능하다. 알베르토가 그의 파트너에 대한 그의 충성스러운 의무는 모두 제쳐두고 오직 내담자의 행복에만 주의를 기울이는 것은 매우 어려울 것이다.

다른 역할 기대와 의무는 더 유사하며 부정적인 결과에 덜 취약하다. 내담자가 일하는 슈퍼마켓에서 치료자와 구매자의 역할을 결합하면 해를 입힐 가능성이 거의 없다. 상담사의 구매 습관과 음식 선택 취향에 대해 내담자가 앎으로써 내담자의 상담 경험에 문제를 일으킬 수 있는 예외적인 경우를 제외하고 내담자와 상담사의 역할 의무 간에는 상충 관계가 없다. 이 상황은 해를 입힐 위험이 적기 때문에 슈퍼마켓의 내담자는 상담사와 치료 외 접촉으로 인해 상담서비스받는 것을 거부당하지 말아야 한다. 역할 차이에 있어서의 가장 낮은 수준에서의 경계 확장은 양쪽에 거의 해를 끼칠 가능성이 없다. 이것이 전문가가 모든 이중 관계를

금지하지 말아야 하는 주요 이유이다. 이러한 형태의 경계 확장은 전문가의 능력에 의존한다. 이는 상담 분야에서 다중 관계를 금지하지 않는 주요 이유이다. 이러한 경계 확장이 가능한 것은 자신의 이익을 위해 행동하지 않는 것과 치료적 경계를 존중하는 전문가의 능력에 달려있다.

세 가지 다른 요소가 이 문제에 대한 직업의 입장을 정하는 데 영향을 미쳤다. 첫째, 내담자가 경계 확장을 통해 실질적으로 이익을 얻는 몇 가지 형태에 관한 것이다. 이 장의 시작 부분에서 언급했던 오스카 사건으로 돌아가면, 빵집 점원이라는 개인 생활은 상담을 시작하면 크게 향상될 수 있다. 그녀는 문제가 되는 관계를 끝내거나 자신이 찾고 있는 파트너와 친밀감을 형성하는 방법을 배울 수 있다. 모든 경계 확장을 피하는 것은 정신건강전문가와 그들이 관련을 맺는 사람들에게 커다란 부담이 될 것이다. 셋째, 경계 확장을 거부하는 것은 민주 사회에서 시민들의 자유로운 결사의 권리와 일치하지 않는다. 경계 확장이 윤리적일 수 있는 또 다른 상황은 내담자의 문화적 배경과 관련이 있다. 비서구 집단주의 문화에서 온 내담자는 내담자의 문화에서와 다른 매우 딱딱한 경계로 인해 혼란스럽고 불쾌해질 수 있다(Barnett, Lazarus, Vasquez, Moorehead-Slaughter, & Johnson, 2007, Herlihy & Watson, 2003). 예를 들어, 그러한 내담자는 전문가의 거절을 전문적 객관성을 유지하기 위한 치료적 경계의 확립을 위한 것이라기보다는 형제, 자매를 내담자로 받아들이는 것을 거부하는 것을 해가 되고 거절당하는 사건으로 볼지도 모른다(다중 관계 문제를 탐색할 때의 문화의 역할에 대한 훌륭한 토론은 Ridley, Liddle, Hill 및 Li(2001)를 참조할 것).

ACA 및 APA 윤리강령은 이러한 복잡성을 고려하지만 궁극적으로 각각은 어떤 다중 관계가 받아들여질 수 있는지에 대한 다른 강령을 제시한다. APA 강령은 심리학자의 성찰과 객관성에 대한 평가, 다중 관계가 가능한지 여부를 결정함에 있어 착취의 위험성을 강조한다(표준 3.05, 부록 B).

2014 ACA 강령은 이전 강령의(ACA, 1995, 2005) 상담 부분을 개정하였다. 상담사가 "내담자와의 여

러 가지 관계를 피하기 위해 모든 노력을 기울여 조언을 제공하거나 내담자에게 해를 끼칠 위험을 증가시키지 말라"고 권고하는 대신 1995년 개정에서는 2005년 개정에서 지적했듯이 "상호작용이 잠재적으로 유익할 때"를 허용한다. 2014년 개정은 경계 확장에 대한 위험－이익 분석에 중점을 둔다. 그것은 상담사가 다른 상황에서 알고 있는 사람과 직업적인 관계를 시작하는 것을 받아들일 수 있는 시기를 명확히 하고 이전 내담자와 개인적 관계를 시작하는 것에는 제한을 두었다. 또한 경계를 확장할 때 이를 문서화하고, 자문을 구하도록 하였다(ACA 윤리강령 A.6.a－e, 부록 A 참조).

이 규정은 2005년 개정된 강령에 포함된 조항보다 경계를 확장하는 데 보다 신중한 접근법을 제시한다. 그 의미는 현재 내담자와의 또 다른 관계가 간단하고 피상적인 경우에만 경계 확장이 신중하게 그리고 숙고를 거쳐 가능하다는 것이다. 같은 방식으로 윤리강령은 상담사가 친구나 동료가 아닌 지인으로 인정할 수 있는 사람으로 제한하여 이미 알고 있는 사람과 상담을 시작할 수 있도록 허용하는 것으로 보인다. 그러나 윤리강령은 보다 긴밀한 관계가 존재하는 개인과 경계를 확장하는 것을 특별히 금지하지 않으며, 또한 내담자 행사에 참석하는 것보다 더 확장된 현재 내담자와의 상담실 밖 접촉을 금지하지 않는다. 다시 말해서, 윤리강령은 상담사가 10년 전 대학에서 알았던 사람과 친밀했던 사람들을 내담자로 받아들일 수 있는지에 대해서 침묵한다. 다음의 단어를 주의하라. ─ 인과적인, 먼, 과거. 그것은 인과적이고, 먼, 과거의 관계를 말하지 않는다. 비슷한 방식으로, 윤리강령은 현재의 내담자들과의 더 확장된 상담 밖 관계를 명확하게 제한하지 않는다. 예를 들어, 이웃 사람의 시어머니를 내담자로 받아들이는 것이 언어로 명시적으로 금지되지 않는다. 윤리강령은 혜택이 위험보다 더 크다는 것을 명백하게 할 수 있는 증거를 제시하도록 한다. (윤리강령은 상담서비스와 제품의 무제한 교환을 금지하지 않으며, 이에 대해서는 이 장의 뒷부분에서 다시 논의할 것이다) 그러나 명백하게 윤리강령의 목적 부분에 의사결정에 관해 언급되어야 하는데, 이는 "상담사의 행동은 윤리적 기준뿐만 아니라 전문가 정신과도 일치해야 한다."이다. 유감스럽게도 서론 부분의 내용은 번호가 부여된 조항과 동일한 수행 강도를 갖지 않는다.

"잠재적 위해"는 ACA A.6.e절의 강령으로 이전 내담자 또는 그와 가까운 사람들과 비전문적인 (성적이지 않은) 관계를 맺는 것이 허용될 것인지를 판단하는 기준이 된다. 거의 모든 관계나 행동이 해를 입을 가능성이 있다. 캠퍼스로 운전해서 우연히 큰 사고를 일으킬 수 있다. 잠재적인 피해라는 용어 자체만으로는 많은 안내를 제공하지 않는다. 이 용어의 모호성에도 불구하고 상담사는 이러한 관계에 대해 신중해야 하며, 이 절에서 직접 다루지는 않더라도 주의 깊은 위험 평가, 문서화, 동의 및 협의와 같은 요구되는 사항은 어떤 상황에서라도 매우 중요하다. 예를 들어, 윌마와 게이샤의 경우, 그녀는 이전의 내담자에게 접근하기 전에 자문을 구해야 하고, 명확한 위험－이득 분석을 실시해야 하며, 이러한 접촉이 갖는 함의들에 대해 게이샤와 솔직하게 토의해야 한다.

경계 확장의 위험을 예방함에 있어 Sonne(1994)의 조언이 도움이 된다. Koocher와 Keith－Spiegel(2008)은 상담 외 접촉으로 인해 전문가에게 이익이 있을 때 본질적으로 위험성이 높은 상황이므로 피해야한다고 강조한다. 어떤 경우에도 전문가는 경계 확장을 시작하기 전에 ACA 윤리강령 C.2.e에 명시된 대로 지식이 풍부하고 객관적인 동료와 상의해야 한다. ACA 강령은 "상담사가 다른 상담사와 상의할 수 있는 적절한 조치를 취하고 ACA 윤리 및 전문 직업인 윤리 의무 또는 전문 직업에 관한 질문이 있을 때 관련 전문가에게 질문하도록 명시하고 있다.

ACA 강령의 조항과 관련된 두 가지 추가 사례가 아래 제시되었다. 각각의 방식으로 이 강령을 적용하는 데 따른 어려움과 정신건강전문가를 위한 경계 확장의 보다 근본적인 복잡성을 보여준다.

메리 엔젤라의 사례

메리 엔젤라는 사설 상담센터의 상담사로, 대기실에 앉아있는 한 남성을 주목한다. 그녀는 이 남성이 매력적이라고 느꼈고, 그가 읽고 있는 미국 시민운동의 역사에 관한 책은 그녀가 평소 관심 있는 것이었다. 그녀는 이 남성이 그녀의 내담자와 함께 센터에 온 것을 알게 되었다. 다음 회기 끝에 메리 엔젤라는 내담자에게 그에 대해 물었다. 내담자는 그가 작년에 부인을 잃은 남편의 대학 친구라고 말했다. 그는 내담자와 함께 지난주 센터에 왔는데, 그녀의 차가 아침에 고장 났기 때문이었다. 그는 그녀의 남편을 방문했었는데, 그녀를 상담 약속에 데려다주었다. 내담자는 거의 이 남성과 사회적으로 교류를 하지 않는다고 말했다. 내담자는 기꺼이 이 남성과 메리 엔젤라의 만남을 주선해주었다. 메리 엔젤라는 이 약속에 동의해야 할지 몰라 ACA 윤리강령을 살펴보았다.

바니 요하네스의 사례

젊은 성인 내담자는 심리학 학부를 졸업한 후 진로의 방향을 결정하는 데 도움을 받기 위해 진로상담가인 바니 박사를 만나러 왔다. 상담 후, 내담자는 정신건강상담 분야의 석사 과정을 알아보기로 결정했고, 몇 개의 학위 프로그램에 지원하였다. 내담자는 졸업을 하였고, 입학 시험에서 높은 점수를 받았다. 이 청년은 매우 재능이 많았기 때문에 요하네스 박사는 그가 가르치는 대학에 원서를 내도록 권유하였고 기꺼이 지도교수가 되고자 자원하였다. 그리고 그가 재정적 도움을 받을 수 있도록 도왔다. 궁극적으로 젊은이는 입학하게 되었고, 조교장학금을 받게 됐으며 그 프로그램에 들어가게 되었다. 상담사와 내담자 모두 이러한 결과에 기뻤다. 그러나 요하네스의 동료 중 한 명은 그가 매우 적극적으로 이 지원자를 옹호했다며 경계를 부적절하게 침해했다고 염려하였다. 요하네스 박사는 이 동료의 염려가 사실인지 확인하기 위해 즉시 ACA 강령을 읽었다.

2010 APA 윤리강령은 심리학자들은 만약 부정적인 결과가 합리적으로 예상되지 않더라도 그러한 관계를 제한해야 한다고 지적하면서 다중 관계를 장려하지 않는다. 그러나 두 번째 접촉의 윤리성을 결정함에 있어 심리학자에게 미치는 다중관계의 영향을 더욱 강조한다. 윤리강령의 표준은 심리학자가 다중역할이 그들의 전문적 판단, 내담자의 복지, 유능하게 기능하는 그들의 능력을 위협하는지 여부를 평가할 때 필요하다. APA 윤리강령은 다중 관계가 심리학자의 판단에 대한 손상 혹은 내담자에 대한 위해를 야기하지 않는다고 하면 윤리적이라고 강조한다. 여전히 윤리강령은 임상에 있어 청사진을 제공하지 못하고 있어 발생 가능한 미래의 경계 확장에 대한 윤리성을 평가하는 부담이 대부분 개인상담사들에게 주어진다.

경계 확장에 관여하는 것에 대해 신중해야 한다는 윤리강령의 권장 사항은 치료 상황에만 국한되지 않는다는 것을 기억하는 것이 중요하다. 이 문제는 상담사와 심리학자가 교사, 슈퍼바이저, 컨설턴트, 연구원 또는 고용주 역할을 맡게 될 때 적용된다. 이 강령은 전문직 관계자와 밀접한 관련이 있는 개인에게도 명확하게 적용되므로 내담자의 배우자, 자녀 또는 가까운 친구도 이 조항의 적용을 받는다.

▌ 다중 관계에 잠재하고 있는 역동들

윤리학자들은 실무자가 잠재적인 경계 확장의 위험을 평가하는 데 도움이 될 수 있는 치료적 관계의 세 가지 근본적인 역동을 확인했다. 전문가는 내담자와의 약속을 존중하고, 내담자에 대한 자신의 힘을 느끼고, 치료 중 내담자의 정서적 취약성을 인식해야 한다. 이러한 역동들은 그러한 관계에서 내담자가 얻을 수 있는 이점에 영향을 미친다.

신탁 의무[1]

Sonne(1994)는 정신건강전문가와 내담자 사이의 최초의 역동적이고 신중한 관계에 중점을 둔다.

---

[1] 신탁 의무: 내담자의 복지를 상담사 손에 맡김

이 용어는 법적 용어로서, 전문가의 기본 의무는 내담자의 복지를 촉진하는 것임을 의미한다. 이러한 책임을 지는 것에 실패한 사람은 내담자와 가장 기본적인 계약을 위반하고 있는 것이다. 경계 확장은 전문가가 내담자의 복지 증진과 경쟁하는 다른 이해관계에 취약하므로 일반적으로 신탁 의무와 모순되는 것을 의미한다. 알베르토의 경우로 돌아가면, 그는 청소년 내담자의 복지를 알베르토 배우자의 사장인 내담자의 아버지보다 더 위에 두기가 어려울 수 있다. 또는 알베르토는 아들의 공황 장애 치료보다는 자신의 치료적 재능을 과시하기 위해 더 노력함으로써 사장에게 자신의 치료적 기술에 대한 좋은 인상을 남기려 할지도 모른다. 특별히 문제가 되는 상황은 배우자의 향후 고용 문제에 대한 알베르토의 염려가 청소년 내담자에 대한 아버지의 신체적 학대를 당국에 보고하는데 태만하게 만들지도 모른다는 점이다. 이러한 세 가지 측면에서 알베르토는 신탁 의무를 소홀히 하고 있는 것이다.

Simon(1992)은 이러한 역동을 다르게 기술하고 있다. 그는 전문가들이 치료자로서 자기 이익을 충족시키는 것을 금할 의무가 있다고 주장한다. 이러한 의무는 치료로부터 취할 수 있는 유일한 이득은 상담료이고 만족은 내담자의 치료적 성과로부터 얻는 것을 의미한다. 이러한 규정은 많은 다중 관계가 양립할 수 없도록 한다. 만약 알베르토가 내담자로서 자기 아내의 사장의 아들을 맡게 된다면 자기 이익을 구하고자 하는 유혹이 강해질 때 이를 절제하기 어렵다. 치료 시간이나 내담자의 복지보다 알베르토를 위해 상담이 이루어질 때 더욱 위험하다. 누군가는 알베르토가 자기 부인의 직업적 성공을 위한 목적으로 이 상담을 수락한 것은 아닌지 의심할 수 있다.

내담자에 대한 신탁 의무는 또한 Simon(1992)이 언급한 중립성의 의무와 연결되어 있다. Simon(1992)은 상담사가 윤리적으로 내담자의 자율성과 독립성을 증진시켜야 한다고 제안한다. Simon은 또한 자율성과 독립성은 내담자의 치료적 목적을 성취하는데 기초적인 토대이므로 전문가는 다른

어떤 목적도 가지면 안 된다고 주장한다. 만약 알베르토가 자신의 부인과 부인의 복지만 생각하고 있다면 이 청소년 내담자에 대해 중립을 지킬 수 없다. 그는 아마도 이 내담자의 부모가 기뻐하지 않는다면 적절한 발달 과정에서의 분리를 방해하려 할지도 모른다. 중립에 대한 의무를 다룰 수 있는 또 다른 방법은 그것을 치료 접근법을 얻는 것 이외에 내담자의 삶의 측면에서 객관성과 무관심에 대한 의무로 설명하는 것이다. 무관심과 객관성은 차갑거나 돌보지 않는 태도와 혼동되어서는 안 된다(Pope & Vasquez, 2011). 오히려 온정적이고 공감적인 접근과 양립하는 것이다.

알베르토가 신탁 의무를 잘 수행하는 관계로 들어선다고 할지라도 내담자에 대한 신탁 의무를 어길 위험에 처해 있다고 가정하는 경우, 이 다중 관계가 문제가 되기 위해서는 그는 자기 내담자에 대해 이기적이거나 냉담해질 필요가 없다. 배우자의 사장이 의도한 대로 상담이 진행되지 않을 경우 배우자와의 관계의 파급 효과가 커서 객관성을 높이고 내담자의 목표에 온전히 집중하는 것을 어렵게 만든다. 사실, 상담이 필요한 사람들을 돕고자 하는 상담사와 심리치료사들은 종종 그들이 상담 외 다른 역할에서 제한이 있다는 점을 스스로 과소 평가하고 개인적 이익에 대해 객관성을 유지하는 능력을 스스로 과대 평가하기 때문에 자칫 경계 위반이 될 수 있는 경계 교차의 상황에 특별히 취약하다. (베니와 제퍼슨의 사례는 이러한 상황의 좋은 예이다) 다른 말로, 그들은 상황에 내재되어 있는 이해의 상충을 자각하지 못한다.

내담자의 정서적 관여

다중 관계를 위험하게 만드는 두 번째 역동은 상담사에 대한 내담자의 정서적 애착이다. 상담사는 최소한 상담 기간 중에는 내담자의 삶에서 중요한 사람이 된다. 연구들은 상담이 치료적이게 만드는 실질적 요인은 사람들이 맺는 인간적 관계라는 것을 보여준다(예, Duncan, 2010; Lambert, 2013; Wampold, 2010). 내담자의 믿음, 상담사의 전문성에 대한 확신, 관계의 규칙과 경계에 대한 명확성,

그리고 상호 기대는 모두 성공적인 치료의 결정적 요인들이다. 전문가가 내담자의 삶에 또 다른 역할을 하게 될 때, 내담자의 정서적 반응은 혼란스럽게 된다. 신뢰는 위험에 처해지고, 상호 관계의 규칙은 모호해지며, 기대는 서로 빗나갈지도 모른다. 다른 상황에서 상담사의 약점이 노출되는 경우, 내담자의 확신은 손상된다. 또한 매우 고통스럽고 당황스러운 비밀들을 공유하는 것은 상담사와 다중 관계를 맺는 내담자에게는 더 어려운 일이 된다. 내담자가 상담사를 잠재적 투자자로 볼 때 비즈니스 임원은 자신의 조증 경험을 전문가에게 공개하지 않을 수 있다.

더욱 실제적인 측면에서, 다중 관계는 상담이 언제 시작되고 끝나는지, 그리고 어떤 대화가 적절한지에 대해 내담자가 헷갈리도록 만들 수 있다. 이웃사촌인 내담자는 특정 주제를 언제 가져와야 하는지 잘 모를 수도 있고, 상담사와의 모든 접촉이 치료적 대화를 위해 적절하다고 느낄지도 모른다. 두 번째 경우, 내담자는 의존성을 갖게 되거나, 분노의 감정을 발달시킬 수 있다. 어떤 주제가 상담에 적합하고, 비 전문적 접촉의 시작 이전이 아닌지에 대한 상호 이해를 도출할 수 있다. United Way(유나이티드 웨이)의 지역사회 이사회에서 함께 일하는 상담사는 내담자와의 회기 밖 접촉의 기준을 논의할 수 있고, 상호 합의된 방법으로 일할 수도 있다.

이론적 지향은 또한 비전문적 접촉이 타당한 것인지를 결정하는 중요한 역할을 한다. 전이를 상담의 중심 현상으로 보는 상담사는 특별히 이러한 역동에 의해 고통받는다. 내담자는 자신의 인생에서 또 다른 역할을 하는 전문가에 대한 전이를 통해 일할 수 없다. 연구에 의하면, 정신분석적 치료자는 인지 혹은 인간중심 치료자에 비해 성적이지 않은 다중 관계를 덜 윤리적인 것으로 보려는 경향이 있음을 보여주고 있다(Baer & Murdock, 1995).

힘의 불균형

상담사와 내담자 간의 힘의 불균형에서 비롯되는 세 번째 역동은 성적 착취에 있어 중요한 요인

으로써 논의되었다(7장). 이러한 불균형은 내담자들이 상담사의 소원을 들어주도록 만들 수도 있다. 이런 상황은 회기 중에도 발생할 수 있을 뿐만 아니라 다중 관계에서도 발생한다. 슈퍼바이지는 부정적인 낙인의 위험이 크기 때문에 가능하면 슈퍼바이저의 뜻에 따르려고 한다. 내담자는 상담사의 감정을 상하게 하는 경우, 감정적으로 버림받는 것을 두려워할 수 있다(Sonne, 1994). 만약 내담자가 상담사의 초대를 거절하는 경우, 그들은 상담사가 회기를 빠뜨리거나 치료를 종결함으로써 보복할까봐 염려한다. 내담자의 자율성은 또 다른 관계에 의해 위협받는다(Kitchener, 1988).

힘의 차이는 일명 역할 불이행(role slippage)을 가져온다(Smith & Fitzpatrick, 1995). 역할 불이행은 더 많은 힘을 가진 치료자가 상담 관계와 다른 관계 간 경계를 느슨하게 하게 하는 것을 의미한다. 상담사는 내담자가 같은 위원회에서 일하는 경우, 위원회의 이슈에 관해 대화함으로써 회기를 마칠지도 모른다. 그리고 나서, 치료자는 그들이 아직 해결되지 않은 문제를 해결하기 위해 위원회 미팅 후 차 한잔하러 나가자고 제안할 수도 있다. 이러한 대화에서 상담사는 내담자가 난감해하는 상담사의 다른 정보를 개방할지도 모른다. 마침내 상담사는 다음 회기에서도 위원회 의제로 더 많은 시간을 사용할지도 모른다. 이러한 상황에서 내담자는 다른 문제로 대화를 전환하는 것을 어렵게 느낄 수 있다. 전문가가 자신의 개인적 삶에 대한 광범위한 정보를 개방한 후, 내담자는 그들 자신을 전문가를 위한 돌보미로 여길지도 모른다(Smith & Fitzpatrick, 1995). 예기치 않게, 양쪽 모두 전문적 관계와 개인적 관계 간 경계의 지점을 잃어버리고 내담자의 치료 목표에 집중하는 것은 부차적인 것이 된다.

또 다른 경계 확장의 측면은 골칫거리이다: 상담의 비밀보장은 위험할 수 있다. 전문가가 상담에서 공개된 정보를 실수로 공개할 가능성은 외부 접촉에 의해 증가한다. 지난 단락에서 언급하였던 상황에서, 상담사는 우연히 회기 중 내담자가 이야기했던 내용은 다른 위원회 멤버에게 반복할 수

있다. 상담 중 들은 말을 추정하는 것은 부담스러운 일이다. 비밀보장에 대한 의도적인 위반은 전문가가 다중 관계에서의 자기 이해가 부족할 때 더 많이 발생한다. 윌마의 사례(자녀의 대학 지원에 관해 이전 내담자를 상담한 치료자)는 윌마가 자신의 이전 내담자가 자신의 자녀에게 준 조언이 불만족스러운 경우, 비밀보장을 의도적으로 위반할 수 있다. 그녀는 화가 나서 자신의 가족에게 상담을 찾게 된 이전 내담자의 상담 이유에 관한 중요한 내용을 말할지도 모른다.

▌ 윤리학자들의 관점

많은 윤리학자들은 경계 확장에 대해 윤리강령보다 더 강경한 입장을 취한다. Kitchener(1988)와 Sonne(1994)은 정신건강전문가들이 자신의 상담 능력이 얼마나 손상될 수 있는지 그 정도를 정확히 예측할 수 없으며, 관계가 진행됨에 따라 내담자가 받게 되는 해악이 어느 정도인지 정확하게 예측할 수 없다고 주장한다.

이러한 현실에 비추어 볼 때, 그들은 대부분의 다중 관계가 "과도한 위험"을 포함한다고 주장한다. Pope와 Vasquez(2011)는 여러 가지 종류의 경계 확장에 관여하는 정신건강전문가들은 논리적이지 않고 내담자의 복지에 진정으로 헌신하지 않는 이유로 행동을 정당화한다고 주장한다. Simon(1991, 1992)은 이러한 상담사의 동기를 면밀히 검토함으로써 때때로 그들이 중립성 혹은 절제를 사용하지 않은 채 행동한다고 보고하고 있다. 이러한 상담사들은 이해 상충을 과소 평가하거나 자신의 기술을 과대 평가하는 것 같다. Simon은 또한 다중 관계가 상담사가 경계 위반을 할 위험에 놓이게 한다고 주장한다. 이전 사업 동료를 내담자로 받아들인 상담사는 또 다른 현재 내담자가 투자를 권유하는 경우 받아들일지 모른다. 혹은 슈퍼바이지에게 동업을 하자로 제안할 수도 있다. 내담자와의 사업 관계가 보편적으로 수용되는 경우, 사회적 혹은 로맨틱한 관계로의 확장도 자연스럽다. 명확한 경계는 내담자의 복지에 계속 집중하게 하고, 많은 다른 문제들을 피할 수 있게 한다.

요약하면, 이러한 연구자들은 자신들의 의견을 "내담자에게 해를 끼치지 않음"의 윤리적 원리에 근거하여 주장한다. 악을 예방하는 것이 매우 중요한 직업적 가치이고 악은 항상 예견될 수 없으며, 내담자의 복지에 신중하고 복지에 헌신하는 것은 상담사가 다중 관계를 피해야 가능하다고 주장한다.

다른학자들은 다중 관계 윤리는 사례별로 확인되어야 하고, 잠재적으로 내담자의 유익에 더 무게를 두어야 한다는 점에서 보다 자유로운 입장을 취한다(예, Cottone, 2005; Herlihy & Corey, 2014; Lazarus & Zur, 2002; Moleski & Kiselica, 2005). 그들은 전문가가 특정 상황에 대해 잘 알고 있을 때 합리적인 평가를 한다고 제안하고 있다. 이들은 정신건강전문가들이 공동체에 살고 있고 언젠가는 내담자가 될지도 모르는 사람들과 접촉하기 때문에 경계에 관해 엄격하게 보는 것이 가능하지 않다고 간주한다. 그들은 또한 유익함의 원칙이 중요하고 다중 관계를 금지하는 것이 전문가가 좋은 행동을 할 기회를 감소시키는 것임을 주장한다. 결국 그들은 공동체의 규칙과 다중 관계가 윤리적인가를 결정하는 문화적 변인들을 강조한다. 예를 들어, 많은 중국 이민자가 있는 기관에서 한 명의 상담사만이 '만다린'을 말할 경우, 그 상담사의 특별한 기술을 고려해야 한다. 전문가는 중국인 내담자와의 경계를 좀 더 확고히 하라는 조언을 받을 수 있다. 공동체 변수는 한 지역 전문가의 의사결정에 중요한 역할을 한다(이 장의 뒷부분에 더 자세한 설명이 나온다). Lazarus와 Zur(2002)는 경계에 대한 현재의 견해가 전문가들로 하여금 너무 먼 전문적인 거리로 행동하고 내담자에게 이상적인 서비스를 제공하지 못하게 한다고 주장한다. 그들의 견해는 내담자 복지 증진에 대한 토론에 계속 초점을 맞추는 것이 필요하다는 것을 강조하고 있고, 법적인 조치 또는 윤리적 불만에서 전문가를 보호하는 데 초점을 두지 않아도 된다는 점을 강조한다.

모든 학자들은 적어도 한 가지 사실에 동의하는 것처럼 보인다. 전문가가 경계 확장에 어떤 입장을 취하는가와 상관없이, 만약 전문가가 유사한 공동체에서 일하는 동료보다 더 자주 경계 확장을 한다면, 그 사람은 반드시 자신의 행동을 철회하고 그 행동에 내재되어 있는 역동을 재평가해야 한다. 이러한 재평가와 함께 상담 과정 중 행동에 내재되어 있는 근본적인 역동을 밝혀내기 위한 신중한 슈퍼비전과 자문이 필요하다.

▌의사결정시 고려할 질문들

윤리강령에 근거하여, 문헌들과 윤리강령들에서는 다음 질문들을 특정한 관계가 윤리적인지 결정하는 과정에서 주의해야 할 중요 주제들로 제시하고 있다:

- 역할 기대와 의무는 양립할 수 없을 정도로 다른가?
- 전문가가 상담을 시작하거나 상담 관계를 허용함에 있어 내담자의 복지가 유일한 동기인가?
- 전문가는 이 사람에 대해서 객관성을 유지할 수 있고 다른 전문적 관계에서와같이 유능하게 수행할 수 있는가?
- 전문가의 힘의 오용이 가능한가?
- 이것은 타인에게 위험은 낮추고 유익은 크도록 하는 관계인가?
- 전문가는 경계의 확장이 치료 목표를 달성하기 위한 내담자의 정서적 참여 또는 능력에 부정적인 영향을 주지 않을 것이라고 합리적으로 확신하는가?
- 경계를 확장하는 것은 정말로 불가피한가? 다른 모든 가능성을 실제로 고려했는가?
- 만약 전문가가 경계를 확장하고자 한다면 위험과 필요한 약속들을 포함하여 내담자가 이 상황을 이해할 수 있도록 고지된 동의 과정이 수행되었는가?
- 전문가와의 접촉으로 인해 다른 관계로 귀결될 수 있는 변화된 상황을 평가하고, 이러한 변화에 만족할 수 있을 것인가?
- 만약 결정이 상담사의 동료에게 제시되었다면, 그들은 경계 확장을 계속하기 위한 결정을 지지

하는 것인가?
- 전문가는 경계의 확장을 치료 기록지에 기록할 것인가?
- 관계가 발전함에 따라 내담자의 위험과 이익을 모니터링하기 위해 계속적인 자문 또는 감독하기 위한 규정을 마련했는가?
- 해악을 치료할 수 있도록 관계가 발전되지 않는 경우, 내담자와 전문가가 대안 계획을 수립했는가?
- 상담이 끝난 후에 문제가 발생하면 전문가가 성실하게 추수 상담을 할 수 있는가? 전문가는 도움을 줄 수 있는가?

위의 질문 목록은 경계 확장을 시작할 때 전문가가 관심을 가져야 할 요인들을 보여준다.

고려 중인 경계 확장에 과거의 내담자가 포함된다면, Anderson과 Kitchener(1998)가 제시하는 상담 후 관계에 대한 윤리적 의사결정 모형을 참고하라. 모형은 다음의 사항을 고려할 것을 권고한다.

- 관계가 분명히 종결되었는가? 종결에 관한 이슈들을 성공적으로 진행됐는가? 종결 후 내담자와 상담사가 서로에 대해 새로운 행동을 할 수 있을 정도로 시간은 충분히 지났는가?
- 상담에서 개방된 내용에 대한 비밀보장이 상담 후에도 잘 유지되고 있는가? 그리고 그렇게 하는 것에 대해 양측의 명확한 약속이 있었는가?
- 상담 후 새로운 관계를 시작하면서, 그 혹은 그녀가 이 전문가와 상담 관계를 새로 시작할 수 있는 기회를 포기한다는 것을 내담자가 이해했는가? 내담자는 다른 가능한 파급효과들을 이해하는가?
- 이전 내담자의 문제가 상담을 받는 시점에서 얼마나 심각했는가? 전이가 얼마나 강했는가? 그리고 그들이 얼마나 성공적으로 해결했는가? 문제가 다시 심각해졌는가 혹은 내담자가 정서적으로 안정적이고 자립적인가? Anderson과 Kitchener(1998)는 내담자의 문제가 심각했을 때 모든 치료 후 접촉을 피할 것을 권장한다(p. 94).
- 만약 상담 후 관계를 피할 수 있다면 그것을 시작하기 위한 전문가의 동기는 무엇인가? 그리고

내담자로 인한 파급효과가 얼마나 심각하게 분석되었는가?

▌연구성과들: 상담사와 내담자의 견해들

임상 실무 경험에 관한 연구들은 성관계에 대한 문헌만큼 풍부하지는 않지만 합리적인 결론을 이끌어내는 데 충분한 증거가 있다. 첫째, 다중 관계의 윤리에 대한 상담사들의 의견은 상당히 다르다. 어떤 사람들은 그것을 의심할 여지 없이 비윤리적이라고 하고, 다른 사람들은 다중 관계에 대해 상당히 포용적이다. 예를 들어, 한 연구에서 26%의 심리학자들은 내담자의 초대를 수락하는 것은 의심할 여지없이 비윤리적이라고 보고한 반면 17.5%의 사람들은 많은 상황에서 같은 행동을 윤리적이라고 보았다(Pope et al., 1987). 캐나다 상담사를 대상으로 한 최근의 연구에서는 23%의 참여자가 내담자를 파티나 사교적 행사에 초대하는 것을 윤리적이라도 보고한(Nigro, 2004a) 반면 77%는 그러한 행동이 윤리적이지 않다고 보고했다. 둘째, 많은 연구들은 성적 관계에 비해 성적이지 않은 관계의 경계 확장에 대해서는 관대하다(Lamb, Catanzano, & Moorman, 2003; Neukrug & Milliken, 2011; Nigro, 2004a). 더 많은 전문가들은 어떤 경계 확장은 윤리적으로 보고, 윤리적이지 않다고 볼 때라도 성적 비행처럼 매우 심각한 위반으로 경계 확장을 보지 않는다. 예를 들어, 네 개의 연구들은 많은 치료자들이 이전 내담자와 친구가 되는 것을 때때로 윤리적으로 본다는 사실을 발견했다. 이러한 견해는 44%(Borys & Pope, 1989)에서 59%(Gibson & Pope, 1993), 70%(Salisbyrt & Kinner, 1996), 83%(Nigro, 2004a)에 이른다. 심지어 2011년에 행해진 연구는 몇몇 상담사가 현재의 친구(4.6%), 혹은 동료(10.7%)와 상담 관계를 맺는 것이 윤리적이라고 생각한다는 것을 발견했다(Neukrug & Milliken, 2011). 더욱이 Borys와 Pope의 연구에서 26%는 최소 한 번은 이전 내담자와 친구가 되었음을 인정하였다는 것을 보고한다. Pope 등(1987)은 훨씬 더 많은 참여자들, 참여자들의 3분의 2(67%)가 이러한 행동

을 인정했음을 발견하였다. 조사에 응답한 참여자들은 또한 다음에 제시된 몇 가지 종류의 다중 관계를 맺었음을 인정하였다(Anderson & Kitchener, 1996; Borys & Pope, 1989; Pope et al., 1987; Lamb et al., 1994; Lamb & Catanzaro, 1998; Nigro, 2004b).

- 직원에게 상담을 제공함
- 내담자를 고용함
- 현재 및 이전 내담자와 사업 관계를 구축함
- 학생 및 슈퍼바이지에게 상담을 제공함
- 내담자가 상담사가 가르치는 교육 프로그램에 등록함
- 내담자를 파티에 초대함
- 내담자에게 상품을 판매함

이러한 활동을 인정하는 구체적인 비율은 연구마다 다양하지만 각각의 조사들은 최소 2%가 이러한 행동을 했음을 인정했다는 것을 발견하였다. 가장 보편적인 경계 확장은 학생이나 슈퍼바이지에게 치료를 제공하는 것이고(29%, Pope et al., 1987), 가장 최소한의 비율을 차지하는 것은 현재 내담자와 사업관계를 맺는 것이다(2%, Pope et al., 1987).

앞에 제시된 행동들 중 몇몇은 명백하게 윤리강령에 위배된다(슈퍼바이지에게 상담을 제공하는 것 -ACA, 2014, F.6.c절). 그러나 대부분은 내담자의 위험이 이익을 초과하지 않는 한 회피 범주에 부합한다. 이러한 활동들이 윤리강령의 기준에 부합하는지 혹은 부족한지를 보여주는 증거들은 없다. 또한 불행하게도 내담자 혹은 치료자가 포함된 이러한 관계의 결과 또한 드러나지 않는다. 이러한 자료들은 정신건강전문가들이 향후 경계 확장을 경험할 때 그들의 의무만큼 조심스럽게 행동하지 않는다고 제안한다. 구어체를 사용하기 위해 친구 혹은 고용인을 위해 상담을 제공하는 것이 상담사의 객관성을 흐리게 하고, 판단력을 손상시키며, 치료의 진전을 위태롭게 할-각각은 내담자를 모두 해롭게 함-확률이 높다.

경계 확장에 대한 내담자와 소비자의 태도는 또한 양가적이다. Claiborn 등(1994)은 이전 내담자가 비밀보장이나 고지된 동의 문제보다 이에 대

해 더 많은 관심을 표명했다고 제안한다.

Pulakos(1994)는 상담 회기 밖에서 자신의 상담사를 만날 때 내담자들은 어떤 반응을 보였는지에 관해 상반된 결과를 보고하였다. 상담 중 혹은 상담 종결 후에 상담사와 친구가 되는 내담자에 대한 질적 연구에서 Gibb(2005)는 부정적인 상담 결과를 경험한 내담자는 그들이 경험한 해악을 "재앙적인"이라고 표현했고, 친구 관계를 맺은 것을 후회하지 않는 내담자라 할지라도 고통, 혼란, 어색함, 상실 등의 부정적 반응을 경험하였다. 비록 연구 규모가 작고 예비 연구였지만 상담사가 경계 확장을 원할 때 주의를 기울일 필요가 있음을 강조한다. 접촉을 시작하기 전에 내담자 및 동료들과 광범위하게 상의해야 한다. 비전문적인 접촉을 하는 동안 이러한 의사소통을 유지해야 한다.

내담자로부터 선물 받기

때때로 내담자는 선물을 가지고 상담에 온다. 선물을 주려는 열망은 각기 다른 여러 요인에 의해 동기화된다. 일부 내담자는 선물로 인해 상담사의 눈에 특별한 지위를 얻거나 훌륭한 상담을 유지할 수 있다고 믿는다. 다른 내담자들에게 그 행동은 상담을 받게 된 바로 그 문제들과 관련이 있다. 예를 들어, 자존심이 낮은 내담자는 자신이 거의 내재적 가치가 없다고 생각하기 때문에 선물로 인해 전문가의 관심을 이끈다고 생각한다. 몇몇 내담자는 긍정적인 보고 또는 특별한 호의를 받기 위해 선물을 뇌물로 사용하려고 시도할 수도 있다. 또 다른 사람들은 상담이라는 그들에게 주어진 선물에 대한 감사의 표현으로 선물을 주거나 상담이 종결될 때 상담사에게 무언가를 남겨 둠으로써 이별의 슬픔이 덜어지기를 바란다. 결과적으로 내담자로부터 선물을 받는 것에 대한 윤리는 실질적으로 선물이 제공된 상황과 선물을 받는 사람의 태도, 선물을 받는 사람에게 미치는 영향 등에 따라 다르다. 현재 ACA 윤리강령 A. 10.f절에서 이러한 복잡성이 드러난다. APA 윤리강령은 이 주제에 대해 명시적으로 언급하지 않지만 착취를 금하고 이익에 있어 갈등을 피하는 표준들을 제시한다.

선물이 더 좋거나 특별한 서비스를 위한 것이거나 내담자의 문제에 기인할 것일 때, 전문가는 선물을 받아서는 안 된다. 선물을 받는 것은 첫째, 내담자 복지 증진에 대한 신뢰와 헌신을 약화시키게 되는 것을 의미하고, 둘째, 내담자의 관계에 대한 왜곡된 평가 또는 견해에 동의한다는 것을 암시하며 이는 치료 과정을 억제함을 의미한다.

그러나 선물이 성공적인 치료에 대한 감사의 표시이거나 문화적 관습(예, 12월에 나누는 할리데이 쿠키)일 때, 그것을 받는 것은 윤리적이다. 특별히 선물을 받는 것은 다음의 기준을 만족하는 경우 더욱 윤리적이다.
- 선물이 내담자의 복지를 위태롭게 하기보다는 증진시킨다.
- 선물이 상담사가 객관성을 유지하고 미래 유능한 상담서비스를 제공하는 데 영향을 주지 않는다.
- 선물이 내담자의 문화적 규범과 작은 금전적 가치를 지니는 감사의 표시이다.
- 선물을 주고받는 일은 매우 드물다.

무엇이 값비싼 것인가에 대한 정의는 사람에 따라 차이가 있고, 세대에 따라서도 다르다. 연구들은 정신건강전문가들이 선물을 정의하는 일관적인 방식을 제안하고 있다. 심리학자, 사회복지사, 그리고 상담사들은 약 25달러 혹은 좀 더 작은 가치를 윤리적인 것의 기준으로 믿는 것처럼 보인다(Borys & Pope, 1989; Neukrug & Milliken, 2011; Nigro, 2004a). 내담자가 상담사에게 선물을 제공하고자 할 때, 그에 대한 욕구는 두 당사자가 회기 중에 논의해야 한다. (내담자가 값비싼 선물을 제공하려고 시도했을 때 일어난 일에 대한 흥미로운 토론이 Barnett(2011)에 제시되어 있다) 선물이 내담자가 상담을 통해 얻은 엄청난 긍정적인 영향을 상징하는 것이라면 내담자가 자선 활동에 익명으로 기부하도록 함으로써 때로는 절충안에 도달할 수 있다. 후자의 선택은 성공적인 종결 시점에서, 그리고 전문적 관계와 상담에 대한 선물의 영향력이 완전히 드러난 후, 신중하게 고려하는 것이 좋다. 비싼 선물은 상담사의 객관성을 떨어뜨릴 위험이 높기 때문에 상담사가 받아서는 안 된다. 상담사와 치료자가 선물에 전혀 영향을 받지 않을 것이라고 기대하는 것은 그들의 인간적인 측면을 부정하는 것이다. 이러한 이유 때문에 이 장의 시작 부분에 설명된 상담사는 로베르타의 극장 티켓 선물을 받아들이지 않아야 한다. 비록 몇백 달러가 이 내담자에게 그리 큰 금액이 아닐 수 있지만 도미니크에게는 더 많은 의미가 있을 것이다. 그녀는 앞으로 로베르타와 객관적으로 일할 수 없을 것이다. 게다가 그녀의 부유한 내담자가 그녀의 방식으로 행동한다면, 상담사는 종결 시 그와 비슷한 다른 선물이 있을 거라는 생각으로 산만해질 수 있다. 도미니크는 티켓을 받는 대신 로버타가 드라마 학생을 위한 인센티브로 자선단체나 예술학교에 티켓을 기부할 것을 제안할 수 있다. 상담사는 내담자에게 치료의 변화가 필요한 모든 보상임을 내담자에게 간단히 알려야 하며, 떠나기 전에 로베르타는 도미니크가 선물을 거부한 것에 대한 이유를 충분히 이해해야 한다.

비록 수제 빵 한 덩어리나 내담자의 정원에서 따온 꽃과 같은 작은 선물조차도 강력한 문화적 영향이 없는 한 반복되는 이벤트가 되어서는 안 된다. 선물주기가 빈번하다면, 당연히 그 회기에서 논의해야 한다. 아마도 내담자는 감정적인 연결을 표현하는 유일한 방법이기 때문에 선물을 가져올 수 있다. 그렇다면 내담자가 친밀감을 표현할 수 있는 대안적 방법을 배우도록 돕는 것이 명백한 치료 목표가 될 수 있다. 반복적인 선물 제공은 상담사를 산만하게 한다. 상담사는 매주 신선한 빵 한 덩어리를 기대하고 내담자가 빵을 만들지 않을 때 실망할 것이다. 내담자를 보기 위한 이러한 동기는 중립성과 객관성의 원칙과 일치하지 않는다.

가장 단순한 방법은 선물을 거절하는 것이라고 결론 내리고자 하는 사람들은 그러한 절대적인 태도를 취하는 것에 신중해야 한다. 일부 문화권에서는 선물이 중요한 대인관계 방식(ACA 윤리강령이 정하는 대로)이다. 이 내담자들에게 모든 선물을 절대적으로 거부하는 것은 역효과가 될 수 있다. 집중

적이고 성공적인 치료 관계를 종료할 때 작은 선물을 주고자 하는 내담자에 대해 선물 제공이 부적절 할 수 있다는 경고가 없이 내담자의 선물을 거부하면 관계의 긍정적인 결말이 중단될 수 있다. Brown과 Trangsrud(2008)의 연구에서, 심리학자들은 선물을 언제 받아들일지를 결정할 때 금전, 문화 및 관계 변수를 고려한 것처럼 보였다. 그들은 또한 윤리적 원칙과 윤리학자의 권고에 부합하는 선물을 받아들이거나 거절하기로 결정하기 전에 이러한 모든 변수의 상호작용을 고려하는 경향이 있었다.

Herlihy와 Corey(2014)는 선물 제공 문제가 전문가 자기개방 진술서에 포함되거나 상담 초기 고지된 동의 절차 중에 논의됨으로써 아무도 부끄럽거나 혼란스럽거나 부적절한 선물에 대해 화를 내지 않을 것을 권장한다. 그들은 규정이 실제 임상 장면에서의 선물 제공을 막기 위해 작성되어야 함을 계속해서 제안한다. 그런 규정을 통해 내담자는 이 규정에 대한 상담사의 해석과 내담자가 상담사에게 선물을 주고 싶어 하는 숨겨진 의도를 이해하게 될 것이다. 또한, 내담자로 하여금 선물 주는 것을 하지 말도록 하는 규정이 내담자의 문화적 전통과 상충된다면, 두 사람은 이 불일치를 상담 초기에 논의할 수 있다. 즉, 초기 단계에서 규정을 분명히 하면 나중에 오해를 예방할 수 있다. 로베르타의 경우, 도미니크가 자신의 선물을 받지 못할 수도 있다는 것을 알았다면 티켓의 비용과 긍정적이었던 종결 회기에 거절을 당하는 어려움을 겪지 않았을 것이다.

반면, 치료 초기 선물 주는 것에 대해 논의하는 것은 오히려 문제를 드러낼 수 있다. 고지된 동의 과정에서 초기에 논의되는 긴 상담 주제 목록에 주제를 하나 더 추가함으로써 상담 과정을 보다 성가시게 만들 수 있다. 내담자는 규정을 오해할 수도 있고, 선물을 주어야 한다고 가정할 수 있다. 선물이 대인관계의 중요한 측면으로 간주되는 문화적 맥락에서는 이러한 규정이 오해를 쉽게 불러올 수 있다. 따라서 전문가는 모든 내담자에게 이를 주장하기 전에 규정의 의미를 숙고해야 한다.

어린이 내담자들의 경우, 그들은 이런 규정을 이해할 만큼 정신적으로 성숙하지 못하고, 그들의 혼란은 치료 과정을 방해할지도 모른다(Knox, 2008).

▌시골과 소규모 공동체 상담에서의 경계 확장과 다중 관계

대도시의 정신건강전문가들은 비교적 쉽게 많은 경계 확장의 형태들을 피할 수 있다. 그들이 상담할 수 있는 잠재적 내담자의 규모가 크면, 경계를 약화시킬 경제적 이득이 거의 없다. 그들은 집으로부터 떨어진 도시의 다른 지역에서 일할 수 있어 시민으로서, 종교적으로 혹은 사회적 상황에서 내담자, 학생, 슈퍼바이지와의 접촉을 피할 수 있다. 게다가 도시의 상담사들은 내담자로서 부적합한 사람들에게 소개시켜 줄 다른 상담 의뢰 기관들을 가지고 있다. 그리고 그들이 거절한 내담자가 다른 유능한 전문적 상담서비스를 받고 있다는 점에 대해 확신할 수 있다. 도시의 상담사들은 대도시의 익명성으로부터 혜택을 받는다. 지역 사람들은 그들의 직업을 거의 모르거나 관심이 없다. 만약 그들이 우연히 다른 장면에서 내담자를 만난다면, 그들이 나누는 짧은 대화를 통해 그들이 상담관계를 맺고 있음이 드러날 것이다.

반대로, 소규모 지역의 상담사들은 공동체의 인구학적 특성과 문화적 규칙으로 인해 매우 다른 경험을 갖게 된다. 잠재적 내담자는 더 적고, 그들이 소개할 다른 상담사도 제한되어 있으며, 내담자와의 상담 전, 혹은 공존하거나 상담 후 계속될 관계의 기회들은 훨씬 더 많다. 지역 내 인구가 적다는 것은 내담자를 돌려보내는 것이 상담사와 내담자에게 모두 재정적인 어려움을 불러일으킬 수 있음을 의미한다. 유능한 다른 상담사들은 꽤 먼 곳에 있고, 대중교통으로는 가기가 어려워 정신건강관리에 대한 내담자의 접근이 더 제한적이다. 만약 시골의 상담사들이 사회적, 종교적, 시민 단체에 가입하고 먼 곳으로 출퇴근을 하지 않는다면 그들은 상담 외 시간에 내담자를 만나는 것을 피하기가 쉽지 않을 것이다(Schnk & Skovholt, 2006).

Pearson과 Piazza(1997)는 이를 "환경적 다중 관계"라고 부른다. 더욱이 작은 마을에서는 많은 사람들이 전문가의 직업을 알고 있고 상담사들이 상호작용하는 사람들을 안다. Jennings(1992)가 지적한 것처럼, "도시의 삶은 익명성이 특징이다. 반면 시골에서의 삶은 행동의 개방의 정도에 따라 결정된다. 그리고 한 가족의 행동은 공공조사에서도 개방적일 뿐만 아니라 공동체 논의 주제 중 가장 선호하는 것이 되기도 한다."(p. 94) 그러므로 경계 확장을 피하는 시골 임상들에게는 매우 복잡하다. 시골 상담사들은 종종 그들이 알고 있거나 공동체, 종교, 혹은 사회 기관에서 본 적이 있는 사람들을 상담할 것을 요청받는다. 비록 한 사람이 특별한 관계에 있지 않더라도, 상담사는 그/그녀의 가족을 알지도 모르고 다른 사람들로부터 내담자에 대한 정보를 얻을지도 모른다(Gates & Speare, 1990; Hargrove, 1982). Sobel(1992)은 행정 보조원 또는 전문가를 위해 일하는 다른 사람들이 잠재적 내담자와 연결되어 있을 때도 문제가 발생한다고 지적한다. 시골 상담사는 전문적인 접촉이 끝나면 내담자와 간헐적인 접촉이 있을 수 있음을 알고 있다. 그들 자녀의 학교 선생님이 같을 수 있다. 그들은 모두 같은 모임에 자원할 수 있다. 또는 치과 병원에서 기다리면서 서로 부딪칠 수도 있다. 그들은 항상 같은 거리를 운전하기 때문에 어떤 시점에서는 같은 교통사고를 당할 수도 있다.

Horst(1989)의 연구는 이러한 주장을 뒷받침한다. 그녀는 미네소타의 도시 및 농촌 지역 사회 심리학자들을 대상으로 시골 지역의 상담사들과 그들의 내담자들 사이에 훨씬 더 많은 중복된 관계를 발견했다. 농촌 심리학자들은 더 많은 사람들과 접촉을 했고 더 많은 사후 접촉을 경험했다. 대부분의 비공개 접촉은 대규모 공동 조직에의 참여 또는 상점 또는 다른 공동체 환경에서의 우발적인 만남을 통해 이루어졌다.

시골 상담사는 높은 위험을 가진 경계 확장에 관여할 확률이 그다지 높지는 않았다. 예를 들어, Horst는 도시와 지방의 심리치료사가 친구 또는 직원을 내담자로 받아들였다고 응답한 비율에 차이가 없음을 발견했다.

전문가의 역할에 대한 대중의 인식 또한 지역에 따라 다르다. 도시의 사람들은 전문가가 익명의 사람이 되기를 기대한다. 농촌 거주자들은 익숙한 사람들과 자주 상호작용하면서 강력한 공동체감을 느낄 수 있기 때문에 반대의 경우이다. 따라서 그들은 낯선 사람보다는 친숙한 치료사를 찾는 경향이 더 클 수 있다(Helbok, 2003). 그렇다면, 농촌 지역 상담사의 과제는 최소한 주변적인 연결이 있는 내담자에게 과도한 피해를 주지 않으면서 공동체의 정신건강 요구를 충족시키는 것이다. 목가적인 시골 생활에 대한 고정 관념에도 불구하고, 시골 지역의 거주자들은 도심과 같은 수준의 외상, 불안, 우울증을 겪고, 빈곤과 건강 문제로 인한 위험도 더 크다는 것을 보여주고 있다(Roberts, Battaglia, Epstein, 1999).

물론 도시, 교외, 시골의 차이를 너무 극단적으로 묘사하지 않도록 주의해야 한다. 교외와 도시의 내담자는 동일한 시민 단체, 사회 활동 그룹 또는 소수 민족 또는 문화 그룹(Adelman & Barrett, 1990)에 참여하는 "공동체"의 일원이기 때문에 특정 치료사를 선택하는 경우가 있다. 군대 및 대학 상담센터의 정신건강전문가와 청각 장애인이나 동성애자, 양성애자, 트랜스젠더 공동체의 상담사 모두 대안적인 상담서비스에 대한 접근이 제한적인 공동체 안에서 다중 관계로 인한 여러 문제들을 경험한다(Bleiberg & Baron, 2004, Guttman, 2005, Johnson, Ralph, & Johnson, 2005, Kessler & Whehler, 2005). 결과적으로 이러한 환경에 있는 종사자들은 시골 지역과 같이 중복되는 관계의 딜레마에 익숙할 수 있다. 두 가지 경우, 공동체 구성원이면서 동시에 함께 전문적 일을 수행하는 복잡성을 나타낸다. Kessler와 Whehler(2005)는 전문가가 직면한 윤리적 및 임상적 딜레마와 대학에서 내담자를 다룰 때 어떻게 해야 하는지에 대한 사례 연구를 진행하였다. 두 번째는 Brown(2011)에 나타난다. 그럼에도 불구하고 인구가 많은 지역의 전문가들은 소규모 마을보다 많은 인적 자원과 슈퍼비전을 받을 수 있는 기회가 있으며 많은 추천할 자원들을 가지고 있다.

이 장의 시작 부분에 제시된 빵집 점원의 사례와 함께, 윤리적 딜레마의 또 다른 사례는 8,000명의 지역 사회에서 유일하게 심리학자로서 생활하였던 저자의 경험에서 비롯된다(내담자 인적 정보는 조심스럽게 위장되어 있음). 저자는 다중 관계 또는 정황상의 접촉으로 인해 생길 수 있는 문제가 합리적으로 내담자에게 해를 끼치거나 혹은 환자가 치료로부터 이익을 얻지 못하게 하는지를 평가했다. 그 당시 가장 가까운 추천할 만한 상담사는 적어도 30마일 떨어져 있었고 대중교통으로는 왕래가 불가능했다.

- 아버지의 죽음에 대한 슬픔 때문에 상담하려는 사람은 상담사의 배우자와 같은 사무실에서 일한다. 상담사의 배우자는 내담자의 감독자는 아니지만 내담자의 상사를 감독한다.
- 공황 장애치료를 위해 주치의가 상담사에게 추천한 여성은 상담사 이웃의 시어머니이다. 상담사는 자신의 친구들보다 이 이웃을 정기적으로 만난다. 이 예비 내담자는 자동차를 운전하지 않는다.
- 상담사는 양육권 문제에 대한 증언을 요청받았으며, 청문회에 참석한 변호사가 현재 내담자의 별거 중 아내임을 알게 된다.
- 상담사의 자녀들과 내담자의 자녀들은 같은 보육 시설에 다닌다. 실제로, 내담자와 상담사가 상담이 끝나고 동시에 상담실에서 나와 직접 보육 시설에 자녀를 데리러 간다. 이 마을에 보육센터는 단 하나이고, 내담자의 근로 시간으로 인해 상담 시간을 바꾸기 어렵다.
- 상담사가 한 번 거래했던 회계사가 단기 정신증적 붕괴로 입원한 후 치료에 의뢰되었다.

Jennings(1992)는 시골 지역에서 발생할 수 있는 다중 관계 문제의 생생한 예들을 제공한다. 한 예로, 그는 증언을 하기 위해 재판 사건에 관여했으며 판사와 배심원 중 3명은 자신의 내담자였다는 것을 법정에 들어왔을 때 발견했다. 두 번째 경우, 그의 십대 아들은 제닝스의 내담자였던 부부의 딸을 무도회에 초대했다. 물론 소년은 아버지와 소녀 가족의 관계를 알지 못했다. 이 모든 사례는 시골 지역 사회 사람들의 삶이 밀접하게 상호 연결되어 있음을 강조한다. 또한 그들은 또한 비양심적인 전문가가 내담자에게 어떤 해를 끼칠 수 있는지를 보여준다. 다른 연구 참가자들도 시골 지역에서 유사한 문제를 보고하였다(예, Schank & Skovholt, 1997, 2006 참조).

Jennings(1992)와 Hargrove(1986)는 전문가들이 시골 지역 전문직 종사자들의 특별한 관심사에 충분한 관심을 기울이지 않았고 윤리적인 기준들이 도시 문화에서 너무 많이 파생되었다고 주장했다. 가장 최근의 윤리강령은 이 비판에 대한 반응성이 더 높아졌다는 것을 보여주며, 어떤 종류의 다중 관계는 비윤리적인 것이 아니라는 명확한 진술이 있다. Jennings(1992)는 시골 상담사가 윤리적으로 행동하도록 돕기 위한 추가 지침을 제공한다. 첫 번째는 시골 환경에서 여러 관계를 피할 수 있다는 개념을 거부하는 것이다. 그러한 모든 접촉을 거부하는 전문가는 많은 내담자에게 정신건강 서비스를 제공하지 않는 것이다. 내담자가 믿기 어려운 "낯선 사람"인 상담사에게 가기 위해 장거리를 이동하는 것은 대부분의 사람들에게 실행 가능한 행동이 아니다. 내담자를 받아들일지 여부에 대한 결정은 대안서비스의 접근 가능성을 크게 염두에 두어야 한다. Jennings는 시골 지역에서 일하는 사람들이 직업 윤리의 근본적인 윤리적 가치에 대해 진정으로 헌신하고, 관계의 모호성을 용인할 수 있는 관대성을 개발할 것을 권고한다. 그러한 관용이 준비되지 않은 정신건강전문가는 도시 환경에 더 적합할 것이다. Lear(1997)의 연구에 따르면 시골 상담사들은 다중 관계를 설정하거나 거부하기로 결정할 때 내담자의 정서적 취약성 정도를 고려해야 한다. Coyle(1999)은 전문가가 최악의 시나리오에 대해 가설을 세우도록 권고하고 있고, Campbell과 Gordon(2003)은 전문가가 상담 관계에 들어가기 전에 동료들과의 상담을 권고한다. 두 활동 모두 객관적인 결정을 내리고 부정적인 결과가 발생할 가능성을 최소화하기 위해 자신이 통제할 수 있는 변인들을 조절하도록 전문가를 도울 수 있다.

Jennings는 이미 다른 관계를 맺고 있는 내담자와 상담 관계를 시작할 때 광범위한 정보에 입각한 동의 절차를 사용할 것을 강조한다. 양 당사자는 상대방이 다른 상황에서 만날 때 기대하는 바를 이해해야 한다. 이러한 측면은 상담사의 지위에 대한 대중의 인식을 고려할 때 특히 중요하다. 상담사가 슈퍼마켓에서 사람을 부르는 것만으로 그 사람이 상담 중에 있다는 사실을 다른 쇼핑객에게 알리는 것으로 인식될 수 있다. Craig(Sleek, 1994년 재인용)는 "누군가가 심리학자 사무실 앞에서 주차할 때 마을의 모든 사람들이 그것을 알고 있다"고 주장한다(p. 27). Jennings는 내담자를 위험에 빠뜨리지 않고 욕구를 만족시킬 수 있는 개입 방법을 고안해 내는 독창성은 시골 상담사에게 중요한 자산임을 암시하고 있다. 그의 다음 제안은 다중 관계 문제를 "치료용 방앗간", 즉 치료제로 사용하라는 것이다. 사회적 상황에서 상담사를 만난 후 내담자의 감정은 솔직하게 논의되어야 한다.

Jennings는 앞으로 있을 다중 관계가 더 가깝거나 더 강할 때 "심리적 개입은 대인관계의 강도에 비례하여 제한된다."고 제안하고 있다(p. 100). 다시 말해, Jennings의 견해에 따르면, 시골 정신건강전문가는 강한 사업적, 사회적 또는 공동체 관계가 있는 사람들에게는 간결하고 강렬한 서비스만 제공하고, 외부 관계가 존재하지 않거나 매우 주변적인 사람들을 위해서는 장기 상담을 계획해야 한다고 제안한다. 시골 지역의 학교상담사는 예를 들어 그녀의 주치의 자녀의 학습 장애를 평가할 수도 있다. 그러나 이 아이를 돕기 위한 상담서비스를 제공하기 위해 다른 상담사를 마련해 놓아야 한다. Effant(Sleek, 1994, 재인용)는 예기치 않은 복잡함에 대해 전문가에게 경고하면서 이러한 다중 관계의 문제에 대해 다른 견해를 갖고 있다. "많은 시골 지역의 상담사들은 그들이 다중 관계를 잘 다룰 수 있다고 생각한다. 그리고 그들의 내담자도 마찬가지다. 그것은 관계를 항상 복잡하게 한다. 상담사들은 다중 관계로 인해 상담 과정이 얼마나 다르게 진행될 수 있는지에 관해 매우 겸손해질 필요가 있다."(p. 27)

요컨대, 시골이나 소규모 공동체 종사자는 다중 관계의 윤리에 특히 민감해야 한다. Jennings는 이것을 도시전문가에게 적용하는 것보다 더 까다로운 강령이라고 부른다. 상담사와 심리치료사는 대중의 정신건강 요구를 해로움의 위험에 대처하는 의무와 지속적으로 균형을 맞추어야 하며 환경이 요구하는 어려운 판단이 잘 이루어지도록 협의해야 한다.

▌물물 교환의 윤리

현재의 윤리강령에 따라 일부 상황에서는 물물 교환이 허용된다. ACA 강령은 재화와 서비스가 해롭지 않고 내담자가 요청했으며, 보통의 공동체 기준에 부합하는 경우 상품과 서비스의 교환을 허용한다. 또한 APA 규정은 임상적 고려 사항과 함께 착취의 위험을 규정하고 있다.

물물 교환은 다중 관계와 같은 방식으로 많은 측면에서 치료를 위험에 빠뜨린다. 직업에 대해 불만을 토로하는 내담자의 영향력 또는 상담 약속을 정할 때 문제를 토로하는 내담자의 영향력은 제한적이다. 만약 내담자가 물물 교환에 불만을 표시하면 전문가가 서비스를 종료할 것이라고 걱정하는가? 또한 사람들 사이에 감정적인 연결로 혼란스러워진다. 어떤 종류의 정서적인 문제가 있는 내담자의 경우, 이러한 혼란은 치료 효과를 중지시키거나 역효과를 일으킬 수 있다.

더욱이 상담에 대한 내담자의 투자로 상담사의 중립성이 타협된다면 치료의 진전은 위태롭게 될 수 있다. 예를 들어 내담자가 치료를 위해 목공서비스를 이용하고 있고, 상담사의 갑판이 완성되기 전에 우울증에서 회복되기 시작한다면, 상담사는 자신의 필요를 충족시키기 위해 상담을 연장하도록 유혹받게 되거나 내담자의 진전을 자각하지 못하게 될 수 있다. 내담자의 치료 경과에 대한 평가에 따라 내담자가 갑판 작업을 연기하거나 서두를 수 있다. 반대로, 갑판이 완료된 후 내담자가 큰 어려움을 겪을 경우 전문가의 판단력이 약화될 수 있다. 상담사는 보수가 없으면 부지런히 치료하지

않을 수도 있고 적절한 치료보다 빨리 치료를 중단할 수도 있다.

하나의 마지막 문제는 서비스 간의 비용 차이이다. 내담자가 일반적으로 제공할 수 있는 서비스는 상담이나 심리치료보다 금전적으로 적기 때문에 치료가 길어지면 내담자는 치료사에게 고용된 하인이 되어 축적된 부채를 청산하기 위해 오래 일할 수 있다(Kitchener & Harding, 1990; Koocher & Keith Spiegel, 2008). 대부분의 국가에서 타이피스트 또는 집에서 일하는 화가의 시간당 임금은 정신건강전문가보다 월등히 낮다.

상품을 교환하는 것은 어느 정도는 덜 복잡하다. 왜냐하면 상품의 시장 가치는 독립적으로 생성되기 때문이다. Koocher와 Keith-Spiegel(2008)이 지적했듯이, 만약 내담자가 교환하기를 원하는 것이 참된 가치를 지니고 있다면, 그것을 치료자에게 팔 필요는 거의 없다. 그리고 이익은 전통적 방식으로 상담에 대한 지불에 사용될 수 있다. 또한 회기를 위해 조각을 교환하고자 하는 내담자는 예술이 저평가되었다고 믿을지도 모른다. 그리고 나서 속았다고 화를 낼 수 있다. 혹은 치료의 보답으로 농장에서 살모넬라균에 오염된 달걀을 받은 전문가는 매우 형편없는 보상을 받았다고 느낄지도 모른다. 이와 같은 사례는 상담을 위험하게 만든다. 사업 거래가 불만족스러운 사람에게 유용한 전형적인 법적 상황청구권은 내담자나 상담사 모두에게 쉽게 적용되지 않는다. 소액 청구 법원에 내담자를 데려온 전문가는 비밀을 위반하게 되며 동일한 조치를 취하는 내담자는 상담 정보의 공개 위험에 처하게 된다.

앞서 제시된 이슈들은 물물 교환이 전문가와 내담자 모두에게 문제를 야기할 수 있다는 것을 의미하는 것으로 보일 수 있다. 이러한 일반화는 대부분 사실이다. 그러나 물물 교환의 가능성을 아예 없애지 말아야 하는 두 가지 중요한 이유가 있다. 물물 교환은 전문적 상담서비스를 재정적 자원이 제한적인 사람들에게도 접근 가능하도록 하는 가치를 갖는다. 어떤 사람들은 무료 상담을 거부하는데, 자신의 존엄을 모욕하는 것이라고 보지만 물

물 교환은 쉽게 응할 수 있다. 세금을 통해 "무료 서비스"에 대해 지불했다는 주장을 거부하는 내담자의 경우, 물물 교환은 중요한 선택일 수 있다(Canter et al., 1994). 다른 연구(Pope & Vasquez, 2011)는 상담사의 자기-관심과 독창성의 부족이 어떤 상황에서는 물물 교환을 수락하는 진짜 동기가 될 수도 있다고 경고하며, 상담사는 내담자가 무료 상담이 물물 교환의 대안으로 실현될 수 없다고 주장하는 빈도에 주의해야 한다고 제안하였다. 둘째, 시골 공동체와 몇몇 문화 공동체에서는 물물 교환이 일상적인 관행이고, 오히려 그렇게 하지 않는 것이 문화적 규범에 반하는 것이며 치료를 제한하는 것이다(Canter et al., 1994; Helbok, 2003). Sonne(1994)는 물물 교환이 일반적인 관행이라는 증거가 거의 없다고 주장하면서 다양한 관점을 제시했다. Sleek(1994)은 최근 몇 년 동안 시골 환경에서도 그 유행이 상당히 퇴색했다며 이러한 견해를 반영한다. 심리학자 중 10% 미만이 지불을 위해 재화나 용역을 받아들였다(Borys & Pope, 1989; Pope et al., 1987). Sonne은 또한 윤리강령과 일부 주 규정 사이의 모순을 지적한다. 캘리포니아주(California Department of Consumer Affairs, 2011)는 모든 형태의 물물 교환을 금지하고 있으며, 오하이오는 다중 관계를 피해야 한다고 선언하고 있다(Ohio Administrative 윤리강령 4757-5-03절). 일부 의료 과실 보험업자는 물물 교환 제도(Bennett et al., 2006; Sonne, 1994)로 인한 청구를 배제한다. Sonne은 이 기관들이 문제를 보다 현실적으로 판단하고 있다고 주장한다. 어떤 경우든 내담자와 물물 교환을 고려하는 전문가는 윤리강령 준수 여부뿐만 아니라 주 허가위원회 및 책임보험자의 입장을 평가해야 한다.

다른 윤리적 문제와 마찬가지로 상담사는 다른 전문가와 상담하고 배타적인 협상을 진행하기 전에 자신의 동기를 면밀히 조사해야 한다. 사람들은 고지된 동의 절차 및 치료 진행 상황을 철저히 문서화해야 한다. 이 문서에는 양측이 어느 시점에 합의에 불만을 갖게 될 경우 물물 교환의 세부 사항과 물물 교환에 대한 대안이 포함되어야 한다.

모든 분쟁에 대한 중재자의 지정도 해당 문서에 포함되어야 한다.

흥미롭게도, 상담사와 심리학자는 물물 교환이 윤리적일 수 있는지에 관한 문제로 분열되어 있는 것처럼 보인다. 연구에 따르면 심리학자는 관행을 거의 윤리적이지 않은 것으로 간주하는 경향이 있지만(예, Baer & Murdock, 1995 참조) 상담사는 긍정적으로 본다. 사실 Neukrug과 Milliken(2011)은 설문 조사에 참여한 상담사 중 절반 이상(53%)이 서비스 또는 물품에 대한 물물 교환이 윤리적으로 수용 가능한 것으로 보고하고 있다. 캐나다 상담사도 비슷한 견해를 가지고 있다. Nigro(2004a)는 61%가 물물 교환은 적어도 가끔은 윤리적이라고 평가했다.

사례 재검토

이 장 앞에 제시되었던 두 개의 사례가 윤리강령과 관련 문헌을 토대로 분석될 것이다.

록산과 리칭

이 사례에서 내담자 리칭은 그녀의 상담사 록산과 같은 교회에 다니기 시작했다. 그녀의 상담사가 이러한 사실을 안 순간, 내담자에게 자신도 같은 교회에 다니고 있음을 이야기했고 상담 회기에서 이에 대한 논의를 시작하였다. 리칭이 현재 내담자이기 때문에 윤리강령에서의 진술을 적용한다. 록산은 내담자의 신뢰를 파괴하지 말고 그녀의 영향력을 잘못 사용하지 않아야 할 책임이 있다. 그렇지 않으면 내담자에게 해를 끼칠 위험이 있다. 지금 록산은 그녀가 같은 교회에 출석하는 것이 어떤 부정적인 결과를 가져오게 될지 생각해야만 한다. 상담 회기에 이 주제에 대해 이야기하는 것이 현명한 생각인지 결정하는 것이 매우 어렵다. 내담자의 정서적 안정성과 사례에 대한 설명에서 충분한 정보를 주지 않고 있는 내담자의 문제에 따라 현명한 생각인지의 여부가 결정된다. 또한 이러한 사실이 드러난 후 적절한 방법으로 즉각적으로 반응할 수 있는 상담사의 역량에 달려있다. 결국, 이런 상황에서 이 주제에 대해 긴급히 다뤄야 하는 것은 아니다. 상담사가 다음 교회 예배 전 다른 회기를 갖게 되는 한, 또는 그녀가 문제를 분석하고 이를 내담자와 논의할지 말지 결정할 때까지 교회 출석을 미루는 한, 이 주제는 연기될 수 있다.

상담사가 상담사와 내담자 모두 교회에 출석하는 것이 적절한지에 대해 결정을 내리기 전에 고려해야 하는 몇 가지 다른 요인이 있다. 교회에서 함께 모이는 사람들의 규모와 공동체감이 중요하다. 다양한 예배가 존재하는 큰 교회의 경우, 두 사람은 동시에 예배드리지 않도록 시간을 조절할 수 있다. 단 하나의 예배가 있는 작은 교회와 공동체감이 강한 교회의 경우 상담사와 내담자 모두에게 복잡한 일들이 발생한다. 후자의 상황에서, 상담사가 취할 한 가지 선택은 상담이 종결될 때까지 교회에 참석하는 것을 연기하는 것이다. 또 다른 대안은 윤리적이지 않게 보이지만, 내담자에게 다른 교회를 선택하도록 요청하는 것이다. 리칭의 선택은 그녀의 치료적 목표에 의해 생긴 것이고, 상담사가 함께 다니는지 알지 못한 채 이루어진 것이다. 내담자가 다른 교회를 선택하도록 제안하는 것은 미래 상담의 진행을 방해할 수 있고, 특별히 수줍은 내담자는 이에 저항하기 어려울 것이다. 그들은 교회에서 만날 때 실제 어떻게 처리할 것인지를 포함하여 내담자의 최고의 이익이 보호되어야 함을 강조하는 윤리강령에 따라야 할 필요가 있다. 만약 다중 관계가 문제가 있는 것으로 판단되지 않는다면, 록산은 교회에서 그녀의 내담자와 개인적 접촉을 피해야만 한다. 예를 들어, 그녀는 내담자와 공동체에서 공동 리더를 맡아서는 안 된다. 또한 모든 사교 시간을 리칭과의 대화로 보내서는 안 된다. 교회에서의 상호작용은 최소한 상담 관계가 유지될 동안에는 진실해야 하고, 간단해야 하며, 횟수가 적어야 한다. 그들이 어떻게 알게 되었는지를 궁금해하는 다른 교회 사람들로부터의 질문에 대해 답을 할 때 그들의 전문적 관계를 드러내지 않도록 하는 답변을 준비해야 한다. 이러한 약속들은 기록되어야 하고, 록산은 객관적이고 유능한 상담을 위해 지속적으로 슈퍼비전을 받아야

만 한다. 상담사는 이러한 다중 관계가 그녀의 내담자의 현재 문제를 표현하는 것과는 독립적으로 이루어져야 한다. 내담자는 잠재적 문제를 예견하지 못할 것이지만 실제 변화에는 역효과적인 인간적인 관계를 원하는 마음이 있을 수도 있다. 또는 상담사가 듣고 싶어 하는 단어를 단순히 말하는 것일 수도 있다. 내담자의 표현된 감정은 고려되어야 하지만 고려해야 하는 유일한 요인이 되어서는 안 된다. 모든 고려 사항을 분석하는 부담은 내담자가 아닌 상담사의 어깨에 달려있다.

테오도르와 선생님의 요청

테오도르는 초등학교 학부모로, 아들의 담임 선생님인 굿하트로부터 그의 우울증 친구를 상담해줄 수 있는지 제안을 받았다. 테오도르는 담임 선생님에게 명함을 주는 것으로 응답하였고, 약속을 잡기 위해 친구가 연락할 것을 제안하였다.

이런 미래 내담자의 친구를 통해 다중 관계를 맺는 테오도르의 행동은 피할 수 있는 것인가? 사례가 미래의 내담자를 다루기 때문에 의심할 여지 없이 윤리강령은 이에 대해 다루고 있다. 결정적인 이슈는 선생님과의 관계가 그의 판단을 손상시킬 것인가, 상담의 진행을 방해할 것인가, 혹은 테오도르 혹은 다른 상담의 유익과 관련이 있는 내담자 역량에 영향을 미칠 것인가이다. 이러한 관계가 문제를 일으킬 가능성은 비교적 매우 적다. 그러나 명확한 판단을 위해서는 보다 많은 정보가 필요하다. 최소한으로 테오도르는 굿하트씨에게 이 내담자와의 관계에 대해, 혹은 이 내담자가 왜 상담을 권유받는지에 대한 비밀보장의 원칙을 이해하는지 질문해야 한다. 잠재적 내담자와 교사 간의 관계의 성격이 명확하게 기술되어 있지 않다.

친구라는 용어는 매우 넓은 의미를 가지고 있다. 이 남자는 선생님이 단순히 아는 사람일 수도 있고 혹은 인생의 동반자일 수도 있다. 후자의 상황은 다중 관계를 더 복잡하게 한다. 굿하트씨는 치료의 진행과 성과에 매우 큰 영향을 미칠 수 있고, 관계의 어려움을 해결하기 위해 회기에 참여해야 할지도 모르기 때문이다. 그러한 경우, 다중 관

계는 더 많이 위험해진다. 비록 선생님과 친구의 관계가 덜 강렬하다 할지라도, 테오도르는 관계 간 경계에 포함되어 있는 모든 사람들과 경계를 명확하게 할 의무가 있고, 치료적 내용에 대한 비밀보장에 관해 내담자에게 확신을 주어야 할 의무가 있다.

다음으로, 이 사례에서의 책임 있는 해결을 위해서는 선생님과 아동, 그리고 가족 간 접촉의 빈도에 대해 더 많은 정보가 필요하다. 만약 테오도르의 아들이 얌전해서 그 부모가 학교에 관여될 필요가 별로 없다면, 상황은 테오도르가 선택한 것에 대해 논쟁할 것이다. 그러나 자녀의 성격으로 인해 가족이 더 강하게, 자주, 때로는 갈등적으로 학교와 접촉한다면, 더 많은 주의가 필요가 할 것이다. 후자의 상황에서 테오도르는 선생님과 내담자가 특별히 가깝지 않을 때만 상담이 진행되도록 조언받을 것이다.

결국 잠재적인 복잡함으로 인해 미래의 내담자는 그의 친구가 알고 있는 사람과의 상담이 내키지 않게 되거나 단순히 다른 정신건강전문가를 만나고 싶을지도 모른다. 아마도 그는 다른 여자 상담사나 나이가 더 많은 누군가를 보고 싶어 할지도 모른다. 또 다른 말로, 테오도르는 내담자의 선호를 잘 예상할 수 없고, 그의 헌신이 자신의 경제적 이득보다 내담자의 복지에 있기 때문에, 테오도르의 이상적인 행동은 비록 그의 명함을 이미 주었을지라도 선생님에게 유능한 상담전문가 몇 명의 이름을 더 주는 것이다.

▌ 요약

효과적이고 유익한 상담과 심리치료는 객관성과 내담자 복지에 대한 온전한 헌신을 제공할 수 있는 치료자의 능력, 그리고 상담전문가를 믿는 내담자의 능력에 달려 있다. 그 신뢰에 포함된 함의는 전문가의 내담자에 대한 이기심 없는 관심과 전문가와의 정서적 친밀감에 대한 확신이다. 상담사가 내담자와 추가적인 개인적, 직업적 관계를 가질 때, 이기심이 없는 내담자에 대한 헌신, 객관성,

그리고 내담자 신뢰는 모두 위험에 처할 수 있다. 다른 말로, 상담사가 친구와 연구자 혹은 상담사와 선생님일 때, 전문가는 그 자신이 이익 갈등적 상황에 빠지게 된다. 전문적 관계에서 양쪽 모두 다른 관계의 존재와 요구에 의해 치료적 목적에 도달함에 있어 방해를 받는다. 치료적 관계에 있는 사람과 하나 이상의 관계를 갖게 될 때, 이를 다중 관계 혹은 경계 확장이라고 부른다. 전자는 내담자에 대한 낮은 수준의 위험을, 후자는 높은 수준의 위험을 가리킨다.

다중 관계의 윤리적 어려움은 치료적 관계에서 가장 명백하지만 다른 전문적 관계에서도 때때로 부적절하다. 연구들에 따르면, 성적이지 않은 내담자와의 관계는 성적 관계보다는 더 자주 일어난다. 전문가의 윤리강령은 다중 관계를 포함하지 않지만 최근 개정판은 덜 제한적이기 때문에 치료자에게 좋은 윤리적 판단을 해야 하는 더 큰 부담을 주고 있다. 이러한 판단에 근거한 윤리강령은 해를 끼치지 않고 내담자의 복지를 증진시키는 전문가의 의무이다. 다중 관계는 객관성을 손상시킬 수 있고, 치료 과정을 방해하며 내담자의 상담사에 대한 관계에 영향을 준다. 다중 관계는 전문가와 내담자 간 힘의 차이를 강하게 할 수 있고, 그로 인해 내담자를 착취하는 결과가 발생할 수 있다. 다중 관계는 부분적으로 다른 역할에서 오는 의무와 기대로 인해 태생적으로 양립할 수 없다. 두 개의 역할의 의무가 다양할수록, 다중 관계는 더 비윤리적이다.

모든 다중 관계를 피할 수는 없기 때문에, 특히 시골에서는 더욱 그렇기 때문에 전문가는 특정한 다중 관계를 시작해야 할지 말지에 대해 주의 깊게 살펴보아야 한다. 다중 관계에도 불구하고 상담으로 인한 유익이 얼마나 개인에게 잠재되어 있는가와 문화적 특징에 따라 대안적인 유능한 상담에 대한 내담자의 접근 기회가 고려되어야 한다. 일반적으로, 정신건강전문가의 태도는 위험을 예방할 수 있어야 한다(Sonne, 1994). 고위험 관계는 비록 그들이 잠재적으로 좋을 수 있다 하더라도 시작되어서는 안 된다. 만약 관계를 피할 수 없다면 전문

가는 내담자와 함께 상황의 의미와 위험을 토의해야 하고, 논의 내용과 이후 상담의 진행 상황을 주의 깊게 기록해야 한다. 전문가는 슈퍼비전을 받아야 하고, 예측할 수 없는 복잡한 사건에 대해서는 대안적인 계획을 세워야 한다. 만약 상담사가 다중 관계에 자주 관여된다면, 그들은 자신의 동기를 점검할 필요가 있고, 내담자를 돌볼 수 있는 대인적인 방법을 찾을 수 있도록 더 창의적으로 되어야 한다.

물물 교환-상담에 대한 보상으로 돈 대신 물건이나 서비스를 교환하는 것-은 또한 윤리강령에서 금지 사항은 아니지만 권장되지는 않는다. 내담자와 물물 교환 관계를 맺는 정신건강전문가는 윤리강령을 주의 깊게 읽어야 하고, 자신이 속한 주의 법과 규정을 살펴보아야 한다. 어떤 주들은 이를 금지하고 있고, 일부 전문책임보험회사는 물물 교환으로 인한 배상 청구는 배제한다.

❖ 토론 질문

1. 연구는 내담자와의 성적인 접촉에 대한 견해와 달리 성적이지 않은 다중 관계의 윤리에 대해서는 매우 다양한 의견을 제시한다. 이 다양성에 대해 어떻게 생각하는가? 건강하다고 생각하는가?

2. 당신은 비영리 다중 관계에 대한 윤리강령의 규정에 동의하는가? 좀 더 강하거나 관대한 표현을 추천하는가? 왜 그런가?

3. 친구, 사회적으로 아는 사람, 직장 동료들은 상담사에게 자주 그들을 내담자로 받아들이라고 요청한다. 때때로 상담사는 내담자에 대해 이미 알고 있었던 지식이 치료 진행을 촉진할 수 있다는 견해를 가지고 있다. 그리고 그러한 관계에서 신뢰가 보다 쉽게 생기고 통찰력이 더 빨리 발생한다고 믿는다. 이러한 상담사의 입장이 윤리규정에 근거해서 볼 때 정당한가? 그런 논쟁을 한 동료에게 당신은 어떻게 대답하겠는가?

4. 윤리강령에서 서비스의 교환은 물건의 교환과 구별되어야 하는가? 이는 의미만이 아닌 진짜로 다른 것인가? 이 문제에 대한 이상적인 표준은 무엇인가?

5. 내담자로부터 선물을 받으면 어떤 입장을 취하게 될 것이라고 생각하는가? 이 주제가 고지된 동의에 포함되어야 한다는 점에 동의하는가? 당신이 상담사에게 선물을 줄 때 이런 내용의 토론이 시작됐다면 당신은 어떻게 느끼겠는가?

6. 내담자로부터 선물을 받는 것에 관한 문헌을 보면, 종결 시 상담사가 내담자에게 주는 선물은 윤리적으로 어떻게 평가할 것인가?

7. 이 장의 시작 부분에서 언급되었지만, 아직 검토를 받지 못한 다른 정신건강전문가들의 행동을 어떻게 평가할 것인가?

❖ 토론 사례

포시아는 작은 사설 상담센터를 운영하는 상담 교육자이다. 포시아가 일하는 같은 대학의 사학과 교수는 만약 상담이 가능하다면 포시아에게 상담을 요청하기 위해 그녀를 불렀다. 포시아는 이 여성이 이 대학 출신이고 교수회 의원으로 함께 봉사하고 있다는 것을 알고 있다. 포시아는 역사 교수가 자기 대신 자신의 동료와 약속을 잡을 것을 제안했다. 포시아가 왜 미래의 내담자를 그녀의 동료가 맡아야 하는지에 대해 설명을 했음에도 불구하고, 이 역사학자는 이 조치에 화가 났고, 약속 잡는 것을 거부한다. 포시아는 적절하게 행동했는가? 혹은 윤리강령의 다중 관계 조항을 너무 엄격하게 해석한 것인가?

상담 심리학자 데보라가 성공적으로 사회공포증 치료를 한 음악가인 내담자와 상담이 종결된 6개월 후, 이 내담자는 데보라가 좋아하는 오케스트라 공연이 그날 밤에 있을 거라고 언급하며 오케스트라의 다음 공연 티켓을 상담사에게 보냈다. 데보라는 참석했고, 공연 후 티켓에 대한 감사함을 표현하기 위해 음악가에게 다가갔다. 그는 데보라에게 그와 그의 부인이 참여하는 공연 후 파티에 참석하도록 요청했고 데보라는 이에 동의하였다. 몇 달 이내, 세 사람은 자주 음악 공연을 함께 관람하는 친구가 되었다. 상담 종결 후 6개월 만에 내담자와 사회적 관계를 맺게 된 것은 데보라는 ACA 윤리강령의 다중 관계 규정을 침해한 것인가? 다른 규정들도 위반했는가? 데보라의 행동에 어떤 윤리적 위험과 이익이 있다고 생각하는가?

9장

집단, 커플, 가족 개입

특별한 윤리적 책임

개인상담과 심리치료에 지침이 되는 기본적인 윤리적 가치와 기준은 집단, 커플, 가족 개입에도 핵심적이다. 그러나 다음의 네 가지 특징은 이러한 개입을 윤리적으로 실행하는데 구분되는 점들이다.

첫째, 내담자는 전문가뿐 아니라 정신건강전문가 아닌 다른 참여자들에게도 개인적 정보를 공개해야 한다. 이러한 상황에서 개인적 비밀을 인정하는 것은 더 위험하게 느껴지기도 하고, 실제로 더 위험하기도 하다. 개인적 정보를 알게 된 사람들은 판단적일 수도 있고, 내담자에게 역효과를 내는 방식으로 정보를 사용할 수도 있다. 개인적 정보 개방을 악용하는 것에 대해서는 전문가들에게만 책임을 물을 수 있기 때문에 내담자는 다른 참여자들이 책임감 있게 행동하려는 선한 의도를 신뢰해야만 한다. 여러 사람이 함께하는 환경에서 적극적인 참여를 위해서는 다른 사람에 대한 높은 수준의 신뢰와 자신에 대한 개방으로부터 얻는 이익에 대한 강한 신뢰가 요구된다. 커플이나 가족과 함께 하는 작업에서는 내담자가 개인 정보를 개방하는 대상이 분명 매우 익숙하나, 그 익숙함이 꼭 참여자들의 위험을 줄여주는 것은 아니다. 게다가 그 정보를 악용할 기회는 낯선 사람들보다 가족들에게 더 많이 있다.

둘째, 여러 사람이 함께 하는 환경에서는 치료적 변화의 역동이 다르다. 개인상담에서는 두 사람 간의 관계와 개입이 치료적 변화를 가져온다. 집단과 가족치료에서는 치료의 효과가 모든 참여자들 사이에서 발달된 상호의존에 크게 좌우된다(Lakin, 1994; Knauss & Knauss, 2012; Yalom & Leszcz, 2005). 집단 리더의 활동만큼 집단원들이 서로에게 주는 도움과 지지가 치료적 변화를 가져온다(Gladding, 2011; Morran, Stockton, & Bond, 1991). 일반적으로 다른 집단원으로부터 받는 피드백은 집단 구성원에게 유의미한 정서적 영향을 준다(Corey & Corey, 2013; Klontz, 2004). 치료의 이러한 측면을 볼 때, 집단과 가족치료자들은 내담자가 스스로를 약하게 하기보다는 강하게 하는 상호의존성을 발달시킬 수 있도록 도와야 하는 의무를 가지고 있다. 이러한 과제를 위해 필요한 기술과 윤리적 민감성은 개인상담이나 심리치료에서 요구하는 것과는 상당히 다르다.

셋째, 치료자는 회기 중이나 회기 사이에 일어나는 일들을 더 통제하기 어렵다. 치료자가 항상 참여자들이 다른 구성원들에게 어떻게 대답할지 예측할 수도 없고, 구성원들 사이에 일어나는 모든 상호작용을 알 수도 없다. 이러한 현상의 역동은 특히 가족이나 커플상담에서 잘 일어나는데, 이들은 계속 서로 접촉하기 때문이다. 그러나 집단치료에서도 적지 않게 일어나는 일이다. 예를 들어, 집단원들은 회기 중 시작된 이야기에 대해 나중에 커피를 마시면서 계속 이야기 하거나 회기 사이에 서로 문자나 이메일을 할 수도 있다. 또는 SNS에서 "친구"를 맺을 수도 있다. 그러나 아이러니컬 하게도 이러한 통제의 약화가 반드시 전문가의 힘을 약하게 하는 것은 아니다. 집단 리더가 자신에게 더 의존하게 하도록 집단 과정을 조종한다면 집단원들은 과도하게 집단 리더에게 의존하게 될 수도 있다. 가족 구성원들은 미루기의 덫에 빠져 사소한 결정까지도 다음 회기까지 미루거나 의사결정과정에 전문가가 미친 유일한 영향이 가족들이 전문가의 말과 행동을 사용하는 것일 때도 있다.

마지막으로, 연구 결과에 의하면 집단과 가족 개입은 다양한 형태의 개인치료보다 더 강한 효과나 더 강한 피해를 줄 수 있는 강력한 형태의 돌봄이다(예, Lambert, 2013; Yalom & Leszcz, 2005 참고). Kottler(1994)는 집단 안에서의 정서적 강도 그 자체가 집단치료를 더 강하게 한다고 주장한다. 게다가 집단과 가족들은 그 자체가 더 위험할 수 있음에도 개입에 자신을 내어준다(Lakin, 1994). 대인관계 문제는 전통적인 접근법이 효과가 없을 수 있기 때문에, 집단이나 가족치료자들은 장애물들을 돌파하고 치료적 효과를 얻기 위해 때로 혁신적인 개입을 찾는다. 이러한 내담자들에게 치료적 유익을 주려는 의도는 좋은 것이지만, 더 새롭고, 더 위험하고, 덜 증명된 기술이 가진 내재된 위험에 대해서는 균형을 잘 맞춰야 한다. 그러한 상황에서는 해를 끼치지 말 것이라는 원칙이 이익보다 선행되어야 한다.

이 장은 이러한 집단과 가족 개입 실행 윤리의 차별적 특징이 가진 함의를 면밀히 살펴볼 것이다. 또한 이전 장에서 다루었던 개념(전문적 능력, 사전 동의서, 비밀보장, 이중 관계)을 여러 명이 함께하는 상황에 적용할 수 있는지를 탐색할 것이다. 마지막으로, 이러한 형태의 치료에 영향을 미치는 법적 이슈에 대해 간단히 논의하는 것으로 이 장을 마칠 것이다.

▌집단상담과 심리치료

APA 윤리강령은 집단상담에 대해서는 비교적 간단하게 언급하고 있지만, ACA 윤리강령은 집단과 작업하는 것에 대한 두 개의 구체적 책임을 명시하고 있다. 첫 번째 구체적 요건은 집단에 참여할 구성원들이 집단과 함께 작업할 수 있는 사람인지 미리 가려내는 것이다(A.9.a절). 두 번째는 내담자들이 해를 입지 않도록 보호하는 것이다(A.9.b). 또한 다른 여러 명이 함께하는 상황에 적용할 수 있는 두 개의 책임도 밝히고 있다. 첫째는 비밀보장과 이런 형태의 서비스가 갖는 비밀보장의 한계를 설명할 의무(B.4.a.)이고, 둘째는 어떤 사람들이 집단원들인지 밝히고, 모든 참여자들이 비밀보장의 한계를 이해했는지를 확인하는 것이다(B.4.b). APA 윤리강령은 집단에 대해 기준 10.03에서 구체적으로 다루고 있으며, 심리학자가 비밀보장과 그것의 한계를 집단이 시작되자마자 모든 구성원들에게 설명할 책임을 강조하고 있다. 또한 기준 7.07 APA 윤리강령은 만약 집단이나 개인치료가 학위 과정에서 의무적으로 요구하는 것이라면, 학생들은 그들이 속한 과정의 교수가 아닌 치료사를 찾을 수 있도록 해야 한다고 구체적으로 제시하고 있다.

윤리학자들은 윤리강령이 많은 다양한 형태의 집단의 특성을 다루지 못하는 것에 대해 비판해 왔

으나(예, Lakin, 1994 참고), 이러한 윤리강령 이외에 임상가들이 참고할만한 다른 자료들도 있다. 첫째로, ACA의 분과인 집단작업전문가학회(Association for Specialists in Group Work: ASGW)가 발간한 세 가지의 자료를 들 수 있다. 첫 번째 자료는 집단 리더를 위한 최고의 사례 모음집이다(ASGW, 2007). (온라인으로 이 강령을 보려면 부록 C를 볼 것). 이 자료에 제시된 수칙들은 집단상담사가 오리엔테이션과 사전 평가 단계부터 종결과 사후 회기까지 사용할 수 있는 구체적 절차에 대한 광범위한 조언을 제공하고 있다. 또한 지속적인 교육, 다른 서비스로 내담자를 의뢰하는 것, 비윤리적 행동에 대해 보고해야 할 상담사의 의무와 관련한 임상가의 의무도 기술하고 있다. ASGW는 또한 집단작업자 훈련을 위한 전문적인 기준(Professional Standards for Training Group Workers, 2000)과 집단작업자를 위한 다문화와 사회 정의 원칙의 이해(Multicultural and Social Justice Competence Principles for Group Workers, 2012)를 출간하였다. 두 권 모두 유능한 집단 리더에게 필요한 세세하고 구체적인 기술과 지식 베이스를 기술하고 있다. 이보다 수년 전인 1973년에 미국심리학회가 출간한 성장그룹 치료자들을 위한 기준은 오늘날에도 이런 집단을 인도하는 사람들에게 유용한 자료가 되고 있다. 유사한 집단치료자 전문가협회인 미국집단치료학회(American Group Therapy Association)는 윤리 지침(Guidelines for Ethics, 2002)과 집단 심

리치료를 위한 치료 지침(Guidelines for Group Psychotherapy, 2007)을 출판하였다. 미국집단심리치료학회(American Group Psychotherapy Association: AGPA)의 지침 적용에 대한 평가를 보고 싶다면 Leszcz와 Kobos(2008)를 참고하라(이 자료에 대한 링크는 부록 D에 수록되어 있다).

두 번째 종류의 자료는 윤리강령들이 집단치료를 어떻게 보는지에 대한 윤리학자들의 견해에 대한 문헌들이다(예, Corey et al., 1995; Forester-Miller, 2002; Klontz, 2004; Knauss & Knauss, 2012; Wilcoxon, Gladding & Remley, 2013; Williams, 1996; International Journal of Group Psychotherapy의 2007년 1월호 전체 참고). 이들과 다른학자들은 특정한 윤리적 개념을 심층 분석하는 것과 특정 종류의 집단에 적용하는 것에 대해 상세히 기술하는 것을 제안하고 있다(Aubrey & Dougher, 1990; Knauss, 2007; Krishna et al., 2011; Merta & Sisson, 1991; Ritchie & Huss, 2000 참고). 점점 더 많은 연구와 이론들이 임상가들이 집단 작업의 가장 복잡한 이슈들을 깊이 분석하는 것을 제안하고 있다. 종합하면, 이러한 자료들은 강령에서 빠진 부분들을 보충하여 임상가들이 집단 세팅에서의 자신의 의무를 잘 이해할 수 있도록 안내하고 있다.

전문성과 집단상담

효과적인 집단상담은 집단 이론, 과정, 연구에 대한 지식과 슈퍼비전하에 성공적인 집단 운영 경험, 작업에 대한 성실한 태도를 요구한다는 것은 분명하다. 개인상담에 전문성이 있다고 해서 자동적으로 집단 리더십이 생기는 것은 아니다. 치료집단의 효과적인 리더십을 갖추기 위해서는 집단 양식에 특화된 경력이 필요한데, 이는 집단이 가지고 있는 경험의 힘, 집단 리더와 다른 집단원으로부터 내담자가 해를 입을 가능성, 부정적인 결과의 가능성 때문이다. 집단 작업자 훈련을 위한 전문적인 기준(ASGW, 2000)은 집단 리더에게 꼭 필요한 지식 기반과 기술을 세세히 다루고 있다. 또한, 과업 중심과 심리 교육적 집단에서부터 장기 심리치료 집단에 이르기까지 다양한 종류의 치료 집단이 필

요로 하는 특별한 능력에 대해서도 밝히고 있다. ASGW 기준은 연구와 이론에 대한 광범위한 지식이 효과적인 치료를 위해 반드시 필요하다는 점에 초점을 맞춘다. 나아가, 필수 기술의 세부 사항과 슈퍼비전 하에서의 경험의 최소한의 수준까지 자세히 다루고 있다. 이러한 기준이 주는 메시지는 전문적 치료를 수행하기에 집단 이론과 실제에 대한 짧고 피상적인 경험은 충분치 않다는 것이다.

안타깝게도 일부 상담사와 치료자들은 집단리더로서의 자신의 전문성을 제대로 평가하지 못한다. Lakin(1994)은 이런 전문가들이 집단 과정의 복잡성에 대해 가볍게 대하는 태도를 비판한다. 그는 적합한 전문성 없이 집단 리더가 되는 것을 심각한 비윤리적 행동으로 규정하며, 집단 리더는 집단 응집력이 치료적 진전에 어떤 역할을 하는지 종합적으로 이해하고 있어야 한다고 주장했다. 집단원에게 도움이 될 만큼 충분한 응집력을 발달시키면서도 집단 응집력이 동조의 압력이 되지 않도록 조력하는 것은 어려운 일이다. 잘못 훈련받은 전문가들은 충분한 응집력을 발달시키지 못하거나 이를 과도하게 강조하여 집단이 어떤 집단원을 숨막히게 할 수도 있다. Lakin은 또한 정서적 표현을 독려하기, 하위 집단 형성과 희생양 삼기 등 숙련된 치료자가 잘 판단해야만 하는 다른 독특한 집단의 특성들에 대해서도 언급했다. Leszcz와 Kobos(2008)는 집단 리더가 "건설적인 감정 경험 분위기를 형성해야 할 책임을 가지고 있다."(p. 1252)고 기술했다. 그렇지 않으면 순수한 정서 표현이 집단에 의한 거짓된 정서 표현 압력이 될 수 있으며, 이는 치료적 가치가 거의 없는 것이다.

Corey와 Corey(2013)는 모든 종류의 집단에 적용되는 집단 전문성이라는 것은 없다고 강조한다. 물질남용 집단을 인도할 자격이 있는 사람이라고 해도 장기 심리치료 집단이나 자기주장 훈련 집단을 인도하기 어려울 수도 있다. 상담사들은 항상 운영할 집단의 종류와 자신의 이전 훈련과 경험이 잘 맞는지를 평가해야 한다.

집단 관련 문헌들은 모든 내담자들이 집단의 도움을 받을 수 있는 것은 아니라고 밝히고 있다.

실제로 어떤 내담자들은 다른 참여자들로부터 피해를 입을 수도 있다(Roback, 2000; Yalom & Leszcz, 2005; Leszcz & Kobos, 2008). 집단 리더는 이런 사람들을 구별해낼 수 있는 지식을 갖추어야 하고, 이들이 다른 종류의 서비스나 다른 종류의 집단에 갈 수 있도록 안내해야 한다. 또한 집단 리더는 집단이 어떤 내담자에게 도움이 안 되는 때를 판단할 수 있어야 하며, 이러한 문제를 해결하기 위해 효과적인 조치를 취하거나 다른 종류의 도움을 받도록 의뢰해야 한다.

마지막으로, 집단을 인도하는 정신건강전문가들은 자신의 기술과 지식을 새롭게 하여, 자신이 그동안 쌓은 전문성을 잃지 않도록 해야 할 의무가 있다. ASGW 기준은 ACA와 APA 윤리강령에 제시된 기준에 맞춰 전문성 향상 활동에 참여하는 것을 의무로 하고 있다. 인터넷 기반 자조 집단(Barak, Boniel-Nissim, & Suler, 2008; Humphreys, Winzelberg, & Klaw, 2000)과 같은 최근에 개발된 방법은 지속적인 교육의 중요성을 강조한다. Knauss와 Knauss(2012)는 집단이 섭식 장애와 같은 구체적인 이슈에 초점을 맞추고 있을 때, 리더는 이 문제를 다루는 것과 집단치료 모두에 충분한 전문성을 가지고 있는지를 잘 살펴야 한다고 강조했다.

집단 리더가 갖춰야 할 또 하나의 전문성은 집단 회기나 집단 경험 이후의 영향을 잘 살피는 것이다. Klontz(2004)는 정서 표현을 독려하는 집단에서는 집단에서 참여자의 일상으로 전환하는 것이 어려울 수 있다고 지적했다. 그는 집단 리더가 전환을 위해 구체적 지침을 주도록 조언했는데, 여기에는 집단 경험에 대해 비밀보장 서약을 위반하거나, 타협하거나, 사랑하는 사람을 혼란스럽게 하지 않으면서 집단 밖의 가족과 친구들과 함께 집단에 대해 이야기하는 것을 추천하는 것이 포함된다. 집단원들이 회기 이외의 만남에서 대화하는 것에 대한 명확한 지침 또한 반드시 제시되어야 한다(Leszcz & Kobos, 2008).

집단상담과 심리치료의 고지된 동의

집단치료에는 개인 작업에서 흔하게 경험하는

것 이상의 위험과 책임이 결부되기 때문에 고지된 동의는 매우 중요하다. 집단의 고지된 동의는 집단이 시작하기 전에 내담자들이 집단 진행과 절차에 익숙해지는 출발점으로, 또한 집단 참여자들을 사전 선별하는 절차에 활용할 수 있다. 개인상담의 경우와 마찬가지로 집단의 사전 동의서를 작성할 때에는 집단의 목표 설명, 기술, 절차, 한계, 위험, 이익이 포함되도록 해야 한다. 전문가들은 향후 집단에 참여할 내담자들이 치료자의 역할과 다른 집단원들의 역할 뿐만 아니라 자신이 집단에서 지게 되는 책임을 잘 이해하도록 특별한 노력을 기울여야 한다. 내담자들은 일반적인 집단 회기의 특성과 이런 회기에서 집단원들이 갖는 기대에 대해서도 알아야 한다. 만약 집단이 정서적 표현을 독려하는 집단이라면, 참여자들은 이러한 강조점에 대한 설명을 들어야 한다. 집단 회기는 매우 강렬할 수 있으며, 이 강렬함이 매우 즐거운 것이거나 매우 피곤한 것일 수도, 즐거우면서 피곤할 수도 있다. 강렬한 경험이 일어날 것에 대한 준비가 되어있는 내담자들은 참여여부에 대한 더 현명한 선택을 할 수 있을 뿐만 아니라, 그러한 환경을 더 잘 견디고 경험으로부터 더 많이 배울 수 있을 것이다.

Corey와 Corey(2013)는 집단상담에 특별히 적용되는 위험 목록을 작성하였다. 향후 집단에 참여할 사람들은 이에 대한 설명을 들어야 하는데, 여기에는 희생양 삼기, 개인적인 일에 대해 이야기하라는 집단 압력, 직면에 대해 느낄 수 있는 불편함, 집단 경험의 영향으로 일상에서 겪을 수 있는 부정적 효과가 포함된다.

참가비, 집단이 열리는 시간과 장소, 회기 당 진행시간 등의 실질적인 정보도 다뤄야 한다. 만약 집단 회기에 대해 보험료가 청구된다면, 비용을 지불하는 제3자와 관련된 고지된 동의의 모든 측면을 검토해야 한다. 만약 공동진행자가 참여한다면, 공동참여자의 역할과 자격 사항을 반드시 고지된 동의에 포함해야 한다. 집단이 시작되기 전에 참여자들은 공동진행자에게 질문할 수 있도록 공동진행자를 만날 기회를 가질 수 있어야 한다. 또한, 내담자들은 집단 리더들이 집단원들에 대해 어떻게 의사소통하는지 알 수 있어야 한다. Fallon (2006)은 집단치료에서 효과적으로 고지된 동의를 활용하는 것에 대한 추가적인 구체적 제안들을 제시하였다. ASGW(2007) 기준에서도 집단 참여의 사전 동의서에 특별한 주의를 기울이는 것에 대해 자세히 설명하고 있다.

효과적인 집단에서 집단 응집력은 매우 중요한 특성이기 때문에(Yalom & Leszcz, 2005), 내담자들은 집단에 들어올 때 그들이 충실히 집단에 참여해야 한다는 것을 알아야 한다. 집단원들은 그들이 출석을 잘하고, 적극적으로 참여하는 것이 집단의 성공에 필수적이라는 것을 이해해야 한다. ASGW 지침서가 추천하는 것처럼, 집단에서 중간에 탈락하는 민감한 문제는 터놓고 논의해야 한다. 이는 모든 집단원들이 자신이 원하면 집단에 계속 참여하지 않을 권리가 있으나, 대부분의 집단 리더들은 최소한 한 사람이라도 집단 경험에서 자신의 목표를 달성하는 것에 도달할 때까지 집단에 남아있기를 원하기 때문에 민감한 문제가 된다(Corey & Corey, 2013; Yalom & Leszcz, 2005). 집단을 효과적으로 만드는 것 중의 하나는 내담자가 힘든 감정을 이겨내고 인내하며 다른 사람에게 헌신하도록 돕는 힘이다. 사람들이 중도탈락한다면, 그들은 중요한 개인적 배움의 기회 또한 앗아가며, 다른 집단원들의 집단 응집력과 효율성 또한 빼앗는다. 그래서 대부분의 리더들은 집단원들에게 그들이 다른 참여자들에게 집단을 그만두는 것에 대해 설명할 최소한 마지막 한 회기는 집단에 올 것을 요청한다(Corey 등, 1995). 이 회기의 목표는 참여자들이 집단 과정에서 어느 정도의 종결에 이르도록 돕고, 집단 응집력에 피해를 줄이며, 집단이 계속해서 집단에 남아있는 사람들에게 치료적 힘을 가질 수 있는 기회를 늘리는 것이다. 이 회기의 의도는 그 사람이 마음을 바꾸어 집단에 남도록 하도록 격려하는 것일 수도 있다(Kottler, 1982). 집단 리더가 이런 적절한 종결 과정의 중요성에 대한 견해를 지지한다면, 이를 앞으로 집단에 참여할 내담자에게 공개하고, 그 이유를 설명해야 한다. 참여자들이 이를 이해하면, 참여자들은 리더가 제시한

참여조건을 받아들이거나 거부할 수 있는 힘이 생긴다. 거부 통지(서비스를 페널티 없이 거절할 권리)의 법적 개념도 집단에 적용된다. 만약 어떤 사람이 집단에서 빠지고 싶다면, 집단 리더는 윤리적으로나 법적으로 집단참여를 강요할 수 없다. 따라서 목표는 오해하지 않도록 설명하고, 강압적이지 않게 독려하는 것이다. 문화적으로 다양한 집단과 작업하는 리더는 참여자들의 문화적 다양성이 집단 과정과 중도탈락에 대한 방침에 대한 그들의 반응에 영향을 미칠 수 있다는 것에 대한 부담을 감수해야 한다(ASGW, 2012).

집단상담의 비밀보장과 면책특권

내담자가 말한 내용에 대해 비밀보장을 유지해야 하는 전문가의 의무는 집단상담에서도 변하지 않는다. 그러나 이야기한 거의 대부분의 내용이 다른 집단구성원들 앞에서 이야기된다는 사실 때문에 비밀보장의 윤리와 특권에 대한 법적인 해석 모두 복잡하게 된다. 이미 논의한 바와 같이, 다른 집단원들이 비밀보장을 위반했다고 해서 책임을 져야하는 것은 아니다. 집단구성원들은 자신의 개인적인 도덕적 기준과 집단 과정에 대한 헌신, 그리고 집단으로부터의 비난이 두려워서 비밀보장을 유지하는 것이다.

비록 집단 리더들이 비밀을 보장할 수는 없지만, 그들은 여전히 그것을 장려하기 위해 최선을 다해야 할 의무가 있다. 그러한 책임에는 각 예비 집단원들에게 비밀보장의 역할을 철저히 설명하고, 그 운영의 세부사항을 기술하며, 집단 내에서는 늘 비밀보장을 존중하라고 요구하는 것을 포함한다. 불행히도, 이러한 기준을 이해하고 준수하는 측면에서 이상적인 수준에 미치지 못한다는 것이 연구에서 드러났다. Lasky와 Riva(2006)는 집단 상담사들을 대상으로 한 조사에서 응답자의 36%가 자신의 관할구역에서 특권이 집단 내담자에게 확장되었는지, 소환될 경우 그들의 책임이 무엇인지 알지 못한다고 보고했다. 더욱이, 조사 대상자 중 44%가 집단원들과 비밀보장의 한계를 늘 검토하지는 않는다고 보고하였다(소환될 경우 전문가의 의

무가 무엇인지 혼란스러워 하는 경우는 집단치료뿐만 아니라 모든 치료 상황에까지 확대된다. 보수교육 프로그램을 시행한 경험에서 보면, 참석한 실무자의 거의 절반이 이 책임을 잘못 이해하고 있다).

또한 대부분의 집단 상담학자들은 첫 번째 집단 회기와 집단 과정 전반에 걸쳐 비밀유지에 관해 집단 리더가 상기시켜주기를 권장한다(ASGW, 2007, Corey & Corey, 2013). 특히 강렬하거나 위험한 회기 직후에는 이를 다시 상기 시켜 주는 것이 필요하다. Corey 외(1995)는 좋은 의도를 가진 집단원들도 실수로 비밀유지 의무를 위반할 수 있기 때문에 부주의한 비밀누설 문제를 다루어야 한다고 강조했다. Pepper(2003)는 집단 리더들에게 완전한 비밀이 필요한지 아니면 집단에서 발생한 일반적인 문제와 감정에 대해 이야기할 수 있는지에 대해 분명하게 밝힐 것을 조언하였는데, 이는 집단원들이 종종 혼란스러워하는 문제이다.

회원들이 비밀유지 의무를 위반하지 않도록 기술과 판단력을 갖추게 하는 실질적인 접근법 중 하나는 집단원이 비밀유지 의무 위반의 유혹을 느낄 수 있는 상황을 가정한 역할극을 해 보는 것이다. 이 시뮬레이션에서는 한 사람이 다른 집단원이 누구인지 묻는 친구의 역할을 하고, 한 사람은 대답하는 역할을 맡는다. 집단원들은 그들의 삶에서 일어날 수 있는 시나리오들을 개발하고 집단 안에서 실행해 볼 수 있다. 이러한 시뮬레이션은 집단 과정의 비교적 초기에 실시하여 각 집단원들이 자신의 비밀유지 의무를 존중하는 능력이 있고, 다른 집단원들이 비밀을 지키는 데 최선을 다할 것을 확신하게 하는 것이 이상적이다. 또한 집단 리더들은 비밀유지를 강조하고 비밀유지를 잘하는 회원들의 시뮬레이션을 보여 주는 오리엔테이션 영상을 제작할 수도 있다. 이러한 조치는 비밀누설에 대한 또래의 압력이 발생할 때 비밀유지가 어려운 미성년 내담자 같은 사람들에게 특히 유용할 수 있다.

어떤 집단 리더는 집단에 들어오기 위해서는 반드시 서명해야 하는 비밀유지 의무 계약서를 사용하기도 한다. 이 서면 계약서는 기대를 명확히 하고 치료 과정에 대한 비밀유지의 중요성을 강조한다. 이는 집단 행동의 측면에서 지도자가 제시하는 가치를 가시적으로 표현한 것이다. 윤리학자들은 비밀유지 계약서를 사용하는 것을 지지하지만(예, Corey et al., 1995), 예비연구에 따르면 대부분의 상담사들은 이를 선호하지 않는 것으로 나타났다(Roback et al., 1992). 이 연구자들은 설문 조사에 따르면 집단치료자의 23%만이 실제로 계약서를 사용한다고 밝혔다. Bernstein과 Hartsell(1998)은 이러한 계약은 법적 가치가 있기보다는 상징적인 것이며, 집단 구성원의 비밀유지와 관련된 소송은 발생한 적이 없었다고 지적했다.

5장에 상세히 기술된 개인상담에 적용되는 비밀유지의 한계는 집단 장면에도 모두 적용할 수 있다. 경고, 보호, 아동 및 노인 학대 및 방임 신고, 비밀 정보에 대한 법원 명령에 응답, 내담자의 비윤리적이거나 불법 행위 혐의에 대해 답변하기는 모두 집단상담에도 해당된다. 따라서 향후 집단에 들어오고자 하는 모든 사람들에게 이러한 비밀유지의 한계에 대해 알려주어야 한다. 비밀보장에 대한 전문가의 의무는 다른 집단원들에게까지 반드시 적용되는 것은 아니라는 것을 설명할 때 특별히 주의를 기울여야 한다. 집단 리더는 내담자가 경험하게 되는 잠재적 이익은 물론, 그들이 감수하는 위험에 대해 이해할 수 있도록 도와야 한다.

안타깝게도, 이러한 기준 준수에 대한 출판된 연구가 부족하다. 이 문제에 관해 발표된 한 연구에 따르면 집단치료자 중 32%만이 다른 집단원이 개인 정보를 공개할 위험을 명시적으로 언급한 것으로 나타났다(Roback et al., 1992). 다른 두 개의 연구(Appelbaum & Greer, 1993; Lasky & Riva, 2006)는 집단치료자의 상당수가 내담자와의 비밀유지 한계를 논의하지 못한다고 보고했다. 치료자들이 이렇게 꺼리는 이유는 무엇일까? 경험적 근거는 아직 부족하지만, Roback 외(1992)는 집단 리더가 그러한 정보가 사람들이 그룹에 들어오는 것을 주저하게 하거나, 회기 중에 개인적인 것들을 공개하지 못하게 할 것을 우려하기 때문이라는 가설을 제시하였다. 그러나 그러한 입장에서 동기부여를 하는 것은 기존의 윤리 기준과 일치하지 않는다. 이 기준을 준수하지 않는 것은 법적 분쟁을 야기할 수도 있다. Roback과 동료들은 의도적으로 비밀유지의 한계에 대해 논의하지 않기로 하는 것은 집단 과정의 위험을 고의로 잘못 설명하는 것으로 해석될 수 있으며, 이는 집단치료자가 법정에서 법적 책임을 질 수 있는 문제라고 지적했다.

내담자에게 이 한계에 대해 알려 주는 또 다른 이유는 다음과 같다. 비밀유지를 깨거나 위반이 발생할 경우, 집단은 응집력과 생산성에 있어 최소한 일시적인 차질을 경험한다(Roback et al., 1992). 또한 이러한 위반이 일어나면 어떤 집단원들은 끝까지 집단 과정에 적극적으로 참여하는 것에서 물러서게 된다. Smokowski, Rose와 Bacallao(2001)는 다른 집단원이 비밀유지를 지키지 않은 후 고통을 경험하는 집단원을 "집단 사상자"라고 칭했다. 이러한 부정적인 결과는 예비 집단원들과 이 문제를 완전하고 명시적으로 논의함으로써 예방에 중점을 두고, 예방이 실패할 경우 그러한 해로부터 회복할 수 있는 지지 계획의 필요성을 강하게 보여준다.

적법약인(legal considerations) 또한 비밀보장에 대해 포괄적으로 논의할 것을 명시하고 있다. 집단상담에서 특권이 적용되는 정도는 주에 따라 상당히 다르다. 일반적으로 주 법원은 제3자 앞에서 언급한 진술이 특권으로 보장되지 않는다고 판결했다(Paradise & Kirby, 1990; Swenson, 1997). 그러한 사법권에서 집단 리더는 법원에 내담자 정보를 공개하는 것에 대한 방어권이 없다. 캘리포니아주, 일리노이주, 켄터키주, 미네소타주, 콜로라도주, 캔자스주, 뉴멕시코주 및 워싱턴 DC를 포함한 다른 주에서는 집단치료 안에서 이루어진 대화에 대한 특별한 특권이 수립되었다(Parker, Clevenger, & Sherman, 1997). 주 정부 법규는 늘 개정되고, 각 주의 개정된 강령은 특별한 용어로 기술되기 때문에 전문가들은 해당 주의 법에 대해 최신 정보를 가지고 있는 것이 좋다.

특권은 일반적으로 당회의 허가 받은 전문가에게만 적용되지만, 콜로라도는 이를 면허 없는 심리치료사에게까지 확대 적용한다(Colo. Rev. Stat. Ann.

13-90-107절). 리더와 동일한 정보를 들은 다른 집단원에게는 거의 특권이 없기 때문에 정신건강 전문가가 증언하지 않아도 증언을 할 수 있다. 예비 집단원들에게 반드시 이러한 사실을 알려줘야 한다. 그렇게 하지 않으면 집단원들에게 영향을 미치는 행동에 대해 자율적인 결정을 내릴 권리와 충돌하게 된다. 내담자가 어떤 법적 위험에 대해 지나치게 염려하는 것을 방지하기 위해서는 위험에 대한 설명이 발생 가능성이 매우 희박한 상황에 대한 것임을 균형감 있게 설명하는 것이 중요하다. 집단상담이나 치료와 관련된 판례는 상대적으로 드물고(Paradise & Kirby, 1990), 실제로 집단원들에게 불리한 증언을 해야 했던 집단 리더와 참여자는 소수에 불과하다. 이러한 사실에 안주하게 하면 안 되지만, 역사에 비추어 볼 때 그 위험은 매우 낮은 수준이다.

미성년자 및 학교 집단 작업의 윤리

미성년자와의 집단 작업의 효과에 대한 엄격한 연구는 아직 초기 단계에 머물러 있지만(Shechtman, 2002), 많은 학자들은 집단상담을 아동 및 청소년을 위한 유용하고 실질적인 개입이라고 본다(예, Gladding, 2011; Greenberg, 2003; Knauss, 2007; Riester, 2002; Ritchie & Huss, 2000). 전문가가 청년들과 지속적인 집단상담을 할 때 비밀유지와 관련된 추가적인 도전에 직면하게 된다. 먼저 집단 리더는 집단에서 아동이 개방한 내용을 부모와 얼마나 공유할 수 있는지, 공유해야 하는지를 고려해야 한다. 청소년이 상담이나 심리치료에서 공개한 내용을 비밀로 유지할 수 있는 권리를 부여하는 법령이나 법원 판결에 따르지 않는 한, 일반적으로 부모는 상담 중 자녀의 발언에 대한 정보를 얻을 권리가 있다. 물론 부모는 다른 참가자의 발언이 아닌, 자신의 자녀가 공개한 내용에 대해서만 알 권리가 있다. 따라서 집단 리더는 집단을 시작할 때 참여에 대한 부모의 동의를 얻고, 자녀가 집단 경험을 신뢰하고 개방할 수 있도록 자녀가 하는 모든 말을 알 권리에 대한 부모의 권리 포기를 모색하는 것이 좋다. (청소년 및 부모의 권리에 대한 추가 논의는

5장과 6장을 참조할 것)

또한 집단 리더는 집단에서 공개된 내용에 대한 비밀유지를 이해하고 지킬 수 있는 능력에 영향을 줄 수 있는 아동과 청소년 발달 문제에 민감해야 한다. 젊은이들은 집단에 참여하지 않는 또래들이 집단에서 일어난 일에 대해 이야기 하라는 압력을 경험할 수 있으며, 그러한 압력에 저항하는 기술이 충분치 않을 수 있다(Ritchie & Huss, 2000). 따라서 집단 리더는 비밀유지 의무를 존중할 수 있고, 비밀유지를 깨라는 또래의 압력에 저항할 수 있는 의사소통 기술을 학습할 수 있으며, 집단 내 또래의 말에 공감적으로 반응할 수 있는지를 평가하여 잠재적인 집단원을 선별할 의무가 있다. 학교에서 진행되는 집단은 학생들의 발달과 학업 성취를 도울 수 있는 유용한 도구가 될 수 있다(Greenberg, 2003; Riester, 2002; Ritchie & Huss, 2000; Shechtman, 2002). 그러나 집단원이 (학교처럼) 폐쇄된 체계의 일부인 경우, 다른 집단원과 집단 밖에서 계속 접촉하게 되고, 비집단원이 어떤 학생이 집단에 참여하기 위해 수업을 빠지는지 알 수도 있는 상황에서는 비밀유지를 지키는 것이 상당히 어려운 일이다. 이 작업을 성공적으로 수행하려면 학교상담사가 예비 집단원을 신중하게 심사해야 할 뿐만 아니라, 학생들에게 기대하는 바를 알려주고, 규칙 준수를 정기적으로 모니터링해야 한다. 집단 리더들은 또한 집단이 지속되는 동안 비밀유지를 위반했을 경우 대응 방안을 마련해야 한다.

일부 증거는 또한 부주의한 집단 구성이 집단 효과에 부정적 영향을 미칠 수 있고 심지어 어린이에게 해를 끼칠 수 있음을 시사한다(Rhule, 2005). 예를 들어, Dishion, McCord, Poulin(1999)는 공격적인 아동과 청소년만으로 구성된 집단들이 참가자들의 공격적인 행동의 위험을 증가시켰다는 사실을 발견했다. 더 폭력적인 비행 청소년들의 발언과 행동들은 덜 공격적인 청소년들에게 실제로 행동할 수 있는 새로운 방법을 가르쳐 주었다. 다른 증거들은 집단 리더들은 청소년에게 직면하기, 부정적 피드백 주기, 또래로부터의 피드백 체계에 특히 주의를 기울여야 한다는 것을 보여 준다. 이들의 부정적 효과가 알려졌기 때문이다(Shechtman & Yanuv, 2001). 이 저자들은 긍정적인 영향을 줄 가능성이 훨씬 높은 치료 접근으로서 수용, 공감, 지지를 신뢰할 것을 조언한다. 학교상담사를 위한 ASCA 윤리 규범은 A.6절에서 이러한 책임을 명시하고 있다.

집단상담과 치료에서 다중 관계 관련 윤리

내담자와 성적인 접촉을 금지하는 것은 분명히 집단 작업에도 적용되며, 전문적 효과성에 위험을 초래할 수 있는 다른 형태의 다중 관계를 피하는 기준도 마찬가지이다. 치료적 변화의 역동이 집단마다 다르더라도 치료자의 영향력은 유의미하게 감소하지 않는다. 사회적, 개인적, 사업적 또는 기타 현재 내담자와의 관계는 지도자의 전문적인 판단과 객관성을 손상시킬 수 있으며 내담자의 집단에 대한 정서적 반응에 영향을 미칠 수 있다. 또한 집단원과의 다중 관계는 다른 집단원이 자신의 구성원 중 하나가 리더와 특별한 관계가 있다고 의심할 때 집단 응집력을 감소시킬 수 있다. 이러한 접촉은 또한 리더에 대한 적대감을 더 유발할 수 있으며 집단의 생산적인 활동을 방해할 수 있다.

개인과 집단상담 동시 진행 관련 윤리

Taylor와 Gazda(1991), Lakin(1994)에 따르면 집단 및 개인상담 모두에서 같은 내담자를 상담하거나 개인상담 내담자를 집단으로 모으는 관행은 다소 빈번하게 발생한다. 집단상담으로 시작한 내담자를 집단이 계속 진행되는 동안 개별적으로 상담할 수도 있다. 전문적 윤리강령은 이 문제를 다루지 않고 있다. Lakin(1994)은 대부분의 상담사들이 이것에 윤리적인 문제가 없다고 본다고 보고했다. 그러나 Lakin(1994)은 개인 및 집단 개입을 동시에 수행할 때 몇 가지 중요한 잠재적 어려움을 확인했다.

- 공동 리더 간의 의사소통으로 인한 비밀유지 및 특권에 대한 위험 또는 어떤 장면에서 어떤 개방이 공유되었는지 기억하기 어려움
- 집단원 간의 "형제 간 경쟁"을 포함하여 내담자

와 전문가 사이에 정서적 관계 또는 전이형성에 방해가 됨, 지도자의 역전이 위험 증가
- 지나친 힘을 가진 치료자와 지나치게 의존적인 내담자를 만들어내 치료적 힘을 잘못 사용할 위험을 높임
- 자신에게 의뢰함으로써 얻는 경제적 이득이 내담자의 진짜 욕구에 대한 전문성을 흐리게 함

(Fisher, 2003; Lakin, 1994; Taylor & Gazda, 1991)

Taylor와 Gazda는 이러한 위험을 최소화할 수 있는 몇 가지 방법을 제시한다. 그중 가장 핵심은 동시 치료에 대한 사전 동의, 전문가의 힘과 내담자의 의존에 대한 신중한 모니터링, 내담자의 복지에 대한 세심한 주의이다. 슈퍼비전과 자문 또한 중요할 것이다. 취해진 예방 조치와 상관없이, 이러한 접근의 위험성을 인정해야 하며, 신중한 상담사라면 이를 최후의 수단으로 고려하는 것이 현명할 것이다. 집단원에게 개인치료가 필요할 경우에는 다른 곳에 의뢰하는 것을 고려해야 한다. 마찬가지로 치료자가 자신의 내담자들을 집단, 특히 개방형 치료 집단으로 모으는 아이디어에 끌린다면, 분명한 근거가 있어야 하고, 슈퍼비전이나 자문을 받아야 하며, 발생하는 문제에 책임질 준비가 되어 있어야 한다.

비자발적 집단 참여자에 관한 윤리

ASGW 모범 운영 지침(2007)과 윤리학자들은 비자발적 집단 참여와 관련된 복잡한 윤리에 관해 다루고 있다. 법원, 치료 시설, 그리고 다른 기관들이 의무적으로 집단에 참여하게 하는 것은 흔한 일이다. 이론적으로 집단에 참여할 것인지에 대한 선택권이 주어지나, 집단 참여 외로 주어지는 대안은 너무 끌리지 않는 것들이라 다른 현실적인 행동법이 없다고 생각한다. 양육에 태만한 아버지는 양육권을 유지하기 위한 조건으로 양육관련 집단에 참여해야 하며, 음주 운전 중에 체포된 여성은 음주 교육 집단과 범죄 기록 중 하나를 "선택" 할 수 있다. 양극성 장애(조울증) 치료를 위해 병원에 입원한 사람은 매일 집단치료 회기에 참여하는 것

이 치료의 조건임을 알게 될 수 있다. 집단에 참여하지 않는다면, 그 사람은 자신이 실제로 원하는 개인상담이나 약물 관리를 받을 수 없다. 각각의 경우에, 사람들은 최악 중 가장 나은 대안으로 집단 참여에 동의한다. 6장에서 언급한 바와 같이, 이러한 관행에 대한 근본적인 의문은 자유로운 동의가 없는 경우 사전 동의가 실제로 가능한지 여부와 정신건강전문가가 내담자에게 그러한 요구를 하는 것이 윤리적인지 여부이다. 주요 윤리강령이나 ASGW 문서 모두 집단상담에서의 이 기본 쟁점을 다루지 않고 있으며, 개인과 사회가 집단으로부터 받을 수 있는 이익이 결정에 대한 자율성의 일시 상실보다 중요하다는 것을 시사하고 있다(그러나 명시적으로 밝히고 있는 것은 아니다). 최근 법원 판결에서 Welch v. Kentucky(Paul & Herbert, 2005)는 사법 제도에 의해 환자가 의무적으로 집단 치료에 참여하도록 강제되었기 때문에, 환자가 집단 내에서 이야기한 내용이 법정에서 환자에게 불리하게 사용될 수 없다고 밝혔다. 본질적으로, 법원은 강제된 집단치료에서 과거의 범죄 행위에 대한 인정을 사용하는 것이 일종의 자기부죄(自己負罪, self-incrimination)를 구성할 것이라고 주장했다.

Corey와 Corey(2013)는 또한 비자발적 참여의 현실적인 측면에 대해 설명하였다. 개인이 집단에 최소한 기본 수준의 헌신을 하지 않는다면 집단의 치료적 작업 가능성이 심각하게 떨어진다는 것이다. 집단에 참여하도록 속임을 당했거나 조종당했다고 느끼는 비자발적인 내담자는 그 경험으로 이익을 얻기 힘들 것이다. 따라서 이 주제에 대한 대부분의 학자들은 사전 심사회기와 집단 과정 초기에 비자발적인 참여에 대한 내담자의 감정을 다루는 것이 중요하다는 것을 강조한다. 그들은 자율성 상실에 대한 분노, 집단에 대한 두려움이나 의심을 표현할 수 있어야 한다. Corey 외(1995)는 이러한 감정을 공개적으로 논의할 기회가 저항을 줄이고 협력을 증가시킬 수 있다고 제안한다. Brodsky(2011)는 집단 대화 방식이 집단원이 집단에 더 열심히 참여하게 하는 데 도움이 되었다고 조언한다.

고지된 동의 작성은 비자발적 내담자에게 특히

중요하다. 집단에서 내담자의 활동이 법원이나 공립 기관에 보고되는 경우, 내담자는 집단 내 활동이 보고된다는 것과 이것이 해당 기관의 후속 조치에 줄 영향을 알고 있어야 한다. 자녀 양육권을 되찾는 조건으로 집단에 참여한 아버지의 예로 돌아가서, 만약 리더가 아동보호 기관에 그 아버지가 집단에서 침묵을 지키고 회기에 참여하지 않는다고 보고해야 한다면, 그에게 이 사실을 알려주어야 한다. 상담사가 경험상 그러한 보고가 내담자가 자녀를 양육할 기회를 줄일 가능성이 있음을 알고 있는 경우, 그것도 내담자에게 알려야 한다.

간단히 말해, 핵심 메시지는 비자발적인 내담자를 집단에 참여하게 할 때, 직업의 윤리적 가치에 맞게 열심히 내담자의 남은 권리를 보호하고, 내담자가 자유롭게 참여여부를 선택할 수 있도록 최선을 다해 노력해야 한다는 것이다. 그렇게 할 수 없다면, 적어도 리더는 강제 참여에 대한 내담자 반응의 파급 효과에 대해 충분히 사전에 알려주고 동의를 받는 것을 목표로 해야 한다. 전문가가 강제된 집단 참여가 내담자에게 도움이 되지 않고 오히려 해가 될 수 있다고 생각한다면, 집단 참여를 요구하는 사람들에게 전문적인 판단을 알리고, 관련된 모든 이들에게 만족스러운 대체 치료 방법을 찾기 위해 노력할 의무가 있다.

다문화 집단상담의 윤리 문제

동질적 집단은 거의 없다. 대부분 다른 종교, 문화적 배경, 민족, 성별, 신체적 능력, 성적 취향 및 연령대의 사람들이 포함된다. 때로는 진단명만이 공통적인 집단도 있다. Chen, Kakkad과 Balzano (2008)에 따르면, "문화적 다양성은 기존 집단에서 확인할 수 있었던 여러 관점을 확장하지만 집단 내 의사소통의 한계도 확장하여 오해와 갈등의 위험을 증가시킨다."(p. 1264). 이질적인 집단에서는 집단 응집력이 형성되기 더 어렵고, 이를 위한 리더의 기량이 더 중요해진다. 아이러니하게도 이질적인 집단에서 때로는 응집력에 대한 압력이 더 커지며, 전문가는 문화적 가치에 민감하지 않은 응집력에 대해 경계해야 한다(Corey et al., 1995). 안

타깝게도 다양한 문화적 배경이 집단의 경험에 미치는 영향에 대한 연구는 거의 없다(Chen et al., 2008). 마찬가지로 집단 리더는 자신의 가치와 응집력 있는 집단을 구성하는 접근법에 자신의 문화적 배경이 어떤 영향을 미치는지 인식해야 한다. APA(2003)의 심리학자를 위한 다문화 교육, 훈련, 연구, 상담 및 조직 변화에 관한 지침서(Guidelines on Multicultural Education, Training, Research, Practice, and Organizational Change for Psychologists)는 ASGW (2012)의 집단 리더들을 위한 다문화 및 사회 정의 역량 원리(Multicultural and Social Justice Competence Principles for Group Workers)와 마찬가지로 이러한 기술을 개발하고자 하는 정신건강전문가에게 특히 유용한 자료이다.

다양성 문제에 대한 리더의 민감성 또한 집단원이 공정하게 대우받을 가능성을 높인다. 공정성은 다름에 기인한 의식적이거나 무의식적인 차별이 없음을 의미한다. 예를 들어, 문화적 배경상 강렬한 정서 표현이나 직접적인 직면을 꺼리는 내담자는 집단 작업에 유연하게 참여하도록 해야 하며, 이 문화적 배경 때문에 조롱을 당하거나 역기능으로 분류해서는 안 된다. 문화적 차이가 항상 다른 사람들에게 분명히 보이는 것은 아니기 때문에 집단 리더는 모든 내담자가 집단에서 존중받고 공정한 대우를 받을 권리를 보호하기 위해 노력해야 한다. 지도자가 다른 구성원이 문화적 문제로 한 집단원을 희생양 삼거나 민감하지 않은 방식으로 행동하는 것을 알게 되면 그러한 행위를 막기 위해 개입할 책임이 있다. 리더가 각 내담자를 존중하는 행동 모델을 지향한다면, 민감성을 얻기 위해 많은 노력을 기울인다. 민감한 태도와 문화적 차이에 대한 지식 외에도, 집단상담사는 다문화 집단의 성공가능성을 높일 수 있는 운영 전략을 배워야 한다. DeLucia, Coleman과 Jenson-Scott(1992), Johnson, Santos-Torres, Coleman, and Smith (1995), Merta(1995)는 이러한 전략에 대해 논의하였다. 이질적 집단에서 집단긴장이나 전문가가 민감하지 못한 것 이면에는 참여자들 간의 가치 충돌이 있을 수 있다. 예를 들어, Remley와 Herlihy

(2013)는 성인 자율성이 얼마나 중요한가에 대한 생각은 문화에 따라 다양할 수 있으며, 가치 충돌이 집단의 효율성을 저해하지 않도록 다양성을 고려해야 한다고 지적하였다.

가족과 커플상담과 심리치료

부부 및 가족치료는 효과적 수행을 위해 특별한 전문성이 필요한 독립적 분야이기 때문에, 유능한 전문가가 되려면 먼저 현장에서 충분한 훈련과 슈퍼비전을 받은 경험이 있어야 한다(Wilcoxon et al., 2013). 이 분야의 전문 교육 및 슈퍼비전을 받지 않은 전문가는 이 전문 분야에 들어서기 전에 전문성 부족을 해결하여 능력의 한계를 넘어서는 업무 수행에 대한 윤리적 책임이나 과실 위험을 줄이는 것이 현명할 것이다(Wilcoxon et al., 2013). 두 개의 캐나다 주(州)와, 미국 50개 주와 워싱턴 DC가 결혼과가족치료면허제를 시행하고 있으며, 전문가협회, 미국결혼및가족치료학회(the American Association for Marriage and Family Therapy: AAMFT), 국제결혼및가족상담학회(the International Association for Marriage and Family Counseling: IAMFC)는 대학원생 훈련과 실습을 위한 규정을 마련했다(면허위원회 목록은 다음 웹페이지에서 확인할 수 있다. http://www.aamft.org/iMIS15/AAMFT/Directories/MFT_Licensing_Boards/Content/Directories/MFT_Licensing_Boards.aspx?hkey=b1033df3-6882-491e-87fd-a75c2f7be070).

특별 쟁점 사례 예

다음 시나리오는 커플 및 가족과 함께 일하는 전문가의 작업에서 상당히 일반적인 현상을 보여 준다. 다음에 나오는 페이지는 각각에 포함된 윤리적 문제를 검토한다.

시나리오 1 커플상담에 참여하고 있는 내담자가 전화를 걸어 상담사가 알아야만 한다고 생각하는 일에 대해 이야기하고 싶다며 파트너에게는 비밀로 개인상담 회기를 잡아달라고 요청한다. 그는 거의 10년 동안 누군가와 온라인 관계를 맺어 왔다.

시나리오 2 한 아내가 십대의 반항적 행동으로 인한 가족 갈등 때문에 가족치료를 예약하기 위해 전화를 걸었다. 그녀는 남편이 다른 4명의 가족 구성원이 상담을 받는 것에는 동의했지만 자신은 참여하기를 거부한다고 알렸다.

시나리오 3 한 부부가 배우자 각자에게 개인적으로 어떤 대가가 요구되든지 그들의 결혼을 구해달라며 결혼상담을 요청한다. 그들은 개인의 행복과 정서적 안녕보다 결혼생활을 유지하는 것이 더 중요하며 그들의 종교가 이혼을 금지한다고 말한다. 그들에게는 6명의 아이들이 있다.

시나리오 4 18개월 전에 아이가 교통사고로 사망한 한 부부가 최근에 헤어졌다. 그들은 부부 관계에 희망이 조금이라도 있는지 알아보기 위해 부부상담을 시작한다. 몇 차례의 회기 후에 상담사는 한 명에게는 관계를 유지하는 것이 해를 끼치지만, 다른 한 명에게는 관계를 끝내는 것이 해를 끼칠 수 있다고 결론내렸다.

시나리오 5 개인상담을 6회기 진행한 여성 내담자가 자기 문제의 핵심이 관계라는 것을 알게 되었다며 커플 치료를 시작해달라고 요청한다. 그녀의 파트너가 동의하고, 상담사는 이 시점에서 관계 문제를 다룰 필요가 있다는 내담자의 판단에 동의한다. 치료자는 개인과 커플상담을 동시에 진행하게 되었다.

시나리오 6 부부와 세 자녀로 구성된 가족이 큰 갈등을 겪고 있다. 아내이자 어머니는 1년 전에 사업을 시작했다. 사업은 매우 성공적이었으며, 점점 더 많은 시간이 필요하게 되었다. 그녀는 남편이나 십대 자녀에게 가사에 대한 책임을 조정하려고 노력했으나, 성공하지 못했다. 2주 전, 그녀는 너무 화가 나서 집안일에 "파업"했다. 그러자 온 가족이 그녀에게 분노했고, 그녀가 집에 가져온 혼돈에 대해 화를 냈다. 남편이자 아버지는 "이 혼란을 바로 잡고 정상으로 되돌려 놓기 위해" 상담을 요청했다.

시나리오 7 동성 커플이 이성애 치료자와 약속을 잡는다. 이들은 자녀 입양을 고려하고 있으며, 이 결정이 자신들의 관계와 아이에게 어떤 의미인지 논의하기를 원한다. 그들이 원하는 것은 부모로 변화하는 과정이 가족 구성원 모두에게 최대한 순조롭게 진행되는 것이다.

시나리오 8 한 목사는 자신의 교회에 다니는 한 커플을 가정폭력 문제로 커플치료에 의뢰한다. 남자는 10년 동안 관계를 유지하며 여러 차례 여자를 밀고, 차고, 말로 학대했다. 가장 최근에는 5일 전에 폭력이 발생했다. 여자는 폭력이 아이들에게 미치는 영향이 걱정되어 목사를 찾아갔다. 목사는 그 남자가 폭력에 대해 질문했을 때 방어적이었으며, 파트너를 비난하는 경향이 있었으나, 치료에 참여할 의향은 있다고 밝혔다.

시나리오 분석

시나리오 1: 커플상담사의 개별 연락에 대한 비밀보장 한계 미국상담학회(American Counseling Association: ACA, 2005a)의 윤리 기준, 미국결혼및가족치료학회(the American Association of Marriage and Family Therapy: AAMFT, 2012), 국제결혼및가족상담학회(the International Association of Marriage and Family Counseling: IAMFC, 2005)는 이 질문에 대해 직접적으로 언급하고 있다(AAMFT와 IAMFC 강령 전문을 보려면 부록 D에 포함된 웹사이트를 참고할 것). IAMFC 윤리강령은 II.A.3절에 특별히 명시하고 있으며, 정보를 공개하는 개인이 주 내담자가 아니더라도 모든 개별 의사소통이 비밀로 유지되어야 한다는 점을 분명히 하고, 개인의 비밀 정보가 가족치료를 방해하는 경우 상담사의 선택에 대한 지침을 제공한다. ACA 강령과 APA 강령은 모두 명시적으로 이 문제를 다루고 있지 않지만, 달리 규정하지 않는 한, ACA 강령은 부부 또는 가족이 내담자임을 명시하고 있다(B.4.b 절). 비밀유지에 관한 APA 기준 4.02의 APA 강령은 내담자가 비밀유지를 포기하거나 다른 법적 의무가 부과되지 않는 한, 개인의 의사소통이 비밀이라는 견해를 지지하는 것으로 보인다. Fisher(2003)는 윤리강령에 대한 논평에서 개별 만남에서 상담사에게 공개한 것은 내담자의 허락 없이 집단 또는 가족 회기에서 말하지 않는 것으로 해석하였다. Campbell 외(2010)는 좀 더 보수적인 관점을 취하는데, 치료

시작과 회기 진행 중 정기적으로 가족 비밀에 대한 치료자의 정책을 내담자에게 명확히 밝혀야 하는 것이 규정이라고 조언하였다.

이 규정이 첫 번째 시나리오에 적용될 때 ACA, AAMFT 및 IAMFC 기준은 상담사가 일대일 대화로 개별 가족 구성원의 "비밀"을 듣는 경우, 내담자가 비밀보장에 관한 권리를 포기한 경우를 제외하고는 해당 정보를 비밀로 유지할 의무가 있음을 보여준다. 당연히 가족상담사는 이 상황에서 처음부터 비밀 대화를 들을 의무가 없으며, 임상적 고려와 어떤 것이 그 커플에게 가장 좋을지에 대한 판단에 기초하여 내담자의 요청에 어떻게 반응할지 결정해야 한다. (가족 비밀에 대응할 때 윤리적 및 임상적 문제에 대한 미묘한 쟁점 논의는 Fall과 Lyons (2003)를 참조할 것) 대부분의 현장 치료자들은 개별 만남에서 이루어진 개방에 대한 비밀유지를 강력히 지지하나, 비밀을 지키는 것이 도움이 되지 않을 것으로 본다. 그들은 이러한 조건하에서 치료를 진행하고 싶어하지 않지만, 모든 치료자들이 늘 상담을 시작할 때 비밀에 대한 그들의 관점에 대한 정책을 분명하게 밝히는 것은 아니다(Butler, Rodriguez, Roper, & Feinhauer, 2010).

이와 관련하여 치료자와 내담자 간의 온라인 의사소통이 더 빈번해짐에 따라 가족상담사는 이러한 의사소통과 관련된 법적 요구 사항을 알고 있어야 한다. Hecker와 Edwards(2014)는 HIPAA 및 최근 HITECH 법안에 따른 가족치료사의 법적 의무에 대해 자세히 설명하였다.

시나리오 2: 참여하지 않는 가족 구성원 문제 가족치료의 많은 이론은 가족 구성원의 진정한 기능 향상이 근본적으로 전체 가족 체계의 치료와 관련되어 있다는 관점에서 출발한다(예, Becvar & Becvar, 2006 참고), 연구 결과에 따르면, 일부 관계 문제의 경우 이 주장이 타당하다는 것을 보여주었다(Patten, Barnett, & Houlihan, 1991). 이 견해에 따르면, 역기능적 가족 체계의 의미 있는 변화는 모든 가족 구성원의 참여가 필요하다. 만약 가족 중 한 명이 치료에 참여하지 않겠다고 한다면 체계적 변화는 매우 어려워진다(Minuchin, 1974; Napier &

Whitaker, 1978). 이러한 이유로 어떤 가족치료사들은 한 가족 구성원이 참여하지 않는 것을 임상적, 윤리적 딜레마로 경험한다. 윤리강령은 이 주제에 관해 침묵을 지키고 있지만 현장에서 일하는 상담사들은 이 문제에 관해 혼란스러워한다. 상담을 원하는 가족 구성원들만 상담해야 하는가, 아니면 상담을 원치 않는 가족 구성원이 생각을 바꿀 때까지 상담을 미뤄야 하는가? 참여를 원치 않는 사람을 참여시키기 위해 상담사는 얼마나 적극적으로 노력해야 하는 것인가?

가족치료학자들은 이 질문들에 대한 광범위한 답변을 제안했지만, Teisman(1980), Wilcoxon와 Fennel(1983), Miller, Scott과 Searight(1990)의 조언은 특히 유용하다. 이들은 모두 참여를 강요하거나 그 사람의 자율권을 침해하지 말고 비참여자의 참여에 방해되는 것을 제거하려고 노력할 것을 제안하였다. 다음의 내용이 포함된다.

- 비참여자가 상담 과정에 대한 지식을 더 습득할 수 있도록 다른 가족 구성원들과 진행한 회기를 촬영하여 참여하지 않은 사람이 검토할 수 있도록 한다(물론 촬영에 대한 다른 가족 구성원의 동의가 필요하다). 오해 또는 두려움이 참여 거부의 핵심에 있다면, 이 방법은 효과적일 수 있다(Teisman, 1980).
- 비참여자에게 편지를 써서 가족치료 과정과 상담의 결과로 다른 가족들에게 일어날 수 있는 변화를 연구 결과를 바탕으로 설명하라. 이 편지의 서명된 사본이 되돌아오면, 그 편지가 비참여자에게 설득력이 없더라도 치료자는 가족치료를 계속 진행한다(Miller et al., 1990; Wilcoxon & Fennell, 1983). Wilcoxon 외(2013)의 책에는 비참여자에게 보내는 편지의 예시가 포함되어 있다.
- 비참여자에게 개인상담을 한 회기할 것을 제안하여 자신의 우려를 이해하고 상담에 대한 두려움과 오해를 해소하도록 돕는다(Teisman, 1980).
- 전체 가족이 상담에 참여할 수 있을 때까지 다른 가족 구성원을 개인상담에 의뢰한다(Negash & Hecker, 2010; Wilcoxon & Fennell, 1983).

이러한 각 방법의 목표는 비협조적 태도를 바꾸기 위한 강압적인 전략을 취하지 않고, 참여를 꺼리는 사람에게 가족상담 과정을 알리고, 명료화하고, 공개하는 것이다. 전문가는 그 사람의 권리를 존중하고, 치료에 대한 저항이 그 개인과 가족 모두에게 중요한 기능을 할 수 있음을 인식하며 이 사람에게 접근해야 한다. Huber(1994)는 한 가족 구성원이 원하지 않기 때문에 치료를 거부하는 것이 사실은 가족이 현 상태를 유지하기 위해 비참여자와 동맹을 맺고 있음을 보여주는 것은 아닌지 고려할 것을 조언한다. Whittinghill(2002)도 물질 남용치료에서 가족상담의 역할을 논의하며 유사한 견해를 피력했으며, 가족의 정의가 혈연관계에 국한되어서는 안 된다고 제안했다. 동료, 친구 또는 지역사회 구성원도 어떤 사례에서는 가족으로 기능할 수 있다. 어떤 내담자의 경우에는 이들을 상담에 초청하는 목적이 가족 구성원을 상담에 부르는 목적과 동일할 수 있다. 또한 가족의 정의를 넓히는 것은 상담이 친족 관계의 다양한 문화적 전통을 보다 포괄할 수 있게 한다(Negash & Hecker, 2010). ACA 윤리강령의 현재 버전은 이와 유사한 견해를 보이며, A.1.d절의 지지 네트워크 참여에서 이 주제를 다루고 있다.

시나리오 3, 4: 개인과 가족의 복지 사이의 갈등 이혼에 대한 낙인이 사라지면서 20년 전에 비해 상담사들은 어떤 대가를 치르더라도 결혼을 유지하게 해달라는 요청을 덜 듣게 되었다. 그러나 여전히 이 분야의 윤리학자와 현장에서 일하는 상담사들이 관심을 가질 정도로 충분히 자주 들리고 있다. 이러한 요청은 전문가에게 이 관계가 파트너에게 주고 있는 고통과 역기능을 모른 척하고 오직 결혼 생활 유지에 집중하도록 요구한다. 때로는 이러한 바람이 종교적 신념이나 문화적 배경에 바탕을 두고 있다. 또는 변화에 대한 두려움, 자녀에 대한 걱정, 또는 역기능적 상호 의존 때문에 일어나기도 한다. 때때로 이혼과 치료 실패를 동일시하는 전문가의 신념이 결혼생활을 지속시키는 것으로 초점을 좁히기도 한다(Margolin, 1982). 시나리오 4에서는 상황이 좀 다르다. 이들의 관계가 한 사람은 도와주고 있으나, 한 사람에게는 해를 끼치고 있다. 그러나 두 사례 모두의 중심에는 관계를 맺고 있는 개인에게 부정적인 영향을 미치는 것에 어떻게 대응할 것인가라는 같은 윤리적 문제가 있다.

결혼 및 가족상담학자들은 개인의 최상의 이익이 가족의 어떤 최고 이익과 자주 상충된다고 지적한다(Margolin, 1982; Patten et al., 1991). 항상 개인과 가족 발달을 동시에 촉진할 수 있는 것은 아니다. 그러나 가족의 이익을 위해 개인의 기능을 약간 타협하는 것에 대처하는 것과 이 시나리오에서 제시된 것은 다른 문제이다.

AAMFT 강령은 이미 언급된 현실적인 문제와 사소한 차이에도 불구하고 전문가들이 치료에 참여한 모든 사람들의 복지를 증진시키는 것을 목표로 하도록 한다. 최소한 한 명의 참여자에게 본질적으로 해를 끼치는 결혼생활을 지속시키기 위해 가족상담에 참여하는 경우(시나리오 3), 이 상담을 하는 것이 적절하지 않은 것으로 보인다. 그러나 부부에게 이혼을 권고하는 것이 전문가의 역할이라고 제안하는 것은 아니다. 이 부분은 강령에 명시되어 있으며, 이러한 결정은 내담자가 자율적으로 해야 한다고 밝히고 있다.

가족상담 윤리학자들은 일반적으로 이 점에 동의한다(예를 들어, Gurman, 1985; Negash & Hecker, 2010을 참고할 것). 그러한 딜레마에 빠지면 전문가들은 관계를 지속함으로써 발생할 것으로 예상되는 피해의 정도를 신중하게 평가해야 한다. 그것이 어느 한 사람에게 심각하고 계속되는 해를 입히는 것이라면, 상담사는 그 목표를 달성하기 위한 작업을 중단해야 한다. 대신에 내담자들과 향후 상담에 대해 터놓고 상의해야 한다. 어떤 사람도 정신건강을 심각하게 손상시키는 활동에 참여하지 않아야 한다. 해를 끼치면 안 된다는 원칙은 다른 고려 사항에 우선한다.

시나리오 5: 개인 및 가족상담 병행의 윤리 개인 및 가족상담 병행은 여러 조건이 충족되는 한 비윤리적이지 않다. 첫째, 상담사는 이런 병행이 내담자에게 유익하고 자신이 두 가지 활동을 모두를 할 수 있는 능력이 있다고 판단했어야 한다. 둘

째, 적절한 사전 동의 절차가 수행되어 내담자가 관계상담의 다양한 위험, 혜택, 절차 및 비밀유지 문제, 특히 개별 상담 중에 공유되는 비밀유지에 대한 전문가의 의무를 이해할 수 있도록 해야 한다. 마지막으로 내담자의 파트너와도 마찬가지로 신중한 사전 동의 절차가 취해져야 한다. 상담이 시작되면, 상담사는 내담자들 간에 상담사와 보낸 시간이 달라서 발생할 수 있는 모든 문제에 대해 주의해야 한다. 내담자의 파트너는 원래 내담자와 동일한 수준의 신뢰를 발전시킬 시간이 필요하며, 상담사는 파트너가 관계 내에서 어떻게 기능하는지를 공정하고 독립적으로 평가하는 데 특별한 노력을 기울여야 한다. 파트너에 대해 원 내담자와 나누었던 대화에서는 그 사람을 완전히 정확하게 그리고 있지 않을 수 있다. 또한, 파트너가 상담사를 "편을 든다"고 보는 신호나, 원 내담자가 치료자를 파트너와 "공유"할 때 생길 수 있는 부정적인 감정을 예민하게 알아챌 수 있어야 한다.

윤리강령이 개인 및 가족치료를 동시에 수행하는 것이 비윤리적이라고 명시하지 않는다는 것을 주목해야 한다. Heitler(2001)는 이중 치료의 위험에 대한 윤리적인 해결을 위한 몇 가지 권고안을 제시한다. 그러나 전문가가 그렇게 하기로 결정하면 개별 의사소통 비밀유지의 무거운 짐이 전문가에게 떨어지게 된다. 취해진 조치가 무엇이든, 가족치료 윤리학자들은 비밀유지 문제(예, Lakin, 1994; Smith, 1999)와 면책특권(Bennett et al., 2006)에 관한 고지된 동의에 대해 포괄적으로 접근할 것을 조언한다. Heitler(2001)는 이중 역할과 잠재적인 재정적 이해관계의 충돌로 인한 위험을 윤리적으로 해결할 수 있는 다른 권장 사항을 제시한다. 병행 치료에 대한 합리적인 입장은 가능한 경우 치료를 피하고, 2차 치료를 위해 다른 사람들에게 의뢰하는 것이다.

시나리오 6, 7: 성역할 사회화와 성적 지향에 대한 상담사의 신념과 가치가 진단과 치료에 미치는 영향 어떤 조력 과정도 가치에서 자유로울 수 없다. 가족상담사는 좋은 기능과 나쁜 기능, 건강한 방식과 건강하지 않은 방식의 의사소통, 정상적

인 방식과 비정상적인 방식의 관계 맺기에 대한 정의를 가지고 있다. 사실, 이러한 정의가 없다면 아무 치료 작업도 수행될 수 없다. 바람직한 변화와 바람직하지 않은 변화를 구별하는 한 가치가 관여하게 된다. 때로는 가족치료사의 건강한 가족에 대한 신념이 너무 경직되고 편협해서 개인적 차이와 문화적 영향을 인정하지 못하기도 한다(Melito, 2003). 이러한 신념은 종종 우리 자신의 문화적, 사회적 역사와 북미 사회에서 흔한, 다른 문화 및 가족 경향에 대한 좁은 식견으로부터 비롯된 것이다(McGoldrick, Giordano, & Garcia-Preto, 2005). 우리 사회가 점점 다양해짐에 따라, 다문화 가정 출신의 가족들도 더욱 많아지고 있으며, 이러한 현상은 가족상담사들이 문화적 역량과 자기 이해를 갖출 필요성을 강조하고 있다.

성별에 대한 편견도 우려된다. 연인 또는 부부 관계 안에서 희생자가 된 여성들은 정신건강전문가를 자신의 욕구에 충분히 민감하지 않은 것으로 보는 경향이 있다(Harway & O'Neil, 1999). 또한 APA의 연구는 정신건강전문가들이 여성들의 비전통적인 행위를 전통적 행위에 비해 덜 수용하는 경향이 있음을 보여 주었다(APA, Task Force, 1975; APA, 2007a). 예를 들어, 이들은 여성들이 결혼생활을 지속하지 않는 것보다 지속하는 것이 적응에 더 유리할 것이라고 생각하며, 여성의 외도가 남성보다 더 심각하다고 생각하는 경향이 있다. Guterman(1991)과 Sekaran(1986) 또한 전문가들이 여성들의 직업에 대한 요구를 그녀의 파트너의 직업 요구에 비해 덜 민감하게 받아들인다고 제안하였다. 다시 말해, 여러 증거들이 가족들과 함께 작업하는 가족치료사들이 기존 규범이 지속적으로 적용되게 했음을 보여주고 있다(Lewis & Mellman, 1999). 일부학자들은 가족치료사들이 내담자들의 성차별적인 패턴을 바꿀 책임이 있으며, 그들 자신의 성차별적 패턴도 변해야 한다고 주장했다(Hare-Mustin, 1980). 그러나 다른학자들은 치료자들 자신이 지지하는 쪽으로 내담자들의 신념을 바꾸기 위한 캠페인을 벌이는 것을 주의해야 한다고 경고했다(예, Negash & Heckler, 2010).

성역할과 관련된 가족 문제를 다루는 책임 있는 전문가의 목표는 가능한 한 문제에 대한 내담자의 자율성을 존중하고, 가족의 역기능과 관련된 성역할 개념화를 확인하는 것이다. 시나리오 6에서, 가족치료사는 가족 구성원이 상호 기대를 서로 이야기하고 재협상하도록 도울 필요가 있을 것이다. 여기에는 피해야 할 두 가지 함정이 있다. 남편과 자녀가 가족에서 여성이 책임지고 있는 것을 바꾸고자 하는 여성의 권리를 존중하지 않고 있다고 비난하는 것과, 단지 아내라는 이유로 여성이 실제로 가사 노동에 책임을 져야 한다고 가정하는 것이다. 치료사는 가족이 각 구성원의 인권을 존중하고, 가족에 대한 각자의 책임을 인식하여 변화하는 가족 상황에 잘 대처할 수 있도록 도와야 한다. 도움이 될 만한 자료로는 APA의 소녀 및 여성과의 심리치료를 위한 지침(Guidelines for Psychological Practice with Girls and Women, APA, 2007a)이 있다.

시나리오 7에서도 전문적인 가치가 명확하게 작용한다. ACA, APA 및 AAMFT의 윤리강령은 모두 성적 취향에 근거한 차별을 명시적으로 금지한다. 따라서 가족치료사는 다른 부부와 마찬가지로 양육준비상담을 위해 이 부부의 요청에 응답할 준비를 해야 한다. 내담자로 받아들이기로 한 결정은 성적 취향에 상관없이 임상적 고려 사항에 근거해야 한다. 치료사가 이 특별한 부부의 우려와 관련된 역량과 지식을 갖추고 있다면(예, Fitzgerald, 1999; Ritter & Terndrup, 2002; Rohrbaugh, 1992, Scrivner, 1997), 그들이 단순히 이성애자가 아니라는 이유로 상담을 거절해서는 안 된다. 동성애에 대한 전문가의 개인적인 신념이 객관적인 전문서비스를 제공하지 못하게 하는 경우, 치료사는 이 부부를 의뢰할만한 유능한 상담사들을 찾아야 할 책임이 있다. 레즈비언이 부모가 되어서는 안 된다고 생각하기 때문에 이 두 사람을 "마음을 바꾸게" 하려는 의도로 받아들인 전문가는 윤리강령과 자율성의 가치, 인간 존엄성에 대한 경의를 핵심 가치로 하는 모든 조력 전문가의 근본 가치를 위배하는 것이다. Janson과 Steigerwald(2002), Janson(2002), APA의 레즈비언, 게이, 양성애자 내담자 심리치료를 위한 지침

(Guidelines for Psychotherapy with Lesbian, Gay, and Bisexual Clients, APA, 2011b)은 치료에 유용한 추천 문헌이다.

시나리오 8: 연인 또는 부부 폭력을 동반하는 커플상담의 윤리 연인 또는 부부 폭력은 부부 및 가족치료를 찾는 사람들 사이에서 상당히 흔하다(Simpson, Doss, Wheeler, & Christensen, 2007). 치료를 시작하는 사람들의 거의 3분의 2는 학대 경험이 있으며, 6%의 내담자는 현재 폭력 문제를 보고하고 있다(Timmons, Bryant, Platt, & Netko, 2010). 효과적인 가족 작업을 위해서는 참여자들이 회기 내에서 자유롭게 자신의 생각과 감정을 나누고 회기 사이에 행동 변화가 일어나도록 해야 한다. 가족 간의 정직하고 직접적인 의사소통은 이러한 양상의 초석이다. 한 가족원이 다른 가족원에 의해 학대를 당하고 있다면 성공적인 치료의 기초도 찾기 어렵다. 희생자는 결과를 두려워하여 또다시 희생양이 되는 위험을 감수하지 않고, 사고나 감정을 공개적으로 표현하거나 행동 변화를 시도하지 않을 수 있다. 또한, 그 문제가 가족 이슈로 이해될 때, 가해자들이 자주 사용하는 한 가지 방어, 즉 상대방이 학대를 유발한다는 주장은 실제로 도전받지 않게 된다. 이런 상황에서는 가해자가 자신의 행동에 책임을 지도록 하는 것은 더 어렵다. 따라서, 많은학자들은 지속적인 연인 또는 부부 폭력이 있다면 가족치료를 피할 것을 추천한다(예, Houskamp, 1994 참조). 이 관점에서 가족상담사는 내담자들을 개별적으로 만나 각자 자신의 필요를 탐색 할 수 있게 해야 한다. 함께 회기에 참여하는 것은 가해자가 학대에 대한 책임을 지고 재활에 착수하고, 피해자는 힘과 통제감을 느끼기 시작한 후에 시작될 수 있다. 부부 폭력을 경험한 가족이 이를 터놓고 공개하지 않는 일은 흔하기 때문에 상담사는 가족상담의 평가 및 선별 단계에서 학대의 징후에 유의해야 한다. 다른 저자들은 전문가가 역량이 있고, 가족 역동을 지속적으로 관찰하고 피해자를 안전하게 지키는 특별 단계를 밟는다면, 최근 폭력이 일어났을 때 함께 치료를 할 수 있다고 주장한다(예, McCollum & Stith, 2011). 그러나 이러한 상황에서 커플상담이 유용하다고 생각하는학자들은 커플을 적절히 선별하고, 안전성을 향상시키며, 진행 상황을 모니터링하는 절차에 대한 치료자 전문 교육 권장이라는 조건이 있어야 한다는 견해이다. 그러한 역량이 없는 정신건강전문가는 한 사람이 폭력의 위험에 처했을 때 치료를 시도해서는 안 된다. 그리고 그러한 역량을 갖춘 임상가는 흔하지 않다는 것을 연구 결과가 분명히 보여주고 있다(Timmons et al., 2010).

가족상담의 법적 문제

가족과 함께 일하는 전문가가 경험하게 되는 일반적인 법적 문제는 이혼 및 양육과 관련된 것이다. 부부상담을 시도한 많은 부부들이 이혼을 결심하기 때문에 이들과 함께 작업한 상담전문가들이 법적 싸움에 휘말리는 것은 놀라운 일이 아니다. 예를 들어, 한 파트너의 변호사는 상담사나 치료사에게 상대방의 정신건강과 안정성 또는 치료 중 일어난 일에 대해 증언을 얻으려고 할 수 있다. 분명히 비밀유지에 대한 윤리적 의무는 다른 형태의 서비스와 마찬가지로 여기에도 적용되며 일부 주에서는 가족상담 내 대화내용에 대해 면책특권으로 보호하고 있다. 그럼에도 불구하고, 가족치료사는 비밀유지와 면책특권에 대해 사전동의 시 명백하게 할 것을 권고한다. 그들은 각 구성원 개인이 아닌 가족단위를 내담자로 간주하기 때문에 내담자들에게 설명해야 하며, 서면으로 하는 것이 더 바람직하다(Ramisch, 2010). 그들은 추가 법적 조치가 갖는 의미를 더욱 상세히 설명해야 한다. 가족상담사는 내담자에 대한 정보 또는 증언 요청이 있을 때마다 반드시 변호사와 상의해야 한다.

이혼 시 양육권 분쟁이 있는 부부는 전문가들이 한쪽 또는 다른 편을 들게 하려고 하기도 한다. 다른 경우에는 한 파트너와 상담을 진행하고 있는 전문가가 좋은 의도를 가지고(그러나 잘못 판단하여) 자신의 내담자를 옹호하기 위해 법적소송 절차에 매우 기꺼이 개입하려고 한다. 전문가는 그러한 상황에서 극도로 주의를 기울여야 한다. 아동 양육권 분할의 평가에는 많은 상담사에게 없는 특수 역량이 필요하며, 상담사가 그러한 역량을 갖추고 있더라도 독립적인 평가자가 그 목적을 더 잘 수행한다. 자녀 심리 평가와 부모의 적합성은 종종 법원의 결정에 중요한 영향을 미친다. 또한, 양육권에 관한 법원의 결정에 영향을 미치는 역할은 부부에 대한 치료사의 역할과 매우 다른 역할이다. 한 파트너와 작업해온 정신건강전문가가 내담자와의 전문적인 상호작용과 정신건강에 대한 전문적인 판단에 대해 법원에서 증언하면 전문가는 양 부모를 객관적으로 평가하는 전문가 증인(expert witness)이 아니라 일반 증인(fact witness)으로 참여하는 것이다(APA Committee on Professional Practice and Standards, 2003). 전문가 증인으로 활동하는 전문가는 일반적으로 부모를 평가하기 위해 법원에 고용되어 있으며 어느 한 사람과 사전 연락을 하지 않았어야 한다. 일반 증인은 법원에서 자신이 관찰한 내용을 설명하며, 한쪽 또는 양쪽 당사자를 위한 치료사인 경우이다. 이전 만남의 성격상, 상담사가 법적 절차를 위한 객관적인 평가를 위해 가족에 개입하지 않았기 때문에, 상담사는 자녀에게 최선의 이익이나 부모의 양육 기술에 대한 객관적 견해를 제공할 위치에 있지 못하다. 그러므로 상담사는 관계가 정리될 합리적 가능성이 있는 커플이나 가족을 치료할 때 상담사의 역할을 상의하는 것이 좋다. ACA와 AAMFT 규준 모두 전문가가 평가와 상담 역할을 함께 하는 것을 금지한다. APA 의견서는 이 문제에 대해 더 일반적이지만 동일하게 접근할 것을 제안한다.

법원은 상담사, 가족치료사, 심리학자를 고용하여 전문 증인으로 활동하고 이혼 조정 및 아동 양육권 평가를 지원하도록 한다. 이러한 서비스를 제공하는 전문가의 의무는 법원에 전문적이고, 정직하며, 객관적인 조언을 제공하고, 평가받는 모든 사람들이 상담사가 법원을 돕고 있으며 그들과 치료적 관계에 있지 않다는 것을 확실히 이해하도록 하는 것이다(가족중재 과정, 절차 및 윤리에 대한 개요를 확인하려면 Folberg, Milne과 Salem(2004)을 참고할 것).

최근에 이 역할을 수행하는 정신건강전문가들에 대한 윤리적 문제 제기가 증가하고 있으며(Kirkland & Kirkland, 2001; Ohio Board of Psychology, 2003), 변호사들을 위해 상담사와 치료자들이 "고용된 총"으로 활동하는 것에 대해 언론들이 매우 부정적으로 기술하였고(APA, 1994, 2010b를 참고할 것), 윤리학자들은 이 주제에 대한 광범위한 문헌을 내놓았다(예, Benjamin, Andrew, & Gollan, 2003; Woody, 2000). 전문가들은 이러한 역할을 맡게 되면 책임감 있는 의사결정을 내리기 위해 이 문헌에 가까워져야 한다. 가장 유용한 자료 중 일부는 이 장의 끝에 있는 추천문헌에 실려 있다.

▮ 요약

집단 및 가족상담 및 심리치료는 특별한 윤리적, 법적 문제를 수반한다. 이러한 도전에는 잠재적으로 도움이 될 수도, 해가 될 수도 있는 힘을 전문적으로 사용하는 것, 상담사의 전문성에 근거하는 것, 내담자의 개방이 사적 정보로 보호받을 수 없는 환경에서 비밀유지문제에 대한 현명한 관리가 포함된다. 상황의 정서적 강도, 일반적으로 사용되는 강력한 개입, 집단 응집력에 대한 압력은 전문가가 이러한 개입의 이런 측면을 능숙하고 민감하게 관리하지 않으면 모두 내담자에게 부정적인 영향을 줄 수 있다. 비밀유지는 다른 내담자가 회기 중 이야기한 내용을 공개할 수 있기 때문에 복잡하며, 그 외의 사람들이 내담자들의 이야기를 듣게 되는 상황에 대해 모든 법원이 전문가의 면책특권을 인정하는 것은 아니다. 이러한 추가적인 위험과 이점은 집단치료와 가족치료에서 신중하고 철저한 고지된 동의 절차를 개인치료보다 더 필수적인 것이 되게 한다.

전문적인 가치와 편견은 집단 및 가족치료에 큰 영향을 준다. 그러므로 상담사와 치료자는 그들의 개인적인 가치가 어떻게 생산적인 작업을 방해할 수 있는지를 인식하고 인간의 존엄성과 개인차에 대한 존중의 원칙에 기초하여 행동해야 한다. 가족 구성 요소, 성역할 및 성적 지향에 관한 개인적 신념은 특히 가족상담에서 중심적 역할을 한다. 그룹 및 가족치료를 사용하는 상담사는 윤리적 상담을 위한 추가 지침으로 집단 작업전문가협회(Association for Specialists in Group Work, 2007, 2012) 및 미국결혼및가족치료협회(American Association for Marriage and Family Therapy, 2012)의 규준을 참고해야 한다.

❖ 토론 질문

1. 연구에 따르면 많은 상담사가 집단상담이나 심리치료에서 비밀유지 계약을 사용하지 않기로 결정한 것으로 나타났다. 그러한 선택의 장단점은 무엇이라고 생각하는가?

2. 비참여 가족 구성원이 상담을 받을 수 있도록 장려하기 위해 추천한 방법의 위험과 가치가 무엇이라고 생각하는가?

3. 한 상담사가 같은 내담자와의 개인 및 부부상담을 동시에 수행해야 하는가? 그런 이유와 그렇지 않은 이유는 무엇인가?

4. 많은 상담사들은 이중 리더십의 치료적 가치 때문에 꼭 집단의 공동 리더(co-leader)를 찾는다. 공동 리더도 윤리적 의무를 지는가? 어떤 방식으로 그런가?

5. 만약 한 집단원이 집단을 그만두고 나와 "종결"하기 위해 단 한 회기라도 더 참석하고 싶어 하지 않으면 리더는 마음을 바꾸도록 설득해야 하는가? 윤리적 규범을 위반하지 않고 리더가 갈 수 있는 최대한은 어디까지일까?

6. 때로는 가족 구성원 사이에 사회적 역할 기대에 대한 생각이 다르기 때문에 문제를 겪을 수 있다. 예를 들어, 어떤 남자는 아내가 가정을 돌봐야 한다고 믿는 반면, 아내는 함께 책임을 져야 한다고 생각할 수 있다. 가족상담사는 이런 갈등을 겪는 가족을 어떻게 윤리적으로 도울 수 있을까?

❖ 토론 사례

온라인 지지 집단의 일원이었던 한 사람이 이메일로 다른 회원들에게 자신의 딸을 살해했다고 밝혔다.

메일을 받은 사람들 중에는 몇 명의 심리학자가 있었다. 최소한 일부 심리학자 집단원은 법적 기관에 이 정보를 공개하지 않기로 결정했으나, 다른 집단원들은 이를 기관에 보고했다. 결국, 그는 이 범죄로 유죄판결을 받았다. (이 사례는 실제로 일어났던 사건을 바탕으로 하였다) 경찰에게 메시지를 공개하지 않은 심리학자 중 한 사람에 대해 윤리적 문제가 제기되었다고 상상해보라. 이 사람이 비윤리적으로 행동했다고 생각하는가? 근거는 무엇인가?

제프리와 조안은 이혼 후 회복을 위한 10회기 집단을 공동으로 이끌고 있다. 둘 다 이혼했으며, 유능하고 경험 많은 집단상담전문가들이다. 집단을 시작하면서 그들은 모든 집단원들에게 집단이 진행되는 동안은 로맨틱한 관계를 맺지 않을 것이라는 합의에 서명할 것을 요청하였다. 모든 집단원은 동의하고 이를 지켰다. 집단의 처음 5주 동안 공동 리더는 가깝게 지내며 함께 일했다. 그들은 서로 끌리게 되고 집단이 6주되었을 때 데이트를 시작했다. 그들은 어떤 집단원에게도 그들의 개인적 관계에 대해 말하지 않았다. 그들의 행동이 윤리강령을 위반한 것인가? 또는 그들의 개인적 삶이 완전히 전문적 활동과 분리되는가?

마틴은 강하게 반대하지만, 마틴의 부모는 가족치료에 함께 참석할 것을 주장하고 있다. 마틴은 아버지, 새어머니와 함께 살고 있는 13살 소년이다. 마틴은 분노하고 있는데, 아버지가 어머니와 이혼하기 전에 현재 새어머니와 관계를 시작했기 때문이다. 그들은 마틴이 가족치료 회기에 참석하지 않는다면, 주말 특권을 잃을 것이라고 말했다. 마틴은 주말에 사람들과 함께하는 활동을 좋아하기 때문에 나머지 가족과 함께 치료를 받는 것 외에 다른 선택의 여지가 없는 것처럼 느낀다. 치료에서 마틴은 거의 이야기를 하지 않고 대부분의 시간에 공상에 빠져 있는 것처럼 보인다. 마틴을 더 많이 참여하게 하려는 치료자의 노력은 거의 성공하지 못했다. 그럼에도 불구하고 치료자는 부모가 모든 아이들을 가족치료 회기에 데리고 오게 한다. 치료사의 행동

이 정당한가? 이 결정을 내리는 데 도움이 되는 다른 정보는 무엇인가? 마틴이 13세가 아니라 17세라면 답이 달라지는가?

10장

평가 윤리

책임 있는 방식으로 공정한 절차 따르기

내담자들은 문제에 대한 해결책 찾기, 자기에 대한 더 나은 이해의 두 개의 주요 목표를 염두에 두고 상담사와 치료자의 전문적 도움을 구한다. (해결책 찾는 정서적 고통 덜기, 대인관계 문제 해결하기와 관련된다) 전문가가 첫 번째 목표를 달성하기 위해 사용하는 절차를 총칭하여 평가라고 한다. 임상면담에서부터 표준화된 검사, 행동 관찰, 정신 상태 검사, 중요한 주변 사람들로부터 자료 수집, 사례 기록 분석에 이르기까지 다양한 평가 절차가 개발되었다. 평가는 전문가와 내담자의 협업 과정을 통해 진행되는 것이 이상적이다. 좋은 평가는 문제의 범위와 심각성과 함께 내담자의 예후, 강점 및 사회적 지지에 대한 판단이 포함한다(Ridley, Li, & Hill, 1998). 평가는 임상가의 이론적 지향과 공식 분류 체계의 사용에 따라 다양한 방법으로 표현될 수 있다. 문제와 내담자가 동원해야 하는 자원의 평가가 정확할수록 문제가 성공적으로 해결될 가능성이 커진다. 평가는 개인 및 집단심리치료에만 국한되지 않는다. 예를 들어, 컨설턴트는 조직의 강점과 약점을 평가하고, 법의학 심리학자들은 피고가 재판을 받을 능력이 있는지 평가하며, 진로상담사는 진로 의사결정에 대한 장애물을, 교육 심리학자들은 효과적인 학습 환경의 특성을 평가한다. 어떤 장면이든지 정확하고, 공정하며, 책임 있는 평가가 성공적인 개입의 초석이다.

2가지 평가 방법, 즉 내담자 문제 설명을 위한 진단 범주 사용, 심리검사나 교육검사의 사용은 특히 오용되기 쉽다. 이 장에서는 진단 및 검사의 윤리에 대한 ACA 및 APA 규정, 윤리학자의 견해 및 관련 연구 결과를 다룰 것이다. 또한 이 장에서는 다문화 사회에서 윤리적 평가와 진단을 위한 지침과 진단 및 검사 수행 시 전자기기를 책임 있게 사용하기 위한 지침을 살펴볼 것이다. 마지막으로 고용 장면에서 심리 검사 사용에 대해 검토할 것이다.

▌진단 윤리

진단을 내린다는 것은 전문 용어로 내담자가 상담에 가져온 문제의 본질, 한계 및 강도를 정의하는 것을 의미한다(Weltel & Patterson, 2004). 구별 진단은 가능한 진단 중 어떤 것이 특정 개인의 증상에 가장 적합한지를 결정하는 과정이다. 예를 들어, 전문가는 유치원 아동이 육체적으로 활동적이고 부주의한 정상적인 성향과 주의력결핍 과잉행동 장애의 초기 징후를 구별하려고 한다. 문제를 규정하는데 사용되는 전문 용어는 학술 연구 및 실제 사례에서 유래되었으며, 질병 및 관련 건강 문제의 국제 통계 분류(ICD-10)(세계보건기구, WHO,

2014)와 정신질환의 진단 및 통계 편람매뉴얼 제5판(DSM-5)(American Psychiatric Association, 2013)에서 찾아볼 수 있다. DSM은 세계에서 심리적인 문제를 분류하는 데 가장 많이 사용되는 (그리고 아마도 가장 논란이 많은) 자료이다. 그러나 진단이라는 용어는 DSM 및 ICD에 표현된 의료 모델 이상을 포함하는 것이다. 진단은 정신건강전문가가 공통적으로 사용하는 내담자의 문제를 정의하기 위한 체계적인 체계를 말한다. 예를 들어 가족치료사는 때때로 DSM과 다른 유형 체계를 사용하여 가족체계 문제를 진단하지만, 다른 가족치료사도 같은 문제에 대해 같은 명칭을 부여하기 때문에 이 또한 같은 분류 체계이다(Kaslow, 1996; Sporakowski, Prouty,

& Habben, 2001). 또한 진로상담사는 종종 DSM이나 다른 정신진단 범주와는 다른 진로 문제를 평가하기 위해 자신의 용어에 의존한다(예, Hardin & Leong, 2004). 분류체계가 무엇이든, 진단명은 전문가에게 공통된 언어를 제공하고 적절한 개입을 유도할 수 있다. 또한 공통 분류체계를 사용하면 연구자의 연구 결과를 실무자가 쉽게 접근할 수 있고, 내담자에게 보다 잘 적용할 수 있다.

진단은 문제에 이름을 붙이고 지정하는 것과 관련되기 때문에, 일부 전문가들은 진단이 본질적으로 비인간적이고 해롭다는 의미를 담아 "낙인찍기"라고 부른다(Hohenshil, 1996). 다른 저자들은 진단이 개인의 인간적 욕구에 집중하지 못하게 하는 것에 대해 경고한다(Gergen, Hoffman, & Anderson, 1996; Gladding, 2012). 진단의 가치를 인정하는 상담사조차도 선택 분류체계로 DSM을 적용하거나 사용하는 것에서는 다소 모호한 입장이다(Eriksen & Kress, 2005; Ivey & Ivey, 1998). 진단이 부적절하게 이루어지거나 진단체계의 타당성이 부족한 경우, 그러한 이해가 아주 틀린 것은 아니다. 정신건강의 역사는 진단이 잘못 사용될 때 유해한 결과의 예도 풍부하지만, 적절하게 수행될 때 내담자에게 유용하고 유익한 기능을 한다는 증거도 있다. 사실, 효과적이고 증거를 기반으로 한 상담을 위해서는 문제를 신중하게 정의해야 한다. 우리는 우리가 확인하지 못한 것을 다룰 수는 없다. 진단과 치료의 관계는 육로 여행을 위한 지도와 같다. 길을 느낌에 따라 선택하는 것보다 지도를 따라갈 때 목적지로 갈 가능성이 크다. 진단은 지도, 즉 목표(목적지)로 연결되는 지형의 그림 및 그 목표에 도달하기 위한 계획(선택할 길의 순서)이다. 그럼에도 불구하고, 현재 시행되고 있는 진단의 타당성에 대한 논쟁과 정신건강전문가가 때때로 진단절차를 잘못 사용한다는 증거를 알고 있는 것이 중요하다(예, Pope & Vasquez, 2011; Valliant, 1984; Wakefield, 1992 참고). 진단이라는 용어에 철학적으로 반대하는 상담사는 다른 용어로 자유롭게 대체할 수 있다. 여기서 핵심은 내담자의 강점과 자원, 문제를 신중하게 평가하는 것의 가치 인정이지, 과정을 설명하는데 사용된 특정 단어를 받아들이는 것은 아니다.

진단윤리 강조의 이론적 근거

윤리는 여러 가지 이유로 진단 과정을 통제해야 한다. 가장 중요한 것은, 진단은 전문가가 관여하는 일 중 가장 영향력 있는 활동 중 하나라는 것이다(Behnke, 2004). 진단명을 내담자의 문제에 적용하면 자존감, 직업 기회, 보험가입 자격, 타인의 거절과 조롱에 대한 취약성, 교육 배치와 같은 여러 측면에 강력하게 영향을 미칠 수 있다. 어떤 종류의 진단은 또한 어떤 직업을 수행할 수 있는 면허를 부여할지, 주 정부가 자동차를 운전하거나 총기를 구입할 수 있는 권한을 부여할지, 아니면 법원이 성인에게 아동 입양을 허용할지 여부에 영향을 미친다. 예를 들어, 물질 의존으로 진단받은 사람들은 운전면허증을 신청할 때 진단을 밝혀야 하는 경우가 종종 있다. DSM 진단의 병력은 또한 건강 또는 생명보험 가입 자격을 제한할 수 있다.

둘째, 진단은 본질적으로 불완전한 과정이기 때문에 윤리적 측면을 포함한다. 비록 행동과학이 지난 세기 동안 상당히 발전했지만, 심리적 과정에 대한 우리의 지식은 여전히 제한되어 있고, 특정 개인의 기능을 신뢰성 있게 평가할 수 있는 능력 또한 제한되어 있다. 진단체계 구현과 관련된 실질적인 문제는 어려움 중 한 부분을 형성한다. 현실 세계에서는 내담자도, 제3지불 담당자도 대개 완전히 철저한 평가에 기꺼이 참여하려고 하지 않는다("즉각적인" 진단에 대한 보험회사 및 관리의료회사의 증가하는 압력 자체가 윤리적 딜레마이며, 이를 12장에서 보다 상세하게 다룰 것이다).

그러나 진단 과정의 불완전성은 내담자나 보험회사의 조급함 때문만은 아니다. 정신건강전문가는 종종 절차상의 오류와 판단오류를 범했다(예, Hill & Ridley, 2001; Rabinowitz & Efron, 1997; Smith & Dumont, 2000; Spengler et al., 2009). McLaughlin (2002)은 이들을 인간의 정보처리 오류라고 부른다. 인간은 우리에게 주어진 방대한 양의 정보 처리를 돕기 위해 휴리스틱(heuristics), 즉 문제 해결

간소화를 위한 경험 기반 기술을 사용한다. 이러한 휴리스틱은 중요한 내용을 사소한 세부 사항과 구별하는데 매우 유용할 수 있으나, 중요하지 않은 것을 중요한 것으로 잘못 분류하거나, 연관성을 무시할 수 있다. 증상이 발생한 시점과 두드러짐에 기반한 정보처리 오류는 특히 흔하다. 예를 들어, 딜레마에 대해 빨리 답을 찾고 싶어 하는 인간의 경향은 진단 과정에 결함을 발생시킨다(Anastasi, 1992; Groopman, 2007). 초두효과라고 불리는, 면담에서 나중에 모은 것보다 먼저 수집된 정보를 강조하는 것과 같은 것이 그 예이다(Meehl, 1960). 특히 두드러진 증상이 실제보다 진단에 더 중요하게 반영될 수 있으며, 다른 중요한 증상은 단순히 상대적으로 덜 강렬하게 보이기 때문에 덜 중요하게 다뤄질 수 있다(Spengler, 2000). 또한 연구 결과에 따르면, 임상가들은 진단에 도달하는데 자신에게 가장 익숙한 진단기준의 하위 집합만 사용하여 잘못된 결론을 도출하는 경향이 있었다(Rubinson, Asnis, Harkavy, & Friedman, 1988). 내담자에 대한 호감도 영향을 미친다. 매력적이고 함께 작업하기 좋은 사람들은 진단면담에서 전문가로부터 더 많은 관심을 받는 것으로 보인다. 그리고 불쾌한 사람들은 그 과정에서 빠르게 처리될 가능성이 큰 것으로 나타났다(Groopman, 2007).

안타깝게도, 내담자의 지불 방법은 전문가가 인식하지 못하는 미묘한 방법으로 진단에 과도한 영향을 미친다. Kielbasa, Pomerantz, Krohn과 Sullivan (2004)과 Lowe, Pomerantz와 Pettibone(2007)은 내담자의 증상에 대한 동일하게 묘사하더라도 내담자가 직접 돈을 지불할 때보다 관리 의료급여로 지불할 때 심리학자가 DSM 진단을 사용할 확률이 훨씬 높다고 보고했다. Kielbasa 외(2004)의 연구에 참여한 심리학자들이 불안 증상을 평가할 때 관리 의료급여 내담자에게 자신이 비용을 지불하는 내담자에 비해 DSM 진단을 적용할 확률이 10배 더 높았다. 또한 Lowe 외(2007)의 연구에서는, DSM 진단 기준에 부합하지 않는 경미한 사회적 불안이 있는 경우에도 심리학자들이 관리 의료급여를 받는 고객에게 DSM 진단을 5배 더 내리는

경향이 있었다.

현재 사용되는 진단체계 또한 이상적인 것과 거리가 멀다. 범주를 뒷받침하는 연구 결과가 비일관적이고, 범주 자체가 종종 중복되고, 일관성이 없으며, 성, 인종 및 사회 계층 편향에 취약하다 (Brodie, 2004; Campbell, 1999; Dougall, 2010; Eriksen & Kress, 2008; Maddux & Winstead, 2005). 무엇이 기능 장애를 구성하는가에 대한 철학적 논쟁은 해결되지 않고 있다(Wakefield, 1992). 이러한 불완전성은 진단체계를 책임감 있게 사용하려는 상담사에게 많은 부담을 준다. DSM을 사용할 때 잘 훈련된 전문가조차도 동일한 증상에 대해 동일한 진단을 하지는 않는다. 부분적으로는 범주가 겹치기 때문이다(예, Kirk & Kutchins, 1992; Kutchins & Kirk, 1997 참조).

셋째, 진단 식별자의 단순한 존재는 정신건강 전문가들이 진단이 정당하지 않더라도 그것들을 사용하는 것에 찬성할 수 있다는 것을 의미한다. 두 가지 고전적 연구가 이러한 경향을 설명한다. 첫 번째는 Langer와 Abelson(1974)의 연구로, 치료사들은 구직자라고 표시된 사람들보다 환자로 확인된 사람들을 심리적으로 장애가 있다고 진단할 가능성이 더 높다는 것을 발견하였다. 또 다른 더 유명한 것은 Rosenhan(1973)의 연구이며, 가짜 환자들이 목소리를 듣는다고 진술하여 정신 병원에 입원한 것이다. 그들은 입원한 후에는 다른 증상을 보이지 않았으며, 목소리가 다시 들리지 않는다고 보고하였다. 사실, 그들은 입원한 후로는 가능한 한 정상적으로 행동하도록 지시받았다. 이들 중 일부는 장기간 입원에도 불구하고 병원직원으로부터 누구도 정상으로 확인받지 못했으며, 퇴원 시 모든 차트에 정신병 진단이 기록되어 있었고, 일부는 "차도가 있는"으로 기록되었다(아이러니하게도 일반 환자들은 가짜 환자에게 문제가 진짜인지에 대해 자주 질문했지만, 병원 직원은 그러한 의문을 전혀 표현하지 않았다). Rosenhan의 연구를 심하게 비판하는 사람도 있었지만(예, Spitzer, 1975), 연구의 결함에도 불구하고 Rosenhan의 연구는 정신건강전문가가 기존 범주에 맞게 정보를 왜곡하는 경향이 있

음을 보여준다. 전문가가 애도의 정상적인 기분을 우울증으로 잘못 이해하거나, 일반적인 청소년의 반항을 행동 장애로 지칭하는 것과 같이 정상적인 행동을 병리적으로 이해하는 경향은 아주 희귀한 일이 아니다. 평가에 있어서 상담사의 첫 번째 책임은 내담자 역할을 하는 사람이 진단받을만한 장애를 가지고 있다고 섣불리 전제하지 않고 객관적으로 근거를 검토하는 것이다. 실제로, ACA 윤리강령 E.5.d에는 상담사가 자신의 판단에 따라 내담자나 다른 사람들에게 해를 끼치는 경우, 진단을 하지 않을 수 있다고 분명히 명시하고 있다.

넷째, 정신적, 정서적 장애에 낙인을 찍는 사회에서는 내담자의 고통에 공식적인 진단명을 부여하는 것이 그 자체로 강력한 심리적 효과를 낼 수 있다. 내담자는 수치심을 느끼거나 진단에 저항할 수 있으며, 이로써 이들의 대처 기술을 확인할 수도 있다. 내담자들은 낙담하거나 자신이 도움을 받지 못할 거라고 잘못된 판단을 내릴 수 있고, 자기 파괴적인 방식으로 행동할 수 있다. 반대로, 내담자가 적어도 처음에는 강한 긍정적인 반응을 보일 수 있다. 어떤 사람들은 자신이 겪어온 생각, 감정, 행동의 혼란스러운 패턴에 이름이 있다는 것에 안심할 수 있다. 절망감을 불러일으키는 대신에, 이전에 압도적이었던 문제의 이름은 그들이 도움을 받을 수 있다고 믿도록 돕는다. 그러나 어떤 반응을 보이든지, 진단의 힘이 의미하는 것은 평가를 전달하고 내담자가 이를 생산적으로 해결하도록 돕는 과정에서 전문가가 책임감 있게 행동해야 한다는 것이다.

다섯째, Matarazzo(1986)가 지적한 것처럼, 진단에 도달하는 과정에서 내담자의 경험에 대해 세세히 탐색하는 것은 많은 면에서 의사의 신체검사나 국세청의 감사만큼 심각한 사생활 침해이다. 전문가가 다른 사람의 사생활을 침해할 때에는 이에 대한 정당한 이유, 잠재적 이익, 이 과정에 대한 상담사의 유능성, 내담자의 동의 등의 특정 조건이 만족되어야 한다.

상담사와 치료사는 진단이 내담자에게 가하는 위협을 잘 보지 못한다. 지금은 고전적인 출판물에서 Raimy(1975)는 자발적으로 상담에 참여하는 사람들에게는 호소하는 문제뿐 아니라 두 가지 숨겨진 걱정이 있다고 설명한다. 첫째, 그들은 최고로 두려워하는 것, 즉 그들이 정말로 미쳤다는 것을 전문가를 통해 확인하게 될 것을 두려워한다. 둘째, 내담자는 자신이 가진 문제가 너무 독특하고 어려워서 아무도 이해하거나 도움을 줄 수 없을 것에 대해 걱정한다. 두 번째 신념은 내담자가 오해받을 것을 예상하고 고립된 채로 있을 수 있음을 의미한다. 문제에 대한 명확한 정의에 다가가는 것은 첫 번째 깊이 자리 잡은 두려움을 일깨운다. 내담자는 진단이 확정되고 자신이 미쳤다는 믿음이 더 현실이 될까 봐 두려워한다. 내담자의 두 번째 숨겨진 걱정은 때로는 진단에 대해 저항하게 하고, 다른 사람들이 실제로 비슷한 문제를 겪고 있다고 믿을 수 없게 만든다. 숙련되고 공감적인 전문가는 결과적으로 내담자가 그러한 가정을 수정하도록 도울 수 있지만, 그 과정이 진행되는 동안 진단 및 검사가 주는 침해와 위협에 민감해야 한다.

여섯째, 진단 언어에 대한 지식은 전문적인 관계가 아닌 사람들에게 진단 언어를 적용하는 무책임한 진단으로 이어질 수 있다. 예를 들어, 정신건강전문가는 일상에서 자신의 진단 기술을 사용하여 정치인, 싫어하는 동료, 문제 학생 또는 다른 사람들의 행동을 해석할 수 있다(한번은 한 대학원생이 자신이 수업 중에 산만해 보였기 때문에 대학 심리학 강사가 이 학생이 주의력 결핍 장애인지 의심된다고 큰소리로 말했다고 이야기했다. 그리고 나서 수강생들 앞에서 이 학생은 검사를 받으러 상담센터에 가야 한다고 덧붙이는 모욕으로 상처를 주었다). 이렇게 행동하는 사람들은 직업의 명예를 훼손하고, 전문적 도움을 받을 것을 고려하고 있는 사람들에게 자신도 저렇게 오만한 방식으로 판단을 당하게 될지 걱정하게 한다. 정신건강전문가가 가볍게 진단을 할 때, 진단은 간단하고, 마술적이거나 비인간적이라는 잘못된 인상을 심어주게 된다. 미확인된 전문 자격증을 가진 유명한 의사가 출연하는 최근 TV쇼 또한 대중이 진단에 관해 동일한 잘못된 결론을 내리게 할 수 있다. APA 윤리강령 표준 9.01b와 9.01c가 이 점을 가장 명확하게 기술하고 있다.

9.01b 표준에 대한 필요성은 배리 골드워터가 미국 대통령 후보였던 1964년에 처음으로 제기되었다. 당시 다수의 정신건강전문가들이 그의 정신적 안정성과 직무 적합성에 대해 공개적으로 의문을 제기했으나, 후보자에 대한 면담이나 심리 평가는 이루어지지 않았다. 이처럼 직접 전문적으로 만난 적이 없는데도 불구하고 그러한 대담한 발언을 한 그들의 의지는 미국정신치료학회가 골드워터 규칙(Goldwater rule)으로 불리는, 검사를 생략한 진단을 금지하는 규칙을 실시하게 했다(Slovenko, 2000). 1992년 버전 윤리강령의 표준을 부분적으로 뒤집은 현재의 APA 강령 9.01c는 심리학자가 내담자와 직접적인 상호작용 대신 기록 분석을 바탕으로 한 평가임을 분명히 밝히는 한, 대면 평가를 생략하는 기록 검토 기반 평가를 허용한다. 심리학자는 또한 특정 상황에서 직접적인 평가가 불필요하거나 어려운 이유를 설명해야 한다(Behnke, 2005). 내담자의 욕구를 평가하기 위해 기록을 검토하는 것은 제시된 증거에 기초하는 한 가벼운 진단과는 아주 다른 활동이며, 보다 일반적인 면대면 평가가 없는 상황에서 결론을 도출하기에 더 조심스러운 일이다.

진단을 잘못 사용하는 또 다른 예로는 내담자 문제에 대한 정확한 설명보다는 서비스에 대한 보험급여를 높이기 위한 수단으로 진단을 사용하는 것이다. Pope 외(1987)는 연구대상자의 35%가 적어도 때로는 이러한 방법을 의식적으로 사용함을 인정한다는 것을 밝혔다. 이들 중 3.5%는 매우 자주 그렇게 했다고 보고했다. Tubbs와 Pomerantz(2001)가 14년 후 이 연구를 반복했을 때, 심리학자의 40%는 고의적으로 진단 기준을 충족시키기 위해 진단을 변경했다는 사실을 발견했으며, 3.3%는 이러한 행동에 매우 자주 관여함을 인정했다. 정신건강상담사의 진단에 대한 연구도 비슷한 패턴을 보여주었고, 44%의 임상상담사가 적어도 한 번은 보험급여를 받기 위해 진단을 변경했다는 것을 인정했다(Danzinger & Welfel, 2001). 그리고 거의 모든 정신건강상담가들이 진단을 위해 DSM을 사용하는 것을 주목해야 한다(Eriksen & Kress, 2006). 이러한 목적으로 진단을 변경하는 것은 윤리적 기준과 일치하지 않을 뿐만 아니라 불법이며, 대부분의 경우 보험 사기로 간주되어 형사처벌 대상이 될 수 있다(Braun & Cox, 2005). Peterson(1996)은 이러한 행동이 윤리위원회, 면허위원회 및 법원에 제기되는 가장 일반적인 금융 부정행위라고 지적한다. APA 표준의 표준 6.06과 ACA 표준의 섹션 C.6.b는 이러한 행위를 비윤리적인 것으로 명확히 규정한다. 그러한 오진은 내담자에게 불필요하고 잠재적으로 해로운 향정신성 약물을 처방할 때 특히 문제가 된다(Gray-Little & Kaplan, 1998).

정신과 전문 분야에서 최전선을 차지하고 있는 윤리적 문제는 제약 산업이 정신과 진단법 구축 방법에 미치는 영향이다(Moncrieff, 2009). Moncrieff는 새로운 정신약물 치료제의 개발과 새로운 진단법의 개발이 그 약물로 치료가 가능한 장애의 발병률의 급격한 증가와 상관관계가 있음을 지적한다. 다른 정신건강전문가들은 이 업계가 진단에 미치는 의도하지 않은 영향에 대해 경각심을 가질 필요가 있다(15장에서는 제약 산업이 연구에 미치는 영향을 논의한다).

진단은 또한 이미 사회에서 차별과 불쾌감의 대상인 사람들의 신용을 손상시키는데 사용될 수 있다. Szasz(1971)가 지적했듯이, 진단은 사회통제의 한 형태로 작용할 수 있다. 그는 주인으로부터 도망친 노예에게 정신적 장애가 있다는 낙인, 탈출광증(drapetomania) 진단을 내린 예를 제시하였다. 진단에 대한 또 다른 문제는 소수 민족 구성원이 동일한 증상에 대해 대다수의 사람들보다 더 심각한 진단을 받는 경향이 분명하다는 것이다. 예를 들어, 아프리카계 미국인과 라틴계 사람들은 유럽계 미국인보다 조현병 진단을 받을 확률이 높았다(예, Garb, 1997; Manderscheid & Barrett, 1991; NIMH, 1980; Pavkov, Lewis, & Lyons, 1989 참조). 다른 예에서는 정서적으로 혼란스러운 행동이 과소진단되었는데, 이는 아마도 다양한 집단에서 차이가 더 정상적으로 간주되거나, 더 자주 발생하기 때문일 것이다(Gray-Little & Kaplan, 1998 참조). 학교에서는 교육과 심리검사의 여러 종류가 아프리카계 미국인과 라틴계 아동을 차별하는 경향이 있다는 증거를 근거로 이에 대한 윤리적, 법적 문제가 제기되었다(Suzuki & Kugler, 2001; Walsh & Betz, 1995).

지금은 유명해진 Broverman과 그녀의 동료들(Broverman, Broverman, Clarkson, Rosencrantz, & Vogel, 1970)의 연구는 전문가들이 전문적인 판단에서 어떻게 성적으로 편향되었는지를 처음으로 보여주었다. 그들은 정신건강전문가들이 건강한 남성과 건강한 여성에 대해 서로 다른 정의를 사용하지만, 건강한 남성과 건강한 성인을 묘사하는 데는 거의 동일한 형용사를 사용하는 것을 발견했다. 이 논리를 사용하면, 성인 여성은 건강한 성인과 건강한 여성으로 동시에 판단될 수 없다. 그들의 연구는 유사한 결론을 내는 다른 많은 연구를 촉발시켰다. 최근 연구에서도 성차별이 여전히 일부 상담사의 판단에 영향을 미치는 것으로 나타났다(Danzinger & Welfel, 2000). 그러나 평가에 있어 성적 편향은 여성에게만 영향을 미치는 것은 아니다. Robertson과 Fitzgerald(1990)의 연구는 남성에 대한 편견을 보여준다. 이 연구자들은 상담사가 비전통적인 역할을 하는 남성을 성 기대에 더 가까운 남성의 행동보다 더 심각하다고 진단하는 것을 발견했다. 다른학자들은 장애나 역기능으로 분류된 행동이 사회의 편견을 반영한다고 주장한다. Kaplan(1983)은 왜 서구사회에서 여성에게 병리적이라고 낙인찍는 행동이 남성의 같은 행동에 대해서는 그렇지 않은지 설명하기 위한 작업에 도전했다. 그녀는 정신 장애에 대한 공식적인 질병분류표가 왜 사랑했던 사람이 역기능적으로 잔인했을 때조차 자기주장을 하지 못하고 떠나지 못하는 것은 장애로 인정하면서, 감정표현의 어려움, 정서적 친밀함에 대한 저항, 대인관계에서 공격적인 것은 장애로 분류하지 않는지에 대한 의문을 제기했다. 앞의 특성은 여성에게 더 일반적이고, 뒤의 것은 남성들에게서 그렇다. Herman(1992)은 경계선성격장애의 진단에 성 편향이 있으며, 이 장애에서 보이는 증상이 PTSD의 복합 형태로 더 정확하게 기술될 수 있다고 주장했다. 그러나 DSM에는 현재 그러한 진단이 포함되어 있지 않다.

마지막 예도 똑같이 충격적이다. 동성애가 1973년 이후로 정신 장애로 분류되지 않았음에도 불구하고, 심리학자를 대상으로 한 국내 조사(Pope et al., 1987)에 따르면 응답자의 5.3%는 동성애 그 자체를 병적으로 취급하는 것이 의문의 여지없이 윤리적이라고 믿었다. 상담사에게 같은 문항에 응답을 요청했을 때 그들 중 14%는 똑같은 답을 했다(Gibson & Pope, 1993). 더 최근의 연구는 동성애 내담자에 대한 오진은 줄었음을 보여주었지만(예, Keffala & Stone, 1999; Neukrug & Milliken, 2011, Stokes, 1999), 문제가 사라진 것은 아니다. 2011년에 이루어진 Neukrug와 Milliken의 최신 연구에서도 전문상담사의 5.8%가 동성애를 병리적으로 보는 것을 윤리적으로 간주했다. 종합해보면, 이러한 결과는 억압받고 소외된 집단의 사람들에 대한 진단 오용의 취약성을 보여준다.

이 연구는 또한 기능적 또는 역기능적 행동을 정의하는 것이 사회적 또는 문화적 진공 상태에서 발생하지 않는다는 것을 보여준다. Marecek(1993)이 지적한 것처럼, 이상 행동에 대한 모든 정의는 이상적인 삶이 무엇인지에 대한 어떤 문화의 이해에 뿌리를 두고 있다. 한 사회에서 기괴하게 보이는 행동이 다른 사회에서는 정상적이고 바람직한 행동으로 간주된다. 문화마다 사별에 대한 반응이 다른 것은 이러한 사실을 잘 보여준다. 어떤 문화권에서는 감정들을 검열하지 않는 것이 완전히 정상적인 것으로 여겨지는 반면, 다른 문화권에서는 극단적이고 역기능적인 것으로 간주된다. 마찬가지로 한 문화권에서 적절한 자기주장이라고 부르는 것에 대해 다른 문화권에서는 불손한 오만함이라는 꼬리표를 달 수 있다. 그러므로 건강과 장애에 대한 사회적, 문화적 맥락을 고려하지 않는 전문가들은 정상적인 행동을 병리적인 것으로 잘못 분류할 수 있다(Kress, Hoffman, & Eriksen, 2010). Marsella와 Kaplan(2002)은 내담자 문제의 평가는 문화논리적 면담, 즉 내담자의 삶의 맥락과 건강과 이상에 대한 인식을 체계적으로 탐색하는 절차를 포함해야 한다고 제안했다. 다문화 내담자와 DSM을 사용할 때의 문제점에 대한 탁월한 검토 자료를 보고 싶다면 Alarcon et al.(2009); Kress, Eriksen, Rayle, and Ford(2005); Eriksen and Kress(2008); and Lopez and Guarnaccia(2005)을 참조하라.

마지막으로, 진단은 내담자에게 "자기 충족 예언(self-fulfilling prophecy)"이 될 수 있다. 예를 들어, 주요 우울증으로 잘못 진단된 사람은 자신의 정상적인 기분의 변화를 문제로 해석하여 과도한 반응을 할 수 있다. 다른 사람들은 그 사람을 다르게 대하기 시작할 수 있다. 시간이 지남에 따라, 기분 저하에 초점을 두는 것이 행동과 사고를 바꿀 수 있고, 그 사람의 정상적인 적응 문제가 그들이 분류한대로 우울 장애로 진행될 수 있다. 주의력 결핍 장애로 잘못 진단받은 아이는 그가 진단이 의미하는 것처럼 집중할 능력이 없다고 믿게 되어 학교 공부에 집중하려는 노력을 그만둘 수 있다.

요약하면 진단은 강력한 도구이기 때문에 전문가가 책임감 있게 사용하는 방법을 배워야만 내담자에게 해를 끼치기보다 도움이 될 수 있다. 진단의 오용은 다양한 원인에서 비롯되지만, 그 기저에는 진단의 함의에 대한 무감각, 진단 기술 부족, 부적절한 사전동의서, 현재 진단체계의 과학적, 실제적 한계에 대한 무지 등이 모두 포함된다. 이러한 모든 이유로 ACA 규정은 상담사가 문화적 고려 사항에 분명한 주의를 기울이고, 문화적 편견에서 비롯된 오진과 관련된 상담계의 그릇된 역사를 반드시 이해하도록 하고 있다(E.5.a-c절).

▌검사 윤리

미국의 어느 누구도 심리학자가 제작, 관리 또는 해석하는 평가 도구로 평가받았거나 앞으로 받을 것에서 예외가 되지 못하는 것은 아마도 사실일 것이다(Bersoff, DeMatteo & Foster, 2012, p. 45). 이러한 이야기는 현 상황에서 심리검사와 교육검

사의 영향의 폭과 범위를 강조하며, 따라서 이러한 평가 도구의 설계와 사용에서 윤리적 실천의 중요성을 강조한다. 검사의 핵심 윤리적 의무는 (a) 심리검사나 교육검사를 개발하고, 판매하고, 채점하는 사람들의 책임과 (b) 내담자에게 검사를 사용하는 전문가의 책임으로 나눌 수 있다. ACA 및 APA 윤리강령에는 이러한 문제에 대한 광범위한 의견이 포함되어 있을 뿐만 아니라, 다음 지침을 포함하여 상담사 및 치료사에게도 다른 지침 및 진술을 제시한다. 여기에는 다음 내용이 포함된다.

- 교육과 상담 검사의 규준(Standards for Educational and Psychological Testing, 2004), 미국교육연구학회(American Educational Research Association: AERA), 미국심리학회(APA), 전국교육측정협회(National Council on Measurement in Education: NCME)의 공동 작업 결과물
- 검사 사용에 관한 APA 연합위원회가 발간한 공정한 교육검사 사용 강령(Code of Fair Testing Practices in Education, 2004)
- 아동 보호 문제의 심리적 평가 지침(APA, 2013a)
- 가족법 절차에서 아동 양육권 평가 지침(APA, 2010b)
- 장애인에 대한 평가 및 개입 지침(APA, 2011a)
- 대학원 및 학부 심리학과 학생 교육에서 안전한 심리검사 사용에 관한 성명(APA, 2005)
- 피검자의 권리와 의무: 지침 및 기대 사항(APA, 1999b)
- 검사 사용자 자격에 대한 지침(APA, 2001c)
- 인터넷 심리 검사: 새로운 문제, 오래된 이슈 (Naglieri et al., 2004)

종합하면, 이 문헌들은 책임감 있는 검사 구성과 사용에 대한 명확한 지침을 제시한다. 이 표준들에서 사용된 용어에 익숙해지면 해석이 쉬워진다.

검사 개발자 검사를 구성하고 출판하는 사람이나 조직

검사 사용자 특정한 사람들에게 검사를 실시하고 해석하기로 결정한 전문가

검사 응시자 측정을 수행할 사람, 즉 내담자

검사 개발자 윤리

검사 개발자의 기본적인 윤리 지침은 (a) 타당도와 신뢰도를 뒷받침 할 수 있는 충분한 증거를 제공하고, 적절한 검사 규준과 종합적이고 최신 정보를 담은 검사 매뉴얼을 준비하고 (b) 이익보다 사용자의 복지를 높은 우선순위에 두는 것이다. 이 기준에 따르면, 수용 가능한 검사 매뉴얼은 연구 증거와 일치하고, 적절한 사용법을 설명하며, 검사의 강점과 약점을 정직하게 전달한다. 또한 검사 매뉴얼에는 규준에 대한 자세한 정보를 제공해야 하며, 다양한 인종, 민족 및 언어 배경을 가진 집단에 대한 검사의 적합성을 설명해야 한다. 또한 현재 표준은 개발자가 결과의 일반적인 오해를 피할 수 있도록 도와주는 데이터를 제공하도록 권장한다. 연구에만 적합한 검사는 임상 및 교육검사와는 명확하게 구별되어야 한다. 임상 또는 교육검사를 개발하는 데 관심이 있는 전문가는 검사 구성 윤리에 대한 모든 설명을 담은 교육 및 심리검사 표준(Standards for Educational and Psychological Tests; AERA, APA, & NCME, 2014)을 참조해야 한다. 심리검사를 국제적으로 사용하는 것에 관심이 있다면 국제검사위원회(International Testing Commission)의 검사 번역 및 적용 지침(Guidelines for Translating and Adapting Tests, 2005) 문서를 참고해야 한다.

검사 판매 시 개발자는 진실하게 검사를 설명하고, 자격을 갖춘 전문가에게만 판매를 제한해야 한다(검사 사용의 기준과 관련한 더 자세한 내용은 APA의 지침, 검사 사용자 자격(Test User Qualifications, 2001)을 참고할 것). 다시 말하면, 이익을 얻으려는 의도는 검사가 의도한 피검자의 복지에 대한 헌신으로 대체되어야 한다. 검사 개발자 대부분은 검사 사용자에게 학위, 면허, 대학원 과정, 심리검사 관련 훈련 경험을 공개하도록 한다. 학위논문을 위해 검사를 사용하고자 하는 대학원생은 책임 감독자의 자격에 관한 유사한 정보를 제공해야 한다.

Eyde, Moreland과 Robertson(1988)의 연구와 신용 카드를 가진 사람이라면 다양한 온라인 심리검사를 누구나 할 수 있는 현실(Erard, 2004)은 이러한 기준을 준수하는 것이 전혀 보편적이지 않다는 것을 보여주며, 전문가가 자신이 훈련받은 영역과 관련된 검사만 사용해야 할 의무를 상기시킨다. 그러나 eBay와 같은 인터넷 경매 사이트에서 검사가 가능해지면서 이러한 통제가 다소 무너졌고, 현재까지도 출판사들이 이러한 현상을 막지 못하고 있다(LoBello & Zachar, 2007). ACA 윤리강령은 이러한 책임에 대해 E.2.a절(부록 A)에서 다루고 있으며, APA 강령에서는 기준 9.05(부록 B)에서 설명하고 있다.

검사 개발자의 또 다른 주요 책임은 연구 및 환경적 상황에 따라 검사의 내용과 절차를 수정하는 것이다. 개발 당시 적절한 규준집단을 사용하고, 타당도와 신뢰도에 대한 충분한 증거를 갖춘 잘 개발된 척도도 증거나 환경의 변화로 의미 있는 결과를 제공하지 못하는 검사로 전락할 수 있다. 2차 세계대전 직전에 개발된 다면적 인성 검사(The Minnesota Multiphasic Personality Inventory: MMPI, Hathaway & McKinley, 1943)는 인구의 변화, 구식 언어, 1990년대에 적절치 않은 내용 때문에 시간이 지남에 따라 개정이 필요하게 된 척도의 대표적인 예이다. 이런 점 때문에 MMPI-2와 MMPI-A가 출판되었다.

검사 사용자 윤리

내담자를 돕기 위해 검사를 실시하는 사람들(일반적으로 정신건강전문가)이 윤리적 의무를 지는 대상은 검사 개발자와 피검자 두 집단이다. 먼저 전자에 대해서 설명하는 것으로 시작하려고 한다. 사실상 모든 검사는 저작권으로 보호되며, 피검자가 사전에 모르는 문항을 사용하는 것이 중요하기 때문에, 검사사용자는 무단 사용이나 부당 사용으로부터 검사를 보호해야 할 의무가 있다. 검사개발자는 타당하고 신뢰할 수 있는 도구를 개발하기 위해 상당한 투자를 한다. 따라서 그들은 검사 제작으로 공정한 이익을 얻을 권리와 자료의 보급에 대한 통제권을 가진다.

검사 보호 표준은 또한 내담자에게 표준화된 검사를 집에서 해오라고 하는 것은 무책임한 행위로 설명하고 있다. 놀랍게도 많은 전문가들이 이러한 금지 사항을 모르는 것 같다. Pope 외(1987)의 연구는 표집된 심리학자의 24.3%가 내담자에게 MMPI와 같은 검사를 집에서 해오라고 한다고 보고했다. 상담사들도 똑같이 무지한 것 같다. 이보다 대규모의 연구에서 상담사의 26%는 내담자에게 집에서 검사를 해오라고 하는 것의 윤리적 문제를 보지 못했다(Gibson & Pope, 1993). 내담자가 지필형 검사를 가지고 상담실을 떠나는 순간 전문가는 검사에 대한 통제를 잃게 되고, 검사가 적절히 사용되거나 되돌아올 것을 보장할 수 없다. 또한 어떤 상태에서 내담자가 검사를 했는지 알 수 없기 때문에, 임상적인 이유에서도 내담자가 검사를 집에서 하게 하는 것은 부적절하다. 내담자가 지침을 따르지 못하거나, 시간제한을 위반하거나, 검사 문항에 대해 다른 사람과 상의했을 수 있다. 사실 심지어 전문가들이 받은 검사 결과가 내담자의 것인지도 확신할 수 없다. 룸메이트나 가족이 질문에 대답하거나, 답변에 대한 광범위한 토론과 함께 문항에 답하는 집단 프로젝트가 될 수도 있다. 이러한 일이 일어나면 검사 결과는 쓸모없게 된다. 따라서 전문가는 통제된 조건하에서 내담자가 검사를 완료할 수 있는 방법을 모색해야 한다. 또한 검사 표준화 당시 설정된 조건과 가능한 한 가장 가까운 조건에서 검사가 수행되고, 결과를 표준 집단 점수와 비교하는 것은 과학적 정확성의 조건이다. ACA 윤리강령은 표준화된 조건의 중요성과 내담자의 장애 또는 관련 요인에 의해 요구되는 조건의 변형을 공개할 필요성을 강조하여 E.7.d절(부록 A)에서 이 점에 대해 매우 명백하게 규정하고 있다.

때로는 상담사가 자신의 목적을 달성하기 위해 기존의 도구를 수정하려고 하거나, 검사 개발자에게 알리거나 동의를 받지 않고 다른 척도에서 문항을 도용하여 자신의 평가 도구를 만들려고 하는 경우가 있다. 검사에는 저작권이 있기 때문에, 정신건강전문가들이 검사 문항을 도용하여 자신의 검사를 개발하거나 기존의 척도를 표절하는 것은 비윤리적이고 불법이다. 검사 출판사가 이에 대해

법적 배상을 요구할 수도 있다. 이러한 행위는 또한 전문가 동료들의 권리를 존중하는 상담사의 의무를 위반한다. 이렇게 대충 만들어진 검사 결과의 신뢰도와 타당도 또한 알 수 없으며, 점수도 무의미하다. 이러한 검사들은 많은 웹사이트 제공자들이 객관적인 연구 증거를 입증하지 않는다는 약속, 주장과 함께 최근 몇 년간 인터넷에서 급증하고 있는 것으로 보인다(Buchanan, 2002; Kier & Molinari, 2004; Naglieri et al., 2004). 이러한 기술의 사용은 윤리적 기준에 어긋나며, 전반적으로 대중을 오도하는 것이다. ACA와 APA 표준 모두 비과학적으로 개발된 도구와 척도의 부적절한 사용을 금지한다.

또한 2005년 국제검사위원회(International Testing Commission)는 컴퓨터 기반 및 인터넷 제공 검사에 관한 지침을 발표했다. 이 지침은 책임 있는 검사 수행에 대한 정보를 제공하는 또 하나의 유용한 자료이다. 심리검사가 심리측정적으로 괜찮은 것 같아 보여도, 온라인 검사에 대한 규정들은 심각한 안전 문제를 제기하고 있으며, 이 매체를 사용할 수 있는 모든 사람들은 결과의 타당성을 저해할 수 있는 모든 안전 위협에 대해 항상 경계해야 한다(Foster, 2010). ACA의 가장 최신 버전은 기기 및 인터넷을 사용하여 관리하고 채점하는 검사에 대한 광범위한 의견을 담고 있으며, 상담사가 검사를 사용하여 신뢰할 수 있고 타당한 결과를 산출하기 위해 적절하게 사용되었는지 확인해야 할 의무가 있음을 강조한다(E.2.b절, E.7.c절, 부록 A).

검사 안전과 내담자의 권리: 상충되는 법적 의무

주 정부와 연방 규정의 변경으로 내담자의 치료 기록에 접근할 수 있는 권리와 관련하여 최근 몇 년간 윤리강령의 내용이 크게 바뀌었다. HIPAA 규정의 적용을 받는 전문가(임상적 정신건강서비스를 제공하는 거의 모든 사람들을 포함하는 범주)의 경우, 규정에 따라 내담자는 개인 기록의 일부인 검사 결과를 포함하여 치료 기록을 볼 수 있어야 한다(HIPAA 사생활 보호 규칙(Privacy Rule). 미국 보건복지부(U.S. Department of Health and Human Services

(DHHS), 1996). 이와 함께 일부 주 입법부는 의료 기록이나 정신건강 기록에서 자신에 관한 모든 정보에 접근 할 수 있는 내담자의 권리를 보장하는 공개 기록 법안을 제정했다. 예를 들어 오하이오주는 2003년 광범위한 법률을 제정하여 내담자의 기록을 볼 권리를 부여했을 뿐만 아니라, 의사와 지압사를 제외한 모든 정신건강전문가가 기록에 대한 접근을 거부하는 것을 금지한다(오하이오주 개정강령, 3701.74절). 그러한 법령은 내담자가 복사비를 지불하더라도 기록 사본을 얻을 수 있는 권리를 내담자에게 제공한다. 다음의 상황들에 대해서 생각해 보라.

마가렛과 디훌리오 박사의 사례

마가렛은 간호학 과정을 마치는 데 어려움을 겪고 있는 19세의 전문대 학생이다. 심리학자 디훌리오 박사는 마가렛이 대학 수준의 수행을 완수할 수 있는지 확인하기 위해 평가를 실시했다. 평가의 일환으로 심리학자는 성인용 웩슬러검사를 실시하였다(WAIS-IV, Wechsler, 2008). 평가를 마치자마자, 마가렛은 검사 결과를 포함하여 정신건강 기록에 있는 모든 정보의 사본을 공식 요청했다. 이는 디훌리오 박사를 곤경에 빠뜨렸는데, 시험 응시자의 응답이 기록되는 표준 WAIS-IV 프로토콜 응답지에 시험 보안 및 저작권 조항이 적용되는 실제 시험 문항이 포함되어 있기 때문이었다. 디훌리오 박사가 생각하기에 내담자의 기록 접근에 대한 HIPAA와 주 법률은 저작권법을 준수하지 못하거나, 검사 출판자의 보안에 대한 권리를 존중할 수 없다는 것을 의미하는 것이었다.

데이빗과 라일리씨의 사례

32세의 슈퍼마켓 관리자이자 아버지가 된 지 얼마 안 된 데이빗은 양육과 힘든 직장생활의 스트레스에 대처하는 것에 어려움을 경험하기 시작하여 상담심리학 박사 과정 인턴인 라일리에게 상담을 받았다. 그의 어려움을 평가하기 위한 일환으로 상담사는 MMPI-2 (Butcher, Dahlstrom, Graham, Tellegen, & Kaemmer, 1989)를 실시하였다. 그의 응답은 2번과 4번 척도에서 약간 상승된 것으로 나타났다. 데이빗과 라일리는 검사 결과가 그를 돕는 데 유용하다고 생각했다. 치료 6주 후에 상담은 상호 합의에 의해 종결되었다. 몇 주 후, 데이빗은 라일리에게 자신의 기록 전체 사본을 요청했으며, 이는 신속하게 처리되었다. 그녀는 치료와 관련된 모든 메모와 양식, MMPI-2 보고서, MMPI-2 응답에 대한 버블 시트 및 점수가 그려진 프로필 시트를 제공했다. 약 일주일 후 데이빗은 전화를 걸어 시험 문항이 있는 검사지 사본을 달라고 했다. 라일리가 검사지를 그렇게 줄 수 없다고 설명하자, 데이빗은 오하이오주 의료 기록법에 따라 자신에게 정보를 얻을 권리가 있다고 말했다. 상담사는 그 문제에 대해 확인해 보고, 답을 찾는 대로 다시 연락을 주겠다고 답했다.

이러한 질문에 대한 답변으로 전문협회의 윤리위원회는 이 갈등을 해결하고 전문가에게 더 나은 지침을 제공하기 위한 전략에 많은 관심을 기울여 왔다. 최종적으로는 이러한 사안들에 대해 법원이나 입법부에 법적 해결을 요구할 수 있지만, 전문가협회는 유사한 상황에 처한 전문가들에게 다음과 같은 기준과 권고를 제공했다. APA는 이 문제에 먼저 접근하였으며, 검사 데이터를 구성하는 것 중 어떤 부분이 내담자의 기록이고, 어떤 부분이 출판자에게만 속한 평가 정보인지 명확히 함으로써 전문가에게 도움을 주었다. 기준 9.07에서 APA는 내담자가 자신의 수행에 관한 모든 데이터에 대한 권리를 가지고 있으나(당연히 데이터가 해를 끼치지 않는다고 가정할 경우), 검사 출판자가 소유한 검사 자료에 대한 권리는 없음을 분명히 한다(부록 B 참조).

이러한 조항을 바탕으로 라일리씨는 데이빗에게 MMPI-2 문항이 들어 있는 검사지를 주지 않는 것이 맞다고 결론 내린다. 이는 내담자 데이터를 포함하지 않는 저작권이 있는 검사 자료이기 때문이다. 또한 Behnke(2003)에 따르면, 그것은 특정 내담자에 대한 고유한 정보가 없기 때문에 배포 대상이 아니다. 내담자에게 문항을 제공하면 전문가의 검사 보안 의무를 위반하게 된다. 디훌리오 박사가 직면하는 상황은 개별 내담자의 응답을 포함하는 프로토콜 시트에 WAIS−IV 항목이 포함되어 있기 때문에 더 복잡하다. HIPAA와 윤리강령의 언어에 따르면 이 프로토콜 시트는 검사 데이터의 정의에 부합하는 것으로 보인다. 그러나 이를 내담자에게 주는 것은 저작권법에 맞지 않는 것으로 보인다. 또한 디홀리오 박사는 도구를 구입할 때 검사 출판자와 합의하는 내용에 서명한 바 있다. 따라서 이상적인 해결책은 내담자와 대화하여 저작권이 있는 항목을 생략하는 프로토콜 요약이나, 검사 항목은 검게 칠하고 내담자의 응답에 대해 디홀리오가 기록한 것은 모두 남긴 수정된 프로토콜의 버전을 수용할 여지가 있는지를 결정하는 것이다(Behnke, 2003; Fisher, 2003; Erard, 2004). 만약 내담자가 기록에 있는 전체 프로토콜을 고집한다면 디홀리오 박사는 저작권법과 HIPAA의 충돌에 관해 변호사와 상의하는 것이 좋을 것이다. 그러나 HIPAA와 APA 표준 모두는 내담자에게 검사 데이터를 제공하는 것이 내담자의 안전을 위협하거나, 중대한 해를 끼칠 가능성이 있다면 심리학자가 검사 데이터를 주지 않는 것을 허용한다는 점에 유의해야 한다(Behnke, 2003). Kaufman(2009)은 정신건강전문가가 검사 문항 등을 제공하도록 소환된 상황에 대한 전략을 제안한다. 법원과 관련된 내담자와 많이 일하는 독자라면 검사 데이터 제공에 관한 법적, 윤리적 문제에 관한 유용한 참고자료가 될 수 있을 것이다.

물론 ACA 윤리강령(I.1.c절)과 APA 윤리강령(기준 1.02) 모두 전문가가 윤리적 기준이 법률이나 규정의 조항에 위배되는 상황에서 법률을 준수하도록 허용한다.

검사 사용자의 의무

피검자에 대한 정신건강전문가의 윤리적 책임은 광범위하며 자세한 논의가 필요하다. 첫 번째 의무는 역량이다. Weiner(1989)는 "심리진단에서 윤리적이지 않지만 유능한 것은 가능하나, 유능하지 않으면서 윤리적인 것은 불가능하다."라고 말했다(p. 829). 검사 절차는 훈련받지 않은 사람에게

는 믿을 수 없을 만큼 단순하다. 언뜻 보기에 성격검사, 성취검사 점수 또는 다른 척도의 해석은 단순하고 복잡하지 않은 것처럼 보인다. 그러나 검사의 본래 목적과 내담자를 위해 적절한 검사를 고르는 과정에서 검사 매뉴얼과 연구 결과를 이해하기 위해서는 건전한 전문적인 판단과 광범위한 훈련이 필요하다(Cates, 1999). 마찬가지로 검사를 바르게 실시하는 것은 의미 있는 결과도출에 중요한 역할을 하며, 단순히 검사 지시를 따르는 것 이상의 능력을 요구한다. 또한 결과의 타당성을 저해하지 않으면서 내담자의 독특한 상황에 적절하게 검사 조건을 적용할 것인가에 대한 지식이 필요하다. 예를 들어, 정신건강전문가는 말을 더듬는 사람의 개인 지능검사를 실시할 때 검사 결과를 무효화하지 않으면서 어떻게 검사 실시방법을 변경하고, 이러한 변경을 검사 보고서에 어떻게 설명할 것인지 알아야 한다. 마지막으로 점수 해석, 보고서 작성 및 이러한 결과를 내담자에게 전달하는 것은 가장 까다로운 작업이다. 윤리강령과 학술보고서는 이 주제에 대해 많은 관심을 기울이고 있다(예, Anastasi, 1992; Pope, 1992).

심리검사 사용 역량은 무엇이 결정하는가?

- 관련 연구, 검사 매뉴얼, 기타 관련 자료에 대한 면밀한 검토를 포함하는 도구에 대한 체계적 학습
- 검사 출판자가 제시한 신뢰도, 타당도, 규준, 기술적 데이터(descriptive data)를 이해하기에 충분한 통계와 도구에 대한 배경지식
- 검사의 강점과 한계에 대한 지식과 다양한 집단에 적절한 적용 관련 지식
- 유능한 슈퍼바이저가 전문가로서 유능하다고 판단한 시점 이후에 검사의 실시와 해석에 대한 슈퍼비전을 받은 기간

이러한 역량을 개발하는 데 걸리는 시간은 전문가와 특정 도구의 배경에 따라 다르다. MMPI−2 (Butcher, Dahlstrom, Graham, Tellegen, & Kaemmer, 1989)나 로르샤하(Rorschach, 1951)와 같은 복잡한 성격검사에 대한 교육은 수개월에 걸친 상당한 학습을 요구한다. 물론 모든 검사에 이러한 종류의

장기간 학습이 필요하지는 않지만, 모든 검사가 역량 개발을 위한 비슷한 체계적 접근을 요구한다. Walsh와 Betz(1995)는 검사가 오용될 가능성이 클수록 역량에 대한 기준이 더 엄격해야 한다고 주장했다.

특정 대학원학위 소지는 역량에 대한 증거가 아니다. 또한 한 검사의 사용 역량은 다른 검사에 대한 역량을 의미하지 않는다. 역량은 항상 정신건강 분야의 대학원학위를 가진 특정 개인의 특정 훈련 및 경험에 근거하여 결정되어야 한다. 역사적으로, 심리학과 대학원 과정은 검사에 대한 더 강한 훈련을 포함했다(대부분의 검사는 심리학자들에 의해 수행되었다(Frauenhoffer, Ross, Gfeller, Searight, & Piotrowski, 1998)). 그러나 모든 심리학자들이 종합적인 심리검사 훈련을 하는 대학원을 졸업하는 것은 아니다. 마찬가지로 상담사 교육의 교육 과정은 이 영역에서 덜 철저한 경향이 있지만, 특정 과정은 이 영역에서 예외적으로 종합적일 수 있다. 역량에 대한 판단은 항상 특정한 척도에 대한 개인의 경험과 배경을 바탕으로 결정된다. Smith와 Dumont(1995)는 일부 전문가들이 자신들이 검사 능력의 한계에 대해 그들이 마땅히 성실해야 할 만큼 성실하지 않음을 보여주는 결과를 발표했다. 그들의 연구에 참여한 심리학자들은 그들이 관련 경험이나 훈련을 받은 적이 없는, 타당도가 낮은 검사에 대해서 쉽게 해석을 제공했다.

전문가 표준은 상담사가 스스로 책임감 있게 행동하도록 요구할 뿐만 아니라, 검사를 실시할 자격이 없는 사람들이 검사와 평가 절차를 사용할 때 개입한다는 것을 의무로 한다(APA 윤리강령, 기준 2.06, 부록 B 참조). 이처럼 의무화하는 이유는 오용의 위험과 내담자에게 해를 입힐 위험 때문이다. 또한 APA 표준은 심리학자가 역량 없는 사람들에 의한 평가 절차의 사용을 촉진시키는 어떠한 행동도 해서는 안 된다고 명시한다.

현재, 미국의 2/3의 주에서는 심리학 면허가 없는 개인의 심리검사 사용을 제한한다(Dattilio, Tresco & Siegel, 2007). 일부 관할지에서는 규정이 매우 분명하다. 6개 주(앨라배마, 알라스카, 알칸사, 캘리포니아, 테네시, 텍사스)에서는 법적으로 상담사가 투사검사를 사용하는 것을 제한하며, 더 많은 주에서는 상담사가 지능검사를 실시하는 것을 금지한다(Peterson, Lomas, Neukrug, & Bomer, 2014). 다른 주들은 특정 역량 표준을 설정하였다. 예를 들어, 루이지애나주에서는 심리검사를 실시하는 "특권을 가진" 상담사만 검사를 실시하도록 허용한다. 루이지애나에서 그 특권이 없으면 상담사가 무면허로 심리학적 행위를 한 것에 대해 법률적 책임을 져야 할 수 있다(Remley & Herlihy, 2013; Watson & Sheperis, 2010). 사실, 그러한 경우가 이미 있다(루이지애나 대 애더베리 사례, 1995). 그러나 오하이오주의 법무장관은 심리학자들만이 심리학적이라고 명명된 절차를 사용할 수 있다는 입장에 반대하는 입장에서 다른 유능한 정신건강전문가가 검사를 실시할 수 있는 권리는 지지한다는 판결을 내렸다(Montgomery, 1996). 어떤 경우이든, 일반적인 윤리 기준은 면허의 종류가 아니라 적격이다. 말할 것도 없이, 상담사는 그들에게 영향을 미치는 법적 기준을 잘 알기 위해 각 주의 법률 변화를 지속적으로 이해하고 있어야 한다. 전문가협회는 이 논쟁에 적극적으로 참여해 왔다. 미국심리학회는 역량을 갖추지 못한 사람의 검사 사용에 대한 염려 등을 해결하기 위해 검사 사용자 자격에 대한 태스크 포스를 구성하였다. 그들이 작성한 최종 문서, APA의 검사 사용자 자격기준에 대한 지침(Guidelines for Test User Qualifications, Turner, DeMers, Fox, & Reed, 2001)은 적절한 검사 사용을 위한 최소 역량과, 검사 역량은 면허나 자격증이 아닌 행동을 기반으로 한다는 입장을 명시했다.

Urbina와 Anastasi(1997)는 역량 외에 검사 윤리의 두 번째 중요한 측면을 설명하였다. 그들은 검사가 특정 내담자의 요구와 관련된 기준을 충족해야한다고 주장한다. 검사를 위한 검사나, 기관에서 의무적으로 시행하기 때문에 하는 검사는 적절치 않다. 검사가 내담자에게 스트레스를 주거나, 사생활을 침해하거나, 오용될 가능성이 있다면 관련성 기준을 충족시켜야 한다. 연구를 위해 검사를 사용한다면 검사 사용과 관련된 분명한 사전 동의서가 있어야 한다.

검사 사용자의 세 번째 중요한 윤리적 의무는 의사결정을 위한 다양한 기준 중 하나가 되어야 한다는 것이다. 이는 심리검사는 임상 또는 교육적 결정에 유일한 근거 기준으로 사용되어서는 안 된다는 것을 의미한다. Anastasi(1992)는 이것을 "단일 점수의 위험"이라고 부른다(1992, p. 611). 검사의 예측 능력은 제한적이며, 검사 사용자가 검사 결과가 의미없거나 신뢰할 수 없는지를 항상 분명히 확인할 수 있는 것은 아니다. 따라서 내담자의 미래에 영향을 미칠 모든 결정은 여러 기준에 기반해야 한다. 예를 들어 우울증은 상승된 검사점수만으로 진단되어서는 안 된다. 전문가는 진단을 내리기 위해 독립적인 확증 증거를 찾아야 한다. 그 증거는 개인 면담, 행동 관찰, 중요한 다른 사람들의 보고 등에서 찾을 수 있다. Ibrahim과 Arredondo(1986)는 좋은 평가는 "다양한 출처, 다양한 수준 및 다양한 방법"으로 이루어져야 한다고 주장하면서 이 의무를 명시적으로 기술하고 있다(p. 350). 동일한 의미에서 시험 점수만으로 아동의 학업 수준 평가를 완료해서는 안 된다. 검사 자료에만 의존한다면 오류를 범하거나 내담자에게 해를 입힐 가능성이 너무 높기 때문이다.

마지막으로, 전문가는 검사 결과에 근거하여 추론할 때 자신의 책임이 무엇인지 알아야 한다. 즉, 검사로 직접 평가하지 않은 행동에 대해 추론하는 것에 대한 검사의 한계를 인정할 의무가 있다. 상담사나 심리치료사는 검사점수가 미래의 폭력이나 자살을 예측하는 데 도움이 되는지 알고 싶어 할 수 있다. 이러한 추론을 요청받을 때마다, 전문가들은 검사 결과에 근거하여 현재 기능에 대해 설명할 수 있는 것만큼 자신의 판단에 확신할 수 없음을 인지하게 된다. 예를 들어, 치료사는 우울증 척도에서의 점수 상승이 미래의 기분보다 현재의 우울함을 나타낸다는 것을 더 분명히 알 수 있다. 따라서 그러한 추론과 관련된 검사 사용자의 의견은 확인 가능한 증거를 넘어서는 안 되며, 검사의 한계를 설명하는 자료를 첨부해야 한다(Weiner, 1989). 마찬가지로 상담사들은 보고서를 작성할 때 검사의 보안 규정을 위반하지 않도록 주의해야 한다. 내담자에게 꼬리표를 붙이거나 증거에 근거하지 않은 결론을 포함해서는 안 된다. 또한 그 보고서를 읽는 내담자가 이해할 수 있는 언어를 사용해야 한다(Michaels, 2006).

미국심리학회는 검사를 사용하는 윤리적 문제에 대한 일련의 사례 연구를 발표했는데, 이는 전문가가 특정 상황에 대한 윤리적 기준의 적용을 검토하는 데 도움을 줄 수 있다(Eyde, Robertson, & Krug, 2010). 상담 현장에서 검사를 실시할 계획이 있다면, 추천 문헌에 제시된 자료로부터 추가 지침을 얻을 수 있을 것이다.

검사에 관한 내담자의 권리

조세핀의 사례

조세핀은 산후 우울증 치료를 위해 입원하였다. 병원은 접수 절차의 일환으로 MMPI-2 및 다른 검사를 받으라는 하였다. 조세핀은 이 검사들이 어떻게 사용되는지, 왜 지금 이 검사를 받아야만 하는지 궁금했으나, 질문을 하지 않았고, 아무도 먼저 더 자세한 정보를 알려주지 않았다. 그녀는 입원 이틀째에 검사를 마쳤다. 그러나 8일의 입원기간 중, 검사나 그 결과에 대해서 다시 말해주는 사람은 없었다.

윤리적 기준은 전문가가 내담자의 권리 보호에 관한 책임을 포함하여 내담자를 위한 여러 권리를 규정한다. 이 중 가장 중요한 것은 검사에 대한 고지된 동의에 관한 권리이다. 내담자는 결과적으로 발생할 수 있는 위험과 이익을 포함하여 제안된 검사의 목적, 과업, 사용법 및 의미에 대한 설명을 들을 수 있어야 한다. 만약 검사 자료가 의사결정에 사용된다면, 이를 알고 있어야 한다. 예를 들어, 내담자에게 특수치료 프로그램이 필요한지를 결정하는데 MMPI-2가 사용된다면, 이를 알려야 한다. 유사한 경우로, 어떤 교육검사가 특수 교육의 적합성을 결정하는 데 역할을 한다면, 이 정보를 아동과 부모에게 알려야 한다. APA의 문헌 '국내 학교의 주요검사의 적절한 사용법'(Appropriate Use

of High Stakes Testing in Our Nation's Schools, 2001a)
은 이러한 형태의 교육검사와 관련된 윤리적 문제에
대한 좋은 자료이다(http://www.apa.org/pubs/in-folbrochures/testing.aspx에서 검색 가능). 검사 보안
및 결과의 타당성을 저해할 수 있는 검사 문항 및
기타 자료는 이 일반 지침에서 공개되어서는 안
되지만, 내담자에게는 자신이 수행한 검사에 대해
질문할 권리가 있다. 검사 보고서의 사본을 내담자
파일에 보관해야 하는 경우, 내담자에게 이를 설명
해야 한다. 내담자는 언제든지 검사를 거부하거나
동의를 철회할 권리가 있음을 알아야 한다는 것은
언급할 필요도 없다. ACA 윤리강령의 특정 표현
은 APA 윤리강령의 E.3.a절, E.3.b절 및 기준 9.04
에 포함되어 있다. 이 표준은 전문가가 검사에 대
한 동의를 얻고, 검사 결과의 사용을 설명하기 위
해 내담자가 이해할 수 있는 언어, 즉 전문용어가
아닌 언어를 사용할 것을 의무로 한다. 또한 APA
윤리강령은 동의에 대한 몇 가지 예외 상황을 구
분하는데, 검사가 정기적이거나, 검사의 목적이 내
담자의 역량을 평가하는 것이거나, 법적으로 예외
가 되는 상황이 포함된다. 조세핀의 경우 검사를
수행하는 전문가의 행동이 두 강령의 요구 사항과
명백히 일치하지 않았다.

ACA 윤리강령은 상담사가 내담자에게 검사에
가장 좋은 조건을 알려주도록 한다. 예를 들어, 충
분한 휴식과 긍정적인 수검 태도가 성취도 검사의
수행을 향상시킬 것이라는 연구 결과가 나온다면,
내담자에게 검사 이전에 이러한 요인의 영향에 대
해 알려야 한다.

두 번째 내담자의 권리는 검사 결과에 대한 피
드백이다. 수년 동안 피드백은 선택 사항으로 간주
되어 전문가의 재량에 달려있었다. 소비자 권리 운
동은 그 견해를 변화시키는 한 가지 중요한 요소
였지만, 여전히 이 권리가 존중되지 않는 곳이 있
다. 그러나 현재의 표준은 명확하다. 검사 전에 피
드백에 대한 권리를 포기하거나, 법적인 예외 상황
이 아니라면 전문가는 결과에 대한 해석을 제공해
야 한다.

내담자와 결과에 대해 직접 이야기하는 것은

다음의 몇 가지 이유를 근거로 의무화되었다. 첫
째, 검사는 잘못될 수 있으며, 내담자는 잘못되었
거나 오해의 소지가 있는 결론에 답할 기회가 있
어야 한다. 검사 데이터가 내담자의 미래를 결정하
는 데 영향을 주면 이러한 오류를 수정하는 기회
는 특히 중요하다. 결과에 대한 토론은 상담사가
결과의 신뢰도와 타당도를 평가하고 검사의 미묘
하거나 혼동스러운 결과를 정확하게 해석하는 데
도움을 준다. 예를 들어, MMPI-2의 L(부인) 척도
가 약간 상승한 것은 응시자가 세련되지 않은 방식
으로 좋은 인상을 심어 주려 한다는 것을 의미할
수도 있고, 또는 그 사람이 매우 엄격한 종교 교육
을 받았음을 의미할 수도 있다. 내담자와 과거력이
나 현재의 삶의 상황에 대해 이야기를 나누는 것은
전문가가 척도를 더 정확히 해석하고, 점수의 의미
에 대해 더 큰 확신을 가지고 말할 수 있게 한다.

내담자는 피드백을 받아야만 한다. Matarazzo
(1986)가 지적한 것처럼 내담자에게 검사는 항상
쉬운 것은 아니다. 이 과정은 불안감을 높이고, 불
편한 주제에 집중하도록 하고, 지루하고, 어려울
때가 많다. 학업과 시험에서 성공적이었던 상담사
와 치료사들은 학업적 성취가 적었던 내담자들에
게 과제가 매우 부담스러울 수 있음을 이해하지
못할 수 있다. 일부 내담자들에게는 검사지의 단어
를 읽기 위해서도 상당한 노력이 필요할 수 있다.
검사의 지적인 측면에 익숙한 내담자들에게도 노
력이 필요하다. 예를 들어, 우울증이나 불안으로
고통받는 사람은 질문에 대답하고 검사를 완성할
때까지 집중을 지속하려면 매우 애를 써야 한다.
간단히 말해서 내담자는 검사에 동의할 때 상당한
투자를 하고 있는 것이며, 해당 투자에 대한 공정
한 응답은 이해할 수 있는 언어로 된 정확한 피드
백을 주는 것이다.

피드백을 주어야 하는 마지막 이유는 그것이
치료적 가치가 있다는 연구 결과 때문이다(Finn &
Kamphuis, 2006). 예를 들어 한 연구(Finn & Tonsager,
1997)에서 MMPI-2 결과에 대한 피드백을 받은
내담자는 증상과 고통이 크게 감소했다. 또한 피드
백에 대한 부정적 결과는 보고되지 않았으며, 그

경험에 대해 압도적으로 긍정적이었다. 이 결과는 다른학자들의 견해와 일치하며, 이는 피드백이 내담자와 심리학자 간 라포, 내담자의 협조, 검사 및 정신건강전문가에 대한 좋은 감정에 도움이 됨을 보여준다(예, Dorr, 1981; Finn & Butcher, 1991; Fischer, 1986; Newman & Greenway, 1997 참조). 조세핀의 경우 검사자는 피드백 의무 사항을 위반했을 뿐만 아니라, 치료적 방법으로 검사 과정을 사용할 기회도 놓친 것이다.

그렇다면 왜 정신건강전문가들은 피드백에 대해 열정적이지 않은 것일까? Pope(1992)는 다음의 세 가지 이유로 피드백을 주지 않는다고 설명했다. (1) 나쁜 소식을 전하는 것이 불편해서 (2) 기술적인 전문 용어를 내담자가 이해할 수 있는 언어로 번역하기 어려우므로 (3) 검사 결과가 내담자가 기대했던 분명하고 모호하지 않은 내용을 포함하지 않아서이다(p. 268). 이러한 모든 이유가 이해될 수 있지만, 피드백을 피하는 핑계는 될 수 없다. 전문가가 이러한 반응을 경험한다면, 숙련되고 책임감 있게 진행하는 방법에 대해 슈퍼비전을 받아야 한다. 검사역량은 부정적 결과를 세심하게 설명하고, 전문용어를 쉽게 번역하고, 검사의 한계를 공개적으로 논의할 수 있는 능력을 반드시 포함해야 하기 때문에, 그러한 반응이 반복되는 경우 검사 사용 역량이 충분치 않음을 의미할 수 있다.

피드백이 무엇을 의미하는지에 대해 정확히 기술하는 것과 관련되어서는 전문적 기준이 모호하다. 모든 척도와 관련된 모든 설명을 공유한다는 의미인가? 구두 의견과 서면 의견을 모두 요구하는 것인가? 일반적인 의견 몇 문장으로 제한될 수 있는가? 피드백을 제공할 의무와 검사 출판자의 검사 보안에 대한 권리는 어떻게 균형을 이룰 수 있는가? 가장 신중해 보이는 일반 지침은 시간, 관심, 검사 보안이 허락하는 선에서 가장 자세한 설명을 제공하고, 상담사가 판단하기에 내담자의 현재 복지에 해를 끼칠 수 있는 결과에 대한 해석은 제외하거나, 잠시 미루는 것이다. 윤리강령이 모든 상황에서 피드백을 의무화하지 않는다는 점을 주목해야 한다. 전문가가 검사의 특정 측면에 대한 논의를 생략하기로 결정한 경우, 불편한 일을 피하기 위해서가 아니라, 내담자의 복지에 대한 객관적인 고려를 바탕으로 한 결정이어야 한다. 그러한 판단은 "깨끗하고 환한 방 표준"을 견지하고, 주기적으로 검토되어 내담자의 마음 상태가 그 결과에 대해 수용할 수 있게 되면 전문가가 이를 공개할 수 있어야 한다. 상담사와 치료사는 내담자 피드백을 할 때 검사의 오류 가능성을 상기시키고 결론보다는 가설의 형태로 결과를 제시해야 한다. 검사가 절대 진리를 담고 있는 것은 아니다. 그보다는 행동을 이해하고 치료 전략을 제안하는 데 도움이 될 수 있는 가설을 제시한다. 상담사는 피드백 회기를 위해 신중하게 준비해야 하며, 사람들이 점수를 오해할 수 있는 상황에 주의를 기울여야 하고, 정확하게 설명하는 것에 특별히 주의해야 한다(Pope, 1992). 각 피드백 회기에서는 검사 중 내담자의 경험과 내담자의 회기 목표에 초점을 맞춰야 한다. 내담자가 이해할 수 있는 평이하고 분명한 언어사용의 중요성은 핵심적이다. 전문용어는 의사소통이 되지 않으며, 결과에 대한 내담자의 신뢰를 향상시키지도 않는다. 전문가가 이 기준을 충족하더라도, 한 회기에서 소화할 수 없는 긴 설명으로 내담자를 압도하는 오류를 범할 수 있다. 이 오류는 검사 결과를 내담자에게 알려주기보다 검사 해석을 수행하려고만 할 때 발생한다. 이 상황이 발생하면 상담사가 길게 얘기하게 되고, 내담자에게 응답할 기회를 거의 주지 않아 피드백의 목적, 즉 내담자와 협력하여 검사결과의 의미와 향후 회기들에 미치는 영향을 함께 판단하는 것을 상실하게 된다.

내담자가 이해할 수 있는 언어로 피드백을 제공하는 전문가의 책임은 최근 윤리강령에서 강조되었다. "교육 및 심리 테스트 기준(The Standards for Educational and Psychological Tests, AERA, APA, & NCME, 2014)은 결과에 대한 적절한 설명을 가장 명확하게 정의한다." "(그들은) 검사에서 다루는 내용, 점수의 의미, 점수의 정확도, 검사 점수에 대한 일반적인 오해, 검사 점수의 사용 방법을 간결한 언어로 설명해야 한다"(기준 5.10).

법령 및 판례는 일부 주 및 일부 상황에서 피드백을 제공하는 것이 영향을 줄 수 있다. 예를 들어, 법원이 재판받을 능력을 평가하기 위해 심리검사를 요구하면 검사 결과에 대한 정보를 내담자에게 제공할 법적 의무가 전혀 없을 수 있다(APA, Committee on Psychological Testing and Assessment, 1996). 법원은 피드백을 금지할 수도 있다. 그러한 상황에서 전문가는 윤리적 처벌에 대한 걱정 없이 법적 판결을 따를 수 있다. 그러나 해당 상황에서 허용되는 경우, 전문가는 기본적인 인권을 인정하여 피검자에게 일부 정보를 제공하려고 해야 한다(ACA 윤리강령의 E.13절, 법적 환경과 관련된 상담사의 윤리, 부록 A 참조).

때로는 검사 결과가 반드시 취해야 하는 조치를 알려준다(Pope, 1992). 예를 들어, 검사 결과는 12세 피검자의 자살 또는 약물남용 문제의 가능성이 높다는 것을 나타낼 수 있다. 그러한 경우, 전문가의 보호 의무가 촉발되어 적어도 검사 결과가 정확한지 여부를 조사해야 한다. 추가 조사 결과, 다른 정보에 의해 검사 결과가 뒷받침되면 전문가는 가능한 해를 입지 않도록 예방해야 한다.

정신건강전문가가 조직의 컨설턴트 및 평가자로 고용되면 응시자와는 직접적인 관계가 없다. 사실상 조직이 의뢰인이 된다. 회사가 적합치 않은 구직자를 가려내기 위해 검사를 사용하거나, 법원이 양육권 결정을 위해 데이터를 수집하려고 할 수 있다. 이러한 경우 피검자에게 검사 결과를 받을 권리를 포기하도록 요청할 수 있다. 정신건강전문가는 피검자가 검사 전에 이러한 사항에 동의하고, 고지된 동의와 관련한 적절한 정보를 제공받았다면 권리 포기를 존중할 수 있다.

검사해석 회기의 길이는 내담자마다 다르며 검사마다 다르다. 회기 중 보험의 관리를 받는 치료와 약식치료가 야기하는 압력에 대한 실질적인 걱정을 함께 논의할 수 있다. 그러나 이 작업에 얼마나 많은 시간을 할애해야 하는가에 대한 핵심 결정 요인은 다음과 같다:
• 검사 결과의 의의와 의미 이해에 대한 내담자의 만족도
• 검사해석이 검사 결과의 모호한 부분을 명확하게 규명했다는 전문가의 평가
• 검사 결과가 치료 계획에 영향을 미치는 방식에 대한 그들의 동의
• 내담자가 검사 전에 검사 결과 공개에 동의한 경우 이러한 결과를 다른 사람에게 공개하는 것이 의미하는바

내담자에게 검사 결과에 대한 해석을 제공하는 과정은 해석에 대한 내담자의 언급과 추가 후속조치가 필요한 검사의 모든 측면과 함께 상담 자료에 문서화되어야 한다.

또한 내담자들은 유효기간이 지난 검사 결과의 부적절한 사용으로부터 보호받을 수 있는 권리를 갖는다. 이 표준은 검사가 단 한 번의 기간 내에 표본 행동을 검사하는 것은 영구적 타당성을 보장할 수 없다는 사실에서 비롯된다(Anastasi, 1992). 두 윤리강령 모두 이 주제를 명확히 언급한다. 예를 들어, E.11절의 경우, ACA 강령은 쓸모없고 오래된 점수의 사용을 금지하고, 상담사들이 누군가가 그러한 점수를 사용하지 않도록 방지하도록 하고 있다.

검사가 시대에 뒤떨어지거나 쓸모없게 되는 시점은 개별 척도, 측정 구인, 평가 대상에 따라 다르다. 예를 들어, 우울한 기분은 매우 변화가 심할 수 있고, 구인 점수는 빠르게 구식이 되지만, 외향적 또는 공간적 관계의 측정은 오랜 기간 동안 안정적일 수 있다. 이 문제에 관한 판단은 관련 구인을 측정하는 과학의 상태에 따라 개별적으로 이루어져야 한다. 대학원 과정의 성적과 같은 미래의 행동을 예측하는 데 사용되는 검사는 실제 수행을 이해하는 즉시 폐기된다. 즉, 표준화된 검사점수는 대학원 1학년 성적에 비해 대학원을 성공적으로 마칠 확률을 예측하는 신뢰도가 훨씬 낮다. 이러한 정보제공 특성은 전문가가 학교 시스템, 법원 또는 기타 기관과 같은 외부 출처에서 받는 평가에도 적용된다.

검사 해석서비스의 책임 있는 사용과 컴퓨터 기반 검사

상담사와 치료사는 흔히 내담자에게 실시하는 심리검사를 채점하고 해석하는 컴퓨터 기반 서비스와 계약을 맺는다. 이들은 이러한 서비스를 복잡한 도구를 채점하는 번거로움을 덜어주는 시간절약서비스로 생각한다. McMinn, Ellens과 Soref(1999)가 실시한 한 연구에서는 심리학자의 85%가 컴퓨터 기반 서비스를 사용하여 심리검사 점수를 채점했다고 밝혔다. 채점서비스의 사용은 인간이 행하기 쉬운 채점 오류를 방지하기 때문에 윤리적이며 현명한 결정이다. 이 서비스는 점수를 제공해 줄 뿐만 아니라, 종종 결과에 대한 형식화 된 해석을 제공한다. 그러나 이 해석을 사용하는 것은 논란의 여지가 있다. 전산화된 검사 해석의 사용이 윤리적으로 정당화되기 위해서는 다음의 몇 가지 중요한 조건이 충족되어야 한다.

첫째, 전산화된 해석은 타당성 확인의 대상이 되는 기준에 기반해야 하며, 이러한 결과는 피검자에게 제공되어야 한다. Matarazzo(1986)는 과학적 근거에 의해 뒷받침되는 기준을 제시하지 않았거나, 독립적인학자들의 객관적인 검토를 위한 기준을 제시하지 않았기 때문에 서비스가 채택한 채점 기준을 비판했다. 이 누락은 보고서가 전문적이며 완전하고 신중하게 제작되어 과학적으로 보일 수 있도록 포장되어 있기 때문에 특히 중요하다. Anastasi(1992)는 이것을 "미혹적 정확성의 위험"이라고 명명했다(p. 611). 둘째, Matarazzo에 따르면, 이 보고서는 점수의 여러 조합에 대해 실제로 여러 해석이 가능하더라도, 결과에 대한 여러 해석을 생성하지 않는다. 전산화된 보고서에 대한 다른 비판도 제기되었다. Bersoff와 Hofer(1991)는 이러한 보고서가 개인화되지 않고 피검자의 고유한 특성을 고려할 수 없다고 주장했다. 또한 이들은 보고서가 "무미건조하고, 비개인적이며, 비구체적"이라고 주장한다(p. 243). Garb(2000)는 일부 해석 패키지의 타당성이 매우 의심스럽고, 패키지를 사용하면 다른 인종 집단마다 다른 타당성을 가진 보고서를 작성할 수 있다고 주장한다.

해석서비스의 가장 중대한 위험은 검사를 해석할 능력이 없는 상담사와 치료사가 이러한 해석을 치료에 적용하고 결과를 내담자에게 해석해 주는 것이다. 교육 및 심리검사 표준(The Standards for Educational and Psychological Tests; AERA, APA, & NCME, 2014)은 이러한 행위를 비난한다. 전산화된 검사 해석은 전문적인 판단과 함께 사용해야 한다. 심리학자를 대상으로 한 전국 조사에 따르면 상담사들은 무자격자들이 이러한 해석을 사용하는 것을 평가의 주요 윤리적 문제 중 하나로 우려를 표하고 있다(Pope & Vetter, 1992). 각 내담자에 대한 결과의 의미를 확인하는 검사 사용자의 책임은 신뢰할 만한 기관이(그러나 내담자에 대한 직접적인 지식이 없는) 보고서를 작성했기 때문에 감소하지 않는다. 그러한 자료를 사용하는 유일한 책임 있는 방법은 "제2의 의견"으로 사용하는 것이다. 이 자료는 검사 결과를 정확하게 평가하기 위한 보조로만 사용되어야 하며, 임상가의 결함을 대체해서는 안 된다. 이 보고서 없이 도구를 해석할 능력이 없는 전문가는 이 보고서를 사용하지 말아야 한다. Bersoff와 Hofer(1991)와 Snyder(2000)는 컴퓨터 채점 및 해석의 사용에 법적 문제가 있는 경우 검사 사용자와 해당 서비스를 제공하는 기관 모두 피고가 될 수 있다고 지적한다. 독립적인 역량을 입증할 수 없는 검사사용자는 의료 과실소송에 취약할 수 있다.

전산화된 검사 해석의 최종적인 위험은 검사결과를 해석할 정도로 숙련된 전문가조차 전산 보고서에 지나치게 의존하거나 점수 해석에 필요한 만큼 성실하지 못할 수 있다는 것이다. McMinn과 그의 동료들은 심리학자 중 적은 비율이(6%) 전산 해석을 자신의 해석 대신에 거의 사용하지 않았지만, 적어도 가끔 전산 보고서의 일부를 자신의 검사 결과 요약에 "잘라내어 붙여넣는" 비율이 더 높은 것으로 나타났다고 보고했다(56%). McMinn의 연구는 잘라내어 붙인 전문가가 윤리적 지침을 위반했는지를 판단할 수 있는 충분한 정보를 제공하지 않는다. 그러나 전문가가 각 경우에 지정된 부문을 선택하는 데 있어 건전한 임상 근거가 있고, 전문가의 보고서에서 진술의 출처에 대한 적절한 인정이 이루어진 경우에만 절차가 윤리적일 수 있다(전산화된 평가의 윤리적 문제에 대한 탁월한 검토를 보고 싶다면, Schulenberg와 Yutrzenka(2004)를 참고할 것).

심리검사에서 다양성 문제

윤리강령은 성별, 연령, 인종, 민족, 출신 국가, 종교, 성적 취향, 장애, 언어 또는 사회 경제적 지위가 평가 도구의 적절한 관리 또는 해석에 영향을 미칠 수 있는 방식에 주의를 기울여야 함을 권고한다(APA 표준 9.06). ACA 강령은 절 E.8에서 다양한 집단을 위한 검사의 선택과 적절한 실시 및 해석에 대해 모두 다루고 있다(부록 A). 이러한 표준은 심리학자를 위한 다문화 교육, 연구, 실습 및 조직 변화에 관한 지침(Guidelines on Multicultural Training, Research, Practice, and Organizational Change for Psychologists; APA, 2003), 다문화에 대한 학문과 함께 세 가지 특정 문제의 중요성을 강조한다. 첫째, 문화로부터 자유로운 검사 같은 것(Urbina & Anastasi, 1997; Walsh & Betz, 1995)이나, 완전히 편견 없는 전문가는 없기 때문에(Roysircar, 2005), 전문가는 평가 도구를 선택하고 해석할 때 내담자를 사회문화적 배경에 비춰봐야 한다. 유능한 다문화 평가의 의미를 광범위하게 설명하는 Constantine과 Sue(2005)도 이 입장을 지지한다. 이 저자들은 상담사에게 잠재적인 편견이 어떻게 검사 결과 해석에 영향을 줄 수 있는지에 대한 지식과 다양한 내담자의 이익을 위한 측정 도구 사용기술에 대한 지식이 필요하다고 주장한다(이러한 역량에 대한 자세한 내용은 3장을 참조할 것).

이 분야에서 중요한 고려 사항 중 하나는 내담자가 속한 집단의 규준 데이터를 사용할 수 있는지이다. 검사에 특정 문화 집단에 대한 규준이 없다면 다른 검사를 찾아봐야 한다. 만약 대안이 없다면, 그 결과는 아주 조심스럽게 해석되어야 한다. 둘째, 검사 사용자는 내용 편향 또한 신중하게 검토해야 한다(Herlihy & Watson, 2003; Roysircar, 2005; Walsh & Betz, 1995). 내용 편향은 검사 문항이 다른 문화 그룹에 차별적으로 친숙한 경우에 발생한다. 남서부 사막 출신의 아메리카 원주민들은 그들 주변에 그런 나무가 거의 없기 때문에 낙엽수에 대한 검사 문항에 응답하기 매우 어려울 수 있다. 마찬가지로, 도시 거주자는 농촌 또는 교외 환경에 대한 지식이 필요한 문항에 의미 있는 응답을 하지 못할 수 있다. 이러한 문항이 검사로부터 도출한 결론에 미치는 영향에 대한 민감성은 결과의 오역을 방지하는 데 중요하다. 내용 편향을 없애고자 하는 의도는 몇 개의 잘 알려진 성격 검사의 최근 개정 요인 중 하나였다(MMPI-2와 같은 검사). 내용 편향은 문화적으로 다양한 집단의 인지능력 검사에 관한 문헌에서 많은 논쟁의 초점이었다. 학자들은 이 검사들에서 다양한 집단의 낮은 점수가 적어도 일부는 내용편향 때문이라는 납득할만한 주장을 제시했다(Lonner & Ibrahim, 1996).

셋째, 전문가에게는 차별을 피하고 가능할 때마다 이를 방지할 의무가 있기 때문에, 전문가는 검사 보고서를 문화적으로 다양한 내담자와 함께 사용하는 방법에 주의를 기울여야 한다. 검사 결과에 근거한 차별과 관련하여 가장 잘 알려진 법적 사례는 캘리포니아의 래리 P. 대 라일스 사례이다(1979). 이 사례에서 법원은 학교 당국자가 학생을 오진하고 지능 검사 결과를 오용하여 중대한, 아마도 영구적인 피해를 입히는 결과를 낳았음을 발견했다. 이 사건은 캘리포니아 및 다른 주의 다양한 학생들에게 시행하는 검사를 재검토하는 자극제 역할을 했다. 이 사건은 이 문제와 관련한 나쁜 사례이나, 다른 많은 덜 극적인 내담자 권리 침해가 일어나고 있다. 검사 보고서가 피상적으로 이해되고 차별적인 방식으로 사용되는 일은 너무 자주 일어난다. 성취도 검사에서 멕시코계 미국인 학생들의 학업 성취도가 낮을 것으로 기대하는 학교 관계자는 그러한 시험 결과를 신중하게 해석하지 않거나, 문화 및 언어 변수의 영향을 덜 감안한다. 그들은 실제로 결과를 정확히 해석하면 민족 집단 간 수행의 차이가 의미 없을 때에도 유럽계 미국인 학생들의 성취도가 약간 높은 것을 과대 해석할 수 있다. 많은 멕시코계 미국인 학생들이 제2외국어로 영어를 구사하는 조건에서 유럽계 미국인 학생들과 거의 동등한 점수를 받은 것은 언어의 상대적 불리함을 고려할 때 실제로 더 높은 성취 가능성의 지표로 볼 수 있다. 상담사와 치료자들은 이러한 요인의 영향을 파악하는 능력과 다른 전문가에게 검사 결과를 해석해 주기 위해 적절한 방식으로 의사소통하는 역량을 개발하기 위해 활발히 노력해야 한다. 다양한 인구에 대한 유능하고 책임 있는 평가에 도움이 되는 지침서 중 하나는 Suzuki, Ponterotto와 Meller(2008)가 쓴 다문화 평가 안내서이다. 본질적으로 이 쟁점에 관한 기준과 문헌은 상담사의 비차별과 문화적 차이 이해에 대한 헌신의 중요성을 강조한다. 전문가는 의도하거나 의도하지 않은 차별에 주의를 기울여야 한다. 이것들은 모두 내담자에게 부정적인 영향을 미치기 때문이다. 이러한 맥락에서 사회 정의와 공정한 대우에 대한 헌신의 미덕은 특히 중요하다.

고용 환경에서의 검사

지난 30년 동안 고용 환경에서 심리검사 사용이 증가하고 있는 것으로 나타났다(Hogan, Hogan, & Roberts, 1996). 검사들은 주로 고용과 승진 과정에서 보조적으로 사용되었다(Arthur, Woehr, & Graziano, 2001). 지능검사, 언어 및 수리 추론 척도, 직업 적성 종합검사 및 성격 검사가 가장 일반적으로 선택된다. 최근 추세 중 하나는 취업 지원자의 정직성과 절도에 대한 태도를 예측하기 위한 "청렴검사"의 사용이다(Camera & Schneider, 1994). 고용 환경에서 어떤 검사가 사용되든지, 다음의 몇 가지 윤리적 문제를 다뤄야 한다:

- 도구가 예측해야 하는 업무 성과와 관련한 타당성이 과학적 증거에 의해 밝혀졌는가? 법적 판결은 이러한 검사의 수용 가능성 기준은 고용 환경에서 유의미한 변수와 관계가 있는지를 강조했다.
- 출판자가 윤리적, 법적 지침을 준수했는가?
- 검사를 선택하고, 실시하고, 채점하고, 해석하는 사람들은 필요한 역량을 갖추고 있으며, 자격이 없는 사람들이 잘못 사용하는 것을 방지하는가?
- 그러한 검사를 실시하도록 요청받는 사람들은 그

들의 권리를 이해하는가? 피검자의 존엄성과 비밀보장의 의무를 적절하게 존중하는가?
- 검사는 업무 수행과 관련 없는 이유로 사람들을 차별하지 않는가?
- 결과를 해석할 때 검사의 한계를 고려했는가?
- 검사 결과가 다른 자료와 함께 사용되어 어떤 결정의 근거가 되는 유일한 기준이 아닌가? 검사가 다른 대안 절차보다 정확한 정보를 제공하는가?
- 법에 따라 검사가 허용되는가? 예를 들어, 매사추세츠는 구직자의 청렴검사를 금지한다(Camera & Schneider, 1994).

이러한 모든 질문에 긍정적으로 대답할 수 있다면 그러한 환경에서의 검사 사용은 현재의 윤리적 기준에 부합할 가능성이 높다. 그러나 최근의 연구는 타당성을 손상시키는 상당히 많은 거짓 긍정, 거짓 응답 및 응답을 유도하는 것의 위험성을 인용하며 검사 사용에 의문을 제기했다(Karren & Zacharias, 2007).

검사에 영향을 미치는 법률

검사를 실시하는 상담사와 심리학자는 자신의 업무에 영향을 미치는 몇 가지 연방법을 알고 있어야 한다. 이러한 법의 적용은 특히 교육 및 고용 환경에서 광범위하게 나타난다.

- 가족 교육 권리 및 개인 정보 보호법(Family Educational Rights and Privacy Act of 1974), or FERPA(버클리 수정안(the Buckley Amendment)). 이 법은 부모 및 보호자의 자녀의 학업 기록 열람권과 다른 사람의 접근을 통제할 수 있는 권리를 보호한다.
- 모든 장애 아동을 위한 교육법(The Education for All Handicapped Children Act, (공법(Public Law) 94 – 142)(1975). 이 법은 장애 아동의 권리 보장을 위해 제정되었으며, 아동에게 검사를 실시하기 전에 부모의 동의가 필요하다고 규정하고 있다. 또한 검사에 대한 부모의 완전한 사전동의를 받고, 검사가 완료되면 검사 원본을 열람할 수 있도록 의무화하고 있다. 검사는 아동의 언어로

되어 있어야 하며, 의도된 용도에 적합해야 하는 것도 법적으로 규정하고 있다.

- 공법 101－336(미국 장애인법(the Americans with Disabilities Act of 1990)). 이 법안은 장애인의 권리를 보호하고, 검사가 이들에게 적절할 것을 의무화하고 있다. 즉, 장애인 고용 차별에 검사가 사용되지 않아야 하며, 이들이 검사를 받을 때 합리적인 편의를 제공하도록 하고 있다.

다음 상황을 고려해보자.

리의 사례

리는 14세의 8학년 학생으로, 고등학교 고급반에 배정받는 것이 고려되고 있다. 리의 부모님은 5년 전 한국에서 미국으로 이민 왔고, 최근에 온 가족이 미국 시민이 되었다. 리는 미국에 도착한 후 영어를 빨리 배웠지만, 한국에서는 영어를 전혀 접하지 못했다. 그의 수학과 언어 추론 시험 점수는 그 지역의 8학년 학생들의 86%에 속한다. 그의 학군에서는 학생을 고급반에 배정하기 위해 90% 점수를 기준점으로 사용하고 있다. 그는 수학과 영어 수업 모두에서 A를 받았다. 그의 선생님은 그가 고급반에 배정되기에 적절하다고 생각하지만, 학교상담사는 그의 시험점수를 걱정하고 있다. 학교상담사는 그가 고급 수학반에만 등록하는 타협안을 제시했다. 그녀는 자신의 제안에 대해 두 가지 이유를 제시했다. 아시아계 미국인은 수학을 잘하고 영어는 제2외국어이다. 그녀의 제안은 상담사 윤리 지침과 일치하는가?

머랜다의 사례

심리검사를 포함한 여러 상담회기를 마친 머랜다의 상담사인 에드워즈는 내담자의 문제가 두 가지 진단 범주의 기준에 부합한다고 생각한다. 머랜다의 보험 회사는 이 범주 중 하나에 대한 비용을 지불할 것이다. 다른 범주와 관련해서는 지불을 거절당할 것이다. 머랜다는 상담에 동기가 있고, 자신의 문제에 대해 실제로 정서적 불편을 경험하고 있기 때문에 에드워즈는 보험 회사가 받아들일 만한 진단을 사용하는 쪽으로 기울고

있다. 그는 진단을 정당화 할 수 있기 때문에 윤리적 기준에 따라 행동하고 있다고 생각한다. 당신은 이에 동의하는가?

리의 사례에서는 다양한 윤리적 고려 사항이 제기된다. 관련된 중심 윤리 원칙은 정의, 선의, 이 학생을 공정하게 대할 의무, 그리고 학업적으로 발전할 수 있도록 조력하는 것이다. 윤리강령의 조항들은 해결해야 할 많은 의문을 제기한다.

1. 아시아계 미국인 학생이나 ESL(English as a second language; 제2외국어로서 영어) 학생들에게 적용되는 성취도 검사 규준이 있는가? 그렇지 않다면 리의 결과를 해석할 때 적절한 주의를 기울였는가?
2. 상담사가 검사의 심리측정적 증거를 고려하여 백분위 점수를 적절하게 해석하고 있는가? 특히 측정의 표준오차가 90번째 백분위 점수와 비교하여 86번째 백분위 점수의 의미에 어떤 영향을 미치는지 이해하고 있는가?
3. 이 검사가 대안으로써 리에게 적합했는가? 이 학생의 실제 점수를 왜곡했을 만한 문항에는 선택편향 내용이 얼마나 있었는가?
4. 상담사는 검사 점수를 여러 기준 중 하나의 요소로 적절히 사용하고 있는가? 상담사가 리가 영어 실력이 제한적인 학생임을 감안할 때, 그의 점수가 모국어를 쓰는 학생들이 몇 점 더 높은 점수를 받은 것보다 실제로는 더 큰 잠재력을 의미할 수 있음을 고려하고 있는가?
5. 상담사가 아시아 학생에 대한 편견과 어느 정도로 타협하고 있으며, 리를 개인으로 보는 것을 얼마나 실패하고 있는가? 이 경우에 상담사는 의도치 않은 인종차별주의자인가?
6. 상담사가 5년의 영어 경험은 고급반에 배정하기에 충분하지 않다고 생각하거나, 검사가 중학교 성적이나 교사의 추천보다 고등학교에서의 성공적 수행을 더 잘 예측한다고 가정하는 것을 지지하는 증거는 무엇인가?
7. 학교 관계자가 리와 그의 부모를 결정에 얼마나 관여하게 했는가? 그들은 가족 구성원의 자율성

을 존중했는가?

8. 만약 리가 고급반에 들어가려고 하나 들어가지 못하거나, 스스로 고급반에 들어가는 것을 거부한다면 더 큰 해를 입을 것인가? 반대로, 어떤 선택이 리에게 가장 큰 이익을 제공할 가능성이 있는가?

이 질문들에 대답하지 않고서는 상담사의 윤리에 대한 명확한 판단을 내리기 어렵지만, 제시된 간단한 증거는 상담사가 윤리강령의 의미와 정신을 준수하고 있는지 의심하기에 충분하다. 최소한 그녀는 검사점수를 올바르게 해석해야 하는 도전에 불평등하게 임하고 있고, 자신이 휘두르는, 누군가를 돕거나 해를 끼치는 힘에 대한 경외심이 부족해 보인다.

머랜다의 사례는 상담서비스에 대한 보험금 지급을 거절당하지 않으면서 상담에 대한 진정한 필요성을 충족시키기 위한 에드워즈의 노력을 다루고 있다. 그는 이 사람에게 잘하려는 동기가 있는 것으로 보인다. 그러나 그의 행동이 윤리적으로 간주되기 전에 더 많은 정보가 필요하다. 특히 다음 질문을 해결해야 한다.

1. 두 진단 범주가 내담자에게 똑같이 유효하다는 그의 분석은 객관적인 증거에 의해 뒷받침되는가? 유능한 동료들도 비슷한 결론에 도달하겠는가?
2. 머랜다에게 적절한 진단 범주에 문화적 변인이 어떻게 영향을 미치는지 고려했는가?
3. 에드워즈의 보험금 지급에 대한 관심은 자신의 서비스에 대한 내담자의 안정적인 지불보다 내담자의 복지에 대한 진정한 헌신을 어느 정도 반영하는가? 최근 연구는 지불 문제가 전문가가 인식하는 것보다 진단 결정에 영향을 미친다고 주장하였다(예, Lowe et al., 2007).
4. 보험금 지급 가능성의 진단 사용은 지불 이외에 내담자에게 어떤 영향을 미치는가? 이 진단이 더 심각한 정신질환을 나타내는가? 그러한 범주 사용이 내담자의 삶에 부정적인 영향을 미칠 것인가?

5. 내담자는 적절한 진단 범주에 대한 의사결정 과정에 어느 정도 정보를 제공하고 관여하는가? 그녀는 보험금 지급을 위한 검사 결과 제출이 의미하는 것을 이해하고 있는가? 모든 것이 머랜다에게 영향을 미치는데, 그녀는 이 문제에 대한 최종 결정을 내릴 자유가 있는가?

에드워즈의 결론이 증거에 의해 뒷받침되고, 유능한 동료들에 의해 지지되고, 내담자가 충분한 정보를 제공받아 자유롭게 선택하며, 자기 이익이나 보험회사를 속이려는 욕구 때문이 아니라면, 그는 윤리적 기준을 위반하지 않았을 가능성이 높다. 그러나 이 모든 조건에 적절한 답을 하는 것은 처음 보이는 것보다 어려울 수 있다.

▮ 요약

평가 활동에 적용할 수 있는 윤리 기준은 이 역할에서 전문가가 갖는 중대한 권한에 기반한다. 진단체계와 검사 도구의 불완전성은 부적격자의 잘못된 해석에 대한 취약성이 더해져 영향력이 커지게 된다. 그러나 상담사와 치료사는 평가 도구가 오용될 수 있다는 이유로 내담자의 문제를 평가하는 작업을 피할 수 없다. 내담자 문제에 대한 명확한 정의가 없으면 효과적인 치료를 제공하는 전문가의 능력이 크게 약화된다. 따라서 전문가는 평가 활동에 신중하고 부지런히 노력해야 하며, 모든 관련자의 권리와 의무를 염두에 두어야 한다.

진단을 내릴 때 전문가는 차별이나 의도하지 않은 인종 차별을 하지 않고 유능하게 행동해야 하며, 내담자에게 진단의 의미와 함의에 대한 명확한 정보를 제공해야 한다. 그들은 현재 진단 시스템의 강점과 약점, 그리고 이러한 식별자가 내담자에게 미치는 영향을 완전히 인식해야 한다.

이와 유사하게, 심리검사나 교육검사를 사용할 때, 상담사들은 만나는 개인에게 적절한 방법으로 결과를 사용할 수 있는 광범위한 기술과 훈련 경험이 있어야 한다. 그들에게는 유의미한 결과와 그렇지 않은 결과를 구별할 수 있는 지식과 기술이 있어야 하고, 피검자의 문화적, 사회적 배경을 고려해야 한다. 그들은 검사에 관여할 자격이 없는 사람들을 참여시키지 않아야 하며, 상담 시 시한이 지난 검사 결과를 사용하지 말아야 한다. 대부분의 경우 내담자는 검사 결과에 대한 피드백을 받을 권리가 있다. 그 피드백의 정확한 성격은 APA 또는 ACA 윤리강령에서 규정되지는 않지만, 상황이 허락하는 한 결과의 정확하고 완전한 모습을 전달해야 한다. 상담의 역사는 상담사가 다양하고 억압받는 사람들의 검사 결과를 잘못 해석한 사례로 가득하기 때문에 상담사는 이러한 위반을 반복하지 않도록 각별히 경계하고, 평가의 다문화 측면에 관한 최신 문헌을 이해하고 있어야 한다. 검사가 고용 환경에서 사용될 때, 그들의 점수는 직무 특성과 관련이 있어야 하며, 피검자는 자신의 권리를 이해해야 한다. 전문가는 주법(state laws)이 다양하고 빠르게 변하기 때문에 관할 지역의 현행법이 어떻게 평가 과정에 영향을 미치는지 알고 있는 것이 좋다.

상담사와 심리학자는 내담자의 권리를 보호해야 할 뿐만 아니라, 검사 자료의 소유권과 공정한 이익에 대한 법적 권리를 인정하는 방식으로 행동하여 검사 제작자의 권리를 존중할 책임이 있다. 따라서 검사 보안 위반에 대해 주의를 기울여야 하며, 검사 자료를 표절해서는 안 되며, 가능한 경우 자격을 갖춘 경우에만 그러한 자료를 사용할 수 있는 방법을 찾아야 한다. 검사 제작자는 검사 매뉴얼에서 검사 및 기타 관련 자료의 신뢰성과 타당성에 대한 과학적 증거를 제공할 의무가 있다. 그들은 가능한 한 최선을 다해 평가 도구를 사용하는 상담사들을 도와야 한다.

❖ 토론 질문

1. 현재 진단 체계의 결함 때문에 진단을 책임감 있게 사용할 수 없다고 생각하는가? 그렇게 생각하거나 생각하지 않는 이유는 무엇인가? 책임감 있게 사용할 수 없다면 진단 체계를 어떻게 개선하겠는가?

2. 고용 검사의 장점이 이와 관련해서 져야 하는 법적 책임보다 큰가? 그렇게 생각하거나 생각하지 않는 이유는 무엇인가?

3. 연구에 따르면 일부 전문가는 내담자에게 검사의 부정적 결과를 제공하지 않고 긍정적 결과만 보고한다. 이 행동의 윤리에 대해 어떻게 생각하는가?

4. 현재 전문가협회는 검사 제작자에게 자격을 갖춘 사용자에게만 검사를 판매하도록 요청한다. 이것은 자유 기업 체계에서 정당한 요구인가? 이 제한이 존재하지 않는다면 어떤 일이 일어날 것인가?

5. 어떤 사람들은 문화적으로 다양한 학생들이 있는 교육 환경에서는 검사를 절대 사용하지 말아야 한다고 주장했다. 그들은 이 집단에서는 검사 결과의 오용 위험이 너무 커서 교육 관련 의사결정의 일부가 되어서는 절대 안 된다고 주장했다. 이 주장에 대해 어떻게 분석하겠는가?

6. 현재 우울증, 불안 및 주의력 결핍 장애와 같은 일반적인 심리적 장애에 대한 선별 검사는 온라인에서 가능하다. 대부분의 전문가들은 이것이 심리적 지원이 필요할 수 있는 사람들이 그것을 찾도록 돕는 매우 중요한 대중에게 다가가는 방식이라고 믿는다. 이에 동의하는가?

❖ 토론 사례

미티는 자신이 집중력 장애로 진단하는 많은 성인들을 상담한다. 그녀는 이러한 내담자를 잘 진단할 수 있는 표준화된 검사를 찾았으나, 성인에게 적합한 검사를 찾을 수 없었다. 따라서 미티는 다른 기존 검사에서 문항을 추출하고 조합하여 자신의 개인용 컴퓨터에서 직접 척도를 만들기 시작했다. 미티는 척도사용을 자신의 내담자에게로 제한하고, 검사 비용을 청구하지 않으며, 진단을 위한 유일한 기준으로 사용하지 않고, 다른 치료사가 그것에 접근하는 것을 허용하지 않기 때문에 저작권법이나 윤리적 지침을 위반하고 있다고 생각하지 않는다. 미티가 취한 조치는 자신의 행동을 윤리적, 법적 책임과 일치한다고 하기에 충분한가?

안드레아는 우울증 및 불안 장애 여성의 치료에 대한 전문성으로 동료들로부터 존경받는 개인상담센터에서 일하는 숙련된 임상상담전문가이다. 그녀는 접수면접 과정의 일부로 내담자에게 우울이나 불안척도, 성격검사, 대처기술 척도의 세 개의 심리검사 세트를 실시하도록 한다. 내담자는 상담실에서 검사를 완료하지만, 안드레아는 채점을 마치면 다음 회기 이전에 보고서 사본을 우편이나 이메일로 보낸다. 그녀는 내담자들은 거의 항상 보고서를 매우 주의 깊게 읽기 때문에 이러한 절차가 대면상담에서의 토론을 돕는다는 사실을 발견했다. 만약 검사 결과가 자살이나 다른 위험한 행동의 위험이 높다고 나오면 그녀는 이 절차를 사용하지 않고 내담자를 불러 직접 결과를 검토하게 한다. 그녀는 내담자에게 보내기 전에 고위험 보고서를 선별하기 때문에 자신이 책임감 있게 행동하고 있으며, 자신의 행동에 윤리적인 문제가 없다고 생각한다. 당신은 이에 동의하는가?

제3부

비윤리적 행동의 예방과
사후대처: 이전과 이후의 윤리

11장

비윤리적 행동 예방 기회를 극대화하고
예방이 실패했을 때 피해를 최소화하기

이 장은 전문가 1차 예방 계획을 수립함으로써 윤리적 문제의 위험과 스트레스를 줄일 수 있는 방법에 대한 논의에서 시작한다. 윤리 및 법적 문제는 임상 작업에서 자주 발생하며 전문가에게는 놀라운 것이 아니다. 이 장에서는 전문가협회 및 면허위원회에서 사용하는 불만 사항 처리 절차부터 시작하여 불만을 제기할 만한 기준을 확인하여 비윤리적 행위에 대한 예방이 실패할 때 일어나는 일을 설명한다. 다음으로, 이 장에서는 비윤리적인 정신건강전문가를 상대로 조치를 취하기 원하는 내담자를 돕기 위한 상담 개입에 대해 논의한다. 마지막으로 이 장은 직업윤리에 대한 근본적이지만 간과되는 측면인 자기에 대한 책임에 대해 논의하고, 정신건강전문가가 전문상담의 윤리 지침을 위반했다는 것을 인식했을 때(그것을 혼자 알고 있을 때) 어떻게 대응해야 하는지를 검토한다.

▌일차 예방

다음 상황을 고려해보자.

버크의 윤리적 질문

버크는 임상정신건강 상담사로, 다른 임상가 3명과 함께 상담을 하고 있는 임상 슈퍼바이저이다. 최근 그가 일하는 작은 교외 지역 공동체에 비극이 일어났다. 4명의 십대가 길거리 약물을 우발적으로 과다 사용하여 사망한 것이다. 이 십대들 중 어느 누구도 계속 마약을 사용하지 않았고, 이 사건은 사춘기의 실험적 행동이 끔찍하게 잘못된 사례였다. 그 후 얼마 지나지 않아 상담을 찾는 십대의 숫자가 상당히 많이 증가했는데, 거의 대부분이 부모의 조언에 따라 상담을 시작하는 것이었고, 상담료는 부모의 보험으로 처리되었다. 이 부모들은 자녀에 대한 걱정 때문에 상담에서 논의되는 내용에 대해 일반적으로 정신건강서비스를 이용하는 청소년들의 부모보다 훨씬 많은 정보를 상담사들에게 요구하고 있다. 그러나 청소년들은 부모가 원하는 것보다 더 많은 사생활을 원하고 있다. 또한 임상가들은 신문 인터뷰, 뉴스 방송에 출연하여 지역사회를 대상으로 마약 사용의 위험성과 이 끔찍한 젊은 생명의 상실에 어떻게 대처해야 하는지 설명해 달라는 요청을 받았다. 버크는 책임감 있게 이러한 다양한 요구를 처리하는 방법에 대해 궁금해한다. 그는 자신의 센터의 상담사들이 조심하지 않으면 가장 좋은 의도를 가지고 있어도 잘못된 일을 할 수 있다고 생각한다. 그는 또한 그와 그의 동료들이 기존에 고군분투하고 있던 사례에 이 끔찍한 비극으로 더해진 내담자의 증가 때문에 재정적으로 이익을 얻는다는 것을 알고 있기 때문에 불편함을 느끼고 있다.

버크의 사례 속 특정 사실들은 허구이지만, 제시된 이슈는 사실이다. 이 사례는 정서적 요인과 인지적 요인 모두가 어떻게 윤리적 의사결정에 영향을 주는지 보여준다. 버크는 아마도 이 새로운 사례의 부담을 어떻게 효과적으로 관리할지에 대해 생각하는 동시에 아이들과 그들의 부모에 대한 책임을 어떻게 이행할 것인가에 대해 생각하고 있을 것이다. 그는 또한 지역 사회에 정보를 제공하기 위해 그와 동료들이 정신건강과 외상에 관해 얻은 지식을 가장 잘 활용할 수 있는 방법을 고민하고 있을 것이다. 마지막으로, 버크는 이 작은 지역사회의 모든 사람들이 이 비극으로부터 어떤 방식으로든 영향을 받았기 때문에 어떻게 센터 상담사들이 전문적인 경계를 유지하고 전문적 서비스를 제공할 수 있는지 알아내려고 노력하고 있을 것이다. 동시에, 그는 의심할 여지 없이 이 비극에 대해 큰 슬픔을 느끼고 있다. 그는 그 행동의 무모함과 십대들에게 마약을 공급한 사람에게 분노하고 있다. 또한 자녀의 경험에 도움이 되는 정도를 넘어서 지나치게 많은 정보를 원하는 내담자의 부모와의 갈등과 비밀유지를 원하지만 직접 상담료를 지불하지 않는 청소년 내담자를 분노하게 하는 것에 대해 걱정하고 있을 것이다. 또한 법이 허용하더라도(즉, 부모 모르게 상담을 받을 수 있다는 법적 조항을 따르더라도) 이 어려운 사례를 그냥 무료 상담에 의뢰할 수도 없다. 그는 또한 그들이 부적절하게 행동하면 상담이 많이 노출되는 것에 대한 불만을 면허위원회에 제기할 가능성이 더 높기 때문에 걱정하고 있다. 그는 또한 이 사건이 상담을 시작할 수 있는 기회를 만들었고, 수입을 늘렸으며, 직원들을 계속 고용할 수 있게 했다는 것을 인정할 수밖에 없기 때문에 불편함을 느끼고 있다.

분명히 현시점에서 버크는 중요한 질문들을 던지고 있으며, 문제 해결에 영향을 미칠 수 있고, 잠재적인 이해 상충을 의미하는 감정을 인식하고 있다. Rest(1984)의 용어로 풀이하면 그는 윤리적 민감성을 보이고 있다. 그러나 그가 이 시점에서 비윤리적 행위를 하지 않기 위해 더 이상 무엇을 해야 하는가? 또한 이 질문만큼이나 중요한 문제로, 이 비극 이전에 그와 그의 직원들이 끔찍한 상황에서 책임감 있게 행동하고 스트레스를 덜 받을 수 있도록 그가 할 수 있었던 일은 무엇이었을까? 첫 번째 질문에 대한 분명한 대답은 그가 직면하고 있는 각 딜레마에 대한 윤리적 의사결정 모델을 사용하여(2장에서 논의한 내용) 윤리적 문제, 선택지, ACA 윤리강령의 해당 부분, 관할 지역에서의 상담 관련 규정 및 접촉 가능한학자를 확인하는 것이다. 그는 또한 더 많은 지침을 얻기 위해 전문가, 면허위원회 또는 그의 보험회사와 상의해

야 하며, 각각에 대한 모든 결정과 근거를 문서화해야 한다. 이러한 단계를 통해 직관적인 결정이 아니라 중요한 평가적 결정을 내릴 수 있을 것이다.

그러나 버크와 그의 직원들이 Crowley와 Gottlieb(2012)가 1차 위험 관리 모델로 명명한 것을 개발했었다면, 이 비극이 닥쳤을 때 더 많은 자원을 확보할 수 있었을 것이고, 부담을 덜고, 더 책임감 있는 행동을 취할 수 있었을 것이다. 이 저자들에 따르면, 비윤리적 행위의 1차 예방 모델의 기본 가치는 상담사를 돕는 것과, 윤리적 의사결정에 영향을 미칠 수 있는 "비이성적" 요인이 어떤 방식으로 작용하는지에 초점을 두고 있다. 대부분의 윤리적 의사결정 모델은 내담자나 상황에 중점을 둔다. Crowley와 Gottlieb의 모델은 전문가가 책임감 있게 행동할 수 있는 역량을 강화하기 위해 심리학 연구 결과를 사용한다. 예를 들어, 사람들은 손실 대 이익에 대해 차별적인 주의를 기울이고, 손실 혐오 경향이 있어 손실의 기회를 피하기 위해 현명하지 못한 선택을 하는 경우가 있다는 사회심리학 지식을 활용한다(Kahneman & Tversky, 1979). 마찬가지로 사람들이 의사결정을 쉽게 하기 위해 사용하는 휴리스틱(정신적 지름길)은 문제에 대한 신중한 검토를 방해할 수 있다. 휴리스틱은 버크의 상황처럼 시간 압력과 스트레스가 높을 때 특히 큰 영향을 미칠 수 있다. 또한 윤리적 위험 관리에 대한 적극적인 접근 방식은 상황이 발생했을 때 전문가의 지식과 실제 행동 사이의 불일치가 일어날 가능성을 줄일 수 있다. Crowley와 Gottlieb은 이러한 접근 방식이 즉각적인 스트레스를 줄여 줄 뿐만 아니라 능동적으로 대처하도록 돕는다고 강조한다. 다시 말하면, 1차 예방 계획은 버크와 같은 윤리적인 도전에 직면한 사람의 유연성을 높여 줄 수 있다. 이러한 상황에서의 유연성은 우리 전문가들이 임상과 윤리적 및 법적 문제를 다루면서 발달시킨 구체적 기술, 다른 스트레스에 대처하는 데 도움이 되는 개인적 특성, 사회적 지지, 우리가 형성해 둔 주변 사람들과의 관계로부터 나온다(Tjelveit & Gottlieb, 2010).

Crowley와 Gottlieb(2012)가 제시한 모델은 다

음의 5단계로 구성된다:

- 1단계 – 자원 축적: 의사결정, 윤리 교육, 조직 및 계획, 자문 네트워크 및 사회적 네트워크를 위한 시간
- 2단계 – 위험에 대한 주의 및 탐지: 특정 윤리 문제가 발생할 수 있는 외부요인에 대한 인식(이 사례에서는 교외 지역 청소년의 마약 사용 증가에 대한 연구나 십대의 마약 사용 증가에 대한 경찰 보고서가 될 수 있음)
- 3단계 – 잠재적 위험에 대한 초기 평가(이는 아이들의 사망이 보고된 즉시 이루어졌을 수 있음)
- 4단계 – 예비 위험 관리 노력: 초기 단계에서 축적된 자원을 사용하여 행동 계획 수립
- 5단계 – 피드백 유도 및 사용. 위험 관리 계획이 실행되면 그 효과를 지속적으로 평가하는 과정 시행

비윤리적 행위 예방에 매우 유용한 윤리적 의사결정 모델을 제시하는 또 다른학자는 Derek Truscott(2013)이다. 그는 윤리적 결정을 내리는 직관적인 방법이 간단하고 효율적이기 때문에(시간이 덜 걸림) 개인적인 가치와 일치할 가능성이 높으며, 즉각적인 감정적 반응을 고려하기 때문에 매력적인(그러나 현명하지 못한) 대안을 제시한다고 주장한다. 불행히도, 이 매력은 종종 우리를 잘못된 길로 인도한다. Truscott은 개인과 사회적 차원을 모든 윤리적 의사결정에 통합함으로써 책임감 있게 행동할 수 있는 가능성을 높일 수 있다고 주장한다.

이 연구에서 제시하는 것은 예방은 상황이 발생했을 때 신중하게 고려하는 것 이상을 포함한다는 것이다. 즉, 윤리적 쟁점이 발생할 가능성을 높일 수 있는 환경적 상황뿐 아니라, 윤리적 의사결정의 정서적, 비합리적 측면을 고려한 치밀하고 정기적으로 업데이트되는 계획을 포함해야 한다고 주장한다. 예방 시스템은 또한 사회적 및 전문적 지원을 위한 체계를 반드시 포함하여 문제가 발생했을 때 책임감 있게 행동할 수 있는 역량이 향상되도록 해야 한다.

물론 현실은 전문가가 다른 사람들만큼 실수할 가능성이 있기 때문에 예방 시스템은 비윤리적 행위의 가능성을 최소화하는 기회를 주는 것일 뿐, 완전히 제거하는 것은 아니다. 결론적으로 우리는 우리가 실패했을 때 어떻게 행동해야 하는지에 대해 알려야 한다.

▌ 예방에 실패했을 때

잭과 마티나의 사례

20세의 대학생인 마티나는 가까운 친구가 추천한 대학상담센터의 상담사와 약속을 잡았다. 마티나는 상담사 도미닉에게 자신이 오랫동안 불안과 우울을 경험해 왔는데, 최근에 이런 감정이 악화되었다고 말했다. 이어서 그녀는 지난 여름에 고향에서 상담을 시도했지만, "나쁜 경험"을 해서 상담사를 다시는 만나고 싶지 않다고 말했다. 그녀는 상담사였던 잭이 계속해서 적극적인 사회생활을 권유하며, 불안감에서 벗어날 수 있도록 극장에 데려가겠다고 여러 번 제안했다고 말했다. 그녀는 잭의 제안을 거절했지만, 그가 상담을 종결하면 데이트를 시작하자고 하고 나서야 상담을 중단했다. 그 회기에서 그는 또한 그녀가 매우 매력적이라고 말했다. 마티나의 친구는 잭이 비전문적으로 행동하고 있으며, 대부분의 상담사가 그러한 행동을 하지 않는다고 말했다. 마티나는 이제 "잭이 상담을 데이트 서비스로 이용하지 못하도록" 조치를 취하길 원한다. 그녀는 도미닉에게 잭의 행동을 신고하는 방법을 알아내는 데 도움을 줄 것을 요청한다.

연구에 따르면 내담자들은 자신의 상담사와 치료자들에게 다른 정신건강전문가가 한 비윤리적 행위에 대해 자주 언급한다. Pope(1994)에 따르면, 미국의 모든 정신건강전문가들 중 약 절반이 이전 치료사와 성관계를 가진 적이 있는 최소한 한명의 내담자가 있다고 보고했다. 영국 심리학자의 22.7%도 같은 내용을 보고했다(Garrett, 1998). 내담자들은 또한 주 면허위원회에 전화를 걸어 정신건강전문가의 윤리에 대한 질문한다(Wierzbicki, Siderits, & Kuchan, 2012). 때로는 내담자가 성적 착취와 다른

윤리적인 위반에 내재된 문제에 대해 마티나처럼 인식하지 못하는 경우도 있지만, 후속 상담에서 이러한 사건에 대해 말하는 경우가 많기 때문에 전문가는 예측치 못한 상황에 대비해야 한다. 이러한 상황이 발생하면 새로운 상담사는 윤리적인 행동을 모델링하고 이전 상담사가 내담자와 상담 분야에 가한 손해를 일부 상쇄할 수 있는 기회를 갖게 된다.

또한 직장 동료들로부터 이야기를 듣거나, 직장에서 다른 사람들의 윤리위반 행동을 목격할 수도 있다. 현장에서 일하는 상담사들의 보고서에 따르면 현장 심리학자의 15%에서 28%가 무능하거나 비윤리적인 동료를 개인적으로 알고 있었다 (Floyd, Myszka, & Orr, 1999; Schwebel, Skorina, & Schoener, 1994; Wood, Klein, Cross, Lammers, & Elliott, 1985). 개인적으로 아는 것에 대한 느슨한 정의(Golden & Schmidt, 1998)를 사용한 한 연구에서는, 그 비율이 훨씬 높았다. 조사된 사람들의 69%가 지난 2년 동안 전문가의 비윤리적 행동을 적어도 한 건을 알고 있다고 보고했다. Golden과 Schmidt는 네 종류의 전형적 비윤리적 행위를 발견했다. 경제적 착취(39%), 무자격자의 상담(25%), 성적 착취(19%), 비밀유지 위반(17%)이다. 물론 동료의 역량문제에 대해 아는 것은 현장 임상가에 국한되지 않는다. 상담을 배우는 학생들도 동료의 문제에 대해 알고 있었다(예, Brown–Rice & Furr, 2013).

불행하게도, 매우 최근의 연구에서도 동료의 성적 윤리위반에 대한 심리학자들의 보고 비율이 낮아지지 않은 것으로 나타났다. Noel(2008)이 임상심리학자를 대상으로 설문 조사를 한 결과, 참여자의 84%가 동료가 내담자와 성적 접촉을 한 것에 대해 들은 적이 있다고 보고하였다. 이 데이터는 전문가가 다른 사람의 윤리위반에 대응할 준비를 해야 하며, 마티나와 같은 내담자를 도울 수 있도록 윤리적 불만 제기의 실제적, 정서적인 측면을 이해해야 함을 보여준다.

공식 징계 절차

전문가가 비윤리적으로 행동하면 고용주, 주 또는 지방 면허위원회, 그리고 그들이 속한 모든 국가 및 주 정부 전문가협회가 징계 조치를 내릴 수 있다. 개념적으로 각 조직에 동일한 행동에 대한 불만이 동시에 제기될 수 있다. 전문가협회는 회원들에 대한 불만 사항을 회원이 면허를 소지하는 관할 구역의 면허위원회에 전달한다. 또한 미국 보건복지부의 전국 임상가 데이터 은행(National Practitioner Data Bank)을 통해 면허위원회와 전문가협회 간의 주(州) 간 정보교류가 이루어지기 때문에 징계를 받은 전문가는 다른 주(州)의 면허를 전에 취득한 것처럼 쉽게 취득할 수 없다(Kirkland, Kirkland, & Reaves, 2004). 이 책에서 반복적으로 논의된 바와 같이, 윤리강령을 위반한 상담사와 치료사는 과실, 위법 행위 또는 계약 위반에 대한 민사소송이나 형법 위반에 대한 형사소송을 당할 수 있다. 15개 주에서 심리학자들의 내담자와 성적 접촉은 형사 처분 대상이다(Haspel et al., 1997). 앨라배마, 미시간, 오하이오 3개 주에서는 치료기간 동안 발생하는 경우에만 성적 위반 행위를 범죄로 규정한다. 즉, 상담사가 성 접촉에 대해 내담자 치료목적이라고 주장하는 경우에 해당한다. 다중 책임은 또한 전문가의 비윤리적 행위에 대해 바로잡기를 원하는 사람들에게 여러 가지 선택의 여지가 있음을 의미한다. 내담자는 새로운 치료사의 도움을 받아 그들의 선택권을 정리하여 이익을 얻는다.

윤리적 불만 제기 절차

전문가협회를 통한 비공식적 처리 APA와 ACA의 윤리강령은 모두 비공식적인 해결을 윤리적 위법행위 해결의 첫걸음으로 추천한다. 이 전략에 대한 근거는 명시적으로 언급되지 않았지만, 처벌보다는 회복에 대한 관심에 근거한다고 추측하는 것이 합리적이다. 즉, 신속하고 비 관료적인 문제해결에 대한 관심을 두고, 정신건강과 상담 분야에 부정적인 평판이 생기는 것을 최소화하려는 것이다. 이러한 표준에 대한 내용은 부록 A, I.2 절 및 부록 B, 기준 1.05를 참조할 수 있다.

공식적 처리 비공식적인 해결책이 적절하지 않거나 타당하지 않을 경우, 전문가들은 이 조치가 해결될 수 없는 비밀보장 권리와 상충하지 않는 한, 주(州)나 국가 윤리위원회에 보고하는 것과 같은 행동을 취한다. 일부 주의 윤리위원회는 단지 교육적 기능만을 제공하며 판결 기능은 없다는 것을 유념하는 것이 중요하다. 그런 주에서는 국가협회나 주 면허위원회에 불만 사항 처리를 의뢰한다.

윤리강령을 면밀히 읽어보면, 어떤 윤리강령도 윤리적 이의 제기를 의무화하지 않는다는 것을 보여준다. 그들은 문제에 대한 비공식적인 접근이 실패할 경우 반드시 조치를 취해야 한다고 말한다. 또한 APA 강령은 전문가가 위반 혐의를 처리할 수 있는 길을 제시하고, 의심되는 위반의 심각성과 내담자에게 해를 입혔는지 또는 잠재적으로 위험한지를 공식적 제소 여부를 결정하기 위한 주요 기준으로 사용한다.

사소한 위반은 비윤리적 행위를 한 사람과 관련 전문가 간의 일대일 대화와 같은 사적인 개입이 가능한 것으로 보인다. 윤리강령이 제안하는 완전한 고지된 동의를 받지 못한 사람을 생각해보라. 대신, 비밀유지의 한계에 대해서만 간략하게 논의한다. 지금까지 내담자에게 알려진 해가 없고, 윤리강령을 무시하기보다는 모르는 것처럼 행동하는 것 같다면, 비공식적인 대응이 신중한 선택으로 보인다. 이 대화에서 상담사는 고지된 동의의 윤리에 대해 교육받을 수 있으며, 앞으로 이에 따르지 않으면 이를 더 심각하게 처리할 것이라는 통지를 받을 수 있다. 이 접근법을 통해 동료는 존엄성을 유지할 수 있으며, 전체 윤리위원회 조사로 기대하는 것만큼의 행동 변화를 얻을 수 있을 것이다. 또한 실용적인 측면에서 비공식적 접근법에 찬성하는 실질적인 주장은 이것이 더 빠르다는 것이다. 공식적인 제소는 해결하는데 몇 달, 심지어 몇 년이 걸릴 수도 있다. 경미한 위반에 대한 개입은 즉시 일어날 수 있으며, 피해는 거의 신속하게 해결될 수 있다.

협회나 면허위원회 처리로 이동하기 전에 고용기관을 이용하여 상담사의 행동 변화를 돕는 것은 특히 사소하거나 일반적 수준의 위반이 발생한 경우 유용하다. 불만 사항 조정 정책을 적용하는 고용주는 합리적인 기간 내에 모든 사람의 권리를 고려하여 대응할 수 있다. 고용주는 피고용인에게 영향력을 행사하고 있으며, 앞으로의 행동을 감시할 위치에 있다. 고용주들에게 윤리적 불만을 제기하는 것의 단점은 처리 과정이 각기 다른 것과, 제소의 대상자가 다른 곳에서 취업하면 영향력이 부족하다는 것이다. 또한 직원들 사이의 개인적인 관계는 종종 윤리적 불만 사항을 객관적으로 처리하는 것을 방해한다. 따라서 고용주에게 문제를 보고하는 것이 유용한 경우는 사안이 경미하거나 약간 심각하고, 객관적 조사가 필요하며, 향후 행동을 관찰하는 것이 적절하고, 피고용인이 빠른 시일 내에 직업을 바꿀 가능성이 낮을 때이다.

개입의 수준을 결정하기 위한 기준으로 위반의 심각성을 사용하여, 마티나의 사례로 돌아가 보자. 분명히 그녀의 이전 상담사 잭은 다중 관계에 대한 ACA나 APA의 윤리적 표준을 준수하지 않았다. 게다가 상담이 종결되자마자 데이트를 시작하자는 잭의 초청은 그가 아마도 마티나와의 육체적 관계에 관심이 있을 것이라는 것을 보여 주었다. 7장에서 언급한 바와 같이, 후자는 윤리강령에서 훨씬 더 엄격하게 금지된다(ACA 윤리강령의 A.5a절과 APA 윤리강령의 기준 10.5절 참조).

그러한 행동으로 인한 해를 조사하는 것은 윤리강령 위반이 공식적인 제소를 할 만큼 심각한지를 규명할 수 있기 때문에 중요하다. 연구 결과는 상담사와 성관계를 맺은 내담자들은 실질적이고 오래 지속되는 해를 입는다는 것을 보여준다(예, Bouhoutsos et al., 1983; Luepker, 1999; Wohlberg, 1999). 마티나는 잭을 만난 이후로 자신이 더 나빠지고 있다고 보고한다. 성적인 접촉이 일어나지 않았더라도, 잭이 이성으로서의 관심을 표현한 이후 마티나의 기능이 악화되었다. 그것은 마티나에게 심리적 손상을 초래하기에 충분할 것이다. Martin 외에도 해를 입는 사람이 있을까? 연구 결과에 따르면 한 내담자와 성적인 접촉을 하는 전문가는 다른 내담자와 성관계를 가질 확률이 높다(Pope, 1994). 잭이 경계를 넘어선 최초의 내담자가 마티나가 아니라는 가능성이 존재한다. 어떤 경우든, 무언가가 잭의 행동을 바꾸지 않는 한, 마티나는 이 사람의 무책임함 때문에 상처받은 마지막 내담자가 아닐 수도 있다. 종합해 볼 때, 드러난 증거들은 이 문제가 면허위원회와 전문가협회에 공식적으로 윤리적 불만 사항이 제기될만한 것이었음을 보여준다. 이 사람은 마티나에게 상처를 주었고, 과거에 다른 내담자들에게 상처를 주었을 수도 있고, 또 그런 행동을 할 수도 있다.

현재 상담사인 도미닉이 잭이 재활할 수 있도록 돕지 못한다면, 마티나와 같은 심각한 사례의 경우에 정식 해결절차를 시작하는 것을 결정하게 된다. 도미닉은 동일한 기관에서 근무하지 않으며, 위반자와 감독 관계가 없으므로 잭의 행동을 지속적으로 감독하는 효과적인 방법이 없다. 또한 도미닉은 사건을 면밀히 조사하고 양 당사자가 제시한 증거를 객관적으로 평가할 시간이 없을 것이다. 잘못한 행위가 발생하지 않았다면, 내담자로부터 중대한 위반 혐의가 제기되었던 상담사도 자신의 명예를 회복할 기회를 가져야 한다. 비공식 해결절차는 그러한 결과를 실제로 허용하지 않는다. 따라서 사적인 개입보다 미래의 행동에 대해 신중하게 조사하고 권한을 주장할 수 있는 힘을 가진 조직에게 잠재적으로 중대한 위반을 보고하는 것이 여러 가지 관점에서 현명하다. 이러한 접근이 거짓 혐의가 제기될 수 있는 전문가와 희생자가 되었을 수 있는 내담자를 더 잘 보호할 수 있다.

치료사가 성적으로 착취한 내담자에게 권장되고 사용되는 또 다른 선택은 조정이다(Hartsell & Bernstein, 2008). 조정의 일차 이점은 빠른 처리와 온건한 구조이다. 공식적인 제소보다 신속하게 처리되며 일대일 개입보다는 더 구조적이다. 단점은 협회 또는 면허위원회에 공식적으로 윤리적 불만 사항이 제기될 수 없으며, 이는 심각한 위반에 대해서는 중대한 제한이 될 수 있다. 조정은 또한 분쟁에서 일반적으로 더 강한 위치에 있는

전문가에게 유리하게 작용할 수 있다. 전문가의 위반사례에서 조정을 적용하는 것에 대한 상세한 내용은 Bouhoutsos와 Brodsky(1985)에서 참조할 수 있다.

위반 신고에 대해서는 주의가 필요하다. 윤리적 위반 해결에 대한 윤리강령의 언어는 다른 전문가가 무책임하게 행동할 때 개입해야 할 전문가의 의무보다 내담자의 비밀보장에 대한 권리를 우선순위에 두고 있다(Fisher, 2003). 내담자가 동의하고 기존의 비밀보장 권리를 유보한 경우에만 전문가가 해당 동료에게 접근하거나 협회나 위원회에 내담자의 윤리적 불만 사항을 제기할 수 있다. 유일한 예외는 달리 행동할 수 있는 법적 의무가 있는 경우이다. 그러므로 만약 마티나가 그녀의 이전 치료사에 대해 아무것도 하고 싶지 않고, 정보를 밝히길 원치 않는다면, 전문가 윤리는 그녀의 결정을 존중할 것을 의무화하고 있다. (일부 관할 당국에서는 문제가 발생했을 때 내담자가 보고에 관심이 없더라도 전문가는 반드시 면허위원회의 연락처를 제공하도록 한다) 성인 내담자가 이런 선택을 한다면 정신건강전문가는 문제 상담사의 미래 내담자가 염려되겠지만, 현재 내담자에 대한 의무가 우선한다. 물론, 내담자에게 시간과 정성을 다한 결과 내담자가 생각을 바꿔 이전 전문가에 대한 윤리적 불만 사항을 제기할 수 있으나, 강제로 보고를 강요하지 않아야 한다.

미국상담학회 윤리적 불만 사항 처리 절차

ACA 윤리위원회의 기능과 목표는 회원들에게 윤리 기준을 교육하고 윤리 관련 질문 및 불만 사항을 처리하는 것이다(ACA, 2005). 위원회에는 9명의 위원이 있으며, 모두 3년 임기의 전문 상담원이다. 이 조직은 불만을 제기한 사람의 권리와 상담사의 권리를 공정하게 보호하는 것을 목표로 한다.

ACA 회원에 대한 불만은 대중, 다른 학회원, 또는 위원회 자체에서 제기될 수 있다. 자발적 조치(sua sponte action)란 윤리위원회가 학회원이 기준을 위반한 정황에 대한 정보를 가지고 있다면, 위원회 자체가 불만을 제기할 수 있다는 것을 의미한다. 윤리위원회는 윤리적 불만 처리를 위한 규

칙과 절차를 수립하고 정기적으로 개정해 왔다.

ACA 웹사이트(http://www.counseling.org)에서 윤리적 불만 처리 절차에 대한 정보를 제공하지만, 처음 윤리적 불만 제기를 고려하는 사람은 보통 ACA의 윤리 및 전문가 표준 부서로 전화를 한다. 첫 번째 단계는 문제가 되는 개인의 회원 자격을 팩스 또는 우편으로 받아서 확인하는 것이다. 회원 자격이 확인되면, 불만을 제기한 사람에게 공식 윤리적 불만 처리 양식을 발송하여 작성하게 한다. 이때 서명이 있는 서면 불만 사항만 처리된다. 양식이 접수되면, 그 문제를 더 자세히 조사할 만한 충분한 이유가 있는 경우, 불만에 기재된 사람에게 해당 혐의가 통보되고 불만 사항 및 모든 관련 자료의 사본이 제공된다. 그는 60일 이내에 서면으로 응답해야 한다. 기소된 회원은 위원회 앞에서 직접 대면 심리를 요청할 수 있다. 명시된 기한 내에 모든 자료가 확보되면 위원회는 사건에 대해 심의한다. 위원회는 판결에 몇 가지 선택지를 가지고 있다. 위원회는 윤리 위반이 발생하지 않았는지, 위반이 있었는지를 판단할만한 충분한 정보가 없는지, 또는 피기소인이 윤리 위반을 했는지를 결정할 수 있다. 비윤리적 행위가 발견되면 위원회는 적절한 제재를 결정한다. 제재는 교정 요구에서 조직에서 영구 제명에 이르기까지 다양할 수 있다. 후자는 드물다. 2010년부터 2013년까지 단 한 명의 상담사가 윤리 위반으로 ACA에서 퇴출되었으며(ACA Ethics Committee, 2011, 2012, 2013), 최근 4년간은 아무도 퇴출되지 않았다(Glosoff & Freeman, 2007; Sanabria & Freeman, 2008). ACA는 회원들이 불리한 결정에 대해 항소할 수 있도록 자세한 절차를 기술했다. 항소위원회는 차기 회장이 임명한 6명의 위원으로 구성되며, ACA 집행위원회의 확인을 받아야 한다.

미국심리학회 윤리적 불만 사항 처리 절차

APA 윤리위원회도 학회의 교육 및 집행 의무를 모두 수행한다(APA, Ethics Committee, 2001). 현재 8명의 위원이 3년 임기의 정규 위원직을 수행하고 있다. 한 명은 일반 시민으로 심리학자가 아니며, 나머지는 심리학자이다. 또한 의결에 참여하지 않고 사실 확인만 수행하는 4명의 준위원이 있다. APA는 위원회를 보조할 직원과 전문가도 고용한다. 윤리적 불만을 처리하는 모든 절차는 http://www.apa.org/ethics/code/committee.aspx에 게시되어 있으며, 심리학자의 권리에 대해 불만을 제기하는 사람의 권리가 균형을 잡고, 처리 과정에서 각 당사자의 존엄성을 존중하도록 고안되었다. 그들의 목표는 대중에게 해를 끼치는 것과 악의적이거나 경솔한 주장으로 학회원에게 해를 끼치는 것을 방지하는 것이다. 전형적으로 APA와 ACA의 윤리위원회가 취하는 접근법은 회복에 중점을 두고 있으며, 상담사나 심리학자를 제재하는 것만큼 이들의 재활을 강조한다.

APA 위원회에 불만을 제기할 수 있는 방법은 다음 세 가지 중 하나이다. 첫째, 내담자 또는 다른 시민의 불만 제기, 둘째, 다른 정신건강전문가의 불만 제기, 셋째, 윤리위원회가 자발적으로 학회원에 대한 조치를 취할 수 있다. 일반적으로 잠재적인 위반에 대한 초기 문의는 윤리 부서에 전화로 전달된다. 전화통화에서는 전화를 건 사람에게 모든 불만 사항이 서면으로 작성되어야 하며, 공식 불만접수양식을 접수해야 한다는 것을 알려준다. 이 양식은 상황에 대한 자세한 설명과 함께 불만을 제기하는 사람과 대상자에 대한 신상 정보를 요구한다. APA 윤리위원회가 (우편으로) 불만 사항을 접수하면 세 가지 영역에 중점을 둔 예비 검토를 실시한다. 첫 번째 검토는 불만 사항이 위원회의 관할권 내에 있는지를 결정한다. 이 관할권은 보통 불만 사항에 기재된 사람이 APA 학회원인지의 여부이다. 현재 사용하는 절차에서는 APA가 향후 재확인 절차를 거치지만, 불만을 제기하는 사람이 접수 전에 학회원 상태를 확인하도록 요청한다. 지명된 사람이 학회원이 아닌 경우, 해당 사례는 즉시 종결되며, 해당 조치는 신고서를 보낸 사람에게 전달된다. 이때, 적절한 경우 불만을 제기한 사람이 주 면허위원회나 다른 전문협회에 불만을 제기할 수 있도록 정보가 제공된다. 두 번째 조치 단계에서는 적절한 기간 내에 불만이 제기되었는지 여부를 조사한다. 시효가 초과된 경우, 불만을 제기한 사람에게 시효 무효를 요청할 수 있는 기회가 주어진다. 세 번째 초점은 제공되는 정보가 충분한가에 있다. 즉, 위원회는 추가조사가 필요하다는 충분한 증거가 있는지 평가한다. APA 윤리위원회 보고서(예, APA, 2012, 2013d, 2014b)는 많은 제소 처리 과정이 예비 조사 이후로 진행되지 않음을 보여준다. 대부분의 경우는 이 세 가지 이유로 종결된다.

불만 처리가 종결되지 않은 경우, 다음 단계는 윤리위원회 위원장과 윤리 부서 직원이 평가하는 것이다. 이 단계에서는 불만 제기의 근거가 존재하는지 여부를 결정한다. APA에 따르면, "불만 제기의 근거는 피청구인에 대해 제기된 행위 및/또는 방임이 결정권자가 판단하기에 윤리위반을 구성할 때 존재한다"(APA, Ethics Committee, 2001, 규칙 및 절차, 섹션 5.1). 불만 제기의 근거가 발견되면 불만에 기재된 사람에게 신고 사실을 통보하고 불만 사항의 사본을 발송한다. 학회원은 60일 이내에 서면으로 응답해야 하며, 위원회가 검토할 사항에 대한 추가 정보를 제출할 수 있다. 위원회는 또한 잠재적으로 관련 있다고 생각되는 다른 출처의 정보를 찾을 수 있다. 이 정보가 수집되면, 위원회는 불만 제기의 근거를 보여줄 수 있는 충분한 정보가 있는지를 결정한다. 만일 그렇지 않다면, 이 시점에서 사건은 종결되지만, 윤리위반을 의심할 만한 사유가 있다면 공식적인 사건 처리가 시작된다.

관련된 심리학자는 공식적으로 윤리 위반 혐의로 기소된다. 학회원은 혐의의 성격과 위반한 것으로 의심되는 윤리강령 섹션에 대한 서면 통보를 받게 된다. 그는 30일 이내에 서면으로 답변해야 한다. 어떤 경우에는 심리학자가 위원회 앞에 직접 출두해야 한다. 불만을 제기한 사람에게도 공식 기소가 통보되며, 정해진 시간 내에 사건과 관련된 추가 정보를 제출할 수 있다. 조사가 완료되면 위원회는 심의를 거쳐 판결을 발표한다. 결과는 혐의 기각, 공식 기소보다 적은 제재 권고, 또는 회원을 정식으로 고소하는 것일 수 있다. 위원회가 윤리적 위반이 있다고 판단하지만, 정식으로 기소하지 않

을 때 더 잘 해결될 것이라는 사실을 인정하면 더 낮은 제재를 권장한다. 이 점에서, 위원회는 상당한 재량권을 부여받는다. 정식 기소는 위반 행위가 다른 사람이나 직업에 심각한 해를 끼칠 때 결정된다. 이 경우 위원회는 개인이 학회의 회원 자격을 박탈할 것을 이사회에 권고한다. 여기에서도 위원회는 매우 유연한 기준을 가지고 있다고 볼 수 있다. 위반 행위의 심각성이 가장 강력한 제재가 필요한지 분명치 않다고 판단되면, 위원회가 회원 자격을 박탈하는 대신 스스로 탈퇴할 수 있도록 하기 때문이다. 2006년에서 2010년 사이에 84명의 회원이 윤리 조사를 거쳐 APA 회원 자격을 박탈당하거나 탈퇴했다(APA Ethics Committee, 2011). APA 이사회는 윤리위원회의 권고를 받아들이거나 거부할 수 있다. 물론, 위원회는 윤리위원회의 결정에 항소할 수 있으며, 항소 절차에 대한 꽤 정교한 설명이 출판된 규칙에 제시되었다.

면허위원회 절차

면허를 취득한 전문가의 활동에 대해 불만을 제기하는 절차는 주(州)마다(또는 지역마다) 다르며, 직업에 따라 다르다. 일반적으로 면허위원회는 명문화된 규정을 위반한 전문가를 징계할 권한이 부여된다. 징계의 유형은 직업수행에 대한 견책과 제한에서부터 영구적인 면허 상실에 이르기까지 다양하다. 일부 위반의 경우, 형사처벌이 있을 수 있으며, 위원회는 증거를 사법 체계로 넘긴다. 윤리 위반에 대한 정보를 면허위원회에 제공하고자 하는 사람은 해당 주(州) 기관에 전화를 하거나 서한을 보내는 것으로 절차를 시작한다. 일부 주 면허위원회는 웹사이트에 불만을 제기하는 절차에 대한 정보를 제공한다. 면허위원회는 전문가의 향후 행동을 규제할 수 있는 권한과 힘을 가지고 있기 때문에, 일부학자들은 화가 난 내담자들이 면허위원회에 먼저 불만을 제기할 것이라고 주장한다(예, Siegel, 1991). 또한 어떤 주의 면허위원회가 면허 신청자가 다른 주에서 위법 판결을 받은 적이 있는지 확인하기 위해 주 간 보고를 실시한다. 이를 통해 윤리적 불만 사항 처리에 주 위원회를 포함

시키는 것에 대한 논의도 이루어진다.

일부 면허위원회는 전문가에게 사소한 위반에 대한 비공식 해결안을 제공하지 않는다. 예를 들어, 오하이오상담사, 사회복지사 및 결혼및가족치료위원회는 이들 전문가가 내담자의 비밀보장 의무를 위반하지 않는 한, 다른 전문가의 모든 의심되는 위반 사항을 보고하도록 요구한다. 따라서 현장 전문가는 면허위원회 규정을 숙지해야 한다. 메릴랜드의 전문상담사 및 치료사위원회의 규정에도 비슷한 내용의 구문이 나온다. ACA 및 APA 윤리강령 모두 전문가가 책임 있는 방식으로 갈등을 해결하려고 해야 한다고 명시한다(ACA 윤리강령, I.1.c 절, 부록 A, APA 윤리강령, 기준 1.02, 부록 B).

고용주에게 불만 제기하기

이미 언급했듯이, 정신건강전문가가 부적절하게 행동했다고 생각하는 사람들은 고용주나 감독자에게 문제에 대해 알릴 수 있다. 만약 상담사 몇 명이 공동으로 상담실을 운영하고 있다면, 그중 한 명이나 모두와 접촉할 수 있다. 지역 정신건강센터나 정신병원과 같은 대규모 고용주는 그러한 불만을 조사하기 위한 절차를 마련할 가능성이 더 크다. 개인상담실을 하는 소규모 고용주나 동료들은 사안별로 문제를 처리하는 경향이 더 높다. 다시 강조하지만, 불만을 제기하는 사람들은 자신을 밝혀야 하며, 가능하다면 그들이 문제가 있다고 생각하는 사건에 대한 구체적인 정보와 문서를 제공해야 한다. 그러한 정보가 면허위원회나 학회에도 전달되었다는 것을 알게 된 경우, 고용주는 다른 기관이 그 사안을 다룰 때까지 해당 사안에 대한 결정을 연기할 수 있으나, 그 사안을 더 심각하게 간주할 것이다. 개별 민간센터에서 일하는 전문가는 혼자 일하기 때문에 그들에게 제기된 문제의 처리를 학회와 (또는) 면허위원회에 위임해야 한다.

▎불만 처리를 통한 내담자 지원

마티나와 같은 내담자가 관련 기관에 정신건강전문가에 관한 불만을 제기하고자 할 때, 현재 상담사는 내담자가 그 과정의 실제적이고 감정적인 측면에 대한 정확한 정보에 근거하여 건전한 판단을 내리는 데 중요한 역할을 할 수 있다. 대부분의 내담자는 전문적인 규칙과 규정에 대해 거의 알지 못하기 때문에 전문가가 그런 정보를 제공함으로써 내담자에게 가치 있는 서비스를 제공할 수 있다. 그들은 또한 내담자가 이전 경험과 불만 처리 과정에 대한 자신의 감정을 정리할 수 있도록 도울 수 있다. 내담자는 자신의 신원이 위원회와(또는) 면허위원회에 알려질 것이며, 피제소인이 위원회에 제출된 모든 자료를 열람할 것을 이해해야 한다. 내담자는 이전 상담사의 피해자라고 느낄 수 있기 때문에 위원회가 피해자뿐 아니라 피제소인도 보호할 책임이 있음을 쉽게 이해하지 못할 수 있다. 이때 이 상황에서는 "유죄가 입증될 때까지 무죄" 원칙이 유지된다는 것을 설명함으로써 내담자의 좌절을 줄일 수 있다.

내담자(와/또는 부모나 법적 보호자)는 불만 사항을 접수할지 여부를 결정할 때 완전한 자율성이 필요하다. 전문가협회에 제출된 소수의 불만 사항만이 회원에 대한 정식 기소로 결론 나기 때문이다. 지금까지는 불만 제기가 상처를 치유하는 데 도움이 된다는 경험적 증거는 제한적이다(Vinson, 1987). 내담자들은 만약 문제 제기가 성공적이라면 미래의 내담자가 해를 입을 위험이 적어진다는 사실이 가장 현실적인 이익이라는 것을 알아야 한다.

일부 상담가와 치료사는 동료 전문가가 무책임하게 행동한다는 것을 인정하는 데 어려움을 겪을 수 있다. 그들은 "땅에 머리 박기" 접근법을 취하여 상담사의 부정행위에 대한 내담자의 주장을 과소 평가하거나, 부정적인 전이나 정신병리로 간주할 수 있다. 그들은 동료에게 공감하여 그에 대한 내담자의 문제 제기를 돕는 것이 불편할 수 있다(Floyd et al., 1999; Levenson, 1986). 이러한 완전히 인간적인 감정을 경험할지라도, 전문가들은 내담자가 이에 대해 이야기한다면 동료의 비윤리적 행위의 증거를 탐색해야 한다. 추가 논의를 통해 잠재적으로 심각한 비윤리적 행위가 분명해지면, 새 전문가는 전문가의 윤리적 기준을 알리고 내담자가 어떤 행동을 취할 수 있는지 알릴 의무가 있다. 그러한 논의에서의 전문가의 목표는 열린 마음으로 관련된 모든 사람들의 존엄성을 존중하며, 내담자가 자신의 다음 단계를 결정하도록 돕는 것이다.

정신건강전문가에 대한 거짓 주장은 비교적 드물다. Pope와 Vetter(1991)는 치료사와 내담자 사이의 성적 접촉에 대한 주장의 약 4%가 사실이 아니라고 보고했다. 정교하고, 시간이 필요하고, 대개 불편한 제소 과정은 많은 수의 허위 불만 접수를 방지하는 요인으로 작용한다. 내담자가 이전 치료사의 비윤리적 행위에 대해 부당하게 비난하고 있다고 생각한다면, 전문가는 회기 내에서 이 문제를 집중적으로 탐색해야 한다. 그러한 거짓 주장에 대해 걱정하는 사람들은 또한 무고한 전문가에 대한 거짓 주장을 방지하는 위원회와 이사회의 신중한 분석에서 위로를 얻을 수 있다. 입증되지 않은 증거를 이용한 거짓 주장에 관한 논란이 많은 논문에서 Williams(2000)는 거짓 주장에 동기를 부여하는 6가지 주요 전례가 있다고 가정하였다: 꾀병과 사기, 복수, 정신병리, 기억력 회복, 후속 치료사의 조언, 원치 않는 치료로부터의 탈출.

내담자는 치료 과정에서 몇 가지 다른 중요한 시점에서 추가 지원이 필요하다. 첫째, 정보를 위원회에 서면으로 제출하는 과정에서 내담자가 과거 경험의 고통을 다시 겪게 될 수 있다. 그러한 감정에 집중하는 상담시간을 현명하게 사용하여 고통의 현실에 초점을 맞추고 비윤리적 행동의 책임을 (내담자가 아닌) 정신건강전문가에게 돌려야 한다. 지지가 필수적인 두 번째 지점은 위원회가 불만처리를 하지 않고 공식 처리를 기각하는 때이다(상당한 비율의 사례에서 발생하는 사건이다). 2009년에서 2014년에 이루어진 캘리포니아의 시행 자료에 따르면, 캘리포니아주의 22,000명의 심리학자에 대해 4380건의 불만이 접수되었으며, 이 중 935건은 조사가 적절하다고 판단된 것으로 나타났다(California Board of Psychology, 2014). 이 중 1.56건(조사 대상의 16.7%)이 위원회의 징계를 받았다. 전문가는 내담자가 분노와 슬픔의 감정 처리를 도울 수 있도록 준비해야 하고, 이런 일이 발생했을

때의 대안에 대해 다각도로 생각해야 한다. 세 번째 중요한 지점은 위원회가 회원에 대해 판결을 내리는 경우이다. 결과는 내담자가 기대했던 것보다 약할 수 있으며, 이는 배신감을 불러일으킬 수 있다. 그러나 결과가 위반에 적절하다고 해도 내담자는 가해자의 부정적인 결과에 대해 죄책감을 느낄 수도 있다. 다시 말해, 내담자는 그 결과에 대해 자신을 탓하며 전문가의 행동에 대해 책임감을 느낄 수 있다. 이때 모든 상황에서 직업의 기준을 존중해야 한다는 전문가의 의무를 분명히 하는 것은 내담자가 누구의 행동이 문제였는지 더 정확하게 이해하도록 도울 수 있다. 마지막으로, 상담사는 불만 제기의 결과가 무엇이든 내담자가 이 상황을 종결지을 수 있는 방법을 찾도록 도와야 한다.

█ 윤리적 제소에 대한 대응

1장에서 논한 바와 같이, 미국 상담사나 심리치료사에 대한 윤리적 제소의 위험은 매우 낮다(Van Horne, 2004). 가능성은 다른 곳에서는 더 높게 나타난다. 예를 들어, 호주에서는 아주 소수만 윤리 위반으로 분류되어 면허를 박탈당할 수 있으나, 30년 동안 상담을 한다면 100명 중 20명이 윤리적 제소를 당할 수 있는 것으로 나타났다(Greyner & Lewis, 2012). 2013년에 APA는 회원의 0.0004%에 대한 불만 사항을 접수했다(APA, 2014). 면허위원회에 불만이 접수되는 일도 있지만, 한 주(州)에서는 심리학자의 74%가 만족스럽다는 응답을 받은 것으로 나타났다(Montgomery et al., 1999). 불만에 대해 지나치게 걱정하는 전문가들은 그들의 에너지를 잘못 사용하는 것이다. 그러나 관할지역의 면허위원회에 제기된 불만 사항의 11%가 징계를 받을 수 있기 때문에 현실적인 우려가 적절하다(Montgomery et al., 1999; Schoenfeld, Hatch, & Gonzalez, 2001; Thomas, 2005 Van Horne, 2004). 윤리적 불만이 제기되었다는 것을 알게 되었을 때, 윤리강령에는 대응에 대한 지침으로 윤리위원회 조사에 협조해야한다는 것을 명시하고 있다. 정확한 문구는 ACA 윤리강령, 1.3절, APA 윤리강령,

표준 1.06, 부록 B에 수록되어 있다.

핵심은 윤리위원회나 면허위원회의 문의를 무시하는 것이 가능한 최악의 대응이라는 것이다. 협조하지 않는 것 자체가 윤리위반이기 때문이다. 전문가들은 아마도 특별히 근거 없는 의문을 무시하고 싶을 수 있으나, 경솔하고 거짓인 주장조차도 답변을 요구한다(Wheeler & Bertram, 2012). 협력은 모든 관련 정보를 적시에 제공하는 것을 의미한다. 각각의 전문 기관은 각자의 일정이 있기 때문에, 문제가 제기된 조직의 처리 과정 규칙을 참조하는 것이 중요하다. 협력은 또한 윤리 조사를 피하기 위해 조직에서 탈퇴하려 하지 않는다는 것을 의미한다. 일단 절차가 시작되면, 조사가 완료될 때까지 회원은 대개 사임할 수 없다. 그럼에도 불구하고, 사임은 특정 조건에서만 수락될 수 있다. 많은 사람들은 이 과정에서 그들을 돕기 위해 변호사들을 고용하여 그들의 권리 보호가 보장되도록 현명하게 처신한다.

윤리적 문제 제기에 대해 알게 되면 강한 감정이 일어난다(Schoenfeld et al., 2001; Thomas, 2005). (잘못 고발되고 유죄 판결을 받았다고 믿는 전문가의 반응의 예를 확인하려면 Peterson(2001)을 참조할 것) 현명한 전문가는 이러한 상황에서 적절한 정서적 지지를 구한다(Chauvin & Remley, 1996). 만약 거짓 혐의로 기소되었다고 믿는다면, 이러한 감정은 정말로 압도적일 수 있다. 그 상황에서, 어떤 현실 검증은 순서대로 진행된다. 역사는 대부분의 주장이 공식 기소 전에 기각되는 것을 보여주기 때문에 예비 조사에 대해 당황할 필요가 없다.

만약 청구된 비윤리적인 행동을 저질렀지만 타당한 참작 정황이 있다고 믿는다면, 이사회나 면허위원회에 세부 사항을 문서로 제출해야 한다. 참작 정황은 그러한 행동을 타당화하지 않으나(변명을 시도하는 회원은 위원회의 호의를 거의 얻지 못함), 비윤리적 행위를 맥락 안에서 볼 수 있게 한다. 이후에 그러한 일을 방지하고자 조치를 취했다면, 그러한 정보를 위원회에 제공하여 사건을 변호할 수 있다. 이러한 접근법은 전문가를 처벌하기보다 재활시키는 것에 대한 위원회의 관심과 일치한다. 그러나

면허위원회의 주요 임무는 공공 안전을 보호하는 것임을 기억하는 것이 중요하다. 전문가의 재활은 면허위원회의 2차 고려 사항이다. 실수에 책임을 지고, 후회를 표명하고, 재활에 대한 진지한 헌신을 보여주는 전문가들은 그들의 직업을 지키기 위한 먼 길을 가게 된다.

Thomas(2005)는 기소된 전문가가 불만을 제기한 내담자와 어떤 접촉도 하지 않는 것을 권장한다. 이 조언에 대한 유일한 예외는 전문가의 변호사가 그러한 접촉을 조언할 때이다. Thomas는 Chauvin과 Remley(1996)의 조언, 가족 및 친구들에게 불만 사항에 대한 상세한 정보를 공개하지 말 것에 동의한다. 이것은 그 자체로 비밀보장의 의무를 위반하는 것으로, 스트레스를 해소하기 위한 이해할 수 있는 노력이지만, 잘못된 노력이다. 불만을 제기한 내담자는 다른 사람이 아니라 이사회 또는 윤리위원회에 정보를 공개한 것이다.

면허위원회 절차의 최근 개발 사항 중 하나를 주목해야 한다. 적어도 한 주(州)에서는 전문가에 대한 공식적인 기소가 이루어지면 "청문회 기회 공지(Notice of the Opportunity for a Hearing)"를 올려, 그 내용과 징계절차의 결과를 게시하고 있다. 오하이오주의 예는 http://www.psychology.ohio.gov/compl.stm에서 확인할 수 있다.

▌자기 검열: 제소가 없더라도 책임지기

학생들은 선배 의사들을 관찰하며 그들의 멘토와 슈퍼바이저들이 잘못을 감추는 것이 맞다고 믿고, 그렇게 하며, 이에 대해 보상을 한다는 것을 알게 된다. 그들은 "실수"가 "복잡한 문제"로 변모할 때까지 예상치 못한 결과에 대해 이야기하는 법을 배운다. 무엇보다 환자에게 아무 말도 하지 않는 법을 배운다(Berlinger, 2007, p. 41).

일반적인 정신건강전문가는 대략 30-40년 동안 상담을 하게 된다. 두 번째 직업으로 이 직업을 수행하는 사람들도 20년 동안 일하게 될 것이다. 이 시간 동안, 크고 작은 윤리적 실수가 거의 틀림없이 발생할 것이다. 1장에서 논했듯이, 많은 정신

건강전문가들이 의도적, 비의도적으로 윤리적 기준을 위반한다(Pope et al., 1987; Sherry et al., 1991; Tubbs & Pomerantz, 2001). 그러나 그 중 아주 일부만 징계 기관에 보고된다(Pope & Vasquez, 2011; Williams, 2000). 비밀 정보를 부주의하게 공개하는 것은 특히 이러한 실수의 일반적인 예이다(Pope et al., 1987). 치료사가 사소한 윤리적 오류를 내담자에게 알리는 빈도에 대해서는 자료가 매우 제한적이다. 한 질적 연구에 의하면 어떤 치료자들은 그렇게 하는 것으로 밝혀졌으나, 덜 심각한 윤리적 오류나 이에 대한 전문가의 반응에 대한 인식 수준에 대해서는 거의 알려진 것이 없다(Medau, Jox, & Reiter-Theil, 2013).

취약성에 대한 인식은 예방의 초석이다. Tjelveit과 Gottlieb(2010)가 지적한 것처럼, 취약성은 스트레스를 받거나 주의가 산만해질 때 실수하는 것처럼 우리 모두에게 영향을 미치는 일반적인 것일 수도 있고, 개인의 배경, 고유한 생활환경, 성격과 같은 특별한 것일 수도 있다. 비윤리적 행위에 대한 취약성을 인정하지 못하는 전문가는 좋은 경우 순진한 것이고, 나쁜 경우 무서운 것이다. 윤리적 오류나 치료실수에 대한 비밀유지와 비공개를 장려하는 전문 문화(이 장의 시작부분에 Berlinger가 묘사한 의료 분야)는 근본적으로 잘못되고 비생산적인 것이다. 본질적으로 윤리적인 치료는 완벽을 기대하는 것이 아니다. 오히려 그것은 자신의 행동(도덕적 또는 비도덕적)에 대한 책임을 지고, 내담자의 복지를 핵심 목적으로 지키는 것이다. 어떤 면에서 전문가의 윤리적 실천에 대한 가장 확실한 테스트 중 하나는 전문가가 경로에서 벗어난 것을 동료, 내담자, 또는 징계 기관이 알아채지 못할 것 같을 때 반응하는 방식이다. 이것은 "윤리란 아무도 보고 있지 않을 때 어떤 일이 일어나는가이다"라는 개념이다. 어쩔 수 없는 실수를 알아채고, 이를 인정하고, 외부 견책이 없을 때 부정적인 영향을 개선하기 위해 행동할 수 있는 능력은 Meara 등 (1996)이 매우 강하게 주장한 도덕 윤리와 밀접하게 관련되어 있다. 궁극적으로, 우리의 실수는 우리의 성공보다 상담윤리에 관해 많은 것을 가르쳐 준다. (인간의 오류의 기원, 잘못했다는 것을 경험하는 것의 본질, 그리고 개인과 사회가 오류에 주의를 기울여서 배울 수 있는 교훈에 대한 통찰력 있는 분석을 보려면 Schulz(2010)를 참조하라) 덕망 높은 전문가들은 직업의 윤리적 가치를 매우 강하게 믿기 때문에, 다른 사람들이 책임을 묻지 않더라도 스스로 책임을 진다. 이 개인적인 책임감의 근간을 이루는 윤리적 원칙은 선의와 성실이다. 직업에 대한 정의는 구성원이 직업의 윤리적 가치를 내면화하여 스스로 이를 실천하고, 그들이 일하는 지역사회의 이익을 최우선으로 하는 것에 헌신된, 스스로 통제하는 개인이라는 개념을 포함한다(Pryzwansky & Wendt, 1999).

Behnke(2009)는 심리학자들의 상담 경험과 윤리에 대한 접근방식의 관계에 대한 중요한 의견을 제시하였다. 그것은 전문가들의 경력의 각 단계에서 일어나는 윤리적 실수에 대한 취약성을 이해하는 데 유용하다. 그는 초보 전문가들이 지나치게 위험을 회피하는 태도를 취하기 때문에 윤리 문제에 지나치게 불안해하고, 경직된 방식으로 접근할 수 있다고 주장하였다. 중기 경력의 심리학자는 직업과 외부생활 요구의 지속적인 스트레스에 취약할 수 있으며, 일에 대해 감정적인 피로를 경험할 수 있어 특별히 경계 문제에 취약한 상태가 될 수 있다. Behnke는 한 사람의 경력의 말기에는 자신에게는 축적된 지혜가 있기 때문에 규칙이 적용되지 않는다는 생각 때문에 오랜 경력을 통해 축적한 그 지혜가 윤리에 대한 과도하게 유연한 접근의 위험에 빠뜨릴 수 있다고 주장하였다.

전문가의 자기 검열 및 제한 실천에 대한 책임(ACA 윤리강령, C.1.1절, APA 기준 2.06)을 제외하면, 윤리강령은 이 문제를 직접적으로 다루지 않는다. 대신 윤리강령의 내용을 이해하고, 그에 따라 행동하며, 의심스러운 경우 다른 사람과 상의해야 하는 전문가의 책임에 대해 다루고 있다(ACA 윤리강령, 1절, APA 윤리강령, 기준 1.01-1.08). 동일한 절에서 이 강령은 동료의 의심스러운 행동을 처리하는 전략을 기술하지만, 전문가로서의 자신의 윤리적 부정행위를 인식한 후의 의무에 대해서는 침묵하고 있다. 윤리 관련 문헌은 또한 동료의 부정행위(예,

Levenson(1986) 및 다른 사람의 비난에 대한 대응(Chauvin & Remley, 1996, Thomas, 2005))의 문제를 다루고 있지만, 자기 자신의 잘못된 행위로부터의 회복에 대해서는 거의 언급하지 않고 있다. APA 윤리강령의 원칙 B는 이 문제에 대해 다음과 같이 진술하고 있다. "심리학자는 전문적인 행동 기준을 준수하고, 자신의 전문적인 역할과 의무를 명확히 하고, 행동에 대한 적절한 책임을 지고, 착취 또는 해를 끼칠 수 있는 이해 충돌을 관리하려고 노력한다." 윤리강령은 부정행위 예방에 중점을 두고 있으며, 이는 이해할 만하고, 소중한 것이다. 그러나 인간의 본성과 부정행위에 대한 연구증거 및 현재 보고체계의 한계에 비추어 볼 때, 예방에만 집중된 직업윤리에 관한 논의는 종국에는 불충분하다. 어떤 종류의 윤리적 오류가 일어날 수 있는지에 대해 논하지 않고 오류를 교정하는 것은 실수가 드물거나, 피할 수 없거나, 항상 끔찍하다는 착각을 불러일으킨다. 이런 맥락에서, 상담사들은 심각하지 않은 윤리적인 위반 사항을 은밀하게 숨겨야 하는 문제로 간주할 가능성이 더 크다. 이러한 접근법은 Handelsman 등(2005)의 긍정적인 윤리 접근법과 완전히 일치하며, 효과적인 윤리적 적응 과정의 결과를 보여준다.

▌ 회복의 3단계 모델

이 절의 초점은 윤리적 위반에 대한 솔직하고 개방적인 태도와 자신의 실수에 책임을 지는 것에 대한 권장 사항에 있다. 이러한 권고안은 어떠한 공식문서에도 명문화되어 있지 않기 때문에 권고 사항이며, 강제사항은 아니다. 이 권고안의 목표는 정신건강전문가가 가장 근본적인 수준에서 책임을 이해하도록 장려하는 것이다. 이러한 권고안의 토대는 부분적으로 윤리적 위반을 저지른 상담가와 치료사의 재활에 관한 문헌에서 유래한다(Brown, 1997; Gonsiorek, 1997; Layman & McNamara, 1997; Schoener & Gonsiorek, 1988; Welfel, 2005). 전문가가 자신의 실수에 직면했을 때 답변해야 할 세 가지 핵심 질문은 다음과 같다.

- 나는 정확히 무엇이 잘못되었는지 이해하였는가? 그리고 나의 이익, 휴리스틱(인지적 지름길), 감정에 주의를 기울이지 않음, 상황의 비합리적인 부분이 나의 행동에 얼마나 영향을 미쳤는지 정확히 이해했는가? 또한 내가 전문가의 기준을 위반했음을 정말 인정했는가?
- 나는 어떤 피해를 입혔고, 그 피해를 어떻게 없애거나 개선할 수 있을까?
- 이 실수를 반복하지 않으려면 어떻게 해야 하는가?

위반을 인정하기

사람을 대상으로 서비스하는 직종의 전문가로서, 우리는 자신을 이기심보다는 이타심 때문에 일을 하는 훌륭한 사람으로 생각하고 싶어 한다. 특히 이러한 맹점이 이기심 때문에 생긴 경우에는 우리에게 윤리적 맹점이 있다는 것을 받아들이기 힘들 수 있다(Brazerman & Tenbrunsel, 2012). 심지어 심각한 비윤리적 행위에 대한 많은 증거가 있을 때에도 우리는 우리의 행동을 최소화하거나 합리화하기를 원하는 것 같다(Pope & Vasquez, 2011). 심각한 해를 입히지 않거나 사람들의 시선에서 벗어난 위반 사항에 대해서는 이를 축소하려는 경향은 더 커질 수 있다. 자체 모니터링의 첫 번째 과제는 윤리적 과실을 완전히 인식하고 그 본질과 범위를 이해하며, 최악의 경우를 생각하지 않는 것이다. 이 과제를 위해서는 철저히 반성하고, 이러한 반성이 가져오는 정서적 불편함을 인내하며, 2장에 제시된 윤리적 의사결정 모델의 윤리적 민감성과 연결시키는 작업을 해야 한다. 정서적 고통을 알아차리는 것은 그 행위의 부정적 효과를 다루는 계기가 될 수 있으며, 재발을 방지하는 역할을 할 수 있다. 이때 법적인 파급 효과보다 행동의 윤리적 측면에 초점을 맞추는 것이 중요하다. 예를 들어, 치료과실에 대한 법적 기준은 내담자에게 해를 입혔다는 증거이지만, 윤리적 기준은 해를 끼치면 안 된다는 윤리적 원칙에 근거한 내담자에게 해를 입힐 위험이나 위협이다.

피해 평가와 대응

전문가가 문제 행동을 인식하게 되면 다음 단계는 얼마나 많은 피해가 발생했는지 판단하는 것이다. 내담자의 피해를 평가하는 것이 최우선 과제이며, 그다음으로는 동료, 지역사회 내의 다른 사람들, 상담의 평판에 대한 피해 평가가 뒤따른다. 이때 객관적이고, 지식이 풍부하며, 자신이 모르는 무의식적 편견을 알아챌 수 있는 신뢰할 수 있는 동료와 상의하는 것이 도움이 된다. 때로는 동료가 부정적인 경험 이후에 가해자와의 추가적인 접촉을 피하는 내담자나 다른 동료와의 사이에서 중재자의 역할을 할 수 있다. 예를 들어, 동료는 내담자에게 전화를 걸어 내담자의 요구를 충족할 수 있는 방법을 모색할 수 있다. 단, 이는 분명히 이러한 연락이 내담자의 비밀유지 의무를 위반하지 않는다고 가정할 경우 가능하다. 내담자는 다른 상담사와 만날 약속을 하거나, 만나서 어려움을 해결할 수 있는 다른 전문가를 찾을 수도 있다.

일단 피해 수준을 파악하게 되면, 세 번째 단계에서는 그 해를 완화할 전략을 세운다. 윤리적 위반이 심각할수록 치료가 더 복잡해진다. 알코올 남용으로 수 주간 질 낮은 서비스를 제공한 상담사는 질병이나 개인적인 위기로 하루 동안 무능력하게 행동한 상담사보다 훨씬 더 큰 과제를 해야 한다. 후자의 경우, 질 낮은 회기가 내담자에게 심각한 피해를 주지 않았다면, 이날의 상담을 보충하기 위해 비용을 받지 않고 한 회기를 진행하는 것은 충분한 보상일 것이다.

수 주 동안 계속된 질 낮은 서비스에 대해 보상하려는 치료사는 더욱더 힘든 일에 직면하게 된다. 또한 질 낮은 서비스가 제공된 기간은 내담자에게 유의미한 부정적인 결과의 가능성을 증가시킨다. 3주 동안 부적절한 치료를 받은 우울한 내담자는 아마도 엉망인 한 회기를 경험한 내담자보다 더 고통을 겪을 것이다. 내담자는 조기에 상담을 중단했을 수 있으며, 나쁜 경험 때문에 상담에 다시 참여하지 않을 수 있다. 부작용은 내담자에게뿐만 아니라, 상담사가 거의 또는 전혀 접촉하지 못하는

내담자의 가족 및 친구에게까지 확대될 수 있다. 동료들은 부적절한 치료기간 동안 어떤 부정적인 영향을 경험했을 수 있다. 이들에 대한 부정적인 영향을 시정하는 것에 대해서도 주의를 기울여야 한다. 분명히, 이러한 상황에서 해를 바로잡을 수 있는 역량은 제한적이다. 만약 비윤리적 행위의 원래 희생자와 접촉할 수 없다면, 전문가들은 형사법원이 사소한 위반 행위에 종종 부과하는 "사회봉사" 명령과 유사한 일을 할 수 있다. 그러한 행동의 요지는 잘못된 행위에 대해 지역 사회에 보상하는 것이다. 지역 사회 봉사 활동은 두 가지 목적을 수행한다. 저울의 균형을 조금이라도 바로잡고, 관련된 사람들의 책임을 더 넓은 지역사회에 알리는 것이다.

이때 한 가지를 주의해야 한다. 윤리적인 이상은 모든 부작용을 개선하기 위한 엄청난 노력을 필요로 하지 않는다. 이러한 모든 노력의 중요한 특징은 자신이 가로막았던 사람들을 돕고, 지역사회에서 직업의 평판에 대한 피해를 해결하려는 선의의 헌신이다. Brown(1997)은 이와 관련하여 보상이라는 용어를 사용하고 있으며, 일종의 보상이 필요하다는 개념을 표현하는 것은 매우 적절해 보인다. 자문을 구하는 것 또한 비합리적인 노력과 합리적 노력을 구분해 내고, 피해를 해결할 수 있는 실행 가능한 계획을 고안하는 데 도움이 될 수 있다.

또한 비윤리적 행위의 영향으로 직접 고통을 겪은 사람에게 회복 노력이 미친 영향은 반드시 평가되어야 한다. 간단히 말해서, 치료가 질병보다 나쁘면 절대 치료할 수 없다. 가장 중요한 윤리 기준은 내담자의 복지이므로 복지를 위태롭게 하는 개선 노력은 윤리적 실수에 대한 회복 과정에서 있을 수 없다. 예를 들어, 만약 상담사가 친한 친구와 점심시간 수다 중 내담자 정보를 공개하면, 그 상담사는 윤리강령을 위반한 것이다. 동료와의 논의 목적은 전문적이지도 않았고, 내담자의 이익을 위한 것도 아니었으며, 공개에 대한 내담자의 승인도 없었다. 상담사가 실수를 인식하면, 그들은 그 실수를 해결하는 가장 좋은 방법을 신중하게

검토할 필요가 있다. 친구와 다시 이야기를 하여 실수를 알리고, 그 사람에게 비밀보장의 의무를 지켜달라고 요청하는 것은 아무도 다치게 하지 않는 하나의 해결책이다. 위반 사항을 내담자에게 가장 잘 알렸는지의 여부는 내담자에게 미치는 영향에 따라 달라진다. 특히 그 내담자에게 부정적인 결과가 발생할 가능성이 거의 없는, 무시할 수 있는 위반이 될 가능성이 있는 경우에 그렇다(물론 친구가 신뢰할 수 없는 사람으로 밝혀지는 상황은 예외이다). 만약 객관적인 평가결과 해결책이 내담자에게 추가적인 해를 가할 수 있다고 밝혀지면 상담사는 다른 방법을 찾아야 한다. 그러나 비윤리적 행위에 대한 해결 작업은 감정적으로 매우 스트레스를 많이 야기하기 때문에, 특히 내담자에게 알려야 하는 경우 전문가는 이러한 모든 공개가 해롭고 수행되어서는 안 된다는 것을 합리화하려는 유혹을 받을 수 있다. 해결 작업의 적절성을 판단하는 기준은 상담사의 즉각적인 이기심보다는 내담자의 장기적인 복지이다. 비이성적이거나 이기적인 것들로부터 합리적이고 도움이 되는 개입을 가려내기 위해서는 여기에서도 자문이 필수적이다.

전문가 재활

잘못을 저지른 전문가는 실수를 부정적으로 인식하고 재발 가능성을 줄이기 위해 원인을 찾는 정직한 자기 평가로 회복 과정을 시작한다. 이 평가에는 윤리적 위반에 영향을 미친 인지 오류와 정서적 구성 요소뿐 아니라 부정행위로 이어진 사회적, 전문적 지원의 부족도 포함된다. 여기서 목표는 죄책감이나 수치심을 일으키는 것이 아니라 변화의 과정을 위해 에너지를 모으고 그 과정을 가능한 한 포괄적으로 만드는 것이다. 궁극적인 목표는 미래에 직면한 윤리적 도전에 대한 전문가의 회복력을 강화하는 것이다.

재활 활동의 성격은 위반 사항에 따라 크게 달라질 것이다. 경미한 위반의 경우, 단순히 윤리강령을 다시 읽고 동료들과 일정 기간 동안 상의하여 그가 받아들일 수 있는 방식으로 그 강령을 해석하고 있는지를 확인하는 것이 필요할 것이다. 더 심각한 문제에 대해서는 재활에 대한 공식적인 계획이 순서대로 제시되어 있다. 이 계획에는 다음이 포함될 수 있다:

- 개인적인 문제나 성격적 결함이 부정행위의 근본에 있다면 치료해야 하지만, 이것이 그 문제의 만병통치약은 아님
- 위험을 줄이기 위해 치료의 범위를 좁힘(예, 경계 확장의 위험과 관련된 사람은 재발 위험을 줄이기 위해 위반이 발생한 내담자와 유사한 내담자를 받는 것을 삼가야 함)
- 안정성이 회복될 때까지 치료 작업에 대한 일시적인 유예
- 다른 전문가가 자신의 업무를 면밀하게 감독하여 문제가 있는 행동을 신속하게 식별하고 중단할 수 있도록 하는 제도
- 전문적이고 사회적인 지지 자원의 재배치
- 직업의 윤리강령과 윤리적 가치를 더 잘 이해하기 위한 자기 교육이나 공식적인 윤리 교육 프로그램
- 임상 역량을 향상시키는 교육 경험에 등록하기

이 목록은 포괄적이지 않다. 재활 활동은 개인의 위반과 위반자의 특성에 맞게 조정되어야 한다. 마찬가지로, 재활에 쏟아야 하는 기간도 매우 다양할 것이다. 같은 영역에서 계속되는 위반에 대한 접근은 첫 번째 위반보다 더 적극적으로 다루어져야 하지만, 첫 번째 위반도 무시해서는 안된다. Tjeltveit과 Gottlieb(2010)는 향후의 잘못된 행동을 예방하는 데 도움이 될 수 있는 윤리적 재앙을 피하기 위한 몇 가지 유용한 제안을 제시하였다.

마지막으로, 재활기간이 끝난 것처럼 보이더라도 인간의 약점을 극복하기 위해 전문가는 주기적으로 자문을 받아 실수가 발생하지 않도록 해야 한다. 안타깝게도, 심각한 윤리적 위반에 대한 면허위원회 및 윤리위원회의 제재로 이루어진 재활노력이 효과적이라는 확실한 증거는 없다(Gonsiorek, 1997; Layman & McNamara, 1997).

연민과 공감(Compassion and Empathy)

개인적인 책임에 한 가지 추가적인 가치가 있다면 연민이다. 이는 우리 모두가 윤리적 잘못에 취약하다는 것을 상기시키며, 윤리적 위반 행위로 기소된 전문가들에 대한 도덕적으로 우월한 태도를 갖지 못하게 한다. 우리 자신의 실수를 인식함으로써 우리는 다른 사람들에 대한 연민과 공감을 갖게 된다. Jerome(1889)이 100년 전에 기록했듯이, "우리의 미덕이 아니라 우리의 허물과 실패 때문에 우리는 서로를 감싸 안고 연민을 알게 된다. .... 우리는 모두 어리석다는 점에서 하나이다." 따라서 다른 사람들이 윤리적 위반을 저지른 후 자문을 구하면 우리는 가혹한 개인적인 판단보다는 연민을 보여주는, 처벌보다 재활을 추구하는 접근을 취할 것이다. 이러한 연민은 행동에 대한 전적인 책임감과 양립할 수 없다. 그것은 윤리적인 이상을 최대한 적용하는 것이다.

▎요약

상담사와 치료사는 내담자, 동료, 자신의 경험을 통해 여러 가지 방법으로 다른 전문가의 윤리 위반 사례를 알게 된다. 내담자로부터 동료의 비윤리적 행동에 대해 듣는 것은 드문 일이 아니다. 상담사는 이러한 위반 사항을 스스로 해결하거나, 해결하기를 선택한 내담자를 도울 의무가 있다. 그러나 윤리 위반에 대한 동료와 대면하려는 마음이 내담자의 비밀보장 권리와 상충되는 경우, 비밀보장이 우선한다.

윤리강령은 문제의 비공식적인 해결을 시도하는 것으로 시작하는 것을 추천한다. 일반적으로 이는 관련된 전문가와 윤리를 위반한 전문가 사이의 대화로 시작한다. 만약 관련된 동료가 그러한 위반이 발생하지 않았거나 재활 노력이 효과적일 것으로 확신하는 경우에는 추가 조치가 필요하지 않다. 만약 그 동료가 사람들이 더 이상의 위법 행위로부터 보호될 수 있을지에 대해 의문이라면, 다음 단계는 공식적인 고발이다. 사람들은 면허위원회, 전문가협회 및 고용주를 포함한 다양한 기관에 윤리적 불만을 제기할 수 있다. 이러한 불만 사항을 처리하기 위한 절차는 주(州) 법, 윤리위원회 규칙 및 절차, 직원 방침 매뉴얼에 규정되어 있다. 그러한 불만을 듣고 있는 위원회의 핵심 이슈는 불만을 제기하고 있는 사람의 권리와 피고소된 사람의 권리 사이에서 균형을 잡는 것이다. 서구 사회의 모든 다른 측면들과 마찬가지로, 전문가들은 유죄가 입증될 때까지 무죄로 간주된다.

만약 내담자가 전 상담사의 비윤리적인 행동을 경험했다면, 현재의 상담사는 이를 보고하는 것과 관련하여 내담자가 선택할 수 있는 것들에 대해 설명하고, 그 과정에서 내담자의 감정을 다루는 것을 도와야 한다. 불만 사항 처리 과정이 길고 까다로운 데다, 이전의 고통을 어느 정도 재경험할 수 있기 때문에 내담자는 불만 사항 처리 과정을 자율적으로 결정할 수 있어야 한다. 만약 내담자가 계속 진행하기로 결정한다면, 내담자가 이 경험을 치유적으로 느낄 수도 있지만, 그 치료사의 미래 내담자에게 일차적인 혜택이 주어진다는 사실을 알아야 한다.

어떤 정신건강전문가도 비윤리적인 행위로부터 자유로울 수 없다. 설문 결과에 따르면 비밀보장, 사전동의, 그리고 다중 관계 위반은 흔하게 발생한다. 이러한 연구들은 또한 전문가들이 그들의 과거의 잘못에 대한 걱정과 미래의 실수에 대한 걱정을 표현한다는 것을 보여 준다. 이런 맥락에서, 상담가들과 치료사들은 그들 자신의 윤리 위반에 대한 취약성을 인식하고, 외부의 처벌 기관이 그들의 위반 행위를 적발하지 못하더라도 그것들을 회복하기 위해 노력하는 개인적 책임을 다해야 한다. 이러한 의무는 어떤 전문적인 윤리적 기준에도 강령화되어 있지 않으며, 따라서 강제할 수 없지만, 다른 사람들의 복지를 촉진하고 내담자의 요구를 자신의 욕구보다 우선하는 정신건강전문가의 윤리적 이상과 일치한다. 특히, 전문가들은 자신들의 위반 행위가 야기한 해를 평가하고, 그 피해를 줄이거나 보상하기 위해 개입하는 계획을 세운 다음, 자신이 향후 그러한 위반에 덜 취약하도록 재활에 주의를 돌려야 한다.

❖ 토론 질문

1. 당신은 저자의 마티나 사례에 대한 결정에 동의 하는가? 비공식적인 해결을 주장할 것인가? 왜 그런가 또는 왜 그렇지 않은가?

2. 고용주에게 비윤리적인 행동을 보고하는 것은 장점과 단점을 모두 가지고 있다. 이 전략의 장 점과 단점에 대해 논의해보시오.

3. 윤리강령이 치료와 재활에 대한 좀 더 명확한 언급을 포함해야 하는가? 만약 그렇다면, 어떤 표현이 허용될 수 있는가? 만약 그렇지 않다면, 왜 아닌가?

4. 면허위원회의 잘못된 치료에 대한 소송과 징계 의 세계에서 내담자와 다른 이들에 대한 피해를 최소화하기 위한 윤리적 이상에 대한 헌신은 순 진하고 비현실적인 생각일까?

5. 다른 상담사에게 윤리적 불만을 제기하고 있는 내담자를 지지하려고 하는 상담사에게 어떤 감 정이 영향을 미칠 수 있을까?

6. 당신은 윤리위원회가 알고 있는 것이 대중에게 알려져야 한다고 생각하는가? 현재, 많은 기관들 이 윤리위반으로 처벌을 받은 회원들에 대한 정 보를 제공하고 있다. 그러한 결과를 좀 더 광범 위하게 전달하면 무엇을 얻거나 잃을 수 있을까?

7. 어떤 상황에서 실수를 만회하기 위한 해결책이 잘못된 행동만큼 해로울 수 있다고 생각하는가? 내담자가 윤리적 위반에 대해 모른다면 이를 알 려야 하는가?

8. 심각한 윤리적 위반을 공개한 전문가의 자문 역할을 하는 동료에게 어떤 윤리적 딜레마가 있을까?

❖ 토론 사례

다음 사례는 사람들이 불만을 제기하지 않거나 (심지어 모를 수도 있는) 윤리적 실수의 대표적인 예 이다. 이 사례들은 위반 행위에 대한 해결책의 필

요성과 때로는 그것들을 시행하는 데 있어서의 어 려움 모두를 강조한다. 그들은 또한 재활에 대한 흥미로운 의문들을 제기한다. 각각의 사례를 잘 살 펴보고, 이상적인 윤리적 해결책에 대해 결론을 내 리고, 재활 계획을 세워 보라.

———

심리학자 포트레인 박사는 외상후 스트레스에 대 한 임상 최면 사용에 관한 1일 세미나에 참석했다. 세 미나는 강의를 잘 한다는 평가를 받고 있는 최면 전문 가가 진행했고, 포트레인 박사는 이 세미나에서 최면을 처음으로 경험했다. 세미나가 끝난 후, 포트레인 박사 는 몇 시간 동안 최면에 대한 자료를 읽었고, 그의 동 료들과 그 자료에 대해 토론했다. 세미나가 끝난 후 며 칠 뒤, 아파트 건물에서 난 심각한 화재에서 가까스로 탈출한 한 남자가 상담을 받으러 왔다. 평가 결과, 경 미한 수준의 외상후 스트레스가 나타났다. 포트레인 박사는 최면을 선택 치료법으로 추천하면서, 이 환자에 게 도움이 될 수 있는 다른 접근법에 대한 언급은 생략 했다. 이 심리학자는 워크숍 직후에 이 새로운 치료 도 구를 사용할 수 있는 능력을 몹시 사용해 보고 싶었고, 흥분되었다. 그 남자는 최면에 동의했고, 포트레인 박 사는 최면을 사용하여 세 회기를 진행하였다. 그러나 이 회기들이 종결되는 시점에 그 남자는 증세에 아무런 호전을 보이지 않았다. 그 남자가 나아지지 않는 것에 대한 실망감에 눈물을 흘리는 것을 보면서, 포트레인 박사는 그가 자신의 능력의 한계를 넘어 상담을 진행 했고, 다른 선택 사항들을 설명하지 않고 그의 내담자 를 실험적인 치료로 밀어 넣었다는 것을 깨달았다.

———

벳씨는 치료사인 맥더프 박사에게 최근의 신혼여행 에서 일어난 매우 당혹스러운 일에 대해 이야기했다. 이 내담자는 자신의 치료사와 그 문제를 상의할 수 있 어서 안심했고, 회기가 끝날 무렵 그 상황의 고통뿐만 아니라 우스운 점을 이해하기 시작했다. 다음 주말에 맥더프 박사는 이웃집에서 열린 파티에 참석했다. 파티 에서 주인은 "가장 당황스러운 순간을 말해 주세요"게 임을 시작했고, 파티 손님들이 참여하는 데 동의했다. 맥더프 박사의 차례가 되었을 때, 그는 이 그룹에서 진

정한 웃음을 끌어낼 수 있는 어떤 것도 생각해낼 수 없었다. 그래서 그는 내담자라고 밝히지 않고 벳씨의 사건에 대해 말했다. 그는 그 사람을 그냥 아는 사람이라고 언급했다. 그 그룹은 이 이야기를 매우 재밌어했다. 게임의 하이라이트였다. 다음날 그는 슈퍼마켓에서 파티에 참석했던 사람을 우연히 마주쳤는데, 맥더프 박사의 이야기가 매우 재밌었다고 다시 한번 말했다. 이때부터 박사는 자신의 행동이 불편해졌고, 그 이야기를 한 것을 후회하기 시작했다.

에게 전화를 걸었다. 그들은 정기적으로 문화 활동에 참여하기 시작하였다. 몇 달 후 한 모임에서, 먼덜리씨는 상담 동료를 만났다. 그 동료는 그 내담자를 알아보자 놀라는 듯 보였다. 내담자가 짧은 대화를 통해 자신과 먼덜리씨가 매우 친한 친구가 되었다는 사실을 밝혔을 때, 그의 놀라움의 표현은 불편함으로 바뀌었다. 먼덜리씨는 이 내담자에 대한 자신의 개인적 관심에 저항하고 새로운 공동체에서 친구들을 찾기 위해 다른 노력을 했어야 했는지 고민하고 있다.

면허를 소지한 임상상담사인 스펜드씨는 개인센터를 운영하며 점점 더 제3지불자의 요구에 좌절감을 느끼고 있다. 최근 주요우울증을 앓고 있는 여성 치료에 대해 보험회사는 단 5회기의 상담을 승인했고 그 한도를 늘리지 않았다. 내담자는 나머지 회기에 대해 자신이 직접 지불하기로 결심했지만, 상담료를 낮춘다고 해도 내담자에게 어려운 일이었다. 스펜드씨는 다음에 같은 회사의 보험에 가입된 내담자를 만났을 때, 더 많은 보험금을 받기 위해 내담자의 실제 증상보다 더 심각한 진단을 내렸다. 보험사는 이 사례에 대해 10회기에 동의했는데, 상담사와 내담자 모두 이 문제에 적합한 회기수라고 판단했다. 이 내담자와 종결한 지 2주 뒤에 그녀는 상담의 윤리적이고 법적인 문제들에 대한 세미나에 참석했고, 내담자에 대한 그녀의 행동이 비윤리적일 뿐만 아니라 아마도 불법이었다는 것을 깨달았다.

먼덜리씨는 면허를 소지한 임상사회복지사로, 10년째 일하고 있다. 그녀는 최근에 새로운 지역으로 이사하여 외로움을 느끼고 있다. 어느 날, 그녀는 친구로서 자신이 중요시하는 모든 특징을 가진 것으로 보이는 한 내담자를 만나게 된다. 그 내담자도 먼덜리씨에 대해 같은 감정을 느끼고 있는 것 같다. 먼덜리씨는 세 번의 회기 후, 이 내담자를 다른 치료사에게 보내기로 결정했다. 다른 치료사는 내담자가 겪고 있는 문제에 전문가이지만, 먼덜리씨의 주요 동기는 이 내담자와 친구가 되고 싶은 욕구에 바탕을 두고 있다. 종결 후 두 달 뒤, 먼덜리씨는 박물관 개관식에 초대하려고 내담자

밥은 20년 동안 교외의 한 사무실 건물에서 소규모 그룹 치료를 운영해 온 면허가 있는 임상상담가이다. 그는 장기적인 상담이 필요한 복잡한 문제를 가진 내담자들과 작업하는 것에 대한 전문성으로 잘 알려져 있다. 어느 날, 그는 같은 동네에서 일하고 있는 다른 상담사(테드)로부터 전화를 받았다. 그는 테드를 몰랐다. 테드는 밥에게 자신이 현재 낸시라는 여자와 함께 상담실에 있으며, 그녀는 우울증에 대해 상의하기 위해 자신을 찾아왔다고 말했다. 테드는 낸시가 밥을 성적인 위반으로 고소했으며, 그녀가 밥을 만나러 왔을 때 무슨 일이 있었는지 자신에게 설명해 주기를 원한다고 말했다. 테드는 밥이 무슨 말을 하더라도 면허위원회에 보고하는 것을 막을 수 없겠지만, 그가 해야 하는 말을 들어보고 싶다고 말했다. 또한 테드는 밥의 행동이 전혀 전문가답지 못했고, 이 여성에게 트라우마를 주었다고 말했다. 밥은 충격에 빠졌다. 그는 먼저 이것이 장난 전화가 아니라는 것을 확인하고 테드가 정말 면허를 소지한 전문가라는 것을 분명히 하려고 했다. 테드가 공유하는 정보는 그가 면허를 소지한 임상 사회복지사이고, 이 전화를 걸 수 있도록 낸시의 허락을 받았다는 것을 분명히 보여 준다. 밥은 테드가 낸시를 묘사하고, 그녀가 테드에게 했다는 말을 들으면서 그가 말하고 있는 여자를 알지도 못한다는 것을 깨달았다. 밥은 낸시에게 자신의 외모를 묘사해 보라고 했으나, 그녀의 묘사는 많은 남자들에게 적용될 수 있어서 도움이 되지 않았다. 그는 여전히 그녀를 만난 기억이 없어서 낸시에게 전화로 이야기 할 수 있냐고 물었다. 그들이 대화를 시작하자마자 낸시는 밥의 목소리를 모른다는

것을 깨달았다. 몇 번의 대화가 오간 후에 낸시는 자신이 올바른 상담사를 찾았는지 심각하게 의심하게 되었다. 테드는 더 많은 정보를 얻고 나중에 다시 전화하는 것에 대해 몇 마디를 중얼거리고 전화를 끊었다. 밥은 이 대화 때문에 너무 화가 나서 그날 밤 잠을 잘 수 없었고, 즉시 동료와 상의하였다. 그리고 밥은 심각한 위반으로 잘못 기소한 테드를 어떻게 해야 하는지 알아내려고 하였다. (밥은 나중에 낸시가 인근 건물에서 로버트라는 이름을 가진 다른 상담사를 만났다는 것을 알게 되었다) 테드와 밥 두 사람의 행동에 관련된 윤리적인 이슈들에 대해 토론해 보라. 밥이 이 시점에서 그 모든 문제를 그냥 잊어버려야 할까?

제4부

특별 환경에서의 윤리적 이슈

12장

지역사회, 대학, 법적 환경에서의 윤리

이해관계의 충돌 방지

정신건강 분야 역사의 초기에는 대부분의 상담사들은 학교, 병원, 대학 또는 정부 기관과 같은 큰 기관에 고용되었다. 그 후 정신건강전문가들을 위한 면허제가 시행되면서 간판을 걸고 독립 센터를 운영하는 것을 포함한 많은 새로운 고용 기회가 생겼다. 더 많은 선택권은 1960년대 연방 및 주 정부 지역사회 정신건강법의 제정과 함께 주어졌다. 이러한 변화 이후 50년이 지난 현재, 소수의 상담사, 심리학자, 그리고 사회복지사만 큰 기관에서 일하고 있다. 대부분은 공공 정신건강 기관 또는 다수의 상담사들로 운영되는 기관에 고용되거나 혼자 일한다. 현재 학교나 병원에서 일하는 전문가들도 시간제 개인 상담소를 운영하는 경우가 많다. 이전 장에서 이미 열거한 윤리적 문제 외에도, 지역사회 및 개인 상담소에서 일하는 사람들과 관련된 특별한 윤리적 문제도 있다. 이 장은 이러한 특별한 이슈를 다루고 있는데, 내담자와의 접촉에 대한 윤리적 기준, 다른 전문가와의 관계, (보험사와 같은) 제3자에 대한 의무, 코칭 관련 윤리적 문제 및 법적 활동을 중심으로 다룬다.

▌내담자에 대한 책임

지역 사회에 기반을 둔 상담가들과 심리치료사들에게는 내담자에 대한 6가지 주요 책임이 있다. 이러한 책임은 지역사회와 개인 상담소에만 국한된 것은 아니지만, 특히 이러한 환경에서 일하는 상담사에게 중요하다.

1. 지불 문제

개인 상담소의 상담사나 치료사가 버는 돈의 액수는 유료로 수행된 회기수에 따라 달라진다. Freud도 이 문제를 잘 알고 있었으며, 자신의 돈 문제에 대해 자주 불평했다(Freud, 1954). 치료자가 돈을 받는 회기가 많아질수록 더 많은 급여를 받을 수 있다(각 내담자의 회기수를 최소화한 것으로 상담사가 보상을 받을 수 있게 관리되는 치료 상황 제외). 따라서 개인 상담소의 상담사들의 주요 윤리적 문제는 이러한 환경에 내재된 이해의 충돌을 다루는 것이다. 두 번째 문제는 많은 정신건강전문가들이

도움이 필요한 사람들이 서비스에 대한 지불을 처리할 때 느끼는 불편함의 정도이다. 우리 사회에서는 성에 대해 말하는 것이 돈에 대해 말하는 것보다 더 쉬운 것 같다(Koocher & Keith-Spiegel, 2008). 다음 상황들에 대해 생각해보라.

앰버사이드씨의 사례

개인 상담소에서 일하는 정신건강상담가인 앰버사이드씨는 카리브해로 비싼 결혼 여행을 계획하고 있으며, 이를 위해 돈을 모으고 있다. 클레퍼씨는 공황 장애 치료를 위해 한동안 그녀의 상담을 받았다. 그는 치료 목표를 달성한 지 2달이 됐는데도 종결을 주저하여 계속 치료를 받고 있다. 그는 매주 회기를 즐기고 있으며, 치료를 끝내면 공황발작이 재발할 것이 걱정된다고 말하였다. 클레퍼씨는 매주 치료비로 수표를 써주고 있으며, 한 번도 지불을 놓친 적이 없다. 앰버사이드씨는 자신의 내담자가 준비되었을 때 종결할 수 있어야 하기 때문에 필요 이상으로 치료를 늘리는 것이 해를 끼치지 않는다고 생각한다.

랭클리 박사의 사례

랭클리 박사는 법원이 치료를 위임한 내담자를 만나고 있다. 법원은 이 회기들에 대해 치료사에게 최고 비용을 지불하도록 했다. 내담자는 이 결정에 동의했는데, 이를 자신의 '가장 덜 나쁜 선택'으로 보기 때문이다. 그녀는 마지못해 상담에 참여했고, 자신의 문제에 대한 다소 피상적인 이야기를 하는데 회기의 대부분을 보낸다. 그녀는 자신이 동의한 치료 목표에 집중하려는 랭클리 박사의 노력을 거부하고 최소한의 진척만을 보이고 있다. 랭클리 박사는 최근 개업을 해서 경비를 충당하기 위해 애쓰고 있다. 그는 법원으로부터의 소득이 필요하기 때문에 내담자가 회기에서 보이는 패턴을 지속하도록 했다. 법원에 보내는 그의 보고서에서는 내담자의 믿을 수 있는 출석률과 지금까지 보인 작은 변화 묘사에 초점을 맞추고, 치료에 대한 저항은 덜 강조했다. 그는 법원에 거짓말을 하지 않았지만, 그의 서신이 내담자의 치료 진행에 대한 진정한 전문적인 판단을 완전히 밝히지는 않았다.

랭클리 박사와 앰버사이드씨는 Cummings (1995)가 "무의식적인 재정 편의(unconscious fiscal convenience)"라고 부른 것에 관련되어 있으며, 상담사의 재정적 이익과 충돌하기 때문에 효과적인 상담의 중요한 치료적 측면을 간과하고 있다. 이런 전문가들은 악의적으로 내담자를 착취하고 있는 것은 아니지만, 자신들의 치료적 판단의 근본적인 동기가 내담자가 내는 상담료에 대한 욕구에서 비롯된다는 사실을 보지 못하고 있다. 따라서 이들 모두 비윤리적으로 행동하고 있는 것이다. 앰버사이드씨는 클레퍼씨가 종결 스트레스를 이겨내고 새로운 환경적 지지를 찾을 수 있도록 도와야 한다. 마찬가지로, 랭클리 박사는 법정을 속이기 위해 내담자와 결탁하는 것을 멈추어야 하고, 내담자가 치료에 더 적극적으로 참여하도록 격려하기 시작해야 한다. 나아가, 그는 내담자의 치료 경과에 대한 더 완성도 높은 보고서를 법원에 즉시 제출해야 하며, 그렇게 하기 전에 내담자에게 이 조치를 알려야 한다.

무의식적인 재정 편의의 또 다른 측면은 심리치료에 돈을 지불하는 것이 치료적이라는 일반적인 믿음이다. 이 관점에 따르면, 상담에 재정적으로 헌신하지 않는 내담자들은 상담에 덜 투자하고, 덜 열심히 작업한다. 과학은 이 해석을 지지하지 않는다. 실제로 연구 결과는 내담자의 형편에 따라 상담료를 책정할 때 조차도(Aubry, Hunsley, Josephson, & Vito, 2000), 돈을 지불하는 것과 상담효과 사이의 분명한 관계가 없다는 것을 발견했다(Drexler, 1996; Pope, 1988). 또한 상담료가 이 관계가 명확한 경계가 있는, 우정과는 구별되는 전문적인 관계임을 내담자에게 알리는 측면에서 가치가 있다고 주장하는 사람들도 있지만(Treloar, 2010; Zur, 2007), 이 주장을 평가할 수 있는 경험적 증거는 없다.

이러한 이해 충돌을 방지하기 위해, 개인 상담소의 전문가들은 사례의 재정 관리와 관련된 정기적인 동료 자문 및 슈퍼비전을 받아야 한다. 신뢰할 수 있는 동료들에게 치료적 의사결정을 위한 기준을 알리는 것은 실제로 깨끗하고 밝은 방 기준을 사용하는 것이다(Haas & Malouf, 2005). 이 절차는 상담사의 재정적 안정이 위태로울 때 내담자를 객관적으로 보는 것의 어려움을 인정하고, 중대한 위해를 방지할 수 있는 잠재적으로 효과적인 방법을 제공한다. 또한 이러한 자문은 솔직하게 내담자와 돈 문제를 상의하지 않으려고 하는 전문가를 효과적으로 도와준다.

이타적 동기가 높고 개인 상담소의 이익 충돌 가능성에 대해 통찰력 있는 전문가들조차도 자신의 내담자들과 돈 문제에 대해 논의하는 것을 불편해하는 일이 많다. 불편함이 덜할 때조차도, 대부분의 정신건강전문가들은 Knapp과 VandeCreek (2008)이 "마지못해 하는 사업가"라고 부르는 사람들이다(p. 613). 그들은 재정적인 세부 사항들은 서둘러 통과시키고 치료 가능한 문제들에 집중하기를 원한다. 이러한 태도를 이해할 수 있지만, 위험 부담도 있다. 전문적 서비스의 비용에 대해 잘 모르는 내담자들은 진정한 고지된 동의를 받지 못하게 되는 것이다. 이런 상황에 내담자들은 지불 조건을 지키지 않을 가능성이 더 높고, 상담사에게 화가 나거나 격분할 수 있다. ACA 윤리강령의 A.2.b절에 따르면, 내담자들은 고지된 동의의 일환으로 치료의 비용적 측면에 대해 알고 있어야 한다. 이 윤리강령은 또한 상담료 설정과 관련된 다른 책임을 명시하고 있다. APA 기준 6.04도 이와 유사하게 기술하고 있으며, 잘못된 공표에 대한 금지 사항과 법에 부합하는 행동을 해야 하는 요건을 추가하고 있다. 이 기준은 또한 내담자들이 그들의 재정적 의무를 이행하지 않을 때 지불에 관한 고지된 동의의 중요성을 강조한다. 이런 상황에서, 때때로 전문가들은 추심 기관들과 계약을 할 것인지 아니면 돈을 받기 위해 법적 조처를 취할 것인지를 결정해야 한다. 이런 방법들은 비밀보장의 의무를 손상시키기 때문에, 내담자들은 돈을 지불하지 않는 것의 의미를 완전히 이해해야만 한다. 흥미롭게도, 심리학자들을 상대로 제기된 법적소송의 거의 4%가 요금 징수에 대한 반대소송과 관련된 것이었다(Peterson, 1996). APA(APA, Ethics Committee, 2014)가 수행한 윤리 조사의 낮은 비율이 상담료 및 보험 관련 불만 사항이었으며, 대개 다른 위반 사항과 결부되어 있었다(APA, Ethics Committee, 2014). 물론, 전문가들이 연체된 상담료를 받기 위해 반드시 추심 기관을 고용해야 하는 것은 아니지만, 내담자가 상담료를 미납하면 이런 결과가 발생할 수 있다는 사전 경고를 받았다면, 이 방법이 금지되는 것은 아니다. 내담자가 상담료 회수를 위한 추심이나 다른 법적 조치에 동의한 경우에도 신중한 전문가라면 사전에 내담자에게 그 합의 사항을 상기시켜 주어 내담자가 상담료를 지불하고 이러한 조치를 피할 수 있도록 하는 것이 좋다. 사실 APA 윤리강령은 그 조항을 포함하고 있다. Knapp과 VandeCreek(1993)은 징수 수단에 대한 감독을 포함한, 책임 있는 징수서비스 사용에 대한 다른 권고들을 제안하였다.

전문가들은 내담자가 상담료를 체납하면 돈을 지불할 때까지 내담자의 기록 사본을 후속 치료자에게 보내지 않는 것이 윤리적일지 궁금해한다. APA 윤리강령의 기준 6.03에 따르면, 심리학자들은 상황이 위급하지 않은 경우에는 상담료 미지불

을 이유로 기록을 보류할 수 있다. 만약 내담자가 응급 치료를 위해 기록이 필요하다면, 심리학자는 그것들을 제공해야 한다. ACA 기준은 이 문제를 직접적으로 다루지 않는다. 그러나 HIPAA(Health Insurance Portability and Accountability Act, 1996)가 내담자에게 매우 드문 상황을 제외하고는 진료기록에 접근할 수 있는 권한을 부여하였기 때문에, 상담가는 미지불 사유로 기록을 보류하기 전에 법적 조언을 구하는 것을 권고한다.

또한, 전문적인 업무의 재정적 측면에 대한 주(州)법이 전문가협회의 규정들보다 더 엄격할 수도 있다는 것을 유념하는 것이 중요하다. 예를 들어 오하이오주의 심리학위원회(OAC 4732-17-01절)의 규정은 심리학자와 상담사들이 이를 늦출 강력한 이유가 없는 한, 늦어도 두 번째 회기가 끝나기 전에 지불 조건을 명확히 하도록 명령하고 있다.

2008년 정신건강 및 중독방지법과 2010년 환자보호 및 비용 효율적인 치료법이 통과되었음에도 불구하고, 전문가들은 종종 보험 급여가 권장 상담 과정의 전체 비용을 감당하기에 충분하지 않을 수 있다는 사실을 알고 있다. 기준 6.04d는 심리학자들이 이런 상황을 인지하는 즉시 내담자에게 이를 알리고, 내담자들이 취하고자 하는 행동 방침을 결정하는 데 도움을 줄 것을 요구하고 있다. 6장에서 논의한 바와 같이, 내담자는 고지된 동의를 통해 스스로 지불 문제를 결정할 수 있는 권한을 갖춰야 한다.

모든 윤리강령은 공공 복지에 대한 헌신에 초점을 맞추는 방법으로 전문가들이 *pro bono*(비용을 받지 않는) 기반으로 일정 서비스를 제공하도록 장려하고 있다. 많은 심리학자들이 이 지침을 따른다(Knapp, Bowers, & Metzler, 1992). 모든 윤리강령은 또한 상담료를 설정할 때 전문가들이 내담자의 재정 상태를 고려해야 한다는 점에 주목한다. 많은 전문가들은 상담료를 내담자의 소득 수준에 맞추는 차등 상담료(sliding scale)를 사용하고 있으며, 이러한 관행은 대개 저소득층에게 서비스를 제공하는 윤리적으로 책임 있는 방법으로 보인다. 그러나 Bennet 등(2006)은 전문가들에게 차등 상담료

를 적용하거나 개인의 상황에 따라 상담료를 바꾸는 다양한 방법을 사용하는 것에 대해 경고한다. 모든 주는 건강 관련 종사자가 보험가입자에게 미가입자보다 더 높은 수수료를 부과하는 것을 금지하는 법을 가지고 있다. 일부 주에서는 심지어 이 법을 위반한 것에 대해 형사처벌을 받기도 한다. Fisher(2003)는 보험 미가입자에게 낮은 상담료를 받는 것은 제3지급자의 통상적인 상담료를 부풀리는 것이라고 주장하였다. 이들 저자들은 같은 이유로, 보험에 가입한 내담자가 내야 하는 상담료를 받지 않는 것에 대해서도 경고하고 있다. 상담료 차등 적용은 가능할 수 있지만, 반드시 개별적인 주(州)법에 따라 고안된 것이어야 하며, 언제나 잠재적인 내담자와 보험사에 대해 전체를 공개하고, 통일된 방법으로 사용되어야 한다.

2. 상담의 중단 또는 종결

개인적인 관계에서는 어른들은 원한다면 언제든 관계를 끊을 수 있다. 하지만 상담사와 치료사들은 일단 내담자와 전문적인 관계를 맺기 시작하면 자유롭게 그렇게 할 수 없다. 이유 없이, 또는 적절한 의뢰를 하지 않고 필요한 서비스를 계속하지 못하는 것을 대개 포기(abandonment)라고 하며, 윤리강령에서는 이를 금지하고 있다. 치료를 적절하게 종결하지 못하면 법적인 책임을 지게 될 위험도 있다(Younggren & Gottlieb, 2008).

이러한 기준은 내담자의 복지에 대한 상담의 헌신과 상담에 대한 인식 보호에 근거한다. 생각이 바뀌어서, 내담자가 싫어서, 또는 특정 집단의 내담자에 대한 편견 때문에 상담을 그만두는 전문가들은 이 직종에 대한 대중의 신뢰를 약화시키며, 관련된 내담자들에게 해를 끼친다. Shiles(2009)는 차별적 의뢰라고 부르는 후자의 경우에 대해 언급하였다. 물론, 때때로 전문가들은 새로운 직장을 얻거나, 은퇴를 하거나, 병에 걸리기 때문에 치료 중에 상담을 중단해야만 한다. 이런 상황에서는 내담자들이 적절한 상담사를 찾을 수 있도록 돕고, 새로운 상담사에게 의뢰되는 변화가 순조롭도록 그들이 할 수 있는 모든 것을 해야 한다(Vasquez,

Bingham, & Barnett, 2008). 이 의무는 동의를 할 능력이 없는 미성년 내담자나 기타 내담자의 부모나 보호자에게 이전한다. 내담자가 합의한 상담료를 지불하지 않을 때도 비슷한 접근이 권고된다. 전문가는 내담자를 다른 서비스에 연결하되, 이 전환이 이루어지도록 해야 한다. 만약 다른 서비스를 즉시 이용할 수 없다면, 전문가들은 도움이 필요한 내담자를 상담료를 지불하지 않는다고 해서 버리지 않을 것이다. 상담 중단이 예측 가능한 경우(선택적 수술 등), 전문가들은 계획을 세워 새로운 내담자를 받아들이는 것을 자제하고 현재의 내담자들을 다른 정신건강전문가들에게 의뢰해야 한다. 내담자나 내담자와 관련된 사람이 상담사에게 위험이 되는 드문 상황에서는 윤리강령이 서비스 종료를 명시적으로 허용한다.

APA는 2002년 개정 강령에서 포기 금지에 대한 광범위한 표현을 변경하고 전문적인 판단, 종료 전 적절한 계획, 또는 내담자의 피해 위험에 따른 서비스 종료를 허용하는 표현으로 대체했다(부록 B, 기준 10.10 참고). 현재 APA 윤리강령(2010)은 이 표현을 유지한다.

또한, 혼자 상담하는 상담사와 심리학자들은 갑작스러운 죽음이나 장애가 발생할 경우에 대비하여 그들의 사례를 다른 전문가가 맡을 수 있도록 대비를 해야 한다. 더 큰 기관의 상담사들은 이러한 상황에서 의뢰를 위한 정책과 절차가 기관에 있는지 확인해야 한다. 내담자들은 자신의 상담사에게 애착을 갖게 되고, 이들은 정서적 스트레스와 혼란 속에 있는 경우가 많기 때문에, 전문가들은 내담자들이 자신의 부재 시에 잘 대처할 수 있도록 모든 합리적인 조치를 취할 특별한 의무가 있다. 심리학 문헌에 대한 Bram(1995)의 보고서는 치료사들이 자신이 없을 때 내담자들의 임시 상담에 대한 욕구를 과소 평가할 때 이 기준이 자주 위반된다는 것을 보여 준다. 수개월간 상담을 할 수 없었던 치료사들은 자신의 부재가 내담자에게 미치는 영향을 축소하고 부재 시의 의뢰에 성의 없이 대처하는 경향이 있었다.

Pope와 Vasquez(2011)는 전문가가 장기간 직

무를 수행할 수 없을 경우 해결해야 할 몇 가지 문제를 확인했다.

- 누가 내담자에게 지속적인 치료와 위기 개입을 할 것인가?
- 치료사의 부재를 누가 내담자들에게 알릴 것인가?
- 어떻게 내담자들이 치료사의 회복 과정에 대한 정보를 얻을 수 있는가?
- 치료사의 기록은 어떻게 처리될 것이며, 누가 접근할 수 있는가?

이들 저자들은 또한 상담 중단의 부작용으로부터 내담자의 복지를 보호하기 위해 "최악의 경우"를 면밀히 고려할 것을 개인상담실의 상담사들에게 경고하고 있다. 그런 사건에 대해서는 적극적인 접근이 이상적인 전략이다. Ragusea(2002)는 개인상담실의 전문가가 갑작스레 상담을 하지 못하게 될 가능성에 대비할 수 있도록 실질적인 제안, 즉 전문적 유언장 양식을 제안하였다. Bennett 등(2006)은 은퇴나 상담실 폐업을 준비하기 위한 필수 과제를 제시하여 전문가들에게 지침을 제공하였다.

3. 기록

데니스 박사의 사례

데니스 박사는 작은 개인상담실을 개업하였다. 그는 매주 몇 명의 내담자만 만날 수 있기 때문에 태블릿 컴퓨터에 모든 메모를 작성하여 기록 보관을 간소화할 수 있는지 궁금해한다. 그는 또한 기록을 "클라우드(자동 온라인 저장 체계)"에 저장하는 것을 고려하고 있다.

상담사와 심리학자들은 내담자를 돕고, 다른 전문가들이 효과적인 서비스를 제공하는 것을 돕기 위해서 상담과 심리치료에 대한 기록을 보관할 의무가 있다. 좋은 기록은 전문가가 치료적인 접촉에 대해 생각하고 계획을 세우게 한다. 기록은 또한 연구자들이 치료 과정과 결과를 연구하는 데 도움을 줄 수 있다. 이 의무는 윤리적 강령에 명시

되어 있으며, 주 및 연방 법과 판례도 이를 지지하고 있다. 또한 APA는 정신건강 기록의 내용, 구성 및 보관에 대한 자세한 정보를 제공하는 기록 보관 지침(2007c)을 발간했다. 이러한 지침은 특히 컴퓨터로 기록하는 상담사에게 유용하다(Drogin, Connell, Foote, & Sturm, 2010). 일부에서는 이런 지침을 치료 작업에 대한 관료주의의 침입으로 깎아내리지만, 대부분의 사람들은 이 기준이 양질의 치료를 유지하고, 징계위원회, 소송 또는 제3자의 지불 문제로 어려움을 겪는 전문가들을 보호하는 데 유용하다고 생각한다(Bennett et al., 2006; Shapiro & Smith, 2011). Shapiro와 Smith(2011)에 따르면, 기록을 잘 보관하는 것이 치료 과실소송에서 정신건강전문가들에게 유리하게 작용할 수 있다. 기록에 대한 APA 지침은 다음의 내용을 포함해야 함을 명시한다.

- 서비스의 특성, 제공, 진행 상황 또는 결과와 관련된 정보
- 식별 정보, 날짜, 서비스 유형, 상담료, 평가 검사 자료, 개입 계획, 자문, 요약 및 수집된 모든 정보의 공개
- 이후의 정신건강전문가가 미래의 치료를 적절하게 계획하기에 충분히 상세한 자료

Piazza와 Baruth(1990)는 상담 기록에 식별 정보, 평가 정보, 치료 계획, 사례 기록, 종결 요약, 동의서, 서신 사본 및 다른 공개 자료와 같은 기타 데이터 등 6가지 범주의 정보를 포함시킬 것을 권고한다. 이 목록에 추가하여, Moline, Williams와 Austin(1998)은 HIPAA가 의료 기록으로 정의한 정보에 들어가는 약물치료 기록을 포함할 것을 제안하고 있다.

다른 직원 감독 전문가들은 기록물에 대한 비밀을 유지하고, 기록에 접근하는 다른 직원들을 감독할 법적, 윤리적 책임이 있다. 대형 기관이나 상담센터에서 근무하는 사람들은 비밀보장 의무에 대해 행정 직원을 교육해야 하며, 내담자의 기록을 부주의하게 다루지 않도록 경계해야 한다. 상담 관련자가 아닌 직원은 청구서 작성 또는 관련된 일을 위한 내담자 자료만 읽을 수 있어야 한다. 이

지침은 기관에서 일하는 모든 직원과 면허 없이 상담하는 모든 사람들에게 적용된다는 것을 이해하는 것이 중요하다. 경영학학위를 가진 행정 임원들도 단순히 기록을 작성하는 직원이나 접수 담당 직원보다 치료 기록에 접근할 권한이 더 많지 않다. 또한 임상가들도 정당한 전문적인 이유 없이 다른 상담사의 기록을 읽을 권리가 없다. HIPAA 규정(1996)은 직원을 효과적으로 교육하고 감독하여 내담자와 환자 기록의 개인 정보를 보호하는 전문가의 의무를 명확히 한다. 규정은 또한 비밀보장을 지키도록 직원들을 적절하게 훈련, 감독하지 못한 것에 대해서는 전문가들이 법적 책임을 질 수 있다고 명시하고 있다.

기록 형태 기록은 둘 이상의 매체(문서, 컴퓨터 자료, 녹화/녹음 자료)에 보관할 수 있지만, 전문가는 매체에 관계없이 기록물의 비밀보장에 책임을 진다. 컴퓨터 하드 드라이브나 외장 저장 장치에 내담자의 자료를 저장하는 전문가는 특히 이러한 파일의 보안에 익숙해야 하며, 다른 사람들이 기밀 자료에 접근하지 못하도록 해야 한다(컴퓨터와 스마트폰에 저장된 내담자의 자료에 대한 비밀유지의 위험에 대한 추가적인 설명은 5장을 참조할 것).

많은 기관들은 내담자의 기록(문서 또는 컴퓨터 자료)이 공개에 대한 내담자의 서명문서 없이는 건물을 떠날 수 없다고 규정하고 있다. 이런 정책은 의도하지 않게 비밀보장의 의무를 어기지 않도록 하는 데 도움이 된다. 자동차, 서류 가방, 노트북, 태블릿, 스마트폰은 도난당하는 일이 매우 잦다.

기록 보유 일부 주와 지역에는 지정된 기간 동안 치료 기록을 보관하도록 의무화하는 법이 있다. 매사추세츠 주의 경우, 치료 후 30년이 지나야 기록물을 폐기할 수 있으며, 캘리포니아의 경우 최소 7년 동안 기록물을 보관해야 한다(Koocher & Keith-Speigel, 2008). HIPAA에는 기록 보존을 관리하는 규정이 포함되며, 모든 의료 기록이 최소 6년 동안 유지될 수 있도록 요구한다. 내담자가 사망한 경우에는 사망일로부터 최소 2년 동안 기록을 보관해야 한다. 주법에 따라 기록물을 6년 이상 보관해야 한다고 규정되어 있다면 이를 준수해야 한다.

HIPAA와 주법의 조항이 충돌한다면 어떤 조항이든 더 엄격한 조항에 우선순위가 있다. 미성년자의 정신건강 기록은 최소한 성년이 될 때까지 보관해야 하지만, APA 지침은 성년이 된 후 3년간 보관하도록 권장하고 있다(APA, 2007c).

기록 폐기 내담자의 기록에 포함된 일부 정보는 오래되고 효력이 상실될 수 있기 때문에, 윤리 강령은 전문가가 내담자 기록의 일부 자료에 대한 시간 제한적 유효성을 인지하고, 이처럼 유효기간이 지난 자료를 찾는 사람에게 이를 알려주어야 한다고 명시하고 있다(표준화 검사 결과는 내담자의 기록에서 유효기간이 지날 수 있는 자료의 한 예이다). 기록의 어떤 부분이 폐기되는 경우, 전문가는 자료를 버리기 전에 모든 문서를 파쇄해야 한다.

기록이 전문가에게 갖는 가치 치료적 만남의 기록을 보관하는 것의 주된 목표는 내담자에게 양질의 서비스를 제공하고 다른 상담사가 상담을 하게 되었을 때 연속성을 유지하는 것이다. 두 번째 목적은 법정이나 징계위원회에서 치료에 대한 의문이 제기될 경우에 대비해 적절한 치료가 제공되었는지를 기록하는 것이다. Appelbaum과 Gutheil(1991)은 문서화와 자문을 "책임 보호의 두 개의 기둥"이라고 표현했다(p. 201). 상세한 기록의 장점에 대한 개인적인 감정과 상관없이, 이런 수준의 기록 보관은 빠르게 상담과 심리치료의 "치료의 법적 기준"이 되고 있다. 사실, 적절한 기록을 남기지 않는 것이 법정 절차에서 부실한 치료의 증거로 사용되어 왔다(Soisson, Vande Creek, & Knapp, 1987). 일부 치료사들은 적절한 기록 보관에 실패하여 면허를 상실했다(Wheeler & Bertram, 2012). 또한 법원도 만약 적절한 치료에 대해 기록하지 않았다면 치료를 잘 하지 않았다고 결론 내리는 경향이 있다(Soisson et al., 1987). Bennett 등(2006)은 철저한 문서화가 징계위원회와 법적 기관에 전문가가 "합리적인 치료 기준에 따라" 서비스를 제공하고 있다는 증거를 제공한다고 강조하였다(p. 45).

좋은 기록은 또한 자살이나 다른 사람들을 해칠 위협과 같은 고위험 상황에서 치료사를 보호한다. 이러한 상황에서학자들은 도출한 최종 판단뿐 아니라, 그 판단에 도달하기 위해 평가된 요소와 그 과정에서 참조된 자료를 문서화할 것을 권고한다 (Werth, Welfel, & Benjamin, 2009). Zuckerman(2008)도 치료사들의 위험 평가 질문에 대한 내담자의 대답을 그대로 기록할 것을 제안한다. 기록에 그러한 정보를 자세히 담은 전문가들은 그들의 결정이 틀린 것으로 판명될지라도, 법정에서 직무과실로 판단될 가능성이 적다(Peterson, 1996; Shapiro & Smith, 2011).

기록 소유 정신건강치료에 대한 기록은 대부분의 관할 구역에서 전문가의 소유물로 간주되지만, 내담자는 일반적으로 이러한 기록물의 사본에 접근할 수 있으며, 이를 열람하는 것에 대한 통제권을 갖는다(Soisson et a1., 1987). Anderson(1996)은 이 개념을 매우 간결하게 설명한다. "기록은 당신이 소유하고 있지만, 내담자는 그 안에 포함된 정보를 소유하고 있다."(p. 94). 결과적으로, 정신건강전문가들은 내담자에게 거리낌 없이 보여줄 수 있도록 기록해야 한다. 감정적인 진술, 요약 판단, 그리고 개인적인 의견들은 기록에 남아 있지 않아야 한다. 일부학자들은 내담자와 함께 기록을 작성하여 내담자가 그 과정에 더 많이 참여하게 하고, 기록물에 무엇이 포함되어 있을지에 대한 걱정을 줄이며, 치료 과실소송의 위험을 줄일 것을 제안한다(Mitchell, 2007; Shapiro & Smith, 2011). 그러나 다시 한번 강조하지만, 기록 보관에 대한 법적 요건은 주마다 다르기 때문에, 모든 정신건강전문가들은 이 문제와 관련된 주의 법을 따라야 한다.

이중기록의 윤리 일부 상담사와 치료사는 이중 기록을 한다. 하나는 서비스에 대한 공식 기록이고, 다른 하나는 사례에 대한 개인 기록이다. 개인 기록은 전문가가 상담 과정에서 감정과 반응을 분류하거나, 평가나 치료에 대한 초기 생각을 담은 치료노트일 수 있다(Koocher & Keith-Spiegel, 2008). 내담자가 매우 광범위하게 기록을 열람할 수 있는 법률이 있는 주에서는 전문가들이 그러한 기록에 특히 주의하고, 자신의 상황에 관한 법적 자문을 구해야 한다. Shapiro와 Smith(2011)는 전문가들에게 이러한 모든 기록이 법정소송에서 발견될 수

있다고 조언한다(p. 159).

HIPAA와 심리치료 노트 연방 정부가 이 법률을 작성했을 때에는 내담자가 사적 정보에 대한 동의서에 서명하면 별도의 동의 없이 건강서비스나 치료비 지불과 관련된 제공자와 다른 제공자 사이의 의사소통을 허용하는 규정이 포함되어 있었다. 이러한 표현은 제3 지불자가 내담자의 기록을 보고자 하는 경우 이에 대한 접근을 거부할 수 없음을 의미한다. 결국에는 전문가협회가 심리치료 노트에 대한 접근을 제외한 기록 공개는 허용하는 것으로 타협했다. 심리치료 노트란 무엇인가? 본질적으로 심리치료 노트는 보통 과정 노트라고 부르는, 내담자에 대한 전문가의 인상을 표현하거나 내담자와 전문가 사이의 대화의 특징을 분석하는 말들을 의미한다(Holloway, 2003). 심리치료 노트가 공식적인 내담자 기록과 물리적으로 분리되어 있는 한, 명시적인 내담자의 승인 없이 공개되는 것에서 제외될 수 있다. 다음의 정보는 절대로 심리치료 노트로 간주될 수 없다. "약물 처방 및 관리, 상담 회기 시작 및 중단 시간, 제공되는 치료의 종류 및 빈도, 임상 검사 결과, 다음 항목의 요약: 진단명, 기능적 상태, 치료 계획, 증상, 예후 및 현재까지의 진행 상황"(HIPAA 164.501절). 많은 상담사와 치료사들이 습관적으로 심리치료 노트를 남기지 않으며, 윤리적 또는 법적 기준으로 그렇게 할 의무가 없기 때문에, 이는 아마도 제3 지불자들로부터 내담자의 사생활을 실제로 보호하는 것보다 더 상징적인 의미가 있다는 것을 주목할 필요가 있다. 또한, 심리치료사에 대한 어떤 법적 조치가 취해진다면, 법원은 아마도 전문가에게 그러한 노트를 작성하도록 요구할 것이다.

데니스 박사 사례 다시 보기

이제 이 질문에 대한 대답은 꽤 분명해 보인다. 내담자 수가 적은 경우에도 태블릿에 내담자의 자료를 보관하는 보안 위험이 이익보다 크다(그리고 이를 내담자 기록을 보관하기 위한 유일한 수단으로 사용한다면, 시간이 지나면서 태블릿에 저장되는 내담자 기록이 상당히 많아질 것이다). 또한 기기를 떨어뜨리거

나, 도난당하거나, 잃어버리거나, 결함이 없는 경우에도 기록을 보관해야 하는 전체 기간 동안 수명이 유지되지 않을 수도 있다. 치료사가 이러한 기기에 회기 노트를 작성할 수 있으나, 이를 내담자 기록을 영구적으로 보관하는데 사용하는 것은 문제가 있다. Devereaux와 Gottline(2012)에서 설명한 바와 같이 "클라우드"에 기록을 저장하는 것에도 위험이 있다. 이러한 위험의 중심에는 임상가가 원격으로 전자 기록을 저장할 때 보안 위험과 접근문제가 있다. 이러한 기록 저장소의 윤리적 문제에 대한 자세한 내용은 Devereaux와 Gottline을 참조하라.

4. 서비스에 대한 광고와 내담자 모집

모든 지역사회 기반의 상담실과 기관들은 생존하기 위해 지속적인 내담자 방문과 "청구 가능한 시간"에 의존한다. 따라서 지역 사회의 전문가들은 자신의 계획에 따라 대출을 상환할 수 있는 사업자 목록에 들어가기 위해 상담료를 낼 수 있는 사람들이나 건강보험사에게 자신을 홍보하려고 한다. 여러 해 동안 정신건강서비스에 대한 광고는 윤리적 기준에 의해 극도로 축소되었고, 전화번호부나 서비스안내문에 들어가는 간략하고 설명적인 항목으로 제한되었다. 정신건강서비스를 다른 소비자 제품과 비슷한 방식으로 광고하는 것은 부적절하고 소비자에게 위험하다고 판단되었다. 심지어 전화번호부 목록에서 굵은 글꼴을 사용하는 것도 권장하지 않았다(Shead & Dobson, 2004). 1980년대 말, 연방 거래위원회(Federal Trade Commission: FTC)는 그러한 규제의 적법성에 이의를 제기했고, 광고에 대한 전문가의 기준에 극적인 변화를 일으켰다(언론의 자유와 자유무역을 강조하는 FTC와 시민 보호와 직업의 평판을 강조하는 APA 사이의 대립에 대한 흥미로운 설명을 보려면 Koocher, 1994a 참조). 현재 미국의 광고 지침은 거의 무제한의 광고권의 자유를 허용하고 있다. 실제로, 그들은 오직 두 가지의 활동, 속이는 행위와 직접적 대면 모집을 금지하며, 엄격하게는 오직 한 가지, 추천장 사용을 명시적으로 금지하고 있다.

APA 윤리강령, 기준 5.01(부록 B)에서는 전문가들이 현재 또는 과거의 내담자를 착취하거나 잠재적 내담자를 속이지 않는다면 어떤 방식으로든 자유롭게 홍보할 수 있음을 명확히 밝히고 있다. 대부분의 윤리학자들이 권고하지 않는 관행이지만, 내담자가 과도한 영향력에 취약하지 않다면, 과거 내담자들의 추천도 받을 수 있다(예, Koocher, 1994b 참조). 현재와 이전의 내담자의 추천은 몇몇 온라인 치료자들의 웹사이트에서도 공공연하다. 광고의 자유에 내재하는 위험은 분명하며, 합법적인 마케팅과 오해의 소지가 있는 광고 사이의 경계를 유지하는 의무는 전적으로 개개의 전문가의 몫이다. 광고를 고려하고 있는 상담사는 다음과 같은 질문을 던져야 한다.

- 서비스에 대한 설명이 공정하고, 정직하며, 최대한 포괄적인가?
- 내 자격과 훈련 사항이 정확하게 제시되어 있는가? (오해의 소지가 있는 예로는 전문적 문헌에 한 번도 연구가 게재된 적이 없는데 자신의 연구가 국가에 미친 영향에 대해 주장하는 것이다)
- 광고가 대중들이 서비스를 받고 상담 분야를 신뢰하게 하는 데 도움이 되는가?
- 전 내담자의 추천이 포함된 경우, 내게 부당한 영향을 받지 않은 사람에게서 받았고, 그 사람이 추천하여 의도하지 않은 결과를 초래했을 때, 이를 다룰 수 있는 계획을 세웠는가?
- 추천해준 이전 내담자가 가까운 시일 내에 다시 나와의 상담을 필요로 할 것 같지 않다고 확신하는가?
- 나의 동료들이 그 광고가 전문적 기준을 준수한다는 것에 동의할 것인가?
- 광고에 관련된 다른 사람들이 광고의 윤리적 기준을 준수한 것을 확인하기 위해 내가 할 수 있는 모든 일을 다 했는가?
- 지역 인가를 받은 대학의 학위만 명시하는가?

캐나다 심리학자 Shead와 Dobson(2004)은 윤리강령에서 금지되지는 않지만, 다음의 세 가지 유형의 광고는 윤리적 가치에 위배된다고 제안하였다. 특별한 능력에 대한 주장, 다른 비교 가능한 전문서비스에 비해 자신의 서비스가 우수하다는 주장, 그리고 서비스를 받아야 하는 이유로 내담자의 공포와 불안에 호소하는 것이다. 그들은 이러한 관행들이 적절한 치료를 찾는 소비자들에게 실질적인 도움을 제공하지 않으며 실제로 그 분야에서 대중의 신뢰를 훼손한다고 주장한다.

Knapp과 VandeCreek(2008)은 정신건강전문가들이 자신의 광고 초안을 읽거나 들을 평균적인 사람의 관점에서 검토할 것을 권고한다. 이들은 광고에서 다수의 상담 기술을 설명한 심리학자의 예를 사용하여 이 용어가 정말로 전문가의 능력을 정확하게 기술하고 있는지에 의문을 제기하며, 평균적인 사람이라면 어떤 기술을 뛰어난 전문 분야로 이해할 수 있다고 경고했다. 그들은 소비자에게 좀 더 정확한 용어로 능력을 의미하는 "숙련(Proficiencies)"을 제안하며, 반드시 비범한 재능이나 훈련일 필요는 없다고 조언하였다.

Sturdivant(1993)는 전문서비스의 광고가 좋은 일을 하고, 일을 잘 할 수 있는 방법이 될 수 있다고 주장하였다. 그녀는 마케팅이 대중들이 다른 방법으로는 알 수 없을 자원을 획득하는 교육적 도구 역할을 할 수 있다고 주장하였다. 그녀는 소비자들이 상담과 심리치료에 대한 마케팅 정보에 긍정적으로 반응했고, 상담에 대한 긍정적 평가도 높아졌다는 오하이오 심리학회의 연구를 언급했다. 이와 유사하게, Palmiter(2012)는 공공 교육을 목적으로 마케팅서비스, 마케팅 비용 지불, 언론과의 상호작용을 장려하는 것에 윤리적인 문제가 없다고 단언하였다. 그럼에도 불구하고 정신건강전문가들은 광고의 구체적 내용과 다른 마케팅 노력이 적용 가능한 기준을 충족하는지 주의 깊게 평가해야 한다.

ACA 윤리강령은 C.3 한 절 전체를 할애하여 광고와 내담자 모집과 관련된 규칙의 세부 사항을 기술하였다(부록 A). ACA 기준은 APA 윤리강령과 상당히 중복되지만, 언론과의 관계에 있어 일부 표현을 생략하였고, 고용주를 통해 외부 전문 활동의 내담자를 모집하는 것을 금지하는 것에 대한 구체적인 조항을 추가하였다.

다음 사례를 고려해보자.

션의 창의적 전략 사례

션은 최근 정신건강상담가 면허를 취득했으나, 정신건강 분야에서 거의 20년의 경력을 가지고 있으며, 지역사회에서 외상후 스트레스 내담자를 치료하는 전문가로 잘 알려져 있다. 그는 이미 개업을 했고, 전화번호부, 개인 웹사이트, SNS에서 그의 서비스를 광고하기 시작했다. 그는 주 상담협회의 추천 회원으로 등록되어 있다. 또 그는 '무료 초기 상담'을 제공한다고 광고하였다. 지금까지 12명 이상의 내담자들이 그 제안을 받아들였고, 모두 그와 계속해서 상담하기로 결정했다.

션이 자신의 상담을 광고한 방식은 ACA 기준 중 어떤 조항을 위반했는가? 그가 전화번호부와 웹사이트에 제공하는 정보가 정확하고 잠재적 내담자에게 오해의 소지가 없는 한, 그는 아마도 그 분야를 준수하고 있을 것이다. SNS를 사용하는 것은 개인적인 페이지와 전문적인 페이지를 따로 가지고 있을 때에만 윤리적이다(H.6.a 절). 그러나 무료로 제공되는 초기 상담은 잠재적으로 문제가 있다. Zuckerman(2008)은 내담자들이 첫 한 시간 후에 상담이 시작되었다고 느낄 수도 있고, 더 이상의 치료를 거절하는 데 어려움을 겪을 수도 있기 때문에 상담사들에게 이러한 관행을 피할 것을 촉구하였다. 그는 또한 이러한 관행이 내담자를 이용하는 것으로 보일 수 있고, 윤리강령이 언급하는 부적절한 영향력으로 인식될 수 있다고 설명하였다.

션과 같은 전문가들 중 점점 더 많은 수가 그들의 지역 상담소를 알리기 위해 웹사이트를 이용하여 인터넷의 마케팅 잠재력을 활용하고 있다. 이러한 웹사이트에는 일반적으로 전문가의 학력 및 면허, 제공되는 서비스유형과 회기 예약 일정 정보가 포함된다(Palmiter & Renjilian, 2003). 그들은 또한 비밀보장과 고지된 동의의 몇 가지 기본적인 사항을 설명함으로써 상담과 심리치료에 대한 잠재적인 내담자들의 두려움과 오해를 없애는 것을 목표로 하고 있다. 웹사이트에는 상담사의 사진을 게시하여 사람들이 화면에서 보는 이름과 얼굴을 연결할 수 있도록 하기도 하고, 예약하기 전에 전문가에게 추가적인 질문을 할 수 있도록 이메일 주소를 포함시키기도 한다. 이러한 모든 기능은 전문가의 서비스에 더 쉽게 접근하고 더 편리하게 이용하도록 설계되었으며, 소비자들은 이러한 콘텐츠에 호의적으로 반응한다. 많은 정신건강전문가도 개인적 SNS를 가지고 있으며(Taylor et al., 2010; Lannin & Scott, 2013), 몇몇 기관들도 SNS에 계정이 있다. 이러한 사이트의 내용과 공공 접근 수준은 신중하게 고려하고 정기적으로 감독해야 한다. Lannin과 Scott(2013)은 정신건강전문가들에게 시골 지역 전문가들이 작은 지역사회에서 접근하는 것과 동일한 방식으로 SNS의 "작은 세계"에 접근할 것을 충고한다. 전문가가 SNS를 활용할 때 부적절한 마케팅뿐만 아니라, 시골 지역에서 발생하는 경계선 문제와 자기노출 딜레마의 위험에 노출될 수 있다.

직접 대면 접촉 없이 전자치료(e-therapy, 인터넷 상담)를 제공하는 정신건강전문가들도 그들의 웹사이트에서 서비스에 대한 광범위한 광고를 한다. 일부 광고 내용은 합리적인 것처럼 보이지만, 어떤 주장들은 이 매체의 효과에 대한 출판된 연구의 부족을 감안하면 과장된 것으로 보인다. 다음은 두 개의 최근 연구(Heinlen, Welfel, Richmond, & Rak, 2003; Heinlen, Welfel, Richmond, & O'Donnell, 2003)에서 제시한 웹사이트 광고에서 서비스 제공자의 과거 경험을 바탕으로 주장하는 예이다. "지금까지 가상 치료법을 시도해 보기로 결정한 대부분의 사람들은 가상 치료법이 매우 도움이 된다고 보고했다. 가상 치료로 전환한 지 2회기 안에 대개 10명 중 1명이 이 방법이 자신들의 필요에 적합하지 않다고 생각한다." 다른 전문가들은 훨씬 더 폭넓은 주장을 펼치고 있는데, 아직 어느 쪽도 연구에 의해 입증되지 않았다. 예를 들어 다음과 같은 예들이 있다. "우리는 당신의 걱정에 대한 궁극적 해답을 찾았습니다 … 너무 크거나 작은 문제는 없습니다." 또는 "우리는 당신이 만족할 것을 알고 있

습니다." 그리고 또 어떤 사람들은 "이 서비스를 이용함으로써, 당신은 완전한 익명성과 사생활을 유지할 수 있습니다."와 같은, 그들이 지킬 수 없는 언급을 한다. 인터넷에는 완전한 익명성과 사생활 같은 것은 없다. America Online이나 야후 같은 대규모 서버를 기반한 어떤 통신도 추적할 수 있으며, 이러한 서버에는 일반적으로 1년 동안 전송된 이메일 복사본을 보관하도록 요구하는 정책이 있다. 게다가, 만약 내담자가 아동 학대나, 곧 자신이나 다른 사람들을 해치려는 의도를 드러낸다면, 그 전문가는 법적으로 윤리적으로 그러한 피해를 예방할 의무가 있다. 요약하면 우리의 연구는 일부 인터넷 사용자들이 전자 통신의 한계를 이해하지 못하며, 전자 치료의 잠재적인 이점과 위험에 대한 균형 잡힌 진술을 제공하지 않으며, 일반적으로 전문적인 광고 기준을 위반하는 것으로 보이는 것으로 보인다. 일부 전문가들은 또한 그들이 출판한 책, 오디오 테이프, 그리고 다른 제품들을 광범위하게 판매하기 위해 전자 치료 사이트를 이용한다(Heinlen, Welfel, Richmond, & Rak, 2003; Heinlen, Welfel, Richmond, & O'Donnell, 2003). 예를 들어 한 사이트에는 그 상품에 대한 서비스, 수수료 및 비밀보장 문제에 관한 정보가 포함된 창과 참고문헌이 올라와 있다. 그러한 웹사이트에 제시된 주장과 약속을 읽으면 공공의 복지를 보호하는 것보다 자기를 홍보하는 것에 우선순위가 부여된 것은 아닌가 하는 의문이 제기된다. 어떤 사람들은 비인가 대학의 학위와 확인되지 않은 상담과 심리치료 훈련을 의미 있는 것처럼 주장하기도 한다.

5. 공적 발언과 언론과의 기타 상호작용

APA와 ACA 윤리강령에서 명백하게 알 수 있듯이, 상담사와 치료사들도 뉴스에 대해 언급하거나, 그들의 연구와 글에 대해 논의하거나, 인쇄물과 방송 매체와 인터뷰를 함으로써 대중의 관심을 모은다. 예를 들어, 어떤 국내 뉴스 기관이 심리적 장애에 대한 기사를 쓰려고 할 때, 기자들이 그 분야의 전문가들을 찾는 일이 많다. 마찬가지로, 재난의 여파를 분석할 때 많은 기자들이 정신건강전

문가들에게 그것의 심리적, 사회적 영향에 대해 코멘트를 요청한다. 이러한 많은 보도들이 9·11테러 10주기에 언론에 등장했다. APA 기준은 재난 상황에서 이용할 수 있는 전문서비스를 전문가가 명시적으로 설명하도록 허용하고 있다. 이러한 행위는 부적절한 요청으로 간주되지 않는다. 윤리적으로 행동하면 그러한 상호작용은 대중을 교육시키고 상담 분야에 신뢰를 준다. 하지만 때로는 전문적인 기준이 위반된다. 가장 흔한 위반 사항은 자신의 자격을 명확히 밝히지 않거나, 근거 없는 주장을 하거나, 직관에 따르거나 상황을 피상적으로 검토한 것만으로 결론을 이끌어 내거나, 교육보다는 치료를 하려고 하는 것이다. 다음은 이러한 위반의 예이다.

도퍼트 박사의 사례와 TV 토크쇼

결혼과 가정상담전문가로 잘 알려진 도퍼트 박사는 부부가 외도에서 어떻게 회복하는지에 대한 주제로 지방 TV 토크쇼에 참여하기로 동의했다. 쇼의 형식은 두 커플이 청중 앞에서 자신들의 경험을 묘사하는 것이다. 이 쇼의 마지막 부분에 도퍼트 박사는 무대에 나와 각 커플과 5분 동안 외도의 상처를 치료하는 것을 돕기로 했다. 쇼가 녹화되는 동안 치료사는 지정된 부분을 맡아 카메라와 청중이 지켜보는 앞에서 각각의 커플과 함께 작업하는 것이다. 박사는 소개와 쇼의 초반 부분을 보는 것 외에는 커플들과 접촉한 적이 없었다. 그녀의 파트가 예정보다 늦어져서, 상담사는 각 커플의 외도에 대한 감정을 표현하는 것을 돕기 위해 3분간 방송에 나왔다. 녹화가 끝나고 그녀는 각 커플에게 작별 인사를 하고 그들에게 명함을 주었다. 박사는 그 시간에 대한 돈은 받지 않았지만, 그녀가 청중들에게 소개되었을 때 책과 상담실이 언급되었다.

베윙거 박사의 사례와 책 투어

베윙거 박사는 강박 장애가 주로 부적절한 식습관에서 야기된다는, 강박 장애에 대한 전통적인 이해에 도전하는 책을 썼다. 그의 결론은 이 장애를 가지고 있는 내담자들을 치료하는 자신의 치료 경험에 기초하고 있다. 그는 공식적인 연구를 한 적이 없으며, 그의 주장에 대해 입증되지 않은 증거들만 제시하고 있다. 구체적인 사항에 대한 질문을 받자, 그는 주저하며 12명의 내담자들을 이 방법으로 성공적으로 치료했다고 밝혔다. 그 내담자들 중 네 명은 책 소개에서 이 접근법의 가치에 대해 추천사를 썼고, 한 명은 책을 홍보하기 위한 투어에 베윙거 박사와 동행했다. 게다가, 베윙거 박사는 실제로 그가 면허를 받은 정신건강상담가(licensed mental health counselor)임에도 불구하고, 그를 심리학자(psychologist)로 언급한 공적인 언급에 대해 이의를 제기하지 않았다(이 시나리오에서 제시된 강박 장애의 원인에 관한 가설은 사실 근거가 없으며, 이 사례를 위해 만들어진 것임을 유념할 것).

메트리스 멘트리슨 사례

메트리스 멘트리슨은 미국 역사 박사학위와 상담 석사학위를 가지고 있다. 그럼에도 불구하고 약물남용 상담가로서의 그녀의 일에 대한 모든 공식 발표에는 "박사"라는 칭호를 사용한다.

멘트리슨씨와 베윙거 박사 모두 이전에 언급한 윤리 기준을 위반하고 있다. 도퍼트 박사가 토크쇼 방청객과 함께 치료적 개입을 하는 것은 전문적인 관계 내에서만 평가와 권고를 제공해야 한다는 기준을 위반하는 것일 수 있다(APA 윤리강령, 기준 9.01b). 그녀는 토크쇼에 출연하여 TV 시청자들에게 심리치료와 부부치료사들이 받아들일 수 있는 개입에 대한 그릇된 인상을 주고 있다. 게다가, 그녀는 쇼에 나오는 커플들의 권리나 필요보다 자신의 책과 상담실을 홍보할 기회를 우선순위에 두고 있다. 도퍼트 박사가 이 쇼에서 할 수 있는 가장 윤리적인 역할은 연구가 보여주는 외도 이후에 흔히 보이는 심리적, 관계에서의 어려움에 대한 다양한 정보를 시청자들에게 제공하는 것일 것이다. 그녀는 TV에 나온 몇 분 안에 커플들에게 진단이나 치료를 제공하고 있다는 인상을 어떤 식으로든 주어서는 안 된다. 도퍼트 박사가 잘 기능하는 것으로 보이는 사람들에게 "조언"을 해 주는 것으로 자신의 역할을 제한한다면, 그녀는 윤리적 기준을 위반하고 있지 않을지도 모른다(Fisher, 2003). 그러나 청중이 충고와 치료를 구별하는 능력은 제한적일 가능성이 높으며, 따라서 도퍼트 박사의 행동의 기술적 정의와 상관없이, 그 행동은 직업의 가치와 윤리적 이상과는 일치하지 않는 듯하다. DeTrude(2001)는 전문가들에게 생중계되는 토크쇼에서 이런 수준의 통제력을 행사할 수 있다고 생각하지 말라고 경고하고 있다. 경계를 허물라는 진행자와 청중의 압력은 압도적일 수 있으며, 이는 내담자의 존엄성과 상담사의 전문성 모두를 손상시킬 수 있다. Behnke는 심리학자들에게 이렇게 조언한다. "'이 프로젝트가 잘못된다면 누가 상처를 입을 수 있으며, 누구의 이익을 위해서 그러한 일이 발생하지 않도록 해야 하는가?'라고 자신에게 질문하라."(Behnke, 2008, p. 46).

베잉거 박사가 강박 신경증에 대한 그의 새로운 치료법에 대해 주장하는 것은 오해의 소지가 있고, 그의 결론에 대한 어떤 과학적 근거도 제시하지 않기 때문에 APA 윤리강령의 2.04절을 위반하는 것이다. 또한 그는 과학이나 좋은 치료에 대한 어떤 헌신보다는 책을 팔고자 하는 욕구에 더 동기화된 것 같다. 그가 이전 내담자와 함께 책 투어를 한다는 사실은 걱정스럽지만, 제시된 정보만으로는 그가 책에 포함시킨 추천사가 부당한 영향력에 대한 기준을 위반했는지를 판단하기는 어렵다. 그의 행동은 또한 그의 자격을 잘못 알리는 것에 대한 기준과도 배치되는데, 그가 다른 사람들이 그를 심리학자로 생각하는 것을 적극적으로 막지 않았기 때문이다. 그의 행동은 내담자의 복지, 과학적 발견, 그리고 이전 내담자들에 대한 영향력에 대한 무시로 볼 수 있다. 이 상담가는 직업의 신뢰도를 떨어뜨리고, 심각한 정서 장애가 있는 사람들이 입증되지 않은 치료법을 찾도록 하여 진정으로 그들에게 도움이 될 치료법에 대한 접근을 지연시키고 있다.

멘트리슨씨는 개인의 학위가 관련 분야와 밀접하게 연관되어 있지 않은 한 "박사"라는 타이틀을 사용하는 것을 금지하는 ACA 윤리강령 C.4.d절을 위반하고 있다. 역사학자들은 박사 과정의 일환으로 상담, 심리학, 인간 발달에 관한 훈련을 받지 않기 때문에 이 명칭을 사용할 정당성이 없다. 멘트리슨씨는 자신이 소유하지 않은 자격을 가지고 있다고 믿게 하려고 대중들을 속이고 있다. Schwartz (1999)는 이러한 함정을 피하고 책임감 있게 언론과 소통하는 방법에 대한 포괄적인 지침을 제공하는 훌륭한 자원이다.

때로는 상담사들과 심리학자들에게 입법 기관에서 사건들에 대한 공적인 증언을 하거나 사회적인 문제들에 대한 의견이 요청된다. 그들의 전문지식은 정부 기관이 사회적으로 유익한 법률과 정책을 고안하고, 시민들을 위한 양질의 정신건강치료를 향상하는데 가치 있게 사용될 수 있다. 효과적이고 윤리적인 방식으로 이런 활동을 하고자 하는 전문가는 공공 정책 문제에 관해 증언이나 조언을 요구받은 전문가들에게 유용한 지침을 제공하는 Sorensen, Masson, Clark과 Morin(1998)을 읽어보아야 한다. 언론과 책임감 있는 상호작용에 광범위한 관심을 가진 심리학자들은 APA 46분과(언론)에 가입하는 것이 도움이 될 수 있다.

다음 사례를 고려해보자.

핏 박사의 사례

한 운동장비 판매 회사가 우울 장애에 대한 효과적인 행동 개입에 대한 연구로 잘 알려진 심리학자 핏 박사에게 보증을 요청했다. 그들은 핏 박사의 서비스에 대해 돈을 지불하겠다고 제안하였다. 이 심리학자는 우울 장애 치료를 위해 단계적 운동 프로그램을 포함시키는 것을 오랫동안 권해 왔다. 그 회사는 신뢰할만한 운동기구로 유명하기 때문에 그녀는 인쇄물과 텔레비전 홍보에 참여하는 데 동의하였다.

이 심리학자가 전문적인 윤리 기준을 위반했는가? APA 윤리강령을 검토했을 때 직접적인 위반 사항이 드러나지는 않지만, 윤리학자들은 보증이 오해나 기만의 가능성이 있는 경우 이러한 유료 상품 보증에 대해 경고한다(Koocher & Keith-Spiegel, 2008). 이 사례에서는 운동 기구의 보증 내용이 사람들로 하여금 운동이 우울증을 예방하거나 치료하는, 전문적인 개입을 대신하는 것으로 생각하게 할 수도 있다.

6. 비자발적 감호

지역 기관이나 개인상담실의 상담사들은 때때로 심각한 정신질환을 겪고 있기 때문에 기본적인 인간의 욕구를 충족시킬 수 없고 스스로를 안전하게 지키지 못하는 내담자들을 본다. 이런 정신 상태에서 어떤 사람은 망상이나 환각 때문에 입원하는 것을 거부할 수도 있다. 이런 상황에서 상담가들과 치료사들은 때로 법원이 그 사람이 안정화될 때까지 보호된 환경에 보낼 것을 요청한다. 이것이 본인의 동의 없이 발생했을 때 이를 비자발적, 또는 치료감호라고 한다(Swenson, 1997). 누군가의 이동의 자유를 잠시 동안이라도 빼앗기로 결정하는 것은 법적인 측면과 윤리적 측면 모두에서 심각한 문제라는 것은 언급할 필요도 없다. 미국 법원은 그러한 행위에 대해 "명백하고 설득력 있는 증거" 기준을 사용한다(Shapiro & Smith, 2011). 역사 속에는 정말 정신적으로 병든 것이 아니라 비전형적이거나 비관습적인 신념과 행동을 보였기 때문에 정신 병원에 보내진 사람들의 예로 가득하다. 예를 들어 1950년대 미국에서는 300명 중 한 명이 비자발적으로 정신병원에 수용되었다(Grob, 1994). 최근에는 중국에서 종교적 소수자를 정신병원에 보내는 것에 대한 대중의 항의가 있었다 (Eckholm, 2001).

현재 모든 주들은 그 사람의 권리가 필요 이상으로 침해당하지 않고, 입원이 정말로 불가피하다는 것을 확인하기 위한 정교한 절차를 갖추고 있다. 구체적인 기준은 주마다 다르지만, 그러한 배치에 대한 일반적인 기준은 개인의 안전을 보호하면서 "가능한 최소의 환경 제한"을 찾는 것이다 (Shapiro & Smith, 2011). 보통 예비 심사는 판사가 이 조치가 법적으로 정당한지 여부를 판단하기 위해 진행된다. 비자발적인 감호 결정과 관련된 상담사와 치료사는 정신적, 정서적 장애를 평가할 수 있도록 훈련되어야 하고, 적용 가능한 법과 규정을 잘 알아야 하며, 관련된 사람의 존엄성을 존중해야 한다. 전문가들은 내담자를 안전한 환경으로 보내기 위해서 필요할 때만 비밀보장 의무를 어기고 고지된 동의를 지키지 않을 수 있다. 최근 몇 년 동안 한 개인이 입원하지 않고 그 지역사회의 감독하에 두는 외래 감호의 선택권이 대두되어 왔다 (Shapiro & Smith, 2011). 어떠한 감호 절차도 내담자의 권리와 사생활에 대한 모든 일상적인 보호를 포기하는 면허는 아니다. 예를 들어, 만약 내담자를 병원으로 이송하기 위해 경찰을 호출한다면, 경찰관들에게는 이송을 안전하게 완수하는 데 필요한 정보만 주어야 한다. 상담사들의 의사결정 지침의 근본적인 기준은 내담자들의 고유한 가치와 존엄성에 대한 존중과 복지증진이다.

어떤 개인이 감호가 필요한지 결정하는 상담사들은 복잡하고 모순되는 상황에 자주 직면한다. 5장에서 언급하였듯이, 위험을 판단하는 것은 어렵다. 때때로 정신건강전문가들의 최선의 노력도 내담자와 그들의 가족의 안전을 보장할 수 없지만, 상담사들은 관련된 모든 사람들을 유능하고 성실하게 보살필 의무가 있다. 이러한 복잡한 상황을 다루는 사람들은 관련 정보를 수집하고, 허용된 기준에 따라 위험도를 신중하게 평가하며, 내담자와 위험에 처한 다른 사람들을 보호하는 최소한으로 제한된 환경을 도출해 낼 수 있도록 작업해야 한다(Werth et al., 2009). 현재의 치료비 지급 체계에서는 모든 전문적 기준이 입원에 충족하는 사람들조차도 심각한 장애물이 감호를 방해하고 있다. (Shapiro & Smith, 2011). 보험이 없는 사람을 입원시키는 문제는 힘들 수 있다. 만약 비자발적으로 감호되어야 하는 사람이 미성년자라면, 어떤 주에서는 법정 심리가 반드시 요구되기도 하지만, 부모의 동의만 필요하다. 전문가들은 이러한 좌절스럽고 혼란스러운 과정을 거치는 동안에도 내담자의 복지와, 내담자의 권리를 최소한으로 타협하여 내담자에게 이익이 되는 결과를 내는 것과, 위험에 처한 다른 사람을 보호하도록 돕는 일에 변함없는 헌신을 지속해야 한다.

▎동료에 대한 책임

상담사와 치료사들은 위엄을 존중하고, 자신들의 직업에 신뢰를 쌓고, 내담자를 착취하는 것을 피하는 방식으로 다른 전문가들과 교류할 의무가 있다.

협력과 존중

1960년대 지역사회 정신건강 운동을 촉발한 방대한 연방 기금은 사라진 지 오래되고 이제 기관들은 한정된 자원을 얻기 위한 싸움에서 경쟁자가 되었다. 개인 상담소의 상담사들은 한정된 수의 보험 가입 내담자를 두고 기관들과 경쟁한다. 또한 병원 외래 환자서비스를 두고도 경쟁한다. 대부분은 보험 가입 내담자를 유치하기 위해 관리형 치료 네트워크의 우선 공급자가 되려고 한다(Danzinger & Welfel, 2001). 이런 환경에서 전문가들은 공공서비스의 공동 목적을 잊고 돈과 내담자를 얻기 위한 경주에 참여하고 싶은 유혹을 느낄 수도 있다. 긍정인 측면은, 2010년 환자 보호 및 비용 효율적인 치료법(the Patient Protection and Affordable Care Act)이 제정되어 다른 의료치료와 동일하게 정신건강치료를 받는 환자들이 보험을 통해 더 보호받고, 보험에 더 쉽게 가입할 수 있게 되었다(정신건강에 관한 법률 조항 요약은 http://www.apapracticecentral.orgladvocacy/reformlpatient-protection.aspx을 참고할 것). 또한 보험사가 모든 정신건강전문가에게 공급자 자격을 거절하는 것을 금지하기 때문에 여러 분야 간의 경쟁을 줄일 수 있다.

정신건강과 정신질환에 대한 훈련과 인식론적 가정 모델의 차이는 또한 전문가들 사이에서 긴장을 야기할 수 있다(Glosoff, 2001). 윤리강령의 지침은 전문가들의 동료들에 대한 적대적인 태도를 주의하고 다른 정신건강전문가들과 적극적으로 협력하도록 독려하고 있다. 그러한 관점은 공공에게 이익이 될 뿐만 아니라 서비스의 접근성과 질을 향상시키면서, 직업의 장기적 이익에도 기여한다. 단기적인 시각을 택하거나 이번 달에 요금 청구가 가능한 회기에만 힘을 쏟는 전문가들은 이미 다른 곳에서

서비스를 받고 있는 내담자들을 받고 싶어 하거나, 심지어 다른 상담사들로부터 내담자들을 꾀어내려고 하기도 한다. Keith-Spiegel과 Koocher(2008)는 후자를 해적질이라고 명명했다. 윤리강령은 이런 행위를 엄격히 금지한다.

물론, 내담자가 치료사에게 불만족하거나 추가적인 치료가 필요하다고 강하게 믿고 있다면, 상담사와 치료사들은 다른 치료법을 찾을 권리를 존중해야 한다. 소비자로서 내담자들은 치료사를 자유롭게 선택할 수 있다. 정신건강치료자 중 두 명 이상이 내담자를 동시에 치료하는 경우, 내담자의 동의하에 치료자 사이에 자주 의사소통하는 것이 바람직하다(Glosoff, 2001). 내담자가 이런 의사소통을 허락하지 않으려 한다면, 전문가는 그러한 제한 하에서 적절한 치료가 가능한지 여부를 독립적으로 판단해야 한다. 전문가가 이러한 제한이 내담자에게 잠재적으로 유해한 상황을 의미한다고 판단하는 경우에는 이를 내담자에게 알리고 재협상을 시도하거나, 재협상에 실패한 경우에는 내담자에게 다른 전문가를 찾을 것을 요청해야 한다. 물론 종결과 의뢰가 갑자기 이루어져서는 안 되고, 내담자에게 추가적인 고통을 야기하지 않도록 노력해야 한다. 본질적으로는 추가적, 대안적 치료가 내담자의 치료적 필요에 반하는 것일 때에는 반드시 상담사가 내담자에게 해를 입히면 안 된다는 의무와 내담자를 포기해서는 안 된다는 의무 사이에 균형을 유지해야 한다. 슈퍼비전과 자문은 그런 문제들을 해결하는 데 도움이 되는 중요한 자원이다.

동료들 사이의 협력과 존경의 두 번째 중요한 측면은 다른 정신건강 직업 사이의 상호작용과 관련이 있다. 각 분야가 어떤 서비스를 전문적으로 제공할 수 있는지에 대한 의견 충돌은 최근 정신의학, 심리학, 상담, 결혼과 가족치료, 그리고 사회복지 사업의 역사에서 터져 나왔다. 한 분야에서 교육을 받은 전문가들은 다양한 교육 모델을 의심스럽게 볼 수 있으며, 동일한 학위를 가진 사람들에게만 의뢰하거나 접촉을 제한하는 경향이 있다. 한 개인의 관점에 따라, 관련 직종에서 사람들을 무시하는 이러한 경향은 경제적 이익이나 대중에

게 제공되는 서비스의 질에 대한 정당한 우려에 뿌리를 둘 수 있다. 따라서 다른 분야의 전문성을 폄하하는 행동, 즉 내담자에게 다른 분야가 자신의 분야보다 가치가 없다고 주장하는 것은 부적절할 뿐만 아니라, 윤리강령에 기술된 가치와 기준을 거스른다(ACA 윤리강령, A.3절, APA 기준 3.09). 현재의 경쟁적인 환경에서 다른 전문가들에 대해 분노를 경험하고 있는 상담사들은 그들이 영향을 미칠 수 있는 내담자나 동료에게 그러한 감정을 표현하지 않도록 조심해야 한다. 상담가들과 치료사들은 시민들이 양질의 정신건강 관리를 받는 것을 제한하거나 거부하는 일부 사회적, 정치적 현실에 대응하기 위한 방법을 찾는 것을 목표로 삼아야 한다. 사실, Johnson, Stewart, Brabeck, Huber와 Rubin(2004)에 따르면, 서로를 존중하고 유능한 분야 간 협력은 심리학에서 "모범 치료의 표준"이 되고 있다.

2010년 환자 보호 및 비용 효율적인 치료에 관한 법률도 통합 의료라는 용어를 사용하여 의료 및 정신건강전문가 간의 협력을 강조하고 이를 보상하고 있다(SAMHSA, 2014). 신체와 정신건강의 관계와 많은 만성 질환에 정신건강이 미치는 영향에 대한 연구들이 점점 더 명확히 보여주듯이 우리가 보는 내담자 또는 환자들을 위해 모든 전문가들이 협력하는 것은 우리의 의무이다(APA, 2008a).

수수료 분할

수수료 분할이라는 용어는 의뢰를 하거나 추천서를 보낸 전문가에게 수수료를 지불하거나 의뢰를 한 사람이 의뢰받은 전문가에게 수수료를 받는 관행을 말한다. 일상용어로 수수료 분할은 일종의 리베이트이다. 모든 정신건강 분야의 윤리강령은 수수료에 대한 서비스를 확인할 수 없는 한 그러한 처리를 금지한다. 서비스 없는 의뢰비는 비윤리적이다(예, APA 윤리강령 6.07절 참고). 이 금지에 대한 근거는 수수료 분할에 내재하는 내담자 복지에 대한 위험이다. 만약 상담사들이 의뢰를 통해 개인적 이익을 얻는다면, 그들은 내담자들의 최선의 이익보다는 자신의 이익에 기초하여 의뢰 결정을 내리기 쉽다. 법과 의학과 같은 다른 많은 직업들도

그들의 윤리강령에 유사한 표현들을 포함하고 있다. 안타깝게도 어떤 상담사들은 이 금지를 모르는 것 같다. Gibson과 Pope(1993)의 연구에서는 표본의 8%가 이 행위를 윤리적인 것으로 인지했다고 밝혀졌다.

수수료 분할 금지는 개인 상담소에서 다소 흔하게 일어나는 몇 가지 관행에 대한 의문을 제기한다. 때로 상담소에 이름을 올린 한 전문가가 다른 전문가들이 내담자를 만날 때마다 수입의 일정 비율을 받기도 한다(예, 엔터프라이징 박사와 동료들). 동료들은 엔터프라이징 박사의 직원이 아니지만, 그들은 공간, 지원서비스 등을 위해 그녀와 하청계약을 맺는다. 윤리학자들은 윤리강령과 관련하여 이 관행에 대한 우려를 표명해 왔다(Haas & Malouf, 2005; Koocher, 1994b; Peterson, 1996). APA 윤리강령을 분석한 Canter 등(1994)은 만약 어떤 전문가가 수수료를 지불한 전문가에게 어떤 서비스를 제공하면 허용가능하다고 설명하였다. 예를 들어 스턴 박사가 엔터프라이징 박사의 상담소에서 사무실, 비서, 시설을 사용한다면 엔터프라이징 박사에게 의뢰받는 것에 대한 수수료를 낼 수 있다. 비용은 엔터프라이징 박사가 스턴 박사의 일에 투입하는 비용에 비추어 합리적이어야 한다. 또한, 엔터프라이징 박사와 스턴 박사 사이의 재정적 합의의 성격은 관련된 내담자에게 공개되어야 한다. 이러한 합의를 내담자나 서비스에 돈을 지불하는 사람들에게 숨기는 것은 부적절하다. 하지만 만약 두 전문가가 별도의 상담소가 있고 스턴이 의뢰에 대해 상대방에게 수수료를 지불한다면, 엔터프라이징 박사가 그 내담자에게 직, 간접적으로 아무 서비스도 제공하지 않았기 때문에 그 협정은 윤리강령에 위배될 것이다. 많은 주들이 수수료 분할과 다른 형태의 리베이트를 금지하는 법을 가지고 있다는 것을 주목하는 것이 중요하다(Fisher, 2003).

또한 상담사 네트워크나 의뢰서비스에 가입하는 것과 관련된 윤리에 대한 의문도 제기되었다. 현재 합의된 의견은 만약 상황이 두 가지 조건을 충족할 경우, 주나 지역 심리학회가 운영하는 건강관리 기관이나 우수 상담사 기관, 의뢰서비스에 윤

리적으로 가입할 수 있다. 첫째, 관계를 반드시 내담자에게 공개하고 내담자의 이익을 침해해서는 안 되며, 둘째, 수수료는 서비스나 비용을 토대로 적절해야 한다(Fisher, 2004; Koocher, 1994b). Peterson (1996)은 이러한 문제들에 대해 내담자들과 열린 의사소통을 하는 것 또한 이해관계의 충돌 위험을 줄인다고 제안했다.

제3자들이 치료 접근성을 훨씬 더 중요하게 생각하는 만큼, 전문가들은 보험회사나 다른 지불자와 맺은 재정 계약의 윤리적 측면에 민감해질 필요가 있다. 그들은 내담자 치료에 대한 결정이 자기에게 미치는 재정적인 영향과 무관하게 내담자의 필요에 따라 내려지는 것을 보장해야 한다. 전문가는 상담료 및 청구 절차를 항상 공개해야 하며, 정보를 입수하는 즉시 서비스 비용을 내담자에게 알려야 한다. 일부 규정은 훨씬 더 구체적이다. 예를 들어 오하이오주는 정신건강전문가가 2회기가 끝나기 전까지 내담자에게 상담료를 알려줄 것을 요구한다.

▌제3자에 대한 책임

전문가와 내담자 사이의 상호작용에 당사자 외에 다른 사람들은 아무도 관여하지 않는 시대는 빠르게 끝나고 있다. 법적 절차의 결과나 고용 지속의 조건으로 상담이나 치료를 받도록 명령받은 내담자, 보험금을 사용하기로 선택한 내담자에게는 모두 치료 내용과 과정에 깊은 관심을 갖고 있으며, 이를 잘 알고 있는 제3자가 있다. 이 절에서는 이러한 제3자에 대한 전문가의 윤리적 책임에 대해 논한다.

의무적인, 비자발적인 상담과 치료

미국 법원은 형의 한 가지 조건이나, 수감이나 유죄 판결의 대안으로 상담과 치료에 참여할 것을 빈번히 명령해 왔다. 도둑질을 하거나, 폭력조직에 소속되어 있거나, 가출을 하거나, 마약 사건에 연루된 십대에게 정신건강 치료가 자주 명령된다. 분열된 행동을 하는 대학생들을 학생 신분을 유지하

는 조건으로 상담으로 밀어 넣을 수도 있다(Amada, 1993). 음주운전을 하거나, 자녀를 방임 또는 학대하거나, 스토킹으로 유죄 판결을 받은 성인은 감옥에 가거나 권리를 상실하는 대신 상담을 "선택"하는 경우가 많다. 마찬가지로 행동패턴이 공격적인 아동은 법원이나 부모가 상담(또는 병원)에 보낼 수 있다. 면허위원회는 위법 행위로 유죄 판결을 받은 전문가의 재활절차에 상담을 추가하는 일이 잦다. 상담 교육자도 전문가에게 필요한 역량을 개발하는 데 문제가 있는 것으로 보이는 수련생에게 치료를 요구하는 경우가 있다(Ivey, 2014).

6장에서 언급한 것처럼 이러한 상황의 고지된 동의에 대해서는 중요한 이슈가 있다. 첫째로, 전문가와 상담을 명령받은 사람은 의뢰인이 누구이며, 전문가가 누구에게 충성할 의무가 있는지를 명확히 해야 한다. 만약 외부 기관이 서비스의 목표를 지시했다면, 전문가는 이 개인에 대한 목표의 적합성에 대해 독립적인 판단을 해야 한다. 제3자가 상담을 시작하는 결정에 참여했다고 해서 내담자에게 최선을 다하고 해를 끼치는 일을 피해야 하는 상담사의 책임이 줄어드는 것은 아니다. 만약 정신건강전문가가 내담자가 법원이 추천하는 종류의 서비스로부터 도움을 받을 수 없다고 생각한다면, 이러한 우려를 명령 기관에 전해야 한다. 또한, 가능한 것이 있다면 의무적인 치료에 대한 대안을 제시해야 한다.

내담자들은 비록 대안이 매력적이지 않더라도 참여에 대한 선택권이 있다는 것을 이해해야 한다. 게다가, 고객들은 비밀유지의 한계를 이해할 필요가 있다. 또한 내담자들은 비밀보장의 한계를 이해해야 한다. 전문가가 정기적으로 위원회나 법원에 보고서를 제출해야 하는 경우, 내담자는 보고서의 성격과 그러한 보고서가 가져올 수 있는 결과를 이해해야 한다. 다음으로, 모든 전문가가 명령된 내담자와 함께 일할 수 있는 역량이 있는 것은 아니다. 이 영역의 역량은 지식, 경험, 기술을 필요로 한다(Rooney, 2001; Brodsky, 2011). 마지막으로, 전문가들은 명령을 받은 내담자들이 비자발적이기 때문에 그들을 2급 내담자로 보는 것을 피해야 한

다. 그들은 그 과정에 자발적으로 참여하는 사람과 동일한 수준의 존중을 받아야 한다.

보험사, 관리치료 사업자 및 기타 지급자와의 상호작용

지역사회 환경에서 상담실을 운영하는 사람들에게 가장 고통스러운 윤리적 딜레마 중 일부는 외부 지급인들과의 상호작용 때문에 발생한다. 한편에서는 정신건강치료에 대한 보험급여가 가능해지면서 치료에 대한 접근이 크게 증가했다(최소한 의료 보험이 있는 사람들의 경우). 반면에, 외부의 관여로부터 독립적으로 내담자를 치료하는 정신건강 전문가들의 자유와 내담자들의 사생활은 모두 줄어들었다. 게다가 최근의 평등법과 의료 개혁법이 통과되기 전까지는 보험급여를 받을 수 있는 치료의 유형이나 기간에 설정된 한계 때문에 많은 정신건강전문가들이 질 좋은 치료에 접근하는 것은, 특히 관리 의료 하에서는 속임수라고 생각하게 만들었다. 가장 신랄한 비평가는 관리 정신건강치료(행동건강치료 계획이라고도 함)를 "심리치료 강간"(Fox, 1995, p. 147)또는 "보이지 않는 배급제도"라고 불렀다 (Miller, 1996, p. 350). 훨씬 더 차분한 목소리들도 그것이 "상담 공동체의 격변"을 야기했다고 지적했고(Acuff et al., 1999, p. 563), 대부분의 전문가들은 그것이 자신의 일에 부정적인 영향을 주었다고 생각한다(예, Danzinger & Welfel, 2001; Neill, 2001; Phelps, Eisman, & Kohut, 1998). 또한 상담사들은 관리치료를 전문 윤리 준수에 대한 도전으로 보고 있다(Gottlieb & Cooper, 2000; Glosoff et al., 1999; Murphy, DeBernardo, & Shoemaker, 1998; Sanchez & Turner, 2003). 치료에 대한 보험급여 결정은 내담자와 접촉한 적이 없고, 때로는 연구 결과를 지나치게 단순화하거나 과학적 타당성이 불명확한 기준을 사용하는 사람들이 내린다. 증거 기반 상담에 대한 지급자의 해석은 의문시 되어왔다(예, Wampold, 2001). 내담자의 치료에 대한 급여가 거절되면 전문가는 반드시 판단을 내려야 하는 곤란한 위치에 놓이게 된다. 그들은 그 후에 더 낮은 비용으로, 급여를 받지 못하고 치료를 하거나, 내담자들에게

직접 지불하라고 요청해야 한다. 2008년에 정신건강 평등법이 통과되고 2010년에 부담적정 보험법(Affordable Care Act)이 제정될 때까지 보험회사들은 전문가들이 그들의 기준에 맞는 경우에만 서비스에 대한 급여를 받을 수 있도록 하였다. 대개는 선호 치료자 네트워크 명단에 포함된 것을 의미했다. 그런 방식으로 보험사와 계약하고 싶지 않은 전문가들은 그 회사의 보험에 가입한 내담자들과 효과적으로 일할 수 없었다. 명단에 오르는 기준은 다양했다. 훌륭한 자격과 입증된 기록을 가진 일부 전문가들은 거부당했고, 증명되지 않은 기술을 가진 전문가들은 받아들여졌다. Danzinger와 Welfel (2001)은 그들이 조사한 정신건강상담가들의 거의 절반이(48%) 관리치료 패널에 들어가는 데 어려움을 겪었다는 것을 발견했다. 설령 들어간다 하더라도 보험사들이 원할 때마다 명단에서 제외될 수 있으며, 대개 되돌리기 어려웠다. 승인된 상담사에서 제외되는 것에 대한 두려움 때문에 비싼 장기 치료 추천에 대한 보복에 대한 걱정의 그늘 아래 내담자의 필요에 대한 판단을 두게 되었다. 2008년의 연방법은 보험사들이 네트워크 밖의 상담사들에게 차별적 공동 급여를 부과하는 것을 금지하고, 2010년의 부담적정 보험법은 정신건강과 중독서비스 모두에 동등한 의료 혜택을 제공한다(Garfield, Lave, & Donohue, 2010; Pear, 2008).

내담자들도 어려운 결정에 직면한다. 새 연방법과 주 정부 평등법도 DSM의 모든 진단을 의무적으로 적용하지 않으며, 주 당국은 연방법의 일부를 제한할 권한이 있다. 물론 부담적정 보험법을 개정하거나 폐지하려는 투쟁도 끝나지 않았다. 정신건강 환자의 권리 장전(the Mental Health Patient's Bill of Rights, 1997)은 17개 국가 정신건강 기관의 연합된 노력으로 작성된 문서로, 아직 해결되지 않은 보험 혜택과 접근의 차이를 내담자들이 처리할 수 있도록 도와주고 있다. 이 문서의 궁극적인 목표는 내담자들을 표준 이하의 치료로부터 보호하는 것이다. 지역사회 상담사들은 내담자들에게 이 문서를 제공해야 한다.

전문가 집단이 관리치료나 새 법에 대해 불만

을 표하고 있음에도 불구하고, 지급자의 감독권이 가까운 시일 내에 사라질 조짐은 없다. Kaiser 가족재단(2008)은 미국 성인의 78%가 관리치료나 HMO 종류의 서비스에 참여하고 있다고 보고하고 있다. 상담가와 치료사들은 이런 형태의 급여에 어떻게 대처하고, 동시에 자신의 직업, 면허위원회, 그리고 법이 정하는 치료 기준을 따를 수 있을까? 다음은 이러한 상황에서 윤리적 생존을 위한 기본 지침이다. 독자들은 이러한 문제들에 대한 보다 상세한 논의를 위해 추천 문헌 목록의 자료들을 참조할 것을 권유한다. 관리치료의 더 명확한 정의와 간략한 역사부터 시작한다.

관리치료의 정의, 역사, 데이터 정신건강관리 치료는 기업들이 서비스 비용을 통제하고 비효율적이고 불필요하며 비생산적인 서비스에 대한 지불을 방지하기 위한 노력과 관련되어 있다. 또한 정기적으로 서비스 사용을 검토하고 치료를 사전 승인함으로써 이러한 목표를 달성하고자 한다(Corcoran & Winslade, 1994; Frager, 2000). 관리치료는 증가하는 의료비용에 대한 대응으로 시작되었으며, 미국의 전체 의료 비용의 일부로, 외래 환자의 정신건강 관리와 함께 이루어진다(Iglehart, 1996). 약물남용치료, 입원 청소년치료 등과 같은 일부 정신건강 분야의 경우 급격하게 비용이 증가하고 있으나(Maqulusjkie & Ingersoll, 2000), 심리치료 외래 환자와 관련된 대부분의 비용은 다른 치료와 동일한 수준으로 비용이 증가하지 않았다(Iglehart, 1996). 비평가들은 대부분의 관리치료 회사들의 현재 운영 방식이 주로 이윤 추구 동기에 근거하며, 우수한 치료가 이윤을 내지 않는 한, 효율적이고 품질 좋은 치료를 약속하는 것이 그들의 최우선순위가 아니라고 주장한다(예, Miller, 1995, 1996; Wrich, 1995 참조). 또 다른 사람들은 오래된 치료비 지급 모델에는 윤리 위반과 악용이 있었다고 생각하고 있다(MacCluskie & Ingersoll, 2000; Welfel, 2001). 하지만 관리치료가 정신건강치료에 드는 비용을 극적으로 줄였다는 것에는 의심의 여지가 없다. 정신건강에 대한 지출은 1988년과 1997년 사이에 54% 감소했고, 의료 산업의 다른 어떤 분야보다도 감소

했다(McCarthy, 1998). 약물남용 및 정신건강서비스 관리청(Substance Abuse and Mental Health Services Administration: SAMHSA, 2010)의 보고서에 따르면, 2001년 정신건강 관리에 대한 지출은 전국적으로 7.2%에서 6.1%로 줄었으며, 처방약물 비용 비율이 증가했고, 입원환자 치료에 쓰이는 비용은 훨씬 줄어들었다.

관리치료 회사에는 의료 관리 기관, 선호하는 공급자 조직, 서비스 시점 계획 등 다양한 유형이 있다. 관리치료에 대한 심리학자의 경험에 대한 조사에 따르면, 그들은 관리치료의 영향을 부정적으로 보고 있으며, 필요한 치료가 거부되거나 연기되었을 때 많은 에피소드들을 경험했다(Miller, 1996; Phelps et al., 1998)(결과적으로 많은 사람들이 진심으로 건강 개혁법에 의한 변화를 바라게 됨). 우울한 내담자의 치료효과를 비교한 몇몇 연구는 전통적인 치료비 지불 약정을 맺은 내담자에 비해 관리치료를 받은 내담자가 더 자주 과소 진단되고, 유의하게 치료결과가 나쁜 것으로 나타났다(Rogers et al., 1993; Wells et al., 1989).

관리치료의 윤리적 문제 전문가가 관리치료 조직(managed care organization: MCO)과 계약을 맺으려고 하는 경우 참여에 동의하기 전에 다음 각 질문에 대한 대답이 필요하다.

- 재정 협정이 이해 갈등 문제를 최소화하고 있는가?
- 관리의 사전 승인을 수행하는 사람과 정기 점검을 하는 사람이 진단 및 치료 문제를 이해하고 치료 절차를 책임감 있게 사용할 수 있는 훈련된 전문가인가? 그 치료절차는 증거에 기반한 것인가? 만약 그렇다면, 그 증거는 무엇인가?
- 특수한 내담자의 필요를 충족하고 특별한 내담자 변인을 고려하는 데 필요한 자원을 사용할 수 있는가? 문화적으로 다양한 사람들의 필요에 얼마나 잘 대처하는가(Newman & Bricklin, 1991)?
- 치료와 사용 검토의 사전 인가 과정이 얼마나 내담자 개인 정보를 침해하는가(Haas & Cummings, 1991)?
- 그 조직이 HIPAA 개인 정보 보호 기준을 준수하

고 있다고 확신할 수 있는가?

- 프로그램 가입 등록 광고가 얼마나 정확한가?
- 프로그램이 사전 동의에 포괄적으로 접근하는 전문가들에게 긍정적으로 또는 최소한 중립적으로 대응하는가?
- 관리치료 기관은 개별 내담자의 요구에 따라 표준적인 관리에 대한 예외를 인정할 수 있는가?

정신건강전문가들도 치료 과실소송에 대한 판단을 내릴 때 사용되는 치료 기준이 보험이나 관리치료 정책의 한계 때문에 달라지지 않는다는 점을 유의해야 한다(Appelbaum, 1993). 정신건강치료에 대한 결정은 보험이나 다른 재정적인 고려 사항에 근거할 수 없으며, 내담자들의 복지에 더 좁게 초점을 맞춰야 한다. 이와 유사하게 보험사가 정신건강전문가들이 필요하다고 믿는 치료를 거부할 때 주도적으로 행동할 필요가 있다는 몇 가지 법적 제안이 있다. Appelbaum(1993)은 이 기준을 불리한 결정에 항소하기 위한 의무로 언급하며, 상담사와 치료사들은 치료가 거부되었을 때 그들의 내담자를 대신하여 변호자로 행동하도록 권고한다. Appelbaum은 또한 포기와 서비스 중단에 관한 윤리적이고 법적인 기준이 관리치료 환경에서 중지되지 않는다고 지적한다. 물론, 내담자들은 보험급여가 끝난 후에는 치료를 계속하지 않기로 선택할 수도 있지만, 선택은 그들의 손에 달려 있어야 하며, 그들은 치료를 조기에 종결하는 의미를 이해해야 한다.

요약하면, 상담사는 적절한 내담자 관리에 대한 책임을 관리치료 회사로 이양하지 않도록 주의해야 한다. 그들은 반드시 유능한 진단과 치료의 원칙에 따라 의사결정을 이끌어야 하며, 제공되는 서비스 비용의 출처에 관계없이 그 목표를 향해 적극적으로 작업해야 한다. 상담사들과 치료사들은 보험업자들에게 그들의 모든 권한을 양보해서는 안 된다.

제3지급자와의 관계에서 윤리적 위반의 증거 제3지급자가 자신의 내담자의 정신건강치료와 자신의 소득에 접근하는 것에 분노를 느끼는 전문가

는 보증된 것보다 더 심각한 진단을 내리거나(업코딩이라고 부름), 보험급여 기준에 맞추기 위해 진단을 바꿀 수 있다. 실제로 1990년과 1993년 사이에 APA 윤리위원회에 제출된 윤리소송 중 15%는 이러한 유형의 허위 진술을 처리했다(Peterson, 1996). 이와 유사하게, Pope 등(1987)의 연구에 참여한 대부분이 급여 기준을 충족시키기 위해 보험 진단을 변경했다고 보고했다. 이미 언급했듯이, 만약 진단의 변화에 대해 객관적이고 임상적으로 정당한 이유가 없다면, 이러한 관행은 윤리적 기준을 위반하는 것이다(ACA 윤리강령, E.5.a절; APA 윤리강령, 기준 6.06). 그것은 또한 사기 행위이며, 법적 처벌을 받을 수 있다. Remley와 Herlhiy(2013)는 지불 가능성을 높이기 위해 계획한 서비스의 사실에 관해 보험사에 허위 진술하는 행위는 사기로 간주한다고 지적한다. 만약 사기로 발각되면, 정신건강전문가들은 비용을 회수하기 위한 민사소송에 처해질 수 있고, 사기는 범죄이기 때문에 검사들은 형사 고발을 할 수 있다. 안타깝게도 상담가들은 추가적인 지급을 받기 위해 진단을 변경하는 것이 어떤 의미가 있는지 모르는 것 같다(Mayfield(1996), Remley & Herlihy(2013)에서 재인용). 연구에서 문서화된 기타 비윤리적 관행은 다음과 같다.

- 전문가가 다른 치료 프로토콜이 바람직하다고 생각하지만, 보험급여를 위해 허용되는 요인에 대한 치료 계획으로 끼워 맞추는 것
- 내담자를 잃을까 두려워 보험회사에 전달할 정보의 전체 범위를 내담자에게 공개하지 않는 것
- MCO가 수용 가능한 프로토콜로 정의하기 때문에, 전문가가 훈련이나 감독을 받지 않는 상담 개입을 적용하는 것
- 급여가 끝난 후 지속적인 상담이 필요한 경우에도 더 저렴한 서비스에 의뢰하지 않고 치료를 종결하는 것

제3지급자와의 상호작용에서 새롭게 발생되는 문제들 일부 전문가들은 관리 정신건강치료와 관련한 좌절과 논란으로 인해 참여를 회피하고 양질의 비용 효율적인 서비스를 제공하기 위한 대안을

모색하고 있다(Bittner, Bialek, Nathiel, Ringwald, & Tupper, 1999). 다른 이들은 법정에서 행동건강치료 계획에 도전하는 행동을 성공적으로 하고 있고 (Nessman & Hendron, 2000), 또 다른 이들은 관리 치료에 의해 고용된 정신건강전문가들이 윤리강령에 위배되는 조치에 책임을 져야 한다고 제안했다 (Sank, 1997). 그러나 표준 이하의 치료를 제공하거나, 급여가 소진되었을 때 필요한 지속적인 치료를 제공하지 않는 전문가는 치료 과실소송 위험에 처하게 되고, 보험급여 문제에만 의지하는 방어는 그러한 주장을 반영하기에 부족하다는 것은 분명하다.

둘째, 보험사가 축적한 방대한 양의 개인 정보와 이를 좀 더 효율적으로 공유할 수 있도록 컴퓨터 데이터 네트워크를 구축하는 방향에 대해 많은 대중이 우려하게 되었다(Jeffords, 1999). 그 결과, 연방 정부의 컴퓨터 시스템 보호 규정이 시행되었으며, 이에 의료 기록이 포함되었다(HIP AA, 1996). HIPAA는 내담자의 개인 정보를 절대적으로 보호하지는 않지만, 악의적인 위반 위험을 줄이고 환자 개인 정보 침해에 대해 무거운 처벌을 부과한다.

▌대학 상담 윤리

30년 전 캠퍼스 상담센터의 상담사들과 심리학자들은 주로 발달 스트레스와 적응 문제들을 다루었다. 그 시기에는 또래와의 갈등, 진로 미결정, 가족과 떨어진 것에 대한 적응, 그리고 성과 약물에 관한 질문들이 학생들이 상담센터에 예약을 할 때 흔한 주제였다. 몇몇 학생들은 심각한 심리적 고통과 위기를 경험했고, 어떤 학생들은 만성적인 심리적 혼란을 겪었지만, 심각한 문제들은 최근 몇 년보다 덜 빈번하게 일어났다. 2013년 대학생 97,000명을 대상으로 실시한 설문 조사에서 11%의 학생이 우울증 장애를 보고했고, 12.9%가 불안 장애를 보고했으며, 1.8%가 약물남용 문제를, 6%가 공황발작 경험을 보고했다. 응답자의 거의 3분의 1(31.3%)은 때로는 우울증이 너무 심해 기능하기가 힘들었다고 보고했으며, 7.4%는 지난 12개월 동안 자살을 심각하게 고려한 것으로 나타났다. 또 다른 연구에서, Soet과 Sevig(2006)은 대학 표본의 20%가 과거에 상담을 받은 적이 있다고 보고했으며, 20%는 현재 상담서비스를 받고 있다고 밝혔다. 2010년에 대학과 대학교 상담센터의 관리자들은 향정신성 약물을 복용하는 학생과 만성적이고 심각한 정서적인 문제를 겪는 학생들의 수가 지속적으로 증가하고 있다고 보고했다. 실제로 전체 관리자의 73%가 심각한 정서 장애를 겪고 있는 학생의 수가 늘어났다고 응답했다(Association of University and College Counseling Center Directors(AUCCCD)(2012)). 이 그룹은 또한 그들이 상담한 학생들의 21%가 심각한 정신건강 문제를 진단받았고 그들의 내담자들의 24.5%가 향정신성 약물을 복용하고 있었다고 보고했다.

대학의 정신건강전문가들은 이 문제를 다루는 동시에, 학생 자살과 폭력 행위에 대한 대학 경영진들의 책임에 대한 우려가 커지는 것의 영향을 받았다(Cooper, Resnick, Rodolfa, & Douce, 2008). 2007년 Virginia Tech과 Northern Illinois 대학의 비극은 고통받는 학생들이 폭력적으로 행동할 때 캠퍼스 교수, 행정가, 전문 직원이 경험하는 문제뿐만 아니라 그러한 폭력을 예방하기 위한 상담센터 직원들에게 더해지는 요구 문제도 강조했다(Davenport, 2009). 2000년 MIT학생인 Elizabeth Shin의 자살과 같은 학생 자살에 비추어 볼 때, 이와 유사한 반응이 일어났다. 이 공동체는 당연히 대학들이 그러한 행위를 예방하는 조치를 취할 것을 요구하고 있으며, 많은 대학과 전문대학들은 학생들이 자신이나 다른 사람들에게 위험에 가했을 때 위협 평가 프로토콜을 실시한다. 위협 평가의 어려움 중 하나는 프로파일링의 형식으로 정신건강 문제가 있는 학생들을 목표로 삼을 가능성이 있다는 것이다(Pavela, 2008). 또 다른 위험은 퇴학이나 그 밖의 처벌적 조치를 두려워하는 학생들이 위협 평가에 초점을 맞춘 학교로부터 피해를 당하지 않기 위해 필요한 도움을 구할 가능성이 적을 수 있다는 것이다.

이 시대의 대학상담사와 심리학자의 윤리적 딜레마는 그들이 성인에게 정신건강서비스를 제공하기 때문에 비밀보장 기준과 특권법에 구속된다는 것이다. 그들은 또한 그들의 관할권에서 다른 사람들에게 폭력을 가할 위험이 있는 내담자에 대한 그들의 의무를 다루는 어떤 규정도 존중할 의무가 있다. 따라서 대학 정신건강전문가는 자신의 주 또는 지방에서 내담자에게 적용되는 비밀보장의 한계를 지키고, 충분히 설명할 특권과 의무와 관련된 법률 및 규정을 준수해야 한다. 그들은 또한 대학 관리자들과 협력하여 학생들의 사생활을 최대한 보호하고 다른 교수들에게 다른 학생들을 위협하는 것으로 보이는 학생들에 대한 적절한 대응을 알려 주는 위협 평가에 관한 정책을 개발할 책임이 있다. 마지막으로 전문가들은 대학생 상담 시 FERPA/HIPAA 적용을 명확하게 설명하고, 미국 신체장애인법과 Clery법 적용을 포함하는 최근 연방 법률을 익혀야 한다. 예를 들어, 개인의 기록이 FERPA에 적용되는 경우, HIPAA규정이 적용되지 않는다(Doll, 2011). 대학을 떠나도록 요구받은 학생들의 일부는 장애를 근거로 차별을 받았다는 주장을 제기했다. 이러한 문제에 대해 자세히 검토하려면 Paludi(2008)를 참조하라.

▌ 중독상담 윤리

중독상담은 이런 종류의 치료에 능숙하고, 책임감 있게 힘을 사용하며, 경계를 지키는 상담사를 필요로 한다. 물질남용은 내담자들이 경험하는 가장 흔한 문제들 중 하나이고, 다른 정신건강, 관계, 그리고 고용 문제들과 얽혀서 발생하기 때문에 유능성이 중요하다. 실제로, 약물남용과 정신건강서비스 관리국(Substance Abuse and Mental Health Services Administration: SAMHSA은 이를 미국에서 가장 심각한 공중보건 문제로 지정했다. 매년 10만 명의 미국인들에게 약물과 알코올은 주요 사망 원인으로 확인된다(담배는 매년 44만 명의 미국인들의 사망과 관련이 있다). 오랫동안 약물남용치료는 12단계로 이루어진 익명의 알코올 중독자 모델에 기초한 자신이 마약에서 회복하고 있는 동료 지지자들의 영역이었다. 많은 지지자들이 상담에 대한 공식적인 훈련을 받

지 못했으며, 그들의 도움은 경험을 통해 얻은 지혜와 거리의 지식에서 나온 것이었다. 원래 이 모델이 개발된 이유는 정신건강 분야에서 모든 내담자가 도움이 된다고 생각하는 개입법을 제공하지 않았기 때문이다. 이러한 개입은 종종 중독의 힘을 최소화한다. 최근 몇 년 동안, 약물남용치료전문가들에 대한 자격취득이 점점 흔해지고 있다. 국가중독전문가협회(National Association for Addiction Professionals: NAADAC)는 중독상담가를 대표하고 적절한 서비스를 지지하는 주요 전문가협회이다. 회원들은 윤리강령을 준수해야 한다(NAADAC, 2011). 현재 중독상담가 면허를 요구하는 주(州)의 수는 증가하고 있으나, 많은 관할권에서는 준 전문가 수준의 면허를 사용할 수 있다. 다른 모든 정신건강전문가도 어느 정도 물질 문제가 있는 내담자와 작업한다. 안타깝게도, 이 특정 장애에 대한 훈련 수준은 매우 다양해서, 각 전문가들은 책임을 지고 물질 사용 문제가 있는 사람들을 돕기 위해 필요한 능력을 개발해야 한다. 그러나 약물남용 문제치료에 대한 훈련은 여전히 심리학자들과 임상 정신건강상담가들의 훈련에 완전히 통합되지 않았다(Margolis & Zweben, 2011). 한편, 심리학자들이 물질남용 장애를 치료하는 데 있어서 더 많은 훈련과 지원을 중시한다는 증거가 제시되었다(Pabian, 2014).

물질남용이 상담을 시작하는 이유라면, 내담자들은 법원, 고용주, 가족 등 다른 사람들에 의해 상담으로 떠밀려온 경우가 많고, 긍정적인 경우에나 상담에 양가적인 태도를 보인다. 중독은 보통 물질, 특히 복합 물질의 사용을 중단시키는 두뇌의 변화를 가져오며(Hyman & Malenka, 2001), 이는 일반적으로 내담자가 어떤 수준에서도 다시 사용하지 못할 수도 있음을 의미한다. 결과적으로 이러한 내담자와 작업하는 데 있어서 윤리적인 문제들 중 하나는 그들이 치료 과정에 참여하는 것에 어느 정도 자발적인 요소가 있느냐 하는 것이다. 개입이 도움이 되려면 초기 저항은 작업 의지가 있는 문제에 자리를 양보할 필요가 있다. 초기 저항은 자주 일어나기 때문에 상담사들은 그들의 힘을 현명하게 사용할 윤리적인 책임이 있고, 내담자들을 조

종하거나 강요하지 않고 그들이 모르거나 알아차리지 못한 물질 사용의 결과에 대해서 교육할 책임이 있다.

세 번째 주요 윤리적 이슈는 전문적인 경계의 적절한 관리와 관련이 있는데, 물질을 남용하는 내담자들과 일하는 많은 사람들 자신이 물질남용의 이력을 가지고 있기 때문이다. 이 역사는 의심할 여지 없이 내담자의 역동을 이해하고 작업동맹을 형성하는 자산이다. 동시에, 그러한 역사는 명확한 경계를 유지하는 것을 더 복잡하게 만들 수 있다. 자기개방은 전형적으로 이 작업에서 중요한 도구이며, 전문가들은 치료적으로 가치가 있는 자기개방과 경계 위반을 구성하는 것을 식별할 필요가 있다.

마지막으로 중요한 윤리적 문제는 임상가들이 약물 사용 문제가 있는 내담자에 대해 부정적인 편견을 갖는 경향이다. 임상가들은 이러한 진단을 받은 내담자를 절망적이거나 치료하기 어렵다고 간주하는 경우가 너무나 많기 때문에 치료를 시작하기도 전에 타협하게 된다. 또한 연구에 따르면 여성과 노인은 항상 전형적인 약물 사용 양상을 보이는 것은 아니기 때문에 임상가들이 이들을 정확하게 식별하지 못할 수 있다(Weisner & Matzger, 2003). 중독상담의 윤리적이고 법적인 문제에 대한 더 자세한 정보는 Capuzzi와 Stauffer(2011) 또는 Roberts와 Geppert(2008)를 참조하라.

▌ 코칭 윤리

정신건강전문가들이 상담 과정에서 코칭을 사용하는 것은 상당히 최근에 등장했지만, 그 짧은 기간 동안 극적으로 성장했다. Whybrow(2008)에 따르면, 현재 수천 명의 정신건강전문가들이 참여하고 있다. 하지만 이 용어가 정말로 뜻하는 것은 무엇인가? 무엇이 유능하고 윤리적인 코칭을 만드는가? 그리고 그것이 효과적인 개입이라는 증거는 무엇인가? 이 모든 질문들이 책임 있는 작업의 중심에 있다. 영국심리학회의 정의는 이렇다. "코칭심리학은 개인의 삶에서 복지와 수행을 향상시키기 위한 것이며, 직업 영역은 확립된 학습 이론이나 심리학적 접근법에 근거한 코칭 모델에 의해 뒷받침된다."(British Psychological Society, Special Group on Coaching Psychology, n.d.). 관리자들을 감독할 때 이런 활동을 일반적으로 경영진 코치라고 한다. Williams과 Anderson(2006)에 따르면, 이 개입은 개인의 진로전환 지원, 리더십 기술의 원활한 개발과 팀 내 협업, 라이프 코칭 그리고 더욱 효과적인 임원의 활동을 포함하고 있다. 코칭은 현재와 미래에만 초점이 맞춰져 있기 때문에 심리치료와는 다르다. 코칭도 내담자들이 그들의 잠재력을 성취하도록 돕는 데 초점을 맞추고 있으며 정신건강 문제에 대한 치료는 아니다(Anderson, Williams, & Kramer, 2012). 예를 들어 주의력결핍장애가 있는 성인을 돕는 코치는 장애가 개인에게 야기하는 고통에 관심을 기울이지 않고, 고객이 직장과 대인관계에서 최대한으로 수행할 수 있게 하는 전략에만 집중한다.

코칭의 뿌리는 인본주의 심리학에 있는데, 개인의 보다 완전한 자아실현을 목적으로 하고, 일부에서는 긍정심리학 운동을 보완한 것으로 보기 때문이다(Whybrow, 2008). 어떤 이들에 따르면 코칭의 뿌리가 1920년까지 거슬러 올라가지만, 진행된 연구가 고무적이긴 하나, 통제된 연구와 다양한 사례 연구가 거의 없어 아직 이러한 형태의 접근에 대한 연구 기반이 제한적이다(Anderson et al, 2012; Greif, 2007). 훈련 프로그램은 북미에 비해 유럽에 더 많은 것으로 보이며, 정신건강전문가를 위한 유능한 코칭과 자격의 기준을 마련하려는 노력을 하고 있어, 프로그램의 승인 기준을 개발하려는 노력을 가장 열심히 기울이고 있는 것 같다(Whybrow, 2008). 현재 이 분야에서 일하고 있는 정신건강전문가들에게는 두 개의 주요 협회가 존재한다. 하나는 국제코칭협회(The International Association of Coaching: IAC)이고, 다른 하나는 국제코칭심리학회(International Society for Coaching Psychology: ISCP)이다. 코칭의 핵심적인 윤리 문제는 여러 면에서 상담의 비밀보장, 고지된 동의, 이해 갈등, 경계 등의 윤리적 문제와 유사하다(Brennan & Wildflower,

2010). 예를 들어 Anderson 등(2012)은 코치가 자주 컨설팅 사무실 밖에서 고객과 만나기 때문에 경계가 명확하지 않으므로 주의 깊게 감독해야 한다고 강조했다. 마찬가지로, 경영진의 코치가 특정 고객이 아니라 조직(스폰서라고 함)에게 고용되는 일이 잦기 때문에, 이해관계가 얽혀 문제를 야기할 수 있다. 이러한 코칭의 특성은 고객의 개방과 기록물에 대한 비밀보장 관리를 더욱 복잡하게 만든다.

국제코칭심리학회는 2008년 윤리강령과 코칭심리학 실천 지침을 발간했으며, 국제코치협회(International Association of Coaches: IAC)는 2003년에 윤리강령을 만들었다. 두 윤리강령 모두 다른 도움을 주는 직업의 성명(statements)과 유사한 내용을 포함하고 있으며, 실행 지침에 관한 좀 더 상세한 부분을 포함하고 있다. 회원 자격을 얻기 위해서 지원자들은 윤리강령을 지키는 것에 동의해야 할 뿐만 아니라, 코치로서 자질의 증거를 보여야 한다(IAC, 2003; ISCP, 2008)(IAC 자격취득 과정을 보려면 http://www.certifiedcoach.orglindex.php/getcerti−fied/learn/certification_overview을 참조할 것).

이러한 발전과 새로운 코칭 역량 개발 기회에도 불구하고, 코칭 주(州) 면허가 없으며, 관할권 내에서 코칭을 할 수 있는 요건도 없다는 사실에 주목해야 한다. 결과적으로 만약 어떤 사람이 정신건강전문가로 자격과 관계없이 개인 코치로서의 서비스를 제공했을 때 코치가 과실이 있다고 느끼는 고객이 법적으로 호소할 수 있는지는 불분명하다. 또한 코칭에 대한 구체적인 규제가 부족하면 부도덕하거나 훈련을 받지 않은 사람들이 처벌을 받지 않고 일을 할 수 있는 문이 열리게 된다. 상담, 사회복지, 또는 심리학 분야의 훈련 프로그램은 코칭에 대한 어떤 체계적인 훈련도 거의 제공하지 않는다. 프로그램을 원하는 사람들은 보통 전통적인 프로그램 밖에서 찾아야 한다.

또한, 위에서 언급한 것처럼 효과에 대한 연구 증거가 제한적이기 때문에 이 시점에서는 무엇이 유능한 코칭인가 또는 무엇이 기준 이하의 활동인가에 대한 판단이 명확하게 정의되지 않는다. 비록 이 활동이 개입의 초점으로 임상적 정신건강 문제를 가지고 있지 않은 고객들과 일하는 것에 중심을 두고 있지만, 코칭의 부정적인 효과에 대한 질문에는 여전히 해답이 없다. 마지막으로, 코칭과 다양성의 문제를 연결하는 것에 유의한 관심을 둔 연구가 없어 Wrenn(1962)이 수년 전에 기술한 문화적 캡슐화(encapsulation)의 위험이 있다.

정신건강전문가가 코칭을 또 다른 차원으로 개발하는 데 관심이 있다면 다음을 제안한다.

- 정신건강전문가로서의 훈련을 보충하는 코칭 연구의 체계적인 프로그램 수료
- 자격을 수여하고 실무에 관한 윤리강령과 지침을 제공하는 신뢰할만한 조직 즉, IAC나 ISCP 가입
- 코칭 자격증과 함께 정신건강전문가로 활동할 수 있는 면허를 고객에게 모두 공개
- 코칭의 효과와 기능에 대한 연구 기반의 한계, 즉 윤리강령에서 확인한 것처럼 혁신적인 서비스로서의 코칭에 대해 미래의 고객과 논의
- 이해의 충돌, 비밀보장 및 경계 문제에 대한 신중한 관리
- 고객이 서비스에 대해 직접 지불하기 때문에 재무 문제를 신중하게 관리
- 정신의료가 필요한 사람이 코칭을 정신건강치료의 대체물로 삼지 않고 초점이 생활과 직업 만족과 수행 발전에 맞춰지도록 고객을 세심하게 선별

▌법적 활동 윤리

법 정신건강 활동이라는 용어는 법정과 관련된 심리학자, 상담가 또는 사회복지사의 전문적인 활동을 의미한다. 이들은 연구자, 치료사 및 평가자, 자문위원 또는 법정 증인이 될 수 있다(Gottlieb & Coleman, 2012). 여기에는 자녀 양육권 평가, 재판에 설 수 있는 개인의 역량 평가, 정신병원의 법적 수용 병동에서 치료 제공, 법적소송에서 전문가 증인 역할 등이 포함된다. 일부 전문가는 배심원 선정에 관해 변호사에게 자문하거나 판결공판 단계 전에 사형선고를 받는 이유와 이 선고의 영향을 이해할 수 있는 역량을 포함한 피고의 심리적 기능에 대한 정보를 제공한다.

이러한 거의 모든 상황에서 법원이나 법원의 대리인은 민사 또는 형사 사건에서 법정 업무와 관련된 전문적인 조언을 제공할 정신건강전문가를 고용한다. 지난 10년간 법적 활동 윤리에 대한 문헌의 관심은 여러 가지 이유로 점점 더 커졌다. 첫째, 법원이 그러한 조언을 구하는 일이 많아졌다 (Haas, 1993). 예를 들어, 최근 몇 년 동안 법원은 자녀 양육권 평가를 수행하기 위해 심리학자, 사회복지사와 함께 점점 더 임상정신건강상담가들을 많이 활용하고 있다(이러한 평가를 위해 법원과 관계된 상담사들의 최상의 수행에 대한 설명에 대해서는 Patel과 Choate(2014)을 참고할 것). 둘째, 법적 활동에 참여하는 전문가의 역할과 충성심은 종종 혼란스럽고 상충된다(Bush, Connell, & Denney, 2006; Stokes & Remley, 2001). 법정과 정신건강센터는 요구, 문화 및 규범이 매우 다르며(Hess, 1998; Melton, 1994), 윤리적으로 행동하기 위해서 전문가는 이런 차이를 이해해야 한다(Roesch, Zapf, & Hart, 2010; Weikel & Hughes, 1993). 셋째, 전문가는 때때로 이 역할에서 중대한 영향력을 행사한다. 예를 들어, 판사는 부모의 자녀 양육권을 결정하거나, 노인의 역량 심리에서 심리적 평가에 크게 의존할 수 있다. 마지막으로, 법적 활동 윤리는 부분적으로는 불명예를 통해 중요한 위치를 차지하게 되었다. 소수의 "고용된 총"과 증언에 대해 지불하는 어느 쪽을 위해서도 싸울 전문가들의 존재가 이 문제에 대한 의구심을 낳았다(Huber, 1991; Pope & Vetter, 1992). 일부 비평가는 전문가의 증언을 완전히 평가절하한다. Szasz(1973)는 정신과 의사들의 증언을 "의학으로 가장한 허위"라고 불렀다. Sampson (1993)은 한 정신건강전문가의 증언을 두고 "그 일이 일어났을 때는 그곳에 없었지만, 요금을 지불하면 기꺼이 그 일이 어땠을지 상상해 볼 수 있는 사람"이라고 묘사했다(p. 69). 하지만 법원에 전문적인 서비스를 제공하는 것이 본질적으로 비윤리적인 것은 아니다. 실제로 높은 윤리적 기준에 충실하게 이행할 때 그러한 행위들은 직업적으로 공헌할 수 있고, 법원이 앞에 놓은 문제에 대해 공정하고 합리적인 평가를 할 가능성을 향상시킬 수 있다.

심리학자, 학교 심리학자, 정신과 의사들은 다른 전문가들보다 이러한 역할에 더 많이 관여해 왔다(Bersoff, 1996; Crespi & Dube, 2005). 실제로 학교 심리학자의 3분의 1은 그들의 평가와 관련하여 법정에서 증언할 것이다(Crespi & Dube, 2005). 그러나 상담사들과 사회복지사들이 법정에 점점 더 많이 출석하고 있다(Foster, 1996). 아동복지 사건은 심지어 심리학자들보다 상담가와 사회복지사들의 비율이 더 높을 수도 있다. 따라서, 법적 활동의 윤리에 관한 질문은 모든 정신건강전문가들에게 필요한 영역이다.

그러한 활동에 참여할 때 고려해야 할 핵심 윤리 문제는 윤리학자의 저술(예, Stahl, 1999), 발행된 전문 지침(APA, 2011a)및 윤리강령에서 찾아볼 수 있다(심리학자들은 APA가 2002년에 윤리강령의 마지막 버전에 포함되었던 법 의학 활동에 대한 구체적 절을 삭제했다는 점에 유의해야 한다. 대신에, 법적 활동에 대한 언급은 윤리강령의 관련된 부분에 다른 전문 활동과 통합되었다). 법적 활동의 윤리에 대해 완벽한 논의를 찾는 사람들은 Gottlieb와 Coleman(2012)과 이 장의 끝에 있는 추천 문헌을 읽어야 한다. 주요 질문은 다음과 같다.

법적 활동의 역량

1. 나는 내가 이 사안에 개입하는 것과 관련된 법률 지식을 포함하여 필요한 능력을 갖추고 있는가? 내가 유능하게 일할 수 있는 충분한 시간이 있는가?
2. 내 역량의 한계를 인정할 수 있는가?
3. 나의 개인적 가치관과 신념이 좋은 서비스를 제공할 수 있는 능력을 손상시키지 않도록 조절할 수 있는가?
4. 내 직원들을 능숙하게 감독할 수 있는가?
5. 법적 활동과 관련된 윤리강령과 전문적 지침을 알고 있는가?
6. 필요한 경우 자문을 구할 수 있는 유능한 동료가 있는가?
7. 법원에 나의 결론이나 권고를 뒷받침하는 과학적 데이터를 제공할 준비가 되어 있는가?

8. 비상 상황이 발생하면 필요한 치료를 제공할 수 있는가?

법적 활동의 고지된 동의

1. 관련된 모든 당사자가 나의 역할, 능력과 한계, 수수료, 서비스 기간 및 활동과 관련된 기타 실제적인 문제를 이해하고 있는가?
2. 고객이 서명할 서면으로 된 동의 서류와 법원 직원과의 서면 계약이 있는가?
3. 직접 고객들과 고지된 동의 문제를 검토했고, 그 의무를 다른 사람들에게 넘기지 않았는가? 고객들은 평가 데이터가 어떻게 사용될 것이며, 나의 역할이 치료사의 역할과 어떻게 다른지를 이해하고 있는가?
4. 관련된 모든 사람들의 시민권을 존중했는가?

법적 활동의 경계

1. 잠재적인 이해갈등을 예방하거나 최소화했는가? 법원에 어떤 종류든 잠재적인 갈등을 알린 적이 있는가?
2. 부당한 영향력을 행사하는 상황을 피해왔는가?
3. 나의 내담자였던 사람들에 대한 평가자 또는 전문가 증인으로 활동하는 것을 거절했는가(Greenberg & Shuman, 1997)? 반대로, 법원 평가자로 평가했던 사람들을 내담자로 받아들이는 것을 거절했는가?

법적 활동의 비밀보장

1. 관련 당사자들은 비밀보장과 그 한계를 이해하고 있는가? 법원에서 요구한 평가가 법원과 공유될 것이라는 사실을 고객들이 알고 있는가?
2. 보관하고 있는 기록들은 안전한가?
3. 법원이 공개하지 않는 한, 법원 업무와 관련이 없는 사안에 대해 비밀을 유지하고 있는가?

수수료

1. 수수료가 적절한가?
2. 모든 조건부 지불 방식을 거절했는가?

고객과의 의사소통

1. 서비스를 통해 작성된 보고서, 증언 등이 거짓 없이 정확하게 전달되도록 (가능한 한) 확실히 했는가?
2. 내 일에 대해 잘못 표현된 부분이 있으면 시정 조치를 취했는가?
3. 나의 능력을 공정하게 보여 주는 방식으로 서비스를 광고하는가?
4. 특별히 전문가 증인으로서의 나의 역할이 이 직업의 평판에 미치는 의미를 이해하고 있으며, 직업에 신뢰를 주는 방식으로 행동하는 것에 헌신되어 있는가?

자녀 양육권 평가

1. 이러한 평가를 수행하는 데 필요한 전문 역량을 갖추고 있는가(APA, 2010b; Gould & Martindale, 2007)?
2. 나의 생각에 앞서 늘 아동의 최선을 가장 우선적으로 고려하는가, 그리고 이 모호한 기준을 어떻게 다뤄야 할지 알고 있는가(Oberlander, 1995)?
3. 평가 시 관련된 모든 사람들을 면담하고 다양한 출처의 데이터를 공정히 평가하는가?
4. 부모 중 한쪽을 선호하는 아동을 책임감 있게 다루는 방법을 알고 있는가(Oberlander, 1995)?
5. 내 객관성과 효과성을 저해할 수 있는 어느 쪽과 이미 관계를 맺고 있는 경우, 이러한 평가를 실시하는 것에 동의하는 것을 피하고 있는가?
6. 자녀 양육권 평가와 관련된 법적 위험을 이해하고 있는가(Benjamin, Gollan, & Ally, 2007)?

이러한 질문에 비추어 다음과 같은 사례를 생각해보라.

사회복지사의 평가 사례

한 임상사회복지사가 이혼소송에서 자녀 양육권 평가를 해 달라는 요청을 받았다. 그는 직접 아이들과 아버지를 만났다. 어머니는 응급 수술이 필요했고 예정된 면담을 할 수 없었다. 면담은 하루 연기되었고, 사회복지사는 면담을 하기 위해 어머니 병실로 갔다. 어머니는 고통스러워했고, 약물과 마취 때문에 아직도 약간 비틀거리고 있었다. 이 사회복지사는 이 면담과 그 밖의 이용 가능한 자료를 토대로 보고서와 권고안을 제출했다.

피고와 임신한 심리학자의 사례

한 심리학자는 유아용 침대에서 자고 있는 쌍둥이 아들을 죽인 혐의로 기소된 여성의 재판 받을 능력을 평가해 달라는 요청을 받았다. 그 여성의 정신건강 기록은 편집조현병의 병력과 폭력 발생 전 몇 주 동안 약물치료를 받지 못했다는 것을 보여주었다. 이 심리학자는 쌍둥이를 임신한 지 석달 째 되었고, 자신이 이 여성의 행동에 대해 불쾌하고 두려워하고 있다는 것을 발견했다. 그녀는 이번 사건을 현재로서는 처리할 수 없다고 생각하여 사건을 맡는 것을 거절하고 동료에게 이 사건을 의뢰하였다.

심리학자와 배심원 선택 사례

한 사회심리학자가 배심원 선정과 관련하여 변호사들에게 인기 있는 자문이 되었다. 그는 변호인단이 동정적인 배심원을 선정하는 것을 돕기 위해 인간의 사회적 행동에 그의 상당한 전문 지식을 사용한다. 그는 자신의 효과를 기록하고 있으며, 그 기록들은 그의 조언이 전반적으로 피고에게 더 동정적인 배심원을 배치하도록 한다는 것을 보여 준다.

심리학자는 피고인에게 객관적이고 전문적인 서비스를 제공할 수 있는 자신의 능력에 미치는 개인적 상황의 영향을 인정하여 전문적 기준에 따라 행동하고 있으며, 고객의 최선의 이익에 맞는 판단을 하고 있는 것이다. 그러나 양육권 평가의 근거로 믿을 수 없는 정보를 사용한 사회복지사는 지침을 위반하고 있다. 여전히 마취와 진통제의 영향을 받고 있는 사람과 침상에서 면담을 한 것은 부모로서의 그 사람의 적합성에 대해 일반화하기에는 불충분한 근거이다. 이런 상황에서 다른 압력

들이 책임 있는 판단과 고객의 복지 증진을 넘어선 듯하다. 게다가 이 경우에는 위험이 너무 크기 때문에 오류가 심각하다.

사회심리학자의 행동에 대한 윤리적 판단은 좀 더 신중한 고려가 필요하다. 미국 법학 체계는 한 사람의 모든 혐의에 대한 강한 방어의 권리 위에 세워졌다. 사회심리학자의 전문성은 피고인이 재판에서 편견을 가지지 않을 가능성이 있는 배심원이 배정되고 법적 절차에 대해 열린 마음을 가지려고 할 때 도움이 될 수 있다. 만약 무엇이 "동정적 배심원"이 될 것인지에 대한 그의 판단이 개인적인 직관이나 다른 특이한 기준이 아닌 과학적 증거에 근거한다면 그의 행위는 직업의 윤리적 한계 내에 있을 가능성이 크다. 그러나 일반적으로 배심원 선택의 배후의 과학은 제한적이라는 점에 주목하는 것이 중요하다(Gottlieb & Coleman, 2012). 마찬가지로, 그의 판단이 고정 관념에 의존한다면 (예를 들어, 유럽계 미국인 피고인에게는 유럽계 미국인 배심원을 배정해야 한다), 이는 직업윤리 기준을 벗어나고 신뢰를 얻지 못한다.

▌요약

지역사회 및 개인 상담소 환경에서 상담사와 치료사는 이해 상충의 딜레마와 씨름해야 한다. 그들은 자신의 일에 대한 정당한 이익을 얻고자 하는 욕구 및 권리와 서비스에 대한 내담자의 권리, 그리고 전문 지지자로서의 역할에 사이에서 균형을 잡아야 한다. 게다가, 외부 관련자들, 특히 전문적인 서비스에 대한 지불을 제공하는 관련자들은 종종 상담사와 내담자의 관계에 영향을 미친다. 지역사회 기반의 상담사들에게는 6개의 핵심 윤리적 의무가 있다. 첫째는 자신의 능력과 자격에 대해 공정하고 완벽하며 정직하게 설명하여 내담자를 모집하고, 잠재적 내담자에게 직접적인 권유는 피하는 것이다. 둘째, 서비스에 부과되는 수수료는 공정하고 명확하게 전달되어야 하며 내담자의 재정 상태에 민감해야 한다. 전문가들은 공정한 소득에 대한 권리가 있지만, 내담자의 복지에 앞서 자

신의 재정적 이득을 취하는 것은 허용되지 않는다. 셋째, 서비스를 중단해야 하는 경우, 정신건강전문가는 중단으로 인한 내담자의 치료적 진전에 최대한 지장이 없도록 대체 치료를 위한 절차를 마련해야 한다. 넷째, 서비스 기록은 적절한 서비스를 제공하고 사생활이 보호되도록 최신의 정보를 포함하고, 정확하고, 기밀해야 한다. 이러한 기록은 사후 관리가 제공될 수 있도록 충분한 시간 동안 보관되어야 하며, 내담자의 사생활을 보장하는 방식으로 폐기되어야 한다. 다섯째, 외부에서 치료를 명령하는 경우, 전문가는 내담자에게 우선적으로 충성하고, 제3자의 권리를 존중하며, 관련된 모든 사람들에게 고지된 동의서를 제공한다. 여섯째, 내담자가 자신이 원하지 않는데 입원해야 하는 경우, 내담자를 존중하고 자유의 제한을 최소화하는 절차를 사용해야 한다. 같은 분야의 동료들과의 관계는 존중, 정직, 공정성을 바탕으로 한다. 영역 다툼, 역량에 대한 사적인 판단, 전문 분야 간의 이견 등을 자문실로 가져와서는 안 된다. 동료들 사이의 재정적인 합의는 내담자 조사에 개방되어야 하고 수수료 분할이나 다른 형태의 리베이트의 어떤 흔적도 없어야 한다.

상담과 심리치료에 대한 외부의 지급인과의 관계에서, 상담사들은 내담자에게 필요한 서비스와 사생활에 대한 권리를 제한적으로 침범하는 것에 대해 자신의 내담자를 변호해야 한다. 또한, 그들은 보험이나 재정적인 고려 사항과는 별개로 적절한 진단과 치료를 평가해야 한다. 정신건강전문가들이 일반적으로 경험하는 보험 회사에 대한 분노는 그러한 사람들의 진단과 치료에 있어서의 어떠한 잘못에 대해서도 변명이 되지 않는다.

대학생과 함께 일하는 전문가들은 심각한 곤경에 빠진 학생들이 다른 학생들에게 초래할 수 있는 위험에 대해 민감해야 하지만, 내담자 접촉의 비밀보장에 관한 윤리적 기준을 준수할 필요가 있다. 이 책임은 심각한 정신건강 문제가 있는 대학생의 수가 급격히 증가함에 따라 더욱 중요해졌다. 마찬가지로, 물질남용 문제의 치료에 주력하는 사람들은 그들 자신의 이력이 물질남용 경험을 포함

할 때 이 문제를 다루고 경계를 관리하는데 책임감 있게 행동할 적절한 능력을 개발해야 한다.

마지막으로, 코칭이나 법적 활동에 참여할 때 정신건강전문가들이 이 전문 분야에서 능력을 주장하기 전에 집중적인 훈련과 경험이 필요하다는 것을 알아야 한다. 훌륭한 과학, 고지된 동의서, 기록과 공개의 비밀보장 의무, 이중 관계와 착취의 방지, 그리고 개인적 차이와 문화적 배경에 대한 민감성은 치료 관계에서와 마찬가지로 이러한 일에 강하게 적용된다.

❖ 토론 질문

1. 정신건강전문가들이 한정된 재원에 대해 점점 더 경쟁 압력을 느끼는 상황에서 어떻게 지난 수십 년간 정신건강전문가를 괴롭혔던 다양한 접근 사이의 경쟁을 잘 관리하고 의견 차이를 피할 수 있을까?

2. 수수료 분할이 잘못됐다는 데 동의하는가? 개인 전문가들 사이의 수수료 분할과 "제공자 네트워크" 또는 의뢰서비스에 가입하는 것 사이의 차이가 의미 있어 보이는가? 왜 그렇거나 그렇지 않은가?

3. 몇몇 정신건강전문가들은 연방무역위원회가 촉발한 광고 윤리의 변화를 환영했지만, 어떤 이들은 이를 비난했다. 광고 및 내담자 유치를 위한 현재의 기준, 특히 내담자의 후기의 자유에 대해 어떻게 생각하는가?

4. 많은 사람들이 기록 보관에 대한 현행 기준이 관료적이며, 주로 정신건강전문가를 보호하기 위해 고안되었다고 도전해 왔다. 이 견해에 동의하는가?

5. 일부 정신건강전문가들은 보험사나 관리치료 업체와 접촉을 거부하고 내담자들에게 해당 서류 작업을 처리하도록 요청했다. 그들은 자신의 역할이 치료 및 진단과 관련된 정보를 내담자에게 제공하고 내담자가 보험사와 거래할 수 있도록 권한을 부여하는 것이라고 주장한다. 관리치료에 대한 이 접근 방식의 장점과 단점을 논의하시오.

6. 상담과 치료서비스에 대한 자금이 제한적인 시대에 코칭과 법적 활동이 저임금 정신건강전문가들에게 특히 매력적으로 보이는 것 같다. 자격을 갖춘 전문가만 이러한 분야에서 서비스를 제공하도록 보장하기 위한 특별한 자격인증 절차나 기타 게이트 키핑 절차가 있어야 하는가? 만약 그렇다면, 무엇을 추천하겠는가?

❖ 토론 사례

조던의 지역사회는 매년 여름, 도시의 건립을 기념하기 위해 소풍을 후원한다. 지역 상인들은 소풍에서 그들의 제품이나 서비스를 홍보하기 위해 부스를 임대한다. 많은 사람들이 그들의 서비스를 광고하기 위해 무료 연필, 머그컵, 범퍼 스티커를 준다. 면허를 받은 상담심리학자 조던은 부스를 임대하고 "의사 있음(The doctor is in)"이라고 쓰인 현수막을 달았다. 그리고 조던은 이 말을 유명하게 한 만화 캐릭터와 비슷한 옷을 입었다. 게다가 그녀는 예약하는 모든 사람에게 유명한 자기 계발서를 무료로 나눠주었다. 이 지역의 또 다른 정신건강전문가 한 사람이 이 부스를 보고 전문가답지 못한 행동에 대해 면허위원회에 윤리적 불만을 제기하였다. 당신이 알고 있는 것에 따르면 면허위원회에서 조사를 해야 할 이유가 있다고 생각하는가? 왜 그렇거나 그렇지 않은가? 조던이 지역사회 소풍 전에 이 부스 계획에 대해 말했다면, 그녀에게 어떤 조언을 주었겠는가?

앤마리는 대형 개인상담센터에 고용되어 있다. 그녀를 감독하는 심리학자의 정기 슈퍼비전 외에도, 그녀는 추가자문을 받기 위해 개업한 정신과 의사와 격주로 만나고 있다. 그녀가 그곳에서 일하기 시작한 지 몇 달 후에 그녀는 그 정신과 의사가 내담자들에게 그가 제공하지 않은 서비스에 대해 청구하고 있다는 것을 알게 되었다. 예를 들어 앤마리가 자문에서 내담자의 이름을 언급하면, 그는 이를 기록하고 사례 자문 시간에 대해 청구하였다. 앤마리가 정신과 의사로부터 조언과 슈퍼비전을 받을 때, 그녀는 그러한 청구가 정당하다고 생각하지만, 그 정신과 의사는 아무런 지침도 주지 않았다. 앤마리는 정신과 의사가 그 시간에 대해 청구하는 것을 알자마자 상담센터를 그만두었다. 그녀는 그만두기 전에 내담자들에게 실수나 부정행위가 없는지 그들이 받는 청구서를 확인하라고 말했다. 그녀는 상담센터의 누구에게도 자신이 그만두는 진짜 이유를 말하지 않았지만, 자신이 불공정한 청구 행위에 동참할 수 없다는 것을 알고 있었다. 앤마리는 이러한 상황에서 윤리적인 전문가로 간주되기에 충분한가? 왜 그런가? 그녀가 무언가를 더 했어야 한다고 생각한다면 정확히 무엇이 되어야 하는가?

던은 경제적으로 소외된 어린이와 그 가족을 돕는 공립 기관의 가족치료사이다. 그는 가정방문을 통해 일상적인 가족 상호작용을 관찰하고, 부모가 자녀의 필요와 행동에 적절히 반응하도록 돕기 위해 개입해야 한다는 입장을 취한다. 그는 이 역할에서 자신이 만나는 가족에 대해 엄청난 통찰을 얻고 자신과 강력하고 생산적인 치료적 유대를 형성한다고 믿는다. 하지만 내담자의 가정에서 서비스를 제공하는 것이 그에게 윤리적인 문제를 야기하는 경우도 있다. 회기를 진행하는 동안 다른 사람들이 집을 방문하면, 때로는 부모님들이 마치 아무도 없는 것처럼 계속해서 그와 이야기한다. 내담자가 그들이 방문객 앞에서 자유롭게 이야기할 수 있다고 하는 경우에도, 던은 치료적으로 대답해야 할지 말아야 할지 확신이 없다. 어떤 경우에는 다른 가족원의 도박이나 마약과 같은 불법 행동을 목격하기도 한다. 그는 그러한 상황에서 그의 윤리적이고 법적인 책임에 대해 궁금해한다. 그에게 어떤 조언을 주겠는가?

13장

학교상담전문가

학교문화에 전문적 기준 적용하기

학교상담사들과 학교심리학자들이 직면한 많은 윤리적 문제는 그들의 환경에만 고유하지 않다. 동의(consent)와 비밀보장(confidentiality)의 문제들은 미성년자들과 일할 때 늘 복잡하다. 대규모 공공 조직의 일원인 모든 전문가들은 공공에 대한 책임과 관리자들과의 미묘한 관계를 다룬다. 다양한 문화적 배경의 내담자들에게 민감하고 능동적으로 대응해야 할 의무는 모든 환경에서 적용된다(Guzman, Calfa, Kerne, & McCarthy, 2013, Leong & Gupta, 2008, Lonborg & Bowen, 2004, Pedersen & Carey, 2003, Pedersen, Crethar, & Carlson, 2008). 미성년자와의 업무를 관리하는 법규는 실무수행의 윤리적 원칙과 종종 충돌한다(Stone, 2009; Stone & Zirkel, 2010). 그러나 몇 가지 문제들은 고유하다: (1) 교사들 간의 공개된 의사소통 규범과 상담전문가의 비밀보장 원칙 사이의 갈등; (2) 개인적, 사회적으로 어려움을 경험하거나, 부모와 지역사회의 기준이 학생의 욕구와 충돌할 가능성이 있을 때 학생들을 도울 의무; (3) 폭력, 사이버 괴롭힘 및 기타 괴롭힘과 관련된 학교의 책임; (4) 자녀들의 교육 정보에 대한 부모의 권리에 관한 복잡한 주(州) 및 연방 법률; (5) 자살 충동을 가진 학생에 대한 학교상담사의 의무; (6) 학교에서 시행하는 집단상담의 복잡성; (7) 중등 과정 이후의 계획들과 관련된 윤리적 도전들; (8) 또래상담 및 미성년자 또래중재의 윤리

다른 두 가지 현실들은 학교상담사의 업무를 복잡하게 만든다. 첫 번째는 행동 또는 정신건강 문제로 진단된 상당 수의 취학 연령 아동이다. 의학 연구소와 국립연구위원회(2009)에 따르면 14-20%의 학생들이 이러한 질환에 대한 기준을 충족하고 있지만 이들 중 20-30%만이 정신건강서비스를 받고 있는 것으로 나타났다. 따라서 학교상담사에 대한 "격차 해소"의 요구가 커질 수 있다. 그러나 두 번째 현실은 학교상담사들이 담당하는 사례수가 많기 때문에 학생들을 조력할 역량이 제한적이라는 것이다. ASCA(2011)에 의하면 미국 학교상담사들이 평균적으로 담당하는 학생 사례가 1인당 471명이라는 놀라운 수치였다(ASCA의 250:1 기준을 충족하는 주는 와이오밍 및 버몬트뿐이다). 캘리포니아주는 학교상담사 1인당 담당하는 학생 수가 811명이다. 이러한 상황에서는 학교상담사가 그 또는 그녀가 담당하는 사례의 교육적, 정신적, 사회적 요구에 집중하는 것은 불가능하다. 이 장에서 다루게 되는 관련 주제들에 대한 윤리강령들은 미국학교상담사학회(ASCA)(2010)와 미국상담학회(ACA)의 윤리를 바탕으로 할 것이다(ASCA 윤리강령은 부록 C 참조).

▌열린 의사소통 문화에서 상담사의 역할

많은 학교상담사가 교사로 경력을 시작하지만 단 7개 주에서만 학교상담사에게 교사자격을 요구한다(ASCA, 2008b)(이 주들은 코네티컷, 캔자스, 루이지애나, 네브라스카, 노스 다코타, 오리건, 텍사스이다). 교사들은 다른 교직원들과 해당 학급의 학생에 대한 공개적으로 의사소통하는 것과 효과적인 교육을 위한 적절한 심리사회학적 지식을 나누는 것을 높이 평가한다. 예를 들어, 학생의 건강과 청결에 관심 있는 교사들은 간호사와 그 문제를 논의하는 것을 주저하지 않을 것이다. 실제로, 교사들은 학

교상담사들이 다른 교육자들과 상의하지 않는다는 것을 좋은 가르침을 위한 책임을 회피하는 것으로 본다. 교사들 간의 그러한 의사소통은 사회적 목적을 위해서도 유용하다. 즉, 성인 대 청소년 간의 의사소통이 지배적인 직장에서 근무시간 동안의 성인 대 성인의 대화 출구가 되어 동료들 간의 사회적 연결망을 유지할 수 있다(Ferris & Linville, 1985). 기술과 소셜미디어가 폭발적으로 증가함에 따라 열린 의사소통에 대한 요구가 더욱 커졌다 (Mullen, Griffith, Greene, & Lambie, 2014).

상담전문가의 윤리규정은 매우 다르다. 상담사들은 내담자와 나눈 대화 내용이 비밀이며, 그 공개는 오직 내담자/부모의 사전 인지와 허락(많은 경우 아동의 동의) 또는 아이의 이익을 염두에 두고 허용된다는 사실을 알고 있다. 상담사들은 특정 내담자의 문제를 성인 간의 사회적 대화를 촉진하기 위한 수단으로 사용할 수 없다. 이러한 문화적 충돌은 초보 학교상담사에게는 교사에서 상담사로의 역할 전환을 어렵게 할 뿐만 아니라 숙련된 학교상담사의 일을 더 복잡하게 만든다(Peterson, Goodman, Keller, & McCauley, 2004). 교사와 행정 담당자들은 종종 학교상담사들이 학생들에 대해 공개적으로 의사소통하고, 이러한 소통들을 학생들을 위한 걱정에 근거한 것으로 보기를 기대한다(Amatea & Clark, 2005; Reiner, Colbert, & Prusse, 2009). 상담사가 학생이나 학부모가 언급한 문제에 대해 말하지 않을 때, 다른 교육자들은 상담사를 같은 팀으로 보지 않거나 학생들에게 상담을 추천하는 것을 꺼려 할 수도 있다. 학교의 규범을 따르기 위해 상담사들에게 가해지는 제도적인 압력은 상당히 클 수 있다(Schulte & Cochrane, 1995). Hermann의 연구 (2002)는 이 견해를 지지한다. 그녀의 연구에서 학교상담사의 51%가 지난 12개월 동안 학생의 비밀정보 공개에 대한 압박감을 느꼈다고 답했으며, 19%는 학생 기록을 넘겨 줄 것을 요청 받았다고 응답했다.

학교상담사들은 종종 이러한 모순된 시스템 사이에 끼여 있다고 느낀다. 다른 한편으로, 다른 교직원의 수용, 존중, 협력 및 의뢰가 필요하며, 모든 것들은 열린 의사소통에 달려 있는 것으로 보인다. 학교상담사들은 다른 교직원과의 협력 관계가 궁극적으로 학생들에게 도움이 된다는 것을 알고 있다. 반면에, 학생과 학부모가 공개한 상담내용에 대한 비밀을 지키고, 그들의 신뢰를 유지하기를 원한다. 언뜻 보기에는 두 가지 욕구가 상호 배타적인 것처럼 보이지만 이러한 갈등을 해결할 책임 있는 방법이 있다. 다음 상황을 고려해보자:

레지의 사례

레지는 지난 두 달 동안 행동이 악화된 5학년 학생이다. 그는 예전에는 배움에 열의가 있는 적극적이고, 양심적인 학생이었다. 이제 그는 대부분의 시간을 책상 위에 머리를 대고 있거나 창문을 바라보는 등의 행동을 하며 보낸다. 그는 숙제를 제출하지 않고, 실패하고 있다. 그의 선생님인 커언스는 다른 교사들과 이야기하고 나서 레지가 모든 수업에서 이런 식으로 행동한다는 것을 알게 되었고, 학생을 학교상담인 제퍼스 박사에게 의뢰했다. 몇 회의 상담이 진행되고, 레지와 그의 어머니에 대한 비밀보장을 설명한 후 아이는 자신의 개인적인 이야기를 시작하였다. 최근 검사에서 그의 어머니가 HIV양성인 것이 확인되었다. 동시에, 그는 임신할 때까지 어머니가 정맥 주사약물을 투약했다는 것을 알게 되었다. 레지는 슬프고, 화가 나고, 배신감을 느꼈다. 레지와 그의 어머니는 그녀의 병이나 개인적인 내용을 학교에서 알게 되는 것을 원치 않는다. 커언스는 레지에 대한 그의 질문에 대해 상담사의 답변이 부족한 것에 좌절감을 느꼈고, 아동의 행동 악화를 논의하기 위해 레지와 관련된 모든 교육 인력들이 참여하는 회의를 교장에게 요청했다. 제퍼스 박사도 참석해야 한다. 교사와 교장은 진정으로 레지의 안녕(복지)을 염려하고 있으며, 그들이 이 학생을 돕도록 상담사가 도와주기를 바란다.

글로리아의 사례

교사 휴게실에서의 점심시간 대화는 글로리아라는 2학년 학생에게 초점이 맞춰져 있는데 그녀의 어머니는 몇 년 전 은행을 털다가 총에 맞았다. 어머니는 감옥에

갇혀 있고, 아버지는 강도 사건 이후 정서적으로 불안정한 상태이다. 아버지는 종종 잠옷을 입은 채 학교에 와서 직원들에게 자신의 딸을 독살하려 한다고 비난했다. 아버지는 심리치료를 거부하고 있다. 글로리아는 극도로 소심해졌고, 아버지가 방문한 후 며칠 동안 학교를 나오지 않았다. 오늘의 점심 식사 시간에는 글로리아 아버지의 가장 최근 방문에 대해 말하고 있으며, 소녀에 대한 동정심과 아버지의 충격적인 행동에 대한 비난의 감정들이 오가고 있다. 상담사는 테이블에 앉아서 이 모든 것에 대해 어떻게 생각하는지 질문을 받았다.

레지의 경우 윤리와 법적 기준이 명확하다. 레지와 그의 어머니가 상담내용을 비밀로 유지하는 데 단호할 경우 상담사는 그들의 원함(의견)을 준수해야 한다. 비밀유지에 대한 예외는 이 사례에는 적용되지 않는다. 아동 학대가 없고, 레지에게 즉각적인 위험이나 다른 사람에 대한 위협, 법원 명령, 부모의 허가 또는 공개 요청이 없는 상황이다. ASCA 규정의 전문 A.2, B.2 및 C.2는 학생과 학부모의 권리와 사생활을 존중할 상담사의 의무를 강조하고 있다(ASCA 윤리강령, 부록 C 참조).

상담사가 동료들을 멀리하고 침묵을 지키는 것이 유일한 선택일까? 다행히도 다른 대안이 있다. 상담사는 레지와 그의 어머니에게 교사의 걱정에 대해 상의할 수 있다. 앞으로 열릴 회의에 대해 어머니에게 정보를 제공하여야 하며, 상담사가 회의에서 말할 내용이 있다면, 상담사가 그 모임에서 어떤 내용을 얘기할 수 있을지에 대한 지침을 구해야 한다. 레지의 어머니와 레지를 회의에 초청하기 위해 교장의 허락을 요청할 수 있다. 학생에 대한 회의 전에(상담사는 또한 그들이 직면하고 있는 어려운 문제를 다루는 가족상담을 소개할 수 있다. 이러한 지원은 레지가 그의 어머니의 질병과 역사에 더 잘 대처하기 위해 도움을 줄 수 있을 것이다), 상담사는 교사와 교장을 개인적으로 만나 비밀유지 요구 사항과 상담회기에 대한 자유롭고 완전한 토론의 제한을 설명해야 한다. 관련 있는 것으로 보이는 모든 주(州)와 연방 법을 설명해 주는 것은 다른 교육자들이 자

신들이 상담에 대한 정보를 요청하여 제기된 딜레마를 이해하도록 도울 것이다. 예를 들어, 건강 보험 양도 및 책임에 관한 법안(HIPAA)(1996)과 가족 교육 권리 및 개인 정보법(FERPA)(1974)이 이러한 상황에서 적용될 수 있으며, 가족의 개인 건강 정보의 공개를 금지할 수 있다. 학교상담사는 문제가 발생하기 전에 교사, 행정관 및 학교위원회 위원에게 학교상담사의 역할과 책임을 교육함으로써 상황이 악화되는 것을 피할 수 있다(Tompkins & Mehring, 1993; Watson, 1990). 직접적인 직원 교육 프로그램을 통해서 학교상담사의 목표는 학생들을 도울 수 있도록 교사를 조력하는 것이지만 상담사가 지켜야 하는 법과 윤리적 기준은 학생/부모로부터 적합한 허가를 받아 정보를 공개하도록 함을 알릴 수 있다. Ferrin과 Linville(1985), Huss, Bryant와 Mulet(2008)은 학교위원회 승인을 받은 비밀유지 및 서면의뢰 절차에 대한 정책을 조언한다. 또한, Tompkins와 Mehring(1993)은 비밀유지 의무에 관한 의사소통을 면접을 볼 때부터 시작하도록 권장한다. 그러한 논의를 시작함으로써 상담사는 학생과 학부모 비밀보장에 대한 다른 교사의 지식과 수용정도를 알아차릴 수 있다. 최근 연구에 따르면 다른 교육자들이 학생들의 교육성과를 저해하는 문제를 다루는 데 도움을 주는 학교상담전문가 역할을 중요하게 생각한다는 점을 알아둘 필요가 있다. 그 기초에는 상담사의 역할에 대한 비밀보장의 함의가 분명해야 한다(예, Reiner et al., 2009).

두 번째 사례에서, 2학년 학생의 문제와 아버지의 비정상적인 행동에 관한 점심시간 대화는 전문적이기보다는 사적인 것으로 보인다. 구내식당 토론은 학생들에 대한 유익한 계획을 세우는 전문적인 상호작용이 아니다. 그러한 대화는 종종 험담으로 악화될 수 있다(Watson, 1990). 또한 방에 있는 일부 선생님은 글로리아와 상호작용이 없으므로, 그녀에 대해 알 필요가 없으며 알 권리도 없다. 상담사가 그러한 토론에 참여하는 것은 그러한 개인을 모욕하는 것이 되고 상담사나 전문성에 도움이 되지 않을 것이다. 그러므로 상담사는 글로리아가 자신이 맡은 사건의 학생이 아니더라도 이 주

제에 대한 언급을 피해야 한다. 이 문제를 논의하는 것을 거부하는 것은 도덕적으로 우월하거나 독선적인 방법으로 표현될 필요는 없다. 이러한 사건이 발생하면 사람들은 나중에 그것에 대해 이야기하기를 원한다. 특히 상담사들에게 그 자연스러운 인간의 욕망은 그들의 직업적 의무로 대체되어야 한다. 이전 시나리오에서와같이 교사들에게 상담사의 독특한 책임을 교육하면 상담사가 대화에 참여해야 할 것 같은 압박감이 완화될 것이다. 그러한 토론을 피하는 지극히 안전하고, 유일한 길은 그러한 사건이 대화의 초점이 될 가능성이 있을 때 점심 식사 또는 교사 라운지에 앉는 것을 피하는 것이다. 상담사는 그러한 가십에 참여하는 것이 윤리적인 결과뿐만 아니라 법적인 문제로 연결될 수 있음을 알아야 한다. 이러한 상황에서 학교의 모든 직원은 명예 훼손에 취약하다(Alexander & Alexander, 2005; Fischer & Sorenson, 1996; Stone, 2009).

학교상담사는 다른 교육자를 적대적인 방법으로 생각해서는 안 된다(ASCA 윤리강령 섹션 C.2.d, 부록 C 참조). 학생과 학부모가 관련 교사 및 행정관과 정보를 공유하는 잠재적 가치를 알고 자료공개를 통제할 수 있게 되면, 그들은 일반적으로 그러한 공개에 동의한다. 첫 번째 사례의 경우 레지와 그의 어머니는 학교 관계자에게 뭔가 말하고 싶을 수 있으며, 상담사는 편안하게 의사소통할 수 있도록 도울 수 있다. 예를 들어, 그들은 레지의 가족 구성원이 만성 질환에 걸려 있고, 레지가 상당히 혼란스럽고, 걱정할 것이라고 선생님에게 말하고 싶을 수 있다. 상담사는 그러한 개방이 학생 교육에 가져다줄 수 있는 가치와 우연하게 또는 의도적으로 정보의 적절한 사용을 위한 가이드라인을 위반할 위험 사이에서 균형을 잡아야 한다. 상담사는 모든 당사자가 공개된 내용의 적절한 사용과 부적절한 사용에 대한 내담자의 의견을 파악할 수 있도록 도와줌으로써 내담자의 희망을 위반할 위험을 줄일 수 있다. ASCA 윤리강령은 또한 섹션 B.2에서 이 점에 대해서 언급하고 있다.

학교상담사들이 비밀보장 원칙을 준수하는지에 대한 연구는 제한적이다. Wagner(1987, 1981)의 두 연구에서 연구 참여자들의 4분의 1이 다른 사람들과 비공식적으로 의사소통하는 것을 인정했다. 하지만 연구에 참여한 대부분의 사람들이 그것을 윤리적이라 보지 않았다. 그들이 비윤리적이라고 인정한 관행에 그렇게 빈번하게 참여하는 것은 학교의 열린 의사소통 문화가 상담사의 행동에 강력하게 영향을 미친다는 것을 암시한다.

Davis와 Ritchie(1993)는 학교상담사들에게 학교에 법적 영향을 미칠 가능성이 있는 상담사의 활동에 대해 관리자에게 알리라고 조언한다. 예를 들어, 상담사가 부모의 동의 없이 정신병원 응급실에 정신병 삽화가 발생한 학생을 데려가기 위해 구급차를 부르기로 결정한 경우(부모와 학교 간호사에게 연락할 수 없기 때문에), 그 행동과 이론적 근거, 즉 학부모에게 연락할 수 없으며 학생의 안전 위험에 관한 교장의 의무와 관련된 근거를 생각할 수 있다. 이 상황은 부모들이 그 행동이 그들의 동의할 권리를 침해하고 가족의 평판을 손상시켰다고 주장할 수 있기 때문에 법적으로 문제가 될 가능성이 있다. 동시에, Davis와 Ritchie는 상담사들이 잠재적으로 법적인 문제가 있을 수 있는 활동들에 대해서 비밀유지를 깨고 싶은 유혹을 견디면서 그러한 상담에 대해 신중히 판단하도록 조언한다. 그러나 법적 조치가 중요한 상황인 경우 관리자에게 이를 알려야 한다. 어쨌든 관리자가 상황을 알고 있다면 학교 상담 프로그램을 돕고, 방어할 수 있는 더 좋은 위치에 있게 될 것이다. ASCA 윤리강령 섹션 D.1은 이러한 질문들을 다룬다(부록 C).

학생에 대한 자료가 비밀로 유지되어야 하는지, 학부모 또는 학교 당국에 공개되어야 하는지 결정하는 것은 학교상담사와 학교심리학자들이 경험하는 가장 어려운 문제 중 하나이다. Jacob-Timm(1999)은 비밀보장의 문제가 학교심리학자들의 윤리적 딜레마 중 세 번째로 두드러진 것이라 보고했다. Bodenhorn(2006)은 위의 갈등이 학교상담사들이 가장 공통적으로 경험하는 윤리적 문제인 것을 발견했다. Mitchell 등(2003)은 학교상담사들이 "전문 조력자가 되거나 부모에게 정보원이 되는 것 사이에서 줄타기하고 있는 것처럼 느낄지도 모른다"(p. 156)고 언급했다. 플로리다 학교상담사들 사이의 비밀유지 결정에 영향을 미치는 요인들을 살펴본 잘 설계된 연구에서, Isaacs과 Stone(1999)은 상담사가 학생 연령, 학교 수준과 내담자 상황의 위험을 비밀유지 여부를 결정하는 주요 기준으로 고려한다는 것을 발견했다. 이 연구에 참여한 학교상담사는 다음과 같은 상황에서 비밀유지를 위반할 가능성이 있음을 지적했다:

- 총기를 사용한 자살 임박함(97.6%)이나 가능한 자살 약속에 대한 정보(88%)
- 희생자로 만든 것에 대한 보복(94.2%)
- 크랙 코카인 사용(83.7%)
- HIV 양성인 경우 여러 파트너와의 성관계(80.7%)
- 임박한 무장 강도 계획(79.5%)
- 우울증의 징후(76.9%)
- 낙태(69.1%)
- 마리화나 사용(68.7%)

이 비율은 학교 수준에 따라 차이가 있었다. 중등학교에 근무하는 상담사는 성행위와 마약 사용에 관해 초등학교상담사보다 비밀을 유지할 가능성이 높지만, 전체 표본의 반응은 자기나 타인에 대한 위험성 문제와 관련하여 상당히 일치하는 것으로 나타났다. 예를 들어, 초등학교상담사의 82.2%는 학생이 마리화나를 하고 있다고 믿었을 때 비밀보장을 파기하지만, 고등학교상담사의 43.8%와 중학교상담사의 경우에는 41.7%만이 비밀보장을 파기하였다. 보다 최근의 연구는 전반적으로 Isaacs와 Stone(1999)에 의해 발견된 결과를 지지한다. 예를 들어, 모이어와 설리반(2008)이 수행한 학생의 위험 감수 행동에 대한 학교상담사의 반응에 대한 연구에서 학생의 위험 감수 행동이 심해지고 증가할수록 학교상담사가 부모에게 이를 알리고자 하는 것으로 나타났다. 또한 학생의 나이와 관련해서 어린 나이의 성행위 등 그 나이에 부적절한 위험 감수 행동이 비밀보장 파기에 대한 의사결정에 영향을 미치는 것을 발견했다. 그럴 경우 부모에게 알릴 가능성이 더 높았다. Lazovsky(2008)는 이스

라엘 학교상담사들 사이에서 비밀유지 위반과 관련하여 매우 유사한 의사결정 패턴을 발견했다. 학교상담사는 다른 교사와 공유할 정보의 양을 결정하기 위해 아동의 최대 이익과 함께 학교 문화, 다른 학교 직원들과의 관계를 고려하였다(Trice-Black, Riechel, & Shillmgford, 2013).

일획적인 증거와 연구에 따르면 학생들은 비밀유지에 대해 깊이 걱정하고 있는 것으로 나타났다. 최근 12세의 한 학생은 디어애비(Dear Abbey)에게 자신의 두렵고, 지속적인 자살 충동을 어떻게 해야 하는지 물어 봤다. 그는 디어애비에게 부모는 부정적으로 반응할 것이며, 학교상담사가 부모에게 알릴 것이기 때문에 말할 수 없다고 언급했다. 공식적인 조사에 따르면 이 중학생은 독자적인 경우를 대표하지 않는다. 고등학생들의 비밀유지에 대한 세 개의 선행연구에서 압도적으로 다수의 학생들은 비밀유지가 학교상담사들과 그들의 관심사를 논의하려는 의지에 영향을 미친다고 생각했다(Collins & Knowles, 1995; Helms, 2003; Lindsey & Kalafat, 1998). 예를 들어, Helms(2003)는 상담사가 부모님께 모든 것을 말하고, 상담사가 자신에 대해 소문을 퍼뜨리거나, 상담사가 부정적인 판단을 하거나, 그들을 모욕할 것이라고 믿었기 때문에 학생들이 전문적인 도움을 거부하는 것으로 나타났다. 디어애비와 상담한 12세 아동과 대조적으로, 대부분의 학생들은 임박한 위험 상황에서 학부모와 접촉해야 한다는 사실을 인정하는 것처럼 보인다. 그러나 부모에게 자신의 어려움을 공개하는 다른 이유는 거의 인식하지 못했다(Collins & Knowles, 1995).

ASCA 윤리위원회(ASCA Ethics Committee)는 학교상담사가 책임감 있게 학생들의 비밀 정보를 관리하기 위해 그들을 지원할 수 있는 세 가지 유용한 문서를 만들었다. 첫 번째, 교장과의 정보 공유(Sharing Information with the School Principal, 1999)는 학교상담사에게 관리자의 요구와 학생들의 요구를 충족시키는 효과적인 전략을 안내한다. 두 번째 문서인 고등학생을 위한 사전동의 브로셔 개발(Developing an Informed Consent Brochure for Secondary Students)은 1996년에 출판되었으며 고

등학생과의 사전동의에 필요한 구성 요소를 명시한다. 세 번째 문서는 ASCA의 비밀유지 입장 진술서(ASCA's Position Statement on Confidentiality, 2008a)이다. 이 모든 문서는 학교의 직원들과 학부모에게 학교상담의 역할과 기능을 알리는 도구로서의 가치가 있다. Mitchell, Disquem와 Robertson(2002)은 비밀보장에 대한 부모의 요청에 대한 실질적인 지침을 추가로 제공한다.

Stone(2009)은 학생이 필요한 교육서비스를 받는 데 도움이 되는 경우 학생의 비밀 정보를 다른 교육자와 공유하는 것이 법적으로 허용될 수 있다고 지적한다. 그녀는 학생의 특별한 요구에 필요한 서비스를 계획하기 위해 개최된 회의에서 언급된 사례를 인용하고 있다. 상담사는 이 학생이 학대를 받은 경험이 있으며, 학부모의 동의 없이 회의의 다른 전문가들과 이를 공유하기로 결정했다. 그러한 행동은 정보에 대한 정당한 교육적 관심 때문에 FERPA나 HIPAA 또는 다른 부모의 권리를 침해한 것으로 간주되지는 않는다(Stone, 2009, pp. 62-63). 그러나 이러한 상황에서 이상적인 접근 방법은 회의에서 공개될 정보의 잠재적 가치를 예측하고, 부모의 동의를 얻기 위해 노력하는 것이다. 이 전략을 통해 상담사는 부모가 공개 사실을 알게 되고 학교가 자녀에 대해 알고 있는 정보를 통제하고자 하는 욕구를 존중할 때 부모로부터의 부정적 반응을 피할 수 있다.

학교상담전문가를 위한 면책특권

소송이 빈번한 시대에 법원이 학교상담사와 학교심리학자에게 학부모 또는 학생과의 협력에 관한 증거를 요청할 가능성이 점점 더 커지고 있다(Jacob & Powers, 2009; James & DeVaney, 1995; Stone, 2009). 그들은 상담사에게 광범위한 접촉을 한 아이의 양육 심리에서 증언을 요청하거나 내담자의 상담 기록을 작성하도록 상담사에게 요청할 수 있다. 상담사나 학교심리학자가 비밀보장 의무를 위반한 경우 의료 과실 또는 명예 훼손으로 법원에 기소될 수 있다(Fischer & Sorenson, 1996, Jacob & Powers, 2009). 이러한 이유 때문에, 학교상담사들

은 그들의 주(州)의 면책특권에 대한 법률을 알아야 할 필요가 있다. Fischer와 Sorenson(1996)은 학교상담사의 내담자가 주 법원에서 최소한의 비밀유지를 주장할 수 있는 18개 주를 안내한다. 캔자스, 메인, 미시간, 미주리, 몬태나, 네바다, 노스캐롤라이나, 노스다코타, 오하이오, 오레곤, 펜실베니아, 사우스다코타 및 버지니아를 포함한다. 최근 캘리포니아주(州) 검찰 총장은 학교상담사의 면책특권을 명확히 하고 학생 및 학부모의 비밀을 유지하며 "명확하고 현존하는 위험"(캘리포니아 교육법 49602, 2011)에 근거한 몇 가지 예외 사항을 명시하고 있다. 또한 법령의 해석은 학교상담사가 법령(캘리포니아주 검찰 총장, 2011년 법률 의견)과 일치하는 행동에 대해서는 책임을 지지 않을 수 있음을 분명히 한다.

다른 주에서는 학교상담사에게 면책권이 없다. 1996년 미국의 대법원 재피 대 레드몬드 판결 사례에서는 권한 확장을 촉구했다(Jacob & Powers, 2009). 제콥과 파워스에 따르면, 현재 75%의 주(州) 정부는 박사급이 아닌 전문가를 포함하여 면책권의 범위를 확대했다. 학교상담사의 의뢰인을 위한 면책권이 있는 주의 상담사는 학교 직원들에게 자신의 업무에 대한 면책권의 의미를 알릴 책임이 있다(면책권에 대한 추가 정보는 5장을 참조).

▌학교정책 및 학교상담사의 역할

ASCA 국가 모델: 학교상담 프로그램의 기초(The ASCA National Model: A Framework for School Counseling Programs, 2005), ASCA 학생을 위한 국가 표준(The ASCA National Standards for Students, 2004), ASCA의 전문 학교상담사의 역할(ASCA's The Role of the Professional School Counselor, 2009a)은 학생의 교육적, 직업적, 개인적/사회적 성장이 전문가의 근본적인 의무라고 명시하고 있다. 그들은 학교상담사들이 이 모든 영역의 성장을 촉진하기 위해 다른 교육자들, 공동체와 협력할 책임이 있다고 주장하였다. ASCA 윤리강령은 또한 학교상담사들이 섹션 D.1.a의 학생들을 대신하여 옹호할

것을 요구하고 있다.

그러나 때로는 학생의 교육적, 직업적, 개인적/사회적 성장을 장려하는 것은 지역사회의 가치관과 상충된다. 예를 들어, 지배적인 공동체 가치는 비이성애적인 가치가 도덕적으로 잘못되었거나 개인의 생물학적 특성이기 보다는 생활 방식의 선택이라는 믿음을 지지할 수 있다. 또는 지역사회가 운동선수의 성취도를 매우 높이 평가해서 교육자가 다른 학생들보다 훨씬 관대하게 선수의 학업을 다루도록 압력을 가할 수 있다. 이러한 지역사회의 가치를 극복하는 것은 전문가인 학교상담사에게 중요한 과제이다. 상담사는 LGBTQ(레즈비언, 게이, 양성애자, 트랜스젠더, 동성애자 또는 미결정자) 학생이나 운동선수 또는 지역사회에서 선호하는 또는 불만을 가진 다른 그룹의 학생들의 성장을 어떻게 지원할 수 있을까? 학교상담사가 이 문제에 대한 공동체의 가치를 무시하거나 도전하는 것이 적절할까? 윤리규정이 상담사에게 "변화에 대해 책임감 있게 작업하라"고 권고할 때 어떤 의미를 가지는 것일까?

불행히도 이러한 질문에 대한 답은 쉽지는 않다. 그러나 몇 가지 사항들을 명심해야 한다. 첫째, 이러한 가치관에 부정적인 영향을 받는 학생들은 가족이나 학교에서 스스로를 제외시킬 수 있는 위치에 있지 않으며, 상담사가 갈등을 피하기 위해 그 또는 그녀의 일을 즉시 포기할 가능성도 없다. 둘째, 청년의 부모는 일반적인 지역 사회 견해를 공유하고 있으며, 그렇다면 부모의 가치와 자녀에 대한 소망을 고려해야 한다. 학교 당국은 그들이 봉사하고, 학교를 계속 운영할 수 있도록 세금을 지불하는 지역사회에 분쟁을 유발하는 것을 원치 않을 수 있다. 지역사회의 가치에 대한 도전에 대한 신중하고, 섬세하며, 잘 계획된 대응이 필수적이다. 만약 그들이 매우 대립적인 입장을 취하거나 가치들의 부정적인 영향에 대해 공식적인 발언을 한다면, 의원들은 이러한 선거구들과 어려움에 처할 가능성이 더 높다. 예를 들어, 관리자와 일대일로 협력하여 학생들을 위한 장기적인 이점을 이해하도록 하는 것이 현명한 접근이다. 지원이 되지 않는 지역 사회에 있는 LGBTQ 학생들의 경우, 상담사는 학교를 모든 학생들이 배울 수 있는 안전한 장소로 만들기 위한 법적 요구 사항을 당국에 상기시키거나(예, Title IX), 가족들이 자녀를 이해할 수 있게 레즈비언과 게이의 부모와 친구들(Parents and Friends of Lesbians and Gays: PFLAG)과 같은 기존 단체를 알려주는 것이 도움이 될 것이다. 유사한 방식으로, 학교상담사들은 LGBTQ에 대한 지역사회 지도자들이 가진 견해의 의도하지 않은 부정적인 함의들을 인식하도록 접근할 수 있다. 게이 레즈비언 스트레이트 교육 네트워크(The Gay Lesbian Strait Education Network: GLSEN)는 교육자들이 이와 관련하여 사용할 수 있는 유용한 자료를 많이 보유하고 있다(http://www.glsen.org/). LGBTQ의 성행위가 도덕적으로 잘못되었다는 신념을 가진 사람은 십대 청소년들이 학교와 지역 사회에서 겪는 괴롭힘을 지지한다. 따라서 학교상담사는 동성애 활동에 대한 도덕적 의견 불일치가 LGBTQ 학생을 괴롭히거나 해를 입힐 수 있는 권한을 부여하지 않는다는 점을 분명히 하기 위해 지역사회와 함께 일할 기회가 있다. 상황에 따라 학교상담사는 학생들이 장기적인 견해와 생존을 위한 대처 전략을 배울 수 있도록 조력해야 한다. 예를 들어, '점점 나아질 거야 프로젝트'(http://www.itgetsbetter.org/)에서 제공되는 자료를 학생들이 볼 수 있도록 하는 것이 도움이 될 것이다.

때로는 공동체가 상담전문가가 가지는 가치와 본질적으로 모순되는 가치를 지니고 있을 수 있다(Davis & Ritchie, 1993). 학교 내에서의 성행위나 약물남용을 강하게 반대하는 지역사회는 이러한 문제를 제기하는 상담사들에게 문제가 될 수 있다. 지역 사회가 피임 정보를 제공하는 것을 싫어한다면, 학교상담사는 피임 정보를 찾는 학생에게 피임 정보 안내를 그만둬야 하는 것일까? 상담사가 그러한 공개를 기대하는 공동체에서 약물 경험에 대한 모든 학생들의 의견을 학부모에게 공개해야 하는 것일까? 상담사는 LGBTQ 문제에 대해 거의 관용이나 이해가 없는 지역 사회에서 자신의 성 정체성에 관해 질문하는 학생을 도와야 하는 것일까?

이는 복잡한 질문이며, 학생의 나이와 성숙도, 학부모 참여 의향, 부모의 반응이 아이에게 해를 끼치지 않을 가능성, 그러한 문제들에 대한 학교의 정책, 적용 가능한 법률 및 전문가 윤리강령을 고려해야 한다. 상담사가 공동체를 분노하게 하고 상담 프로그램에 대한 반대를 불러일으킬 경우 아무도 혜택을 받지 못한다. 그러나 상담사는 민감한 문제에 대한 정보와 서비스를 찾는 학생들의 요구를 무시할 수도 없다. 실제로 게이, 레즈비언 및 양성애 학생들은 자살, 가족과의 갈등, 다른 사람들의 폭력과 같이 상당한 위험에 처해 있다(Byrd & Hays, 2013; McFarland, 1998; Remafedi, 1999). 혼전 성관계나 약물에 대해 강하게 반대하는 부모와 공동체의 가치가 있다고 해서 모든 학생이 그 가치에 따라 행동해야 한다는 것을 의미하지는 않는다. 궁극적으로, 학교상담사는 학생의 최대 이익을 최우선으로 하여 그러한 결정을 내려야 한다.

어떤 상황에서는 주 및 연방 법률이 청소년에게 민감한 문제에 관해 조언을 제공하는 상담사의 권리를 보호한다. Fischer와 Sorenson(1996)은 청소년이 적절한 피임 정보와 서비스를 이용할 수 있게 의뢰하는 상담사가 과실치사로 고소당할 가능성은 높지 않다고 제안한다. 주(州)에 따라 큰 차이가 있기는 하지만 주법은 종종 낙태에 관한 토론에 대해 상담사에게 동일한 자유를 주지는 않는다. 상담사는 임신한 학생이 낙태에 대해 이야기하기를 원할 때 조심해야 하고, 자신의 의견에 대한 법적 한계에 대해 경계해야 한다. Stone(2009)은 상담사가 이 사안과 관련하여 자신의 견해를 공유하는 것에 대해 신중히 해야 한다고 조언한다. Stone (2002)은 또한 이 문제를 논의하면서 교육청 정책에 주의를 기울일 것을 권고한다. 즉, 이상적인 해결책은 십대 자녀가 부모를 결정에 참여시키는 것을 돕는 것이다. 법은 학대, 방치 또는 명확하고 절박한 위험을 포함하지 않는 민감한 사안에 대해서는 침묵하거나 불분명하다. ASCA 규범은 학생과 학부모 모두의 권리를 인정하지만, 교육적, 개인적, 사회적 차원의 발달을 위한 학교상담에 대한 광범위한 초점의 적합성을 단언한다.

▍법적인 문제: 주(州) 및 연방 정부의 법규

학교상담사와 관련된 법적인 문제는 주(州) 및 연방 정부, 판례법, 때로는 주 검찰총장의 의견에서 비롯된다. 가장 중요한 법령 중 하나는 1974년에 제정된 가족 교육 권리 및 사생활 보호법(Family Educational Rights and Privacy Act: FERPA)이다(버클리 수정안이라고도 함). 이 법에는 자녀의 교육과 관련된 정보에 대한 부모의 권리를 존중하기 위한 4개의 주요 영역이 포함되어 있다. 첫 번째 영역은 부모가 학교 기록에 접근할 수 있도록 연방 기금의 가용성을 연결한다. 연방 기금은 대부분의 학군 운영에 중요하기 때문에 사실상 모든 학부모가 학교 기록을 살펴볼 수 있다. 18세 이상의 학생도 학부모와 동일한 권리를 갖지만, 학생이 18세가 되어도 부모의 권리는 끝나지 않는다. 두 번째 영역은 미성년자의 의학적, 정신적 또는 심리적 평가나 "학생의 개인행동이나 가치관에 영향을 미칠 수 있는 모든 학교 프로그램 참여(Baker, 2007, p. 283)"에 대한 학부모 동의를 필요로 한다. 세 번째 영역은 권한이 없는 사람들이 아이들의 교육 기록을 볼 수 없게 한다. 학생 교육에 직접 참여하는 학교 직원만이 기록에 접근 할 수 있다. 주소록 정보는 이 정책에서 제외되며, 학교는 특정 조건 하에서만 학부모의 동의 없이 정보를 제공할 수 있다(McCarthy & Sorenson, 1993). 또한, 한 학교에서 다른 학교로 전학 가는 경우, 학부모에게 전달 사실을 알린다면 학교는 학부모의 동의 없이 기록을 전송할 수 있다. 2001년 아동 낙오 방지법(No Child Left Behind: NCLB, 공법 107－110)은 학교가 군대 모병 담당자들에게 대학 입학에 제공하는 것과 같은 학생 자료에 대한 접근을 허용해야 한다는 조항을 포함함으로써 이런 규정을 정했다. 마지막으로, 학생이 법원에 소환됐을 때, 문제와 밀접한 관련이 있다면 학교는 학생의 교육 기록을 제출할 수 있다. 마지막 영역은 미국에서는 교육부 장관이 학생의 개인정보 보호와 관련된 규정을 만들 수 있는 권한을 부여한다.

FERPA는 학생 또는 부모가 공식적으로 학교에

기록된 정보에 대한 소유권이 있으며, 해당 정보를 제한 없이 접근할 수 있고, 교육 기록에 대한 접근을 통제할 권리가 있음을 의미한다. 이 법은 다른 사람들과 사적인 기록이 공유되지 않는 한, 법에 의해 보호되는 통신의 비밀보장 의무를 침해하지 않으며, 학교상담사나 교사의 개인 기록을 포함하지 않는다. 후자의 규정은 학교상담사가 학생들과 비밀이 보장되는 의사소통을 하고 그러한 대화에 대한 별도의 기록을 비밀로 유지할 수 있는 여지를 제공한다. 실제로, FERPA 및 관련법의 규정에 따라, 학교상담사는 모든 상담 기록을 학생의 공식 교육 기록과 완전히 분리하여 보관하는 것이 좋다(Remley & HerJihy, 2013). 그러나 상담 기록은 완전히 개인적인 것은 아니며, 다른 교육자와 공유한다면 교육 기록으로 간주된다(Doll, Strein, Jacob, & Prasse, 2011). Sorenson과 Chapman(1985)에 따르면 학교상담사의 66%가 다른 학교 직원과 공유한 파일에 대한 접근 권한을 부모에게 부여하지 않았으므로 이 조항을 준수하지 않았을 가능성이 높다. 다른 연구에서 Davis와 Mickelson(1994)은 대부분의 학교상담사가 부모의 기록에 대한 권리를 이해하지 못한다는 사실을 발견했다. ASCA 윤리강령(섹션 B.1.e)의 2010 개정판은 FERPA 비밀유지 사항을 준수하는 것이 학교상담사에게 윤리적으로 필요하다고 지적한다.

이 나이의 (자녀를 둔) 재혼가정과 아이를 양육하지 않는 부모의 경우, FERPA는 아이를 양육하지 않는 부모에게 양육권이 있는 부모와 동일한 권리를 부여한다는 것을 이해하는 것이 중요하다(Stone, 2009). 대개 이혼으로 인해 법원이 단독 양육권을 결정하여 자녀에 대한 의사결정권을 부부 중 한 사람에게 부여할 때, 다른 사람은 비양육권자가 된다(Wilcoxon & Magnuson, 1999). 공동 양육권 지정 시, 양 부모는 자녀의 거주지에 상관없이 양육권을 가진다. FERPA의 조항이 비양육권자의 배타적인 권리에 대해서는 예외적이기 때문에, Sorenson과 Chapman(1985)의 조사에서는 학교상담사의 72%가 아이를 양육하지 않는 부모가 학교 기록에 동등하게 접근할 수 없다고 생각하는 것으로 나타났다. 상담사가 부모에게 공개할 경우, 아이에게 부정적인 영향을 미칠 수 있는 민감한 정보를 다루는 경우 상담사는 자녀의 최선의 이익에 근거하여 공개에 대한 판단을 해야 한다. 그러한 상황에서 신중한 상담과 감독이 필요하다. FERPA 및 기타 법률은 아동의 건강과 복지를 대신하도록 해석되어서는 안 된다. 흥미롭게도 Stone(2009)에 따르면, 양부모가 한명의 친부모와 매일 함께 살고 있고, 다른 한 명의 부모는 자녀와 함께 살고 있지 않다면 양부모는 FERPA하에서 권리를 가질 수 있다(그러나 양부모의 이 권리는 아이를 양육하지 않는 부모의 FERPA 권리를 부정하지 않는다).

1990년 장애인법(American Disabilities Act of 1990)은 학생 파일에 대한 학부모의 접근을 의무화한다. 이 법은 부모가 장애인인 경우 학교는 부모가 이해할 수 있는 형식으로 정보를 제공해야 한다고 규정하고 있다(McCarthy & Sorenson, 1993). 부모가 영어를 말하거나 읽지 못한다면 학교는 부모가 이해할 수 있는 언어로 정보를 제공해야 한다.

다른 두 개의 연방법은 학교상담사의 책임 있는 직무수행과 관련이 있다: 2000년 그래슬리 수정안(1994), 미국 교육법(1994), 약물남용 및 치료법(1976). 그래슬리 수정안은 학생 개인 및 가족생활과 관련하여 조사, 연구 또는 정보 평가에 자녀를 포함시키기 전에 학교가 학부모의 동의를 받도록 요구한다. 동의가 필요한 연구의 예로는 정치적 관계, 소득, 불법 또는 반사회적 행동에 대한 연구, 학생과 관련된 학생 또는 다른 개인의 정신적 또는 심리적 문제에 대한 평가가 있다.

약물남용 및 치료법(1976)은 연방 기금을 받는 단체의 약물남용에 대한 평가 및 치료와 관련된 모든 기록의 개인 정보를 보호한다. 이 법은 그러한 기록의 공개에 대한 엄격한 지침을 제정하고 (그러한) 치료를 받는 미성년자는 개인 정보 보호 권리를 가지고 있으며 부모에게도 기록을 공개하는 데 동의해야 한다고 규정하고 있다. 이중 응급 치료, 법원 명령 및 학생의 개인 식별 데이터를 포함하지 않는 연구는 예외적이다. 미국 정부는 개인 정보 보호법에서 최근 자료와 변경 사항에 대해 학생의 개인 정보를 보호하고 직원들에게 업데이트하는 방법을 설명하는 교직원과 학부모를 위한 유용한 자료를 제공하고 있다(http://www2.ed. gov/policy/gen7guid/fpco/ferpa/safeguarding-student-privacy.pdf).

학교의 상담 기록에 대한 포괄적인 정책이나 관행이 존재하지 않는다는 점은 유의해야 한다. Merlone(2005)은 적은 수의 학교상담사를 대상으로 한 조사에서 그들이 보유한 기록의 수와 유형에 차이가 큼을 발견했다. 일부 상담사들은 각 학생의 공식 파일을 보관했으며, 다른 사람들은 정기 보고서에 일일 기록이나 열거된 활동을 기록했다. 다수의 사람들은 다양한 기록 보관 방법을 사용했다. 모든 상담사들은 주 정부의 면책특권이 학교상담사에게까지 미치지 않고, 그러한 법률이 존재할지라도 면책특권에 대한 예외가 있다면 개인상담 기록을 소환장에 부칠 수 있음을 알고 있었다. 이들은 모두 다른 사람들이 그 기록에 접근할 수 있으며, 그러한 기록이 부모에게 공개될 가능성이 있다는 것을 알고 기록을 작성했다고 주장했다.

┃ 학교상담사의 책임: 새로운 현실 또는 불안한 공포?

얼마 전까지만 해도 학교상담사들이 터무니없고, 의도적인 행동을 하지 않는다면 의료 사고의 책임으로부터 벗어날 수 있다는 것이 일반적인 인식이었다. 지역 사회 기관, 병원, 개인 병원에 있는 그들의 동료가 그러한 행위의 대상이라는 믿음이 있었으며, 교육자들에 대한 법적인 보호 때문에 혹은 그들의 상담 활동의 상대적인 비가시성 때문에 면역이 되어 있었다. 이러한 믿음은 최근 법원 사례를 보면 의문의 여지가 있다. 학교상담사도 때로는 고소를 당할 수 있다(Fischer & Sorenson, 1996; Stone, 2009). 주 정부 법은 대개 학교를 과실 및 과실에 대한 보상에서 면제하기 때문에 의료 과실에 대한 보상 청구는 정신건강상담사들보다 학교상담사들에게 덜 일반적이다(Stone, 2009). Fischer와 Sorenson(1996)은 학교 직원을 의료 사고 청구에

취약하게 만드는 6가지 활동을 언급하고 있다. 여기에는 (1) 마약 투여 (2) 출산에 대한 조언 제공, (3) 낙태 관련 조언 제공 (4) 명예 훼손이 될 수 있는 진술 (5) 학생 사물함 검색 지원 (6) 비밀보장 및 기록의 개인 정보 침해가 포함된다. 이미 언급했듯이, 미성년자와의 피임 및 낙태 토론은 연방 및 주(州) 법률에 관한 정보를 알고 있고, 합리적으로 행동하는 상담사는 이 영역에서 그들의 활동에 대해 고소당하지 않을 것이다. 마찬가지로 비밀유지 및 증언거부권에 대한 충실한 준수는 명예 훼손 또는 기타 사생활 침해에 대한 잠재적 책임을 현저하게 줄여준다. 학교상담사가 학생용 사물함, 자동차 또는 기타 소유물을 검색하는 경우 해당 조사에 영향을 미치는 현재 정책 및 법률을 준수해야 하고, 필요한 정도로만 학생의 사생활이 제한된다는 점을 주의해야 한다.

학생 자살에 대한 책임

의료 과실소송의 한 원인은 학생 자살 때문이다. 학생 자살은 의료 과실소송의 원인이 된다. 1991년까지, 학생 자살과 관련된 학교상담사에 대한 법정소송에서 상담사의 책임이 거의 없었다(Fischer & Sorenson, 1996). 그 시대에 법원은 일반적으로 정신질환 진단에 대한 충분한 훈련을 받지 않은 교직원에게 보살핌 의무를 부과할 수 없다고 판결했다. 메릴랜드 법원은 그러한 경향을 바꾸어 학교상담사가 학생 자살(아이슬 대 교육위원회, 1991)에 대한 책임을 질 수 있음을 주장했다. 이 경우, 13세 여학생 친구가 자살 위험을 학교상담사에게 얘기했다. 그 상담 교사는 그 이야기를 소녀에게 배정된 상담사에게 알렸다. 두 명의 상담사는 그 소녀를 상담실에 불러 그 문제에 관해 질문했으며, 그 소녀는 진술을 거부했다. 상담사들은 더 이상 개입도 하지 않았고, 그날 그 소녀는 다른 학생과 자살 계약을 맺었다. 법원은 학교상담사가 실제로 학생과 특별한 관계에 있었고, 자살을 예방해야 할 의무가 있었다고 판결했다. 특히, 그들은 딸의 자살 충동에 대해 부모에게 알리지 않았기 때문에 상담사에게 잘못을 물었다. 법원은 학교상담사가

제한된 환경에서 정신건강전문가와 동등한 수준으로 학생을 통제할 수는 없다고 인정했지만 상담사는 부모에게 알리는 것으로 예측 가능한 위험을 줄이기 위해 개입할 의무가 여전히 있다고 주장했다(Pate, 1992). 미국 법원이 학교상담사가 학생 자살을 방지하기 위해 행동 할 의무가 있다고 주장한 것은 이번이 처음이다(Stone, 2009). 이 사건의 경우 부모가 적절히 대응하지 않을 것으로 예상할 만한 특별한 이유가 없다면, 상담사가 부모에게 자살 위협에 대해 말한 경우, 그녀의 책임은 아마도 그 시점에서 끝났을 것이다(Remley & Sparkman, 1993). 때로 어른들은 어린 사람들 사이의 자살의 위험을 최소화하거나 축소한다(Wellman, 1984). 그러한 상황에서, 상담사는 부모가 아이를 보호하기 위해 더 열정적으로 행동하게 할 수 있다. 심각한 자살 위협에 대응하지 못하는 것은 아동 방치로 간주될 수 있으며, 그렇게 취급되어야 한다. 아이슬 사건에서 핵심 쟁점은 학생의 위험이 예측 가능한지 여부와 생명을 위협하는 문제에 대한 상담사의 매우 제한된 대응 여부이다. 아이슬이 학교상담사의 내담자가 아니었고 상담사의 담당으로 배정된 학생 집단의 일원임을 기억하는 것이 중요하다. 상담사가 아이슬의 자살기도에 대한 의문을 갖기 시작하면 특별한 관계가 형성된 것이다. 상담사의 의무는 자신이 책임지고 있는 모든 학생들의 자살을 예방하기 위한 합리적인 조치를 취하는 것이다. 이 사례는 또한 다른 학생들의 의견을 듣는 것의 가치를 강조한다. 상담사들은 다른 청소년들의 말의 진실성을 평가하고, 전달된 정보가 사실일 수 있다고 생각될 때 이를 따라야 한다. 법원은 로코 파렌티스의 교리(in loco parentis)를 인용했는데, 이는 교직원들이 부모 대신 합법적으로 부모의 입장에 서서 부모들에게 통보할 의무가 있다는 것을 의미한다.

그러나 이러한 사건이 자살가능성이 있는 사건에 대한 학교상담사의 과민 반응을 초래하지 않아야 한다. Stone(2009)은 아이슬 사건에서 법원이 절대적인 행동의 의무를 설정하지 않고, 오히려 그와 같은 심각한 위협에 맞서 합리적인 주의를 해야 할 의무를 설정했다고 지적했다. 예를 들어, Remley와 Sparkman(1993)은 조심성 있는 상담사는 자살 위험에 대해 성급하고 감정적인 판단을 내려서는 안 된다고 주장했다. 대신, 학교상담사는 위험에 대해 합리적인 평가를 하고, 슈퍼비전과 자문을 구해야 하며, 위험이 높다고 판단할 때 성급하지 않지만 신속하게 행동해야 한다. 학생 자살 이후 상담사 과실에 대한 그러한 주장이 모두 미국 법원에 의해 지지된 것은 아니라는 점에 유의해야 한다. Grant v. Board of Trustees of Valley View School District(1997)에서는 다른 법원들이 아이슬 사건의 판례를 따랐음에도 불구하고 학교 직원에게 책임을 지우지 않았다. 그러나 모호한 자살 위협조차도 심각하게 받아들이는 궁극적인 이유는 학생의 복지를 보호하기 위해 행동해야 하는 윤리적 의무이기 때문이다.

청소년의 자살률은 1994년 이후 감소해 왔지만(McKeown, Cuffe, & Schultz, 2006), 자살은 여전히 이 연령대의 주요 사망 원인이다. 미국에서는 매년 4,400명의 젊은이들이 자살로 사망한다(질병 통제센터, 2009). 사춘기 소년들은 사춘기 소녀의 거의 4배의 비율로 자살하며, 그 비율은 초기 성인 여성의 거의 6배에 이른다(미국자살학회, 2007). 또한, 고등학생의 15%는 자살을 심각하게 고려하고, 약 149,000명의 젊은 사람들은 자해로 인한 상해(질병 통제 센터, 2009) 때문에 치료를 받는다. 결과적으로, 법학자들은 학교상담사가 학교에서 자살 예방 프로그램을 시행할 것을 제안한다(예, Hermann, 2002). 이러한 프로그램은 학교의 어른과 어린이들에게 자살 경고 징후를 알리고 대응 지침을 제공한다. 예방활동은 청소년들 사이에서 위험을 줄이고 심각한 정신건강 문제에 대처하는 데 도움이 될 수 있지만, 그것들은 위험을 수반하기 때문에 주의 깊게 설계되고 시행되어야 한다(Gibbons & Studer, 2008; Reis & Cornell, 2008; Scott, Wilcox, Huo, Turner, Fisher, 6c Shaffer, 2010). 학생 자살에 대한 학교의 법적 책임을 줄이는 데는 어느 정도의 가치가 있을 수 있지만, 선의의 원칙은 그러한 모든 프로그램의 기반이 되어야 한다(Corey et al., 2010).

자살이 발생하면 상담사는 학생의 슬픔을 위로하고 도움을 줄 수 있는 학생 지원서비스를 제공해야 한다. 또래학생의 자살 후 다른 청소년이 자살 충동을 경험할 위험이 있다는 생각은 이 권고에 대한 힘을 실어준다(Feigelman & Gorman, 2008). 많은 학교가 지역 정신건강센터와 협약을 맺고 있으며, 양쪽의 전문가들은 위기개입을 제공하기 위해 협력한다. 그러한 개입은 그 직업의 윤리적 및 법적 의무와 일치한다. 학생 자살을 예방하고 대응하는 책임 있는 관행에 대한 훌륭한 지침은 Capuzzi(2002, 2004, 2009)를 참조하여라.

D. H. Henderson(1987)은 학교상담사의 보살핌 의무가 다른 사람들의 자살이나 부상에 국한되지 않는다는 것을 상기시킨다. 학교상담사는 예측 가능한 다른 유형의 위험에 대처할 법적, 윤리적 의무를 가진다. 예를 들어, Hendersons는 심한 정신적, 정서적 역기능의 증거가 있을 때, 학교상담사가 학생들에게 적절한 치료를 권고해야 한다고 조언한다. 보통 그러한 임무를 수행하는 가장 좋은 방법은 자녀가 부모의 개입에 동의하도록 하는 것이다. 동의가 없는 경우, 상담사는 아동의 최선의 이익에 근거하여 판단해야 한다. 자해는 이 범주에 속하며 학교상담사들이 자주 접하는 문제이다. Roberts-Dobie과 Donatelle(2007)에 의하면 그들이 조사한 상담사의 절반(51%)이 이전 학년에 자해 경험한 학생들을 상담했으며, 81%는 자해 학생 사례를 다룬 적이 있는 것으로 나타났다. ASCA 윤리강령은 A.7 섹션(부록 C)에서 이 문제를 다루고 있으며 부모의 권리, 위험에 처한 아동을 대신하여 행동하는 요구 사항 및 이 상황에서의 협의의 중요성을 강조한다.

학업 과실에 대한 책임

2001년에 처음으로 주 대법원은 학교상담사의 학업 조언과 관련된 과실에 대한 재판을 허용했다. 이 사건 이전에, 사실상 모든 주 법원은 급증하는 학업적 요구 사항에 대해 많은 수의 학생에게 조언할 때 직면하는 어려움 때문에 학업 문제와 관련된 학교상담사들에 대한 소송을 기각했다(Stone, 2002).

이 사건은 2001년 Sain v. Cedar Rapids Community 학군에서 발생했다. 이 경우 학생은 체육상담사에게 운동 장학금 수혜 자격을 유지하기 위해 국내전국대학생운동선수협회(National Collegiate Athletic Association) 학업 조건을 충족시키는 데 필요한 영어 코스에 대한 조언을 구했다. 소년의 주장에 따르면, 상담사는 소년을 오판했고, 그 결과 소년은 5년간 장학금을 받지 못했다. 다시 말해, 가족은 상담사가 사실을 확인하는 것을 소홀히 해서 적절한 주의를 기울이지 않았고, 청년의 가족이 수천 달러의 손해를 보았다고 주장했다. 아이오와 법원은 그 사건이 회계, 법률, 사업과 같은 다른 직업을 가진 사람들이 민사 법원에서 일반적으로 책임을 져야 하는 오류의 유형인 부주의한 오해의 문제로 심리될 수 있다는 것을 발견했다. 이번 판결로, 아이오와주 대법원은 사건을 고려하도록 허용했다. 결과에 대한 공식적인 판결은 아니었지만, 상담사가 가질 수 있는 이점에 대응하는 교육적 과실에 대한 인식을 가지게 했다.

판결은 상담문헌에 많은 논평을 불러일으켰으며 일부는 학업상담에 참여할 학교상담사의 의지에 부정적인 영향을 미칠 것으로 예상했다(Reid, 2001). 온건한 쪽의 의견은 학업상담과 관련하여 미래의 소송을 제기하지 못하게 만드는 Sain 사례의 독특한 요인들을 지적한다(Stone, 2002). 첫째, 대부분의 경우 학업상의 잘못된 정보로 인해 개인 및 재정적인 피해가 발생하지 않는다. 둘째, 의료 과실소송은 충족 기준이 높고 어렵기 때문에 청구인이 이를 맞추기 어렵다. 셋째, Sain은 하나의 주(州)에서 일어난 단일 사건이며, 다른 주 법원의 조치로 간주될 수 없다. 결과적으로, 저자인 나의 생각은, 반어적으로, Sain은 학교상담전문직에 대한 대중적 견해를 보여준다. 학교상담사는 전문가로서 자신의 행동에 대해 책임을 질 가능성이 높아졌다. 다른 모든 직업은 그들이 하는 일에서 중대한 실수를 저질렀을 때 민사소송의 대상이 된다. 어떻게 학교상담만 다르게 대우받기를 바라면서 합법적 직업으로 간주되기를 기대할 수 있겠는가?

최근의 학업 과실에 관한 모든 사례가 아이오

와 사건과 동일한 운명에 직면한 것은 아니다. NCAA(National Collegiate Athletic Association) 장학금 수혜 자격에 영향을 미친 부정확한 조언을 다루는 두 건의 사례(위스콘신 및 캘리포니아)는 법원에서 기각되었다(Stone, 2009). 이러한 이유로 상담교사는 학업상담에 참여하는 것을 주저해서는 안 된다. 그러한 행동에 대한 책임 위험은 극히 적으며 유능한 조언을 통해 학생들이 교육 목표를 달성할 수 있는 가능성이 높다. 학교상담사들은 그저 그들이 접근할 수 있는 정보의 정확성을 증명하고, 정보가 불확실하거나 변경될 가능성이 있는 때 이를 학생들에게 알려 주는데 부지런해야 한다.

학교상담전문가들도 학생과 그들의 부모에게 타 기관 의뢰를 제안할 때 책임을 져야 한다. 이는 그들이 내담자에게 추천하는 전문가들의 역량에 대한 신뢰할 수 있는 정보를 가지고 있어야 하며, 추천 기관 목록을 최신으로 유지해야 한다는 것을 의미한다. 또한 가능한 항상 하나 이상의 추천을 제공해야 하며 학교의 권장 의뢰 목록에 있는 출처를 사용해야 한다. 그런 목록이 없으면 학교상담사가 그것을 만드는 것이 현명하다. 최근 플로리다의 상담사와 학교는 학생에게 학교의 승인된 목록에 없는 사람에 대한 추천을 1회만 제공했다는 이유로 소송을 당했다. 외부 상담사가 결국 그 학생을 학대하게 되었을 때, 그 가족은 학교 직원들이 그 피해에 대해 책임을 지게 하기 위해 법원으로 갔다. 플로리다 법원은 그 사건 심리를 거부했으나, 이 사건은 학교상담사들이 저명한 전문가에게 합리적으로 의뢰하는 것에 대한 주의의 메시지로 작용한다(Stone, 2009).

┃ 학교 폭력: 법률 및 윤리적 차원

최근 몇 년간 학교 폭력의 비극적인 사건들은, 파괴적인 충동을 가진 학생들이 극단적으로 행동하는 것을 막기 위한 학교와 지역사회 개입의 필요성에 대한 대중들의 인식을 불러일으켰다(Hermann & Finn, 2002; Sandhu & Aspy, 2000). 10대가 출산한 신생아가 어머니의 방치 또는 기타 생명을 빼앗는

행동으로 인해 출생 직후 사망한 사건도 대중의 강력한 항의와 계획되지 않은 임신에 직면한 소녀에 대한 더 나은 지원에 대한 요구를 불러일으켰다. 이러한 사건들에 대응하여 일부 지역들은 파괴적인 충동이나 임신과 관련된 사안에 대해서는 상담사들에게 즉시 학교 당국과 학부모에게 보고하도록 의무화하는 정책을 시작했다. 이러한 지침은 타인에 대한 해를 저지시키고 곤경에 처한 학생들을 보호하고자 하는 동기를 가지며 학교상담사의 장기 목표와 일치한다. 또한 위험이 명확하고 임박한 경우에도 학교상담사 윤리적 기준에 부합한다. 그러나 캘리포니아 규정에 따라 학교상담사가 학교 임원에게 학생의 임신 사실을 공개할 의무가 없다는 점을 분명히 하고 있다는 것을 기억할 필요가 있다(캘리포니아주 법무 장관 2011년 법적 판례).

동시에, 보고 의무에 대한 명령들은 청소년들에게 임박한 위험이 예상되지 않을 때 제공받을 수 있는 제한된 수준의 비밀보장을 명백히 훼손한다. 그러한 상황에서, 지침들은 학교상담사들과 학교심리학자들을 어려운 상황에 놓이게 한다. 한편으로, 학생들에게 이러한 비밀유지의 한계를 분명히 할 수 있으며, 학생들이 그와 같은 종류의 정보를 공개하지 않기로 결정할 위험이 있다. 이는 분명히 더 윤리적인 선택이다. 또는 공개된 후에만 설명할 수 있다. 이 경우 학생 개개인은 배신감을 느끼게 되고, 이 사실을 알게 된 다른 학생들은 학교에서 이러한 문제를 누구와도 공유하지 않을 것이다. 두 경우 모두 학교 당국의 궁극적인 목표는 학생들과 그들의 아기들에게 해를 끼치지 않고 도움을 주는 것이다. 상담사는 문제를 보고하지 않는 학생들에게 도움을 줄 수 없다. 그러한 정책들은 학생들이 도움을 구할 가능성을 줄이기 때문에, 학교상담사들은 이러한 규칙의 의미를 관리자와 논의하고, 학생들이 심각한 문제를 겪고 있을 때 상담을 받는 데 장애가 되지 않는 대안을 고안할 의무가 있다. 대부분의 상황에서, 공격적이거나 불법적인 행동 혹은 임신 사실을 가족이나 학교 당국에 알리는 것이 이상적인 결과지만, 청소년들이 그 사실을 통제하고 학교에서 어른들에 대한 신뢰감

을 갖지 않는다면, 그들은 그런 감정을 드러내지 않고 또래들의 도움이나 온라인 자료들을 통해서 그들 스스로 이러한 상황을 어떻게든 해결하려고 할 것이다. 이 경우 폭력의 위험을 줄이는 기회를 놓치게 된다. 따라서 전문가협회 및 교직원은 학부모 및 행정관에게 그들이 정한 비밀보장 정책이 가진 이익과 손실을 적극적으로 교육하는 역할을 수행해야 한다. 학교상담사는 관리자 및 교육청과 협의하여 학생들이 개인 및 사회적 문제를 논의하기 위해 상담사에게 오는 것을 차단하지 않는 균형 잡힌 정책을 만들 필요가 있다.

대면 및 온라인 괴롭힘

또한 학교상담사들은 학교에서 일상적으로 발생하는 폭력을 막기 위해 행동해야 할 윤리적 책임이 있다. 신체적 협박과 따돌림은 학령기 아동들에게 영향을 미치고 피해자에 대한 자살 충동, 괴롭힘에 대한 폭력적인 보복, 외상 반응을 유발할 수 있는 심각한 문제이다(Carney, 2000; Hazier, 1996; Ross, 2003). 성, 성적 지향, 장애로 인해 학교에서 괴롭힘을 당하는 문제가 계속되고 있다. 사이버 괴롭힘은 학교 관계자들에게 주요 쟁점으로 부각되었고, 미성년자들의 안전에 실질적인 위협이 되었다. 12%에서 43% 사이의 중고등학생이 이메일, 채팅룸, 소셜 네트워킹 사이트 및 인스턴트 메시지를 통해 사이버 괴롭힘을 당했다고 보고 했다(Dehue, Bolman, & Vollink, 2008; Hinduja & Patchin, 2010; Kowalski & Limber, 2007; Moessner, 2007). 이와 관련하여 소셜미디어는 특별한 관심사가 되었다. 사이버 괴롭힘은 여성들 사이에서 더 흔하게 나타나고, 고등학교 초기에 정점에 도달하는 것으로 보인다(Moessner, 2007). 십대 청소년과 청소년의 자살 증가는 사이버 괴롭힘과 관련이 있다(Patterson, 2011). 언론 보도는 사이버 괴롭힘의 치명적인 결과를 강조한다. New York Times(Hoffman, 2010)에 보고된 다음 사례를 보자:

신분도용에 의한 사이버괴롭힘 사례

마리의 9학년 아들은 학교를 그만두었다. 그는 지난 수 주 동안 일어난 일들을 마침내 그녀에게 말했다: 그는 페이스북에서 다른 아이들에 관한 욕을 해 학교에서 괴롭힘을 당했다. 그러나 이 소년은 어떤 소셜 네트워크 사이트도 이용하지 않았다. 다른 세 명의 소년이 신원을 도용하고 내용을 게시했다. 왜? 그들은 소년이 "패배자"였기 때문이라고 말했다. 마리는 경찰에게 연락한 후에 괴롭힘을 당한 수수께끼를 풀었다. 그중 두 명은 대면해 괴롭히기도 했으며 그중 한 명은 초등학교 때부터 소년의 친구였다. 학교는 그 일이 학교에서 일어나지 않았기 때문에 개입할 수 없다고 알렸다.

이 사건은 사이버 폭력의 몇 가지 특징들을 강조한다: 용이성, 피해자에 대한 심리적, 사회적 영향의 심각성, 괴롭힘을 멈추기 위해 부모와 학교 개입의 어려움. 학교에 다니지 않은 학생들의 언론 자유에 대한 법적 제한은 범죄자들을 징계하는 교육자들의 능력을 복잡하게 하지만, 일부 조치들은 합법적이다(Dooley, 2010). 학교상담사는 이러한 상황에 개입할 수 있는 학교의 제한된 권한에도 불구하고 중요한 역할을 한다(Burrow-Sanchez, 2011). 소셜 네트워크 사이트를 통해 전송된 메시지에 누군가를 괴롭히기 위한 성적인 콘텐츠가 포함되어 있는 경우 가해자는 심각한 법적 처벌을 받을 수 있으며 경우에 따라 성범죄자로 표시되어 신원 공개의 대상이 된다. 유죄 판결을 받은 성범죄자의 사례 참조(호프만(2011) at http://www.nytimes.com/2011/03/27/us/27sexting.htm;?_r=1&scp=3&sq=sexting&st=cse 워싱턴의 8학년 학생들을 위한 섹스팅의 파괴적 결과의 예). 학교상담사들은 부모와 아이들이 접근할 수 있는 자료와 사이버 폭력이 그것을 저지르는 사람들에게 미칠 수 있는 심각한 영향에 대해 교육할 수 있다. 온라인 괴롭힘의 영향과 그 결과를 고려할 때, 학교상담사들은 학부모, 학생, 다른 교육자들과 함께 교육적 역할을 맡을 확고한 윤리적 책임이 있다. ASCA 윤리강령은 섹션 A.1의 이 의무를 강조하고 활용 가능한 최상의 연구에 기초하여 예방 및 개입 활동을 할 것을 상담사에게 조언한다.

괴롭힘과 사이버 괴롭힘의 심각성을 고려할 때,

49개 주와 3개의 미국 영토가 사이버 괴롭힘과 관련된 법률 및 공공 정책을 수립했으며, 몬타나의 경우 정책 성명을 갖고 있지만 법률은 없다(Stopbullying.gov, 2014). 이러한 규정들은 대부분 학교가 그러한 괴롭힘을 예방하고 개입해야 할 책임을 명시하고 있다. 일부 주에서는 예방 프로그램의 개발 및 모니터링에 관해 실질적인 지침을 학교에 제공한다(뉴욕주 모든 학생의 존엄성 웹 사이트를 참조: http://schools.nyc.gov/RulesPolicies/RespectforAll/defaultehtm).

여학생들에 대한 직접적인 성적 공격과 학대는 초등학교에서부터 시작되며, 중학교와 고등학교 초기에 정점을 찍고, 대학까지 이어지게 된다(Ponton, 1996; Young & Mendez, 2003). 여기에서 벗어나 있는 여성은 거의 없다. 관계적 공격성, 언어적, 심리적 또는 신체적 학대 사건은 최근 몇 년 동안 극적으로 증가했다(Archer & Coyne, 2005). 학교 당국자들의 반응은 학교가 성희롱 주장에 대응해야 할 법적 의무에도 불구하고 일관되지 못했다. 예를 들어, 27건의 성희롱 사건을 분석한 Sullivan과 Zirkel(1999)은 피해자들이 여러 직원들에게 성폭력을 알린 경우, 당국에 반복적으로 그 문제에 대해 말하려고 시도했음에도 불구하고 만족스러운 해결책이 없었던 패턴을 발견했다.

이 장에서 앞서 언급했듯이 게이, 레즈비언, 양성애자, 트렌스젠더, 미결정자에 대한 폭력도 매우 일반적이다ー학생들을 대상으로 한 다른 범죄들보다 더 흔하고, 드러나지 않는다(Gay, Lesbian, and Straight Education Network(GLSEN), 2009; McFarland & Dupuis, 2001). GLSEN 연구자들은 거의 90% 정도의 LGBTQ 학생들이 학교에서 폭력을 당했다고 보고했다. 연구 결과 동성애 혐오 발언이 줄어들었음에도 불구하고 지난 10년 동안 폭력의 수위가 감소하지 않은 것으로 나타났다. 일반인들이 범죄의 피해자가 되는 비율이 9%인 것에 비해 대략 25%에 해당하는 게이와 레즈비언 학생들이 범죄 피해자들이었으며(Comstock, 1991), 그들은 높은 수준의 언어, 신체적 폭력을 당했다. GLSEN의 자료에 따르면, 40%의 LGBTQ 청소년들이 신체적

폭행의 경험이 있다고 보고했으며, 84%는 언어 폭력을 경험한 것으로 나타났다. 동성애 청소년들은 그들의 안전에 대한 두려움 때문에 학교를 자주 빠지는 것으로 나타났다. 그들은 또한 결석과 학교에서의 불편함 때문에 고등학교 성적도 낮았다.

일부 증거는 학교 관계자들이 이 문제에 기여한다고 말하고 있다. 매사추세츠 연구에서 97%의 학생이 다른 학생으로부터 동성애 혐오 발언을 들었다고 보고했으며, 53%는 교직원으로부터 그러한 말을 듣는 것으로 나타났다(매사추세츠 주지사의 게이 및 레즈비언 청소년을 위한 위원회, 1993). 아이오와주에서 진행된 유사한 연구에 따르면 교사들은 동성애 혐오 발언에 대해 97%의 상황에서 대응하지 않았다(Carter, 1997). 성적 소수자 학생에 대한 학교상담사의 태도에 대한 연구는 그들이 이러한 학생들이 보이지 않는 소수집단임을 인식하고 있지만, 많은 상담사가 그러한 학생과 함께 일하는 것에 관심이 없을 수도 있음을 나타낸다. Pice와 Teljohann(1991)은 조사 대상자 중 20%의 상담사들이 게이와 레즈비언 학생들과 함께 작업할 때 "만족"하지 못한다고 응답했다. Ruebensaal(2006)은 학교상담사들이 이성애 학생들과 편안하게 다루는 문제를 게이나 레즈비언 학생들과 함께 작업하기는 꺼린다는 것을 발견했다.

그러한 태도와 행동은 내담자의 복지와 존엄성을 증진하고 비차별적인 방식으로 행동하여야 하는 상담사의 윤리강령과 모순될 뿐만 아니라 법적으로 문제가 될 수 있다. 1999년에 대법원은 괴롭힘이 "매우 심각하고, 광범위하며, 객관적으로 보기에도 공격적이어서 희생자가 교육을 받을 수 있는 동등한 기회가 제공되지 않을 때" 학생들 간의 괴롭힘을 무시한 학교 공무원이 Title IX 위반에 대한 책임을 질 수 있다고 판결했다(Davis v. Monroe County Board of Education, 1999, p. 650). LGBTQ 청소년의 경험에 대한 문헌은 그들이 경험하는 괴롭힘이 종종 그 기준을 충족시킨다는 것을 암시한다. 성적 지향에 기반한 폭력과 협박을 보다 직접적으로 다루는 다른 민사 및 연방 사건은 게이 및 레즈비언 학생의 안전과 권리를 보호

하는 행동을 취하지 않을 경우 학교가 책임을 져야 한다고 주장하고 있다(McFarland and Dupois, 2001에서 이 사례에 대한 자세한 설명을 찾을 수 있다).

이 모든 것이 교육자들에게는 매우 실망스럽게 들리지만, 학교에서 어른들이 이러한 부정적인 결과와 그 혐오스러운 영향으로부터 LGBTQ 학생들을 보호할 수 있다는 희망적인 징후와 증거가 있으며, 안전한 학교 프로그램이 교육자와 학교공동체에 영향을 미칠 수 있다(예, Byrd & Hays, 2013).

결과적으로, 학교상담사는 학생에 대한 괴롭힘, 협박, 폭력의 위험을 줄이기 위해 행동해야 하는 윤리적이고 법적인 책임을 가지고 있다. 그들은 포괄적인 언어를 사용하고, 반 게이 및 반 여성 의견에 도전하고, 동성애 및 성별 편견에 대한 자료를 직원 및 학생에게 공개하고, 괴롭힘과 학교 폭력의 관계에 대해 다른 직원을 교육하는데 앞장서야 한다. 사회에서의 비가시성은 그들 스스로 적절한 서비스를 찾는 것을 어렵게 하기 때문에 적절한 자료를 추천할 필요성은 게이, 레즈비언 및 양성애자 학생들에게 특히 중요하다.

ACA(1999), APA(1999a), ASCA(2007)는 학교상담사와 심리학자가 학교를 보다 안전하게 하기 위해 개입해야 하는 교육을 받을 수 있는 자료를 제작했다. 이 자료는 문제의 범위를 명확히 설명하고 위기 상황 및 정상적인 사건 진행 과정에서 도움을 줄 수 있는 전략을 제시한다(이 자료를 얻을 수 있는 방법에 대한 정보는 끝부분에 있는 권장 읽을거리와 온라인 자료 참조). 학교상담사가 LGBTQ 청소년이 살아남을 수 있는 학교를 만들기 위해 이러한 자료를 사용하고 눈에 띄는 조치를 취할 때 학생들의 복지와 존엄성을 증진시키기 위한 완전한 윤리적 책임을 수행할 것이다(Stone, 2009). 그리고 교육자들이 LGBTQ 학생들을 지원할 때, 이들 학생들은 높은 교육에 대한 열망을 유지하고(Stone, 2009), 정신건강에 대한 위험을 감소시킬 가능성이 더 높다(Byrd & Hays, 2013).

졸업 후 계획에서의 윤리적 문제

중등 상담 교사의 중요한 책임 중 하나는 고등학교에서 고등 교육 또는 중등 교육으로의 전환을 조언하고, 돕는 것이다. 고등학교 졸업장이 안정되고 보람 있는 직업을 얻는데 충분한 시대는 지났기 때문에 상담사는 학생들과 부모가 어떤 유형의 고등 교육이 그들에게 가장 적합한지에 대한 결정을 내리는 데 결정적인 역할을 한다. 예를 들어, 많은 대학들은 지원자의 입학 가능성을 결정할 때 학교상담사로부터 받은 추천서에 상당한 비중을 둔다. 따라서 학생을 지원해야 한다는 상담사의 압력은 학생의 능력에 대한 과장된 칭찬이나 학생에 대한 민감한 개인 정보의 공개로 이어질 수 있다. 그 사실을 고려하여 다음 상황을 고려해보자.

벨라산드로씨의 추천서 사례

벨라산드로는 마리아의 상담사로 그녀가 고등학교 다니는 내내 상담을 해 왔다. 그녀는 뛰어난 성적을 거두었고 토론, 합창에 참여하여 높은 성적, 운동 영예 및 상을 받았다. 마리아는 3학년 1학기 동안 힘들게 살았는데, 어느 날 저녁 아르바이트를 하다가 성폭행을 당했다. 그녀는 공격자와 싸웠지만 쇄골이 부러졌고, 다른 부상을 입었다. 마리아는 또한 그 공격으로 충격을 받았고 몇 달 동안 학교 과제에 집중하는 데 어려움을 겪었다. 그 학기 그녀의 성적은 떨어졌다. 마리아가 경쟁이 치열한 대학에 지원할 것이기 때문에, 벨라산드로는 성적인 낮은 학기가 그녀가 대학에 입학하는 것을 방해할 것이라고 걱정한다. 그녀가 충분히 고려되도록 하기 위해, 그는 그의 추천서에 성폭행과 마리아의 신체적, 정서적 결과에 대해 논의한다. 마리아가 그 편지에 대한 접근을 포기하는 것에 서명했기 때문에, 그녀의 상담사가 추천서에 폭행사건에 대한 정보를 포함했다는 것을 전혀 모른다.

벨라산드로씨는 마리아의 성적이 그 학기에 낮은 이유를 설명하려는 그의 결정을 지지하는 좋은 의도와 법적인 포기를 둘 다 가지고 있었다. 그의 동기는 이타적이었고 마리아가 서명한 권리 포기는 사실상 무조건적인 것이었다. 그러나 그의 행동은 여전히 마리아에 대한 윤리적 책임과 완전히 일치하지 않았다. 왜 안 되는 것일까? 첫째로, 그녀는 상담사가 편지를 제출하기 전에 부모와 함께 이 문제에 관해 논의하지 않았기 때문에 상담사의 추천서에 이러한 세부 사항이 포함될 것으로 예상할 수 없었다. 둘째, 개인 정보에 대한 비밀보장이 유지될 것이라는 것을 전문가가 보장할 수 없으므로 학생들은 그러한 개인적인 내용의 공개 여부를 스스로 결정할 수 있어야 한다. 마리아는 입학위원회가 폭행의 세부 사항을 알고 있는 대학에 도착한 후에 알게 되면 이차적인 정서적 고통을 받을 위험이 있다. 셋째, 벨라산드로는 마리아가 한 학기의 높은 학업 성적을 유지하지 못한 이유를 설명하기 위해 공격에 대한 세부 정보를 제공할 필요가 없었다. 그는 여전히 민감한 정보를 공개하지 않고 이 신청자의 예외적인 성격에 관한 적절한 정보를 제공할 수 있다. 고등학교들은 종종 그들 자신의 우수성의 증거로 엘리트 대학에 학생들을 보낸 기록이 공개적으로 알려지기 때문에, 이 상담사의 결정에 자신의 관심 정도가 포함되지 않았는지, 그가 서두르는 것이 아닌지에 대해 의문이 생긴다. 아이비리그 학교에 받아들여지는 것은 마리아의 미래를 위해서 뿐만 아니라 학교의 명성을 향상시킨다. 이 모든 이유들 때문에 고등학교상담사들이 추천서에 기재한 의견이 민감할 수 밖에 없다. Stone(2005)의 연구에 따르면 압도적인 대다수의 학교상담사들이 벨라산드로가 한 행동을 취하지 않고, 명시적 허락 없이 그러한 민감한 정보가 공개되지 않도록 보호할 것이다.

뉴욕타임즈(2004년 겨울)가 지적한 바와 같이, 최근 몇 년 동안 고등학교상담사들에 대한 또 다른 윤리적 문제가 대두되었다. 많은 학생과 학부모가 엘리트 대학 및 대학 입학에 관심을 보이게 되었다. 이러한 평판이 없는 기관들은 가장 우수한 지원자를 유치하기 위해 열심히 노력해야 하며, 학생들에게 교육의 질을 알리기 위해 학교상담사를 찾는다. 그런 학교들은 전형적인 시설 견학보다 더 많은 고등학교상담사를 캠퍼스에 초청하기도 하고

때로는 상담사에게 스포츠 행사, 콘서트, 주요 휴양지에서의 스키, 유명 레스토랑 식사를 무료로 제공하기도 한다. 그들은 디럭스 호텔에서도 지냈다. 이러한 특전은 상담사가 캠퍼스 방문 기간 동안 좋은 경험을 할 수 있도록 돕고 덜 유명한 대학의 좋은 경험을 학생과 학부모에게 전달하여 대학 지원에 관해 조언할 때 참고하게 만든다. 상담사는 윤리적으로 그러한 호화로운 대우를 받아들일 수 있는 것일까? 정답은 상담사의 객관적 판단에 의거하여 대학을 추천받는 학생 및 학부모에게 상담사가 그러한 특전을 받는 것이 영향을 미치는지 여부에 달려 있다. 학생과 학부모가 상담사의 동기에 의문을 제기하지 않고 자신의 행동을 결정하는 것은 상상하기 어렵다. 또한 평균적인 급여를 받는 학교상담사가 대학 방문 중에 그러한 호화로운 대우에 완전히 영향을 받지 않을 것이라고 상상하는 것은 힘들다. 따라서 이러한 대학의 장점을 잘 알고 캠퍼스 투어에 참여하더라도 상담사는 이러한 추가 혜택을 거절해야 한다.

▌학교 집단상담의 윤리

Greenberg(2003)에 따르면, 집단상담은 젊은 사람들이 변화하고 교육으로부터 이익을 얻도록 돕는 효과적인 도구임이 증명되었다. 젊은이의 발달을 저해하는 많은 문제들은 사회적 기술과 대인관계에 관련되어 있는데, 이 두 가지 문제는 특히 집단 작업에 적합하다. 집단상담은 또한 학교상담사가 개별적으로 작업하는 것보다 많은 학생들에게 다가갈 수 있는 효과적인 방법이기도 하다. 사회 기술의 발달, 분노와 같은 감정 관리, 이혼이나 형제의 죽음과 같은 상실에 대한 반응을 다루는 심리 교육 및 지원 그룹이 가장 일반적이다. 그러나 학교상담사들은 섭식 장애나 양극성 장애와 같은 임상적인 문제를 다루는 집단상담을 제공하는 것을 자제해야 한다(Kaffenberger & Seligman, 2003).

학교에서 이루어지는 집단상담은 폐쇄된 시스템, 즉 학교에 다니는 청소년들만 참여할 수 있다는 점에서 비밀보장의 문제가 제기될 수 있다. 첫

째, 집단상담을 하지 않는 학생들은 수업시간에 없거나 집단상담 시간에 상담사 사무실에 들어가는 것을 보면서 누가 참석했는지를 알 수 있다. 둘째로, 집단상담원들이 집단 밖에서 다른 학생들을 만나고, 잘 알고 있을 가능성이 있을 때 집단원들이 비밀을 유지하도록 하는 것이 어려울 수 있다. 집단과의 유일한 만남이 집단상담 시간이고, 학교와 별개의 장소에서 집단이 이루어지기 때문에 친구에게 이야기하려는 유혹을 경험하기 쉽다. 5장과 6장에서 언급했듯이, 명확한 고지된 동의 절차와 비밀유지의 중요성에 대한 광범위한 논의는 비밀보장을 위반할 위험을 제한하는 데 도움이 되지만, 그 가능성을 완전히 없애지는 못한다. 학교상담사는 또한 참여할 학생들의 동의를 얻어야 하며, 집단에서의 공개에 대해 부모에게 알릴 수 있는 수준을 그들에게 설명해야 한다. 학교상담사는 그룹을 조직할 때 자신의 능력의 범위를 초과하지 않도록 주의를 기울여야 하며, 그룹이 제기된 문제에 집중하고 심리 교육 또는 지원 그룹을 심리치료 경험으로 만드는 것을 삼가야 한다. 학교상담사는 또한 학생이 학교 밖에서 상담에 참여하는 것을 알고 있어야 하며, 개인치료와 동시에 그룹에 참여할 것을 권고하는 모든 사람들(지역상담사 포함)과 의사소통해야 한다. 이러한 예방 조치를 취할 때, 집단상담은 학교상담사의 효과성을 높이기 위한 중요한 도구가 될 수 있다. ASCA 윤리강령 A.6 섹션은 상담사가 전향적 그룹 구성원을 선별하고, 적절한 역량을 개발하고, 모범 사례를 사용하며, 그룹 및 비밀보장 유지에 대한 명확한 기대를 설정하고, 필요에 따라 구성원을 모니터링하고 후속 조치를 취하도록 요구한다.

▌또래 지원 프로그램의 윤리

또래 지원 프로그램은 또래상담, 또래 지원, 또래 조정, 또래 촉진, 또래 조정 및 또래 갈등 해결과 같은 많은 이름으로 존재한다. 그들의 중심 기능은 문제가 있거나 문제를 일으킬 위험이 있는 다른 학생들을 돕기 위해 학생들을 훈련시키는 것

이다. 학교가 부담하는 비용의 증가 없이 지원서비스에 대한 학생의 접근을 높이기 위한 시도로 또래 지원 프로그램은 지난 30년 동안 더 대중화 되었다(Ehly & Vazquez, 1998; Morey, Miller, Fulton, Rosen, & Daly, 1989). 낮은 비용이 프로그램의 확대의 유일한 원인은 아니었다. 그들은 귀찮아하는 학생들을 필요한 상담서비스에 끌어들이기 위한 가치 있는 통로로 간주되어 왔다. 최초의 또래 지원의 개념은 발달 문제와 동료 학습으로 제한된 것으로 해석되었다(Wheeler & Bertram, 2008). 이러한 문제에 대한 또래 지원 프로그램은 고등학교 수준 이상으로 확대되었다. 많은 동료 지원 프로그램이 초등학교와 중학교에서 개발되었다(Myrick, Highland, & Sabella, 1995). 예를 들어 Bell, Coleman, Anderson, Whelan과 Wilder(2000)는 학생들에게 갈등 해소 및 중재 기술을 가르치고 참가자들 간의 공격적 행동을 줄이는 데 성공한 6학년에서 8학년까지의 또래 지원 프로그램에 대해 소개하고 있다.

모든 또래 지원 프로그램이 Bell 등(2000)이 제시한 사례처럼 성공적이고, 윤리적인 문제가 발생하지 않는가? Lewis와 Lewis(1996)에 따르면, 실질적인 정신건강 문제를 다루는 또래 지원 프로그램의 효과와 결과에 관한 많은 증거는 경험적이기보다는 일화적인 수준이다. 학교 성과 및 태도 개선을 목표로 하는 또래 중재 프로그램 및 프로그램의 긍정적인 효과를 뒷받침하는 연구가 더 널리 보급되어 있다(예, Tobias & Myrick, 1999). Lewis와 Lewis는 더 많은 연구를 촉구하며, 적절한 연구 결과 없이 심각한 정신건강 문제에 대해 또래 조력 모델을 사용할 때의 이점을 의문시한다. 몇 가지 사례를 제외하고(예, Schellenberg와 Parks-Savage, 2007), 기본적인 학업과 발달 이상의 문제를 해결하기 위해 또래 지원 프로그램을 사용하는 것의 효과성이나 안전성을 문서화한 증거는 아직까지 없다. 상담사는 그러한 프로그램의 장점이나 안전성을 입증할 수 없으며, 그 사용법에 대한 심각한 의문이 있다.

A.11절에서 ASCA 윤리강령은 그러한 프로그램에서 상담사의 역할의 중요성과 학생 복지를 지

키기 위한 책임을 강조하며, 또래 지원 프로그램은 높은 수준의 감독이 필요하다고 명시하고 있다. 멘토를 신중하게 선택하고, 잘 훈련하며, 지속적으로 모니터링하여 서비스를 제공할 만큼 숙련되고 능력의 한계를 초과하지 않도록 해야 한다. 그들의 연구에서 Lewis와 Lewis(1996)는 혼란스러운 패턴을 발견했다. 동료를 돕는 프로그램을 담당한 많은 교육자는 훈련된 상담사가 아니었다. 따라서 이러한 경우에는 중요한 감독 업무를 수행하는 데 필요한 훈련과 경험이 있는 전문가가 없는 것이다. 그러한 상황에서 도우미나 슈퍼바이저 모두 적절하게 개입할 능력이 없다.

또래 멘토로 자원하는 학생들에게 요구되는 역할은 상당하다. 이러한 프로그램에 책임이 있는 전문가들은 자원봉사자들에게 혜택을 주고 있지만, 어떤 이들은 그들이 발달 수준에 비해 과도한 부담을 느끼고 있는 건 아닌지 의문을 가진다(Lewis & Lewis, 1996, Morey et al., 1989). 워싱턴 주에 있는 263개의 또래상담 프로그램에 대한 Lewis와 Lewis의 연구에서, 그들은 동료상담사가 자살한 두 사례를 찾았다. 두 건의 사건이 멘토 역할의 위험에 대한 결론을 내리기에 충분한 근거가 아니지만, 이러한 사건은 후보자를 주의 깊게 선별하고, 스트레스를 모니터링하고, 면밀히 감독해야 할 필요성을 보여준다.

또래상담 프로그램이 갈등 해결이나 발달과 교육 문제로 초점을 제한하는 경우에도 학생 공개의 비밀보장과 관련된 윤리적 문제를 해결해야 한다. 청소년 자원봉사자는 물론 비밀보장의 중요성을 인식하고 이를 준수하는지 모니터링해야 하지만, 그러한 예방 조치는 여전히 비밀보장의 위반을 막을 수 없음을 시사한다. 또래상담서비스를 이용하는 학생은 비밀유지의 한계를 이해해야 하며, 신뢰가 깨지면 감독관들은 대응할 준비를 해야 한다. 자원봉사자는 슈퍼바이저와 학생이 공개한 내용을 공유할 준비가 되어야 하며, 사용자는 그러한 대화에 대해 안내를 받아야 한다. 또한, 이중 관계 문제를 피하고 친구를 돕기 위한 규칙을 설명하기 위한 지침을 마련해야 한다. 요컨대, 학교상담교사

가 또래상담 프로그램을 시작하거나 기존의 프로그램을 운영할 때, 이들 프로그램을 관리하고 감독하는 일에 시간과 열정을 기울일 준비가 되어 있어야 한다. 또한, 그들은 도움을 받은 사람들과 자원봉사자들에게 미치는 프로그램의 영향을 체계적으로 평가하고 효과적이지 않거나 해로운 프로그램을 수정해야 한다.

▎요약

학교상담사가 직면하는 윤리적, 법적 문제는 공동체에 속해 있는 상담사들이 직면하는 문제와 크게 겹친다. 실무 능력, 고지된 동의, 비밀보장 유지, 이중 관계 및 공정한 평가 관행에 대한 기준은 모든 환경에 적용될 수 있다. 하지만 다섯 가지의 다소 독특한 윤리적 도전들을 학교상담사들이 직면하고 있다. 첫 번째는 교육자들 간의 열린 의사소통 패턴과 비밀유지 규범에 의한 상담전문가의 의사소통 한계의 갈등이다. 그러한 한계를 스스로 이해하고 비밀유지가 동료관계에 미치는 영향에 대해 학교의 다른 구성들을 교육시키는 노력을 하는 상담사들은 학생들, 학교, 전문적 역할을 효과적으로 수행할 수 있을 것이다. 때로는 학교의 개방적인 의사소통 패턴은 가십 및 교사 간의 비공식적인 의사소통을 포함한다. 학교상담사의 윤리 규정은 그러한 대화에 참여하는 것을 분명히 금지한다. 사실, 학생들에 대해 험담하는 것은 상담사들이 명예 훼손으로 법적 책임에 취약하도록 만들 수 있다. 둘째, 상담사는 상담전문직의 기본 가치와 다른 가치를 가진 부모 및 공동체와 함께 일할 준비가 되어 있어야 한다. 부모의 권리를 존중해야 하며, 또한 아동의 필요에 민감해야 한다. 많은 주(州)에서는 상담교사가 자신의 능력 범위 내에서 일하고 내담자와의 상호작용에 개인적인 견해를 포함하지 않는다면, 상담교사가 피임, 낙태 및 기타 민감한 문제와 관련된 문제를 돕는 권리가 법적으로 보호된다. 상담 프로그램에 관한 적극적인 지역사회 교육 프로그램은 프로그램 효과성의 증가와 함께 상담사에 대한 저항과 상담사 자격 정지

를 줄일 수 있다. 셋째, 또래상담 프로그램을 개발하고 감독하는 상담사는 프로그램이 학생 자원봉사자와 봉사자에게 도움이 되도록 해야 한다. 또래 지원 프로그램이 청소년들에게 더 심각한 정신건강 문제를 책임 있게 도울 수 있다는 분명한 증거가 없기 때문에, 프로그램은 상담사에 의해 감독되어야 하며 발달 및 교육 문제에만 국한되어야 한다.

윤리적인 학교상담사는 1974년 가족 교육 권리 및 사생활 보호법과 특수 교육 및 장애인의 권리를 다루는 관련법의 조항을 준수해야 한다. 교육에 영향을 미치는 주(州) 및 연방 법률이 급속도로 변하기 때문에 학교상담사는 가장 최근의 법 조항들을 이해하고, 학교 정책이 법령과 일치하도록 하는 데 책임감을 가져야 한다. 마지막으로, 학교상담사는 과실 청구에 대해서는 면책되지 않는다. 그러한 주장은 다른 정신건강전문가보다 다소 덜 빈번하게 발생한다. 최근 몇 년 동안 법원은 학부모나 다른 성인과 함께 학생의 안전을 지키고 필요한 보살핌을 확보하는 데 도움을 줌으로써 상담사들이 예견할 수 없는 학생들의 위험을 예방하는 보살필 의무가 있다고 보았다. 최근의 법원의 판결은 학교상담사 및 기타 공무원이 학교의 교육 활동에 동등하게 참여하지 못하게 하는 학생들의 괴롭힘 및 협박을 예방하는 데 적극적으로 참여해야 할 의무가 있음을 강조했다. 이 괴롭힘의 대부분은 여학생과 게이, 레즈비언 및 양성애자 학생들을 대상으로 한다. 상담사는 또한 대학 진학 계획을 조력하는 데 있어서의 윤리적 문제에 민감해야 하며, 담당하는 학생의 재능에 대한 진술과 학생 개인에 대한 내용의 공개에 민감해야 한다. 그들은 또한 대학 순회 활동을 수락하는데 있어서 그들의 객관성이나 그들의 객관성에 대한 부모와 학생들의 인식을 저해하지 않도록 행동해야 한다. 학교에서 집단상담을 이끌 때, 폐쇄적인 시스템에서 집단상담을 하는 것의 복잡성을 알고 있고, 자신의 능력의 한계에 머무르는 것이 가장 성공적인 것이다.

❖ 토론 질문

1. 학교는 직원들의 주의를 끄는 모든 약물 사용 정보를 관리자들에게 보고해야 한다는 정책을 가지고 있는 경우가 많다. 학생들과의 잠재적인 시나리오를 생각해보자. 언제 상담사들이 약물 사용을 보고하는 것이 좋을 것이라고 생각하나? 언제 비밀보장의 의무를 지켜야 하나?

2. 학교상담은 최근 몇 년간 활동들에 대한 상당한 비판을 견뎌 왔다. 예를 들어, 자아존중감 프로그램은 너무 인본주의적이고, 약물과 알코올남용 집단상담은 가족 문제에 너무 관여한다고 인식되어왔다. 학교상담에 대한 비판이 있을 때, 학교상담사의 윤리적 책임은 무엇이라고 생각하나?

3. 학교상담교사의 비밀유지 의무로 인해 다른 학교 직원과의 강력한 유대 관계를 수립하기가 어려울까? 이러한 요구 사항으로 인해 다른 직원과의 개인적인 관계 유지가 더욱 어려워진다고 생각하나?

4. 프로그램을 돕는 동료들이 보조자를 두고 우울증, 자살, 마약 사용, 그리고 관련 문제를 다루려고 할 때 도움을 준 사람들을 위험에 빠뜨린다는 비판에 어떻게 대처하겠는가? 그러한 프로그램의 위험과 학생들에게 가지는 잠재 가치 사이의 균형을 어떻게 유지할 것인가?

5. 자살 예방 및 위기 개입 프로그램에 관련된 윤리적 문제는 무엇으로 보나?

6. 학교상담사들은 책임 배상 청구로부터 면제되어야 한다고 생각하나?

❖ 토론 사례

티토는 고등학교 입학한 이래로 학교상담사인 미란다와 간헐적으로 상담해 온 16살 학생이다. 그는 학교에서 행복하고 평온한 것처럼 보이지만 티토는 많은 가족 스트레스와 혼란을 견뎌 왔다. 그의 부모님은 여러 번 결혼했고, 티토는 그의 생애 동안 10번의 이사를 했다. 그는 현재 함께 거주하는 양아버지와 지내는 데 큰 어려움을 겪었다. 그들은 끊임없이 논쟁하며 티토는 목소리를 높일 때마다 심한 처벌을 받았다. 상담사는 상황을 모니터링해 왔으며 학대의 흔적은 보이지 않았지만 티토의 심리/사회적 요구와 양부모의 양육방식이 일치하지 않음을 분명히 알고 있다. 어느 날 미란다가 사무실에 들어서자 티토의 전화 메시지가 남겨져 있고, 가능한 빨리 연락하고 싶어 한다. 그녀가 티토와 연락했을 때, 그녀는 그가 그 남자를 때릴 위험에 처해 있다고 생각했기 때문에 그를 두려워했던 그의 계부와의 큰 싸움 끝에 그가 어제 도망쳤다는 것을 알게 되었다. 티토는 미란다에게 그가 안전하다는 것과 집으로부터 어느 정도 멀어졌다고 말한다. 그는 그녀에게 그가 어디에 있는지 말해야 하는지 묻는다. 미란다는 그에게 정보를 주면 어머니와 계부에게 그 정보를 공개해야 할 의무가 있음을 이해해야 한다고 대답했다. 티토는 잠시 멈추고 자신의 위치를 공개하지 않기로 결정한다. 미란다는 그때 상황을 중재할 수 있는지 보기 위하여 그의 생물학 아버지에게 연락하는 것을 포함하는 티토를 위한 계획을 고안했다. 티토는 학교가 끝나기 전에 다시 전화하는 것에 동의한다. 2시간 후 티토의 계부가 미란다에게 전화를 걸어 티토가 어디 있는지 아는지 묻는다. 그녀가 말하지 않을 때, 양아버지는 저녁 시간까지 소년으로부터 소식을 듣지 않으면 경찰에 연락할 것이라고 말했다. 그들의 대화가 그렇게 끝났다. 미란다는 티토의 말을 듣고 즉시 어머니나 양아버지에게 연락할 것을 요청한다.

미란다의 행동은 직업의 윤리적 기준과 일치하나? 티토의 전화 연락에 대해 비밀 유지를 해야 하나? 교장이 티토가 어디에 있는지를 물으면 어떻게 해야 하나? 그녀는 자신이 아는 것을 교장에게 이야기해야 할까?

고등학교상담사 저스틴은 대학, 직업 또는 전후의 경험에 지원하는 학생들을 위한 많은 추천서 양식을 받는다. 종종 이 양식은 상담교사에게 다른 학생과 비교하여 학생의 순위를 매기도록 요청한다. 저스틴은 이러한 형식이 불편하며, 개인적인 재능을 설명할 수 있는 기회가 별로 없다고 생각한다. 하지만 그는 특정 문서를 거절하는 것이 현명하지 못할 수도 있다는 것을 알고 있기 때문에, 순위가 부풀려져 있을 때에도 학생들을 상위 20%에 주었다. 그는 그런 순위 체계가 가진 한계에 부응함으로써 자신의 행동을 정당화한다.

고등학교 상담사인 넬리는 미셸이라는 2학년 학생을 정기적으로 상담하고 있다. 미셸은 중학교에서 좋은 성적을 받았음에도 학업적으로 어려움을 겪고 있다. 부모님들께서는 상담 회기에 관해 알려 주고, 넬리가 자신들의 딸이 학교를 다니는데 도움이 되는 모든 문제를 상의하길 원한다. 넬리는 봄이 오고 온도가 올라갔음에도 미셸이 여전히 긴 소매를 끼고 있음을 알게 되었다. 이것에 대해 질문을 받았을 때 미셸은 울기 시작했고, 넬리는 그녀가 느끼는 심리적인 고통을 없애기 위해 팔에 작은 상처를 내며 자해를 한다는 것을 알게 되었다. 넬리는 미셸과 계약을 맺고 다시 만나기 전까지는 자해를 중지시켰다. 그녀는 또한 2주 뒤에 미셸과 다음 약속을 할 때 소아과 의사에게 상처를 보여 주기로 동의하였다. 신체적 위해의 사소한 속성과 그녀에 대한 소녀의 신뢰가 파괴될 것에 대한 걱정 때문에 넬리는 부모에게 알리지 않기로 결정한다.

아나는 15세, 고등학교 1학년으로 학교상담사에게 질문을 한다. 학교에서 "가장 매력적인" 여성을 뽑기 위해 온라인 콘테스트를 후원하는 것이 불법인가요? 그녀의 상담사인 잭슨씨는 더 많은 정보를 얻은 후, 아나는 친구와 싸우고 그녀에 대한 험담을 하는 그녀의 친구에게 앙갚음을 하기 위해 이 콘테스트를 조직했다고 털어놓았다. 이제 친구는 아나와 그녀의 가족을 고소할 수 있도록 변호사인 아버지에게 말하겠다고 위협하고 있다. 아나는 그녀의 행동에 대해 매우 걱정하고 부끄러움을 느꼈다. 상담사는 이 상황을 어떻게 처리해야 하나?

14장

슈퍼비전과 자문에서의 윤리

책임감 있는 행동의 모델링

슈퍼비전에 관한 일반적인 오해는 그것이 전문가의 시간과 우선순위에서 작고, 중요하지 않은 부분을 차지하는 활동이라는 것이다. 현실에서 슈퍼비전은 많은 전문가들에게 효과적인 상담의 필수적인 부분이다. 심리학 전문가들은 그것을 실무를 위한 핵심적인 역량으로 인지하였다(Kaslow, 2004). Osipow와 Fitzgerald(1986)의 연구에 의하면 64%의 상담심리학자들이 다른 전문가들의 슈퍼비전을 위해 시간을 할애하고 있는 것으로 나타났다. 실제로, 슈퍼비전은 많은 심리학자들과 상담사들의 직업에서 요구하는 자격 사항이며(Sutter, McPherson, & Geesman, 2002), 그들이 참여하는 상위 5개 활동 중 하나이다(Norcross, Hedges, & Castle, 2002). 더불어, 선행연구들에서는 전문역량 개발 및 유지에 있어서 슈퍼비전의 중요성을 강조하고 있다(예, Bernard & Goodyear, 2013; Bradley & Ladany, 2010; Falender & Shafranske, 2004; Falender, Shafranske, & Falicov, 2014; Thomas, 2010 참조). 상담사 윤리, 법적 가이드라인과 임상 훈련생들을 감독하는 실무자들 모두 슈퍼비전을 받은 임상 경험을 역량 및 자격증명의 전제 조건으로 간주하지만 임상 수행능력만으로는 슈퍼비전 역량이 충분하다고 볼 수 없다(Barnett, Cornish, Goodyear, & Lichtenberg, 2007; Falendar & Shafranske, 2007; Rings, Genuchi, Hall, Angelo, & Cornish, 2009; Thomas, 2010).

그럼에도 불구하고, 슈퍼비전과 관련된 윤리적 불평과 의료 과실에 대한 주장은 수년간 상당히 흔한 일이었다. 1985년, VanHoose와 Kottler는 슈퍼비전 태만이 많은 의료 과실소송의 주요 원인이라고 결론지었다. 20년이 지난 후, Koocher와 Keith-Spiegel(2008)은 슈퍼바이저가 슈퍼바이지의 부적절한 행동을 알아차리고, 조치를 취하지 못하는 것이 슈퍼바이저에 대한 가장 일반적인 윤리적 불만을 야기한다고 지적하였다. 자격징계위원회의 징계 조치에는 종종 다른 위반 사항과 함께 슈퍼비전에서의 위법 행위가 포함된다. 오하이오주(州)에서는 모든 징계 조치의 약 30%가 조치의 최소 하나의 구성요소로서 감독 위반을 포함한다(R. Ross, 비공식적 의사소통, 2011년 6월 22일). 또한, 정신건강 역사에서 가장 유명한 의료 사고 중 하나는 부적절한 슈퍼비전과 관련이 있는 것이다(e.g., 타라소프, 1974, 1976). 흥미로운 논쟁에서, Slovenko(1980)은 타라소프 사건에서 정신건강전문가가 슈퍼비전에서 그의 감독 임무를 책임감 있게 수행했다면, 원고는 태만함을 보이지 않았을 수 있다고 주장했다.

연구 결과 또한 일부 슈퍼바이저들은 내담자에 대한 그들의 책임을 무시하고, 슈퍼바이지의 권리를 업신여기거나 심지어 이를 악용하는 것으로 나타났다(예, Allen, Szollos, & Williams, 1986; Anderson, Schlossberg, & Rigazio-DiGilio, 2000). Ladany, Lehaman-Waterman, Molinaro, Wolgart(1999)의 연구에서는 슈퍼바이지의 3분의 1이 미국상담사교육과수련감독학회(Association for Counselor Education and Supervision: ACES)가 정해놓은 윤리규정 중 하나 이상의 지침을 위반한 슈퍼바이저를 경험했다고 보고하였다. 이러한 슈퍼비전의 3분의 1이 슈퍼바이지의 역량과 활동을 평가하고 모니터링하는 규정을 준수하지 못했으며, 거의 5분의 1(17.9%)이 비밀유지, 회기 내 경계, 훈련생에 대한 존중, 대안적 관점에 대한 개방성과 관련된 지침을 위반했다. 이 연구에서 슈퍼바이저 중 절반 이상이 조사기간 동안 윤리규정 중 적어도 하나를 지키지 않았다. 10년 후 연구에서 Wall(2009)은 슈퍼바이저들이 같은 범주에 속하는 많은 영역에서 유사한 윤리적 부정행위를 하는 것을 발견했다. Magnuson, Wilcoxon, Norem(2000)은 "안 좋은 슈퍼비전"을 발견하기 위한 질적연구에서 세 가지 유형의 부적절한 슈퍼비전 유형을 찾아냈다. 하나는 형편없는 관리와 슈퍼비전의 조직, 다른 하나는 기술과 인지적인 결함, 그리고 마지막은 관계적 혹은 정서적인 결핍에 기인한 문제로 나타났다. 참여자들이 언급한 구체적인 문제점들은 창피를 주는 것에서부터 슈퍼바이지와의 경계위반, 임상적 무능력에 이르기까지 다양했다. 또한, 부정적인 슈퍼비전 경험이 훈련생들의 상담기술 발달에 상당히 부정적인 영향을 미칠 수 있음을 발견한 Romas-Sanchez 등(2002)에 따르면, 문제 있는 슈퍼비전의 부정적인 효과는 그대로 남았다. 예를 들어, 문제가 되는 방식으로 슈퍼바이저와 상호작용한 슈퍼바이지는 슈퍼비전 상황에서 내담자와 작업한 결과를 공개하는 것을 피하는 것으로 나타났으며(Gross, 2005; Hess 등, 2008), 슈퍼비전에서 그들의 슈퍼바이저와 논의하는 것을 불편하게 여기는 것으로 나타났다(Mehr, Ladany, & Caskie, 2010). 그러므로 슈퍼비전에서 결손을 경험한 슈퍼바이지들은 자신이 상담하는 내담자들에게 최적의 서비스를 제공하지 못할 위험이 더 크다(Barnett 등, 2007). 윤리적 실천을 보여주지 못한 슈퍼바이저들은 훈련생들에게 부정적인 역할 모델이 되며, 비윤리적 관행을 용인할 수 있는 "교육"을 할 위험이 있다(Goodyear & Rodolfa, 2012).

세 가지 요소들이 이상적인 수준과 현실적인 수준의 슈퍼비전 사이에 존재하는 차이(불일치)를 설명할 수 있을 것이다. 첫 번째 요소는 실무자로서의 역량을 슈퍼바이저로서의 역량과 동일시하는 다소 일반적인 관행이다. 윤리강령과 슈퍼비전에 관한 문헌들 모두 이 가정을 강하게 비난한다(Bernard & Goodyear, 2013; Falendar & Shafransk, 2007; Thomas, 2010). 슈퍼비전을 위해서는 실무자로서의 기술과 경험이 필요하지만 슈퍼비전 역량에 대한 충분조건은 아니다. 이 장의 마지막에서, 윤리강령과 선행 문헌에 제시된 슈퍼바이저의 자격요건들에 대해서 살펴보고 각 주(州)의 자격위원회에서 제정한 슈퍼바이저 자격 사항들을 확인할 것이다.

둘째, 슈퍼비전은 다양한 역할을 포함하고 있는 과정이다(Bernard & Goodyear, 2013; Johnson, 2007). 슈퍼바이저는 슈퍼바이지의 교사, 멘토, 조언자, 컨설턴트, 평가자 역할 뿐만 아니라 경우에 따라서 슈퍼바이지 내담자의 상담사 역할까지 하게 된다. 이러한 다양한 역할들을 성공적으로 관리하려면 지식, 자기 인식, 경험들이 필요하다. 이러한 특성이 없다면 윤리적 과실이 발생한다. 다음 페이지에서는 이러한 주제들을 자세히 다루고 성공적인 수행을 위한 권장 사항들을 제공하고자 한다.

부적절한 슈퍼비전과 관련된 세 번째이자 마지막 요소는 슈퍼바이저가 자신의 이익보다 슈퍼바이지와 내담자의 복지를 먼저 고려하지 못한다는 것이다. 이러한 상황이 발생하면 슈퍼바이지는 착취당하거나 무시당하게 된다. 이러한 부당행위는 슈퍼바이지와 내담자의 욕구에 대한 부주의, 개인적 가치관의 강요, 성적인 학대, 경제적인 착취에 이르기까지 다양하다. 어떤 형태로든 그러한 잘못된 행동은 슈퍼비전 경험의 효과성을 제한하고, 때로는 슈퍼바이지에게 트라우마를 제공하기도 한다(Gray, Ladany, Walker, & Ancis, 2001; Nuttgens & Chang, 2013; Orlinsky & Rommestad, 2005; Ramos-Sanchez et al., 2002; Slimp & Burian, 1994). 다음 페이지는 태만과 착취가 수반되는 형태와 그러한 위험을 최소화하는 방법을 검토할 것이다. 이 장의 내용은 학술적인 글과 직업 윤리강령에서만 나온 것이 아니며 ACES가 1990년에 출판한 상담 슈퍼바이저에 대한 윤리규정; 미국주상담위원회협회(American Association of State Counseling Boards; AASCB)의 승인된 슈퍼비전 모델(2007); 슈퍼비전을 위한 주및지방심리위원회협회(Association of State and Provincial Psychology Board; ASPPB)의 박사 수준 수련자 슈퍼비전을 위한 지침(2003a)(현재 개정 중)을 포함한다. 이 장에서는 ACES 상담슈퍼비전 모범 사례(Best Practices in Counseling Supervision,

2011)(2011)와 박사학위 인턴십 교육 담당자가 확인한 역량을 인용하고 있다(Rings, Genuchi, Hall, Angelo, & Cornish, 2009).

이 장에서는 Bernie와 Goodyear(2013)에 의해 정의된 임상 감독에 초점을 맞추고 있다. 이는 수석 임상가가 장기간 전문의와 상담하여 감독자가 적절한 전문 역량을 개발할 수 있도록 돕는 평가 과정에 초점을 둔다. 초보임상가가 가할 수 있는 위험으로부터 대중을 보호하기 위해 교육 슈퍼비전은 면허 이전에 발생하는 감독 활동이다. 이는 숙련된 임상가가 초보 임상가와 오랜 기간 동안 함께 일하며, 슈퍼비전이 적절한 전문 역량을 개발하는 것을 돕는 동시에 초보 임상가가 끼칠 수 있는 해로부터 대중을 보호하는 평가 과정이다. 그들이 심리학자들과 같이 이미 면허를 취득한 그리고/또는 면허가 없는 개인들의 슈퍼비전에 대해 다루고 있기 때문에 작업 감독, 모든 수준의 임상 작업을 수행하는 직원들에 대한 감독 활동, 훈련받은 전문가들에 대한 위임 감독에 대해서는 따로 논의할 것이다.

▌슈퍼비전 역량

슈퍼비전 역량의 윤리적, 법적 차원을 이해하기 위해, 우리는 유능한 훈련의 요소에 대해서 살펴볼 필요가 있다. 임상역량은 내담자와의 작업에서 지식, 기술, 근면을 요구한다. 초보전문가는 슈퍼바이저들에게 다양한 내담자와의 작업을 위한 이러한 자질을 충분히 갖추었다는 것을 입증한 후에 역량을 갖춘 것으로 간주된다. 슈퍼바이저는 전문 직업인의 최종 문지기(gatekeeper)이며 전문가 그룹에 들어올 수 있을 정도의 능력이 되는지 또는 치료적인 사람인지를 승인하는 마지막 점검자로서의 역할을 수행하게 된다. 어떤 초보자가 유능한지 결정하는 과정에서는 슈퍼바이지의 활동에 세심하고, 지속적으로 주의를 기울여야 한다. 훈련받지 않은 슈퍼바이저는 이러한 요구를 충족시키기가 어려울 수 있다. 그들이 윤리적 의무를 지키지 못하면 전문가 그룹, 공공에 해를 가하고 적절하지 않은 사람이 전문가로 받아들여질 것이다.

ACES 상담 슈퍼바이저들을 위한 규정(1990)은 효과적인 슈퍼바이저들의 특성과 역량에 대해 상세하게 설명한다. 이러한 방식으로 규정은 자신의 슈퍼비전 역량을 평가하고자 하는 전문가들을 위한 로드맵을 제공한다. Falender와 Shafranske (2004)은 유사한 역량들을 전문적인 심리학자들에게 권장하였다. 역량들을 요약한 것은 다음과 같다:

- 평가와 개입 기술, 치료동맹 형성, 사례개념화, 기록보관 및 증거 기반의 개입을 포함한 임상 역량
- 개인의 차이에 대한 감수성, 슈퍼비전에 대한 동기와 헌신, 그 역할에 수반되는 권위에 대한 안정감과 역할에 부합하는 태도와 특성
- 슈퍼비전 윤리, 법적 및 규제 요인들에 대한 지식
- 슈퍼비전 관계의 전문적이고, 개인적인 측면에 대한 지식과 슈퍼비전이 슈퍼바이지에게 미치는 영향에 대한 이해
- 슈퍼비전의 모델과 방법, 슈퍼바이지의 발달 단계에 대한 이해
- 다문화 슈퍼비전에 대한 역량
- 슈퍼바이지의 수행을 정확히 평가할 수 있는 역량과 훈련생의 결함에 대해 건설적인 피드백과 계획 제공
- 최신의 슈퍼비전 이론과 연구 파악

이 목록의 길이와 복잡성은 실무자로서의 역량이 책임 있는 슈퍼바이저의 작은 부분에 불과하다는 것을 보여준다. 이러한 기준에 비추어 볼 때, 슈퍼비전 기술이 "현장 실습(on-the-job training)" 또는 시간이 지날수록 서서히 깨우치게 되는 것이라는 개념은 잘못된 것이다. Pope와 Vasquez

(2011)가 지적한 바와 같이, 이런 맥락에서 역량이란 증명된 기술 없이 심리 평가나 법원의 자녀양육 평가를 수행하는 것처럼 역량을 갖추지 않고 감독하는 것이 전문가답지 않다는 것을 의미한다. 연구자들(Navin, Beamish, & Johanson, 1995)(Hess & Hess, 1983; Scott, Ingram, Vitanza, & Smith, 2000)이 슈퍼바이저의 역할을 수행하는 상담사들의 역량을 확인하기 위해 ACES 규정들을 사용할 때, 많은 상담사들이 특히 슈퍼비전과 관련된 기준에 미치지 못했다. 다른 연구들에서도 이 같은 결론은 지지하고 있다(Hess & Hess, 1983; Scott, Ingram, Vitanza, & Smith, 2000). 심지어 훈련생들조차도 그들의 업무를 감독하는 슈퍼바이저의 훈련에 대해서 확신을 가지지 못하고 있었다. 심리학자들을 대상으로 한 조사(McCarthy, Kulakowski, & Kenfield, 1994)에서 72%의 참여자들이 그들의 슈퍼바이저가 슈퍼비전에 대한 훈련을 받았는지 확신하지 못하는 것으로 나타났다.

물론 윤리기준은 객관적인 지식과 관찰 가능한 기술 이상을 다룬다. 그들은 또한 슈퍼바이저의 태도와 가치관을 더욱 강조한다. 또한 규정과 슈퍼비전에 대한 문헌들(e.g., Ancis & Ladany, 2010; Falender, Shafranske, & Falicov, 2014 ; Leong & Wagner, 1994)은 개인차와 문화적으로 다양한 슈퍼바이지들에 대한 민감성을 요구한다. 연구자들은 많은 상담 슈퍼바이저들이 슈퍼바이지와의 상호작용에서 다문화 문제에 민감하게 반응하지 않으며(Fukuyama, 1994; Ladany et al., 1999), 다문화 슈퍼바이지 문제에 대한 교육이 부족하다고 제언하였다(Constantine, 1997). Jerrigan, Green, Helms, Perez-Gualdron, Henze (2010)에 따르면, 슈퍼바이지들은 슈퍼바이저가 다문화 문제를 능숙하게 다루지 못하는 경우 자신에 대한 의심과 무력감을 느낀다고 보고하였다. 최근의 한 연구에서 여성 심리학자와 훈련 슈퍼바이저는 직원 심리학자들과 남성 훈련 슈퍼바이저보다 훨씬 더 많은 다문화 역량을 보여 주었지만, 저자들은 모든 슈퍼바이저들을 위한 계속 교육의 필요성을 발견하였다(Gloria, Hird, & Tao, 2008). Yabusaki (2010)는 다양한 훈련생의 슈퍼비전 경험을 향상시키기 위해서 협력적인 학습 환경 조성, 슈퍼바이지의 발달 상태에 대한 이해와 적절한 멘토링이 모두 중요한 요소임을 권고한다. Falender, Shafranske, Falicov(2014)는 다문화 슈퍼비전에 필요한 특정역량을 식별하고, 다양한 집단에 대한 슈퍼비전 역량의 개발과 실행을 위한 우수한 자료를 출판했다.

ACA 윤리강령은 섹션 F.2에서 관련 주제를 다루고 있으며, 슈퍼비전에서의 훈련과 지속적인 교육, 슈퍼비전 관계에서 발생할 수 있는 다문화 이슈에 대해 민감성을 높일 것을 강조한다. 이 섹션에서는 계속해서 슈퍼바이저가 매체를 사용하는 경우 온라인 슈퍼비전을 제공할 역량이 있어야 함을 명시하고 있다. 이 주제에 대해서는 이 장의 다음 절에서 다룰 것이다.

APA 윤리강령은 슈퍼비전 역량(규정 2.01)을 요구하며, 규정 2.04에서 전문가가 적절한 방식으로 슈퍼바이들에게 책임을 부여하고, 적절한 슈퍼비전을 제공할 필요성을 다룬다. 이 강령은 치료 관행뿐만 아니라 가르치고, 평가하고, 연구하고, 동물을 다루는 데 있어서 감독자의 책임을 규정하고 있다는 것을 유념하는 것이 중요하다.

▌슈퍼바이저 권력의 책임감 있는 사용

슈퍼비전은 종종 슈퍼바이지들에게는 정서적인 압박을 느끼는 경험이다. 그들은 임상 작업의 무거운 정서적 요구에 대처하고 있으며, 그들의 전문가로서의 미래에 대한 중요한 결정을 내리는 과정에 있기도 하다(Falender & Shafranske, 2004, Slimp & Burian, 1994). 심지어, 슈퍼바이지들은 그들의 슈퍼바이저가 적절하지 못한 행동을 할 때 그들 스스로를 보호할 수 있는 역량이 제한적이다. 또한 슈퍼비전 관계에는 어떤 면에서 치료에 포함되어 있고, 평행하는 사람들 사이의 강한 정서적인 연결이 반영되어 있다. Ladany, Ellis와 Friedlander (1999)는 동맹의 힘과 그것이 형성되는 (또는 손상되는) 속도를 강조한다. 전이와 역전이가 빈번히 발생하며 슈퍼바이저들은 슈퍼바이지의 개인적인 문제가 그들의 내담자에게 영향을 미치는 방식을 인식하게 된다(Bernard & Goodyear, 2013). 슈퍼바이지는 그들의 슈퍼바이저를 전문적 행동의 역할모델로 인식한다(Vasquez, 1992). 결과적으로, 비윤리적으로 행동하는 슈퍼바이저들은 그러한 행동들을 "가르치는"게 된다. 적어도 그 영향력을 남용하는 슈퍼바이저들은 동료들에게 전문가로서의 적절한 행동을 보여 줄 기회를 잃고 있다. 이러한 이유로 슈퍼바이저 역할을 하는 사람들은 상당한 힘을 가지고 있고, 이러한 힘으로 슈퍼바이지를 돕거나 해를 가할 수 있다.

윤리와 지침은 광범위한 관점에서 권력과 착취의 문제를 다루며, 전문가가 권한을 가질 수 있는 많은 계층의 사람들을 함께 묶는다. 윤리강령들은 성적인 착취에 대해서 가장 구체적으로 다루고 있다(ACA 윤리강령 섹션 F.3b−d, APA 윤리강령 섹션 3.02, 7.07). 슈퍼바이지에 대한 성적 접촉 또는 성희롱의 금지는 치료 관계에서 성애화하는 것(sexualization)을 금지하는 것처럼 애매하게 언급하고 있다.

슈퍼바이지의 성적 착취(이용)에 대한 법적인 금지 또한 일반적이다. Avery와 Gressard(2000)에 따르면, 18개 주(州)는 슈퍼바이저와 훈련생 사이의 성적인 접촉을 금지하고 있다. 다른 많은 관할권에는 면허규정에 슈퍼바이저에 대한 착취적 관계의 금지가 포함된다.

건강하지 못한 의존성 피하기

Kurpius, Gibson, Lewis와 Corbet(1991)는 건강하지 못한 의존성을 높이는 슈퍼바이저들 또한 그들의 힘을 남용하는 예라고 주장한다. 슈퍼비전의 목표는 슈퍼바이지가 그의 모든 의사결정을 슈퍼바이저에게 의지하도록 하는 것이 아니라 슈퍼바이지가 그들의 기술과 의사결정 능력을 발전시키고, 독립적으로 일할 수 있도록 하며, 도움을 구할 때 조언을 주는 것이다. 물론 초보 전문가들은 처음에는 지도, 확신, 치료전략들에 대해서 그들의 슈퍼바이저에게 의존할 수밖에 없다. 이 단계에서 슈퍼바이저에 대한 의존은 문제가 되는 것이 아니다. 문제가 되는 것은 독립성을 장려하지 못하거

나, 더 나쁘게는 의존성을 적극적으로 조장하는 슈퍼비전 방식이다. Magnuson 등(2000)은 엄격하고 권위적인 방식으로 행동하고 슈퍼바이지에게 순종과 복종을 강조하는 행동을 안 좋은 슈퍼바이저들의 예로 언급하였다. 자신의 행동이 윤리적인 기준을 충족하는지에 대한 확신이 서지 않는 슈퍼바이저는 "깨끗하고 밝은 방 기준"(Haas & Malouf, 1995)에 비추어 평가하고 조언을 요청해야 한다.

슈퍼바이지 수의 제한

슈퍼비전에서 권력의 사용에 대한 책임은 착취 행위를 피하는 것 이상을 포함한다. 다른 네 가지 차원이 존재한다. 하나는 슈퍼바이지의 수를 관리할 수 있는 수준으로 제한하여 슈퍼바이지와 내담자들의 요구를 충족시키는 책임이다. 몇명의 슈퍼바이지를 관리할 수 있는가? 여기에 대한 질문은 여러 요소들에 의해 결정된다: (1) 슈퍼바이저의 역량 (2) 슈퍼바이지의 경험과 훈련 (3) 슈퍼비전을 위해 사용 가능한 시간 (4) 내담자 집단 (5) 슈퍼비전을 관할하는 지역의 법과 규정.

일반적으로 집단의 요구와 슈퍼바이지의 필요가 높은 수준에 있고, 슈퍼바이저의 경험이나 가용한 시간이 적을 때, 더 적은 수의 슈퍼바이지를 다루는 것이 적절하다. 규제 기관은 면허가 있는 전문가당 최고 3명에서 5명의 슈퍼바이지가 적절하다고 언급하고 있다. 주 정부 및 지방 심리위원회의 협회는 심리학자 당 3명 이상의 슈퍼바이지를 추천하지 않는다(ASPPB, 2003b). 미국 국가상담위원회(AASCB, 2007)가 제안한 모델은 주어진 시간에 최대 인원수가 5명이 되어야 함을 명시한다. 이러한 한계는 슈퍼비전 과정에 대한 강렬한 요구와 슈퍼비전의 합법적 차원을 감안할 때 현명한 판단이다(후자의 주제는 이 장의 후속 절에서 논의될 것이다). 그러나 그러한 규정은 모든 면허가 있는 전문가가 그 수의 슈퍼바이지를 맡는 것이 윤리적이라는 것을 의미하지는 않는다. 그러한 판단은 앞서 열거한 기준에 근거해야 한다. 어떤 경우에는 단 한 명의 슈퍼바이지도 윤리적으로 정당화되지 않는다. 많은 슈퍼바이지를 받는 경향이 있는 슈퍼바

이저는 그러한 관행의 적법성을 살펴볼 필요가 있다. 슈퍼비전이 슈퍼바이저들의 소득이나 직업적 명성을 높이는 수단으로 이용되는 관행은 잘못된 것이다. 복수의 슈퍼바이지에 대한 유일한 정당화는 대중의 필요와 슈퍼바이지의 성장에 대한 관심이다.

슈퍼비전의 세 가지 측면은 슈퍼바이저의 수에 대한 제한의 필요성을 이해하는 데 중요하다. 첫째, 슈퍼비전은 전형적으로 대면 활동(ACES, 1993; AASCB, 2007; ASPPB, 2003a)으로 수행되며, 만약에 필요하다면 슈퍼바이저는 내담자와 면대면 상호작용을 고려해야 한다. 메모나 이메일을 통한 슈퍼비전은 면대면 접촉에 대한 보완책으로서 실행 가능할 수 있지만 면대면으로 이루어지는 상호작용을 대체할 수 없다. 사례 노트에 대한 검토도 가능한 대안이 아니지만, Navin 등(1995)은 그러한 관행이 꽤 보편적이라는 것을 보여준다. 슈퍼비전 회기를 조정해야 하는 필요성은 슈퍼바이지 숫자에 대한 현실적인 제한을 두게 한다. 둘째, 모든 주에서는 전문가들에게 슈퍼바이지의 수를 제한하고 있지 않다. 그러한 규정과 격차가 존재하는 경우, 신중하고 책임감 있게 슈퍼바이지의 수를 결정해야 하는 것은 전문가 개인들의 몫으로 남는다. 셋째, 슈퍼바이지들은 이러한 모든 결정을 전적으로 슈퍼바이저의 몫으로 넘겨서는 안 된다. 슈퍼바이지 또한 윤리규정과 법적인 기준들을 알고 이러한 상황을 피해야 할 의무가 있다. 따라서 모든 전문가는 슈퍼바이지 수가 너무 많은 사람으로부터 슈퍼비전을 받는 것을 거부해야 한다. 이 상황에서 상담사들은 대안을 마련하고 가능한 경우 슈퍼바이저들에게 그 결정에 대한 이유를 알려야 한다.

내담자/환자가 기기를 활용한 의사소통 방식에 대해 명시적으로 허락하고, 기술이 안전하다면 비디오로 진행하는 슈퍼비전(또는 면대면 장면과 가까운 다른 방식들)이 대안이 될 수 있을 것이다(ACES, 2011). 그러나 기기의 이용은 추가적으로 슈퍼바이지를 더 받아도 된다는 것을 의미하지는 않는다. 실제로, 기기를 이용한 슈퍼비전은 슈퍼바이저들에게 더 많은 시간을 요구하고 면대면의 형식보다 더 주의를 요구할 것이다(기기를 이용한 슈퍼비전에 대해서 뒷부분에서 더 구체적으로 다룰 것이다).

책임감 있는 권력의 사용은 훈련생들의 자율성에 대한 존중을 요구한다. 이렇게 자율성을 존중하는 중요한 방법 중 하나는 슈퍼비전에 대한 사전 동의서를 받는 것이다. 슈퍼바이지들이 슈퍼비전의 조건들에 대해서 이해하고 자유롭게 동의를 했다는 것을 확신하게 하는 것은 슈퍼바이저의 책임이다. McCarthy, Sugden, Koker, Lamendola, Maurer과 Renninger(1995)는 슈퍼바이저들이 사전 동의서에 포함시켜야 할 7가지 내용들을 언급하였다. 먼저 슈퍼바이저들은 슈퍼비전이 슈퍼바이지들의 전문가로서의 역량개발과 내담자들의 안녕을 위한 것이라는 슈퍼비전의 목적에 대해서 명시해야 한다. 둘째, 슈퍼바이지들은 전문적인 서비스를 받는 소비자로서 슈퍼바이저의 자격, 자격증, 스타일, 이론적인 배경에 대해서 알 수 있는 권리가 있다. 셋째, 슈퍼바이지들은 시간, 빈도, 위기 상황 시 절차들, 문서 작업, 다른 요구들 등 슈퍼비전의 실행 계획들에 대해서 알고 있어야 한다. 슈퍼바이저들은 또한 위기 상황 시 그들이 연락이 되지 않을 경우 슈퍼바이지가 대안으로 연락할 수 있는 다른 전문가의 연락처 또한 알려주어야 한다. 넷째, 슈퍼바이지들은 역할, 기대, 책임 등 슈퍼비전의 과정과 절차에 대해서 이해할 수 있는 권리를 가지고 있다. 예를 들어, 슈퍼바이저가 슈퍼비전에서 특별한 방식으로 소통하기를 원한다면 그런 것들에 대해서 슈퍼바이지에게 미리 알려주어야 한다. 종종, 슈퍼바이저들은 회기 녹음 기록을 검토하기를 원한다. 이럴 경우, 내담자도 이 과정에 동의할 수 있도록 회기 녹음을 검토할 수 있다는 동의서를 준비하고, 슈퍼비전에서 녹음을 듣는 방법에 대해서도 알려야 한다.

다섯째, McCarthy와 그의 동료들이 언급한 가이드라인 중 가장 중요한 것으로 슈퍼바이지는 그의 수행을 어떤 과정을 통해 평가받을지에 대해서 알아야 한다. 이 가이드라인은 윤리규정에도 언급되었다(APA 규정 7.06, 섹션 ACA F.5.a, F.5.b). 평가절차는 횟수, 수행과 결함에 대한 구체적인 조언을 포함한 객관적인 피드백 회기를 포함하고 있어야 한다. 슈퍼바이저의 평가 절차는 정확한 자기평가를 통해서 슈퍼바이지의 기술을 개발하는 것에 목표를 두어야 한다(Bernard & Goodyear, 2013). 슈퍼바이지가 탈락의 위험이 있을 때 이러한 위기상황을 즉시 알려야 한다. 그들은 슈퍼바이저들에게 특별히 문제가 되는 영역과 정확한 상태에 도달하기 위해 필요한 개선 수준에 대해서 알려주어야 한다(Bernard & Goodyear, 2013). 혼란을 피하기 위해서는 글로 쓴 평가서가 필요하다. 이 장의 시작 부분에도 언급했듯이, 슈퍼비전과 관련된 많은 윤리적인 문제들이 평가 과정에 있어서의 폭력에 대한 부분들이 많다. 너무 자주 슈퍼바이지들은 그들의 슈퍼바이저의 역할을 잘못 이해하고 슈퍼비전 과정을 잘못 판단한다. 슈퍼바이지들은 이 과정에서 여러 이해관계를 경험하고 있으며, 평가 방법으로 개인 슈퍼비전을 받은 경험이 거의 없는 경우가 많다. 결과적으로, 이 주제에 대해서 포괄적인 관심을 가지는 것은 중요하다. Goodyear과 Roldofa (2012)가 언급한 것처럼, 슈퍼바이저들은 자주 그들의 슈퍼바이지와 연결되어 있는 느낌을 가지고 있기 때문에, 부정적인 피드백을 할 경우에 불협화음을 유발하는 것처럼 느낄 수 있다. 그러나 부정적인 평가와 관련된 불편함이 슈퍼바이저로서 그들의 의무에서 벗어나도록 해주는 것은 아니다.

McCarthy 등에 따르면, 여섯 번째 슈퍼비전에 대한 사전 동의서의 요소로 슈퍼바이저들은 슈퍼비전과 관련된 윤리와 법적인 문제를 슈퍼바이지들에게 알려줄 필요가 있다. 대학원 과정에서의 윤리 교육은 직접적인 서비스 과정에서 생기는 문제들에 초점을 두지만 실제 가르치고 슈퍼비전을 하는 문제를 많이 다루지는 않는다(Welfel & Hannigan-Farley, 1996). 따라서 슈퍼바이저들은 슈퍼바이지들이 이러한 주제들에 대해서 교육을 받았다고 확신할 수 없다. 윤리 수업들에게 다른 주제들이라 하더라도, 유능한 슈퍼바이저들은 윤리와 법적인 기준들에 대해서 다시 다뤄줄 필요가 있으며, 슈퍼바이지들이 필요할 때 참조할 수 있도록 윤리강령과 지침들의 사본을 줄 필요가 있다. 앞에서 언급

했듯이, ACA 윤리강령은 슈퍼바이저들이 그들의 관계에서 경계의 문제를 다루도록 구체적으로 언급하고 있다.

마지막(일곱 번째)으로, McCarthy 등은 앞에서 기술되어 있는 여섯 개의 요소들을 문서화된 사전 동의서를 통해 제시할 것을 추천하였으며, 슈퍼바이저와 슈퍼바이지 각자가 문서에 서명할 것을 언급하였다. 이 과정은 두 사람 모두의 법적의무를 보호해 줄 것이며 각자의 근면과 자율성을 상징화하여 보여줄 수 있을 것이다. 또한 이것은 내담자의 학습 과정과 복지에 양자 모두 헌신하겠다는 것을 형식화해서 보여줄 수 있다. McCarthy 등은 양식의 샘플을 그들의 논문에서 제시하고 있으며 다른 전문가들이 참조할 수 있을 것이다. Thomas (2010) 또한 슈퍼비전 계약에 있어서의 주요소들에 대해서 기술하였다.

다른학자들은 각각의 슈퍼비전 회기를 문서화할 것을 조언하였으며 그 안에는 슈퍼바이지의 개선점에 대해서 어떻게 평가를 했는지, 내담자의 어떤 점들을 도와줘야 할지를 포함하고 있어야 한다(Falender & Shafranske, 2004; Thomas, 2010). 이 문서는 다음의 다섯 가지 요소들을 반드시 포함하고 있어야 한다.

- 만남의 날짜와 시간
- 슈퍼비전 회기에서 다룬 사례 목록
- 내담자의 개선에 대한 언급
- 슈퍼바이지에 대한 조언
- 다음 만남에서 다룰 주제

만약 슈퍼바이지가 내담자의 필요를 충족시키지 못하거나 필요한 개념을 학습하는 데 심각한 어려움을 겪고 있다면, 슈퍼비전 문서는 그러한 결함들을 보완할 계획들을 포함하고 있어야 한다. 이 문서는 반드시 비밀보장이 되는 기밀파일이어야 하며 슈퍼바이저와 슈퍼바이지만이 접근할 수 있어야 한다. Bridge와 Bascue(1988)는 이러한 요건을 효과적으로 충족할 수 있는 한 쪽짜리 양식을 출판하였다. Thomas의 슈퍼비전과 자문 윤리(The Ethics of Supervision and Consultations, 2010) 또한

이러한 목적의 양식을 포함하고 있다.

온라인 슈퍼비전

최근 들어 슈퍼바이저와 슈퍼바이지가 면대면으로 만날 수 없는 상황에서, 그 대안으로 이메일, 채팅, 비디오 회의 등을 통한 온라인 슈퍼비전이 언급되고 있다. 다음의 시나리오를 생각해보자:

슬레인 박사에 대한 요청 사례

슬레인 박사는 미국 인디언 보호구역에서 대학 캠퍼스로 이직한 청소년상담전문가로서 오랜 실무 경험과 슈퍼비전 훈련 경력을 지니고 있는 정신건강전문가이다. 그는 최근에 다른 주에서 일하고 있는 심스를 만났고, 그녀는 최근에 다양한 인종이 있는 큰 대학에서 박사 후 인턴십을 시작할 기회를 얻게 되었다. 그러나 그 프로그램에서 그녀에게 새롭게 배정된 슈퍼바이저는 이런 집단에 대한 훈련이나 경험이 적은 사람이었다. 심스는 슬레인 박사에게 슈퍼비전 요건을 충족시키기 위해 학기가 시작할 때 한 번의 면대면 슈퍼비전과 매주 전화와 이메일로서 그녀의 슈퍼바이저로서의 역할을 해줄 것을 부탁하였다. 슬레인 박사는 심스가 그에게 연락을 해준 것이 기뻤고, 그녀가 만나는 집단을 슈퍼비전 해줄 수 있는 적임자가 자신이라고 믿었지만 이러한 슈퍼비전 형식과 관련된 윤리규정에 대해 의문이 생겼다.

전자 통신의 시대와 슈퍼바이저의 자격에 대한 규정이 강조되고 있는 시점에 이런 상황은 더욱 흔해질 것이다. 이러한 방식의 슈퍼비전은 확실히 많은 장점들을 가지고 있다. 온라인 슈퍼비전의 경우 자격이 있는 슈퍼바이저들에게 슈퍼비전을 받을 수 있는 기회를 확대시키고, 학생들이 원하는 이상적인 훈련 경험들을 쌓을 수 있는 경험을 제공할 수 있다. 또한 온라인 슈퍼비전은 작은 단체나 취약한 지역에 사는 사람들에게 훈련과 인턴십의 기회를 제공해줄 수 있다. 그러나 두 건 모두 내재적인 문제를 가지고 있다. 예를 들어, 이 경우 심스의 내담자나 상담녹음 기록은 슬레인 박사가 접근할 수 없으며, 위기상담에 대처할 수 있는 그

의 능력은 제한되어 있다. 또한 5장에서 언급했듯이 컴퓨터를 통한 의사소통을 할 때 내담자의 비밀보장에 대한 위험이 커지게 되며 글로만 의사소통을 할 때 발생할 수 있는 착오가 발생할 수 있다. 처음으로, 2014년 ACA 윤리강령은 온라인 슈퍼비전 문제를 공론화하였으며 E.2.c절(부록 A)에 이를 명시하면서 그러한 기계를 다룰 수 있는 사람만이 온라인 슈퍼비전을 고려하여야 하며 모든 의사소통의 비밀보장(익명성)이 지켜질 수 있도록 주의를 기울여야 한다고 언급하였다. 강령에는 온라인 슈퍼비전에 대한 세부적인 기준이 포함되어 있지 않지만 (그것이) 소개에 언급되어 있고 기기를 사용하는 모든 전문적인 행위들에 적용할 수 있는 기준들을 언급하고 있다. 학술적인 연구들 또한 이러한 온라인 슈퍼비전에 대해 언급하고 있다. Mallen, Vogel, Rochlen (2005)은 온라인 슈퍼비전을 제공할 경우 대면서비스와 온라인서비스의 고유한 문제와 관련된 지침을 지속적으로 강조해야 한다고 권고한다. 또한 그들은 훈련생들이 내담자의 걱정과 반응에 대해 논의할 수 있도록 준비하고, 슈퍼바이저와 슈퍼바이지 모두 슈퍼비전에 대한 기록을 잘 보관할 것을 조언한다. 그들은 또한 온라인 슈퍼비전에서 슈퍼바이저들이 슈퍼바이지의 회기 전체에 대한 축어록을 살펴봐야 하며, 온라인 형식의 슈퍼비전에서 내담자의 비언어적인 단서들을 파악하지 못하는 문제에 대해서 양쪽 다 주의 깊게 진단하고 평가해야 한다고 언급하였다 (p. 791). 온라인 슈퍼비전은 영상회의와 내담자 회기에 대한 완벽한 녹음과 축어록에 대한 검토를 제외하고 슈퍼바이저가 전적으로 회기 내용에 대한 슈퍼바이지의 판단에 의존해야 되기 때문에 문제가 될 수 있다. 물론, 슈퍼바이지의 판단에 의존하는 것이 온라인 슈퍼비전만이 가지고 있는 문제는 아니다. 때로는 면대면 슈퍼비전에서 역시 슈퍼바이저들이 슈퍼바이지의 판단에 전적으로 맡길 수밖에 없는 문제들이 있다. 그러나 면대면 슈퍼비전에서는 슈퍼바이저는 슈퍼바이지의 비언어적인 반응들을 자유롭게 살펴볼 수 있으며 슈퍼바이지는 슈퍼바이저가 필요하다면 내담자의 파일을 직

접 볼 수도 있고, 내담자를 만날 수도 있다는 사실을 인지하고 있다. 이러한 내담자의 파일과 회기에 대한 직접적인 접근은 화상 회의가 포함되어 있더라도 온라인 슈퍼비전에서 가장 우려하는 것이다. 결과적으로, 나의 관점에서는 비디오를 포함하지 않는 온라인 슈퍼비전은 슈퍼비전을 대체하기 보다는 면대면 슈퍼비전의 보완으로 사용되어야 한다. ACES(2011) 우수 사례 가이드라인도 이 견해와 일치한다. 심스의 사례에서, 그녀는 슬레인 박사와 그녀의 현장 감독자가 협력하여 슈퍼비전을 진행할 수 있으며 그녀는 슬레인 박사로부터 슈퍼비전을 받음과 동시에 가까운 현장에서의 슈퍼비전이 함께 받는 방식을 취할 수 있다. 일부 연구들에서 온라인 슈퍼비전을 받은 슈퍼바이지들과 면대면 슈퍼비전을 받은 슈퍼바이지들을 비교하는 연구를 진행하였다. Nelson, Nichter과 Henriksen (2010)의 연구에 따르면 적은 그룹을 대상으로 한 질적 연구에서 두 그룹 모두 슈퍼비전에 만족하는 것으로 나타났으며, 온라인 슈퍼비전 그룹에서 기술적인 문제들이 발생하였지만 두 그룹 모두 과정에 대해서 신뢰를 쌓을 수 있었다. 온라인과 면대면 슈퍼비전을 비교한 다른 연구에서, Lenz, Oliver와 Nelson(2011)은 학생들이 온라인 슈퍼비전 경험에서 라포와 지지받음같이 긍정적인 정서를 표현한 반면 연구자들은 또한 온라인 슈퍼비전에서 슈퍼바이지가 다루고 있는 사례에 대해 초점을 덜 맞춘다는 것을 발견했는데, 이는 다소 불안한 결과이다. 온라인 슈퍼비전의 강점, 한계 및 윤리적인 문제를 파악하기 위해서는 보다 더 많은 연구들이 필요할 것이다. 각 주와 지역에서 정기적으로 온라인 상담과 치료를 시작할 필요가 있으며, 그들은 또한 온라인 슈퍼비전에 주목할 필요가 있다. 각 주의 규정들은 온라인 슈퍼비전에 대해서 정보통신기술을 활용한 정신질환치료의 규정들을 참조하고 있다 (McAdams & Wyatt, 2010). 오하이오주의 규정에 따르면 "정보통신심리학(Telepsychology)은 심리학 또는 학교심리학의 훈련에서 개정된 4732 .01절의 (B)와 (C)에서 정의하고 있는 것으로, 전화, 이메일, 인터넷을 기반으로 한 의사소통, 비디오회의 등의 원거리 의사소통 기술을 활용한 것을 의미한다고 언급하였다"(Ohio Board of Psychology, 2011).

다음 사례를 고려해보자.

줄리안의 사례와 스마트폰

줄리안은 그녀의 스마트폰으로 하루에 수백 개의 메시지를 보내고 받는 "디지털 네이티브(digital native)" 이다. 그는 지역사회의 정신건강센터에서 박사과정 인턴으로 근무 중이다. 그는 지난 슈퍼바이저 미팅에서 환자에 대해서 논의한 후 그의 임상 슈퍼바이저와 문자를 주고받기 시작하였다. 줄리안은 그의 슈퍼바이저에게 그들이 어떻게 회기를 진행할지에 대해 요약한 것을 문자로 보냈다. 줄리안은 이런 행위가 매우 도움이 되고 슈퍼비전 회기를 보다 더 생산적이고 내담자와의 상호작용을 더 효과적으로 해주고 있다고 믿었다. 그의 슈퍼바이저 말라는 이러한 식의 의사소통이 다소 불편하였고 심지어 줄리안은 문자를 주고받을 때 그녀의 전체 이름을 부르지도 않았다. 그녀는 이같은 의사소통을 계속해야 할지 의문이 들었다.

줄리안의 훈련에는 여러 위험성들이 잠재적으로 존재한다. 첫째, 문자는 다른 종류의 전자기기를 활용한 의사소통보다 덜 안전하다. 이러한 메시지들은 삭제하기 전까지 개인의 핸드폰에 남아있기 쉽다. 둘째, 의뢰인 치료와 관련된 내용이 법적으로 HIPAA규정에 따라 공식 기록에 포함되어야 하는지에 대한 의문이 있다. 셋째, 건강관리 문제에 관한 문자 메시지에 대해서 공동위원회의 권고를 따르지 않을 경우 건강관리 환경에 있는 임상의가 위험하다. 디지털 분야와 관련해서, 모든 슈퍼바이저들은 문자를 이용할 때 발생할 수 있는 이러한 종류의 모든 위험들을 예상해야 하며 그것에 대한 정책을 개발해야 하고 슈퍼비전 관계를 시작할 때 논의할 필요가 있다. 이러한 내담자 접촉 정책은 미국심리학회 보호신탁(American Psychological Association Insurance Trust; APAIT) 견본 정책에 나와 있다. http://www.apait.org/apait/applications/SampleElectronicCommunicationPolicy.doc.pdf.

▌다문화 슈퍼비전

슈퍼바이저들이 다양성 주제에 대해 민감해야 하는 것은 말할 필요가 없다. 적어도 슈퍼바이저는 성별, 나이, 종교, 또는 성적 정체성과 관련된 편견을 가진 행동을 피해야 할 의무가 있다. ACA 윤리강령은 F.2.b에서는 "상담슈퍼바이저들은 슈퍼비전 관계에서 다문화/다양성의 역할을 인지하고 해결해야 한다"라고 간략하게 언급하고 있다.

불행히도, 연구들은 이 문제에 대한 무감각이 지속되고 있음을 보여준다. 문제는 수십 년 동안 존재해왔다. Allen 등(1986)의 연구에서 그러한 행동들이 상담사들에게 "최악의 슈퍼바이저"라는 명칭을 부여하는 주요 요인이었다. 심지어 선의를 가진 슈퍼바이저도 부적절한 행동을 보일 수 있다. Williams와 Halgin(1995)은 흑인 슈퍼바이지들을 둔 백인 슈퍼바이저들은 인종 차에 대해서 이야기하는 것을 피하는 것으로 나타났다. 그러한 회피는 다른 영향력을 가져오는 경향이 있는 것으로 나타났다. 마찬가지로학자들은 슈퍼바이저들이 그들의 흑인 슈퍼바이지들에게 미칠 수 있는 권력의 영향력들을 무시하는 경향이 있다고 언급하였다. 그들은 슈퍼바이저들이 인종차별로 인해 사회적으로 한 단계 아래에 위치해 있는 슈퍼바이지의 불편감의 수준을 제대로 이해하지 못하는 것으로 나타났다. Vander Kolk(1974)는 슈퍼비전을 시작할 때 흑인 학생들이 백인 학생들보다 그들의 슈퍼바이저로부터 수용 또는 공감받을 것이라는 기대가 낮았다고 언급하였다. Cook과 Helms (1988), McRoy, Freeman, Logan과 Blackmon (1986)은 유사한 결과를 보고하였는데 인종 또는 문화적으로 다양한 슈퍼바이지들이 백인 슈퍼바이저에 대한 더 큰 거리감을 보고하였다고 언급하였다. 병행하여 관리자는 나이, 성별, 종교, 성적 취향 또는 감독자의 문화적 배경에 따라 다른 목표 또는 행동을 불공정하게 유지할 수 있다. Allen 등(1986)은 이러한 방식으로 행동하는 슈퍼바이저들은 나쁜 슈퍼바이저로 명명했다고 언급하였다. 문화적으로 민감하지 못한 행동들은 훈련생이나 다른 전문가들에 의해

다양한 인종의 슈퍼바이저들에게도 행해질 수 있음을 명심해야 한다. Murphy-Shigematsu(2010)에 따르면 다양한 배경을 가진 슈퍼바이저들의 인종에 대한 의도하지 않는 차별들이 존재하는 것으로 나타났으며 그러한 의도하지 않은 차별들이 슈퍼비전에 어떠한 이득 또는 방해가 되는지를 언급하였다.

Bernard와 Goodyear(2013)는 이러한 문제들을 최소화하기 위해서 다음과 같은 제안들을 하였다. 슈퍼바이저들은 "동일성의 신화"를 거부하고 문화 다양성의 현실과 공헌을 인정해야 한다. 둘째, 그들은 슈퍼바이지들과 직접적으로 그것에 대해 논하지는 않더라도 그들 자신이 가지고 있는 세상에 대한 관점을 이해하여야 하며, 이러한 차이는 누구한테도 결핍 또는 결함을 의마하지 않는다. 셋째, 슈퍼비전에서 문화적인 다양성이 어떻게 영향을 미치는지를 이해하여야 하며, 치료 관계에 미치는 영향을 이해하여야 한다. 그들은 또한 자기 자신의 행동에 대해 자기 관찰(self-monitoring)을 하여야 하며, 효과적인 비교문화 슈퍼비전에서 요구되는 지식과 기술을 개발하여야 한다. Vasquez (1992)는 또 다른 가치 있는 권고안을 제시한다: 다양한 문화적 배경을 가진 전문가들의 슈퍼바이저들은 전문가들이 자신의 민족 정체성과 직업 정체성을 통합하는데 내재된 특별한 도전들에 익숙해져야 한다. 2013년 1월호 Counseling Psychologist에 게재된 논문들은 역량기준들과 다문화 슈퍼바이지들을 대상으로 한 연구들을 바탕으로 효과적인 다문화 슈퍼비전에 대한 제언을 하고 있다.

다른 개인적인 가치와 믿음

슈퍼바이저들은 ACA 윤리강령 섹션 A.4.b와 위험회피에 관한 규정 3.04, APA 윤리강령 착취적 관계에 관한 규정 3.08에 명시된 바와 같이, 다른 개인적인 신념과 가치가 슈퍼비전 과정에 영향을 미칠 수 있다는 것을 인식할 필요가 있다. 슈퍼바이지의 권력이 제한되어 있기 때문에 권위를 가진 사람은 개인적인 신념과 가치에서 전문성을 분리시킬 수 있어야 하며 슈퍼바이지를 가르치고 평가

하는 데 있어 전문성만을 사용할 수 있어야 한다. 다음 상황을 고려해보자.

질린스키 박사의 딜레마 사례

질린스키 박사는 대학 상담센터에서 박사 과정 인턴으로 있는 두 명의 학생들을 슈퍼비전 하고 있다. 그녀는 지역에 있는 준비된 부모 기관위원회 위원장을 맡고 있다. 그녀의 인턴 중 한 사람인 애플턴은 지역 "생명의 권리" 집단 활동에 적극적으로 참여하고 있다. 질린스키 박사는 애플턴의 활동을 그녀가 인턴십에 들어온 후 몇 달 뒤에 알게 되었다. 그 후에 바로, 그녀는 여학생의 임신과 관련된 문제를 그가 효과적으로 상담할 수 없을 것 같다고 생각하여 여성 내담자를 다른 인턴에게 배정하였다. 질린스키 박사는 이후에 스스로 애플턴을 다른 인턴들에 비해 비즈니스 관계 또는 일 중심적으로 대한다는 것을 발견하였다. 애플턴이 이러한 일을 알았을 때, 그는 그녀에게 관련 문제를 이야기하자며 개인면담을 요청하였다. 면담에서 질린스키 박사는 자신의 결정이 상담을 받으러 올 학생들에게 최선의 이익이 된다고 주장하면서 자신의 결정을 옹호하였다.

이 시나리오에서 질린스키 박사는 개인적인 견해와 전문가로서의 견해를 구분하지 못했다. 출산 문제에 대한 그녀의 강한 신념은 슈퍼바이지에 대한 전문적인 판단을 하는데 부적절하게 영향을 미쳤다. 그녀는 적절한 근거 없이 애플턴이 그의 생각을 내담자한테 강요할 것이라고 보고 그로부터 여성 내담자를 보호하였다. 그러므로 이러한 슈퍼바이저의 행동은 부적절한 것이다. 첫째, 원하지 않는 임신으로 상담소를 찾는 여성 내담자들은 극히 드물다. 실제로 다른 문제를 가지고 온 여성 내담자들이 더 많다. 따라서 모든 여성 내담자들을 그가 상담하지 못하도록 하는 것은 확률이 높지 않은 사건에 대한 과도한 행동이다. 둘째, 만약에 내담자가 원하지 않는 임신으로 찾아왔더라도 질린스키 박사는 애플턴이 그의 생각을 강요할 것이라는 그 어떠한 증거도 가지고 있지 않았다. 애플턴은 아마도 이러한 문제에 대해서 이미 생각을 했을 것이고 이러한 상황에서 다른 상담사에게 내담자를 의뢰할 수 있는 방법을 고려하고 있었을 수도 있다. 더불어, 질린스키 박사는 전문가로서의 윤리규정을 위반하였다. 그녀는 애플턴을 다른 인턴들과 다른 방식으로 대하기 시작하였다. 이는 그의 전문적인 역량과는 관계가 없는 요소로, 애플턴의 개인적 특성에 기초한 차별이다. 인턴은 폭넓은 훈련이 필요하다. 그에게 여성들을 상담할 기회를 제한하는 것은 그의 훈련과 역량을 제한하는 것이다. 그러한 제한은 반드시 역량이 없거나 위법행위에 대한 구체적인 근거가 있을 때 적용해야 한다. 후에 그녀는 인턴이 거기에 대해서 얘기할 때까지 문제를 인식하는 것에 실패하였다. 요약하자면, 그녀는 스스로 옳다고 생각하는 원하지 않는 임신을 한 여성에 대한 믿음 때문에, 책임감 있게 행동하지 못했다. 그녀가 처음 결정한 것이 개인적인 이득을 위한 것이 아니라 순수한 동기에 의한 것일지라도 그녀의 행동은 자기 자신에게 지나치게 몰두하고, 인턴에 대한 의무에 초점을 맞추지 못한 것이다. 만약 그녀가 그런 행동을 지속한다면, 질린스키 박사는 다음의 다섯 가지 윤리 원칙을 위반─선의, 무해, 정의, 충실함, 자율성에 대한 존중─하는 것이 된다.

슈퍼비전에서 유사한 문제들에 직면할 때, 슈퍼바이저들은 다음과 같은 질문들을 스스로에게 던져봐야 한다.

- 이 신념 또는 가치가 전문적인 행동과 진실로 관련성이 있는가?
- 슈퍼바이지와 그들의 내담자들을 공정하지 않게 대하고 있는가?
- 슈퍼바이지의 성장을 촉진하고 있는가?
- 객관적으로 판단했을 때, 동료들은 나와 같은 결론을 내릴 것인가?
- 전문적인 기준에 따르면 어떠한 대안적인 행동들이 가능한가?
- 자문이나 치료가 슈퍼바이저로서 나의 의무를 충족시키는데 도움이 되는가?
- 만약 내가 부적절한 방식으로 행동했다면, 위해를 최소화할 수 있는 방법은 무엇인가?

또한 슈퍼바이저는 이론적 차이를 존중해야 한다. 이론적 차이를 존중하는 데 실패했다는 것은 효과적인 치료에 대한 "진실"이 이미 존재한다는 것이다. 그러한 태도는 다른 사람들의 자율성에 대해서 존중하지 않는다는 것을 의미하는 것뿐만 아니라 과학적인 근거와도 일치하지 않는 것이다. 어떠한 연구들도 하나의 이론적인 관점이 다른 것들에 비해 우세하다는 증거가 없다. 그러므로 슈퍼바이저들은 슈퍼바이지들이 대안적인 접근들을 사용하는 것에 대해서 내담자의 문제에 대한 적절한 관련성들이 보인다면 비난하지 말아야 한다. 만약 슈퍼바이저들이 특별한 이론과 방법에 대해 높은 관심을 가지고 있다면, 슈퍼비전을 실시하기 전에 슈퍼바이지에게 알려 슈퍼비전에 참여할 것인지를 결정할 수 있게 해야 한다. 물론, 만약 슈퍼바이지들이 생산적이지 못하거나 효과적이지 못한 접근들을 한다면 슈퍼바이저들은 대안들을 제시할 의무가 있다. 대안 전략의 격려는 개인적 선호나 이론에 의한 과대 식별보다는 객관적인 분석에 근거하여야 한다.

▌ 내담자의 복지에 대한 책임

슈퍼바이저들은 그들의 슈퍼바이지의 내담자들의 복지에 대한 절대적인 법적, 윤리적인 책임을 가지고 있다. 슈퍼바이지들의 내담자 복지를 도모하는 유능하고 부지런한 슈퍼바이저들이 있다면, 양 당사자에 대한 의무 사이에는 거의 충돌이 없다. 그러나 슈퍼바이지가 내담자의 안녕에 대해서 긍정적인 영향을 미치지 않을 때, 슈퍼바이저들은 상충되는 의무를 경험한다. 반면 슈퍼바이저는 슈퍼바이지가 문제를 극복하고 전문가로서의 역량을 개발할 수 있도록 도와야 한다. 만약에 슈퍼바이저가 모든 실수들에 대해 개입한다면, 슈퍼바이지는 그들의 능력을 개발할 수 없고, 매우 높은 수준의 역량 기준이 초보 전문가들에게 적용된다면, 극소수만이 이 기준을 충족시킬 수 있을 것이다. 반면 슈퍼바이저는 부적절한 치료로부터 내담자의 복지를 보호해야 한다. 어떻게 슈퍼바이저들이 이러한

의무를 충족시킬 수 있을까? 이와 관련해서 ACES의 가이드라인이 도움이 될 것이다. 그들은 양측 모두 중요한 의무를 가지고 있다고 언급하고 있지만 슈퍼바이저가 내담자에 대한 첫 번째 책임을 가지고 있다고 언급하였다. 슈퍼바이지의 전문성에 대한 슈퍼바이저의 의무는 이차적인 것이다. ACA 윤리강령은 규정의 시작 A.1.a에 내담자들의 복지를 최우선으로 해야 한다는 메시지를 반복하고 있다. APA 윤리강령은 좀 더 넓은 시각에서 이 문제를 다루고 있으며 심리학자들의 의무를 하나로 묶어서 그들이 상호작용하는 모든 이들에 대한 복지를 고려할 것을 언급하고 있다. 원칙 E: 개인의 권리와 존엄성 존중(부록 B).

물론 문제를 해결하는 가장 좋은 방법은 예방이다. 슈퍼바이저들은 경험을 시작할 때 슈퍼바이지의 기술(숙련도)을 면밀히 평가해야 하며, 변화에 대해서 부지런히 모니터링할 필요가 있다. 훈련생들은 문제를 예방하고 문제가 발생했을 때 최소화할 수 있도록 주의 깊게 슈퍼비전을 받아야 한다. 그들이 제공하는 사례의 복잡성은 이전의 훈련 및 경험과 일치해야 하며 내담자들은 상담의 특성을 이해하여야 한다. 이러한 책임들 중 어떤 것도 자유방임주의적인 슈퍼비전 양식에 맞지 않는다. 슈퍼바이저들은 내담자들의 복지를 침해하지 않고도 학생들의 학습을 극대화한다는 목표에 따라 지도받아야 한다.

Vasquez(1992)는 인턴과 다른 사람들이 때때로 직업적인 역할에서 그들의 기능을 손상시키는 고통을 겪는다고 지적했다. 그들은 다른 전문가들을 괴롭히는 문제들로부터 자유롭지 않다–중독, 주요한 정신질환, 고통(슬픔), 외로움 또는 불만족스러운 결혼생활. 그러므로 그녀는 슈퍼바이저들이 그러한 문제들을 발견하면 가능한 빨리 개입을 해야 한다고 말하고 있다. ACA 윤리강령과 ACES 문서는 이러한 권고안을 지지한다. Lamb, Cochran과 Jackson(1991)은 두 가지 다른 특성을 포괄하기 위해 훈련생 역량 문제를 보다 폭넓게 정의했다. 하나는 전문가로서의 윤리규정에 맞지 않는 것이며, 두 번째는 전문가로서 역량의 최소기준에 맞추

기 어려운 것이다. 개별 슈퍼바이저들의 문제 있는 역량(이전에는 손상이라고 함)에 대한 정의의 범위와 상관없이, 내담자의 복지와 슈퍼바이지의 발달을 촉진하는 데 있어 중요한 결함을 발견했을 때 슈퍼바이저는 슈퍼바이지의 개선을 지켜봐야 할 의무가 있다. Lamb 등(1991)은 인턴들의 손상 발견과 해결책에 대한 폭넓은 가이드라인을 제공하였다. 가이드라인에서는 슈퍼바이저들 사이의 의사소통, 슈퍼바이지와의 정기적인 미팅, 다른 노력들이 충분하지 않을 때 손상에 대해 대응하는 공식적인 절차의 중요성을 강조하고 있다. 그러한 개입들이 성공적이지 못했을 때, 보호관찰이나 해고가 필요할 것이다(McAdams, Foster, and Ward(2007), 학업과 관련되지 않은 이유로 학생들을 퇴학시키는 법적, 윤리적 문제에 대한 논의에서 이를 언급하고 있다). 최근 심리학 분야 전문가들의 역량에 대한 평가에서 슈퍼바이저와 훈련 책임자들에게 문제가 발생했을 때 전문가로서의 역량을 증진시키는 방법과 개입의 방법들을 구체적으로 제안하고 있다(Kaslow, Rubin, Forrest 등, 2007).

내담자에 대한 슈퍼바이저들의 책임은 다른 두 영역으로 확대된다. 첫째, 슈퍼바이저는 내담자의 자기개방과 기록의 비밀보장에 대해서 감독해야 할 의무가 있다. 슈퍼바이저들은 비밀보장과 관련된 기준이나 절차를 교육시키고, 모니터링해야 할 마땅한 의무가 있다. 이는 또한 내담자들이 슈퍼바이지가 슈퍼바이저와 사례에 대해서 의사소통하는 것에 대해서 사전에 동의를 받았다는 것을 확신해야 함을 의미한다. 오하이오주에서는 훈련에서 심리학자들에 대한 좀 더 엄격한 기준을 제시하고 있다. 비밀보장과 관련된 성명에서는 내담자들이 훈련생들에게 상담을 받는다는 것을 확실히 이해하고, 필요하다면, 슈퍼바이저들과 연락을 할 수 있다는 것을 알릴 것을 언급하고 있다. 훈련생, 슈퍼바이저, 내담자가 서명해야 하며, 복사본을 내담자에게 전달해야 한다(Ohio Administrative Code Section 4732-13-04).

만약 회기가 녹음되거나 관찰될 때, 슈퍼바이저들은 녹음 자료가 어떻게 활용될지에 대해서 내담자들이 충분히 이해할 수 있도록 설명해야 한다. 슈퍼바이저들은 또한 그러한 녹음 자료들을 슈퍼바이지가 제대로 관리하고 있는지 지속적으로 확인해야 한다. 만약 내담자가 동의를 거절한다면, 슈퍼바이저는 그러한 모니터링 없이 슈퍼바이지가 사례를 다룰 역량이 있는지를 평가할 필요가 있다. 만약 슈퍼바이저가 녹음이 상담서비스 제공에 필수적이거나 또는 슈퍼바이지를 위해 필요하다고 생각되면, 그 또는 그녀는 슈퍼바이지가 내담자와 소통할 수 있도록 도와야 하며 다른 대안들을 고려할 수 있도록 해야 한다. 신중한 슈퍼바이저들은 녹음에 대한 동의에 있어서 내담자들의 자율성을 보호하고, 내담자에게 역량 있고 도움이 되는 서비스를 제공하기 위한 기관의 의무라고 인식하고 있다. 내담자들은 언제라도 녹음에 대한 동의를 철회할 수 있음을 이해하고 있어야 한다. 만약 내담자가 동의할 능력이 없다면, 부모나 보호자가 녹음에 동의해야 한다. 그러나 내담자의 승인이 아직까지 가장 중요하다.

경계의 문제

성적인 착취만이 경계를 침범하는 유일한 문제가 아니다. 슈퍼비전 관계의 친밀한 특성 때문에 평가적인 측면을 지키지 못하고 슈퍼바이지를 친구나 충분히 능력을 갖춘 동료로 인식하는 경우가 있다. 2장의 욜란다 사례를 떠올려 보자. 그녀의 슈퍼바이저가 사회적, 커뮤니티 활동에 동참하라고 권유했을 때 이를 승낙했다면 이중관계에 빠질 위험이 있었다. 슈퍼바이지와 슈퍼바이저의 경계는 다른 전문적인 관계에서의 경계보다 더 쉽게 침범될 우려가 있기 때문에, 전문가들은 그들의 행동을 항상 검토해야 하며 명확한 경계를 형성하여야 한다. 윤리규정에서는 슈퍼바이지와 슈퍼바이저의 사회적 또는 사업 관계에 대해서 엄격하게 금지하지는 않고 있지만 그것에 대해서 주의를 기울여야 한다. 슈퍼바이지의 복지를 최우선으로 여기라는 윤리규정의 뜻에는 슈퍼바이저가 슈퍼바이지와 내담자 사이에 일어나는 사건들을 객관적으로 볼 필요가 있으며 개입할 수 있는 에너지를 가져야 함을 의미한다. 사회 또는 사업적 관계는 그러한 능력을 위태롭게 한다. 이중관계에서 전문가들은 내담자의 복지를 중요시하는 것 이상으로 슈퍼바이지와의 우정이나 재정적인 관계를 소중하게 생각할 수 있다. 특정 관계의 윤리가 의심스러울 때, 슈퍼바이저는 다른 전문가의 조언을 받을 필요가 있다. 슈퍼바이저는 또한 이중관계가 슈퍼바이저의 객관성을 침해할 수 있고 슈퍼바이지를 착취하는 것이 비윤리적이라는 ACA 규정을 인지할 필요가 있다(ACA 윤리강령, F.3.a.). 2014년 개정된 ACA 윤리강령은 슈퍼바이지와의 이중관계와 관련하여 새로운 언어를 쓰고 있으며, 내담자와의 이중관계에 관한 섹션의 개정 내용을 병렬 처리하고 있다. 다음은 윤리규정의 일부이다:

ACA 윤리강령

F.3.a. 기존 감독 관계의 확대

상담 슈퍼바이저들은 그들의 슈퍼바이지와의 관계에서 윤리적인 전문가, 개인적, 사회적 관계에 대해서 명확히 정의하고 유지하여야 한다. 슈퍼바이저들은 지금의 슈퍼비전 관계를 전통적인 관계 이상으로 확대시키는 것에 대한 위험과 이득을 고려하여야 한다. 경계를 확대시킴에 있어서, 슈퍼바이저들은 전문적인 예방조치를 취함으로써 판단력이 손상되지 않고, 해가 발생하지 않도록 해야 한다.

이러한 규정은 비록 이중관계에 대한 명확한 제한이 없더라도, 슈퍼바이저들은 주의를 기울임으로써 슈퍼바이지 또는 슈퍼비전 경험에 부정적인 영향을 미치지 않아야 한다는 것을 언급하고 있다. 이 규정은 또한 슈퍼바이저들이 전문적인 관계에 대해 보다 분명히 정의하여야 한다고 언급하고 있다. 섹션 F.3.d에서는 슈퍼바이저들은 객관적인 관계를 유지하기 힘든 개인과 슈퍼비전 관계를 유지해서는 안 된다고 언급하고 있다. 이 절의 명칭이 "친구 또는 가족 구성원"으로 되어 있으며 이는 모든 개인들에게 적용된다. 물론, 윤리규정은 슈퍼바이지와의 성적인 접촉과 그들에 대한 성적

인 위해를 금지하고 있다(섹션 F.3.b−c).

불행히도, 연구들은 경계의 침범이 생각보다 자주 발생한다고 언급하고 있다. 예를 들어, Navin 등(1995)은 현직 슈퍼바이저 표본의 25%가 슈퍼바이저의 의무와 양립하기 어려워 보이는 슈퍼바이저와 훈련생 간의 개인적 관계를 알고 있다고 보고하였다.

슈퍼바이저들은 때로는 슈퍼바이지들의 상담사 또는 치료자로서의 역할을 맡고 있다. 대학상담센터의 정신건강전문가 설문에서, Sherry 등(1991)은 48%의 응답자들이 자주 그런 행동을 한다고 인정했다. 3%의 훈련생들은 꽤 자주 슈퍼바이저를 만나는 것으로 알려졌다. 슈퍼비전의 치료적인 성격으로 인해서 이러한 관계가 만들어지는 것은 이해할 수 있지만, 윤리적이지는 않다(Goodyear & Rodolfa, 2012). Whiston과 Emerson(1989)은 이러한 훈련과 관련된 여러 구체적인 문제점들을 발견하였다. 첫째, 이러한 관계는 슈퍼바이지와 내담자에 대한 슈퍼바이저의 객관성을 해칠 수 있으며, 둘 모두에 대한 슈퍼바이저의 의무가 충돌할 수 있다. 더불어, 전문적인 관계에 대한 그들의 책임과 능력이 없는 개인을 전문가 집단에 받아들이는 공공의 문지기(Gatekeeper)로서의 역할을 수행하는 역량을 감소시킨다. 둘째, 내담자와 슈퍼바이지는 슈퍼바이저의 권력남용에 더 취약할 수 있으며 언제 어떤 규칙이 적용되는지 혼란스러울 수 있다. 슈퍼바이지는 슈퍼비전에 미치는 영향을 우려해 상담 시 개인에 대한 정보를 공개하기를 꺼릴 수 있다. 더불어, Whiston과 Emerson은 사전 동의의 실패와 같은 다른 침해가 발생할 수 있다고 언급하였다. 마지막으로, 그룹 슈퍼비전 활동들을 하게 된다면, 한 슈퍼바이지와의 전문적이지 못한 관계는 그룹 슈퍼비전의 진행에 영향을 미칠 것이다. 만약 그룹의 다른 구성원들이 상담 사실을 안다면, 그들은 불편함을 느끼고 그 경험을 충분히 활용하지 못할 수 있다. 유사하게, 이러한 관계에서 슈퍼바이지는 개인상담에 대한 비밀보장과 슈퍼비전에서 그 또는 그녀에 대한 평가가 어떻게 이루어지는지를 걱정할 수밖에 없다.

ACA 윤리강령은 슈퍼바이저가 그러한 관계를 맺어야 하는 합당한 이유를 찾아야 하며 섹션 F.6.c에서는 현재 슈퍼바이지에게 상담을 제공하지 못하도록 해야 함을 암시한다. 또한 내담자에게 해를 가하지 않는 한 슈퍼바이지의 개인적인 문제에 대해서 슈퍼비전에서 언급되어서는 안 될 것이다. APA 윤리강령은 다중 관계에 대한 규정 3.05와 학생의 개인 정보에 대한 공개에 대한 규정 7.04에 유사한 언급을 하고 있다.

불행히도, 많은 실무자들이 상담 슈퍼바이지에 대한 윤리적 함의에 신경 쓰지 않는 것처럼 보인다. 1987년에는 13%의 심리학자들이 이러한 실천이 윤리적이라 언급하였다(Pope 등, 1987). 4년 뒤에 Gibson과 Pope(1993)의 연구에서는 44%의 상담사들이 윤리적이라 언급하였다. 그러나 이후의 설문결과들은 이러한 관점에 변화가 있다는 것을 나타내주고 있다. 다양한 분야의 정신건강전문가들이 학생이나 슈퍼바이지에게 상담을 제공하는 것이 윤리적이지 않다는 것을 언급하고 있다(Pomerantz, Ross, Gfeller, & Hughes, 1998).

언뜻 보기에는, 슈퍼바이지에 대한 개인상담을 피하는 것이 슈퍼바이지의 개인적인 문제의 영향력을 관찰하는 것에 대한 제언과 일치하지 않는 것처럼 보인다. 그러나 윤리학자들은 이 딜레마를 합리적으로 해결한다. 첫째, ACES 가이드라인에 따르면 슈퍼비전에서 오가는 많은 개인적인 문제들에 대한 논의는 전문성의 발달과 관련된 그들의 관계에 초점을 맞추어야 한다. 전문가로서의 기능을 수행하는 것과 관련 없어 보이는 개인적인 문제는 슈퍼비전 논의에서 언급되는 것이 적절하지 않다. 둘째, 슈퍼바이저의 기능 중 하나는 슈퍼바이지의 문제를 해결하는 것뿐만 아니라 전문가로의 역할을 수행하기 어렵게 하는 개인적인 문제를 찾아내는 데 있다. 셋째, 슈퍼바이저들이 사례와 관련된 개인적인 문제를 찾아냈을 때, 슈퍼바이저들은 기본적으로 공감적이고 수용적인 반응을 해야 하지만 슈퍼바이지들이 해당문제를 깊이 있게 생각할 수 있도록 해석과 코멘트를 제공하는 것은 피해야 한다. 그러나 슈퍼바이저들은 슈퍼바이지들의 자기개방에 대해서 냉정하고 감정이 배제된 방식으로 대하지는 않는다. 슈퍼바이저들의 온정적 태도는 그들의 발달을 촉진할 수 있다(Allen 등, 1986). 그러므로 슈퍼바이저들은 연민과 걱정을 표현해야 하지만 보다 깊은 치료적 영역으로 이동하는 것은 삼가야 한다. 더불어, 치료와 슈퍼비전의 차이에 대해서 미리 설명을 들은 슈퍼바이지들은 두 활동 사이의 경계를 존중하고, 슈퍼바이저들의 반응을 이해할 것이다. 예를 들어, 만약 슈퍼바이지가 그의 부모가 4기암이라고 한다면 슈퍼바이저는 그 문제에 대해서 그와 함께 논의하여야 하며, 연민을 표현해야 하고 그녀가 도와줄 수 있는 방법이 있는지를 물어볼 것이다. 그러한 행동들 중 어느 것도 개인적인 문제를 깊이 조사하는 것을 포함하지 않는다(이 문제에 대한 좀 더 깊은 논의는 Neufeldt and Nelson(1999)를 참조할 것).

만약에 학생들이 상담을 요청하지 않거나 상담에 대한 필요성을 인식하지 못한다면? Wise, Lowery와 Sulverglade(1989)는 상담을 받아볼 것에 대한 슈퍼바이저의 조언에 응하는 학생들의 역량은 그들의 전문적인 발달과 슈퍼바이저에 대한 믿음과 연결되어 있다고 제안한다. 그들은 처음 무능력에 대한 두려움을 넘어서고 지금은 구체적인 상담 기술에 초점을 맞춘 학생들이 그러한 조언을 받아들일 가능성이 더 높다고 제안하고 있다.

단계적 슈퍼비전(Layered Supervision)

자신감 있는 슈퍼바이저가 되기 위해서는 학업뿐만 아니라 슈퍼비전 경험이 있어야 한다. 대학원 프로그램은 종종 고급단계에 있는 학생들이 시작단계에 있는 학생들을 슈퍼비전하는 것을 통해 임상 경험을 제공한다(Scott 등, 2000). 예를 들어, 박사 과정 학생들이 석사 수준의 학생들을 슈퍼비전한다. 장기적으로, 이 훈련은 전문가, 대중, 슈퍼바이지들에게 도움이 된다. 그러나 어려움을 불러일으키기도 한다. 예를 들어, 슈퍼비전이 여러 층으로 진행된다면, 내담자에 대한 궁극적인 책임이 있는 전문가는 그들과 내담자 사이의 더 많은 거리를 찾는다. 그들 내담자의 진보에 대해 느끼는 바가 불분명하다. 그들은 이러한 단점을 극복하기 위해 신중하고 일관된 데이터 수집 방법을 개발해야 한다. 둘째, 그들은 한 명이 아닌 욕구, 기술, 태도가 유의미하게 다른 두 명의 슈퍼바이지들에 대한 책임을 가지게 된다. 셋째, 슈퍼바이저들은 내담자의 자기개방에 대한 비밀보장과 자율성이 침해되지 않도록 해야 한다. 더 많은 사람들이 비밀 정보를 가지고 있을수록 그러한 침해가 발생할 가능성이 더 높아진다. 넷째, 슈퍼비전이 여러 층을 이루고 있을 때, 각각의 전문가들이 내담자에 대한 책임을 가지고 있다고 생각하기 때문에 내담자의 복지에 대한 책임은 분산되고, 문제를 놓치게 될 것이다. 가장 위에 있는 슈퍼바이저들은 그러한 책임의 분산을 지켜야 한다. 마지막으로, Herlihy과 Corey(2014)는 만약 여러 층의 슈퍼비전이 윤리적 기준의 범주 안에서 이루어지는 경우라도 다른 학생들에 의해 이루어지는 슈퍼비전 경험은 불편할 수 있다. 그러므로 슈퍼바이저들은 이러한 불편감을 이해하고, 논의를 이어갈 필요가 있다.

▌슈퍼비전의 법적인 측면

슈퍼비전에 참여하는 정신건강전문가들은 두 종류의 윤리적 문제를 고려할 필요가 있다: (1) 그들의 행동과 슈퍼바이지의 행동에 대한 슈퍼바이저의 법적 책임 (2) 슈퍼비전을 받고 있는 전문가들의 법적 책임.

법적 책임의 문제

슈퍼비전과 관련된 가장 중요한 법적인 주제는 슈퍼바이지의 행동에 대한 슈퍼바이저의 법적 책임의 수준과 관련되어 있다. 법적 책임과 관련된 주제를 이해하기 위해서는 슈퍼바이지와 작업하는 내담자가 가지는 서비스에 대한 기대부터 시작할 필요가 있다. Harrar 등(1990)은 내담자가 상담에 동의를 할 때 그 또는 그녀에 대한 추가적인 또는 해가 되는 보호에 대해서 동의한 것이 아니라고 언급하였다. 동의는 역량 있고 도움이 되는 서비스를 제공하겠다는 것을 의미한다. 그러한 서비스가

이루어지지 않을 때, 내담자들은 잘못 다루어질 것이며 그에 대한 보상을 요구하게 될 것이다. 그러므로 슈퍼바이저들은 그들의 행동과 그들의 슈퍼비전에 대해 등한시한 행동에 대해 법적 책임이 있다. Harrar 등은 첫 번째 법적 책임을 직접 책임이라고 정의하였다. 그것은 정신건강전문가가 자신의 업무에서 태만과 관련하여 가질 수 있는 모든 책임을 의미한다. 다시 말하면, 이 책임 형태는 슈퍼바이저가 윤리적 및 법적 기준에 따라 감독을 수행하지 않아 내담자에게 해를 입힌 경우에 발생한다. 슈퍼바이저들은 다음의 다양한 상황에 대해서 법적인 책임을 가진다: 슈퍼바이지들을 만나지 못했을 때, 슈퍼바이지가 공유한 중요한 정보들을 무시했을 경우, 슈퍼비전에 대한 비밀보장의 실패, 내담자의 문제를 다룰 수 없는 슈퍼바이지에게 상담 배정. 훈련생들은 슈퍼바이저들에게 어떤 것들을 털어놓을지에 대해 확신을 할 수 없기 때문에, Thomas(2010)는 슈퍼바이저들이 다음의 사항들을 즉시 의사소통해야 한다고 언급하였다: (1) 내담자와의 분쟁 (2) 슈퍼바이지의 비윤리적인 행동에 대한 혐의 (3) 소송 또는 불만의 위협 (4) 다른 사람들에 대한 폭력과 더불어 자살 시도, 역사, 위협 (5) 훈련의 기준 일탈.

대리인에게는 여러 가지 법적 책임이 존재한다. 이것이 의미하는 것은 슈퍼바이저들이 그들의 의무를 이행하는 것에 소홀하지 않을 경우라도 행위에 대한 법적 책임을 가지고 있음을 의미한다. 이 원칙 뒤에 있는 논리는 슈퍼바이지를 넘어선 슈퍼바이저들의 영향력과 슈퍼바이지가 행하는 회기 안에서 어떤 일이 일어나는지를 알아내는 역량이다. 법적 대리 책임은 "슈퍼비전 관계의 감독 안에서" 일어나는 행동들에만 적용된다(Disney & Stephens, 1994, p. 15). 법적 대리 책임은 하급자에 대한 슈퍼바이지의 권한 범위, 안일한 행동이 나타나는 서비스 파트, 행동의 환경, 슈퍼바이지의 동기, 슈퍼바이지의 행동을 합리적으로 예측할 수 있었는지 등에 따라서 완화될 수 있다. 또한 양측 책임자는 하급자가 슈퍼바이저의 지도와 지시하에 자발적으로 선택했다고 가정한다(Harrar, VandeCreek, & Knapp,

1990). 요약하자면, 본보기가 되는 슈퍼바이저의 행동들이 대리 책임의 위험을 전적으로 제거해주지 못하더라도 그것을 통해서 위험을 줄일 수 있다. 슈퍼바이지가 의뢰인에게 부적절한 서비스를 제공하지만 슈퍼바이저로부터 치료 과정에 대한 관련 정보를 제공받지 못한 경우에도 대리책임이 발생할 수 있다. 예를 들어, 슈퍼바이지가 근무현장 밖에 있는 다른 누군가에게 비밀 정보를 발설할 때도 이 같은 책임이 발생한다.

이러한 사실을 감안했을 때, 정신건강전문가들이 왜 그러한 책임을 맡는 데 동의했는지에 대해 의아해할 수 있다. 그들이 법적 책임과 관련된 문제에 무지한가? 그들이 슈퍼비전에 가치를 많이 두고 그러한 위험을 감수할 의지가 있는가? 그들은 마지못해 행동하고 대안이 없다고 느끼고 있는가? 가능한 증거들을 바탕으로 할 때, 이러한 법적 기준에 대한 무지가 가장 유의미한 변인일 것이다. 그럼에도 불구하고, 슈퍼비전은 대중에게 질 높은 서비스를 제공하기 위한 가장 핵심적인 요인이 된다. 역량 있는 전문가들은 그들의 위험을 최소화하기 위한 방법들을 찾아야 한다. Bernard와 Goodyear (2013)는 슈퍼바이저가 슈퍼바이지와 개방적이고 신뢰성 있는 관계를 수립하여 슈퍼바이지가 슈퍼비전 회기에서 그들의 내담자와 작업한 모든 이야기들을 개방적으로 상의하도록 할 것을 권장한다. 나는 또한 슈퍼바이지가 회기를 녹음할 것을 요청하고 회기 안에서 어떤 일이 이루어지는지를 정확하게 듣거나 볼 것을 제안한다. 슈퍼바이저들은 녹음이 존재하는 한, 모든 회기에서 전체 녹음을 검토할 시간이 없을 수도 있지만, 필요한 경우 대안을 사용할 수 있다. 더불어, 회기를 녹음하도록 하는 것은 슈퍼바이지가 회기 안에서 일어났던 일에 대해 슈퍼바이저가 알 수 있다는 것이기 때문에 슈퍼비전에서 충분한 의견을 교환할 수 있도록 한다. 윤리와 법적인 문제들에 초점을 맞춘 슈퍼비전 경험에 대한 전반적인 오리엔테이션과 슈퍼바이지의 장점과 단점에 대한 평가를 해볼 수 있는 기회를 주는 것은 슈퍼바이지에 대한 잘못된 행동과 내담자에 대한 잘못된 서비스를 제공할 가능성을

낮춘다. 마지막으로, Bernard와 Goodyer는 슈퍼바이지가 부적절하게 행동할 때 슈퍼비전을 문서화하는 것에 대해서 주의 깊게 신경을 쓸 것을 장려하고 있다. 잘 기록된 슈퍼비전은 적어도 직접적인 법적 책임을 최소화해 줄 것이다. 슈퍼바이저들을 위한 책임 보험도 필요하다. 그것은 문제를 예방하지는 못하지만, 전문가들에게 그들의 재정적 자원이 소송에 취약하지 않다는 것을 안심시킬 수도 있다.

정당한 절차에 대한 슈퍼바이지의 권리

공공 기관에서 일을 할 때, 슈퍼바이지는 다른 시민들과 마찬가지로 불공정한 정부의 조치에 대해서 정당한 절차를 요구할 권리를 가진다. 이러한 권리는 미국 헌법 제14조에 기인하며 주 정부가 그러한 조치를 취하거나 기회를 주지 않고 개인을 상대로 조치를 취하는 것을 막는다. 민간단체를 위해 일하는 사람들은 조직의 정책과 절차에 따라 민원 처리 권한을 갖는다. 많은 사립대학, 병원, 지역사회 기관들에서는 이러한 권리를 인식하고 있다. 슈퍼비전을 받는다는 것은, 슈퍼바이지가 슈퍼바이저의 피드백을 요청하거나, 주기적인 평가, 불평등하다고 호소하는 문제들에 대한 법적인 권리를 가졌다는 것을 의미한다. Bernard와 Goodyear (2013)은 훈련생들의 정당한 절차를 침해하는 가장 지독한 침해는 사전의 경고 없이 부정적인 최종평가를 받을 때 발생한다고 말하고 있다. 이러한 침해를 최소화하기 위해서, 그들은 적절한 수행에 대한 변화요구를 포함하여 부정적인 성과에 대한 구체적인 평가를 정기적으로 전달할 것을 전문가들에게 권고한다. 이러한 행동은 성공을 위해서 어느 정도의 개선이 충분한지에 대한 오해를 방지한다. 정당한 절차에 대한 권한은 불완전하거나 무관하거나 사실이 아닌 증거를 토대로 한 임의의 조치로부터 슈퍼바이지를 보호하기 위한 것이다. 그러한 권리는 모든 슈퍼바이지가 합격 점수나 긍정적인 평가를 받을 권리가 있음을 의미하지는 않는다. 슈퍼바이저의 의무는 또한 무능한 전문가로부터 대중을 보호하는 것이다. 대신, 정당한 절차는 슈

퍼바이저가 슈퍼바이지에 대한 부정적인 발견의 의미에 민감해야 하며 부정적인 판단이 공정하고 적절하다는 것을 보장해야 한다고 제안한다.

Guest와 Dooley(1999)는 슈퍼바이저들이 내담자에게 직접적인 해를 가하지 않는 행동들에 대해서 법적인 책임을 제기할 수 있는지에 대한 의문을 제기하였다. 사전경고가 실패했다면 학생을 대상으로 소송을 제기할 수 있는가? 학생에 대한 무례한 언급을 할 수 있는가? 또는 슈퍼바이지에게 상담을 권유할 수 있는가?학자들은 치료의 의무가 존재한다고 주장하고 있으며, 슈퍼바이지들은 그러한 행위에 근거하여 성공적인 의료 과실소송의 다른 기준을 충족시킬 수 있다. Bernard와 Goodyear(2013)는 그러나 아직까지 그러한 종류의 소송은 없었다고 지적하였다.

▌제3자들과의 관계

종종, 자격증이 없는 슈퍼바이지와 상담을 하는 내담자들은 비용을 지불하기 이전에 보험회사로부터 보상을 받으며, 일반적으로 자격이 있는 정신건강전문가들에게 슈퍼비전을 받고 있다는 증거들을 요구하게 된다. 일부 부도덕한 슈퍼바이저들은 이 과정을 통해서 그들의 임금을 올리려고 한다. 가장 부도덕한 사례들은 슈퍼바이지의 사례를 슈퍼비전하고, 스스로가 상담서비스를 제공한 것처럼 요청서를 제출하였다(Harrar 등, 1990). 이전에 언급한 것처럼, 이러한 조건 아래 있는 슈퍼비전은 유능한 슈퍼비전 기준을 충족시키지 못하며 윤리적인 규정을 침범하기 쉽다. 만약 그러한 행동들을 제3자가 인지하게 된다면, 그러한 행동은 불법적인 것이 된다. 개인 보험회사뿐만 아니라 정부 기관에서도 그러한 행동들은 허용하지 않는다. 사실, 그들은 심각한 위반자들을 상대로 적극적으로 법적 조치를 취해 왔다. 이러한 모든 이유들 때문에, 슈퍼바이저들은 그들이 제공하는 서비스가 가이드라인이나 계약서와 일치되지 않는지 주의를 기울일 필요가 있으며 교육자들은 보험금을 청구하는 적절한 방법들을 감독하는 것에 대해서 교육을 시

켜야 한다.

업무 슈퍼비전

일을 하는 과정에서, 정신건강전문가들은 다른 자격증을 가진 고용인들의 임상 슈퍼바이저로서의 역할을 하게 된다. 그들은 또한 사례 관리자 또는 심리평가자 등 전문 자격증을 가지지 않은 전문가 집단에 대해서도 슈퍼바이저의 역할을 수행하게 된다. 이러한 직위에 있는 전문가의 윤리적 의무는 여러 면에서 슈퍼바이저와 유사하다. 내담자들은 역량 있는 서비스를 제공받을 권리가 있고, 직원들은 적절한 권리와 책임을 부여받는다. 업무 슈퍼비전에서 어려운 점 중 하나는 조직에서 서비스 제공에 대한 압력을 가할 욕구가 있을 때 그들이 감독하는 사람들의 일을 모니터링하는 것이다. 다른 하나는 동료 사이는 종종 친구관계로 발전할 수 있기 때문에 경계를 효과적으로 관리하는 것이다. 이러한 환경들에서, 슈퍼바이저들은 자신의 역할을 이해해야 하며 슈퍼바이저와 슈퍼바이지 사이의 경계를 존중해야 한다. 업무 슈퍼비전에 적용할 수 있는 윤리규정들은 훈련 슈퍼비전에 적용할 수 있다. 또한 자격증위원회에서는 자격증을 가지지 않은 개인의 슈퍼비전에 대한 규정을 제정해 놓을 수도 있기 때문에 슈퍼바이저들은 자격증위원회의 규정을 숙지하는 것이 중요하다.

위임된 슈퍼비전

세 번째 유형의 슈퍼비전이 존재한다. 위임된 슈퍼비전은 전문가협회의 면허위원회, 고용주 또는 윤리위원회가 위반 등의 이유 때문에 그들의 업무의 전부 혹은 일부를 감독하도록 요구할 때 발생한다. 위임된 슈퍼비전의 목적은 다시는 유사한 위반 사항들이 재발하지 않으며 그 또는 그녀가 적절한 수행을 할 수 있다는 것에 대한 확신이다(Thomas, 2010). 이러한 상황들에서, 슈퍼바이저는 임상, 윤리적 도전들을 직면하게 되며 일부의 경우에는 법원명령상담에서 직면하게 되는 도전과 유사하다. 슈퍼바이저들은 슈퍼바이지의 내담자들에 대한 책임뿐만 아니라 슈퍼비전을 명령한 위원

회 또는 기관에 대한 책임을 가지게 된다. 결과적으로, 위임된 슈퍼비전에서는 제3의 기관과 소통하는 것에 대해 전문가와 생산적인 슈퍼비전 동맹을 맺어야 할 추가적인 기술이 요구된다. 또한 전문가의 업무를 평가할 수 있는 합리적인 목표와 방법들을 계획해야 하며, 내담자들을 보호하기 위해서 최선을 다해야 한다. 심지어 지속적으로 문제가 발생할 경우에는 해당 기관에 이를 보고해야 할 수도 있다. 의무적인 슈퍼비전에 대한 추가적인 논의는 Thomas(2010)의 자료를 참조하여라.

▌자문

자문은 여러 종류로 이루어질 수 있다. 가끔 자문은 자격증을 가진 두 명 이상의 상담사 또는 치료자들이 모여 복잡한 사례에 대한 피드백을 제공하거나 그들이 제공하는 상담이 적절한 것인지에 대한 확신을 얻기 위해 이루어진다. 그러한 자문은 임상자문이라 명명되며 거의 모든 사례에서 임의적으로 이루어지고 있는 것이다. 임상자문은 정기적으로 이루어질 수 있고 내담자에게 일어난 위기 상황에서 급하게 일회적으로 이루어질 수도 있다. 후자의 상황은 내담자가 타인에게 해를 가할 수 있는 위기의 상황에서 이루어질 수 있다. 다른 경우에는 상담사들이 그들의 내담자들의 문제와 관련해서 교사, 행정가, 고등 교육 기관의 교원 등 다른 전문가들을 포함해 자문회의를 여는 경우가 있다. 예를 들어, 교사는 ADHD 아동의 행동을 관리하는 것과 관련하여 자문을 통하여 도움을 요청할 수 있으며 대학의 교원들은 학생의 파괴적인 행동에 대한 개입과 관련하여 대학 상담센터 직원들의 조언을 요청할 수 있다. 이러한 환경에서의 자문은 보통 같은 기관에 소속되어 있는 전문가들을 중심으로 이루어지게 된다. 교육적인 환경에서 이러한 것들은 자문이기보다는 협력으로 명명된다. 다른 전문가들을 도울 과제에는 문제나 혼란의 원인을 찾고, 개입의 전략들을 도출하고, 전략의 결과들을 평가하는 것들이 포함된다. 때때로 자문은 법적 또는 윤리적 자문이 되기도 한다. 그러한

상황에서는, 자문은 윤리적 또는 법적인 의사결정 과정을 통해서 내담자를 돕게 된다. 이러한 사례들에서 자문과 슈퍼비전의 차이는 이 과정에 참여자들의 평등성이다. 두 참여자 모두 수행과 관련된 자격을 가지고 있고 다른 전문가들을 찾게 된다.

다른 종류의 주요한 자문은 조직(회사)의 자문이다. 이러한 자문 관계들은 2자 간의 관계이기보다는 컨설턴트, 의뢰인, 내담자를 포함한 3자의 관계로 이루어진다(Brown, Pryzwansky, & Schulte, 2011). 예를 들어, 사업장에서는 회사의 사장을 도와 구성원들의 사기(의욕)와 생산성을 낮추는 원인을 분석하기 위해서 상담사를 고용하며 개선을 위한 방법들을 고안하게 될 것이다. 이러한 경우, 컨설턴트는 심리학자이며, 의뢰인은 회사의 회장, 내담자는 그룹의 직원들이 될 것이다. 이러한 종류의 컨설팅에서는 직원들이 컨설턴트를 고용하지 않고, 컨설턴트의 책임을 정해주지 않으며, 심지어 어떤 경우는 컨설턴트가 있는지도 모르는 경우가 있다. 그러나 궁극적으로 직원들은 컨설턴트의 영향을 받으며, 그들의 책임 역시 시스템에 대한 스스로의 영향력을 인식하는 데 있다. 이러한 유형의 상담에서 자신의 업무가 미치는 영향에 적응하지 못하는 정신건강전문가는 고객의 권리를 침해하고 시스템이 고객에게 영향을 미치는 방식을 훼손할 수 있다. 예를 들어, 대규모의 정신건강 에이전시의 책임자가 구성원의 생산성 향상과 에이전시에 대한 수익창출을 도와주기 위해 회사와 계약을 맺었다고 가정하자. 컨설턴트의 영향력은 구성원뿐만 아니라 회사가 관리하고 있는 고객들에게까지 전달될 수밖에 없다. 같은 맥락에서 구성원과 소비자 모두 컨설턴트를 고용하는데 어떤 영향력을 가하거나 어떤 목적을 구성하는데 의견을 낼 수 없지만 그 둘 모두는 고객 시스템의 한 요소이다. 그 두 구성원 모두 이후 자문의 영향을 받게 될 것이다. Newman(1993)은 세 영역의 구성원 모두가 자문에 대해서 인식할 필요가 있다고 언급하였으며, 모든 구성원들에 대한 그들의 영향력에 민감할 필요가 있고, 고객 시스템에 손상을 입히는 데 사용되는 상황을 피해야 한다고 경고하였다. 지혜로운

자문은 초기 단계부터 자문 동의안을 작성하는데 세 파트 모두를 포함시킨다. 그러한 참여는 고객의 권리에 대한 존중뿐만 아니라 프로젝트 성공의 기회를 높이며 관계된 목표 또는 문제를 발견하는데 도움을 준다. 예를 들어, 컨설턴트는 모든 당사자를 포함함으로써 주어진 문제가 고객 접촉 문제라기보다는 부기 또는 변상 문제임을 알 수 있다.

Newman(1993)은 또한 기관의 자문 상황에서 비밀보장이나 고지된 동의의 문제가 더 복잡해질 수 있다고 언급하였으며 특히 자문의 문제나 조직의 변화가 있을 때 그렇다고 언급하였다. 어떻게 컨설턴트들은 자신들이 만나는 모든 고용인들로부터 비밀보장에 대한 문제를 관리할 수 있을까? 그들은 비밀을 보장해 줄 것인가? 컨설턴트들은 그들의 목적과 그들이 상호작용하는 각 직원들과의 관계에 대해 명확히 하고, 자료가 비밀로 지켜질 수 없을 때 모든 사람들에게 미리 경고해야 한다. 두 정신건강 기관들의 원활한 합병을 위해서 고용된 컨설턴트들은 개별적인 신념을 지키는 것이 광범위한 기관의 목표를 달성하는 것과 충돌한다고 고객에게 직접 말해야 한다. 물론 덜 복잡한 것은 그 조직이나 그 정보에 대한 권리가 없는 사람들의 관련 정보를 비밀로 유지할 컨설턴트의 의무이다. 그러한 폭로는 그야말로 잘못된 것이다.

6장에서 언급했듯이, 고지된 동의란 사람들이 자신에게 영향을 미치는 문제에 대해 자유롭고, 교육받은 선택을 하는 것을 의미한다. 보통은 조직에서 관리자들이 컨설턴트를 고용하고 그들에게 업무를 부여하게 된다. 고용인들과 고객들은 그 과정에 참여하는 비율이 낮고, 더 적은 권력을 가지게 되며 결과적으로 자문의 과정이나 목표에 반대하는 개인들은 그들에게 미칠 영향들을 두려워하여 자신의 이야기를 하기를 꺼리게 될 수 있다. 컨설턴트들은 조직의 위계적인 구조에 대해서 민감해야 하며 모든 구성원들과 가능한 능숙하게 작업할 수 있어야 한다. 예를 들어, 상담사들은 고용인들을 강제하지 않는 것의 가치에 대해서 관리자들은 교육시킬 수 있으며 고용인들을 존중하고 부당한 주의들을 포기할 수 있도록 격려할 필요가 있다.

마지막으로, 컨설턴트들은 이중관계와 관련된 문제들을 고칠 수 있어야 한다(Zur & Anderson, 2006). 그들이 서비스를 제공하는 사람들에 대한 성적인 착취를 피하여야 하며 그들의 객관성에 영향을 미치는 비이성적인 관계에도 민감할 수 있어야 한다. 컨설턴트들은 자주 일부 개인들과 긴밀한 관계를 맺게 된다. 그러한 긴밀한 접촉은 적절하지 못한 역할의 혼란을 가져오게 된다. 컨설턴트와 친구 또는 컨설턴트와 비즈니스 파트너들의 그러한 접촉에 윤리적인 문제가 존재할 수 있다. 컨설턴트가 자문을 제공하는 파트너와 개인적인 관계를 맺을 때 그 또는 그녀는 다른 파트너의 이익을 무시할 수 있다. 더불어, 그가 그룹에서 활동하는 비즈니스 파트너의 심리학자이고 생산성을 향상시키기 위해 지속적으로 자문을 제공하고 있을 때, 고객과 다른 고용인들의 욕구나 권리를 놓치기 쉽다.

가치와 자문

자문의 가치는 두 가지 측면에서 중요하다 (Newman, 1993). 첫째, 컨설턴트들이 가치에서 자유로울 수가 없기 때문에 그들은 자신의 가치가 자문 과정이나 결과에 미치는 영향들을 인식할 필요가 있다. 그러한 인식은 생산적이지 못한 방식으로 개인의 가치가 영향을 미치는 것을 피할 수 있다. 둘째, 컨설턴트들은 그들의 작업에서 갈등이 되는 가치에 대응할 수 있는 준비가 되어 있어야 한다. 갈등은 본질적으로 파괴적이지 않으나 그러한 갈등을 무시하거나 다루지 못할 때 해가 될 수 있다. 예를 들어, 문제를 해결하기 위해 협력에 대해 몰입하고 있는 컨설턴트는 쌍방이 그 문제를 공개적으로 논의하고 해결할 수 없는 한 권위적이고 자기중심적인 접근을 하는 것이 더 효율적이라 믿는 관리자와 갈등을 경험할 수 있다.

자문역량

많은 정신건강전문가들은 그들의 경력의 중간 또는 마지막 단계에 자문을 제공하지만 상대적으로 자문에 대한 공식적인 훈련을 받지 못하는 경우가 많다. 학자들은 내담자에 대한 위험과 좋은 성과를 낼 기회의 상실 때문에 이러한 상황을 비판한다(Hellkamp, Zins, Ferguson, & Hodge, 1998; Lowman, 2006). 그들은 자신의 임상 경험이 충분하다는 신화를 바탕으로 슈퍼비전 역량을 평가할 때랑 같은 실수를 하게 되는 것으로 보인다. 그러나 자문과 관련된 지식을 학습할 필요가 있으며 특정 기술을 슈퍼비전을 받는 가운데 학습하고 경험들을 통해서 자신의 능력을 평가할 필요가 있다(Dougherty, 2008 참조). Lowman(2006)은 많은 상담사들과 치료자들이 상담사로서 스스로 훈련을 받지 않은 것에 대해서는 끔찍하게 여기지만 때때로 자문에 대한 훈련이 없는 상태에서 그들 스스로를 컨설턴트로 지칭하기도 한다고 언급하였다. 자문을 위해 필요한 지식에 대해 잘못 판단하는 경향성은 어떠한 전문가들에게도 예외가 될 수는 없다.

마지막으로 한 영역에서 역량이 있는 컨설턴트가 모든 영역 또는 활동에 대해서 역량을 가지고 있음을 의미하지는 않는다. 상담에 대한 자문을 제공하는 전문가 조직의 문제에 대한 최선의 자료들을 제공하는 것은 아닐 것이다. 유사하게, 개인적인 문제 또는 관계에서 기존에 존재했던 문제들은 컨설턴트로서의 역량을 위태롭게 할 수 있다. 스스로 컨설턴트로서 역량이 있다고 소개하는 사람들은 그들의 지식을 증명하고 그들의 개입이 가져올 수 있는 위해에 대한 책임을 질 준비를 하고 있어야 한다.

컨설턴트들의 개입에서의 윤리적 문제들

정신건강에서 컨설턴트, 의뢰인, 내담자 시스템의 3자적 관계특성 때문에 내담자에게 미칠 그들의 개입의 영향력을 고려하여야 한다. 더불어, 다른 사람들이 자신의 발견을 오용하는 것에 대해서 경계해야 하며 그러한 오용을 방지하기 위해 노력해야 한다. 예를 들어, 컨설턴트들의 보고서를 오래된 직원들을 해고하기 위한 목적으로 사용하길 원하는 중역들의 행위는 설득되어야 한다. 만약 설득에 실패한다면, 컨설턴트들은 프로젝트를 그만두어야 한다. 즉, 컨설턴트들은 그들이 제안을 이용하는 다른 사람들에게 책임을 전가할 수 없다.

잘 계획된 개입이더라도 부정적인 결과를 가져올 수 있다. 컨설턴트들은 비용－이익 비율 때문에 부정적인 영향력을 무시할 수 없다. 대신에, 컨설턴트들은 그들의 주장의 영향력을 알고 있어야 하며 가능한 부정적인 영향력들을 예방하거나 최소화 할 수 있는 방법을 고안해내야 한다.

마지막으로, 컨설턴트들은 개입의 근거를 마련하여야 하며 가능한 높은 수준의 경험적인 근거들에 바탕으로 한 제언을 하여야 한다(Newman, 1993). 그들은 이전 연구들에 의해서 잘 지지된 근거들로부터 실험적이거나 검증이 되지 않은 제언을 잘 구분하여야 한다. 경험적인 데이터들은 항상 모든 자문 상황에서 개입에 대한 직접적인 가이던스를 제공해주지 못하지만 효과적인 개입을 위한 기초가 될 수 있다(Newman, 1993; Newman, Robinson－Kurpius, & Fuqua, 2002).

자문비용

왜 많은 전문가들이 그들의 경력 중 일정한 순간에 자문을 받길 원하는가? 이러한 개입은 특정 행동에 대한 도전의 일부로, 그것으로 인한 진위, 조직에 대한 자문의 경우 특히 경제적인 이득 등과 연결될 수 있다. 명성이 있는 컨설턴트들은 멋진 삶을 위한 돈을 벌 수 있다. 만약 그가 유능하고, 양심적이고, 공공의 이득을 위해서 일하고 있다면 그러한 보상은 마땅히 받을만하며 윤리적인 문제가 아니다. 그러나 때로는 상당한 소득을 얻을 기회가 전문가의 판단을 흐리게 할 수도 있다. 그러한 사람들은 경제적인 이득을 위해 진정한 역량 없이 자문계약을 받아들이거나 비용을 지불하는 누군가의 희망이나 기대에 일치하지 않는 결과나 개입들을 무시할 수 있다. 후자의 상황에서, 컨설턴트는 그들이 듣고 싶어 하는 것을 그들에게 말하게 되고, 심지어 경영진들조차도 이익을 얻을 것 같지 않은 속임수이다. 이것은 진정한 이해관계의 충돌이며 분명히 윤리적 규범과 모순된다. 예를 어, 컨설턴트(이사회 이사들에게 이사를 교체하도록 격려하고 그다음에 이사 자리에 자신을 앉히는 사람)는 명백하게 윤리 원칙을 위반한다.

자문의 녹음(기록)

상담과 심리치료에서의 녹음은 내담자에 대한 서비스를 향상시킬 수 있으며 과실로부터 전문가들을 보호하는 것을 도와줄 수 있다. 자문에서의 녹음 또한 서비스의 효과성을 증진시킬 수 있다. 컨설턴트들은 관계, 비용, 목적, 자문의 실용적인 측면에 대해서 문서로 계약서를 작성하여야 한다. 비밀보장과 사전 동의의 문제는 그러한 계약을 통해 해결될 수 있다. 유사하게, 컨설턴트들은 진행되고 있는 사항들을 적어야 하며 우려되는 부분 또는 특수치료 등 의견이 일치되지 않는 부분에 대해서 문서화해야 한다. 의뢰인에게 제공되는 모든 문서의 사본은 서신교환이나 전화연락 자료와 함께 보관되어야 한다. 컨설턴트들은 상담 기록이 보호되는 것과 같은 방식으로 이 기록들의 비밀을 보장해야 한다.

9 · 11 이후의 세계에서 군에 대한 자문

지난 10년 동안 미국 정부는 심리학자들과 치료사들을 컨설턴트로 고용해왔다. 1920년대 초반에, 심리학자들은 전투 후유증(이후 외상후 스트레스 장애로 식별됨)의 위험요인이 있는 군인들을 선별하는 것을 돕기 위해 심리검사를 개발하였다. 이라크와 아프가니스탄 전쟁 동안, 미국 국방부는 심문기술을 훈련시키기 위해서 심리학자들을 고용해 왔다(이 활동에서 정신건강전문가의 참여에 대한 심도 깊은 분석을 위해서는 Kalbeitzer(2009)를 참조할 것). 여러 심리학자들이 개입된 "어떻게 억류자들의 두려움과 스트레스를 높일까"에 대한 심문에 대한 조언을 한 문서의 전문이 공개되었을 때(예를 들어, Lewis, 2005), 미국심리학회 의장은 그러한 자문의 윤리적인 문제를 평가하였다. 그 그룹은 보고서를 발표했다. 그해 말에, 협회는 그러한 활동에 대한 참여를 반대하는 결의안을 발표했으며, 심리학자들이 심문환경에서 고문 역할을 하는 것이 금지되지 않았다는 입장을 재확인하였다. 그 결의안은 고문 및 기타 잔혹한, 비인도적이거나 굴욕적인 대우

또는 적의 전투원에 대한 처벌에 대한 회원들의 참여를 부결하였다. 수감자들에 대한 군사적 심문과 관련된 모든 형태의 자문에 대해 포괄적인 비난을 거부한 것은 미국심리학회에 대한 논란을 불러일으켰다. 다른 심리학자들은 미국심리학회가 군대의 심문에 대하여 그러한 자문 활동을 한 것이 비윤리적이라고 정의내려야 한다고 주장하였다(Pope & Gutheil, 2008). 2008년 가을 미국 심리학회 멤버십 투표 결과 "모든 구성원들이 감금되어 있는 사람들을 위해 직접 일을 하거나 인간의 권리를 보호하기 위해 제3의 독립된 기관을 위해 일하는 경우를 제외하고는 국제법(예, 고문방지를 위한 유엔협약)이나 미국 헌법(적절한 경우)의 범위를 벗어나거나 또는 위반되는 환경에서 일하는 것을 금지한다"와 같은 중요한 정책들의 변화가 이루어졌다(APA, 2008b, http://www.apa.org/news/ press/re-leases/2008/07/interrogations.aspx). 2010년 APA는 그들의 입장을 명확히 하기 위해 규정 1.02와 1.03을 수정하였다.

▌요약

사람들이 슈퍼바이저의 책임을 맡을 때, 그들은 많은 윤리적 의무와 법적 책임들을 명심해야 한다. 그들은 상담역량뿐만 아니라 슈퍼바이지의 유익한 학습경험과 수행에 대한 적절한 피드백을 받을 권리를 보호해야 한다. 그러나 훈련생의 발전보다 더 중요한 것은 훈련생이 만나게 될 내담자들의 복지이다. 슈퍼바이저는 내담자의 복지에 대한 윤리적, 법적 책임을 지니고 있으며, 윤리규정은 슈퍼바이지의 욕구와 내담자의 욕구가 충동할 때 내담자에 대한 고려를 우선시할 것을 명령하고 있다. 내담자를 돌볼 법적 요건들은 상담사의 훈련수준에 관계없이 역량 있는 서비스를 받을 내담자의 권리에서 비롯된다.

슈퍼바이저들은 또한 윤리적으로 그들의 슈퍼바이지들을 착취하는 활동들에 관여하는 것이 금지되어 있다. 그들은 특히 성적 접촉, 다양성에 대한 무감각, 직업관계에서 개인적 가치관을 주입하

는 것을 피하기 위해 주의를 기울여야 한다. 스스로 책임감 있게 행동하지 않는 슈퍼바이저나 부도덕하게 행동하는 슈퍼바이지들을 가진 슈퍼바이저들은 그 결과에 책임이 있다. 후자의 원칙은 대리 책임이라고 불린다. 유사하게, 훈련생의 정당한 절차상의 권리나 내담자의 비밀보장에 대한 권리를 다하지 못한 슈퍼바이저는 법적 책임을 질 수 있다. 자문을 할 때, 정신건강전문가들은 전문가가 컨설턴트로서의 역량을 주장하기 전에 이 전문 분야는 전문가들에게 집중적인 훈련과 경험을 요구한다는 것을 인식할 필요가 있다. 좋은 과학의 원칙, 고지된 동의, 기록과 공개에 대한 비밀보장, 다중 관계, 이해상충, 착취에 대한 회피, 다양성 주제에 대한 민감성은 상담관계에서와 마찬가지로 자문과 슈퍼비전 관계에서도 강하게 적용된다. 마지막으로, 슈퍼바이저들은 상담비를 지불하는 제3자와 협력할 때 자신의 법적, 윤리적 의무를 준수해야 하며, 슈퍼바이지가 제공하는 서비스를 보고하는 데 있어 세심하고 정확해야 한다.

❖ 토론 질문

1. 현재 슈퍼바이저들은 슈퍼비전에 대한 공식적인 훈련을 거의 받지 못했다. 이 문제를 어떻게 해결할 것인가? 그러한 훈련을 의무화해야 하는가? 슈퍼비전을 위한 시험이 있어야 하는가? 어떤 다른 아이디어가 있는가?

2. 한 연구에서 상당수 슈퍼바이지는 슈퍼바이저를 "친구"로 지칭했다. 소닉은 연수생과의 개인적인 관계가 그들의 슈퍼비전을 훼손하기보다 강화하였다고 강력하게 믿었다. 그 견해에 어떤 장점이 있는가? 이 문제와 관련하여 컨설팅을 했다면 어떻게 대응했을 것인가?

3. 성실하고, 동기 부여가 되어 있지만 무능력한 슈퍼바이지를 다룰 때 윤리적으로 가장 이상적인 방법은 무엇이라고 생각하는가? 내담자와 불만족스러운 상호작용을 하는 인턴이 계속 개선을 시도할 수 있도록 허용해야 하는 기간은 어느 정도인가?

❖ 토론 사례

바트는 그가 일하는 지역 정신건강센터에서 가장 재능 있는 슈퍼바이저이자 임상 의사로 널리 알려져 있다. 그는 일반적으로 자신에게 많은 것을 배우고, 그 과정과 슈퍼비전 경험의 결과에 큰 만족을 표시하는 여러 인턴들을 감독한다. 바트는 또한 시간제 개인상담을 하고 있다. 많은 전직 인턴들은 도움이 필요할 때 바트에게 상담을 요청해왔다. 사실, 이전의 인턴들, 그의 친구들과 사랑하는 사람들이 바트가 맡은 사례의 25% 정도를 차지하고 있다. 그는 이 내담자들과의 치료가 보람 있고 생산적인 노력이라는 것을 발견하였다. 결과적으로, 학생들이 인턴십을 성공적으로 마친 후에, 바트는 추후에 그와 연락하기를 원하는 경우에 각각의 인턴에게 그의 명함을 나누어 준다. 바트의 행동이 ACA나 ACES의 윤리규정을 위반한 것인가? 만약 당신이 바트의 위치에 있다면, 졸업하는 인턴들에게 당신의 명함을 나누어 주겠는가? 그렇지 않다면 전 인턴들이 당신에게 상담을 받고자 한다면 어떻게 하겠는가?

필립은 중학교에서 일하는 인턴 학교상담사이다. 그의 내담자 중 한 명이 팔과 다리에 여러 개의 멍이 들어 있는 것을 발견했다. 그녀에게 물어봤을 때, 그녀는 단지 어깨를 으쓱하고는 "모르겠어요"라고 말한다. 필립은 이 내담자의 상처들에 대해 자신의 슈퍼바이저인 비비안에게 보고하였고, 그는 그녀에게 아동 학대 핫 라인에 전화할 계획이라고 말했다. 비비안은 그녀의 경우 2주 전에 아이의 선생님이 보고한 다른 상처에 대해 이미 조사 중이기 때문에 어떠한 보고도 필요하지 않다고 말한다. 처음에 필립은 그의 슈퍼바이저의 조언에 놀랐지만, 그 후에 그녀가 틀림없이 옳을 것이라 믿었고, 새로운 사건을 보고하지 않았다. 어쨌든 필립은 보고서를 만들어야 했을까? 비비안은 슈퍼바이저로서의 그녀의 윤리적, 법적 책임에 맞는 행위를 한 것일까? 만약 필립이 아무 일도 하지 않았다는 이유로 고소가 제기되었다면, 그는 그의 슈퍼바이저의 권고에 따라야 하는 인턴이라고 말함으로써 스스로를 방어할 수 있었을까?

마르샤는 가정 폭력 생존자들을 위한 보호소에서 인턴 과정을 마치고 싶어 하는 상담전공 박사 과정 학생이다. 보호소에서 일하는 다른 분야의 유능한 전문가들이 있지만 이 기관에는 그녀를 감독할 적절한 자격을 갖춘 전문가가 없다. 마르샤는 이 집단과 현장에 헌신하고 있기 때문에 자신이 원하는 기관에서 인턴 과정을 마칠 수 있고, 여전히 모든 훈련과 자격증 취득에 필요한 사항들을 갖추고 있다고 생각한다. 그녀는 자신의 분야에서 매우 유능한 100마일 떨어진 곳에 사는 슈퍼바이저와 원격 슈퍼비전 계약을 맺었다. 마르샤는 매주 오디오와 비디오테이프를 그에게 보낼 것이고, 그들은 전화와 이메일로 매주 정기적인 시간에 슈퍼비전을 할 것이다. 슈퍼바이저는 일주일에 최소 2시간을 슈퍼비전 활동에 사용하기로 합의했고, 마르샤는 그에게 매주 50달러를 보낼 것이다. 가정폭력 보호소의 책임자는 이 계획을 알고 있으며, 수용했고, 마르샤가 만족스럽지 않다고 느끼는 내담자와의 상담에 대해 자문을 받기 위해 슈퍼바이저에게 전화하는 것을 허용하기로 동의했다. 주의 자격위원회는 기관과 슈퍼바이저가 그들의 협정을 서면으로 작성하고 사본을 보내는 조건에서 협정에 동의했다.

15장

교사와 연구자로서의 상담사와 치료자

진실성, 과학, 보살핌

많은 상담사들과 심리학자들은 차세대 전문가들을 훈련시키고 전문 분야의 학문을 발전시키기 위한 연구에 참여한다. 이러한 활동에 포함된 주요 윤리적 문제는 다음의 직접적인 서비스 관련 주제들에 대한 것이다: 역량, 권한의 책임 있는 사용, 그들이 돌보는 사람들의 복지의 개선. 이 장에서는 가르치고 연구를 수행할 때 각각의 의무가 어떻게 충족되는지에 대해 설명하고자 한다.

가르침의 윤리

우리 사회는 교사들을 이중적인 관점으로 바라본다. 다른 말로, 그들은 높은 존경을 받고 있다: "더 많은 책임과 더 많은 자격을 요구하고, 따라서 가르치는 것보다 더 존경받을 만한 것이 무엇인가?"(Martineau, 1837). 다른 한편으로는, 그들은 경멸과 불신의 대상으로 여겨진다: "할 수 있는 사람은 하고, 할 수 없는 이는 가르친다" (Shaw, 1903) 가르치는 일의 가치를 본 사람도 그것의 남용을 걱정한다: "교사는 반드시 최대권위와 최소한의 힘을 가져야 한다"(Szasz, 1973). 이러한 양면성은 부분적으로는 교육에 대해서 가지고 있는 높은 기대와 일부는 실현되지 않는 희망에 대한 실망에서 비롯된다. 다른 사람들이 효과적인 상담사와 치료사가 될 수 있도록 가르치는 것은 좋거나 나쁜 일을 할 가능성이 많다. 좋은 일이 된다면, 다음 세대는 과거의 지혜를 전달받고, 그것을 확장할 수 있는 기술을 제공받으며, 나쁜 일이 일어나면, 자격을 갖추지 못한 사람이 전문 분야로 들어갈 뿐만 아니라 자격을 갖춘 사람이 그것에 대해 좌절한다. 하지만 교사의 힘을 억제하고 싶어 하는 Szasz의 소망은 실현될 수 없다. 대신에, 그 직업의 임무는 교사들이 그들의 권력을 책임감 있게 사용하도록 하는 것이다.

안타깝게도 정신건강전문가 양성 윤리에 관한 문헌은 정신건강전문가들의 상담과 심리치료, 슈퍼비전에 관한 문헌들만큼 풍부하지는 않지만 가용할 만한 유용한 자료들이 여전히 존재한다. 여러 전문가들이 그러한 주제들을 언급하였고, 최신의 윤리규정들에서 이러한 활동을 말하고 있으며, 일부 경험적인 연구들이 수행되었다. 이러한 문헌들에서 다루고 있는 중심이 되는 윤리적 주제는 가르칠 역량, 권력의 사용에 있어서의 책무성, 다중 역할과 갈등이 되는 역할들을 다루는 법, 전문가, 학생들, 대중에 대한 의무들이다.

가르칠 역량

상담사들과 치료자들을 가르칠 교수들은 우선 역량 있는 실무자가 되어야 한다. 더불어, 그들은 주제에 대해서 잘 알고, 역할에 맞는 준비가 되어 있어야 하며, 학생의 학습을 촉진시키기 위해서 헌신하여야 한다. 정신건강전문가들과 인증 기관이 학생들을 위한 역량기반 훈련을 강조하는 이 시대에 역량을 가르치고 멘토 역할을 수행하기 위한 책임이 어느 때보다 커지고 있다(Hensley, Smith, & Thompson, 2003; Kaslow, Grus, Campbell, Fouad, Hatcher, & Rodolfa, 2009). 거의 모든 심리학 교수가 수업 준비가 적절치 못한 경우가 가끔 있다는 것을 인정하지만, 때로 수업 자료를 숙지하지 못한 적이 있다고 인정한 숫자 또한 38%로 놀랍게 높은 수치이다(Tabachnick 등, 1991). Schwab와 Neukrug(1994)에 따르면, 자신이 유능하지 못하다고 지각하는 상담 교육자들이 36%로 거의 유사한 것으로 나타났다. 교수들은 정보를 제시할 때 개인의 의견, 확립된 이론과 연구를 확연히 구분하여 제시할 책임이 있다. 같은 설문 조사에서, 가르치는 데 있어서 편견이 4% 정도로 빈번한 것으로 나타났다. 빠르게 바뀌는 훈련 분야에서 최신의 정보를 알고 있어야 할 교수의 책임은 특히 중요하다. Tabachnick 등(1991)은 이 부분과 관련된 일관되지 않은 기준을 발견하였다. 그의 연구에서, 교육을 하는 36%의 심리학자들이 강의노트 업데이트 없이 해당 과정을 가르치고 있는 것으로 나타났다.

가르치는 내용에 과학적인 근거가 부족할 경우 그 한계가 명확히 언급되어야 한다. 최첨단, 추측에 근거한, 또는 실험적인 자료들이 그와 같이 분류되어야 한다. 이러한 제안은 강의자들이 오랜 시간 검증되어 온 내용으로 그들의 강의를 제한(축소)시켜야 함을 의미하는 것이 아니라 학생들이 전문적인 생각의 주 흐름에 있는 개념과 아주 새로운 또는 추측에 가깝지만 널리 받아들여지는 내용을 구분할 수 있도록 안내해야 한다는 의미이다. 전문가들은 교육의 궁극적인 목적이 훈련생들이 새로운 지식들의 강점에 대해서 객관성을 가지고, 특정 주제에 대해서 잘 알고, 독립적인 결정을 내릴 수 있는 역량을 갖출 수 있게 하는 것임을 인식하고 그러한 문제들에 대해서 보다 더 현명한 의사결정을 할 수 있는 능력을 갖출 수 있게 하는 것임을 알아야 한다. 이러한 가이드라인은 교수들이 자신의 주관을 감추는 것이 필요함을 의미하지 않는다. 아직 확립되지 않은 주제에 대해서 자신의 개인적인 평가를 내리는 논리적인 과정을 보여주는 것은 학생들이 스스로 유사한 판단을 내릴 수 있는 전문가가 되는 과정을 도와줄 것이다. 하지만, 다른 견해를 갖고 있는 다른 사람들을 모욕하거나 다른 사람들의 공신력 있는 지위를 무시하는

것은 윤리적 기준에 부합하지 않는다. APA 기준 7.03에서는 학생들이 교육 및 평가에 대해 알 수 있는 충분한 정보와 함께 수업 계획서와 강의의 정확성을 강조하고 있다. ACA 윤리규정에서는 상담사를 교육시키는 전문가들은 그들이 가르치는 내용에 대해서 잘 알고 있어야 하며, 상담에서 발생할 수 있는 다문화적 주제에 대해서 이해하고 있어야 한다고 강조하고 있다(F.7.b−c절). 일부 대학들에서 교수들은 그들의 연구 및 전문 교육 분야와 직접적으로 관련이 없는 분야를 가르칠 것을 요구받는다. 그러한 요청을 받을 경우 교수들은 그들이 실무를 수행할 때 자신의 전문 영역과 관련 있는 내용인지를 판단하는 등 관련 요구를 완벽하게 수행할 수 있는지를 평가하여야 한다. 만약 주제가 자신의 전문 영역에 속해 있지 않을 경우, 그들은 사전에 지속적인 교육을 받을 수 있지 않는 한 거절할 수 있어야 한다. 개인의 전문 영역의 경계와 관련된 윤리규정은 가르치는 것과 치료에 동일하게 적용된다(ACA 윤리강령 섹션 C.2.a과 APA 윤리강령 섹션 2.01 참조).

상담과 심리학 분야에 있는 대학원생들은 조교와 학부강의 또는 상담사 양성 과정에 참여하게 된다(Branstetter & Handelsman, 2000). 연구자들에 따르면 대부분의 대학원생들이 효과적인 교육법이나 직업윤리에 대한 공식적인 교육을 거의 받지 못했으며, 그들이 조사한 조교의 절반은 여전히 그들의 교육에 대한 슈퍼비전을 받은 적이 없다고 응답했다. 한 설문 조사에서 90%의 학부생들이 심리학과 대학원생들의 비윤리적인 행동들을 목격했다고 언급한 것은 놀라운 일이 아니다(Fly, van Bark, Weinman, Kitchener, & Long, 1997). APA 윤리강령(섹션 2.05)에 의하면, 전문가들은 그들의 하급자들을 올바르게 훈련시켜야 하며, 책임을 위임하는 사람의 작업을 감독해야 한다. 분명히, 위와 같은 증거들은 이 규정들에 대한 준수가 낮다는 것을 보여 준다.

권력의 사용에 대한 책무성

7장과 14장에서 논의한 것과 같이, 자신보다

낮은 지위에 있는 학생들에 대한 성폭력, 성적인 착취는 상담과 심리학 대학원 프로그램에서 다소 빈번히 일어난다. 출판된 연구에서, 학생과 성적인 접촉을 한 교수가 평균 8.8%인 것으로 나타났다. 한 연구에서 거의 3분의 1의 심리학 여성 대학원생들이 성적인 학대를 받은 경험이 있다고 보고하였다(Glaser & Thorpe, 1986). 다른 연구에서, 심리학 인턴십은 교수-학생 사이의 성적접촉의 계속되는 사각지대로 지목됐으며(Welfel, 1992), 이러한 결과는 정신건강전문가들과 사회복지사를 대상으로 한 Barnett-Queen과 Larrabee(2000)의 연구에서도 반복되었다. 연구자들은 표본의 1.8%가 그들의 훈련 기간 동안 교육자와 성적인 접촉을 한다고 보고하였다. 언론에서 언급한 성적인 학대에 대한 관심은 그러한 문제를 완전히 제거하지 못한 것으로 보인다. Barnett-Queen과 Larrabee(2000)의 연구에서 성적인 문제를 경험한 상담전공 학생들은 9.5%로 4%인 사회복지 학생들의 두 배인 것으로 나타났다.

Blevins-Knabe(1992)는 고등 교육 기관에서 성적인 학대가 나타나는 이유에 대해서 자신의 의견을 언급하였다. 그녀는 교수들이 그들의 행동이 가지는 함의를 잘 인지하지 못한다고 주장하였다. 그들은 자신의 행동이 친절하고 지지적이라고 지각하고 있었으며 그 행위가 가진 성적인 동기에 대해서는 무시하였다. 가끔은 교수와 학생 모두 성적인 관계를 맺을 의지가 있었다. 성관계에 대한 합의가 있을 때, Blevins-Knabe는 전문적인 관심과, 학생의 개인적인 불안정성, 교수 개인의 해결하지 못한 이슈, 성역할 사회화와 같은 요인들이 모두 영향을 미친다고 주장하였다. 흥미롭게도, 돌이켜 생각해 보면, 교수뿐만 아니라 학생들 역시 그들의 관계가 "합의"에 의해 자유롭게 선택한 것이었다고 지각하였으며 둘의 개인적 혹은 전문적인 성장을 위해서 유익한 것이었다고 지각하였다(Glaser & Thorpe, 1986; Miller & Larrabee, 1995; Pepo et al., 1979; Robinson & Reid, 1985).

교수진의 성적 접근에 대한 이야기를 듣는 다른 학생들도 영향을 받는다. Adams, Kottke, Padgit (1983)은 13%의 여학생들과 3%의 남학생들이 다른 학생들과 성적인 접촉을 맺으려고 하는 것이 알려진 혹은 소문을 들은 적이 있는 교수와 함께 일하는 것을 피하려고 한다고 보고하였다. Rubin, Hampton과 McManus(1997)는 여성들이 특히 성적인 학대에 해당하는 행위들을 불편해한다고 언급하였다. 물론, 자신보다 약한 학생들에 대해서 사기를 치거나 개인적인 관심으로 인해 강탈할 목적이 있는 교수들도 있지만, 일부 교수들은 개인적인 불만족, 삶의 위기, 또는 신경증적 경향성 등으로 인해 동기화되는 것으로 나타났다. 현재 윤리규정에서는 어떠한 상황에서도 재학 중인 학생들과의 성적인 접촉을 전면적으로 금지하고 있다(ACA 윤리강령 섹션 F.3.b; APA 윤리강령 섹션 7.07). 그러므로 교수들은 성적인 관계로 발전할 가능성이 있을 때, 학생들과 분명한 경계를 설정해야 하며, 전문적인 도움을 구해야 한다.

성적인 접촉이 가장 보편적이지만 교수의 권력을 남용하는 유일한 사례가 아니다. 교수들은 전문가로서 성공하고자 하는 학생들의 욕구를 착취하며, 임상 또는 연구 경험들에서도 마찬가지이다. 그들은 학업성취와 관련이 없는 학생의 기본적인 특성들을 기반으로 차별을 하기도 하며 학생과 동료들의 미래에 대해서 가지는 그들의 의사결정의 함의점에 대해서 기민하게 반응하는 데 실패하기도 한다.

옐터 교수의 사례

옐터 교수는 집필 중인 책에 포함해야 할 내용에 따라 수업을 듣는 학생들에게 연구 주제를 할당한다. 이러한 문서 중 일부 주제는 강의 내용과 알파벳순으로만 관련되어 있으며, 학생들은 주제를 변경할 수 있는 선택권이 없다. 과제를 제출할 때 그녀는 주제에 대한 분석보다는 참고문헌 리스트의 질에만 집중한다. 그녀는 학생들의 학업이 자신의 책에 얼마나 유용한지에 따라 등급을 매긴다.

마르쉐 박사의 수업 방식

마르쉐 박사는 수업 시간에 토론을 장려한다. 많은

학생들이 그가 토론을 위해 제안한 문제에 대답하기 위해 손을 들었을 때, 그는 거의 항상 남학생들을 먼저 알아본다. 게다가, 그는 남학생들에게 그들의 생각을 발전시키고 다른 관점에 반응할 시간을 주고자 한다. 그는 여학생들과는 형식적인 상호작용을 더 좋아하고, 여학생들에게는 참을성이 덜 하다.

파스티온 교수의 연구 프로젝트

파스티온 교수에게 배정된 박사 과정 학생들은 졸업 후 그녀로부터 긍정적인 추천서를 받고 싶다면, 그녀의 연구 프로젝트에 자원해서 그녀를 도와야 한다. 만약 그들이 다른 교수의 연구에 참여하거나 파스티온 교수의 연구에 자원해서 시간을 내지 않으면 그들의 역량 또는 경험과 상관없이 파스티온 교수가 그들을 지원하지 않을 것이기 때문에 다른 교수를 찾아야 한다.

첫 번째 사례에서, 옐터 교수는 수업 중에 학생들을 무보수의 연구보조원으로 쓰고 있었다. 더불어, 그녀는 그들의 학습과 관련 없이 자신의 흥미를 기반으로 했으며 그녀가 세운 계획과 대안적인 기회를 제공하지 않았다. 그러한 행위는 상호호혜와 자율성 존중에 대한 윤리 원칙에 반하는 것이다. 교수가 윤리적인 행위자로서 역할 모델이 되어야 한다는 규정에도 어긋나는 것이며(ACA 윤리강령 섹션 F.6.a), 연구의 공헌자로서 학생들에게 이득을 주고(ACA 윤리강령 섹션 G.5.f), 착취적인 관계를 피해야 한다는 규정에 위반되는 것이다(APA 윤리강령 섹션 3.08). 옐터 박사의 윤리적 문제는 여기서 끝나지 않는다. 그녀의 행동은 또한 평가에 있어서 객관성을 다루어야 한다는 윤리규정을 위반한 것이었다(APA 윤리강령 섹션 7.06.b).

말할 필요도 없이, 옐터 교수는 이런 관행을 중단하고, 수업 내용과 직접적으로 관련된 주제를 배정하고, 공정하고 객관적인 채점 기준을 사용해야 한다. 만약 학생이 경력을 쌓기 위해 자원봉사를 선택하면 학생의 노력이 인정되고, 다른 형태의 착취는 피해야 한다. 그녀는 자신의 요구 사항에 도전하거나 성적에 의문을 제기하는 학생들을 지배

하는 힘에 대한 재교육을 받을 수 있다. 그녀의 현재 행동은 적절한 전문적인 역할 모델의 행동에 정확히 반대되는 것이다.

마르쉐 박사는 성에 대한 편견을 가지고 있다. 이러한 행동은 학생이 가지고 있는 전문적인 역량과 상관없이 그들의 인구통계학적 특성을 기반으로 공정하지 못한 대우를 할 수 있기 때문에 부적절한 것이다. 그것은 차별을 금지하는 강령의 일부를 위반한다. 마르쉐 박사는 자신이 가지고 있는 이러한 편견을 인식하지 못하고 있을 수 있으나 그의 무지는 변명거리가 되지 못한다. 그의 수업을 듣고 있는 학생들은 그의 응징(차별)이 두려워서 자신의 경험을 자유롭게 이야기하기 두려워할 것이다. 한번 성적이 제출되었다 하더라도 마르쉐 박사의 수업에 제대로 참여할 기회가 없었던 학생들은 과정 평가, 교수와의 대화, 프로그램 안에 있는 다른 교수와의 논의를 통해서 문제를 해결해 나갈 수 있을 것이다. 말할 필요도 없이, 만약 다른 교수들이 이런 행동을 알게 되면, 그들은 관련된 학생들이 그러한 접근에 반대하지 않는다고 가정하면서, 마르쉐 박사와 그 문제를 다루어야 한다.

파스티온 교수의 핵심적인 윤리적 문제는 그녀의 위치에 있어서 기본적인 의무인 추천서를 써주는 것을 그녀의 프로젝트에 대한 노동과 "판매용으로" 교환하는 것이다. 학생들은 상담사로서의 실제적인 능력과 상관없이 긍정적인 평가를 "받고자" 하였다. 이러한 관행은 학생들의 취약성을 이용할 뿐만 아니라 유능한 학생들만 그 직업에 들어가게 하는 교수의 의무를 위반하는 것이다. ACA 윤리강령(섹션 F.6.d)은 이 주제에 대해서 꽤 명확하게 명시하고 있다.

파스티온 교수도 자율성을 존중하고 해를 피해야 하는 그녀의 의무를 위반했다. 교수의 연구를 돕는 것이 완전히 공개된 박사 과정의 입학이나 지속의 명확한 조건이 아니라면 그녀의 요구는 교육 절차에 대한 고지된 동의를 받을 학생들의 권리를 침해한다. 하지만, 파스티온 교수가 연구 지원을 "현재의 보상"으로 사용하는 한, 어떠한 고지된 동의도 그녀의 행동을 윤리적으로 받아들일 수

있는 관행으로 바꿀 수 없다.

또한 파스티온 교수는 여러 방법으로 학생들에게 해를 입혔다. 그녀의 프로젝트에 대한 참여를 거부하는 사람들은 결과를 모른 채 예상치 못한 부당한 승인을 받아 상처를 입게 된다. 다른 학생들은 대학원 과정에서 스스로 벌어 생활해야 하기 때문에 무료로 일하는 사치를 누리지 못할 수도 있다. 그 교수의 관행은 부당하게 긍정적인 평가를 받는 사람들에게도 해를 끼칠 수도 있다. 다른 분야에 재능을 갖춘 학생들이 자격증을 취득하는 것이 항상 더 나은 것은 아니다. 장기적으로 볼 때, 이러한 학생들은 훈련 중에 그들이 충분한 역량이 없다는 것을 배움으로써 더 도움을 받을 수 있다. 이 과정에서 느끼는 고통이 잘못된 수행으로 인한 고소, 해고, 무능력으로 인한 다른 문제들보다 덜할 수 있다. 더욱 중요한 것은, 파스티온 교수가 이러한 무능력한 학생들에 의해 상담을 받는 대중들에게 해를 끼치고 있다는 것이다. 해결책은 무엇일까? 분명히 파스티온 교수는 이런 관행을 중단하고 연구 보조원을 좀 더 적절한 방식으로 채용해야 하며, 실제 성과에 대한 평가만을 추천서에 언급해야 한다. 그녀는 또한 자신이 과거의 추천서에서 저지른 잘못을 바로잡아 학생들이 수정된 사본을 미래에 사용할 수 있도록 보내야 한다.

책임의 무시: 또 다른 권력 남용

Keith-Spiegel(1994)은 관련 전문직에 지원하는 교수들에게 심리학 교육자의 역할을 강조한다. 위해를 피하기 위한 의무는 상담사나 치료사로서의 역할보다 교사의 역할에서 해석하는 것이 더 복잡하다. 교사는 학생들에게 해를 끼치고 싶지 않지만, 학생들의 학업 성적이 기준 미달이거나 무책임한 태도를 보일 때, 학생에게 해를 끼치는 것에 대한 교사의 염려는 학생이 만날 수 있는 내담자와 직업의 평판에 대한 그의 의무와 균형을 이루어야 한다. 제4장에서 논의된 바와 같이, 직업적 기준을 지킬 수 없거나 지키고 싶어 하지 않는 사람들을 받아들이는 것은 대중의 신뢰를 고무시키지 않는다. 따라서 자격이 없는 사람들이 상담하는

것을 막지 못하는 교수진들은 그들의 주요 책임 중 하나를 간과하는 것이다. 교수의 목표는 물론 모든 학생들이 능력에 대한 기준을 충족시키도록 돕는 것이지만, 그것이 실패할 때, 그들은 자격이 없는 사람들을 받아들여서는 안 된다. 다시 말하지만, ACA 윤리강령은 섹션 F.9.b(부록 A)에 학생의 결함을 다루는 절차를 명시하면서 이 문제에 가장 직접적으로 언급한다.

도리안 박사의 딜레마 사례

도리안 박사는 몇 년 안에 종신교수로 임명되기를 원하는 교수이다. 그의 대학에서, 유능한 강의와 학생들과의 좋은 관계는 종신 평가에서 중요하게 반영된다. 도리안 박사는 실습생이 있는데, 성적이 만족스럽지 못하다. 이 학생의 수행을 향상시키기 위한 그의 실질적인 노력은 결실을 맺지 못했다. 게다가, 학생은 그의 능력의 한계를 이해하지 못하는 것처럼 보이고, 자신이 역량을 갖추지 못한 사례들을 맡는 경향이 있다. 도리안 박사는 이 학생이 졸업시험을 통과해서는 안 된다고 믿고 있지만, 또한 목소리가 높고, 연줄이 좋은 학생이 낙제 점수를 받은 것에 대해 불만을 토로함으로써 대학 관계자들의 관심을 집중시키는 것이 부담스럽다. 낙제 점수가 그에게 야기할 복잡성 때문에, 도리안 박사는 이 학생을 합격시키기로 결정한다.

윤리적 기준에 따르기 위해서는, 도리안 박사는 불편함에도 불구하고 학생이 받아야 한다고 믿는 점수를 기록해야 한다. 만약 도리안 박사가 공정하게 점수를 줬다면, 학생과 그의 낮은 수행을 이야기하고, 그의 문제에 대한 치료를 돕기 위한 개입을 문서화하며, 불평에 대응하는 것은 어려운 일이 아니다. 거의 모든 대학에서, 학생들은 채점 절차가 임의적이거나 차별적이라는 것을 입증해야 한다 — 그것은 충족시키기 어려운 표준이다. 도리안 박사의 종신 재직에 대한 걱정이 그의 판단을 압도하고 있는 것 같다. 더 깊은 차원에서, 도리안 박사는 윤리적 행동이 편안함의 문제라고 생각할지도 모른다. 기준을 따르기 쉽다면 기꺼이 따를 수도 있지만, 규정을 준수하는 것이 개인적인 불편

을 야기하면, 그는 규칙을 어긴다. 그런 행동은 전문가답지 않다.

이 기준의 다른 위반은 그렇게 노골적이지 않다. 일부는 모든 학생들이 그들의 잠재력을 최대한 발휘할 수 있도록 돕기 위한 교수의 마음으로부터의 나온다. 이 목표는 존경할 만하며 교수의 행동의 기준이 되어야 한다. 하지만 역량을 충분히 갖추지 못한 학생들에게 진행이 허용되면 문제가 된다. 교수들은 그러한 학생들의 잠재적 내담자들에 대한 그들의 의무를 잊으면 안 된다. 불행한 상황에서, 교수들은 교정 노력이 실패할 경우 학생들이 그들의 직업 목표를 철회하도록 돕는 데 초점을 맞춰야 한다. 다른 경우에는, 과밀 학급이 각 학생의 능력에 대한 세심한 평가를 어렵게 만든다. 교수들은 과도한 수업, 연구 책임들, 행정적인 일들로 압도될 때 학생들에게 어려운 과제를 주기보다는 "의심의 이득"을 주는 것으로 굴복한다. 심리학 교수의 10%가 학생에 대한 호감도가 그들의 성적에 영향을 미쳤다고 인정했을지라도, 과로나 학생 개개인에 대한 동정심이 전문적 기준에 위배되는 행동을 하기에 충분한 근거가 되는 것은 아니다(Tabachnick et al., 1991).

심리학 교수들이 때때로 부정행위를 무시하는 이유를 살펴본 한 연구에서, Keith-Spiegel, Tabachnick, Whitley와 Washburn(1998)은 대부분의 교수들은 부정직함을 확신하기에는 증거가 불충분하다고 느낀다는 것을 발견했으며, 덜 합리적인 몇 가지 이유도 한몫했다. 예를 들어, 교수들은 보고하는 것에 때때로 너무 스트레스를 받고, 그들이 원하는 것보다 더 많은 노력을 필요로 하며, 보복이나 법적 도전을 피하고 싶어 하는 것으로 나타났다. 다른 이들은 부정행위를 하는 학생들은 어쨌든 과정에 실패할 것이라 믿었으며, 경험이 없는 학생들만 부정행위가 발각된 것이라 합리화하였다. 말할 필요도 없이, 이러한 이유들 중 어느 것도 정신건강 분야 학생들에 의한 학업 부정행위의 문제를 다루지 않는 것을 정당화하지 못한다. 부정행위가 발각된 학생들은 학위를 마칠 때 내담자와 동료들에게 비윤리적인 행동을 할 위험이 있을 수

있다. 좀 더 최근의 연구에서, Vacha-Hasse, Davenport와 Kerewsky(2004)는 그들이 대상으로 한 대부분의 심리학 훈련 프로그램들(52%)이 3년마다 적어도 한 명의 학생들을 제적시켰지만, 같은 비율(54%)의 기관들이 문제가 있는 학생들에 대한 개입 지침서를 작성하지 않았다.

판결에 이의를 제기하는 소송이나, 학생을 불합격시키거나 제적할 권리에 대한 두려움은 일부 교수들의 진정한 관심사이며, 문제 학생들의 제적 절차의 개시에 실질적인 장애물로 보인다(McAdams, Foster, & Ward, 2007; Vacha-Hasse 등, 2004). 이런 걱정은 대개 부적절한 것이다. 교직원들이 학술 또는 임상 과정에서 만족스럽지 못한 성과를 보여주는 분명한 증거를 가지고 있는 한, 법원은 그들의 판단을 지지해 왔다(Remley & Herlihy, 2013). 제적을 경험한 학생의 약 80%는 프로그램의 조치에 이의를 제기하지 않는다(Vacha-Hasse et al., 2004). 학생들이 경쟁할 때, 프로그램의 정책과 절차의 질은 법적 문제들을 피하는 데 매우 중요하다(McAdams 등, 2007). 많은 교수들은 필수적으로 갖추어야 할 지식과 기술을 습득하지 못한 학생들을 대상으로 대안적인 직업을 상담하는 것을 선호하는 것으로 나타났다(Forrest, Elman, Gizara, & Vacha-Haase, 1999). 이러한 행동 방침은 학생들의 사생활을 보호하고 당황스러움으로부터 학생들을 보호한다. 말할 필요도 없이, 학생들이 프로그램에서 제적된다면, 그들이 우려하는 바를 공정하게 들을 수 있는 모든 절차상의 권리를 가지고 있다(Kaplin & Lee, 1995; Kerl, Garcia, McCullough, & Maxwell, 2002)(슈퍼비전에 대한 슈퍼바이지의 정당한 절차에 대한 권한은 14장을 참조).

학생들의 종교적 또는 도덕적 가치와 직업적 능력에 대한 프로그램 요구 사항 사이의 충돌

학생들의 종교적 신념이 다양한 사람들에게 봉사할 수 있는 역량을 갖추도록 하는 훈련 프로그램의 가치와 상충할 때 미래의 정신건강전문가에 대한 교육자의 윤리적 책임은 무엇입니까? 정신건강전문가로서의 자격증을 취득하려는 학생들의 윤

리적 책임은 무엇인가? 이러한 질문들은 모든 사람들이 헌법에 따라 종교적 자유를 누릴 권리가 있으며, 어떤 훈련 프로그램도 학생들의 종교적 신념을 폄하하거나 도전해서는 안 되기 때문에 매우 중요하다. 반면, 프로그램들은 그들이 졸업한 학생들이 대중들에게 봉사할 수 있는 역량을 갖추도록 할 의무가 있고, 대중들에는 정신건강전문가들의 가치와 일치하지 않는 다양한 필요, 배경, 믿음을 가진 사람들이 포함된다. 또한 졸업생들은 대중들에게 봉사할 수 있는 충분한 역량을 갖출 책임이 있다.

가장 일반적인 예는 학생들이 가지고 있는 종교적인 신념으로 인한 갈등의 상황이다. 즉, 상담사들의 종교적 가치와 맞지 않아 LGBTQ 내담자들의 성정체성과 행동을 받아들이기 힘들 때 그러한 내담자들과 함께 작업하기 어려울 수 있다. 반대로, 전문가 그룹의 관점에서는 LGBTQ 내담자들의 관계가 비도덕적인 것이 아니며, 상담사들은 그들의 성정체성과 관련된 문제를 이성애자들과 같은 관점에서 상담할 수 있는 역량을 갖추어야 한다(APA, 2011b; Kaplan, 2014). 최근 몇 년간 학생들이 LGBT 내담자들의 요구에 부응할 수 있는 능력을 갖추도록 요구하는 교육 프로그램에 이의를 제기함에 따라 몇몇 법적소송이 제기되었다. 이러한 사례들에서, 학생들은 상담사로서 LGBTQ 내담자들과 함께 작업하는데 필요한 역량을 개발하는 것에 대한 도전을 받는다(e.g., *Keeton v. Anderson–Wiley*, 2011; *Ward v. Wilbanks*, 2010). Keeton의 사례에서 법원은 학생들은 상담사로서 모든 내담자들을 다룰 수 있는 역량을 개발하여야 하며 대학이 그들의 종교적 자유를 침해한 것이 아니라고 언급하고 있다. Ward 사건의 경우, 지방 법원은 사건에 대한 사실이 대학의 입장을 지지한다고 결정하면서 대학에 유리하게 약식 판결을 내렸고, 공평한 배심원들은 Ward에게 유리하게 결정을 하지 않을 것이다(*Ward v. Wilbanks*, 2010). 이 약식 판결은 항소 법원에 의해 뒤집어졌고, 항소 법원은 이 사건이 배심원에게 가도록 허용되어야 한다고 판결했다(*Ward v. Polite*, 2012). 항소 법원은 상담사의

가치에 기초한 의뢰 문제에 대한 ACA 윤리규정의 명확성과 프로그램의 훈련 요건의 투명성 둘 다에 대해 의문을 제기했다. 결국, 그 사건은 법정 밖에서 해결되었다(이러한 사례 및 기타 사례에 대한 자세한 설명은 Behnke, 2012; Herlihy, Herlihy, & Greden, 2014 참조). 이 문제에 대한 ACA의 공식 입장은 구체적으로 아래와 같다. 그러나 항소 법원이 가치 충돌로 인한 의뢰가 윤리강령이나 상담문헌에 의해 명시적으로 금지되었다는 점에 대해 이의를 제기했다는 것이 중요하다.

- 전문상담사는 상담사의 가치를 근거로 동성애자(또는 다른 보호가 필요한 내담자 계급에 속하는 개인)에 대한 상담서비스를 거부하지 않을 것이다.
- 의뢰는 가치가 아닌 기술을 기반으로 한 역량에 기초하여 이루어져야 한다.
- 내담자를 유기하는 것을 예방하기 위해, 의뢰는 최후의 수단이다.
- 개인에 대한 상담사의 윤리적 의무는 첫 번째 상담이 아닌 내담자와 처음으로 연락하거나 사례를 배정할 때 시작된다(Kaplan, 2014, p. 146).

이 사건들이 결정된 후 적어도 하나의 주(州)에서 "양심 조항 법률"이 제정되었다:

대학 또는 전문대학은 학생이 자신의 슈퍼바이저나 교수와 상의하여 내담자에게 피해를 입히지 않는 적절한 조치를 취한 경우, 학생 개인의 종교적 신념을 이유로 특정 내담자와 상담하기를 거부했다는 사실에 근거하여 상담, 사회사업, 심리 프로그램에서 해당 학생을 징계하거나 차별하지 않아야 한다(아리조나 HB 2565 "대학생의 종교자유 법", 2011).

이와 유사한 법안이 다른 주에 도입되었지만, 지금까지 이 법안들은 주(州) 전문가협회가 협상한 형태로 제정되거나 통과되지 못했다. 법적 결정의 상충되는 성격과 이 사안에 내재된 종교적 자유에 대한 우려에 비추어, 교수와 슈퍼바이저들은 법률의 변화에 대한 최신 정보를 인지하고 있어야 한다.

다행히도, 학자들과 전문단체들 모두가 프로그램과 학생들에게 이 갈등을 책임감 있게 해결할

수 있도록 돕기 위한 지침을 제공하고 있다. APA 교육위원회는 충돌을 해결하기 위한 훈련 프로그램을 안내하는 성명서를 발표했다(APA, 2013). APA 문서는 연수 프로그램이 연수생의 종교적 신념을 존중하고, 자기 계발을 조장하고, 개인적인 신념을 제한하거나 폄하하지 않는 학습 환경을 제공해야함을 분명히 한다. 동시에 그 직업에 종사하는 사람들은 다양한 사람들을 다룰 수 있는 역량을 갖추어야 한다고 하면서, 핵심 역량이 대중에 대한 혜택에 기초하여 확인되었기 때문에 학생들은 그들이 어떤 핵심 역량을 선택하고, 선택하지 않을지를 결정할 수 없다고 확언한다. 이에 따라 "전문 심리학 훈련 프로그램에 참가하는 교육 훈련생들은 교육 기간 동안 특정 영역에 속하는 잠재적 내담자/환자를 배정받지 않을 것이라는 합리적 기대를 갖지 않아야 한다"(APA, 2013). 이 정책은 특정 사례에 대한 의뢰를 허용하며 고객의 복지가 더 중요하다고 가정하지만 핵심 역량에 대한 교육의 필요성에는 확고하다. 이 성명서는 또한 프로그램이 학생들에게 요구하는 것에 대해서 명확하고 투명해야 할 필요성을 강조하고 있다. 이를 위한 실제적인 방법은 학생편람, 프로그램 웹 사이트, 강의 계획서 및 관련 문서의 내용을 통해 이루어진다. 또한 프로그램은 학생들의 학업 성취와 부족한 역량을 교정하기 위해 적절한 절차와 문서화된 정책, 절차를 동일하게 이행해야 한다.

Farnsworth와 Callahan(2013)은 그러한 갈등을 해결하기 위한 5단계 모델 프로그램을 제공한다. 이 모델은 갈등의 명백한 인식으로 시작하여, 학생들이 가치 충돌에 대해 대응하도록 돕는 과정과 갈등을 분류하는 과정을 포함한다. 모델의 이 시점에서 교육을 위한 권장 사항을 개발하고 구현할 수 있다. 이 모델의 마지막 단계에는 사건 처리를 위한 권장 사항이 포함된다(p. 206). Ward의 사례와 관련된 교수 중 두 명인 Dugger와 Francis(2014)는 유사한 법적인 문제에 직면한 교육 프로그램에 대한 권장 사항을 제공한다.

멘토링과 문제가 되는 경계의 침범을 구분

교수진과 학생들은 종종 여러 종류의 전문적인 접촉을 한다. 학생은 연구 조교, 수강생, 원고에 대한 공동 작업자 및 동일한 교수진에 대한 실습 세미나에서 슈퍼바이지의 역할을 동시에 수행할 수 있다. 이러한 다중역할에 연속적으로 참여하는 것은 학생과 교수진에게 훨씬 더 흔한 일이다. 예를 들면, 나의 전임 졸업생 조교 중 한 명은 내 감독 하에 있는 수련생과 준비 중인 원고의 공동 작업자였다. 우리 둘 중 누가 비윤리적으로 행동했을까? 많은 사람들이 여러 유형의 상호작용에 윤리적 측면을 보지 못한다. 사실, 교수와 학생들 사이의 다각적이고, 지속적인 연결은, 보통 멘토링 관계라 불리며, 종종학자들과 참여한 당사자들에 의해 바람직한 것으로 여겨진다(Bowman, Bowman, & DeLucia, 1990; Bowman, Hatley, & Bowman, 1995; Schweibert, 2000). 일부학자는 멘토링을 학업 프로그램의 학생 성취도, 만족도 및 지속성과 연결시킨다(Bean & Kuh, 1984 참조). 멘토링 관계는 심리학 대학원에서 흔히 볼 수 있는 것으로 심리학과 대학원생의 67%가 멘토를 가지고 있었으며, 압도적 다수(91%)는 그들에게 만족한다고 보고했다(Clark, Harden, & Johnson, 2000).

그럼에도 불구하고 일부학자들은 학생들과의 다중 관계와 그 고유한 위험에 대해 주의를 표명해 왔다(Johnson & Nelson, 1999; Kitchener, 1992; Warren, 2005). Clark 등(2000)은 멘토의 2%가 학생들과의 관계를 성적으로 바라본다고 주장하였다. 멘토링은 전문가의 객관성을 흐리게 하고, 다른 학생들에게 질투나 오해를 일으킬 수 있으며(Boweman et al., 1995), 지켜야 할 다른 경계들을 더 어렵게 만든다. 예를 들어, 학생들과 긴밀하게 협력하는 교수진은 학생들을 개인적인 문제에 대한 친구로 사용하거나, 학생들과 광범위하게 어울리거나 전문적 관계와 개인적 관계의 구분을 잊어버릴 수도 있다. 학생들이 학생이 아닌 친구가 되었을 때, 교직원들은 그 직업의 문지기의 책임을 다하는 데 어려움을 겪을 수도 있다. 관계에서 힘의 불균형은 평범한 우정을 특징짓는 호혜성을 약화시키기 때문에 무시할 수 없다. 대부분 교수진은 학생에게 보다 많은 감정을 표현하고, 호의를 베풀며, 정서적인 지원을 원한다. 어떤 수준에서, 학생은 교수들이 자신의 미래에 막대한 영향을 미친다는 것을 알고 있다. 이러한 이유로 윤리강령은 전문가들에게 경계를 존중해야 한다고 권고한다(ACA 윤리강령 섹션 10D 및 F. 10F, APA 윤리강령 섹션 3.05). 특정 다중 관계의 적정성을 평가하기 위해 APA 윤리강령에 사용된 두 가지 기준은 여기서 검토할 가치가 있다. 다중 관계는 전문가의 객관성을 손상시키거나 다른 사람을 해치거나 악용할 수 있는 경우에는 승인되지 않는다. ACA는 경계 교차점은 허용하지만 그러한 확장의 유형 및 기간에 대한 광범위한 논평을 제공한다.

ACA 윤리강령

섹션 F.10.f 교육자와 학생의 경계 확장

상담 교육자는 교수와 학생 간의 관계에서의 권력 차이를 알고 있다. 학생과의 개인적인 관계가 학생에게 잠재적으로 도움이 될 수 있다고 믿는다면, 그들은 내담자와 일할 때 상담사가 취하는 것과 비슷한 예방 조치를 취해야 한다. 잠재적으로 유익한 상호작용 또는 관계의 예로는 공식적인 시상식 참석, 병원 방문, 스트레스가 많은 행사 동안 지원 제공, 전문협회, 조직 또는 지역 사회의 상호 회원 자격 유지 등이 있다. 상담 교육자는 학생들과의 상호작용, 잠재적인 이점과 단점, 그리고 학생에게 기대되는 결과에 대한 근거를 토론한다. 교육자는 개인적인 관계를 맺기 전에 학생들과 함께 역할의 구체적인 특성과 한계를 명확히 해야 한다. 학생과의 개인적인 관계는 제한된 시간/ 또는 상황에 적절한 내용이어야 하며 학생의 동의하에 시작되어야 한다.

출처: 미국상담협회의 허가를 받고 재출판

경계를 열거하는 것은 다소 추상적인 용어이다. 교수－학생 관계와 관련하여 나는 그것이 또한 다음을 의미한다고 믿는다:

- 학생을 개인적인 문제나 동료들과의 좌절감 문제에 대한 친구로 이용하는 것을 삼간다.
- 함께 보낸 시간의 대부분이 전문적인 문제에 집중하는지 확인한다. 우호적인 상호작용은 피할 수 없지만 사회적 사건에 대한 이야기가 더 많은 시간을 차지하는 것은 바람직하지 않다(학생의 목표는 교직원으로부터 배우는 것이라는 것을 명심해야 한다).
- 반복되는 1:1 상호작용보다는 그룹 이벤트를 더 선호한다.
- 임상 슈퍼바이저의 경우와 같이 학생이 겪고 있는 개인적 스트레스에 대한 논의를 하는 데 한계를 설정하거나, 상담에 의뢰하도록 한다.
- 친척이나 이전에 개인적으로 관계가 있었던 학생과의 멘토링 관계는 피한다.
- 양측이 각자의 역할과 윤리강령의 관련 내용을 이해할 수 있도록 관계의 매개변수와 초기 역할을 명확히 한다.
- 자격을 갖춘 학생들이 다른 학생들보다 멘토에 더 쉽게 접근할 수 있다는 인식하에 다양한 학생들에게 멘토링 활동을 제공한다.
- 사소한 문제들을 다루고, 관계에 대한 외부의 피드백을 받기 위해 동료들과 주기적으로 멘토링 문제에 대하여 상의하도록 한다.
- 멘토링 관계를 그만두고자 하는 학생들은 그들의 의견을 존중하고 보복 없이 허용하여야 한다.

이러한 기준들을 활용하여, 2장에서 배운 의사결정 모델을 바탕으로 다음 상황에서의 윤리적 문제를 고려해 보자.

여름방학 작업 사례

대학원생은 여름에 하우스 페인팅 사업을 운영한다. 그녀는 이 사업을 통해서 번 돈으로 박사학위를 위한 교육비를 충당하고자 한다. 교수는 게시판에서 그녀의 사업을 홍보하는 전단지를 보고 학생과 계약을 맺어 내년 여름에 집을 장식하고자 한다. 학생은 가을 학기에 집단치료 과정에 등록할 예정이다.

치료파트너 사례

교수는 파트-타임 정신 요법을 한다. 그녀는 졸업한 재능 있는 학생에게 치료에 동참하라고 요청한다.

관대한 기부의 사례

학생 가족의 집안에 불이 났다. 그녀의 부모는 더이상 등록금을 지원할 수 없게 되었으며, 학생은 다음 학기에 등록할 수 없게 될까 봐 두려워하고 있다. 그녀는 경제적 지원을 신청했지만 기한 내에 지원을 받지 못하게 되었다. 그녀의 담당 교수는 그녀의 상황을 듣고 그녀에게 다음 학기 수업료에 해당하는 수표를 써주면서, 그녀의 재정적 원조가 해결될 때 대출금을 상환하라고 한다.

운송수단 요청과 관련된 사례

교수의 차가 고장 났다. 학생 중 한 명이 근처에 살고 있다. 교수는 다음 날 캠퍼스까지 태워 줄 수 있는지 물어본다.

Bowman 등(1995)은 여러 종류의 다중 관계의 윤리에 대한 학생들과 교수진의 견해를 조사하기 위해 설문을 했다. 그들은 사회적, 금전적, 멘토링, 성적인 접촉을 다루는 삽화들을 포함하였다. 예상한 바와 같이, 사실상 모든 참여자들이 성적 접촉은 부적절하다고 응답하였지만, 다른 응답들은 거의 일치하지 않았다. 교수의 윤리적 문제들에 대해 참여자의 4분의 3 이상이 합의하지 못했다; 아이를 돌보기 위해 학생을 고용하는 것, 학생과의 우정의 유지 또는 학생을 주요 사회적 접촉자로 삼는 행위, 동성애에 대한 다른 교수의 비방에 대해 침묵을 지키는 것. 이러한 의견의 불일치는 이 주제에 대한 전반적인 관심 부족, 윤리규정의 추상성, 전문적 및 개인적 의무에서의 갈등을 포함하여 몇 가지 문제를 내포하고 있다. 즉, 교수진과 학생 모두 이 분야에서의 윤리적 의사결정의 복잡성과 특정 활동이 그 맥락에서 평가되어야 하는 정도를

인식하는 것처럼 보인다. Tabachnick과 그녀의 동료(1991)에 의한 설문 조사는 성적이지 않은 교수-학생의 접촉윤리에 대한 비슷한 불확실성을 제시한다. 거의 49%가 학생에게 많은 또는 모든 상황에서 작은 부탁(예, 집으로 가는 차편을 함께하기)을 하는 것이 윤리적이라 응답했고, 37%는 거의 또는 전혀 윤리적이지 않은 것으로 보았다. 유사하게, 전체 교수의 29%가 학생에게 돈을 빌려주는 것을 대부분 혹은 모든 상황에서 윤리적이라고 생각했지만, 50%는 반대의 견해를 가지고 있었다.

학생들과 맺는 모든 종류의 다중 관계에 대해 반대하는, 엄격한 태도를 취하고 싶어하는 교수들은 아마도 위험에 과민반응하고 있고 학생들의 발달을 도모할 그들의 윤리적 의무를 회피할 수도 있다. Lloyd(1992)는 일부 교수진이 "멘토링 공포증"을 갖고 있는 것 같다고 지적했다. 그 명칭이 강하게 표현되어 있지만(연구 증거와 일치하지는 않지만) 이러한 명칭을 붙인 것은 대학원생과의 관계에 대해 교수들이 가지고 있는 불편함과 걱정을 표현하고 있다. 윤리 지침에 대한 주의 깊은 고려와 다양한 형태의 전문적인 접촉을 관리하기 위한 윤리 규정들은 그들의 잠재적 이득에 대한 타협 없이 그러한 관계에 존재할 수 있는 위험 요소들을 줄여준다.

학생들의 개인적인 성장 경험들

정신건강전문가의 정서적 안정은 상담의 성공에 결정적인 역할을 한다. 많은 윤리 불만은 전문가의 성격적 결함, 신경증 성향 또는 스트레스에 대처하는 데 있어 결함으로 인해 발생한다. 많은 학생들은 정서적으로 불안정하거나 임상 업무에 적합하지 않다(Forrest 등, 1999). 이러한 이유로 교사는 학생이 직업 수행을 위해 필요한 정서적 안정과 기질을 갖추도록 하고, 그 효과를 저해할 수 있는 개인적인 문제를 확인하고, 해결할 의무가 있다. 인증 및 자격증 기준은 또한 졸업생들이 내담자와 함께 일할 수 있는 역량을 발휘할 수 있을 만큼 정서적으로 안정적인지 확인하는 훈련 프로그램을 의무화한다. 내담자에 대한 공감을 높이고,

"내담자의 입장에 설(walk in clients' shoes)" 기회를 제공하고 실험 학습에 학생들을 참여시키는 경험은 모두 정신건강전문가들을 교육시키기 위한 중요한 도구이다. 이와 같은 경험은 학생들이 자신의 감정, 방어 및 대처 전략이 내담자와 효과적으로 일할 수 있는 능력에 어떤 영향을 미치는지 인식하는 데도 도움이 된다. 따라서 많은 프로그램들이 커리큘럼에서 개인적인 성장 경험을 엮어 낸다 (Merta, Wolfgang, & McNeil, 1993). 상담실에서는 학생들이 자주 상담 기술을 연습한다. 집단수업에서는 집단 경험을 쌓는다. 심리검사 과정에서 그들은 종종 그들이 공부하고 있는 심리검사를 받는다. 이러한 개인적인 성장 경험의 포함은 논란이 되어왔는데, 부분적으로는 그것은 역량 있는 전문가들을 받아들이는 직업훈련 분야의 책임이지만, 이에 반해 학생의 사생활 권리를 침해할 수 있기 때문이다(Coreyetal., 2015). 상담 교육자들은 그러한 경험의 윤리에 대한 견해를 나눴다(Schwab & Neukrug, 1994). 학생들은 중요한 교육 도구라고 믿지만 그런 경험이 그들을 개인 정보 공개의 불편한 수준으로 밀어 넣을 것이라고 우려하면서 그러한 경험에 대해 긍정적, 부정적인 태도를 표현한다(Anderson & Price, 2001). ACA 윤리강령의 섹션 F.8.c은 교수진이 시작하기 전에 이러한 경험의 본질을 설명하고 개인 정보의 공개가 학생의 재량에 달려 있음을 명확히 하기 위한 책임이 있음을 규정한다.

APA 윤리강령의 가장 최근 개정판에서 섹션 7.04에는 프로그램 안내 자료에 이 요구 사항이 문서화되어 있지 않으면, 매우 민감한 개인 정보의 유출을 요구할 수 없다는 것을 학생들이 알고 있어야 한다고 명시한다. 그러한 공개가 허용되는 유일한 경우는 전문적인 수행을 방해하는 문제를 해결하기 위해 그러한 정보가 필요할 때 발생한다.

APA 윤리규정은 학생들이 프로그램 외부에서 그러한 치료를 받을 수 있도록 허용해야 한다는 것을 명시하며, 개인 또는 집단치료 참여에 대해서도 유사한 언어를 사용한다(섹션 7.05).

개인적인 성장 경험의 적절한 사용은 충분히 고지된 동의, 채점을 해야 하는 과제와 경험에서

자기 공개의 유형 또는 공개의 질 사이의 경계에 달려있으며, 교수가 학생들의 존엄성은 존중하기 위한 모든 가능한 방법으로 행동한다는 합의에 따라야 한다. 교수들은 때때로 성장 경험을 드러낼 의무가 있기 때문에 학생들은 경험하기 전에 그러한 행동을 요구하는 환경에 대해 분명히 이해하여야 한다. 예를 들어, 학생은 정신건강전문가가 있는 곳에서 일어난 아동 학대나 방치에 대한 언급이 완전히 비밀에 부쳐질 수 없다는 것을 알아야 한다. 유사하게 학생이 그녀가 함께 일할 가능성이 있는 다른 인종 집단에 대해 강한 혐오감을 드러낸다면, 교수는 학생과 그 문제를 살펴봐야 한다. 그것들은 그들의 이익과 관련되어 있기 때문에, 학생은 자기개방의 의미를 미리 이해해야 한다. 성장 경험에 관련된 교직원들은 이러한 문제들을 학생들과 함께 구두 검토하는데 서면문서를 사용하는 것이 도움이 된다는 것을 알 것이다.

과정이 상당한 수준의 자기 계발이나 개인적인 성장 활동에 관여할 때, 프로그램은 때때로 시간제 교수를 사용한다. 이 교수진은 다른 프로그램에 관여를 덜 하기 때문에 학생과 지속적으로 연락을 주고받을 가능성이 적고, 학생과 교수 모두가 보다 편안하고 자신 있게 경험에 접근할 수 있다. 시간제 교수가 유능하고 학생들이 공개와 참여에 더 개방적이라면, 학생들의 성장은 정규 교수보다 더 빠른 속도로 일어날 수 있다. 이 대안은 필수적이거나 항상 가능한 것은 아니지만 관련된 모든 사람들이 경험할 수 있는 윤리적인 합병증(문제)을 완화시켜준다. Patrick(1989)은 가능한 한 학생을 또래상담에서 내담자 역할을 하도록 하는 것을 피하고, 대학의 다른 프로그램에 있는 학생들을 참여시키는 것이 더 적절할 것이라고 제안했다.

그러한 경험을 감독하는 교수들의 일은 힘들다. 규범은 지침을 제공하지만 궁극적으로 그들은 어려운 판단을 내려야 한다. 학생들의 결함은 종종 능력과 무능력, 그리고 터무니없는 것과 단순히 바람직하지 않은 것 사이의 경계에 있다. 모호한 상황에서는 동료들과의 협의와 같은 윤리적인 의사결정을 위한 체계적인 전략이 중요하다. 입학 기준

을 엄격하게 하는 것은 문제를 줄이는 데 도움이 되지만 이를 완전히 제거하지는 않는다.

때때로 프로그램은 학생들에게 전문성 개발의 일환으로 상담을 받도록 한다. APA 윤리강령은 이 문제와 직접적으로 관련이 없지만 학생들이 프로그램 외부에서 그러한 상담을 받을 수 있어야 하며 교수진은 개입해서는 안 된다는 것을 언급한다(기준 7.05). ACA 윤리강령은 학생들이 스스로 상담을 요청하면 교수가 적절한 서비스를 찾는 데 도움을 주어야 한다고 명시한다(F.9.c). Prosek, Holm과 Daly(2013)와 Ivey(2014)가 주장한 바와 같이, 불안 및 우울 증상 감소를 위해서 의무적인 상담을 받는 것이 유익할 수 있으며, 이는 훈련생들이 전문적인 역량을 개발할 가능성을 높인다.

보살핌의 윤리

Kitchener(1992)는 정신건강 분야에서 교수들의 근본적인 윤리적 문제를 강조한다. 정신건강전문가들이 교육자가 되는 것은 교육에 대한 헌신만을 포함하지는 않는다. 그들에게 연구, 조언, 공동체 참여도 중요한 일이다. 실제로, 많은 대학들은 교수가 강의실 밖에서 활동하는 것에 대한 보상을 주기도 한다. 교수가 연구비를 유치하거나 대학에 컨설팅 계약을 가져올 때, 학생이나 교수 방식 부적절함은 기관에서 정기적으로 간과된다. 물론 다른 활동에 투자할 수 있는 것은 훈련 프로그램과 지식을 발전시킬 수 있을 뿐만 아니라 개인적 즐거움을 주기도 한다. 그러나 상담과 심리학 교육자들은 다른 책임을 맡기 위해 유능하고, 배려하는 교육을 희생해서는 안 된다. Nodding(1984)의 보살핌의 윤리 개념을 적용해 볼 때, Kitchener는 프로그램을 관리하는 데 실패한 교수들은 학생들의 복지를 향상시키는 데 실패한 부적절한 역할 모델이 될 수 있다고 언급하였다. 그러한 무심한 태도는 사소한 윤리적 이탈이 아니며, 전문가로서의 가장 깊은 윤리적 가치에 반하는 것이다.

동료들에 대한 책임

물론, 교수들은 학생뿐만 아니라 동료들에 대한 의무를 가지고 있다. 윤리 원칙B, APA 윤리강령에서는 전문적 관계에서 신뢰의 필요성과 심리학자의 행동에 대한 개인적인 책임을 강조하고 있다. 다음의 사례는 동료들에 대한 부정행위를 보여준다.

카스트 교수의 추천서

카스트 교수는 후보자와 같은 분야의 전문가이기 때문에 다른 대학의 상담교수의 승진파일을 검토하는 데 동의했다. 두툼으로 된 검토 서안은 몇 주 후에 도착했다. 그는 그에게 제출된 자료 파일에는 거의 관심을 보이지 않았다. 카스트 교수의 편지에는 검토를 위해 제출된 가장 중요한 자료를 읽었다는 어떠한 증거도 없었으며, 출판물의 총수를 잘못 계산하고, 다른 자료들을 잘못 해석하고, 증거들에 의해 검증되지 않은 것들을 잘못 추론하였다. 카스트 교수는 승진에 대한 부정적인 권고로 자신의 서한을 끝낸다.

이 행동은 해가 되는 행동을 완전하게 피해야 하는 전문가 규정과 일치하지 않는 것이다. 대학은 정기적으로학자들의 외부 평가에 의존하게 된다. 교수들은 부지런히 이 역할을 수행하도록 요청받는다. 만약 종신 재직권 결정이 포함되었다면, 카스트 교수의 태만은 자격 있는 교수의 승진을 어렵게 하거나, 교수가 직업을 잃게 했을 것이다. 카스트 교수가 그의 실수를 교정할 수 있는 방법은 그의 처음 편지에 대한 취소메일을 보내는 것이며, 후보자의 업적에 대해 공정하게 평가한 대체편지를 보내고, 그의 첫 편지의 부당함을 인정하는 것이다. 만약 승진이 거절된다면 그는 대학이 이 결정을 다시 고려하도록 해야 하며, 후보자와 의사소통을 해야 한다. 그는 또한 후보자에게 사과해야 한다. 그런 조치가 없다면, 승진 후보자가 그를 상대로 윤리 고발을 하는 것은 정당화될 수 있다.

▌연구윤리

대부분의 상담사들과 심리학자들은 스스로를 연구자로 정의하지 않는다. 대신에, 그들은 연구를 학술적 또는 연구 장면에서 일어나는 전문적인 활동이라고 인식하고 있다. 비록 많은 커리큘럼들이 과학자－실무자 모델을 기반으로 한 훈련을 지향하고 있지만 현실에서의 대학원생들은 그들을 연구의 소비자로 정의한다.

경제, 사회적 변화들이 연구자와 정신건강전문가들을 구분하는 것에 도전하고 있다. 정신건강 분야와 교육 분야에서 근거에 기반한 훈련은 보다 많은 전문가들이 연구와 그것들을 평가할 수 있는 활동들을 계획하고 시작하기를 요구한다. 예를 들어, 건강관리 시스템은 특정 내담자와의 치료의 효과성에 대한 정보를 찾을 뿐만 아니라 결과에 대한 정보도 요구한다(Dimmitt, Carey, & Hatch, 2007; Reed & Eisman, 2007). 학교와 지역사회 단체들은 책임에 대한 압력이 높아짐을 경험하고 있다. 결과적으로, 전문가들이 연구와 평가에 대한 참여를 학자들에게 미룰 수 있는 날들은 지났다. 제3의 납부자와 내담자 모두 치료가 효과적이며 기대되는 결과를 산출할 것이라는 증거를 찾고 있다(Goodheart, Kazdin, & Sternberg, 2007; Sexton & Liddle, 2001). 이 섹션에서는 실무자들이 직면한 주요 윤리적 문제를 강조하고 향후 연구를 위한 적절한 자원을 제공하고자 한다. 연구자들의 중요한 윤리적인 의무는 (1) 참여자들이 시간을 할애할 가치가 있고, 의미 있는 발견을 할 가능성이 있는 과학적으로 수용 가능한 연구 프로토콜을 개발하는 것이며 (2) 연구참여자들의 권리와 안전성을 확보해야 하며 (사람과 동물 모두) (3) 연구 결과를 공정하고 정확하게 보고하고 (4) 연구 결과를 공유하기 위해서 동료들과 협력하는 것이다. 연구 윤리기준과 규정에 대한 구체적인 정보를 찾고 있는 연구자들은 심리학 윤리편람 2부를 참조하면 매우 도움이 될 것이다(Knapp, Gottlieb, Handelsman, & VandeCreek, 2012).

좋은 과학과 올바른 윤리

심리학 분야에서 수행되는 대부분의 연구는 인간의 참여가 필요하며, 그러한 연구 설계 중 일부는 참가자들에게 위험을 초래한다. 부모의 HIV질환이 어린이에게 미치는 사회, 정서적 영향을 연구하고자 하는 연구자는 자녀와 부모를 심리적 위험에 노출시킬 수 있다. 연구원이 요구하는 정보를 공개할 때 참가자는 고통스러운 감정을 느끼거나 아직 인식하지 못한 문제를 알게 될 수 있다. 부모와 자녀는 연구 이후에 상호작용의 어려움을 겪을 수 있다. 이러한 위험은 극복할 수 없는 것이 아니며, 얻은 정보에 대한 지속적인 가치가 있을 수도 있다. 그러나 연구 설계가 과학적으로 엄격하지 않은 경우, 유효하고 의미 있는 결론을 내릴 확률은 거의 존재하지 않는다. 연구 설계의 중대한 결함은 실제 상황과 모순되는 결과를 도출시킬 수도 있다. 어느 경우든, 과학적 이득을 얻을 가능성 없이 사람들에게 그러한 심리적 위험을 겪게 하는 것은 부당하다.

Rosenthal(1994)은 이 논쟁을 한 단계 더 진척시켰다. 그는 참여자가 해를 입거나 불편함을 느끼지 않더라도 잘못 설계되고 실행된 연구는 비윤리적이라고 주장한다. 그는 참가자들이 시간, 주의, 협력과 같은 가치 있는 요소들을 기부한다고 주장했다. 이러한 요소들은 위험도가 높은 연구만큼이나 위험도가 낮은 연구에서도 가치 있는 것이다. 재미있는 비유로, 잘못 설계된 연구는 사람의 시간을 낭비할 뿐만 아니라 사람들이 연구 참여의 가치에 대해 회의적으로 만들고 더 많은 공로 사업을 하는 다른 연구자가 참가자를 모집하는 것을 어렵게 만든다. 부적절한 연구 설계는 해를 입을 위험을 피할지라도 선의와 충실에 대한 의무를 위반한다. 기관의 검토위원회(IRB)는 과학적 가치가 있다는 증거가 없다면 위험이 있는 연구를 승인하지 않을 수 있다(Fisher & Vacanti－Shova, 2012). Gelso(1985)는 이 질문을 엄격함과 타당성의 하나로 표현한다. 꼼꼼한 연구는 연구 설계의 엄격함과 실행과 관련된 연구의 잠재력 모두에 집중한다.

좋은 과학은 또한 다양성의 문제에 민감하다(Fisher & Vacanti Shova, 2012 Scott－Jones, 2000). 예를 들어, 한쪽의 성별만을 가진 연구에 기초하여 결과를 양쪽 성별로 일반화하는 연구자 또는 문화적, 인종적 다양성에 대한 표본의 한계를 인정하지 않는 연구자는 부적절한 행동을 하고 있는 것이다. 그들의 발견은 표본에 제시되지 않은 모집단에 위해를 야기하고, 그들은 결과의 오용에 취약할 수 있다. 민감하지 않은 연구들은 또한 다양한 집단에게 해를 끼칠 수 있다. "그들의 삶의 경험을 무효화하고, 그들의 문화적 가치를 다르거나 일탈적이라고 정의하고 지배적인 문화의 가치를 그들에게 강요한다."(Fisher & Vacanti-Shova, 2012, p. 364)

어떻게 실무자는 위험을 정당화할 만큼 연구가 충분히 가치 있다고 확신할 수 있는가? 분명히 좋은 과학은 프로젝트의 자료를 개념화, 설계, 분석하고 동일한 주제에 대한 최근의 연구에 대한 지식을 갖춘 연구자를 필요로 한다. 이러한 영역을 잘 모르는 실무자는 사람이나 동물을 대상으로 하는 연구를 시작하기 전에 충분한 훈련과 자문을 받아야 한다.

최근 몇 년 동안, 인터넷은 연구를 위한 주요 매체가 되었으며, 특히 인터넷은 온라인에서 연구 과제를 완료할 참가자들을 모집하기 위해 사용된다. 심리학자들은 또한 인터넷이 사람들의 삶과 인간관계에 어떤 영향을 미치는지 연구하는 도구로 인터넷을 사용하고 있다. 인터넷을 사용하여 참가자를 찾고 연구를 수행하면 다양한 사람들을 표집할 수 있고, 보다 다양한 연구 질문을 검토할 수 있는 새로운 기회가 열린다. 인터넷에서는 종종 다른 연구 방법을 통해서 모집할 수 없는 큰 규모의 표본을 얻을 수 있다. 또한 많은 박사 과정 학생들이 인터넷을 통해 설문 조사 데이터를 수집하는 것이 우편서비스보다 훨씬 저렴하다는 사실을 발견했다. 연구를 위해 인터넷을 사용하는 윤리적 문제는 메일, 전화 또는 직접 대면 연구에서 겪는 참여자의 권리 보호, 개인 정보 관리, 연구가 가지고 있는 가치의 확신과 같은 문제와 겹친다. 그러나 참가자가 연구 대상자로 적절한지를 검증하고, 전자적 수단을 통해 정보에 입각한 동의를 관리하고, 권한이 없는 사용자로부터 수집한 자료를 보호하는 것과 같은 고유한 문제가 있다. 인터넷 조사의 윤리에 대한 자세한 내용은 Hoerger과 Currell (2012)을 참조하여라.

연구 참여자의 권리 보호

프로젝트가 과학적 가치를 가지고 있음을 확신하는 것은 윤리적 연구의 한 요소일 뿐이다. 과학적 이득은 참여자의 건강 또는 안녕감을 희생해서 얻어지지 않는다. 역사는 과학에 대한 맹목적인 헌신으로 참가자들의 권리가 무시될 때 나타날 수 있는 부정적인 영향에 대한 많은 교훈을 가르쳐왔다. 터스키기 실험은 1960년대 만성적인 환자들에게 살아있는 암세포를 투입하고, 사전 허락 없이 배심원 방에 전자기기를 이용한 감시를 한 위해한 연구 중 하나로 유명하다(Katz, 1972). 정신건강전문가들은 이러한 주제에 대한 윤리강령의 광범위한 적용을 통해서 위법이 다시는 일어나지 않도록 해야 한다. 실제로, 참여자들의 권리보호는 다른 연구윤리와 관련된 문제들보다 더 많은 주목을 받고 있다. 본질적으로, 이 문서들은 다음이 필요하다.

- 참여자의 존엄성을 존중하는 공정하고, 비강제적인 모집
- 참여를 유도하는 인센티브의 책임 있는 사용, 실질적으로 거부할 수 없는 인센티브 피하기
- 정보에 입각한 동의를 참여자들이 이해 가능한 방식으로 전달
- 학대의 위험이 있는 사람들(수감자 또는 제도화된 환자 등) 또는 동의할 수 없는 사람들의 권리에 대한 적극적인 보호
- 그러한 참여에 대한 동의가 부모나 보호자로부터 나옴에도 불구하고, 아이들이 연구에 "동의" 할 수 있도록 하는 것(Kadish, 2005; Powell & Vache-Hasse, 1994)
- 연구의 과학적 가치로 정당화되고, 좋은 대안이 없다면 연구의 세부 사항에 대한 속임수를 피하는 것(Kimmel, 2012; Pittinger, 2002)
- 자료배포가 준비되는 즉시 참가자들에게 연구 결과를 설명(Fernandez, Codish및 Weijer, 2003)(보고서 작성 절차라고도 함)
- 개인 정보 공개에 명시적으로 동의하지 않는 한 연구 참가자의 익명성과 공개 기밀 보호
- 대학원생 및 기술직원 등 연구에 참여한 다른 사

람들이 참가자의 권리를 침해하지 않도록 감독

방금 열거된 윤리적 명령들 중 많은 것들이 법이나 규정으로 성문화되었다. 연방 규칙은 연방 규정집의 제목 45에 설명되어 있으며(연구 위험으로부터의 보호를 위한 단체, 1991), HIPAA 규정(HIPAA, 1996)에 명시되어 있다. 따라서 그러한 규정 위반에 대한 처벌은 전문가협회의 규율을 넘어서서 확장될 수 있다. 인간 연구 주제를 규제하는 규정의 일환으로 연방 정부는 연구 기관의 기관 검토위원회를 개설하여 인간에게 해를 끼칠 위험을 수반하는 연구 수행을 승인하고 감독하도록 명령했다. 기관 검토위원회 책임의 상당 부분은 연구원이 참가자의 권리를 존중하고 위험을 최소화할 수 있도록 하기 위한 것이다. 이 위원회는 연구 제안서의 변경을 승인, 거부 또는 위임하고 법적 위임 사항 준수 여부에 대해 지속적으로 모니터링할 수 있는 권한을 가진다. IRB의 부정적인 투표는 연구 진행을 방해하며, 진행 중인 연구에 대한 부정적인 검토는 연구의 지속을 멈출 수 있다. 심리학적 또는 임상적 연구에서 IRB 검토 패널은 정보에 입각한 동의 절차의 완전성과 이해 가능성, 참여의 자발성 및 참여자들로부터 수집한 정보의 비밀보호에 특히 주의를 기울인다. 또한 연구 제안서를 검토하여 참여자가 불이익 없이 언제든지 연구에서 철회할 수 있으며, 연구가 진행되는 어느 시점에서든 질문이 있을 시 연구자와 연락할 수 있음을 참가자가 이해할 수 있도록 했는지를 확인한다. 기관과 연결된 모든 연구자는 IRB의 승인을 받아야 한다. IRB 규정의 적용을 받는 기관과 관련이 없는 전문가는 법률 및 책임 있는 연구에 대한 윤리적 의무를 준수할 의무가 있다(Fisher & Vacanti-Shova, 2012).

정신건강전문가들은 기본적인 사회과학에 비해 동물 연구에 덜 의존하지만, 정신건강 분야의 연구자들이 참여한 영장류를 이용한 중요한 연구들이 수행되기도 했다. 동물권리보호 활동들은 심리와 의학 연구에서 동물의 사용이 본질적으로 잔인하다고 심각하게 비난했다(Galvin & Herzog, 1992; Koocher & Keith-Spiegel, 2008). 동물 연구의 도덕

성에 관한 철학적 논쟁은 해결되지도 않았지만 이 운동은 연방 정부의 규정 강화, 윤리적 기준의 명확화 및 동물 연구를 수행하는 기관의 제도 검토위원회 출현 등 몇 가지 변화를 가져왔다(Bersoff, 2008). 따라서 정신건강전문가는 동물 연구를 위한 윤리적 지침을 알고 있어야 한다. 1993년에 APA는 동물 연구가 정당화되는 상황, 동물을 돌보는 사람들의 책임, 인도주의적 환경에 대한 조건을 설명하는 동물의 사용 동물 보호 및 이용에 대한 윤리적 행동에 대한 윤리적 지침(2012b)을 출판했다. 이 기준은 동물 권리 운동가들의 항의를 촉발시키고 공적 연구가 계속될 수 있도록 보장하는 동물 복지의 남용을 방지하도록 설계되었다. 연구 동물의 윤리적 보살핌에 대한 광범위한 논의는 Perry와 Dess(2012)를 참조하여라.

공정하고 객관적인 결과의 보고

자료를 수집하고 분석하는 연구원은 몇 가지 윤리적 의무를 지닌다. 가장 기본적인 의무는 참가자 또는 동료에게 문서를 게시하거나 전달할 때 결과를 허위로 진술하거나 나타내지 않는 것이다. 불행하게도 이러한 형태의 연구 부정행위가 두 번 이상 발생했다. Miller와 Hersen(1992)은 몇 가지 악명 높은 위반사례들을 언급했다. 연구자들은 자료를 조작하고, 결과를 변경하고, 유의미한 결과만 선별적으로 보고했으며, 조사 결과의 성격에 대해 대중을 오도하기 위해 다양한 노력을 기울였다. Sales와 Lavin(2000)은 연구원들에게 연구의 진행을 위해서 보조금을 계속적으로 유치하도록 하는 연구자들은 연구원들이 부정행위를 저지르게 할 수 있다고 지적한다. Marrinson, Anderson과 de Vries(2005)의 최근 연구에 따르면 연구 부정행위는 그 어느 때보다 흔히 발생하는 것으로 나타났다. 미국의 수천 명의 연구자를 대상으로 연구한 결과, 응답자 중 3분의 1은 지난 3년 동안 적어도 한 가지 유형의 연구 위법 행위(제조, 위조 또는 표절)를 한 것으로 나타났다. ACA 윤리강령(G.4.a절)과 APA 윤리강령(기준 8.10 및 8.11)은 모두 연구 무결성에 대해 명확히 명시하고 있다. Perfect와 Stark

(2008)는 고의적으로 표절을 하는 것이 아님을 기억해야 한다고 언급하고 있다. 그들은 무의식적인 표절을 말하며, 예를 들어, 연구자들이 실제로 그것을 발견했을 때 어떤 아이디어가 그들의 아이디어라고 잘못 생각할 때 발생할 수 있다고 언급했다. 그리고 마지막으로, 이전 출판물을 인정하지 않고 이미 출판된 내용을 재출판함으로써 자기표절이 가능하다.

이런 종류의 명백한 위반은 이해 상충의 전형적인 예다. 연구자들의 이해가 판단을 뒤엎고 연구 환경이 전문적인 행동 기준을 고려하지 않고 생산성만을 높일 때 발생하는 현상이다. 또한 외부의 상업적 목적을 가진 집단이 연구비를 지원할 때 발생할 수 있다(Fisher & Vacanti-Shova, 2012). 전문가들이 다른 사람들의 연구 부정행위를 알리기를 원할 때, 그들은 분명한 윤리기준에 따라 행동한다. 전문가들이 "내부 고발자"로 행동할 때, 특히 다른 사람들이나 기관들이 그들에게 보복을 할 수 있는 등의 불편함에도 불구하고, 결국 그들은 이러한 조치를 취한 것을 후회하지 않는다. Sprague(1993)는 스티븐 E. 브루닝 연구 부정행위에 대한 내부 고발자로서의 경험을 담은 매혹적인 역사를 썼다.

연구 자료를 다듬거나 변경하는 또 다른 이유는 인정되어야 한다. 작고 독창적인 연구 및 질적 연구 설계에서, 주요 연구자는 종종 원자료에 접근할 수 있는 유일한 사람이다. 이런 종류의 연구를 수행하는 연구자는 감독관들이 없고, 자료를 변경하면 잡힐 가능성이 거의 없다. 연구자들이 연구 결과에 많은 관심을 가지고 있을 때, 그들은 그들의 기대에 맞게 자료를 변경하기 쉽다. 결과적으로 연구 윤리는 개별 연구원의 성실성과 연구 기관이 해당 기관의 프로젝트를 적절히 감독하고자 하는 노력에 달려 있다. 이 문제에서 윤리적 기준을 무시하고 직업의 윤리적 가치에 대한 호소에 흔들리지 않는 연구자들은 두 가지를 기억하는 것이 좋다: 데이터의 작은 허위 진술조차도 직업과 명성을 망칠 수 있으며, 이 분야의 표준시행이 개선되고 있다.

때때로 연구자들은 그들의 기대나 현재의 이론에 반하는 결과를 얻는다. 이 상황에서 연구자는 이러한 결과를 게시하지 않도록 유혹받을 수 있다. 그러나 그러한 결과를 게시하지 않으면 결과를 정확하게 전달해야 하는 의무에 부딪히며, 이러한 행위는 부적절한 것이다. 연구 결과를 숨긴다는 것은 다른 연구자들이 비생산적인 경로를 추구하고, 관심 현상에 대한 보다 완벽한 설명이 지연됨을 의미한다. 다시 한번, 전문가의 책임은 자신의 개인 취향보다는 더 큰 이익을 제공하는 것이다. 이 책임은 배포 후 연구에서 발견된 오류를 정정하는 의무와 함께 ACA 윤리강령 섹션 G.4.b에 성문화되어 있다(G.4.c).

질적 연구 방법의 출현은 정신건강 분야에서 열정과 회의를 모두 충족 시켜 왔다. 그것이 작용하는 패러다임은 전통적인 정량적 방법과는 상당히 다르며, 질적 연구만의 독특한 연구 과제를 제시한다. 연구자의 무의식적 가정이 결과에 미치는 잠재적 영향, 양적 연구에서보다 자신에 대해 더 많이 드러내는 참여자의 위험 증가, 이중 역할 관계의 문제는 질적 연구에서 매우 중요하다. 이러한 문제에 대한 자세한 내용은 Haverkamp(2005)와 Rowan (2000)을 참조하여라.

동료들과의 협력

임상 연구의 궁극적인 목표는 직업에 대한 대중의 이해와 인간 행동에 대한 이해를 높이는 것이다. 연구는 전문가들에게 내담자의 효과적인 상담에 영향을 미치는 문제들을 알려주며, 공공의 이익을 제공한다. 연구의 목적은 연구자가 명성을 쌓거나 직업 안정이나 경제적 보상을 얻는 것이 아니며, 이러한 결과는 좋은 연구의 부차적인 이점이 될 수 있다. 따라서 연구는 정의에 따라 연구 결과가 동료들과 공유되고, 동료들의 비평이 처벌보다는 교육적인 방식으로 수행되는 협력적인 노력이다. 물론 연구자들이 종종 자금, 관측 또는 대중의 찬사를 얻기 위해 서로 경쟁하고 있음을 인정하는 것이 중요하다. 어느 정도의 경쟁은 연구자가 보다 엄격한 조사를 하도록 동기를 부여할 수 있지만 같은 분야에서 일하는 사람들 사이에서 적대적이고 비협조적인 태도를 촉발시킬 수 있다.

또한 연구자들은 원자료를 수년간 보관하여 다른 유자격 연구자들이 자료를 다시 분석하고자 할 때 그 자료에 접근할 수 있도록 해야 한다. 이 강령은 연구 자료를 보관해야 하는 정확한 기간을 명시하지는 않지만, 최소한 10년 동안 자료를 보관하는 것이 신중한 결정이다. 지금은 많은 양의 자료를 휴대용 컴퓨터 디스크에 저장할 수 있으므로 원자료를 무기한 보관하는 것이 가능할 수도 있다. 그러한 자료의 공유에서 유일하게 주의해야 할 점은 연구 참가자들의 권리와 관련이 있다.

출판된 연구를 위한 신용

때때로 전문가의 자료 공유 의지에 영향을 미치는 것과 같은 압박은 또한 연구 간행물에 대한 그들의 태도에 영향을 미치고 출판물에 대한 부당한 평가를 받아들이게 한다(Barnett & Campbell, 2012; Geelhoed, Phillips, Fischer, Shpungin, & Gong, 2007). Godlee(2009)는 의학 저널의 기사 중 20% 정도가 연구에 기여하지 않은 "명예 저자"를 포함하고 있음을 시사하는 연구 결과를 발표했다. "출판 또는 멸망" 환경에서 연구자는 논문의 질이나 연구에 대한 실제 기여도에 대해 주의를 기울이지 않는다. 어떤 사람들은 호의에 대한 대가로 저작권을 교환하는 것으로 알려져 있다. 두 윤리규정은 모두 직접적으로 이러한 문제들을 언급하고, 그 메시지는 분명한다. 그들은 전문가들이 그들이 상당한 기여를 한 일에 대해 저자의 공을 인정하도록 명령한다. 저자의 순서는 연구 및 집필에 대한 기여도를 반영해야 한다. 둘째, 그 누구도 자신이 포함되지 않은 출판물에 대해 공로를 인정할 수 없다. 예를 들어, 프로젝트 수행 당시의 이사 또는 부서장으로서의 역할을 맡고 있다는 것은 연구에 참여했다는 것을 의미하지 않는다. Nguyen과 Nguyen(2006)의 연구에서 볼 수 있듯이, 이득을 더 많이 받는 교수들은 학생들에게 권력을 남용하고 있으며, 심각한 스트레스를 초래한다. 셋째, 학생 논문이나 논문이 출판될 때, 지도교수의 이름이 출판물(APA 윤리강령, 기준 8.12c)에도 명시되며 학생은 주저자

가 된다. 일반적으로 지도교수가 연구에 실질적으로 참여한 경우에만 제2저자로 고려해야 한다(APA 윤리위원회, 1983). 다른 교수-학생 연구 협력에서, 교수는 학생들의 공헌에 대해 적절한 보상을 부여해야 하며(Fine & Kurdek, 1993, Goodyear, Crego, & Johnston, 1992; Goodyear, Crego, 6c Johnston, 1992), 학생들이 강력히 주장하는 견해(Tryon, Bishop, Sc Hatfield, 2007)를 존중해야 한다. 마지막으로, 원고를 제출할 때 한 번에 한 저널에 투고해야 한다(ACA, G.5.g). 그러나 한 저널에서 원고를 출판하지 않기로 결정했다면, 저자는 원고를 다른 저널로 보낼 수 있다. 학생 연구를 감독하는 교수진의 책임은 학생들에게 연구진실성을, 즉 석사 과정의 체계적인 수준에서 발생하지 않는 활동, 교육하는 것이다(Wester, 2007). Wester는 누락을 바로잡기 위해 몇 가지 권장 사항을 제시하고 있으며, 미국 보건복지부 연구 연구진실성 사무소는 웹 사이트에 교육자 및 연구원(http://ori.dhhs.govl)을 돕기 위해 많은 자료를 보유하고 있다. 놀랄 것도 없이, 박사 학위 학생들은 소수만이 임상 또는 다양한 집단(Fisher, Fried, & Feldman, 2009)을 대상으로 연구를 수행한 경험이 있지만, 연구를 책임 있게 수행했다는 것에 대단한 자신감을 표현한다.

상담 및 치료 연구원을 위한 특별 윤리적 관심사

상담과 심리치료 과정 및 결과에 있어 연구자에게는 4가지 특별한 관심사가 있다. 첫 번째는 실험설계와 관련이 있다. 상담 개입의 유용성을 살펴보는 연구는 일반적으로 비교 집단을 설정한다. 하나 이상의 그룹은 실험적 치료를 받고 다른 그룹은 표준 치료 또는 위약을 투여받는다. 모든 참가자가 자신의 문제에 대한 새로운 치료의 혜택을 볼 수 있기 때문에 실험 치료를 보류하는 것이 윤리적인지 여부를 검토해야 한다. 그러한 연구를 설계할 때 몇 가지 요소를 고려할 필요가 있다. 첫째, 실험적 치료가 도움이 된다는 보장은 없다. 효과가 없거나 비생산적일수도 있다. 둘째, 비교 그룹이

없으면 아무도 새로운 치료의 효과를 확인할 수 없으며, 새로운 치료법의 진정한 유용성에 확신을 가질 수 없다. 셋째, 보통 실험적인 치료는 보류되지 않고 연기된다. 비교 그룹을 사용하는 경우, 처음 라운드가 완료되면 해당 그룹에 새로운 치료법을 제공하는 것이 관례이다. 1차 실험 후에 유용하다고 판명된 실험적 치료에 대한 지연 노출을 제공하지 않는 연구 설계를 고려 중인 연구자들은 현재 지침과 일관되게 행동하지 않는 것이다.

두 번째 특별 쟁점은 치료가 참가자에게 미치는 영향을 다룬다. 임상 집단에 대한 연구가 진행될 때마다 연구원은 부정적인 영향에 대해 주의를 기울여야 하고, 부정적인 영향으로 인해 참가자가 위험에 빠지면 개입할 의무가 있다. 이 상황에서 과학적 이익은 개인의 안녕에 희생되어야 한다. 이에 대한 적절한 안내가 이루어져야 한다. 그러한 연구에 자원하는 사람들은 참여 동의를 할 때 이 대안을 분명히 이해해야 한다. 아동이나 법적인 동의를 하지 못하는 다른 사람들과 심리치료의 효능 연구를 수행할 때 추가적인 윤리적 문제가 발생한다(Kendall & Suveg, 2008).

세 번째 특별 쟁점은 내담자에 관한 서면 정보의 접근성과 그러한 활동에 대한 내담자의 동의 필요성에 관한 것이다. 내담자의 실제 참여 없이 내담자의 기록을 검토하는 연구는 논란의 여지가 있다. 어느 누구도 위험에 처하거나 불편을 느끼지 않으므로 이 연구에 대한 동의는 필요하지 않는다. 그러나 내담자 기록에 대한 검토는 내담자가 상담에 동의했을 때 기대했던 것이 아니다. 연구자가 문서의 기밀성을 존중한다는 약속은 윤리적 우려를 어느 정도 줄여 주지만, 고객의 존엄성과 사생활 보호에 대한 윤리규정과는 여전히 완전히 일치하지 않는다. 따라서 HIPAA 기준을 충족할 수 있도록 가능하면 언제든지 기록을 검토하기 전에 내담자의 동의를 얻거나 상담 또는 치료에서 얻은 일반적인 동의에 관련 조항을 포함하는 것이 가장 좋다. 이 옵션들 중 어느 것도 가능하지 않을 때는, 내담자와 관련된 임상의는 연구에 사용하기 전에 식별 가능한 모든 개인 자료를 기록에서 제거할

수 있다. 정신건강 연구의 윤리적 문제에 대한 자세한 내용은 DuBois(2008) 및 Fisher & Vacanti-Shova(2012)를 참조하여라.

또한 임상의가 임상 사례 자료를 발표할 때 윤리적인 문제가 발생한다. 이 윤리규정은 전문가가 이 상황에서 비밀유지 및 동의를 통해 특별한 주의를 기울여야 한다고 규정한다. APA 윤리강령(4.07)을 참조하여라(부록 B).

Stoller(1988)는 사전고지나 동의 없이 출판된 사례를 발견한 고객의 사례를 인용한다. 그들은 슬프고 배신감을 느꼈다. 만약 내담자가 출판에 동의했다고 하더라도, Garvey과 Braun(1997)은 전문의와 멀어질까 두려워서 동의하는 환자를 경계해야 한다고 경고했다. 사례 연구에서 얻은 지식의 전달은 새로운 전문가를 가르치고 복잡한 치료법의 효과를 탐구하는 중요한 메커니즘이기 때문에 전문의는 이 방법의 사용을 꺼려해서는 안 된다. 오히려 내담자의 동의에 대한 권리, 비밀유지 및 익명성을 보호할 수 있도록 주의를 기울여야 한다. '상담과 가치 저널'은 2010년 이런 활동에 관심이 있는 모든 사람들에게 매우 가치 있는 내담자에 대한 글을 쓰면서 특별한 이슈를 실었다.

네 번째 특별 쟁점은 피드백의 제공이다. 윤리강령은 연구자가 정보에 관심이 있는 경우 연구 결과에 대한 피드백을 참가자들에게 줄 것을 요구한다(ACA, G.2.h 절, APA 기준 8.08). 일부 연구는 참가자들에게 연구 결과에 대한 피드백이 종종 무시되는 것을 언급한다. McConnell과 Curbs(1993)는 연구에 참여한 연구자의 30% 이상이 사람들이 연구에 참여하도록 요청했을 때 제공하기로 합의한 피드백을 제공하지 않았다는 사실을 발견했다. 저자들에 따르면, 이것은 연구자들이 피드백에 낮은 우선순위를 부여했기 때문에 발생했다. 이 문제를 피하기 위해 연구원은 자신의 우선순위를 재정비하고 피드백에 대한 의무를 존중하기 위해 자신의 시간을 구조화해야 한다. 후속 조치를 취하지 않을 경우 추가 연구를 위한 참가자들의 자원봉사 의지가 줄어들 수 있다.

연구를 수행하는 데 많은 비용이 소요될 수 있

다. 이러한 이유로, 제약 회사, 보험 회사 및 기타 이익 단체는 종종 치료 중재에 관한 연구를 지원하는 데 관심이 있으며, 몇몇 자료 중 일부는 이러한 상황이 연구자에게 윤리적인 도전을 제공할 수 있음을 발견했다. 제3자가 연구비를 지원하는 상황에서 정신건강전문가는 이 지원을 공개하고 가능한 한 객관적이고 엄격하게 연구를 설계해야 하며 연구비를 지원한 기관의 이해관계와 상충하는 경우에도 결과를 공개할 수 있어야 한다. 연구 대상 의약품 사용을 지원하지 않는 연구자 또는 제약 회사의 원천 징수 결과 보고서 또는 연구비 지원 기관의 기대치에 부합하는 자료의 위조 등은 자주 발생했다. 실제로 의사와 심리학자가 제약 회사, 의료 기기 제조업체 및 관련 제3자에게 자금을 지원받고 있을 때 많은 병원, 전문 저널 및 전문협회는 연구물에 이러한 관계의 공개를 요구한다.

┃ 요약

가르치는 것과 관련된 윤리적 문제들은 슈퍼비전의 윤리와 긴밀한 연관성이 있다. 교수는 학생뿐만 아니라 학생들이 봉사하는 대중과 직업에 대한 의무도 지닌다. 교수들이 지식 없이, 다양성에 대한 민감성 없이, 또는 객관적이지 못한 방식으로 가르칠 때 윤리강령을 위반하는 것이다. 그들은 또한 긍정적인 평가, 연구 경험, 또는 임상적인 참여에 대한 학생들의 필요를 이용할 때 그들의 잘못된 행동에 대한 책임을 져야 한다. 동료들과 무책임하게 행동하는 교수들도 부정행위에 대해 적지 않은 죄를 범하고 있다.

교수진은 학생들에게 멘토 역할을 하도록 장려되지만, 적절한 전문적 접촉의 경계를 넘어서 멘토링을 하지 않도록 주의해야 한다. 교수─학생 관계의 경계는 내담자와 상담사 간의 경계와 같이 엄격하게 또는 협소한 범위에서 지켜질 필요는 없지만 어느 정도의 주의는 여전히 존재한다. 보살핌과 학생 자율 존중의 윤리는 효과적이고 책임감 있는 가르침과 조언에 대한 유용한 지침 중 하나이다.

연구자는 지식발전에 기여하고, 인간과 동물 참가자의 권리를 보호하며, 연구 결과를 전문가 그룹과 소통하고 공유하며, 사기성 또는 오해의 소지가 있는 결과물 공개를 피하고, 정당한 상황에서만 저작권을 주장하는 것을 포함하여 몇 가지 중요한 윤리적 의무를 지니고 있다. 연구자는 참가자의 존엄성을 존중하고, 개인적인 이익보다 과학을 발전시키는 데 도움을 주는 책임을 우선시해야 한다.

❖ 토론 질문

1. 일부 상담 및 심리치료 교육 프로그램은 학생들이 대학원에서 개별상담을 받을 것을 요구한다. 교수진이 상담을 제공하지 않는다고 가정할 때, 이 관행의 윤리적 차원은 무엇이라고 생각하는가?

2. 교수는 교실 밖에서 학생들이 하는 예민하고 편견이 있는 말을 어떻게 다루어야 하는가?

3. 대학은 원거리 학습과 인터넷을 통해 교수에게 강습을 권장한다. 정신건강의 일부 전체 프로그램은 원거리 학습 형식이다. 교수의 문지기 책임에 비추어 임상 교육에 대한 그러한 접근의 윤리적 함의는 무엇인가?

4. 일부 박사 과정에서 박사 과정 학생들이 교수가 하는 연구와 동일한 분야의 논문을 쓸 것을 강력히 권장한다. 그들은 다른 옵션을 선택하는 것이 금지되어 있지는 않지만 그러한 선택에 대해서는 거의 지지를 못 받는다. 이것은 윤리 위반인가? 그 이유는 무엇인가?

5. 심리학 분야의 많은 연구는 사회의 다른 접근하기 어려운 그룹보다는 대학이나 대학원생과 같은 "편리한 샘플"을 포함한다. 이러한 상황에서 어떤 윤리적 문제가 발생하는가?

6. 연구에서 완벽한 객관성은 불가능하다. 연구자들은 자연스럽게 그들의 연구에 대해서 특정 경과를 "기대"하게 된다. 연구 결과가 그들의 기대와 일치하지 않는 경우 연구자들은 실망감의 윤리적 영향을 어떻게 효과적으로 다룰 수 있는가?

제퍼슨은 정신건강상담사에게 상담 방법을 가르친다. 이 과정에서 그는 자신의 개인상담을 예로 들어 개념을 설명하고 때로는 수업에 대한 기술의 비디오테이프 역할극을 보여준다. 한 회기에서 그는 집단에서 개인적인 관심을 나타내는 자원봉사자를 초청하여 수업에서 상담회기를 시연을 할 수 있다. 그는 그러한 시연이 상담방법을 효과적으로 가르치기 위해 결정적인 것으로 본다. 18년간 동안 그는 결코 이 요청을 거절당하지 않았다. 학생들의 개인적인 관심사는 시험 불안에서 자살 충동에 이르기까지 다양하다. 수업이 끝난 후, 그는 대학상담센터에 자원봉사자의 상담을 의뢰한다. 제퍼슨의 관행은 정신건강 교육자를 위한 윤리 지침과 일치하나? 그렇지 않다면 윤리적인 수행을 위해 그는 무엇을 할 수 있는가?

카라는 인터넷상담의 윤리에 관한 연구를 하고 있다. 그녀는 인터넷 상담사가 제공하는 상담의 질에 관심이 있다. 그녀는 우울한 감정을 가진 내담자인 척하고 35개의 다른 웹 사이트에서 온라인상담을 받았다. 그녀는 주요 저널에 연구를 발표한다. 인터넷 상담사 중 한 명이 카라가 제기한 질문을 인식하고, 그녀에게 윤리적 불만을 제기한다. 그는 그녀가 윤리강령을 위반했다고 비난했다. 왜냐하면 그녀는 자신의 실제 내담자였고 연구에 참여하는 데 동의하지 않았다고 생각한다. 당신이 윤리위원회에 있다면, 카라에 대한이 불만에 어떻게 대응할 것인가?

부 록

A

미국상담학회 윤리강령

▌ ACA 윤리규정 전문

미국상담학회(ACA)는 교육적, 과학적, 전문적 조직으로 회원들은 다양한 장면에서 일하고 있으며, 많은 역량을 발휘하여 서비스를 제공하고 있다. 상담은 다양한 개인, 가족, 집단의 정신건강, 안녕, 교육 및 진로 목표를 달성할 수 있도록 하는 전문적인 관계이다.

전문적 가치는 윤리적 책임을 다할 수 있게 하는 중요한 수단이다. 다음은 상담전문가의 핵심 가치이다:

1. 일생 동안 인간의 발달을 향상시킨다.
2. 다양성을 존중하고 사회 및 문화적 맥락에서 사람들의 가치, 존엄성, 잠재력 및 독특성을 지지하는 다문화적 접근 방식을 수용한다.
3. 사회 정의를 구현한다.
4. 상담사-내담자 관계의 진실성을 유지한다.
5. 유능하고 윤리적인 방식으로 실행한다.

이러한 전문적인 가치관은 아래 열거된 윤리원칙에 대한 개념적 기반을 제공한다. 이러한 원칙들은 윤리적 행동과 의사결정의 토대가 된다. 전문적인 윤리적 행동의 기본 원칙은

· 자율성, 삶의 방향을 통제할 권리를 촉진하는 것
· 무해성, 해를 끼칠 수 있는 행동들을 피하는 것
· 선의, 정신건강과 안녕을 촉진함으로써 개인과 사회의 이익을 위해 일하는 것
· 형평성, 개인을 공정하게 대하고 공정성과 평등을 촉진하는 것
· 신뢰, 직업적 관계에 있어 신뢰의 책임을 다하는 것을 포함하여 약속을 존중하고 지키는 것
· 진실성, 상담사들이 전문가와 접촉하는 개인들을 정직하게 대하는 것

▌ ACA 윤리규정의 목표

ACA 윤리규정은 여섯 가지 주요 목적을 지닌다.

1. 이 윤리규정은 ACA 회원들의 윤리의무를 명시하고 전문상담사들의 윤리적 관행을 알리기 위한 지침을 제공한다.
2. 이 윤리규정은 전문상담사 및 훈련 중인 상담사와 관련된 윤리적 고려 사항을 제시한다.
3. 이 윤리규정을 통해 학회는 현재 회원과 미래의 회원들 그리고 회원들로부터 서비스를 받는 사람들에게 회원들이 가지는 공통된 윤리적 책임의 성질이 어떤 것인지를 분명하게 할 수 있게 한다.
4. 윤리규정은 상담서비스를 이용하는 사람들에게 최선을 다해 봉사하고, 상담전문직의 가치를 가장 잘 향상시킬 수 있는 전문가로서의 행동방향을 만들어 갈 수 있도록 학회원들을 보조하기 위해 고안된 윤리 지침의 역할을 수행한다.

5. 윤리규정은 학회의 사명을 다하도록 돕는다.
6. 윤리규정에 포함된 기준들은 ACA 회원에 대한 질의와 윤리적 불만 사항들을 처리하는 근거가 된다.

　　ACA 윤리규정은 아홉 개의 주요 절에서 다음의 영역들을 다루고 있다.

Section A: 상담 관계
Section B: 비밀보장, 증언거부, 사생활 보호
Section C: 전문가 책임
Section D: 다른 전문가들과의 관계
Section E: 평가, 사정, 해석
Section F: 수련감독, 수련, 교육
Section G: 연구 및 출판
Section H: 원거리 상담, 기술, 소셜미디어
Section I: 윤리적 문제해결

　　ACA 윤리규정의 각 영역들은 서문으로 시작된다. 각 영역의 서문들은 상담사들이 염두에 두어야 할 윤리적 행동과 책임을 소개한다. 서문은 특정 절의 논조를 설정하도록 도와주며, ACA 윤리규정의 각 부분에 담겨 있는 윤리적 임무를 숙고하기 위한 출발점을 제공한다. 이 규정은 직업적 책임의 개요를 제공하고, 그러한 윤리적 책임을 이행하기 위한 지침을 제공한다.

　　상담사들은 해결하기 어려운 윤리적 갈등에 직면했을 때, 신중하게 윤리적 의사결정 과정에 참여하고, 필요에 따라 가용한 자원들에 대해 자문받는 것이 기대된다. 상담사들은 윤리적 문제를 해결하는 것이 전문적 가치관, 전문적 윤리 원칙 및 윤리적 기준의 고려를 포함한 과정임을 인식하는 것이 필요하다.

　　상담사들의 행동은 이러한 윤리적 규범의 내용뿐만 아니라 정신과 일치해야 한다. 모든 상황에서 특정한 윤리적 의사결정 모델이 가장 효과적인 것은 아니기 때문에 상담사들은 일반 대중의 감시를 견딜 수 있는 신뢰할 만한 의사결정 모델과 그 적용에 친숙해져야 한다. 선택한 윤리적 의사결정 절차와 상황적 맥락에 대한 평가를 통해, 상담사들은 내담자들의 성장과 발전을 도모할 수 있는 결정을 하기 위해 내담자와 협력한다. 여기에 제공된 기준과 원칙을 위반했다고 해서 반드시 법적 책임이나 법적 위반이 되는 것은 아니며, 그러한 행위는 법과 사법적 절차에서 확립된다.

　　윤리규정의 끝 부분에 있는 용어 해설에서는 ACA 윤리강령에 사용된 일부 용어에 대한 간략한 설명을 제공한다.

▎Section A: 상담 관계

서문

　　상담사들은 내담자들의 이익과 복지를 향상시키는 방식으로 내담자 성장과 발달을 촉진하고, 건강한 관계 형성을 증진시킨다. 신뢰는 상담 관계의 초석이고, 상담사는 내담자의 사생활과 비밀유지 권리를 존중하고 보호해야 할 책임을 가진다. 상담사들은 내담자들이 가지고 있는 다양한 문화적 배경을 적극적으로 이해하려고 해야 한다. 상담사들은 또한 자신의 문화적 정체성이 어떤 것이고 이것들이 상담 과정에 대한 자신의 가치와 신념에 어떤 영향을 주는지 탐색한다. 추가적으로, 상담사들은 서비스에 대한 재정적인 대가가 거의 없거나 전혀 없어도 공익을 위해서 자신의 전문적인 활동의 일부를 할애함으로써 사회에 기여하기를 권장한다(프로보노).

A.1. 내담자 복지

A.1.a. 일차적 책임
　　상담사들의 일차적 책임은 내담자의 존엄성을 존중하고 복지를 증진시키는 것이다.

A.1.b. 기록과 서류
　　상담사들은 내담자들에게 전문적인 서비스를 제공하기 위해, 법, 규정 또는 기관의 절차에서 요구하는 대로 필요한 기록을 작성한다. 상담사들은 요구되는 서비스 전달과 연계성을 높이기 위해 충분하고도 시의 적절하게 작성된 문서들을 내담자 기록에 포함시킨다. 상담사들은 기록 내의 문서들이 내담자의 진행 상황과 제공된 서비스가 반드시 정확하게 반영될 수 있도록 적절한 단계를 따른다. 내담자 기록에 오류가 있으면, 상담사는 기관의 정책에 따라서 그러한 오류들을 적절히 수정하기 위한 단계를 밟는다.

A.1.c. 상담 계획

상담사들과 그들의 내담자들은 합리적으로 성공할 가능성이 있고, 내담자의 능력, 기질, 발달 수준, 상황에 맞는 상담 계획을 고안하는 데 협력한다. 상담사들과 내담자들은 실행 가능성과 효율성을 평가하기 위해 상담 계획을 주기적으로 점검하며, 상담사는 내담자가 가진 선택의 자유를 존중한다.

A.1.d. 네트워크 참여 격려

상담사들은 지원 네트워크가 내담자의 삶에 다양한 의미를 가지고 있고 필요할 경우 내담자의 동의하에 다른 사람들(예, 종교적/영적/지역 지도자들, 가족 구성원, 친구)의 지지, 이해, 참여를 긍정적인 자원으로 포함시키는 것을 고려한다.

A.2. 상담 관계에서의 고지된 동의

A.2.a. 고지된 동의

내담자들은 상담 관계를 시작할 것인지 유지할 것인지를 선택할 자유가 있고 상담 과정과 상담사에 대한 적절한 정보를 필요로 한다. 상담사들은 내담자에게 서면과 구두로 상담사와 내담자의 권리와 책임에 대해 자세히 알려 줄 책임이 있다. 고지된 동의는 상담 과정에서 지속되는 것으로 상담 관계가 지속되는 동안 고지된 동의에 대해 논의할 것을 적절히 문서화한다.

A.2.b. 요구되는 정보의 유형

상담사는 내담자에게 제공되는 모든 서비스의 성질에 대해 명확하게 설명한다. 상담사는 내담자에게 상담의 목적, 목표, 기법, 절차, 한계, 잠재된 위험, 이점; 상담사의 면허, 자격, 관련된 경험, 상담 접근법; 상담사의 자격 정지 또는 사망 시 서비스의 지속; 기술의 역할; 기타 적절한 정보를 안내한다. 상담사들은 내담자들이 진단이 가지는 함의, 심리검사와 결과의 사용 의도에 대해 잘 이해할 수 있도록 조치를 취한다. 또한 상담사들은 내담자들에게 수수료를 지불하지 않는 절차를 포함한 요금과 청구서 지불 방식에 대해 알려 준다. 내담자들은 비밀보장과 그 한계(슈퍼바이저 또는 자문팀의 전문가들이 어떻게 참여하는지를 포함하여)에 대해 설명받을 권리, 기록에 대해 명확한 정보를 얻을 권리, 지속적으로 상담 계획에 참여할 권리, 어떤 서비스나 상담 방식의 변경을 거부할 권리와 그런 거부의 결과에 대한 전문가적 의견을 받을 권리를 가진다.

A.2.c. 발달과 문화에 대한 감수성

상담사들은 내담자의 발달단계와 문화에 맞게 적절한 방법으로 정보를 전달한다. 상담에서 고지된 동의와 관련된 문제에 대해 논의할 때는 명확하면서도 이해 가능한 언어를 사용한다. 상담사가 사용하는 언어를 내담자가 이해하는 데 어려움이 있을 때는 내담자가 확실히 이해할 수 있도록 필요한 서비스를 제공한다(예, 자격증을 갖고 있는 통역자 또는 번역가를 배치하기 또는 번역기를 마련하기). 상담사는 내담자와 협력하여 고지된 동의 절차가 가진 문화적 시사점을 고려하고, 가능하다면 상담사들은 그들의 수행을 그에 따라 조정한다.

A.2.d. 동의에 대한 무능력

미성년자나 자발적인 동의를 할 수 없는 사람들을 상담할 때, 상담사는 서비스에 대한 내담자의 동의를 얻고, 적절히 의사결정에 참여시킨다. 상담사들은 내담자의 선택, 서비스에 대해 동의하거나 동의할 수 있는 능력, 내담자를 보호하고 결정할 부모 또는 가족의 법적 권리 및 책임들이 균형을 이루어야 할 필요가 있다는 것을 인식한다.

A.2.e. 명령에 의한 상담

상담사들은 상담서비스를 받도록 의무화된 내담자들과 일할 때는 비밀보장의 한계를 논의한다. 상담사들은 상담을 시작하기 전에 어떤 종류의 정보를 누구와 공유하는지도 설명한다. 내담자는 서비스 거부를 선택할 수도 있다. 이 경우에, 상담사들은 그들의 능력을 최대한 발휘하여 내담자와 상담서비스를 거부함으로써 발생할 수 있는 잠재적인 결과에 대해 상의한다.

A.3. 타인의 서비스를 받는 내담자

내담자가 다른 정신건강전문가와 전문적 관계를 맺고 있는 것을 상담사가 알았을 때는 그 전문가에게 알리는 것이 허용되도록 내담자에게 요청하고, 긍정적이고 협조적인 전문적 관계를 수립하도록 노력한다.

A.4. 위해 피하기와 가치의 강요

A.4.a. 위해 피하기

상담사는 그들의 내담자, 훈련생, 연구 참가자에게 피해를 주지 않고, 피할 수 없는 또는 예상치 못한 피해를 최소화하거나 치유하기 위한 조치를 취한다.

A.4.b. 개인적 가치

상담사들은 자신이 가지고 있는 가치, 태도, 신념, 행동들에 대해 알고 있으며 상담 목표와 일치하지 않는 가치를 강요하지 않는다. 상담사는 내담자, 훈련생, 연구 참가자의 다양성을 존중하고, 특히 상담사의 가치가 내담자의 목표와 일치하지 않거나 사실상 차별적인 경우 내담자에게 가치를 강요할 수 있는 위험 영역에 대한 교육을 받도록 한다.

A.5. 금지된 비상담적 역할과 관계

A.5.a. 금지된 성적 그리고/또는 낭만적 관계들
상담사–내담자 간의 성적 그리고/또는 낭만적 상호작용 또는 현재 내담자, 그들의 연인, 가족과의 관계는 금지되어 있다. 이 금지는 대면, 전자매체를 통한 상호작용 또는 관계 모두에 적용된다.

A.5.b. 이전 성적 그리고/또는 낭만적 관계

상담사들은 이전에 성관계를 가졌거나 낭만적 관계에 있던 사람들과 상담 관계를 맺는 것이 금지된다.

A.5.c. 이전 내담자와의 성적 그리고/또는 낭만적 관계

이전 내담자, 내담자의 연인 또는 내담자의 가족 구성원들과의 성적 또는 낭만적인 상호작용이나 관계는 마지막 전문적 접촉이 있은 지 5년 동안은 금지된다. 이 금지조항은 대면관계나 전자매체

를 통한 상호작용 또는 관계에 모두 적용된다. 상담사는 이전 내담자, 내담자의 연인 또는 가족 구성원들과의 성적 또는 낭만적인 상호작용이나 관계를 시작하기 전에, 그 상호작용이나 관계가 어떤 측면에서는 여전히 착취적으로 볼 수 있지는 않은지 또는 이전 내담자에게 아직도 해를 입힐 가능성은 있지 않은지에 대해 숙고했음을 보여 주고 이를 문서화해야 한다. 착취나 위해의 가능성이 있다면 상담사는 상호작용이나 관계의 시작을 피해야 한다.

A.5.d. 친구 또는 가족 구성원

상담사들은 객관성을 유지할 수 없는 친구나 가족들과 상담을 하는 것이 금지되어 있다.

A.5.e. 현재 내담자와의 개인적 (컴퓨터를 이용한) 가상의 관계

상담사는 현재 상담을 받고 있는 내담자와 개인적인 가상의 관계를 맺는 것이 금지되어 있다 (예, 소셜미디어 및 기타 매체를 통해).

A.6. 경계와 전문적 관계의 관계와 유지

A.6.a. 이전 상담 관계

상담사들은 그들이 이전에 관계했던 사람들을 내담자로 받아들이는 것의 위험과 이익을 고려한다. 이러한 잠재적 내담자에는 상담사와 일상적인 관계이거나, 먼 관계이거나, 과거에 관계를 가졌던 사람들이 포함될 수 있다. 예를 들어, 전문협회, 조직 또는 커뮤니티의 구성을 또는 과거의 회원을 포함한다. 상담사들은 이러한 내담자들을 받아들일 때, 그들은 판단력이 손상되지 않고 착취가 발생하지 않도록 사전동의, 자문, 슈퍼비전, 문서화와 같은 적절한 전문적인 예방책을 취한다.

A.6.b. 상담경계의 확장

상담사들은 전통적인 기준 이상으로 현재의 상담 관계를 확장하는 것의 위험과 이점을 고려한다. 예를 들어, 내담자의 공식 행사(예, 결혼, 약혼식 또는 졸업식) 참석, 내담자가 제공하는 서비스 또는 제품 구매(무제한 물물 교환 제외), 입원 중인 내담자의 아픈 가족 방문 등을 포함한다. 이렇게 경계를 넓힘에 있어서 판단력이 훼손되지 않고 아무런 해

가 발생하지 않도록 사전동의, 자문, 슈퍼비전, 문서화 등 전문적인 예방조치들을 취한다.

A.6.c. 경계의 확장에 대한 문서화

상담사가 A.6.a. 및 A.6.b.에서 설명한 대로 경계를 확장하는 경우, 상호작용(실현 가능한 경우) 이전에 그러한 상호작용의 근거, 잠재적 편익을 공식 문서화해야 하며, 내담자 또는 이전 내담자와 또는 현재나 이전 내담자와 밀접하게 관련된 사람들에 대한 결과를 예상해야 한다. 만약 내담자 또는 이전 내담자, 그들과 관련된 사람들이 의도치 않게 해를 입었을 때, 상담사는 그러한 해를 치료하기 위해 시도한 증거들을 보여야 한다.

A.6.d. 전문적 관계에 있어서의 역할 변화

상담사들이 처음이나 가장 최근에 계약한 관계에서 역할을 바꿀 때, 그들은 내담자로부터 고지된 동의를 얻고 그러한 변화와 관련된 서비스들을 거절할 수 있는 내담자의 권리를 설명해야 한다. 역할 변경의 예를 아래에 국한하지는 않지만 다음과 같은 것들을 포함한다.
1. 개인상담에서 관계 또는 가족상담으로 또는 그 반대로의 변화
2. 평가 역할에서 치료 역할로의 변경 또는 그 반대의 경우
3. 상담원에서 중재자 역할로 바뀌거나 또는 그 반대로 바뀌는 경우

내담자들은 상담사 역할 변화에 따라 예상되는 결과(예, 재정적, 법률적, 개인적, 치료적)를 완전히 알고 있어야 한다.

A.6.e. 비전문적인 상호작용 또는 관계(성적 또는 낭만적 상호작용이나 관계 외)

이전 내담자, 그들의 연인, 또는 그들의 가족 구성원과의 비전문적 관계는 그 관계가 내담자에게 이익이 될 가능성이 있을 때를 제외하고는 피해야 한다. 이는 직접 및 전자매체를 활용한 상호작용 또는 관계에 모두 적용된다.

A.7. 개인, 그룹, 기관, 사회적 수준에서의 역할과 관계

A.7.a. 지원(advocacy)

상담사는 적절한 때에 개인, 집단, 기관, 사회적 수준에서 내담자의 접근과 성장 및 발달을 가로막는 잠재적 방해물과 장애물의 탐색을 지원한다.

A.7.b. 비밀보장 및 지원

상담사는 내담자가 받을 수 있는 지원을 확인하기에 앞서 내담자 동의를 얻고, 내담자의 접근과 성장 및 발달을 저해하는 전반적인 방해물이나 장애물의 제거를 꾀한다.

A.8. 복수의 내담자

상담사가 이미 관계를 맺고 있는 둘 이상의 사람들에게 상담서비스를 제공하기로 하였다면, 상담사는 처음부터 어떤 사람들이 내담자이고 참여한 사람들 각자와 맺을 관계의 성질을 분명하게 한다. 만약 상담사가 잠재적으로 상충되는 역할을 수행하도록 요구받는 것이 분명해 진다면, 상담사는 적절히 그 역할을 명료화하고, 조정하고, 또는 그러한 역할을 그만둔다.

A.9. 집단 작업

A.9.a. 선별

상담사는 예정된 집단상담/치료 참가자를 선별한다. 가능한, 상담사는 참가 희망자 중 요구와 목표가 집단의 목표와 일치하는 사람, 집단 진행을 방해하지 않을 사람, 집단 경험으로 인해 안녕이 위협받지 않을 사람들을 선발한다.

A.9.b. 내담자 보호

집단장면에서, 상담사는 내담자들을 신체적, 정서적, 심리적 외상으로부터 내담자를 보호할 수 있도록 합리적인 주의를 기울여야 한다.

A.10. 상담료 및 물품 교환

A.10.a. 자기의뢰(self-referral)

상담서비스를 제공하는 조직(예, 학교, 에이전시, 기관)에서 일하는 상담사는 특정 기관의 정책이 자기의뢰를 명시적으로 규정하지 않는 한 내담자를 개인상담(private practice)으로 의뢰하지 않는다. 이러한 예에서, 내담자가 개인상담서비스를 받고자 한 경우, 내담자에게 열려 있는 다른 대안적 선택

들을 알려야 한다.

A.10.b. 수용되지 않는 비즈니스 관행

전문서비스를 위해 내담자를 의뢰할 때 수수료, 리베이트 또는 기타 형태의 보상을 제공하거나 받지 않는다.

A.10.c. 상담료 책정

전문적 상담서비스 요금을 책정하는 데 있어서, 상담사는 내담자와 지역의 재정 상태를 고려한다. 책정된 요금 구조가 내담자에게 부적절할 시에, 법적으로 허용되는 경우에 상담사는 상담료를 조정하거나, 상담사는 내담자가 비슷하면서, 저렴한 서비스를 찾을 수 있도록 조력한다.

A.10.d. 상담료 미납

만약 상담사가 미수금 처리 대행 회사를 이용하거나 합의된 대로 서비스에 대한 비용을 지불하지 않는 내담자들로부터 수수료를 징수하기 위해 법적 조치를 취한다면, 그들은 내담자에게 그들의 고지된 동의에 예정된 조치를 적시에 알려 주고 결제 기회를 제공한다.

A.10.e. 물물 교환

상담사는 관계가 착취적이거나 해로울 때, 상담사가 불공정한 이득을 취할 수 있는 경우가 아니고, 내담자가 원하고 그리고 그런 합의가 지역사회 내의 전문가들 사이에서 수용할만한 경우에만 내담자와 물물 교환을 할 수 있다. 상담사는 물물 교환의 문화적 의미를 고려하고, 관련된 문제를 내담자와 의논하고 명확하게 서면 계약서에 동의 내용을 기록한다.

A.10.f. 선물 받기

상담사는 내담자의 선물을 수락하는 것이 갈등을 일으키는 도전 거리임을 이해하고, 어떤 문화에서는 작은 선물이 존경에 대한 표시이고, 감사를 표현하는 것이라는 것을 인식한다. 내담자의 선물을 받을 것인지 말 것인지에 대해 결정할 때, 상담사는 치료 관계, 선물의 금전적 가치, 선물을 주는 내담자의 동기, 상담사가 선물을 원하거나 또는 거절하려는 동기에 대해 고려한다.

A.11. 종결 및 의뢰

A.11.a. 역량 내에서의 종결과 의뢰

만약 상담사가 내담자를 전문적으로 조력할 역량이 부족한 경우에, 그들은 상담 관계를 시작하거나 지속하는 것을 피해야 한다. 상담사들은 문화적, 임상적으로 적절한 의뢰 기관들을 알고 있어야 하며 이러한 대안들을 제시해야 한다. 만약 내담자가 제안된 의뢰를 거절한다면, 상담사는 관계를 종결한다.

A.11.b. 가치관 내에서의 종결과 의뢰

상담사들은 상담사의 개인적인 가치, 태도, 신념, 행동만을 바탕으로 미래의 내담자와 현재 내담자를 의뢰하는 것을 자제한다. 상담사들은 내담자의 다양성을 존중하고 내담에게 가치를 강요할 위험이 있는 분야에서, 특히 상담사의 가치관이 내담자의 목표와 일치하지 않거나 차별적인 특성을 가지고 있을 때는 적절한 훈련을 받는다.

A.11.c. 적절한 종결

상담사는 내담자가 더 이상 도움을 필요로 하지 않고, 이득이 되지 않으며, 또는 상담을 지속하는 것이 해가 된다는 것이 비교적 확실해지면 상담 관계를 종결한다. 상담사는 내담자나 내담자와 관계있는 다른 사람으로부터 해를 입을 위험이 있는 경우 또는 동의한 상담료를 지불하지 않는 경우 상담을 종결할 수 있다. 상담사는 종결 전 상담을 제공하고, 필요하다면 다른 서비스 제공 업체들을 추천해 준다.

A.11.d. 적절한 서비스 이양

상담사가 내담자를 다른 상담사에게 이양하거나 의뢰하는 경우, 적절한 임상적, 행정적 절차가 완료되었는지 확인하고 그 내담자, 다른 상담사 모두와 개방적인 의사소통이 계속 이루어질 수 있도록 한다.

A.12. 포기 및 고객방치

상담사는 상담에서 내담자를 포기하거나 방치해서는 안 된다. 상담사는 필요한 경우 휴가, 질병, 그리고 상담 중단 기간 동안 내담자가 치료를 지속으로 받을 수 있도록 적절한 준비를 해야 한다.

▍ Section B: 비밀보장과 사생활

서문

상담사는 신뢰가 상담 관계의 초석이 됨을 인식한다. 상담사는 지속적인 파트너십을 만들어 나가고, 적절한 경계를 설정하고 유지하며, 비밀을 유지함으로써 내담자의 신뢰를 얻고자 노력한다. 상담사는 문화적으로 적절한 방식으로 비밀보장과 관련된 기본적인 사항들에 대해 전달한다.

B.1. 내담자 권리 존중

B.1.a. 다문화/다양성 고려

상담사는 비밀보장과 사생활 보호의 문화적 의미에 대해 인식하고, 민감성을 유지한다. 상담사는 정보 공개에 대한 다른 관점들을 존중한다. 상담사는 어떻게, 언제 그리고 누구와 정보를 공유할 것인지에 대해 지속적으로 논의한다.

B.1.b. 사생활 존중

상담사는 미래와 현재의 내담자가 사생활 보호를 받을 권리를 갖고 있음을 존중한다. 상담사는 상담 과정에 이익이 되는 때만 내담자에게 개인적인 정보를 말하도록 요청한다.

B.1.c. 비밀보장 존중

상담사들은 미래와 현재 내담자들의 사생활을 존중한다. 상담사는 미래와 현재의 내담자가 동의 없이 또는 충분한 법적 또는 윤리적 정당성 없이 비밀 정보를 공유하지 않는다.

B.1.d. 비밀보장의 한계에 대한 설명

상담사들은 초기 단계와 상담 과정 내내 내담자에게 비밀보장의 한계를 알리고, 비밀보장이 침해되어야 하는 상황을 확인한다.

B.2. 예외

B.2.a. 심각하고 예측 가능한 위험과 법적 요구

상담사의 비밀보장이 일반적인 원칙이기는 하지만, 내담자 혹은 다른 사람들이 절박한 위험에 처한 경우 또는 비밀 정보의 개방이 법적으로 요구되는 경우는 적용되지 않는다. 상담사는 예외의 타당성에 대해 의심이 가면 다른 전문가에게 자문을 구한다. 임종과 관련된 문제를 다룰 때는 추가적인 고려 사항들이 적용된다.

B.2.b. 수명 종료 의사결정에 대한 비밀보장

자신의 죽음을 재촉하는 것을 고려하는 불치병 환자에게 서비스를 제공하는 상담사는 적용 가능한 법률과 상황의 특정한 조건에 따라, 적합한 전문가와 법률 관계자들로부터 자문과 슈퍼비전을 구한 후에 비밀을 유지할 수 있는 선택권이 있다.

B.2c. 전염성, 생명을 위협하는 질병

내담자 자신이 전염되는 동시에 치명적이라고 흔히 알려진 질병을 가지고 있다고 알렸을 때, 명백하고도 높은 질병 감염 위험에 처해 있는 제3자를 알게 되는 경우, 상담사는 제3자에게 정보를 공개할 정당성을 가질 수 있다. 정보를 공개하기 전에 상담사는 그러한 진단이 내려졌는지를 확인하고 자신의 질병을 다른 사람에게 알릴 의도가 있는지 또는 특정한 상대에게 해를 끼칠 수도 있는 행동을 할 의도가 있는지를 종합적으로 평가한다. 상담사들은 질병 상태의 공개에 관한 관련 주의 법률을 준수한다.

B.2.d. 법원명령에 의한 정보 개방

법원이 내담자의 동의 없이 비밀 정보를 개방하라는 명령을 내리는 경우에 상담사는 서면으로 된 고지된 동의서를 내담자로부터 받거나, 공개 금지 조치를 취하거나, 내담자 또는 상담 관계에 잠재적으로 위협을 줄 수 있으므로 가능한 한 최소한으로 한정해서 공개한다.

B.2.e. 최소한의 정보 개방

가능한 한 비밀 정보를 공개하기 전에 내담자가 사전에 그 사실을 알고 있고 공개에 대한 의사결정 과정에 참여하게 한다. 비밀 정보를 공개해야만 할 상황이라면, 꼭 필요한 정보만을 공개한다.

B.3. 타인들과의 정보 공유

B.3.a. 하급자

상담사는 내담자의 사생활과 비밀이 피고용인

들, 수련자들, 학생들, 사무보조원들, 자원봉사자들에 의해서도 유지될 수 있도록 모든 노력을 한다.

B.3.b. 학제간 팀

내담자에게 제공되는 서비스가 학제간 또는 치료 팀의 참여를 포함하는 경우, 내담자는 팀의 존재와 구성, 공유되는 정보, 그러한 정보를 공유하는 목적을 알고 있어야 한다.

B.3.c. 비밀보장 환경

상담사는 내담자의 사생활이 상당한 정도로 보장이 되는 환경에서만 비밀 정보에 대해 의논한다.

B.3.d. 제3자 지불인

상담사는 내담자가 공개를 허가한 경우에만 제3자 상담료 지불인에게 정보를 공개한다.

B.3.e. 비밀 정보 전송

상담사는 모든 매체를 통해 전달되는 모든 정보의 비밀보장을 보장하기 위해 주의를 기울인다.

B.3.f. 사망한 내담자

상담사는 사망한 내담자의 비밀을 법적 요구사항 및 문서화된 선호 사항에 따라 보호한다.

B.4. 집단 및 가족

B.4.a. 집단 작업

집단 작업 시 상담사는 특정 집단을 시작할 때 비밀보장의 중요성과 한계를 명확하게 설명한다.

B.4.b. 부부와 가족상담

부부와 가족상담에서 상담사는 누가 '내담자'로 간주될 것인지를 명확하게 정의하고 비밀보장에 대한 기대와 한계에 대해 논의한다. 각 개인의 비밀보장에 대한 권리와 그 비밀보장을 유지해야 할 의무와 관련해 동의 능력이 있는 참여한 모든 사람들로부터 상담사는 동의를 구하고 그 동의 사항을 문서에 기록한다. 상반된 합의가 없는 경우, 부부나 가족은 내담자로 간주된다.

B.5. 고지된 동의 능력이 결여된 내담자

B.5.a. 내담자에 대한 책임

미성년 내담자나 자발적인, 고지된 동의 능력이 결여된 성인 내담자를 상담할 때, 상담사는 상담 관계에서 알게 된 정보에 대해 연방 및 주 법률, 서면 정책, 관련 윤리강령에 명시된 대로 비밀을 보장한다.

B.5.b. 부모와 법적 보호자에 대한 책임

상담사는 부모와 법적 보호자에게 상담사의 역할과 상담 관계의 비밀스러운 성격에 대해 알린다. 상담사는 가족의 문화적 다양성에 대해 민감하며 법에 따른 그들 자녀들/보호인의 복지에 대한 부모/보호자의 고유 권리와 책임을 존중한다. 상담사는 내담자에게 최고로 서비스할 수 있도록 부모/보호자와 함께 적절한 협력 관계를 형성한다.

B.5.c. 비밀 정보의 공개

미성년 내담자나 비밀 정보 공개에 대한 자발적으로 동의할 능력이 결여된 미성년 내담자나 성인 내담자를 상담할 때, 상담사는 적절한 제3자로부터 정보 공개 허락을 받는다. 그러한 경우, 상담사는 내담자의 이해 수준과 일관되게, 내담자의 비밀을 보호하기 위한 적절한 조치를 취한다.

B.6. 기록과 문서화

B.6.a. 기록과 문서의 생성과 유지

상담사는 전문적인 서비스를 제공하는데 필요한 기록과 문서를 작성하고 유지한다.

B.6.b. 기록과 문서의 비밀보장

상담사는 기록과 문서를 안전한 장소에 보관하고, 권한을 가진 사람만 기록에 접근할 수 있도록 한다.

B.6.c. 기록에 대한 허락

상담사는 전자 또는 다른 도구를 이용해 상담 회기를 기록하기 전에 내담자에게 동의를 구한다.

B.6.d. 관찰에 대한 허락

상담사는 수련감독자, 교수, 동료, 그 밖의 다른 훈련 상황에 있는 다른 사람들과 함께 상담 회기를 관찰하거나, 상담 회기 축어록을 검토하거나 또는 상담 회기를 녹음한 것을 듣게 될 때는 사전에 내담자의 허락을 구한다.

B.6.e. 내담자 접근

상담사는 권리 있는 내담자로부터 요청이 있을 시 기록에 적절히 접근할 수 있도록 하고 기록 사본을 제공한다. 상담사가 내담자에게 기록의 접근을 제한하는 것은 오로지 그러한 접근이 내담자에게 해를 끼칠 수 있다는 명백한 증거가 있는 경우이다. 상담사는 내담자의 요청과 내담자 파일 안에 들어 있는 기록의 일부 또는 전부를 제한하는 것의 정당성을 문서로 기록한다. 여러 내담자들이 포함된 상황이라면 상담사는 내담자 개인에게 직접적으로 관계된 부분만 개별 내담자에게 제공하고 다른 내담자에게 관계된 비밀 정보를 포함시키지 않는다.

B.6.f. 기록에 대한 조력

내담자가 자신의 기록에 접근하고자 요청하면, 상담사는 상담 기록 해석에 대한 지원과 자문을 제공한다.

B.6.g. 공개 또는 이전

비밀보장의 예외가 아니라면, 상담사는 법적 제3자에게 공개하거나 기록을 이전하는 것에 대해 내담자에게 허락을 받는다. 상담 기록을 받은 사람이 기록의 비밀스러운 성질에 대해 민감한지 확인하는 절차를 밟는다.

B.6.h. 종결 후 보관 및 파기

상담사는 상담 종결 이후에도 상담 기록에 대한 접근이 가능하도록 서비스 종료 후 기록을 저장하고, 기록을 면허와 기록을 관리하는 정책과 같은 연방 및 주 법률 및 법령에 따라 유지, 관리하며, 내담자 기록 및 기타 민감한 자료는 내담자의 비밀을 보호하는 방식으로 폐기할 수 있다. 상담사들은 기록이 아동 학대, 자살, 성희롱 또는 폭력과 같은 법정에서 요구할 수 있는 기록일 경우 파기하기 전에 신중한 판단과 행동을 해야 한다.

B.6.i. 합당한 사전 주의

상담사가 서비스를 제공하지 못하게 되는 일이나, 자격 박탈 또는 죽음 같은 사건이 있어도 내담자의 비밀이 보호되도록 사전에 충분히 주의를 기울인다.

B.7. 자문

B.7.a. 사생활 존중

자문 관계에서 획득한 정보는 그 사례와 직접적으로 관계가 있는 사람과만 전문적인 목적으로 논의된다. 서면 또는 구두 보고에는 자문의 목적과 밀접한 관계가 있는 자료만 나타내며, 내담자 신원을 보호하고 예상치 못하게 사생활을 침해하지 않도록 모든 노력을 한다.

B.7.b. 비밀 정보 공개

동료를 자문할 때, 상담사는 사전에 동의를 얻었거나 공개를 피할 수 없는 경우가 아니라면 비밀 관계를 가지고 있는 내담자 또는 다른 사람 또는 기관의 신원 확인을 할 수 있는 비밀 정보를 공개하지 않는다. 그들은 협의의 목적을 달성하는데 필요한 정도까지만 정보를 공개한다.

▌Section C: 전문적 책임

서문

상담사는 대중들이 다른 전문가들과의 관계에서 개방적이고, 정직하고 그리고 정확한 의사소통을 추구한다. 상담사들은 상담서비스에 대한 접근을 용이하게 하고, 전문가나 개인적인 능력의 범위 내에서 차별적이지 않은 방식으로 상담을 한다. 그들은 또한 ACA 윤리규정을 준수할 책임을 가진다. 상담사는 적극적으로 지역, 주, 국가적인 차원의 학회에 참여하여 상담 분야의 발전과 향상을 꾀한다. 상담사는 개인과 집단의 삶의 질을 향상시킬 수 있도록 개인, 집단, 기관, 사회 수준에서 변화를 촉진하는 것을 지원하며, 제공되는 적절한 서비스를 공급하고 접근하는 것에 대한 잠재적인 장애물을 제거한다. 상담사는 대중들에게 엄격한 연구 방법에 기초한 상담을 실시할 책임을 가진다. 상담사들은 그들의 전문적인 활동의 일부를 재정적인 이익이 거의 없거나 전혀 없는 서비스에 헌신함으로써 사회에 공헌하도록 격려 받는다(프로보노). 또한 상담사는 자신의 전문적인 책임을 최대한 다하기 위해서 자신의 정서적, 신체적, 정신적, 영적인 안녕을 유지하고 증진하기 위해 자기관리 활동에 참여한다.

C.1. 규정에 대한 지식

상담사는 ACA 윤리규정을 읽고, 이해하고, 따

르며 관련된 법과 규정을 준수할 책임을 가진다.

C.2. 전문적 역량

C.2.a. 역량의 범위

상담사는 교육, 훈련, 수련감독 경험, 주와 국가의 전문가 자격증, 적절한 전문적 경험 등에 바탕을 둔 자신의 역량 범위 내에서만 상담을 실시한다. 모든 상담 전문 분야에서 다문화 상담 능력이 필요하며, 상담사들은 다양한 고객들과 일하면서 문화적으로 유능한 상담가가 되기 위해 필요한 지식, 개인적 인식, 민감성, 기질, 그리고 기술을 습득한다.

C.2.b. 새로운 전문 영역의 상담

상담사는 적절한 교육이나 훈련, 또는 수련감독의 경험이 있은 후에만 새로운 전문 영역을 상담한다. 새로운 전문 영역에서 능력을 발달시키는 동안에는 상담사가 자신의 상담 역량을 확인하고 다른 사람들이 해를 입지 않도록 적절한 절차를 밟는다.

C.2.c. 고용 자격

상담사는 교육, 훈련, 수련감독 등을 받은 경험, 주와 국가의 전문가 자격증, 적절한 전문적 경험 등에 의해 자격을 갖춘 후 상담사로서 일한다. 상담사는 전문적인 상담 영역에 자격과 역량을 갖춘 사람들만 고용한다.

C.2.d. 효율성에 대한 점검

상담사는 전문가로서의 자신의 효율성을 지속적으로 점검하고 효율성을 증진시키기 위한 조치를 취한다. 상담사는 상담사로서의 효율성을 평가하기 위해 필요하다면 동료에게 슈퍼비전을 받을 필요가 있다.

C.2.e. 윤리적 책임에 대한 자문

상담사들은 윤리적 책임이나 전문적 상담 실시에 대해 의문이 생길 때 ACA 윤리와 전문가 규정, 다른 관련 전문가들에게 자문을 구하는 합리적 절차를 따른다.

C.2.f. 지속적 교육

상담사가 현장에서 활동하기 위해 최신의 과학적, 전문적인 정보를 일정 수준 획득하고 유지하기

위해서는 지속적인 교육이 필요하다는 것을 인식한다. 상담사는 자신이 사용하고 있는 기술에 대한 역량을 유지하고, 새로운 절차에 개방적이고, 또한 그들이 현장에서 접하고 있는 다양하고 특별한 집단의 최신 경향을 파악한다.

C.2.g. 결함

상담사는 자신의 신체적, 정신적, 정서적 문제로부터 생기는 결함에 대한 신호에 깨어있으며, 그러한 결함이 내담자나 다른 사람들에게 해가 될 것 같은 경우, 전문적인 서비스를 제안하거나 제공하는 것을 금한다. 전문적인 결함 수준에 이르게 한 문제에 대해 도움을 요청하고, 필요하다면 다시 안전하게 일을 시작할 수 있을 것이라는 결정이 이루어질 때까지 자신의 전문적 책임을 제한하거나, 연기하거나 또는 종료한다. 상담사는 동료 또는 수련감독자가 자신의 전문적인 결함을 인식할 수 있도록 하고, 동료 또는 수련감독자가 결함의 징후를 보일 경우 내담자에게 피해를 주지 않도록 적절히 개입한다.

C.2.h. 상담사 자격 박탈, 죽음, 은퇴, 또는 상담의 종결

상담사는 내담자 이전 계획을 준비하고, 자격 박탈, 죽음, 은퇴, 또는 상담 종결의 경우에 상담사는 내담자와 파일의 이전 계획을 동료나 기록 보관자에게 준비하고 알려 준다.

C.3. 홍보와 내담자 구인

C.3.a. 정확한 홍보

대중들에게 자신의 서비스를 홍보하거나 다른 방법으로 알리게 될 때 상담사는 위조하거나, 현혹시키거나, 속이거나, 사기를 치지 않도록 정확한 방식으로 자신의 자격을 밝힌다.

C.3.b. 추천서

추천서가 필요한 상담사는 현재 내담자나 이전 내담자 또는 부당한 위압에 취약할 수 있는 다른 사람들에게 추천서를 요청하지 않는다.

C.3.c 다른 사람에 의한 진술

가능할 때, 상담사들은 자신에 대한 다른 사람들의 진술이나 상담 직업에 대한 진술이 정확한지

확인하기 위해 합당한 노력을 기울인다.

C.3.d. 고용을 통한 구인

상담원은 내담자, 슈퍼바이저, 컨설턴트를 모집하기 위해 고용 장소나 기관의 제휴 장소를 사용하지 않는다.

C.3.e. 상품과 훈련 홍보

자신의 전문성과 관련된 상품을 개발하거나 워크숍이나 훈련 행사를 개최하는 상담사는 이 상품과 행사에 관련된 홍보가 정확하고 소비자들이 충분히 정보를 접한 후 선택을 할 수 있도록 적절한 정보를 공개해야 한다.

C.3.f. 서비스 대상자들에게 판촉하기

상담사는 자신의 상품이나 훈련 행사를 판촉하기 위해 상담, 교육, 훈련, 수련감독 관계를 이용하지 않고, 거절하지 못할 수 있는 개인에게 부당한 위압을 가하는 않는다. 그러나 상담사 교육자들이 수업 목적으로 집필한 교재를 채택할 수는 있다.

C.4. 전문적 자질

C.4.a. 정확한 표현

상담사는 오로지 자신이 실제로 가지고 있는 전문자격에 한해서 자격을 주장하거나 포함시키며 다른 사람들이 자신의 자격에 대해 잘못 표시한 것을 알게 되는 경우 수정한다. 상담사들은 그들의 전문가 동료들의 자격을 정직하게 대변한다. 상담사들은 유급 경험과 자원 봉사 경험을 명확히 구분하고, 그들의 지속적인 교육과 전문화된 훈련을 정확하게 설명한다.

C.4.b. 자격 증명서

상담사는 현재의 그리고 완료한 자격증 또는 증명서만 주장한다.

C.4.c. 학위

상담사는 획득한 학위와 명예상의 학위를 분명히 구분한다.

C.4.d. 박사급 역량 암시하기

상담사는 상담 또는 인접 분야에서 받은 최고의 학위를 분명하게 기술한다. 상담사는 오직 상담이나 인접 분야에서 석사학위만 소지하고 있지만 박사학위가 상담이나 인접 분야가 아닌 경우 자신

을 박사라고 상담 장면에서 지칭함으로써 박사급 역량이 있음을 암시하지 않는다. 상담사는 자신의 역량을 암시하기 위해 "ABD"(논문 제외) 또는 다른 용어들을 사용하지 않는다.

C.4.e. 인가 상태

상담사는 학위를 획득한 학위 프로그램과 전문대학/대학의 인가 상태를 분명하게 기술한다.

C.4.f. 전문가협회 회원

상담사는 분명하게 전문가협회에서 현재 적극적으로 활동하는 회원인지 이전에 회원이었는지를 구분한다. ACA 회원은 분명하게 전문가 회원(최소한 상담 석사학위를 소지하고 있음을 의미함)과 일반 회원(흥미와 활동이 ACA에서 하는 것과 일치하지만 전문적인 회원 자격을 갖추지 못한 개인들에게 열려 있음)을 구분해야 한다.

C.5. 무차별

상담사는 나이, 문화, 장애, 민족, 인종, 종교/영성, 성(gender), 성 정체성, 성적 지향, 결혼 상태/동거, 언어 선호, 사회경제적 지위, 이민 지위, 법으로 금지한 어떤 원칙을 근거로 미래와 현재 내담자들, 학생들, 고용인들, 슈퍼바이지들, 연구 참가자들을 차별하는 것을 묵과하거나 이에 관여하지 않는다.

C.6. 공적 책무

C.6.a. 성적 위협

상담사들은 성희롱에 관여하지 않고 용납하지 않는다. 성희롱은 하나의 강력하거나 심각한 행위, 또는 다수의 지속적이거나 만연한 행위로 이루어질 수 있다.

C.6.b. 제3자에 대한 보고

상담사들은 법원, 건강 보험 회사, 평가 보고서 수혜자, 그 밖의 다른 사람들과 같이 제3자들에게 자신의 전문적 활동과 판단을 정확하고 정직하며 객관적으로 보고해야 한다.

C.6.c. 미디어 발표

상담사가 대중강의, 시연, 라디오나 TV 프로그램, 녹음된 테이프, 테크놀로지에 기반을 둔 장비,

인쇄된 논문, 우편물 또는 다른 미디어 수단을 이용하여 충고나 의견을 제시할 때는 다음과 같은 사항이 확실하도록 사전에 주의를 기울인다.

1. 자신의 진술이 상담 전문 이론과 실제에 근거한 것이다.
2. 자신의 진술이 ACA 윤리규정과 일치한다.
3. 정보의 수혜자들로 하여금 전문적인 상담 관계가 이미 설정된 것처럼 여기게 해서는 안 된다.

C.6.d. 타인 착취

상담사는 전문적인 관계로 다른 사람을 착취하지 않는다.

C.6.e. 공공에의 공헌(프로 보노)

상담원은 재정적인 이익이 거의 없거나 전혀 없는 서비스를 대중에게 제공하기 위해 합당한 노력을 기울인다(예, 그룹과의 대화, 전문적인 정보 공유, 요금 할인 제공).

C.7. 치료방식들

C.7.a. 치료 모형의 과학적 근거

서비스를 제공할 때 상담사들은 이론 그리고/또는 증거 또는 과학에 기반을 둔 기술, 과정, 방식들을 사용해야 한다.

C.7.b. 개발과 발명

상담사가 기술/절차/방식을 개발하거나 발명하였을 때, 그들은 잠재적인 위험성, 이득, 그러한 기술/절차/방식에 내재된 윤리적인 요소들을 설명해야 한다. 상담사들은 그러한 기술/절차/방식을 사용할 때 잠재적인 위험 또는 위해를 최소화하기 위해 작업해야 한다.

C.7.c. 해로운 실행

상담사들은 그러한 서비스들이 요청된 경우라도 위해에 대한 추가적인 근거들이 있을 경우 기술/절차/방식을 사용하지 말아야 한다.

C.8. 다른 전문가에 대한 책임

C.8.a. 개인적인 공적 진술

공적인 상황에서 개인적인 진술을 할 때, 상담사는 다른 모든 상담사나 전문가 집단의 입장에서 말하는 것이 아니라 개인적인 관점에서 말한다는

것을 명확하게 해 준다.

▌Section D: 다른 전문가들과의 관계

서문

전문상담사는 동료와의 상호작용 질이 내담자에게 제공되는 서비스의 질에 영향을 줄 수 있다는 것을 인식한다. 상담 분야 내외의 동료들에 대해 알기 위해 노력한다. 상담사는 내담자에 대한 서비스를 향상시키기 위해 동료들과의 긍정적인 작업관계와 의사소통 시스템을 발전시킨다.

D.1. 동료, 고용인, 피고용인과의 관계

D.1.a. 다른 접근들

상담사들은 그들 자신이 사용하는 것과 다르지만 이론에 근거하거나 경험적 또는 과학적 근거가 있는 다른 접근법을 존중한다. 상담사들은 다른 전문가 그룹들의 전문 지식을 인정하고 그들의 실천을 존중한다.

D.1.b. 관계 형성

상담사들은 다른 분야의 동료들과 내담자들에게 최고의 서비스를 제공하기 위한 관계를 발전시키고, 강화하기 위해 일한다.

D.1.c. 학제간 팀워크

내담자에게 다양한 서비스를 제공하는 간학문적 팀의 한 구성원인 상담사는 내담자에게 어떻게 최상의 서비스를 제공할 것인지에 지속적으로 초점을 둔다. 이들은 상담전문가로서의 그리고 다른 학문 분야에 종사하는 동료의 관점, 가치, 경험을 활용하여 내담자의 복지에 영향을 미칠 수 있는 결정에 참여하고 기여한다.

D.1.d. 전문적 그리고 윤리적 책무확립

간 학문적 팀의 한 구성원인 상담사는 그 팀 구성원 전체의 그리고 각 구성원의 전문적 그리고 윤리적 책무가 무엇인지를 분명하게 한다. 팀의 결정에 윤리적 문제가 제기되면, 상담사는 우선 팀 내에서 그 문제를 해결 하도록 시도한다. 팀 구성원 간에 해결책을 찾지 못하면, 상담사는 내담자의

복지에 부합하게 그 문제를 해결할 수 있는 다른 길을 찾는다.

D.1.e. 비밀보장

상담사가 법, 기관 정책, 또는 특별한 상황에 의해 법적 또는 행정적소송에서 한 가지 이상의 역할 수행을 요청받게 되면, 동료들과 함께 역할 기대와 비밀보장의 한계를 명확하게 한다.

D.1.f. 직원 선발과 배치

상담사가 직원의 선택 그리고/또는 다른 사람에게 책임을 할당해야 하는 위치에 있을 때, 유능한 직원을 선택하고 그들의 능력과 경험에 맞는 책임을 할당한다.

D.1.g. 고용 정책

시설이나 기관에의 고용을 수락한다는 것은 상담사가 그 시설이나 기관의 전반적인 정책이나 원칙에 동의한다는 것을 의미한다. 상담사는 고용자와 내담자의 성장과 발전에 도움이 되는 방향으로 기관 정책을 변경하는 것이 수용 가능한 관리 기준에 대해 합의할 수 있도록 노력한다.

D.1.h. 부정적 환경

상담원들은 부적절한 정책과 관행에 대해 고용주들에게 경고한다. 상담사는 기관 내에서 건설적인 조치를 거쳐 그 정책이나 절차가 변화되도록 노력한다. 그 정책이 잠재적으로 내담자에게 파괴적이고 해가 된다면 또는 제공되는 서비스의 효율성에 제한을 가하게 되고 변화가 일어날 수 없다면, 상담사는 추가적으로 적절한 조치를 취한다. 그런 조치에는 적절한 자격과 인가, 또는 자격증수여 기관에의 의뢰 또는 자발적으로 퇴사하는 것이 포함될 수 있다.

D.1.i. 징계로부터의 보호

상담사는 책임감 있고 윤리적인 방식으로 고용주의 부적절한 정책과 실천을 드러낸 동료, 피고용인을 위협하거나 해고하지 않도록 주의한다.

D.2. 자문서비스의 제공

D.2.a. 자문가 역량

상담사는 자문서비스를 제공할 때에는 자신이 적합한 자원과 역량을 가지고 있는지를 확인하도록 적절한 조치를 취한다. 상담사는 요청이 있거나 필요한 경우에는 적절한 의뢰 자원들을 제공한다.

D.2.b. 공식적 자문에서의 고지된 동의

자문을 제공할 경우, 상담사는 서면이나 구두로 상담사와 피자문자의 권리와 책임에 대해 개관해 줄 의무가 있다. 상담사는 명확하고 이해 가능한 언어로 제공될 서비스의 목적, 비용, 잠재적인 위험과 이익, 비밀보장의 한계에 대해 관련된 모든 사람들에게 알린다.

▌Section E: 평가, 사정, 해석

서문

상담사는 상담 과정의 한 부분으로서 측정 도구를 사용하며, 내담자의 개인적, 문화적 배경을 고려한다. 상담사는 교육, 심리, 진로사정 도구를 개발하고 사용함으로써 내담자 개인과 내담자 집단의 복지를 적절한 증진시킨다.

E.1. 일반

E.1.a. 측정

교육, 정신건강, 심리, 직업 평가의 주요 목적은 내담자의 의사결정, 치료 계획, 법의학적 절차를 포함하여 다양한 목적으로 의뢰인에 대해 설명할 수 있는 정보를 수집하는 것이다. 평가는 양적방법 질적방법을 포함한다.

E.1.b. 내담자 복지

상담사는 사정 결과와 해석을 오용하지 않도록 하며, 그들은 사람들이 이러한 사정 도구를 통해 얻은 정보를 다른 사람들이 오용하지 않도록 예방하기 위해 적절한 조치를 취한다. 상담사는 내담자에게 결과, 제시된 해석, 상담사의 결론과 추론의 근거를 알 권리가 있음을 존중한다.

E.2. 평가 도구 사용과 해석 역량

E.2.a. 역량의 한계

상담사는 오로지 훈련 받고 유능한 검사와 평가서비스에 대해서만 실시한다. 기술에 의해 지원을 받는 검사 해석을 사용하는 상담사는 기술에 기반을 둔 애플리케이션을 사용하기 이전에 측정되는 구인과 사용되는 특정 도구에 훈련을 받아야 한다. 상담사들은 수련감독을 받는 사람들이 평가 도구를 적절히 사용하도록 확신하기 위해 합당한 조치를 취한다.

E.2.b. 적절한 사용

상담사는 그들이 그러한 평가들을 점수매기고 해석하든지 아니면 기술이나 다른 서비스들을 사용하든지 상관없이 내담자의 필요에 따라 적절한 애플리케이션, 채점, 해석, 평가 도구의 사용에 대한 책임이 있다.

E.2.c. 결과에 근거한 결정

상담사는 심리측정에 대한 철저한 이해를 포함한 평가 결과를 바탕으로 개인 또는 정책에 대한 결정을 할 책임이 있다.

E.3. 평가에서의 사전동의

E.3.a. 내담자에게 설명

상담사들은 평가에 앞서 평가의 성격과 목적, 잠재적인 수혜자들에 의한 결과의 구체적인 사용에 대해 설명한다. 설명은 내담자(또는 의뢰인을 대신하여 다른 법적 권한을 가진 사람)가 이해할 수 있는 용어와 언어로 제공된다.

E.3.b. 결과 수령

상담사는 피검자의 복지, 명확한 이해, 평가 결과의 수령자를 고려한다. 상담사는 개인 또는 집단 평가 결과 발표에 정확하고 적절한 해석을 포함시킨다.

E.4. 유자격 전문가에게 자료 공개

상담사는 내담자 신원이 적혀 있는 평가 자료는 내담자나 내담자의 법적 대리인의 동의가 있는 경우에만 공개한다. 그러한 자료는 상담사가 자료를 해석할 수 있다고 인정한 사람에게만 공개된다.

E.5. 정신 장애 진단

E.5.a. 적절한 진단

상담사는 정신 장애에 대해 적절한 진단을 하

도록 특별한 주의를 기울인다. 상담사는 내담자 보살핌(예, 치료의 초점, 치료 유형, 추수상담 권유)을 결정하기 위해 사용되는 평가 기술(개인 면담을 포함한)을 신중하게 선택하고 적절하게 사용한다.

E.5.b. 문화적 감수성

상담사는 내담자의 문제를 정의하고 경험하는 방식에 문화가 영향을 미친다는 점을 인식한다. 정신 장애를 진단할 때는 내담자의 사회 경제적 경험과 문화적 경험을 고려한다.

E.5.c. 정신병리 진단에 있어서의 역사, 사회적 편견

상담사는 어떤 개인들이나 집단들에 대해 오진을 내리고 정신병리화하는 역사적, 사회적 편견을 인식하고, 그들 자신 또는 다른 사람들이 가진 그러한 편견들을 인식하고 수정할 수 있도록 노력해야 한다.

E.5.d. 진단 보류

상담사는 내담자나 다른 사람들에게 해를 끼칠 수 있다고 믿으면 진단을 하거나 보고하는 것을 보류할 수 있다. 상담사는 진단의 긍정적인 함의와 부정적인 함의 모두 주의 깊게 고려해야 한다.

E.6. 도구 선택

E.6.a. 도구의 적절성

상담사는 도구를 선택할 때 도구의 타당도, 신뢰도, 심리측정의 한계, 적절성을 신중하게 고려하며, 가능하다면, 다양한 형식의 평가, 자료, 그리고/또는 결론, 진단, 또는 제언을 하기 위한 도구들을 사용한다.

E.6.b. 의뢰 정보

내담자가 제3자에게 평가를 위해 의뢰될 때, 상담사는 적절한 평가 도구가 사용될 수 있도록 내담자에 대한 구체적인 의뢰 문제와 충분한 객관적인 자료를 제공한다.

E.7. 평가 실시 조건

E.7.a. 실시 조건

상담사는 표준화 과정에서 설정된 동일한 조건 하에 평가를 실시한다. 장애가 있는 내담자 또는 평가 중 특이행동이나 부정행동이 이루어졌을 때와 같이 표준화된 조건하에서 평가를 실시할 수 없는 경우 이를 평가 해석 부분에 언급해서 평가 결과의 타당성 결여 혹은 타당성에 문제가 있음을 명시해야 한다.

E.7.b. 호의적인 조건의 제공

상담사들은 평가를 위한 적절한 환경을 제공해야 한다(예, 사생활 보호, 안정감, 집중할 수 있는 환경).

E.7.c. 기기를 사용한 평가 실시

기술적 또는 다른 전자적 방법들이 평가에 사용될 때 상담사는 실시 프로그램이 잘 기능하고 내담자에게 정확한 결과를 제공하는지 확인한다.

E.7.d. 수련감독을 받지 않는 평가

자가 관리 그리고/또는 채점을 위해 평가 도구를 설계, 제작, 검증한 경우를 제외하고, 상담사는 감독되지 않은 평가 사용을 허용하지 않는다.

E.8. 평가에서의 다문화적 쟁점 및 다양성

상담사는 내담자의 집단과 다른 집단을 대상으로 규준이 만들어진 평가기술 법을 선택하고, 사용할 때는 주의를 해야 한다. 상담사는 연령, 피부색, 문화, 장애, 민족, 성(gender), 인종, 언어 선호, 종교, 영성, 성(性)적 지향, 사회경제적 지위가 검사 실시와 해석에 영향을 미친다는 것을 인식하고, 다른 관련된 요인들을 고려하여 적절하게 검사 결과를 평가한다.

E.9. 평가채점 및 해석

E.9.a. 보고

평가결과를 보고할 때, 상담사는 개인과 문화적인 배경, 결과에 대한 내담자의 이해 수준, 결과가 내담자에게 미치는 영향력 등을 고려해야 한다. 평가 결과의 보고에서, 상담사들은 평가 상황이나 검사 받은 사람의 규준이 부적합하기 때문에 타당도와 신뢰도와 관련하여 발생하는 제한점을 명시한다.

E.9.b. 충분한 근거를 가지지 못한 연구 도구

상담사는 응답자의 결과를 지지해 주는 충분한 기술적인 자료를 가지고 있지 않는 연구 도구를 해석할 때는 주의를 기울인다. 그런 도구를 사용하는 특별한 목적이 있다는 것을 피검자에게 알린다. 상담사는 타당성이나 신뢰성이 의심되는 평가나 도구에 근거하여 내린 모든 결론, 진단 또는 권고 사항을 심사한다.

E.9.c. 평가서비스

평가 절차를 지원하기 위해 평가 채점과 해석 서비스를 제공하는 상담사는 해석에 대한 타당성을 확인시켜 준다. 상담사는 절차의 목적, 규준, 타당성, 신뢰도, 적용에 대해 그리고 사용에 적용되는 어떤 특별한 자격 조건에 대해 정확하게 기술한다. 자문가의 공식적인 책임은 피자문자에게 있으나, 궁극적이고 보다 우위에 있는 책임은 내담자에 대한 책임이다. 상담사들은 항상 평가받는 사람들에게 윤리적 책임을 진다.

E.10. 평가보안

상담사는 법적, 계약적 의무와 일치하도록 정직성과 보안을 유지한다. 상담사는 출판자의 승인이나 허락 없이 출판된 평가 도구 또는 그 일부를 공유하거나, 복사하거나, 수정하지 않는다.

E.11. 시대에 뒤진 검사 및 시기가 지난 결과

상담사는 현재의 목적을 위해 시대에 뒤지거나 시기가 지난 평가에서 나온 자료나 결과를 사용하지 않는다. 상담사는 다른 사람이 시대에 뒤진 측정이나 평가 자료를 오용하지 않도록 모든 노력을 기울인다.

E.12. 평가제작

상담사는 교육과 심리 사정 기술을 개발하고, 출판하고, 사용하기 위해 확증된 과학적 절차, 적절한 기준, 평가 설계에 대한 최신의 전문지식을 이용한다.

E.13. 법정 평가: 법적소송 절차를 위한 평가

E.13.a. 일차적 임무

법정 평가를 제공할 때, 상담사의 일차적 임무는 그 개인을 조사하거나 기록을 검토하는 것을 포함한 평가에 적합한 정보와 기법에 근거해 입증될 수 있는 객관적인 조사 결과를 제시하는 것이다. 상담사들은 자신의 전문적 지식과 평가에서 수집된 자료들에 의해 지지를 받을 수 있는 전문성을 근거로 하여 전문가 의견을 형성할 권한을 갖고 있다. 특히 개인에 대한 조사가 수행되지 않았을 때 상담사는 보고나 증언에 한계가 있음을 밝힌다.

E.13.b. 평가를 위한 동의

평가 받는 개인들에게 관계의 목적은 평가를 위한 것이지, 본질상 상담이 아니며, 평가 보고서를 받을 주체나 개인의 신분이 밝혀져 있다는 것에 대한 정보를 서면으로 제공한다. 법의학적 평가를 수행하는 상담사들은 법원이 평가받는 개인의 사전 동의 없이 평가를 수행하도록 명령하지 않는 한 평가 대상자 또는 그들의 법정 대리인으로부터 서면동의를 받는다. 아동이나 취약한 어른이 평가받을 때는 서면으로 된 고지된 동의서를 부모나 보호자로부터 받는다.

E.13.c. 금지된 내담자 평가

상담사는 현재 상담 중이거나 과거에 상담했던 개인, 내담자와 연인관계에 있는 사람들 또는 가족들을 법적인 목적으로 평가하지 않는다. 상담사는 법적인 목적으로 현재 평가 중이거나 과거에 평가했던 개인을 내담자로 받아들이지 않는다.

E.13.d. 잠재적 위험이 있는 관계 피하기

법정 평가를 제공하는 상담사는 현재 평가 중이거나 과거에 평가했던 개인의 가족, 연인, 친한 친구와 잠재적 위험이 있는 전문적 또는 개인적인 관계를 피한다.

▌Section F: 수련감독, 훈련, 교육

서문

슈퍼바이저, 훈련자, 교육자는 학생들과 의미 있고, 존중하는 전문적인 관계를 촉진하면서도 슈퍼바이지와 학생들과 면대면 또는 전자적인 형식을 포함하여 적절한 경계를 유지하기를 열망한다. 상담사는 자신의 일에 대해 이론적이고 교육적인 기초, 슈퍼비전 모델에 대한 지식을 가지고 있으며, 훈련 중인 상담사, 학생, 슈퍼바이지들을 공정하고, 정확하고, 정직하게 평가하고자 노력한다.

F.1. 슈퍼바이저와 내담자 복지

F.1.a. 내담자 복지

슈퍼바이저의 주요 임무는 슈퍼바이지들에 의해 제공되는 서비스를 점검하는 것이다. 슈퍼바이저는 내담자의 안녕과 슈퍼바이지의 임상 수행과 전문적 발달을 점검한다. 이러한 임무를 완수하기 위해서 슈퍼바이저는 슈퍼바이지의 작업 점검, 다양한 내담자들과 상담을 할 수 있는 준비가 되도록 돕기 위해 수련생들을 정기적으로 만난다. 수련자는 ACA 윤리규정을 이해하고 따라야 할 책임을 가진다.

F.1.b. 상담사 자격 증명

슈퍼바이저는 서비스를 제공하고 있는 슈퍼바이지의 자격을 내담자가 확실히 알 수 있도록 한다.

F.1.c. 고지된 동의와 내담자 권리

슈퍼바이저는 슈퍼바이지가 상담 관계에서 내담자의 사생활 보호와 비밀보장을 포함한 내담자의 권리를 알도록 한다. 슈퍼바이지는 내담자에게 슈퍼비전에 대한 정보를 제공하고, 수련감독 과정이 어떻게 비밀보장 한계에 영향을 주는지 알린다. 슈퍼바이지는 내담자에게 누가 상담 관계 기록에 접근할 것인지를 알게 하고 이러한 기록들이 어떻게 사용될 것인지에 대해서도 알린다.

F.2. 상담사 슈퍼비전 역량

F.2.a. 슈퍼바이저 준비

임상 슈퍼비전서비스를 제공하기 전에 상담사는 슈퍼비전 방법과 기법에 대해 훈련을 받는다. 임상 슈퍼비전서비스를 제공하는 상담사는 상담과 슈퍼비전에 대한 주제와 기술을 포함한 지속적인 교육 활동에 정기적으로 참여한다.

F.2.b. 슈퍼비전에서의 다문화 쟁점/다양성

슈퍼바이저는 슈퍼비전 관계에서의 다문화주의/다양성의 역할을 인식하고 다룬다.

F.2.c. 온라인 슈퍼비전

슈퍼비전에서 기술을 사용할 때, 슈퍼바이저들은 슈퍼비전에 이러한 기술들을 사용할 수 있다. 슈퍼바이저는 전자매체를 통해 전송되는 모든 정보의 비밀을 보호하기 위해 필요한 예방조치를 취한다.

F.3. 슈퍼비전 관계

F.3.a. 슈퍼바이지와의 경계의 확장

슈퍼바이저는 슈퍼바이지와의 윤리적인 전문적, 개인적, 사회적 관계를 명확하게 정의하고 유지한다. 슈퍼바이저는 현 슈퍼바이지와 비전문적 관계를 맺는 것을 피한다. 슈퍼바이저는 기존의 기준을 넘어서는 모든 형태로 현재 슈퍼비전 관계를 확장함으로써 발생하는 위험과 이점을 고려한다. 이러한 경계선을 확장함에 있어, 슈퍼바이저들은 적절한 전문적인 예방 조치를 취함으로써 판단력이 손상되지 않고 해가 발생하지 않도록 한다.

F.3.b. 성적 관계

현 슈퍼바이지와의 성적 또는 낭만적인 상호작용이나 관계는 금지된다. 이러한 금지는 면대면, 전자매체를 기반으로 한 상호작용 또는 관계에 모두 적용된다.

F.3.c. 성적 위협

슈퍼바이저는 슈퍼바이지에게 성적 위협을 가하거나 묵과하지 않는다.

F.3.d. 친한 친척이나 친구

슈퍼바이저는 친한 친척, 연인, 친구를 슈퍼바이지로 받는 것을 금지한다.

F.4. 슈퍼바이저의 책임

F.4.a. 슈퍼비전에 대한 고지된 동의

슈퍼바이저는 고지된 동의와 참여의 원칙을 슈퍼비전에 반영할 책임이 있다. 슈퍼바이저는 슈퍼바이지가 준수해야 하는 정책과 절차와 개별 슈퍼바이저 조치에 대한 과정의 정당한 호소를 슈퍼바이지에게 알린다. 필요시 원거리 슈퍼비전의 사용에 고유한 문제가 문서에 포함되어야 한다.

F.4.b. 응급 상황과 부재 시

슈퍼바이저는 슈퍼바이지가 슈퍼바이저에게 연락할 수 있는 절차를 만들어 알리고 부재 시 위기 상황을 다루는 데 도와줄 수 있는 다른 수련감독자의 연락처를 전달한다.

F.4.c. 수련자를 위한 기준

슈퍼바이저는 슈퍼바이지가 전문적·윤리적 기준과 법적 책임에 대해 알도록 한다.

F.4.d. 수련감독 관계 종결

슈퍼바이저나 슈퍼바이지는 적절히 예고한 후에 슈퍼비전 관계를 종결할 권리를 가진다. 그만두는 이유를 상대방과 논의하며, 양측 모두 이런 차이를 해결하기 위해 노력한다. 종결이 확정되면, 슈퍼바이저는 가능한 다른 슈퍼바이저에게 적절하게 의뢰한다.

F.5. 학생과 슈퍼바이지의 책임

F.5.a. 윤리적 책임

학생과 슈퍼바이지는 ACA 윤리규정을 이해하고 따라야 하는 책임을 가진다. 학생과 슈퍼바이지들은 전문적인 상담사에게 요구되는 것과 똑같은 의무를 내담자들에게 가진다.

F.5.b. 손상

훈련 중인 학생과 슈퍼바이지는 자신의 신체적, 정신적, 정서적 문제를 검토하고 내담자나 다른 사람들에게 해를 끼칠 것 같은 경우 상담서비스를 제안하거나 제공하는 것을 삼간다. 직원 그리고/또는 슈퍼바이저들에게 전문적 손상 수준에 도달하는 문제에 대해 알리고, 필요한 경우 그들이 안전하게 그들의 일을 재개할 수 있다고 결정되기 전까지 전문적인 책임을 제한, 일시 중지 또는 종료한다.

F.5.c. 전문적인 개방

상담서비스를 제공하기 전에, 학생들과 슈퍼바이지들은 그들의 신분을 슈퍼바이지로 공개하고 이 상태가 비밀보장의 한계에 어떻게 영향을 미치는지 설명한다. 슈퍼바이저들은 내담자들이 제공된 서비스와 그러한 서비스를 제공하는 학생들과 슈퍼바이지의 자격을 알고 있는지 확인한다. 학생과 슈퍼바이지들은 훈련 과정에서 상담 관계와 관련된 모든 정보를 사용하기 전에 내담자의 허락을 얻어야 한다.

F.6. 상담 슈퍼비전 평가, 치료, 위임

F.6.a. 평가

슈퍼바이저는 슈퍼비전 기간 동안 슈퍼바이지들에게 그들의 수행에 대한 지속적인 수행 평가와 공식적인 평가 회기 일정에 대한 피드백을 제공한다.

F.6.b. 문지기 역할(gatekeeping)과 교정

슈퍼바이저들은 초기 평가와 지속적인 평가를 통해 성과에 지장을 줄 수 있는 슈퍼바이지의 한계를 알고 있다. 슈퍼바이저들은 슈퍼바이지가 필요한 경우 교정적 지원을 받을 수 있도록 도와준다. 슈퍼바이지들이 다양한 내담자들에게 유능한 전문서비스를 제공할 수 있다는 것을 증명할 수 없을 때 그들은 훈련 프로그램, 상담 기관, 주 또는 자원 전문가 자격 과정을 그만둘 것을 권고한다. 슈퍼바이저들은 자문을 구하고 슈퍼바이지를 해임 또는 슈퍼바이지를 돕기 위한 의뢰 결정의 과정을 문서화한다. 그러한 결정을 다루는 데 가능한 선택들은 어떤 것들이 있는지 확실히 알도록 한다.

F.6.c. 슈퍼바이지에 대한 상담

슈퍼바이지가 상담을 요청하는 경우, 슈퍼바이저는 슈퍼바이지가 적절한 서비스를 확인할 수 있도록 도와준다. 슈퍼바이저들은 슈퍼바이지들에게 상담서비스를 제공하지 않는다. 슈퍼바이저는 이러한 문제가 내담자, 슈퍼비전 관계, 전문적 기능에 미치는 영향의 측면에서 대인관계 능력 문제를 다룬다.

F.6.d. 인증(endorsement)

슈퍼바이저들은 그들의 슈퍼바이지가 인증을 받을 만큼 충분한 자격을 갖추었다고 믿을 때만 증명서, 자격증, 고용, 또는 학위 또는 훈련 프로그램 수료에 대해 인증한다. 자격요건에 관계없이, 수련자가 인증과 관련된 업무 수행을 방해할 수도 있을 정도로 어떤 손상이 있다고 믿으면 수련감독자는 수련자를 인증하지 않는다.

F.7. 상담사 교육자의 책임

F.7.a. 상담사 교육자

교육 프로그램 개발, 실시, 감독 책임을 맡은 상담사 교육자들은 교사로서 그리고 상담 실무자로서 능숙한 사람들이다. 그들은 전문가의 윤리적, 법적, 규율적인 측면에 대해 알고 있으며, 그 지식을 적용하는 데 능숙하고, 학생과 슈퍼바이지가 그들의 책임을 인지하도록 돕는다. 전통적인 방식, 하이브리드, 그리고/또는 온라인 방식이건 상관없이, 상담사 교육자는 상담사 교육과 훈련 프로그램을 윤리적 방식으로 수행하며 전문적인 행위의 역할 모델이 된다.

F.7.b. 상담사 교육자 역량

상담 교사나 슈퍼바이저로 활동하는 상담사들은 자신의 지식과 역량의 범위 내에서 교육을 제공하고, 전문 분야에서 이용 가능한 최신의 정보와 지식을 토대로 강의를 한다. 강의 내용을 전달하기 위해 기술을 사용할 때, 상담교사들은 이 기술을 사용할 수 있는 역량을 개발한다.

F.7.c. 다문화/다양성 삽입(Infusing)

상담사 교육자는 전문적인 상담사 발달을 위해 다문화/다양성과 관련된 자료를 모든 과정과 워크숍에 포함시킨다.

F.7.d. 연구와 실무 통합

상담사 교육자는 학술적인 연구와 수련감독하의 실무를 통합하여 교육과 훈련 프로그램을 개설한다.

F.7.e. 윤리 지도

프로그램의 전 과정을 통해 상담사 교육자는 학생과 수련자가 전문가의 윤리적 책임과 기준 그리고 전문성에 대한 학생의 윤리적 책임에 대해 알도록 한다. 상담사 교육자는 교육 과정 전반에 걸쳐 윤리적으로 고려할 사항들을 포함시킨다.

F.7.f. 사례의 사용

강의 또는 강의실 환경에서 사례의 목적으로 내담자, 학생 또는 슈퍼바이지의 정보를 사용하는 것은 (a) 내담자, 학생, 또는 슈퍼바이지가 자료를 검토하고, 이에 대한 제시를 동의했을 때만 가능하며 (b) 정보가 개인을 식별하지 못하게 충분히 수정되어야 한다.

F.7.g. 학생 간의 슈퍼비전과 교육

학생들이 상담사 교육자나 슈퍼바이저의 역할을 할 때, 그들은 교육자, 훈련자, 그리고 슈퍼바이저와 같은 윤리적 의무를 가지고 있다는 것을 이해한다. 교육자는 그들의 동료가 전통적, 하이브리드 그리고/또는 온라인 형식(예, 상담그룹, 상담기술 수업, 임상 슈퍼비전)의 경험적 상담을 이끌 때 학생의 권리가 침해되지 않도록 최선을 다한다.

F.7.h. 혁신적인 이론과 기법들

상담사 교육자들은 이론에 근거하거나 경험적 또는 과학적 근거를 가지고 있는 기술/절차/양식들의 사용을 촉진한다. 만약 상담사 교육자들이 개발 중이거나 혁신적인 기술, 절차, 양식들에 대해 논할 때, 그들은 그러한 기술/절차/양식의 잠재적 위험성, 혜택, 윤리적 고려 사항들을 설명한다.

F.7.i. 현장 배치

상담사 교육자는 훈련 프로그램 내에 현장 배치와 다른 임상 경험에 관한 분명한 정책을 세운다. 상담사 교육자는 학생 또는 슈퍼바이지, 현장 슈퍼바이저, 프로그램 수련감독자에게 명확하게 명시된 역할과 책임을 제공한다. 상담사 교육자는 현장 슈퍼바이저가 슈퍼비전을 제공할 만한 자격이 있는지를 확인하고 현장 슈퍼바이저에게 이 역할에 주어진 전문적, 윤리적 책임이 무엇인지 알린다.

F.8. 학생복지

F.8.a. 프로그램 정보와 오리엔테이션

상담사 교육자는 프로그램 오리엔테이션이 학생들이 상담사 교육 프로그램에 처음 들어올 때 시작되는 개발 과정이라는 것을 인식하고, 교육 과정 내내 교육적, 임상적 훈련을 통해서 계속되는 과정임을 인식하고 있다. 학생들의 임상 훈련상담 교수진은 예비 학생에게 다음과 같이 상담사 교육 프로그램에서 기대하는 것에 관한 정보를 제공한다.

1. 전문가의 가치와 윤리 원칙들

2. 성공적인 훈련 수료에 요구되는 기술과 지식의 유형과 수준
3. 기술 요건들
4. 프로그램 훈련 목적, 목표, 임무, 이수 교과목
5. 평가 원칙
6. 훈련 과정의 일부로서 자기 성장과 자기 개방을 장려하는 훈련 요소
7. 수련감독 상황 유형과 요구되는 임상 현장 경험을 위한 장소의 요건
8. 학생, 슈퍼바이저 평가와 퇴학 정책과 절차
9. 졸업 후의 최근 고용전망

F.8.b. 학생 진로상담

상담사 교육자들은 학생들에게 진로조언을 해주고 현장에서의 기회를 알려 준다.

F.8.c. 자기 성장 경험

자기 성장은 상담사 교육에서 기대되는 요소이다. 상담사 교육자들은 학생들이 스스로 성장하는 경험을 하도록 요구할 때 윤리적 원칙을 염두에 둔다. 상담사 교육자들과 슈퍼바이저들은 학생들에게 수업 시간에 어떤 정보를 공유하거나 보류할지 결정할 권리가 있다고 알려 준다.

F.8.d. 개인적 문제 해결

상담사 교육자는 훈련받는 자들에게 그들의 역량에 영향을 미칠 수도 있는 개인적인 문제를 해결하기 위해 전문적인 도움을 받도록 요구할 수도 있다.

F.9. 학생 평가 및 개선

F.9.a. 학생 평가

상담사는 학생들에게 훈련 프로그램 시작 전이나 진행되는 내내 기대되는 역량의 수준, 평가 방법, 교과 수업과 임상에서의 역량 평가 시간에 대해 명확하게 알려 준다. 상담사 교육자는 훈련 프로그램이 지속되는 동안 학생들의 수행에 대한 피드백을 제공한다.

F.9.b. 한계

상담사 교육자는 지속적인 평가를 통해 학생들이 상담 역량을 성취하는 데 방해가 되는 무능력에 대해 인식하고 다룬다. 상담사 교육자는 다음의

사항들을 준수한다.

1. 필요한 경우 학생에게 치료적인 지원을 받도록 도와준다.
2. 학생을 퇴학하게 하거나 원조를 받도록 의뢰하는 결정에 대해 전문적인 자문을 구하고 문서화한다.
3. 학생의 치료나 퇴학 요청에 대한 결정이 시의적절하게 다뤄질 수 있도록 하고, 기관의 정책이나 절차에 따른 정당한 절차를 학생에게 제공한다.

F.9.c. 학생을 대상으로 한 상담

학생이 상담을 요청하거나 상담서비스가 개선 절차의 한 부분으로 필요한 경우, 상담사 교육자는 학생들이 적절한 서비스를 찾을 수 있도록 돕는다.

F.10. 상담사 교육자와 학생 간의 역할 및 관계

F.10.a. 성적 또는 로맨틱 관계

상담사 교육자들은 현재 상담 또는 관련된 프로그램에 등록 중인 학생이나 그들이 힘과 권위를 발휘할 수 있는 학생들과의 성적 또는 낭만적인 상호작용이나 관계는 금지된다. 이러한 금지는 면대면과 전자매체를 통한 상호관계 또는 관계에 모두 적용된다.

F.10.b. 성적 위협

상담사 교육자는 학생에게 성적 위협을 가하거나 묵과하지 않는다.

F.10.c. 이전 학생과의 관계

상담사 교육자는 교수진과 학생 간의 관계에 힘의 차이가 있다는 것을 인식한다. 교수진은 이전 학생들과 사회적, 성적 또는 다른 친밀한 관계를 시작할 때는 잠재적인 위험에 대해 논의한다.

F.10.d. 비전문적 관계

상담사 교육자는 학생에게 잠재적인 위험 요소가 있거나 훈련 경험이나 부과된 평점에 손상을 줄 수도 있는 학생과의 비전문적 또는 지속적인 전문적 관계를 맺는 것을 피한다. 또한, 상담사 교육자는 학생이나 수련자를 배치한 것에 대해 그 상담소로부터 어떤 형태의 전문적인 서비스나 사례, 수수료, 배상, 보상을 받지 않는다.

F.10.e. 상담서비스

상담사 교육자는 훈련 경험과 관련된 간단한 역할이 아니라면 현재의 상담 프로그램에 등록 중이거나 그들이 힘과 권력을 발휘할 수 있는 학생에게 상담사로서 역할을 하지 않는다.

F.10.f. 교육자-학생의 경계 확대

상담사 교육자는 교수진과 학생의 관계 사이에는 힘의 차이가 있음을 인식한다. 만약 학생과의 비전문적 관계가 학생에게 잠재적으로 이익이 된다고 믿으면, 상담사들이 내담자와 작업할 때처럼 사전에 조치를 취한다. 잠재적으로 이익이 될 수 있는 상호작용이나 관계는 공식적인 행사 참여, 병원 방문, 스트레스 받는 일이 있을 때 지지 제공, 전문 학술단체, 조직, 지역사회에서의 회원 가입이 포함된다. 상담사 교육자는 상호작용의 합당한 근거, 잠재적인 이점과 단점, 학생에게 기대되는 결과에 대해 학생과 논의한다. 교육자는 비전문적인 관계를 시작하기 이전에 학생과 가지게 될 추가적인 역할의 구체적인 성격과 한계를 명확히 한다. 학생과의 비전문적 관계는 한시적이어야 하며 학생의 동의하에 시작되어야 한다.

F.11. 상담사 교육 및 훈련 프로그램에서의 다문화/다양성 역량

F.11.a. 교수진 다양성

상담사 교육자는 다양한 교수진을 신규로 초빙하고 유지하기 위해 노력한다.

F.11.b. 학생 다양성

상담사 교육자는 다양한 학생을 신입생으로 모집하고 유지하기 위해 적극적으로 노력한다. 상담사 교육자는 학생들이 훈련 경험에 가져오는 다양한 문화와 능력의 유형들을 인식하고 그것들에 가치를 부여함으로써 다문화/다양성에 대한 유능함을 보여 준다. 상담사 교육자는 다양한 학생들의 안녕과 학업 수행을 돕기 위해 적절한 편의를 제공한다.

F.11.c. 다문화/다양성 역량

상담사 교육자는 훈련이나 수련감독 실무에 다

문화/다양성 역량 배양을 위한 내용을 적극적으로 넣는다. 그들은 학생들이 다문화적 실무의 유능함에 대한 인식, 지식, 기술을 습득할 수 있도록 적극적으로 훈련시킨다.

▌Section G: 연구 및 출판

서문

연구를 수행하는 상담사는 전문지식 기반에 기여하고 건강하고 더 정의로운 사회로 인도하는 환경에 대한 더 명확한 이해를 촉진하는 것이 장려된다. 상담사는 가능한 한 충분히 그리고 기꺼이 참여함으로써 연구자들의 노력을 지원한다. 상담사는 연구 프로그램을 설계하고 실시하는 데 있어서 편견을 최소화하고 다양성을 존중한다.

G.1. 연구 책임

G.1.a. 연구실시

상담사는 관련 윤리 원칙, 연방 법 및 주 법, 기관 규정, 과학 표준에 부합하는 방식으로 연구를 계획, 설계, 수행 및 보고한다.

G.1.b. 연구에서의 비밀보장

상담사는 자신의 연구 수행에서 비밀보장에 관한 주, 연방, 기관 또는 기관 정책이나 해당 지침을 이해하고 준수할 책임이 있다.

G.1.c. 독립적인 연구자

독립적인 연구자가 기관의 윤리심사위원회(Institutional Review Board: IRB)에 접근하지 못할 때, 그들은 그들의 계획, 설계, 실행, 연구보고의 검토와 관련된 동일한 윤리적 원칙과 연방 및 주 법에 따른다.

G.1.d. 표준 실천으로부터의 이탈

연구 문제가 표준이 되는 또는 수용 가능한 실천으로부터 벗어날 것임을 암시하는 경우 연구 참여자들의 권리를 보호하기 위해 자문을 구하고 엄중한 안전장치를 따른다.

G.1.e. 상해를 피하기 위한 사전조치

인간 참여자를 대상으로 연구를 수행하는 상담사는 연구 과정 내내 참여자의 복지에 책임이 있으며, 참여자에게 정서적, 신체적, 사회적 해를 입힐 가능성을 피하기 위한 합당한 사전 조치를 취해야 한다.

G.1.f. 연구 책임자의 책임

윤리적인 연구수행에 대한 궁극적인 책임은 연구책임자에게 있다. 연구 활동에 참여하는 다른 모든 사람은 윤리적 책임을 공유하며 각자의 행동에 대해 책임을 진다.

G.2. 연구 참여자의 권리

G.2.a. 연구에서의 고지된 동의

개인은 연구 참여자가 되는 것에 동의할 권리를 가진다. 이러한 동의를 얻기 위해 상담사는 다음과 같은 언어를 사용한다.

1. 연구 목적과 수반되는 절차를 정확하게 설명한다.
2. 실험적인 또는 상대적으로 시도해 보지 않았던 어떤 절차가 있다면 분명히 밝힌다.
3. 참여에 따르는 불편함과 위험, 연구자와 참여자의 잠재적인 힘의 차이에 대해 기술한다.
4. 합리적으로 예상할 수 있는 개인이나 조직의 어떤 이득이나 변화가 있다면 설명한다.
5. 참여자에게 유리한 적합한 대안 절차를 알린다.
6. 절차에 관련된 질문에 응답한다.
7. 비밀보장의 한계에 대해 설명한다.
8. 연구 결과를 알릴 형식과 잠재적인 대상에 대해 설명한다.
9. 참여자가 자신의 동의를 철회하고 싶으면 언제든지 어떤 불이익 없이 철회할 수 있고 프로젝트에 참가하는 것을 중단할 수 있음을 알린다.

G.2.b. 학생/슈퍼바이지 참여

학생이나 슈퍼바이지가 연구참여자로 포함된 경우, 연구자는 그들에게 연구 활동 참여 여부에 대한 결정이 학업 성적이나 슈퍼비전 관계에 영향을 미치지 않는다는 것을 분명히 알린다. 연구에 참여하지 않기로 결정한 학생 또는 슈퍼바이지는 그들의 학업과 임상에서의 요구조건들을 충족시키기 위한 적합한 대안들을 제공받아야 한다.

G.2.c. 내담자의 참여

내담자를 포함시키는 연구를 수행하는 상담사는 고지된 동의 절차에서 내담자가 연구 활동에 참여할 것인지에 대해 자유롭게 선택할 수 있다는 점을 명확하게 한다. 상담사는 참여 거절이나 철회에 따라 내담자가 불리한 영향을 받지 않도록 보호하기 위해 필요한 사전 조치를 취한다.

G.2.d. 정보의 비밀보장

연구, 과정에서 연구 참여자에 대해 획득한 정보는 비밀로 유지한다. 비밀보호를 위한 절차가 시행된다.

G.2.e. 고지된 동의를 할 수 없는 사람들

고지된 동의를 제공할 수 없는 사람인 경우, 상담사는 보호자로서 법적인 권한을 가진 사람에게 적절한 설명을 하고, 참여에 대한 동의를 얻고, 적합한 고지된 동의서를 받는다.

G.2.f. 참여자에 대한 헌신

상담사는 연구 참여자들에게 의무를 다하기 위한 합당한 조치를 취한다.

G.2.g. 자료수집 후의 설명

자료가 수집된 후, 상담사는 연구에 대해 참여자들이 가질 수 있는 오해를 제거하기 위해 연구의 특성을 명확하게 설명한다. 과학적인 가치나 인간적 가치로 인해 정보를 지연하거나 보류하는 것이 정당할 경우, 상담사는 해를 입히지 않도록 합당한 조치를 취한다.

G.2.h. 후원자에 대한 정보

상담사는 연구 절차와 결과에 대해 후원자, 기관, 출판 채널에 대해 알린다. 상담사는 적절한 기관과 당국이 적절한 정보와 감사를 받도록 한다.

G.2.i. 연구 문서와 기록 파기

연구자는 장애, 은퇴 또는 사망 시 지정된 동료 또는 기록물 관리인에게 연구 자료를 전달하기 위한 계획을 준비하고 배포한다.

G.3. 경계의 관리와 유지

G.3.a. 연구자와 참여자의 경계 확장

연구자들은 전통적인 기준을 벗어나 현재의 연구 관계를 확장하는데 있어서의 위험과 이점을 고려한다. 연구자와 연구참여자 사이의 비연구적인 상호작용에 대한 잠재적인 이득이 존재한다면, 연구자들은 반드시 상호작용 전에 상호작용의 근거, 가능한 이점, 연구참여자에 대한 기대되는 결과를 기록해야 한다. 그러한 상호작용은 연구참여자의 적절한 동의를 시작으로 해야 한다. 연구참여자들에게 의도치 않은 해를 입힌 경우, 연구자는 그러한 해를 치료하기 위해 시도한 근거를 제시해야 한다.

G.3.b. 연구 참여자와의 관계

현재 연구 참여자와 성적 또는 로맨틱한 상호작용이나 관계를 가지는 것은 금지된다. 이러한 금지는 면대면 뿐만 아니라 전자매체를 기반으로 한 상호작용에 모두 적용된다.

G.3.c. 성적 위협과 연구 참여자

연구자는 연구 참여자에게 성적 위협을 가하거나 묵과하지 않는다.

G.4. 연구 결과의 보고

G.4.a. 정확한 결과

상담사는 연구를 정확하게 계획하고, 수행하고, 보고한다. 상담사는 오해를 일으키거나 부정한 정보를 수집하거나, 데이터를 왜곡하거나, 데이터를 잘못 전달하거나, 의도적으로 결과를 왜곡하지 않는다. 결과가 어느 정도 다양한 집단에 적용 가능할지에 대한 범위를 기술한다.

G.4.b. 불리한 결과 보고의 의무

상담사는 전문적으로 가치가 있다고 판단되는 연구 결과는 무엇이든지 보고한다. 기관, 프로그램, 서비스, 일반적인 의견 또는 기득권에 불리한 영향을 줄 연구 결과도 보고한다.

G.4.c. 오류 보고하기

상담사는 출판된 연구에서 중대한 오류를 발견하면, 정오표나 다른 적절한 출판 수단을 통해 그 오류를 수정하는 합당한 조치를 취한다.

G.4.d. 참여자 신분

자료를 제공하고, 다른 사람의 연구에서 보조하거나, 연구 결과를 보고하거나 또는 원자료를 이용 가능하게 만든 상담사는 참여자로부터 특별한 권한을 위임 받지 않은 경우 참여자의 신분을 감추기 위한 합당한 조치를 취한다. 참여자가 연구에 참여하였다는 것을 스스로 드러내는 경우에, 연구자는 모든 참여자의 신분과 복지를 보호하기 위해 자료를 각색, 변형하고 연구 결과에 대한 논의가 참여자에게 해를 끼치지 않도록 적극적인 조치를 취한다.

G.4.e. 반복연구

상담사는 반복이나 기존 연구를 확장시키기를 원하는 자격 있는 전문가에게 연구의 원자료를 충분히 이용할 수 있도록 해 줄 의무가 있다.

G.5. 출판과 발표

G.5.a. 사례사용

발표나 출판에서 사례 예시의 목적으로 참여자, 내담자, 학생, 슈퍼바이지의 정보를 사용할 경우 (a) 참여자, 내담자, 학생, 또는 슈퍼바이지가 해당 자료를 검토한 후 그것의 발표 또는 출판에 동의할 경우에만 가능하며 (b) 정보가 개인을 식별하지 못하게 충분히 수정되어야 한다.

G.5.b. 표절

상담사들은 다른 사람의 작업을 자신의 것인 것처럼 표절해서는 안 된다.

G.5.c. 기여도 인정

출판과 발표에서, 상담사들은 주제에 대한 다른 사람들이나 자신의 이전 작품을 알리며, 공로를 인정받아야 할 사람의 공로를 충분히 인정한다.

G.5.d. 기여

상담사는 공동 저자, 감사의 글, 각주 달기 또는 다른 적절한 방법을 통해 연구나 개념 발전에 상당한 기여를 한 사람들에게 그런 기여에 합당하게 공로를 인정한다. 주 공로자가 제1저자로 기재되고, 비교적 중요하지 않은 기술적 또는 전문적인 측면에서 기여를 한 사람에게는 주석이나 서문에 감사의 표시를 한다.

G.5.e. 기여자 동의

동료나 학생/슈퍼바이지와 공동 연구를 수행하는 상담사는 미리 역할분배, 출판업적, 받게 될 인정의 종류에 대해 합의한다.

G.5.f. 학생 연구

학생이 교과목을 수강하는 동안 준비한 보고서, 프로젝트, 학위논문, 학생이 주로 기여한 것에 사실상 기초한 논문은 학생을 주 저자로 명시한다.

G.5.g. 이중 제출

상담사는 한 번에 한 학술지에만 심사를 위해 원고를 제출한다. 다른 학술지나 출판물에 전체, 또는 상당한 부분이 출판된 원고는 원 출판자의 인정이나 허락을 받지 않는 한 출판을 위해 제출하지 않는다.

G.5.h. 전문가 심사

출판, 연구, 또는 다른 학술적 목적으로 제출된 자료를 심사하는 상담사는 비밀보장과 제출자의 소유권을 존중한다. 상담사는 타당하고 방어할 수 있는 기준에 근거해 출판 결정을 내리도록 주의를 기울인다. 상담사는 제출한 논문을 시의 적절한 방식으로 그리고 연구 방법론 면에서 자신의 능력 범위에 근거해 심사한다. 편집장이나 출판사로부터 심사 의뢰를 받은 상담사는 자신의 능력 범위 내에 있는 자료를 심사하고 개인적인 편견을 피하도록 주의를 기울인다.

▌Section H: 원거리상담, 기술, 소셜미디어

서문

상담사들은 상담 직업이 더 이상 면대면으로 제한되지 않을 수도 있다는 것을 이해한다. 상담사들은 원거리 상담, 기술, 소셜미디어와 관련하여 직업의 진화하는 성격을 적극적으로 이해하려고 노력하며, 이러한 자원들이 어떻게 내담자에게 더 잘 봉사하기 위해 사용할지를 고민해야 한다. 상담사들은 이러한 자료들에 대해 지식을 쌓기 위해 노력한다. 상담사들은 원거리상담, 기술, 소셜미디어를 사용하는데 있어서 추가적인 고려 사항들을 이해해야 하며, 그러한 자원들을 사용하는 것과 관련된 비밀보장과 법적, 윤리적 고려 사항들을 지키려는 시도를 해야 한다.

H.1. 지식과 법적 고려 사항

H.1.a. 지식과 역량

원거리 상담, 기술, 그리고/또는 소셜미디어를 사용하는 상담사들은 관련된 기술, 윤리, 법적 고려 사항들에 대한 지식과 기술을 개발한다(예, 특별한 자격, 추가적인 수업).

H.1.b. 법과 법령

그들의 상담 수행을 위해 원거리 상담, 기술, 그리고 소셜미디어를 사용하는 상담사들은 상담사들이 근무하는 곳과 내담자들이 거주하는 곳 모두의 법과 규정들을 이해해야 한다. 상담사들은 주(州)나 국경을 넘어선 전문적 서비스 제공과 관련된 법적 권리와 한계에 대해 내담자에게 알린다.

H.2. 고지된 동의와 안전

H.2.a. 고지된 동의와 개방

내담자들은 상담 과정에서 원거리 상담, 소셜미디어, 그리고/또는 기술을 사용할 것인지에 대해 선택할 수 있는 자유가 있다. 상담사와 내담자가 직접 대면 상담을 위해 합의하는 통상적이고 관습적인 프로토콜 외에도, 다음과 같은 문제들은 원거리상담, 기술, 그리고/또는 소셜미디어의 사용에 고유하게 나타나며, 고지된 동의 절차에서 다뤄진다.

- 원거리상담 인증, 상담소 위치 및 연락 정보
- 원거리상담, 기술, 그리고 또는 소셜미디어를 사용하는 것의 위험과 이득
- 기술적 고장 가능성 및 대체서비스 제공 방법
- 예상 응답 시간
- 상담사가 없을 때 따라야 할 긴급 절차
- 표준 시간대 차이
- 서비스 제공에 영향을 미칠 수 있는 문화 및/또는 언어 차이
- 보험 급여 거부 가능성
- 소셜미디어 정책

H.2.b. 상담사의 비밀보장

상담원들은 전자 기록과 전자매체를 통한 데이터 전송의 비밀유지 한계에 대해 알린다. 그들은 개인들이 그러한 기록이나 전송에 대한 권한을 부여 받았거나 허가 받지 않은 접근을 할 수 있다는 것을 내담자들에게 안내한다(예, 동료, 슈퍼바이저, 고용인, 정보기술자).

H.2.c. 한계의 안내

상담사들은 기술사용 시 비밀보장의 본질적인 한계를 알려준다. 상담사들은 상담 과정에서 이 매체를 사용하여 공개된 정보에 대한 승인된 접근 그리고/또는 무단 접근을 내담자에게 알려야 한다고 강력히 권고한다.

H.2.d. 안전

상담사들은 웹 사이트 내에서 최신 암호화 표준을 사용하거나 해당 법적 요구 사항을 충족하는 기술 기반 통신을 사용한다. 상담사들은 전자적 수단을 통해 전송되는 정보의 비밀을 보장하기 위해 적절한 예방 조치를 취한다.

H.3. 내담자 확인(검증)

내담자와 상호작용하기 위해 원거리 상담, 기술, 그리고/또는 소셜미디어를 사용하는 상담사들은 처음부터 전 치료적 과정 동안 내담자의 신원을 확인하기 위한 조치를 취한다. 검증에는 코드 단어, 숫자, 그래픽 또는 기타 특징 없는 식별자(nondescript identifiers) 등을 사용하는 것이 포함될 수 있지만 이에 국한되지 않는다.

H.4. 원거리 상담 관계

H.4.a. 혜택과 한계

상담사는 내담자에게 상담서비스를 기술 응용 프로그램을 사용하여 제공하는 것의 이익과 한계에 대한 정보를 제공한다. 그런 기술은 컴퓨터 하드웨어나 소프트웨어에만 한정된 것이 아니고 전화, 인터넷, 온라인 사정 도구, 기타통신 장비를 포함하나 이것에 한정되지 않는다.

H.4.b. 원거리상담에서 전문적 거리 경계

상담사들은 그들의 내담자들과 전문적인 관계를 유지하는 것이 필요함을 이해해야 한다. 상담사는 적절한 기술 사용 그리고/또는 기술 적용과 상담관계 내에서의 기술 사용의 한계에 대해 내담자와 전문적인 경계를 논의하고 확립한다(예, 기밀성

결여, 사용에 적합하지 않은 시간).

H.4.c. 기술 보조서비스

기술을 활용한 원거리 상담서비스를 제공할 때, 상담사는 내담자가 지적, 정서적, 신체적으로 그런 장비를 사용할 수 있는지 그리고 그런 장비를 사용하는 것이 내담자의 욕구에 적합한 것인지를 결정한다. 상담사는 내담자들이 기술 응용 프로그램의 목적과 작동을 이해하고 있는지 확인하고 가능한 오해를 수정하고, 적절한 사용 방법을 발견하고, 후속단계를 평가하도록 내담자들에게 후속 조치를 취한다.

H.4.d. 서비스의 효율성

상담사와 내담자가 기술을 활용한 원거리상담 서비스가 부적절하다고 생각하면, 상담사는 면대면상담 실시를 고려한다. 만약 상담사가 면대면서비스를 제공할 수 없다면(예, 다른 주 거주), 상담사는 내담자가 적절한 서비스들을 인식하도록 도와야 한다.

H.4.e. 접근

상담사가 내담자에게 기술을 활용한 원거리상담서비스를 제공할 때는 컴퓨터 장비에 접근하는 적절한 방법을 제공한다.

H.4.f. 전자매체의 의사소통 차이

상담사들은 면대면상담과 전자매체를 통한 의사소통(비언어와 언어적 단서들)의 차이와 이러한 것들이 상담 과정에 어떻게 영향을 미칠지 고려한다. 상담사들은 전자매체를 매개로 의사소통을 할 때 시각적 단서와 음성 인식의 부족으로 발생할 수 있는 오해들을 예방하고 해결하는 방법에 대해 내담자들을 교육한다.

H.5. 기록과 웹 유지관리

H.5.a. 기록

상담사는 관련 법규와 법령에 따라 전자 기록을 유지한다. 상담사들은 기록이 어떻게 전자적으로 유지되는지 내담자에게 알려 준다. 여기에는 할당된 암호화 및 보안 유형, 트랜잭션 레코드의 보관 저장소 유지 기간 등이 포함되지만 이에 국한되지는 않는다.

H.5.b. 내담자의 권리

원거리상담서비스를 제공하고자 하는 상담사는 소비자의 권리를 보호하고 윤리적 우려를 해결하기 위해 관련 주(州) 면허 교부처와 전문적인 자격증 위원회에 대한 링크를 제공한다.

H.5.c. 전자링크

상담사는 링크가 잘 작동하는지 그리고 적절한지를 정기적으로 점검한다.

H.5.d. 다문화와 다양성에 대한 고려 사항들

상담사들은 장애를 가진 사람들이 접근할 수 있는 웹사이트를 제공한다. 가능한 경우, 다른 기본 언어를 사용하는 내담자에게 번역 기능을 제공한다. 상담사들은 그러한 번역과 접근성의 불완전한 특성을 인정한다.

H.6. 소셜미디어

H.6.a. 가상의 전문가의 존재

상담가가 소셜미디어 사용을 위해 전문적이고, 개인적인 존재를 유지하고자 하는 경우, 두 종류의 가상 존재가 명확히 구분되도록 전문적인 웹 페이지와 개인적인 웹 페이지를 분리한다.

H.6.b. 고지된 동의의 한 부분으로서 소셜미디어

상담사들은 소셜미디어의 사용에 대한 고지된 동의 절차의 일환으로 소셜미디어 사용의 이득, 제한, 경계를 내담자들에게 명확하게 설명한다.

H.6.c. 내담자의 가상의 존재

상담사들은 내담자들이 소셜미디어 상의 정보를 보는 것에 동의하지 않는 한 소셜미디어에서 내담자의 사생활을 존중한다.

H.6.d. 공공 소셜미디어

상담사들은 공공 소셜미디어를 통해 내담자에 대한 비밀 정보를 공개하지 않도록 조심한다.

Section I: 윤리적 문제해결(resolving ethical issues)

서문

상담사는 자신의 전문적인 일을 수행하는 데 있어서 윤리적, 합법적 태도로 행동한다. 그들은 내담자 보호와 상담에 대한 신뢰가 높은 수준의 전문적 행위에 달려 있다는 것을 인식한다. 그들은 다른 상담사들도 같은 기준을 지키도록 하고 이러한 기준을 확실히 지키도록 하기 위한 적절한 행동을 기꺼이 한다. 상담사는 윤리적 갈등을 관련된 모든 사람들과 직접적이고 솔직하게 의사소통하여 해결하려 노력하며 필요하다면 동료나 슈퍼바이저에게 자문을 구한다. 상담사는 매일 매일의 전문적인 활동을 윤리적으로 실천한다. 그들은 상담에서 이슈가 되고 있는 최근의 윤리적, 법적 주제에 관련해 지속적으로 전문성을 발달시킨다. 상담사들은 윤리 위반에 대한 불만 사항을 처리하기 위한 ACA 정책 및 절차[1]를 숙지하고, ACA 윤리강령 시행을 지원하기 위한 참고 자료로 사용한다.

I.1. 기준과 법

I.1.a. 지식

상담사는 ACA 윤리규정, 다른 관련 전문 단체의 윤리규정 또는 자신이 회원으로 소속되어 있는 면허나 자격증 발급 조직의 윤리규정을 이해한다. 비윤리적 행위로 고발되었을 때 윤리적 책임에 대한 무지나 오해는 방어책이 되지 못한다.

I.1.b. 윤리적 의사결정

상담사들은 윤리적 딜레마에 직면했을 때, 적절하다면, 그들은 자문을 포함할 수 있으나, 자문에 한정되지 않는 윤리적 의사결정 모델을 사용하고 문서화한다; 관련된 윤리규정, 원칙, 법을 고려한다; 잠재적인 행동방침을 만든다; 위험과 이득에 대해 숙고한다; 모든 관련자들의 상황과 복지를 바탕으로 객관적인 결정을 선택한다.

---

1) ACA웹사이트 참조 http://www.counseling.org/
   knowledge – center/ethics

I.1.c. 윤리와 법 간의 갈등

만약 윤리적 책임이 법, 규정 또는 다른 법적 권위자와 갈등이 생기면, 상담사는 ACA 윤리규정에 따른다는 것을 알리고 갈등을 해결하기 위한 조치를 취한다. 갈등이 그런 방법으로 해결되지 않으면, 상담사는 법 규정, 다른 법적 권위자의 요구 사항을 따를 수 있다.

I.2. 위반 혐의

I.2.a. 비공식적인 해결

상담사들이 심각한 피해가 발생하지 않은 경우에도 또 다른 상담사가 윤리 기준을 위반했거나 위반했다고 믿을 만한 이유가 있으면, 먼저 다른 상담사와 비공식적으로 이 문제를 해결하는 것은 그러한 조치가 관련될 수 있는 비밀유지 권리를 위반하는 것은 아니다.

I.2.b. 윤리 위반 보고

분명한 위반이 어떤 개인이나 조직에 상당한 정도로 해를 입혀 왔거나 상당히 해를 입힐 가능성이 있으면, 또는 비공식적인 해결에 적합하지 않거나 적절히 해결되지 않으면, 상담사는 그 상황에 적합한 추가적인 조치를 취한다. 그러한 조치에는 전문가 윤리를 다루는 국가위원회, 자율적인 국가 면허 발급 단체, 국가자격증위원회 또는 적합한 기관의 권위자에게 의뢰하는 것이 포함될 수 있다. 내담자의 비밀보장에 대한 권리는 모든 조치에서 고려되어야 한다. 개입이 비밀보장 권리를 위반하거나 전문적 행위에 대해 의심 받는 다른 상담사의 작업을 검토하기 위해 고용되었을 경우에 이 기준은 적용되지 않는다(예, 자문, 전문가의 증언).

I.2.c. 자문

어떤 특정 상황이나 일련의 행동이 ACA 윤리규정을 위반하는지에 대해 확실하지 않을 때, 상담사는 윤리나 ACA 윤리규정에 대해 식견이 있는 다른 상담사, 동료 또는 적절한 권위자에게 자문을 구한다.

I.2.d. 조직 갈등

상담사가 가입한 조직의 요구가 ACA 윤리규정과 갈등을 일으킬 때, 상담사는 그런 갈등의 성격을 구체화하고 수련감독자나 다른 책임 관계자에게 상담사 자신이 ACA 윤리규정을 따르고 있다는 것을 알리며, 가능하다면 적절한 경로를 통해 상황을 해결한다.

I.2.e. 부당한 제소

상담사는 주장이 그릇됨을 증명할 수 있는 사실을 무모하게 경시하거나, 계획적으로 무시, 혹은 혐의를 왜곡해서 윤리적 제소를 시작하거나, 참여하거나, 조장하지 않는다.

I.2.f. 제소자와 피소자에 대한 부당한 차별

상담사는 어떤 상담사가 윤리적 제소를 제기했다거나 피소되었다는 이유 하나만으로 임용, 진급, 학교나 프로그램 입학, 종신 재직, 승진을 거부하지 않는다. 이는 해당 절차의 결과에 따라 조치를 취하거나 다른 적절한 정보를 고려하는 것을 배제하지 않는다.

I.3. 윤리위원회와의 협력

상담사는 윤리규정 집행 과정을 돕는다. 상담사는 ACA 윤리위원회나 위반으로 제소된 사람에 대한 관할권을 가진 협회나 부처의 윤리위원회의 조사, 절차, 요구에 협력한다. 상담사는 윤리적 위반제소처리에 대한 ACA 정책과 절차를 충분히 알고 있고, 그것을 ACA 윤리규정 집행 지원을 하는 데 참고 자료로 사용한다.

C

미국학교상담사협회의
학교상담사를 위한 윤리적 표준

▌전문

미국학교상담사협회(ASCA)는 학생의 학업, 개인적/사회적 그리고 진로발달 욕구를 해결할 수 있는 역량을 갖춘 전문 상담사들로 구성된 전문기관이다. 회원들은 학교 상담 프로그램의 총 책임자, 감독자 및 상담 교사이다. 윤리적 표준은 학교상담사의 윤리적 책임이다. 학교 상담 프로그램의 총 책임자, 감독자는 학교 상담 프로그램을 숙지하고 그것을 지원해야 한다. 학교상담사, 교사는 윤리표준을 알아야 하며, 학생들에게 가르치고, 학교 상담사들이 윤리적 표준을 지지할 수 있도록 지원해야 한다.

전문적인 학교상담사는 상담 프로그램을 학교의 미션과 연결하고 다음과 같은 전문적인 윤리강령을 따름으로써 교육의 기회에 평등하게, 성공적으로 접근할 수 있도록 하는 옹호자, 지도자, 협력자 및 컨설턴트이다.

· 모든 사람은 존중받고 위엄 있게 대우받을 권리가 있고, 포괄적인 학교 상담 프로그램에 접근할 수 있다. 학교 상담 프로그램은 민족/인종 정체성, 나이, 경제적 지위, 비장애/장애, 언어, 이민지 지위, 성적 지향, 성, 성 정체감/표현, 가족 유형, 종교적 정체성, 외모 등을 포함한 다양한 인구학적 특성을 지닌 모든 학생들을 위한 것이다.

· 각 사람은 자신의 방향과 자기 계발을 위해 필요한 정보와 지원을 받을 권리가 있다. 이러한 권리는 특히 역사적으로 적절한 교육 서비스를 받지 못한 학생들(예, 유색인종, 낮은 수준의 사회경제적 지위, 장애를 가지는 학생들 그리고 제1언어를 사용하지 않는 학생들)에게 주어지는 돌봄과도 같은 것이다.

· 모든 사람은 교육 기회의 최대 가능성과 의미를 이해할 권리를 가지고 있고, 이러한 선택이 미래 기회에 어떤 영향을 미치는가에 대해 알 권리가 있다.

· 모든 사람은 사생활을 보호받을 권리를 가지고 있고, 학교상담사-학생의 관계가 학교 상황에서 비밀보장에 관한 모든 법, 정책, 윤리적 표준에 따르길 기대할 권리가 있다.

· 모든 사람은 학교상담사가 학대, 왕따, 무시, 괴롭힘 또는 다른 종류의 폭력으로부터 자유로울 수 있도록 돕는 학교 환경에서 안전하게 느낄 권리가 있다.

ASCA는 회원들 간의 통합, 리더십 그리고 전문가 정신의 높은 표준을 유지하는데 필수적인 윤리적 행동의 원칙들을 윤리강령에 명시하였다. 학교상담사들의 윤리적 표준은 학교상담사, 슈퍼바이저, 학교상담의 책임자, 그리고 학교상담사와 교사 모두에 공통적으로 해당되는 윤리적 책임들의 본질을 명확히 하기 위해 발전되었다. 이 강령의 목적은 다음과 같다.

- 모든 전문 학교상담사들, 슈퍼바이저들, 학교 상담 프로그램의 관리자, 그리고 학교 상담교육자의 윤리적 행동을 위한 지침을 제공한다. 이는 상담사의 수준, 상담 분야, 상담 대상, 혹은 이 전문가협회의 회원에 상관없이 해당되는 것이다.
- 학생, 부모/보호자, 동료, 그리고 전문가협회, 학교, 공동체, 그리고 상담 전문가들에 대한 책임에 관계없이 학교상담사들의 자기－평가와 동료 평가를 제공하는 것이다.
- 학생, 부모, 보호자, 교사, 행정가, 마을 구성원, 그리고 판사 등을 포함하여 모든 의사결정권자들에게 가장 윤리적인 실행, 가치 그리고 학교 상담 전문가에게 기대되는 행동들을 알리는 것이다.

A.1. 학생에 대한 책임들

전문적인 학교상담사들은:

(a) 학생에 대해 가장 우선적으로 봉사한다. 학생은 위엄을 가진 존재로 여겨지고, 독특한 개인으로서 존중받는다.

(b) 학생들의 교육적, 학문적, 직업적, 개인적, 그리고 사회적 욕구에 관심을 갖고 모든 학생의 최대 성장을 격려한다.

(c) 학생들의 가치, 신념, 문화적 배경을 존중하고 학교상담사의 개인적 가치를 학생과 그의 가족들에게 부여하지 않는다.

(d) 학생과 관련된 법률, 규정 및 정책에 대한 지식이 풍부하고 학생들을 보호하고 그들의 권리를 알리려고 노력한다.

(e) 개별 학생의 복지 증진 및 성공을 위한 실천 계획 수립을 위해 협력한다.

(f) 개별 학생들에게 가치 있다고 여겨지는 지지그룹에 참여하는 것을 고려한다.

(g) 적절한 학생과의 거리와 학생과의 성적 혹은 애정적 관계가 합법적인 것과 상관없이 윤리적으로 위반이라고 여겨지는 상태는 학생의 나이와 상관없이 금지된다는 점을 이해한다.

(h) 이전 학생 혹은 가족 중 한 사람과 관계를 맺기 전에 잠재적 위험은 없는지 고려한다.

A.2. 비밀보장

전문적인 학교상담사들은:

(a) 개별 학생들에게 그들이 받게 될 상담의 목적, 목표, 방법, 그리고 절차를 알려준다. 이러한 개방은 발달적으로 적절한 방식으로 비밀보장의 한계를 포함한다. 고지된 동의는 비밀보장의 한계를 학생이 이해할 수 있도록 하는 유능감을 필요로 한다. 전문가는 비록 모든 시도가 고지된 동의를 얻기 위한 것이라 하더라도 그것은 항상 가능한 것이 아니고 필요로 할 때 학생의 입장에서 상담 결정이 이루어져 할 것이라는 것을 알고 있다.

(b) 비밀보장의 한계를 적절한 방법으로 설명한다. 교실 가이드 책, 학생 핸드북, 학교 상담 브로슈어, 학교 웹사이트, 언어로 하는 공지나 학생, 학교, 공동체 의사소통의 다른 방법들, 개별 학생들에 대한 구두 통지 등의 방식으로 실시한다.

(c) 학교에서 비밀보장의 복잡함을 인식하고 상황에 따라 각 사례를 고려한다. 만약 비밀 정보가 유출됨으로써 학생이 심각한 피해를 입는 것을 예방할 수 있다고 법이 요구하지 않는다면 비밀을 유지하라. 심각하고 예측 가능한 피해는 학교의 각 학생마다 다르며 학생들의 발달적 상황 및 나이, 환경, 부모의 권리 및 피해의 특성에 따라 달라진다. 학교상담사는 비밀보장의 예외가 타당한지에 대해 전문가와 상담한다.

(d) 비밀보장 의무는 일차적으로 학생에 대한 것임을 인정해야 하지만, 자녀들의 삶, 특히 가치가 부여된 문제에 있어 지침이 될 수 있는 부모나 보호자의 합법적이고 고유한 권리에 대한 이해와 균형을 유지해야 한다. 학생들이 선택할 수 있는 윤리적 권리, 동의할 수 있는 그들의 능력, 그리고 이 학생들을 보호하고 그들의 편에서 결정을 내릴 부모 혹은 가족의 법적 권리간 균형을 맞출 필요성을 이해하는 것이다.

(e) 가능한 한 학생의 자율성과 독립성을 장려한

다. 가장 적절하면서도 간섭하지 않는 방법을 사용한다. 발달 연령과 비밀보장이 지켜지지 못하는 상황을 고려하고 적절한 경우 학생은 비밀보장 침해의 방법과 시기에 대한 토론에 참여한다.

(f) 공개를 명시적으로 금지하는 주의 법이 없는 경우, 전염성이 높은 치명적인 것으로 알려진 질병에 걸릴 높은 위험에 있는 제3자에게 정보를 제공할 윤리적 책임이 있다는 것을 고려하라. 공개는 다음의 조건을 만족할 것을 요구한다.
- 학생이 파트너를 식별하거나 파트너는 식별 가능함
- 학교상담사는 학생이 파트너에게 알리는 것을 추천하고 위험한 행동을 하지 않도록 함
- 학생이 거부함
- 학교상담사가 파트너에게 알리려는 의지를 학생들에게 알림
- 학교상담사는 파트너에게 정보를 제공하는 것의 적법성에 대해 학군의 법적 대리인에게 서면으로 법적 자문을 구함

(g) 비밀 정보의 공개가 학생이나 상담 관계에 해를 끼칠 수 있는 경우 공개가 불필요하다고 법원에 요청한다.

(h) 학생의 기록물에 대한 비밀을 보호하고 가정교육 및 사생활법(FERPA)에 명시된 연방법과 주법을 포함한 학교 정책에 따라 개인 데이터를 공개한다. 전자적으로 저장되고 전송되는 학생 정보는 전통적인 학생 기록과 동일한 주의를 기울여 다룬다. 전자 통신에서 비밀보장의 취약성을 인식하고 학생들의 신원에 추적할 수 없는 방식으로 민감한 정보를 전자적으로만 전송한다. 자살 관념에 대한 이력이 있는 학생과 같은 중요한 정보는 전화와 같은 개인 연락처를 통해 받는 학교에 전달되어야 한다.

A.3. 학업적, 진로/대학/졸업 후 2차 과정적 접근과 개인/사회적 상담 계획들

전문적인 학교상담사들은:

(a) 학생들에게 ASCA National Model과 유사한 포괄적인 학교 상담 프로그램을 제공하여 모든 학생들과 협업하여 개인적인 사회적, 학업적, 경력 목표를 개발하는 것을 강조한다.

(b) 데이터를 사용하여 학업 격차와 기회 격차를 해소하는 데 도움을 주고 모든 학생에게 공정한 교육, 경력, 고등 교육 후 접근 및 개인/사회적 기회를 제공한다.

(c) 중등 교육을 마칠 때 학생들의 다양한 선택권 중 선택할 수 있는 권리를 지원하는 측면에서 학생들의 진로 인식, 탐색, 졸업 후 계획을 제공하고 지지한다.

A.4. 이중관계

전문적인 학교상담사들은:

(a) 객관성을 훼손하고 학생에게 해를 끼칠 수 있는 이중 관계를 피하라(예, 가족을 상담하거나 친한 친구 혹은 동료의 자녀를 상담하는 것). 만약 이중관계를 피할 수 없다면, 학교상담사는 고지된 동의, 자문, 슈퍼비전, 그리고 기록과 같은 안전장치를 사용함으로써 학생들에 대한 잠재적 피해를 줄이도록 조치를 취할 책임이 있다.

(b) 항상 학생들로부터 적절한 전문적 거리를 유지한다.

(c) 소셜 네트워킹 사이트 등과 같은 소통 매체를 통한 학생들과의 이중관계를 피한다.

(d) 학교상담사/학생 관계의 통합을 침해할 수 있는 학교 교직원과의 이중 관계를 피한다.

A.5. 적절한 의뢰

전문적인 학교상담사들은:

(a) 학생 및/또는 가족 지원을 위해 필요하거나 적절한 경우 외부 자원에 의뢰한다. 부모/보호자 학생 모두에게 적용 가능한 자원에 대해 알리고, 상담의 중단을 최소한으로 줄이면서 다른 상담사에게 의뢰하기 위한 적절한 계획을 세우는 일이 필요할 수 있다. 학생들은 언제든지 상담 관계를 중단할 권리를 갖고 있다.

(b) 학교상담사의 교육과 능력 범위 안에서 모든

학생들을 위하여 그들을 교육시키고, 개인적이고 사회적인 염려에서 벗어나도록 한다. 그리고 상담적인 요구가 학교상담사 개인의 교육과 훈련 범위를 넘어설 때 내담자를 다른 상담사에게 의뢰한다. 모든 시도는 섭식 장애, 성적 트라우마, 물질 의존 및 지속적인 임상 기간이나 도움을 필요로 하는 다른 중독과 같은 학교 환경에서 다루기에 어렵거나 부적절한 임상 치료 주제를 위한 적절한 치료 자원을 찾기 위해 행해진다.

(c) 학생을 맡게 된 다른 상담 서비스 제공자들과 협업 관계를 발전시키려고 할 때, 학생 및/또는 부모에 의해 서명된 정보의 공개를 요청한다.

(d) 상담이 더 이상 필요하지 않거나 다른 상담사에게 학생을 의뢰하는 것이 학생들의 요구를 더 잘 충족시킨다는 것이 분명해지면, 적절한 상담 종결 방법을 개발한다.

A.6. 집단 작업

전문적인 학교상담사들은:

(a) 집단 구성원이 될 사람들을 선별하고 집단 참여와 관련한 참여자들의 욕구, 적절성, 그리고 개인적 목표 등이 무엇인지 안다. 학교상담사는 집단 내 상호작용으로 인한 신체적, 정신적 피해로부터 집단원을 보호하기 위해 합리적인 예방 조치를 취한다.

(b) 가장 좋은 상담은 작은 집단에 참여하고 있는 어린이들의 부모/보호자에게 알리는 것임을 자각한다.

(c) 집단을 계획할 때 분명한 기대를 세우고 집단 상담에서 비밀보장은 보장될 수 없다는 것을 명확히 알린다. 발달적, 연령적 특징에 따라서는 소수자들에 대한 비밀보장이 어렵게 되어 학교에서 특정 집단 작업을 부적절한 주제로 만들 수 있다는 점을 인정한다.

(d) 필요한 후속 조치를 집단 구성원에게 제공하고 절차를 적절하게 문서화한다.

(e) 전문적 유능성을 발달시키고, 집단을 촉진할 수 있고, 집단에 적합한 특정 주제에 대해서는

적절한 교육, 훈련, 슈퍼비전을 유지한다.

(f) 짧고 해결중심적인 집단을 촉진한다. 다양한 학업, 직업, 대학, 그리고 개인사회적 문제를 다룬다.

A.7. 자신 혹은 타인에 대한 위험

전문적인 학교상담사들은:

(a) 학생이 자신이나 다른 사람들에게 위험을 제기할 경우, 부모/보호자와 적절한 권위자들에게 알린다. 이는 다른 상담 전문가들과 신중한 협의를 거쳐 이루어질 것이다.

(b) 부모들이 위험에 처해 있는 자녀들에게 어떤 조치를 취해야 할 필요를 잘 모르고 있다면 부모들에게 심리평가 결과를 보고한다. 학생들이 부모에게 알리거나 더 심층적인 평가를 하지 않기 위해 때때로 속이는 것처럼 해악의 위험성을 경시해서는 안 된다.

(c) 학생을 위한 적절하고 필요한 지원 없이 자신 혹은 다른 사람을 위험에 빠뜨리는 학생들을 내보내는 것에는 법적, 윤리적 책임이 있음을 이해한다.

A.8. 학생 기록

전문적인 학교상담사들은:

(a) 법, 규정, 제도적 절차와 비밀보장 지침에 따라 학생에게 전문적 서비스를 제공하는 데 필요한 기록을 유지 관리하고 보호한다.

(b) 혼자 보관하고 있는 기록 혹은 개별 학생의 상담 기록을 주 법에 따라 학생의 교육 기록과 분리하여 관리한다.

(c) 단독 소유 기록의 한계를 인식하고 이 기록들이 작성자의 기억을 위한 보조 자료임을 인정한다. 기록들은 특권적 의사소통이 없을 경우 소환될 수 있고, 공유되거나 다른 사람들에게 구두로 혹은 문서로 접근 가능한 경우, 혹은 그들이 전문적인 의견이나 개인적 관찰 이상의 정보를 포함하는 경우 교육적 기록이 될 수 있다.

(d) 단독 소유 기록 또는 사례 기록 삭제를 위한 합리적인 절차를 정한다. 제안된 지침에는 학

생이 전학을 가거나 졸업을 할 때 단독 소유 기록을 없애는 것이 포함된다. 아동 학대, 자살, 성희롱 또는 폭력에 관한 기록과 같은 법정에 의해 필요할 수도 있는 단독 소유 기록은 파기하기 전에 신중한 고려가 필요하다.

(e) 학생의 성적을 보호하고, 자녀의 교육 기록에 대한 정보를 다른 사람과 공유하는 방식에 대해 학부모가 발언권을 갖도록 하는 가족 교육 권리 및 사생활 법(FERPA, 1974)을 이해하고 준수한다.

A.9. 평가 및 해석

전문적인 학교상담사들은:

(a) 평가 방법의 선택, 관리 및 해석과 관련된 모든 표준을 준수하고, 훈련을 받은 능력 있는 학교상담사를 위한 평가 범위 내에 있는 척도만을 사용한다.

(b) 평가 도구 및 전자 매체 프로그램을 활용할 때는 비밀보장 문제를 고려한다.

(c) 평가를 실시하기 전에 평가를 받는 학생의 발달 연령, 언어 능력 및 능력 수준을 고려한다.

(d) 학생들이 이해할 수 있는 언어로, 평가 도구의 특성, 목적, 결과 및 잠재적 영향에 대한 해석을 제공한다.

(e) 평가 결과 및 해석의 사용을 감시하고, 다른 사람들이 정보를 오용하는 것을 방지하기 위한 합리적인 조치를 취한다.

(f) 평가도구가 표준화된 규준 그룹에 포함되지 않은 집단을 대상으로 평가 도구를 사용하고, 평가를 실시하며 수행을 해석하는 경우 주의를 기울인다.

(g) 신뢰할만한 척도를 활용하여 학생의 학업, 진로, 개인/사회적 발달에 영향을 미치는 프로그램의 효과를 평가한다. 특별히 성취, 기회, 그리고 간격에 도달하려는 노력을 검증한다.

A.10. 기술

전문적인 학교상담사들은:

(a) 다양하고 적절한 기술 적용의 장점과 한계를 명확히 한다. 전문적 학교상담사들은 학생의 개인적 필요를 충족시키고, 학생들이 이를 어떻게 활용할 것인지 이해하도록 하며, 상담 종결 이후 도움이 제공될 수 있도록 기술을 적용하는 것을 장려한다.

(b) 특히 역사적으로 도움을 받지 못했던 학생을 포함한 모든 학생이 기술에 접근할 수 있는 동등한 기회를 제공한다.

(c) 학생 정보와 컴퓨터, 팩스, 전화, 음성메일, 자동응답기와 같은 전자, 컴퓨터 기기를 통해 저장되었거나 전송된 교육적 기록들에 대한 비밀 보장을 유지하기 위한 적절하고 합리적인 조치를 취한다.

(d) FERPA의 의도를 이해하고 학생 전자 기록을 공유하는데 미치는 영향을 이해한다.

(e) 사이버 폭력이 학생들의 교육 과정과 기본적인 지도 과정을 어느 정도 방해하고 있는지를 고려하고, 연구를 기반으로 하는 최선의 상담에 영향을 미치는 잠재적인 위험을 위한 개입 프로그램을 고려하라.

A.11. 학생 동료 지원 프로그램

전문적인 학교상담사들은:

(a) 도움을 주는 학생이나 학생 지원 프로그램을 다룰 때는 고유한 책임을 지고, 자신의 지시에 따라 동료 프로그램에 참여하는 학생들의 복지를 보호한다.

(b) 궁극적으로 학교 상담 프로그램에서 지원을 제공하는 학생에 대한 적절한 교육과 감독을 책임진다.

▎B. 부모/보호자에 대한 책임

B.1. 부모의 권리와 책임

전문적인 학교 상담전문가들은:

(a) 어린이에 대한 부모/보호자의 권리와 책임을 존중하고, 적절하다면 학생의 최대 성장을 촉진시키는 부모/보호자와의 협력적 관계를 형

성하기 위해 노력한다.

(b) 학생의 효율성과 복지에 영향을 미치는 가족 문제를 겪고 있는 부모/보호자를 도울 때, 법, 현지 지침 및 윤리강령을 준수한다.

(c) 가족 간의 다양성에 민감하고, 모든 부모/보호자가 그들의 역할과 법에 따라 그들 자녀의 복지를 위한 권리와 책임을 지닌다.

(d) 학부모에게 학교에서 제공하는 상담 서비스에 대해 알려야 한다.

(e) 학생 정보의 공개와 관련한 FERPA법을 준수한다.

(f) 학생들을 적절한 방식으로 가장 잘 대하기 위해 부모/보호자와 협력 관계를 구축하고자 한다.

B.2. 부모/보호자와 비밀보장

전문적인 학교상담사들은:

(a) 부모/보호자에게 상담사와 학생 사이의 상담 관계의 비밀스러운 특성을 포함하는 학교상담사의 역할을 알려 준다.

(b) 학교 환경에서 미성년자와 함께 일하는 것은 어느 정도까지는 부모/보호자와의 협력이 필요하다는 것을 인식한다.

(c) 상담을 받는 학생의 최고 이익을 보호할 수 있는 범위까지 부모/보호자의 비밀을 존중한다.

(d) 정확하고 학생에 대한 윤리적 책임과 일관되게 정확하고, 포괄적이고, 적절한 정보를 객관적이고, 주의 깊게 제공한다.

(e) 법원 명령이 학부모의 개입을 명백히 금하지 않는 한, 학생과 관련된 정보에 관한 부모/보호자의 소망을 존중하기 위해 합리적인 노력을 기울인다. 이혼과 별거의 경우, 학교상담사들은 양쪽 부모 모두 알 수 있도록 노력을 기울이고, 학생에 대한 초점을 유지하며 이혼 과정에서 다른 부모에 비해 한 부모를 지지하는 것을 피한다.

▌C. 동료 및 전문가에 대한 책임

C.1. 전문가적 관계들

전문적인 학교상담사, 학교 상담 프로그램 강사/현장 감독관 및 학교 고문 또는 교육자:

(a) 최적의 상담 프로그램을 위해 교수, 직원 및 행정 기관과 전문적 관계를 구축하고 유지한다.

(b) 전문적인 존경, 예의, 공정함으로 동료를 대한다.

(c) 개인적, 사회적 발전 능력이 뛰어난 교사, 직원 및 관리자가 학생의 성공을 지원하는데 강력한 협력자가 될 수 있다는 점을 인식한다. 학교상담사들은 학생들에게 이익을 주기 위해 모든 교직원들과 관계를 발전시키려고 노력한다.

(d) 해당 학생이 도움을 받을 수 있는 관련 전문가, 기관 및 기타 자원을 알고 활용한다.

C.2. 다른 전문가들과 정보를 주고받기

전문적인 학교상담사들은:

(a) 비밀보장, 공적, 사적 정보의 구별, 직원 문의와 관련한 적절한 지침을 잘 알고 준수한다.

(b) 전문 인력에게 학생을 적절하게 평가하고 조언하고 지원하는데 필요한 정확하고 객관적이며 간결하고 의미 있는 자료를 제공한다.

(c) 학생 및 학부모/보호자의 혼란과 갈등을 피하기 위해 학생이 다른 상담사나 다른 정신건강 전문가로부터 서비스를 받는 경우, 부모의 동의를 얻고 다른 정신건강전문가와 명확하게 합의한다.

(d) "정보 공개" 절차와 부모의 권리에 대해 이해하고, 정보 공유 및 다른 전문가와의 협력 및 협력 관계 구축을 통해 학생들에게 도움을 준다.

(e) 개인적/사회적 개발 능력이 뛰어난 교수진과 행정부가 스트레스를 받는 학생을 지원하는데 있어 강력한 역할을 수행할 수 있음을 인식한다. 그리고 이러한 동맹군들이 학생에게 도움을 주기 위해 알아야 하는 정보를 제공함에 있어 신중하게 여과할 수 있다. 학교 상담 분

야의 다른 멤버들과 협의하는 것은 알 필요가 있는 정보를 결정하는 데 도움이 된다. 비밀 정보를 공유함에 있어 우선적인 관심과 초점은 항상 학생에게 있다.

(f) 개별 학생에 대한 기록을 적절하게 보관하고, 필요한 경우에는 해당 기록을 다른 전문 학교상담사에게 전달하기 위한 계획을 수립한다. 이러한 문서의 전달은 비밀보장을 보호해 줄 것이고, 기록이 쓰여진 학생의 요구에도 부합하는 것이다.

C.3. 학교상담사의 역할에 관한 협력 및 교육

학교상담사, 학교 상담 프로그램 감독관 및 학교상담사 교육자:

(a) 모든 학생에게 데이터 기반 학업, 경력/대학 및 개인/사회적인 성공 역량을 보장함에 있어 학교 상담 프로그램의 역할을 공유하여, 모든 이해 관계자와 함께 특정 결과/지표를 도출한다.

(b) 모든 학생이 학교 상담 프로그램과 특정한 교육, 직업 훈련 및 개인/사회적 역량의 혜택을 받을 수 있도록 학교 안팎에서 서비스를 중개한다.

▌ D. 학교, 지역사회, 그리고 가족에 대한 책임

D.1. 학교에 대한 책임

전문적인 학교상담사들은:

(a) 교육 프로그램을 방해하는 행위로부터 학생들의 최선의 이익을 지원하고 보호한다.

(b) 학교 정책에 따라, 학생과 학교상담사 사이의 비밀보장을 지키는 동안 발생할 수 있는 학교의 미션, 개인 및 재산에 잠재적으로 지장을 주거나 손상을 줄 수 있는 조건에 대해 해당 공무원에게 통보한다.

(c) 학교의 미션을 잘 알고 지원하며, 이들의 프로그램을 학교의 미션과 연결한다.

(d) 학교 상담 교사의 역할을 설명하고 촉진하며, 학생의 요구를 충족시키기 위한 역할을 한다.

학교상담사들은 프로그램과 서비스를 제공하는데 있어서 그들의 효과를 제한하거나 줄일 수 있는 조건에 대해서 관계자들에게 알린다.

(e) 교육, 훈련, 슈퍼비전, 주 및 국가 전문 자격증, 적절한 전문적 경험을 통해 자격을 갖춘 경우에만 채용을 수락한다.

(f) 행정관은 전문적인 학교 상담 자리에 적합한 자격을 갖추고 적절한 교육을 받은 유자격 직원만을 고용하도록 한다.

(g) (1) 학교 및 지역 사회에 적합한 커리큘럼과 환경 조건 (2) 학생의 개발 요구를 충족하는 교육 절차 및 프로그램 (3) 종합적인 학교 교육인증 평가 프로그램, 데이터 기반의 교육 과정dl 발달되는 것을 지지한다.

D.2. 공동체에 대한 책임

전문적인 학교상담사들은:

(a) 공동체 및 개인과 협업하여 학생들의 이익을 도모하고, 개인적 보상이나 보수에 관계없이 이를 준수한다.

(b) 학생의 성공을 위해 지역사회 자원과 협력함으로써 모든 학생들에게 포괄적인 학교 상담 프로그램을 제공하는 기회와 그들의 영향력을 증진시킨다.

(c) 지역 사회 자원을 통해 모든 학생들에게 공평함을 증진시킨다.

(d) 그들이 학교 환경 밖에서 관련되어 있을지도 모르는 어떤 형태의 개인 치료나 자문을 위해 학교상담사로서의 전문적인 역할을 사용하지 않도록 주의한다.

▌ E. 자신에 대한 책임

E.1. 전문적 역량

전문적인 학교상담사들은:

(a) 개별적인 전문 역량의 범위 내에서 기능하고, 그들의 행동에 따른 결과에 대한 책임을 받아들인다.

(b) 정서적, 신체적 건강을 점검하고, 복지를 실천하여 최적의 효과를 보장한다. 능력을 유지하기 위해 필요한 경우 신체적 또는 정신적 건강에 대한 자문을 구한다.

(c) 개인적 책임을 점검하고, 이러한 신뢰의 중요한 위치에서 높은 수준의 관리 기준을 받아들여야 하며, 그들의 업무 수행 능력을 인식하고, 부족하게 하는 활동을 억제한다.

(d) 데이터를 사용하여 현재의 연구에 보조를 맞추고, 지지, 팀 구성 및 협업, 문화적으로 능숙한 상담 프로그램의 조정, 기술에 대한 지식과 사용, 리더십, 데이터를 활용한 공정성 평가 등에 대한 전문적 역량을 유지한다.

(e) 매년 정기적으로 자문 및 기타 교육자 및 학교 상담 교사의 전문성 개발 및 참여를 위한 다양한 기회를 보장한다. 전문 학교 상담 회의 참석, 전문 학교 상담 저널 기사 읽기, 학교상담사만이 제공할 수 있는 문제들에 대한 교육 담당자를 위한 워크숍 촉진.

(f) 윤리적 의사결정에 대한 발표에 정기적으로 참석함으로써 개인적인 자기 인식, 전문적인 효과성, 윤리적인 상담 능력을 강화한다. 효과적인 학교상담사들은 임상에서 윤리적, 전문적 문제가 발생했을 때 슈퍼비전을 받을 것이다.

(g) 윤리적이고 모범적인 상담을 위해 전문가협회의 현재 멤버십을 유지한다.

E.2. 다문화 그리고 사회 정의 옹호와 리더십

전문적인 학교상담사들은:

(a) 다문화 및 사회 정의 옹호, 지식 및 기술을 모니터하고 확대한다. 학교상담사들은 학생이나 다른 이해 관계자들에게 개인적인 믿음이나 가치가 부과되지 않도록 함으로써 모범적인 문화적 역량을 위해 노력한다.

(b) 실용주의, 권위주의, 계급주의, 가족주의, 젠더 이데올로기, 이교도주의, 언어학, 인종 차별주의, 종교주의 및 성 차별주의와 같은 다양한 편견, 권력 및 다양한 형태의 억압이 자신, 학생 및 모든 이해 관계자에게 미치는 영향에 대

해 역량을 개발한다.

(c) 다양한 인구학적 배경을 지닌 사람들과 일할 때 자각, 지식, 기술, 효과성을 향상시키기 위한 교육적 자문과 훈련을 실시한다: 인종/민족, 지위, 특수 요구 사항, ESL 또는 ELL, 이민자 신분, 성적 취향, 성, 성정체성/성적표현, 가족유형, 종교적 정체감, 외모.

(d) 모든 학생과 이해 관계자의 다양한 문화 및 언어 정체성을 확인한다. 모든 학생과 이해 관계자를 위한 공평한 학교 및 학교 상담 프로그램 정책과 실시를 지지한다. 이 프로그램은 통역사와 이중 언어/다국어 학교 상담 프로그램 자료를 포함하는데, 이는 학교 공동체의 모든 언어를 대표하고 장애 학생을 위한 편의 및 접근성을 옹호한다.

(e) 모든 형태의 공동체/기관에서 포괄적이고 문화적으로 책임 있는 언어를 사용한다.

(f) 정기적인 워크숍과 서면/디지털 정보를 가정에 제공하여 이해와 협력적인 양방향 소통, 그리고 학생들의 성취도를 높이기 위해 가정과 학교 사이의 우호적인 분위기를 증진시킨다.

(g) 모든 학생들이 그들의 목표를 포기하게 만드는 성취, 기회, 그리고 성공의 간격을 줄이는 데 도움이 되는 평등 기반의 학교 상담 프로그램을 만들기 위해 학교의 지지자 및 지도자로 활동한다.

▌F. 전문가에 대한 책임

F.1. 전문가정신

전문적인 학교상담사들은:

(a) 미국학교상담사협회 회원 자격을 유지함으로써 윤리적 위반을 다루는 정책과 절차를 수용한다.

(b) 개인의 윤리적 상담과 직업을 발전시키는 방식으로 행동한다.

(c) 적절한 연구를 수행하고, 수용 가능한 교육 및 심리학 연구 방법과 일치하는 방식으로 결과를

보고한다. 학교상담사들은 연구나 프로그램 계획을 위해 데이터를 사용할 때 개별 학생들의 신원을 보호한다.

(d) 연구를 수행하기 전 기관과 부모/보호자의 동의를 구하고 연구 기록의 안전한 보관을 유지한다.

(e) 직업의 윤리적 기준들, 다른 공식적인 정책 진술문들, 예를 들어 ASCA의 직위 진술서, 역할 진술, 그리고 주와 지방정부에 의해 수립된 ASCA 국가 모델과 관련 법안, 그리고 이것들이 변화를 위한 일들과 갈등을 일으킬 때 윤리강령을 준수한다.

(f) 사적인 개인으로서 이루어진 진술과 행동, 그리고 학교상담사로서 이루어진 진술과 행동을 명확히 구분한다.

(g) 그들의 사적인 상담을 위해 내담자를 구하거나 정의롭지 않은 개인적 이득을 구하는 것, 정당하지 않는 이득을 취하는 것, 부적절한 관계를 맺거나 불로소득을 얻는 것 등을 위해 전문적 직위를 사용하지 않는다.

F.2. 직업에 대한 기여

전문적인 학교상담사들은:

(a) 전문적인 협회에 적극적으로 참여하고, 결과를 공유하고, 평가하고 실행함에 있어 최고의 수행을 보이며, 모든 학생에 대한 측정 가능한 학업, 진로/대학, 그리고 개인/사회적 유능성에 관한 데이터 중심의 학교 상담 프로그램 결과를 매년 평가한다.

(b) 초보상담사에게 지원, 자문, 멘토링을 제공한다.

(c) ASCA 윤리강령을 읽고 준수하며, 적용 가능한 법률 및 규정을 준수할 책임이 있다.

F.3. 실습과 인턴십 경험을 원하는 예비 학교상담사에 대한 슈퍼비전

전문적인 학교상담사들은:

(a) 학교 상담 인턴을 위해 학업, 경력, 대학 진학 및 개인/사회적 상담에 있어 적절한 경험을 할 수 있도록 지원한다.

(b) 학교상담사가 ASCA 국가 모델과 같은 데이터 중심 학교 상담 프로그램 모델을 개발, 적용, 평가하는 경험을 할 수 있도록 보장한다.

(c) 학교 상담 실습과 인턴십이 구체적이고 측정 가능한 서비스 제공, 기초, 관리 및 책임 시스템을 갖추고 있는지 확인한다.

(d) 학교 상담 실습 및 인턴 경험 기간 동안 학교 상담 지원자가 적절한 책임 보험을 유지하도록 보장한다.

(e) 각 실습생 또는 인턴십 학생에 대해 학교상담사 교육 교수진이 현장 방문을 해야 하며, 특히 학교상담사 훈련생과 현장 감독자가 모두 있을 경우 더욱 그렇다.

F.4. 학교상담사에 대한 협력과 교육, 그리고 다른 전문가들과 함께 하는 학교상담 프로그램

학교상담사와 학교 상담 프로그램 감독자/슈퍼바이저는 특수교사, 학교 간호사, 학교 사회복지사, 학교 심리학자, 대학 상담원/행정가, 물리 치료사, 직업 치료사 및 언어 치료사와 학생들과 모든 다른 이해관계자들을 위한 최적의 서비스를 위해 함께 협력한다.

▌G. 표준의 유지

전문 학교 상담 교사들은 언제나 윤리적인 행동을 유지할 것으로 예상된다.

G.1. 동료의 윤리적 행동에 대해 심각하게 의심하는 경우, 다음의 절차가 지침 역할을 할 수 있다.

1. 학교상담사는 그 상황이 윤리적 위반으로 간주할 수 있는 것인지 알아보기 위해, 불만 사항의 성격을 논의하기 위해 전문가에게 자문을 구한다.

2. 가능하다면, 학교상담사는 문제의 행동을 하는 동료에게 직접 접근하여 불만 사항을 논의하고 해결책을 찾아야 한다.

3. 학교상담사는 취해진 모든 조치에 대해 기록으

로 남겨야 한다.

4. 개인적인 수준에서 해결책이 마련되지 않는 경우, 학교상담사는 학교, 학군, 주 학교 상담회 및 ASCA의 윤리위원회 내에서 정한 채널을 활용한다.

5. 여전히 문제가 해결되지 않은 상태라면, 검토를 위한 의뢰와 적절한 조치가 다음의 순서에 따라 윤리위원회에서 이루어져야 한다.
   • 주학교상담사협회
   • 미국학교상담사협회

6. ASCA 윤리협회는 다음의 사항에 대해 책임이 있다:
   • 윤리 기준에 대한 구성원 교육과 자문
   • 정기적인 검토와 변동을 제안하는 것
   • 기준 적용을 명확히 하기 위해 질문을 주고 받음. 질문은 ASCA 윤리위원회에 서면으로 제출되어야 함
   • 학교상담사를 위한 ASCA 윤리강령에 대한 위법 사항과 불만을 다룸. 국가적 수준에서 불만들은 ASCA 윤리위원회에 서면으로 제출되어야 함

G.2. 학교상담사가 어떤 상황에서 일하게 될 때 혹은 직업의 윤리를 반영하지 않는 정책을 따를 때, 학교상담사는 상황을 회복하기 위해 옳은 방법을 사용하여 책임 있게 일한다.

G.3. 학교상담사가 윤리적 딜레마에 직면했을 때, 학교 상담 프로그램 관리자/슈퍼바이저와 학교 상담 교육가들은 Solution to Ethical Problem in Schools(STEPS)와 같은 윤리적 의사결정 모델을 사용한다(Stone, 2001):

1. 문제를 정서적이고 인지적으로 정의한다.
2. ASCA 윤리강령과 법을 따른다.
3. 학생의 연령별 그리고 발달적 수준에 대해 고려한다.
4. 상황, 부모의 권리, 그리고 소수자의 권리를 고려한다.
5. 도덕적 기준들을 적용하라.
6. 당신의 행동과 그들의 결과와 잠재적 행동에 대해 결정한다.
7. 선택된 행동은 상대 평가를 실시한다.
8. 자문
9. 행동의 과정을 수행한다.

D

정신건강 분야의 전문화된 윤리강령 및 지침 목록

American Academy of Clinical Neuropsycholog y (AACN). (2007). Practice guidelines for ne uropsychological assessment and consultatio n. *The Clinical Neuropsychologist, 21*, 209 – 231.

American Association for Marriage and Family Therapy (AAMFT). (2012). Code of ethics. R etrieved from http://www.aamft.org/imis15/c ontent/legal_ethics/code_of ethics.aspx

American Association of Christian Counselors. (AACC). (2004). AACC Code of ethics. Retrie ved from http://www.aacc.net/about – us/co de – of – ethics/

American Association of Pastoral Counselors (A APC). (2012). Code of ethics. Retrieved from http://www.aapc.org/about – us/code – of – e thics

American Association of Sexuality Educators, C ounselors, and Therapists (AASECT). (2004). Code of ethics. Retrieved from http://www.a asect.org/sites/default/files/documents/Cod e%20of%20Ethics%20and%20Conduct.pdf

American Association of State Counseling Boar ds (AASCB). (2007). Approved supervisor m odel. Retrieved from http://www.aascb.org/a ws/AASCB/asset_manager/get_file/37297

American College Personnel Association (ACP A). (2006). Statement of ethical principles an d standards. Retrieved from http://www.acp a.nche.edulsites/default/files/Ethical_Principl es_Standards.pdf

American Counseling Association (ACA). (199 9). The layperson's guide to professional eth ics. Washington, D.C.: Author.

American Counseling Association. (2014). *Code of ethics*. Retrieved from http://www.counseli ng.org/resources/aca – code – of – ethics.pdf

American Counseling Association (ACA) and th e Association for Lesbian, Gay, Bisexual, and Transgender Issues in Counseling (ALGBTI). (2009). *Competencies for counseling transge nder clients*. Retrieved from http://www.coun seling.org/Resources/Competencies/ALGBTI C_Competencies. pdf

American Counseling Association (ACA) and th e Association for Lesbian, Gay, Bisexual, and Transgender Issues in Counseling (ALGBTI). (2012). *Competencies for counseling with les bian, gay, bisexual, queer, questioning, inter sex and ally individuals*. Retrieved from http:/ /www.counseling.org/docs/competencies/alg btic – competencies – for – counseling – lgbq qiaindividuals.pdf?sfvrsn=6

American Group Psychotherapy Association (AGPA). (2002). *AGPA and NRCGP guidelines for ethics*. Retrieved from http://www.agpa.org/home/practice−resources/ethics−in−group−therapy

American Group Psychotherapy Association (AGPA). (2007). *Practice guidelines for group psychotherapy*. Retrieved from http://www.agpa.org/home/practice−resources/practice−guidelines−for−group−psychotherapy

American Medical Association (AMA). (2001). *Principles of medical ethics*. Retrieved from http://www.ama−assn.org/ama/pub/physician−resources/medical−ethics/code−medical−ethics/principles−medical−ethics.page

American Medical Informatics Association. (2006). *Statement of ethical principles and standards*. Retrieved from http://www.amia.org/about−amia/ethics

American Mental Health Counselors Association (AMHCA). (2010). *Code of ethics for mental health counselors*. Retrieved from http://www.amhca.orglassets/news/AMHCA_Code_of_Ethics_2010_w_pagination_cxd_51110.pdf

American Music Therapy Association (AMTA). (2008). *Code of ethics*. Retrieved from http://www.musictherapy.orglaboutlethics/

American Psychiatric Association. (1999). *Psychotherapy and managed care position statement*. Retrieved from http://www.psychiatry.org/advocacy−newsroom/position−statements

American Psychiatric Association. (2009). *Principles of medical ethics with annotations especially applicable to psychiatry*. Retrieved from http://www.psychiatry.org/File%20Library/Practice/Ethics%20Documents/principles2013−final.pdf

American Psychoanalytic Association (APsaA).

(2009). *Principles and standards of ethics for psychoanalysts*. Retrieved from http://www.apsa.org/About_APsaA/Ethics_Code.aspx

American Psychological Association (APA). (1981). *Specialty guidelines for the delivery of services: Clinical psychologists, counseling psychologists, organizational/industrial psychologists, school psychologists*. Washington, D.C.: Author.

American Psychological Association (APA). (1994). Guidelines for child custody evaluations in divorce proceedings. *American Psychologist, 49*, 677−680.

American Psychological Association (APA). (1997). *What practitioners should know about working with older adults*. Retrieved from http://www.apa.org/pilaging/resources/guides/practitioner−should−know.aspx

American Psychological Association (APA). (1999). *Rights and responsibilities of test takers: Guidelines and expectations*. Retrieved from http://www.apa.org/science/ttrr.html

American Psychological Association (APA). (1999). *Suggestions for psychologists working with the media*. Washington, D.C.: Author.

American Psychological Association (APA). (1999). *Warning signs: A youth anti−violence initiative*. Washington, D.C.: Retrieved from http://www.apahelpcenter.org/.featuredtopics/feature.php?id=38

American Psychological Association (APA). (2001). *Appropriate use of high stakes testing in our nation's schools*. Retrieved from http://www.apa.org/pubs/info/brochures/testing.aspx

American Psychological Association (APA). (2001). *APA's Council of Representatives passes resolution on assisted suicide*. Retrieved from http://www.apa.org/monitor/apr01/council.aspx

American Psychological Association (APA). (2001). Guidelines for test user qualifications: An executive summary. *American Psychologist, 56*, 1099 – 1113.

American Psychological Association (APA). (2003). Guidelines on multicultural education, training, research, practice, and organizational change for psychologists. *American Psychologist, 58*, 377 – 402.

American Psychological Association (APA). (2005). *Statement on the use of secure psychological tests in the education of graduate and undergraduate psychology students.* Retrieved from http://www.apa.org/science/leadership/tests/test – security.aspx

American Psychological Association (APA). (2007). *Guidelines for psychological practice with girls and women.* Retrieved from http://www.apa.org/practice/guidelines/girls – and – women.pdf

American Psychological Association (APA). (2007). *Statement on third party observers in psychological testing and assessment: A framework for decision making.* Retrieved from http://www.apa.org/science/programs/testing/third – party – observers.pdf

American Psychological Association (APA). (2007). *Record keeping guidelines.* Retrieved from http://www.apa.org/practice/recordkeeping.pdf

American Psychological Association (APA). (2007). *Reaffirmation of the American Psychological Association position against torture and other cruel, inhuman, or degrading treatment or punishment and its application to individuals defined in the United States code as "enemy combatants."* Retrieved from http://www.apa.org/aboutlpolicy/torture.aspx

American Psychological Association. (2009). *Ap-propriate therapeutic responses to sexual orientation.* Retrieved from http://www.apa.org/pi/lgbt/resources/therapeutic – response.pdf

American Psychological Association (APA). (2010). *Ethical principles of psychologists and code of conduct.* Washington, D.C.: Retrieved from http://www.apa.org/ethics/code.html

American Psychological Association (APA). (2010). Guidelines for child custody evaluations in family law proceedings. *American Psychologist, 65*, 863 – 867.

American Psychological Association (APA). (2011). Guidelines for psychological practice in health care delivery systems. *American Psychologist, 68*, 1 – 6.

American Psychological Association (APA). (2011). *Practice guidelines for LGB clients.* Retrieved from http://www.apa.org/pi/lgbt/resources/guidelines.aspx

American Psychological Association (APA). (2011). Practice guidelines regarding psychologists' involvement in pharmacological issues. *American Psychologist, 66*, 835 – 849.

American Psychological Association (APA). (2012). *Guidelines for ethical conduct in the care and use of nonhuman animals in research.* Retrieved from http://apa.org/science/leadership/care/guidelines.aspx?item = 1

American Psychological Association. (2013). *Guidelines for the practice of telepsychology.* Retrieved from http://www.apapracticecentral.org/ce/guidelines/telepsychology – guidelines.pdf

American Psychological Association. (2013). *Guidelines for the undergraduate psychology major.* Retrieved from http://www.apa.org/ed/precollege/about/psymajor – guidelines.pdf

American Psychological Association. (2013). *Specialty guidelines for forensic psychology.* R etrieved from http://www.apa.org/practice/g uidelines/forensic－psychology.pdf

American Psychological Association. (2013). G uidelines for psychological evaluation in chil d protection matters. Retrieved from https:// www.apa.org/practice/guidelines/child－prot ection.pdf and available at *American Psychol ogist, 68*, 20－31.

American Psychological Association (APA). (20 14). Guidelines for psychological practice wi th older adults. *American Psychologist, 69*, 3 4－65.

American Psychological Association (APA). (20 14). Guidelines for prevention. *American Psy chologist, 69*, 285－296.

American Psychological Association (APA), Bo ard of Educational Affairs. (2013). *Preparing professional psychologists to serve a diverse public*. Retrieved from http://www.apa.org/p i/lgbt/resources/policy/diversity－preparatio n.aspx

American Psychological Association (APA), Bo ard of Professional Affairs. (1999). Guideline s for psychological evaluations in child prote ction matters. *American Psychologist, 54*, 586 －593.

American Psychological Association (APA), Co mmittee on Legal Issues. (2006). Strategies f or private practitioners coping with subpoen as or compelled testimony for client records or test data. *Professional Psychology: Resear ch and Practice, 37*, 215－222.

American Psychological Association (APA), Co mmittee on Professional Practice and Standar ds. (1995). Twenty－four questions (and ans wers) about professional practice in the area of child abuse. *Professional Psychology: Res earch and Practice, 26*, 377－383.

American Psychological Association (APA), Com

mittee on Psychological Testing and Assessme nt. (1996). Statement on the disclosure of test data. *American Psychologist, 51*, 644－648.

American Psychological Association (APA), Co mmittee on Women in Psychology. (1989). If sex enters into the psychotherapy relationshi p. *Professional Psychology: Research and Pr actice, 20*, 112－115.

American School Counselor Association (ASC A). (2010). *Ethical standards for school coun selors*. Retrieved from http://www.schoolcou nselor.org/asca/media/asca/Resource Center/ Legal and Ethical Issues/Sample Documents/ EthicalStandards2010.pdf

Association for Counselor Education and Super vision (ACES). (1990). Standards for counseli ng supervisors. *Journal of Counseling and D evelopment, 69*, 30－32.

Association for Counselor Education and Super vision (ACES). (1993). Ethical guidelines for counseling supervisors. *Counselor Education and Supervision, 34*, 270－276.

Association for Counselor Education and Super vision (ACES). (1999). *Guidelines for online instruction in counselor education*. Alexandri a, VA: Author.

Association for Counselor Education and Super vision (ACES). (2009). *Guidelines for researc h mentorship in counseling/counselor educa tion*. Retrieved from http://www.acesonline. net/wp－content/uploads/2010/12/ACES－re search－mentorship－guidelines.pdf

Association for Multicultural Counseling and D evelopment. (1996). *Multicultural counseling competencies*. Retrieved from http://www.co unseling.org/docs/competencies/multcultural competencies.pdf?sfvrsn＝5

Association for Specialists in Group Work (AS GW). (2000). *Professional standards for the tr* aining of group workers. Retrieved from http://www.asgw.org/PDF/trainingstandards.pdf

Association for Specialists in Group Work (ASGW). (2007). *Best practice guidelines*. Retrieved from http://www.asgw.org/pdf/best practices.pdf

Association for Specialists in Group Work (ASGW). (2012). *Multicultural and social justice competence principles for group workers*. Retrieved from http://www.asgw.org/pdf/ASGWMC_SJ_Priniciples_Final_ASGW.pdf

Association of State and Provincial Psychology Boards (ASPPB). (2005). *Code of conduct*. Retrieved from http://www.asppb.org/publications/model/conduct.aspx

Association of State and Provincial Psychology Boards (ASPPB). (2009). *Guidelines on practicum experience for licensure*. Retrieved from https://c.ymcdn.com/sites/asppb.site−ym.com/resource/resmgr/guidelines/final_prac_guidelines_1_31_0.pdf

Australian Psychological Society. (2007). *Code of ethics*. Retrieved from http://www.psychology.org.au/about/ethics/

British Association for Counselling and Psychotherapy. (2001). *Ethical framework for good practice in counselling and psychotherapy*. Retrieved from http://www.bacp.co.uk/ethical_framework/

Canadian Counselling and Psychotherapy Association. (2007). *Code of ethics*. Retrieved from http://www.ccpa−accp.ca/documents/CodeofEthics_en_new.pdf

Canadian Psychological Association. (2000). *Canadian code of ethics for psychologists* (3rd ed.). Retrieved from http://www.cpa.ca/aboutcpa/committees/ethics/codeofethics

Canadian Psychological Association. (2006). *Draft ethical guidelines for psychologists providing psychological services via electronic media*. Retrieved from http://www.cpa.ca/docs/File/Ethics/Draft_Guidelines_EServices_31Oct2013.pdf

Canadian Psychological Association. (2010). *A resource guide for psychologists: Ethical supervision in teaching, research, practice and supervision*. Retrieved from http://www.cpa.ca/docs/File/Ethics/COEresGuideSuperAppNov2010Rev14June2011.pdf

Commission on Rehabilitation Counselor Certification (CRCC). (2010). *Code of professional ethics for rehabilitation counselors*. Retrieved from https://www.crccertification.com/filebin/pdf/CRCC_COE_1−1−10_Rev12−09.pdf

Committee on Ethical Guidelines for Forensic Psychologists. (1991). Specialty guidelines for forensic psychologists. *Law and Human Behavior, 15*, 655−665.

Employee Assistance Professionals Association (EAPA). (2009). *Code of ethics*. Retrieved from http://www.eapassn.org/files/public/EAPACodeofEthics0809.pdf

International Association of Marriage and Family Counselors (IAMFC). (2005). Ethical code for the International Association of Marriage and Family Counseling. *The Family Journal, 14*, 92−98.

International Coaches Association. (2003). *Code of ethics*. Retrieved from http://www.certifiedcoach.org/index.php/about_iac/iac_code_of_ethics/

International Society for Coaching Psychology. (2011). *Ethics*. Retrieved from http://www.isfcp.net/ethics.htm

International Testing Commission (ITC). (2005). *Guidelines on computer−based and Internet delivered testing*. Retrieved from http://www.intestcom.org/Downloads/ITC Guidelines on

Computer – version 2005 approved.pdf

International Union of Psychological Science. (2008). *Universal declaration of ethical princi ples for psychologists*. Retrieved from http://www.iupsys.net/about/governance/universal – declaration – of – ethical – principles – for – psychologists.html

National Academy of Neuropsychology. (2000). Official position statement on test security. *A rchives of Clinical Neuropsychology, 15*, 383 – 386.

National Association of Alcohol and Drug Abus e Counselors (NAADAC). (2011). *Code of et hics*. Retrieved from http://www.naadac.org/resources/codeofethics

National Association of School Psychologists (NASP). (2010). *Principles for professional et hics*. Retrieved from http://www.nasponline.org/standards/2010standards.aspx

National Association of Social Workers (NAS W). (2008). *Code of ethics*. Retrieved from h ttp://www.socialworkers.org/pubs/code/cod e.asp

National Board for Certified Counselors (NBC C). (2005). *Code of ethics*. Retrieved from ht tp://www.nbcc.org/Assets/Ethics/nbcc – cod eofethics.pdf

National Board for Certified Counselors (NBC C). (2013). *Policy regarding the provision of distance professional services*. Retrieved from http://www.nbcc.org/Assets/Ethics/NBCCPoli cyRegardingPracticeofDistanceCounselingBoa rd.pdf

National Career Development Association (NC DA). (2007). *Code of ethics*. Retrieved from http://associationdatabase.com/aws/NCDA/a sset manager/get file/3395

National Career Development Association (NC DA). (2009). *Career counseling competencie*

s. Retrieved from http://www.ncda.org/aws/NCDA/pt/sd/news article/37798/_self/layout_ ccmsearch/true

National Career Development Association (NC DA). (2010). *Career counselor assessment an d evaluation competencies*. Retrieved from h ttp://www.ncda.org/aws/NCDA/asset_manag er/get_file/18143/aace – ncda_assmt_eval_co mpetencies

National Career Development Association (NC DA). (2014). *Multicultural career counseling minimum competencies*. Retrieved from http: //associationdatabase.com/aws/NCDA/pt/sp/guidelines

Ohio Psychological Association (OPA). (2008). *Telepsychology guidelines*. Retrieved from htt p://www.ohpsych.org/psychologists/files/201 1106/OPATelepsychologyGuidelines41710.pdf

Society for Personality Assessment (SPA). (200 6). Standards for education and training in p sychological assessment. *Journal of Personali ty Assessment, 87*, 355 – 357.

Society for Research in Child Development (SR CD). (2007). *Ethical standards for research w ith children*. Retrieved from http://www.src d.org/index.php?option = com content&task = view&id = 68&Itemid = 110

World Professional Association for Transgender Health. (2012). *Standards of care for the hea lth of transsexual, transgender, and gender n onconforming people*. Retrieved from http://www.wpath.org/uploaded files/140/files/Sta ndards%20of%20Care,%20V7 Full Book.pdf

추가적인 국제 윤리강령을 보려면 http://www.kspope.com/ethcodes/index.php 을 참고하시오.

찾아보기

이 QR코드를 스캔하면 「상담 및 심리치료 윤리」의
추천 문헌과 추가 온라인 자료를 열람할 수 있습니다.